U0880972

《面向“一带一路”的律师法律服务》编委会

主　任　牛兴全

副主任　尚伦生　刘守民　韩德云　赵黎明　黄志文　巴　布　金　山　包洪臣　刘柏林　卓　嘎　祖贵洲　万　立　廖　晖　赵乃民　高剑生

委　员　张维武　彭建军　黄都恒　金毅力　杨　华　蒋玉春　刘晓星　陈会琪　张新春　何宁寿　催爱东　谭　磊　邓燕勇　苏　文　韩　光

主　编　尚伦生

副主编　王金贵　孙　赓　樊新亭

编　委　赵　耀　王祖国　田顺舟　刘吉颖　王　森　叶孔亮　王天雁　何文杰　史正保　孙双秀

面向“一带一路”的律师法律服务

第八届西部律师发展论坛获奖论文集

（上册）

西部律师发展论坛组委会　编

蘭州大學出版社
LANZHOU UNIVERSITY PRESS

图书在版编目（CIP）数据

面向“一带一路”的律师法律服务 ：第八届西部律师发展论坛获奖论文集 / 西部律师发展论坛组委会编. -- 兰州 ：兰州大学出版社，2016.8
ISBN 978-7-311-05010-8

Ⅰ. ①面… Ⅱ. ①西… Ⅲ. ①法律－文集 Ⅳ. ①D9-53

中国版本图书馆CIP数据核字(2016)第216277号

责任编辑　张国梁
封面设计　郇　海

书　　名　面向“一带一路”的律师法律服务
　　　　　——第八届西部律师发展论坛获奖论文集(上、下)
作　　者　西部律师发展论坛组委会　编
出版发行　兰州大学出版社　(地址:兰州市天水南路222号　730000)
电　　话　0931-8912613(总编办公室)　0931-8617156(营销中心)
　　　　　0931-8914298(读者服务部)
网　　址　http://www.onbook.com.cn
电子信箱　press@lzu.edu.cn
印　　刷　甘肃澳翔印业有限公司
开　　本　787 mm×1092 mm　1/16
总 印 张　74
总 字 数　1317千
版　　次　2016年9月第1版
印　　次　2016年9月第1次印刷
书　　号　ISBN 978-7-311-05010-8
总 定 价　158.00元(上、下)

(图书若有破损、缺页、掉页可随时与本社联系)

序

甘肃省司法厅厅长

《面向“一带一路”的律师法律服务：第八届西部律师发展论坛获奖论文集》精选了这届论坛评选出的206篇优秀论文，既是八届西部律师发展论坛的重要成果，也是近些年西部律师围绕“一带一路”战略进行法律服务理论和实务研究的重要成果，体现了西部律师良好的理论水平和业务能力，具有国际视野、专业水准和职业精神。

2013年9月和10月，国家主席习近平分别提出建设“新丝绸之路经济带”和“21世纪海上丝绸之路”的战略构想，获得世界积极响应。“一带一路”不仅是中国的国家战略，也是这个时代的国际发展战略，是相关国家共同的事业。“一带一路”战略涉及的国家众多，它们在政治、经济、社会各个方面都有很大不同，法律制度方面也存在巨大差别，因此，在实施“一路一带”战略的过程中，必然会遇到不同国家之间法律规则的适用，这就需要研究和熟悉相关国家的政治、文化，尤其是法律制度，熟悉和掌握国际经济的惯例和交易规则。本届论坛把主题确定为面向“一带一路”的律师法律服务，旨在响应这样的战略构想，推动西部律师走出西部，面向国际社会，面向“一带一路”相关国家，研究它们的法律制度，研究它们的贸易规则，为实现“一带一路”战略提供优良的法律服务。可喜的是，西部律师已经有了这样的强烈意识，这次评选出的优秀论文，很多具有国际视野，收入论文集的文章中，有23篇专门研究“一路一带”战略下的律师法律服务，有的着眼于律师行业的发展和布局，如马启良律师的《“一带一路”战略下西部律师行业的机遇、挑战与对策》，成武利、薛慧芳律师的《西部律所如何布局“一带一路”法律服务市场》，都分析了行业面临的问题，提出了新战略框架下的发展思路；有的着眼于法律服务的对象和内容，研究产业发展、投资、贸易中的风险控制和防范，如张婷律师对我国企业与东盟贸易中知识产权的风险防范进行研究，提出构建中国——东盟知识产权信息服务体系等建议和对策，史晓燕律师研究西部地区与周边相邻国家之间的能源合作问题，认为涉及这些国家的能源法律问题是庞杂的，也是细腻的，提出要以专业的精神去研究，为能源领域的合作提供良好的法律服务。齐飞律师则对跨境电商这个新兴业态的法律监管进行研究，认为在“一带一路战略区”建立跨境电子商务法律监管具有非常重要的意义，政府应当当好“守夜人”，完善法律规则体系，营造良好的法律监管氛围。相信这些研究，对于促进西部律师走出去，积极参与“一带一路”法律服务会产生积极的影响。

“一带一路”战略给西部律师行业带来的不只是机遇，一定还有挑战。法律服务业务从国内走向国际，服务领域是拓展了，但服务的要求应该更高了。要适应这样的变化，首先必须提升律师服务的专业水准，这里讲专业水准，应该不是通常所说的既懂得国内法律法规、也知晓国际贸易规则这样一种一般性要求，而是必须精通规范并且能够完全驾驭、熟练应用的能力。否则，我们可能就走不出去，就参与不到“一带一路”战略的实施之中，不能为我国企业走出去提供法律服务，甚至国内已有的法律服务市场也可能会受到很大冲击。对此，西部广大律师也有着清醒的认识，从论坛征集的优秀论文中，我们看到了西部律师在专业化方面的尝试和努力，很多论文，体现了很高的专业素养。如孙双秀、王金贵律师的《试论法律服务产品标准化与个性化》一文，在法律服务产品标准化基础上，特别注意了法律服务的个性化，认为满足客户个性需求的法律服务是律师法律服务内在的本质特征，因此，主张律师的服务不能一般化，必须个性化，要有高的“附加值”。李艳红律师则以服务领域为视角研究律师事务所的专业化发展，提出了专注于某一领域，围绕这一领域，不断深化和拓展业务，走出自己的专业化之路。同时，在传统业务中，比如刑事辩护业务中，也有大量的专业性很强的研究文章。如成安律师的《职务犯罪罚金刑的辩护技巧》，针对司法解释扩大罚金刑适用范围而相关配套还不够完善的实际，提出刑辩律师应该结合相关规定和职务犯罪的特点，寻找更多辩点的意见，并对方法进行了研究，很有价值。林建才律师的《认罪认罚从宽制度中的律师辩护》一文，从阅卷交流、协助被告人启动从宽程序等五个方面研究了律师参与这类案件辩护的工作内容，具有很强的实务价值。这些研究，对于提高西部律师的专业化水平，提升西部律师在法律服务市场中的竞争力将产生积极的作用。

在这些论文中，我们还能够体会到西部律师在法律服务方面秉持的职业精神，他们关注国家战略及国家宏观政策，坚持为大局服务的正确方向，保持着政治上的高度自觉性和高度敏锐性；也关注经济改革发展、社会和谐稳定的现实，立足国情区情，从实际出发做好法律服务工作；同时还热心民生和公益事业，坚持社会主义法治理念，尊重宪法、法律，坚守职业操守，做合格的中国特色社会主义法律工作者。刘吉颖律师以律师制度改革为背景，讨论了律师的使命与职责，提出律师要做有坚定政治信仰、有社会主义理想和精神寄托的法律人。和慧莲律师关注基层政权建设，尤其是新农村建设，对律师如何在基层构建和新农村建设中做好法律服务进行了研究，提出了现实的参与路径。高华阳律师结合棚户区改造法律服务的实践，对仲裁确权进行研究，意图建立新的矛盾解决模式，促进棚户区改造这项惠民政策的实效性。耿富明律师在《城中村改造中农民权益保护问题研究》一文中提出要走近农民，了解他们最真实的诉求，构建维护农民权益的法治化框架。杨三正、王森律师在《律师解释法律的基本原则及其方法》一文中认为律师是当事人利益的代言人，以忠实于当事人的利益为天职，为实现职业目标，要运用恰当的方法解释法律，努力让法官采纳。这些职业精神的阐释，不仅对律师提供法律服务具有积极意义，而且对于全社会法治意识的培养同样具有积极意义。正如孟建柱书记在全国律师工作会议上强调的那样，“律师以法为业、以律为师，其执业行为是否规范，不仅影响律师职业的整体形象，而且影响公众对法治的信仰、对社会公平正义的信心。”

《面向“一带一路”的律师法律服务：第八届西部律师发展论坛获奖论文集》中的一些文章对互联网与律师业务、律师事务所发展，青年律师培养成长给予了很大关注，还有一些讨论其他方面问题的好文章，都值得一读。需要特别强调的是，作为西部律师相互学习交流的重要平台，论坛还将在更深的层次、更广的范围，对“一带一路”战略下的律师法律服务进行面对面的交流、讨论，一些专家还将发表重要研究成果和观点，这无疑是值得期待的。

最后，希望在各主办单位的共同努力下，第八届西部律师发展论坛取得圆满成功！

2016年9月5日

目　录

（上册）

分论坛二：机遇与挑战

——律师制度改革背景下的律师事务所管理与发展

分论坛一：新战略·新视野

——“一带一路”背景下的律师法律服务

供给侧改革背景下律师为公司债券违约处置提供法律服务初探

甘肃天秦律师事务所　纪　红　白海戎

内容摘要：公司信用债券是公司直接融资的主要渠道，有效缓解了银行业的风险和压力。然而，过去我国的信用债市场因政府的保刚兑[①]行为而形成了扭曲的交易基础和交易习惯。现在随着供给侧改革的推进，重点发债行业的信用债违约风险加速暴露，政府已无力再提供隐性担保。为防止区域性风险和财政风险的发生，促进企业信用债市场健康发展，律师应运用自己的法治思维，为供给侧改革背景下的信用债违约事件得到依法处置提供法律服务。

关键词：信用债券　保刚兑　违约处置　法律服务

公司发行债券融资是公司直接融资的主要手段，有国际清算银行统计的数据显示，在国际债券市场规模中我国排名第三，公司债规模更是位列第二。仅2015年一年之内，我国发行的各类债券数量就达到了22.3万亿，通过债券融资占公司直接融资规模的60%。然而，因为政府在供给侧改单之前实施的保刚兑行为，使规模如此庞大的债券市场形成了错误的交易基础和交易习惯，为金融风险的发生埋下了隐患。

一、政府为公司债券提供隐性担保的危害

在2014年以前，我国从未出现过债券实质性违约事件。[②]之所以会出现这种零违约情况，一方面可以归因于我们在债券发行前严格的审查制度，以及我国经济高速增长环境下，企业经营的持续利好发展；更重要的一方面在于我国政府对公司债券提供隐性担保。虽然根据《中华人民共和国担保法》、《国务院关于加强地方政府融资平台公司管理有关问题的通知》等法律法规的规定，政

① 保刚兑即政府为公司信用债提供隐性担保的行为保证了债券的刚性兑付。

② 债券违约是指发行人对债券发行契约中任何条款的违背，既包括发行人未能如约履行本息兑付义务，还可能包括发行人增加对外担保、转让重大资产以及整体负债规模超限等其他违反合同约定的情况。本文所称的实质性违约，即指实践中最常见的债券发行人不能如约支付本息的情况。

府不得做保证人，也禁止地方各级政府以国有资产、财政性收入或其他任何直接、间接形式为融资平台提供担保、偿债承诺或增信措施。但在实际情况中政府都会通过斡旋协调，帮助债券展期或者帮助企业获取银行贷款，从而顺利偿付债券。

本文分析认为，政府为企业债券提供隐性担保的动因有三：其一，为完成GDP指标和经济稳增长的政绩，刻意为企业融资提供隐性担保。其二，地方政府既要承担基础设施建设的职责，又要面临财政分税制的窘境，所以，城投公司作为商事主体发行的城投债自然成了政府筹措资金的主要渠道，地方政府也当然愿意为城投债提供隐性担保。其三，为防止再次出现债权人冲击承销商和债务人，甚至冲击政府的社会事件，所以政府从中积极协调，努力消除债券违约预警。

基于以上动因，政府为企业债券提供隐性担保的行为会产生以下危害：

1. 本应以商事信用为交易基础的企业信用债券，被附着了政府提供的隐性担保，短时期内虽可以防止区域信用下降，维护地方金融生态环境，但从长远看却是扰乱了国家正常经济秩序；

2. 因政府为企业债券提供隐性担保，投资者看到债市无违约，会更加逆向购买。如此，便会陷入恶性循环，为区域性风险和系统性风险埋下隐患。

二、供给侧改革背景下，债券违约风险突出

2016年国家政府工作报告强调"加强供给侧结构性改革，增强持续增长动力"，同时强调"着力化解过剩产能和降本增效。重点抓好钢铁、煤炭行业去产能，坚持市场倒逼……坚决淘汰落后产能，有序退出过剩产能"。根据国家关于供给侧的改革政策，在未来的3—5年内，我国需要化解1亿—1.5亿吨的钢铁过剩产能和5亿吨的煤炭过剩产能，预计将有180万个钢铁和煤炭行业的职工需要被分流安置。[①]

这些改革措施反映在债券市场上，则是企业的亏损面逐步扩大，信用风险升高。自"11超日债"成为首例实质违约的企业信用债券以来，企业信用债券不断被从保刚兑的神坛上拉下来。到2016年6月中旬，债券市场上已经发生了55起债券实质性违约，涉及企业34家，触及申万二级行业23个。考察这些违约企业的性质和行业分布，除44%的民营企业集中在东部地区外，其余则多为能

①数据来源：和讯债券，http://bond.hexun.com/2016-04-20/183423024.html，访问日期2016年7月。

源省份的央企、国企。[①] 根据wind，海通证券研究所的数据统计显示，违约风险较高的债券仍集中在钢铁、煤炭、化工、有色等产能过剩行业（见下图）。西部省份的许多城市都以煤炭、钢铁或有色金属作为支柱产业，是易发债券违约的高风险地区。

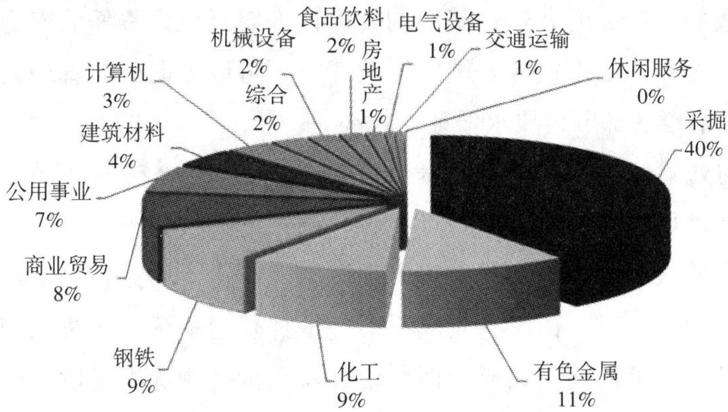

违约风险相对较高的债券行业分布图（%）[②]

从2015年政府工作总结和供给侧结构性改革的政策可以看出，在未触及金融风险底线的情况下，政府不再会有“大水漫灌”式的强逆周期刺激。随着去产能、去杠杆的供给侧改革不断推进，融资政策很有可能出现结构性收紧，而且实体经济疲软，产能过剩行业亏损加剧，重点发债行业不能再靠借新还旧得以维计。

鉴于政府对打破债券刚兑的态度越来越明晰，已经不能再指望通过政府的隐性担保行为解决信用债危机。面对加速暴露的企业信用债违约风险，我们要用法治化的方式妥善处理，时刻谨防系统性风险和区域性风险的发生。

三、律师为债券违约处置程序提供法律服务

因我国债券市场此前没有出现过债券违约事件，律师行业对债券违约处置也没有成形的经验或行业指导规范。“11超日债”的债权人就曾一度陷入维权困境，出现债券违约事件时，律师应发挥自己的专业优势，选择合理的路径，为债权人维护其合法权益提供法律服务。

（一）非诉方式解决

非诉方式解决可以采取以下五种具体方法：

①数据来源于：中信建投，http://victory.itslaw.cn/victory/api/v1/articles/article/23d3efae-8ca9- 41b3- bac1- 6ad976712771?downloadLink=2&source=iOS&from=singlemessage&isappinstalled=，访问日期2016年7月。

②数据来源于：Wind，海通证券研究所，http://bond.hexun.com/2016-04-20/183423024.html，访问日期2016年7月。

1.发送律师函件，督促债务人自觉偿债。律师可以依据当事人的委托，出具律师意见函或者律师法律意见书，督促债务人及时偿债或作出清偿计划。

2.要求保证人承担保证责任。如果债务人提供过保证担保做为增信措施，那么律师可以接受债权人委托，先调查为该笔债券提供担保的人数、是否约定各自担保的数额和担保的方式；其次调查保证人履行保证责任的能力；之后选择合适的求偿方式。如果债务人被申请破产，还可以先向破产管理人全额申报债权，未得到清偿的部分再要求保证人偿还。

3.抵押物处置。抵押物处置是债券违约处置程序中较为有效的解决方式。此过程中，受聘律师应注意以下要点：（1）调查抵押权是否成立、抵押担保的份额和抵押物的权属状态。实践中曾出现过虽然约定了债务人提供抵押，但直到债券实质违约发生时，都没有完成不动产抵押登记手续。此时抵押合同仍然成立，仍然可以要求抵押人完成抵押登记，就该抵押物优先受偿。（2）调查是否存在人保和物保并存的情况。如果存在，则要分析物保由谁提供，若物保由债务人提供，则必须先主张实现该抵押权，在仍未得到完全清偿时才能要求保证人承担相应保证责任。

4.质押权兑现。质押包括动产质押和权利凭证质押。因质押手续相对会比较完善，兑现质押财产可以较有效保护债权人的合法权益。

5.达成债务重组协议。在债务重组过程中，律师重点应发挥以下作用：首先，协助债权人与债务人达成展期协议、回售协议或削减本金利率的协议。其次，在展期协议或削减本金、利率的协议中争取为债权人设立交叉违约条款。交叉违约条款意味着若债务人又出现其他贷款合同下的违约情形，可以视为对本协议也存在实质性违约，从而加速债券到期。最后，要审慎分析协议的可行性，并督促协议落实。

（二）司法诉讼解决

帮助当事人司法诉讼主要包括违约求偿诉讼和破产诉讼。对于这两种方式的选择，应考量以下几个方面：

1.时间点的考量。若债券的到期时间晚于债务人的其他债务，更甚者债务人的主要财产被他人采取保全措施或执行措施，此时应尽可能提起破产诉讼。因为进入破产程序后，会导致保全解除和执行中止，可以尽量为债券持有人提高受偿比率；

2.债务人偿债能力的考量；

3.诉讼难易度及诉讼成本的考量。

协助当事人进行违约求偿诉讼过程中，应注意下列事项：

1.采取诉前或诉中财产保全措施；

2.对债务人的到期债权申请财产保全；

3.及时办理续保手续；

4.促使债务人提供第三方的有效担保。

协助当事人进行破产诉讼过程中，应注重下列内容：

1.调查债务人公司股东有无出资不实的情形；

2.及时行使撤销权，防止债务人转移资产；

3.调查债务人有无假借破产，逃避债务的现象；

4.积极参与债权人会议，审查有无虚假的破产费用等。

（三）促进法律法规的完善

我国正在实行的《公司债券发行与交易管理办法》尚有许多不完善之处，如对债券受托管理人的更换制度几乎没有提及；证券法作为上位法，对债券交易的规定也寥寥无几。广大律师应在实践中积极探索，直言极谏，促进债券发行和债券持有人权益保护条款在立法层面上的进一步完善。

结　语

随着供给侧结构性改革的不断深入，企业信用债违约风险加速暴露，政府不再有能力为如此多的违约事件提供隐性担保，再加上投资者之前没有养成良好的投资习惯，如若他们再看不到违约事件可以通过法律手段有效处置的期望，必然会使债券一级交易市场受挫，增加企业的融资难度。债券融资规模的大幅回落，定然会加大银行业的压力和风险，经济复苏进程受阻，企业融资难度进一步加大，由此形成恶性循环。因此，广大律师必须帮助市场用法治化的方式解决债券的违约问题，使法治思维深入到债券违约处置程序中去。

参考文献

[1] 洪艳蓉. 公司债券违约零容忍的法律救赎［J］. 法学，2013（12）：39-45.

[2] 陆岷峰，徐阳洋. 供给侧改革与政府有形手的有效应用［J］. 银行家，2016（03）：33-36.

[3] 杨谦. 债券违约求偿途径及相关问题探讨［J］. 债券，2015（09）：56-63.

[4] 窦鹏娟. 新常态下我国公司债券违约问题及其解决的法治逻辑［J］. 法学评论，2016（02）：143-153.

律师解释法律的基本原则及方法

兰州大学法学院　杨三正
甘肃经天地律师事务所　王　森

内容摘要：成文法的缺陷主要呈现为三种情形：其一，现行法有明确规定但过于概括；其二，现行法有规定但包含不确定性概念；其三，现行法无规定。针对成文法的这三种固有缺陷，在司法实践中法律实务人分别形成了与之对应的解释与适用法律的三种基本方法，即狭义的法律解释、不确定概念的价值补充和法律漏洞的补充。律师是当事人利益的代言人，依法维护当事人的合法权益是律师职业的天职。为实现自己的职业目标，律师必须在遵循基本原则的前提下，运用恰当的方法对法律进行解释，并通过自己的解释试图影响法官，使得法官最终能够接受自己的解释而适用相应的法律规范。本文仅基于狭义法律解释的角度，对律师解释法律的基本原则及方法进行探讨。

关键词：成文法　律师　法律解释　原则　方法

一、法律何以需要解释

从法学方法论角度审视，成文法的缺陷主要呈现为三种情形。其一，现行法有明确规定但过于概括，即现行法针对待决案件已经设有明确的一般性规定，而且这种规定具有高度概括性；其二，现行法虽有规定但包含不确定性概念，即就待决案件而言，现行法已经设有一般性规定，但该法律规范包含有不确定性概念；其三，现行法无规定。即就待决案件而言，现行法上没有相应的一般性规定，属于法律“盲区”，这种情况称为“法律漏洞”。

针对上述成文法固有缺陷的三种情形，在司法实践中法律人相应地采取三种方法予以弥补。因此，在司法实践中形成了与之对应的解释与适用法律的三种基本方法，学界分别将其称之为狭义的法律解释、不确定概念的价值补充和法律漏洞的补充。本文仅就狭义的法律解释做一探讨，并将研究视角仅限于解释法律的基本原则及主要方法。

为什么在法律已经有明确的一般性规定的情形下，还要对法律进行解释呢？也就是说，法律何以需要解释？首先，法律具有一般性。法律具有概括性、抽象性，它所针对的对象是一般的人、事、物，为使一般性法律规范能够适用于每个具体案件，就需要对法律进行解释（分析），化抽象为具体，变概括为特定。其次，案件具有特定性。现实社会中发生的形形色色的案件，无不具有自身的特征，完全雷同的案件是不存在的，法理上称为“类案”。为使法律规范的一般性规定能够与个案的事实认定具有涵摄关系，就必须对法律进行解释。最后，法律是以正义为导向的价值评判体系。法律所调整的社会关系具有无限多样性，法律作为社会关系的调整器是以正义为价值导向的。尽管在不同的时空维度中人们的正义观存在差异，但任何时空下的法律都力图达到正义或者起码声称是为了正义。因此，法律从来都不是弱肉强食、以强凌弱的工具，更不是为少数当权者谋利的工具，此所谓“人内心自有一杆秤”。如果法律适用最终背离了正义，必将引起不良的社会效果。轻则打击人们守法的自觉性和对法律的信仰，重则可能引发人们反法律、反社会的情绪。

二、律师解释法律的基本原则

西方人经常讲这样一句法律谚语，“法律未经解释不得适用”。可见，对现行法进行解释是法律人的一项共同职责。但是，由于各类法律人的职业有别，所持立场以及代表的利益不同，对法律的解释也必然存有差异。律师是当事人利益的代理者，依法维护当事人的合法权益是这一职业存在的社会公共基础。所有法律人对法律进行解释得遵循必要的原则，法律解释的原则是解释法律的灵魂所在。因此，律师在对法律进行解释时，应当保有自身的基本原则。

（一）依法解释原则

依法解释原则意指律师针对待决案件，在解释案件可能或者应当适用的法律规范时，应当立足于现行法既有的一般性规范，在现行法规定的范围内，本着现行法规范的基本精神进行解释。依法解释原则是法治原则的根本要求，在一个法治的国家，一切法律活动必须依法进行，律师的法律解释活动也概莫能外。

按照依法解释原则，律师在解释法律时应当立足于法治精神，以合乎法治本意为解释的终极目的，而不应违背法治的精神对法律进行任意性解释。否则，要么使自己的解释不被司法机关所采纳，要么与司法机关共同构成对法律秩序的破坏。

（二）与法官达成共识原则

众所周知，律师与法官在诉讼活动中的角色是完全不相同的。律师扮演着当事人利益代表者的角色，其基本职责是在协助法院查明案件事实的基础上，通过自己对法律的准确解释，并力图以此解释说服法官，使法官能够恰当地适用法律，最终维护当事人的合法权益。法官则是代表法院行使国家审判权，通过对个案的裁判，最终维护法律的尊严、捍卫基本人权以及彰显社会公平正义。

就双方的义务而言，法官的义务是在坚持以事实为根据、以法律为准绳的原则下，维护案件当事人的合法权益，法官的裁判行为都应在法律允许范围内。否则，法官的行为将被评判为违法，并受到相应的法律追究。而律师的义务则是协助法官查明案件事实，依法行使自己的代理权限和辩护权限，竭力维护当事人的合法权益。

综上所述，法官与律师在职业本质方面存在明显的区别。法官直接依据宪法和法律行使自己的审判权，是立场中立的裁判者，其所维护的是双方当事人的合法权益、法律的尊严以及社会公平正义。而律师则是依据当事人的委托授权，在法律允许的范围内，协助法官在查明案件事实的基础上，恰当地适用法律，最终维护自己所代表的一方当事人的合法权益和社会的公平与正义。可见，法官与律师在诉讼过程中的立场是不同的，追求的社会目标也是有别的。法官以忠实于法律为己任，更关注法律的适用。而律师以忠实于当事人的利益为天职，更注重对法律的解释以及自己的解释能够被法官所采纳。正因为如此，当面对具体个案的法律适用时，法官往往将注意力集中于现行法的一般性规定，而不过多地考虑个案的特殊性，其结果往往是所作出的裁判虽然合法但有失公平，即经不起实质正义的考问。而律师的代理活动都是围绕个案进行的，这决定了律师更加注重对个案特殊性的研判和对法律一般性规范的解释，更加重视通过法律适用，使得法律的一般性规定能够与个案之间保持契合关系，达到司法活动在结果上具有实质正义。由此可见，在诉讼代理过程中，律师对法律的解释能否被法官采纳就成了其代理行为的关键，力图与法官达成共识也就当然成了律师解释法律的一项基本原则。

（三）追求实质正义原则

众所周知，法律的生命和价值在于实现正义。从一般法理讲，法律的正义包括形式正义和实质正义。形式正义着眼于形式和手段的正义性，其重点强调对所有人平等地适用法律和制度。实质正义则更加关注内容和目的的正当性，强调正义的终极状态必须实现，如果司法制度不能体现实质正义,就会被评判为欠缺正当性。

当我们回归到司法实践中时，不难发现形式正义可能因其抽象性和一般性特征，往往会导致个案的实质不正义。也就是说，即便是完全符合形式正义的要求，即严格执行既定法律规则时，也会引起个案中的不公正与不合理，结果导致实质正义未能兑现。显然，出现这种情况的根本原因即在于，审理案件的法官过于注重现行法的一般性规定，而忽略了个案所具有的方方面面的特殊性。在法官看来，其所作出的裁判是合法的，是经得起考验的，殊不知社会公众对其裁判不予认同，原因在于法官的裁判未能体现实质正义，若干年前的“许霆案”便是一个例证。

笔者认为，法官和律师虽在法律活动中扮演不同角色，但同为法律人，应在各自实践中同守一条底线，共担一份责任，即能够保障法律实质正义的最终实现，如此才能通过自己的执业活动赋予法律以生命力。由此可见，律师在解释法律时必须以实质正义的实现为原则。脱离对实质正义的追求，律师的任何代理活动都是不圆满的。

三、律师解释法律的基本方法

在现行法已经有一般性规定的情形下，律师针对其所进行的解释，亦即狭义法律解释的基本方法[①]主要有以下几种。

（一）文义解释

文义解释是指按照法律条文用语的文义以阐释法律内容及其意义的解释方法。按照法学方法论的一般理论，律师在对法律进行文义解释时，首先须按照法律条文所使用的通常语义解释。当然，如果某词语在法律上具有特殊意义，则应当按照该特殊意义进行解释。

文义解释通常分为两种：一种称为机械文义解释，此种解释方法的特点在于解释法律时，虽然有例外情况，但在绝大多数情况下，宁肯牺牲立法目的，也要遵从法律条文的文字含义。另一种称为明达文义解释，该种解释虽然也是从字面含义出发，但它把其他解释方法引入文义解释的范围，使文义解释更具生命力。相比而言，由于明达文义解释更加注重法律的实质正义，其明显优于机械文义解释，故在司法实践中被律师们更加广泛地运用。

例如，2006年4月18日，王某到河南国美电器郑州市陇海路店购买了一台“海尔”笔记本电脑，标价签上标明其产地是青岛。王某回家后发现，该产品包装上显示产地为广东东莞，遂告上法庭，要求河南国美退还其购货款6999元，并增加一倍赔偿6999元。同年6月2日，郑州市二七区法院开庭审理了此案。法院审理认为，按照最高人民法院1988年4月2日《关于贯彻执行民法通则若干问题的意见》的司法解释：“一方当事人故意告知对方虚假情况或者故意隐瞒真实情况，诱使对方当事人作出错误意思表示的，可以认定为欺诈行为。”而在

① 此部分内容笔者分别参考了杨仁寿《法学方法论》（中国政法大学出版社1999年版）第二章“狭义的法律解释”和梁慧星《裁判的方法》（法律出版社2003年版）第二讲“法律解释方法”，并对部分文字及含义进行了自我诠释。

本案中，被告辩称错标产地并非出于故意而是疏忽，而且该电脑的外包装上产地“广东东莞”的标识清楚完整，原告应当会明白无误地注意到。因此，原告要求被告退还货款的诉讼请求，法院予以支持，但对“1+1”的赔偿要求不予支持。[1]这个案件涉及到对原《消费者权益保护法》第49条：“经营者提供商品或者服务有欺诈行为的，应当按照消费者的要求增加赔偿其受到的损失，增加赔偿的金额为消费者购买商品的价款或者接受服务的费用的一倍。”中“欺诈”一词的文义解释。显然，“欺诈”指的是经营者的主观心理状态，而且是“故意”，经营者的“疏忽”不在“欺诈”范畴。

由上案可见，一审法院的法官根据原《消费者权益保护法》第49条和《关于贯彻执行民法通则若干问题的意见》的司法解释，对“欺诈”一词的解释不仅运用了机械文义解释，而且也运用了明达文义解释，使得该判决具有正确性。

文义解释有别于以下其它解释的关键在于，在某个具体解释过程中，其它解释方法根据案件的实际需要，可以用也可以不用，只有文义解释是任何案件都必须使用的方法，是狭义法律解释不可跨越的“鸿沟”。

（二）体系解释

体系解释就是根据法律条文在法律文本中的位置，即在编、章、节、条、款、项、目的位置，以及该法律条文与其它法律条文前后的逻辑关系，对该法律条文所作的解释。

法律文本在体系安排上是一个相对完整的系统，在这个系统中各子系统之间存在着一定的逻辑关系。因此，当文义解释不能达到解释目的时，可以根据法律条文在体系上的逻辑关系，对拟适用的法律条文进行解释。

（三）立法解释

立法解释又叫法意解释，就是对某个法律条文从起草和制定过程中的有关资料出发，据此分析立法者制定法律时的价值判断以及所要实现的立法目的，亦即立法者的立法意图，从而对法律条文所作的解释。

假如，有一旅客因火车提供饮用开水而收费与铁路局发生纠纷。这里适用的法律条文为《铁路法》第13条“铁路运输企业应当采取有效措施做好旅客运输服务工作，做到文明礼貌、热情周到，保持车站和车厢内的清洁卫生，提供饮用开水，做好列车上的饮食供应工作。”在这一条文中，只是规定了“提供饮用开水”，而并没有明确究竟是“有偿”还是“无偿”提供。针对这一现行法规

---

① http://news.sina.com.cn/o/2006-07-13/06019444483s.shtml，访问时间：2015年4月24日。此案判决发生在新《消费者权益保护法》实施之前，笔者之所以选择此案，理由在于其已经生效，可作为论述问题的依据。

范，铁路局从自己利益出发，认为应当是“有偿提供”，而旅客则从自己利益考虑，认为应当是“无偿提供”。面对这两种明显相左的观点，律师就要采用立法解释的方法，阐明《铁路法》制定的背景之一就是我国铁路运输质量差，不能为社会提供必要质量保证的服务，该法的立法目的就是要改变这一落后局面，并由此得出本条规定的“提供饮用开水”为“无偿提供”而非“有偿提供”的结论。

（四）扩张解释

扩张解释又称为“扩大解释”，是指某个法律条文的语义过于狭窄，将本应适用该条文的案件却排除于外，于是根据立法本意将其语义进行扩张，从而使案件能够适用该法律条文的解释方法。

例如，一个三岁小孩挑逗邻居家的公鸡被啄伤眼睛，其父母要求邻居家赔偿。这里适用的法律条文为民法通则第127条“饲养的动物造成他人损害的，动物饲养人或者管理人应当承担民事责任；由于受害人的过错造成损害的，动物饲养人或者管理人不承担民事责任；由于第三人的过错造成损害的，第三人应当承担民事责任。”如果严格按照此条规定，由于受害人有“挑逗”行为，即他存在过错将不能获得赔偿。但对于一个三岁的孩子这样要求，显然与法理情理均不符。针对这种情形，律师就要对该条中的“受害人”一词进行语义扩张，将其扩展到“受害人一方”，这样既可以使饲养人承担相应的赔偿责任，也可以对小孩的监护人未完全尽到监护责任予以惩戒，以最终体现法律的实质正义。

当然，扩张解释有一个限度，不可无限制地任意扩大，此即为“文义射程”，也就是法律条文所承载文义的最大范围。

（五）限缩解释

限缩解释又称为“缩小解释”，是指某个法律条文的语义过于宽泛，将本不应该适用该条文的案件却包括其中，于是根据立法本意将其语义进行缩小，从而使案件排除适用该法律条文的解释方法。

（六）当然解释

当然解释是指从法律规定本身看，其并没有明确规定某个案件适用或者不适用该法律条文，但从其立法本意看，不适用或者适用该法律条文更具有合理性，因而将该法律条文不适用或者适用于该类案件的解释方法。当然解释通常分为两种：一是举重以明轻，意为既然某种较重的行为不适用该法律条文，那么同其相比某种较轻的行为当然不适用该法律条文。二是举轻以明重，也就是既然某种较轻的行为适用该法律条文，那么同其相比某种较重的行为当然适用该法律条文。例如，按照刑法对盗窃罪的规定，既然盗窃“数额较大”即构成盗窃罪，那么“盗窃数额巨大”则当然构成盗窃罪。

（七）目的解释

目的解释就是以立法目的为依据，对法律条文进行解释。国家立法机关制定任何一部法律，都具有一定的立法目的，立法目的通常称为“立法宗旨”。当对某一法律条文的适用产生疑问时，可以根据该法的立法宗旨对其进行解释。

（八）合宪性解释

合宪性解释是指以宪法的原则性规定，对某一位阶较低的法律进行解释的方法。在一国的整个法律体系中，宪法具有最高的法律效力，任何法律适用均不得有违宪法的基本原则和精神，这就是合宪性解释的依据。

（九）比较法解释

比较法解释就是将本国相应的法律条文，与其它国家或者地区的某一法律规范或判例进行比较，并对本国相应的法律条文进行解释的方法。

（十）社会学方法解释

社会学方法解释是指将社会学的研究方法运用到法律解释中，对某一法律条文进行解释的方法。社会学的研究方法通常有着严密的步骤：第一步先进行调查；第二步根据调查做出预测；第三步通过现实结果验证预测效果。据此，社会学方法解释可如此进行：首先，假设一种判决，对该判决可能产生的社会效果进行利弊分析；其次，再假设另一种判决，对该判决可能产生的社会效果进行利弊分析；再次，将前两种假设判决可能产生的社会效果放置于一起进行对比分析，然后根据“两害相权取其轻，两利相权取其重”这一准则进行取舍，最终选择出应当适用的法律。

四、结语

律师的职业本质决定了其在解释法律方面应当有更优于法官的才智，为此律师应当全面准确地掌握法律解释的基本方法。本文只就狭义法律解释做了一些粗浅的探讨，其中存在纰漏在所难免。对其它法律解释的方法，诸如法律漏洞的补充、不确定概念的价值补充以及利益衡量等问题，将在此研究的基础上进行必要的探讨。

"一带一路"战略下我国企业与东盟贸易中知识产权风险防范对策研究

重庆公孝律师事务所　张婷

内容摘要：在"一带一路"战略中，东盟国家是我国企业"走出去"的重要贸易市场和贸易伙伴。然而，由于东盟各国在经济和产业发展方面的不平衡，导致各国知识产权制度与政策存在较大差异。我国企业在东盟市场面临着知识产权意识薄弱、对东盟各国知识产权政策和环境了解的匮乏、频繁遭遇知识产权贸易壁垒以及缺乏"走出去"的国际化复合型人才等诸多知识产权风险，急需构建我国企业涉东盟知识产权风险防范的具体路径，以此来降低侵权风险，维护自身合法权益。

关键词："一带一路"　东盟　知识产权　风险防范

"一带一路"建设是我国主动应对全球形势变化、统筹国内国际两个大局做出的重大战略决策。作为"一带一路"战略中西部地区最大的贸易伙伴，东盟各国知识产权行政和司法体系、保护环境均存在较大差异，知识产权保护力度参差不齐。对于进入相关国家或者计划与相关国家的政府、企业、科研院所等开展技术合作的中国企业而言，要"走出去"，在东盟市场中占据一席之地，一方面迫切需要保护自身知识产权，同时也需要规避竞争对手以知识产权作为武器的跑马圈地，防范知识产权风险以维护自身合法权益。

一、现状：东盟国家知识产权环境概况及我国企业专利申请考察

东盟十国[①]大多有被西方资本主义国家殖民统治的历史，因此各国深受外来法律文化的影响。一些受英国、美国影响的国家，如菲律宾、新加坡等，继承了英美普通法传统，判例法在知识产权保护体制中具有重要地位。菲律宾沿袭美国法制，新加坡、文莱、马来西亚等国沿袭英国法制。东盟各成员国的知识产权法律制度采取了多种不同的形式。一些国家分别立有专利法、商标法和著作权法，如新加坡；一些国家制定了综合知识产权法，如菲律宾制定有知识产

① 东盟十国包括：文莱、柬埔寨、印度尼西亚、老挝、马来西亚、缅甸、菲律宾、新加坡、泰国、越南。

权法典，老挝制定有知识产权法。还有一些国家是将知识产权法纳于民法典中，如越南民法典，同时制定类似知识产权法典的知识产权法。总体来说，目前东盟所有成员国都已经建立起知识产权保护体系，但法律制度依然存在较大差别。

东盟国家独立和建立知识产权制度的时间表

东盟国家	文莱	柬埔寨	印度尼西亚	老挝	马来西亚	缅甸	菲律宾	新加坡	泰国	越南
独立时间	1984	1953	1945	1954（1975）	1957（1963）	1948	1946	1965	1896（1945）	1954（1976）
知识产权立法时间	1953 1999—2000	2000	1961 2000	1991	1936 1969	1911	1833 1947	1938 1969	1901 1914 1999	1982

东盟各国自1995年签订东盟关于知识产权保护合作的框架协议以来，以框架协议为总体框架，以东盟知识产权合作工作组[①]为工作机制，以知识产权战略行动计划[②]为具体措施，不断加强在知识产权问题上的区域合作与协调，加快区域知识产权一体化进程。今后，随着东盟参加相关国际公约和东盟加入多双边自由贸易谈判的数量不断增加，可以预见的是，东盟各国的知识产权制度还将面临持续的发展和调整。

我国与东盟在知识产权方面的整体合作始于2005年举办的"中国—东盟知识产权研讨班"。2009年10月，我国与东盟签署了中国—东盟知识产权领域合作谅解备忘录。该备忘录为我国企业在东盟国家知识产权领域的发展打开了新局面。以我国企业在东盟地区的专利申请情况为例，[③]自2005年开始，中国申请人进入东盟的专利申请量保持稳定增长，2012年的申请量较2005年增长了1倍有余，2008年由于经济危机的影响出现小幅回落。这说明中国企业越来越重视东盟市场，逐年增大对东盟市场的投入。

① 东盟知识产权合作工作组（AWGIPC）是1996年按照东盟知识产权合作框架协议而建立，负责东盟地区知识产权问题的部门组织，由东盟各成员国的知识产权局组成。

② 从1996年开始，制定的行动计划分别是：1996—1998年，1999—2001年，2004—2010年，2010—2015年，2016—2025年行动计划。

③ 统计时间截止2015年年底，数据源于国家知识产权局DWPI（德温特世界专利索引）数据库。

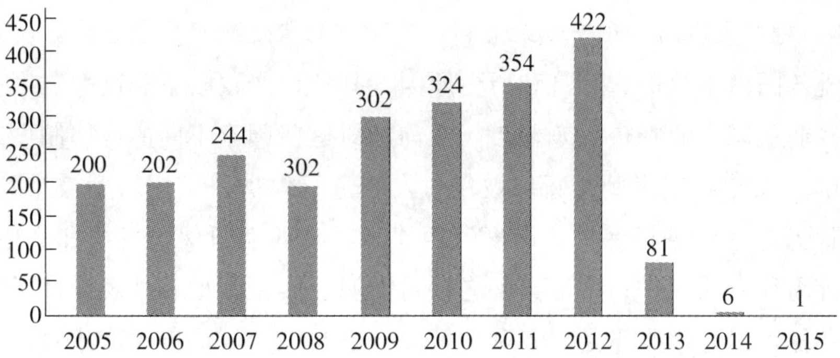

图1　中国申请人在东盟专利申请量趋势

从专利申请的国别来看，中国申请人在东盟的专利申请中，主要集中在新加坡和越南两个国家，分别占48.2%和35.01%，进入其他国家的申请较少，总和仅占26.8%。越南在地理位置上与中国接壤，贸易往来非常频繁，中国的摩托车、汽车行业在越南都有较大投资，专利申请量自然比较大。而新加坡则是东南亚经济最发达的国家，其科技实力也是最为先进的，中国企业面临的市场竞争尤为激烈，加大专利申请，抢占先机，是中国申请人的必然选择。

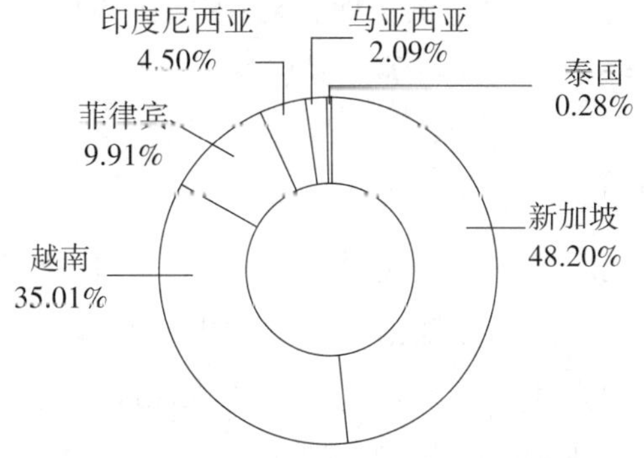

图2　中国申请人在东盟专利申请各国占比

二、风险：我国企业在东盟国家面临的知识产权制约因素

（一）企业知识产权意识薄弱

我国走入东盟的企业当中，民营企业占据了半壁江山，而大部分的民营企业规模小，资金实力弱，经营者往往缺乏知识产权意识，仅重视眼前利益，经营过程中以产品销量、营业收入等指标作为衡量企业对外投资是否成功的标准，忽视了海外投资中存在的知识产权风险。在专利领域，企业缺乏在东盟国家进行专利布局的意识，在进行海外扩张时没有提前进行专利信息的检索，贸然"走出去"导致企业惨淡收场；在商标领域，近年来，中国商标在东盟国家遭抢注的现象屡屡发生，例如云南名牌"999"牌电池被老挝抢注，"飞鸽牌"

自行车商标被印度尼西亚抢注，导致中国品牌形象严重受损。

（二）对东盟各国知识产权政策和环境了解的匮乏

东盟各国由于政治、经济和历史原因，其知识产权政策和法律制度存在较大差别，而我国企业在进入东盟市场之前却对这些国家不同的法律制度缺乏足够的了解。以专利法为例，新加坡仅对发明进行保护，实用新型被排除在外，外观设计另行立法进行保护；印度尼西亚和马来西亚只保护发明和实用新型，外观设计另行立法保护；柬埔寨和老挝对发明、实用新型和外观设计予以同时保护；菲律宾和越南则不是以专利法，而是以知识产权法典的形式对发明、实用新型和外观设计进行全面保护。另外，柬埔寨、老挝、缅甸等国作为东盟地区最不发达国家，仍未开始执行与贸易有关的知识产权协议（Trips协议）的相关条款，与东盟其他国家之间的差距较大。

（三）频繁遭遇知识产权贸易壁垒

近年来，东盟各国普遍存在运用具有实际域外效力的单边制度构筑知识产权壁垒的现象。最新数据显示，东盟已成为中国高新技术产品第一大进口来源地和贸易逆差来源地。在高新技术贸易领域，东盟各国不仅开始将提高本国自主知识产权研发能力作为重中之重，而且对中国采取了出口限制、进口许可、技术性贸易壁垒以及绿色贸易壁垒等贸易保护措施，极大的阻碍了中国企业在东盟市场的发展。

（四）缺乏“走出去”的国际化复合型人才

在“一带一路”战略背景下，我国“走出去”的企业普遍缺乏具有全球视野和国际化战略思维、熟悉国际规则和法律法规、精通市场开拓和跨国经营管理、外语熟练的复合型人才，尤其是既懂得经营管理又熟悉知识产权工作的人才更为稀缺。大多数企业对国际化人才的选用，通常是因需而招，没有制定和建立人才长期培养的计划，甚至短期培训也没有。

三、对策：我国企业涉东盟知识产权风险防范的路径选择

（一）构建中国—东盟知识产权信息服务体系

在与东盟的贸易中，西部地区企业普遍存在不了解东盟国家相关知识产权法律、缺乏知识产权域外保护意识、不善于利用知识产权拓展国际市场等问题，这显然不利于贸易主体理性制定适宜的知识产权管理、经营和保护策略，也将影响特色产业在对外贸易中发挥其比较优势。目前，由于在中国与东盟之间尚未构筑起专门的知识产权信息服务平台，基于语言和信息流动障碍，广大企业难以从公共渠道直接获得有关东盟各国的法律文件官方译本，这给经营者造成极大的制约。因此，需要在政府或行业协会层面构建一个共同服务、开放竞争的中国—东盟知识产权信息服务体系，实现各国知识产权信息资源共享，有效完善和提升中国—东盟知识产权保护与合作机制。

（二）提高企业知识产权保护意识

大多数的东盟国家知识产权的保护建立时间不长，与我国一样，缺乏发达国家从低水平保护到高水平保护的必要过渡期，双方的政府和企业对于制度建设、运作的经验尚浅，因而给纠纷的产生埋下了较大隐患。因此，对于我国企业来说，要想占据优势地位，如何提高知识产权保护意识，运用法律和技术手段对于企业知识产权进行保护就需引起企业管理者的高度重视。一方面，针对东盟市场的特殊性，不断加强我国企业拥有自主知识产权产品和技术的研发和出口，另一方面，进行合理的知识产权布局，抢先占据"制高点"，降低侵权风险。所谓兵马未动，粮草先行，由于专利申请目前各国均实行先申请原则，且授予专利权的发明创造要具备新颖性；商标注册大多数东盟国家也是实行先申请制。因此，凡在东盟国家有市场前景的新产品，在国内进行专利、商标申请时，就应统筹考虑向东盟国家的申请，在优先权期限内及时提出。

（三）增强对东盟国家知识产权法律制度的理解和运用

东盟十国除三个欠发达国家外，均已建立较完备的知识产权法律体系，尽管都与国际接轨，但在有关具体问题的规定上也不尽相同。例如，商标都规定要申请注册后才予以保护，但就不同申请人就相同商品或服务上使用相同商标进行授权时，马来西亚和柬埔寨实行使用优先制，而其他国家则实行先申请制。诸如此类的情况各国规定均有差异，因此，增强对相关国家的知识产权政策和制度的理解及运用是企业"走出去"的第一步。

企业应随时关注东盟国家官方关于专利、商标、工业设计等方面的知识产权公报，发现他人的专利申请、商标注册和工业设计与自己在先取得的权利相冲突，应按照该国知识产权法律的有关规定，及时通过异议、撤销和无效宣告等法律程序，阻止他人获得相应的权利，以免自己的权利遭到侵犯，或受制于他人的知识产权。

（四）提升企业知识产权海外诉讼维权能力

当知识产权遭到他人侵犯时，应及时通过诉讼或非诉讼手段制止侵权行为，挽回侵犯损失。东盟大多数国家的知识产权侵权案件由法院审理，有的国家还设有专门的知识产权法院，所以当知识产权遭到侵犯时，可以向有管辖权的法院提起诉讼。通过诉讼程序解决有时花费较大，程序复杂，周期较长，所以通过谈判的方式解决侵权纠纷也不失为一种选择。努力通过官方渠道创造谈判机会，并积极争取行业协会的支持，公平合理地解决纠纷也是维权的途径。

另外要指出的是，在大多数东盟国家，侵犯知识产权要承担民事责任、行政责任，甚至要受到刑事制裁。作为中方企业在维权策略上，通常在诉求上以民事责任为主，行政与刑事责任为辅，这样可较快地制止侵权行为，获得损失赔偿。

当遇到知识产权侵权纠纷时，若作为被控方，国内企业应当首先进行知识产权保护范围对比分析，发现自己确实存在侵权时，也不能坐以待毙，而应当首先搞清对方发动知识产权侵权诉讼的目的，并积极寻求和解，通过主动要求合作，以市场换专利，延长诉讼时间，发动无效宣告程序，利用知识产权对抗等方式提高和解的可能。

（五）培养知识产权国际化人才

"一带一路"战略的推进，人才是重中之重。国际化知识产权人才的培养对于保障我国企业顺利进入东盟市场具有重要的现实意义。无论是政府、企业，还是法律服务机构等，都需要精通外语，熟悉知识产权国际法律制度，具备国际专利申请、布局及海外维权诉讼能力的国际化专业人才，因此要加大此类人才的培养力度，服务于企业"走出去"的实践需求。在国际人才培养的措施方面，除了深化校企合作，鼓励企业在相应的院校建立国际化人才培养基地以外，还要挖掘和利用好境外人才资源，注重吸引海外留学人员。

（六）提升知识产权法律服务水平

由于我国与东盟国家在政治经济体制及社会发展等诸多方面有所不同，因此我国企业在东盟的贸易投资中将面临各种知识产权法律风险。为了帮助企业降低或规避"走出去"可能遇到的知识产权侵权风险，维护其在东盟国家的合法权益，迫切需要法律服务机构针对该新兴业务领域开展法律服务需求调研、法律产品的开发和律师团队的培养。有条件的法律服务机构应整合相关资源，组建专门的知识产权专业服务小组，着手制定企业投资东盟相关国家的法律"攻略"，建立以"一带一路"为纽带的相关国家与地区的律师联盟，有针对性地提供涉及东盟国家的知识产权业务咨询和指导服务，推动"一带一路"战略下我国企业涉东盟法律服务水平的提升。

参考文献

［1］李顺德.东南亚联盟国家知识产权环境研究［J］.中国社会科学院法学研究所，2014：16.

［2］庞程.知识产权视角下广西企业面向东盟实施"走出去"战略研究［J］.大众科技，2016（1）：127.

［3］杨静.TRIPs协议下东盟专利法协调的困境与出路［J］.东南亚纵横，2008（5）：34.

［4］宣蓉.中国与东盟贸易中中国知识产权战略的构建与实施［J］.对外经贸，2012（2）：21.

［5］戴琳.论云南与东盟贸易中特色产业的知识产权保护［J］.云南大学学报：法学版，2013（3）：38.

“一带一路”战略区跨境电子商务法律监管问题研究

中豪律师事务所　齐　飞

内容摘要：“一带一路”战略区跨境电子商务的发展具有特殊地域性，其还具有运作模式多样化、参与主体多元化、受政策扶持力度大等特点。但是，就目前来看，“一带一路”战略区跨境电子商务存在法律法规整体不完善，参与主体的行为有待规范、支付结汇法律监管不完善等问题。本文以此为出发点，进行“一带一路”战略区跨境电子商务法律监管问题研究。

关键词：“一带一路”战略区　跨境电子商务　法律监管

引　言

2013年9月和10月，中国国家主席习近平在出访中亚和东南亚国家期间，先后提出共建“丝绸之路经济带”和“21世纪海上丝绸之路”（简称“一带一路”）的重大倡议，得到国际社会高度关注。“一带一路”贯通中亚、南亚、东南亚、西亚等区域，连接亚太和欧洲两大经济圈，是世界上跨度最大、最具发展潜力的经济合作带，以此催生的跨境电子商务已经如火如荼地展开了近三年的时间。

当前，全球经济增长和贸易、投资格局正在酝酿进行深刻的调整。在此阶段推动跨境电子商务的发展，将直接带动我国物流配送、电子支付、电子认证等现代服务业的发展，加快我国产业结构转型升级的步伐。同时，跨境电子商务的相关服务平台能提供包括金融、贸易、物流等在内的专业化服务，使过去环节复杂、交易专业的国际贸易变得便捷高效，这为打破行业渠道垄断，提升企业创新力提供了有效途径。根据商务部发布的2015年度商务运行情况看来，跨境电子正在逐渐成为外贸发展新的增长点之一。[①]全年跨境电子商务的增速高达30%以上，而市场采购贸易方式出口增速超过了70%，这也进一步印证，我

①中央政府门户网站：“商务部通报2015年商务运行情况等”，2016年1月20日，http://www.gov.cn/xinwen/2016-01/20/content_5034716.htm，最后访问时间：2016年7月14日。

国已充分认识跨境电子商务的重要性，其已成为创新驱动发展的重要引擎，成为大众创业、万众创新的重要渠道。

当跨境电子商务与"一带一路"战略区紧密联系起来，必将产生强大的催化作用，促进合作经济带的蓬勃发展。但不容忽视的是，"一带一路"跨境电子商务涉及多个发展中的主权国家，其地域跨度大、发展空间大等特点，使得当前的法律体系和监管体制受到了前所未有的挑战。比如，现行的监管与业务模式和服务体系不相适应，未有效解决深层次矛盾和法律监管难题等。在此过程中，跨境电子商务网络平台和跨境电子商务产业交易链的法律监管体系务必持续完善。对"一带一路"战略区跨境电子商务法律监管问题进行研究具有重要性与必要性，这也成为本文下笔的起点。

一、"一带一路"战略区跨境电子商务的发展特点

"一带一路"战略为我国贸易发展描绘了广阔的蓝图，在"一带一路"战略区内发展跨境电子商务是与时俱进的选择。经过三年发展，我国"一带一路"战略区电子商务呈现出值得研究的重要特点。

（一）"一带一路"战略区跨境电子商务的发展具有特殊地域性

在"一带一路"战略的提纲挈领作用下，覆盖全球65个国家、90多个港口的巨大贸易新通道正在形成。共建"一带一路"致力于亚欧非大陆及附近海洋的互联互通，建立和加强沿线各国互联互通伙伴关系，构建全方位、多层次、复合型的互联互通网络，实现沿线各国多元、自主、平衡、可持续的发展。[①]在我国境内，丝绸之路经济带圈定了新疆、陕西、甘肃、宁夏、青海、内蒙古、黑龙江、吉林、辽宁、广西、云南、西藏、重庆13省市，21世纪海上丝绸之路圈定了上海、福建、广东、浙江、海南5省市。我国"一带一路"战略圈定地多数综合实力相对较弱，基础设施较为薄弱，尤其是西北、东北、西南地区，这些地区需要借鉴上海、广东等优势地区的经验，构建较为完善的信用环境，建设跨境电子商务基础设施，逐步打破其发展跨境电子商务的地域瓶颈。

从全球电商市场来看，目前主要电商市场仍然以美国、英国、欧盟、韩国、日本为主，[②]东南亚、中东、波兰、乌克兰、俄罗斯等属于"一带一路"战略区国家的电商渗透率正在逐步提高，但并非跨境电商发展的主流区域。根据2015年6月11日，阿里研究院与埃森哲在北京联合发布的全球跨境B2C电商趋

---

① 2015年3月28日，国家发展改革委、外交部、商务部28日联合发布了《推动共建丝绸之路经济带和21世纪海上丝绸之路的愿景与行动》。

② 根据艾瑞咨询发布的《2016年中国跨境网购用户研究报告》统计的数据，跨境网购用户跨境网购的八大国家为美国、日本、韩国、德国、澳大利亚、英国、新西兰、法国。

势报告，2014年亚太区跨境B2C电商交易额占到全球的30%，这一比例在2020年预计将上升到48%。[①]“一带一路”战略区沿线国家多为发展中国家，整个区域内工业消费品更为发达且各国经济、文化、法律环境差异较大，如何扩大对该战略沿线国家的经济贸易合作理应深思。

（二）“一带一路”跨境电子商务运作模式多样化

跨境电子商务是指分属不同关境的交易主体，通过电商平台达成交易，进行支付结算，并通过跨境物流送达商品，完成交易的一种国际商业活动。众所周知，跨境电商包括进口和出口两种模式，目前，国家明确鼓励、支持出口类跨境电商，而进口类跨境电商涉及到的国内法律较为繁杂，监管部门相对审慎。国家层面出台的相关规定多为原则性的政策导向与指导意见，由各试点城市在具体落实时采用适宜本地的不同路径。涉及到“一带一路”跨境电子商务运作模式多讨论于进口类跨境电商。

进口类跨境电商可分为自营与第三方平台两种。采取自营模式时，自营电商多使用保税进口的方式，提前批量采购将商品运至保税区内保税仓库免税备货，客户订单发出后，商品直接从保税仓库发出，在海关等部门监管下通关。采取第三方平台模式时，第三方平台直接连接消费者与商家，采用直邮进口的方式，将符合条件的电商平台与海关联网，境内消费者跨境网购后，电子订单、支付凭证、电子运单等由跨境电商实时传输给海关，按个人邮递物品征税。根据统计数据显示，目前中国各类跨境平台企业已超过5000家，通过平台开展跨境电商的外贸企业逾20万家。第三方平台模式发展至今，平台型、自营型、导购型三大模式均在大放异彩。未来“一带一路”跨境电子商务运作模式多样化，在缺乏明确规则指引的情况下，业务模式的创新面临挑战。

（三）“一带一路”战略区跨境电子商务参与主体多元化

跨境电子商务的开放性平台使得诸多主体加入其中。[②]“一带一路”跨境电子商务涉及的主体至少包括品牌商、物流供应链服务商、国内电商巨头、创业公司、传统零售商、中小微商、消费者，整个电子商务行业的整体价值升级和成本结构优化都离不开以上各类主体的深度参与。电商巨头纷纷以不同形式涉足跨境贸易，以维护自身地位的稳定。如自2014年以来新兴发展的天猫国

①财新网：“2020年中国将成全球跨境电商最大市场”，2015年6月12日，http://companies.caixin.com/2015-06-12/100818927.html，最后访问时间：2016年7月13日。

②质检总局2015年11月颁布的《跨境电子商务经营主体和商品备案管理工作规范》规定，跨境电子商务经营主体是指从事跨境电子商务业务的企业，包括跨境电子商务商品的经营企业、物流仓储企业、跨境电子商务交易平台运营企业和与跨境电子商务相关的企业。

际、京东海外购、聚美急速免税店等。与此同时，创业公司与传统零售商正迎难而上，顺应“互联网+”的趋势积极部署进军跨境交易市场。由于“一带一路”跨区域性显著，诸多在多年的跨境贸易、物流服务中积累了丰富经验的物流公司，正积极探索新路径，在提升自身竞争力的同时促进跨境电商的繁荣。

（四）“一带一路”战略区跨境电子商务受政策扶持力度大

针对“一带一路”战略，国务院出台关于改进口岸工作支持外贸发展的若干意见等文件，国家发改委、交通部、商务部等已经出台促进设施联通的规划文件，其中发改委发布了国家发展改革委关于当前更好发挥交通运输支撑引领经济社会发展作用的意见，商务部出台了全国流通节点城市布局规划，交通部出台了丝绸之路经济带和海上丝绸之路建设战略规划。海关总署日前出台服务“一带一路”建设实施方案，提出三个方面十六条海关配套支持措施。

针对跨境电子商务，近几年来，中央政府以“释放市场活力、牵引产业升级”为核心，制定出台各项指导跨境电商健康快速发展的支持政策。2015年政府工作报告明确要求实施鼓励进口政策，增加国内短缺产品进口，扩大跨境电商试点。自2015年以来，国务院连续出台多个支持跨境电商发展的政策文件，从关于改进口岸工作支持外贸发展的若干意见，到关于加快培育外贸竞争新优势的若干意见，再到具有里程碑意义的系统性指导文件——《关于促进跨境电子商务健康快速发展的指导意见》（国办发〔2015〕46号）出台，支持跨境电商发展的有力举措正在发挥成效。

二、“一带一路”战略区跨境电子商务法律监管存在的问题

（一）“一带一路”战略区跨境电子商务法律法规整体不完善

就我国而言，目前我国只制定了互联网信息服务管理办法、电子签名法等少数几部与跨境电子商务相关的法律法规，对于跨境电子商务涉及的交易、税收以及消费者权益保障等方面都没有专门的规范和标准。“一带一路”战略区跨境电子商务的发展迅猛，且以政策扶持为主的特点，使得同步构建完备的法律监管体系成为必要之义。

（二）“一带一路”战略区跨境电商参与主体的行为有待规范

如前文所述，“一带一路”战略区跨境电子商务的参与主体具有多元化的特点，这在促进电商交易繁荣的同时，也带来了对主体行为的法律监督风险。跨境电商的参与主体在进行贸易的过程中，对消费者权益造成侵害，对竞争者利益进行侵犯的行为时有发生。

第一，消费者权益保护问题不容忽视。跨境电商中与消费者保护密切相关的主要有原产地、退换货以及争议解决等问题。一方面，卖家发布的网上信息存在虚假描述、夸大宣传，买家无法完全了解产品的真实情况，很可能造成“买家秀”与“卖家秀”有着天壤之别的啼笑皆非现象，侵害消费者的知情权。另一方面，“一带一路”跨境电子商务争议解决机制不完善。由于各国法律存在差异，缺乏统一信用标识，各国的信用管理体系不能很好地应用到跨境电商领域，纠纷发生后的跨国维权异常艰难。而跨境电商交易后如果要退货，要考虑通关、关税、跨境物流等众多复杂的因素，令消费者望而却步。①

第二，不正当竞争行为时有发生。中国广大的中小民营企业产品结构单一，行业进入门槛低，在国际上的竞争优势主要在于价格，在开拓“一带一路”国际市场时，中国企业间恶性无序竞争问题比较突出。而“一带一路”战略区电子商务连结的沿线多为贸易发展中的国家，自身法律制度的构建尚不完备，由此造成的不正当竞争行为面临较大的监管空缺。

（三）跨境电子商务支付结汇法律监管不完善

目前，国家对于第三方跨境支付还没有一部统一规范的管理制度，没有明确其跨境业务范围，没有相对明确的保证金数值。与此同时，各国和地区的币值及汇率不同，整个交易靠第三方支付来完成，交易双方实际难以知晓对方的金融状况。当然，目前我国正在以跨境电子商务试点城市的方式，积极探索支付和结汇的监管和方式创新，部分试点地区已经可以通过先分批出境，再集中报关的模式，实现跨境电子商务按正规渠道结汇，这种方式亦需要持续的经验总结与实践完善。

以上问题皆表明，伴随一带一路战略区跨境电子商务新特点而生的是其存在的诸多问题，这同时揭示了其接受法律监管的必要性与重要性。可见，我国急需建立适应跨境电子商务发展的法律和监管模式，进一步引导“一带一路”战略区跨境电子商务健康发展。

三、“一带一路”战略区跨境电子商务法律监管路径设计

（一）坚持规范为主的法律监管原则

在跨境电商的监管中，要突出规范为主的原则，结合我国跨境电子商务发展的特点和趋势，既要逐步规范跨境电子商务的相关法律法规，又要避免过度监管，给跨境电子商务发展创造相对宽松的法制环境。尤其在目前，“一带一路”沿线国家地区还没有完全形成统一、有序的贸易区，这需政府坚守市场经济“守夜人”的职责，适当地介入指导。一方面，营造良好的法律监管氛围，着重构建宽松和谐的经营主体、经营商品准入环境，保障安全信赖的诚信体系

---

①袁旭立：“我国跨境贸易电子商务发展现状及主要问题研究”，对外经贸大学硕士学位论文，2015年5月，第20页。

建设。另一方面，为宽松谦抑的法律监管设定一定的边界，把制定新的法律法规和修改解释原有法律法规相结合，构建完整的跨境电子商务法律法规体系。要对不合理的经营行为进行警示，严格禁止通过非法渠道入境的商品在电商平台销售的行为。

（二）以互联网为载体，优化线上法律监管模式

法律监管必须跨越线上、线下交易空间实现法律全程监管。一方面，要利用“互联网+”的契机，与支付平台、大型电商及快运企业紧密合作，在全面掌握电子支付、电商交易、营销数据、物流数据的基础上，研究共建智能监管系统，另一方面，要打造网络信息化监管体系，在通关壁垒的攻坚阶段，打通进关查验、流通监管、消费维权等诸多关口，尽量使用电子信息化的通关系统进行无纸化申报和随附单据电子化，以降低企业通关成本、提升监管效率。[①]

（三）促进“一带一路”战略区法律监管方式的互联互通

跨境电子商务的一个突出的特点就是无国界，制定我国跨境电子商务相关法律法规，要考虑国际跨境电子商务法律法规的统一适用与法律监督的合作治理。第一，促进国内法与全球性法律的合作，这要求各沿线国家地区的国内法服从全球性国际经济组织的强制性规定；第二，促进国内法与区域性经济法律的合作，这要求“一带一路”沿线国家地区的国内法符合相关国际性经济组织、区域性经济组织的强制性规定；第三，优化跨境电子商务纠纷解决机制，积极利用WTO等相关国际组织的标准和协商体系，帮助国内企业处理跨境电子商务贸易纠纷。建立“一带一路”相关国家自由贸易谈判机制，推进跨境电子商务规则、条例的研究和制定。

四、结论

“一带一路”肩负着探寻经济增长之道、实现全球化再平衡、开创地区新型合作的三重使命，坚守着开放合作、和谐包容、市场运作、互利共赢的五大共建原则。在“一带一路”的背景下，创新和改革让企业受益，跨境电商企业一定要从市场端出发，在搭建低成本、高效率电商通道的同时，用法律规范自身行为，做到从心所欲不逾矩；立法机关应坚持规范为主、分类监管的原则，不断建立健全“一带一路”跨境电商的法律法规；监管部门应当秉持执法谦抑的审慎态度，推动探索适宜战略区发展的跨境电商法律监管模式；消费者应在跨境电商的平台中擦亮慧眼明辨是非，成为互惠双赢的电子商务贸易中的受益者。唯构建全方位的法律监管体系，方为推进“一带一路”战略区跨境电子商

①张朝霞：“‘一带一路’战略区跨境电子商务法律监管问题研究”，载《生产力研究》，2015年11月，第94页。

务发展的一剂良药。

参考文献

[1] Richard L.Doernberg,Luc Hinnekens.*Electronic commerce and international taxation*. The Hague.Kluwer Law International.1999.

[2] 张健，吕慧.电子商务和电子政务安全［M］.武汉：武汉大学出版社，2012.

[3] 薛虹.知识产权与电子商务［M］.北京：法律出版社，2003.

[4] 张朝霞.一带一路战略区跨境电子商务法律监管问题研究［J］.生产力研究，2015（11）.

[5] 袁旭立.我国跨境贸易电子商务发展现状及主要问题研究［D］.北京：对外经贸大学，2015（5）.

[6] 魏爽.跨境电子商务立法的国际比较研究［D］.浙江：浙江大学，2015（6）.

[7] 管爱琴.一带一路战略下跨境电商发展路径思考——如何构建跨境电商纠纷解决机制［J］.服务外包，2016（5）.

[8] 陈云波.在国际电子商务发展趋势下的中国跨境电子商务发展趋势探讨［J］.商，2013（13）.

[9] 王娟娟，秦炜.一带一路战略区电子商务新常态模式探索［J］.中国流通经济，2015（5）.

行政许可法中相对人优先权利保护研究

四川致高守民律师事务所　张　志

内容摘要：行政许可法中相对人优先权利的行使是私法上的形成权在公法领域运行的表现形式。但在实务中，相对人的该项优先权在公法领域内的设立、实施、监督较为紊乱，消极回避权利实施或违法裁判的情形时有发生，致使相对人优先权利得不到有效保护。本文通过对优先权的法理研究并结合司法实践的经验，提出相对人优先权利的制度保护模式和审查监督保护模式。

关键词：行政许可法　形成权　优先权保护　自由裁量权　控制

引　言

从公法领域来看，行政许可法中相对人优先权利属于相对人在私法领域的形成权。私法性质的形成权作为一种权利类型，在100多年前被德国学者第一次提出以来，取得了较为丰富的学术成果；在立法上，有关形成权的规制亦四散于实体法的条文中。但是，行政许可法中相对人优先权利在公法领域内的设立、实施、监督及其保护，不论是在学术研究中，抑或是在司法实践中，要么是付之阙如，要么是消极回避，甚至违法裁判。本文采用实证分析法和案例分析法，对行政许可法中相对人优先权利产生的性质、行使、行政许可机关的法律地位等方面进行了研究，以期在相对人行使优先权利的活动中，行政许可机关在制度保护和审查监督保护的指引下，对相关的行政自由裁量权加以有效的控制。

一、相对人优先权利的法理基础

（一）相对人优先权利的有关法律规定

笔者在自然资源许可利用的行政法规的研究中注意到，立法者为原权利人在发现新的资源、资源利用者发生变化、资源利用期限展期的情形时，设立优先利用的权利。例如《中华人民共和国矿产资源法》第6条、《中华人民共和国矿产资源法实施细则》第16条等均有规定。虽然以上规定为行政相对人设立了一种优先利用自然资源的权利，但前述权利类型中的部分权利设立不完备、行使依据缺少、监督无标准，给此间社会活动的参与者造成了紊乱。因此，有必要对前述权利类型的性质、权利行使方式以及行政许可机关的法律地位等事宜加以研究。

（二）相对人优先权利的法律特征

行政许可相对人依法所享有的优先权在法律上属于形成权。形成权由德国著名法学家Scekel于1903年在其《民法上的形成权》一文中，第一次向人类揭示了一种在私法领域内的新型权利类型。[①]根据形成权的理论，私法性质的形成权是指形成权人可以通过单方的法律行为形成一定法律关系的力量。在学界，形成权理论甫一问世，备受争议。对之称其为伟大发现、赞誉有加的有之，对之提出严谨批判的有之，不一而论。在实务界，形成权理论规制化的研究严重匮乏，每遇民商事主体行使与形成权相关的私权时，不论是公权力机关，还是司法机关，要么面临无法行政，要么似是而非，裁判尺度异常混乱。

近年来，国内有学者从法哲学的理论角度出发，揭示了民法上私权的客体和对象的混乱使用现状，导致对形成权的性质认识不一，形成权的权利类型划分不明；还有的学者从建立权利类型的目标出发，遵循逻辑上划分属概念和种概念时应当保持的相称性、同一性和排斥性的原则，对形成权的客体内容加以分析后，得出的结论与100多年前Scekel提出的观点相一致，即形成权的客体为法律关系，对形成权的行使就是形成权人通过单方意思表示对其相关的法律关系施加法律上的影响力。

在我们对私法性质的形成权的法律特征作了揭示后，回到本文论述主题上，即我们如何审视属于私法性质的相对人优先权在公法领域的植入和运行的问题。我们通过本文第二部分的两则案例分析，借鉴私法性质形成权在私法领域内的产生、性质、行使、相对人法律地位等法律特征，就公法领域中行政许可相对人优先权的产生、性质、行使、行政许可机关的法律地位等事宜提出如下观点：

1.产生

通说认为，民法上的形成权生于法律规定和民事主体的协商一致。与私法领域的形成权生产的原因力不同，私法性质的形成权在公法领域的产生从法理上看不可能由行政机关与相对人协商确定。因此，行政许可相对人优先权产生的原因只能是法律规定。

2.性质

行政许可相对人优先权的性质与民法上的形成权相一致，即优先权人可以

① 申卫星：“形成权基本理论研究”，载梁慧星主编《民商法论丛》第30期。

通过单方的法律行为在其与行政机关之间形成许可和被许可的法律关系的力量。需要指出的是，私法性质的形成权在公法领域中是以行政机关为相对人，这一点与行政法关于相对人的称谓概念正好相反。

3.行使

与私法领域形成权行使方式呈多样性表现不同，行政许可相对人优先权利的行使方式单一，具体表现是优先权人依法合规地向行政机关提起许可申请。就目前我们了解的情形是，优先权人依照法律的规定享有的形成权，根据部门规章和规范性文件规定的办理许可事项的流程，完成和满足许可要求和条件，向许可机关提出申请。

4.行政许可机关的法律地位

我们认为，面对优先权人依法合规的许可申请，行政许可机关在法律上不负担相应的义务，但在法律地位上，应当受到申请的拘束或者应当容忍申请形成许可关系及许可的法律效果，这在法理上与私法领域中形成权人行使权利后相对人的法律地位并无二致。公法领域内私法性质形成权的这一权利运行特征给我们的启发是，优先权不仅需要依法设定，在立法上更需要对优先权以行政法规、地方法规、部门规章、部门和地方政府规范性文件的规定进行细化。这样，一有利于优先权人行权，二有利于行政许可机关依法行政。

5.国内法设定行政许可相对人优先权的情形

根据笔者的研究，在国内，私法性质的形成权植入并运行于公法领域的情形常见于自然资源许可利用过程中，出现在资源利用的延期、新资源的发现以及资源利用主体发生变更的情形，如在土地承包法、矿产法、林业法和渔业法中的相关规定。

二、相对人优先权利保护在司法实践中面临的尴尬

通过我们对以下两个案例的分析，很大程度上说明了在国内行政许可相对人优先权的保护面临的窘况和优先权人的无奈。

（一）案例一：对行政许可相对人行使优先权的诉请视而不见，消极回避

在汉源县鑫檐矿业有限公司（以下简称"鑫檐公司"）诉四川省国土资源厅（以下简称"省国土厅"）矿产行政许可一案中，原告鑫檐公司以申请在先原则取得了四川省雷波县黑波罗硫铁矿的探矿权，在该勘察作业区发现新的低风险矿种后，向被告省国土厅申请探矿权增加登记。被告省国土厅基于《四川省人民政府印发关于进一步加强矿产资源开发管理规定的通知》（川府发

［2014］59号）第（三）条[①]的规定，做出了25号不予登记的通知处理决定。于是，鑫檐公司不服该决定并提起行政诉讼。在诉讼过程中，鑫檐公司根据《中华人民共和国立法法》第96条第2款和《中华人民共和国矿产资源法实施细则》第16条第1款之规定提出四川省政府发布的（川府发［2014］59号）规范性文件，不仅其位阶低于国务院发布的《中华人民共和国矿产资源法实施细则》，且其第3条规定的内容明显与《中华人民共和国矿产资源法实施细则》第16条第1款之规定相悖。故此，鑫檐公司依法诉请人民法院对（川府发［2014］59号）文件进行合法性审查并确认鑫檐公司对新发现的矿种依法享有探矿权。成都中级人民法院以鑫檐公司申请增加低风险矿种探矿权时，四川省人民政府颁布的（川府发［2014］59号）文件还未生效为由，认定省国土厅所作出的25号不予登记通知系适用依据错误，判决撤销省国土厅所作出的［2014］25号《探矿权申请不予登记通知书》，并驳回了鑫檐公司的其他诉讼请求。

从上述案件可知，人民法院不仅回避了原告行使优先权所依据的事实和法律规定，而且还驳回了鑫檐公司要求确认其对新发现的矿种享有探矿权的诉请，严重损害了鑫檐公司的合法权利，表明了审判人员未对行政相对人的优先权利保护给予足够重视。不仅如此，从行政法原理上来讲，审判人员忽视行政相对人的优先权利保护的诉请，未合理合法的对当事人的诉请进行裁判，亦违反了信赖保护原则的要求。

（二）案例二：对行政许可相对人行使优先权的诉请用法错误，违法裁判

在赤峰市红山区人民政府、姜国臣与邢艳文、王成林等七人林业行政确认纠纷一案中，姜国臣和邢艳文先后取得了灰包地林地的林木所有权和林地使用权。后经查证实，二人林权证上所登记的灰包地属于同一地块，为此，赤峰市红山区人民政府作出了《赤峰市红山区人民政府关于确定文钟镇南大营子村六组"灰包地"林地使用权及林木所有权的决定》（以下简称赤红政决字［2014］第1号决定），确定了本组村民对本组所属林权的流转享有优先承包权，并撤销了邢艳文的林权证。对此，邢艳文不服该决定，依法提起行政诉讼。

一审法院和二审法院均认为，赤峰市红山区仅以本组村民具有优先承包权为由，撤销邢艳文的林权证，不符合林木林地权属争议处理办法第11条规定的处理原则。故此，判决撤销赤红政决字［2014］第1号决定，且赤峰市红山区人民政府在限期内重新作出决定。

在对上述案件中的优先承包权法律基础进行探究之后可知，村民的优先承

① 川府发［2014］第59号文件第（三）条规定："已申请在先取得的探矿权，不得申请变更或增加低风险矿种勘查。"

包权出自部门规范性文件——《国家林业局关于切实加强集体林权流转管理工作的意见》（林改发［2009］232号）第7条的规定，而该规范性文件的上位法依据源自于《中华人民共和国农村土地承包法》第33条第5项的规定，故集体组织成员对于本集体组织林权的流转享有优先承包权，于法有据。而审判人员依据的林木林地权属争议处理办法第11条而作出的判决是以本集体组织成员不享有优先承包权的逻辑前提下，对林木林地权属争议进行裁判，忽视了本集体组织成员依据国家林业局关于切实加强集体林权流转管理工作的意见的规定享有的优先权利，造成实体法律依据适用错误，其所作出的违法判决侵害了行政许可相对人的优先权利。

在此案中，行政许可机关亦有过错。首先，漠视本集体经济组织成员对于林地流转享有的优先承包权，在洪山区文钟镇南大营子村第六村民组对林地以公开竞拍的方式进行承包经营时，没有依照国家林业局关于切实加强集体林权流转管理工作的意见第7条所规定的程序进行竞价拍卖，致使在同等条件下姜国臣所享有的优先权利被剥夺，这是滥用行政自由裁量权的行为；其次，行政许可机关也未依据《中华人民共和国行政许可法》第47条第1款之规定，未及时告知与邢艳文申请事项有重大利益关系的姜国臣有行使申请听证的权利，怠于履行法定职责，损害了相对人所享有的知悉权；最后，赤峰市洪山区人民政府没有对邢艳文提交的申请材料进行审慎审查，为邢艳文颁发林权证等相关文件，从而损害了姜国臣的林木所有权和林地使用权，其执法后果严重损害了姜国臣的合法权益。

三、相对人优先权利的制度保护和审查监督保护的思考与探究

从上述两则案例中我们不难看出，无论是行政机关还是司法机关，都明显存在着忽视或者回避行政相对人优先权利的现象。笔者认为，相对人优先权利制度的保护应当建立在立法机关科学规制、行政机关自由裁量有效控制、审判机关司法依法公正裁判的完备和统一的基础之上。诚如王锡锌所言，控制自由裁量的核心目标是将自由裁量权的行使引向“理性化”。自由裁量“失衡”及滥用情形的复杂性，仅靠单一的控制技术是无法现实地控制自由裁量的核心目标的。

虽然新行政诉讼法扩大了受案范围，但是对行政权奉行有限司法审查的立国根基是不可动摇的。就行政许可相对人行使优先权及其权利的保护而言，在实务中，多以行政机关对相对人的许可申请直接裁量为主要范式。受限于研究视野和实务经验的匮乏，笔者特就行政许可机关对相对人行使优先权的自由裁量权的制度保护和审查监督保护提出以下思考和探究，以期抛砖引玉。

相对人优先权利审查监督保护首先应当对行政机关自由裁量的概念进行深

刻的理解。余凌云在其著述的《行政自由裁量论》中认为所谓行政自由裁量，就是指在法律许可的情况下，对作为或者不作为，以及怎样作为进行选择的权力。笔者同意余凌云的观点，并进一步认为，行政机关的审查监督在很大程度上就是对其系统内作出的行政行为在法律许可的范围内进行判断、估量和选择，即行政机关的审查监督活动本身就是对自由裁量权的依法、合理的控制。

（一）强化科学立法和民主立法的意识

在细化和完善关于相对人优先权利保护的立法活动中，存在着一个不可忽视的问题，即如何确定对如此深奥的法律问题进一步科学化和民主化。而在当下的中国，还有相当一部分规范性文件仅仅是根据政策精神或是上级领导的指示，并结合当地的具体实际而作出的，没有严谨的法律逻辑及理论支撑，颁布实施的规范性文件的合法性与合理性面临着质疑。

（二）依法设定相对人优先权的同时加大违法行政的成本

在实务中，对相对人优先权利保护最大的问题是法律没有明确行政机关侵害相对人的优先权利所应当承担的法律后果，违法成本较低甚至没有，更谈不上相对人行使优先权后对行政许可机关的拘束力。故此，通过立法确定侵害相对人优先权利的违法成本是首要应当解决的问题。

（三）低阶位规范性文件设定优先权弊端丛生

在多数行政许可法律文件中，相对人优先权利大多规定在效力层级较低的规范性文件中，对如此繁多的规范性文件的合法性审查也就难免出现遗漏，故律师在实务操作中不可避免地会遇到下位法违反上位法对相对人优先权利保护的规定，如汉源县鑫檐矿业有限公司诉四川省国土资源厅一案中，四川省所颁布的59号文件就明显违反了《中华人民共和国矿产资源法实施细则》关于相对人探矿权优先取得的规定。此种违法规定不仅损害了相对人的优先权利，还损害了行政机关的公信力，故此，相对人优先权利应当设置在高阶位的法律或是行政法规之中。因此，地方立法机关应当及时对本辖区内的规范性文件进行清理，凡与高阶位的法律相违背的地方法规、地方政府规范性文件都应当及时取缔，以防止行政机关继续作出损害相对人优先权利的行政许可，增强行政机关执法的合法性、规范性和合理性。

私募基金在“一带一路”建设中的法律监管问题

广西通诚律师事务所　廖国靖　王　霞

内容摘要：“一带一路”建设的提出，对我国实现“中国梦”的国际战略和提高经济发展水平具有深远的意义。资金融通是推进“一带一路”建设的重要支撑，而私募基金在我国资金融通中发挥着重要的作用。目前，我国仍未建立起完整的私募基金监管体系，本文分析了私募基金在“一带一路”建设中的法律监管问题，对完善我国私募基金监管体系提出了相关的建议。

关键词：一带一路　私募基金　法律监管

2013年9月和10月，国家主席习近平在访问中亚四国和印度尼西亚期间，分别提出了建设“丝绸之路经济带”和“21世纪海上丝绸之路”的战略构想。2015年3月28日，国家发改委、外交部、商务部联合发布了《推动共建丝绸之路经济带和21世纪海上丝绸之路的愿景与行动》（以下简称“愿景与行动”），明确提出要加强金融监管合作，引导商业性股权投资基金和社会资金共同参与“一带一路”重点项目建设，达到资金融通的目标。随着“愿景与行动”的出台，我国的私募基金也开始迅猛发展，许多新设的私募基金甚至直接以“丝路”命名。但是我国的私募基金从萌芽到真正发展也不过十几年的时间，在“一带一路”的发展背景下，我国对私募基金的监管仍存在许多亟待解决的法律问题。

一、我国私募基金行业的起源和发展历史

我国的私募基金从诞生到现在，经历了一个曲折的过程，大致可以概括为以下五个阶段：

第一阶段是1993年到1994年。由于证券公司的主营方向从经纪业务转向承销业务，大客户将资金交与证券公司委托代理进行投资，私募基金开始萌芽。

第二阶段是1997年到1998年。一级市场的活跃，导致上市公司将股市集资来的空余款项委托主承销商进行投资，私募基金逐步成型，开始初步发展。

第三阶段是1999年到2000年。此期间中国股市爆发，大量证券公司从业人员跳槽出来从事集合投资业务，私募基金在此阶段急剧膨胀，市场较为混乱。

第四阶段是2001年至2005年。股市的持续低迷导致私募基金普遍出现大规模的亏损，以及一系列的"黑幕"和违规操作的曝光，使私募基金面临严峻的考验。

第五阶段是2005年下半年至今。随着股权分置改革的深入，股市上涨，在经过优胜劣汰后，私募基金开始"再度崛起"。政府政策层面也有所松动，开始逐步允许信托公司、证券公司、基金管理公司等有限度地开展私募基金业务。政府监管的层面也趋于严格，相关部门逐步出台了一系列的规范性文件来对私募基金进行监管。

二、我国对私募基金行业的法律监管体系

虽然我国针对私募基金出台了一系列法律法规以及政策性文件，但是目前我国没有一部真正意义上对私募基金直接进行规范的法律，公司法、合伙企业法、信托法只是为公司型、合伙企业型、契约型私募基金的规范组织形式方面提供了法律依据和进行了规范，而证券投资基金法中对私募基金的规定显得十分欠缺；颁布的相关管理办法和指引层面上，有私募投资基金监督管理暂行办法、信托公司管理办法、信托公司集合资金信托计划管理办法、创业投资企业管理暂行办法、外商投资创业投资企业管理规定等近二十多部相关办法指引；各地颁布的规定和政策也有很多，各不相同。在自律监管层面中，中国证券投资基金业协会（以下简称"中国基金业协会"）颁布了私募投资基金管理人登记和基金备案办法（试行）、私募投资基金募集行为管理办法以及私募投资基金信息披露管理办法等规定，但因其自律性规范文件的性质而导致强制力较弱。专项立法的缺失和繁多的法律下位立法法导致我国私募基金的整个法律监管体系比较混乱，也直接阻碍了我国私募基金行业的发展。

三、我国目前私募基金法律监管体系存在的问题

（一）监管主体不明确

目前，我国私募基金的监管主体呈现"多头监管"的特点。我国规范私募基金的规定散漫于各规范性文件中，而每个文件中规定的监管私募基金的主体又各不相同，监管宽严程度也不同，并且，因为各监管主体是在各自部门职责范围内出台各自的规定，对于职权交织或者职权各不涉及的地方，无法做到协调和统一，由此导致监管的空白。监管主体的不明确，造成了私募基金监管的低效性。

（二）私募基金与非基金的界限不明确

虽然中国证券监督管理委员会颁布的私募投资基金监督管理暂行办法中明确了私募基金的定义，但是私募基金和非基金的界限仍存在一定的模糊性。例如，不是由私募基金管理人发起募集，而是由若干个投资者以投资为目的而自行设立的公司或者合伙企业，是不是定义为私募基金、需不需要进行委托管理、需不需要进行备案，此种情况就产生了不同的理解。由于目前私募基金和非基金的界限难以把握，极易造成人们对于监管的无所适从，也为非法私募游离于法律监管之外提供了机会。

（三）基金管理人登记制度存在缺陷

我国目前的私募基金管理人的登记制度存在准入门槛低，事后监管宽松的缺陷。2016年2月5日以后，在中国基金业协会新增登记的基金管理人都需要聘请律师为其出具法律意见书的规定。虽然法律意见书在全国的通过率较低，但是相对于企业上市、挂牌需要出具的法律意见书，基金管理人登记的法律意见书的中要求律师核查的力度较弱，需要发表意见的事项较少，导致私募基金管理人的准入登记的门槛较低。而待私募基金管理人完成登记后，需要及时履行季度、年度和重大事项信息报送更新的义务，但是，因为中国基金业协会对这些更新的信息不做实质性事前审查，极容易导致基金管理人恶意隐瞒或者报送虚假信息的情况出现。

（四）对投资者的宣传教育工作不到位

非法私募的源头在募集机构，终端在投资者，投资者辨别能力的提高能对非法私募起到一定的遏制作用。但是，在我国的法律体系中，除了私募投资基金募集行为管理办法中规定的募集机构应履行特定对象确定程序，应当向投资者说明投资冷静期、回访确认等程序性安排以及投资者的相关权利外，尚未有其他的立法涉及对投资者的宣传教育的工作。可见，我国目前对投资者的宣传教育工作并不到位，甚至是十分匮乏的。

（五）监管立法的滞后性问题

我国的私募基金从萌芽至今历经十几年的时间，监管私募基金的法律法规、政策性文件也颁布了不少，但是每一次法规的颁布，几乎都是"应急性文件"。往往是出现了严重问题，甚至造成重大社会后果，才有相关的立法，而滞后的立法直接带来的是无法可依，只有创造性、前瞻性地立法，才能有效地解决新问题。

四、对完善私募基金监管体系的建议

（一）进一步明确监管主体

目前，无论是发改委、银监会、证监会都会涉及到对私募基金的监管，但又无法进行全方面监管，并且各部门的监管职权并不明确。虽然证监会监管的是全国证券期货市场，但是从我国的部委设置情况出发并结合我国的实际情况，由证监会来行使对私募基金的统一监管权较为适宜。应通过法律层面明确证监会的监管地位，发改委、银监会等部门在职权范围内进行密切配合，协调监管，避免重复监管或监管空白的情况出现，提高监管的效率。

（二）划清私募基金与非基金的界限

目前我国对于私募基金的监管的关注度较大地放在私募基金管理人上，对于私募基金本身的关注和监管略为缺失。我国私募基金备案制度的规定与实践操作略显脱轨，原因就在于私募基金和非基金的界限存在相当的模糊性，故分清私募基金和非基金的界限，明确哪些公司或合伙企业不应定义为私募基金，理顺私募基金和非基金的关系，颁布基金备案的配套文件显得尤为重要。

（三）规范基金管理人登记制度

私募基金管理人登记制度是我国对其监管的第一步，也是重要的一个环节，但是我国基金管理人的登记制度缺陷较多，并且相关处罚制度不完善，故基金管理人违法成本不大。中国基金业协会需针对管理人登记制度的缺陷，及时颁布相关的配套文件，并且加大处罚力度，使登记制度能真正实行。

（四）加强对投资者的宣传教育工作

相比与外国的私募基金投资者，中国的投资者在风险识别、风险承担方面还未成熟。地方证监局应负责部署、推进私募基金投资者权益保护宣传工作，可以借用大众传媒等渠道，加强投资者的金融知识和投资经验，尤其是进行私募基金风险教育使投资者尽快具备控制和承受风险的能力。

（五）加强法规清理工作，并避免滞后立法

随着我国私募基金迅速发展，投资环境的变化，许多法规已经无从适应私募基金行业的发展，对于那些不能适应发展的法规应及时进行清理，对于相互冲突的法规，应予以纠正或撤销。并且，虽然立法总是会存在一定的滞后性，但是可以从加大行业立法的透明度，广泛吸收公众的建议等方面进行改善，进一步提高立法的前瞻性和科学性。

参考文献

［1］徐琳琪.我国私募基金法律制度研究［D］.上海：华东政法大学，2009.

［2］张红梅.中国私募股权基金发展中的法律问题［D］.北京：中国政法大学，2011.

［3］彭夯.私募基金监管法律问题研究［D］.上海：复旦大学，2011.

大气环境税法律问题研究

云南建广律师事务所　张　慧　王文卓

内容摘要：庇古在外部性理论中提出了用征税的手段解决环境外部不经济的问题，这是环境税产生的雏形。面对日益严峻的大气污染问题，仅仅依靠征收排污费的方法不能有效改善和提高大气环境质量。笔者将对我国现行税收体制中与大气环境保护相关税种的实施情况及其存在的不足作出分析，并在此基础上对构建我国大气环境税法律制度提出相关建议。

关键词：大气环境税　环境税　税收

引　言

清洁的空气资源是人类生存和发展的基础，作为典型的环境公共物品因不具有排他性和竞争性，极易遭到滥用。法律没有对人们的空气利用行为作出合理规制，极有可能引发空气资源利用的负外部性问题。税收是解决环境外部不经济问题的重要手段。穹顶之下，应当如何分配环境利用者之间的外部成本，使大气污染成本内部化？在其他经济调节手段无法解决大气环境污染的前提下，我们可以从税收的角度重新思索问题的解决方案。

一、概念释义

（一）环境税

环境税又被称为生态税，一般认为，环境税的由来最初起源于庇古的《福利经济学》，但庇古并没有清楚界定环境税的概念。何谓环境税，理论界至今没有形成统一意见，不同的机构或学者对环境税的概念做出了不同的界定。[①]狭义

① 欧共体、经合组织对环境税的界定是：“为了降低污染对环境造成的破坏，促进清洁生产和消费行为，以汽车尾气排放量、废物测量或估计的排放量、天然资源等为税基，按照不同税率，由一国政府征收的税种。”参见邓禾：“环境税制比较研究及其对中国的借鉴”，载《税务与经济》2007年；《国际税收辞汇》对环境税的界定是：“对投资于防止污染或者环境保护的纳税人给予的税收减免，或对于污染行业和污染物的汇总所征收的税。”龚辉文学者将环境税界定为：“以环境保护为目的而采取的各种税收措施或征收的各种税。”参见龚辉文：《促进町持续发展的税收政策研究》，中国税务出版社2005年版，第112页。

的环境税指为了环境保护筹集资金或针对环境污染行为而开征的一种税。广义的环境税除了包含狭义环境税的范围，还包括了自然资源税、生态保护税以及与环境保护相关的税收调节手段。本文讨论的环境税仅指狭义环境税。

（二）大气环境税

大气环境税是狭义环境税的一个独立组成部分，有学者将大气环境税界定为“国家为维持并提高大气环境质量而以大气污染行为或污染物为对象征收的一类税。”笔者认为尽管二氧化碳不会污染环境，但其造成温室效应也会对环境造成破坏，二氧化碳也应被纳入大气环境税的征税对象中。故笔者将大气环境税界定为：国家为维持并提高大气环境质量而以大气污染行为、大气污染物和温室气体为征税对象的环境税。

二、大气环境税法律制度在我国的实践

（一）现行税收制度中与大气环境相关的税种

我国现行税收制度设计了十九个税种，除固定资产投资方向调节税停征外，其他十八个税种均处于正常征收的状态。其中，与大气环境保护相关的税种有资源税、消费税、车辆购置税、车船税。

资源税是指以自然资源为征收对象的一系列税种的总称。现行2011年《资源税暂行条例》规定对开采应税矿产品或者生产盐的单位和个人按照销售量或销售额征收资源税。①

消费税是在对普通货物征收增值税的基础上，选择少数消费品再进行征收的一个税种，国家通过征收消费税来调节产品结构，抑制超前消费，引导消费方向。

车船税是对中国境内依法在车船管理部门登记的机动车辆、船舶征收的一种财产税。该税种以调控车辆使用和消费为目标。车辆购置税是以购置车辆为征税对象而征收的一种税。

① 该条例规定了原油、天然气、煤炭、其他非金属矿原矿、黑色金属矿原矿、有色金属矿原矿、盐这七类应税矿产品，原油、煤炭、金属矿产资源在开采和冶炼的过程中会产生二氧化硫、氮氧化物等大气污染物，天然气产品在适用过程中会产生大量二氧化碳，通过对这些资源的开采和资源产品的生产进行征税，在一定程度上减少或控制了大气污染物和温室气体的排放量，对大气环境质量的保护起到了作用。

注：十八个税种

税种类别	税种
流转税类	增值税、消费税、营业税、烟叶税、关税
所得税类	企业所得税、个人所得税
财产税类	房产税、车船税
行为税类	车辆购置税、印花税、土地增值税、城市维护建设税、耕地占用税、契税、船舶顿税
资源税类	资源税、城镇土地使用税

（二）我国大气环境税法律制度的缺陷

根据前文可知，尽管资源税、消费税、车船税、车辆购置税在一定程度上对大气环境起到了保护调节作用，但我国大气环境税法律制度仍然存在着较为突出的缺陷，具体而言有以下几个方面的缺陷。

1.大气环境税存在立法空白

通过上文分析可看出，我国并没有构建专门的环境税法律体系，大气环境税作为环境税法律体系的一个重要组成部分存在着立法空白的问题。虽然现行部分税种对大气污染物和温室气体的排放起到了一定的限制作用，但没有对大气主要污染物如二氧化硫、氮氧化物等物质的排放行为征收专门的环境税。现行立法也没有对大气环境税作出规定，对大气环境质量的保护和改善只能依靠《大气污染防治法》以排污费的形式对其进行间接调节。

2.现行税种对大气环境保护的功能薄弱

虽然与大气环境保护相关税种的实施从一定程度上起到了控制大气污染物的排放，削减环境污染产品对大气污染能力的作用，但是这些税种不是以提高大气环境质量为目的，更多的是为了实现资源的合理开发使用，调节产品结构，引导消费方向，控制车船的使用等目的。

从资源税和消费税的方面看，尽管2009年消费税暂行实施条例①以及国务院关于实施成品油价格和税费改革的通知对成品油的消费税税率作出了修订，提升了汽油、柴油、航空油、燃料油的税率，②《资源税暂行条例》对煤炭资源

① 2009年消费税暂行条例实施细则规定了十四种税目，十四种消费税税目分别是：烟、酒及酒精、化妆品、贵重首饰及珠宝玉石、鞭炮焰火、成品油、汽车轮胎、摩托车、小汽车、高尔夫球及球具、高档手表、游艇、木质一次性筷子、实木地板。其中对鞭炮、焰火、成品油、汽车轮胎、摩托车、小汽车、游艇、木质一次性筷子、实木地板这些会对大气环境直接或间接造成污染的产品征税，可以在一定程度上防治大气污染。

② 《国务院关于实施成品油价格和税费改革的通知》（国发［2008］37号）规定：无铅汽油的消费税单位税额由每升0.2元提高到每升1.0元；含铅汽油的消费税单位税额由每升0.28元提高到每升1.4元；柴油的消费税单位税额由每升0.1元提高到每升0.8元；航空煤油和燃料油的消费税单位税额由每升0.1元提高到每升0.8元。

产品实现了有差别的梯度税率制度，[①]但面对成品油、煤炭产品的刚性需求，汽油、航空油、煤炭产品消费上升的趋势并没有得到有效遏制，依靠消费税的调节对大气环境质量的改善和保护并没有明显起效。车船税和车辆购置税，没有根据车船的“绿色”程度不同，对环保型和污染型车船实现差别税率。由此可见现行与大气环境保护相关税种的环境保护功能是比较薄弱的。

三、我国大气环境税法律制度建构初探

（一）构建大气环境税法律制度的必要性分析

1.庇古税理论

庇古税理论由福利经济学创始人庇古设立，该理论旨在用税收的方式将外部成本内部化，并以此解决外部性问题。大气环境问题的产生或者说大气环境负外部性的产生是由于大气这一种环境资源的使用费未计入生产和消费成本，这部分成本被转嫁于社会成本之中，导致了大气环境问题的产生。国家通过征收大气环境税，将企业、个人的大气污染成本和排放温室气体的成本内化为使用大气的私人成本，遏制随意向大气排放二氧化硫、氮氧化物等污染物的行为，从而解决大气污染问题，提高大气环境质量。

2.公共物品理论

所谓公共物品是指“那些具有消费上不可分性和非排他性的物品”，公共物品具有不可分性和非排他性的特征。非排他性是指一旦提供资源，没有为它付过钱的人也不能被排除在享受它所带来的利益之外。不可分性是指一个人对公共物品的消费不会降低其他人所能拥有的消费量。

大气具有非排他性，任何人使用大气时不能排除他人对大气的使用，大气具有不可分性，人们在使用大气时是不会降低其他人对大气的使用量。大气作为一种典型的环境公共物品，每个人都可以对其进行自由地使用，也正是因为这种缺乏产权主体的自由使用，致使大气环境问题的产生。征收大气环境税可以解决使用大气公共物品付费的问题，促使大气使用者转变其污染行为，从而提高大气环境的质量。

（二）构建大气环境税法律制度应遵循的原则

1.税收法定原则

税收法定原则是指“国家征税必须有法律依据，且应依法征税和依法纳税。其实质是国家征收权行使的法定方式”。构建大气环境税法律制度首先应在立法中明确规定征税主体、纳税主体、征税客体、计税依据和征收税率以及税

① 资源税暂行条例对大气污染严重的焦炭资源产品实行每吨8～20元的税率，对其他煤炭资源产品实行每吨0.3～5元的税率。

收优惠等内容，避免歧义；其次，国家可以以法律的形式制定专门的环境税法，并将大气环境税纳入该法的体系，也可以单独制定大气环境税法，以法律的形式确定大气环境税；最后，大气环境税税收征管机关必须依照法定程序进行征管工作。

2. 税收中性原则

税收中性原则是指“税收制度的设计应确保税收负担的均衡与公平，并使税收之外的额外负担减至最小程度，且税收不应干预市场机制的正常运行，避免对市场经济行为造成扭曲，充分发挥市场机制的资源配置作用”。税收中性原则旨在各税种之间寻求平衡，不过分加重纳税人的负担。构建大气环境税法律制度应当遵循税收中性原则，充分考虑纳税人的承载能力和能耗产业的结构调整问题，合理协调大气环境税与其他税种之间的关系。

3. 税收公平原则

税收公平原则的核心是针对纳税人给环境造成同样损失或破坏的情况下应同等征税，而不应当有偏差；根据纳税人对环境造成的不同污染情况的应征收不同的税负。构建大气环境税要遵循税收公平原则，针对不同的大气污染或温室气体排放情况分梯度的设置税率，针对不同排污主体的同等排污行为要适用统一税率。

（三）构建大气环境税法律制度的建议

前文笔者对我国大气环境税法律制度的现状、实行的必要性以及贯彻的原则做出了分析，那么我国应当如何构建大气环境税法律制度，笔者提出几条建议，希望对大气环境税法律制度的构建起到抛砖引玉的作用。

1. 开征独立的大气环境税

独立的大气环境税制度有利于减少大气污染物和温室气体的排放，改善大气环境质量，保护大气环境。以OECD国家的经验为例，瑞典于1991年开征硫税。据估算，征收硫税使二氧化硫的排放量比1970年减少了94%，硫排放量降低了6000吨，氮氧化物排放少20%，二氧化碳排放量减少了54%；碳税让挪威部分经济部门二氧化碳排放量年均下降20%以上；硫税使丹麦在1995—2004年十年间的硫排放减少84%。

据此可以看出，征收独立的碳税、硫税有利于减少大气污染物的排放，降低温室效应，我国可以借鉴OECD国家的环境税经验，开征独立的大气环境税，将二氧化硫、氮氧化物、二氧化碳设定为单独税目，纳入征税范围。同时，遵循税收法定原则，明确界定大气环境税的纳税主体；根据国情针对不同税目设置合理的梯度税率，并随之修改相关税种的税收法律制度，协调大气环境税和其他税种之间的关系，可以降低其他税种如个人所得税的税负，保持宏观税负水平不变，贯彻税收中性原则。

2.循序渐进地分步实施大气环境税

实施大气环境税，要立足国情，综合考量纳税人的税收负担能力，市场对能耗产业转型的调节作用。开征大气环境税通常会引起税负增加，对市场的经营者也可能会造成不同程度的冲击。因此，国家应当坚持先易后难、循序渐进的方式逐步贯彻大气环境税法律制度。首先，根据污染物的大气污染程度、治理紧迫度以及征收难易程度分先后地对不同种类污染物开征大气环境税。如可以先行对二氧化硫和二氧化碳征收大气环境税，在硫税和碳税实施一段时间后，再逐步对氮氧化物和其他大气污染物征收环境税。其次，在大气环境税法律制度施行初期，可以采取相对较低的大气环境税的税率，待条件成熟的时候，再提高大气环境税的税率。

同时，对通过立法新增设的大气环境税税种，应合理设定新法公布和生效之间的时间间隔，以便公众对大气环境税法律制度得以充分了解，并据此对人们的行为，特别是投资者的投资行为作出引导。

3.完善配套的税收优惠措施

虽然设立了单独的大气环境税，但国家也应当完善相应的税收优惠政策以辅助大气环境税法律制度的实施。如对大气环保产业在一定范围内予以税收优惠政策，对采用清洁能源生产的产品减征消费税，对生产大气环境公用设施的企业在征收营业税和城市维护建设税的同时给予税收优待。

4.构建环境税税收专用制度

许多国家征收的环境税实现了专款专用制度，如美国将“化学燃料消费税、汽油消费税、公司所得附加税的税收收入形成了超级基金，为处理已经倾倒的废弃物提供清理费用”，构建大气环境税法律制度可以借鉴发达国家的税收专款专用制度，实行大气环境税税收专用制度。将大气环境税划入财政收入，但该部分收入应与其他税收分离，由环境行政主管部门专门用于开展大气环境改善，对大气污染事故进行补偿，推进大气环保技术革新等的支出。

结 语

我国没有建立大气环境税制度，本文通过分析我国现行税收制度中与大气环境保护相关税种的施行情况，对构建我国大气环境税制度作出了思考并提出了相应的建议，尽管笔者的建议仍有不成熟的地方，但希望能对大气环境税法律制度的构建起到抛砖引玉的作用。值得注意的是，大气环境税的引入和有效实施，不仅仅需要设计完善的大气环境税措施，还需依赖相关环保制度和财税体系的运行。笔者期待我国能早日构建大气环境税法律制度，实现大气环境质量的改善。

参考文献

［1］邓禾.环境税制比较研究及其对中国的借鉴［J］.税务与经济，2007：5-10.

［2］龚辉文.促进可持续发展的税收政策研究［M］.北京：中国税务出版社，2005：110-122.

［3］吴晓蕙.引入大气环境税的财政政策分析［D］.上海：同济大学，2008：5.

［4］叶汝求，任勇，厄恩斯特·冯·魏茨察克.中国环境经济政策研究——环境税、绿色信贷与保险［M］.北京：中国环境科学出版社，2011：24-63，120-130.

［5］王萌.资源税研究［M］.北京：经济科学出版社，2010：29-33，68-74.

［6］岳树民.中国税制［M］.北京：北京大学出版社，2010：381-407.

［7］汤姆·蒂坦伯格，琳恩·刘易斯.环境与自然资源经济学（第八版）［M］.北京：中国人民大学出版社，2011：65-72.

［8］刘剑文.财税法专题研究（第二版）［M］.北京：北京大学出版社，2007：170-185.

［9］李传轩.环境税法律制度研究——以中国环境税法律制度构建为中心［D］.上海：华东政法大学，2008：33-40.

［10］司言武.环境税经济效应研究［M］.北京：光明日报出版社，2009：7-14.

［11］于守华，穆荣平.政策环境研究报告［M］.北京：中国经济出版社，2011：59-85.

［12］邵凌云.完善中国环境保护税制的建议［J］.经济研究参考，2012(12)：26-27.

PPP热情的理性回归
——也谈共治理念下的PPP立法建议

云南刘胡乐律师事务所　樊　玲

内容摘要：PPP推广中，作为其内涵模式之一的特许经营呈现出与PPP模式同质、泛化使用的问题。由于立法滞后，尚未形成与PPP发展相匹配的法律法规体系，造成实践中的适用困扰。本文试从PPP本质着眼分析，力求以创新、共治理念对PPP立法进行有益思考和构建。

关键词：特许经营　PPP　同质泛化　共治立法

一、追根溯源——PPP与特许经营的同质性辨析

（一）我国部门规章下的特许经营内涵

我国公共设施特许经营最早出现于2004年建设部发布的市政公用事业特许经营管理办法，随后在市政领域得到广泛推广。2015年6月1日，发改委、财政部、住房和城乡建设部、交通运输部、水利部以及中国人民银行六部门联合发布的基础设施和公用事业特许经营管理办法（以下简称"六部第25号令"）作为鼓励社会资本参与城市基础设施建设和公用事业特许经营的"强心剂"，为社会资本参与基础设施和公用事业特许经营建立了制度保障，激发了民间投资的活力。

六部第25号令第3条将"基础设施和公用事业特许经营"界定为政府采用竞争方式依法授权中国境内外的法人或者其他组织，通过协议明确权利义务和风险分担，约定其在一定期限和范围内投资、建设、运营基础设施和公用事业并获得收益，提供公共产品或者公共服务。据此，特许经营的基本特征表现为"特定化"：（1）授权主体与被授权主体特定。联合国国际贸易法委员会（UNCITRAL）在UNCITRAL关于私人融资基础设施项目立法指引指出，公共服务属于政府垄断或受特别法管辖，由非公共机构实体提供公共服务通常要求适当的政府机构做出授权。因此，特许经营的授权"特定"为政府。被授权主体则为非公机构，即社会资本。（2）授权方式和内容特定。竞争性方式是社会资本的

选择原则，特许经营以协议明确权利义务和运营风险，并就社会资本投资回报作出合理安排。(3) 目的特定。政府授予特许经营权的目的在于满足社会的公共服务需求。

（二）PPP模式的本质探析

2015年5月22日，国务院办公厅下发的《关于在公共服务领域推广政府和社会资本合作模式的指导意见》（国办发［2015］42号，以下简称"国办发42号文"）继国务院关于创新重点领域投融资机制鼓励社会投资的指导意见专章论述政府和社会资本合作模式（即"PPP模式"，Public-Private-Partnership）以来，首次从国务院层面为PPP模式背书。根据国办发42号文，政府和社会资本合作模式是公共服务供给机制的重大创新，即政府采取竞争性方式择优选择具有投资、运营管理能力的社会资本，由社会资本提供公共服务，政府依据公共服务绩效评价结果向社会资本支付相应对价，保证社会资本获得合理收益。国办发42号文侧重体现政府有偿支付对价取得公共服务的PPP内涵。

世界银行认为PPP"是私人实体和政府实体之间的为提供公共产品或服务而达成的长期合同，在该合同下，私人实体承担重要风险和管理责任，并且其报酬和绩效挂钩。"在此基础上定义的PPP明显具有经营权及风险转移的特征。

世界银行在《吸引投资者进入非洲PPP市场》的报告中将PPP类型进行了初步划分——"特许经营式的PPP和基于获得服务的PPP。"特许经营式的PPP是政府在一个固定期限内授予社会资本设计、建设、融资和运营由政府拥有的基础设施的系列权利，期限届满后运营责任交给政府，社会资本通过向全社会使用者收费回收成本并获得利润。特许经营的关键特征是经营权转移使得社会资本承担公共使用需求的风险。对于服务获得型PPP，是政府而非使用者向社会资本进行支付，并且支付的程度根据公共服务供应的情况而定。简言之，"使用者付费"或"政府付费"以及经营权转移与否构成了PPP模式下两大基本类型的判别标准。

（三）特许经营与PPP模式同质化的质疑

特许经营与PPP模式并不等同。特许经营属于PPP模式的一种形式，限于具有经营性的公共事务。相较六部第25号令第5条列举的BOT/TOT/ROT、BOOT、BTO等方式推断，外包类（不含融资）、私有化类（不含移交）和BT（不含运营）等模式不属于其所界定的特许经营范围。PPP模式旨在强调政府和社会资本之间的公私合作关系，本身并不是一种独立、统一的合同形式，在PPP模式下需建立权利义务、分配风险和利益安排等一整套不同类型的合同体系，特许经营仅是其中一种具体的合同类型。目前的PPP政策文件并未将特许经营式PPP以及基于获得服务的PPP模式加以区分，形成的PPP就是对特许经营的误认。

二、现状分析——参差不齐的法律及制度体系

（一）PPP模式泛化，呈现“部委圈地惯性”

十八届三中全会提出通过市场配置资源的改革要求，社会资本进入基础设施建设领域的立法兴起。从国务院到发改委、财政部等各部委为推广PPP相继出台数十部文件。2014年12月4日，财政部发布政府和社会资本合作模式操作指南（试行）以及关于政府和社会资本合作示范项目实施有关问题的通知，发改委同日发布关于开展政府和社会资本合作的指导意见以及政府和社会资本合作项目通用合同指南。2015年1月20日，发改委公布基础设施和公用事业特许经营管理办法公开征求意见的公告，同日财政部也公布了关于规范政府和社会资本合作合同管理工作的通知及PPP项目合同指南（试行）。两部委在同一领域掀起“各自为战”的发文热浪实属罕见。此外，在之前官方发布的PPP指导文件中，特许经营被泛化到所有市政领域的PPP，乃至所有的PPP领域，最为典型的是将环境污染治理的第三方治理作为PPP模式。

（二）涉及PPP模式的法律规定参差不齐且位阶较低

六部第25号令是PPP立法的过渡阶段，客观存在瑕疵和不足：PPP与特许经营的概念和关系未能厘清；项目审批与PPP经营者选定程序存在不合理因素；PPP项目的争议解决方式界定不清等。PPP领域尚未形成法律法规体系，主要依靠发改委《关于开展政府和社会资本合作的指导意见》（发改投资［2014］2724号）、《政府和社会资本合作项目通用合同指南（2014版）》以及财政部印发《政府和社会资本合作模式操作指南（试行）》（财经［2014］113号）、《PPP项目合同指南（试行）》对相关项目进行管理。部门文件林立，亟需统筹规划形成法律层级较高的法律法规，实现并轨。

（三）政府双重角色导致项目职责交叉

根据PPP项目运作方式和社会资本参与程度的不同,政府在PPP项目中所承担的具体职责也不同。总体来讲,在PPP项目中,政府需要同时扮演以下两种角色：作为公共事务的管理者,承担PPP项目的规划、采购、管理、监督等行政管理职能，在行使上述行政管理职能时形成与项目公司（或社会资本）之间的行政法律关系；作为公共产品或服务的购买者（或者购买者的代理人）,政府基于PPP项目合同与项目公司（或社会资本）之间形成平等民事主体关系。政府角色的双重性对PPP项目平等主体原则以及项目监督及评价产生实质性影响，教练员与运动员共存的瓜田之嫌在所难免。

三、立法建议：理顺逻辑，共治立法

（一）将现有基础设施建设特许经营管理办法的阶段性立法成果融入PPP整体性立法框架，注重顶层设计的地方化落实

特许经营是PPP模式的具体方式之一，两者为被包含和包含的逻辑关系，并不孑然独立。六部第25号令可视为PPP模式的核心内容的阶段性立法成果，其不能涵盖对PPP项目全过程的法律关系规范和调整。在PPP中公私法法律关系并存，属于综合性的立法。PPP立法的过程是求同存异的博弈过程。[①]因此，PPP立法需摒弃部门间狭隘的"责权"划分，将现行《基础社会和公用事业特许经营管理办法》的立法成果融入到PPP立法的大框架下，以包容性为原则对现有成文规定进行调整和修改。

同时，PPP立法还应注重顶层设计与地方落实的关系。PPP立法位阶可定位于行政法规层级，既提升PPP相关法律法规的效力和使用范围，也给予地方根据自身实际制定地方性法规和区域性自治条例的空间。

（二）通过成熟试点政策的不断累积建立实施政策的法治化渠道

PPP立法中相关政策扮演了重要角色，较为及时地反映了项目实施过程中的问题及处理指导思想，片面强调法律规范将形成项目运行的桎梏。可参照立法法第65条规定的先行立法权，由政府或其授权机关先行制定PPP相关政策，经过实践检验，制定法律法规的条件成熟时，由政策制定机构及时提请立法部门制定法律法规，保持PPP立法适用性和及时性，也在一定程度上确保了立法的成熟性。

（三）尝试社会资本确定方式的适度扩展及完善

对于社会资本的选择，六部第25号令和关于开展政府和社会资本合作的指导意见均规定应当通过招标、竞争性谈判等竞争方式选择社会资本，未明确可以适用竞争性以外的方式。财政部政府和社会资本合作模式操作指南（试行）明确社会资本的选择包括公开招标、邀请招标、竞争性谈判和单一来源采购四种。单一来源采购是否纳入竞争性方式范畴尚存争议。

PPP项目的长期性和复杂性导致理论上和实践中均可能出现只能从特定的供应商或承包商获得且不存在合理的备选或替代来源的情形，排除单一来源采购将不利于此类项目的实施。考虑到单一来源采购供应商的唯一性，为避免增加采购成本及权力寻租，需对此采购方式设定严格的适用条件。如出于紧急采购的时效性或者只能从唯一的供应商或承包商取得货物、工程或服务的客观性

① 高红海："以共治理念推进PPP立法"，载于中国财经报网，http://www.cfen.com.cn/zyxw/gc/201603/t20160329_1927927.html，访问日期2016年7月。

的情况下方可采用。

此外，通过明确招标优先的方式，可确保PPP项目社会资本充分的竞争性，以寻求适合特定特许经营项目的社会投资人，减少政府在特许经营项目中的信息不对称性。鉴于招标方式选择社会资本时适用《招标投标法》或《政府采购法》的争议，可尝试在现有《招标投标法》和《政府采购法》中增设有关PPP项目关于社会资本选择的专章规定。

（四）探索建立PPP领域民事诉讼行政附属问题处理以及行政诉讼附带民事诉讼的争议一并处理

目前，PPP项目纠纷解决路径各异。该问题源于对政府授权行为法律属性的认定。PPP项目的核心的是政府与社会资本之间的授权协议，对授权协议的法律属性的认定存在民事协议、行政许可的争议直接影响到PPP项目协议履行过程中争议解决方式的效力和选择，进而影响到社会资本对投资安全的判断。

从基础设施建设及公共资源分配的角度，PPP项目与行政许可关联，具有行政协议的特征。六部第25号令第51条规定，特许经营者认为行政机关作出的具体行政行为侵犯其合法权益的，可以依法提起行政复议或者行政诉讼。行政诉讼法第12条以及行政诉讼法司法解释第11条将行政机关不依法履行、未按照约定履行或者违法变更、解除政府特许经营协议等协议的争议纳入行政诉讼范畴。

从政府采购及财政预算的角度，PPP项目争议由政府采购的民事行为引发，相关争议应适用民事诉讼程序处理。发改委政府和社会资本合作模式操作指南（试行）第28条针对争议解决确立的处理方式立足于民事法律关系领域，即按照项目合同约定进行协商，无法协商达成一致的依法申请仲裁或提起民事诉讼。财政部PPP项目合同指南（试行）也强调争议解决条款中一般以仲裁或者诉讼作为最终的争议解决方式。

基于PPP项目中政府角色的双重性，PPP立法中天然含有对行政、民事关系的交叉处理，PPP法律关系的包容性决定了单一争议解决方式无法辨明复合法律关系中的权利义务。修订后的行政诉讼法第61条为PPP模式下民事、行政交叉案件处理建立了路径——在涉及行政许可、登记、征收、征用和行政机关对民事争议所作的裁决的行政诉讼中，当事人申请一并解决相关民事争议的，人民法院可以一并审理。在民事诉讼中能否针对行政争议进行处理，成为实现PPP项目争议一并处理的关键所在。

在英美法系国家，民行交叉案件通过公私法救济的不同诉讼程序相互吸纳，对行政法律关系进行审查，形成具有确定既判力的裁决予以解决。大陆法系国家囿于受案范围，多以处理管辖权争议分流民行交叉案件。如行政争议的处理成为民事裁判的先决问题，则存在合并审理（以诉讼主要标的有管辖权的法院决定，保持案件管辖权的完整）、中止审理（中止民事诉讼，等待行政案件裁判结果）或分别处理的基本方式。[①]

为此，借鉴域外实践并结合PPP项目争议特点，可探索建立民行案件的一并处理、二审合一的机制。诉讼管辖的确定可通过诉讼主要标的的性质确认，当事人未予明确的可经法院释明后依法确认。当事人地位的确定根据民行交叉案件的主要争议而定。以民事争议为主的案件，政府及相关行政机关可作为无独立请求权的第三人参加诉讼；以行政争议为主的案件，民事争议中的一方当事人可申请作为有独立请求权的第三人参加诉讼。庭审方式上可试点建立专门民行交叉的合议庭，明确前提性或先决问题后审理关联争议。通过一并处理、二审合一的模式，统筹兼顾处理PPP项目复合型法律关系引起的纠纷，提高诉讼效率，增加终局性争议解决方式的实用性。

结　语

PPP立法是调整行政和民事法律关系的综合性立法，不仅应当确立合理的逻辑基础，充分利用现有阶段性立法成果，更应以共治、创新理念重构多元主体之间形成的民行交叉的法律关系，以实现PPP政策的规范法治化为着力点，突破立法瓶颈，为PPP项目提供法律支撑和保障。

参考文献

［1］马怀德.行政诉讼原理［M］.北京：法律出版社，2003.

［2］李佳.论民行交叉案件诉讼处理机制中的风险及其预防［J］.法学杂志，2011（5）.

① 李佳：“民行交叉俺家诉讼处理机制研究”，载于http://www.docin.com/p-996982295.html，访问日期2016年7月。

非标融资中的基金交易结构

建纬(昆明)律师事务所　菁　晶

内容摘要：近年来，随着国内金融市场的不断发展，围绕新"国十条"提出的关系国计民生和国家重点工程以及各类战略性产业的投资热点，金融市场中涌现出大量不同于传统金融产品的创新型"非标准化融资"业务。本文试图就非标准化融资业务中的私募基金交易结构的特殊价值、发展趋势及设计要点进行粗浅分析，以及为实践工作提供理论基础。

关键词：非标融资　私募基金　交易结构

一、非标准化融资概念释明

非标准化融资（以下简称："非标融资"）是一个极为宽泛的非官方概念，泛指投向为非标准化资产，未参照银行间市场或交易所等公开市场交易规范及定价机制安排交易结构，且不在公开市场流通的融资业务。

"非标准化资产"及"标准化资产"的概念系中国金融市场特有概念，其源于商业银行业务。2013年3月，中国银行业监督管理委员会下发《关于规范商业银行理财业务投资运作有关问题的通知》（银监发［2013］8号文，以下简称"8号文"），首次在金融资产层面对"非标债权资产"进行了定义——即"非标债权资产指未在银行间市场及证券交易所市场交易的债权性资产，包括但不限于信贷资产、信托贷款、委托债权、承兑汇票、信用证、应收账款、各类受（收）益权、带回购条款的股权性融资等"。该条仅对"非标准化债权资产"进行定义，并未囊括银行债权资产之外的其他资产，交易主体也未延伸至商业银行之外，但业内通过比照"8号文"，总结并形成了界定非标融资的三个基础要素：

（1）投融资主体为非商业银行类机构及非公开资本市场主体；

（2）融资标的不在公开市场交易，不接受公开市场定价；

（3）融资行为一般以融资主体及投资人签订的定向契约为主，不进行公开募集，不受公开市场交易规范制约。

尽管8号文对“非标”的界定在业内仍存有较大争议，但无可否认非标准化的“另类交易”已经成为金融创新的重要推力。事实上，从2013年3月银监会的8号文到2014年的127号文及配套的140号文，监管层对“非标”与“标准”业务的界定足以体现出金融市场中业务创新与监管规范的博弈，相信通过业务创新与监管规范两方的不断磨合，“非标融资”与“标准化融资”概念的内涵及外延将得到进一步明晰及完善。

二、非标融资主流模式——私募基金

目前活跃于金融市场的非标融资仍围绕新"国十条"提出的重大基础设施、棚户区改造、城镇化建设等关系国计民生和国家重点工程，以及核电、航空等战略性产业纵深开展。融资模式主要包括运用直接贷款、融资租赁、并购和夹层基金及资产证券化等。但无论一个交易结构创新程度如何，私募基金都活跃于其中，或作为筹资工具，或作为搭载不同交易结构的基础，或作为资金融通渠道，在整体交易结构中发挥着不可或缺的作用。

私募基金能够成为非标融资主流模式的原因在于，私募基金，特别是有限合伙式私募基金在组织交易结构时拥有较高灵活性，具备突破其他模式监管制约的能力；私募基金自身对资本增值的要求使其对金融市场趋势及政策导向具有较高敏感度，两方共同作用，即形成私募基金对市场主体的融资需求的高效响应力。正是这样的高效响应力，使得私募基金成为非标融资的主流模式。

三、非标融资结构中私募基金的特殊价值

私募基金作为定向集合募资工具，具备非公开性、封闭性及风险隔离等特征。以下着重结合非标融资结构中私募基金的运用，重点阐述私募基金在非标融资创新过程中的特殊价值。

（一）高度可搭载性

通过运用私募基金的高度可搭载性，投资人不仅能有效突破监管制约，同时还能根据融资要求有效配置各投资人之间的资金规模，最大限度发挥私募基金的投融资杠杆功能。

（二）投资回报及风险承担的结构化

近年来，随着投资类监管政策逐步开放，产业基金、政府引导基金、险资等特殊投资主体逐步加入投资人行列。基于监管要求及自身风险偏好等原因，不同投资主体对投资回报及风险承担的配比要求千差万别，进而导致在同一交易结构中可能有多个投资权益（股权或债权）、多个回报及风险配比要求，以及多个退出机制共存。传统私募基金的单一结构已无法满足前述条件，但合伙企业法对于有限合伙人红利分配的安排给予了极大的操作空间，在此前提下，“夹层基金"应运而生。

"夹层基金"实质是一种兼有债权投资和股权投资双重性质的交易结构，典型的基金融资结构可分为三层：1.银行等低成本资金构成优先级；2.融资企业股东或其他对交易具有担保或增信义务的主体构成劣后级；3.其他"夹层资金"构成中间级。私募基金通过对投资主体分级，将投资回报及风险承担结构化，使优先级承担的风险级别降低；中间级能够利用优先级投资人的杠杆提高收益；劣后级在投资层面及担保层面均能为优先级及中间级投资主体提供有效保障，充分实现了合理分配风险、根据需求安排投资回报的目的，能够较好地处理多主体多权益及多结构共存的问题。

(三）通过协议方式创设特殊安排

私募基金交易结构以一系列协议形式搭建，各主体依靠缔结契约关系参与交易的特点，是其在非标融资中成为创新洼地的一个重要原因。

创设新交易结构的"突破点"即在于寻找法律规范及监管要求中未明确禁止的事项，并以协议形式将其固定。标准化融资往往因其对应资产需进入公开市场交易，导致交易结构也需接受公开市场交易规范，整个交易结构对不特定对象公开，因此天然丧失了部分通过协议方式创设的可能性。

四、非标融资结构中私募基金结构的发展趋势

(一）交易结构日趋复杂

基于交易目的的变化，单一权益投资的基金结构已不能满足多个投资主体的要求，因此现有基金结构中通常存在两个或两个以上的交易层级，涉及多个结构叠加，使得交易结构日趋复杂。

(二）非标资产多样化

在极度缺乏优质资产的现行金融市场中，出于提高金融交易流动性，降低杠杆或美化资产负债表等目的，非标融资对应的非标资产开始从一般股权/债权类逐渐向特定资产收益权、明股实债、基金份额等类型转变。尽管非标资产多样化有利于交易结构创新，但另一方面，基于同一基础资产多次划分权益的融资行为，可能导致资产权责关系渐趋模糊，部分权利的创设甚至缺乏足够的法律依据。

(三）私募基金的投资功能被弱化，资金融通渠道功能强化

由于交易各方创设基金目的并非意图实际取得融资方的资产或权益，设立基金而仅为解决资金无法直接支付至终端的问题，因此，投资方对实际投入主体及项目缺乏关注度，承接资金的特殊目的公司或被投资方也不实际参与项目投资或项目公司管理，私募基金的传统投融资功能被大大弱化。

（四）监管力度加大

2012年12月全国人大常委会审议通过的证券投资基金法修订案，首次将私募证券投资基金纳入调整范围；2013年中央编办将包括创业投资基金在内的私募股权投资基金监管职能调整至证监会；2014年8月证监会发布私募投资基金监管暂行办法；2015年以来，在证监会指导下中国证券基金业协会先后出台了私募投资基金管理人登记和基金备案办法（试行）、私募投资基金信息披露管理办法、私募投资基金管理人内部控制指引、私募投资基金募集行为管理办法、私募投资基金合同指引等一系列自律规则，引导私募基金行业规范运作。

上述一系列监管措施标志着私募基金适度监管框架的初步建立，并充分表明了监管部门对私募基金监管思路的明晰，进一步明确了未来监管重点。

五、非标融资中的私募基金交易结构设计要点

结合前述私募基金特殊价值及发展趋势，在参与设计或论证非标融资私募基金交易结构时，应重点关注如下问题：

（一）募集模式

以募集形式划分，私募基金的模式主要有三种：

1.接受公司法规制的公司制私募基金；

2.基于信托公司私人股权投资信托业务操作指引设立的信托制私募基金；

3.由合伙企业法进行规范的有限合伙制私募基金。

现有金融市场中以有限合伙制私募基金结构最为活跃。本文中涉及的私募基金交易也以有限合伙制私募基金结构为主，如无特殊说明，下文中“基金”均指有限合伙制私募基金结构，此处不再赘述。

（二）交易主体

非标融资基金结构中的交易主体主要涉及：投资主体、基金管理人、融资主体及特殊目的公司、担保及增信方，根据交易结构的需要，还包括托管方、顾问方等。

1.投资主体的适格性

目前非标融资业务中的特殊投资主体包括商业银行、政策性银行、信托公司（固有财产或信托财产）、证券公司、保险公司、社保基金等，对前述主体股权投资行为的监管法律及参与私募基金应对措施简要释明如下表：

主体	适格性	对应法律及监管规范
商业银行	境内不得直投	商业银行法第43条 银行业监督管理法第18、44条
政策性银行	不得向金融机构投资,经财政部审批后可以向私募基金等非金融机构投资	关于向金融机构投资入股的暂行规定第3条国家政策性银行财务管理规定第23条
信托公司	(1)以固有财产参与私募股权业务的,投资额度上限为净资产20%并需符合一定条件 (2)以信托资产参与的,需满足信托公司私人股权投资信托业务操作指引要求	信托公司管理办法第16条 中国银监会关于当前调整部分信贷监管政策促进经济稳健发展的通知 中国银监会关于支持信托公司创新发展有关问题的通知 信托公司集合资金信托计划管理办法 信托公司私人股权投资信托业务操作指引等
证券公司	可直投	证券公司直接投资业务规范 证券公司客户资产管理业务管理办法 证券公司集合资产管理业务实施细则 证券公司资产证券化业务管理规定等
保险公司	符合保险基金投资股权暂行办法的保险公司可直接作为私募基金投资人	保险资金投资股权暂行办法
社保基金	经财政部、人力资源和社会保障部同意,全国社保基金投资经发改委批准的产业基金和在发改委备案的市场化股权投资基金,总体投资比例不超过全国社保基金总资产(按成本计)的10%	全国社会保障基金境外投资管理暂行规定

2.基金管理人的适格性

关于基金管理人的适格性，合伙企业法第3条以穷尽列举方式反向明确了可担任基金管理人的种类，即除国有独资公司、国有企业、上市公司以及公益性的事业单位、社会团体外的其他主体。

但私募基金业对该条款中的“国有企业”的界定一直存有争议，原因在于我国各行政主管单位对“国有企业”概念定义缺乏一致性。目前，国有私募基金管理人的实践层出不穷，且并未引起监管方的实质性关注。

（三）交易结构

1.交易目的

现有非标融资业务中，产业基金、政府引导型基金等政策性支持产品催生了大量不以获取资产为目的的新型基金业务，比之传统私募基金，新型基金业务目的更加多样化。在特殊目的的驱动下，私募基金的投资功能逐渐弱化，资金融通渠道功能强化。因此在设计或论证过程中，如涉及此类特殊交易的，应将交易目的作为交易结构设置的首要因素，重点考量所架设交易结构是否能够实现交易目的。

2.投资收益及风险分担配比及特殊安排条款的审核

投资收益及风险分担配比可理解为基金结构中的商业条款，系由投资主体及融资方针对各方权、责、利进行博弈的结果。

无论是企业估值调整，还是结构化交易，投融资双方在博弈过程中都会对部分权利进行处置，这种处置行为最终反馈为协议条款清单、投资协议及公司章程的特殊安排条款中，因此在搭建基金结构时，应站在投融资双方诉求的角度深入理解整体交易结构，在对协议特殊安排条款进行合法合规性审查的同时，也应关注该安排的合理性问题。

3.交易结构叠加及交易链损耗

交易链损耗指非标融资基金交易结构中因嵌套、叠加其他结构，或创设新的交易主体导致新增融资成本、税负及其他费用。参与交易的主体越多，交易链越长，则整个结构的融资成本及税负支出往往会增多。因此，在设计交易结构时，应根据资金流动的方向对完整交易链上每个交易节点所产生的融资成本及税负进行核算，以最终确定总体融资成本。

（四）退出

目前，受限于法律及监管规范，非标融资私募基金交易的退出模式仍为基金份额回购、兼并收购、公开发行股票及清算四种传统模式。为拓宽退出渠道，部分非标产品已开始探索新的方式突破传统模式。例如通过在承接资金的特殊目的公司中形成特定资产组合或特定现金流为支持，搭载类资产证券化结构以提高自身流动性，最终实现获利退出的目标等。相信在不远的将来，非标融资私募基金交易的退出模式即将得到充分的拓展。

“丝绸之路经济带核心区”建设中知识产权保护问题探究

新疆鼎泽凯律师事务所　张　勇　赵乃民

内容摘要：本文通过对目前处于“丝绸之路经济带核心区”建设中我国与中亚五国知识产权发展与保护情况的介绍，分析中亚五国在与我国进行的知识产权合作中存在着立法差异大、缺乏统一协调机构、跨境维权困难等方面的问题。通过借鉴已有知识产权区域合作组织经验，并针对我国与中亚国家间存在的问题，最终提出加强中国与中亚五国知识产权区域合作的对策建议，包括签订知识产权合作条约、建立知识产权合作组织、构建新型知识产权申请模式等具体建议。

关键词：丝绸之路经济带核心区　知识产权保护　对策建议

2013年9月习近平主席出访中亚国家期间提出共建“丝绸之路经济带”的构想。此概念一经提出便引起世界各国的广泛关注，目前已经上升为我国重要的经济发展战略。丝绸之路经济带主要表现为将古丝绸之路的经贸往来升级为现代区域经济合作。旨在建立一种新的区域合作新模式的战略计划，努力构建一个互惠互利、开放共赢的合作机制，以实现丝绸之路沿线国家真正的共赢。特别是中亚五国，地处亚太经济圈与欧洲联盟两大经济动力之间，具有相当的地理优势以及能源与资源优势，以上海合作组织为平台，与我国在经贸合作方面已经建立起良好的合作基础。在经济全球化与区域经济一体化的推动下，知识产权保护制度的建设成为各国发展经济、扩大开放的重要途径之一。共建丝绸之路经济带战略实施过程中，知识产权具有举足轻重的地位和影响，必须充分发挥知识产权与区域合作在丝绸之路经济带建设中的重要作用。

一、“丝绸之路经济带核心区”建设中知识产权保护问题研究的意义

新疆是丝绸之路经济带全境通过“全面覆盖”全线连通的核心区域，具有特殊的区位、资源和人文优势，因而在建设丝绸之路经济带战略中处于特别重要的地位，随着丝绸之路经济带战略的实施，新疆将得到优先发展，经济增长潜力巨大，对丝绸之路经济带具有决定性的引领和带动作用，将成为整个丝绸

之路经济带的经济贸易核心区，带动中亚国家的经济发展。在区域合作方面，中亚大部分国家都是上海合作组织成员国，同时也是欧亚经济共同体的成员国，中国与中亚国家的区域合作具有广泛而良好的基础。在丝绸之路经济带战略的推动下，我国与中亚五国将在经贸方面展开新一轮合作。而与此同时，国家知识产权战略的开展，也将为双方的经贸合作保驾护航。加强知识产权区域合作，必将为我国与丝绸之路经济带沿线国家间开展经贸活动赢得先机，更有力地推动丝绸之路经济带的建设发展。

其一，理论意义。以丝绸之路经济带为切入点，借助中亚国家发布的知识产权官方数据以及世界知识产权组织对五国知识产权各方面的数据资料统计等原始数据资料，分析中亚五国知识产权保护方面存在的个性与共性问题，为学界深入研究提供数据、资料支持，引领和推动我国学者对该地区问题的研究。

其二，实际意义。国际贸易的发展离不开知识产权。共建丝绸之路经济带战略必然离不开与丝绸之路沿线国家的知识产权合作。中亚五国作为丝绸之路沿线的重要组成部分，对其知识产权保护的研究，对丝绸之路经济带知识产权区域合作有重要参考价值，有利于保障和推动丝绸之路经济带发展战略的充分实现。在对丝绸之路沿线主要国家贸易发展与知识产权保护现状进行综合分析的基础上，对各国以及丝绸之路经济带的知识产权环境进行客观全面的评估，为我国企业在丝绸之路经济带的经济贸易发展提供制度参考和可行的知识产权保护方案，为各级政府部门出台丝绸之路经济带政策与发展规划提供第一手资料和理论依据。

二、我国与中亚五国的知识产权区域合作现状与问题

(一) 我国与中亚五国知识产权区域合作现状

我国与中亚五国合作交流由来已久。中亚国家受自身经济结构、政治、安全等方面的限制，在自主创新、对外引进高新技术产业方面较为落后，因而在知识产权保护意识方面就显得更为薄弱。丝绸之路经济带战略的提出，中亚五国迫切希望能与我国加强合作，既有利于其国内产业结构转型，又能够增进双方的经贸合作关系。近年来，我国与中亚国家在知识产权方面的合作主要有:第一，通过上海合作组织开展的知识产权合作。2012年12月5日，上海合作组织成员国总理第十一次会议签署了上海合作组织成员国海关关于加强知识产权保护合作备忘录，这是中国同中亚五国首次在区域国际组织层面进行关于知识产权方面的合作，大大提升了中国和中亚国家在知识产权方面的合作水平。第二，签订知识产权双边协议。近年来，我国努力加强同中亚国家的双边知识产权合作，已经与乌兹别克斯坦、吉尔吉斯斯坦签订了国家间的知识产权合作协

议。这些协议的签订，大大丰富了我国与中亚国家知识产权的合作内容，对进一步巩固知识产权合作关系，促进各方经济发展有着举足轻重的作用。第三，积极与中亚国家开展知识产权教育与交流活动。

（二）我国与中亚五国知识产权区域合作中存在的问题

1.知识产权申请程序复杂

由于知识产权本身具有明显的地域性限制，在我国已获得知识产权保护的商品并不能得到中亚国家知识产权的完整保护，同样知识产权主体在中亚国家已经取得知识产权保护，并不意味着其能在中国境内得到相应的知识产权保护。因此在涉及到知识产权跨国申请与授权时极易产生问题，特别是各国知识产权申请与授权程序存在较大差异，知识产权所有人若要取得中国与中亚各国的知识产权保护，其申请程序就变得极为复杂，且申请时间较长，不仅需要通过该申请国批准，在国家间已有合作条约基础上，还需要等待世界知识产权组织的审批过程。知识产权申请人同样需要耗费大量人力物力财力以及时间。此种情况不仅不利于知识产权所有人对其知识产权的保护与成果转化，更不利于中国与中亚五国之间经贸合作的开展。

2.知识产权立法存在较大差异

我国和中亚五国在政治、经济、文化等多方面都存在着较大的差异，因此在制定法律制度时必然有很多不同的地方。在知识产权立法方面，我国与中亚五国间存在着较大的差异，这对于我国与中亚五国开展经贸合作是一个难以消除的障碍。当我国知识产权成果进入中亚国家，或者中亚某国企业希望打入中国市场时，极有可能因为立法上的巨大差异而产生侵权等贸易方面的摩擦。这种贸易摩擦如果不能及早地、有效地规避、解决，那么，国家间其他合作也将受到巨大影响。

3.缺乏统一知识产权保护与合作协调组织

随着丝绸之路经济带发展战略的深化，我国与中亚五国之间的合作将会越来越频繁，所涉及的领域也会越来越广泛，在知识产权领域的合作也将进一步深入。但目前在我国与中亚国家之间还没有形成一个统一的组织来协调中国与中亚国家在知识产权保护与合作方面的事宜。在当前合作状态下，我国与中亚国家之间的知识产权合作是缺乏效率的，从知识产权的跨国申请到知识产权的海外维权，由于缺乏统一的协调组织，知识产权主体将花费大量人力物力财力去完成。这样的状态是不利于中国与中亚五国展开全面交流与合作的。

4.知识产权跨境维权难度大

中国与中亚国家在合作过程中最基本的障碍首先是语言，语言不通将会产生一系列合作困难。而前文也分析到中国与中亚国家在知识产权立法上存在着较大差异，这将导致各国之间相互不能完全熟知对方国家对知识产权的法律规定。一旦在区域合作中发生了知识产权侵权问题，被侵权方的维权之路将会因为语言以及法律等方面的障碍而变得异常艰难。跨境知识产权维权难度大的另一方面原因在于经济成本过高。维权不是简单以物易物，这需要一个过程，而时间跨度可长可短。当被侵权方往返于数个国家间时，其不得不将经济成本计算在内。这样一种困境极有可能导致被侵权方被迫放弃维权，这将非常不利于国家间经贸合作的开展，更不利于知识产权的进步。

三、加强中国与中亚五国知识产权区域合作的对策建议

（一）共同签订知识产权区域合作条约

中国与中亚五国不论是在经济还是单纯在知识产权发展方面都存在着较大差异，在进行区域合作的开始，首先应当考虑搭建一个符合各成员国利益的合作框架。各成员国只要在该框架下展开活动，将得到区域内其他成员国的支持并受到整个区域的保护。目前能够达成这一目的的做法之一就是拟定中国与中亚五国知识产权区域合作备忘录或区域合作条约，区域内全体成员国共同签署后生效。这样既可以解决区域内部由于各自差异带来的合作方面的不利影响，又能够将区域内成员团结成一个整体，在对外事务中提升整个区域的知识产权竞争力。该区域合作备忘录或区域合作条约能够有效地解决中国与中亚五国知识产权立法缺乏一致性所带来的问题，减少因立法差异而带来的贸易摩擦。

（二）成立专门知识产权合作组织

在丝绸之路经济带战略背景下，成立中国与中亚五国专门知识产权合作组织，建立并形成一个互利共赢的长效合作机制，是加强知识产权区域合作的一个重要环节。知识产权合作组织应在中国与中亚五国之间搭建起良好的对话与交流机制，密切各国知识产权领导部门之间的联系，建立各参与国定期会晤机制，增进各国企业之间的交流与合作。同时该组织也应当承担对外宣传与推广中国与中亚五国知识产权合作动向窗口的责任。该专门知识产权合作组织可依托上海合作组织平台，突出知识产权合作的重点，扩大知识产权双边、多边合作，推进多领域、多方面的知识产权活动的开展。

（三）建立有效的知识产权申请新机制

跨境申请程序复杂不仅不利于知识产权所有人对其知识产权的保护，更为我国与中亚五国在经贸方面的合作与发展设置了重重障碍。建议建立一种适用于区域内部全体成员的、更为简化的知识产权申请机制。一国知识产权申请人只要在本国通过该机制申请到了知识产权，其在整个中国与中亚区域内即同时

享有了该知识产权，申请人不需要亲自前往他国申请知识产权，也无需等待世界知识产权组织漫长的审核时间，就可以在整个区域内使用、保护该知识产权。随着该申请机制在中国和中亚五国区域内运行的逐渐成熟，该制度可以推广到丝绸之路经济带甚至"一带一路"战略合作的发展进程中去，以密切成员国之间的关系，促进成员国之间经贸的互通与发展。

（四）创建知识产权联合执法新模式

知识产权执法行动能够有效的预防、打击知识产权侵权行为，同时又可以净化知识产权环境。建议在建立知识产权合作组织的基础之上，成立中国与中亚五国知识产权联合执法部门，由该专门机构负责定期或不定期针对某一类知识产权问题开展联合执法行动。

（五）构建有效的海外知识产权纠纷解决机制

我国与中亚五国之间跨境知识产权维权在语言、法律、诉讼成本等方面存在着许多方面的困难，因此建立一个有效的海外知识产权纠纷解决机制能够降低因知识产权问题而产生的其他摩擦。可以参照世界贸易组织（WTO）纠纷解决机制，在区域合作组织内部成立专门纠纷解决机构，对成员国内发生的纠纷进行调节，鼓励展开双边、多边磋商，将知识产权纠纷控制在可控范围内，避免更大的贸易摩擦的产生。

（六）加强中国与中亚五国知识产权的交流与对话

应当增加中国与中亚国家在知识产权方面的交流与合作。国家政府层面可以通过正式对话、高层互访等方式对国家间知识产权战略、知识产权发展动向、区域内知识产权合作等问题展开交流，也可以定期举办知识产权合作论坛，交流经验，探讨热点问题，寻找解决路径。各行业、企业等非政府机构也可以开展更为丰富的知识产权交流合作活动，如互派考察团考察区域内不同国家和地区知识产权发展现状，展望合作前景等，在相互学习的过程中促进知识产权共同发展进步。高校、科研机构也可以借助区域合作增进技术层面的交流与合作，共同研发，提升区域内自主知识产权水平等等。

四、结语

在共建丝绸之路经济带战略发展的今天，国际贸易的顺利发展，离不开知识产权的保驾护航。加强我国与中亚五国知识产权区域合作，打通经贸合作之路，是我国实现丝绸之路经济带战略发展的必然选择。需要我国与中亚五国共同努力，借鉴成功经验，早日实现真正的互利共赢。

参考文献

［1］袁新涛."一带一路"建设的国家战略分析［J］.理论月刊，2014（11）：5-9.

［2］张燕生."一带一路"建设有利于世界和谐发展［J］.中国经济周刊，2014（Z2）：32-33.

［3］安宇宏."一带一路"战略［J］.宏观经济管理，2015（1）：82.

［4］高兰英，宋志国.《2004—2010年东盟知识产权行动计划》及实施述评［J］.广西师范大学学报:哲学社会科学版，2012，48（1）：79-85.

［5］于文婕.世界知识产权组织的功能异化与中国定位［J］.知识产权，2014（12）：96-100.

［6］陈宗波.知识产权法全球化、区域一体化与本土化:问题、主义与方法［J］.广西师范大学学报:哲学社会科学版，2007，43（6）：131-135.

［7］任华.新疆在中亚贸易中知识产权保护的现状、原因及对策分析［J］，对外经贸实务，2010（8）：P34。

［8］王旭梅，原帼力.新疆对外贸易知识产权保护问题分析［J］，商业经济，2012（5）：P71。

［9］王国金.区域知识产权战略的法律思考［J］.知识产权，2006（94）.

［10］潘跃.让丝绸之路成为充满活力的经济大走廊［N］.人民日报，2014-4-23（20）.

［11］申长雨.改革创新，奋发有为——深入实施知识产权战略，努力建设知识产权强国［R］.北京:国家知识产权局，2015.

［12］中哈联合宣言、继续在知识产权等领域开展合作［N］.知识产权报，2014-5-21（01）.

［13］王康."一带一路"建设需要知识产权先行［N］.知识产权报，2015-3-11（02）.

“一带一路”战略下西部律师行业的机遇、挑战与对策

青海西星律师事务所　马启良

内容摘要：“一带一路”战略的实施，有望根本性地改善西部地区经济社会发展所面临的基础薄弱的状况，引领中国经济向西开放的崭新潮流，而这也将为西部律师涉外法律服务带来巨大的机遇与挑战。针对西部律师在涉外法律服务上业务基础薄弱，律所专业化、规模化程度不高，法律行业整体水平偏低的现状，本文试图从律师、律所及行业整体三个层面探讨相应的解决对策。

关键词：一带一路　西部律师　涉外法律服务　机遇与挑战　对策

2013年，习近平主席在访问中亚和东南亚时，分别提出了建立“丝绸之路经济带”和“21世纪海上丝绸之路”的倡议，这标志着“一带一路”的概念已由学术、局部和部门层面上升到外交战略、国家战略的高度。其植根于中国同古丝绸之路沿线国家悠久的历史联系，顺应了时代要求和各国加快发展的愿望，提供了一个包容性巨大的发展平台，这本身就预示着中国将从全球化追随者向全球化倡导者、从国际规则遵守者向国际规则制定者的转变。“一带一路”中，“丝绸之路经济带”西起中国西部，途径中亚、西亚直抵欧洲。国内部分主要包括西部诸省在历史上形成的“绿洲之路”、“茶马古道”、“唐蕃古道”，具有深厚历史渊源和人文基础。建设“一带一路”将是西部地区经济发展的崭新机遇，它将为西部地区经济的发展提供更广阔的市场，使西部经济的发展不再拘泥于西部各省区内，而是与中东部地区及中西亚诸国联系起来，充分发挥西部人文资源及自然资源丰富、投资开发与市场潜力巨大等优势，逐步成为国内外进行投资、贸易、开发的重点区域。这也必将促进涉外法律业务的增加，为西部律师涉外法律服务带来巨大的机遇与挑战。基于此，本文拟通过梳理“一带一路”背景下律师行业可能面临的主要机遇及挑战，从提升律师自身综合素质、提高律师事务所的竞争力、重视行业交流合作等层面予以探讨，以期为推进西部地区律师业发展有所助益。

一、"一带一路"背景下律师行业面临的机遇

改革开放特别是"入世"以来，越来越多的外国投资者通过各种方式分享中国经济发展的成果，更多的跨国企业入驻中国市场，国际商务领域的业务得到拓展。面对频繁的国际贸易往来以及随之而来的涉外法律业务，律师能够提供作为业务职能中更深层次的涉外法律服务，更好的发挥维护社会规范运行的职能。如今"一带一路"战略的落实将深化中国与中亚、西亚在货物贸易、服务贸易、投资等领域的开放程度，促进投资全面拓展到诸如金融、能源、产业合作、知识产权等领域，带动西部有实力的企业"走出去"，投资海外市场。这势必带动西部涉外法律服务市场的扩大，而客户、服务品种、业务数量的增加，为西部律师业提供了广阔的发展空间，具体表现在以下几个方面。

第一，随着"一带一路"的推进，西部地区经济产业结构、文化形态，以及商品、劳务、技术、信息、资本等因素与国际经济融合的速度、力度、广度将是惊人的，所需法律服务的数量和种类也将迅速增加，法律服务市场日益扩大，需要大量律师以丰富的知识和经验，为市场主体提供全方位、多层次的法律服务。无论是"引进来"还是"走出去"，均需了解对方的市场准入条件、投资政策、投资环境、相关法律制度，所涉及的范围和专业知识非常广泛，这给律师业提出了专业化的更高要求。

第二，由于"一带一路"沿途各国之间存在社会、经济、政策等差异，随着投资和贸易的迅速发展，将不可避免地导致诸如对外投融资、公司重组、跨国公司的合并与收购、工业产权、金融证券、倾销与反倾销、国际劳资等涉外纠纷产生。此时，律师需进行全面的调查，为各国企业提供包括国际咨询、市场调研、投资决策、商务谈判、签订协议、起草合同、出具法律意见、协调法律关系和解决纷争等具体的法律服务和帮助。

第三，随着中国与"一带一路"沿途各国企业间经贸合作在深度和广度上的加强，势必要求律师能够提供跨区域、跨专业的服务。同时，各国原有的贸易壁垒被逐渐打破，出现很多新型的商贸运作模式，所涉及的行业更加广泛，这就要求具备区域优势（特别是熟悉当地经济文化状况）的西部律师业与社会中介机构进行合作，有针对性地开展个性化的专业服务，更好地助力"一带一路"建设。

二、"一带一路"背景下律师行业面临的挑战

法律服务离不开一定的经济基础。虽然西部律师业在"一带一路"涉外法律服务中，具有得天独厚的区域优势，但该地区大多深处内陆，经济欠发达，所能够提供的涉外法律服务远滞后于经济的开放程度。应当说西部地区律师业

务状况参差不齐，总的来说，仍以办理诉讼业务为主，涉外业务较少，执业经验相对缺乏。因此，在涉外业务方面面临诸多挑战。

（一）个体层面面临的挑战

1. 语言沟通障碍

中西亚地区民族众多，仅官方语言就有十几种，其各民族所操语言达数百种，方言千余种。但根据《中国律师行业社会责任报告》，截至2012年底，中国律师人数为23.2万。其中大部分律师不能熟练运用外语与外商交流，而能在国内外用英语作为主要语言参与诉讼与非诉讼业务的律师不足万人，且集中于北京、上海等地。在西部能够熟练地将英语作为法律服务语言的律师屈指可数，遑论应用其他语种。因此，沟通障碍成为限制业务发展的一大瓶颈。

2. 涉外法律服务执业经验缺乏

随着"一带一路"的建设，沿线各国与中国西部各省的经贸交往势必日益频繁，在涉及不同国籍的服务主体时，将面临国际法、国际私法、国际经济法和国际惯例的适用问题。应当承认，当前西部律师的知识结构比较单一，懂法律、懂外语和懂经贸知识的复合型人才奇缺。在投融资、证券、企业并购与产权交易、知识产权和电子商务等新的法律服务领域，开拓力度不足。西部地区律师接触国际经贸交流与合作相关事务的机会较少，客户资源相对稀缺，能够提供此类服务的专业律师寥寥无几，整体而言，缺少执业经验。

（二）律所及律师行业层面的挑战

1. 律所规模化发展严重滞后

经济全球化背景下律所的公司制组织形式将是涉外法律服务的发展趋势。完成一项法律服务，可能不仅需要贸易、金融、投资、证券、税务、知识产权等方面的律师服务，还可能需要诸如会计师、工程师、甚至外语翻译人员等专业人才共同合作才能完成。这就要求律师不仅要精通相关的法律知识，熟悉国际法和相关的外国法律，还要具备多种行业的运作管理知识，熟悉涉外和跨国业务，只有大型律所才能满足这种要求。然而，西部法律服务机构以小型律所为主，在涉外法律服务上业务基础薄弱，律所专业化、规模化程度不高，法律行业整体水平偏低，缺乏竞争力。近年来涉外业务虽逐渐增多，不但业务量与北上广等发达城市相差悬殊，而且提供的服务也通常属于低端服务。

2. 律所面临管理障碍

由于受思想观念和经济滞后等因素的影响，整体而言，西部律所仍存在着服务领域比较狭窄，服务层次和水平不高，社会覆盖面小，服务方式单一，服务手段相对滞后等问题，尤其律所面临管理障碍，具体表现在：（1）律所普遍规模小、人员少、档次低，存在着团结协作差，管理不规范，缺乏竞争实力等问题。(2) 律师人员知识结构单一，复合型人才奇缺，从事新兴经济法律业务人员不多，经验不足，难以形成专业化服务。(3) 律所管理体制落后，内部机构设置简单，人员岗位层次不合理，多数律所缺乏职业管理人员，管理水平较低。(4) 律所的内部管理主流基本是松散化的，律所只是给律师提供了一个工作平台，由律师"单打独斗"，无论在收案上、业务分工上、收入分配上都没有形成科学的管理体系。

3. 律师行业层面的挑战

目前，"一带一路"带来的丰厚法律业务，吸引了西部乃至全国不少律师事务所的目光，西部律师面临着法律服务市场的竞争。西部律师如果不能认清这一形势，积极采取对策，将来极有可能面临着"一带一路"涉外法律服务的边缘化，失去在涉外法律服务市场上的应有份额，甚至可能沦为旁观者。使家门口的"买卖"被人抢去，"蛋糕"被人切去，这并非危言耸听。目前，京沪等地的律师纷纷登陆西部设立分所，与本地律所竞争，分走多半"蛋糕"就是例证。

三、"一带一路"背景下律师行业之应对之策

"一带一路"战略带来的经贸交流日益频繁，将会产生诸如劳资、资源、能源、环境、反不正当竞争等利益纠纷，为此，西部律师必须调整思路，开阔视野，着眼于国家"一带一路"战略的总体布局，做到在大局下思考，在大局下行动。"一带一路"发展到哪一步，律师工作就跟进和服务到哪一步。要在发现自身的差距和不足的同时，积极寻求解决的途径，清醒地意识到提高服务能力、完善服务机制是当务之急。因此，笔者试从以下三个层面进行探讨。

（一）提升律师自身综合素质

1. 克服语言障碍

语言作为沟通的重要工具，是人际交往的第一步。从事涉外法律服务的律师，要想在涉外法律服务中有所作为，就需要熟练的掌握当事国的语言，从而更直观地了解和掌握该国的相关法律、政治、经济、文化等，更好地与客户进行沟通和交流，从而达到事半功倍之效。因此，律师必须加强外语学习，特别是法律外语和当事国官方语言的学习，努力提升外语水平，从而提供优质高效的涉外法律服务。

2. 了解外国法规

在一定程度上，律师涉外法律服务的质量取决于其对相关国际法和当事国

法律的熟悉程度。这就要求西部涉外律师不仅要了解目前我国参加的多边协定，诸如WTO有关自由贸易区的规定、上海合组织有关区域一体化的文件、中国—中亚国家间的双边经贸协定、中国—东盟自由贸易区框架下多项协定、中国与阿拉伯国家合作论坛框架下的合作文件等，在此基础上，还要精通相关国际法，尤其是加强对当事国相关法律制度及其参与的多边协定、国际公约的学习和了解，不断更新法律知识体系，从而最大限度地提升服务能力。

3. 关注投资风险

“一带一路”战略在可以发挥重要影响或作用的沿线，经过多个地缘政治破碎带。在这些地方，历史问题复杂、民族矛盾尖锐，武装冲突时有爆发。近年来又深受恐怖主义威胁和破坏，极不利于地区安全，进而影响到整个战略之实现。对此，律师在提供服务时，不仅要对共建过程中的法律冲突、生态及环境保护、区域经济合作等问题予以必要关注，还需要了解对方的投资环境，尤其是地缘政治、民族和反恐问题，并给予当事人必要的风险提示。

4. 提升职业素质

在“一带一路”背景下，西部律师要充分认识律师所肩负的责任，增强使命感，进行律师职业的重新定位，牢固树立“四个意识”，即抢抓机遇意识，抢占制高点意识，主动服务意识，优化服务意识。全面提升自身职业素养，努力在某个领域有所专长。有计划、有目标地提升自身专业素养，丰富自身的知识结构，不断增强综合实力，才能依托地理优势，把握机遇，争取主动，赶超进位，做大“蛋糕”，全面深入地介入到涉外业务中，满足“一带一路”建设对法律服务的需求。

（二）提高律师事务所竞争力

“一带一路”背景下产生的涉外法律服务，具有经济一体化的特点，涉及不同的语言环境、文化背景、法律制度、业务领域。在如今专业化分工越来越细的情势下，一个人已经远远不能满足大企业客户的需求，甚至于一个律师所也未必能够满足大企业客户的需求。西部律所要把握当前的有利时机，想方设法，开动脑筋，善于思考，变被动服务为主动服务、滞后服务为超前服务、单一服务为综合服务、个人服务为团队服务，不断研究和探索律师介入涉外法律服务的形式和途径。尽快做到“三个适应”，即思想观念和工作作风要适应、服务方式及范围要适应、服务质量和硬件建设要适应。

1. 业务运作的规范化和综合化

面对目前涉外业务的高端份额正在被少数几家实力派内资专业所和一部分外资所瓜分的现状，西部律所不能因为自身的差距、律师专业素质不尽人意等原因而气馁。在强调规模的同时，还要规范业务运作程序，律所内部法律服务内容和人员配备要综合化。另外，律师一定要有开阔的胸襟和合作精神，在办理具体业务过程中，加强分工与协作，发挥群体优势与团队精神。

2. 内部管理的科学化与企业化

律所虽不是一般的企业实体，但是，在经营管理上完全可以借鉴现代企业的经营模式，实行统一对外形象、统一办公程序、统一服务标准。合理划分内部机构，分专业，分部门展开合作。建立律所内部的竞争机制与分配的激励机制，增强律所的凝聚力，提高服务的效率与质量。同时，建立健全财务制度、工作档案制度、员工培训制度等各项规章制度，使事务所的各项工作纳入科学化的轨道。建立相关激励机制，对创办涉外的专业律所提供支持与鼓励，努力在西部创建专业化、规模化的涉外律所。

（三）重视行业交流合作

1. 加强国内外律师行业的交流与合作

"一带一路"沿途各国经济发展差距悬殊，法律制度和国家政策差异较大，而各国法律服务水平及合作程度是吸引跨国投资的重要因素，因此，各国律师间的区域交流与合作就显得尤为重要。法律服务合作水平的提高将缩小因社会、经济、政策等差异造成的差距，有助于当事人了解东道国的投资环境、投资政策，增加跨国投资的信心，推动"一带一路"建设的健康稳定发展。

西部律师业的进步与发展，离不开国内外律师行业内部的精诚交流与合作。自2008年以来，西部律师发展论坛已成功举办7届，有效地促进了西部律师业的发展，这得益于12省区市律师协会的共同努力。迄今，论坛已经成为西部地区律师间沟通、交流、互动、学习、协作的重要平台。如本届论坛的主题是面向"一带一路"的律师法律服务。与会广大律师将深入研究"一带一路"背景下涉外法律服务的特点与法律服务需求，会议的成果无疑将引领行业发展。除国内合作交流外，西部律师应加强与国际律所的合作与交流，抓住契机以提高自身服务水平和质量。

2. 充分发挥律师协会的行业协调作用

各地律师协会作为律师的"娘家"，担负培训律师以及促进行业健康有序发展的使命。为此，律协可以采取多种措施，尽快培养一批懂法律、懂外语和懂外贸的复合型法律人才。一方面，律协可以选拔符合条件的青年律师，送到国家律师学院或国内外知名律所进行学习培训；另一方面，邀请国内外高、精、尖的成功涉外律师过来进行培训讲座；同时可以考虑举办有关律师论坛，集中思想，整合资源，创建合作对接机会，加强经验交流。此外，针对语言障碍，律协还可以有针对性的安排专门的培训课程，互派人员到对方部门定期学习，以期克服律师在执业过程中遇到的障碍。

3.依托本区域优势，积极拓展新业务

在西部大开发政策的扶持下，西部地区因其独特的地理位置、丰富的自然资源、良好的合作基础，具备广阔的开发前景，区域特色显著，律师行业在抓住机遇，服务本土的同时，依托区域优势，积极开拓涉外法律业务。对此，西部各省区各具特色，以青海为例，近年来连续举办十届“中国（青海）国际清真食品及民族用品展览会”和十二届中国（青海）藏毯国际展览会，参展参会客商逐年增多，规模越来越大，目前已经成为国际知名度较高的专业展会之一，进一步提高了青海省民族经济对外开放的水平。鉴于丝绸之路经济带沿线国家和地区大多数是伊斯兰国家，人口数达3.6亿，超过80%的清真食品依赖进口，对清真产品、藏毯的需求巨大，这为青海省清真食品和藏毯的开发提供了极为便利的条件。如此，笔者认为，律师应当敏锐的把握会展经济带来的机遇，积极寻找法律服务与会展经济的“结合点”、“切入点”和“着力点”，发现和找到律师涉外新业务，争取在这个领域有所作为。

四、结语

应当指出，“一带一路”战略的实施将是一个长期的实践性活动，随着它的不断深入，律师的作用和业务范围会越来越广阔，新型的业务领域将会层出不穷，这就需要西部律师不断地探索、不断地实践和不断地总结，还需借鉴国际以及国内发达地区法律服务经验，提高西部律师综合素质，完善相关配套措施，尽量培育本地区律师法律服务的“拳头产品”，增强本地涉外法律服务竞争力。只有这样，才能更好地服务于“一带一路”战略及本地区经济和社会的发展，促进西部律师业自身的发展。

参考文献

［1］杨福昌.“一带一路”战略为中阿关系发展增添活力［J］.阿拉伯世界研究，2014（3）：4

［2］王京烈.共建“丝绸之路经济带”的机遇及中国中东战略［J］.阿拉伯世界研究，2014（3）：16-18

［3］中华全国律师协会.2013中国律师行业社会责任报告［R］.2013：1-3

［4］阳朝晖，思燕.西部律师涉外法律服务面临的问题和对策［C］.广西：广西教育出版社，2010：102-105

［5］诸葛娅.抓住机遇，迎接挑战——中国东盟自由贸易区建设对西部律师业的影响［C］.广西：广西教育出版社，2010：99-101

［6］熊坤新.从国际视野看民族问题对“一带一路”的挑战［OL］.http：//www.mzb.com.cn/html/report/1602311785-1.htm，访问日期2016年7月。

城中村改造中农民权益保护问题研究
——以长治市城中村改造为例

山西耿诚律师事务所　耿富明

内容摘要：城中村是城市里的村庄，亦是都市中的疮疤。城中村改造问题已不可回避。在建设中国特色社会主义法治体系，建设社会主义法治国家的背景下，作为律师该如何健全服务方式，提高服务质量，我们在深思。本文切实走近农民、深入城中村，重点研究城中村改造中农民权益问题，了解村民最真实的诉求，分析更深层次的原因，以法律的视角给予更有利的建议。以长治市为例，通过实地走访、政策查询等途径，以目前现状为蓝本，以土地权益、社会保障为切入点，构建维护农民权益的法治化框架。

关键词：城中村改造　土地征收　社会保障　法律问题

“城中村”这一概念极具中国特色，在国外是没有这个词汇的。它是城市化进程的产物，是城市轮廓不规则的伸展与农村空间被动收缩的结果。“城中村改造”其实就是通过拆除和新建的手段对城市部分区域的再调整，整体布局的再规划。

对于城中村系列问题的研究，国内学界经历了一个从宏观到微观的变化，由内而外的一个过程。早期研究方向多为城中村定义、成因、外在形态、建筑规划等方向。随着法治社会的建设、政府职能转变，学者们把更多的焦点放在农民权益保护、城中村文化内涵、村民心理变化等方面。研究的切入点也经历了从政府、开发商问责到协同各方力量来解决城中村改造中的问题的过程。

一、长治市城中村改造现状

长治市55.6平方千米主城区内，现有“城中村”22个。自2011年至今，长治市政府下发并且公开的与城中村改造相关文件就有29个。在城中村改造中，与村民关系最为密切的两大问题，一是拆迁补偿安置，一是社会保障问题。

（1）在拆迁补偿安置过程中，就宅基地的拆迁而言，按照《长治市人民政府关于进一步规范城中村改造的实施意见》（长政发［2013］44号）文件精神，长治市的拆迁安置补偿方式以产权调换为主、货币补偿为辅。就耕地的补偿方面，《2015长治市征地补偿平均标准及相关参考指标统计表》显示，以城区为例，征地补偿标准为137093元/亩，人均耕地为0.03亩/人。按一个三口之家计算，所得补偿款为12338.37元。

（2）社会保障方面，目前所依据的文件为长治市城中村改造农转非人员基本养老保险和医疗保险试行办法，该办法确立以个人自愿原则，分老中青三类人群一次性缴纳养老保险。

二、城中村改造中的问题探析

1.城中村改造的拆迁补偿安置过程中，由于法律法规的缺位、法定安置途径的缺陷以及现实情况的动态化进程复杂，使得对农民权益的侵犯主要集中在三个方面：一是补偿的标准；二是补偿的范围；三是补偿的对象。

（1）补偿标准较低。补偿方式为一次性的补偿，这种方式对于村民而言，这笔钱在村民手中是无法增值的。村民普遍投资意识薄弱、防范风险能力较低，银行储蓄亦无法实现保值增值，到手的钞票很快会被挥霍一空。

（2）补偿范围局限。目前仅是对所有权和使用权的一种补偿。被征收土地的增值收益归属、被拆迁房屋的属性界定及补偿成为最大的问题。对于城中村而言，基于其地理位置的特殊性，房屋成为一种主要的经营性资产。依靠房屋收取的租金成为最重要的生活来源，而这类房屋在拆迁中只是按照普通住宅对待，其本身的收益功能就被忽视。

（3）补偿对象被差别对待，主要针对外来人口。外来人口或长期或暂时租住在这里，与村民间有着简单的合同关系，但并不规范，出租无备案，租住无证房，这使得在拆迁时双方的合同关系不被法律保护。而且这种拆迁会造成外来人口的生活规划变更，生活成本提高等问题，"无补偿、无救济"成为改造中的牺牲品。

2.社会保障制度体现的是一个国家的温度，是一个政府的担当。城镇与农村各自形成相对完善的社会保障体系，但作为状态并不稳定的新生儿——城中村却处于两难的境地。

（1）就业保障制度的"空缺"。村改后的村民，处于一个"务农无地、上班无岗、低保无份"的尴尬境地。农民天生是与土地相依而生的，最娴熟的技能便是照顾庄稼，村改后耕地被征用，村民们用以谋生的技能被闲置。赖以生存的土地不能再供给一年的生计，村民不得不进入工厂企业，而自身又缺乏相应的技能，尤其是中年人，对于新事物的接受，新技能的学习，新环境的适应都不那么容易。他们由此失业，而我国劳动与社会保障法明确了职工失业保险的组成部分是用人单位和职工个人，以种地为生的农民并不包含在内。虽然对于征收的土地，国家会给予一定的补偿，但是基于征收土地所进行的补偿是不能让这种风险发生的理所应当的。

（2）社会保障制度的“断层”问题。村民与市民在社会保障方面有着诸多不同，这使得在村改后出现社会保障政策的交接断层。以养老保险为例，一方面城乡居民养老保障标准不统一，原先农村养老保险领取的标准在村改后根本无法满足城市里的基本生活需求，所以势必存在转变的问题；另一方面在村改之前，村民享受新型农村养老保险，年满60岁、未享受城镇职工基本养老保险待遇的，不用缴费，可以按月领取基础养老金。也就是说60岁以上老人，原先不需要花费任何费用，就可以享受国家财政发放的养老金，而村改后如果要享受城镇职工养老保险待遇，还需额外缴费。医疗保险同样存在这样的问题。这无疑加重了村民的负担。村民被动的转变为“都市里的农民”，身份转变出现的问题、增加的负担，显然不该由村民承受。

三、城中村改造中农民权益保障的建议

1.关于土地征收问题，我国宪法第10条明确国家享有土地征收权。2003年的宪法修正案区分了征收和征用，同时将给予补偿写入这部国家的根本大法。物权法第42条第2款规定“政府征用土地应足额支付土地征收补偿费用。”2012年12月新修的土地管理法确定了公平补偿的原则。土地管理法第47条确定国家征收土地，应按照土地的原始用途进行补偿，补偿的范围包括土地补偿款、安置补偿款、地上附着物以及青苗补偿。由此可知，在“城中村”改造中关于拆迁补偿安置问题，现行法律是没有可以完全、直接、有效的运用的。法律的缺失，导致在地方上的拆迁安置工作中，有了更多的自主决定权，这种自由恰恰是对公平和秩序最大的挑战。

（1）补偿标准确定化，补偿方式多样化。现有法律法规仅是明确土地征收应给予公平合理的补偿。对于“公平”“合理”的理解，有太多人为因素，可操作性也很差。所以应该以更明确的条文对土地征用补偿的问题给予相对确定的标准，减少自由裁量的空间。

加强司法救济，引入第三方评估机制，以市场为主导来确定拆迁征收补偿的标准。村民如果对价格不满，可以以诉讼、仲裁程序来进行救济，以此让整个过程至于法律的监督之下。而我国目前不存在土地仲裁机构，诉讼也难立案，所以建议将此在立法中进行规定。补偿方式可以采取变一次性补偿为资产化收益模式，建立集体经济体，以自愿为原则让村民入股，以固定财产享受长远的收益。

（2）扩大补偿范围，兼顾土地经营性收益。2012年胡锦涛在中共十八大报告时谈到“改革征地制度，提高农民在土地增值收益中的分配比例”。这是针对土地增值收益农民无法分享而提出的，也意味着我国的土地制度改革也在进一步深化。但时至今日，土地收益权也还未纳入法律保护的范畴。农民土地被征用，他们所失去的不仅仅是土地本身，还包括地役权、宅基地使用权以及土地增值部分等损失。村民让渡自己的权利，却没有从此获得利益，这显然是不被接受的。因此，应完善立法，将土地的收益权列入补偿的范围。

另外，对于城中村改造中的违章建筑问题。是否应该给予补偿，在长治市的改造实践中对此的态度是把违章建筑划为不被补偿的范围。这一做法无疑会让违章建设的农民不满。但若给予补偿，似乎又是对违法行为的法律认可，对守法者又有失公平。为了解决这一问题，我个人建议，该补偿补偿，该罚款还是罚款。既在拆迁补偿事宜上让被拆迁人满意，又绝对的执行法律，维护法律的尊严。

（3）补偿对象：援用公平原则。我国的土地管理法实施条例所明确的受偿主体有两个一是农民个人，即享有地上附着物的所有人；另一个则是集体经济组织。依据物权法的规定，房屋的所有权归属于所有权人，房屋租赁者作为房屋的直接占有人只有使用权，不享有所有权。所以在拆迁过程中，他们在法律上不享有任何可以求偿的权利，而这又实实在在的侵犯到了他们的利益。所以在法律中应明确此类主体权益被侵害的救济途径，同时可援用公平责任原则的精神对相关人员给予一定的补偿，以维护社会稳定。

2.对于就业以及养老、医疗等社会保障问题，我国主要在劳动与社会保障法加以规定，在城中村改造中，就农转非人员的社会保障问题，各地政府也出台相关文件进行矫正，但依然收效甚微。

（1）就业：失业保险主体扩大化。在失业保险中，应将农民也纳入该体系范围。将务农作为一份职业，在这一职业遭受侵害时，给予相应的保障措施。在失业保险的缴费体系中是用人单位和职工共同缴纳，如果将农民失业纳入这一体系后，可以国家进行一部分拨款加上集体经济组织缴纳一部分费用，共同组成农民失业保险基金，在基于天灾人祸，或者政府行为的原因导致的失业中，给予农民最基本的保障。

（2）社会保障：弱化以户籍为标准的区分。就医疗保险和养老保险的问题，主要是身份属性所带来的问题。就是从农村保险向城镇保险过渡的环节，目前主要以城镇居民和农村村民进行划分，建议弱化这样的划分标准，不再以户籍为界，而采取自愿原则，城镇中低收入、无业者也可以加入农村基本医疗、养老保险，而对于农村生活条件更好的，愿意选择参加城镇医疗、养老的可以加入城镇医疗、养老保险的体系中。进而对缴费方式进行相应的调整。有工作的，由用人单位和个人共同缴纳，没有固定工作的，国家财政补贴以及个人自愿缴纳数额。社会保障的分类不再依附于身份，改造后村民身份转变也就不会对社会保障的待遇造成困扰。

3.完善失地农民权益保护的各项政策

法律的完善并非一朝一夕，解决眼前的问题，政府出台有力的措施才可解燃眉之急。

（1）就拆迁补偿安置而言，征地补偿是农民失去土地后最直接的经济来源，也是维持后续生活的基本保障。补偿安置方案要多角度、多方面进行。把货币补偿、招工安置、土地入股、社会保障结合起来，应提倡开发性补偿方式，尝试土地资源的资本化、资本的资产化、资产的证券化等手段，既要解决燃眉之急，又要解决后顾之忧。

（2）就就业问题来说，在城中村改造中应将拆迁安置工程与相关配套产业同时建设，建立针对村改民的就业培训。一方面可以通过建立劳动密集型企业吸引村民从事二、三产业；另一方面可以兴建商业用房，以优惠的价格承包给村民出租经营，这样既可以使拆迁补偿后的大笔资金不至闲置、挥霍，也可以增加村民的收入，以简单的投资，促进就业，为自己创收。

（3）健全社会保障，促进城中村居民的待遇与市民待遇的对接。为了让城中村改造后的居民，老有所养、病有所医、政府应该进一步明确他们的身份，让村改后的居民与市民享有同等的就业医疗养老等各项社会保障措施，将村改居民逐步纳入城镇居民养老体系和医疗保险体系，也应适应城镇居民最低生活标准。

结　论

本文选择以长治市城中村改造为范例，以农民权益保护为视角，分析权益流失的现状及原因，从征地过程中找寻农民的诉求，从法律层面探寻解决的路径。正是将理论与实践相结合，坚持服务与创新，让法律真正的服务于人民生活的方方面面，从制度的层面为农民搭建起维护自身合法权益的框架。本文以法律为视角，却也不限于此，考虑现实需求，结合办案经验以及制度建立所需时间成本等因素，提出相对耗时较短又切实可行的政策性建议。本文的目的不仅在于让法律扎根于现实的土壤，更在于让农民合法的权益受到最实在的保护。真正践行律师的使命，担负起社会责任。

参考文献

祝天智.集体经营性建设用地入市与征地制度改革的突破口［J］.现代经济探讨，2014.

两岸四地共同打击跨境有组织犯罪的区际合作

重庆渝万律师事务所　杨　柳

内容摘要：由两岸四地间经济往来的频繁而引发的跨境有组织犯罪呈逐步上升趋势，严重影响了两岸四地间的政治稳定、经济发展和社会进步。如何有效打击和防范此类案件的发生也成为学者们热议的重点。本文从两岸四地间有组织犯罪存在的主要类型及发展趋势入手，探讨建立两岸四地区际合作长效机制，并针对该机制的运行提出具体措施，以期为更好地打击此类犯罪提供有益借鉴。

关键词：两岸四地　跨境　有组织犯罪　区际合作

近年来，随着中国经济的高速发展及法治社会建设的逐步完善，加之港澳的回归，海峡两岸关系的解冻及大陆与台湾的先后入世，更为中国经济的发展提供了良好的外部环境与氛围。但社会进步，国家兴旺发达的背后存在的社会治安问题乃至犯罪问题同样不容小视。内地与港澳台之间由于特殊地缘环境使得经济交往更为便利，同样也导致了两岸四地间的犯罪呈高发态势，其中尤以有组织犯罪表现突出，严重影响了两岸四地间经济的健康运行。为了有效打击并预防两岸四地间的有组织犯罪，就需要借助两岸四地在法域、侦查领域的通力合作。

一、跨境有组织犯罪的概述

（一）两岸四地跨境有组织犯罪的界定

有组织犯罪因其内部结构严密，等级森严，分工明确等特点使得案件侦破难度大，造成的危害后果也比一般的单独犯罪和共同犯罪要严重，特别是全球一体化进程的不断深入，许多国家都不同程度遭受有组织犯罪的困扰，因此，其又被联合国大会称为"世界三大犯罪灾难"之一。为了更好地解决上述问题，就需要我们首先从有组织犯罪的定义入手，准确把握其本质特征。

1.有组织犯罪的界定

有组织犯罪是来自于犯罪学上的专业术语，有组织犯罪一般是指3人及以上故意实施的一切有组织的共同犯罪活动。在香港、澳门和台湾地区，有组织犯罪特指黑社会组织。在大陆地区，现行刑法典指称的有组织犯罪就是黑社会性质的组织犯罪。[①]全国人民代表大会常务委员会关于《刑法》第294条第1款的解释对黑社会性质的组织的特征给出了明确规定。笔者认为，尽管各国在有组织犯罪法律概念的认识上存有一定的差异，但差异的背后又隐藏着共同的基点及某些方面的共识，即有组织犯罪应当满足以下几个条件：（1）在主体规模上，应当是3人或者3人以上；（2）在主观方面上，其主观罪过必须是故意；（3）在组织形式上，各成员应当具有明确的分工，形成一定的等级制度；（4）在组织目的上，结成组织是为了进行犯罪活动。

2.两岸四地有组织犯罪的主要类型

（1）毒品犯罪。在国际上，毒品犯罪是危害最严重的犯罪。由于利润巨大，因而成为有组织犯罪集团特别是跨国有组织犯罪集团最重要的犯罪活动之一。改革开放以来，特别是80年代中后期，非法贩运毒品问题在我国愈演愈烈，根据联合国禁毒和犯罪预防署2000年度报告，1991—1994年我国缉获的海洛因与吗啡的数量为2488公斤至7504公斤不等，平均每年4897.6公斤，名列全球第三位，占全球缉获量的10.4%，在20世纪90年代后期，两岸四地间逐渐形成有组织、有计划、有分工甚至有武装的专业贩毒模式，跨境、跨省区现象明显，并且形成了"产、供、销"一条龙的体系化模式。

（2）走私犯罪。我国大陆南临港、澳，东与台湾隔海相望，受特殊地理环境及国内外经济制度与关税税率的影响，犯罪集团实施的对我国禁止或限制进出口的珍贵文物以及制品、汽车、淫秽物品等的走私行为愈演愈烈，并且随着对外开放力度的加大，港澳台地区及境外黑社会组织、走私集团开始向内地逐步渗透，使得走私犯罪呈现专业化、团伙化以及境内外勾结、网络线上线下分工配合的特点。

（3）贩卖人口犯罪。贩卖人口犯罪，主要是将儿童和妇女贩卖到境外，强迫贩卖儿童街头行乞、妇女卖淫等进行违法活动。大陆地区贩卖人口现象集中在西南边陲，但近年来拐卖人口的持续上升使得该犯罪逐步呈现由内地赤贫地区向全国扩展的趋势，并且随着有组织犯罪集团的介入，贩卖人口行为呈现犯罪区域逐步扩大、犯罪对象日趋多样、犯罪手段更加隐蔽、受害人遭遇更加悲惨等新特点。

（4）电信诈骗犯罪。随着金融、电信、网络等高科技的发展以及网上银

① 张远煌：《中国有组织犯罪发展现状及立法完善对策思考》，载《第四届当代刑法国际论坛—全球化时代有组织犯罪的惩治与防范国际学术研讨会会议文集》，第95页。

行、转账等业务的兴起，利用网络、电信进行诈骗的犯罪成为犯罪集团的新宠儿。目前金融、电信等公司不重视对公民个人信息的保密，监管不力，加之诈骗集团擅于利用人性贪利的弱点，利用各项电信、网络与金融服务实施诈骗行为，致使民众上当受骗，严重侵害了广大人民的财产安全。诈骗集团利用该犯罪跨境、跨地区的特点，即犯罪集团的幕后组织者多半身在台湾，租用美国等境外服务器，收购或租用台湾、大陆服务器，在台湾搭建电信诈骗网络平台，向大陆拨打网络诈骗电话或发送短信，使得一旦诈骗行为得手，两岸警察碍于沟通、侦查手段、刑事管辖、合作机制等缘由不能有效打击该类犯罪，从而达到犯罪意图。

（5）洗钱犯罪。"洗钱"是指为了掩盖非法收入的真实来源和存在，而通过各种手段使其合法化的过程。[①]其目的就是将犯罪集团从事非法活动获取的资金通过各种方式变为合法的资金，使司法机关无法追查出资金的来源，而这些钱大部分都是通过贪污、偷税、走私、贩毒等不正当手段赚取的"黑钱"、"脏钱"。犯罪分子利用这些钱来维系犯罪组织的运行，并参与有组织犯罪贸易活动，或者利用这些钱对官员行贿，将其拉下水为有组织犯罪集团提供保护伞，难以识破，甚至迷惑那些试图找出蛛丝马迹的人员和部门，严重干扰了政治和经济秩序。

3 对"跨境"的理解

关于跨境犯罪的概念，目前刑法学界尚未达成统一的认识，对于跨境的理解较为明显的区分为三种观点：行为说、行为结果说和跨法域说，上述三种观点对"跨境"地理解释仅在空间范围上存在不同。笔者认为，根据我国刑法第106、107、339、35、337、320条的规定，"境"的含义既包括一国之内法域与法域之间的界限，还包括国与国之间的界限；刑法第322条，这里的"境"表示为"国境"仅指国与国之间的边界，国境和边境是两个平行的概念，因此，跨境有时仅指跨越国与国之间的边界，有时又仅指跨越一国之内的法域与法域之间的界限。[②]但是不能包括"越境"的情形。所谓越境，是指境外或国外的犯罪分子为逃避法律的追究而进入内地隐藏的现象。因为此类犯罪的行为与结果都不具有跨境的特性，只有犯罪主体存在地理位置上的移动，只要在追诉活动进行时提供相应的程序上的刑事司法协助即可解决，并不涉及法律适用的冲突

① 何秉松：《中国有组织犯罪研究（第一卷）：中国大陆黑社会（性质）犯罪研究》，群众出版社2010年版，第412页。

② 王仲兴、郭天武：《内地与香港刑事司法合作研究》，北京大学出版社2008年版，第4页。

问题。

（二）两岸四地跨境有组织犯罪的发展趋势

1.犯罪手段日趋隐蔽。随着网络、电信等高科技的兴起，犯罪分子在进行犯罪活动时选择的方式、手段变得更加隐秘、狡诈，幕后策划者更加强调对自我的保护意识，而且反侦察的伎俩也越来越强。更有甚至部分有组织犯罪集团通过招募专门的技术人才为他们提供技术指导，还有境外犯罪集团假借投资办厂的名义，披着合法的外衣却在暗中开设赌场、卖淫等场所并贩卖毒品以攫取非法利益。

2.积极寻求保护伞。在近年来发生的内地有组织犯罪案件中可以看出，有组织犯罪集团已经意识到要想使犯罪行为得逞不被查获又能长期逍遥法外持续作案，必须积极地在当地政府内部寻求强有力的政治"保护伞"。而且他们早就已经开始运用各种手段投其所好向权力领域渗透，拉拢腐蚀公务员和司法人员，以便准确获取内部信息，及时逃避政府的专项打击。

3.社会危害性越来越大。在跨境有组织犯罪中，人员大多吸纳监狱释放或是负案在身的亡命之徒，做起事来心狠手辣，持刀、持枪抢劫，绑架撕票现象屡见不鲜，甚至敢于和警方发生枪战。

二、开展合作共同打击有组织犯罪的必要性

（一）历史原因造就我国两岸四地特殊国情

两岸四地分属四个不同的法域，都有着各自独立的法律制度和刑事法规范。香港、澳门回归以后，按照"一国两制"的基本方针，香港特别行政区和澳门特别行政区在今后相当长的时期内保持基本政治制度和法律制度不变，且各自享有司法上的终审权。台湾地区也根据自己的政治体制拥有独立的法律和司法制度。因而，在一个国家之内形成了四大法域共存的特殊局面。

（二）现有的合作机制不够完善，不能满足内地与港澳台的现实司法需要

早期，两岸间在政治与经济上处于相互隔离的状态，客观上不可能共同打击跨境有组织犯罪。1987年以后，两岸关系开始转暖，跨境案件在国际刑警的牵线下可以得到部分解决。此后，两岸人民交往的频繁，双方需要共同合作解决的问题也逐渐增多，最终于1990年9月，海峡两岸红十字会组织的代表在金门签订了"金门协议"，这是两岸刑事犯罪遣返的重要法律依据，此后，两岸一直根据该协议实施海峡两岸私渡人员和刑事嫌疑犯或刑事犯的海上双向遣返。但是，刑事犯被遣返的只是极少数，大量的犯罪分子仍无法得到有效的打击。台当局"陆委会"表示两岸协商中的共同打击犯罪议题一直有交流，但没有一个共同的平台处理，两岸人民对合作打击跨境犯罪充满期待。

三、两岸四地共同打击有组织犯罪的有效措施

（一）完善国内对有组织犯罪的相关立法

大陆刑法关于有组织犯罪从制度上进行规制的时间较短，最早源自深圳市政府1982年发布的关于取缔黑社会活动的通知。将有组织犯罪纳入刑法规制是1997年修订刑法时，在刑法第294条增设"黑社会（性质）组织罪"，具体包括了组织、领导、参加黑社会性质组织罪、入境发展黑社会组织罪以及包庇和纵容黑社会性质组织罪三个罪名。为了便于司法实践，2000年最高法颁布《最高人民法院关于审理黑社会性质组织犯罪的案件具体应用法律若干问题的解释》，对"黑社会性质的组织"的特征、"发展组织成员"的含义、港澳台黑社会组织到内地发展组织成员的法律适用及罪数等方面做出明确的规定。2002年全国人大常委会通过了全国人民代表大会常务委员会《关于〈刑法〉第294条第1款的解释》，进一步对"黑社会性质的组织"的内涵予以明确。2011年立法机关又针对该罪的刑罚处罚做出较大修改。以上便是大陆地区关于有组织犯罪的全部法律规定。

纵观大陆地区所有有关有组织犯罪的规定，尚存在以下几点不足：

第一，在立法方面过于单薄。大陆地区仅仅依靠一个实体法的法条和3个具体罪名，无法编织出应对有组织犯罪的严密法网，且在程序上缺乏专门针对有组织犯罪的查缉制度和证据制度，使得司法实践中打击有组织犯罪可利用的立法依据严重不足。

第二，有组织犯罪的罪名设立以及罪刑配置缺乏针对性。现行刑法只规定了组织、领导、参加黑社会性质组织罪、入境发展黑社会组织罪以及包庇和纵容黑社会性质组织罪三个罪名，对资助等关联行为没有做出规定。在刑罚配置方面，2011年刑法修正案八提高了黑社会性质组织犯罪的法定刑，针对黑社会性质组织犯罪者在特殊累犯和禁止假释方面做出了规定，并针对黑社会性质组织犯罪的牟利动机做出了财产刑的规定，但此财产刑的规定并没有涉及到"入境发展黑社会组织罪"和"包庇、纵容黑社会性质组织罪"，降低了其针对性。①

第三，黑社会性质有组织犯罪的罪状描述缺乏可操作性。根据我国大陆地区刑法第294条的规定以及相关司法解释的规定，认定黑社会性质组织应当同时具备形成较稳定的犯罪组织，人数较多，有明确的组织者、领导者，骨干成员基本固定，有组织地通过违法犯罪活动或者其他手段获取经济利益，具有一

① 张远煌：《中国有组织犯罪发展现状及立法完善对策思考》，载《第四届当代刑法国际论坛——全球化时代有组织犯罪的惩治与防范国际学术研讨会会议文集》，第92页。

定的经济实力，以暴力、威胁或者其他手段，有组织地多次进行违法犯罪活动等特征。可见，大陆立法主要专注于打击有组织犯罪的高级形态，黑社会组织犯罪，对于初级形态的犯罪团伙以及终极形态的犯罪集团则不在打击范围之内，而这两种情形往往以共同犯罪来处理，将必然导致刑法介入的延迟，不仅不利于有效打击有组织犯罪，还会促成其升级发展。

针对上述不足，笔者建议从以下几点完善建议：

第一，转变立法观念。在罪名设立上不仅应包括组织行为和实行行为，还应将有助于犯罪组织形成、发展、壮大和加重有组织犯罪后果的帮助行为纳入其中，以严密有组织犯罪的罪名体系。在“黑社会性质的组织”的规范表述上，对于有组织犯罪的各犯罪形态应该进行统一规制，使刑事力量能够尽早介入，以求把有组织犯罪压制在形成或者发展阶段。与此同时，“保护伞”应当作为黑社会性质组织犯罪的必备特征，“保护伞”是黑社会性质组织产生、存在和发展的必要条件。[①]将其纳入到刑法规制之中能有效遏制黑社会性质组织的成长。

第二，除了在实体法上进行规制，还应在有组织犯罪的追诉上进行完善。有组织犯罪往往伴随着较大的社会危害性以及查缉的艰巨性等问题，相对于犯罪事实被揭露后的严厉制裁，如何针对有组织犯罪实施违法犯罪的特点选择和运用特别的追诉措施更具有全局性意义。[②]据此，在追诉程序和证据制度的设立上突出和强调查缉的便利性和追诉的有效性是必然选择。

第三，反有组织犯罪重在预防与控制。在预防与打击有组织犯罪的过程中，只有建立良好的预防和控制机制才能保证法律的有效性。有组织犯罪现象有其产生的特定原因，要从根本上遏制有组织犯罪，就必须从其产生原因下手，完善监督机制，加强对重点人群、特种行业、特种物品的监督管理以及加强对公权力行使者的监督与处罚力度，尤其是对公权力的监督。

（二）建立区际间可共享的情报搜集与交换平台

两岸四地间搭建情报的搜集与交换平台十分必要，并且类似机构在国际合作中已有先例可供借鉴。在国际共同打击毒品犯罪中，欧洲一些国家就建立了情报信息资料的搜集和交换制度，并同毒品生产和中转国之间建立联系，派联

---

① 赵秉志、张伟珂：《中国惩治有组织犯罪的立法演进及其前瞻——兼及与〈联合国打击跨国有组织犯罪公约〉的协调》，载《第四届当代刑法国际论坛——全球化时代有组织犯罪的惩治与防范国际学术研讨会会议文集》，第79页。

② 张远煌：《中国有组织犯罪发展现状及立法完善对策思考》，载《第四届当代刑法国际论坛——全球化时代有组织犯罪的惩治与防范国际学术研讨会会议文集》，第92页。

络官员和耳目到这些国家搜集贩毒活动的情报，并及时进行交换，同时在欧洲成立了一个缉毒中心，协调欧洲各国跨国界的缉毒行动，保证各国能够经常交流情报和经验，及早发现有组织犯罪集团之间的相互勾结。[①]

（三）借鉴国际刑事司法协助，完善并加强区际间刑事司法协助内容

刑事司法协助的内容往往是由协议双方或多方商定的，没有固定的范围，如果没有限制的话，就可以是任何需要协助的事项。[②]目前国际刑事司法协助主要有诉讼文书的送达、调查取证、提供信息资料、引渡、承认和执行外国的刑事判决、刑事诉讼转移等方面。大陆与港澳台地区的刑事司法协助目前还更多地停留在理论探讨的层面，没有达成刑事司法协助方面的官方协议。

两岸四地均有关于国际司法协助方面的立法规定，我国内地法律关于国际刑事司法协助的范围有送达刑事诉讼文书、调查取证、刑事诉讼情报信息交流、引渡等。香港特别行政区关于国际刑事司法协助的内容主要包括提供数据、文件、记录和物品，追寻和辨认等。香港特别行政区与外国的刑事司法协助中不包括引渡、相互承认等内容。澳门特别行政区对外国或澳门以外地区的刑事司法协助，不仅包括一般的调查取证、送达法律文书、提供犯罪信息资料等内容，还包括逃犯的移交、对非澳门法院宣示的刑事判决的确认与执行等。台湾地区与外国的刑事司法协助主要包括委托送达刑事诉讼文书、委托调查取证和引渡。

由于地缘优势，区际司法协助在理论上应该比国际刑事司法协助的内容更加宽泛，协助手段也更加多样和灵活。就目前两岸四地间刑事司法协助的发展现状，笔者建议可在如下几个方面进行刑事司法协助，以便于更好地开展区际合作：

1.代为送达刑事诉讼文书。要明确送达刑事诉讼文书的种类、途径以及送达方式等。

2.协助调查取证。调查取证是侦破有组织犯罪案件的重要环节，若是能够在此过程中达成良好合作，就能有效提高办案效率。

3.犯罪嫌疑人的移交。及时实现犯罪嫌疑人的拘捕移交，才能更好地保障刑事追诉的实现。

4.刑事诉讼的移转。对于较轻的犯罪或者共同犯罪，如果某法域不便于进行刑事追诉和审判，可以请求其他法域依照其本法域的法律予以管辖和审判，

---

① 康树华：《比较犯罪学》，北京大学出版社1994年版，第311–312页。

② 梁玉霞：《中国区际刑事司法协助研究》，中国人民公安大学出版社2009年版，第51页。

以求在最大范围内节省司法资源，提高刑事诉讼的效率。[①]

5.协助证人或鉴定人出庭作证。对于需要跨境出庭的证人或鉴定人在出入境手续、证人资格的确认、出行费用及安全的保障等方面进行协助。

6.承认和执行刑事判决。相互承认与执行对方已生效的判决是为了避免对同一案件的重复追诉，为了保障人权和维护司法的公正与权威。相互承认和执行刑事判决能够解决审判和执行分离的难题。对此，应当在充分协商的基础上，建立相应的机制。

7.已决犯的移管。对于异地的已决犯，在居住的法域以外地区执行刑事判决往往会给当事人带来很多困难和不便，也不利于判决的执行和监管，因而，应建立相应的机制允许已决犯回到其居住地执行刑罚。这种机制要明确移管的适用条件、接收单位以及移管的程序等。

8.赃款、赃物的追缴与返还。这种协助是我国区域有效打击有组织犯罪、黑社会性质犯罪、腐败犯罪的重要形式。

四、展望

香港澳门回归祖国，在加强互相间经济、政治、文化交流的同时，港澳的犯罪组织随之入侵内地，并与内地的犯罪组织相勾结，实施犯罪活动，对内地和港澳人民的人身财产安全造成很大威胁。自大陆与台湾逐渐互通往来之后，跨越海峡两岸的犯罪行为也日益猖獗，两岸四地亟需建立相应的合作机制满足各方司法需求。近年来内地与港澳地区广泛而深入的司法与警务交流取得了建设性的发展成果，并朝着更加务实的方向发展，同时我们也期待台湾以两岸人民福祉为追求，与大陆展开积极对话与协商，为构筑两岸四地共同打击有组织犯罪区际合作添砖加瓦。

参考文献

[1] 何秉松.中国有组织犯罪研究（第一卷）中国大陆黑社会（性质）犯罪研究［M］.北京：群众出版社，2010.

[2] 何秉松.黑社会犯罪解读［M］.北京：中国检察出版社，2002.

[3] 梁玉霞.中国区际刑事司法协助研究［M］.北京：中国人民公安大学出版社，2009.

[4] 康树华.比较犯罪学［M］.北京：北京大学出版社，1994.

---

① 梁玉霞：《中国区际刑事司法协助研究》，中国人民公安大学出版社2009年版，第53页。

［5］赵秉志.跨国跨地区犯罪的惩治与防范［M］.北京：中国方正出版社，1996.

［6］王仲兴、郭天武.内地与香港刑事司法合作研究［M］.北京：北京大学出版社，2008.

［7］李柏栋.当前跨境有组织犯罪的基本形态与趋势分析［J］.法制博览，2012（7）.

［8］康树华.洗钱犯罪现状、原因与防治措施［J］.南都学坛：人文社会科学学报，2006（4）.

［9］马进保、易志华.港澳回归后跨境犯罪的特征及其防治对策［J］.公安大学学报，2000（6）.

消费信托的模式、前景及风险防范

北京市中伦(重庆)律师事务所　熊伟杰

内容摘要：在经济转型、结构调整、消费需求升级的背景下，国家推出了一系列促进消费的宏观经济政策。关于加大对新消费领域金融支持的指导意见要求培育发展消费金融组织体系，加快推进消费信贷管理模式和产品创新，加大对新消费重点领域金融支持。作为第二大金融子行业的信托业也推出消费信托产品积极布局万亿消费市场。消费信托从金融产品创新、扩大内需、实现普惠金融的角度看都具有重大意义。本文以消费信托的业务模式为主线，分析消费信托的发展前景、业务逻辑的合规合法性，指出消费信托发展中应当防范的法律风险，并提出相应的风险防范建议。

关键词：消费信托　普惠金融　产品模式　法律风险　风险防范

目前中国经济已进入新常态，随着利率市场化改革的深化，信托公司面临着传统业务盈利能力下降，信托资产增速放缓的挑战。创新服务产品，加快业务转型已成为信托业共识。消费信托是基于新常态、经济结构转型、居民消费需求升级而出现的产品。随着2016年相关利好政策的出台，消费信托迎来了光明的前景。本文从消费信托的内涵、主要模式、前景分析，指出消费信托需要的风险防范。

一、消费信托概述

（一）消费信托内涵

中信信托副总经理李峰认为，消费信托是指信托公司以“分担、共享”为核心理念，从消费者需求出发，接受消费者的委托，通过甄选消费产品，向产业方进行集中采购，同时利用沉淀资金集中投资所获得超额收益，弥补产品运营成本，分担消费者的消费成本，从而让消费者获得高性价比的消费权益。①本文认为，消费权益指消费者在商家指定的营业场所及营业时间内，具有按照约

① 中信信托《消费信托——让投资更懂生活》，2015年12月19日，网址：http://wenku.baidu.com/link?url=FGNcrTa3iQCOS1t7n8krfDM2jUzZI865hK8Dn1T-he5BsViIcv7iBEgU9qT-tybHlHWR7CHiS-1o08m0P7pxfwYiB4_4DVEAuZ10ItkDOGnm，访问日期2016年7月。

定的交易价格、交易方式等交易条件获得商家所提供的商品或服务，并按照约定的条件取得消费优惠的权利。消费信托是指受托人（信托公司）接受委托人（消费者）的委托购买、登记、结算指定的消费权益，并接受商家委托以出售消费权益所获资金设立单一资金信托计划的产品模式。

（二）业务流程

消费信托的主要流程如下：

1. 消费者购买消费信托产品，向信托公司支付消费资金，信托公司根据委托向商家购买消费权益；

2. 商家向消费者交付消费权益，信托公司登记消费权益；

3. 商家将消费资金委托信托公司设立信托计划；

4. 消费者消费后，商家向信托公司申请相应消费资金赎回；

5. 信托公司办理赎回后向商家支付消费资金；

6. 资金信托计划终止后，商家回购未消费的消费权益，信托公司向消费者返还相应的消费资金及约定的投资收益。

信托公司可建立消费金融服务平台，实现消费信托产品线上销售、消费权益流转、个人消费贷款及其资产证券化等创新业务发展。

消费信托的业务流程主要如下：

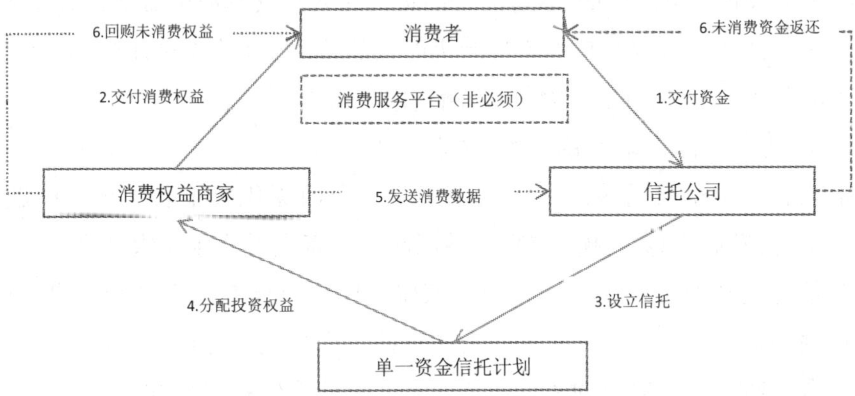

交易流程涉及到消费权益、消费资金、消费数据三方面的交互流动。目前线下购买消费权益为主流模式，但通过消费金融服务平台购买消费权益是发展趋势；消费资金由消费者流向信托公司，消费者实现消费权益时，信托公司与商家结算消费权益的金额。信托计划终止后，信托公司将未消费资金返还消费者；信托公司负责登记、结算消费权益，商家将消费数据发送信托公司。信托公司通过汇集消费数据，可构建相应的数据库。

（三）消费信托的优势

1.解决商家和消费者间的信息不对称问题，降低交易成本

传统商业模式下为实现交易将发生信息搜集、产品营销、交易磋商等额外成本。信托公司凭借其征信和议价能力，可以承担发掘优质商家与识别有需求的消费者两项任务，减少了商品的流通环节与交易成本。

2.消费者、商家、信托公司共享收益

信托公司能够让消费者以最优惠的价格获得商品或服务，未实现消费的，还能够分享资金投资收益；信托公司能够甄别优质商家，可以定向导流消费需求，保障消费权益实现；借助信托公司的营销能力，商家可以实现以销定产，降低采购、库存、物流、营销成本。

二、消费信托的发展前景

（一）消费是经济转型的重要动力

国务院关于积极发挥新消费引领作用加快培育形成新供给新动力的指导意见指出，"我国已进入消费需求持续增长、消费结构加快升级、消费拉动经济作用明显增强的重要阶段。发挥新消费引领作用是更好满足居民消费需求、提高人民生活质量的内在要求。发挥新消费引领作用是加快推动产业转型升级、实现经济提质增效的重要途径。发挥新消费引领作用是畅通经济良性循环体系、构建稳定增长长效机制的必然选择。"消费信托具有发掘消费需求、引导优质供给的作用。消费金融能够把握消费升级的大趋势，引领经济结构优化和产业升级，当消费遇上金融，能够激活经济增长内生动力。

（二）消费信托是普惠金融的具体表现

十八届三中全会通过的《中共中央关于全面深化改革若干重大问题的决定》提出，"发展普惠金融，鼓励金融创新，丰富金融市场层次和产品"。普惠金融为信托业转型指明了方向，即应该摒弃以往仅仅专注于高端客户的思路，转而挖掘更多层次的客户需求，开发创新性的产品让信托制度的优势惠及更广泛的民众。通过设计适当的消费信托产品，能够将信托服务和优质消费惠及大众。消费信托有利于摆脱路径依赖，回归信托本源，创新资产管理，服务社会大众。

（三）消费信托是促进消费的金融方式

在综合化金融业态下，发展场景化、生活化金融是消费金融发展的必然趋势。运用大数据技术，消费信托可以深度发掘客户需求，结合信托公司的金融技术和渠道，消费信托可以加深消费金融和生活场景之间的联系。消费信托将成为信托业在消费金融市场竞争中的突破点。

2016年中国人民银行、银监会联合印发《关于加大对新消费领域金融支持的指导意见》（银发〔2016〕92号）。意见从发展消费金融组织体系、加快推进消费信贷管理模式和产品创新、加大对新消费重点领域金融支持、改善优化消费金融发展环境等方面提出了一系列政策措施。借着政策的东风，消费信托将迎来更优越的发展环境和更广阔的业务领域。

三、消费信托产品的三大模式

（一）消费信托预付卡模式

该模式下消费者可以按照预存金额进行指定消费权益的消费，未消费部分可获得一定的收益回报，代表产品为“中信书店信睿宝”。根据产品设定，每位客户最多可预存消费金额2万元，该产品总规模不超过2亿元。该笔预存金额，在中信书店消费的话，可享受低至6.6折的优惠折扣，消费部分不再享受消费权益回报。

（二）消费信托保证金模式

该模式下消费者除购买消费权益的预付资金之外，还需要缴纳一部分保证金。保证金主要是通过保证金的投资运用产生的收益覆盖，由于消费者的消费行为不确定性和项目运营管理的风险而带来的成本。“中信嘉丽泽健康度假消费信托”就是此类典型。根据产品说明，H类产品交付资金8.8万元，其中7.5万元为保证金，五年后到期全额返还；另外1.3万元购买消费服务权益，相当于会计费，一次性收取，每年2600元。保证金在信托计划存续期间，允许进行中心信托及招行共同认可范围内的低风险投资，包括招行理财产品、中信信托其他信托产品、债券等，到期则直接由银行监管账户转入信托账户，退还投资者保证金。

（三）双层信托模式

该模式下，信托公司成立两个信托计划，分别管理、运用消费权益和资金。百度与中信信托联合发布国内首个电影大众消费平台——“百发有戏”一期产品“黄金时代”是该种模式的典型。该产品的最低认购门槛为10元，消费者不仅可享受影片的相关特权，还能获得最低8%的权益回报。

消费者向发行人支付资金购买消费权益，同时将该消费权益作为信托财产向SPV（“特殊目的公司”，下同）发起民事信托，SPV将该消费权益集中后向信托公司发起设立消费权益信托，由信托公司对消费权益进行集中管理。设立消费权益信托的目的在于加强信托公司对消费权益监督管理。

消费券发行人需将销售消费权益所得资金全部投入到信托公司所设立的专项信托计划中，认购信托份额。信托公司负责按要求履行受托职责，确保资金专项运用，间接实现了对消费权益的保障性监控。

消费权益信托结构如下：

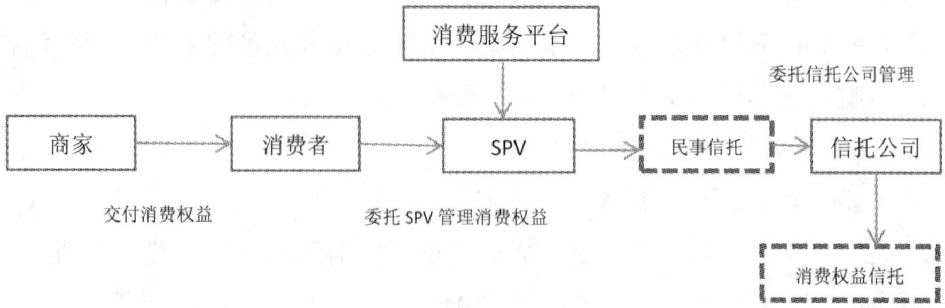

四、消费信托的法律风险及防范

（一）消费信托设立中的风险及防范

1.非法集资风险

设计消费信托产品要避免被认定为非法集资的风险，信托公司需要核查商家提供商品或服务的真实性、消费的现实可能性，需要对消费权益登记管理。在设计单一资金信托时，对投资收益的保本型约定、固定收益率约定，均可能被认定无效。被认定为非法集资的，还可能涉及非法吸收公共存款或者变相吸收公共存款罪。

2.被认定为预付卡的风险

消费信托起源于台湾的预售款信托，[①]而在我国预付卡发行受到单用途商业预付卡管理办法（试行）、非金融机构支付服务管理办法的规范。其中，单用途商业预付卡管理办法（试行）规定，预付卡包括实体卡和虚拟卡，对于单张记名卡的限额不得超过5000元，单张不记名卡的限额不超过1000元。因此信托公司在设计消费信托时，应当避免消费权益的载体被认定为预付卡，可以尝试设计成特定标的提货凭证。

3.信托无效的风险

信托法第7条规定：“设立信托，必须有确定的信托财产，并且该信托财产必须是委托人合法所有的财产，本法所称财产包括合法的财产权利。”设立消费权益集合信托时，须具有确定、合法、可转让的信托财产，否则该信托面临无效的风险。

设立消费权益信托需要分析以下问题：（1）信托财产的内容、种类、范

① 为维护公益及保护消费者权益，“台湾地区”立法要求把与公众利益密切相关的从事延迟消费商业模式的企业预售款，如各种礼券、消费卡等交付信托，由信托作为独立第三方增信、管理并监督资金运用，预防收款方因经营不善破产或发生信用风险损害公众利益。

围、权属是否明确。信托法第9条规定：“设立信托，其书面文件应当载明信托财产的范围、种类及状况。”一方面，信托协议对消费权益应当明确、无歧义的约定；另一方面，要从保护消费者知情权、选择权、公平交易权的角度考察；最后，还要考察消费权益购买合同对消费权益权属的约定是否符合信托法。(2) 消费权益是否可以转让。信托法第14条规定：“法律、行政法规禁止流通的财产，不得作为信托财产。”如果消费权益购买合同约定消费权益不得转让，或者消费权益因其性质无法转让的，则信托财产无法转移而导致信托不生效。(3) 消费者是否可以委托SPV设立消费权益信托。如果狭义理解信托法第7条“合法所有”，即依法享有所有权，则SPV作为代理人，受托设立信托的行为可能归于无效。

3.合格投资者风险

若采用集合资金信托模式设立消费信托，则需要注意合格投资者风险。[①]信托应当根据信托公司集合资金信托计划管理办法严格审查消费者的风险识别能力和风险承受能力。

（二）消费信托运作中的风险及防范

1.公开宣传的风险

信托公司集合资金信托计划管理办法第8条规定，信托公司推介信托计划时，不得进行公开营销宣传。关于99号文的执行细则[②]要求严格执行信托产品营销的各项合规要求，坚持私募标准，不得公开宣传，不得通过手机短信等方式向不特定客户发送产品信息。

消费信托计划的最大特色是以“类团购、众筹”模式低价投资信托产品，可能会因公开宣传产生风险。虽然目前监管部门并没有明令禁止，但互联网平台的推介宣传存在对象不特定和公开宣传的嫌疑，若监管政策变化将产生合规风险。

2.信用风险

当商家无法保质保量提供商品或服务，或提供的商品或服务对消费者造成了损害，信托公司可能承担相应的法律责任。对此信托公司应加强对商家的持续跟踪检查，及时发现并处理该类风险。

3.操作风险

由于消费信托产品的客户、商家较多，信托公司在客户管理、商家管理、

---

① 如中航信托·天启767号洋河股份50L梦之蓝封坛酒消费集合资金信托计划。

② 99号文为《中国银监会办公厅关于信托公司风险监管的指导意见》（银监办发［2014］99号）。

消费权益登记管理、信息披露等方面都可能产生操作风险。对此信托公司应当通过优化内部管理流程、严格内部控制制度、加强员工培训等方式防范。

4.资金投资风险

信托公司将消费沉淀资金用于投资，但由于沉淀资金规模不大、期限错配等因素，可能产生投资收益未达预期收益率和亏损的风险。对此信托公司应在产品设计阶段对预期收益进行测算，同时配置风险准备金以兑付承诺的最低投资收益。

五、结论

消费信托作为一项创新业务，其发展尚需接受市场的考验。多样化的产品是其核心生命力，风险控制是其良好发展的基石。互联网金融的崛起、大数据技术的运用、居民消费潜力的提升，使消费信托发展前景可观。

参考文献

[1] 王巍.金融猎手实战心经［M］.北京：经济管理出版社，2015.

[2] 李巍.消费信托的价值体现［J］.学习与探索，2016（3）.

[3] 董禹、秦岭.信托产品创新——以消费信托为例［J］.武汉金融，2014（11）.

[4] 孙鑫，纪少锋，刘乐.中国消费金融市场的现状及未来发展方向［J］.资管高层决策参考，2016（6）.

[5] 周小明.信托制度:法理与实务［M］.中国法制出版社，2012.

初论私募基金监管问题

中豪律师集团(重庆)事务所　刘力嘉

内容摘要： 私募基金作为资本市场的重要角色，在推动经济结构调整、缓解中小企业融资难等方面的作用日益凸显，却又因其资金监管漏洞带来了巨大的金融和社会风险。唯有扩大基金管理人的责任，加强基金业协会的事中、事后监管职责，对其募集资金强制托管并赋予托管机构严格的形式审查义务，以保证投资资金的安全，才能扬长避短，促进私募基金整个行业和资本市场的健康发展。

关键词： 私募基金　资金监管　严格形式审查义务

近年来，私募基金快速发展，在推动经济结构调整、提高企业自主创新能力、缓解中小企业融资难等方面作用日益凸显，也成为居民财富管理的重要工具。但私募基金的风险也不断积聚，风险事件陆续暴露。基金管理人违规操作导致兑付违约，投资人血本无归的案例比比皆是，却仍然有更多的高净值人群前仆后继地落入这种频发的陷阱之中。不免让人深思，是否应当从制度层面进一步加强对私募基金的监管，从而将其可能带来的金融和社会风险扼杀在摇篮之中。

一、案例简析

如下图所示，投资人甲与某恒基金公司签署协议认购基金，认购书上写明基金的名称及对应的有限合伙企业为某川，基金产品说明书也明确写明标的企业为企业某川，且投资人按照认购书的约定将投资款打入企业某川名下的监管账户。但除了企业某川之外，基金公司为了规避有限合伙企业合伙人数、合格投资者人数上限的规定[①]，还分别成立了某泉、某恒、某美、某安等有限合伙企业（实缴出资数千万元）以募集资金，并在上述企业中担任普通合伙人及合伙事务执行人（实缴出资1万元），投资人甲的名字并未出现在企业某川的合伙人名单中，而是出现在了企业某安的合伙人名单中。

① 合伙企业法中规定，有限合伙企业合伙人数不能超过50人；证券投资基金法中规定，合格投资者累计不得超过200人。

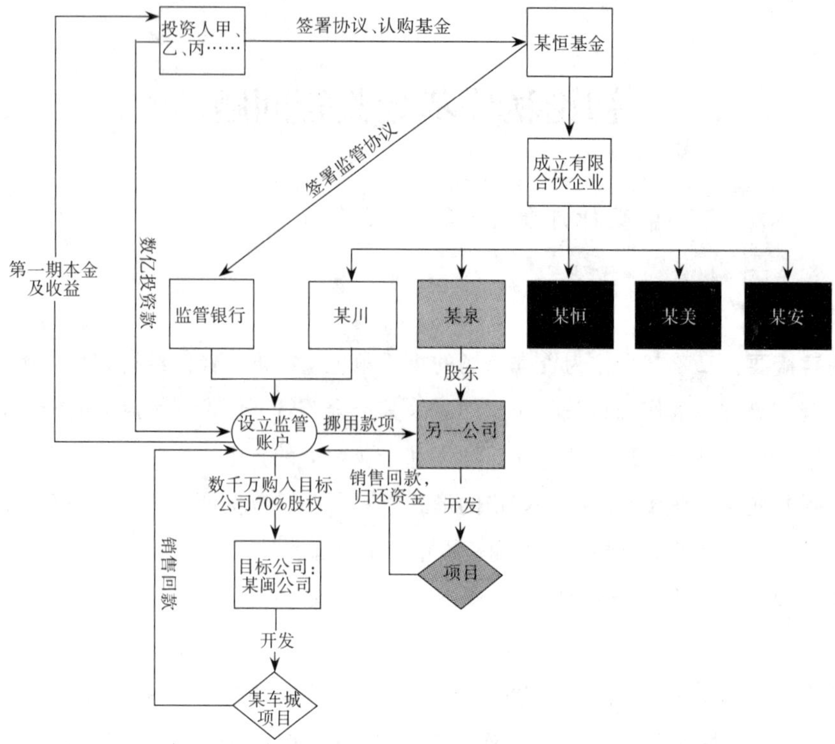

某恒基金公司在协会做了私募基金管理人备案，企业某川在基金业协会做了私募基金备案，而企业某泉、某恒、某美、某安均未做私募基金备案。企业某川的公示信息中，“是否托管”一栏显示的是“不适用”。

某恒基金公司关于某车城项目共发行了四期基金，所有认购款项均进入了监管账户。然而，第一期基金以外的投资者的兑付现均已逾期，未能按认购书中约定的时间获得兑付。调查发现，基金公司挪用了监管账户中的数千万元投入另一公司用于开发I项目，大部分募集的投资款去向不明。

虽然根据基金认购合同履行的现状，投资人甲可以起诉基金公司，追究其违约责任或侵权责任，但其偿债能力明显不足，投资人的损失几乎无可避免。投资人当然也可以向公安机关举报，要求公安机关追究其非法集资和挪用资金的刑事责任，但即使责任人受到了相应的刑事处罚、投资人上当受骗的这口恶气终于找到了宣泄的出口，可投资人的投资损失却无法通过刑事程序获得任何弥补。

二、透过案例审视私募基金监管漏洞及完善措施

尽管2014年颁布实施的私募投资基金监督管理暂行办法对私募基金的乱象

有所遏制，但总体上，合理规范化的私募基金发展环境还未形成，私募基金监管机制的设计仍不够完善，仍落后于实践。

（一）基金管理人责任的完善——限制GP的形式为普通合伙企业或具有相应资质的个人，并确立其持有有限合伙企业份额的起点

私募基金的组织形式包括公司制、有限合伙制和契约制，本文拟探讨有限合伙制基金中基金管理人责任的完善。有限合伙制基金的有限合伙人不执行合伙事务，只以其认缴的出资额为限对合伙企业债务承担责任，普通合伙人（GP）即基金管理人担任执行事务合伙人并进行资产管理和运作企业事务。

1.私募基金有限合伙企业的GP应限制为普通合伙企业或具有相应资质的个人，防止基金管理人以有限公司形式担任GP从而规避其无限连带责任

证券投资基金法第12条①将基金管理人的形式限制为公司或合伙企业。实践中，基金管理人基本上是公司形式，即使是合伙企业，也是以公司为GP的有限合伙企业，以规避其担任GP的无限连带责任。在基金管理人运作私募基金充满乱象、风险频发的现状下，基金管理人应仅能由合伙企业担任（且该合伙企业的GP仅能由个人担任）或具有相应资质的个人担任，以增加基金管理人的违规风险，从一定程度上遏制基金管理人的违规行为。

2.确立私募基金有限合伙企业的GP持有有限合伙企业份额的较高起点，以使其能与投资人风雨同舟

有限合伙制私募基金仅以一纸合伙协议对基金管理人进行约束，约束力非常有限。更可怕的是，作为GP的基金管理人只要认缴少量资金就可以完全掌控有限合伙企业，就如在本案例中一样。如果对GP持有合伙企业份额的比例不做强制性要求，基金管理人就会尽可能的持有较少的合伙企业份额，以尽可能地以较少的资本管理更多的私募基金，其管理基金的责任心和积极性可想而知。

为达到对私募基金管理人的约束和激励，笔者建议强制要求基金管理人持有较高比例的基金份额并严格限制转让，以使其与投资人“风雨同舟”，也可以避免一些没有实力的基金管理人通过大量发行劣质基金产品谋求私利而损害投资人权益。

（二）基金业协会责任的完善——严格审核备案材料，在官网公示私募基金报送材料，对私募基金的异常情况主动、及时公示，并要求备案的私募基金提交法律意见书

私募基金实行登记备案制，意味着中国基金业协会担负着重大的事中、事后监管职责。然而，基金业协会现时对于私募基金的监管，却明显是过于宽

① 证券投资基金法第12条规定：“基金管理人由依法设立的公司或者合伙企业担任。”

松，监管不全面、不到位。

1.基金业协会应在私募基金管理人备案时，严格审核其备案材料，尤其是基金管理人的资格和托管机构的监管义务等内容

虽然私募投资基金监督管理暂行办法第9条[①]规定在一定程度上减轻了基金业协会的责任，但其也应在备案之初，对私募基金管理人的备案材料的形式审查设定较高的门槛。其中，尤其需要对私募基金的基金管理人资格加强审核，且应将提交符合要求的资金托管协议作为私募基金备案的强制性要求，并确认提交的资金托管协议中约定了托管机构应承担的严格形式审查的义务，从而提高私募基金的准入门槛和抗风险能力。

2.基金业协会应在其官网公示私募基金报送的投资运作情况和杠杆运用情况等材料，并对私募基金的异常情况主动、及时公示

私募投资基金监督管理暂行办法第25条规定了私募基金管理人的报告义务，如应及时填报并定期更新管理人及其从业人员的有关信息、所管理私募基金的投资运作情况和杠杆运用情况等，但并未规定时间限制，从基金业协会官网能够查询到的内容也仅是“基金信息最后报告时间”，而没有其报告的具体内容，更无从得知其报告义务是否及时履行，是否已经出现了影响投资人合法权益的异常局面（如案例中在兑付违约的情况下官网公示信息中无任何提示）。

笔者建议，基金业协会应在其官网公示私募基金报送的投资运作情况和杠杆运用情况等材料，并对未及时报送材料的私募基金作出相应的公告。且应在私募投资基金监督管理暂行办法中，增加“私募基金管理人与投资人签订的基金合同约定的兑付时间到来时，基金管理人应向基金业协会提交完成兑付义务的凭证和书面材料”的规定。若基金管理人未按时提交上述材料，基金业协会应在官网的备案公示信息作出相应的兑付违约提示，以帮助投资人及时维权，并避免庞氏骗局的一再持续和发生。

3.应要求私募基金备案时提交法律意见书，并对未备案私募基金按照非法集资予以刑事处罚，以提高未备案私募基金的违法成本

中国基金业协会关于进一步规范私募基金管理人登记若干事项的公告[②]要求提供的法律意见书分别为私募基金管理人登记法律意见书和私募基金管理人重

① 私募投资基金监督管理暂行办法第9条规定：“基金业协会为私募基金管理人和私募基金办理登记备案不构成对私募基金管理人投资能力、持续合规情况的认可；不作为对基金财产安全的保证。”

②中国基金业协会关于进一步规范私募基金管理人登记若干事项的公告规定，新申请私募基金管理人登记、已登记的私募基金管理人发生部分重大事项变更，需通过私募基金登记备案系统提交中国律师事务所出具的法律意见书。

大事项变更专项法律意见书。但即使是合格的基金管理人，也可能在其发行的数个基金产品中出现不合格的、损害投资者利益的产品。因此，基金业协会应要求提交备案的私募基金提供由律师出具的私募基金产品备案法律意见书，对产品的募集金额、形式、产品的结构设计、投资的管理方式和收回方式等情况发表结论性意见，并在基金业协会的网站上进行公示，且必须由投资者在产品认购时对该法律意见书进行签署。

虽然私募投资基金管理人登记和基金备案办法（试行）第11条[①]规定了私募基金备案的具体要求，但仅在同一份文件的后面对违反备案要求等行为规定了警告、通报批评、暂停受理备案、取消会员资格等措施，对违规者的震慑力有限。笔者认为，私募基金必须强制在基金业协会备案，并应在刑法中相应的增加“未备案的私募基金视为非法集资，并对其予以刑事处罚”的内容，以提高未备案私募基金的违法成本。

（三）资金监管责任的完善——强制托管或监管及更为严格的形式审查义务

1.在基金合同中约定不进行托管的情况下，保障私募基金财产安全的制度措施是否切实有效难以保证

私募投资基金监督管理暂行办法第21条[②]规定，私募基金可以在基金合同中明确保障财产安全的措施和纠纷解决机制的情况下约定不进行托管。但在基金合同由基金管理人提供的情况下，其约定的保障私募基金财产安全的制度措施是否切实有效是难以保证的，寄望于投资人能对上述制度措施的有效性作出合理判断更是不科学的。若私募基金不聘请托管机构，而是由基金管理人管理募集资金，由于其与投资人之间信息不对称，基金管理人很可能会滥用职权，随意挪用、肆意挥霍募集资金，从而危及到投资人的资产安全。

2.现行规定对托管银行形式审查义务的要求太宽松，托管没有实质上的约束和监督作用

---

①私募投资基金管理人登记和基金备案办法（试行）第11条规定：“私募基金管理人应当在私募基金募集完毕后20个工作日内，通过私募基金登记备案系统进行备案，并根据私募基金的主要投资方向注明基金类别，如实填报基金名称、资本规模、投资者、基金合同（基金公司章程或者合伙协议，以下统称基金合同）等基本信息。”

②私募投资基金监督管理暂行办法第21条规定：“除基金合同另有约定外，私募基金应当由基金托管人托管。基金合同约定私募基金不进行托管的，应当在基金合同中明确保障私募基金财产安全的制度措施和纠纷解决机制。”

商业银行托管业务指引第13条[①]和第16条[②]规定，银行对托管账户的划款指令进行"形式有效性审核"，即银行没有能力、也没有责任对资金用途的真实性作尽调，只要文本齐备就可以，这也是银行规避托管风险的手段。因此，即使对募集资金进行了托管，托管银行提供的监督服务也是由托管合同约定的，在托管合同约定的监督义务有限的情况下，托管银行仅仅负有最基本的形式审查义务（如：本案例中只要基金管理人提供盖章的划款指令书即可）。但这样一来，托管银行对私募基金募集资金的监管效果大打折扣，并无实质上的约束和监督作用，投资款仍有被蓄意挪用的风险。

3.银行仅在托管业务中谋求自身利益，并未承担与可获取利益相当的责任

案例中，基金公司给投资人的产品说明书明确说明："资金由银行监管保障资金的安全性，按工程进展分批拨到标的企业账户。"但从基金公司与银行签订的资金监管协议来看，托管银行仅对划款指令有形式审查的义务，有权根据基金公司的划款指令书将该监管账户中的投资款划转至其指定账户。然而，资金监管协议约定的划款账户从产品说明书中约定的"标的企业账户"变为"指定账户"，这样的监管条款本身就是有问题的。在基金公司兑付违约且没有偿债能力的情况下，投资人想要根据资金监管协议追究银行的监管责任是没有任何法律或合同依据的。

为保障广大投资者资金安全，应将私募基金募集资金的管理与普通公司的自有资金的管理和使用区别开来，因此笔者建议，所有的私募基金均应做到以下几点：

（1）由银行、券商或保险公司等金融机构强制托管，并要求双方在资金托管协议里面明确约定，托管机构必须对托管财产的投资行为、支付费用、分配收益情况等进行监督。当然，托管机构仍不承担、也无实际能力承担实质有效性审核的义务，而是赋予其更为严格的形式审查义务。

---

① 商业银行托管业务指引第13条规定："托管银行按照法律规定和合同约定对托管账户内的资金和证券履行保管职责，但对于已划转出托管账户的财产，以及处于托管银行实际控制之外的财产不承担保管责任。除法律规定或合同另有约定外，托管银行不承担对托管财产所投资项目的审核义务。"

② 商业银行托管业务指引第16条规定："托管银行提供监督服务，按照托管合同约定的监督内容和监督方式，可以对托管财产的投资行为、支付费用、分配收益情况等进行监督。托管银行应当在托管合同中约定，由相关当事人提供监督工作所必需的财产数据、关联信息等业务资料，相关当事人应承诺所提供的业务材料完整、准确、有效。托管银行发现管理人投资行为违反托管合同约定的，应进行提示，并按照监管部门的要求和托管合同的约定履行报告义务。"

（2）由合伙人大会作出决议委托律师事务所或会计师事务所等第三方独立机构对募集资金的划转予以监督或审核同意，第三方独立机构认为基金管理人对募集资金的使用不符合合伙协议的约定或用于投资项目以外的其他项目而不予同意的，需由合伙人大会审议表决通过。

虽有观点认为私募基金的强制托管制约了其发展，给民间金融加上了不必要的桎梏，应尊重当事人意思自治由其选择是否由基金管理人管理资金，但在我国金融市场还不够成熟、信用体系不完备的情况下，应当坚持第三方托管的模式，依靠制度将人性之恶排除在外，而不能以制度的漏洞去考验人性。至少在现阶段，强制托管是符合市场现状且符合保护投资人利益考量的。

哪里的投资者保护制度更完善、监管更到位，投资者就会选择哪里的市场。只有结合我国实际，构建更加完善的私募基金监管体系，防止别有用心之人利用私募基金的外壳四处行骗，更有力地保护投资者资金的安全，才能促进私募基金整个行业和资本市场的健康发展。

参考文献

［1］黄秀聪.私募股权投资基金的法律监管问题研究［D］.上海：华东政法大学硕士论文，2012.

［2］巩勋洲.私人股权基金监管的国际经验及对中国的启示［J］.广东金融学院学报，2008（4）.

［3］雷雨.我国私募股权基金法律监管研究［D］.四川：西南财经大学，2012.

［4］李雪燕.我国私募股权投资基金监管的法律问题研究［D］.山东：山东大学，2015：30.

律师参与法律服务竞争性谈判应注意的问题

陕西丰瑞律师事务所　尚淑莉

内容摘要：竞争性谈判日渐成为法律服务采购的主要方式，律师参与法律服务竞争性谈判，不仅要注意言谈举止等礼仪，更要充分彰显其专业性、规范性、独特性，不断提升客户体验，掌握市场竞争的主动权。

关键词：律师　法律服务　竞争性谈判

近年来，随着依法治国战略的深入推进，公众法律意识的逐步提高，聘请律所参与社会经济事务日益普遍，加之我国律师队伍日渐壮大，专业化分工日臻精细，竞争性谈判逐渐成为选择律所获取法律服务的方式之一。然而受长期计划经济思维习惯的困扰以及人情、关系观念的浸染，律所取得客户资源的方式往往是“熟人介绍”，“口碑相传”，以至于很多律师对竞争性谈判要么避而远之，要么浅尝辄止，要么谈之色变。本文笔者结合多年实践经验，在深入透析客户需求的基础上，提出律师参与竞争性谈判应掌握的策略和技巧，以使更多的法律服务通过规范化的竞争性谈判得以达成。

一、竞争性谈判成为法律服务采购主要方式的原因分析

（一）随着法律服务队伍的壮大，客户资源凸显其稀缺性

近几年来，随着我国教育和司法体制改革与市场经济的不断发展，我国的律师事业取得了长足的进展，律师队伍不断壮大，律师人数一度从2002年的13.7万人发展到2014年的27.1万人；律所数量从2001年的1万家飙升至2014年的2.2万多家，一些发达地区的律所在全国范围内屡建分所，竞争态势已经形成，客户资源不断凸显其稀缺性。

（二）律师专业分工不断增强，法律服务市场需求更加细分

随着市场的细分与法律制度的不断完善，新法律、法规、政策的颁布使人应接不暇；客户对法律服务的要求也随之呈现出多样化的态势。与之相应，律师的专业化分工也愈来愈细化。

（三）竞争性谈判提升了客户对法律服务的体验

“熟人介绍”客户方式存在的主要问题是，这种沟通往往是在单方即律所的主导下完成的，这其中往往有夸大与片面的成分。竞争性谈判可将不同的律所在同一时间集中于同一空间内，通过律所现场自述与客户提问，比较、甄别并筛选出符合客户需求的律所，而这种比较、甄别和筛选的过程就是体验服务的过程，它会使客户对律所服务的直观效果更强，感受更深刻。

（四）竞争性谈判的公开化、程序化特征，满足了客户的规范化需求

随着我国依法治国理念的深度贯彻与企业家法律意识的不断提升，不同类别的企业都在尝试以竞争性谈判的方式选聘律所，以此满足其对规范程序的要求。

凡此种种，都为以竞争性谈判选聘律所提供了广阔的市场空间。

二、律所参与竞争性谈判应关注的问题

（一）律所参与竞争性谈判应注意的礼仪问题

受礼仪文化的影响，中国民众普遍重视礼仪修为，商务礼仪便是其中的一个重要分支。站在客户的视角审视商务礼仪，应当重点关注以下几个要素：

1.着装与容颜

在商务谈判场合，应着正装出席，颜色以黑、灰、蓝三色为主色调。如果是以团队形象出现，则服装颜色最好统一。另外头发、颜面、手指干净清爽也是值得注意的细节。对于女律师来讲，最好施以淡妆。国内很多律所没有受过专业礼仪培训，思想上对这些都不重视，认为只要有真才实学就好。实则不然，很多客户，尤其是专业化程度较高的客户，往往对律师形象有着较高的期望，甚至认为这是是否尊重客户的标志之一，如果一个律师油头垢面的出现在客户面前，则会给客户留下不好的第一印象。

2.姿势

将俗语“站如松，坐如钟，行如风”的思想内涵应用到本文，就要求参与竞聘的律师举止大方得体，站姿挺拔，坐姿端正，行为干练。站时既不佝胸驼背，也不挺拔过度；坐时既不东倒西歪，也不如坐针毡；手的姿势既不畏畏缩缩，也不激昂过度。姿势虽然是外在的，但它反映了律师的气质与修为，表达了律师自信心的充盈程度，因此也是重要的。

3.眼神

眼神交流是一种非常重要的非语言交流方式，除了语言之外，很少有行为的交流效果可以比肩眼神交流。美国著名教育家克拉克就曾经关注过“用眼睛和他人沟通”的课题。商务谈判现场是严肃的场合，眼神的交流既忌讳左顾右

盼的轻佻之举，也不要投以左右逃避的羞涩游离之光。正确的做法应当是，微笑着迎着客户的目光正面直视，将眼神中自信、真诚、坚强、执着的正能量传达给你对面的客户。这不仅体现了律师对客户的尊重，更重要的是你优秀品质与良好修养的自我传递。

4. 自我介绍

在很多竞争性谈判场合，客户常常也没有太多的经验，没有安排工作人员主持发言，引导谈判活动，当然这也不排除客户故意为之。这时律师一进入谈判现场，便常常出现冷场的现象。而比较成熟，富于经验的律师则会迅速做出反应，主动将团队律师逐一介绍给客户。这不仅化解了冷场的尴尬，取得了谈判主动权，同时也体现了应有的礼仪。但一些年轻或没有经验的律师遇此情形，往往错愕慌张，闷头开始律所与团队介绍，以至于客户连参与竞聘的律师个人姓甚名谁都不清楚，这就将律师团队的青涩、不自信、慌张、反应迟钝、不灵活的短板泄露出来。

5. 气场

说到气场，既可以单独谈，也可以与以上因素综合起来谈。但究其本质，气场一定是一个人长期修为的结果，它反映了个人的学识、思想、见识、格局、经验与价值观，它由个人的修养所决定。一个坐井观天的人，表现出的气场一定是小格局的；一个刚愎自用的人，表现出的气场一定是唯我独尊的；一个没有多少经验，而且还不自信的人，表现出的气场一定是唯唯诺诺的；一个满腹经验的谦谦君子，他的气场一定充满了自尊和尊人的精神内涵，一定具有从容镇定、张弛有度的精神风貌，一定有娓娓道来的源头活水，一定有理性的逻辑和感性的真诚。他既不因藐视青涩而张扬跋扈，也不因畏于权威而礼节失度。总之，充满正能量的气场能很好的助力竞争性谈判的进行。

（二）应着力提高演讲才能

很多人说，我从来没有演讲过，其实生活中说话就是演讲，当然这是生活中的演讲，竞争性谈判中的演讲属于劝说型演讲，一次精彩的劝说型演讲应包含以下要素：

1. 脱稿演讲

很多人演讲是离不开稿子的，因为他觉得如果离开了稿子，要么失之于全面，要么失之于体面，要么失之于逻辑，要么因头脑里只想着背诵，反而忘却了台词。关于这些理由应当统统丢掉。因为念稿子不是演讲，而是在自说自话，是自已跟自已讲话。对于律师来讲，演讲是一种基本职业技能。很难想象，一个羞于或疏于演讲的律师，如何能代表他的客户说服或打动对方当事人、法官或客户。脱稿演讲不仅考验着律师的演讲技能，更展示着一个优秀律师的演讲才能，它是取得竞争性谈判胜利的要素之一。

2.适度幽默

林语堂在他的《生活的艺术》一书中提到，人区别于动物的四个特征之一就是人有纠正理想的幽默。幽默可以使人乐于接受现实，可以为生活和工作的不幸做自我解嘲。幽默是一种艺术，既然是一种艺术，它便不是每个人都能驾驭的。它是经历了一定的生活和工作磨难却仍保有一颗纯真童心，并有足够智慧的人，才能品赏和玩味的。因此，普通人使用幽默，要么幽而不默，要么失之莽撞，留下笑柄。竞争性谈判作为一种商务活动，对幽默的要求就更高，它既不能流于恶俗，也不该失于平淡。所以参与竞聘的律师一定要把握你所使用的幽默是否适度。一份适度的幽默，既挑战了你的灵敏度，又反映出你的智慧，同时它还可能是为了化解你现场的尴尬而准备的。

3.体现专业性

这是竞争性谈判的核心。主要包括三方面的内容：

第一，律所业绩介绍。一支专业的律师团队，应该从他们的事务所业绩和荣誉开讲。因为它体现着律所的过往经历，它反映了你所在的是一个包罗万象、门类齐全的大所，还是无门无派、缺乏眼界的小所，它考察着你所依附的集体，是否既有翻越高山的实力，也有深潜入海的能力；是否既可赤膊拼杀，也可运筹帷幄。

第二，团队业绩介绍。团队是直接承担项目业务的主体，因此，团队的业绩直接反映着承担项目律师的专业经历。通常来讲团队业绩会有很多，但可能有一些项目所涉专业与本次竞争性谈判所涉及的项目专业无关。因此要学会筛选项目，这是一种能力，要在较短的时间将最重要的内容传达给客户，让客户知道你的团队在他所关注的领域有所建树。其他业绩也可以谈，但不是重点。

第三，方案介绍。方案介绍是核心，是重点。一个专业的竞聘方案，既要讲细节，又要有高度；既要有思路，又要讲逻辑；既要有流程，又要有内容；既要有可行性分析，又要有风险提示和应对措施；既要讲法律，又要谈商务；既要考虑是否符合法律的精神，也要进行成本测算。很难想象，在目前情况下，一个不懂商务实践的律师，如何能够读懂客户的需求。笔者认为，如果律师团队在介绍方案的过程中，能够体现出团队律师的税务知识，管理学、经济学等边缘学科的学识，当然，除此之外若是你还捎带展示了你的文学和哲学功底，那是一定要给你竖大拇指的。

4.适度激情

演讲是一门艺术，是要有激情的。有激情的演讲是将演讲者的热情，通过语言、动作以及眼神适时的传递给客户。商务谈判中演讲的具体要求是，第一、先打动自己，然后打动对方，如果连自己都没有打动，如何打动对方；若想打动客户，一定要找到客户与你共鸣的点，而这个共鸣的点，往往是客户最需要满足的需求。很多时候这个需求，往往掩盖在很多假象与表象的背后，需要你有洞察问题和剖析问题的快速反应与应变能力，这很重要。第二、动作与语言表达不要过于夸张。在商务谈判的场合，既不需要卓别林式的夸张动作，也不需要话剧表演式的抑扬顿挫，更不需要说教式的高高在上和显摆式的矫揉造作。它的激情是理性的，是朴素的，是平实的。

5.辅之以可视化效果

最近几年，各界的演讲实操，都离不开可视化效果展示，它会辅助竞聘律师在展示演讲能力的同时，将讲话的逻辑、思路、文件制作水平等同步做以展示，将客户，尤其是容易走神的客户注意力牢牢的集中在资料中，同时还会使客户头脑中通过想象仍不能得其形的描述变得清晰起来。这是因为，语言的功能往往是平面化的。可视化最大的优点，是可弥补语言的缺陷与不足。

（三）律师参与竞争性谈判应具备的经验

对项目驾轻就熟的经验是竞争性谈判之重点中的重点。原因在于，在竞争性谈判中，最考验团队的阶段在客户提问阶段。在此阶段客户往往已经参与了项目一段时间，对项目有一定的了解，这种了解的深入程度有可能超出你的判断。这个时候如果你认为业绩已经介绍完毕，方案也交流完毕，一切已万事大吉，那你将触犯轻敌的禁忌。不管你的律所多么优秀，无论你律师团队过往如何辉煌，那都没有用。因为一个问题就可以检验你是真金还是白银，你所谓的业绩是剽窃他人之作，还是拼凑他人之功。

（四）律师参与竞争性谈判应掌握的技巧

笔者认为，除了本文前面已经谈到的之外，其他技巧，以听众的视角审视，主要包括以下几点：

1.投其所好

既然是一场征服赛，打动客户便是你贯彻始终的梦想。那么如何梦想成真，它需要你有高瞻远瞩的目光、洞察需求的功力，以及针对项目的丰富经验。唯其如此，你才能在重重迷雾中，拨云见日，透见客户让你竞猜的谜底。可以想象，此时的客户，比你更想贴近答案，因为这问题已经困扰了他们很久，迷惑了他们很久，牵绊了他们很久，而今天终于等到你来揭开谜底。这种打动是深刻的。

2.巧妙沟通

在互联网文化统治世界的当今，人们的书面表达能力整体下降了，大家都习惯于快餐式交流，这极大地降低了语言的表达力、张力与感染力。表现在竞争性谈判的商务场所，律师的口语表达往往强劲有余，而书面表达却流畅不足，甚至连语言的逻辑都会出现很严重的问题。优秀的律所，对于两者都很重视，既能够很好地发挥语言的媒介功能，又能够良好地运用语言的语篇功能。他能随时创造性地将需要表达的内容，以生花的妙语，严谨而不失诙谐的语风以及若合符节的逻辑，传递给客户，以致客户被吸引、被打动、被征服。

3.合理安排，把握时间

一个没有经验的律所，常常主次不分、轻重不分，往往会花费大量的篇幅，介绍其过往的经历，而对于客户引领而望的答案，却轻轻带过。笔者的经验是，律所业绩固然重要，但不必面面俱到，只需将其中最闪光、最迷人、与竞赛项目关系最密切的部分拿出展示即可。

综上所述，竞争性谈判日益成为社会选择法律服务的一种方式，作为参与主体的律所，应当积极面对竞争性谈判，着力培养参与竞争性谈判的律师，进而在未来的市场竞争中占据有利地位。

参考文献

［1］梁捷.全国执业律师已达27.1万人［N］.光明日报，2015-04-09（4）.

［2］林语堂.生活的艺术［M］.江苏：江苏文艺出版社，2013（2）：20.

新三板市场法律监管现状初探

内蒙古承达律师事务所　邓　晶　肖　平　高学敏

内容摘要：新三板市场是我国多层次资本市场的基础和前台，其作用是为创新型、成长型的中小企业提供有效的融资平台，并通过信息披露、自律监管等制度规范挂牌企业的运行，为主板、创业板市场培养更多合格的上市公司。为了能够使新三板在未来的发展过程中保持稳定势头，需要相应完备的法律体系作为支撑。在新三板市场中最为重要的两部法律为证券法和公司法。我国新三板市场的法律体系是以上述两部法律为基本轴线，通过制定相关的规章、细则、准则及办法等措施，对新三板市场的具体内容作出明确规定。

新三板市场在中关村科技园区试点运行期间，已经建立了相关的法律制度，但仍存在着不少缺陷。例如尚未形成完备的法律监管体系、监管模式存在缺陷、监管力度有待加强，无法有效保障新三板市场的平稳运行。

党的十八届三中全会发布的《中共中央关于全面深化改革若干重大问题的决定》中对于“完善金融市场体系”提出了新的要求。因此，有必要对新三板现行法律制度进行改革，尽快建立较为完备的监管体系，完善新三板市场交易制度，探索新型监管模式，充分发挥新三板市场的融资功能和培养上市公司“蓄水池”的作用。

关键词：新三板市场　法律制度　市场监管制度

引　言

新三板市场作为我国资本市场的重要组成部分，既能引导发展初期的中小企业建立现代化的公司治理结构，又能为其发展提供所需资金，有着不可或缺的存在价值。然而，经过数年的发展，新三板市场暴露出的问题越来越多，法律监管体系不健全是严重阻碍新三板市场健康有序发展的主要原因。国家多层次资本市场战略的实施，为新三板市场的发展提供了有利契机。因此，本文试图从完善新三板市场监管制度方面对新三板市场所面临的问题进行分析并提出建议。

一、 现行新三板市场监管制度

新三板监管的原则是市场化和法制化，监督模式是由证监会的行政监管和新三板的自主监管共同构成的，也就是场外市场监管体系。目前新三板的监管模式分为两大部分，第一部分有别于主板市场和交易所市场。2012年9月，证监会公布了非上市公司公众公司监管办法，设立了相关的监督管理制度，从信息披露、股票转让、定向发行等方面进行管理，对非上市公司进行规范。在新三板挂牌的公司都是非上市公众公司，在此范围之内，被纳入到证监会对非上市公司的监管体系中。第二部分纳入到证监会对全国性证券交易场所的监管体系中。依据公司法，股份有限公司必须在证券交易场所转让份额。证券法第39条规定："依法公开发行的股票、公司债券及其他证券，应当在依法设立的证券交易所上市交易或者在国务院批准的其他证券交易所转让。"新三板是经国务院批准设立的全国性证券交易所，属于证监会对全国性证券交易所的监管范畴。

从我国目前的监管方式来看，虽然证券业协会在证监会的监管和领导下行使相关权利，履行相关职责，在各类制度的实施过程中有一定的强制力，但证券业协会在性质上仅仅是行业自律组织，更多的是起到自律规范和引导的作用。除此之外，新三板的其他监管制度也有许多待完善之处。

二、 我国新三板市场存在的法律缺陷

我国新三板法律体系的建构主要参考了主板市场相关法律法规内容，但作为资本市场的"新生儿"，上市公司的经营内容、经营规模、盈利模式、与主板和创业板市场都大相径庭。这就给相关部门在运用法律法规管理和规范新三板市场上市企业时带来了挑战。

在新三板市场运作的2013—2014年里，政府部门和相关行业机构都针对新三板市场中存在的较为细节的关键内容制定了相关法律法规，但新三板市场发展速度远高于预期，其存在的问题日益凸显。

（一）现行新三板法律法规位阶较低

法律位阶是指每一部规范性法律文本在法律体系中的纵向等级。我国的法律位阶从高到低依次分为：根本法、基本法、普通法、行政法规、地方性法规和行政规章。

现行的新三板法律体系，在监管办法、业务规则、适用标准、信息披露等方面均有试行法规，其基础法律解释和政策指向来源于公司法、证券法以及非上市公众公司监督管理办法等法律法规。但相较于主板等其他证券市场，新三板的法律监管规定相对较少。目前新三板涉及的法规大多数以部门规章的形式出现，效力层级较低。这就需要在新三板层面制定位阶更高的法律法规。

"新三板"作为新兴证券市场之一，具有很大的潜力和市场驱动力，在未来资本市场组建过程中具有十分重要的地位，对于法律法规体系的完善有着迫切的需求。现阶段，公司法和证券法对新三板市场监管的体现并不突出，导致新三板市场在运作过程中存在许多"空白地带"和短板，直接影响新三板市场的健康、平稳发展。

法律法规本身存在滞后现象，新三板市场由于发展速度较快，存在着大量的市场问题和法律管理需求，这就需要立法部门、监管部门在观察新三板市场发展的过程中，有针对性地汇聚、总结存在的问题，从监管、市场、引导等多个角度开展制度顶层设计研究，解决法律体系不完善的问题。

（二）自律型监管体制存在的缺陷

自律型监管是指除非必要的国家立法，政府应尽量少地去干预证券市场，主要由证券交易所、券商协会等自律性组织对其进行监管，突出证券从业者自我约束、自我管理的作用。在立法方面，自律型监管体制通常没有制定专门的法规，而是通过另外的一些法规间接约束证券市场的活动进行规制。在自律型监管方面，主要是依靠证券市场及其参与者进行自我管理、自我约束。在传统上，伦敦证券交易所完全是自治的，政府不得对其进行干预，这种模式在英国长期以来一直正常运转。

现阶段，我国新三板市场自律型监管制度还不成熟，其缺陷主要表现在以下几点：

一是新三板市场是一个开放的社会性权利义务复合体，各方面主体在其中体现出相互交织的利益关系。在这样的市场上，仅凭传统契约规范，投资者等社会公众很难建立对证券交易的稳定预期。再者，面对利益监管者既能获得利益又能避免处罚时，公正原则很难在证券市场上得到充分体现。

二是自律型组织在监管活动中侧重市场的有效运转和保护会员的利益，对投资者的利益没有体现出充分的保障。由于自律者本身又是监管者，可能会为了维护其会员（证券公司）的利益而侵害投资者利益，也可能会在其会员违法时采取轻判的做法来对其进行保护，这样最终只会使投资者利益遭受更大的损害。

三是自律型组织缺少法律体系作为其监管的后盾，在监管方面缺乏强制效力，券商在利益的驱使下很可能发生违规行为。因此，应当补充相关法律、法规，构建完善的新三板市场法律体系，保证自律型组织能够通过法律手段使市场顺畅运转。

四是由于缺少专门的监管机构来协调全国证券市场的良好运行，证券市场主体间极易产生不必要的矛盾，混乱局面时有发生。为了消除这种不利影响，平衡各方利益需求，国家干预性监管对于证券市场是不可或缺的。

三、完善新三板市场监管法律体系

（一）完善新三板市场法律制度的意义

自2008年金融危机后，我国经济发展一直在探索转型道路，资本市场作为我国经济发展的重要组成部分之一发挥了极其重要的作用。新三板市场作为资本市场的重要基础层，其法律的完善程度直接影响证券市场的繁荣稳定。从新三板市场的重要性及资本市场的发展需求来看，完善新三板市场法律制度有如下重要意义：

1.完善新三板市场法律制度有利于促进中小企业进入资本市场，构建相对合理、稳定的多层级资本市场体系。美国、德国等发达资本主义国家，资本市场发展较早，而我国多层级资本市场建成较晚，主板市场相关规则和体系率先进行架构，二板、创业板作为主板市场的补充先后进行设立，最后才重视新三板市场的构建，呈现"倒金字塔"型结构。因此，制定补充相关法律条款及实施细则，对于促进中小企业的成长和资本市场的发展具有重要意义。

2.完善新三版市场法律制度可树立良好的市场运作准则，推动中国经济持续、快速、稳健增长。法律、政策作为国家层面经济监管手段，是引导社会财富进行合理化配置的重要内容。以资本市场为基础的现代金融体系，不仅是经济增长的推动力，而且为社会创造了新的财富增长模式，建立了一种经济增长基础上的从可自由参与的财富分享机制，因此，优良的政策条款是推动中国经济持续快速增长的"加速器"。构建相对完善的新三板市场法律制度体系，可有效地对其从资本筹集、公司治理、风险分散、财富增长和信息透明等方面进行引导和监管，推动中小企业发展，较大地提升我国经济增长质量。

3.完善新三板市场法律体系有利于改善市场运行机制，提升我国资本市场竞争力。资本市场存在信息高度透明、资本流动速度快、博弈较为充分等特点，故存在多方面矛盾是必然的。为了保障资本市场的有序运行，按照党的十八届三中全会发布的中共中央关于全面深化改革若干重大问题的决定中有关"完善金融市场体系"的相关要求，借助法治手段和机制，加强监管，构建我国资本市场体系，强化市场功能，促进金融创新，丰富金融市场产品，努力提升我国资本市场的竞争力和吸引力。

（二）完善新三板市场监管制度

从立法方面来看，目前我国新三板自律监管制度通过公司法和证券法的相关规定间接进行体现，但缺少相应的单行法规对自我审查制度做出相关规定。法规在法律位阶上高于细则，法律效力层级更高。从世界范围的立法实践看，各国在拟定某种系统化部门法之前，一般先行拟定单行法规或规章，用以顺应客观现实需要并增加立法经验，待立法环境具备后，再行拟定系统性法律文件。因此，要想使自律监管制度能够在新三板市场发展过程中趋于完善，制定单行法规是可行的选择。

自律型组织过多地把监管重心放在证券市场的运行和市场主体利益的保护上，并未体现出对机构投资者或个人投资者的保护。制定单行法规后，可将此问题单独列出，以便约束自律主体，使其不能因为特殊的身份地位损害投资者利益。此举可以使投资者等社会公众对证券交易恢复信心，有利于新三板市场的发展。

单行法规的制定，有利于监管机构通过法律、法规协调全国证券市场的发展，减少主体间因为法律、法规不健全而导致的摩擦及混乱，防止投资者消极情绪的增长，使各方利益趋于平衡，证券市场平稳、快速发展。

四、借鉴国际立法经验，保障新三板市场稳健发展

三板市场作为资本市场的重要基础和主板市场的重要补充，在资本融通、促进中小企业发展等方面发挥了不可替代的作用。我国的新三板市场结合了社会主义市场经济发展的实际，促进了资本市场的发展，填补了国内多层次资本市场的空缺，满足了中小企业融资的需求。

但资本主义国家发展二三十年中出现的三板市场问题，已在我国集中凸显。美国、英国、德国、日本等国家在三板市场的法律体系已经较为成熟，因此，我国的证券市场监管部门应当借鉴国际新三板立法经验，完善我国新三板法律体系。

对我国资本市场而言，监管体系的完善和金融风险的防控是现阶段该借鉴国外立法先进经验的两项内容。我国的监管机制为政府部门、行业监管部门、金融单位各方共同参与监管，但随着资本市场的快速发展，金融产品之间界限逐渐模糊，应考虑在融合各方力量的基础上，在立法方面逐步向市场需求方面过渡。在金融风险防控方面，应设立专门机构对系统性风险进行检测、管理和控制，同时在相关法律法规中明确该机构的权限，在第一时间控制金融风险的发生。

结　语

新三板市场健康有序地发展离不开完备的法律制度体系，包括发行、交易、监管等多种制度。但健全我国新三板市场法律制度体系是不可能一蹴而就的，应当在借鉴国外成熟资本市场经验的基础上，结合我国自身的发展特点，不断创新，设计具有倾向性、管理机制完善、细则明确清晰的相关法律法规和政策制度，建立适合我国国情的新三板市场法律监管体系，从而为我国创新型中小企业提供优质高效的融资平台。

参考文献

［1］李华.新三板市场法律问题研究［M］.武汉：华中科技大学出版社，2013.

［2］杨雪.我国海上保险法律制度完善研究——以《保险法》的修订为视角［D］.辽宁：大连海事大学，2011.

［3］刘晨曦.新三板市场法律问题研究［D］.河北：河北大学，2015.

［4］田玉强.证券投资者保护基金若干法律问题研究［D］.湖南：湖南大学，2008.

［5］何强.我国多层次资本市场下三板市场法律制度研究［D］.上海：复旦大学，2010.

我国P2P网络借贷风险及控制研究

云南建广律师事务所　宋　婷　杨　炀

内容摘要：近几年，金融领域在互联网技术的带动下，发生了翻天覆地的变化，其中P2P网络借贷平台的出现和快速发展就是金融领域创新的典型代表。但基于我国现目前P2P网贷平台的类型及关于网络借贷法律制度的不完善，P2P网络借贷中存在诸多法律风险形式。本文在研究P2P网络借贷的发展现状的基础上，分析了产生诸多法律风险的原因，为更好防范和控制我国P2P网络借贷法律风险，提出了相应的思路和策略。

关键词：P2P　互联网金融　风险防范　行业监管

引　言

P2P网络借贷平台自2007年进入我国并开始飞速发展，据数据显示，自2010年后，P2P网络借贷平台数量以400%的速度增长，截至2014年，我国P2P网络借贷平台数达1983家，行业交易额从2010年的6亿元跨越千亿关卡。我国有大量P2P网络借贷平台成立于2014年，在之前，金融风险具有滞后性，大量新增贷款在2015年达到最终兑付阶段。因此2015年，P2P网络借贷行业处于风险高发期，多家平台跑路，出现大面积兑付危机，对我国P2P网络借贷行业产生了重大影响。

一、P2P网络借贷的界定

（一）P2P网络借贷的定义

P2P网络借贷是互联网中的一种交互方式，借款人与出借人通过网络完成借款行为，借款人通过网络平台向出借人披露自身情况及借款的相关用途等，最终双方达成协议和后期还款等所有手续。

根据2013年中国P2P借贷服务行业白皮书，出借人一方为自然人，借入一方可以是自然人也可以是企业。

（二）P2P网络借贷的法律性质

1.交易行为的法律性质界定

在P2P网络借贷中，借款人通过互联网平台发布借款信息，出借人根据借款人的信息决定是否出借，整个过程均在平台网站上完成。一般而言，民间借贷是与正规金融借贷相对应的，发生于个人与个人之间或个人与法人或其他组织之间的资金借贷行为。根据十部委联合于2015年7月18日联合发布的《关于促进互联网金融健康发展的指导意见》（以下简称"指导意见"）明确，在个体网络借贷平台上发生的直接借贷行为属于民间借贷范畴，受合同法、民法通则等法律法规以及最高人民法院相关司法解释规范。

2.P2P网络借贷平台的法律性质界定

（1）P2P网络借贷平台自身的法律性质界定。P2P网络借贷平台为借贷双方提供交易平台，提供融资服务，帮助投资人对借款人的信用状况进行审核，并指导投资人分散投资风险来控制风险。而金融机构在法律上的特定含义，除了业务范围固定"经营存款、贷款、个人储蓄、票据贴现、外汇、结算、保险、信托投资、金融租赁、代募证券等业务的机构，称为金融机构，"且"必须报经中国人民银行或由国务院批准并发给经营金融业务许可证"，因此，P2P网络借贷平台公司是非金融机构。

（2）P2P网络借贷平台与借贷双方间法律关系的法律性质。根据合同法，居间合同是"居间人向委托人报告订立合同的机会或者提供订立合同的媒介服务，委托人支付报酬的合同。"借贷双方在借贷平台注册，成为借款人或贷款人的角色，发布融资需求及借款请求，委托P2P网络借贷平台提供服务加以促成。同时，指导意见明确网络借贷机构属于信息中介性质，主要为借贷双方的直接借贷提供信息服务，不得提供增信服务，不得非法集资。因此，P2P网络借贷平台系中介法律性质。

二、P2P网络借贷的法律风险

据融360发布的最新统计数据显示，2015年全年有894家倒闭、跑路、对付困难等平台出现，网贷行业淘汰率高达39%。P2P网络借贷存在着巨大的法律风险，为此需要剖析P2P网络借贷存在的法律风险。

（一）P2P网络借贷的信用风险

P2P网络借贷平台作为信息中介服务机构，通过打破地域、人际的局限性，满足投融资双方需求。但在达成借款合意前，借贷双方素不相识，不存在任何信赖关系，各方完全基于借贷平台上披露的信息了解对方，达成借贷合意，多数投资人，往往基于信赖平台而作出了出借资金。一些平台公司引入担保机制，借贷平台公司仅对担保机构提供的资料进行二次形式审查。P2P网络贷款平台，作为信息服务提供者，理应做到尽善良管理人的义务，恪尽职守，履行保障交易安全的义务。这其中最为关键的就是对借款人的资信情况进行信贷风险评估。但我国对信用管理体系架构流于形式，很难保障贷款者的利益。

1.个体信用体系建设滞后

我国信用统计理念不够完善，项目设置并不合理。长期以来，被当做重要信用证明文件的身份证明、人事档案等诸多资料，仅对个体身份的真实性进行记录，而个体经济和信息状况联系并不密切，个体财产申报工作无法全面落实。其次，我国行政部门各自为政，缺乏对个体信用信息的整合与合理公开。包括银行等金融机构、工商管理部门、公安、税务、通信等在内的众多机关没有建立相应的合作机制，没有统筹部门对信息进行整合。即便是委托律师，也常常被相关部门以政府信息公开条例、保密法等法律法规为依据拒之门外。

2.借款人以虚假信息注册引发的信用风险

由于我国征信体系的不完善，平台审查借款人的信用只能依靠自身力量，以形式审查的方式进行，通过审查借款人或担保机构提供的劳动合同、账户明细、收入证明、审计报告等书面材料，简单评价借款人的信用。同时，也很难排除借款人或担保公司对资料真实性进行造假，甚至对借款人造假的风险。

3.信用评级制度缺乏科学性

信用评级是P2P网络借贷平台在借贷双方签订借款合同前，凭借搜集到的借款人信用信息对借款人的信用进行量化评价。信用评级模型是否科学取决于该国的信用体系是否完善，我国网络借贷平台标榜的各自信用评级的模型依据的仅是残缺的信用信息，而这些信息并不能全面反映借款人的财产状况，信贷风险根本无法被有效量化和规制。

（二）挪用账户资金的风险

目前，P2P网络借贷过程中潜藏最高的资金风险是P2P网络平台公司挪用帐户资金。贷款人支付资金和借款人接受资金因同一项目需满足借款金额满标及挂单期限届满两个条件而存在时间差。一方面，为了防止借贷双方线下自行交易，P2P借贷平台在第三方支付平台开设账户或在银行开通通联支付功能，要求贷款人必须将资金打到该账户中。另一方面，为控制资金风险，P2P网络借贷平台要求投资者必须分散投资，需多人相继中标后才能帮助借款者筹足所需资金。贷款人所投项目满额或期限届满后，网络交易平台会将整个项目的资金汇至借款人在平台上自行设立的交易账户内。在这个过程中，借贷双方在资金首付上的时间差异导致资金滞留在第三方支付平台或平台公司的公共账户上，形成沉淀资金。大量沉淀资金滞留在P2P网络借贷平台的账户中，即便是通联支付业务或第三方存管，实质上并不具备人民银行那样完全的托管资金的功能，P2P网络平台本身实际可以自由支配沉淀资金。在我国，P2P网络借贷同业竞争激烈，为了占据优势地位，平台公司长期支付高额的营销和推广费用，加上系统本身不菲的运营费用，在经营过程中，一些平台公司在出现少量逾期项目时，存在用平台沉淀资金进行兑付的可能，最终导致平台公司不堪重负。2013年以来，东方创投等一大批P2P网络借贷平台由于管理人卷款潜逃而倒闭，也证明了这一点。

（三）诉讼风险

2015年开始，经济形势呈下坡趋势，大量借款人出现资金周转困难，还款能力急剧下降，多地法院开始以民间借贷案由接受了大量P2P网络借贷民事诉讼案件。部分平台公司，在交易模式形成初期，忽略了电子签约系各方主体明确认可的签约方式的交易手续，部分案件在法院审理过程中，借款人为了赖账，否认电子签约的法律效力。同时，也存在贷款人需向人民法院提交的证据材料，均由P2P网络借贷平台掌握，单一贷款人诉讼取证困难且成本较高。目前，我国对P2P网络贷款诉讼没有特殊的诉讼救济程序，使P2P网络借贷平台面临诉讼成本高，资金回收周期过长、无法执行等诉讼风险。

三、P2P网络借贷法律风险防控措施

（一）信用风险的防控建议

1.完善信用体系

良好的信用评级机制离不开征信体系，只有以完善的征信体系为支撑，平台才能获得全面、及时、准确的信用信息，进而对借款人作出公正准确的信用评级供投资人参考。建议监管层设立平台共享民间借贷征信中心，同意征信报告格式，依法注册成立的正规P2P平台可以通过购买方式了解借款人的信用报告。更为重要的是，建立“黑名单”制度，平台将违约的借款人的信息上传，避免危及众多投资人。

2.设立信用评级制度

完善的信用评级制度有利于投资人准备把握投资风险，引导投资人合理投资，提升P2P网络借贷平台的风险把控能力。为保证客户评级的公正性、客观性，可以引进第三方专业评级机构，采用国际公认的FICO信用评分对客户进行信用评级。平台可以根据第三方信用评级公司出具的信用报告，综合考量对借款人信用评级在平台系统上进行披露。

3.引进保险公司信用保险担保

保险公司具有经营范围广、资产规模庞大、覆盖地域范围广等多方面优势，并且有较强的风险控制能力，也具备相对专业的风险审查团队。将出借人设定为投保人，一方面可以降低借款人融资成本，另一方面投保人与受益人为同一人，一旦出现违约，有利于纠纷处理。保险公司取得分散的出借人的债权人资格，有利于集中行使追偿权，解决了单个出借人资金不够立案标准问题和追偿成本过高问题。保险公司担保与借款人提供抵押物担保是两个独立的法律问题，在防范出借人维权困难风险的具体措施中，保险公司信用保险担保的投保人设定为出借人，又要求借款人提供抵押担保，两种担保方式既可以单独适用也可以一并使用，为交易安全增加一道强而有力的兑付防线。

（二）建立多部门协同监管体系，刻不容缓

由于P2P网络借贷平台设计互联网及金融两大行业，指导意见中明确互联网金融的监管部门为银监会，但P2P网贷平台以庞大的互联网为依托，设计人数多、跨越地域广，关系复杂，面临的风险也来自不同领域，仅靠银监会一个部门监管实在难以担负监管重任。应建立以银监会为主导，多部门协调监管的监管体系。可以采用以银监会监管为主，央行、工商部门、工信部门、公安部门等多部门联动监管的方式，各司其职，通力配合，共同对P2P网贷行业进行规范。央行可以在平台资金安全方面实施监督。工商部门可以在平台注册登记的环节中，对其经营主体和注册信息进行审查核实，并核发营业执照。工信部门负责对平台网站的开办进行备案，并对平台的在线交易实施监督和管理。对于平台上出现的非法集资、洗钱等刑事犯罪案件，由公安部门介入调查。

（三）建立P2P网络借贷司法追偿机制

目前，我国大部分引进担保机制的平台模式中，因P2P网贷项目中，出借人数众多，借款人提供的担保物无法登记于众多债权人名下，因此，此类型的平台公司将交易模式设置为，借款人将其提供的担保物以反担保的形式登记于担保公司名下。这样一来，问题就产生了，当借款人无法履行还款义务，而担保公司也无代偿能力时，担保公司无法通过实现担保物权的方式，履行代偿义务，这时候，对于债权人来说，即便赢了官司，也无法通过执行担保物而实现自己的债权。因此，建立P2P网络借贷司法追偿机制，是有效解决平台公司出现大面积逾期项目的途径。

在借款人无能力履行还款义务，担保公司不履行代偿义务的情况下，担保公司享有的从权利，基于其没有履行代偿义务致使主债权不存在，从而导致从权利亦不存在，债权人通过向人民法院提起民事诉讼，采取诉讼保全的方式，对借款人抵押于担保公司名下的担保物优先受偿，这样一来，平台兑付困难得以缓解，各方主体的权利义务也得以履行，不会再在资金流动困难或怠于履行义务中死循环。

结 语

缺乏监管与过度市场化的问题始终伴随P2P网络借贷业务的发展，2015年，多家P2P网络借贷平台集中倒闭，让人们目睹了繁荣景象潜藏的巨大风险。部分P2P网络借贷平台突破中介法律地位开展债权转让业务，将自有资金与用户资金混同，难以保障投资者资金安全。P2P网络借贷平台处于无准入门槛、无监管机构、无监管制度的三无状态，一直徘徊于法律的边缘地带，因此必须加大风险防控力度，促进P2P借贷行业健康平稳发展。

参考文献

[1] 曾庆敏.法学大辞典［M］.北京：中国政法大学出版社，1991.

[2] 颜宝成.我国P2P网络借贷平台风险防范法律对策研究［D］.山东：山东财经大学，2015.

“一带一路”建设中企业知识产权保护问题探究
——以云南省“新三板”挂牌公司为例

北京德恒（昆明）律师事务所　鲁芸芸

内容摘要：“一带一路”战略范围涵盖亚、欧、非三大洲，涉及60多个国家和地区，随着“一带一路”建设的推进，国际知识产权环境变得更加错综复杂，我国企业必然将面临更加多样性的知识产权保护体系。在“一带一路”建设中，作为已进入资本市场的公众公司，云南省“新三板”挂牌公司将迎来历史性的发展机会，同时也将面临更加复杂的知识产权保护环境。从整体来看，云南省“新三板”挂牌公司知识产权权属清晰，保护形式基本涵盖了企业运营中所需的知识产权类别，同时，在“一带一路”建设背景下，企业知识产权保护亦存在较多问题。为抓住“一带一路”建设契机，充分发挥出知识产权在市场竞争中的重要作用，云南省“新三板”挂牌公司应重视知识产权保护问题，从观念和制度上作出更新和转变，积极采取应对机制，运用知识产权来助推企业实现快速发展。

关键词：“一带一路”　知识产权保护　“新三板”挂牌公司

一、“一带一路”建设中企业知识产权保护面临的外部环境

（一）“一带一路”战略

“一带一路”是“丝绸之路经济带”和“21世纪海上丝绸之路”的简称。2013年9月和10月，习近平主席先后提出共建“丝绸之路经济带”和“21世纪海上丝绸之路”的重大倡议；2015年3月28日，国家发展改革委、外交部、商务部联合发布了推动共建丝绸之路经济带和21世纪海上丝绸之路的愿景与行动，阐述了“一带一路”的主张与内涵，提出了共建“一带一路”的方向和任务。“一带一路”战略致力于加强与中亚、东南亚乃至欧洲、非洲的深度联动和互惠互利的建设，是我国新一轮对外开放的战略支点，为我国企业“走出去”起到强大的引领和支撑作用。

（二）企业知识产权保护面临的外部环境

“一带一路”战略范围涵盖亚、欧、非三大洲，涉及60多个国家和地区，

各国和各地区知识产权制度存在极大差异，知识产权保护水平也参差不齐，势必会在企业知识产权保护问题上带来冲突和诸多法律风险；同时，随着经济全球化发展，也加速了知识产权保护的区域一体化发展，"一带一路"沿线存在多个区域知识产权组织，例如欧亚专利组织、欧洲专利组织和非洲知识产权组织等，差异性与区域一体化共存，各个知识产权保护制度的交叉和碰撞，使"一带一路"建设中国际知识产权环境变得更加错综复杂。

"一带一路"建设中，除沿线各国、各地区、各组织的知识产权制度错综复杂外，知识产权保护范围也日趋多样化，"知识产权国际立法不再仅仅局限于贸易领域，而是在生物多样性、文化多样性、粮食和农业植物、遗传资源、公共健康以及国际人权等多个领域齐头并进。"随着"一带一路"的建设推进，企业必然将面临更加多样性的知识产权保护体系。

二、云南省"新三板"挂牌公司知识产权保护现状

（一）云南省"新三板"挂牌公司知识产权权利概况

截至2016年6月30日，云南省共有63家公司在"新三板"挂牌，主要集中在通用设备制造业、医药、建筑业、科学研究和技术服务业、软件和信息技术服务业、农业、环境保护、文化娱乐、水利环境等行业，以中小企业居多，其中33家挂牌公司为高新技术企业，占比为52%，约12家挂牌公司经营对外贸易，占比为19%。根据各挂牌公司已披露的公开转让说明书、半年度报告、年度报告等信息，绝大多数公司拥有知识产权，共有57家挂牌公司拥有专利、注册商标、著作权、植物新品种权等知识产权中的一种或多种权利，占比为90%；同时拥有专利、注册商标、著作权三类知识产权的共9家挂牌公司，占比为14%；专利数量在10项以上的共21家挂牌公司，占比为33%；注册商标数量在10件以上的共11家挂牌公司，占比为17%；著作权数量在10项以上的共7家挂牌公司，占比为11%。

（二）云南省"新三板"挂牌公司知识产权保护形式

云南省"新三板"挂牌公司作为非上市公众公司，运作规范，知识产权权属清晰，不存在对他方的依赖，知识产权保护形式基本涵盖了企业运营中所需的知识产权类别。具体情况如下：

1. 专利

共43家挂牌公司拥有专利，占云南省"新三板"挂牌公司总数的68%。拥有较多专利的公司主要集中在环境保护、医药、建筑业、通用设备制造业等行业。

2.注册商标

共49家挂牌公司拥有注册商标，占云南省"新三板"挂牌公司总数的78%。拥有较多注册商标的公司主要集中在环境保护、医药、文化娱乐、通用设备制造业等行业。

3.著作权

共16家挂牌公司拥有著作权，占云南省"新三板"挂牌公司总数的25%，其中主要为计算机软件著作权，主要集中在环境保护、软件和信息技术服务业、科学研究和技术服务业等行业。

4.植物新品种权

共1家挂牌公司拥有植物新品种权，为农业行业企业。

5.专有技术、工法

共6家挂牌公司拥有专有技术或工法，占云南省"新三板"挂牌公司总数的10%，主要集中在制造业和建筑业等行业。

三、"一带一路"建设中云南省"新三板"挂牌公司知识产权保护存在的问题

在"一带一路"建设中，云南将发挥区位优势，推进与周边国家的国际运输通道建设，打造大湄公河次区域经济合作新高地，建设成为面向南亚、东南亚的辐射中心。①在国家实行更加积极主动的开放战略下，作为已进入资本市场的公众公司，云南省"新三板"挂牌公司将迎来历史性的发展机会，同时也将面临更加复杂的知识产权保护环境。目前，云南省"新三板"挂牌公司知识产权保护主要存在以下问题：

（一）知识产权质量有待提高

知识产权质量有待提高是云南省"新三板"挂牌公司普遍存在的主要问题，也就是企业的知识产权数量和结构有待增加和优化。以专利为例，在云南省"新三板"挂牌公司拥有的专利中，实用新型和外观设计专利占比较大，而创造水平及科技含量较高的发明专利比重较低，专利整体质量不高，难以凸显知识产权优势，并且难以转化为较高的经济效益。

（二）缺乏知识产权海外布局

知识产权具有地域性，一项知识产权只有在一国注册或登记后才具有法定权利，即"专利权、商标权、版权这些传统的知识产权，均只能依一定国家的法律产生，又只在其依法产生的地域内有效。"随着"一带一路"的建设，更多

①见2015年3月28日国家发展改革委、外交部、商务部联合发布的《推动共建丝绸之路经济带和21世纪海上丝绸之路的愿景与行动》。

的云南省"新三板"挂牌公司将走出国门，这就要求企业必须提高知识产权保护意识，提前在相关国家进行相关知识产权的注册或登记，做好知识产权的海外布局，让专利、商标先行，占据市场主动地位，有效设计并防范知识产权法律风险。但目前云南省"新三板"挂牌公司均缺乏知识产权海外布局，知识产权的设权仅停留在国内层面。

（三）知识产权运用能力不足

在开放式创新环境下，知识产权的运用能力在企业的市场竞争和知识产权保护中发挥着至关重要的作用。企业的知识产权运用通常可以分为三个阶段，分别是申请、维权和运营。运营阶段要求企业"强调知识产权资产的价值最大化利用，通过权利许可、转让等多种形式进行成果转化和产业化，实现'物尽其用'。"目前云南省"新三板"挂牌公司对知识产权的人员和资金投入都不够重视，知识产权运用能力普遍不足，大多处在第一、第二个阶段，还没有真正进入运营阶段。

（四）需加强知识产权专业团队的建设

目前国内绝大多数企业都无专门的知识产权管理部门或人员，云南省"新三板"挂牌公司亦是，多数采取"兼职"、"兼管"的方式，使企业的知识产权管理难以发挥应有的作用，知识产权保护成效偏低。为提高知识产权保护能力，企业应设立专业的人员和团队来管理知识产权事务。

四、"一带一路"建设中云南省"新三板"挂牌公司知识产权保护应对机制

云南省"新三板"挂牌公司虽主要为中小企业，但它们既有优于非公众公司的各项资源，又有来自资本市场的助力，必能更好地抓住"一带一路"建设的契机，迅速发展壮大。"一带一路"建设既是机遇又是挑战，对企业的知识产权保护提出了更高的要求，针对存在的问题，云南省"新三板"挂牌公司知识产权保护可采取以下应对机制：

（一）建立与完善知识产权保护策略

云南省"新三板"挂牌公司应提高知识产权意识与投入，学习研究"一带一路"相关各国的知识产权法律制度，围绕建设企业知识产权文化、健全知识产权管理制度、提高知识产权运用能力、积极应对侵权等内容，根据企业发展的不同阶段，建立与完善知识产权保护策略。

（二）加强核心知识产权海外布局

除在国内布局外，根据业务拓展计划，云南省"新三板"挂牌公司还应积极在"一带一路"区域国家申请专利、商标等知识产权，掌握知识产权保护的主动性，建立起全方位的保护体系。核心知识产权海外布局应及时全面且应加以筛选，否则会造成资金和时间的浪费。企业应根据公司发展战略，有针对性地向有开拓价值的国家申请核心知识产权。通过知识产权的合理部署与配置，达到全面的知识产权保护。

（三）开展知识产权分析评议

知识产权分析评议的目的是"对活动中的知识产权风险、知识产权资产的品质价值及处置方式的合理性、技术创新的可行性等进行评估、评价、核查与论证，根据问题提出对策建议，为政府和企事业单位开展经济科技活动提供咨询参考。[①]"企业在产品上市和"走出去"之前做好知识产权分析评议工作十分必要，能够有针对性的形成有效的市场竞争策略和应对策略，规避知识产权潜在风险，提高研发效率和质量。

在"一带一路"建设中，云南省"新三板"挂牌公司应配合业务开展知识产权分析评议工作，例如针对产品出口目标国家，列出可能的知识产权侵权数据和风险预警，全面了解目标国家市场是否存在影响公司产品销售的相关知识产权风险，最大限度防范知识产权纠纷的发生，以加强知识产权保护和促进知识产权运用。

（四）设立专业的人员和团队管理知识产权事务

企业知识产权保护应当树立管理在先，救济在后的观念。云南省"新三板"挂牌公司主要为成长中的中小企业，为整合创新资源，构筑竞争优势，更应当注重知识产权的运用。在"一带一路"建设中，因涉及到复杂专业的知识产权问题，企业可与专业的知识产权法律服务机构合作，聘请专业的法律顾问，最大效率的运用知识产权资产，让其在得到全面保护的同时实现经济效益最大化。

五、结论

"一带一路"建设为云南省"新三板"挂牌公司带来了开放式创新的机遇，也使企业面临更严格的知识产权保护的挑战。云南省"新三板"挂牌公司以中小企业为主，半数以上为中小型高新技术企业，具备较强的研发和创新优势，并且较之普通企业具有资本市场的助力，在"一带一路"建设中将能充分发挥出知识产权在市场竞争中的重要作用。云南省"新三板"挂牌公司应重视知识产权保护问题，积极采取应对机制，从观念和制度上作出更新和转变，抓住"一带一路"建设的契机，运用知识产权来助推企业实现快速发展。

---

①见国家知识产权局《知识产权分析评议工作指南》（国知办发协字[2014]47号）第2条。

参考文献

［1］徐元.后TRIPS时代知识产权法律全球化的新特点及我国的对策［J］.国际贸易，2015，（6）：37-41.

［2］郑成思.知识产权论［M］.北京：法律出版社，2003：72.

［3］刘文娟.开放式创新下中小高新技术企业知识产权管理［J］.工业经济论坛，2016，3（3）：351-357.

［4］张长立，高煜雄，曹惠民.“一带一路”背景下中国海外知识产权保护路径研究［J］.科学管理研究，2015，33（5）：5-9.

［5］黄俊，王亚利，龚跃鹏.企业“走出去”知识产权分析评议实例分析［J］.中国发明与专利，2015，（7）：6-12.

是股权投资，还是债权投资？

——从PPP角度看有限合伙的投资方式

建纬(昆明)律师事务所　董杰岚

内容摘要：近年来国家大力推广PPP模式，就目前相关统计数据来看，大部分PPP项目仍未落地，而项目资金不足是阻碍PPP模式发展的一大要素。为此国家也鼓励通过私募基金等多种方式支持PPP项目，本文主要针对PPP模式的现状、有限合伙型私募基金的特点以及有限合伙型私募基金在PPP模式下投资方式的选择等方面进行粗略的分析。

关键词：PPP模式　私募基金　有限合伙　股权投资

一、PPP模式的现状

从2014年起，政府开始大力推广PPP模式的发展。各级政府都纷纷出台一系列政策措施，两年来全国各地推出的PPP项目数量和投资规模都在直线上升。根据财政部PPP中心数据，截至2016年3月末，全国PPP综合信息平台项目库入库项目7721个，总投资87802.47亿元。以执行阶段项目数与准备、采购、执行等3个阶段项目数总和的比值计，入库项目的落地率为21.7%。[①]

从数据上看，大部分项目落地率远低于预期。造成这个结果的原因，很大程度上是因为PPP项目资金缺口大、投资期限长、投资收益不高、风险分担机制不完备等因素，再加上已成功合作结束的案例较少，使得社会资本与地方政府都还处于摸着石头过河的阶段，各方都不敢贸然推进，总体进展速度不快。

如何解决上述问题，从目前的现状来看，以成熟的模式来解决PPP项目的资金问题，是加快PPP项目推进速度的核心。2015年4月，由6部委联合下发的基础设施和公用事业特许经营管理办法，国家鼓励特许经营项目采用成立私募基金，引入战略投资者，发行企业债券、项目收益债券等方式拓宽投融资渠道。私募基金作为一种灵活度较高的模式为PPP融资提供了切实可行的渠道。

①详见：http://www.cpppc.org/pppyw/3403.jhtml，2016年7月。

二、PPP模式对有限合伙型私募基金的需求

中基协正式发布的基金合同指引明确了基金契约型、公司型、合伙型的分类标准，而这三种类型中与PPP模式结合度最高的是有限合伙型私募基金（以下简称"有限合伙基金"）。

（一）有限合伙基金的特点

采用有限合伙基金可以有效地避免双重征税，并通过合理的激励及约束措施，保证在所有权和经营权分离的情形下，经营者与所有者利益的一致，促进普通合伙人和有限合伙人的分工与协作，使各自的所长和优势得以充分发挥。此外，有限合伙制的私募股权基金具有设立门槛低，设立程序简便，内部治理结构精简灵活，决策程序高效，利益分配机制灵活等特点。

（二）有限合伙基金能有效满足PPP模式需求

1.满足资金需求量

PPP项目主要是市政工程、交通运输、片区开发等体量较大的项目，这些项目对资金的需求十分巨大。有限合伙基金可以通过政府参与作为有限合伙人，撬动其他不同渠道资金，满足大体量的资金需求。

2.风险共担

PPP模式要求建立平等的风险共担机制。企业主要承担投融资、建设、运营和技术风险，政府主要承担国家政策、标准调整变化的宏观风险。有限合伙基金通过优先劣后、退出机制、份额回购承诺等方式完成风险的分层设计，使各不同风险偏好的资金方能够通过一个有限合伙基金完成投资。

3.长周期

根据财政部的规定，政府和社会资本合作期限原则上不低于10年，这就要求融资架构的设计能够匹配较长的项目运作周期，换言之需要有多种资金的配合。有限合伙基金根据具体项目情况制定合理的投资计划，对各有限合伙人的退出时间提前做好设计，使得基金在满足项目要求的同时也能满足资金方的需求，完成时间的搭配。

4.有限的回报率

首先，PPP模式的原则要求能给予社会资本的收益是微利而非暴利；其次，社会资本所能取得的合理回报率不能超过财政承受能力论证结果的上限；最终体现在PPP项目的融资上的要求就是综合融资成本必须在合理范围内。有限合伙基金通过利润分配机制的先后层级满足不同资金方对收益率的诉求，同时解决了综合回报率不超过可承受范围的问题。

5.解决项目资本金问题

PPP所涉及的领域大部分都有低成本的政策性贷款的支持，但要获得低成本的政策性资金的前提是必须完成项目资本金的筹集，这就要求PPP项目在获取项目低成本开发贷款的同时也能解决项目资本金的问题。有限合伙基金通过股权投资和债权投资结合的方式解决项目资本金不足，撬动其他低成本资金。

6.担保责任与负债率的控制

担保责任和资产负债率是造成PPP项目公司无法取得政策性贷款支持的瓶颈，这就要求PPP项目多渠道融资时必须考虑到总体的平衡，控制好项目公司的负债率与担保责任。有限合伙基金通过股权投资的方式进入项目公司，不增加项目公司负债，同时不需要项目公司提供担保。

三、有限合伙基金对PPP项目的投资方式选择

从大方向来看，有限合伙基金对PPP项目的投资方式无外乎债权投资、股权投资以及股债结合这三种方式。具体操作中，融资结构应根据融资原则及既有项目的风险特点、收益性、项目实施时间长短、公司目前的资本结构、资本市场行情等因素综合考虑决策。

（一）股权投资

1.进入方式

股权投资是企业购买的其他企业的股票或以货币资金、无形资产和其他实物资产直接投资于其他单位。在PPP项目中的股权投资，一般情况下投资对象为PPP项目公司。即有限合伙以新增股东的身份进入项目，将全部投资资金以增加注册资本金的方式注入项目公司或部分进入注册资本，部分进入资本公积金。

2.收益取得方式

在PPP模式下，股权投资收益取得主要途径有：

（1）项目公司利润分红。实际情况下，有限合伙向合伙人分配收益一般为按季度或按年度分配，这意味着项目公司每年必须取得能够满足有限合伙的足够的利润，同时还要扣除25%的企业所得税损耗。但在PPP项目建设期很难产生利润，往往要等到运营期之后，才能通过政府可行性缺口补助、使用者付费、政府付费等方式取得利润。即使取得了收益，加上25%的损耗，很有可能就突破了财政承受能力论证所确定的支付责任上限。因此，项目公司的收益取得的特点使得该方式在PPP项目中较难实现。

（2）股权转让收入。对于有限合伙而言，必须在合伙人投资期满前完成从项目公司的退出，股权的转让是有限合伙最终的退出方式，通过转让持有的项目公司股权给社会资本或政府方来完成本金的收回。同时，针对未能通过分红方式取得的收益诉求，在股权溢价中予以体现。这种方式带来的后果是，项目公司必须一次性支付全部的转让价款，对于逐年获取利润的项目公司难以实现。

3.风险

相较于债权投资，股权投资持有时间不确定，且不关心投资期间资产价格的波动，而更关心投资对象长期的增值性。虽然股权投资的风险高于债权投资，但是其长期收益率将远超债权，对于周期长的PPP项目而言，股权投资通过参与公司管理的方式，更加有力的引导投资项目的成长，具有战略性意义。

（二）债权投资

1.进入方式

有限合伙基金向PPP项目以债权的形式投资，根据目前政策只能通过委托贷款方式发放。该种方式较股权投资而言更为简便，但弊端也显而易见，直接投资到项目公司会导致其负债率上升。在项目有其它低成本政策性贷款的条件时，导致无法申请项目开发贷款。通过贷款取得的资金，除非明确具有软贷款的属性，否则金融机构不认可其作为项目资本金，不具备撬动开发贷款的作用。所以，除有限合伙基金募集资金足以完成项目的全覆盖的情况，实践中多数情况是采用投资到项目公司的母公司，再通过母公司以股东借款或其它形式投入到项目公司。

2.收益取得方式

通过委托贷款方式的投资，与传统信贷业务一样通过利息与本金的偿还取得收益。该种方式较利润分红而言，从税收角度看，被投资企业无需支付除利息以外的其它成本，交易所产生的增值税是在有限合伙基金层面承担，所得税也是合伙人最终承担，交易损耗更小。

3.风险

纯债权投资模式难以实现项目公司的监管，项目公司存在经营风险时，有限合伙基金无法参与到项目公司中予以解决，而只能通过其它措施来降低风险。

（三）股债结合的混合性投资

1.小股大债模式

小股大债模式是指有限合伙基金仅以投资中较少的部分股权投资进入项目公司，大部分资金则通过债权投放。该种模式旨在通过较少的股权投资参与项目的部分管理，起到对项目公司的风险防范，但不会对项目公司的控股地位造成影响。与纯债权投资一样，若不需增加项目公司的负债率问题，则只能委托项目公司的股东，通过项目公司的重大事项表决权的介入，能加强项目公司管理的风险控制能力。

该模式下固定还息不通过项目公司，而是可以通过其控股股东完成，这种方式需要控股股东具有偿付能力，而项目公司又在初期不具备收益偿还投资的情形，通过这种方式不增加项目公司的负担。而股权部分的收益则通过债的部分来实现。在最终退出时，可选择不溢价方式转让股权，从而降低交易成本。

2.大股小债模式

大股小债模式更多是股权投资部分通过名股实债的方式进入，即大部分资金以股权形式进入项目公司注册资本，少量资金以债的形式进入用于支付有限合伙基金的管理费等其它成本。该种模式下又根据实际需要，以两种不同的方式完成架构的设置。

（1）名股实债的方式。通过投资协议明确，在约定投资期限届满或特定收回投资条件达成后，相对方按照预定价格回购有限合伙所持有的股权。回购的条件设置可以是一次性回购，也可以是按年度分批次回购。投资收益虽然通过股东分红方式取得，但在协议中也明确了是按照约定利率和时间收取。除上述条件外，满足不参与被投资企业日常生产经营活动、投资企业对被投资企业净资产不拥有所有权、投资企业不具有选举权和被选举权条件后，根据国家税务总局2013年第41号《关于企业混合性投资业务企业所得税处理问题的公告》的规定，[①]在税收上可被认定为债权投资，即按年度向有限合伙支付的收益可以进行税前扣除，即不再有25%企业所得税产生的损耗。

（2）有限合伙的份额转让。有限合伙份额转让是指有限合伙基金不通过转让所持有的项目公司股权完成资金和收益的回收，而是在签订投资协议时明确约定由项目公司或其控股股东通过向有限合伙人购买其所持有的有限合伙基金的收益份额直接完成投资及回报的收回。该模式实际上是穿透了有限合伙基金中间人的角色而完成了交易。有限合伙份额通过按期或一次性的方式出让后，最终完成有限合伙人的退出，而有限合伙基金与项目公司之间的股权关系也在此过程中完成了实际控制人的转移。

四、关于PPP模式下有限合伙基金的建议

从目前实践中的PPP项目来看，相比起低成本的开发贷款而言，PPP项目最缺乏的是能作为项目资本金的资金。PPP项目对于有限合伙基金采用债权投资、股权投资或混合投资的取舍，应根据融资原则及既有项目的风险特点、收益性、项目实施时间长短、公司目前的资本结构、资本市场行情等因素综合考

① 详见：http://www.chinatax.gov.cn/n810341/n810755/c1804567/content.html，2016年7月。

虑决策，如果项目收益与风险均高，那么适当加大股权融资的比例是适当的，反之则相反处理较为适当。为此，以下是笔者对目前环境下有限合伙基金投资PPP项目投资模式的几点简单建议：

1. 名股实债方式更适用项目公司有稳定现金流的PPP项目，如通过政府付费、可行性缺口补助付费模式取得收益的项目。这类项目的项目公司收入在运营期是通过财政预算方式取得的，具有稳定的保障。

2. 对于使用者付费和绩效评价付费获取收益的项目，项目公司收益具有不确定性，在政府不承担不足义务时，公司自身可能难以获得稳定的现金流。这种情况下采用有限合伙份额转让模式，通过其股东方或关联公司来购买有限合伙份额，更能贴和其需求。

3. 债权投资可以作为辅助手段弥补股权投资灵活性不足的问题。在有限合伙的份额转让模式下，因为份额转让是在合伙人和被投资人之间直接完成的，有限合伙企业并不能直接取得收益。此时，有限合伙企业自身又存在如有限合伙管理费、合伙企业日常费用收入需求，通过少量债权投资收取的固定回报的方式来解决此类需求，是较为简便的选择，弥补了股权投资灵活性不足的问题。

4. 根据项目实际情况的不同，优先从财政承受能力报告、PPP项目的实施方案、项目公司预期收益、项目的资金实际需求节点来匹配安排有限合伙企业投资方式及架构设计。

结　语

综上所述，鼓励PPP项目拓宽投融资渠道，引入灵活度较高的有限合伙型私募基金，能更好地满足PPP项目的各项融资需求。有限合伙基金采取何种方式投资具体PPP项目，则应根据融资原则及既有项目的风险特点、收益性、项目实施时间长短、公司目前的资本结构、资本市场行情等因素综合考虑决策，选择最适合的项目需求方式完成投资。

参考文献

［1］季广永.浅析混合性投资业务［J］.商，2013（23）：121-121.

［2］周运考.股权投资、债权投资、混合投资财税处理比较［N］.中国税务报，2013-11-23.

［3］孙彬彬，涂波，孙倩倩.详解PPP模式下的产业投资基金运作［R］.招商固收研究团队.

[4] 浅析PPP项目投融资管理及税务策划 [EB/OL]. [2016-05-15] .http: //wenku.baidu.com/link?url=ZhmlKtHOjiXRQQCK0m7ja1cj5EiNho2GqmPBKJvGNhWlv32mLiQ-FYfhuPmZZgO_TWYimD6wB5lrvqaMuXExN6SsuAhX2pXjOPeGouicApOG

[5] 肖树伟，余慧华.PPP项目股东协议内容设计若干法律问题初探 [EB/OL]. [2016-05-15] .http: //www.acla.org.cn/html/lvshiwushi/20160312/24707.html

哈萨克斯坦矿权收购法律事务概述

新疆元正律师事务所　刘忠卫

内容摘要：随着社会经济的发展，越来越多的企业跨出国门，到境外投资，新疆作为与多个国家相邻的中国内陆最大的省份，地缘优势使得新疆成为国内企业走向中亚国家的桥头堡。本文从实践出发，依据笔者参与哈萨克斯坦矿权收购法律服务的经验，为拟到哈萨克斯坦共和国收购矿权的国内企业简要提示操作流程和相关法律事务。本文分为四部分：第一部分阐明决定在哈萨克斯坦收购矿权前应当考虑的主要因素；第二部分分析国内企业投资应充分重视的尽职调查工作，包括公司基本信息和目标矿权的信息，及尽职调查时其他应注意的事项；第三部分分析哈萨克斯坦收购的反垄断审查；第四部分分析境外投资审批的机构及主要法律依据。

关键词：哈萨克斯坦　矿权　收购

国家鼓励有能力的企业跨出国门，到境外投资。新疆作为中国内陆最大的省份，与多个国家相邻，地缘优势使得新疆成为国内企业走向中亚国家的桥头堡(本文所说的中亚国家，指的是乌兹别克斯坦、吉尔吉斯斯坦、土库曼斯坦、塔吉克斯坦和哈萨克斯坦)。其中吉尔吉斯斯坦、塔吉克斯坦和哈萨克斯坦与新疆毗邻，受到了更多中国投资者的关注。

根据本所接触的客户，到中亚国家进行境外投资的企业主要有三个方面的目的。一种是寻求境外资源，尤其是矿业与能源资源；一种是为了扩展国内产品的销售市场；还有一种是完成国家间经济合作项目。

因哈萨克斯坦毗邻中国，且矿业资源丰富，吸引了许多中国企业前往考察与投资。在此，笔者根据参与哈萨克斯坦矿权收购法律服务的经验，为将要到哈萨克斯坦共和国收购矿权的国内企业简要提示操作流程和相关法律事务。

一、决定在哈萨克斯坦收购矿权前应当考虑的主要因素

作为跨国并购的重大事项，我们建议有意向到哈萨克斯坦收购矿权的企业，一定要在看到哈萨克斯坦丰富的矿产资源可能产生的利益的同时，充分评估哈萨克斯坦的投资风险，包括哈萨克斯坦对外国投资的法律与政策以及矿业

开采的相关政策变动的风险、中国法律对境外投资的法律与政策风险、投资资金汇出及利润返回的外汇管制风险以及管理人员、技术人员和劳动者的配备比例和签证限制的风险。同时，还要考虑收购模式，确保收购安全完成并降低交易税费。

二、应充分重视尽职调查工作

对进入哈萨克斯坦的风险以及矿权有初步了解后，我们建议客户一定要在并购前进行法律尽职调查。尽职调查的范围要根据收购对象的特点设定。最好由公司律师制定调查方案，委托哈萨克斯坦有经验的律师事务所办理。通常，尽职调查的重点是为了核实拥有矿权的公司主体的基本状况，核实矿权的真实性以及提示对收购有重大影响的瑕疵，核实重大合同的履行情况等。

（一）公司基本信息

1.公司的法定资本

根据哈萨克斯坦的公司法，法定资本最小数额不能低于相当于100倍月结算指标。预算法在最初注册时规定的1月结算指标，例如在2009年月结算指标为1273坚戈，法定资本的最低限额在2009年为127300坚戈（拾贰万柒仟叁佰）。法律规定，对有限责任公司规定的法定资本最小数额应在不晚于法人国家注册之日起一年内支付。

2.公司股东及股东股权

重点要核实股东股份是否存在权利负担，章程对于股权转让是否有特别要求，章程中确定股东权利和义务是否符合公司法的要求。

3.公司基本文件（证照）

法人国家注册证明、公司统计卡、哈萨克斯坦共和国纳税人证明、增值税缴纳情况证明。

4.注意发起人协议的有效性

根据有限责任公司法，发起人协议应进行公证证明，但小型经营主体类型的有限责任公司除外。根据哈萨克斯坦共和法律，发起人协议只有在进行公证以后才能视为被完成。此外，如未遵守发起人协议公证要求，则该协议无效。

（二）矿权

1.核实合同签订及审核文件

根据1996年的哈萨克斯坦矿产法及矿权提供规则，根据直接合同与国营公司签订勘探和（或）开采合同无须进行招标。如果是参与直接合同，应提供直接合同及执行直接合同的委员会会议纪要。

根据矿产法的要求及提供地下资源利用权的规定，各方协调好的合同方案应进行必要的鉴定（法律、环保、经济及税务、卫生保健问题、矿产研究利用、矿山监督），包括合同的财务经济模型，以及在环保及安全方面为遵守法律而进行的研究。

我们建议通过尽职调查获取相关国家机构的文件，以判断取得矿权的直接合同是否已经过鉴定及审查后签订：

（1）哈萨克斯坦共和国能源和矿产资源部地质及地下资源利用委员会（注：自2010年5月14日起，根据哈萨克斯坦共和国政府法令，哈萨克斯坦共和国能源及矿物资源部能源及地下资源利用委员会更名为哈萨克斯坦共和国工业及新工艺部能源和地下资源利用委员会）的文件。

（2）哈萨克斯坦共和国卫生部国家流行病监察委员会的文件。

（3）哈萨克斯坦共和国预算计划及经济部的文件。

（4）哈萨克斯坦共和国司法部的文件。

（5）哈萨克斯坦共和国财政部税务委员会的文件。

（6）哈萨克斯坦共和国环保部的文件。

（7）哈萨克斯坦共和国紧急情况部紧急情况及工业安全国家监察委员会的文件。

2.核实合同登记文件

按照矿权提供规则，签订合同后，地下资源利用工作合同应在其签订的国家机关进行登记。根据矿权提供规则，地下资源利用工作合同注册的事实由哈萨克斯坦能源和矿产资源部颁发给地下资源使用者的确定格式的专门证书证明。除此之外，按矿产法第44条第3款，如果双方协议未规定其他的更晚的期限，合同从登记之日起生效。

因此，尽职调查中，应当核实是否遵守了矿产法规定的注册要求，核实合同国家登记证明书。

3.核实合同内容及主要条款

主要包括合同有效期、合同区域、承包方的主要义务。

合同通常会规定承包方主要义务如下：

合同签订后一定期限内开始执行与地下资源研究及利用授权机构商定的工作计划；必须利用哈萨克斯坦共和国生产的设备、材料和成品；保证哈萨克斯坦原产地商品的百分含量不低于完成合同工作所需商品总价值的比例；进行勘探和开采工作时，必须吸引哈萨克斯坦企业和公司完成工作和服务；保证哈萨克斯坦共和国原产地工作和服务的百分含量不低于履行合同所需工作和服务总价值的百分比；同时，合同还会要求应优先雇佣哈萨克斯坦人员，提供工作岗位，对招聘来的哈萨克斯坦工作人员进行职业培训。开采期内应每年向地方预算划拨一定资金，用于发展区域社会经济，遵守环境保护义务等等。

根据1996年的地下资源法，大储量矿区的合同内规定开采期为45年。但与中国相似，如承包方严重违反合同规定的义务，则主管机构有权单方废除该合同。因此，尽职调查中，要注意核实拟收购的矿权所在公司是否有严重违反合同规定义务的情形。

4.在确定收购之前，要确定拟收购的矿权是否已经被列入“具有战略意义的矿床”清单

由于哈萨克斯坦关于收购其“具有战略意义的矿床”还有特别的法律程序，但2010年的地下资源法对“具有战略意义的矿床”只给出了抽象的定义：即对哈萨克斯坦共和国稳定发展具有社会经济意义的矿床。无论是1996年的地下资源法还是2010年的地下资源法都没有给出相应的标准用来确定某矿床是否属于“具有战略意义的矿床”。

（三）尽职调查时其他应注意的事项

1.资源补偿费

通过尽职调查确认是否依照合同履行资源补偿费缴纳义务。

2.资产及矿权的抵押情况

应查明资产及矿权是否被抵押，是否存在争议或以其他方式设立权利负担。

3.生态环保问题

是否具备环境保护的许可证。

4.其他许可证及资质文件

根据2007年1月11日颁布的哈萨克斯坦共和国许可证制度法第4章第9条，只能在有许可证的情况下实施并完成要求发放许可证的个别业务某些活动（业务）。

5.劳动问题

6.商务合同，尤其是勘探、开采、材料采购及产品销售等合同。

7.诉讼与纠纷

三、哈萨克斯坦收购的反垄断审查

根据竞争法第50条，收购哈萨克斯坦公司或者属于某集团（由哈萨克斯坦公司法人组成）的外国公司超过25%的股份，在符合下列条款之一时，应由哈萨克斯坦反垄断机关批准：（1）买方（法人集团）和法定资本中有表决权的股票（股份，股金）被收购的市场主体的负债表资产总值，或者他们的商品销售总额，在最近一个财务年度不超过月结算指标的2000000（贰佰万）倍。（2）或

者参加交易人之一，是相应商品市场中占有主导或者垄断地位的市场主体。

根据法律规定，反垄断机构在分析相应商品市场的基础上有权为该市场规定资产价值的更高范围和商品销售总量。商品销售总量将用来确定最后一个财政年(在提交经济集中化许可申请的前一年)的商品销售收入额（进款），不算增值税和消费税的金额。如果市场主体参与生产经营活动少于一年，商品销售量用市场主体生产经营期来确定。

为了防范收购风险，我们建议在正式签订收购协议文本前，要求被收购方提供收购事项无须反垄断审查的法律意见书或由反垄断机构出具的批准文件。

四、境外投资审批

目前，国家对于境外投资审批的机构及法规主要如下：

（一）商务主管部门

中华人民共和国商务部令2009年第5号《境外投资管理办法》。商务部审核后，颁发的是企业境外投资证书，企业境外投资获得核准后，持证书办理外汇、银行、海关、外事等相关手续，并享受国家有关政策支持。

（二）国家发展与改革委员会（发改委）

2004年10月9日颁布的《境外投资项目核准暂行管理办法》（国家发展改革委第21号令）。2009年6月8日颁布的发改外资（2009）1479号《关于完善境外投资项目管理有关问题的通知》。

发改委行使的主要是国家对境外投资资源开发类和大额用汇项目实行的核准管理权，对国别控制之外、限额以下的项目实施备案制度，颁发的是确认函、项目核准文件或备案证明。

实际上，鉴于中国目前的外汇政策，中国境内企业到境外投资，均涉及将人民币兑换成为外币对外付汇的事项。获得商务部门与发改委的批准或备案，最终目的还是获得境外投资所需的合法外汇。因此，广义的境外投资审批，除了包括投资项目、投资公司的审批之外，还应包括外汇审批。

鉴于中国境内的批准程序相对不透明，建议有意向收购哈萨克斯坦矿权的企业，在决策初期就要与政府审批部门进行沟通，以免因审批期限错过收购时机。

总之，包括收购哈萨克斯坦矿权在内的境外投资行为，因涉及不同法律与习俗、不同民族与宗教、不同语言与环境，应当充分预估到可能面临的困难，制订好预案。中国企业的境外投资只有本着互惠互利、尊重当地风俗、遵守所投资地区法律的原则，才会取得成功。

P2P网络贷款法律风险与防范

新疆瑞和律师事务所　黄新群

内容摘要：P2P网络借贷是顺应社会发展的历史必然性而产生的新的金融形式。新事物的产生，会伴随着新问题的产生。针对可能出现的社会问题，我们需要对新事物有全面的认识，看到事物的本质，完善相关的法律，才能在新问题出现时，做到有备无患，从容应对。

关键词：网络借贷　新问题　法律

互联网科技的发展，不仅拉近了人与人之间的距离，还为我们的生活带来了意想不到的便利与快捷，人与人之间的交流更加频繁，信息传递的迅速，使得人类的智慧在更短的时间内带动世界的发展与进步。P2P网络贷款，就是在网络平台迅速发展的背景下，成长起来的一种民间借贷形式。P2P，即Peer to Peer，它的雏形是一种将非常小额度的资金集聚起来，借贷给有资金需求人群的一种商业模式，是一种借贷与网络相结合的金融服务网站。借款人通过网络平台发布借款标，投资者进行竞标并向借款人放贷。

社会发展规律是物质决定意识，由于P2P是新兴事物，现有的法律法规对P2P网络贷款监督还没有完善，在其发展过程中存在着体系不完善、监管真空的现实情况。对于P2P的法律问题，我们只能借用现行的法律、法规来比照使用。由于P2P属于新兴的民间借贷的形式，势必就会出现法律漏洞，给社会带来新的矛盾。现阶段的我们应该做的就是未雨绸缪，防患于未然。

一、P2P可能存在的法律风险

法律的制定具有滞后性，就目前而言，相关部门没有相关的法律出台来保障P2P这种新型民间借贷形式的实施。对于P2P的法律性质、准入机制、风险控制、交易规则等没有监督和监管，没有监管就会造成秩序的混乱。对于P2P这种网络借款形式而言，没有相关部门对放贷者资金来源的合法性、借贷者资信能力以及作为居间人网络平台的规范性做审查，每一个环节都存在违法犯罪可利用的漏洞。P2P具有的便利性与快捷性为其提供了巨大的市场，不少人可以利用自己手里闲散的资金做投资，还能带来比银行存款更高的利息收入。对于一般的借贷者来说，由于在银行贷款不能转向民间借贷，而P2P网络借贷能够解决资金周转的困难，无论对于借贷者还是放贷者都有着巨大的吸引力。

（一）P2P网络借贷借款人存在的隐患

P2P这种网络借贷的主要对象是不能从银行取得贷款的小微企业，对借贷者本身来说就存在限制，比如企业资信能力不足、没有抵押物、不能提供担保等问题。相对于银行复杂的审批手续、效率低下、门槛过高等要求，P2P网络借贷的优势是显而易见的。没有严格的审查制度，也没有保证和担保，小微企业偿还能力没有保障；其次，P2P网络平台在进行交易撮合时，主要根据是借款人的身份信息、财产证明、缴费记录等信息评价借款的信用，这样的信息一是造假容易，二是存在片面性。在社会诚信偏低的情况下，违法成本相对较低，就会造成资金难以收回的风险。

（二）P2P网络平台资质隐患

市场准入机制不能得到完善，P2P网络平台的监管存在缺失，造成了网络借贷平台行业鱼龙混杂、良莠不齐的局面，不利于保护放贷人的合法利益。P2P网络借贷平台业务涉及民间借贷，与金融市场相关，如若运行不当，势必会冲击金融市场，更有网络平台发布虚假信息，变相的吸收公共存款，用于高利放贷，影响金融秩序的健康发展。网络平台仅仅是信息服务方，如若利用提供信息的便利条件，很容易就能集聚资金，没有有效的监管，网络平台携款潜逃，也很难追究责任人的法律责任。

（三）P2P网络放款人中存在的隐患

P2P网络借贷往往是缺乏资金来源的审查手段，网络借贷资金的来源是有闲散资金的出借人，资金来源的正当性与否不能得到确切的肯定。目前我国虽然出台了抵制金融洗钱的政策法规，对各金融机构和金融业务所涉及到超过一定数额的资金进行监管和审查，希望达到反洗钱的效果。但是P2P是网络借贷，网络的虚拟性、便利性和快捷性都给相关的监管部门的工作带来重重障碍，在监管手段没有创新的情况下，不法分子很容易利用监管的不到位来进行违法犯罪活动，在一定程度上增加了洗钱的风险。

二、P2P网络借贷风险的防范

（一）完善P2P网络借贷征信制度

在现阶段的中国，信用度普遍不高，征信体系不完善，只有通过科学的、客观的、公正的信用评级方法得出借款人的信用评级，才能为收回资金提供保证。由于现有的征信系统仅对本人和银行体系开放，平台没有登录征信系统获得借款人资信状况的权限，所以我们可以利用第三方以达到制度完善的目的。可以利用银行征信机构来获得借贷人的信用评级，就能很好地控制风险。

随着P2P网络借贷形式的发展，国家应该顺应时代的发展和网络信息的进步，建立并完善我国公民的信用评级体系，实现全国金融行业的资源共享，规范P2P网贷的健康运行，降低信用风险。另外，P2P网络借贷平台应该制定自己的行业信用评级制度，多重标准共同作用，构建多层次的信用评级体系，增强行业自律性，才能减少因借贷人信用问题带来的还贷问题。

（二）完善P2P网络借贷平台市场准入制度

由于我国目前P2P网贷平台的准入制度不健全，平台在进入市场之初没有经过严格的审查，平台诈骗事件时有发生。网络平台的设立就是为了吸收公众闲散资金，转而借贷给小微企业，在融资过程中，就会形成资金池。网络平台利用吸收的公众资金进行投资赚取高额利润，或者平台成立的初衷就是以非法占有为目的，将吸收的资金卷走跑路，这样的网络诈骗形式，在实际生活中屡见不鲜。最为典型的就是淘金贷事件，淘金贷事件的很多受害者的资金到现在也没能追回。

网络借贷平台建立门槛低，成本不高，交易方式基本是通过网络形式交易，多数交易记录是以电子形式保存，具有被修改、删除、易丢失等特点，这就为网络集资诈骗带来了便利。国家可通过为P2P网络借贷平台设立高门槛，可以减少不法分子利用网络进行诈骗，从而获得不当利益可能性。

（三）对放款人的审查制度

在我国，借款双方只需要交付很少的会员费或者中介费，就能成为网络借贷平台的会员，由于会员的申请简单，导致网络借贷平台的会员众多，良莠不齐，难以确定会员的身份信息以及资金来源等问题，再加上网络借贷目前处于监管真空的境地，就为犯罪分子提供了可利用的机会。利用网络的虚拟性、会员身份的多样性、审查力度的薄弱性，将赃款可以分成小额款项，用于出借收取利息，采取自借自贷的形式，将不法财物变性为合法来源的财产。面对这样的情况，网络借贷平台应当严格审查出借人的资金的合法性，从多个方面严格控制来源，以保证资金来源的正当合法性。

三、完善立法、加强法律监管

法律规范是一切社会矛盾最为公平合理的解决方式。没有相对应的法律制度保证，争议总是不能以最优的方式化解。新兴的P2P网络借贷，必须要有法律规范，才能向着正确的方向发展。网络借贷之所以面临洗钱的风险，就是缺乏法律的监督，缺少法律的强制性与规范性。法律也要随着社会发展不断地与时俱进，符合社会发展变化方向，以适应互联网金融机构不断发展的现状，同时还可以制定具有针对性的单行法律，对互联网机构应履行的义务或者应该采取的措施作出详细的规定。充分展现社会存在引领立法、法律规范指导社会的双向互动原则。

四、结语

互联网金融发展符合社会进步的历史必然性，在已有的金融体系下，P2P网络借贷的产生弥补了原有体系的不足，解决了原来针对小微企业融资困难的现实问题。现阶段的中国经济正处于快速上升的时期，中小企业的发展对社会经济的影响是至关重要的，P2P网络借贷的及时出现，是顺应时代的必然产物，我们需要未雨绸缪，针对互联网金融可能存在的借款人问题、金融平台问题以及出借人问题做好相应的应对措施，以保证新兴P2P网络借贷能健康、有序地发展。

参考文献

[1] 郎咸平.郎咸平说：中国经济的旧制度与新常态［M］.东方出版社，2015.

[2] 黄震，何璇.P2P网络借贷平台的法律风险及防范［D］.北京：中央财经大学，2014.

[3] 龚柳青.P2P网络贷款的法律风险控制研究［D］.广东：广州财经大学，2015.

[4] 肖强.浅议P2P网络贷款的风险与防范［J］.新经济，2014（12）.

我国家庭寄养协议中的监护权研究

海南威盾律师事务所　彭　程　王忠华

内容摘要：随着我国现代福利化社会改革的不断深入，家庭寄养成为一种新型的孤残儿童照顾方式，签订家庭寄养协议是家庭寄养关系成立的基础和依据，福利机构代表国家作为被寄养儿童的法定监护人，可以依法将部分监护权委托给寄养家庭代为行使。家庭寄养协议属于监护权委托合同，故协议的主体、客体、对象和内容等方面都受到相关法律法规更为严格的限制，在此范围内的其他事项可由协议主体双方自由约定。家庭寄养协议中关于监护权的具体约定主要包括协议主体的条件、委托的监护权内容和监护不当责任的承担三个方面，基于此三个方面分别体现出的问题是：监护权实际行使主体与协议签订主体不一致；协议中监护权的约定内容缺乏规范性；协议中的法律责任概念模糊等。针对以上问题，可以分别从统一行为主体、确立对寄养儿童的人身监护和财产监护的协议内容和明确协议主体的法律责任等方面对其进行完善，以加强我国家庭协议在实践中的应用及保护力度，从而达到一个运行良好且稳定有序的家庭寄养模式。

关键词：家庭寄养协议　监护权　委托

引　言

家庭寄养是为孤儿、弃婴回归家庭、融入社会而采取的一种养育方式，被寄养的儿童虽然在寄养家庭生活，但民政部门仍然作为其法定监护人，通过签订合同的形式，将部分监护权委托给寄养家庭。实践中家庭寄养协议有关监护权的约定构成了协议中的主体内容，也是家庭寄养中十分重要的一个环节。对家庭寄养协议中监护权的完善，可以起到规范寄养协议主体承担的监护责任和照料义务的作用，保障双方都能够按约定履行协议，使寄养工作走上正规化，可以鼓励更多符合寄养条件的家庭积极参与到家庭寄养工作中来，以达到让寄养儿童回归家庭和社会的目标，进一步营造全社会对孤残儿童关注、关爱的制度环境和社会氛围，促使家庭寄养工作长远健康发展。

一、家庭寄养协议的性质

寄养家庭对寄养儿童监护权的取得并非由法律规定直接设立的，而是通过与民政部门下属的社会福利机构签订家庭寄养协议而获得的。寄养儿童原本由社会福利机构抚养、监护，为了达到监护权委托的效果以及出于寄养家庭对寄养儿童进行监护的合理需要，福利机构将部分监护事宜委托给寄养家庭行使，可见双方签订的寄养协议实际上就是一种委托合同。对是否支付给寄养家庭相应的报酬以及支付报酬的标准等，根据家庭寄养管理办法的精神及各地民政局发布的家庭寄养评估标准，具体由双方通过协商后约定在家庭寄养协议中，故家庭寄养协议可以是有偿委托合同也可以是无偿委托合同。

二、我国家庭寄养协议中监护权存在的问题

（一）受委托方主体条件不明确

根据家庭寄养管理办法规定，寄养家庭只需满足该规定中第8条的条件即可作为协议中的受托人。但在实践中会出现合同的签订者与寄养过程中的实际监护权行使人不一致的情况，这样使得监护权的实际履行者未必是依据合同相对性的法律责任承担者，当寄养家庭方未尽到监护义务需承担相应的法律责任时，若监护权行使主体与合同主体不统一，福利机构则不能以违约责任追究真正的监护权行使人的法律责任，仅能依侵权责任进行追究。

（二）协议中监护权的内容缺乏规范

1.对人身监护的约定过于宽泛

对寄养儿童的人身监护是家庭寄养协议中监护权委托的重要内容，协议中对其约定看似全面，但内容过于概括，主要有以下三方面不足：一是缺少针对性的监护事项约定。二是寄养家庭能够行使监护权利的程度和范围不够明确。三是缺乏心理上的照顾和关怀。

2.缺少对财产监护的约定

大多数家庭寄养协议中缺少对寄养儿童财产监护义务的约定。对于寄养家庭代管的财产，即便部分协议中有相关约定，也仅是原则性规定“用做于寄养儿童的生活支出”，对被寄养儿童财产监护的具体内容和权限范围都没有较为细化的规定，如此导致寄养家庭对寄养儿童的财产徒有监护之名，而无监护之实，无法判断其是否出现怠于承担或滥用财产监护职责的情况。

3.委托方监护责任的减轻

家庭寄养是福利机构代表国家将监护权委托给寄养家庭，明确委托方的责任，对于完善家庭寄养协议中监护权具有举足轻重的作用。但从前文所述对委托方的责任约定情况来看，通过约定免责条款，对委托方的监护责任有避重就

轻之嫌。

（三）协议中法律责任概念模糊

协议中对寄养家庭的监护权履行不当的责任承担约定为"由寄养家庭承担经济赔偿并追究其法律责任"，其中部分协议约定了寄养家庭可因意外事件或不可抗力免责的情形。从实践中协议内容可窥见其法律责任概念有时模糊不清，且条文简单随意，使协议无法起到真正的确权保障功能。

三、我国家庭寄养协议中监护权完善的建议

（一）统一行为主体

统一行为主体包括两方面的统一，第一，监护权的实际履行主体与协议的签订主体身份上的统一。由于法律上没有明文规定，寄养家庭中监护权的实际履行主体是否必须为家庭寄养协议的签订主体，在实践中出现了监护权行使主体与合同主体不统一的情况。使以上二者的身份统一，既可以加强监护权的实际履行人的法律责任承担范围，又有利于福利机构对其进行直接的监督评估。第二，寄养父母二人需同时作为监护权的实际履行主体，而非其中一人。寄养儿童情况特殊，仅由寄养父母中的一人进行监护，往往是不够的，且如此也失去使寄养儿童回归家庭的真正意义。因此，在实践中从以上两方面统一主体条件，则可以期实际照料人更好地履行监护职责，维护被寄养儿童的权益。

（二）确立人身监护的基本原则

1. 寄养家庭特殊情况下越权免责原则

寄养儿童生活在寄养家庭之中，必然导致福利机构不能亲自行使或及时行使部分监护权，寄养家庭只能按协议中的约定履行其监护权利。但当寄养家长出现如突发疾病不能亲自处理监护事务等此类情况时，为避免当下寄养儿童的利益受损，寄养家长可能采取转委托等行为以保障被寄养儿童的利益。笔者建议寄养协议中的免责条款应增加诸如"对于寄养家庭在特殊或紧急情况下的越权行为，只要确实维护了寄养儿童的利益，不予追究"的约定条文。

2. 寄养儿童的意见表达权原则

福利机构进行监护权委托时，并不是基于福利机构单方面认可寄养家庭符合条件即能达成委托协议，还必须尊重寄养儿童的意见。家庭寄养管理办法第2章第11条明确规定了"寄养年满十周岁以上儿童的，应当征得寄养儿童的同意"。寄养儿童作为协议中监护行为指向的对象，尽管不是协议的主体，但其有权拒绝该寄养关系，使寄养协议无法成立。寄养儿童的意见权，体现了家庭寄养管理办法对保护未成年人利益最大化精神的贯彻和落实，因此在家庭寄养协议中也需将此原则体现出来。

（三）增加对财产监护的内容

在家庭寄养协议中须明确寄养家庭的财产管理职责，双方拟定的协议应包含如下具体条款：（1）寄养开始前，福利机构方应单独或会同寄养家庭方清点被寄养儿童专属专用的财物，并制作清单目录；（2）寄养家庭定期向福利机构报告财产使用和管理情况，在家庭寄养关系结束时递交清算报告；（3）对社会及学校组织捐助的财物，需及时向福利机构汇报，双方可以约定直接由寄养家庭进行管理，寄养结束时再交付于福利机构，也可以约定寄养家庭在取得捐款、赠与物时就交于福利机构；（4）寄养家庭对于寄养儿童的纯获利益的赠与不得放弃；（5）寄养儿童大额的教育费用等其他费用的支出，要由福利机构确认；（6）不得私自处分被寄养儿童的财产，造成被寄养儿童财产损失要承担赔偿责任；（7）寄养家庭可以对寄养儿童的财产进行合理、适当的使用。

（四）明确协议主体的法律责任

1. 以支付违约金的方式追究寄养家庭的法律责任

合同违约责任的承担包括支付损害赔偿金和支付违约金等方式。支付赔偿金的条件是必须出现实际上的损害结果。而支付违约金的条件是，双方签订的合同中有违约金的相关约定，不论是否出现实际的损害结果，只要一方出现未完全履行合同或者未履行合同等违约行为就必须支付违约金。如在协议中约定寄养家庭以支付违约金代替损害赔偿金的责任方式，则可加大对寄养家庭监护权履行不当的法律责任后果，福利机构也可在未造成实际损失之前就对其进行追责。

2. 福利机构对第三人的免责不成立

协议中对寄养家庭方监护权履行不当的法律责任大多有所约定，对福利机构自身的相关约定却较少，更有减轻福利机构法律责任承担之嫌。寄养儿童致他人损害时，即使协议中约定福利机构免责也不能成为其推脱责任的理由。依据侵权责任法第32条的规定，被监护人致第三人损害时，监护人应承担的是无过错责任，而非过错责任。故当寄养儿童造成第三人损害时，福利机构作为排在第一位的法定监护人，对外仍应承担相应的侵权赔偿责任，对受害人进行损害赔偿于法不悖。寄养家庭若无重大过失，不承担责任；若有过错，福利机构对受害人给付损害赔偿后，有权利向寄养家庭追偿。

参考文献

［1］宋丽玉，施教裕. 优势观点——社会工作理论与实务［M］. 北京：社会科学

文献出版社，2010：15-40.

［2］尚晓援.中国弱势儿童保护体制研究［M］.北京：中国社科文献出版社，2008：84-126.

［3］周良才.中国社会福利［M］.北京：北京大学出版社，2008.

［4］卢德平.中国弱势儿童群体：问题域对策［M］.北京：社会科学文献出版社，2007：286.

［5］于静.比较家庭法［M］.北京：人民出版社，2006：257.

［6］吴鲁平，韩小雷，高鑫.家庭寄养:动机与绩效［M］.社会科学出版社，2005.

［7］关信平.社会政策概论［M］.北京：高等教育出版社，2004：386-388.

［8］曹诗权.未成年人监护制度研究［M］.北京：中国政法大学出版社，2004：194.

［9］张瑾，程星星.失依儿童之福利院生活现状思考：家庭寄养模式探究［J］.法制博览，2015（2）.

［10］李尔斯.对中国孤残儿童家庭寄养工作的思考［J］.学园，2015（6）.

［11］郭倚铭.回归家庭感受温暖——孤残儿童家庭寄养现状及问题探究［J］.经营管理者，2014（24）.

从逻辑契合到业态引领
——论供给侧改革过程中法律服务切入点

北京德和衡（太原）律师事务所　张莎莎

内容摘要：本文通过梳理供给侧结构性改革的发展逻辑，分析有供无需、供低抑需、有需无供三种现象后提出，法律服务要逻辑契合供给侧改革，关键在于提高供给质量，扩大有效供给。不仅要强化市场导向，优化供给结构，完善要素供给，更重要的是法律服务行业必须改变传统业态，通过自身供给侧改革，让专业、用心、防控、品牌组成法律服务的新业态，才能在国家供给侧改革的大潮中，从逻辑契合到业态引领，实现自己的价值。

关键词：逻辑契合　供给侧改革　业态引领

一、关于供给侧结构性改革的发展逻辑梳理

纵观世界经济历史，供给学理论是随着经济发展的不断实践而逐渐形成的。从萨伊提出"供给创造需求"的著名论断，到20世纪30年代世界范围内经济危机时，凯恩斯主张由国家调控刺激消费，再到20世纪70年代，发达国家经济停滞与通货膨胀并存时"拉弗曲线"和供给侧管理理论出现，最后到美国里根政府放弃"减税"主张，关于供给学理论对世界经济的影响力毋庸置疑，中外学者对其研究也很多。如今我国推进供给侧结构性改革，作为法律行业从业者，若想更好地切入整个供给侧改革过程中并更好地发挥自身的力量，有必要对其进行再一次的逻辑梳理。

简单地讲，当前我国经济供需失衡尤其是供给侧问题主要表现在三个方面：有供无需、供低抑需、有需无供。

有供无需的典型表现就是产能过剩。可以看到，我国当前许多行业，例如普通钢铁、小机组火力发电、煤炭等，有些行业甚至严重到整体陷入低谷。尽管我国一直在一定程度上通过产业政策等对其进行了引导，但是效果并不明显，产能过剩造成大量资源浪费、经济社会发展成本增高。尤其是经过多年的快速发展后，需求侧进入相对饱和期，刺激需求一方面难以起到良好的效果，

还可能会进一步加剧供需错位矛盾，甚至加剧经济增长与生态环境之间的矛盾。

供低抑需的典型表现就是结构性矛盾。供给侧的低效率抑制了有效需求，特别是有些领域中价格、区位等因素不能有效地发挥自己的作用，抑制了有效需求的释放。比如全国人民关注的房地产市场，大量的商品房库存与大量的住房需求相对立，一线城市一房难求与三四线城市库存高相对立。再比如天然气作为清洁能源，应当在我国能源消费中占有越来越重要的地位，但国际上天然气价格大幅度下降与国内天然气终端价格居高不下相对立，天然气消费的广阔市场始终难以打开。

有需无供的典型表现就是缺乏创新。尽管我国创新不断发展，但与巨大的市场需求相比还是难以匹配，低质的供应侧难以满足日渐精细化、个性化、高质化的需求。必须正视这个短板，重视高端制造业、高端服务业，单纯的刺激需求只能将人们向国外推，只有从供给侧改革入手，不断推动创新，才能保增长，实现可持续发展。

二、法律服务如何能够逻辑契合供给侧改革

法律服务如何能够逻辑契合供给侧改革，关键在于提高供给质量，扩大有效供给。社会经济在不断发展，如同自然与人类的不断进化一样，供给在进行新陈代谢。逐渐无效的供给慢慢被淘汰和剔除，新生的更多的供给慢慢出现在社会经济中，并逐渐发挥自己的作用，其中一些慢慢消亡在历史长河中，另一些却在增加市场选择的同时，激活处于潜在的需求，从而使市场向更高的水平进化，有一些甚至直接催生一个庞大的市场，提升了人类的生活福利水平，增加了社会财富。例如空调的发明带来了庞大的空调市场，极大地便利了人类冷暖需求，而之前所有的需求刺激对这个市场并无作用，甚至在薪柴、化石能源时代的需求刺激更多的是对环境的污染；当以苹果、三星等智能终端设备问世之前，各国政府无论如何进行刺激需求，也没能创造出世界性的市场，一个世界性的产业，一个世界性的需求。法律服务同样需要提高供给质量，扩大有效供给。

（一）提高供给质量，扩大有效供给，关键在于强化市场导向，优化供给结构

我国经过多年的发展，到如今，生产和服务的供给已经十分丰富，各种生产资料、消费品、服务等都达到了一定的规模，但是当前市场的基本特征似乎一直是需求不足、产能过剩、供过于求，以往政府也一直将扩大内需作为破题的重要手段。与越来越多的境外消费、高科技产品进口等形成鲜明的对照和反差。一方面是产能过剩、需求不足，一方面又是境外消费、急需进口，这就是市场引导不够，供给结构出了问题。比如近年来国家对于电解铝行业进行的引

导，尽管已经考虑到其产能过剩且能耗过高、污染环境，下发了相关指导性意见抑制其发展，但是未能达到预期的效果。再比如钢铁行业，有报道称普通钢材在业内一吨盈利都买不了一瓶汽水，但是业内还在不断地生产，对于紧俏急需的特种钢材，我国钢铁企业能够胜任的反而寥寥无几。法律服务同样需要强化市场导向，优化供给结构。

（二）强化市场导向，优化供给结构，关键在于完善要素供给，突出创新引领

生产要素是市场的基础。当市场缺乏完善机制时，生产要素的调动是否能够创造价值、是否能够推动经济发展无人关注，创新和进步落入一个长期陷阱，低质的产品和服务充满市场，甚至，高层次高质量的生产要素受到排挤。尽管我国近年来一直推崇创新，每年专利机构注册的专利数量更是世界前列，但是其中大多是实用新型或外观设计类，真正的发明创造还是少数，表现在市场上，同样的产品，外国进口的尤其是德国、日本等制造的产品就要比国内的贵一大截，购买的人还趋之若鹜，更别说优秀的技术人才、企业家等。法律服务同样要完善要素供给，突出创新引领。

三、法律服务如何从逻辑契合切入供给侧改革

五中全会讲得好，要大力发展新技术、新产业、新业态，三新并提是首次。供给侧的改革是经济结构端的改革，而不是调整。如果我们仍然把思路放在微观的调整、数量调整上，而忽略了宏观的、制度的改革，想要创新技术、转变业态、提高效率，是很难实现的。

世界的变革比我们想象的要快，未来的变革有可能是百年之变革。为什么我们的供给能力和需求能力长期错位呢？2008年应对全球金融危机时，我国抛出了4万亿投资，但是用于技术改造的还不到2000亿，更多的钱还是投向了传统产业。现在供给侧改革刻不容缓了，一定要超前考虑。法律服务行业必须改变传统业态，从宏观和微观同时发力，打造新业态，切入供给侧改革。

法治是供给侧结构性改革最为可靠的保障。推进供给侧结构性改革，离不开法律服务。但是，只有新业态下的法律服务，才能胜任这个历史任务——用法律关系改进政府与市场关系，推动市场自身发展，用法治特有的方式，帮助政府实现改革的可预测性，同时预防和降低风险，共同完成中央关于供给侧改革“去产能、去库存、去杠杆、降成本、补短板”的五项任务，固化改革成果，推动社会发展。

四、法律服务如何打造新业态

法律服务切入供给侧改革的过程，也是推进其自身供给侧结构性改革过程，这不仅符合两者逻辑契合的特点，也是打造法律服务新业态的必由之路。

（一）专业创造价值

极致专业有两方面要求。一是要求细化专业分工，为不同律师在不同专业领域深层研究提供保障，保证为客户提供专业化的高水平法律服务。例如为政府提供法律服务，对于政府法律事务中行政裁决、复议、诉讼工作，以及政府法律风险防控、行政执法事务、政府信息公开、信访处理、政府征收拆迁工作等，必须有专门人员负责提供专业意见，必要时通过专业小组讨论确保质量。另一方面要求法律服务具有预见性和超前性。必须加强调查研究，及时学习中央和地方的政策方针，增强预见法律业务未来情况的能力。例如当前在中央实施供给侧改革，其中化解产能过剩成为一项重要任务，依法实施市场化破产程序，以及兼并重组、破产清算等相关衍生业务已经从市场预期接近于实际业务，法律服务必须提前谋划、提升专业，才能实现共赢。

（二）用心提升价值

用心有三层含义。一是个性化法律服务项目。根据每个客户的实际需要，深入调查研究，形成面向每个客户的服务方案，基本上现在大一点的律师事务所都已经实现了重要客户的个性化服务。二是重视衍生服务的价值。现在的法律服务行业，策略趋同性很强，有了衍生服务，就可以向市场提供许多结构化的新产品，实现策略的多样性，一定程度上还可以降低成本。尤其是在客户的潜在需求还未被发掘的时候，立体的、打包的、生动的衍生服务往往能够提供更高的价值。三是对于供给方式的与时俱进。在"互联网+"已经上升为国家战略的今天，法律服务的供给方式必须与时俱进，丰富多样，这不仅是对客户的尊重，其对于解决法律服务市场拓展的瓶颈，带动法律服务行业供给侧改革更具有重要作用。

（三）防控捍卫价值

一是建立法律服务质量评估体系。质量是根本，建立质量评估体系，不仅可以增强法律服务行业责任心，更能从法律服务整个流程中提升服务水平。例如客户满意度、内部监督评价、社会公众评价、管理机关认可度等的有效运用。二是防范法律服务行业风险。主要包括律师事务所风险和律师执业风险等。必须建立严密的风险防控体系，同时加强律师事务所内部管理和律师自身素质修养，尽职尽责地提供服务。

（四）品牌凝聚价值

一方面要加强律师事务所的科学管理。塑造自身品牌，以科学有效的管理和积极向上的文化建设，使法律服务更能体现高度的专业性、积极性、高效性和协调性。另一方面要善于整合资源。法律服务在推进自身供给侧改革的同时要服务社会供给侧改革，需要更多从业者的认同和参与，必须整合所有资源，推动整个职业共同体一起提升行业服务质量和水平，利用规模效应降低运行成本，应对新的挑战。

通过法律服务自身供给侧改革，让专业、用心、防控、品牌组成法律服务的新业态，才能在国家供给侧改革的大潮中，从逻辑契合到业态引领，实现自己的价值。

参考文献

[1] 贾康，苏京春.探析“供给侧”经济学派所经历的两轮“否定之否定”——对“供给侧”学派的评价、学理启示及立足于中国的研讨展望 [J].财政研究，2014（8）.

[2] 贾根良.美国学派：推进美国经济崛起的国民经济学说 [J].中国社会科学，2011（4）.

对我国婚姻法律规定的几点反思

甘肃合睿律师事务所　罗　娟　郭　琳

内容摘要：婚姻美满，家庭幸福是每个人的追求。但是目前西部地区的离婚人数逐年走高，这就需要我们思考从制度上有效降低离婚率。笔者建议对我国婚姻制度予以完善，在公民办理结婚登记时进行合理的限制，如预约登记制度，婚前相关知识培训制度。在公民办理协议离婚时同样设置相应的可行条件，如增加离婚考虑期，在协议离婚时增设调解程序，双方结婚到达一定期限才有权申请离婚登记。同时，加强诉讼离婚规定的可操作性，有效平衡婚姻中双方权利义务。通过上述相应制度的建立，让更多的家庭和睦促进社会和谐。

关键词：离婚　婚姻法　婚姻制度

一、西部部分地区离婚率现状

笔者是一名西部婚姻家事律师，在笔者近几年接触离婚案件中了解到通过协议办理离婚的夫妻比较多。以笔者所在的甘肃省兰州市几个主要城区为例，每年的离婚率都居高不下。比如，兰州市七里河区去年约有4000对领取结婚证，约有1000对会领取离婚证，而在兰州市安宁区去年约有2000对领取结婚证，约有500对会领取离婚证，而在兰州市城关区这个数字则更庞大。每年约有9900对领取结婚证，而有3000多对会办理离婚手续。以这几个区为例，离婚的人数每年都在增加。这只是一个城市个别地区的缩影，而全国的相应数据会更惊人。当然，笔者也从法院了解到，通过诉讼解除婚姻关系的这几年的数据并没有太大的变化，比如兰州市西固区通过诉讼解除婚姻关系这几年基本在300对左右。

中国高离婚率的现状，需要我们思考如何通过完善制度使中国的离婚率实现有效的降低，同时有效保护弱势群体妇女儿童的合法权益 。公民有权利自己决定是否办理结婚登记，也有权利办理离婚登记，这也是现行的婚姻法律制度对个人私权利的保护。但是，每年不断增加的离婚人数又表明，如果国家公权利不适当、及时的介入，个人私权利会被不断的放大，将严重影响到整个社会的和谐稳定。

二、中国婚姻制度中关于结婚与离婚部分主要内容及不足

（一）结婚制度主要体现结婚自由原则，保障结婚的高效

婚姻登记条例有明确的规定，作为婚姻登记机关在对结婚登记做必要的形式上的审查后，即对当事人出具的证件、证明材料进行审查后，对符合条件的将当场发给结婚证。这种审查仅仅是对相关材料的审查及必要的询问。这样的规定无疑促使婚姻登记机关能够快速办理结婚登记手续。

可见，结婚制度的上述主要规定，方便了双方结婚手续的办理。婚姻登记机关只需要对当事人的基本资料做形式上的审查就可以办理离婚登记。当然，这也使部分当事人将婚姻视为儿戏。笔者也曾了解到在情人节这一天在兰州市安宁区民政部门就有人早上领取结婚证，下午领取离婚证。也有当事人办理了结婚登记手续，向亲朋好友通知了婚期，却在办理结婚喜宴前委托笔者提起了离婚诉讼。

经营婚姻，组建家庭并非一个简单的过程。就像驾驶汽车一样，需要相应的技能。对于婚姻的经营也仍需要夫妻双方正视最基本的相处原则，需要具备解决最基本问题的能力。就算驾驶汽车也是需要不断学习再考取驾驶执照才可进行驾驶，而目前的婚姻登记制度对于婚姻的办理却往往只需要办理简单的登记手续即可。缺乏深入了解便盲目结婚的不在少数。同时，中国的学校以及家庭教育偏向于应试型教育，忽略了有关婚姻家庭生活的基本知识的传授，中国现行的婚姻登记制度中也没有婚前培训的环节，这使得因不懂经营家庭而离婚的人数大大增加。

（二）法律规定中的协议离婚程序过于简易，而诉讼离婚又不易操作

我国现行婚姻法中规定了关于离婚有两种方式可选择。一种是协议离婚。婚姻法明确规定的是，男女双方只要自愿离婚，并亲自到登记机关办理离婚登记的，婚姻登记机关就可以准予离婚。婚姻登记机关仍然仅仅是书面的审查，双方已经对子女的抚养和财产的归属、债权债务的处理书面已经达成一致的，就得发给离婚证。离婚自由的原则同样完全的体现在协议离婚中。婚姻登记机关无权干涉婚姻关系被任意解除。另一种是通过诉讼方式离婚。一方当事人在无法与另一方达成一致通过协商解除婚姻关系时，有权向法院提起诉讼解除婚姻关系。我国现行婚姻法列举了四种可以认定"夫妻双方感情完全破裂"的情形：一方有重婚或者有配偶仍与他人同居的；实施家庭暴力或者还存在虐待、遗弃家庭成员的情形的；有赌博、吸毒恶习屡教不改的；感情不和分居满两年的。而上述四种情形，在通过诉讼方式解除婚姻关系时，并不容易适用。

上述几种认定感情完全破裂的法定情形如同虚设。司法实践中的更多案件审判人员会选择在第一次离婚诉讼中不予离婚。笔者所了解到的案件，基本上很少以法定的四个事由直接判决离婚。往往是以调解为主，如果调解不成的，基本上是直接判决不予离婚。此种做法一方面是充分体现我国多年来诉讼中形成的维护家庭稳定原则，但从另外一个角度看，惜判制度的弊端也导致个别重大恶性伤害案件的产生。笔者近期接触到个别离婚案件中，女方因受暴力而要求解除婚姻关系，但法院并没有支持其请求，而不久后，男方再次使用家庭暴力致使女方重伤。这也导致部分真正希望解除婚姻关系的当事人无法依法定的感情破裂的情形通过一次诉讼解除婚姻关系。

法院不愿意用法定的四项离婚事由，却往往不约而同的在离婚案件中支持当事人再启动第二次离婚诉讼。也即一方当事人首次向人民法院起诉离婚的，在对方不同意离婚时，一般情况下法院不准予离婚，在经过6个月的禁诉期后，当事人再次提起离婚诉讼的，法院一般会准予其离婚。

同时，在诉讼离婚中相关制度的不清晰，导致离婚时弱势方权利得不到有效维护，如过错赔偿制度。司法实践中，一方过错赔偿金额的确定没有相应的标准，往往造成赔偿标准不统一，赔偿额过低，这使得对无过错方的保护力度不够。婚姻法还规定了对隐匿财产、转移财产方在财产分割时的惩罚性措施，即在此种情况下对其少分或不分。上述规定仍然缺乏相应的具体细则，导致不易适用。

以上仅仅是笔者所在的西部地区离婚的现状。现有的婚姻制度在西部地区的适用并不能完全保障离婚的最佳法律后果。

三、对我国现行婚姻制度的几点反思

（一）完善结婚制度，促使当事人慎重决定结婚并增加婚姻经营技能

1.增加结婚登记前的预约制度

预约制度是设置登记的前置程序。如法国、瑞士等国家目前所适用的结婚公告制度。即法律规定了一定期间的结婚公告期。他人可以在这个公告期内提出异议，对双方的婚姻登记表示反对。这个公告制度不仅使婚姻登记前增加一个异议的期限，使更多人参与监督婚姻登记的合法性。同时，也使双方对是否缔结婚姻关系给予充分的考虑。①

因此，建议我国增加结婚登记的预约制度。每位需要办理结婚登记的男女双方需要提前在一定期限内向登记管理机关预约。未满预约时间的不予登记。预约时间的设立，不仅强调了双方对婚姻的慎重考虑，同时也给予了当事人对

①郑欣：“中国婚姻登记制度研究”，载《烟台大学》，2014。

于是否真正办理结婚登记的思考时间，以此来做到真正的高效婚姻办理。当然，也能减少极具特色的情人节当天办理结婚登记排长龙的情形。

2.增加婚前相关知识的培训

建议引入法律专业人员、心理学等专业人员对拟进行婚姻登记的人员进行基本培训。就像驾驶人员在正式开始驾驶前不仅需要考取驾驶执照，还需进行系统学习，同时也需要得到交通管理部门大量事故的警示。这样才能促使驾驶人员明白，只有依据驾驶规则掌握驾驶技术才能避免恶性交通事故的发生。而那些盲目走进婚姻殿堂的人员在无法获知大量离婚案件的真相时，也就容易导致其轻易做出离婚决定。

走进婚姻后当事人面临的是全新的生活，需要身份及角色的转变。而实际上，大量不具备相应能力的当事人草率走进婚姻殿堂，无法正确处理新的各种家庭关系，导致离婚率居高不下。可见解决各种问题的能力是需要不断地学习实践。为此，建议在结婚登记前可灵活选择适宜的培训模式。如联合相应部门、相应专业人员进行培训。当然，长期来看，婚姻生活常识培训应当更早期的被引入教育制度。

（二）严格协议离婚制度

1.增设离婚考虑期

笔者在办理婚姻类案件中也发现，很多协议离婚的当事人中，有一部分是曾经办理过复婚手续的。即双方在未经慎重考虑便提出解出婚姻关系。而笔者提出的离婚考虑期实质上是变换一种方式，推迟双方做出最终解除婚姻关系的决定。同办理结婚登记手续前需要预约一样，增设离婚考虑期同样是让双方增加离婚的时间成本，使当事人双方更加理性。

2.协议离婚前婚姻登记机关有权进行调解

在离婚诉讼中，审判法庭会对双方进行调解。这种调解是婚姻案件的必经程序。调解程序的存在，也尽可能完善地表达了当事人比较全面的意见。而协议离婚程序中加入必要的调解程序，将更有利于婚姻登记机关的监督功能的行使。笔者也同相关民政部门办理离婚登记的工作人员交流过，工作人员也强调在没有法律赋予其调解权利的前提下，工作人员是无权利进行调解的。如果申请离婚登记的双方材料完备的情况下不及时制作离婚证，一不留神就会被扣上行政不作为的大帽。为此，为了切实避免申请离婚当事人的任性离婚，法律可以赋予婚姻登记机关相应的调解权利。

当然，增加调解作为离婚的前置程序的这一想法已经在江西省个别城市进行了尝试，已经取得一定效果。

3.当事人双方结婚到达一定期限才有权申请离婚登记

法国的协议离婚制度中规定夫妻结婚时间不得少于六个月才有权申请离婚。这样的规定能够维持婚姻秩序的稳定和婚姻双方的利益，[①]而澳门则将这个时间延长至一年。我国同样也可在离婚制度中规定最基础的结婚期限，来降低双方任性离婚的可能。

（三）规范诉讼离婚中法定离婚情形的可操作性，避免诉讼解除婚姻关系有法难依，同时增加诉讼解除婚姻关系的成本，从而维护弱者利益

离婚诉讼解除婚姻关系的难点，如前所述在于判断感情完全破裂的标准并不清晰。为此，有必要加强法定离婚情形的可操作性。

1.将诉讼离婚的法定情形予以修改，易于准确判断夫妻双方是否“感情破裂”。

首先，建议将“第一项重婚或有配偶者与他人同居的” 修改为“一方与他人通奸的，且另一方认为无法与其继续共同生活的”。第一项法定离婚事由为“重婚”，在司法实践中并不易适用。重婚是指有配偶者又与他人结婚或者明知他人有配偶而与之结婚的行为。而在司法实践中一方与多名异性办理结婚登记的非常少见。而“有配偶与他人同居的”是指有配偶者与婚外异性，不以夫妻名义，持续、稳定地共同居住。实践中当事人倾尽全力所能找到的至多是与他人通奸的证据，而无法举证证实配偶与他人持续、稳定的共同居住。为此，建议借鉴英国的法定离婚事由，将我国离婚的法定事由第一项改为“通奸”。

其次，建议将“有赌博、吸毒恶习屡教不改的”直接改为“一方有赌博、吸毒恶习，另一方不愿意与其生活的”。不再强调一方过错行为的频繁发生，而是由于该行为极具对双方感情的破坏性，赋予无过错方解除婚姻关系的权利。实践中朋友间的娱乐与赌博没有明显的界线，这导致另一方难以举证。往往都是公安部门介入认定赌博，才能在诉讼中确定为有赌博行为。吸毒的认定也往往依赖于是否在戒毒机构接受强制戒毒而判断。这一条的适用原本是有条件的，降低适用难度，更易于实施。

再次，明确分居的概念。可以改为“因感情不和不在同一房屋共同居住并不履行夫妻义务的。”分居在实践中往往还存在双方在同一房屋居住，但各自在其房间生活的情形，经上述修改可将其予以排除。另外，当事人也难以举出分居的证据，故分居在实践中仍不容易被法院认定。只能通过双方当事人自我承认而确定。

2.增加过错方离婚成本，向长期无工作收入的无过错方支付一定期限的赡

①罗结珍译：《法国民法典》，法律出版社2005年3月版。

养费。

普通离婚诉讼中，常常接触到已经没有感情，却不愿意解除婚姻关系的女性。主要的原因是女方收入往往较低，或在家做家庭主妇基本没有在外就业。这样的女性一旦没有了配偶的经济支持，今后的生活不太会有保障。为此，建议在这类离婚诉讼中根据过错方的收入水平，以及双方的婚姻年限等综合因素，确定过错方向另一方支付适当的赡养费。增加“因一方过错导致离婚的，过错方应当在解除婚姻关系后向没有固定收入或其收入无法满足其基本生活需求的另一方支付一定期限的赡养费”。

3.增加婚姻过错方向另一方赔偿的具体方式及标准。

要求过错方对无过错方的赔偿应符合法律的公平原则，使得各方利益得到平衡。但目前笔者所接触的过错赔偿的案例，往往最多有数万元的赔偿。该赔偿金额还往往无法确定是从双方财产中先行支付或是由过错方从个人财产中支付。过错赔偿金额与双方的共有财产也不成比例。为此，建议以过错方个人财产先行赔偿，当赔偿不足的再按双方共有财产的比例计算赔偿金额。以使无过错方的财产权利最大限度受到保护。

夫妻双方感情破裂实质上并不会完全仅由一方过错造成，往往双方均有一定过错。但是在离婚诉讼中要求过错明显一方承担赔偿义务，有利于促使双方尽量避免过错行为的产生，从而间接降低离婚率。

4.增设离婚财产披露制度

有的婚姻关系中的弱势方对夫妻共同财产是不甚了解的，而另一方则往往会刻意隐匿转移。为此，在诉讼离婚中，我国部分法院如广州市的个别人民法院已经就离婚财产申报制度进行试点。双方在诉讼中填写财产清单时会被书面告知如夫妻一方被认定为故意做虚假陈述、隐瞒财产的，将会因此受到相应处罚，即在分割夫妻共同财产时对其少分或不分。这样会有利于离婚诉讼当事人呈现真实的财产状况。

现行的婚姻制度保护婚姻自由，但这种自由程度已经影响到社会的和谐与稳定。国家有义务进行适当的干预。[①]笔者侧重于从结婚制度中增加婚姻登记的前置程序及培训制度，离婚制度里增加离婚预约机制以及完善诉讼离婚的法定事由等方面来提出一些建议。但本人能力有限，仅抛砖引玉，希望更多人关注婚姻制度的完善。让我国每个公民都增强家庭幸福感，进而促使我们的国家更加繁荣富强！

---

①夏吟兰：“对中国登记离婚制度的评价与反思”，载《法学杂志》2008年第2期。

"一带一路"建设中知识产权保护问题的探究
——以非物质文化视角下崆峒武术的法律保护为例

甘肃慧源律师事务所　张永锋

内容摘要：近年来，非物质文化的国家软实力战略地位不断凸显。我国虽然在知识产权保护领域取得了一定成绩，但在非物质文化的保护上却存在着诸多问题。本文以崆峒武术的法律保护为例，拟从三个方面对非物质文化视角下的知识产权保护问题进行探讨。

关键词：崆峒武术　知识产权　法律保护

一、崆峒武术的法律特征

对于崆峒武术这种非物质文化遗产来说，其特征无非体现在自然属性和法律属性两个方面。从所保护的法律关系来看，崆峒武术具有以下特征：

（一）权利主体的多样性和不特定性

崆峒武术作为一种非物质文化遗产，其权利主体有可能是不特定的自然人，也有可能是某些组织、群体。崆峒武术是在长期的社会发展中形成的，其主体就不可能完全是特定的某个人或者某些组织，所有能够成为民事主体的自然人、法人、其他组织，都有可能成为崆峒武术的权利主体。

（二）客体的无形性

崆峒武术的传承必须依靠传承者的口传身授，或者某些书籍的记载。它是游离于物质之外的，必须依附于个人而存在的一种非物质文化遗产。虽然崆峒武术不得不借助于一定的物化形式表现出来，但它的传承方式依然是传承人的口传身授。之所以说它的客体具有无形性，主要是指它所依附的物质媒介，要么是人本身，要么是流动易变的物质形态。

（三）权利性质的模糊性

崆峒武术是一种弱势文化，其主要根源于民间的平民群体。就目前的实际状况而言，主要采用了政府保护模式，通过专门的行政法规，地方性法规和政府规章来加以规范。不可否认的是，此类公法上的保护，确实为挽救崆峒武术这种非物质文化遗产起到了保驾护航的作用。但是，从知识产权的角度看，它的客体在大多数层面上又的确是私权。如果以其固有的公权保护模式来对之进行保护，显然不利于非遗的流传；而又如果单纯的利用保护私权的模式来对之进行保护，则将会无可避免的出现权利主体的权利难以得到保障而被侵害的局面。显然，崆峒武术的保护存在着私权和公权的博弈。

二、崆峒武术的法律保护现状以及困境

《甘肃省非物质文化遗产条例》于2015年3月27日在甘肃省第十二届人民代表大会常务委员会第十五次会议上正式通过，并自6月1日起正式施行。平凉市近年来也相继出台了一系列规范性文件，用于保护平凉地区的非物质文化遗产，例如关于进一步加强非物质文化遗产保护工作的意见；关于进一步加强文物保护工作意见；平凉市文物拍摄审批程序；崆峒区非物质文化遗产普查方案等，但由于种种原因，崆峒武术仍逐渐呈现衰败的趋势。与我国其他地区的非物质文化遗产存在的问题一样，主要体现在以下方面：

（一）缺乏健全的保护机制

首先，由于我国目前对非遗的保护整体上处于探索阶段，在立法层面的不协调性表现得尤为突出。就崆峒武术而言，行业组织和文化管理部门分工不明确，协调性较差，工作混乱，缺乏效率。其次，产权保护机制缺失。产权主要起着激励人们行为的作用，用产权来加强对崆峒武术的保护无疑是最切实可行的，但就甘肃省和平凉市出台的相关文件来看，就非物质文化遗产在知识产权保护这一方面仍然处于空白状态。

（二）保护形态的零散化、无目的化，有限性和非专业性

崆峒武术的传承人、大量实物资料依然散布于民间，如不对其进行及时的抢修和保护，必然会遭到严重破坏。从现存的少量资料利用性质来看，检索和查阅都极不方便，目的性不强。无论是图书馆，博物馆，档案馆，还是网络搜索引擎，获取的内容都非常有限，没有形成专业的门类。

（三）传承机制后继乏人

崆峒武术最大的特点就是"非物质性"，它是一种搏击技艺。在不断演化的过程中，传承人起着举足轻重的作用。如何激发传承人和传承单位的积极性，就成了问题的关键所在。"非物质文化遗产作为活态文化，其精髓是与该项目代表性的传承人联结在一起的。对项目传承人的保护也应该是保护工作的重点。"崆峒武术的濒危性主要体现在传承机制的后继乏人。

（四）保护意识的淡薄和资金的缺位

崆峒武术主要采用"口传身授"的传播方式，这就决定了其传播范围的狭

隘性和地域性，平凉地区的群众整体上对崆峒武术的认识不足，更谈不上通过保护崆峒武术来传承民族文化，提升地区软实力的发展。由于崆峒武术资料的整理、研究、保存和出版都需要专项资金，传承人和传承单位也需要相应的资金支持。而此项投入，物质化的支持仍然非常薄弱。

三、崆峒武术非物质文化遗产保护的法律对策构建

到目前为止，我国已经建立起了公法和私法相结合的非物质文化遗产保护体系。宪法第22条和第47条无疑给包括崆峒武术在内的历史文化遗产的保护和鼓励、支持提供了根本依据；在私法领域，著作权、商标权和反不正当竞争法分别为其发展起到了保驾护航的作用；刑法中的相关规定则为此设置了最后一道防线。本节笔者将立足于甘肃、平凉地区的实际状况，结合国内外的先进经验，在原有的法律制度体系上，提出几点针对崆峒武术法律保护对策的象征性建议。

（一）崆峒武术法律保护的基本原则和理念

对崆峒武术保护的前提就是要树立正确的法律保护原则和理念。笔者认为，崆峒武术的保护要坚持以下基本原则：（1）民间传承与多方参与原则。在崆峒武术的传承过程中，真正依靠的主体并不是政府，其它机构，学者或者科研机构，而是那些来自民间的崆峒派传人。如果忽略这一点，崆峒武术在很大程度上可能因为外界的过度干预而失去其原真性。（2）主动及时原则。政府以及相关机构在采取法律保护措施时，应当对崆峒武术赖以生存的条件主动、及时地进行维护，防止违法行为所带来的一系列矛盾。在主动的前提下尽量尊重其依赖的文化、信仰、民族情感等社会土壤。（3）原真性与发展性并存的原则。所谓崆峒武术的原真性保护，就是要让崆峒武术在原生状态下，按照其原有的传承方式进行流传。那些为了保护而随便改变其生存环境，文化氛围的措施都是不可取的。

（二）习惯法融入崆峒武术法律保护的思考

民俗习惯并不是一朝一夕就能形成的，它是在长期的社会进程中缓慢发展而成的，凝结着当地人民的智慧结晶和价值判断。崆峒武术创始于崆峒山，作为道教文化的发源地，其深厚的历史底蕴显而易见。“陇山文化内涵，广成岐伯的养生之道，皇帝的军事技击之功，周祖农耕都对崆峒武术产生过重要影响。”在原始社会时期，氏族习惯是调整社会关系的主要手段。这些氏族部落由于生产力和生产水平的限制，没有产生法律的社会土壤，就在逐渐发展的过程中将能体现大部分成员意志的习俗上升为氏族习惯。从某种意义上来说，习惯法对人类社会的调整起着非常巨大的作用，平凉是多民族混杂的区域，少数民

族有16.2万，占全市总人口的7.3%，其中回族约16万人，占少数民族总人口的98.8%，有些宗教教义或者传统习俗，虽然没有法律的明确规定，但在当地人的生活中却起着举足轻重的作用。

当然，并不是所有的习惯或者习惯法都可以起到保护崆峒武术得以传承的作用，这就需要我们用辩证的眼光去区别对待。作为一个多民族聚居的地区，在对崆峒武术进行法律保护的构建时，一定要重视民族习惯在保护崆峒武术中的作用，着力解决法律和习俗之间的冲突。“将民俗运用于司法审判过程，不可避免的会遇到民俗习惯的地域性与司法裁判的统一性，民俗习惯的非正式性与当事人的可接受性等系列问题。因此，民俗习惯的司法运用不仅仅要解决一个观念问题和认识性问题，还要有一系列科学、合理的程序、机制来加以规范。”对此问题的解决，只能依靠甘肃省地方性法规来规范，在相关立法中应充分考虑多民族习惯的差异对崆峒武术保护的影响，采取积极措施，吸收合理因素。

（三）构建崆峒武术的公益诉讼保护制度

鉴于我国目前的诉讼制度，要求原告必须是与本案有利害关系的当事人，而崆峒武术这种非物质文化遗产如果受到侵害，受损失的并不是单个的自然人，很难断定与其的利害关系，因而会造成救济无门的尴尬局面。况且我国现行的公益诉讼制度主要规定在《中华人民共和国民事诉讼法》中，其第55条规范的对象只有两类，即环境污染侵权和侵害消费者合法权益的行为。所以在很大程度上，崆峒武术在法律保护方面引进公益诉讼制度就显得十分重要。

公益诉讼最早起源于经济学界的“公地悲剧”现象，其得出的结论是：在公共利益处于无人看管的状态时，每个人都会想尽办法榨取公共利益归自己所有。随着社会的发展，公益诉讼的出现逐渐演变为解决“公地悲剧”的最好手段。公益诉讼按照适用的性质和被诉的对象不同又划分为民事公益诉讼和行政公益诉讼，基于罗马法“民刑不分”的立法体例，公益诉讼并未严格区分为民事公益诉讼和刑事公益诉讼，只是对此制度做了相对应的具体划分。崆峒武术的保护需要大量的人力、物力支持，单个的自然人诉讼者往往势单力薄，处于不利地位，为了更好的做到公权力和私权力的均衡，有必要在崆峒武术的公益诉讼制度中引入社会团体。“由社会团体提起公益诉讼，其好处是明显的，社会团体力量大、专业知识雄厚、集思广益，克服单个成本大、国家介入不经济、不合理以及积极性不足的问题，且鼓励了热心者的公益诉讼”。

（四）建立崆峒武术保护的听证制度

听证是行政诉讼法中一项特有的制度，是行政机关在做出影响行政相对人合法权益的决定前，由其告知决定理由和听证权利，行政相对人有表达意见、提供证据以及行政机关听取意见、接纳证据的程序所构成的一种法律制度。听证的目的在于听证人听取陈述对该事项有一个比较全面的了解，这一规定也是立法民主化的充分体现，也起到了节约行政资源，提高行政效率的作用。在对崆峒武术的一系列管理方针中，应充分尊重公民的听证权，为了保障过程和结果的公平、公正性，听取崆峒武术传承人、相关当事人，特定群体的代表，以及学者、专家的意见，是切实可行的做法。

（五）探索崆峒武术保护的公益基金制度

保护崆峒武术的重要途径就是政府在财税政策上的大力支持，通过优惠的税收形成文化产业，开发具有区域优势的文化产品和文化服务，鼓励民间资本进入崆峒武术的保护开发。通过设立崆峒武术公益基金，扩大其资金来源，将民间闲置资本吸引到崆峒武术的保护产业上来。公益基金会是一种非盈利性组织，随着经济社会的发展，基金会的发展在非物质文化遗产保护方面的前景不可限量。设立崆峒武术保护基金会，充分利用民间资本做好崆峒武术的传承工作，是一种新的保护方向。

崆峒武术是我国传统文化的重要组成部分，是极具民族特色的非物质文化遗产。加强对崆峒武术的法律保护对策研究，不仅可以有效地促进崆峒武术的蓬勃发展，对于建立非物质文化形态下的新型知识产权保护制度也具有极其重要的意义。

参考文献

[1] 孔晓玉.非物质文化遗产的知识产权保护研究［D］.陕西：西北大学，2008.

[2] 王文章.非物质文化遗产步入规范里程［N］.人民日报，2005-06-12.

[3] 梁燕飞.论崆峒武术的远古源流［J］.体育科学研究，2014（1）：41.

[4] 敖双红.公益诉讼的反思与重构［J］.中南民族大学学报，2007（2）.

[5] 赵方.我国非物质文化遗产的法律保护研究［J］.中国社会科学出版社，2009（1）：225.

略论我国工伤保险体系的不足和完善

甘肃勇盛律师事务所　林　磊

内容提要：我国现行工伤保险体系尚未将全部公务员及参公群体纳入，故尚不能称之为统一的工伤保险体系，公务员及参公群体未能依法享受工伤保险待遇也与法不符。现行工伤保险体系在强制参保、先行支付上均有不足，确需完善，应强化保险经办机构强制参保的职能和先行支付的义务。

关键词：工伤保险　公务员纳入　强制参保　先行支付

一、我国现行的工伤保险体系尚没有完全覆盖全部的劳动工作人员，没有发挥出保险大数法则的最大优势

公务员及参公群体依法享有的获得工伤保险待遇的权利迟迟得不到实现(至于公务员优抚制度与工伤保险既有联系又有区别，限于篇幅不在本文讨论范围内)。既不利于公务员及参公群体工伤权利保障，也不利于我国统一的工伤保险体系进一步完整形成。

现行国务院《工伤保险条例》(自2011年1月1日施行）第65条规定“公务员和参照公务员法管理的事业单位、社会团体的工作人员因工作遭受事故伤害或者患职业病的，由所在单位支付费用。具体办法由国务院社会保险行政部门会同国务院财政部门规定。然而迄今为止，五年多来未见国务院社会保险行政部门（即人力资源和社会保障部）及财政部门制定出台具体的规定。由此可见，目前阶段我国公务员及参公管理的群体尚未建立规范的工伤保险体系。这与条例要求是不相符的，各种缘由值得深思。

笔者回查2004年施行的国务院工伤保险条例，其中第62条规定“国家机关和依照或者参照国家公务员制度进行人事管理的事业单位、社会团体的工作人员因工作遭受事故伤害或者患职业病的，由所在单位支付费用。具体办法由国务院劳动保障行政部门会同国务院人事行政部门、财政部门规定”。尤其让人诧异的是，12年来，国务院劳动保障行政部门（即当时的劳动和社会保障部）及人事行政部门、财政部门，均未依法及时制定出台具体的规定。不能不令人发

出上述部门未尽法定职责的感慨。

由此可见，显然目前阶段公务员和参照公务员法管理的事业单位、社会团体的工作人员尚未纳入我国统一的工伤保险体系（事业单位工作人员在2011年修订工伤保险条例时已经调整予以纳入现行体系）。

2012年3月13日人民网-人民日报的报道称，据公务员主管部门对2008年、2009年、2010年的统计，全国公务员的数量分别是659.7万人、678.9万人、689.4万人，近两年年均增长约15万人。此外，我国还有88.4万参照公务员法管理的群团机关、事业单位工作人员。如此巨量的人群竟然没有建立形成法定的工伤保险机制或是纳入已有的运行较为完备、规范的工伤保险体系，自然严重地影响了我国统一完整的工伤保险体系的建立和形成，不能不说是巨大的遗憾。

2016年7月29日人社部官网《坚持以人为本，依法维护工伤人员合法权益》一文指出“截至2015年末，全国参加工伤保险人数达到2.14亿人。”笔者设想如果这一千多万公务员及参公人员全部参加工伤保险，势必可较大幅度提升现行工伤保险体系的参保人数和保障能力。

现行工伤保险体系是目前最为完整、程序相对规范、适用范围最为广泛的体系，亟待推进使其统一、扩容。根据保险的大数法则，参保人数越多则保险基金募集能力越强，相应的其保障给付能力越大，同时可以覆盖的受益人越多，保险基金本身也越安全。从这个角度上讲，参保基数越多越好。由此，在我国将广大公务员群体及参公群体统一纳入工伤保险体系确有必要性、合理性。

笔者注意到中华人民共和国社会保险法并未将公务员全体及参公群体排除在现行工伤保险体系之外。该法第77规定“国家建立公务员保险制度，保障公务员在退休、患病、工伤、生育、失业等情况下获得帮助和补偿。”据此可见，为公务员群体建立工伤保险制度有法可依。并且我国现行的工伤保险体系已经运行多年较为成熟。如果再为公务员群体单独建立一套独立运行的工伤保险体系显然无必要。事实上，在我国，养老保险体系将公务员群体纳入并轨的做法，显然具有示范性。笔者认为未来没有理由不将公务员群体纳入到全国统一的工伤保险体系当中去。实质上伴随着公务员改革制度的日益推进，公务员群体被纳入统一工伤保险体系也是大势所趋、民心所向，并且各地方政府事实上已经有将公务员纳入当地工伤保险体系的尝试。

窃以为将公务员及参公群体纳入统一的工伤保险体系当中去，考虑到该群体人员综合素质较高，具有更强的能力将合理意见反映到国家立法当中去并争取体现为国家意志。据此，笔者对将公务员及参公群体纳入统一工伤保险体系后，能更加促进相关工伤保险体系顶层制度设计的改进，就目前强制保险、先行支付予以完善，实现便利、快捷的理想目标抱有相当的期待。

二、现行工伤保险制度设计实际运作中强制参保的功能虚化，先行支付规定难以落实，严重地背离了我国工伤社会保险制度设置的初衷，应予完善

（一）现行我国工伤保险体系名曰强制保险，实则不参保的违法成本并不很高，其作为社会保险的强制性体现明显不足

事实上政府经办机构首先切实履行全面征缴保险法定责任应是强制参保法律规定题中应有之义。对比交强险强大的强制参保机制，所谓的工伤保险其强制力在实践中几乎被忽略。笔者注意到根据机动车交通事故责任强制保险条例的规定，在中华人民共和国境内道路上行驶的机动车的所有人或者管理人都应当投保交强险。机动车所有人、管理人未按照规定投保交强险的，公安机关交通管理部门有权扣留机动车，通知机动车所有人、管理人依照规定投保，并处应缴纳的保险费的2倍罚款。

反观国务院工伤保险条例的规定，即用人单位应当参加工伤保险而未参加的，由社会保险行政部门责令限期参加，补缴应当缴纳的工伤保险费，并自欠缴之日起，按日加收万分之五的滞纳金；逾期仍不缴纳的，处欠缴数额1倍以上3倍以下的罚款。依照规定应当参加工伤保险而未参加工伤保险的用人单位职工发生工伤的，由该用人单位按照本条例规定的工伤保险待遇项目和标准支付费用，显然，其强制力度远低于交强险的强制机制，既没有行业禁入的近忧，也没有必然因此承担较大违法成本的远虑。

由此导致部分用人单位抱着侥幸心理自认为不会发生工伤或是发生工伤后足以自行赔付，从而有意不参加工伤保险。现实中往往由于赔付能力有限最终导致受伤职工得不到及时、全面、有效的工伤赔付保障，所谓的强制参保没有有效体现。

根据权利义务相适应的原则，笔者认为既然立法规定强制参保是基本前提。那么国家政府设立的工伤保险经办机构在行使独一管理工伤保险基金职能的同时必须履行确保市场经营当中任何参保义务主体强制参保的法定义务。否则因职责不履行或是履行不力均应受到谴责、惩罚、纠正，甚至因此造成严重后果的应以玩忽职守追究其刑事责任。对此，笔者建议应当在工伤保险条例中明确规定履行强制参保义务的经办机构因履职不力应当承担的法律责任，据以督促经办机构积极作为。

一方面用人单位参保是法定的强制义务，职工本人无需就工伤保险缴费；另一方面国家设立的保险经办机构依法负有予以强制征缴的法定义务。在这种

情形下，用人单位没有依法参保，显然不是职工本人的错误。总之，绝不能因为政府机构行政不作为或是因为应参保的用人单位刻意逃避法定义务而令工伤职工不能得到及时、全面、有效的工伤赔付保障。保险经办机构及用人单位有过错，板子绝不能打在工伤职工身上，或者说不能令工伤职工躺着中枪。

（二）基于强制参保的前提，笔者认为先行支付应当成为工伤保险基金理所应当的法定义务，强制参保的初衷即是保障

基金能够最大限度地利用大数法则分散风险，否则就没有理由强制参保。同理，强制参保的制度设计本身，必然推导出所有义务主体（用人单位）均系投保人的理论逻辑。换言之，如果保险基金不能依法承担先行支付的责任，那么强制参保的初衷就没有意义和必要。

既然是强制保险，保险经办机构就负有一旦保险事故发生就及时理赔支付之义务。先行支付对基金而言就是理所应当。因为通过第三方保险机构介入的机制创设出的区别于诉讼的争端解决机制其追求价值就在于及时化解工伤风险、尽快满足工伤职工康复的欲求、甚至力图提前采取工伤预防措施、降低工伤发生的几率。所以说笔者认为强制参保前提必然导致先行支付机制的设计。

据此，工伤保险机制顶层设计应当规定，未参保情形下导致工伤事故发生的，应先由政府机构基于未尽强制参保职责而承担先于支付的义务或是责任，尔后由其再行利用国家力量向未参保单位及相关责任人员予以追偿。

不应再设置前提要求受伤职工必须在投保范围内，或是必须首先穷尽手段向未参保的雇主主张承担责任。因为在强制参保的背景下，未能依法参保的责任首先在未参保单位，其次在负有推进强制参保义务的政府机构未尽职责所致。未依法参保的责任和后果应当由单位和政府来承担而非由劳动者本人承担，劳动者因其本身无需缴纳工伤保险保费，故其本人无任何责任。

据此，笔者主张，有些人担心的由于强制参保工作不力可能导致的支付能力不足，应当由经办机构承担国家责任。对于强制参保目标的实现可以考虑通过强化法律责任追究的方式和途径来保障。

然而，目前我国现行先行支付机制尚有缺陷。即虽然确有制度设计，中华人民共和国社会保险法规定了“先行支付”的内容，同时立法赋予了基金予以追偿的权利。该法第41条规定“职工所在用人单位未依法缴纳工伤保险费，发生工伤事故的，由用人单位支付工伤保险待遇。用人单位不支付的，从工伤保险基金中先行支付。从工伤保险基金中先行支付的工伤保险待遇应当由用人单位偿还。用人单位不偿还的，社会保险经办机构可以依照本法第63条的规定追偿”。第42条规定“由于第三人的原因造成工伤，第三人不支付工伤医疗费用

或者无法确定第三人的，由工伤保险基金先行支付。工伤保险基金先行支付后，有权向第三人追偿"。

但是，国家人力资源和社会保障部同时颁布实施的社会保险基金先行支付暂行办法中对于先行支付设置了较多的附加条件，即要求工伤职工穷尽救济途径，方可申请先行支付。实质上背离了强制保险制度设计的初衷（及时赔付），使工伤职工陷入久拖无解的困境。若欲享受工伤保险待遇，则必须踏入漫漫无期的法律征途。因此步入劳动关系确认的仲裁、民事诉讼一审、二审程序，工伤认定的行政认定、行政诉讼的一审、二审程序，劳动能力鉴定的鉴定、重新鉴定程序，工伤待遇给付的仲裁、民事诉讼一审、二审程序，乃至申请强制执行程序。工伤职工往往完全在无辜的情形下陷入无助，现实当中承担工伤保险未参保的法律后果的却恰恰是工伤职工。

笔者认为，上述附加条件的设置，并没有上位法的依据，因此并不属于对先行支付制度的细化。故上述附加条件的限制，本身具有为行政相对人增加法定义务、排除法定权利的违法嫌疑。

事实上穷尽救济后的先行支付即便是保险经办机构也难以实现追偿的最终目的。2016年7月29日人社部官网《坚持以人为本，依法维护工伤人员合法权益》一文明确指出"工伤保险先行支付政策难以落实。尽管社会保险法对工伤保险先行支付做出明确规定，但这项法律规定在具体实施中面临着先行支付资金难以追回（90%的先行支付案例无法追偿）、容易被用人单位利用而逃避法律责任等问题，导致上述政策难以广泛推行。"掌握强大行政资源的政府机构尚且难以追回资金，那么，将此不能完成之任务推脱交由工伤职工来自力救济，从道理上是讲不通的。

不难看出，实践中先行支付政策难以落实不能广泛推行已是不争的事实。笔者坚持认为，其中不乏行政作为不力的因素。当然仍应回转注重从初始切实加强强制参保作为化解矛盾的基本前提，从而舒缓保险基金先行支付可能导致基金亏空的压力。笔者建议，从立法上加重行政经办机构履行强制参保、先行支付法律责任的措施也应成为考虑化解先行支付难题的重点思路。由此倒逼政府致力于及时、有效、全面地征缴保险费，而不是任由参保义务单位抱着侥幸心理肆意不参加强制性的工伤保险。

另外，对用人单位而言，可以参考机动车不得上路行驶的思路，考虑立法对于拒不参保单位实施禁入措施，不得参与市场经营；未发生工伤事故前对其课以较重的补交工伤保险费的法律责任；发生工伤事故后径行先行支付，进而予以惩罚性追偿。追偿未果因此给基金造成较大损失的可以考虑追究用人单位负责人或股东的刑事责任。通过加大违法成本的做法，遏制用人单位逃避法定义务、拒不参保的行为。

笔者认为类同道路交通强制保险，一旦发生交通事故，保险经办机构势必先行向受害人支付保险赔付。决不会设置先决条件待受害人先行向肇事人主张赔付，须待穷尽所有救济手段不得后，方可由保险公司向其赔付。若此，显然违背了机动车强制保险的初衷。

在工伤保险中同理，强制参保和先行支付的本意和初衷是一旦发生工伤，不问有无参保作为前提，因为强制参保即可以预判没有实际未参保的用人单位，即使由于各种原因，确有未实际参保的单位，仍应先行由保险经办机构从工伤保险基金当中支付工伤待遇。以利于工伤职工尽快康复或获得及时赔付。至于因向未参保职工支付工伤待遇造成的基金损失得由保险经办机构向未参保用人单位予以追偿。为便于实施追偿，可以通过立法的手段赋予机构较为便利的追偿措施和有效手段，例如：可以按日加收滞纳金、可以直接在其银行账户予以划扣。

P2P网络贷款法律风险与防范

甘肃时睿律师事务所　吴　鹏

内容摘要：P2P网络借贷指贷款人通过P2P网络借贷平台向借款人提供小额贷款的新型金融模式。P2P网络借贷的借款人、P2P网络借贷的贷款人和P2P网络借贷平台及其运营主体三者共同构成了一个完整的P2P网络借贷法律关系。本论文包括三个部分，第一部分介绍了P2P网络贷款的发展与具体模式。第二部分对P2P网络借贷从平台自身、借款人和出借人三个主体进行分析，分别阐述了三个主体的不同法律风险。第三部分提出了防范P2P网络借贷法律风险的措施。

关键词：P2P　网络借贷　法律风险　法律对策

一、P2P网络贷款的发展与具体模式

（一）P2P网络贷款的发展

P2P金融指不同的网络节点之间的小额借贷交易，需要借助电子商务专业网络平台帮助借贷双方确立借贷关系并完成相关交易手续。借款者可自行发布借款信息，包括金额、利息、还款方式和时间，自行决定借出金额实现自助式借款。

在相当长一段时间内，中国小微企业的融资需求始终无法从银行等间接融资渠道中得到满足，这也为国内P2P金融平台发展提供了空间。几年时间内，中国P2P金融从无到有，并展现出强劲的发展后劲，甚至令国外机构直言要来"中国取经"。2015年全国P2P网贷成交额突破万亿，达到11805.65亿，同比增长258.62%，历史累计成交额16312.15亿元。

（二）P2P网络贷款的具体模式

发展至今由P2P的概念已经衍生出了很多模式。平台的模式各有不同，归纳起来主要有以下三类：

1.担保机构担保交易模式，这也是最安全的P2P模式

此类平台作为中介，平台不吸储，不放贷，只提供金融信息服务，由合作的小贷公司和担保机构提供双重担保。此类平台的交易模式多为"一对多"，即

一笔借款需求由多个投资人投资。此种模式的优势是可以保证投资人的资金安全，由国内大型担保机构联合担保，如果遇到坏账，担保机构会在拖延还款的第二日把本金和利息及时打到投资人账户。

2. "P2P平台下的债权合同转让"的模式

可以称之为"多对多"模式，借款需求和投资都是打散组合的，甚至有由最大债权人将资金出借给借款人，然后获取债权对其分割，通过债权转让形式将债权转移给其他投资人，获得借贷资金。

3. 以交易参数为基点，结合O2O的综合交易模式

这种小贷模式创建的P2P小额贷款业务凭借其客户资源、电商交易数据及产品结构占得优势，其线下成立的两家小额贷款公司对其平台客户进行服务。线下商务的机会与互联网结合在了一起，让互联网成为线下交易的前台。

二、P2P网络贷款存在的法律风险

P2P网络借贷的借款人、P2P网络借贷的贷款人和P2P网络借贷平台及其运营主体三者共同构成了一个完整的P2P网络借贷法律关系，各个参与主体及其行为都可能引致风险。借款人风险包括：信用风险、资金使用信用风险、逾期还款信用风险、非法集资风险。贷款人风险包括：洗钱风险。平台及经营主体风险包括：法律定位缺失、沉淀资金风险、信息安全风险。

（一）借款人风险

在P2P网络借贷中，一般由借贷平台对借款人进行信用审核，但是由于我国现有的征信体制不完善，各个借贷平台之间又缺乏信息共享，使得在借贷中无法正确的评价借款人的信用、借款人的借贷规模及资金的使用，从而引起信用风险、资金使用信用风险、逾期还款信用风险、非法集资风险。

1. 信用风险

信贷是以一个人的信用为基础进行的借贷模式。信用不仅决定借贷资金的多少并影响出借人是否选择出借资金，准确的审核借款人信用是信贷的关键和核心。但是在目前P2P网络借贷中，信用评估信息由当事人自己提供，审核人员只是形式审核，这样的审核及评价是不完善的。基于这种不准确、不完整信用审核进行的个人信贷风险是巨大的。

2. 资金使用信用风险

一般借款人在获得借款后，往往只能依靠其自身的道德因素来保证资金按照约定的方式使用。对于贷款人而言，由于其和借款人存在空间上的距离性，贷款人难以对借款人的资金使用直接进行监督。虽然平台在与借款人签订的各类协议中规定，借款人应当按照约定的方式使用借款，并不得从事违法犯罪及

高风险投资。但是规定缺乏具体的实施办法，加之监督成本过高，同时平台也不具有监督资金使用的法定义务，平台往往并不会主动监管资金的使用。因此不能排除借款人在获得资金后，采取隐藏行为将资金用于高风险甚至非法投资，使得贷款人承担了较大的借款风险。

3.逾期还款信用风险

P2P网络贷款模式下贷款人面临借款人逾期还款或者逃避债务的风险。由于P2P平台一般提供担保，贷款人不能向平台追偿，只能向借款人追偿本金及利息。P2P网络贷款往往采取一对多或者多对多，一个贷款人可以将资金拆分为多笔资金借给不同借款人，并且借款数额一般较小这无疑加重了借款逾期的追缴成本，有时追缴的成本往往是违约金额的数倍。即使在担保模式中，由平台或者第三方垫付了本息后，较高的追缴成本仍难以回避。这就使得在P2P网络借贷中，一旦出现违约，贷款人或平台就要面临巨大的追缴成本，并使得追缴的可能性进一步降低。

4.非法集资风险

P2P网络借贷的借款人的吸收资金行为是未经批准的行为。P2P网络借贷针对不特定的人群提供服务，借贷双方都可以自由注册成为平台的用户，平台并非针对特定用户提供服务，平台具有开放性和公众性。贷款人甚至可以不用注册便可查看借款信息，借款人可以通过平台不受地域限制的向不特定的公众吸收资金。在借款规模上，由于目前对网络借贷平台及其经营主体缺乏有效的金融监管和制度要求，平台出于客户信息保护及自身商业秘密保护的需要，一般也不会向第三方透露借款人的信息。虽然平台会统计在自己平台上借款人有关借款的相关信息，如借款总规模、借款次数等。但是各个平台之间却缺乏有效的信息共享机制，同一借款人在不同平台的借款信息难以有效统一，使得估计借款人借款规模出现不准确、不全面的情况，总体的借款规模不受控制。借款人可以利用平台存在的这种漏洞进行大规模的集资。

（二）贷款人风险

洗钱指采用各种手段掩饰、隐藏犯罪所得收益并将其合法化，即犯罪收益合法化过程。我国刑法已经对该行为作出明确的规定，它属于一种法律责任风险。在互联网环境中，由于洗钱行为的成本更低、更具隐蔽性、操作简便及地域限制低，使得越来越多的犯罪嫌疑人越来越倾向于这种洗钱方式。在P2P网络借贷中，平台虽然对借款人进行实名认证，但对贷款人并没有进行实名认证，更别说是资金来源的确认。由于贷款人在发放贷款时，将资金进行分散化操作，及借款过程存在一个投标期及资金的锁定期，平台又有着众多的借款人和贷款人，使得根本无法查明借款人资金具体来源于哪个具体的贷款人。犯罪嫌疑人可以通过层层的借贷关系，以及平台的中间账户，来实现资金转移。金融机构也很难确认最后一个获得资金款项人的资金来源，这给监管带来了巨大的挑战。另一方面，平台本身并不具有反洗钱监督与反洗钱系统建设的法定义务，监管借贷中的资金活动又成本巨大，使得其也怠于履行资金的监管职责，进一步加剧了贷款人利用平台进行洗钱的风险。

（三）平台自身的法律风险

1.法律定位缺失

从国内首家P2P网络借贷平台正式上线运营至今，没有相关法律法规对其主体身份作出规定。虽然实务界与学术界一直存在“准金融机构”与“信贷服务中介”的争议，但没有法律法规的定性，致使P2P网络借贷平台在国内发展的八年间一直处于“黑户”状态。由于其涉及互联网、工商、金融等多个部门，在缺少法律定性的情况下，导致各个部门都不愿意对存在高风险的P2P网络借贷行业负责，一旦发生问题出现投诉无门的境地。

2.沉淀资金风险

沉淀资金是指出借人已经打到平台账户而尚未转到借款人账户的资金，该部分资金处于闲置状态，平台可以随时划转。借款人将其借款需求发布在平台网站上进行筹资时有一定的期限，在这个期限中达成交易的出借人会将钱先打入到平台的账户中，等待借款标的所有金额集齐并通过平台审核确认后，一并划入借款人账户。也就是说，出借人出借给借款人的资金并没有在出借人投标后立即转入借款人账户，而是先存放在平台账户中等待满标。因此，所有资金都在P2P网络借贷平台的账户中，形成大量沉淀资金。这个账户由平台完全控制，从而容易引发资金挪用、携款跑路和非法集资的风险。

3.信息安全风险

借贷双方在P2P网络借贷平台上进行借贷时，为了促进交易的达成，必然会向平台提供大量的个人信息，而这些信息有可能涉及个人隐私及企业的商业机密。信息安全的风险，主要体现在借贷双方信息的非法泄露和非法使用。由于企业商机机密涉及较为复杂的认定标准，并且目前平台的借款双方多以自然人为主，所以本文所指信息安全风险，特指个人的信息安全风险。P2P网络借贷平台能同时掌握借贷双方大量信息。由于个人信息具有巨大的经济利益，并且信息泄露渠道难以追查，进一步加剧了个人信息安全的风险。

三、P2P网络贷款风险的法律控制

（一）借款人风险的法律控制

1.建立征信体系与完善信用评级制度

良好的信用评级机制离不开征信体系，只有以完善的征信体系为支撑，平台才能获得全面、及时、准确的信用信息，进而对借款人作出公正的信用评级供出借人参考。建议监管层建立平台共享的P2P征信中心，统一征信报告格式，依法注册成立的P2P平台可以通过购买方式了解借款人的信用报告。同时，建立平台共享的“黑名单”制度。完善的信用评级制度有利于投资人准确把握投资风险，引导投资人合理投资，提升P2P网络借贷平台的风险把控能力。目前，多数平台没有建立完善的信用评级制度，且各个平台的评级标准不一，差别较大。因此，应当充分发挥行业协会的作用，制定信用评级标准，完善客户信用评级制度，最终形成统一的信用评级标准。

2.建立贷后资金用途跟踪机制

平台应当与借款人签订保证书，要求借款人按照约定的借款用途使用借贷资金，不能挪作他用，一旦借款人将资金挪作他用，将强制借款人提前还款。其次，要求通过银行转账交易。规定借款人必须使用资金托管银行账户进行资金流转，不得使用其他银行账户或者使用现金进行资金交易，这样一旦借款人将资金挪作他用，如投资股票或购买基金，资金托管银行可以立即发现借款人的异常，通知平台并发出警告，进行审查。

（二）出借人法律风险的防范

1.加强借贷交易监控

为了防范出借人利用P2P平台从事洗钱等违法犯罪行为，应加强对网络借贷交易的监控。首先，贷前平台应当加强对出借人的认证，防止出借人利用他人信息进行注册，从事借贷行为。例如，通过与电信运营商合作，要求出借人必须使用本人实名开户的手机进行注册，防范不法分子用“黑卡”开户。同时，在身份认证时增加视频认证；其次，构建电子平台实时监控系统，自动筛选异常的大额交易，并报送反洗钱检测中心和公安机关网络监管部门加以核实；三是建立平台电子数据库，储存客户资料和交易记录，以便形成电子证据，一旦出现问题，可以及时查对相关信息。

2.建立完善的担保制度

采用抵押担保制度。抵押担保被称为“担保之王”，在保障债权人利益方面，抵押有着其他担保方式所没有的优势。为减少出借人损失，方便出借人更好地维护自身合法权益，应当采用抵押担保制度。要求借款人提供相应的抵押物担保其债务的履行，减少借款人违约时给出借人带来的损失。

3.引进保险公司信用保险担保。

保险公司具有经营范围广、资产规模庞大、覆盖地域范围广等多方面优势，并且有很强的风险控制能力，这些都是P2P公司与之合作的看好之处。信用保险是以信用风险为保险标的的保险，其原理就是把债务人的保证责任转移给保险人，当债务人不能履行其义务时，由保险人承担赔偿责任。

（三）P2P平台的法律风险防范

1.明确P2P平台的性质

明确P2P网络借贷平台及其经营主体的组织性质，将直接决定其可从事的业务范围。正如上文所述，P2P网络借贷平台具有合同居间人性质，但其行为模式又不仅仅局限于传统合同居间人，其集信用审核和评级、借贷授信、投融资咨询、资金提供与返还等多种功能于一身。在定性上，不宜将平台定位于传统的合同居间人，至少应是提供金融服务的中介组织，服务范围可以不仅仅限于信息发布、撮合交易等。

2.设立市场准入制度

对平台及其经营主体设立市场准入制度，目的是排除市场上不合格主体，使得准入者具有相应的权利能力和行为能力、风险防范和承担能力，更令准入主体具有从事相应业务的资质，让原先超范围经营业务成为合法业务范围。同时，可以完善平台制度建设，进一步降低平台可能引发的其他风险，保证交易的安全性。并且，作为有效监管的首要环节，市场准入监管将对市场的规模、结构进行有效控制，以适应国家金融发展规划需要和市场发展需要。

参考文献

［1］第一财经新金融研究中心.中国P2P借贷行业白皮书［M］.北京：中国经济出版社，2013.

［2］姚文平.互联网金融［M］.北京：中信出版社，2014.

［3］李耀东，李钧.互联网金融［M］.北京：电子工业出版社，2014.

［4］张瑾.国际金融监管法制化研究［M］.上海：上海人民出版社，2014.

［5］谢平，邹传伟，刘海.互联网金融手册［M］.北京：中国人民大学出版社，2014.

［6］杨东.金融服务统合法论［M］.北京：法律出版社，2013.

［7］夏斌，陈道富.中国金融战略2020［M］.台湾：台湾财信出版社，2011.

[8] 李扬，王国刚.中国金融发展报告（2010）[M].北京：社会科学文献出版社，2010.

[9] 张雪强.银行业金融机构市场退出法律制度研究 [M].北京：法律出版社，2014.

[10] 顾功耘.市场监管法律制度的改革与完善 [M].北京：北京大学出版社，2014.

“老字号”知识产权保护体系的建构路径
——以律师法律服务为视角

重庆德琅律师事务所　李思雷

内容摘要：老字号是中华民族的瑰宝，蕴含着丰富的商业价值及社会价值，是塑造民族品牌的重要资源。因为保护措施不到位，老字号知识产权常被侵犯，商誉被他人攫取。应当建构老字号知识产权保护体系，保障老字号稳健发展，为品牌塑造、经济增长提供资源和动力。

关键词：老字号　知识产权　保护体系　建构　法律服务

前　言

我国经济进入新常态，正在进行供给侧改革。塑造自有品牌已是我国的基本经济政策。老字号（Time-honored Brand）指历史悠久，拥有世代传承的产品、技艺或服务，具有鲜明的中华民族传统文化背景和深厚的文化底蕴，取得社会广泛认同，形成良好信誉的品牌。老字号是塑造我国自有品牌的重要资源。但因保护措施不到位，老字号权益被侵犯屡见不鲜。知识产权是保护老字号的有效方式，建构体系化保护措施刻不容缓。

一、老字号具有较高商业及社会价值

老字号历史久远，形象深入人心，产品质量获得社会大众的认同，具有重大商业价值。老字号承载着我国民族的优良传统，具有社会价值。

（一）老字号的商业价值

1. 老字号可识别经营者产品：产品一般通过商业标识来识别，好的产品凭其标识即可畅销。老字号经营时间长，竖立了良好的口碑，是识别产品的首选标识。

2. 老字号帮助经营者扩张：老字号产品有稳定的市场和客户，经营者借此优势可以增加产能，占领更大市场份额。同时，老字号的品牌力还可延伸到其他产品领域，帮助经营者开拓新市场和顾客。

3. 老字号可增加经营者资产：字号属于无形资产，老字号历史本身就是一

笔巨额财富。经营者可凭老字号的品牌去融资，也可在引进外资或上市时获得更高的估值。

（二）老字号的社会价值

1.传承中华民族优秀文化：老字号源远流长，经过数代人经营，承载了民族文化的精髓，体现出我国特有的儒家商业文化和处世哲学。老字号的发展与儒家文化"人和"观念如影随形，远在西方管理学发展前就形成了以"人"为本的商业管理方法。对社会的稳定和发展有着不可估量的价值。

2.彰显中华民族诚信道德：老字号秉持诚信经营之道，才能传承至今。老字号为现代企业树立了典范，激励企业着眼长远，守信经营。为克服当下投机泛滥、诚信缺失的社会问题指出了一个有益的方向。

二、老字号知识产权被侵犯已危及其生存发展

老字号是知识产权被侵犯的重灾区。姓名、名称、商标、版权、商业秘密、历史传统等都是被侵犯的对象，侵权手段数不胜数。老字号的商誉被侵害，生存和发展都受到影响。据中国品牌研究院调查，中华老字号企业约有16000家，1991年原贸易部老牌企业全行业认定中，有1600余家企业被授牌，至2006年商务部重新认定时，第一批中华老字号的数量仅有434家。

老字号知识产权被侵犯的根源在于其权属不明确、权利冲突、显著性被弱化，这一切可归结为知识产权保护体制不完善。老字号亟需体系化的知识产权保护措施，防患未然，降低被侵权风险。

二、建构老字号知识产权保护体系

老字号的价值具有综合性，静态保护难以长久，片面保护会顾此失彼，问题导向型保护过于被动，均不能满足老字号知识产权保护诉求。律师应当为老字号建构动态、综合并具有前瞻性的知识产权保护体系，才能有效避免被侵权的风险，使其生存无忧、稳健发展。老字号知识产权保护体系包括：

（一）体系建构的基础：明晰产权

法律保障并保护个人和集体的权利。保护老字号的前提是明确其知识产权类型及归属。

1.梳理老字号知识产权类型

老字号表现形式主要有：人名、企业名称、产品名称、文艺作品、生产工艺或配方，不同表现形式可享有不同知识产权。人名、名称注册成企业或者个体工商户，享有字号权；注册成商标，享有商标专用权；用于商品包装上，享有包装装潢权益；注册域名、博客、微博、电子邮件等，享有名称权或其他电子载体知识产权。文艺作品在保护期内享有完整著作权，期满后享有著作权人身权。生产工艺或配方可享有专利申请权、专利权、商业秘密权等。

2. 明确老字号知识产权归属

历史久远使得老字号知识产权归属不清，扑朔迷离。很多老字号都是家族传承，一代传一代，后人开花散叶，继承人众多。继承人可能都主张老字号的权益，要求享受其商誉利益。在传承过程中可能还存在使用许可、转让等，进一步增加了老字号的权益人数。新中国成立后，推行公有化、公私合营，老字号并入集体企业或者国有企业，国资部门、地方政府也是老字号的权益人。主体众多，法律关系错综复杂，明确老字号知识产权归属应遵循如下原则：

（1）后人不等于传人：后人和传人是不同的，后人不一定都是老字号的传人。我国现在法律对老字号传人没有明确规定，确权时可参照非物质文化遗产代表性项目的代表性传承人概念来确定老字号的传人。根据我国非物质文化遗产法第29条的规定，代表性传承人应当具备3个条件：①熟练掌握其传承的非物质文化遗产；②在特定领域内具有代表性，并在一定区域内具有较大影响；③积极开展传承活动。不能简单的以血缘关系做为认定老字号传人的标准。

（2）尊重历史，维护现状：一个原则的指导力量可以沿着历史发展的路线起作用，对于权属已经清晰的老字号等商业标识纠纷，要尊重历史和维护已形成的法律秩序。以老字号的传承历史和现状来确定其知识产权归属，可以实现法律的公平正义。上海高院审理的张小泉案、最高院再审的“泥人张”案等均是从历史和现状出发，公平合理确定老字号知识产权归属。

（3）保护国有资产，维护公众利益：有些老字号经过产权转让、公私合营等，其生存、增值等和国有资产无法区分，成为国有资产一部分。在确权时应遵循解决国有资产权属纠纷的法律规定，保护国有资产。老字号确权还涉及公众利益，应当平衡产权人及公众的利益，防止权利人滥用知识产权，垄断市场。

当然，老字号知识产权确权还应当遵循公平正义、诚实信用等原则，律师在提供法律服务时需具体案件灵活适用。

（二）完善老字号知识产权法律程序

明确老字号的知识产权后，律师应协助完善获取权利的法律程序。第一，申请工商登记，获取字号权。第二，申请注册商标，获取商标权。第三，申请发明专利或外观专利，获取专利权。第四，注册域名、博客、微博、电子邮件等，获取名称权。第五，如涉及使用许可，完善合同或协议，办理审批或备案手续。第六，无须申请或登记权属的，比如商业秘密，协助老字号权利人完善管理制度，签署保密协议等文件。

登记只是知识产权的静态表现，完成法律程序后，律师应协助老字号权属人动态监控各种权利的情况，比如缴费、期限等，提醒、帮助权属人及时续费、展期。避免其疏于作为而影响老字号知识产权效力。

（三）分析老字号被侵权风险类型，完善防范机制

老字号是不良商家眼中的唐僧肉，都想在其商誉中分一杯羹。律师需要分析、归类老字号知识产权被侵权风险，制定应对措施，并协助老字号权属人落实执行。

1.侵犯老字号知识产权的类型

老字号知识产权被侵犯的风险主要有：第一，被他人登记为企业名称，包括在老字号同地域抢注和异地抢注。第二，被他人抢注商标或网络域名。第三，商标权或专利权被侵犯。第四，版权被侵犯。第五，商业秘密泄露，被他人利用。第六，品牌显著性被淡化；第七，针对老字号的不正当竞争，比如以老字号的历史来包装侵权企业或产品的虚假宣传。

2.完善老字号知识产权反侵权措施

反侵权措施主要有两种：一是构筑知识产权堡垒，包括扩大宣传，提升企业及产品的品牌力，让产品成为知名商品、商标成为驰名商标，获取权利跨地域跨类别保护力；在国内外、跨类别商品上注册商标；保留好历史传承及优先使用证据；申请版权备案登记；设置商业秘密泄露防火墙等。二是设置预警机制，首先，要定期检索，及时发现侵犯老字号知识产权的申请、登记行为，提出异议，要求撤销登记；其次，要密切关注知识产权使用许可的情况，督促被许可人履行保密义务，许可期届满后及时收回相关法律文件，并密切监控被许可人后期的经营行为，一旦其有侵权苗头即发警告函；最后，要有脱密制度，涉密人员离职或调动工作应当先换岗脱密。

律师为老字号权利人制定好反侵权措施后，还应协助其落实执行，指导相关人员将防范措施贯彻到日常经营管理中。举办知识产权法律培训，提高权利人的风险防范技能。和权利人保持信息沟通，解决新出现的问题，修订、完善反侵权措施。

（四）积极为老字号提供知识产权维权服务

老字号知识产权一旦被侵犯，遭受的商誉影响、经济损失都比较大。律师应尽快介入，全面收集证据、确定诉求内容、制定详细的维权方案。代表老字号知识产权人，从民事、行政及刑事三个维度来主张其权益，陈述事实，发表法律意见，要求侵权人赔偿老字号权利人的损失，并向行政部门及检察机关举报，追究侵权人的行政、刑事责任。

四、结语

老字号是中华民族的瑰宝，保护老字号是法律从业人员的责任。知识产权是最有效的保护方式，构建体系化的保护措施可使老字号从容应对来自国内外的侵权风险，为塑造民族品牌、发展我国经济提供坚实的力量。

对老字号，我们需且行且珍惜!

参考文献

[1] 金梁，冯旭文.闯荡新市场的历史经典产业：传颂新“经典”[N].浙江日报，2016-03-23（20）.

[2] 伯恩·魏德士.法理学[M].北京：法律出版社，2013.

[3] 本杰明·卡多佐.司法过程的性质[M].北京：商务印书馆，2005.

知情告知法律文书的签署与减少医疗纠纷之间法律相关性的探讨

泰和泰律师事务所 刘 莉

内容摘要：本文通过对侵权责任法告知义务的解读，对目前医院普遍进行的告知文书的签署的法律意义进行分析，并归纳了文书签署与避免医疗纠纷之间的相关性，并在此基础上提出了明确的法律建议。

关键词：告知文书签署 医疗纠纷 相关性

侵权责任法第55条对医务人员的知情告知义务作出了明确规定，并且就不能履行告知义务且对患者造成损害的情形制定了“应当承担赔偿责任”的罚则。尽管此前的医疗机构管理条例、执业医师法、医疗事故管理条例等法律法规都进行了相应的规定，但由于没有明确的罚则，导致该义务的履行不够严格。而侵权责任法的生效实施，尤其是关于罚则的明确制定，一时间令这类医疗损害赔偿的纠纷和诉讼大大增加，也反过来促使各大医院投入极大精力来规范医患之间的知情告知，其中最主要的形式就是要求与患者签署各项告知法律文书，以确定告知内容，完善院方的举证责任。

但这类告知法律文书的制定和签署是否真正有效减少医疗纠纷，从而实现法律规定之初衷？鉴于医患关系是一种依赖于专业技术基础上建立起来的、涵盖了丰富人文及伦理道德的特殊的民事关系，笔者作为曾经在医院从事多年临床工作的医务人员以及多年从事医事法律工作的法律专业人员，愿意就此问题进行法律探讨。

一、明确制定侵权责任法知情告知相关规定的立法目的

侵权责任法作为继物权法之后民法典中另一部重要的支撑性法律，其制定不可谓不慎重。该法之草案曾于2002年12月在九届全国人大常委会第三十一次会议上初审。此后，又分别于2008年12月和2009年10月、12月又进行了三次审议。最终在同年12月26日十一届全国人大常委会第十二次会议表决通过。作为如此重要的一部民事法律，在其第二条就开宗明义地规定了“侵害民事权

益，应当依照本法承担侵权责任”，并详细罗列了包括生命权、健康权在内的十八项权利。其中与知情告知行为直接相关的重要权利就是生命权和健康权。也就是说，作为侵权责任法中医疗损害责任侵权专章的这一条款，其立法目的就是保护患者的生命健康安全。

由于医疗活动是一个较为专业且复杂的过程，是否保障了患者的生命健康安全以什么作为标准来衡定就显得尤为重要。

（1）鉴于患者对医疗专业知识的欠缺以及对治疗效果的期望值较高，往往会以疾病是否获得良好的转归作为其生命健康权是否得到保障的衡量标准。而医务人员又往往以医学的局限性以及患者的个体差异性来解释疾病不良转归。医患之间就是否保障了患者的生命健康安全这一问题往往各执己见，出现信息的极大不对称，而解决这个不对称的办法就依赖于有效的知情告知。

（2）不同的患者及不同的患者家属对患者救治的意义和目的可能存在差异。典型的情况如肿瘤的治疗，即使患者存在手术时机，但也可能因经济状况的不同和个人对生命价值的理解不同，会作出截然不同的选择。因此，保障健康权和生命权应该首先建立在尊重患方意愿的前提下，而非医务人员纯粹医学上常规的方式和决定。无论患方表达出的是医学意义上的积极治疗还是人文伦理上的放弃治疗，在符合法律法律规前提下，都应该得到尊重。而到底是积极还是消极，这之间的领会和把握，需要医务人员深入地与患方沟通。

因此，笔者认为，知情告知的立法目的，应该是在让患者充分了解相关医学信息的基础上，在不违背法律法规的前提下，按照患方意愿实现生命健康的最大利益。

二、知情告知法律文书的签署与减少医疗纠纷之间的法律相关性

在明确了立法目的的基础上，怎样告知及告知到什么程度才能有效避免医疗纠纷？笔者认为，签署告知法律文书和正确履行告知义务是两个不完全相同的概念。但现实中正确履行告知义务本身就是目前医疗过程中的一个难点，也是医务人员困惑及患者经常质疑的地方。

侵权责任法55条仅仅就告知对象、告知内容和方式作出了原则性的规定。就告知对象而言，是“患者”及特殊情况下不宜向患者告知时向其“近亲属”告知；告知内容包括了“病情、医疗措施、手术、特殊检查、特殊治疗的医疗风险、替代治疗方案”；方式强调某些特殊情况（手术、特殊检查、特殊治疗的医疗风险和替代治疗方案）需要书面告知。

但上述规定在现实当中显然会因为治疗结局的不理想导致医患之间理解上的极大差异。目前对上述问题较为重视的医疗机构采取的解决办法一般就是投

入大量精力制定各种告知文书的模板，对医务人员提出必须对患者进行规范告知的严格要求。而现实的情况是一旦医疗结果患方不满意，医疗纠纷仍然难以避免，医疗赔偿难以免除。在我部门承办的医疗损害赔偿案件中，因知情告知不当作为诉讼理由被起诉的案子将近占了整个医疗损害赔偿案件的30%，最终被法院因告知不当判决赔偿的案子高达90%以上。这其中当然也不乏因为社会因素导致某些案件作出倾向性判决，但这类诉讼被大量引发首先就值得我们关注。产生上述现象的原因主要有：

（1）患方表达的意见被患方质疑是在紧急、特殊情况下签署的"霸王条款"，签署内容明显超出了患方可能具备的医学理解水平。比如"我主动要求滴注催产素"等表达意见，容易被法庭认定是院方授意下患者的盲从而非是其真实意思的表示。

（2）告知内容确实存在明显瑕疵，导致患方存在重大误解，最终败诉。比如没有对替代治疗方案进行规范介绍和说明。

（3）告知内容空洞宽泛甚至出现明显的与患者病情不相符合的内容，容易被质疑为"模板告知"，走流程，搞形式。

可见，并非签署了知情同意书就能够避免医疗纠纷或最终免责，二者之间是必要但不充分条件。抛开少数恶意索赔及诉讼的个案而言，绝大多数的纠纷起源于患方对医疗行为的不理解和不接纳。因此，医疗告知的正确履行是避免医患纠纷或解决医患矛盾的重要基础。

三、正确履行医疗告知义务

（一）医务人员需真正理解沟通和告知的意义

明白告知的立法目的后，医务人员一定要真正理解为什么要沟通和告知。患方的知情权作为一项重要人权在美国70年代就被美国的医师协会所提及。医患模式不再是家长式的医生主导、患方被动接受，而是平等自愿基础上的相互尊重模式。既然要互通，就必须了解对方的需求。面对疾病尤其是凶险疾病，对有着情感维系的患者及家人不仅要面临病痛的折磨，往往还要承受经济的压力及情感上巨大的痛苦。因此，如果不了解患方的基本情况，而是照本宣科、机械生硬地向患方宣读甚至只是简单地让患者自己看阅读告知文件，并不能真正达到医患交流的目的。因此，要告知，首先应该要了解患方。了解的内容不仅仅是病历当中需要采集的现病史、既往史、家族史等内容，还应该包括患者家庭情况和家庭背景，甚至包括家庭文化。只有了解了患方的上述情况，才能有的放矢，实现有效沟通。

（二）医务人员应当注意在沟通中去安慰患者及其家属

在了解了患方的真实心态后，对于某些病情危重治疗确实存在困难的患者，医务人员应当注意在沟通中去安慰。比如对于某些危急重症或慢性病终末期的患者在救治中可能面临是否气管插管的问题，患者家属往往面临两难的选择。客观地说，医务人员往往也不可能对此作出明确的建议。但如果在告知过程中没有对患者家属感同身受的同情和理解，只是生、冷、硬的各种宣告，这些模式化的、程序化的告知文书虽说不一定都会让患方拒绝，但肯定不会让患方能完全接受。一个医务人员对患者是否关爱和体恤，患者及家属在那种特殊的环境中一定是有感受的。这种感受，很大程度上能引导患方对疾病不良转归的接受度。如果不能接受，往往会质疑医疗过程；如果能接受，往往就能理解。因此，医务人员进行告知的首要任务，是能与患方共情，取得患方情感上的认同。

（三）建议在告知中能真正起到帮助患者的作用

所谓"常常去帮助"指的就是医务人员利用自己的专业优势，对不了解医疗专业的患方起到一定的指导作用，尤其在患方束手无策感到茫然的情况下，医务人员应该在充分了解患方需求及心态的基础上，在医疗规范许可的范围内给患方有价值的参考意见。尤其对于有积极治疗意愿的患方而言，更是要避免仅仅把告知作为保全医疗风险的稳妥万全之策的想法。在实际告知过程中医务人员因不愿意承担风险，通过对告知信息明显的取舍引导患方表达某些接受或放弃的意见的情况并不在少数。比如对于一个慢阻肺晚期合并了肺大泡的患者，在其通过鼻导管吸氧不能达到规定的血氧饱和度的情况下，关于无创呼吸机的使用应当对患方进行怎样的告知？是单纯为了规避使用无创呼吸机可能导致肺大泡破裂的风险而直接引导患者选择拒绝使用？还是告知可在严密监测下使用但仍然存在一定的破裂风险？如果没有结合患方实际情况以及救治的意愿进行有针对性的告知，即使患方书面表达了拒绝使用的意思，但最终患者进入呼吸衰竭的时候，仍然有可能对院方存在不满从而引发纠纷。

毋庸置疑，在法律法规没有做出具体明确规定的前提下，在患方的理解能力和心态千差万别、对医疗结果接受度不一致的情况下，医务人员要想通过书面告知完全规避医疗风险确实存在困难，但履行法律的上述规定，其目的并非是打赢官司，而是能真正减少医患纠纷，增加医患之间的相互尊重和信任度，逐渐将医患关系引导到互信互谅的正常方向。

论房地产转让中的国有土地使用权变更登记错误

北京中伦律师事务所　邓国林

内容摘要：现实生活中，房地产转让时国有土地使用权的变更存在一些错误，本文结合具体法条，分析了房屋转让的法律性质，并对遭受侵犯的企业如何维权提出了建议。

关键词：房地产转让　建筑物　业主

一、房屋转让对业主的影响

“私家花园”为什么不可以私家？为什么连栋别墅社区的业主，其花园都不能私家？小区的地面停车位，为什么会是全体业主共有，为什么不可以单独转让？房地产建设项目的国有土地使用权，凭什么必须是全体业主共有？这些令人费解的问题，经常缠绕着房地产行业的各介入者、涉及到实体权利的普通老百姓，而媒体、管理者、法律从业人员众说纷纭的不当解释，更是加剧了人们认识上的混乱。

笔者认为，上述问题，不为什么，只是因为很多省市的国有土地使用权登记机关在处理房地产转让时国有土地使用权随之转让，在确定国有土地使用权归属的权属划分和登记中，经常犯一些背离了法律规定的错误而已。

房地产管理法第31条规定，“房地产转让、抵押时，房屋的所有权和该房屋占用范围内的土地使用权同时转让、抵押”，该法第41条规定，“房地产转让时，土地使用权出让合同载明的权利、义务随之转移”，该法第60条第3款规定，“房地产转让或者变更时，应当向县级以上地方人民政府房产管理部门申请房产变更登记，并凭变更后的房屋所有权证书向同级人民政府土地管理部门申请土地使用权变更登记，经同级人民政府土地管理部门核实，由同级人民政府更换或者更改土地使用权证书。”2007年10月1日实施的物权法 第147条，对上述原则也做了类似的规定，即“建筑物、构筑物及其附属设施转让、互换、出资或者赠与的，该建筑物、构筑物及其附属设施占用范围内的建设用地使用权一并处分。"

从以上法律规定中，我们可以看出，房屋所有权转让时，该房屋占用范围内的国有土地使用权应该随之转让。因此，我们通常意义上的商品房买卖合同，其实名称上已经和上述法律的规定发生了偏差，其本质应该是一个房地产转让合同，其内容既要包括房屋所有权转让的相关约定，也要包括交易双方关于共有土地使用权在随之转让过程中的相关约定，二者均不可偏废。

二、房屋转让中业主如何维权

对于房地产转让过程中国有土地使用权分割的具体方式方法，除了前述关于"房屋的所有权和该房屋占用范围内的土地使用权同时转让"、"建筑物、构筑物及其附属设施转让、互换、出资或者赠与的，该建筑物、构筑物及其附属设施占用范围内的建设用地使用权一并处分"等较为笼统的规定外，我国的法律从来都没有去具体设定分割的方式方法。那么，法律为什么没有规定房地产转让过程中的国有土地使用权分割方式呢？是我们的立法机关这么多年来一直在犯一个重大的疏漏吗？答案当然是否定的。物权法关于"不动产物权的设立、变更、转让和消灭，只能依照法律规定登记"，讲的只是不动产物权公示的方式，至于公示的具体内容（即物权变动的具体内容）是什么，法律并没有必要去规定，而是必须依从于当事人在转让过程中的具体约定，尊重交易各方在转让过程中的意思自治。也就是说，物权变动的具体内容，是以债权为基础，而不是法定。房地产转让方，究竟转让了多少面积的房屋所有权和多少面积的国有土地使用权等具体的权利义务（标的物）指向，在现实生活中，本来就是靠债权文书来确定的，债权是原因行为，物权变动的具体内容，只是债权文书得以履行的结果。

关于债权行为和物权行为之间的关系，笔者不妨赘述。

债的发生原因，往往基于当事人生产或生活中的交易需求，而交易需求的多元化、复杂化，一直是债的普遍特征。债权法中关于合同自由这一尊重当事人意思自治原则的确定，是本着促进交易、保护交易的目的，倡导我们去尊重交易各方多元而复杂的需求。在房地产转让中，受让方在受让所需求的房屋时，附带地对房屋毗连的地面花园、屋顶花园及地面车位等，产生了多元而复杂的需求，这种需求，不仅符合交易各方的愿望，也并不损害公共利益。具体针对房地产开发项目而言，房地产开发企业作为项目国有土地使用权和房屋所有权的原权利人，对于其拥有的房地产商品，怎样设定转让的具体方案，是其法定的或当然的权利。因此，拟转让的房屋怎样去区分专有和共有，拟转让的国有土地使用权怎样去设定专有使用和共有使用，是依照房地产开发企业在房地产转让合同这一债权文书中的约定而定的。这一点，类似于国家出让国有土地使用权，怎样去设定地块的面积和确定规划条件，是出让人的权利，并通过国有土地使用权出让合同来进行约定，而不是权属登记机关凭借自己的理解或判断，本着可以忽视债权文书的原则去进行登记。物权行为的发生，必须以债权行为为基础，债权行为才是物权行为发生的前提条件，物权行为只是一个结果，二者之间的逻辑关系和法学原理是非常清楚。本文阐述的国有土地使用权登记中的常见错误，其实是登记机关犯了一个根本的错误，即试图以结果行为（物权登记行为）去推翻结果行为发生的依据（债权这一原因行为）。

基于上述的理由，房地产开发企业如果在销售其开发的商品房时，将某一地面花园、某一车位的国有土地使用权以明示的方式转让给某一业主或某些业主，这些受让人就单独转让的国有土地使用权的地面花园、地面车位享有专有的权属和根据其自身需要进行使用的权利，本身就符合合同法等债权法律规定，和土地管理法、城市房地产管理法等物权法律的规定不仅不冲突，还和新近颁发的物权法第73条、第74条的规定相符合。物权法第73条规定的“建筑区划内的绿地，属于业主共有，但属于城镇公共绿地或者明示属于个人的除外”，即说明房地产开发企业在转让房地产时，明示了属于个人所有的绿地，不纳入业主共有绿地的范畴，当然也不就不能以共有的方式进行权属登记。物权法第74条规定的“ 建筑区划内，规划用于停放汽车的车位、车库的归属，由当事人通过出售、附赠或者出租等方式约定”，也即说明规划用于停放汽车的车位的归属，以房地产开发企业的车位转让合同为准来确定最终的权属，而不是简单地归类于全体业主共有，对于这部分车位登记为共有是不合法的。另外，物权法第147条关于“建筑物、构筑物及其附属设施转让、互换、出资或者赠与的，该建筑物、构筑物及其附属设施占用范围内的建设用地使用权一并处分”的原则性规定，进一步明晰和强调了建筑物、构筑物及其附属设施占用范围内的建设用地使用权一并处分的当事人自由意治观点。所以，我们不禁要问：国有土地使用权登记机关，凭什么可以完全忽略当事人在房地产转让的合约中关于国有土地使用权处分方面的约定（甚至公开宣传当事人关于国有土地使用权处分的行为一律无效），必须按各个地方登记机关自行拟定的一个分割方法进行权属的划分和登记。按他们的划分方法，建筑物垂直投影范围内的国有土地使用权被该幢建筑物的全体业主按房屋建筑面积分摊，建筑物垂直投影以外的国有土地使用权，被小区的全体业主按建筑面积分摊，这样一来，没有一个小区的地面车位、地面花园之国有土地使用权可以被确认给某个业主享有权属。房地产的转让方对建设用地使用权的处分权利完全被剥夺不说，物权法第73条、

第74条、第147条关于当事人按一定程序和方法处分建设用地使用权的规定似乎变得毫无意义。这种做法，明显是违背法律规定的违法行为，而且在现实生活中笑话百出。

曾经，一个纯独栋别墅社区的业主间发生了私家花园侵占的权属纠纷，侵占人根据国有土地使用权登记部门的错误分摊方式，理直气壮地认为，整个小区的花园都是全体业主根据建筑面积分摊的，应该属于全体业主共有，而我并不清楚我分摊的国有土地使用权具体在哪一块范围内，更无从界址，既然无从界址，我哪里侵犯了别人的权利？本着共有权属的界定，小区里哪一家的私家花园可以阻挡我的进入？从这个看似有些笑话的案例，我们可以看出，权属的简单划分，最终必然导致权利的无从界定或混淆，也必然影响交易的自由、安全和社会的和谐，更不利于物权法关于“发挥物的效用”这一立法宗旨。

根据以上的阐述，正确的国有土地使用权权属归属的分割方法应该是怎样的呢？笔者认为，首先应该把依据规划设计功能，可以被确定为部分业主独享的建设用地使用权，依据转让方、受让方的债权文书和法律规定的程序及方法确定为相关业主专有使用的权属，在扣除这部分权属后，对剩余的建设用地使用权，再按幢分摊和全体业主共同分摊等方法确定给业主。目前，这种符合法律规定也尊重当事人依法处分的权属划分及登记方式，已为大多数地区的国有土地使用权登记部门所采纳。那些错误地或违法地进行登记的国有土地使用权登记机关，如还不能正确理解法律和实施法律，延续不动产权属登记中的类似错误，与该等错误相关的利害关系人（业主）完全可以通过物权法设定的更正登记等法定程序积极维护自身的合法权益。

证券交易中场外配资法律风险与防范

四川君合律师事务所　彭莉花

内容摘要：本文研究的场外配资为狭义的场外配资。2015年爆发的股灾，充分暴露出了场外配资在证券交易中的巨大杠杆作用与法律风险，反映了我国证券监管有漏洞，监管不适应等问题。本文立足于股灾之反思，并提出笔者之建议。

关键词：场外配资　杠杆　法律监管

一、场外配资的概念

场外配资又叫股票配资，有广义和狭义之分。广义的场外配资，即为除证券公司融资融券业务以外的所有借钱炒股现象，包括通过证券公司、基金子公司、信托公司、民间配资公司、P2P平台等进行以借钱炒股为目的的各种交易结构。狭义的场外配资，又称为“民间配资”，是指在监管部门监管之外，由配资公司借助于交易分仓系统（如恒生HOMS）将杠杆化资金配置给投资者以供其从事证券交易的行为。具体模型为“证券账户+交易分仓系统+配资公司+投资者”（如图1所示）。按照吴晓灵等人在“五道口股灾报告”中对股市配资渠道的分类，狭义的场外配资即为其中一种渠道——互联网及民间配资。由于民间配资一直处于监管的缺位状态，在我国资本市场存在巨大隐患，本文基于此，将研究的对象指向狭义的场外配资。[①]

① 本文中“场外配资”若无其他说明，均指狭义的场外配资。

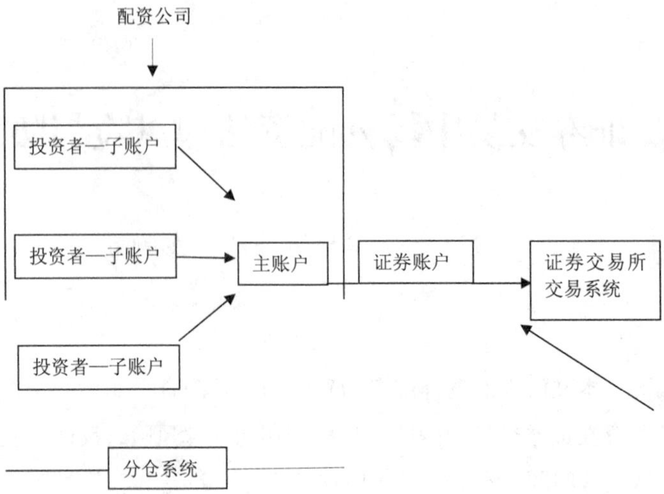

图1

二、场外配资存在的风险与监管现状

根据清华大学国家金融研究院课题组的分析与判断，2014年10月到2015年6月股市上涨期间，股市新增资金峰值范围区间在50000亿到60000亿，场外配资（此处的场外配资为广义的场外配资）区间在30000亿到40000亿。股市严重泡沫化，场外配资自身存在的诸多风险问题也逐步显现出来，与之相应的监管问题也接二连三地暴露出来。

（一）配资公司存在的风险与监管现状

1.涉嫌非法经营

2014年下半年至2015年中旬，我国股市一直处于"牛市"状态，全国从事配资业务的投资公司，理财公司，P2P平台等配资公司如雨后春笋，在全国各地蔓延。这些公司打着"投资咨询，管理咨询、资产管理"等旗号，实际却是进行场外配资活动。配资公司不仅帮助投资者配资，还能对其交易账户进行强制平仓，这些操作同证券公司所开展的融资融券业务中的融资业务在本质上趋同。另外，配资公司在场外配资活动中，将交易虚拟子账户交付配资客户使用，由配资客户自行决定购买股票的种类和数量，所有配资客户的交易指令会汇聚到配资公司持有的母账户内，再通过券商接入证券交易所进行交易，与证券公司证券经纪业务相趋同。故，配资公司的行为涉嫌非法经营证券业务。

2.涉嫌非法吸收公众存款

根据中国证券业协会2015年中旬公布的数据，作为场外配资活动技术支持第三方的恒生公司HOMS系统、上海铭创和同花顺系统，接入证券公司的客户资产规模合计近5000亿元，其中HOMS系统约4400亿元，上海铭创约360亿元，同花顺约60亿元。[①]如此庞大的场外配资资金规模，大部分来自银行理财资金，其余部分由配资公司向社会公众募集。配资公司通过互联网平台，挂出"我要配资"、"我要投资"等项目，同时承诺年化收益率20%、25%甚至更高，以此来吸引社会投资者将自有资金出借给配资公司，而且双方签订的合同也是个人之间的借款合同，使得配资公司非法募集社会公众存款更加隐蔽，其资金流涉嫌非法吸收公众存款。

3.交易账户违反证券法

配资公司之所以能够顺利地、大规模地进行融资与配资，对我国股市造成巨大的影响，是因为其依托了无限量的载体——账户。配资公司将经分仓系统处理后的虚拟交易子账户或孙账户（如信托子账户或孙账户）连同杠杆资金一同交付给配资客户使用（如图2），这些虚拟账户同真实的证券账户具有相同功能，违反了我国证券法第80条关于证券账户禁止性的规定。[②]

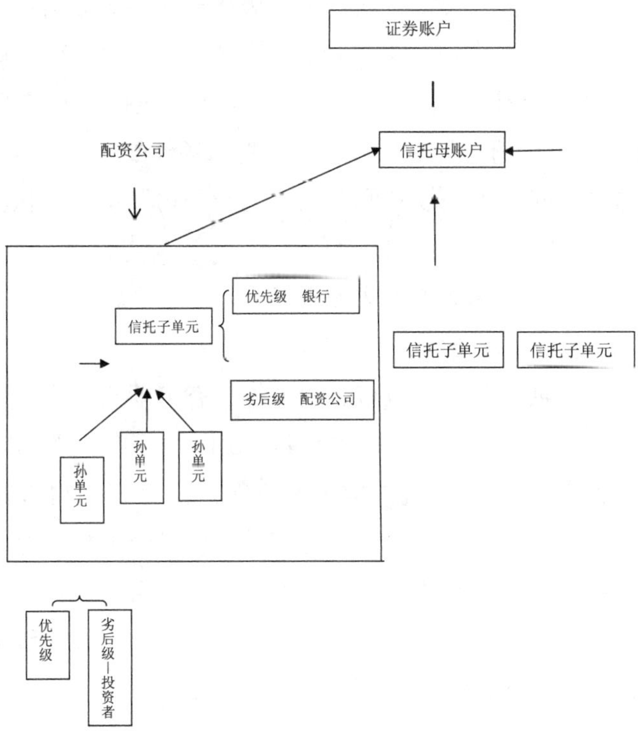

图2

① 中国证券业协会：http://www.sac.net.cn/tzgg/201506/t20150630_123346.html，访问时间：2016年7月5日。

② 《中华人民共和国证券法》第80条规定：禁止法人非法利用他人账户从事证券交易；禁止法人出借自己或者他人的证券账户。

4.配资公司存在“跑路”风险

场外配资活动中，配资公司通过社会渠道以及借助其他途径募集的社会公众闲置资金和银行理财资金，以及配资公司要求配资客户在配资之前向配资公司账户内存入一定比例的保证金，均由配资公司实际控制。该资金独立在客户保证金三方存管制度之外，属于配资公司私设资金池的行为。一旦市场行情不好，发生平仓风险等情形，配资公司很可能取走账户内的资金跑路，给投资者和市场造成巨大危害。

5.对配资公司的监管现状

现存的法律对配资业务并未作出规范，对于配资活动的监管也仅为事后管控，渠道堵塞，未触碰配资公司本身。自从我国股市杠杆风险累积以来，证监会在2015年6月份出台了关于加强证券公司信息系统外部接入管理的通知，明确禁止各大券商为配资活动提供便利，针对的主体为证券公司。同年7月12日，证券监管部门又出台了关于清理整顿违法从事证券业务活动的意见，对经交易分仓系统为客户开立虚拟证券账户、出借本人证券账户等行为予以整治，针对的主体为分仓系统技术支持的第三方以及允许拖拉机账户接入的证券公司。①可见，证监会整个清理配资的过程并未直面场外配资，也未对配资公司本身进行直接的监管，回避了“场外配资”、“配资公司”本身，执法的效果不如人意。

（二）配资客户可能引起的风险与监管现状

1.配资客户的过度配资演变成为“赌博”

配资客户在众人哄抬股价、救市、闯关等状态下渐渐失去了理智，高杠杆的配资已经逐渐成为了“赌博”。在投资者适格上，配资公司并没有什么要求，只要能够缴纳足额的保证金，就能成为配资客户。这就使得大量没有偿债能力和风险承受力的散户趁机涌入股市，想借助杠杆资金大捞一笔。股市行情好的话，配资客户会获得杠杆化收益，行情不好时，则会造成巨大的损失，这与赌博无异。当股价跌停板时，不仅投资者的保证金受损，优先级的资金也会因此受到牵连，其后果甚至比赌博还严重。

---

① 中国证监会：“证监会拟对恒生公司、铭创公司、同花顺公司非法经营证券业务案作出行政处罚”，http://www.csrc.gov.cn/pub/newsite/zjhxwfb/xwdd/201509/t20150902_283593.html，访问时间：2016年7月5日。

中国证监会：“证监会拟对华泰证券、海通证券、广发证券、方正证券、浙商期货作出行政处罚”，http://www.csrc.gov.cn/pub/newsite/zjhxwfb/xwdd/201509/t20150911_283830.html，访问时间：2016年7月7日。

2. 对配资客户的监管现状

在政府监管与法律规范都未到位的情况下，对配资客户的监控只能依赖配资公司本身。但事实上，配资公司通过不完善的保证金制度，强制平仓方式对配资客户的监管是十分不足的，因为投资者是否适格仅仅通过能否交纳保证金来评判，这为许多投机且不适格的投资者带来了入市契机，也为股灾埋下了隐患。在股市大起大跌的情形下，强制平仓措施往往也会难以施展。因此，对于投资者的监管问题亟待解决。

（三）跨行业融配资可能引发的连环风险与监管现状

1. 跨行业融配资存在的风险

配资公司结合信托，基金，私募资管等领域，借道驾驭银行理财资金，资金规模非常庞大，足以支撑较高的杠杆率，对证券市场的危害性也非常大。一旦配资公司发生平仓风险，配资客户的资金会血本无归，借道信托、基金、私募资管等方式获得的资金也会受损，整个风险将会从配资客户传递到配资公司，再到信托，基金，私募资管等领域，形成“多米诺骨牌”效应，波及我国整个金融市场。

2. 跨行业融配资的监管现状

我国目前依旧遵循着分业经营、分业监管的金融监管体制，在分业监管过程中，就会产生多头监管，重复监管的重合区域和空头监管、缺位监管的空白地带、盲区，暴露出监管部门内部缺乏有效协调机制等问题。[①]证监会在清理场外配资过程中因资金源头为银行和信托，不得不停下脚步，待银监会搜集场外配资规模，杠杆率等数据之后，才能准确有效地清理配资，这就导致了我国股市的半路“急刹车”，造成股市剧烈动荡。[②]因此，在跨行业融配资的监管上，我国分业监管的体制难以及时有效化解配资公司混业经营带来的市场冲击。

三、场外配资法律监管建议

（一）规范配资公司

1. 从立法上，中国银监会应当拟定部门规章对配资公司这一主体的性质、准入条件、经营业务等方面进行直接规范，如制定配资公司管理暂行办法。笔者认为需要从以下几点着手：

（1）通过银监会的部门规章将配资公司确立为我国非银行业金融机构，受

---

① 赵渤：《中国金融监管——风险、挑战、行动纲领》，社会科学文献出版社2008年版，第301页。

② 唐涯：《场外配资惹的祸》，《解码财商》20151027期，http://www.yicai.com/videos/2015/10/4703610.html，访问时间：2016年7月7日。

中国银监会监管。在金融许可上，配资公司在申请设立时需要向银监会（或地方银监局）申请金融许可证，待审批部门通过并颁发金融许可证后，配资公司方能成立并开展金融活动，涉及证券领域的还应当向证券监管部门申请相关许可。在注册资本上，笔者认为可以参照证券公司经纪业务注册资本的要求，确定为5000万元，且均为实收资本，由投资人或发起人一次性足额缴纳。如此设定，可以防止在股价暴跌发生平仓不能风险时，配资公司发生对债权人的偿付风险。

（2）通过银监会部门规章规范配资公司的经营业务。一方面，降杠杆，将配资公司配置给配资客户的资金比例限定在1：1。根据上海、深圳证券交易所2015年11月23日起实施的融资融券交易实施细则，其中对融资保证金比例要求为不得低于100%，为保证证券公司和配资公司的杠杆率保持一致，故配资公司的杠杆率也应限定在1：1水平。另一方面，建立资金第三方存管制度。配资公司将自有资金，融入的资金以及配资客户交纳的保证金交由第三方保管，该存管机构为银行，杜绝配资公司私设资金池的行为。

2.从司法审判层面加强对配资公司涉嫌犯罪行为的性质认定。

（1）非法吸收公众存款罪的司法认定。若配资公司在进行社会融资时，通过发行基金、信托计划、资管计划及其他理财产品等方式，且该类理财产品的发行严格按照相应法律规范的要求，需要核准的已经核准，需要备案的已经备案，需要注册登记的已经注册登记等，则不应被认定为非法吸收公众存款。而对于配资公司背地里通过个人之间签订借款合同的方式募集资金的，均一律认定为非法吸收公众存款。

（2）非法经营罪的司法认定。笔者认为经证券监管部门许可融资业务资格的配资公司，能够同证券公司合作，借助券商通道开展配资活动，不被认为构成非法经营证券业务。未经证券监管部门许可，擅自开展配资业务的行为，应当作非法经营处理。

3.采取多种措施，加强对配资公司的综合执法力度。各地银监局需要对配资公司进行核查，包括公司设立许可，发行信托产品的审批等情况。各地方证监局需要对配资公司涉及证券业务的活动加强监管，尤其是对证券（实名）子账户的开设，账户内交易信息等进行不定时检查。配资公司、证券公司、证券交易所、证券监管部门四者间还需要建立信息共享平台，将配资公司内的系列子账户信息以及该账户内的交易信息及时反馈至证券公司、证券交易所及证券监管部门，从而实现账户动态监控，账户"透彻式"监管。

（二）加强场外配资投资者管理

配资客户作为场外配资活动的需求者，也是2015年股市灾难的主力军和重创者，更是证券市场需要保护的对象。笔者从配资客户自身出发，着手于以下两点：

1. 完善个人征信体系，建立统一的信用信息系统。目前，我国信用体系的建设是政府主导模式，银行负责银行客户的信用记录，工商部门负责公司企业及个人的工商记录，保险公司负责投保人的保险记录……笔者认为需要建立统一的信用信息系统，将零散的信用信息汇聚在一起，将银监会、证监会、保监会、工商管理部门、司法部门等自有的个人或机构的信用信息数据库通过云的链接，形成云与云之间的信息共享平台，供利害关系人查阅。这样能对投资者起到很好的约束作用，也能作为配资公司风险防范的评价指标。

2. 设置配资客户的准入门槛。最新修订的证券公司融资融券业务管理办法对两融业务投资者规定的门槛为50万元，笔者认为将配资客户的门槛保持在两融业务门槛的1/2，即25万元。如此设定，原因在于，符合两融业务的投资者不仅可以开展融资活动，还可以开展融券活动，而场外配资活动的配资客户仅仅只能从事配资活动，相比而言，活动范围缩小一半，有必要降低投资门槛。

（三）对我国监管体制的完善

金融分业监管与金融混业经营长期以来都是我国经济发展过程中的“矛”与“盾”，2015年的股灾更是将这一矛盾推向了顶峰。笔者认为我国金融监管体制需要改善，才能规范好如今的金融秩序，使场外配资得以规范化。

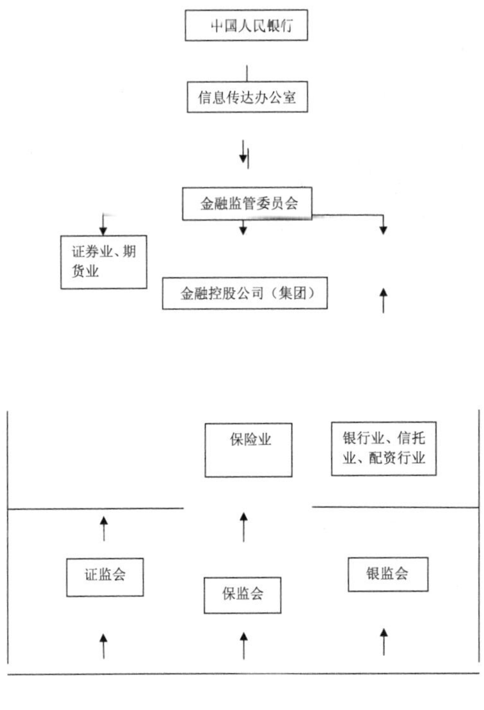

图3

如图3所示，在中国人民银行下设立金融监管委员会，二者之间通过一个信息传达办公室来传递信息。如此一来，一旦场外配资在资金领域发生问题时，由银监会进行监管，在资金与资本重合领域发生问题时，则由银监会、证监会共同监管。同时，金融监管委员会作为协调机构也会参与其中，在二者不能及时有效解决时，金融监管委员会可以亲自进行监管，从而使混业中的问题能够在第一时间得到妥善解决。这样的监管体制希望能够解决多年来金融分业监管与混业经营的矛盾问题，更是为场外配资得以阳光化、规范化起到一定的积极作用。

四、结论

场外配资和P2P同属于民间金融发展的新事物，也是资本自发行为。只要股市在，场外配资需求就存在。证监会采取简单、粗暴的打压政策只会使得场外配资转至地下，反而不好追溯。场外配资本身并没有错，其根源在于监管的不适应。我国监管部门的监管理念需要转变，“严堵”不如“疏导”，“禁止”不如“规范”，利用科学的手段、完善的法律规范、有力的行政执法等方式让场外配资有序化、阳光化。

律师行业法律服务的供给侧改革
——以诉讼法律服务为视角

陕西稼轩律师事务所　卜文通

内容摘要：自2015年11月10日习近平总书记在中央财经领导小组第十一次领导会议上提出以来，"供给侧改革"便成为各界不断热议的话题。随着居民收入水平的提高，对诸如法律咨询等服务业的需求日益增长，而在更加注重产品质量和产品附加值的背景下，实现法律服务领域的供给侧改革，向需求方提供更有价值的法律服务，也是当前律师行业发展的重中之重。本文正是以律师法律服务的商事诉讼法律服务为切入点，探讨法律服务的供给侧改革，以期对律师法律服务工作的开展及改革途径提出相关建议。

关键词：供给侧改革　商事法律服务　客户需求

一、供给侧改革是法律服务业长效发展的核心

参照经济学界关于供给侧结构性改革的定性，[①]法律服务供给侧改革，就是为了解决产品供给能力与日益倾向高端的需求之间的矛盾，以律师服务供给与客户需求的精准对接为目标，扩大法律服务的有效供给结构，提高法律服务质量，满足客户需求为价值追求的制度改革。

随着经济新形势的不断出现，法律服务领域的需求也在发生着深刻的变化。依法治国的政策导向使律师能够参与更多的法律服务领域。自党的十八大以来，包括《中共中央关于全面推进依法治国若干重大问题的决定》等文件的相继出台，决定吸收律师参与政府法律顾问服务，丰富了律师法律服务领域，同时在上述《决定》中又规定要保证法律顾问在政府制定重大行政决策、推进依法行政中要发挥积极的作用，这一规定对律师的法律服务工作也提出了更高的要求。同时新兴产业领域层出不穷，对律师法律服务有了更广泛的需求。随着经济社会的快速发展，特别是金融领域新兴产业的不断更新，如私募股权基金、并购、P2P、大众创业、万众创新等新的领域不断产生和发展，对于法律服

① 李抒望："供给侧结构改革的理论与实践"，载《黔西南论坛》2016年第1期。

务，特别是专业商事领域法律服务有了更为迫切的需求。再加上需求方对于律师法律服务的精细度和专业度有了更高的要求。随着产业分工及类别的更加明确细致划分，以及依法治国制度建设的不断深入，法律服务需求方更需要的是专业化、规范化、精细化、个性化的法律服务供给。

基于以上原因，为了适应不断发展的新形势及需求，律师法律服务供给侧改革势在必行。

二、诉讼法律服务当前存在的主要问题

商事诉讼法律服务与一般传统的服务业的共性在于，其服务质量不像实物消费那样具有客观的评价标准，完全依赖于服务需求方的主观判断，这一现状使服务的提供者，即律师处于相对被动的地位。加上律师与客户的信息完全不对称，客户无法完全了解掌握律师法律工作的全部内容，又使得客户处于被动地位。法律服务业的上述矛盾导致在实践中商事诉讼法律服务主要存在着严重的有需求无供给、有供给但不能提供有效供给的问题。

（一）日益增长的商事诉讼案件数量与专业化律师供给不足的矛盾

根据《2016年最高人民法院工作报告》显示，2015年全国各级法院审理案件共计1952.7万件，其中审结一审商事案件共计334.7万件，同比上升20.3%。而在商事纠纷案件中，审结私募股权投资纠纷、金融衍生品纠纷等金融案件105.3万件，审结保险案件10.7万件，审结虚假陈述、内幕交易等案件4238件。从以上数据可以看出，商事纠纷案件在全国法院审理案件中的比重越来越大，同时在庞大数量的商事案件中，其产生纠纷的领域更加趋向于专业化。

从我国目前的律师人数看，在北京平均每3000人中才有一名律师，更不用说其他欠发达地区，巴黎平均每300人中就有一名律师，故从服务律师数量角度考量，其完全不能满足实践中服务需求方的迫切需要。

（二）日益精细化的行业划分和管理与目前律师服务专业分工不明晰的矛盾

随着市场经济的不断发展，社会交易主体之间的关系变得日益复杂，法律作为调整社会关系的工具，也逐渐变得十分精细和繁复。金融、证券、期货市场、保险市场、知识产权领域、公司并购、改制重组等领域都面临着巨大的发展前景，在这些领域没有专业化的知识体系和服务能力，仅限于传统的民商事诉讼知识和经验，想要在多个领域实现多专多能已不可能。并且在当下，法律服务需求方的个性化法律需求越来越多，需要律师提供私人或者行业定制型的法律服务。但是在我国目前10000多家律师事务所中，大多数为小而全的服务模式，办理的案件小到离婚诉讼案件，大到大型经济纠纷均全部参与，律师以个体办案为主，缺乏专业化分工协作。

（三）日益提升的客户体验需求与法律服务供给或供给不足的矛盾

在传统的诉讼法律服务中，客户往往不能或者很少参与到诉讼服务整个过程，也不能够深刻的认识到律师为整个诉讼案件做的全部工作，故其经常会认为律师就是在法庭上简单陈述就可以轻易拿到代理费，很容易产生对律师工作不认可、评价不高的问题。并且随着互联网行业的发展，客户对于律师的要求也越来越高，选择越来越挑剔，法律服务行业也进入了客户体验为“王”的时代，但是由于目前市场上律师信用基础设施及用户体验供给严重缺失的问题，导致法律服务的供给侧供给与客户需求存在很大脱节。

三、商事诉讼法律服务供给侧改革相关建议

根据以上分析，诉讼法律服务供给侧改革最核心的内容应当是优化服务供给，研究并管理客户需求，同时根据客户的具体需求设计服务内容及服务方案。

（一）细化诉讼法律服务专业分工，实现专业化法律服务

法律服务专业化是律师事务所获得竞争优势的必然选择。律师事务所发展有三个步骤：定位、规划和发展。律师事务所发展必须找准定位，而其不论定位成综合律所还是专业律所，其都必须强化对专业品牌的打造，专业是最好的标签，差异化是取得竞争优势的必要条件。

1.提升律师知识储备，培养理论知识专业素养

律师在诉讼服务工作开展的同时，要努力成为专家型律师，可以通过不断学习来提高专业素养。学习过程中不但要学习专业知识，包括合同法、物权法、担保法、诉讼法、证据法等各实体法和程序法的理论知识学习，更要在检索能力、咨询能力、文书写作能力、发现解决问题能力等各个方面不断学习和提升。

2.践行专业化，从全科向专科迈进

实习律师在经过前期的全科涉猎后，可以通过相关领域的法律知识及法学理论的深入学习，精读最近几年相关领域的行业发展状况，阅读相关书籍、刊物，把握政治、经济和社会发展方向，懂得政府和市场的大目标及运行规则，深入掌握了解特定行业领域的发展现状，使自身无论是从理论积累，还是行业趋势分析等各个方面都表现出在该特定行业的专长。

3.推出专业成果，做专家型律师

通过对办案实践经验的总结，通过撰写相关领域文章、法律法规汇编、办案指南等方式，推出相关领域的专业研究成果，一是对自己现有知识的整理归纳，巩固已有知识，为做好专家型律师做好前期铺垫，从而建立自己有序的知识储备库。二是通过上述方式，可以让客户及同行认识了解自己，并相应的认

可律师的专业素养，从而更好地建立双方的信任机制。

4.增强律师事务所人才培训机制

专业化不仅仅是通过律师个人努力就能达到效果，更需要律师事务所提供强有力的平台支撑。律师事务所在日常工作中，应通过组织多层面、多领域、多形式、多内容的培训学习，同时开展专业领域法律服务产品的研发、法庭辩论、论文写作等方式，调动律师学习积极性，提高律师工作中所需的专业知识和技能，着重培养专业的法律服务人才和团队。

（二）提升客户体验感，有效改革法律服务供给机制

1.以可视化方式使客户了解律师服务工作

实践生活中，客户对于律师的偏见或者不认可往往来源于对于律师工作的认知程度不够，故律师在诉讼案件办理过程中，可以考虑通过可视化的方式让客户了解案件的所有阶段，从签委托代理合同之前的诉讼服务方案，到工作记录、庭审前的证据分析报告、庭审总结报告、诉讼结案报告及风险防控管理建议书，包括与客户在诉讼承办方案、答辩意见、代理意见等思路方面的及时反馈沟通，让客户深入了解律师在诉讼服务中开展的全部工作。

2.以律师服务团队的形式向客户展示更优的法律服务模式

针对诉讼法律服务事项，[①]可以组织协调各相关专业律师集体讨论方案，确定具体问题的解决方案，并保证方案执行过程中配套法律服务工作能够及时到位，真正实现从调研、决策、执行、后续跟踪等过程，让客户全程感知。

3.完善沟通机制，全面掌握客户合理诉求及主张

律师事务所可以建立与客户的定期沟通、服务跟踪机制，针对客户存在的问题找出解决对策，建立年度工作总结制度，进一步确保法律服务质量的提高。

（三）律师事务所及各级律师协会应建立律师考评机制

建立律师业务考评机制，既是律师增强责任心、提升服务水平的需要，也是确认律师服务成效、保护律师合法权益的需要。要建立起科学合理的考评机制，按照不同律师业务类别的特点，遵循其内在规律，建立包括委托人满意度、律师自身工作量、律师事务所管理监督、社会公众和管理机关认可度等内容的指标体系；建立专业权威的评估机构，建立客观公允的评估方法，同时将评估的结果及时在公开的媒体上进行公布。

加快推进法律服务供给侧结构性改革，要正确处理好队伍建设与业务拓展以及行政管理与行业自律的关系，以此激发律师行业发展的内生动力。

---

① 池英花，闫丽彬：“律师法律服务供给侧改革初探”，载《中国律师》2016年第5期。

论我国建筑施工企业在"一带一路"涉外承包工程缺陷责任中的法律风险及权利保障

——以我国建筑施工企业作为"FIDIC"《施工合同条件》（1999年第1版）"缺陷责任"通用条款中的承包商为视角

广西象法律师事务所　韦社标

内容摘要：FIDIC合同条件作为国际工程的合同规范，随着我国"一带一路"战略的深入实施必将引起国内建筑施工企业的广泛关注。我国建筑施工企业在承包涉外工程时也难免会由于工程缺陷与发包人发生纠纷，为化解纠纷、防范风险，我国承包人必须熟知并仔细研读FIDIC合同条件以充分保障自身的权益。同时，我国建筑工程施工企业也应不断提高自身的工程水平与法律意识、完善管理制度，才能在竞争激烈的国际工程领域立足。

关键词：FIDCI合同条件　承包商　缺陷责任

"一带一路"作为贯通亚非欧大陆及沿海地区市场、加强新兴经济体贸易文化往来、构建互利互惠、互信互赢国际经济合作形势的全球新型经济发展模式，对世界经济和我国经济发展均具有跨时代的重大战略意义。它不仅能有效解决我国当前产能过剩、工业格局单一的难题，更能充分利用我国在基建施工、高铁工程等领域的先进技术、丰富经验以及投资优势，为沿路、沿海国家和地区的综合发展创造福利，而我国的建筑施工企业也因此迎来了新的发展契机。

随着我国建筑施工企业参与国际工程承发包市场进程的深入，特别是我国于1996年加入FIDIC，越来越多的建设项目，特别是项目业主为外商的建设项目，开始选择使用FIDIC合同条件。我国利用国际金融组织或外国政府贷款和外商投资的工程项目也大都采用FIDIC合同条件进行国际竞争性招标承包。受此影响，我国建设部编制的《建设工程施工合同（示范文本）》（GF-2000-0209）也抛弃了多年来延用的模式，变为和FIDIC框架一致的通用条款与专用条款，并引入工程师管理制。[①]因此，对FIDIC合同条件进行深入研读，是我国建筑施工企业迈出国门走向世界的当务之急。本文也借此以FIDIC合同条件中的“缺陷责任”通用条款为视角进行研究，以帮助我国建筑施工企业作为承包商在参与国家工程项目过程中能依法维护自己的正当权益。

一、FIDIC合同条件“缺陷责任”通用条款中的承包商义务

FIDIC合同条件适用于由雇主设计的建筑和工程，其合同的权利义务主体主要包含雇主、工程师以及承包商，雇主通过招投标过程选定承包商并聘任工程师进行监工，承包商按合同约定及在工程师的指示下实施完成工程，并修补工程中的任何缺陷。而FIDIC合同条件中的“缺陷责任”通用条款即在发现工程缺陷情形下对三方的权利义务、工作职责、工程责任等进行规定。

（一）指示完工义务

指示完工义务是承包商的基本义务，其贯穿于整个FIDIC合同条件。在FIDIC合同条件中，第11.1款“（a）在工程师指示的合理时间内，完成接收证书注明日期时尚未完成的任何工作”，第11.11款“在收到履约证书时，承包商应从现场撤走任何剩余的承包商设备、多余材料、残余物、垃圾和临时工程等”均规定了承包商的工程扫尾义务。

（二）修补缺陷义务

修补缺陷义务是承包商在出现工程缺陷情形时的特殊义务，其要求承包商在发现工程缺陷时应及时、尽快修补缺陷并于合理期限内完工。该义务体现于FIDIC合同条件第11.1款“（b）在工程或单位工程的缺陷通知期限期满日期或其以前，按照雇主可能通知的要求，完成修补缺陷或损害所需的所有工作。”

（三）损害赔偿义务

损害赔偿义务其实系承包商在履行上述指示完工义务、修补缺陷义务过程中需对其过错责任而承担的第二义务，即承担相应赔偿责任。该赔偿责任在“缺陷责任”通用条款中表现为以下几种形式：

1.承担风险及费用

FIDIC合同条件第11.2款规定了承包商因“(a)承包商负责的设计；（b）生产设备、材料或工艺不符合合同要求；或(c)承包商未能遵守任何其他义务”造成工程缺陷的，其应负担在实施修补缺陷工作中的风险及费用。该责任风险采用的是过错责任原则，即承包商需对自身负责设计及所提供设备、材料酿成之缺陷后果负责，也体现了归责上的权利与义务相统一精神。

此外，在FIDIC合同条件第11.4款中也规定了如因承包商未能修补缺陷，

①闵卫国：《FIDIC合同条件适用性问题比较研究》，武汉大学出版社2013年版。

雇主可选择由他人进行修补工作并由承包商负担该部分合理费用。由此，承包商对因自身过错造成的工程缺陷需负担所有完成修补所发生的合理费用，该修补行为先由承包商自行完成，若承包商未能完成亦需负担由他人完成修补所产生之费用。

2.缺陷通知期限的延长

FIDIC合同条件第11.3款规定了如因某项缺陷致使工程主要设备不能按原定目的使用，雇主有权延长工程的缺陷通知期限。缺陷通知期限的延长意味着工程师向承包商颁发履约证书期限的延长，而履约证书系视为对承包商工程的认可，将影响到工程的工期及完工情况。

3.减少合同价格或终止合同

FIDIC合同条件第11.4款规定如承包商在雇主通知的期限内仍未能修补好缺陷的，雇主除可选择由他人进行修补外，也可要求减少合同价格；若缺陷或损害致使雇主实质上丧失了工程或工程主要部分利益的，雇主可终止整个合同或有关不能按原定意图使用的该主要部分。由此可见，终止合同是缺陷责任中最严重的责任承担方式，其要求的缺陷要件也最为严格。

二、FIDIC合同条件"缺陷责任"通用条款中的承包商权利

（一）知情权

FIDIC合同条件第11.1款规定"如果出现缺陷或发生损害，雇主（或其代表）应相应地通知承包商。"工程师作为雇主聘任的工程监理，负责工程的验工、接收以及发放履约证明等事宜，因此通常由其最先发现工程缺陷，雇主也会相应第一时间知晓工程缺陷事宜。由此，承包商应享有对工程缺陷的知情权，雇主及工程师的及时告知缺陷义务有利于承包商尽快修补缺陷、减少费用损失、查清缺陷原因甚至适用缺陷免责。

（二）进入权、调查权

FIDIC合同条件第11.7款规定"在颁发履约证书前，承包商应有为遵照本条要求而合理需要的工程进入权，但不符合雇主的合理保安限制的情况除外。"该条规定了承包商依法享有的施工现场进入权，因为承包商需承担在工程师颁发履约证书前也即工程完工交付前的大部分施工风险，故该进入权的赋予也利于承包商对施工工程的风险控制。同时，在第11.8款中承包商赋有在工程师指导下针对缺陷原因的调查权，承包商进入权的赋予也是对其行使调查权的充分保障。

（三）免责权

如前述，在FIDIC合同条件第11.2款中对承包商承担缺陷责任适用的是过

错原则，承包商需对其负责的设计、提供生产的设备、材料负责及遵守相应义务，非归因于上述过错造成工程缺陷的承包商不自行负担修补施工的风险和费用，并与雇主适用第13.3款变更程序的相关规定商定变更工程施工及计价等。此外，对前述承包商需承担的损害赔偿责任中的缺陷通知期限延长责任，如若该缺陷生产设备的交付和安装系根据相关停工规定停工或原缺陷通知期限期满已达两年时，承包商不承担该缺陷责任。

（四）履约权

承包商根据FIDIC合同条件第11.9款的规定依法享有在缺陷通知期限期满后28天内获发履约证书的权利。

三、FIDIC《施工合同条件》（1999年第1版）与我国《建设工程施工合同（示范文本）》（GF-2013-0201）关于"缺陷责任"条款的对比

我国国内现行的《建设工程施工合同（示范文本）》（GF-2013-0201）虽然是参照FIDIC合同条件之框架变更而来的，但双方在"缺陷责任"通用条款中也略有不同。国内合同文本规定了承包人在竣工前对工程质量缺陷承担的是返修责任，在竣工后承担的是保修责任[①]；而FIDIC合同条件强调的是承包商在工程发生缺陷责任时的修补义务，工程师在竣工时向承包商颁发履约证书即已视为构成对工程的认可。此外，在修复费用的认定上，国内合同文本以承包人或发包人过错来区分修复费用的负担主体，但并未对过错情形作出具体的规定，其一旦发生法律纠纷时过错主体需要由司法裁判人员心证认定，具有一定自由性；而FIDIC合同条件已在第11.1款中对可归责于承包商的情形作出了规定，在过错认定上更具有严谨性。

由此可见，我国在缺陷责任上适用的是"返修与保修制"的双重保障，而FIDIC合同条件更注重一种"即建即修"的契约精神，并未像国内这样强调承包人的保修责任，因此在工程验工时国际工程师的验工标准必定比国内更为严格，我国承包商在承包涉外工程时也定然会经受更多考验，工程施工水平亟待提高。

四、我国承包商在涉外承包工程中的缺陷责任法律风险防范

（一）提高工程基建的施工能力

一方面，FIDIC合同条件中对承包商缺陷责任的认定是以过错责任为原则，承包商在工程施工时需提供合同规定的生产设备和承包商文件，因此提高承包商工程基建的施工能力有利于完善承包商的责任工程设计、强化生产设备性

① 张正勤：《新版建设工程合同（示范文本）解读大全》，中国建筑工业出版社2013年版，第168页。

能、优化材料质量，避免因承包商自身原因承担缺陷责任。另一方面，通过提高工程基建的施工能力也能在自身承担缺陷责任时做到减少费用损失、缩短缺陷工期。

（二）加强工程节点的证据意识

根据FIDIC合同条件，在发生工程缺陷纠纷时承包商需对自身无过错或免责情形提供相关材料，如果因此遭遇诉讼纠纷也必然要求承包商对此具备举证能力。由此，对承包商负责设计的部分工程，承包商应保留必要的施工图纸、工程完工影像、数据测试记录及工程师部分工程接收证书等；对承包商自行提供的生产设备及材料，应保留相关合格认证证书、材料样品及与雇主、工程师之间来往的必要电函等；属分段工程的，承包商亦应做好相关验工对接工作，做到各个环节均有据可凭。

（三）完善工程缺陷的调查制度

FIDIC合同条件赋予了承包商缺陷责任的调查权，体现了契约公平、开放、平等的精神，我国也应完善缺陷责任调查制度，借此不断提高施工技能水平并在管理上形成长效问责机制，最终通过避免工程缺陷的发生从而缩短不必要的缺陷工期、减少费用损失、保障合同价格、化解贸易摩擦，由此我国建筑施工企业的发展也会深受裨益。

参考文献

［1］闵卫国.FIDIC合同条件适用性问题比较研究［D］.武汉：武汉大学出版社，2013.

［2］张正勤.新版建设工程合同（示范文本）解读大全［M］.北京：中国建筑工业出版社，2013：168.

［3］赵振宇.1999年版FIDIC施工合同条件下承包商风险探析［J］.土木工程学报，2003，36（9）：34-37、45.

［4］国际咨询工程师联合会中国工程咨询协会.施工合同条件［M］.北京：机械出版社，2002：77-83.

中国企业赴泰直接投资法律环境分析

广西广合律师事务所　陈柏任

内容摘要：本文梳理泰国外商直接投资法律与政策的演变过程，并结合中国投资者对泰国投资的实际情况对泰国外商直接投资法律环境展开分析。最后，对泰国外商直接投资可能涉及的法律风险展开分析，从实务角度对这些法律风险提出应对策略。

关键词：泰国直接投资　法律环境　风险防范

一、中国投资者赴泰投资概况

近年来，中泰贸易持续升温，泰国已经成为中国企业进入东盟投资的重要国家。中国投资者在泰国的投资已经涵盖农产品、汽车轮胎、垃圾发电、电子产品和基础设施建设等领域。据中国商务部统计，2014年当年中国对泰国直接投资流量3.65亿美元。截至2014年末，中国对泰国直接投资存量19.94亿美元。[①]泰国投资促进委员会最新数据显示，2015年1月至8月份，中国对泰国新增直接投资项目达到37项，与2014年同期相比实现翻番。同时，新增直接投资实现107.39亿泰铢。中国因此成为泰国第二大直接投资来源地。[②]

表1　中国对泰国的直接投资统计

国别	中国对泰国的直接投资流量（亿美元）						中国对泰国的直接投资存量（亿美元）					
	2009年	2010年	2011年	2012年	2013年	2014年	2009年	2010年	2011年	2012年	2013年	2014年
泰国	0.5	7	2.3	4.8	7.6	3.65	4.5	10.8	13.1	21.3	24.7	19.94

数据来源：商务部、国家统计局、中国驻泰国大使馆经济商务参赞处，中

① 驻泰国经商参处：http://th.mofcom.gov.cn/article/zxhz/hzjj/201508/20150801080963.shtml，中泰经贸合作主要情况（2014年），中华人民共和国驻泰王国大使馆经济商务参赞处网站，2015-08-14。

② 张志文：中国对泰国投资快速增长，人民网-人民日报，http://hb.people.com.cn/n/2015/1028/c194063-26946290.html，2015年10月28。

国对外直接投资统计公报。

根据中国投资者投资企业类型统计分析，中国投资者在泰国的直接投资可分为两种，一种是中国投资者在泰国设立新企业的"绿地投资"方式，[①]中国投资者一般以股权的方式实现对投资企业的控制。在泰国，设立新的外资投资企业所需时间较长，且审批程序较为繁琐。在创建过程中，如果泰国政治、政策环境状况发生改变，容易给中国投资者带来法律风险；另一种则是中国投资者跨国并购泰国企业，直接使用泰国企业原有的商业资源以及资产，此种方式避免了设立新主体所遇的风险，但存在目标企业的信息风险、人力资源整合等法律风险。实践中，除上述两种模式外，还有部分中国投资者为规避泰国外商经营法的行业限制，未经泰国主管部门申请审批而直接采用泰国公民作为股权代持人来投资相关限制行业。这一类的投资多见于旅游、房地产销售、汽车租赁、批发和零售水果贸易等行业。

二、中国企业赴泰直接投资法律风险种类及主要特性分析

外商直接投资法律风险，是指由于外商投资企业所在东道国的外资法律环境发生变化，或由于包括企业自身在内的主体未按照东道国法律规定或合同约定有效行使权利、履行义务，而给企业造成的负面法律后果的可能性。历史经验表明，投资目标国与外国投资者的关系并非总是和谐的。为了保护本国利益，几乎所有国家作为东道国时都会对外国投资进行规范。[②]这种规范受东道国政治变动、行业政策调整等多种因素影响并处于不断的变化之中。

（一）中国企业投资泰国面临的主要法律风险

虽然泰国拥有完善的外资投资法律体系，但由于中泰两国的法律制度存在极大差异，这种差异导致了中国投资者对泰国的法律环境产生极大的陌生感，在不熟悉的法律环境下开展投资活动将面临信息缺失所带来的各种潜在法律风险。此外，泰国因政治动荡所带来的法律、政策变化的风险依然存在。具体而言，在泰国投资可能遇到的法律风险主要有以下几种：

1.法律或政策变动的风险

该风险是指因泰国法律、政策变动和调整而给外国投资者造成经济损失的可能性。泰国存在法律、政策变动的风险，尤其在某些行业的股权调控方面，

---

① 根据联合国贸易和发展委员会的定义，赴外直接投资分为绿地投资与跨国并购两大主要模式。绿地投资是指投资主体在东道国境内依照东道国的法律设置的部分或全部资产所有权归外国投资者所有的企业。

② Ralph H.Folsom,Michael W.Gordon,John A.Spanogle,*International Trade and Investment [M]*.Eagan:West Group,2000:215.

其变动的可能性更大。2007年泰国政府突然提出限制外资股权比例的法案，这给当时的部分外国投资者造成了重大的影响及损失。由于经济形势需要或受政局变动影响，促投或优惠政策同样会存在变化的风险。

2.合同履行的法律风险

合同履行的法律风险指在合同订立、生效、履行、变更和转让、终止及违约责任的确定过程中，因履约不当或其他原因，导致合同当事人一方或双方利益损失的可能性。部分中国赴泰投资者合同履行意识不强，对出现纠纷的法律后果缺乏清醒地认识，且在履行合同过程中未能建立合同履行信息的动态管理，一旦出现纠纷，证据的缺乏导致陷入被动。

3.代持股份的法律风险

根据泰国外商经营法及其部分修正案的规定，未经许可审批程序，外国人不能在泰从事受限制行业，这主要是为了保护这些行业的本国从业者免受外资的冲击。泰国商业厅、特别案件调查厅调查显示，部分中国投资者在受限制的行业存在由泰国国民代持股份的情况，尤其在旅游、房地产销售、汽车租赁、批发和零售水果贸易等行业，泰籍人代外国人持股的问题相对比较严重。股权代持存在诸多法律风险，除了被查处的法律风险外，代持关系本身亦存在重大风险，如代持人擅自处置股权或不承认代持关系等风险。

4.知识产权法律风险

近年来，随着全球一体化进程的加快和经济竞争的加剧，泰国作为世界贸易组织的成员，为了达到世界贸易组织与贸易有关的知识产权协议规定的各项标准，日益重视对知识产权的保护。泰国制定了一个抑制知识产权犯罪的计划以及“2012至2016年国家知识产权策略”。2015年，泰国发布了两部新的与版权保护和反录制行为有关的知识产权保护法。同时，在执法方面，泰国知识产权保护的执法力度也在不断加强。2015年前8月，泰国知识产权厅联合国家警察总署、海关厅、特案厅等机构，一共查处5913件侵权案件。[①]对于投资泰国的外资企业而言，如不谨慎对待知识产权风险，将会承担严重的法律后果。

5.劳工法律风险

在泰国，劳工问题如果处理不当不仅会使自己远离投资获利目的，甚至可能会导致问题的“政治化”。在泰国从招聘开始，面试、员工的待遇等问题直至员工离职这一系列流程中，都有相关的劳动法律法规的约束，企业的任何不遵

① 驻泰国经商参处：《泰国商业部知识产权厅严查侵权 8月查办5913案件》，中华人民共和国驻泰王国大使馆经济商务参赞处网站，2015年10月17日，http://th.mofcom.gov.cn/article/jmxw/201510/20151001138674.shtml。

守泰国劳动法律法规的行为都有可能给企业带来劳动纠纷，都可能给企业造成不良影响。2009年，泰国就发生了几起因外资企业没有满足泰国工人要求提高工资、奖金及福利等问题而引发的罢工或停工导致企业受到巨大损失的事件。中国企业在泰投资经营时应留意两国劳动法规定之间的各种差异。

（二）泰国外商投资法律风险主要特性分析

1.泰国外商投资法律风险与泰国政局变化密切相关

泰国在外商投资方面的法律体系搭建完毕之后，在较长时间内均能保持立法稳定。但泰国也曾发生过因政治变动对外商投资法律进行调整导致外资损失惨重的先例。

2007年初，泰国民主党执政政府对外商经营法进行了修改。修正案明确了外资准入业务的清单目录、外资持股比例的限制等。修改法案的提出对外资产生了巨大影响。由于泰国对“外国法人”的重新定义，外国投资者们被迫进行业务重组，需要调整管理结构，将其股份转让给泰方投资者以减少持股比例，这大大降低和破坏了外资企业的预期，投资风险加大，导致部分外资被迫撤离。2014年接管政权后，泰国临时军政府同样有意修订外商经营法，目的仍是再次收紧外国人在泰国公司的所有权，以保障国内企业。可见因政治因素所带来的法律变动已经成为在泰外商投资者最大且最不可控的法律风险。

2015年末，世界经济论坛发布了2015—2016年全球竞争力报告，表明政府不稳定、政变频发是在泰国从事商业活动最主要的阻碍。泰国政治动荡对泰国经济的负面影响是巨大的，泰国政局持续动荡，影响政府执政能力，政府各部门间推诿扯皮现象严重，政府高层变动频繁，更导致行政效率低下，造成外国投资者投资成本上升和投资机遇的丧失。另一方面，持续的紧张政治局势将不仅使政府的大规模基础设施建设项目被推迟，还导致上下游产业情势变得更加复杂，甚至停滞，出现部分企业合同无法履行或暂停履行的状况，导致出现第三方违约情况，产量、销量下降，工厂裁员时有发生，甚至造成投资项目停滞等经营性法律风险的出现。2014年2月25日，受当地政局动荡的影响，中国汽车制造厂商长城汽车就宣布延迟进一步投资泰国的计划进度，部分在泰国投资设厂生产轮胎的中资企业亦受到不小的影响。

2.泰国外商投资法律风险与投资模式选择、投资行业等密切相关

出于对国家资源和市场的保护及引导投资的需要，泰国对于外资进入的行业有各种限制和标准，这种准入会根据泰国经济形势来进行调整。对于中国投资者而言，进入泰国政府管控的行业意味着其法律风险相对其他放开领域要更大，例如，泰国政府对某些管制行业的产品价格，如农产品价格的控制审查机

制是非透明的。此外，根据泰国的法律规定，只有注册为泰籍法人，方可享受更多的政策优惠，这无疑给中国投资者增添了投资法律障碍。为避开持股比例的限制，外国投资者不得不以隐名持股方式控制公司，法律风险也随之增大。

3.泰国外商投资法律风险具有可预见性

泰国是采用法典法律体系的国家，在外商投资法律方面，除了外商企业经营法，泰国还有其他一些与外资相关的法律、政策，如泰国投资促进委员会投资优惠政策及执行准则等。除上述专门规范外商投资的法律外，外商在泰投资还需遵行其部分国内法，如劳动法规等。这些法律规则和政策构成了泰国外资法律制度有机体。

对比其他东南亚国家，泰国的外商投资法律体系是相对完整的，其禁止性规定或法律责任的承担也是比较清晰的，这为中国投资者对赴泰国投资的法律风险带来预见的可能性。

三、中国企业投资泰国法律风险防范建议

我国赴泰国投资主力是国有企业。我国相关主管部门对国有企业赴海外投资已有相关指导性文件和部分硬性的要求，因此，其抗法律风险的能力较强。但随着两国经贸领域的合作和交流不断加强和扩大，中小企业也势必会加入到投资泰国的热潮中去。相比大型企业，中小企业风险意识或应对风险的能力不强。这将会使投资存在极大的法律风险。本文在综合以上分析基础上，为中国投资者赴泰投资防范潜在的法律风险提出如下建议：

（一）投资前应进行充分的调查，完成风险预判

中国投资者进入泰国投资前，应充分了解投资所涉及的相关法律信息，如泰国的税务制度、劳动法律制度、环保要求、外汇管制、投资优惠、投资路径等，这种了解要做到实时更新。对于中国投资者而言，重要的是必须要确认投资项目中被投资主体的法律资质、存续情况、经营状况，以及目标资产是否存在产权负担或其他重大瑕疵等信息。

大多数中国企业由于规模以及资金的限制，很难利用自己的人力资源对泰国投资项目进行充分的调查了解，企业常常处于被动的境地。要想在短期内做好准备，确保投资安全，除了利用好企业自身资源外，还要善于利用外交资源、咨询公司、研究机构、投资协会等第三方力量来为自身提供投资项目信息，并对投资项目所涉及法律环境进行全面调查。

（二）选择合适的投资方式与交易结构

在完成泰国相关投资项目信息收集后，中国投资者应针对风险选择恰当的投资方式与交易结构。中国投资者在泰国的投资或与泰方自然人或公司合作的

形式可灵活多样。在泰国政府相对管控较严的行业不必以获得绝对股权或控股权为最高目标，代之以合同等法律允许方式稳定自身经营参与权、收益权等即可，以减少泰国政府对这些行业管控或进行法律规范调整所带来的法律风险。此外，可以视情选择与泰籍投资者开展合作，泰籍投资者可用其在泰国当地的经验以及人脉将投资法律风险降到最低，或与其他已在泰国投资的外资企业开展合作，这样不仅可以降低风险，同时也可以学习和借鉴到其他国家对外投资的经验。

（三）就赴泰国投资项目向保险机构投保

对于境外投资过程中产生的各类法律风险及其他风险，积极向保险机构投保是化解和转嫁风险的一种常见方法。在境外投资中，向保险机构投保包括两个方面：一方面是通常的商业财产保险，主要有财产一切险、营业中断险、第三者责任险等险种；另一方面是在境外投资领域中特有的海外投资保险制度，主要投保政治风险，如征用险、外汇险、战争险等。

（四）善用中泰双边或多边投资保护协定

东道国政府对外国投资者的投资有何种限制，其又是如何审查外国投资者的，这些问题在该东道国所加入世界或区域性条约或与他国签订的双边投资协定中都有一定的反映。这些协议也体现一国对外国投资者的保护力度。自建交以来，中泰两国政府签署了多项双边协定，其中，具有代表性的有1985年《关于成立中泰经济联合合作委员会协定》和《关于促进保护投资的协定》，1986年《关于避免双重征税的协定》，2003年《中泰两国政府关于成立贸易、投资和经济合作联合委员会的协定》等。对于中国投资者而言，应就自身的情形对照中泰两国的双边协议或区域合作协议，做好应对可能发生法律风险的准备。

四、结语

中国“21世纪海上丝绸之路”倡议在东南亚的推行，既有助于泰国实现建成区域贸易中心的战略目标，又将给泰国经济转型升级和可持续发展创造巨大机遇。可以预见，未来中泰两国企业在直接投资领域的前景将更加广阔。泰国外商直接投资法律环境随着东盟经济共同体的建成，也必将越加完善。但无论外部环境如何，我国投资者赴泰投资前，不仅应宏观地了解自身赴泰投资的可能性，更要从微观了解投资可能面临的各种风险，对投资的路径要有清晰的认识，并采取切实有效的措施避免投资法律风险的产生，方能确保投资利益的实现。

PPP项目融资环节尽职调查应注意的问题

——从贷款人的视角看SPV

云南乾楷律师事务所　饶　康

内容摘要：PPP模式目前正在我国经济建设中得到广泛运用。财政部近日发布的《中华人民共和国政府和社会资本合作法（征求意见稿）》，更是我国首次从法律层面对PPP模式的顶层设计，具有里程碑式的意义。PPP项目一般由特殊目的载体（SPV）实施。伴随项目的实施，融资行为亦贯穿全程。尽职调查是SPV融资非常重要的环节。尽职调查应立足于贷款的安全性，抓住重点，着重审查关键性问题。本文对PPP项目融资环节尽职调查应注意的问题进行了较为全面的阐述。

关键词：PPP　SPV　尽职调查

一、PPP模式简述

PPP是英文"Public-Private-Partnership"的简写，中文译为公私合伙或合营，作为一种政府与私营商合作经营的模式，最早由英国政府于1982年提出，之后流行于欧洲。

PPP模式得以发展的根本原因，在于其能够充分体现政府和私营商的优势。借助于PPP模式，可以更加充分地发挥政府职责、管理、规划能力，而对于私营商来说，可以最大限度地利用其资金优势，展现企业创新精神和提高管理效率，创造更多更好的社会财富。

在我国，PPP模式的兴起，是近几年的事情。但是，实际上此前推行过很多PPP项目，但并没有真正发挥其主要效用，更多的是被当成了政府融资的工具，政府承担巨额投资和巨大社会风险的问题仍然没能解决。由于存在政策措施不配套、后续经营不完善等原因，许多项目的结果很不理想。作为主要融资方的银行等金融机构纷纷被套。所以，在后期，出现了银行对此类项目非常审慎甚至不予批准的情况。总体而言，这些模式的成功率不是很高。

近日，财政部发布了《中华人民共和国政府和社会资本合作法（征求意见稿）》（下称《征求意见稿》）。[①]虽然只是征求意见稿，但是，由于其法律位阶较高和内容非常重要，甫一发布，即在全国引起了广泛关注，成为理论界和实务界研究的热点。

PPP模式的常见结构，是由政府部门和私营商达成合作/合伙协议，共同成立一个"特殊目的载体/公司"，即SPV（下称SPV），由SPV实施项目全过程，并负责资金筹集、建设施工和具体经营管理——通过这一完整过程，来履行或达成政府和私营商合作的目的。

SPV实际上就是PPP项目的承载体和实施者。从PPP项目的范围看，包括基础设施和公共服务两大类。所以，SPV应该是各方面条件要求都很高的特殊经营实体。

二、SPV的特点以及可能对融资产生的影响

PPP模式通常会设立一个SPV作为项目实施载体。[②]SPV作为PPP项目的实施者，其最大任务之一就是融资。事实上，从某种意义上说，SPV就是一个融资平台。PPP项目资金的来源，一是来自于与政府合作的私营商自有资金，再一个就是来自于SPV的对外融资。而且，很大程度上来自于对外融资。但是，SPV之所以被称为"特殊目的载体/公司"，就是因为其具有与一般企业或公司不同的特点。这些特点，对SPV的融资行为有较大的关联性或影响。

第一是复杂性。PPP项目中，政府与私营商的合作，应建立在平等、协商的基础上。因此，政府与私营商的关系，是平等协商、风险共担、互利共赢的关系。基于这些原则所形成的合作纲领，即为合作协议。[③]SPV作为合作协议的产物，从其诞生之日起，就是一个完全独立的经营主体或企业法人。从民事法律关系的角度看，SPV与普通的企业或公司别无二致。但是，SPV远比一般企业复杂得多——SPV所涉及的对象和需要平衡的利益，是多方面的。

首先，是政府部门。政府要通过SPV实现其公共管理职能，为社会提供更多更好的公共产品和服务；其次，是私营商。追求利益最大化是私营商的目标，但是，PPP的性质决定了它只能做到盈利而非暴利——在SPV的运作中，

---

① 《征求意见稿》全文共7章59条，对政府与社会资本合作模式（PPP）的定义、适用范围、管理体制、项目实施及争议解决等内容作出了规定。

② 虽然，根据《征求意见稿》第21条的规定，PPP项目可以不设立SPV，由政府部门和私营商直接签订合作协议。但是，这应该是PPP模式的特例，亦可视为PPP模式中国化的一个新特点。通常情况下，PPP项目都会设立SPV作为项目的实施载体。

③ 这一原则，在《征求意见稿》中有明确体现。财政部把政府与私营商之间的合作界定为平等的合作关系，淡化了政府授权色彩。合同的名称也改为"合作协议"，放弃了过去常见的诸如"特许经营合同"、"PPP项目合同"等名称，这应该是一个质的飞跃。

还有一个调价机制在起约束作用；再次，是社会公众。人们希望通过PPP项目，得到更便利更优惠的公共产品和服务。由于PPP项目的体量大、运行周期长、资金需求量大。所以，SPV对外融资除了一般性融资方式外，往往还会有债券发行、融资租赁等债权性质的融资方式，从而形成一个多种类、多层次，复杂的项目融资体系。因此，从融资的角度看，SPV的融资，具有其特殊性和复杂性。

第二是长期性。PPP项目一般是对社会生活有较大或长远影响的项目。运行周期长是其基本特点。整个项目从立项、建设到收回、移交，一般需要二三十年或者更长的时间。[①]相应地，SPV所希望获得的贷款，也不会是通常意义上的短期、小额流动资金贷款，往往是中、长期大额贷款。一般而言，时间与贷款资金风险往往存在正相关的关系。所以，对于一个“横空出世”的SPV，一个理论上可预期的巨大盈利空间，对于贷款人来说，虽然手握重金，也会表现出万分谨慎。这也正是PPP项目融资合同往往会跟随一系列的担保合同、保险合同的原因。

第三是风险分担机制。SPV作为一个经营实体（一般情况下是一个项目公司），其具有独立经营和独立承担民事责任的能力。所以，对于实施项目出现的风险，理论上应该由SPV自己承担。但是，如果仅止于此，就不能称SPV为“特殊目的载体/公司”了。考虑到PPP项目的生命周期、运营风险、投资回报、盈利能力等各方面因素，合作方的特殊性质以及SPV所提供的公共产品和服务的特殊性，单纯由SPV平台来承担风险是远远不够的，也是不可能的，必须由合作方共同合理地分担风险。从这个意义上说，PPP项目的风险分担应该称为风险配置更为恰当。而这种风险配置关系，是在最初设计PPP模式时就必须预设的一种机制。

有学者认为，风险分配原则是让最有能力承担风险的一方承担风险。然而，这样的观点是不正确的。理由很明显：如果把风险承担能力再细分，可以分为单纯的风险承担能力和风险控制能力两个方面。就这两个方面而言，政府和私营商就各有优势。所以，应该根据合作各方对不同风险的控制能力，来合理地配置风险。换言之，也就是对风险分类，然后根据合作各方的特殊性质配置风险。[②]

---

① 《征求意见稿》规定的 期限是“一般不少于25年”。

② 《征求意见稿》对风险配置的规定，就体现了这一原则——对于不可抗力风险，由双方合理共担；对于法律、政策、最低需求等风险，由政府承担；对于项目设计、建设、财务和运营维护等商业风险，由社会资本承担（第29条）。

PPP项目的风险配置机制，对SPV的融资有重大意义。一方面，它建立了政府财政风险与项目运行风险之间的隔离机制。另一方面，它明确和强化了私营商对市场风险、管理风险的控制和规避能力。SPV的运营管理能力，与贷款资金的安全之间，存在非常紧密的关系——贷款人一定是愿意将资金投入到安全性有保障的项目或环节中的。这在客观上，也从资金供给侧对SPV的良好运行起到了积极和促进作用。

三、对SPV融资尽职调查应注意的问题

尽职调查，常见于企业收购或兼并业务。往往会要求全面调查，充分收集信息，以作为分析和研究的基础。但是，对SPV融资尽职调查，这样的要求并不一定适用。因为SPV融资更为复杂。SPV融资尽职调查工作，应抓主要内容，突出重点。

（一）基本情况

1.设立方面

SPV是基于PPP项目而产生的经营实体。所以，与一般企业的成立不同，SPV有许多前期事项。在项目前期，一般会由政府部门和私营商发起合作意向和谈判。在谈判磋商的基础上形成合作框架性协议、合作备忘录、合作意向书等文件。这些，虽然是合作协议的基础，但仍然具有相当程度的法律意义，应作为尽职调查的重点。在SPV的存续方面，主要是审查存续方面可能存在的问题，譬如：实际经营业务与营业执照的一致性；相关证照的合法性、年检情况是否正常等。

2.股东构成方面

股东构成与股权结构，反映了SPV出资人的基本情况。应重点审查股东及管理层情况，譬如：企业的董事、高级管理人员是否符合法律规定的任职资格；董事会、监事会的构成是否符合法律规定和章程规定；有无股权争议或权属纠纷；股东转让股份相关手续是否合法等。这些，都有可能对SPV履行融资还款义务产生重大影响。所以，在尽职调查时，应予特别注意。

3.出资方面

SPV股东的出资与偿还贷款能力密切相关。审查的重点是合作各方出资的真实性和合法性。尽职调查中，应注意审查虚假出资和抽逃出资的情况。对于货币资产出资，应审查出资的真实性；是否按时缴清；是否存在抽逃现象；股东承诺的出资是否按时到位；如果存在增资或减资的情况，其增资或减资程序是否符合相关法律规定；对于非货币资产出资，应审查该资产的真实性、合法性，是否办理了过户手续等。

（二）主要资产

资产是SPV实力的体现，在某种程度上可以决定其能否顺利实施项目和偿还贷款。不仅要调查主要资产，更要考虑其资产的增值和长期收益。因为，一个通常的PPP模式，是允许用项目资产、股权和收益权进行抵押/质押的。[①]所以，应着重从土地、房产、设备等主要资产着手。

1.关于土地使用权

重点调查土地使用权的性质（划拨或出让）；取得方式（招标、拍卖、挂牌）；是否签订《土地出让合同》；是否缴清土地出让金；是否办理并持有土地使用权证；是否设定担保等。

2.关于房产

重点调查房产（厂房）建设的合法性。譬如，是否取得建设用地规划许可证、建设工程许可证以及施工许可证等相关法律文件；是否办理建设项目竣工验收手续；是否持有房屋产权证等。如果是购买房产，需要审查买卖关系的合法性以及房产权属有无瑕疵等。

3.关于设备

重点调查其权属和法律形态。设备是企业重要的生产资料，但其权属可能存在多种情形。有可能是自购，也有可能是租赁或者是融资租赁。所以，对企业设备的调查，要注重其法律性质、权属状态和实际价值。

（三）资金用途

融资一定有明确或特定用途。然而，有时候出于特殊情况的考虑，SPV向贷款人声明的资金用途，并不一定真实——资金实际用途与融资申请不一致的情况，实践中屡见不鲜。这对贷款人而言，隐含着极大的风险。因此，在尽职调查中，应将SPV融资的真实用途作为调查重点，譬如重大交易事项和重大投资。

1.重大交易事项方面

应结合PPP项目的性质以及SPV的章程，对重大交易事项进行调查核实，审查该交易事项是否符合相关政策和章程的规定。在此基础上，着重调查了解交易的合法性和安全性，包括交易结构、交易过程、资金流、与本次融资的关联度等。

---

① 《征求意见稿》规定，SPV可以抵押、质押的财产和权利包括：项目公司的财产，包括动产和不动产；项目公司的土地使用权；项目公司的股权；合作项目的收益权以及法律法规规定的可以抵押、质押的其他财产和权利（第30条）。但是，对SPV股权和核心资产的转让，《征求意见稿》也作了明确的限制（第35条）。

2.重大投资方面

很多时候，SPV的融资目的就是进行特定项目的重大投资。所以，尽职调查应从该投资项目本身开始。譬如，投资项目的合法性；是否符合相关产业政策；是否需要经过核准、备案程序；是否涉及节能、生产安全、水土保持等方面的评估和办理相关手续。特别需要注意环保方面的问题，这是可以行使一票否决权的关键环节。要着重审查项目是否需办理环评手续；是否获得相关批复和报告；环境污染的治理等。

（四）重大合同、债务、诉讼（纠纷）和政府监管

1.重大合同、债务、诉讼（纠纷）

所谓重大合同、债务、诉讼（纠纷），一般是针对合同或债务的标的或金额而言。对此，应根据实际情况并结合融资规模进行综合分析、研判。重点调查真实性、合法性以及履行情况、后续履行能力、有无正在被法院执行或将被执行等。某些重大合同、债务、诉讼（纠纷）存在名实不符的可能，譬如以"资金周转"、"购买原材料"等名义融入资金而实际上被用于借新还旧、抵债、赔偿或支付罚金等——当融入资金被用于非约定用途（抵债、赔偿或支付罚金）时，贷款实际上已经处于极不安全状态了，有"鸡飞蛋打"之虞。因此，应给予特别关注。

2.政府监管是SPV面临的特殊情形

基于PPP项目的公共性、公益性以及社会风险。项目从实施到最后移交或者转让（私有化），整个过程都处于政府的监管之下。政府对PPP项目的监管方式，一是过程监督，开通投诉渠道，建立投诉处理机制；二是质量监督，对合作项目进行绩效评价。根据绩效评价结果，对政府付费、可行性缺口补助等指标进行调整。

（五）还款能力及担保

1.还款能力

还款能力方面，应着重考察SPV自身的盈利能力、还款计划、担保措施以及项目收益等。PPP项目收益的一个基本原则，就是盈利而非暴利，这是其与一般商业性项目的重要区别。PPP项目周期较长，如果不能盈利就不能维持。但是，基于项目的公共性和公益性，又不能使其太过于暴利。大多数学者认为，政府应当以调节利润的方式而不是以分享利润的方式去控制PPP项目的盈

利水平。[①]

2.担保

担保措施方面，除了常规的担保类型和措施，项目收益是设置担保的一个重要考量因素。根据法律规定，PPP项目以其项目收益权进行抵押、质押是允许的。而对于贷款人而言，一项长达二三十年的项目收益，无疑是非常稳定的融资担保。

结　语

SPV实施项目的过程，就是资金流动的过程。随着融资渠道的拓宽以及融资方式的多样化，融资风险亦随之增加。尽职调查作为融资业务必不可少的一环，其重要性不言而喻。作为贷款人，通过对SPV的尽职调查，可以最大程度地保障资金安全。因此，从某种角度说，尽职调查是融资成功与否的关键。

SPV融资尽职调查，亦为律师在非诉业务和专业化发展方面，提供了巨大的空间。可以预见，随着PPP模式的不断发展，SPV融资的活跃度将不断提高。而其中，将会出现更多商事律师的身影，律师在SPV融资业务中的作用和价值会越来越重要。广大律师应充分认识到这一业务的广阔前景，积极投入，有所作为，为创造社会价值而努力。

---

① 过高的利润往往会遭受社会诟病。因为政府是PPP项目合作方之一，作为股东，政府亦得分享利润、从中获利，其结果可能会偏离项目的公共性和公益性要求。所以，对PPP项目利益分配机制的研究，是理论研究热点之一。目前，主流的观点是，政府应该以补贴、调价和调税等方式建立利润调节机制，而不应该分享PPP项目的利润。

论企业党组织在公司治理中的法律地位

新疆诚和诚律师事务所　吴换换

内容摘要：公司法中明文规定中国共产党在公司中按照党的章程开展党的工作。尤其是在国有企业改革中，党中央明确要求企业党组织应当依法参与企业经营管理，从而实现党领导企业的改革目标。然而，在现代公司法人治理理论中并没有除出资人和管理者之外的其他组织的地位，因此如何在企业改革及经营管理中嵌入党的领导是我国国有企业改革和发展中所面临的法律难题，本文结合实践和现有法律框架对企业党组织在公司治理中的法律地位作抛砖引玉的探讨。

关键词：公司治理　党组织　法律地位　国企改革

在现代公司法人治理结构中，以股东会为最高权力机构，以董事会为执行机构，以监事会为监督机构的三权分立组织架构为准。公司治理结构赖以存在的基础在于，股东履行出资义务，享受公司经营收益，董事会负责日常经营管理，向股东会负责，监事会负责监督董事会的执行情况，向股东会负责。这样的治理结构，符合决策、执行、监督职责相分离的组织管理原则。这也是企业经营发展过程中对企业治理结构的历史选择。虽然企业法人治理制度遭遇了股东与职业经理人之间信任危机等挑战，但时至今日，这样的治理结构依然是较为合理和具备优势的。所以，我国公司法也采用这种公司治理结构。然而，在我国的国有企业经营发展中提出了党组织参与的新课题。那么党组织参与企业经营管理所处的法律地位及其作用如何呢？

一、党组织参与企业经营管理的依据

我国现行的公司法第19条规定"在公司中，根据中国共产党章程的规定，设立中国共产党的组织，开展党的活动。公司应当为党组织的活动提供必要条件。"据此规定，凡在中华人民共和国境内注册成立的企业，可以据党章成立党组织，开展党的活动。国有企业是我国社会主义市场经济中的中流砥柱，国有企业中普遍设立党组织，民营企业中设立党组织的情况没有国有企业普遍。根据公司法的规定，党组织根据党章设立，根据党章开展党的活动。根据党章，党的活动主要在于政治、思想、组织三个方面，那么这与企业经营管理的关系在哪里呢?

要回答上述问题，就不能再在法律规范里寻找，而到政策层面去寻求答案。中共中央、国务院在2015年8月24日印发的《关于深化国有企业改革的指导意见》中有相应的答案，该意见在基本原则中要求“坚持党对国有企业的领导。这是深化国有企业改革必须坚守的政治方向、政治原则。要贯彻全面从严治党方针，充分发挥企业党组织政治核心作用，加强企业领导班子建设，创新基层党建工作，深入开展党风廉政建设，坚持全心全意依靠工人阶级，维护职工合法权益，为国有企业改革发展提供坚强有力的政治保证、组织保证和人才支撑。”

二、党组织在企业经营管理中发挥作用的途径

如果按照公司法的规定，党组织在企业中开展党的活动，与企业的日常经营管理不发生直接的关系。党组织所能起到的作用就是做思想工作，对企业损害职工权益的行为提出意见，对企业违反国家政策的行为向相关部门反映等，这些工作无法直接干预企业的日常经营管理。也许正是因为这样，所以在《关于深化国有企业改革的指导意见》中指出，一些企业党组织的作用被弱化。

针对这种情况，指导意见给出了良方，即“充分发挥国有企业党组织政治核心作用。把加强党的领导和完善公司治理统一起来，将党建工作总体要求纳入国有企业章程，明确国有企业党组织在公司法人治理结构中的法定地位，创新国有企业党组织发挥政治核心作用的途径和方式。在国有企业改革中坚持党的建设同步谋划、党的组织及工作机构同步设置、党组织负责人及党务工作人员同步配备、党的工作同步开展，保证党组织工作机构健全、党务工作者队伍稳定、党组织和党员作用得到有效发挥。坚持和完善双向进入、交叉任职的领导体制，符合条件的党组织领导班子成员可以通过法定程序进入董事会、监事会、经理层，董事会、监事会、经理层成员中符合条件的党员可以依照有关规定和程序进入党组织领导班子；经理层成员与党组织领导班子成员适度交叉任职；董事长、总经理原则上分设，党组织书记、董事长一般由一人担任。”

上述意见为党组织参与企业经营管理谋划好了路线图，简而言之，就是通过公司章程明确企业党组织在公司法人治理结构中的法定地位，据此使党组织取得参与企业经营管理的合法地位；其次是通过双向进入和交叉任职实现党组织的意志变为企业经营管理的意志。如前所属，公司法中对于党组织如何参与企业经营管理并没有明确的规定，公司法中的企业治理机构就是三会，没有党组织的地位。公司法是企业行为组织法，经过数次修改后，法律赋予企业更多自主权利，尤其是章程中可以自由约定的事项逐渐增多。那么，通过章程赋予企业党组织一定的权力，谁也不能说这是违法行为。毕竟没有法律明文禁止。所以指导意见要求通过章程赋予企业党组织权力，的确是党组织取得合法地位的有效措施。

然则，企业党组织虽然可以通过公司章程取得参与企业经营管理的合法地位，但是还是存在怎么样将党组织的意志变为公司意志的难题。这就好比在国家治理层面如何将党的意志变为国家意志一样。对此，指导意见给出的方案是双向进入和交叉任职，两个说法其实是一个意思，那就是党组织的成员也是企业经营班子（董事会、经理层）成员，也就是说一个企业高管具有两重身份，即是党组织成员也是高管，在高管会议上要表达党组织的意见，如此一来党组织的意志就变为企业意志。另外，根据党的纪律，党的决定党员必须贯彻执行，否则就给予相应的党纪处分，这也保障了具备党员身份的企业高管必须按照党组织的决策表决的机制。

三、党组织参与企业经营管理的事项范围

在通过公司章程赋予企业党组织合法参与企业经营管理的地位，以及通过交叉任职畅通党组织意志表达渠道的情况下，需要进一步明确的内容就是党组织对企业经营管理中的哪些事项可以参与决策或监督执行。一个健全的组织，必定要求职责明确，权限清晰。对此，要结合“三重一大”制度。其根据是2010年6月5日出台的《关于进一步推进国有企业贯彻落实三重一大决策制度的意见》。具体而言：

重大事项，是指应当由股东大会（股东会）、董事会、未设董事会的经理班子、职工代表大会和党委（党组）决定的事项。主要包括企业贯彻执行党和国家的路线、方针、政策、法律法规和上级重要决定的重大措施，企业发展战略、破产、改制、兼并重组、资产调整、产权转让、对外投资、利益调配、机构调整等方面的重大决策，企业党的建设和安全稳定的重大决策，以及其他重大决策事项。

重要人事任免事项，是指企业直接管理的领导人员以及其他经营管理人员的职务调整事项。主要包括企业中层以上经营管理人员和下属企业、单位领导班子成员的任免、聘用、解除聘用和后备人选的确定，向控股和参股企业委派股东代表，推荐董事会、监事会成员和经理、财务负责人，以及其他重要人事任免事项。

重大项目安排事项，是指对企业资产规模、资本结构、盈利能力以及生产装备、技术状况等产生重要影响的项目的设立和安排。主要包括年度投资计划，融资、担保项目，期权、期货等金融衍生业务，重要设备和技术引进，采购大宗物资和购买服务，重大工程建设项目，以及其他重大项目安排事项。

大额度资金运作事项，是指超过由企业或者履行国有资产出资人职责的机构所规定的企业领导人员有权调动、使用的资金限额的资金调动和使用。主要包括年度预算内大额度资金调动和使用，超预算的资金调动和使用，对外大额捐赠、赞助，以及其他大额度资金运作事项。

对照公司法关于股东会和董事会职权的规定来看，实际上“三重一大”的内容已经全部涵盖了股东会和董事会的所有职权，也就是说企业党组织可以对股东会和董事会的任何事项进行决议，然后通过交叉任职的通道，表现为企业意志，从而影响企业的经营管理。

四、党组织参与企业经营管理的困境

通过上述分析，我们可以看到企业党组织参与企业经营管理的合法性、渠道、职责范围通过一系列政策性文件得到了解决。那么，至此是否就意味着企业党组织就能顺畅的参与企业经营管理，并且能够发挥正面的作用，解决企业发展过程中存在的各种问题呢？答案是不确定的，因为企业党组织在通过上述方式取得权力的同时，也面临着与股东会、董事会、监事会乃至经理层的冲突和矛盾。因此有人曾说，国有企业改革的关键在于如何处理企业党组织和董事会之间的权力冲突。对此，笔者窃以为企业党组织与股东之间的矛盾可能更为致命。

任何一个组织均是由具体的自然人结合在一起构成的，企业党组织也不例外，企业党组织的成员自然是属于本企业的人员，无论是企业高管还是普通员工，其必然是从企业领取薪水以维持其生计的人。因此，企业党组织与企业之间有共同利益基础，同时也有攫取利益的动机。在企业党组织参与企业经营管理和决策的过程中，必然受其利己的动机驱使，所做的选择以如何使其收益或利益最大化为宗旨，至于企业是否盈利，是否为股东带来利润，则是其退而求次的选择。任何一个人必然以自利为先，即便是思想十分纯洁乃至“成圣”的党员，也难免为己谋利。所以，企业党组织作出的决策与股东之间存在分歧就在所难免。尤其是国有企业控股，社会资本参股的企业，社会资本作为小股东的权益，就有可能因为企业党组织的决策而受损。对于国有资本来说，行使出资人职责的国有资产监督机构或者其他机构，相对于企业自身来说，国有股东也是一个独立的个体，其利益出发点必然不会从始至终与企业党组织全面等同。既然利益不一致，则难免出现分歧，那么在现有政策制度安排下，当出现企业党组织和企业股东的意志相违背时，以哪个为准？从法律上讲自然是股东的意志为准，然则如此一来，企业党组织的作用将受到损害，政策的初衷能否实现就会成为问题。

企业治理中，董事会是执行机构，同时在股东会授权下对权限范围内的事务有决策权，在董事会议事过程中，企业党组织的意志由具备党员身份的董事表达于董事会中。实践中，董事会成员由股东委派，代表股东利益，董事在董事会表决中反映股东意志，如果是党员的董事接到的党组织意志和股东意志不一致时，必然使其不知道该如何行使董事权利。监事会是监督机构，监督董事会，并对股东会负责，但是按照党组织参与企业经营管理的政策安排，企业党组织也负有监督职责。那么就会出现，企业党组织既是决策者又是监督者的问题。决策和监督不能分离，其监督效果必然受到影响。

现代企业治理结构，形成的是企业所有者与经营者相分离的状态，然则一旦出现冲突和矛盾，必然是以企业所有者的意志为准。这样有最后的决策者，无论决策对错与否，都能起到权力统一的作用。相反，一旦令出多门，谁都说了算，则必然引起混乱，丧失秩序。就目前企业党组织参与公司治理的制度安排来说，企业党组织有高于董事会、监事会乃至等同于股东会的权利，那么企业党组织与股东会之间的矛盾就会引起公司治理失序，严重影响公司经营管理和业绩。

五、结论

党和国家设计让企业党组织参与企业经营管理，成为公司法人治理结构中的合法组成部分，并在“三重一大”事项方面发挥决策作用，以此加强党对企业的领导，使党组织起到核心作用，从而避免企业经营中的专断独行和恣意妄为，防范企业经营风险。初衷是好的，然则结果如何，或许还要拭目以待。仅从公司治理结构和现代企业组织管理方面来分析，的确存在本文所提到的困境，这是国有企业改革和经营管理中需要探索求证的问题。

面对这些问题，笔者以为解决的途径有两个选择，一条路径是上帝的归上帝，凯撒的归凯撒，党组织回到党章规定的政治、组织、思想职能上去，对于企业经营管理，则按照现代企业管理制度，由股东会决策，董事会执行，监事会监督，完善职业经理人制度，股东履行好出资人的职责，权责清晰，出了问题，责任主体明确，利于企业管理。另一条路是在目前政策框架下继续探索，重新定位企业党组织在经营管理中的作用，以及畅通党组织发挥作用的渠道，将政策上升到法律层面。同时要注意区分国有企业和民营企业。毕竟民营企业最终的风险承担者是股东，本着权利义务相统一的原则，股东的权力不应受到法律之外的限制。

试论法律服务产品标准化与个性化

甘肃合睿律师事务所　孙双秀　王金贵

内容摘要：法律服务产品是指律师将无形的法律知识通过一套可行的操作技术和流程与当事人的案件事实相结合呈现在当事人面前的能够被当事人感知的智力成果。法律服务产品标准化也就是一个一个的法律文本模板的标准化。法律服务的特点决定了法律服务产品标准化并非律师发展的方向，个性化定制服务才是律师发展的出路。法律文本模板和法律服务流程标准化有助于律师提高服务质量和水平。

关键词：法律服务产品　标准化　模板　流程

一、法律服务产品

产品在不同的领域有着不同的理解。传统经济学上的产品指的就是经过加工的，能够满足人们需求有型的物体。市场营销学产品的概念扩大到了"有形物品及有关的无形的服务、组织、观念或它们的组合"。[①]但在国际贸易领域将产品贸易和服务贸易是截然分开的。如WTO框架协议中货物贸易和服务贸易分别起草和签署为不同的两个协定。所以，有关传统的经济学领域服务和产品是有严格区别的，并非同一概念。更没有用产品概念来表述服务项目及其服务内容。

服务与产品实质上是有严格区别的：产品是有形性，独立性，可储存性，耐久性和可移动性的劳动成果。而服务则是无形的，能够被服务对象感知的，易逝的，难以储存的劳动过程。所谓"服务"，中国国家技术监督局在GB/T 24620—2009服务标准制定导则考虑消费者需求做出界定，即"服务提供者与顾客接触过程中所产生的一系列活动的过程及其结果，其结果通常是无形的"。但有些服务可能会产生或生产有型的产品。法律服务正好有这一特征。所以，法律服务产品是指律师将无形的法律知识通过一套可行的操作技术和流程与当事人的案件事实相结合呈现在当事人面前的能够被当事人感知的智力成果。这种智力成果通常表现为律师提供法律服务过程中各类法律文书、论文、法律培

①吴健安：《市场营销学》，高等教育出版社2011年版。

训类讲座、视频、录音、影像、光盘、报告、咨询意见等。

二、重新认识法律服务产品标准化

（一）关于法律服务产品标准化的研究

浙江常青藤律师事务所郑才微根据GB/T20000.1—2001以及ISO对服务标准（Service standard）的定义，认为法律服务标准化系"为平衡律师与委托人合法利益，由律师与有关部门起草的，总结律师先进经验并经有权机构批准的，供律师在提供诉讼或非诉讼服务过程中重复使用的操作流程或文本；律师服务标准化是研究、制定、发布、实施、修订律师服务标准的整个过程。"[①]这也是郑才微与众多业内人士关于律师服务产品标准化的研究成果的总结。因此，法律服务标准化包括法律服务流程的标准化和法律服务产品的标准化两部分内容。这里的法律服务产品实质上就是一个一个可以重复使用的法律文本模板，相应的法律服务产品标准化也就是一个一个法律文本模板的标准化。

（二）法律文本模板的标准化并非法律服务产品的标准化

1.法律服务产品的特点

法律服务产品是指律师将无形的法律知识通过一套可行的操作技术和流程与当事人的案件事实相结合呈现在当事人面前的能够被当事人感知的智力成果。其特点有：

（1）必须是与当事人的案件事实相结合。服务产品的特点之一是通过服务后形成的成果，是服务的直接结果，所以，必须是与被服务者的需求和具体实际情况相结合形成的成果才能称得上服务产品。具体到法律服务产品则是通过一套可行的操作技术和流程与当事人的案件事实相结合呈现在当事人面前的能够被当事人感知的智力成果。

（2）法律服务的服务过程也是法律服务消费者的消费过程，服务与消费具有同时性。法律服务的服务过程和法律服务消费者的消费过程，无论是在时间上，还是空间上都具有不可分离性。而法律服务消费者对法律服务提供商的感知会转变成法律服务消费者对法律服务本身的感知。

（3）法律服务具有不可储存性。法律服务的不可储存性即法律服务属于一次性的消费，消费完即告结束，无法存储重复使用，其价值也只存在于服务的"真实瞬间"，尽管其后果可能影响深远，但该服务难以重复消费和使用，具有易逝特性。

（4）法律服务需求的复杂性决定了法律服务内容的复杂性。法律服务，每

---

①郑才微：《浅谈律师服务的标准化工作》，http://blog.sina.com.cn/s/blog_6067a4630100vz1c.html，访问时间：2016年7月15日。

个用户的需求又各不相同，因为服务百分之百由服务提供者完成，法律服务的消费者因个性、文化水平、宗教信仰、性别等各种差别而会出现不同的需求，法律服务本身也会存在专业分工，不同专业领域的对应的服务内容各不相同。就最简单的劳动合同，律师要深入企业进行尽职调查，协商、制定方案，评估风险，制定策略，提出方案，讨论方案，决定实施等。社会的复杂性决定了法律服务需求的复杂性，从而决定了服务内容的复杂性。

2.法律文本模板并非法律服务产品

从上述法律服务产品的特点很容易得出，没有与当事人案件事实相结合的法律文本模板只是法律服务产品的原材料或者半成品，并非经过与当事人案件事实相结合，在开发形成的同时已经服务对象消费和感知后的，并且发挥了价值的法律服务智力成果。所以，法律文本模板仅仅是原材料或半成品，而并非法律服务产品。

3.作为法律服务产品载体的定稿法律文本内容同样难以标准化

社会的复杂性决定了法律服务需求的复杂性，从而决定了服务内容的复杂性。所以，作为法律服务产品载体的定稿的法律文本内容也是复杂的，因人而异，因案而异，不可能出现两个完全一模一样的案件，从而形成两个一模一样的定稿文本。所以，作为法律服务产品载体的定稿法律文本内容同样难以标准化。即使作为法律服务产品载体的定稿法律文本可以标准化，也只能对其形式进行标准化，实质内容难以标准化。

三、法律服务的特点决定了法律服务产品标准化并非律师发展的方向，个性化定制服务才是律师发展的出路

（一）个性化是法律服务的本质特征

无论多么相似的案件，其案情不可能完全一致，这是世界普遍性与特殊性原理决定的，在法律服务领域同样普遍适用。即使完全相同的案情，当事人不同就会存在不同的需求。如，诉求的不同、文化水平的不同、宗教信仰的不同、人生观价值观的不同、认知能力的不同、财富多寡的不同等等有关人的个性的方方面面的不同，都会影响其法律服务需求的不同，所以，即使完全相同的案情，当事人不同就会存在不同的个性化的需求。再退一步讲，即使案情和当事人需求完全相同，律师不同，同样难以做出完全相同的法律服务产品。正如不同的厨师就相同的原料不可能作出口味完全一样的菜品一样，所以，个性化是法律服务的本质特征。

（二）个性化是高附加值法律服务的必然要求

法律服务，无论从服务提供者，还是服务消费者的角度来看，都具有极强

的人身属性，基于人的个性特征，个性化是法律服务最基本的特征。优质的法律服务必然是具有针对性的、个性化的法律服务。正如前述，即使劳动合同这一看似简单法律服务，同样存在个性化服务的内在必要性。从网上下载一个劳动合同范本交给客户套用，那不叫法律服务，更不能叫法律服务产品。相反，通过深入企业进行细致的尽职调查，然后对企业所有员工根据部门、岗位、职责等工作属性的不同，分门别类，再根据不同类型的员工设计不同类型的劳动合同，并分别签署。这样形成的劳动合同才能称得上智力成果，才能称得上法律服务产品。从这个意义上讲律师卖的是“智慧”不是“产品”，律师没有“标准产品”，我们只根据客户具体情况定制个性化的“非标准产品”，这就是深厚的法学专业功底，博大精深的法律智慧。

因此，法律服务过程中高附加值，满足客户个性需求的法律服务是法律服务内在的本质特征，这一特点决定了法律服务产品标准化并非律师发展的方向，个性化定制服务才是律师发展的出路。

四、法律文本模板和法律服务流程标准化有助于律师提高服务质量和水平

（一）法律文本模板的标准化便于律师提高服务效率

法律乃至律师业务分工越来越细，律师事务所和律师术业有专攻，一般只在其专业领域内精通擅长。就具专业领域精通于心的律师也是少数。所以，制定一系列法律文本模板，并将之尽量标准化，以供律师使用，对刚进入某一领域的年轻律师而言，无疑具有指导意义。同时能够保障律师的法律服务基本框架和基本质量，不至于偏离大的方向，还可以避免重大错误和疏漏，有助于提升律师的法律服务质量。

（二）服务流程标准化有利于保障服务质量

虽然最终成型的法律服务产品难以标准化和批量化，更难以重复消费和使用，高附加值的法律服务必须是个性化的高端定制，但规范的工序流程标准能够保障最终服务产品的质量。所以，流程的标准化仍然是必须要的。例如律师事务所归纳、整理出了一整套商事诉讼流程，将诉讼法律服务流程标准化，包含了很多标准化业务模块。立案阶段：了解基本案情和基本信息、检索是否存在利益冲突，提出是否接案意见；评估阶段：案情评估，指定承办律师，形成初步意见；磋商代理阶段：指定代理方案，与客户沟通代理方案，报价，进行谈判，签订代理合同；庭前准备阶段：提炼案情，制作案件图表，进行法律法规检索，进行案例检索报告，制作证据清单，拟定质证意见，撰写诉状或答辩状，代理词，进行模拟法庭，复盘，修正庭审策略；开庭阶段：提交答辩状，证据清单，质证意见，案件图标，代理词，参加庭审；庭后阶段：复盘，完善代理意见，制作庭审报告；总结阶段：撰写结案报告，进行总结，给当事人复制卷宗，归档。再比如顾问单位规章制度修订业务流程控制标准，分为尽职调查：律师事务所指派专业律师入驻企业了解企业的管理流程及业务流程；法律分析：针对企业不同的管理及业务流程分析对应的法律、法规及其他规范性依据并列明对应的法律关系；风险控制：针对企业的各个管理流程及业务流程分析企业管理及操作过程当中可能存在的法律风险；实地走访：实地走访了解企业以往管理及业务流程当中存在过的法律风险；形成初稿：律师事务所组织律师对调查结果汇总讨论并形成修订与完善的初步草稿；组织讨论：与企业相关管理人员讨论草稿的可行性；修改完善：根据与企业管理人员的讨论意见对规章制度进行修改完善；宣讲答疑：将初步定稿后的规章制度内容向企业相关人员进行宣讲、答疑；程序设置：按照法律规定的要求设置修订后的规章制度讨论和决议的程序；规章决议：辅导企业按照上述程序对修订的规章制度进行决议；告知学习：辅导企业按照法律规定的要求对员工进行规章制度的告知和组织学习并保留痕迹。

综上，法律服务产品是指律师将无形的法律知识通过一套可行的操作技术和流程与当事人的案件事实相结合呈现在当事人面前的能够被当事人感知的智力成果。法律文本模板的标准化并非法律服务产品的标准化。高附加值的法律服务必须是个性化的高端定制。律师卖的是"智慧"，是深厚的法学专业功底，博大精深的法律智慧，不是"产品"，律师没有"标准产品"，律师只根据客户具体情况定制个性化的"非标产品"。法律服务的特点决定了法律服务产品标准化并非律师发展的方向，个性化定制服务才是律师发展的出路。但法律文本模板和法律服务流程标准化有助于律师提高服务质量和水平。

"修霸王车"行为性质的认定

甘肃铜城律师事务所　朱万润

内容摘要： 对"修霸王车"行为如何定性理论界和实务界有不同的观点，分别从诈骗、盗窃、抢夺以及民事经济纠纷的角度对该行为予以定性分析。但是，从"修霸王车"行为构成和现行法律对该行为的规定来看，认定为抢夺罪更符合法律精神。

关键词： "修霸王车"行为　法理分析　抢夺罪

一、基本案情

2015年8月13日，行为人刘中明（无业）驾驶别克小轿车至白银西区赛亚修理部修车。次日取车时，被告知修理费共计7200元。为逃避支付该部分修车费，行为人刘中明以试车为名，乘工作人员不备，驾车高速驶离修理部。案件发生后，修理部工作人员通过其修车时预留的电话与刘中明取得联系，该行为人以没有钱为由拒付，后再打电话拒接。无奈，修理部工作人员到派出所报案，派出所警察认为不属于刑事案件，不予立案，应到人民法院诉讼解决。赛亚修理部工作人员到法院立案大厅咨询，被告知：被告姓名、住址等等基本信息不详，无法送达，且没有该刘中明签字认可的证据，不予受理。

对于这种修霸王车的行为，甘肃铜城律师事务所接受委托后进行了讨论，形成以下意见：行为人刘中明经预谋，为将应属于被害单位的财物恶意占有，乘人不防备驾车逃跑，未使用暴力或者以暴力相威胁，符合公然夺取的特征，其行为不构成诈骗罪、不构成盗窃罪，应以抢夺罪定罪量刑。

二、"修霸王车"的行为性质认定

（一）"修霸王车"的行为不构成诈骗罪

根据刑法规定及刑法理论，诈骗罪是指行为人采取虚构事实或者隐瞒真相的方法使被害人基于错误认识而自愿处分财物的行为。有律师认为，本案行为人刘中明隐瞒了不想付修车费的真相，以试车为名，使被害单位赛亚修理部的员工陷入错误认识，将修理后的车交与其处分，等于占有了被害单位赛亚修理部的财物后逃离。同时，他虚构了"试车"的事实，骗取了汽车钥匙，其行为应当以诈骗罪追究刑事责任。我们认为，此种意见不能成立。

1.根据本案案情，行为人刘中明不存在虚构事实或者隐瞒真相的行为。行为人修车但不想付钱的意图一开始谁都不知道，他修车但不想付钱的意图只是一种主观意识，不属于事实或真相；骗取了汽车钥匙“试车”的行为也不属于虚构的事实而是一种客观行为。在此情形下，被害单位赛亚修理部的员工并未基于错误认识而处分财物。本案中，被害单位员工将车辆修好，并非基于认识错误，只是依照行业惯例先修车再收款。从主观上看，被害人赛亚修理部没有放弃修车费的意思表示；从客观上看，虽然车辆已修好，更换配件及修理的行为已经结束，服务已完成，但如果行为人不支付对价，被害人可以随时留置车辆，追索相关费用，修理部并未丧失对修车费的控制和支配能力。

2.根据本案案情，在“修霸王车”案件中，行为人刘中明并未取得财物。我们知道，刑法中的取得并不完全等同于民法中的占有。修车之后，根据民法上占有的观念，行为人已经占有了赛亚修理部的服务及对价，其行为的非法占有目的明显。但从行为效力上看，其并未取得对该财物占有的绝对性。在行为人刘中明支付对价之前，被害单位仍然保持着对该车辆的实际控制，因此不能认为行为人已经取得了财物。基于此，本案行为人刘中明在赛亚修理部修车后，为逃避高额修车费，乘被害单位工作人员不备，以试车为名驾车驶离维修部的行为，不符合诈骗罪的行为特征，其行为不构成诈骗罪。

（二）“修霸王车”的行为不构成盗窃罪

刑法第264条规定，盗窃是指秘密窃取公私财物的行为。从理论上说，秘密性是盗窃罪的必备要件，根据刑法的犯罪构成理论，该秘密性的认定存在两个标准：一是客观标准，二是主观标准。客观标准，即盗窃行为在客观上具有不为他人发觉的特性，这主要是针对被害人或社会公众而言。实施盗窃的犯罪嫌疑人采取被害人及周围群众难以发现的方式取得财物是秘密窃取；主观标准，即实施盗窃的犯罪嫌疑人本人在主观上具有不为他人发觉的思想意识，即自认为其盗窃行为是秘密进行的，即使被害人已经发觉，只要该行为客观上存在被害人难以发觉的可能性，该行为仍然不丧失秘密性。抢夺罪和盗窃罪的主要区别在于，抢夺罪是公然夺取他人财物，而盗窃罪是秘密窃取他人财物。

结合本案，行为人刘中明在修理部修车后，为逃避支付修车费，乘被害单位员工不备驾车驶离修理部，该行为在客观上不具有秘密性，能够为被害单位的员工及时发现，而且是被害单位的员工主动交付了钥匙，综合判断，该行为不应当认定为盗窃罪。

(三)"修霸王车"的行为不属于经济纠纷

众所周知，经济纠纷是指平等主体之间发生的，以财产权利义务为内容的争议。经济纠纷的特点表现在纠纷主体的平等化、特定化、纠纷内容的多样化、民事化、解决方式多样化。它是发生在当事人无法协商解决的情况下而诉诸司法机关或仲裁机构，就有关有关财产权益以及侵权行为方面的权利和义务请求界定的案件。

刑事案件是指犯罪嫌疑人或者被告人被控涉嫌侵犯了刑法所保护的社会关系，国家为了追究犯罪嫌疑人或者被告人的刑事责任而进行立案侦察、审判并给予刑事制裁的案件。根据民事诉讼法的相关规定，民事案件一般遵循不告不理的原则，即当事人不主动向国家司法机关或仲裁机构请求，国家司法机关或仲裁机构一般不干预。正如区法院的答复一样，本案不可能通过诉讼解决。它属于刑事案件，行为人的行为已经具有了社会危害性，已经涉嫌侵犯了刑法所保护的社会关系即修理部合法的财产关系，行为人主观上非法占有的目的明显，而非是有关因该车辆维修方面的瑕疵、损害赔偿、虚假报价或侵权行为而发生的纠纷。由于被告姓名、住址等基本信息不详，修理部只有行为人刘中明预留的电话号码及姓氏，无法送达，程序上不符合民事诉讼法起诉的条件；实体上在没有该行为人签字认可的证据的情况下，也不符合谁主张谁举证的条件，不予受理是正当的。

(四)"修霸王车"的行为构成抢夺罪

从刑法理论上讲，区分盗窃罪、诈骗罪、抢夺罪等侵犯财产犯罪的关键，在于行为人（犯罪嫌疑人）非法改变财物合法占有状态行为的性质。行为人（犯罪嫌疑人）非法改变财物合法占有状态的行为是直接侵害犯罪客体的危害行为，也是犯罪构成的核心要素和基本要素。实践中，盗窃罪、诈骗罪、抢夺罪等侵犯财产犯罪案件高发，一个原因是在理论上我们存在认识上的误区。结合本案行为人刘中明"修霸王车"的行为性质，应该说，非法改变财物合法占有状态的行为不是被害单位为行为人刘中明修车的行为，而是行为人刘中明乘被害单位员工不备驾车驶离维修站的行为。从刑法犯罪构成的角度上讲，被害单位的员工为行为人修车的行为并未改变修理费的合法占有状态，而在行为人刘中明驾车驶离之后，被害单位才彻底丧失了对修理费的控制，行为人刘中明才完全取得了对该部分价金（7200元）占有的绝对性和排他性。因此，我们应当以行为人乘被害单位员工不备驾车驶离维修站的行为作为认定其罪名的依据。

抢夺罪是指乘人不备、公然夺取公私财物的行为。公然夺取在司法实践中表现为，一是指行为人当着公私财物所有人、管理人的面，乘人不防备，将公私财物据为己有或者给第三人所有；二是行为人采取可以使被害人立即发现的方式，公然把财物夺走，但不使用暴力或者以暴力相威胁。“刑法分则对一些财产犯罪、经济犯罪，明文规定了‘以非法占有为目的’的主观要件；此外，许多条文虽然没有明文规定这一要件，但根据条文对客观行为的描述、刑法条文之间的关系，也需要以非法占有为目的，如盗窃罪、诈骗罪、抢夺罪等都需要以非法占有为目的”（张明楷语）。本案中，从客观方面看，行为人刘中明采取了乘人不备、公然夺取被害单位财物（价金7200元）的行为，具有非法占有之故意。行为人当着被害单位财物管理人的面，乘人不防备驾车逃跑，并将被害单位的财物（修理费）据为己有，其间并未使用暴力或者以暴力相威胁，完全符合公然夺取的特征，应以抢夺罪追究其刑事责任。

最高人民法院刑事审判参考第868号案例公布了一例“加霸王油”的案例：被告人李培峰为逃避支付油费，经预谋，加油后乘工作人员不备，高速驾车驶离加油站。经过侦查、起诉后，法院认为，被告人李培峰当着被害单位财物管理人的面，乘人不防备驾车逃跑，并将被害单位的财物据为己有，其间并未使用暴力或者以暴力相威胁，符合公然夺取的特征，以抢夺罪判处其缓刑。我们认为，这种判罚是适当的，既打击了犯罪，又保护了群众的合法利益不受侵犯。而且，对于这些年各地出现的吃霸王餐、修霸王车、洗霸王澡、租霸王房等等的违法犯罪行为也是一种遏制，否则，我们正常的经济秩序将会被打乱，社会的公序良俗将不存在，被害人的合法利益将无从保护。

基于以上判例，基于刑法打击犯罪保护经济秩序的精神，同时结合相关法律规定，我们认为，本案行为人刘中明“修霸王车”的行为已构成抢夺罪，应当以抢夺罪追究其刑事责任。

我国P2P网络借贷平台债权交易的法律问题分析

重庆言实律师事务所　王晨光

内容摘要：随着“互联网+”概念的风行和网络技术手段的革新，传统的民间借贷搭上了网络科技的快车，逐渐演化成了所谓的“P2P”网络金融行业。“P2P”网络借贷由于其交易对象的非特定性、信息获取的广泛性和交易方式的便捷性等诸多特点，以近乎“爆炸”发展的方式在金融领域迅速获取了一席之地。然而，由于法律规范天然的“滞后性”，网络金融交易在快速膨胀的同时带来的各个领域的风险却难以得到有效规制。本文在对网络金融发展轨迹和特点进行分析的基础上，尝试对该行业已经或可能发生的风险提出行之有效的规制手段。

关键词：网络金融　交易模式　风险规制

一、P2P网贷平台概述

（一）P2P网络借贷的概念

P2P网络借贷是一种伴随着互联网技术迅猛发展而兴起的一种新型金融借贷服务模式。网络借贷将个人对个人的民间借贷与互联网结合在一起，使得个体之间通过网络平台进行信息交换，实现直接借贷，是当下“互联网+”时代的最为典型的产物之一。

就国内而言，根据银监会发布的有关P2P（即网络借贷）监管细则公开征求意见稿（以下简称意见稿）的规定来看，网贷平台被定义为依法设立，专门从事网络借贷信息中介业务活动的金融信息中介企业。就实际情况而言，网贷平台具体服务内容包括信息搜集、信息公布、资信评估、信息交互、借贷撮合等。

P2P网络借贷是民间借贷的一种新形式，P2P网络借贷的操作流程和规则可由网贷平台自行规定，它使得资金所有者绕过了银行，通过网络平台提供的一系列服务和信息，直接与借款人形成债权债务关系。从一定程度上看，可归于金融托媒的概念之中。亦有学者将P2P网络借贷归于投资性众筹中的“债务型众筹"。①

（二）P2P网络借贷债权交易的特点

与正规的金融渠道和传统民间金融相比，网络平台受空间和时间约束小，交互性和参与性较强，具有广泛的传播性、高度迅捷性和极大的便利性，且手续简便、门滥和渠道成本低。具体而言，P2P网贷债权交易具有以下特点：

1.信息流通快、交易手续便捷

P2P网络贷款业务借助互联网，通过现代信息技术极大提高了信息传播的速度，最大限度降低了信息传播成本，为借贷双方提供了快捷的交流平台。另外，P2P网络贷款业务全部交易手续都在网络上完成，交易手续方便、迅捷的特点迎合了现代商业和网络时代的要求，是该模式快速发展的一大推动力。

2.涉及金额小、借款期限短

P2P网络贷款通常采纳的信贷模式以及其作为正规金融机构借贷业务的补充作用，决定了P2P网络贷款的一大特点是每笔放贷金额较小、借款期限较短。这一特点在一定程度上有利于其控制借贷风险及借贷运营管理。

3.贷款门槛低、覆盖面广

P2P网络借款平台为借贷双方提供从信息发布、资料审核到转账借款、利率计算、按期还款的"一站式"服务。虽然用户同样需要提供一系列的身份验证和审核材料，但这些审核手续全部都通过网络完成，相比于银行贷款苛刻的条件和复杂的手续，其对贷款人和借款人而言门槛很低，手续方便。②

除此之外，由于借贷平台仅仅扮演中介机构角色，因此它不需要为每笔贷款计提风险准备金，也不必遵循相关资本充足率的规定，使得平台运转更加灵活、成本更加低廉。同时，网络技术的运用使其风险控制更加统筹，自动化的模型和算法，使之能够科学合理的规避市场风险。

二、P2P网贷平台交易模式

（一）标准型

标准型的网络借贷平台是指网络借贷平台为单纯的信息中介，并不承担信用中介的角色。在该平台上借款人发布借款信息，贷款人投标，标满则借款合同成立，是标准的一对多式的借款。

拍拍贷是典型的提供标准型网络借贷的P2P平台。拍拍贷的运作采纳了竞

① 姚海放、彭岳、肖建国、左坚卫、刘东："网络平台借贷的法律规制研究"，载《法学家》2013年第5期。

②黄震、邓建鹏主编：《互联网金融与风险控制》，机械工业出版社2014年版。

标模式。[①]借款人在设定借款金额、最高年利率、借款期限等条件后在拍拍贷平台上发布借款信息。贷款人看到借款信息后，用自有资金进行全额或者部分投标。一旦投标完成即借款成功，网站会自动生成电子借条，借款人按每月还款方式向放款人还本付息。拍拍贷作为中介，在借款人逾期不能还款时，进行催收和电话提醒，但除此之外并不承担任何保证责任或赔偿责任。

（二）异化型

异化型是指网贷平台突破单纯的信息中介，在交易过程中承担着信用中介的角色，对借款人的借款进行期限甚至人员上的错配，对于贷款人的投资提供担保。当网贷平台除去中介服务外提供金融服务时，其实际上已转变成为网络金融公司形式的中介机构。[②]

宜信作为国内债权转让模式的开创者，其为贷款人提供的更像是全程式的理财服务。宜信的借贷模式实际上已经突破了为借贷双方提供借贷信息的贷款平台功能，其研发出的理财产品使得宜信自己成为了"二传手"，其将自有资金先借贷出去，再将债权转让给贷款人。这种模式下，贷款人就可以灵活地向宜信购买期限不同、金额不同的理财产品，而宜信像一个流动的"供应池"，随时向贷款人提供债权或者再行受让贷款人的债权。[③]

三、P2P网贷债权交易的风险

（一）借款人使用虚假的身份信息获取贷款

虽然最新出台的规定要求借款人提供真实、准确、完整的用户信息，但由于我国缺乏健全的个人信用体系，而网贷平台受限于其资源和能力只能进行形式审查；同时，科技的发展使得假文件、假证明非常容易获取，因此借款人所提供的信用信息可谓真假难辨，从而存在潜在而巨大的信用风险。

（二）借款人违法、违规使用贷款资金导致无力还款而造成违约

违法、违规使用贷款的监管即便在传统金融行业也是一大难题，在网贷平台表现得尤为突出。除此之外，"借新还旧"在网贷平台的"可操作性"也远超过传统信贷。原因在于，目前国内网络贷款平台众多，P2P网络贷款通过网络进行审核交易，这使得借款人可以轻而易举地实施借新债还旧债。在这种模式下，若借款人所借资金数额庞大或者有众多借款人同时实施该行为，其蕴藏的

① 尤瑞章、张晓霞："在线借贷的中外比较分析——兼论对我国的启示"，载《金融发展评论》2010年第3期。

②王刚："我国互联网金融服务的发展现状及监管建议中国金融监管报告（2014）"，社会科学文献出版社2014年版，第180页。

③ 辛宪："P2P运营模式探微"，载《商场现代化》2009年7月。

风险将成倍剧增，可能会牵连多家P2P网络贷款平台，形成行业性风险。

（三）借款人恶意拖延或拒绝还款而导致的信用风险

网贷平台参与者以陌生人居多，传统亲友熟人之间所依靠的乡规民约、声誉、道德等约束机制很难发挥作用，因此给缺乏信用观念之人以可乘之机。即使现在有些P2P网络贷款平台使用发布黑名单的方式惩罚违约者，但是网络系统的不统一性和低公信力使得这一措施对借款人的约束力也十分有限。

（四）非法担保

担保在网贷平台是被明令禁止的。然而，对于习惯刚性兑付的中国投资者而言，风险自担的网络借贷必将影响其积极性。我国各平台为了提高投资者热情，纷纷引入第三方担保机构，并建立风险准备金来提供担保。虽然网贷平台中担保禁止的合理性尚存争议，但就目前法律体系而言，网贷担保的违法性毋庸置疑。

四、P2P网贷债权交易的法律规制

（一）完善专业性的法律规范

其一，从刑事法律方面而言，在借款人不清偿借款的情况下，如何认定是借贷的违约还是触犯刑法构成合同诈骗罪或集资诈骗罪？笔者认为，借款人在借款过程中有非法占有目的并存在隐瞒真实情况等欺诈情形获取借款的应当认定为合同诈骗，但是关于非法占有目的的认定应当谨慎，单纯的借款不还不能简单地认定为非法占有。而对集资诈骗罪，因P2P网络贷款通常一笔借款由多个贷款人共同筹集而成，一刀切的方式不合理，应当综合借款人所借资金及所涉贷款人数目来认定。其二，是民事法律方面，利率上限是永远绕不开的话题。四倍贷款利率上限的规定，一方面给予了其生存发展空间，另一面也使其游走在法律边缘。笔者认为，利率四倍上限是20世纪90年代最高法院关于高利贷的司法解释，但现在很多民间短期拆借利率都超过这一限制。在更开放的市场交易环境中，法律应当逐渐放开这一规定，让市场的供求来决定利率的高低。当然政府必须维护好公平交易的环境，防范强迫交易、高利贷等不合理现象的产生。

（二）完善个人征信制度

市场经济是信用经济。P2P网络贷款这种本质上属于信用贷款的新兴模式更迫切地需要信用体系的支持。国外尤其是欧美国家，P2P网络贷款平台之所以能够发展如此迅速，很大程度上是依赖于其拥有成熟、规范的个人信用体系，有着市场化运作、信用度高的中介机构——信用评级机构的支撑。我国目前征信体系的建设还处于初步阶段，并且仍停留在政府主导的运作模式下，市场参与程度不高。为了提高运作效率和推进服务创新，应当考虑允许引入市场主体参与到征信体系的建设中来，发挥市场的竞争和优化作用。同时，应借鉴和学习国外对个人信用评级的方法和标准，从而制定适合我国的网络信贷评级标准。

结　论

从2007年我国出现第一家P2P网贷平台以来，形形色色的网贷服务中介机构就出现了"爆发式"的增长。但由于我国较高效力层级法律规范的缺失及征信制度的不健全，P2P网贷平台"野蛮"式的发展也带来了诸如违规用贷、金融犯罪、社会信用体系进一步遭受打击等不良副产品。然而，"存在即合理"，P2P网贷平台的迅猛发展也折射出，我国仍然有着巨大的金融服务需求长期未得到满足，很大程度上阻碍了小微企业和个体工商户的发展，抑制了这一层级经济体的发展活力。面对这一情况，当务之急并非如何采取措施压缩网贷平台的生存空间，而是应当以发展和改革的眼光看问题，充分利用政府"看得见的手"，为这一新兴生命体的发展提供良好的市场环境和更完善的游戏规则。

参考文献

［1］姚海放，彭岳，肖建国，左坚卫，刘东.网络平台借贷的法律规制研究［J］.法学家，2013（05）.

［2］黄震，邓建鹏.互联网金融与风险控制［M］.北京：机械工业出版社，2014.

［3］尤瑞章，张晓霞.P2P在线借贷的中外比较分析——兼论对我国的启示［J］.金融发展评论，2010（3）.

［4］王刚.我国互联网金融服务的发展现状及监管建议——中国金融监管报告（2014）［M］.北京：社会科学文献出版社，2014.

［5］辛宪.P2P运营模式探微［J］.商场现代化，2009（07）.

P2P网络借贷的机遇和挑战

重庆坤源衡泰律师事务所　王　琴

内容摘要：P2P网络借贷作为互联网金融中最重要的行业细分领域之一，近年来伴随着其飞速发展也引发了一系列的危机和问题，无论是纯民间借贷模式、专业担保公司提供担保的模式、债权转让模式或收益权转让模式都存在诸多的法律风险点，而从我国的实情出发，多角度多层面地建立全方位的防控体系，诸如完善征信体系建设，利用大数据分析促进P2P网络借贷健康发展，加大担保审核力度，降低金融杠杆风险，规范经营，提高风控，严防刑事法律风险等多种措施以促进P2P网络借贷健康、良性、有序发展才是行业发展之道。

关键词：P2P网络借贷　大数据　金融杠杆　刑事法律风险

这是一个最好的时代，这也是一个最坏的时代。这句话用来形容当下的互联网金融再合适不过了，而其中P2P网络借贷作为互联网金融中最重要的行业细分领域之一，机遇和挑战并存这一特点体现得尤其明显。2015年底至2016年上半年，P2P网络借贷领域发生了巨大的变革。随着E租宝和中晋系的轰然倒塌，据网贷之家发布的《2016年全国P2P网贷行业半年报》显示，2016年上半年P2P网贷平台数量出现了急剧下滑的态势，从2015年底的全国正常运营平台数量2595家，至2016年6月底，正常运营平台数量已经下降至2349家，半年时间减少了共246家正常运营平台。在互联网金融被列入了"十三五"规划发展纲要之后，《网络借贷信息中介机构业务活动管理暂行办法(征求意见稿)》也相继发布，这些在国家层面发出的积极信号，也让我们看出了以P2P网络借贷为代表的互联网金融领域的危机和转折。也许，对P2P网络借贷领域而言，努力撑过今夜的黑暗，才能迎来明日的黎明。而本文也将从现行P2P网络借贷的模式出发去分析和总结各个子项目模式项下的法律风险和防控措施。

一、何为P2P网络借贷

P2P借贷（peer to peer lending），意指个人与个人之间的借贷，从全世界范围来看，这都是一种古老而历史悠久的资金融通方式。P2P网络借贷则是指将传统民间借贷模式中线下的个人之间点对点的借贷方式借助互联网这一高科技手段而在线上达成，体现了民间借贷阳光化和透明化的趋势。P2P网络借贷突破了传统民间借贷对于熟人社会的社交关系的限制和依赖，可以说是民间借贷互联网化的倾向。同时，由于个人消费者和中小企业主历来都不是传统银行重点关注和倾斜的客户群体，而P2P网络借贷正好为该类群体提供了一个有效的金融服务替代选择方案，是普惠金融的绝佳体现。俗话说，"好风凭借力"。近年来，伴随着互联网的迅速普及以及金融业的发展改革，P2P网络借贷在"互联网+"的风口下发展势头不可谓不猛。P2P网络借贷作为传统金融的有益补充，被各方给予了厚望，但是在实际经营过程中却频频发生P2P网络借贷平台卷款跑路，平台控制人集资诈骗等等恶性的刑事案件，究其原因主要和P2P网络借贷的模式存在较大的关系。

二、当前P2P网络借贷的主要模式

当前P2P网络借贷主要分为以下几种模式，如纯民间借贷模式、专业担保公司提供担保的模式、债权转让模式、收益权转让模式等。

（一）纯民间借贷模式

该种模式较为纯粹，P2P网络借贷平台仅仅提供平台服务，投资人（出借人）和融资人（借款人）信息，撮合交易等居间服务，借款人在网络借贷平台上发布借款标的，出借人投标，向借款人出借其需要的部分或全部借款，然后出借人通过绑定的第三方托管账户（第三方支付可以是第三方托管银行或具备支付牌照的专业第三方支付机构）将款项支付给借款人账户。由此，借款人和出借人通过网络达成了双方的借贷合同关系，到期后，借款人将按电子合同的约定按时还款。

（二）专业担保公司提供担保的模式

该模式与纯民间借贷模式相比，在借贷双方中引入了专业担保公司为借款人的借款向出借人提供连带责任保证担保，该模式对于消除投资人的疑虑，增加其对P2P网络借贷平台的信任感，提高投资成功率，具有重要作用。基于此，增加专业担保公司提供担保是目前各大P2P网络借贷平台的通用模式，尤其是具有国资背景的专业担保公司更成了各大P2P网络借贷平台的香饽饽。

（三）债权转让模式

该种模式属于纯民间借贷模式的一种变形，主要是为了解决平台上借款人不足等情形，因此首先由专业放款人与平台达成合作关系，线上与线下相结合的方式进行放贷。主要模式为：专业放款人在线下向他人发放借款，形成债权，之后再将债权在线上拆分部分或全部对投资人进行转让，转让后再在线下将债权转让的情形告知债务人。该种模式主要分为两种类型，一种是直接的债权转让，即债权转让人将债权转让之后，即不再享有债权，由债权受让人与债务人根据原借款合同享有相应的权利义务；一种是债权的转让与回购，即债权转让人将债权转让之后，在承诺的期限来临时，如果债务人未能按时足额归还债务，则将由债权转让人按时回购债权，即保障了债权受让人充分受偿的权益。

（四）收益权转让模式

收益权并非明确的法定概念，现存的P2P网络借贷中收益权转让模式项下主要存在收益权、资产收益权、信托计划、券商资产管理计划、基金子公司资产管理计划等金融产品收益权产品P2P网络借贷平台上通过拆分之后进行转让的模式。

三、当前P2P网络借贷存在的主要风险

（一）民事法律风险

1.关于利率的合法性风险

根据最高院民间借贷司法解释的规定，民间借贷的利率存在"两线三区"这一限制，两线即为年利率24%和36%两个界线，年利率24%以内法律予以认可和保护；年利率24%和36%之间的区域如果借款人已经按照这个标准支付了利息的，则出借人无需返还，而借款人未予支付的利息则不再支付；高于年利率36%的部分，法律不予以保护，即便借款人已经向出借人支付了该部分利息，也有权利向出借人要求返还。

2.增加金融杠杆的风险

专业担保公司提供担保的模式是目前各大P2P网络借贷平台常用的一种模式。根据融资性担保公司管理暂行办法的第28条规定，融资性担保公司的融资性担保责任余额不得超过其净资产的10倍。由于担保公司在网络借贷平台上提供担保的借款额度一般并未实际纳入其担保额度，因此，该模式也极大地放大了金额杠杆，也进一步加剧了P2P网络借贷平台的经营风险。如在前期频频发生的国有担保公司逾期兑付事件即是担保公司大面积超额度担保，无法承担担保责任的风险集中爆发的体现。

3.债权转让的真实性和效力风险

债权转让的前提是待转让的债权是合法存在的，而现实情况通常是P2P网络借贷平台与小贷公司或小贷公司指定的人（即专业放款人）合作，由专业放款人在网络上先申请债权转让，在债权转让成功，募集了资金之后，再将募集到的资金以高利率在线下对外发放贷款。该种模式最大的风险在于债权转让时债权根本就是不存在的，那此时的债权转让究竟是债权转让亦或本质上是借款关系都需要尚待进一步研究。同时，由于债权转让仅需债权转让人对债务人进

行通知，因此是否存在债权重复转让等都存在极大的风险。从该模式的主要操作方式来看，可以说债权转让模式违背了P2P网络借贷平台个人对个人即点对点自由借贷的初衷，给了网贷平台虚构交易标的、平台自融资金、操纵借款流向留下了极大的空间，存在着较大的运营风险和道德风险。

4.广告宣传的法律风险

按照2015年开始实施的新广告法规定，对“零风险”、“100%本息保障”、“绝对安全”等词汇的广告宣传和推广予以了限制。同时，对于目前各大平台较为热衷的明星担任平台代言人等行为均予以了限制，如果明星未在该网络借贷平台进行过投资即担任平台代言人并进行产品的推广和宣传都可能涉及违反了广告法的规定应承担相应的责任。

（二）刑事法律风险

截至目前，在P2P网络借贷平台涉及刑事案件中主要涉及的罪名为集资诈骗罪、非法吸收公众存款罪和合同诈骗罪等。根据我国刑法、刑事诉讼法、非法集资司法解释和最高人民检察院公安部关于经济案件追诉标准的规定，如果P2P网络借贷平台虚拟借款标的、虚拟债权转让、虚拟理财产品等资产管理计划在平台向投资人融资成功募集资金，或者利用期限错配，在平台形成资金池，则借款人或P2P公司都可能涉嫌非法吸收公众存款。而如果主观上具有“以非法占有为目的”或吸收资金后不能及时清退而卷款潜逃的，则可能构成集资诈骗罪。如优易网、中宝投资、网赢天下、雨滴财富、家家贷被判集资诈骗罪；淘金贷被判合同诈骗罪；东方创投、天力贷、铜都贷等6家平台实际控制人被判非法吸收公众存款罪。

此外，我国刑法的洗钱罪规定了行为人明知犯罪违法所得及其收益，为掩饰、隐瞒其来源和性质，通过投资等手段使其合法化的行为。由于P2P网络借贷平台目前的风控体系并不完备加之对投资人身份及资金来源审核都存在诸多缺陷和不足，因此，P2P网贷平台有可能被不法分子利用以掩盖、隐匿、转移其非法所得。

四、P2P网络借贷法律风险防范措施

（一）完善征信体系建设，利用大数据分析促进P2P网络借贷健康发展

互联网金融和P2P网贷平台的健康发展离不开我国征信体系的发展和完善。从当前来看，逐步促进央行征信体系对P2P网络借贷平台的开放，加大对商业征信的支持力度，促成各P2P网贷平台之间客户信息的开放共享和交流都是我们应该努力的方向。从多角度着力打造互联网金融体系的征信体系建设，真正利用大数据的分析和优势来降低P2P网贷平台客户开发和评审的人力成

本，降低P2P网贷平台运营和扩展的边际成本，促进P2P网络借贷健康发展。

（二）加大担保审核力度，降低金融杠杆风险

对于P2P网贷平台采用担保公司或引进抵押物担保的，应注意一方面严格审查担保公司的资质和能力，着力从担保公司担保责任余额、担保风控体系是否完备、担保公司与P2P网贷平台是否存在关联关系等方面进行全方位的尽职调查，降低担保风险。另一方面对于提供担保物进行担保的，应着重从担保物的权属、是否存在抵押、查封、行政限制、抵押物现状是否存在租赁等各方面进行审核。通过降低担保风险尽量引导P2P网贷平台往居间服务提供商的方向健康发展。

（三）规范经营，提高风控，严防刑事法律风险

为了杜绝P2P网贷平台的刑事法律风险，完善行业经营规范，保证行业的健康发展，P2P网贷平台应坚守平台的中介地位，不自融资金、不虚拟借款标的、不操纵借款流向、不碰资金（坚持由专业的第三方托管机构提供资金的托管服务）、坚持小额分散、服务大众、普惠金融等价值理念，促进P2P网贷平台健康平稳发展。

金融业的发展和互联网的普及都为P2P网络借贷的成长指明了未来发展的方向，而坚守平台中介地位、从居间服务提供商到征信管理、大数据分析等泛平台化的发展战略离不开风控体系的完备和国民征信诚信体系的建设。伴随着国家“十三五”规划的实施，我们有理由相信以P2P网络借贷为代表的互联网金融在历经阵痛之后会发展得更加稳健，走得更远。

参考文献

［1］网贷之家发布：2016年全国P2P网贷行业半年报.2016年7月1日13:17 CCTIME飞象网。

［2］邓莉苹.10余起P2P案件已宣判，量刑和赔付比例怎么定?［OL］.2016年7月5日来自黄震互联网金额微信公众号。

［3］《金融法务眼中的P2P法律风险》http://mt.sohu.com/20150921/n421715675.shtml 访问时间：2016年7月15日。

［4］柏亮.中国P2P借贷服务行业白皮书［M］.北京：中国经济出版社，2014.

论“候鸟”式养老的消费者权益保护及权利救济

四川天润华邦律师事务所　阙雯

内容摘要：随着经济的发展，生活水平的不断提高，社会上出现了许多针对老年人养生养老的项目。信息化养老、候鸟式养老以及中国式养老等方式层出不穷。出于地域气候差异等原因，四川的老人更多的选择候鸟式养老，选择在寒冷潮湿的冬天去温暖的南方过冬。但在享受新型养老方式的过程中越来越多的老人的人身权益、财产权益受到侵害，作为购买这一养老服务的消费者在权益得到侵害时往往得不到服务提供者的妥善对待。逃避责任，不积极承担违约责任等一系列原因，导致“候鸟”老人遭遇权利救济困难、维权受阻等困境。

关键词：消费者权益　违约　侵权　救济

一、候鸟式养老模式分析

候鸟式养老是一种特殊的养老方式，随着气候的变化选择不同的地域环境养老，是一种建立在一定经济基础之上的养老方式。异地养老就决定了老人的衣食住行都在异地的养老院、老年公寓等机构，这些机构集健康服务、旅游休闲、文化娱乐为一体，为广大老年人提供了一种在游玩中健康快乐的享受生活的方式。[①]

候鸟式养老服务的提供，一般依托旅行社。需要异地养老的老人一般通过就近联系有此类服务的旅行社，接受该业务的旅行社一般采取与旅游目的地服务机构对接的方式，在老人到达旅行目的地以后由当地服务机构负责接待。但近几年就老年人异地养老发生的纠纷也屡见不鲜，老人在旅游过程中因为旅行社违约、当地服务机构侵权造成老人在外出旅游过程中人身权益和财产权益遭受损失。新型的养老方式给老人带来便利和休闲生活方式的同时，其中的法律风险也不得不考虑。

---

①陈昶屹：“候鸟式异地养老的困境”，载《法庭内外》2011年09期。

二、案例解析

作为四川省律师协会消费者权益保护专业委员会主任，多年来本人一直从事消费者权益维护工作。现针对这一问题，从本人接触过的案件当中做一个简要分析。

案情简介：原告张华北之子张巍以自己的名义与被告四川省川航假期国际旅行社有限公司（以下简称川航旅行社）签订了一份成都市国内旅游合同以便原告参加被告组织的"冬季老年养生游"，合同约定旅行费用总额为12880元。合同约定2011年12月2日从成都出发至海南三亚，在"晴天玉滩酒店"住宿14天、在"白金海岸酒店"住宿15天后返回成都。合同同时约定了地接旅行社名称、双方的权利义务、违约责任及补救责任等。原告于合同签订当日向第一被告足额缴纳了含旅游意外险保险费50元在内的12880元的旅游费用。

合同签订后，2011年12月2日，原告按照合同约定从成都出发飞赴三亚，当晚24点后才入住合同约定的"晴天玉滩酒店"。原告在收拾完行李之后去浴室洗澡，但是由于浴室缺少必要的防滑措施与警示标志，加之被告安排的作息时间没有考虑老年人的特殊体质和身体需要，严重影响了原告的精神状态，导致原告在沐浴时滑倒摔伤。在通知当地旅行社的地陪后，地接社陪同原告由四二五医院救护车送至该院，经检查为腰部椎体骨折。原告自2011年12月3日起至26日在该院住院治疗，在此期间，原告花费了医疗费用35281.80元、护工护理费3680.00元，共计38961.80元。原告之子赶往三亚照顾，期间共花费了交通费和住宿费4802元。

原告于2011年12月26日出院后返回成都，立即找到被告要求退还团费并承担医疗、护理费用以及原告家属因往返三亚照顾原告花费的交通及住宿费用。被告态度强硬，拒绝向原告赔付任何费用。原告遂向成都旅游执法大队进行投诉，在投诉过程中发现了被告的违规转团行为。

三、法律分析

在本案中原告张华北在旅游过程中因旅行社方面原因导致人身权益受到损害。根据最高人民法院关于审理旅游纠纷案件适用法律若干问题的规定第3条："因旅游经营者方面的同一原因造成旅游者人身损害、财产损失，旅游者要求旅游经营者承担违约责任或者侵权责任的，人民法院应当根据当事人选择的案由进行审理。"在本案中，原告张华北在与被告川航旅行社协商未果的情况下，原告选择委托律师提起诉讼。现就在诉讼过程中具有讨论价值的问题作简要分析：

（一）诉讼方式的选择对当事人权益维护的作用

根据最高院司法解释的规定，在此类案件当中当事人在提起诉讼时可以侵权提起诉讼也可以按照合同违约提起诉讼，方式的选择上，作为律师不能草草了之，两种诉讼方式的选择对于当事人权益的保护往往会有着天壤之别。侵权责任和违约责任在适用上有很大的区别。

1.违反义务的性质不同。违约责任一般是违反特定的约定义务，在本案中，被告违反了约定义务，未经允许私自转团。而侵权责任是违反法定的保护他人的抽象义务的规定的结果，在发生侵权之前并没有特定的义务关系存在。

2.归责原则的不同。违约责任采取严格责任的归责原则，并不要求违约方有主观过错；而大部分侵权责任采取过错原则，要求侵权人主观上具有过错。

3.举证责任原则不同。侵权责任中，要求侵权行为的被害人证明行为人的过错，举证责任由被害人承担。而被害人往往因为不能举证或者举证困难而无法得到赔偿，以此案为例，原告张华北受伤之后，关于该案的举证也十分困难。发生事故的酒店可以在事故发生之后将导致原告摔倒的原因做弥补，比如将原本未贴上防滑标识的浴室贴上防滑标志。但在违约责任中，权益受损方无需证明对方之故意或者过失，只需证明权益受损及具体损失即可。在本案中，原告张华北仅需证明在履行过程中因为旅行社方面的违约行为导致其人身权益受损。

4.在诉讼时效方面，违约责任与侵权责任也有很大的不同。因违约责任而产生的损害赔偿请求权的诉讼时效一般为两年；而因侵权行为的诉讼时效在造成人身损害的前提下一般为一年。就本案来讲，考虑该案原告的特殊身份，以及被告方不负责任的态度，在事实发生之时到提起诉讼时止肯能已经超过一年诉讼时效。为了保障原告的合法权益，应该选择更有利于当事人的方式。

5.在救济途径上，合同纠纷既可以选择诉讼途径解决，也可以通过仲裁程序解决，在不违反专属管辖和和级别管辖的情况下，当事人可以选择被告住所地、合同履行地、合同签订地、原告住所地或者标的物所在地法院管辖；侵权只能通过诉讼解决，且无协议管辖问题，除专属管辖外，一般由侵权行为地或被告住所地法院管辖。

6.对第三人的责任不同。违约责任中如果因为第三人原因导致合同一方权益受损，则在此情况下承担的是债的相对责任；而在侵权责任中，贯彻了自己对自己行为负责的原则，行为人仅对因自己的过错致他人损害的后果负责，承担债的绝对责任。回归到本文中列举的案例来看，原告张华北受伤是因为被告旅行社所选择的旅游辅助者"晴天玉滩酒店"没有尽到安全警示义务，没有在湿滑的浴室内张贴防滑标识，也没有防滑垫。原告选择违约之诉，则原告可依据合同法第107条："当事人一方不履行合同义务或者履行合同不符合约定的，应当承担继续履行、采取补救措施或者赔偿损失等违约责任。"以及合同法第113条："当事人一方不履行合同义务或者履行合同义务不符合约定，给对方造成损失的，损失赔偿额应当相当于违约所造成的损失，包括合同履行后可以获得的利益，但不得超过违反合同一方订立合同时预见到或者应当预见到的因违反合同可能造成的损失。经营者对消费者提供商品或者服务有欺诈行为的，依照中华人民共和国消费者权益保护法的规定承担损害赔偿责任。"

（二）国内外相关法律分析

根据法国民法典[①]第1382条的规定："人的任何行为给他人造成损害时，因其过错致该行为发生之人应当赔偿损害。"第1383条规定："任何人不仅因其行为造成的损害负赔偿责任，而且还因懈怠或者疏忽大意造成的损害负赔偿责任。"同时德国民法典[②]第823条也对侵权作出了相应的规定："因故意或者过失不法侵害他人生命、身体、健康、自由、所有权或者其他权利者，对他人因此而产生的损害负赔偿责任。违反以保护他人为目的的法律，负相同的义务。"相比较于我国侵权责任法中关于本案相类似情况的规定，在发生侵权时多数情况下是采取过错责任原则，且受害方负举证责任。法国民法典和德国民法典对于此类规定更多的站在权益受损害方的角度，尤其法国民法典中明确规定了因懈怠或者疏忽大意造成的损害仍然负损害赔偿责任。回归本文列举的案例来看，川航旅行社正是因为疏忽大意，在选择旅游服务辅助者时没有考虑到享受该服务的消费者的特殊情况。时间安排不合理，未贴警示标示等导致原告张华北受伤的原因，若经过旅行社实地考察和谨慎选择是可以避免的。若参照法国民法典是可以以侵权直接提起诉讼要求旅行社负赔偿责任的。然而，我国侵权责任法在此类问题上并没有明确的规定。

四、结论

近年来，旅游业作为一个朝阳产业不断的发展，旅游已成为人们日常的生活方式之一。随之而来的是旅游纠纷的上升，旅游者与旅游经营者之间、旅游者同旅行辅助人之间都可能发生越来越多的复杂的问题而诉诸法院，相关案件

---

①1804年公布施行的《法国民法典》是一部典型的近代民法典，是第一部资本主义国家的和以资本主义经济制度为基础的民法典。它在1804年(甲子年)公布时的名称是《法兰西人的民法典》。

②《德国民法典》是德意志帝国在德国民法典制定的民法典。1900年1月1日施行，以后为德意志共和国、德意志联邦共和国继续适用，现在仍然有效。

的实际审判也呈现了颇多司法适用的难点和热点。旅游合同一直以来也极具研究价值，近年来，学界对于旅游合同的探讨颇为深入，从其订立、履行和解除到合同双方的权利义务，从其概念、性质到其特有属性都成为研究的热点。在争议发生之时，尤其在当事人人身权益受到损害时。作为当事人权益的维护者，社会公正之斗士。律师应尽最大的可能维护当事人之合法权益。法律之漏洞不可避免，但在选择何种方式维护当事人权益时，应作出对当事人最优的选择。

参考文献

[1] 陈昶屹.候鸟式异地养老的困境［J］.法庭内外，2011（09）.

[2] 舒瑶芝.侵权责任与违约责任竞合的探讨——兼评《合同法》第122条的规定［J］.河北法学，2002（3）.

[3] 史蒂芬·洛伦茨.德国法上的违约［J］.北航法律评论，2012.

[4] 汤晓晨.旅游合同违约之法律救济［J］.南京师范法学，2014.

慈善组织与志愿者法律关系的界定探析

四川志存律师事务所　李　苗

内容摘要：慈善法的出台对规范与促进我国慈善事业发展具有积极意义。本文分析了慈善组织与志愿者劳动关系是否属于劳动关系、梳理志愿者与慈善组织权利义务关系、建议志愿者与慈善组织应注意通过协议方式约定各自权利义务，着重探讨志愿者参与慈善组织安排的慈善服务中侵权责任的承担，分析志愿者服从慈善组织管理的应有之意等问题。

关键词：慈善法　慈善组织　志愿者　法律关系

引　言

慈善法出台填补了法律空白，对慈善、慈善组织、慈善募捐与捐赠、慈善服务等进行了界定，对规范和促进我国慈善事业发展具有积极意义。但必须同时看到的是，慈善法部分内容仍语焉不详，特别是对于慈善组织与志愿者的法律关系界定上仍有模糊不清之处。法律关系确定了法律主体的各自权利义务。法律关系不清晰，必然导致各方权利义务的模糊与冲突。[①]笔者试从慈善法等法律规定入手，希望厘清慈善组织与慈善服务志愿者的法律关系，并以此为促进慈善事业的健康发展提供建议。

一、慈善组织与志愿者劳动关系的否定

（一）引子——慈善服务是否属于"劳动"

2015年，成都某慈善组织被志愿者提起劳动仲裁。该志愿者主张：志愿者与成都某慈善组织系劳动关系。该志愿者提出上述主张是基于以下两个理由：（1）志愿者受成都某慈善组织的管理；（2）志愿者每月收到成都某慈善组织发来的志愿者津贴。成都市劳动仲裁委及一审法院基于我国劳动法等有关法律规定，支持了志愿者的主张。成都某慈善组织坚决不同意仲裁裁决、一审判决结论，称如志愿者都与该慈善组织建立劳动关系，则慈善组织将面临不可承受之重，但该慈善组织似乎又找不到其他反驳志愿者主张的理由。

---

①在撰写本文时，笔者尚未查找到其关于直接讨论本文主题的参考文献。

该案仲裁、判决均在慈善法实施前做出。按照关于确立劳动关系有关事项的通知规定，劳动关系成立有以下判断标准：

1.用人单位和劳动者符合法律、法规规定的主体资格；

2.用人单位依法制定的各项劳动规章制度适用于劳动者，劳动者受用人单位的劳动管理，从事用人单位安排的有报酬的劳动；

3.劳动者提供的劳动是用人单位业务的组成部分。但该案仲裁裁决、一审判决似乎忽略了一个核心问题，即慈善服务是否属于劳动。

我国劳动法和劳动合同法对何谓劳动并没有进行明确的概念界定。按照马克思主义的解释，劳动是指对外输出劳动量或者劳动价值的运动，据此笔者暂且将慈善服务视为广义上的劳动。但这种广义上的劳动是否也是劳动法意义上的劳动呢?

（二）志愿者与慈善组织劳动关系之否定

我国慈善法第61条规定，慈善服务，是指慈善组织和其他组织以及个人基于慈善目的，向社会或者他人提供的志愿无偿服务以及其他非营利服。因此慈善组织及提供慈善服务的个人，提供的慈善服务都是无偿、非营利性的，而我国劳动法所规定的劳动者提供了“劳动”，则用人单位基于劳动的数量和质量应给予劳动者劳动报酬。因此，在是否发放劳动报酬上，慈善服务与劳动法意义上的“劳动”并非同一含义。但在慈善法未颁布前，慈善服务的概念与性质均没有明确。[①]司法实践中也容易将慈善服务与劳动关系认定中的“劳动”混淆。

津贴是慈善组织基于志愿者提供慈善服务给予的交通、餐饮等费用补贴，而不是基于志愿者慈善服务“劳动”给予的报酬，故志愿者与慈善组织不应是劳动关系。

（三）慈善组织工作人员劳动关系之肯定

按照我国慈善法规定，慈善组织从事慈善服务也是无偿和非营利性的。那么是否可以认定慈善组织所有人员都应当视为无偿提供劳动服务。

慈善组织为开展慈善服务必须配备相关的专职工作人员，这些包括日常事务处理、对外联络、财务等工作人员。这些人员加入慈善组织或许有提供慈善服务目的，但也可能是将在慈善组织工作视为自己的谋生手段，以通过自己的工作谋取劳动报酬，这部分工作人员与慈善组织的关系应界定为劳动关系更为妥当。故慈善组织必须分清楚志愿者与工作人员的区别并区别对待。

二、志愿者与慈善组织法律关系的分析

在慈善法颁布前，志愿者与慈善组织之间的关系一直未予以厘清。在志愿

① 吕洪业:《新中国慈善制度发展研究》，中国社会出版社2015年版，第109页。

者主张与慈善组织存在劳动关系时，这种关系有可能被界定为劳动关系，在志愿者受到损害时，慈善组织与志愿者的关系又有可能按照侵权责任法第37条的规定：“群众性活动的组织者，未尽到安全保障义务，造成他人损害的，应当承担侵权责任”界定为活动的组织者与参与者的关系。在慈善法颁布后，笔者认为有必要对志愿者与慈善组织权利义务关系进行重新梳理。

（一）志愿者与慈善组织法定的权利义务关系

慈善法条文界定了慈善组织与参与慈善服务的志愿者权利义务关系，主要可归纳为：（1）慈善组织可以招募志愿者参与慈善服务；（2）慈善组织招募志愿者参与慈善服务，需要专门技能的，应当对志愿者开展相关培训；（3）慈善组织应当公示与慈善服务有关的全部信息，告知服务过程中可能发生的风险；（4）慈善组织应对志愿者服务质量进行评价，并根据志愿者要求出具服务证明；（5）志愿者接受慈善组织安排参与慈善服务的，应当服从管理，接受必要的培训；（6）慈善组织应当为志愿者参与慈善服务提供必要条件，保障志愿者的合法权益等；（7）因慈善组织或者志愿者过错造成受益人、第三人损害的，慈善组织依法承担赔偿责任；损害是由志愿者故意或者重大过失造成的，慈善组织可以向其追偿。志愿者在参与慈善服务过程中，因慈善组织过错受到损害的，慈善组织依法承担赔偿责任；损害是由不可抗力造成的，慈善组织应当给予适当补偿。

（二）慈善组织与志愿者约定的权利义务关系

慈善法第64条第2款规定：“慈善组织根据需要可以与志愿者签订协议，明确双方权利义务，约定服务的内容、方式和时间等。”据此，除法律规定的权利义务外，慈善组织还可以与志愿者通过签订协议明确双方权利义务。

三、志愿者与慈善组织法律关系中难点探析

（一）慈善服务过程中发生的侵权行为的侵权责任分析

侵权责任法规定，用人单位的工作人员因执行工作任务造成他人损害的，由用人单位承担侵权责任。劳务派遣期间，被派遣的工作人员因执行工作任务造成他人损害的，由接受劳务派遣的用工单位承担侵权责任；劳务派遣单位有过错的，承担相应的补充责任。劳动者自身受到伤害，按照工伤保险条例规定条件认定工伤。劳动者致使他人或自身受到财产或人身损害的，法律规定处理方式相对明确。但在志愿者参与慈善组织安排的慈善服务过程中，侵权责任又该由谁承担呢？

1. 志愿者参与慈善组织安排的慈善服务过程中，因过错或者过失造成第三人损害的侵权责任主体分析

正如前文所述，志愿者与慈善组织之间不存在劳动关系，因此志愿者在参与慈善组织安排的慈善活动中导致第三人损害的，并不能按照侵权责任法当然推论出侵权责任由慈善组织承担责任。

志愿者开展慈善服务按照慈善法第62条规定应保护受益人的人格尊严等合法权益，这是志愿者的法定义务，故慈善法第106条第1款规定，因慈善组织或者志愿者过错造成受益人、第三人损害的，慈善组织依法承担赔偿责任；损害是由志愿者故意或者重大过失造成的，慈善组织可以向其追偿。

2. 志愿者参与慈善服务过程中自身受到损害的侵权责任主体分析

慈善法第106条第2款规定，因慈善组织过错受到损害的，慈善组织依法承担赔偿责任；损害是由不可抗力造成的，慈善组织应当给予适当补偿。那什么是慈善组织的过错呢？

我国侵权责任法第37条规定：“……者群众性活动的组织者，未尽到安全保障义务，造成他人损害的，应当承担侵权责任。”而慈善法第68条规定：“慈善组织应当为志愿者参与慈善服务提供必要条件，保障志愿者的合法权益。慈善组织安排志愿者参与可能发生人身危险的慈善服务前，应当为志愿者购买相应的人身意外伤害保险。”因此，如果把慈善组织界定为慈善服务活动的组织者，在慈善组织没有为志愿者提供能够保障志愿者合法权益的必要条件的情况下，慈善组织也应承担侵权责任。

3. 志愿者造成慈善组织损害的责任分析

在劳动关系中，劳动合同法第39条规定，劳动者严重违反用人单位的规章制度，严重失职给用人单位造成重大损害，用人单位可以解除劳动合同。同时，工资支付暂时规定第16条规定，因劳动者本人原因给用人单位造成经济损失的，用人单位可按照劳动合同的约定要求其赔偿经济损失。可见，因劳动者本人原因造成经济损失的，用人单位是有追偿权的。

但在参与慈善服务过程中，如果志愿者造成慈善组织名誉或财产受到损害的，比如志愿者以慈善组织名义擅自收取受益人或捐赠人的财物的，志愿者是否应当对慈善组织承担侵权责任呢？慈善法全文对志愿者造成慈善组织损害的责任承担问题并没有任何规定。

如果慈善组织与志愿者可以签订协议明确各方权利义务，那么慈善组织与志愿者应当是平等民事主体之间的关系。在此前提下，按照我国侵权责任法规定，志愿者如果因自身过错造成慈善组织声誉或者财产损失的，志愿者应当赔

偿由此给慈善组织的损失。

（二）关于志愿者接受慈善组织管理的理解

慈善法第67条规定：“志愿者接受慈善组织安排参与慈善服务的，应当服从管理……。”这种管理与被管理关系是基于志愿者接受慈善组织安排才产生的，因此这种管理不是行政法或劳动法意义上的管理关系，是一种为完成慈善服务、在志愿者自愿的前提下而产生管理与被管理关系。

假设慈善组织相关安排是合理与合法的前提下，志愿者在接受慈善组织安排后，能否不再接受管理呢？虽然志愿者与慈善组织是平等主体之间的法律关系，但一旦志愿者接受慈善组织安排，那么就意味着志愿者已让渡在慈善服务中自主安排的权利，故志愿者在接受慈善组织安排的慈善服务后不得再反悔。

但吊诡的是，慈善法在规定志愿者应服从管理的法律条文后，并没有规定志愿者违反这一义务的罚则，这在立法技术上不得不说是一种缺憾。因此，笔者建议：立法机关应完善违反被管理义务的罚则（包括列入进入失信名单、承担民事责任如赔偿、赔礼道歉、消除影响等）。在慈善法未修改前，慈善组织在拟定与志愿者之间的服务协议时也应对违反被管理义务的责任有相应的约定。

（三）除侵权行为外，志愿者参与慈善组织安排活动法律责任的承担

部分慈善组织为便于管理和宣传，为志愿者发放了志愿服务证、统一服装。对受益人、第三人而言，他们很可能分不清这些志愿者在慈善服务中的法律地位。那么志愿者在参与慈善组织安排的慈善活动中的行为，是否都能视为慈善组织的行为或者其行为所产生的法律责任应由慈善组织承担？

志愿者参与慈善组织安排的慈善服务出发点也是利用慈善组织平台提供慈善服务，志愿者与慈善组织在提供慈善服务的目的上应当大体一致。但不能排除志愿者出于私利或者因自身知识水平、经验等不足，做出一些有损慈善组织利益行为。

在劳动关系中，依据民法通则第43条：“企业法人对它的法定代表人和其他工作人员的经营活动，承担民事责任。”等法律规定，工作人员经营活动的民事责任由企业法人承担。但慈善法对这一关系慈善组织切身利益的问题没有规定。

尽管慈善法对此没有给出明确的答案，但慈善法规定了志愿者服从慈善组织管理的义务。对于志愿者超越慈善组织安排的志愿者行为而产生的法律责任应由志愿者承担；对于符合慈善组织安排的志愿者行为的法律责任应由慈善组织承担。至于如何判断志愿者行为是否符合慈善组织安排，在慈善法没有明确前，只有通过慈善组织与志愿者签订的协议予以明确。对于第三方而言，当然

如果志愿者的行为依法构成了表见代理，相应行为的责任依法应由慈善组织承担，慈善组织再根据与志愿者签订的协议向志愿者追偿。

结 论

综上，笔者得出以下结论：第一，志愿者与慈善组织之间并非劳动关系；第二，志愿者与慈善组织之间除了法定的权利义务关系外，在慈善法未完善前约定权利义务显得尤为重要；第三，志愿者参与慈善组织安排的慈善服务的法律后果，慈善法尚有不明确的地方，立法上应予以重视并给予修正。

参考文献

［1］吕洪业.新中国慈善制度发展研究［M］.北京：中国社会出版社，2015.

［2］张奇林.中国慈善事业发展研究［M］.北京：人民出版社，2014.

［3］王冬芳.慈善项目管理［M］.北京：中国社会出版社，2015.

出让合同中受让人承担的违约责任应视为一种行政处罚

四川豁达律师事务所　鲁建红

内容摘要：国有建设用地使用权出让合同中，为促使使用权人遵守土地用途管制的相关法规，约定了多种情形下使用权人违反合同约定应当承担支付违约金的违约责任。现实中，出现了使用权人违反合同约定而拒绝依约支付违约金的情况，作为行政机关采取哪种渠道收取违约金，成为一个需要慎重考虑的问题。本文提出将出让合同中的违约金视为一种行政处罚，以行政机关在行政合同中的行政优益权为重，通过行政救济方式予以收取的设想。

关键词：国有建设用地　出让合同　违约金　行政处罚

国有建设用地使用权出让合同（2008年版）第七章违约责任部分，就受让人违反合同约定延期支付出让价款、单方终止合同、延期开工建设，以及项目投资要求、建筑容积率、建筑密度、工业用地的绿地率、办公及生活服务设施用地比例、建筑面积等不符合合同约定的，均规定受让人应当承担支付定金、支付违约金等违约责任。

同时，第七章就出让人违反约定时间交付土地、交付的土地不符合合同约定的条件或单方面改变土地使用条件的，合同约定出让人承担给付违约金、赔偿损失等违约责任。

这两种违约责任，性质是否相同？如果出现受让人拒绝承担违约责任的情况，行政机关如何追究受让人的违约责任？

一、国有建设用地出让合同中受让人承担的违约责任不同于民事合同的违约责任

（一）国有建设用地出让合同（以下简称"出让合同"）中受让人承担违约责任的主要法律依据

土地管理法总则部分明确了国务院代表国家行使国家所有土地的所有权。国务院土地行政主管部门和县级以上地方各级人民政府土地行政主管部门负责

土地的监督、管理工作。十分珍惜、合理利用土地和切实保护耕地，是土地管理的基本国策，管理方式是土地用途管制制度。是否采用行政合同的方式实施国有建设用地使用权管理，均应当维护国有建设用地使用权的合法权益、遵守土地用途管制制度。

因为土地用途管制制度的存在，使得出让合同相对于一般的物品转让合同有一个鲜明的特点。即，一般物品的转让合同签订履行后，出让人即失去对物品的所有权，受让人拥有全部的、排他的、绝对的占有、使用、受益、处分的权利；而出让合同签订履行后，在受让人使用国有建设用地的所有时间内，出让人仍然继续行使对受让宗地用途的行政管理权。出让人不因出让合同的签订履行而失去出让宗地的行政管理权，而是将该行政管理权继续延伸下去。从法律适用看，出让合同应当优先适用行政管理法规，同时，与行政管理法规不冲突的民事法律规范也应当适用。

土地管理法第56条要求建设单位使用国有土地应当按照土地使用权出让合同的约定使用土地。出让合同约定的这一具体内容，也是土地用途管制制度的法定要求。

物权法第138条、140条、141条规定，采用竞价方式设立建设用地使用权的，应当订立书面合同，合同应当包括建筑物、构筑物及其附属设施占用空间、土地用途、使用期限、出让金等费用及其支付方式、不得改变合同约定使用土地、按照合同约定支付出让金等费用。这是从物权法的角度，明确了土地管理法提及的土地使用权出让合同应当具备的基本内容，是土地用途管制制度在物权法中的体现。

从土地管理法并结合物权法，可以表明出让合同关于土地用途的约定内容，实际上是土地用途管制制度的法定内容。违反出让合同的约定，就是违反土地管理法的土地用途管制制度，就是对国有建设用地使用权这一物权的侵害。物权法第三章物权的保护部分规定侵害物权，除承担民事责任外，违反行政管理规定的，依法承担行政责任。所以，违反出让合同的约定，承担的违约责任，其实是出让合同的受让人违反行政管理规定应当承担的行政责任，承担违约责任是承担行政责任的一种方式。以受让人承担违约责任的形式，保障受让人遵守行政机关对国有建设用地使用权的用途管制，对违反国有建设用地使用权行政管理秩序的行为实施处罚。

城市房地产管理法、城镇国有土地使用权出让和转让暂行条例均规定土地使用者未按照出让合同约定支付出让金、使用土地的，土地管理部门除有权解除合同外，还可以要求违约赔偿。

国务院关于促进节约集约用地的通知（国发〔2008〕3号）第14条将土地出让合同约定的建设项目投资额、开竣工时间、规划条件、价款、违约责任等内容，作为对行政机关强化用地合同管理的要求。

以上表明，出让合同中受让人承担的违约责任，并非出自合同双方意思自治原则的任意约定，而是由土地行政管理机关依据法律法规的规定向行政相对人提出，并由相对人接受而形成的。目的是保障土地用途管制制度的执行、保护国家和社会公共利益。作为土地出让人的土地行政主管部门对受让人主张违约责任，是土地行政管理部门应当履行的行政职权。

（二）出让合同中受让人承担的违约责任不同于民事合同中的违约责任

民事合同违约责任的法律依据，主要体现在民法通则和合同法中。

民法通则是调整平等主体的公民之间、法人之间、公民和法人之间的财产关系和人身关系的法律。而民事合同是当事人之间设立、变更、终止民事关系的协议。就违反合同的民事责任问题，该法专门用了一个章节规定了约定承担违约责任的情形、承担违约责任的方式等。

合同法也是调整平等主体的自然人、法人、其他组织之间设立、变更、终止民事权利义务关系的法律。第4条"当事人依法享有自愿订立合同的权利，任何单位和个人不得非法干预"，体现了民事合同意思自治的原则。该法也用专门的一章，规定了约定承担违约责任的情形以及承担违约责任的方式。

民事合同中的违约责任，是平等主体之间，在设立、变更、终止民事权利义务关系中，出于意思自治原则约定的。合同主体可以行使，也可以放弃自己的权利，当然，包括要求违约方承担违约责任的权利。违约责任的作用是担保债务履行，保障市场经济的交易安全和交易稳定。

比较出让合同中受让人承担的违约责任和民事合同中的违约责任，我们可以看出，虽然二者都表述为违约责任。但二者主体的法律地位不同、依据的法律法规不同、调整的社会关系不同、所起到的作用也不相同。

二、从受让人的角度看，出让合同出让人承担的违约责任具有民事违约的性质

（一）出让合同出让人承担违约责任的法律依据

城市房地产管理法第16条规定出让人未按照出让合同约定提供出让的土地的，受让人有权解除合同，由土地管理部门返还土地使用权出让金，受让人并可以请求违约赔偿。城镇国有土地使用权出让和转让暂行条例第15条规定出让人未按合同规定提供土地使用权的，受让人有权解除合同，并可请求违约赔偿。

（二）从受让人的角度看，出让合同中出让人承担的违约责任具有民事违约责任的性质

国有建设用地使用权的法律法规规定了出让人承担违约责任的情形和方式，但出让人承担的违约责任与受让人应当承担的违约责任，性质是否是相同的呢？根据出让合同主体双方不同的法律身份、各自不同的权利义务和所起到的作用来看，二者的性质应该是不相同的。

出让合同的出让人是国家行政机关，是行政管理中作出行政行为的管理者，出让人行使的是法律法规赋予的行政职权，该职权的行使或放弃不能根据行政机关自身的主观愿望，而必须依据法律法规的规定进行，即所谓依法行政。

出让合同的受让人是法人、自然人或社会组织，是行政行为的相对人。他们可以根据自己的主观愿望行使或放弃自己的权利，所谓法无禁止即可行。

受让人承担违约责任，体现的是土地行政管理秩序。出让人承担违约责任，除体现行政机关依法行政的要求外，更多的是保障土地交易市场的稳定有序。所以，当出让合同的受让人出现违约行为时，出让人必须主张违约责任；而出让人出现违约行为时，受让人可以主张违约责任，也可以放弃主张违约责任。

所以，从受让人的角度看，出让合同中出让人对受让人承担的违约责任，具有民事违约责任的性质。

三、出让合同中出让人要求受让人承担的违约责任可以视作一种行政处罚

（一）受让人承担的违约责任符合行政处罚的法律特征

行政处罚指特定的行政主体依法对违反行政管理秩序，而未构成犯罪的行政相对人所给予的行政制裁。从行政处罚法的总则部分，我们可以看出行政处罚具有制裁性、处分性、不利性、法定性的法律特征。

出让合同中受让人承担的违约责任，以受让人违反土地行政管理秩序为前提，是行政主体对违反土地行政管理法律规范的一种惩罚，具有行政制裁性。

出让合同中受让人承担的违约责任，比如承担定金或违约金等，其法律效果是导致受让人一定数量财产权被剥夺，具有行政处分性。

出让合同中受让人承担的违约责任，不是中性行为，而是不利行为。即对行政相对人造成一种不利的后果。

出让合同中受让人为什么承担违约责任，国有建设用地使用权出让合同的约定仅仅是表面的、直接的原因，但法律上的、根本的原因是土地行政管理法律法规的规定；所以，出让人承担违约责任具有法定性。

（二）将出让合同受让人承担的违约责任视为一种行政处罚，符合行政处罚法的宗旨和相关规定

现行的行政处罚法第8条明确列举的行政处罚的种类中，没有出让合同中受让人承担违约责任这一种类，但该法条还有一个兜底规定，即法律、行政法规规定的其他行政处罚。我国行政管理的范围纷繁多样，涉及社会生活的方方面面，制定行政处罚法时，必然有立法机关没有考虑到的行政违法行为；同时，随着时间推移行政机关在行政管理过程中，必然也会出现新的、以前没有出现过的违法行为需要给予行政处罚。该兜底规定，是为了让行政处罚法更加适应行政管理过程中的客观需要。出让合同受让人拒绝承担违约责任，使国家的土地管理制度和国有土地的权益受到影响，需要土地行政管理部门依法主张违约责任，这是新近出现的问题。将出让合同受让人承担的违约责任视为行政处罚法第8条法律、行政法规规定的其他行政处罚。符合土地行政管理的客观需要，符合行政处罚法的立法宗旨和相关规定。

城镇国有土地使用权出让和转让暂行条例第17条规定土地使用者应当按照土地使用权出让合同的规定和城市规划的要求，开发、利用、经营土地。未按合同规定的期限和条件开发、利用土地的，市、县人民政府土地管理部门应当予以纠正，并根据情节可以给予警告、罚款直至无偿收回土地使用权的处罚。这一法条中，出让合同受让人承担的违约责任明确的表述为典型的警告、罚款的行政处罚。

所以，出让合同中受让人承担的违约责任不同于民事合同的违约责任，可以将其视为一种行政处罚。

四、在现有法律框架下，将出让合同受让人承担违约责任视为一种行政处罚，有利于行政机关依法行使行政职权，维护土地行政管理秩序，保护国有资产的合法权益

（一）国有建设用地使用权出让合同应当属于行政合同

行政合同也叫行政契约，指行政机关为达到维护与增进公共利益，实现行政管理目标，与相对人之间经过协商一致达成的协议。行政合同是现代行政法上较为新型且重要的一种行政管理手段。行政合同有如下特征：行政合同的当事人必有一方是行政主体，享有行政权力；行政合同的目的是实施行政管理；行政主体对于行政合同的履行享有行政优益权，具体体现为对合同履行的监督权、指挥权、单方变更权和解除权。现行的行政诉讼法和相关司法解释虽然没有将国有建设用地使用权出让合同明确列为行政合同，但从该合同的主体、目的、内容看，国有建设用地使用权出让合同应当属于行政合同。

（二）出让合同中的行政机关通过提起诉讼，追究受让人违约责任存在的法律障碍

出让合同中受让人拒绝承担违约责任的情形，作为行政机关如何采取救济措施呢？人们提出两种救济渠道的设想，一是作出行政决定，通过行政执法渠道，要求受让人承担违约责任；二是行政机关作为原告直接提起诉讼，由人民法院裁决。

1.行政机关提起行政诉讼，追究受让人违约责任存在的法律障碍

行政机关在行政合同中具有行政主体与合同当事人的双重身份。现行行政诉讼法和司法解释没有设置行政主体一方可以作为原告提起诉讼的程序，而是从保障行政相对人权益以及平衡公权力和私权力的目的出发，设定了单向性结构，即只由行政相对人一方作为原告提起行政诉讼。作为合同当事人一方的行政机关有权作为原告提起行政诉讼，仅仅是一种理论探讨，没有生效的法律法规依据。

2.行政机关提起民事诉讼，追究受让人违约责任存在的法律障碍

因出让合同受让人承担违约责任不仅是合同的约定，还是土地行政管理法律法规的要求。受让人的违约行为，是违反土地行政管理秩序的行为，不是侵害行政机关民事权益的行为，而且，行政机关对行政合同的履行本来就有监督、指挥的职权。所以，行政机关提起民事诉讼，追究受让人违约责任的救济方式，不仅存在法律障碍，而且存在行政机关怠于履行行政职权的嫌疑。

所以，现在对受让人拒绝承担违约责任的情况，只能选择行政执法途径要求其承担违约责任。

（三）将出让合同受让人承担违约责任视为一种行政处罚，能让行政机关及时合法的追究受让人的违约责任，维护土地行政管理秩序，保护国有资产的合法权益

将出让合同受让人承担违约责任视为一种行政处罚，在这一前提下，行政机关依据行政处罚法、行政强制法和行政诉讼法等法律、法规、规章和司法解释的规定，及时追究受让人的违约责任，同时，也能保护行政相对人的陈述申辩权、听证权以及申请行政复议、提起行政诉讼的权利。

综上所述，将出让合同中受让人承担的违约责任视为一种行政处罚，能够解决出让人拒绝承担违约责任的法律救济渠道问题。

国有企业实施混合所有制的法律问题

四川信言律师事务所　辜　波

内容摘要： 自20世纪80年代起，国有企业一直处于改革过程中，特别是自十八届三中全会明确提出积极发展混合所有制经济以来，混合所有制已成为当前国有企业改革的主要方式之一。但仅有发展混合所有制经济的方向而无具体的配套措施和法律保障，在管理者面临承担国有资产流失风险的背景下，国有企业实施混合所有仍有可能是只一句口号。因此，对国有企业实施混合所有制改革中的相关法律问题进行系统研究非常有必要。

关键词： 国有企业　混合所有制　法律问题

自十八届三中全会明确提出积极发展混合所有制经济以来，在国有企业层面推进发展混合所有制经济已成为当前国有企业改革的主要方式之一。实际上，发展混合所有制经济早在十六大已被明确提出，只不过当时的混合所有制经济更多的是侧重于强调国有企业实施股份制改革，即资本组织形式，而本轮混合所有制经济改革更加强调出资主体多元性，即国有资本、集体资本、非公有资本等交叉持股、相互融合。同时，十八届三中全会也明确将发展混合所有制经济作为基本经济制度的重要实现形式，对发展混合所有制经济做出明确定性。2015年中共中央、国务院先后颁发《中共中央、国务院关于深化国有企业改革的指导意见》、《国务院关于国有企业发展混合所有制经济的意见》（以下简称混合所有制指导意见）的文件，明确了国有企业实施混合所有制的原则、范围等，部分地方政府也逐步开展国有企业实施混合所有制经济改革试点，国有企业实施新一轮混合所有制改革的大幕逐步拉开。但在国有企业混合所有制改革中如何避免国有资产流失、国有资本如何与集体资本、非公有资产实现有效融合、非国有资本权益如何保障、员工股如何设置等一系列问题亟需予以配套解决。

一、国有企业混合所有制改革中产权交易的法律问题

（一）国有资产流失问题

按照混合所有制指导意见的相关规定，发展混合所有制经济一方面是引入非国有资本（含员工持股）参与国有企业改革；另一方面是鼓励国有资本以多种方式入股非国有企业。无论是引入非国有资本参与国有企业改革还是国有资本入股非国有企业，均涉及国有产权的交易问题。而一旦涉及国有产权交易，首要问题是交易是否导致国有资产流失的评判，特别是原来实施国有中小型企业出售中，部分企业领导因此入罪，也导致大部分国有企业在与民营企业交易中心有余悸。由于何谓国有资产流失至今并无准确的概念界定，导致近年来大部分国有企业无法有效处置闲置、低效资产，产生所谓的僵尸企业或僵尸资产，在一定程度上阻碍了国有企业混合所有制改革的进程。在推动混合所有制经济发展以及国资监管部门监管思路转型过程中，监管部门需要尽快完善、确定何谓“国有资产流失”以及国有资产流失的确定性法律后果。

（二）国有产权交易制度问题

为了规范国有产权转让行为，防止国有资产流失，国务院国资委于2004年颁布了《企业国有产权转让管理暂行办法》，成为国有产权转让的纲领性文件。但该暂行办法对国有产权交易中的诸多问题均未予以明确，国资监管部门在后期交易实践中也不断通过规范性文件形式予以完善，显得较为零乱，不成体系。为了不让在实施混合所有制经济改革中把国有资产变成牟取暴利的机会，财政部、国务院国资委于2016年6月24日颁布了《企业国有资产交易监督管理办法》（以下称管理办法），作为实施混合所有制经济改革的配套性文件。管理办法应该说是迄今为止对涉及国有资产交易规定最为系统全面的规定，但仍存在部分问题未予明确，在实践中面临操作上的困惑。一是，国有企业与非国有资本实施股权置换是否需按照管理办法要求进场交易等问题仍未明确。为推进国有企业内部重组，国务院国资委颁布了《关于中央企业国有产权置换有关事项的通知》(国资发产权〔2011〕121号)，但仅对国有单位之间实施置换作出规定。国有企业与非国有资本实施股权置换是否需要进场交易，鉴于国资监管部门并无明确规定，各地监管机构做法并不一致。部分地方国资监管机构仍然坚持认为股权置换中包含了股权出让和受让两个行为，对于国有企业股权出让必须进场交易。但鉴于股权置换往往基于特殊交易目的和特定交易主体之背景，如果进场交易则往往难以实施。在发展混合所有制经济中，股权置换将成为非常重要的交易形式之一，若该问题不及时予以明确，将对发展混合所有制经济

造成一定障碍。二是，涉及有限责任公司股权交易中，进场交易制度如何与其他股东优先购买权相衔接。由于公司法对有限责任公司股东对外转让股权涉及其他股东的“同意权”和“如何行使优先购买权”的具体条件并未具体明确，而涉及国有股权转让时按照国资监管规定又必须进场交易，在其他股东并未明确放弃优先购买权的前提下，在进场交易中如何保障其他股东的优先购买权，各地交易机构做法各异，从而引发大量优先购买权纠纷。虽然公司法司法解释四（征求意见稿）第28条中明确适用“书面通知”、“同等条件”应当参照交易所交易规则，但各交易所交易规则对同类事项可能完全作出不同规定，无异于增加了受让方负担，为此，建议国资监管机构与最高人民法院沟通，在司法解释中直接细化相关规定，避免产生新的争议。

二、混合所有制企业法人治理结构中的法律问题

（一）经营机制转换问题

从近年国有企业与非国有资本进行股份合作的情况来看，特别是国有企业处于控股地位的股份制企业，最明显的问题是经营机制并未按照现代企业制度建立和转换。一方面，国有控股股东行政化色彩依然浓厚（典型的现象就是以行政命令代替股东会、董事会决议），股东会、董事会未按规定召集和召开，法人治理结构存在较大缺陷，出资人权益得不到有效保护，导致公司僵局，出现国有股东为维持公司正常生产经营而不得不对非国有股东股权进行回购，违背股份制合作的初衷和根本目的。另一方面，违反公司法之规定，未经股东会或董事会同意，单方面委派会计事务所对合作企业进行审计。特别是近年来国家加强对国有企业的监管出现的向国有控股、参股企业延伸审计问题，非国有股东反映非常强烈。按照公司法之规定，对公司进行审计的机构应当由公司股东会或董事会聘请，而国有企业往往以上级国资监管部门要求为由，单方面委派会计师事务所进行审计或者在公司委派的会计师事务所之外，再另行聘请会计师事务所进行审计。当然，国有企业无论是作为控股股东或非控股股东，均享有知情权，可以按照公司法第33条、第97条之规定，行使查阅、复制公司文件材料的权利，但该权利的行使是否以另行聘请审计机构审计且向被审计单位出具审计报告为必要，尚有待商榷，也建议国资监管部门能予以尽快规范或由最高人民法院在公司法司法解释四中予以明确。

（二）国有资本转化为优先股的法律问题

目前我国公司法尚未明确规定公司可以设置优先股，在实践中对优先股的设置也存在诸多争论。当前关于优先股的规定，主要源于《国务院关于开展优先股试点的指导意见》（国发〔2013〕46号）、《优先股试点管理办法》（第97号

令）的规定，但两份文件对优先股的发行仅限于证监会规定的上市公司和非上市公众公司，将有限责任公司和股份公司中的非公众公司排除在外。目前混合所有制指导意见也明确提出：“国有资本参股非国有企业或国有企业引入非国有资本时，允许将部分国有资本转化为优先股。”但并未明确优先股的适用范围，如何在混合所有制改革中将部分国有资本转化为优先股尚需进一步配套政策支持。同时，鉴于股份制企业中信息的不对称性，财务投资者往往也更倾向于以优先股形式投资，在实践中如基金公司等财务投资者往往也碍于优先股的法律障碍，而绕道采取“明股实债”或“股东对赌”的方式进行投资，产生了一系列法律纠纷。如能进一步对优先股的设置进行明确放开和规范，无论是对于国有资本还是非国有资本来讲，必将激发更多投资活力，更加有利于发展混合所有制经济。

（三）员工持股的法律问题

混合所有制指导意见已明确提出：“坚持激励和约束相结合的原则，通过试点稳妥推进员工持股。”同时意见明确了混合所有制中员工持股主要采取增资扩股、出资新设等方式，优先适用于人才资本和技术要素贡献占比较高的转制科研院所、高新技术企业和科技服务型企业。根据该规定，以下几方面尚不明确：一是，规定主要采取增资扩股、出资新设等方式，是否意味着排除股权转让、股权激励等方式。按照现行的公司注册资本认缴制度，采取增资扩股、出资新设等方式相较于股权转让方式而言，具有更大的灵活性和可操作性，也更有利于防止国有资产流失，但是否就一定排除股权转让或者在特定领域的股权激励政策呢，尚需细则予以明确。二是，员工持股的比例是否存在限制尚不明确。员工持股的目的在于激发员工的创造力，对员工持股比例是否需要进行限定及如何限定，均需要进一步论证确定。三是，员工持股是否包括中高级管理人员。《国务院办公厅转发国资委关于进一步规范国有企业改制工作实施意见的通知》（国办发〔2005〕60号）及进一步规范国有企业改制工作实施意见，对通过公开招聘、企业内部竞争上岗等方式竞聘上岗或对企业发展作出重大贡献的管理层成员，可通过增资扩股持有本企业股权，但也同时规定管理层的持股总量不得达到控股或相对控股数量。可见，之前对管理层持股对象及持股比例均有严格限定，在混合所有制企业中是否继续实施上述规定也需进一步明确。四是，员工持股转让是否允许自行设定限制条件。员工持股具有特定目的，如出现员工辞职、退休、死亡等情形，是否允许员工自由转让或由公司强制回购等，均需进一步明确。

三、结语

国有企业自20世纪80年代起，一直处于改革过程中。目前，通过积极发展混合所有制经济方式推进国有企业改革，基本政策已明确，但能否顺利实施，在于监管部门出台的细则能否顺利执行，本文期望能对监管部门制定相关细则有所帮助，对国有企业参与混合所有制经济有所启发。

试析“小产权房”存在的法律问题及对策

陕西富能律师事务所　陈　震

内容摘要：伴随着我国城市化和工业化的不断加快，城市土地资源供应越来越紧张。同时，由于房价不断上涨，买房成为当今社会的一大难题。面对刚性需求，小产权房有了很大的市场。但是根据现行法律法规，小产权房存在重大法律问题，必须予以解决，同时，规范小产权房影响到对耕地的保护、对利益集团的触碰，需要谨慎、稳步推进。

关键词：小产权房　法律问题　问题解决

一、小产权房的内涵、特征及类型

改革开放以来我国经济迅速发展，2010年我国的国内生产总值首次超越日本仅次于美国，成为世界第二大经济体，这其中几以城市化和工业化快速发展为显著标志。伴随着我国城市化和工业化进程不断加快，城市土地资源供应越来越紧缺，北上广等一线城市土地资源更是稀缺，土地价格一路飙升，致使房价上升。再加上国家对房地产政策调控等买房更是难上加难。基于以上原因，价格低廉的小产权房颇受购房者的青睐，毕竟住房是人的刚性需求。

（一）小产权房的内涵

1.产权的内涵

要清楚小产权房的内涵首先必须要弄明白“产权”二字的涵义，“产权”可以说它是一个舶来品，“产权”这个词语在西方经济学家研究财产制度中最早出现，即“产权”首先是一种财产性权利，根据《牛津法律词典》的解释：“产权亦称财产所有权，是指存在于一切客体中或之上的完全权利。它包括占有权、使用权、出借权、用尽权和消费权及其他财产有关权利。”我国的经济学界对“产权”也进行过深入的研究，比较有代表性的学者岳福斌教授认为：“产权是以法律形式存在的财产所有权，在社会生产中表现为生产要素的所有权，是所有制的核心和主要内容，产权具体包括物权、债权和知识产权等各类财产权，是指权利主体通过对自己所拥有的财产权进行占有、使用、收益和支配而形成的人与人之间的权力关系。”[①]学者杨波认为：“产权即财产权利，是人或组织作为财产主体，围绕或通过财产这个客体而产生的诸多经济权利关系的总和。”[②]各位学者专家对“产权”的定义莫衷一是，在国内的法学界，很少用到产权，大部分学者或者法律工作者使用频率更高的是物权、债权、股权和其他的具体某一项权利，即“名称再加上权利”的模式。结合各位学者的观点我认为“产权”它首先是一种财产权，是权利主体对自己所拥有的财产占有、使用、收益和处分的一种绝对权。

2. 小产权房的内涵

学理上和法律上说“产权”没有大小之分。小产权房就是一种产权不完整的房屋。在学界对小产权房的界定也是分歧较大。其中有代表性的学者张琦教授认为：“小产权房就是指购买农村土地（集体土地）房屋，由享有该土地所有权乡镇制作颁发权属证书。”[③]学者张小虎认为：小产权房是指建在农村集体土地上商品性住宅，未经规划、未缴纳土地出让金等各项费用，向本集体村民以外的成员销售的房屋。”[④]学者刑发齐认为：“由乡镇政府或者村民委员会私自发放的‘房屋所有权证’，被称为小产权房。”[⑤]通过对各位专家的观点进行梳理，可以看出虽然学者们对小产权房观察角度不同但对小产权房的内涵界定有许多相同点即小产权房就是建在集体土地上向本集体村民以外的成员进行出售的房屋，该房屋没有获得国家颁发的房产证。

（二）小产权房的特征

1. 小产权房的违法性

根据我国土地管理法第63条规定，农民集体土地的使用权不得出让、转让出租用于非农建设。根据该法律条文可以看出，集体土地上不能建造商品房，集体土地只有依法经过征收转变为国有土地才可以建造商品房。国家之所以这样规定根本原因在于保障我国的粮食安全。国家对集体土地管控非常严格。商品房应当要具备五证，小产权房是五证全无，税费一分不交，小产权房的建设和销售都具有违法性。

---

① 岳福斌：《现代产权制度研究》，中央编译出版社2007年版，第3页。

② 杨波：《产权理论与实务——兼论我国企业产权》，知识产权出版社2007年版，第1页。

③ 张琦：“违法违规小产权房不能合法化”，《今日中国论坛》2007年第8期。

④ 张小虎：“对小产权房问题的思考”，《商业研究》2009年第8期。

⑤ 刑发齐：“‘小产权’房法律分析”，《河北法学》2008年第8期。

2.小产权房的销售对象的特定性

小产权房的销售对象是本集体组织以外的成员（法人或自然人），法律规定农民不仅享有宅基地上建造房屋的权利而且也完全有权利在集体组织内部进行相互转让。因此小产权房的销售对象是集体组织以外的成员（法人或自然人）否则就不能称其为小产权房。

（三）小产权房的类型

小产权房按照不同的标准可以划分不同类型。目前常用的分法就是依据农村集体土地的用途，据此可以将小产权房分为宅基地上的小产权房、耕地上的小产权房以及建设用地上的小产权房。这样分类对小产权房问题从法律层面解决很有利。无论依何标准对小产权房进行分类，其法律意义在于根据不同类型小产权房寻求解决问题的方法。

二、小产权房的现状及成因分析

（一）小产权房的现状

1.小产权房的规模

北京、上海等地均有小产权房，同时从国家权威部门所获取的数据来看：全国小产权房面积约60亿平方米。国土资源部日前发布的2014年上半年国土资源统计数据显示，全国共发现土地违法案件28510件，其中小产权房开发案件占到全部案件数量的60%以上，涉及土地共计有数百万亩，我国的耕地资源十分稀缺，目前可耕地面积约有18.26亿亩，人均耕地仅有1.38亩，一些省市人均耕地面积甚至低于联合国粮农组织确定的0.8亩警戒线，就是在这样的情况下，涉及小产权房违法案件仍逐年增加，可以看出小产权房在全国规模非常大。

2.小产权房的市场状况

小产权房的市场如日中天。以榆林市榆阳区钟家沟村小产权房为例。榆林市的房价最高的可达到11000元每平方米，市场平均价都在6000元以上，但钟家沟村修建的小产权房每平方米仅售价3500元。基于这么大的价位差，房子不到一年时间就售罄了，入住率高达到90%。由此可以想到北京等特大城市房屋差价更大，对购房者吸引会更大，毕竟住房是人的刚性需求。

（二）小产权房问题存在的法律成因

1.土地征收过程中对公共利益认定的不明确

宪法第10条第3款规定，国家为了公共利益的需要，可依照法律规定对土地进行征收或者征用并给予补偿。这条法律写得很正确很合理，征收征用必须给予补偿，但关键是对"公益用地"很难把握，现实生活中很难操作。2005年，榆林市政府决定在三岔湾村建一所中学，建学校利国利民绝对是公益目的。可是在征地过程中出现纠纷，村民的反对非常强烈。那么在许多人看来公益事为何会引来村民的如此强烈的反抗？到底是全村的利益是公益还是全市人民的利益是公益？当两个集体之间利益发生冲突时如何认定公益？仅仅以人数多少来认定是不是公益？

2.征地补偿法律制度不健全

土地管理法第47条第2款规定，征收耕地的补偿费用包括土地补偿费、安置补助费以及地上的附着物和青苗补偿费。土地管理法实施条例第26条第1款规定，土地补偿费归村集体所有，安置补助费归个人或集体，青苗补偿费归个人所有，地上附着物补偿费归个人所有。通过上述规定可以看出征地补偿费到农民手中真没多少钱，这些补偿标准的制定都与地方经济发展水平相适应，同地不同价现象相当严重。一些人会说那网上及电视上经常看到一些农民因征地补偿一夜暴富，这种好事只有在北上广等地理位置十分优越的地方才会发生，因为这些地区的生活水平高，补偿标准自然也非常高。这类村子仅占全国农村的5%，由于“公益目的”在现实生活中可操作性太难，加上征收补偿标准过低及补偿费用分配办法不合理，城乡土地二元制差异，以及征收土地后“涨价归公”，就是人们所说的土地财政；农民为追求更高收益，只能搞“房地产”。

三、处理小产权房问题的对策

（一）小产权房问题处理的难点

解决小产权房问题难点主要有以下三个方面：一是小产权房数量的广泛性，类型的多样性。全国目前有60亿平方米的小产权房建筑面积，涉及的人数非常多，处理起来十分繁琐；二是政府机关权责不分。国家机关部门之间的互相推托，小产权房虽然是现行法律明令禁止的，但在处理具体问题过程中很混乱，对小产权房的管理涉及到国土资源部、农业部等，有好处几个部门一起上，有麻烦几个部门互相推脱。国家机关工作人员的不作为和滥作为，发现土地违法案件不及时处理；三是处罚的空白性，现行法律虽规定小产权房是违法建筑，但处罚却是空白的。处理小产权房问题太敏感了，拆除小产权房不仅意味着社会资源的浪费，执法成本和矛盾的迅速增加，更会使购买者出现无房可居的局面，再加上现在城市房价这么高，拆除小产权房不仅仅是个法律问题更是一个社会问题，小产权房问题处理不好会破坏社会和谐。既要解决好小产权房问题，又要维护好社会稳定团结的大局面，这个度很难把握，所以处理起来投鼠忌器。

（二）小产权房问题处理的原则

从上面的概况可以看出处理小产权房问题是困难重重。正如习近平总书记说：“中国是一个大国，在改革的过程中胆子要大，步子要稳，绝不能犯颠覆性错误。”所以在处理小产权房问题是我们要坚持正确的原则，具体来说要坚持三大原则。

1.法治原则

我国是社会主义法治国家，既然是法治国家首先必须坚持依法治国，依法治国最重要的便是依宪治国，我们做任何事情都必须要遵守宪法。处理小产权房问题我们必须要坚持依据宪法，同时也要完善土地征收制度中“公共利益”的界定及实现方法，以及对耕地保护经济补偿法律制度完善，包括耕地补偿法律主体的界定等，使关于小产权房的治理形成一个完整体系，解决小产权房问题时有法可依、执法必严、违法必究。

2.社会稳定原则

先有社会秩序才有社会公平，在处理小产权房问题时我们要坚持法理与情理的统一，社会效果与法律效果的统一，坚持社会稳定团结的大局面，尽量避免出现大规模群体事件。

3.节约社会资源原则

在处理小产权房问题时要坚持能不拆则不拆，能少拆则少拆，可拆可不拆的尽量别拆，这也是行政法中比例原则的必然要求，这样也会最大限度地减少矛盾，有利于小产权房问题的顺利解决。

（三）小产权房处理之法律制度完善

在坚持三大原则的基础才能够积极稳妥的处理小产权房问题。国家机关及其工作人员一定要深入基层，了解实际情况。尤其是在征地拆迁补偿中关于补偿款发放及分配的方式方法要出台一些解释，而且这些规定一定要与时俱进（考虑物价、通货膨胀等因素），不能使拆迁者因拆迁而更加贫困，切实保障并维护好被拆迁者的合法权益。要规范征地拆迁中“公益目的”，出台一些解释明确规定何谓“公益目的”或者就如何认定“公益目的”出台具体操作办法，可以参考行政法中关于对公共利益的解释，使对“公益目的”的认定更加规范化、科学化。要坚守18亿亩耕地红线不动摇，完善耕地保护制度，征收耕地时一定要经过严格的法律审批程序；农村宅基地的使用一定要坚持“一户一宅”原则和制度，完善农村宅基地申请和领取程序，做到事事都有法可依，按法定程序办。

（四）小产权房处理之具体举措

除了法律制度上的完善之外，我们还可以采取一些具体措施予以解决，对现有的小产权房要具体问题具体分析。要遏制小产权房的增量，分类处理好小产权房的存量。现实中可以采取如下具体处理措施。

对于耕地上的小产权房，我认为应当一律拆除。这样做会有很大风险但风险再大也必须执行下去，国家的粮食安全大于天，不得有丝毫马虎。对于修建在自家宅基地上的小产权房，我的看法是要始终坚持“一户一宅”原则同时要具体情况具体分析具体应对。只要不影响村落整体规划和环境保护能不拆则不拆，毕竟拆房子会浪费社会资源，增加执法成本。在乡镇政府可以设立一个评估委员会，该评估委员会必须要保持高度的独立性，评估委员会成员可以由各高校专家教授组成，该评估委员会只对省政府负责，评估宅基地上的小产权房是否拆除，以及为解决小产权房问题提供相关意见和建议。对于宅基地上没有拆除的小产权房要收归集体所有，村集体应当给予村民一定补偿，村集体可以对宅基地上没有拆除的小产权房进行占有、使用、收益但不能处分，比如村集体可以将房屋租出去收取租金，将买卖合同转变为租赁合同，征收征用为廉租房、经济适用房等，这些收益可以用于改善村民生活，如果村民正准备在自家宅基地上修建小产权房，政府应当严惩，遏制增量。建设在集体建设用地上的小产权房，同宅基地上小产权房的处理原则和方式基本相同，但一定要具体情况具体分析，遇到问题一定多转换思路，争取以最小的成本实现社会效益的最大化。

解决小产权房问题时必然是矛盾重重，必然会遇到许多的难题，必然会遇到利益集团的阻挠，正如李克强总理所说的：“触动利益比触动灵魂都难。”执法人员在处理小产权房问题时要耐心细致，要释明法理，要认真听取评估委员会的意见和建议。尽最大可能通过协商予以解决，协商处理不了依靠司法手段处理，要破除法不责众的观念，坚决维护法律尊严。在坚持三大原则的基础上，解决小产权房问题不仅要依据现行法律法规，更需要完善法律制度以彻底解决小产权房问题，最终实现孙中山提出的“地尽其利、地利共享”的伟大构想。

参考文献

［1］房绍坤.国有土地房屋征收的法律问题及对策［J］.中国法学，2012（1）.

［2］岳福斌.现代产权制度研究［M］.北京：中央编译出版社，2007（1）.

［3］张小虎.对小产权房问题的思考［J］.商业研究，2009（08）.

［4］刑发齐.小产权房法律分析［J］.河北法学，2008（6）.

提升陕北煤矿企业法律服务的思考

陕西秦北律师事务所　王　涛　张学锋

内容摘要： 陕北煤矿企业主体形式、股东结构较为复杂，建设和生产经营中用地、环保、相邻关系、生产规范、投融资合法性时有纠纷，流转过程中股权交易、合作开发等矛盾频发，发展中伴随诸多法律问题。如何提升法律服务空间和水准，需拓展思维，精准服务意识，开拓新的服务领域。

关键词： 煤矿企业　法律问题　法律服务　法律思考

引　言

陕北煤炭资源富集，煤矿企业随着大规模投资开发建设而发展，极大地促进了地方乃至国家的经济建设。但也设定、引发了诸多法律关系和利益矛盾。笔者目睹并服务煤矿企业发展近二十年，总结发展中存在的突出的法律问题，就如何进一步提升法律服务水准，提出思考，以期见教同仁，共同为煤矿企业的健康发展做出贡献。

一、煤矿企业发展中存在的主要法律问题

（一）主体形式混乱

陕北煤矿企业初期由县级职能部门审批，大部分由当地村民个人独资或者合伙投资，部分承包人投资经营，登记为个体工商户或者合伙企业；部分由村集体或者全体村民投资建设，登记为集体企业。之后国家对乡镇企业提供诸多优惠政策，先期登记为个体工商户或者合伙企业的部分煤矿企业又挂靠村集体，申请变更为集体企业。后期煤矿企业审批权收归省级职能部门，部分煤矿企业登记为有限公司。因此陕北煤矿企业时至现在，有个体工商户、合伙企业、集体企业、有限公司多种主体形式并存。

（二）政策原因造成实际权利人与工商登记权利人分离

陕北煤矿企业先后进行两次整合：一次是2000年陕西省政府根据国务院关于关闭非法和布局不合理煤矿有关问题的通知要求整合。整合中审批矿、在建矿、生产矿、井田采挖完毕即将关闭矿在当地政府指导下，未完全厘清投资

人，便签订联并协议，投资人与工商登记档案脱离。第二次整合是2006年陕西省政府出台陕西省煤炭资源整合实施方案，按照井田置换和就近联并的原则重新设置采矿权主体。该次整合中，大部分煤矿企业登记为有限公司，股东登记为原整合煤矿的负责人、第一大股东、原煤矿的承包人三类，未能客观反映实际所有人。

（三）股东结构复杂，利益诉求冲突

陕北煤矿企业在建设期，投资人部分出资后无力投资，于是出现由全体合伙人共同吸引第三方投资、继续参与出资的合伙人未经中断投资的合伙人同意直接引入第三方投资、承包他人投资等多种情况，导致煤矿合伙人认定复杂化；在高峰发展期，"一夜成就千万富翁"，出现"金字塔"式的入股，工商登记仅仅是"塔尖"人物，"塔底"的真正出资人没有登记；现在煤矿进入发展低谷，后期投资煤矿股民，股本金也要出现50%左右的亏本，"塔尖"显名股东先回收成本，拒不分红，"塔底"股民以借贷方式主张权利，多重矛盾凸显。

（四）控制股东擅自使用企业的融资资金，侵害小股东利益的矛盾突出

陕北煤矿企业高峰发展期，金融机构主动伸出橄榄枝，北京、上海、西安等地银行动辄借贷给煤矿企业几个亿的资金，大部分煤矿的控股股东以借用的名义按股分配借贷资金，自己使用，煤矿经营利润又都归还银行信贷资金，小股东既不能分得煤矿经营利润，又不能按股使用银行借款，引发部分群体性上访事件。

（五）民间借贷资金注入煤矿企业，无法及时回收

煤矿企业高峰发展期，民间资本大部分借贷给煤矿经营者，现在市场低迷，煤矿无利润分配，资金不能回收，引发当时流入煤矿资金是入股还是借款，民间借贷案件中如何执行煤矿股份的争议。

（六）煤矿经营与村民利益冲突，地企矛盾突出

矿产资源法和土地管理法对地下资源与土地所有权分权设置，出现煤矿企业开发用地需要与村集体协调。村民或者引进企业在矿区范围的项目建设，依据国土资源部关于规范建设项目压覆矿产资源审批工作的通知和关于进一步做好建设项目压覆重要矿产资源审批管理工作的通知，应当与煤矿企业签订补偿协议，采矿权与农村集体的土地所有权相互制约，引发煤矿企业与农村集体的激烈对抗。同时，煤矿企业的生产经营造成地下水下降、地表塌陷、噪音、粉尘污染，与当地村民利益冲突严重，导致村企矛盾突出。

（七）煤矿企业流转过程中矛盾频发

煤矿企业以转让、承包、联营、合资、合作、合伙、租赁等多种方式流

转，当事人根据煤炭市场变化取舍利益，就签约主体、合同性质等质疑合同效力，引发争议。有的煤矿企业当事人对同一份合同从不同角度起诉，致使煤矿企业长期处于纠纷之中。

（八）煤矿企业违反行政法律法规的生产经营行为频现

越界开采、煤矿企业用工、爆破物品的管理、企业正常生产经营秩序的维护、废渣废石废水的处理，涉及矿管、劳动、公安、环保等多个行政部门的执法。了解煤矿企业生产经营的实际，才能更好运用法律，提供法律服务。

（九）煤炭市场滑坡，煤矿企业经营空前困难

目前煤矿企业零利润甚至亏本经营，一些整合的煤矿企业正在筹建阶段，出现了股东拿不出钱，银行拒绝借款，民间借贷唯恐避之不及，半拉子工程频现。已经整改完毕的，也因为煤炭市场整体不景气，处于停产半停产状态。

二、律师在煤矿企业发展中提供法律服务的现状

陕北煤炭资源富集区处于农牧文化交错地带，当地人法律意识淡薄，但淳朴、善良、诚实守信，在煤矿企业的起步阶段，相互之间依赖信任，口头约定或聊聊几行书面字据就确定煤矿经营的权利义务，具体内容很少在协议条款中体现，这个阶段煤矿企业法律服务基本没有。之后随着煤炭市场的升值，个别争议的产生，部分企业在合同签订中聘用律师参与煤矿事务的谈判，起草合同文本。一些律师受聘担任煤矿企业的法律顾问，提供煤矿企业生产经营管理的法律服务。煤矿企业权益争议中，律师受聘承办了涉及煤矿企业行政、民事争议案件，这些案件因标的和性质不同，从基层法院到最高法院都有涉诉。

三、现行形势下律师对煤矿企业提供法律服务的思考

地质矿产领域法律事务纷繁复杂，涉及面广，专业性要求高。从事矿产资源专业的律师，既要掌握常规的法律规范，更要有超前的眼光，超常的思维，为煤矿企业的发展提供帮助，达到“事前预防纠纷，事后化解矛盾，促进共同发展”的目的。这就要求矿业权律师不仅要加强理论学习，更要不断总结实践经验，拓展法律服务渠道，引导、保护企业合法健康发展。为此笔者结合当前煤矿企业普遍存在的问题，提出提升陕北煤矿企业法律服务的一些思考。

（一）向政府部门提出律师建议，规范煤矿企业用地

陕北煤矿企业用地大部分是由企业与农村集体组织直接签订合同，然后由县统征办与农村集体组织再签订土地征用合同审批使用，与土地管理法规定企业申请使用国有土地的程序相悖，而且企业直接与农村集体协商用地，极易造成同一区域征用土地补偿价格差异，形成新的矛盾。律师审查用地合同违法，但当地现状如此，律师也无能力改变，留下了煤矿企业用地不合法后患。笔者

认为，应当以律师协会的名义向政府提出法律意见书，建议政府规范操作，消除纠纷隐患。

（二）探讨企业融资渠道，排解企业筹资困难

目前，陕北煤矿企业金融机构拒绝贷款、民间借贷断流，正在建设的矿井缓建，生产的矿井周转困难。律师应当积极结合"新三板"、"众创、众筹、众扶、众包"等新型业务，研究、探讨企业融资业务，提出法律意见，引导企业走出困境。

（三）加强同业合作，畅通煤矿企业销售渠道

律师服务不同的需求对象，加强律师事务所之间的合作、互换信息，提供供需交易的法律意见，促成供需双方的交易，互利双赢，更大的发挥律师担任法律顾问的作用。

（四）帮助煤矿企业及时完善股东的工商登记，严格按照相关法律规定经营管理

陕北煤矿企业实际出资人往往在百人以上，按照由实际出资人推选代表为登记股东的模式，在公司法规定的限额内将绝大多数出资人登记为公司股东，未能依法在工商部门登记的，在股东名册中注明，由煤矿（公司）发给出资证明，避免实际出资股东因为是否登记为股东与公司的冲突。对于控制股东私自分配煤矿融资资金和长期不分配利润的情况，律师应适时组织顾问单位的控制股东，讲明其中的违法性和可能承担的刑事责任，督促控制股东将煤矿融资资金归还煤矿，煤矿经营利润按章程或者约定及时分配股东，避免小股东群体上访、煤矿高级管理人员违法犯罪及由此引起企业瘫痪的可能，促进煤矿企业规范发展。

（五）加强与相关行业的合作，为煤矿企业提供规范开采的法律依据和技术依据

煤矿企业生产经营单位涉及矿产资源法、煤炭法、环境保护法、劳动合同法等法律规定，但规范开采更多的是技术层面的要求。律师在法律的框架内，主动与相关职能部门和技术部门取得联系，了解贯彻执行法律的技术规范，就煤矿企业开采经营相关事项提出意见建议，促进煤矿企业合法、规范发展。

（六）研究煤矿企业合法经营和流转程序课题，探索矿业权流转途径

承包经营作为一种生产经营管理方式，普遍盛行于各行各业，并不发生主体变更，有利于促进生产力的发展。矿产资源法、矿业权出让转让管理暂行规定、探矿权采矿权转让管理办法均有采矿权不得承包经营及处罚措施的规定，但这些法律法规禁止的是以承包方式变相转让采矿权的行为。煤矿企业与具有

资质的承包人签订承包经营合同，约定承包人负责开采，采出产品归采矿权人处置，给付承包人一定报酬，或者承包人按采挖出来的原煤数量向煤矿企业交付承包费方式确定采矿权人与承包人之间的经济利益，未发生采矿权主体变更和采矿权转让。最高人民法院（2006）民一终字第25号调解书调解：神木县××村委会同意××煤矿由××经营至2013年，××承包期间享有自主经营权，肯定了承包经营的合法性。

矿业权的转让，矿产资源法、探矿权采矿权转让管理办法均设置了严格的条件，导致实践中采矿权人为了规避法律规定，采取股权转让或者企业整体资产转让变更企业控制权，这种转让仅仅涉及工商登记变更，采矿权主体仍为煤矿企业本身，属于采矿权转让还是股权转让？现行法律法规没有明确规定，实践中认识不一，各地法院判例也不一样，研究空间很大，需要我们进一步探索。最高院（2013）民二终字第48号判决书认定"陕西××矿业公司与北京××投资公司签订的《股份转让协议书》中涉及探矿权转让法律关系的约定成立但未生效，《股份转让协议书》…关于股权转让的约定及合作开发建设的其他内容，已经开始履行，应认定合同成立并生效"，严格区分探矿权和股权转让，肯定股权转让协议的效力，为我们研究该类纠纷提供了依据。

结　论

本文从陕北地区煤矿企业发展实际情况出发，针对煤矿企业矛盾成因和存在的法律问题、法律服务现状，进行研究和分析，拓展思维，进一步提升法律服务的思考，以期对律师服务矿山企业提供借鉴。

参考文献

［1］张艳芳.承包采矿任务是否属变相转让采矿权［M］.北京：中国法制出版社，2007.

［2］张瑞雪.能否以转让股权形式转让采矿权［M］.北京：中国法制出版社，2007.

论行政争议与民事争议的合并审理
——评行政诉讼法第61条第1款

陕西永嘉信律师事务所　曹振龙

内容摘要：行政诉讼法第61条第1款规定了行民合并审理的制度，就是说行政诉讼可以一并审理与之相关的民事争议。具体而言今后行政许可、登记、征收、征用和裁决涉及的当事人之间的民事争议可以纳入行政诉讼予以一并审理。虽然61条第1款确立的行民合并审理制度，有利于解决长期以来困扰司法实践有关行民交叉案件的疑难问题，但是在理论上和实践中会产生一些新的争议和难点。因此，作为司法实践的践行者，应对本条第1款的立法背景、意义、缺陷有所了解，尤其是应重视在今后实践中对本条第1款的理解和适用。

关键词：行政争议　民事争议　合并审理

引　言

行政诉讼法于1989年4月4日第七届全国人大二次会议通过，它的颁布是中国民主和法治建设的重要里程碑。该法实施以来，在保护公民、法人和其他组织合法权益，监督行政权力和化解行政纠纷方面发挥了重要作用。但是，行政诉讼法还是计划经济时代制定的，已经不适应当前政治、经济、社会和文化的发展，尤其是“六难三案”[①]问题已成为严重诟病。

在十八届四中全会之后，2014年11月1日，十二届人大常委会第十一次会议通过了行政诉讼法的修改决定，并于2015年5月1日起施行。修正后的行政诉讼法共计103条，其中修改或增加的条文为80条，未修改的条文为23条。虽然本次做了大幅度的修改，但很多修订和增加的条款都是借鉴2000年最高人民法院关于执行《行政诉讼法》若干问题的解释中的规定。

新行政诉讼法第61条（以下简称“61条”）为新增加的条款，该条规定了

①2014年6月9日最高人民法院《关于深入整治“六难三案”问题加强司法为民公正司法的通知》中“六难三案”问题指“门难进、脸难看、事难办、立案难、诉讼难、执行难”和“关系案、人情案、金钱案”。

将行政争议与相关民事争议一并审理的规定，以及先进行民事诉讼程序后进行行政诉讼程序的规定。笔者认为，61条第1款的规定对行政审判实践中的行政争议和民事争议相互交叉重叠问题的解决有现实意义，但从长远来看也有其局限性和缺陷。

一、61条第1款的立法背景

行政争议与民事争议交叉案件的审理一直是困扰司法实践的疑难问题，有关行政争议和民事争议纠纷案件交叉问题引发的争议不断，不管是理论界还是司法实务界都存在很大争议。有的观点主张，民事纠纷的处理应当具有优先性，应当先处理民事纠纷再处理行政纠纷；有的观点则相反，认为行政纠纷的处理具有优先性，应当先处理行政纠纷再处理民事纠纷。然而不管是"先民后行"还是"先行后民"，都无法避免先处理的民事争议或行政争议给后者带来不稳定状态。例如，在民事争议案件中有的法官将不动产产权证直接作为民事诉讼证据使用，那么在解决相关行政争议纠纷案件中就会使已处理的民事争议处于不稳定状态；再如，行政争议案件中有的法官将当事人之间有争议的合同直接认定，在日后民事争议诉讼中对合同争议事实作出改变后，又使先前处理的行政争议处于不稳定状态。同时，由于行政争议案件与民事争议案件分别由行政审判庭和民事审判庭审理，当事人往往在拿到行政裁判之后，还要另行提起民事诉讼，造成司法资源的浪费，降低了司法效率。"河南焦作房地产纠纷案"就是一个代表性案例，该案一方当事人持房屋权属证书提起民事诉讼，请求确认其对讼争房屋享有所有权，而另一方当事人则提起行政诉讼，请求撤销房管部门颁发的房产证，以致行政诉讼与民事诉讼交织在一起。该案历经四级法院近二十年的审理，由此产生的法律文书也多达数十份，但当事人的争议却始终无法得到解决。[①]此外，在实践中行政许可、登记、征收和征用以及裁决行为中涉及的民行交叉问题最为普遍。

因此，为了解决民行交叉问题给司法实践造成的困扰，避免司法资源浪费、及时保护当事人合法权益，61条第1款规定："在涉及行政许可、登记、征收、征用和行政机关对民事争议所作的裁决的行政诉讼中，当事人申请一并解决相关民事争议的，人民法院可以一并审理。"实际上，2000年《最高人民法院关于执行〈行政诉讼法〉若干问题的解释》第61条就规定涉及平等主体行政

①王贵松：《行政与民事交织的难题——焦作房产纠纷案的反思与展开》，法律出版社2005年版。

裁决诉讼，人民法院依民事争议当事人申请可以合并解决民事争议。①2009年《最高人民法院关于审理行政许可案件若干问题的规定》第13条规定行政许可案件中，人民法院可依申请一并处理民事赔偿争议。②本次行政诉讼法的修改只是在范围上做了扩大，即除了行政裁决、行政许可诉讼还包括登记、征收、征用行政诉讼案件。

二、61条第1款行民合并审理的立法意义及缺陷

（一）立法意义

61第1款对部分行政诉讼案件涉及的相关民事争议合并审理的规定，在当下解决行民交叉案件具有积极意义。首先，有利于节约司法资源，提高司法效率。若行政争议和民事争议两类案件依照行政诉讼法和民事诉讼法程序，分别立案、分别审理，就会浪费司法资源，降低司法效率，有的甚至导致循环诉讼，例如上文提及的"河南焦作房地产纠纷案"。其次，有利于维护司法裁判的统一性和权威性。行民争议分开审理，不仅会导致彼此法律状态的不稳定，而且经常存在基于同一事实而产生的行政案件和民事案件分别作出裁判的实体内容之间相互冲突的情形，这样就会破坏司法裁判的统一性和权威性，合并审理后可以避免相互冲突的问题。再次，有利于减少当事人的诉讼成本，及时保障当事人的合法权益。行民合并审理，避免当事人因同一事实争议先后提起不同的诉讼程序，经历可能存在的循环诉讼，可以极大降低当事人诉讼成本，使当事人的合法权益及时得到保障。

（二）立法缺陷

61条第1款行民合并审理的规定，虽然在目前法律体系下有现实意义和积极意义，但是从长期和本质上来看还是存在立法缺陷。

从61条第1款内容看，其适用范围和程序方面存在缺陷和局限性。其一，只有行政许可、登记、征收、征用以及民事争议所做的裁决的行政诉讼涉及的民事争议才可以一并审理，但是其他行政诉讼案件同样会涉及到民事争议，前述五类仅是行政诉讼的一部分。可见从其范围来看，覆盖面仍然较小；其二，在前述五类案件中，同样无法避免行民交织问题。一并审理民事争议的前提是当事人在行政诉讼中提出了一并审理的申请，如果当事人没有提出一并审理的

---

①《最高人民法院关于执行〈行政诉讼法〉若干问题的解释》第61条："被告对平等主体之间的民事争议所做的裁决违法，民事争议当事人要求人民法院一并审理解决相关民事争议的，人民法院可以合并审理。"

②《最高人民法院关于审理行政许可案件若干问题的规定》第13条："在行政许可案件中，当事人请求一并解决有关民事赔偿问题的，人民法院可以合并审理。"（法释［2009］20号）。

申请，则法院就无法对民事争议作出裁判，也无法避免民事诉讼与行政诉讼交叉审理的情形；其三，民事争议一方当事人已提起民事诉讼，另一方当事人又提起行政诉讼并申请一并审理民事争议的情形，61条并没有规定，仍然会在司法审判中带来行民程序如何衔接和处理的问题；其四，在行政争议与民事争议交叉案件中，无论当事人提起的是民事诉讼还是行政诉讼，当事人起诉的目的仍然是要解决民事争议，而通过行政诉讼一并审理民事争议，将导致大量民事纠纷通过行政诉讼予以解决，既给办理有关登记的登记机关带来巨大的诉讼压力，也有违反法院内部职能分工的嫌疑。[①]其五，行政诉讼的程序设计不利于对当事人乃至第三人合法权益进行保护。因61条第1款规定的行政诉讼涉及民事争议的案件中，往往是民事争议的一方当事人以登记机关为被告提起行政诉讼，而民事争议的另一方当事人只能作为第三人参加诉讼，此种制度设计极不利于对作为第三人的当事人的合法权益进行保护。况且，修正后的行政诉讼法没有规定案外第三人的保护制度，如果第三人利益被损害，则失去司法救济途径。总之，如果将用于审理行政案件、解决行政争议、监督行政机关依法行使职权的行政诉讼制度用于解决民事争议，带来的问题数量将可能远远超过其所解决的问题数量，可能在司法实践中会造成更多的混乱。

三、61条第1款合并审理的理解与适用

在实践中对本条款适用的过程中，应主要注意以下几个问题：

第一，适用范围仅仅限于以行政许可、登记、征收、征用和对民事争议所作裁决五类行政案件。之所以只针对这五种情形的行政案件可以一并处理民事争议，主要是这五类行政案件在实践中引发的行政和民事争议比较集中和突出。本条款就是解决司法实践之需要，同时也开拓了新的审判方法和新的审判领域。但是，将行民交叉案件的范围限制在上述五类行政案件当中，无异于“头痛医头，脚痛医脚”，就此，有的学者建议建立行政诉讼附带民事诉讼制度，有的认为登记等一些行政行为，不应纳入可诉范围，应当通过建立非讼程序制度来解决。

第二，两种不同性质的诉讼请求具有内在的关联性。具体理解为，同一行政行为相关联的行政与民事两种不同争议，前者有待于后者解决后才便于处理。最为普遍的是在行政诉讼当中，原告与第三人之间既有对行政许可、登记、征收、征用和裁决等行政行为存在争议，也有基于合同和民事权属关系产生的民事争议，而且也希望民事争议尽快得到解决。

---

①杨凯：“论房产纠纷行政与民事交叉案件之审理对策——兼评〈物权法〉实施对民事行政关联诉讼审判之影响”，载《行政法学研究》2008年第1期。

第三，当事人必须在行政诉讼当中申请一并解决民事争议。如果当事人在行政诉讼中只请求解决行政争议，而未要求解决民事争议，则法院不能依职权一并审理，应当遵守当事人意思自治的民事审判原则。同时，提起一并审理的民事争议的主体，应当限于存在争议的各方当事人，如原告与第三人，或原告于被告等。只有既是行政诉讼当事人，又是民事争议各方当事人提出一并申请，才可以一并审理。

第四，行民合并案件，应由行政审判庭同一合议庭审理。也就是说只能行政附带民事，而不能民事附带行政。行政诉讼法第4条第2款规定"人民法院设行政审判庭，审理行政案件。"因此，行政案件具有专属管辖属性，对于行民交叉案件只能由行政审判庭审理。同时，由同一合议庭审理，有利于对案件事实的把握，有利于提高司法效率，节约司法资源。

第五，其他方面应注意的问题。如合并审理行民案件时，行政案件适用行政诉讼规则，民事案件应适用民事诉讼规则。法院合并审理民事争议时，应注意法院对民事争议原则上要有管辖权，等等。

综上，行政诉讼法第61条第1款的规定，在对目前较为突出的行政许可、登记、征收、征用和裁决等五类集中和突出的行民交叉案件的处理将发挥积极作用，但同时在立法上存在缺陷，在今后的理解和适用上仍然存在困难，有些问题还需要在司法实践的过程中逐步解决。

西部律所如何布局"一带一路"法律服务市场

陕西伟天律师事务所　成武利　薛慧芳

内容摘要:"一带一路"发展规划作为我国21世纪重大战略新部署，集中体现了我国开放、自由、合作的经济发展新理念，是新时期我国经济、政治、文化、外交等方面发展的重要举措。但囿于各国发展状况、政治因素、文化环境等因素的影响，其发展也面临诸多困境。其中，冲突解决机制和法律服务发展的不足一定程度上制约着"一带一路"战略的发展。西部地区作为"一带一路"战略部署重地，肩负历史发展使命，西部律师事务所作为西部地区冲突解决的中坚力量，科学、合理布局"一带一路"法律服务市场，对我国实现"一带一路"发展战略规划至关重要。

关键字:一带一路　法律风险　法律服务

引　言

一纸"南海仲裁案"裁决犹如惊雷瞬间在中华大地蔓延，不论结果如何，这都足以给我们一个警示：中国发展到今天，需要更多的关注国际规则。这不仅使我们联想到中国"一带一路"经济发展战略，也同样面临诸多涉外法律问题。解决好这些问题，需要各个部门提前部署和规划，律师事务所作为司法实践的探路者，有效布局"一带一路"法律服务市场，已经成为迫在眉睫的任务之一。

一、"一带一路"战略的内涵和发展

（一）"一带一路"战略的内涵

2013年9月和10月，习近平主席分别出访中亚和东南亚国家，分别提出了共建"丝绸之路经济带"和21世纪"海上丝绸之路"的倡议，即"一带一路"发展战略。"一带一路"发展战略具有丰富的内涵，它以开放、自由、合作为发展新理念，以"共商、共建、共享"为行动原则，包含了经济、政治、文化、外交、投资、贸易、金融等全方位、多方面的交流和合作内容，顺应了世界经济、政治、外交格局新变化，为中华民族的复兴奠定了良好的基础。

(二)"一带一路"战略的发展

1."一带一路"战略的发展背景

(1)国际背景

第一，区域经济一体化蓬勃发展。首先，区域经济一体化发展态势进一步加剧。北美自由贸易区（NAFTA）、欧盟（EU）、东盟（ASEAN）、八国峰会（G8）、亚太经合组织（APCE）等区域经济组织不断建立，跨太平洋关系协定（TPP）及跨大西洋贸易与投资伙伴关系协定（TTIP）等超大自由贸易区逐步发展，[①]迫使中国建立有利于自身发展的区域经济合作体制。其次，亚欧国家合作密切，为"一带一路"构想发展提供了良好的基础。

第二，国际"话语权"争夺日趋激烈。经济背后的角逐是文化和政治的较量，近年来各国越来越重视在国际经贸规则运行中的话语权。因此，中国在"走出去"的同时，也致力于增强国际话语权，提出有利于中国发展的规则。

(2)国内背景

第一，中国经济发展的需要。中国第一轮经济改革红利已基本释放完毕，为保证经济的可持续发展，中国深化改革的同时，必须走出去转化部分产能。

第二，我国经济发展阶段已经发生变化。世界工厂向世界市场及资本输入国向资本输出国的转变，促使中国加快融入世界经济发展浪潮的步伐。

2."一带一路"战略的发展历程

2013年9月和10月，习近平主席出访哈萨克斯坦、吉尔吉斯斯坦和印度尼西亚时，首次提出"丝绸之路"和"丝路精神"、"海上丝绸之路"等理念。2013年11月，《中共中央关于全面深化改革若干重大问题的决定》将"一带一路"倡议上升为我国对外开放重大战略。之后，习近平主席在多次出访其他国家和国际性会议中进一步阐释了"一带一路"战略构想的含义。与此同时，"一带一路"发展也引起了国内和国际社会的普遍关注。2015年3月26日，国家发改委、外交部、商务部联合发布《推定共建丝绸之路经济带和21世纪海上丝绸之路的愿景与行动》，明确了"一带一路"战略共建原则、框架思路、合作重点、合作机制等主要内容。至此，"一带一路"发展战略构想趋于成熟，并为"一带一路"战略发展揭开了新的篇章。

---

① 郑贵斌，李广杰：《山东融入"一带一路"建设战略研究》，人民出版社2015年版，第4页。

二、"一带一路"战略实施法律服务的必要性和现存问题

（一）"一带一路"战略实施法律服务的必要性

1."一带一路"快速发展的现实必要性

（1）"一带一路"战略参与主体的增加需要更加统一完善的法律服务体系。"一带一路"倡议先后得到60多个国家和地区的积极响应，成为沿线区域加强经济合作的最大共识。

（2）中国利益保障需要优质法律服务先行。中国商务部《中国对外直接投资统计公报》显示，2003—2013年期间，中国对"一带一路"沿线国家直接投资的年均增速高达58.07%，对"一带一路"沿线国家和地区的直接投资规模占中国对外直接投资总额的比例为11.4%。2013年世界外商直接投资吸收存量达到百亿美元的64个国家中，43个属于"一带一路"沿线国家。[①]目前，中国对"一带一路"沿线国家的投资仍集中在基础设施建设方面，而这些项目一般投资期限较长，为了保障投资利益的实现，投资法律风险是必须考量的因素之一。因此，法律服务先行成为投资的必要保障。

2."一带一路"沿线国家错综复杂的关系需要通过法律来调解或解决

（1）地缘政治风险。[②]"一带一路"沿线诸多国家正处于政治社会转型期，安全稳定问题突出，宗教、文化、社会矛盾纵横交织。这些地带大国利益集聚，加剧了地区局势的复杂性。其中中东、中亚以及南亚是政变和局部冲突发生的热点地区，被称为"战略不稳定弧"。

（2）经济发展严重不平衡。"一带一路"沿线国家经济发展水平差异较大，经济发展需求不同，往往导致投资项目很难落地实施，需要通过法律方式协调解决。

（二）"一带一路"战略法律服务现存问题

1."一带一路"沿线国家法律规范参差不齐，没有系统、稳定的冲突规范指引和准据法可依据

"一带一路"沿线不少国家法律不健全、不稳定，加之"一带一路"自由贸易区建设水平较低，各国之间和贸易区之间涉及多个法系，尚未形成有效的冲突规范和准据法。法律体系的不同导致出现法律争端时国家之间的处理方式不同，法律的适用性被削弱，导致争议产生后难以运用法律手段解决。

---

①于津平，顾威："'一带一路'建设的利益、风险与策略"，载《南开学报（哲学社会科学版）》2016年第1期。

②罗雨泽：《"一带一路"基础设施投融资机制研究》，中国发展出版社2015年版，第110页。

2. “一带一路”建设法律服务人才严重匮乏

首先，法律服务各方面人才匮乏。据统计，目前能够为“一带一路”提供有效法律服务的律师大部分集中在北上广等沿海地区，西部涉外律师缺口较大，能够有力为“一带一路”战略提供法律服务的律师不足50人。

其次，法律服务水平有待提高。“一带一路”投资涉及多方面法律服务，未来可能集中在股权资本市场、债券市场、境外上市、融资、跨国并购以及处置金融不良资产、互联网金融服务等领域。目前，“一带一路”沿线省份涉外法律服务工作人员的服务水平不尽如人意。统计显示，能够为涉外企业提供“三反”（反倾销、反补贴和保障措施）法律服务的西部律师仅有1人，法律服务水平的不足导致中国企业在“走出去”时，不得不依靠国外的法律服务团队。

三、西部律师事务所如何布局“一带一路”法律服务市场

服务来自于现实需求，律师工作的主动性决定了律师是司法队伍中最早接触企业现实需求的法律工作者。因此，律师事务所如何布局“一带一路”法律服务市场已经不仅仅是律师事务所发展的需要，更是我们国家“一带一路”发展战略顺利进行的需要。

“一带一路”战略辐射我国十多个省份，本文仅以“丝绸之路经济带”为基础，研究西部律师事务所应如何布局“一带一路”法律服务市场。

（一）全方位、多角度合作，占领“一带一路”法律服务高地

1.全方位、多角度合作，提高律师事务所管理和服务能力

“法律的生命在于经验”，快速提高西部律师事务所服务能力的途径之一是向有成熟经验的律所和律师取经。

首先，加强与国内有丰富涉外经验的律所合作。2015年12月2日，“一带一路”战略与律师法律服务研讨会在乌鲁木齐举行。研讨会就中国律师应该如何跟进“一带一路”战略，为企业“走出去”提供与国际接轨的法律服务①展开讨论。西部律师事务所可以主动出击，与北上广等地律师事务所深入开展各个方面的涉外法律服务合作，加强专业能力培养。

其次，加强与国内外律师事务所的合作。国内律师事务所可以先与国外律师事务所建立合作关系，不断加强专业能力学习，为我们国家企业“走出去”提供法律服务。

再次，加强与“一带一路”沿线国家律师事务所交流合作。“一带一路”沿线国家政治、经济情况复杂，律师事务所进驻必然也面临一定困难，但要想为

①隋云雁：“实施一带一路战略法律服务如何‘走出去’”，载《新疆日报（汉）》，2015年12月7日第006版。

中国企业“走出去”保驾护航，律师事务所必须有探路者的精神，深入了解当地司法环境，与当地律师事务所保持良好合作，尽快掌握企业“走出去”可能面临的各项法律风险，因地制宜地制定适合企业的法律服务方案。

2.建设由国内辐射国外的法律服务体系，占领“一带一路”法律服务高地

西部律师事务所可在“一带一路”沿线国家允许的情况下，在当地设立法律服务办公场所、配置工作人员，国外法律服务工作人员与国内律所总部形成良好的管理和知识方面的互动，保障法律服务质量。

（二）加强对管理人才和专业律师的培养

国内律师事务所普遍存在律所管理人员和专业律师混同的现象，这一定程度限制了律所的发展。西部律师布局“一带一路”法律服务市场，应同时注重对管理人才和专业人才的培养。

1.管理人才的培养

西部律师事务所应尽可能外派律师到其他发达地区、发达国家及“一带一路”沿线国家学习管理经验，总结当地管理思维和管理模式。为西部律师事务所“走出去”奠定基础。

2.专业人才的培养

西部律师事务所可外派律师到其他涉外法律服务较为发达的国家学习。比如全国律协组织的“涉外律师领军人才培养计划”，结合“一带一路”发展规划，人才的培养应注意专业方向及对国际金融法、国际贸易法、国际投资法、国际海事法规则、国际仲裁规则、国际惯例等准据法的学习，[①]同时，应加强对冲突规范的深入了解。专业律师只有熟练掌握并运用国际规则及冲突规范，才能对法律风险有科学合理的预判，并据此设计出可行的法律方案。

（三）总结法律服务经验，协助完善我国涉外立法和司法体系

西部律师事务所应不断总结“一带一路”法律服务中的经验，并积极参与到我国涉外法律的立法、修法及司法活动中。不断增强西部律师在国际运行规则中的话语权，制定出适合“一带一路”战略发展的法律，保证“一带一路”战略的顺利进行。

结　论

“一带一路”战略规划是我国对外开放政策新举措，对我国经济发展至关重要，决定着我国未来国际社会地位。因此，助阵“一带一路”战略的腾飞是各

① 刘子杨：“努力为‘一带一路’建设提供法律服务和法律保障”，载《法制日报》2015年11月26日第001版。

行各业义不容辞的责任。作为"一带一路"战略要地，西部地区律师事务应高瞻远瞩，合理布局法律服务市场。在"一带一路"法律服务中，西部律师事务所应当有所作为，也必然大有可为。

参考文献

[1] 郑贵斌，李广杰.山东融入"一带一路"建设战略研究［M］.北京：人民出版社，2015.4，3.

[2] 于津平，顾威."一带一路"建设的利益、风险与策略［J］.南开学报（哲学社会科学版），2016（1）.

[3] 罗雨泽."一带一路"基础设施投融资机制研究［M］.北京：中国发展出版社，2015.8，110.

[4] 隋云雁.实施一带一路战略 法律服务如何"走出去"［N］.新疆日报（汉），2015-12-7.

[5] 刘子杨.努力为"一带一路"建设提供法律服务和法律保障［N］.法制日报，2015-11-26.

医疗纠纷的难点、困惑与对策

陕西海普睿诚律师事务所　成花丽

内容摘要：医疗纠纷和医患矛盾已经成为现阶段的社会热点问题，如何更好地处理医患纠纷，妥善解决医患矛盾，是现阶段卫生行政部门、医疗机构和法院迫切需要解决的难题。

关键词：医疗纠纷　难点困惑　医疗机构　患者　对策

引　言

由于本人从事律师职业之前，曾经从事医务工作十余年，自2008年以来，又专门从事医疗纠纷的诉讼和非诉业务，结合医院工作经历和律师执业经验，对医疗法律服务业务有一些浅显的认识，本文从八个方面探讨在医疗纠纷实务方面遇到的难点与困惑，并提出对策，受篇幅所限，一些观点无法展开，希望同仁多提宝贵意见。

一、有关病历资料问题

（一）病历评估

难点与困惑：病历资料是医疗案件最直接、最基础的证据材料，也是医疗鉴定程序中必备的证据材料，但在庭审中患方往往对病历资料的真实性持异议，如认为病历资料存在部分修改、涂改、添加、删除、记录不实等情形，并据此否定整个病历资料的真实性，进而阻止医疗鉴定的进行，有些患方还会要求法院直接推定医疗机构存在医疗过错并判决医疗机构承担赔偿责任，此种情形，法院应如何应对？

对策：首先如果患方对病历资料存在的瑕疵或疑点提出合理怀疑时，保存、控制病历的医疗机构应负有解释、说明的义务，如果医疗机构对此不能做出合理的解释，应该按照相应的民事诉讼证据规则承担不利后果；如果医疗机构已经做出合理的解释，患方仍然不予认同，则患方可提出笔迹鉴定或病历真实性、完整性、逻辑性等病历评估鉴定，以此来认定病历资料能否作为定案依据。

其次，如果能出台相关法律或者医院内部规章制度，患者出院时由患者本人或者其授权委托的代理人对医院书写的病历资料进行核实和签字确认，如果病历资料存在对客观信息及患者的基础病情记录错误或不实，患方可以在出院时及时给予纠正然后确认签字，这样的话，一方面避免了医院在患者出院后或者发生纠纷后利用保存控制病历的便利修改病历，另一方面也避免诉讼中双方对病历产生歧义。

（二）医方不配合病历封存工作

难点与困惑：住院病历资料由医疗机构书写并保管，诉前患方最多可以拿到客观病历资料，对于全部的病历资料只能等到起诉到法院后才能完整复印。由于患方在诉前看不到全部的病历资料，又没有权利保管病历资料，根据医疗事故处理条例、执业医师法等法律规定，患方在诉前可以封存全部的或者主观的病历资料，但是司法实践中，在发生纠纷后许多医院不配合患方进行病历资料的封存工作，诉讼后患方又往往对病历的真实性提出质疑，那么如何保护患方在诉前对主观病历的封存权利。

对策：首先，如果医院不配合患方进行病历封存工作，患方可以在诉前申请法院对病历资料进行诉前证据保全，来达到封存病历的目的；其次，能否出台相关法律，对不配合患方封存病历资料的医院责任人员及主管领导进行行政处罚，从源头上杜绝类似情况的发生。

二、有关鉴定问题

（一）鉴定机构不统一

难点与困惑：截至目前我国医疗鉴定程序仍然存在二元制局面，即医疗事故鉴定与司法过错鉴定并行存在。对各方当事人而言，同一案件不同的鉴定程序所得出鉴定意见不完全一样，尤其是在做医疗事故鉴定不构成医疗事故后再做司法过错鉴定时，往往又鉴定医疗机构存在医疗过错，并据此判决医疗机构承担赔偿责任，如此一来各方当事人均会对鉴定意见及法院的判决存有质疑，造成判决的公信力不强。

对策：从法律层面取消医疗事故鉴定，医疗案件统一由法院委托进行司法过错鉴定。

（二）重新鉴定引发的问题

难点与困惑：即使是司法过错鉴定，如果第一家鉴定机构的鉴定意见因种种原因法院不能认定而启动重新鉴定后，第二家鉴定机构的鉴定意见又往往与第一家鉴定意见有很大的出入，如笔者办理过的案件，第一家鉴定机构鉴定患者是八级伤残，第二家却是四级伤残。由于目前各司法鉴定机构处于平等地位，无上下级区别，法官往往又不懂医学，此种情况下各方当事人只认可对己方有利的鉴定，法官无法从专业的角度认定以哪个鉴定意见作为定案根据，给司法实践造成不必要的麻烦。

对策：从法律层面明确规定，如果法院启动重新鉴定，那么第一次鉴定意见即行作废，统一按照第二次重新鉴定的鉴定机构所出鉴定意见作为定案根据，第一家鉴定机构所收全部鉴定费用退还给当事人，这样的话所有的鉴定机构都会认真对待每例案件，从程序和实体两方面做到公平、公正、有理有据，所出具的鉴定意见才能被法院及各方当事人采信。

三、有关赔偿标准问题

（一）标准不统一

难点与困惑：基于目前鉴定机构的二元化体制，必然引发两种不同的赔偿标准，即构成医疗事故的按照医疗事故处理条例的赔偿标准进行赔偿，司法过错鉴定医疗机构存在医疗过错的按照最高院关于审理人身损害赔偿案件适用法律若干问题的解释的赔偿标准进行赔偿。对于同一个案件，因行不同的鉴定程序所得出不同的判决结果，不能被各方当事人所接受，一定程度上也影响了法院判决的权威性和公信力。

对策：从法律层面取消医疗事故鉴定，医疗案件统一由法院委托鉴定机构进行司法过错鉴定，从而统一赔偿标准，提高判决的权威性和公信力。

（二）法律规定界限不明确

难点与困惑：如最高院关于审理人身损害赔偿案件适用法律若干问题的解释第21条第3款规定：护理期限应计算至受害人恢复生活自理能力时止，受害人因残疾不能恢复生活自理能力的，可以根据其年龄、健康状况等因素确定合理的护理期限，但最长不超过20年。该法条只是明确了最长20年的护理期限，但却没有明确该20年的起算点如何计算，是从患者因医疗机构的过错而受伤害时起算还是从定残之日开始起算，不同的起算点法院最终判决的护理期限是有区别的。同时该法第32条规定，超过确定的护理期限仍需护理的病患还可以再行主张5—10年的相关费用。很多病患自受伤之日或定残之日起实际上是能够存活20年以上的，那么法律规定第一次判决的最长20年的起算点就很重要，如果自受伤之日起计算的话，第一次诉讼的护理期限最长可主张20年，但如果自定残之日起开始计算的话，由于定残前同样需要护理，那么第一次可主张的护理期限就会超过20年。笔者办理过的一个案件，患者自受伤害之日起7年后才做伤残等级鉴定，法院最终判决定残前7年护理费和定残后20年护理费共27年的护理费。该法第24条规定：营养费根据受害人伤残情况参照医疗机构的意见确定。本条规定就更笼统了，司法实践中各级法院各地法院同一法院不同法官均有不同理解，判决的随意性太大。

对策：从法律层面尽快完善细化相关法律规定，避免造成司法判决的不统一。

四、有关医疗案件专家陪审员制度

难点与困惑：在医患纠纷中，医疗机构、患方、法官三方往往存在医疗信息不对称的情形，患者一方作为弱势群体，自身不懂医，即使聘请了律师，也没有几个律师是医学出身，同时审理医疗案件的法官也基本没有医学背景，这是造成医患纠纷高发的原因，也是诉讼到法院后法官对病历资料真实性的认定、对鉴定意见的认定、对专业问题的理解和解释等诸多问题无法客观解决的原因。

对策：建立专家陪审员制度。我国本身推行陪审员制度，那么能否在各法院内部建立专门的医学专家陪审员库，在审理医疗案件时，属于哪个科的纠纷就从专家陪审员库中随机抽取该科的专家陪审员。这样的话，专家陪审员就可以在法庭上协助主审法官，处理前面提到的专业性问题，帮助法庭更专业的了解案情、审理案件并最终作出兼有权威性和公信力的判决。

五、有关危重病人及家属住院后心理疏导问题

难点与困惑：由于我国目前医护人员与患者床位配比较小，医护人员相对缺乏，在实践中各级医护人员工作量相对较大，工作都处于超负荷状态，这种情形下医护人员在工作中就无法满足和照顾到所有患者及其家属的心理需求，直接导致医患沟通障碍，这也是造成医患矛盾的主要原因。

对策：能否由政府出资在各级医院设立专门的病人及家属的心理咨询医师，给每位住院患者及家属至少一次心理辅导或疏导，切实做好病患关怀，一方面减轻了专科医生的压力，同时还可以更大限度的普及和发展我国心理卫生事业，使更多心理疾病患者受益。

六、有关医生的执业保险问题

难点与困惑：现有法律规定医务人员在实践操作中的义务相对较多，如各种告知义务、诊断、鉴别诊断、治疗、抢救、伦理道德义务等。医生为了避免出错，避免发生医疗纠纷，难免会以过度检查和过度治疗来达到以证自清的目的，如何杜绝类似事情发生，使医生能够专心于专业，专心于为病患解决病痛和治疗疾病，没有任何后顾之忧，真正做到救死扶伤，全心全意为患者服务。

对策：能否参照我国车辆强险制度，强制所有医院为全体执业医生、护士、医技人员购买执业保险，如遇医疗纠纷随即将案件转入保险理赔程序，保险理赔时首先进行医疗过错鉴定，只要鉴定意见认定医院存在医疗过错，明确了过错大小和因果关系，则保险公司可依据过错大小直接赔付给患方，避免医务人员直接与患方接触。有保险机构的介入，可从源头上杜绝医闹及伤医事件发生，因为所有的理赔必须以合法的鉴定意见为前置条件，不做鉴定只想医闹了事无法律基础，医闹就没有生存的空间，由于患方不直接和医务人员接触，缓和了医患矛盾，也避免了伤医事件的发生。

七、有关专门伤医法规的出台问题

难点与困惑：近年来，各省市连续发生一些令人震惊的恶性事件，严重的医患纠纷频频上演，轻则以言语暴力和殴打医生结束，重则以医生付出生命为代价。据不完全统计，中国每年被殴打受伤的医务人员已超过1万人，伤医案如此高发，显示出我国法律对医务人员的保护力度明显不足，正因为法律的惩治不严厉才使那些伤医者肆意妄为，如何才能更好地避免类似事件发生？

对策：首先每个医院设立警务室，由各辖区派出所派驻民警24小时值班，遇有医疗纠纷，民警全程参与陪同医务人员；其次医院做好宣传活动，对所有进院的病患做一次普法宣传，并告之医生救死扶伤的天职和其人身不容侵犯的权利；最后从法律层面能否制定专门的故意伤医罪，刑罚方面重于一般的故意伤害罪，彻底保障医务人员的人身安全。

八、医疗诉讼案件周期过长

难点与困惑：所有的医疗案件都存在周期过长这样一个难题，基本上每例案件周期都在一年左右，还有两年、三年甚至更长时间仍未审结的案件，其中最费时间的就是鉴定环节，一般的鉴定环节耗时都在半年左右，有些鉴定机构由于人员少、案件多，单纯鉴定环节耗时就在一年以上。

对策：针对医疗案件，能否参照交通事故，将鉴定程序提前到诉前阶段，凡发生医疗纠纷案件，诉前申请医疗过错鉴定，待鉴定结果出来后，再由立案庭组织人员先行调解，调解不成的再进入实体诉讼环节，这样即方便了当事人，也减轻了法院的办案压力。

结论：随着社会经济的发展，人们的生活水平不断提高，人们的医疗保健需求和法律意识逐步增强，与此同时，医疗纠纷和医患矛盾日益凸显，医疗纠纷越来越成为社会和百姓关注的热点，而医疗纠纷的合法合情处理是各医疗机构和政府部门竭力想解决的难点，只有全社会共同参与，各行业通力合作，才能建立良好的医疗秩序、保障医疗纠纷中各方当事人的合法合理权利。

参考文献

［1］方鹏骞，俞敏洁.医疗纠纷处理双轨制对医疗事故技术鉴定结局的影响分摘［J］.中国医院管理，2012，32（02）:46-48

［2］马静松，史世夫.新时期构建和谐医患关系的思考［J］.中国医院管理，2007，27（8）：62-63

［3］乔世明.试论医疗侵权鉴定制度的完善［J］.法治研究，2010（11）.

［4］寇姗，陈特.人民法院对病历资料的审查和认证［J］.审判研究，2014（10）.

中国与俄罗斯能源合作开发中争端解决机制研究
——以“一带一路”为背景

陕西永嘉信律师事务所　余　乐

内容摘要：中国与俄罗斯作为“一带一路”的大国，无论在政治还是经济上都可以发掘出较大的合作潜力。然而，在日益深化的合作下，基于多种因素的共同作用，双方的争端也日渐显现。如何处理好这些争端，对于中俄双方现在乃至今后的能源合作有十分重要的影响，同时也对于中国与沿线其他国家之间能源争端的解决具有借鉴意义。

关键词：“一带一路”　能源　合作开发　争端解决机制

一、“一带一路”背景及延伸

（一）“一带一路”背景

“一带一路”是“丝绸之路经济带”和“21世纪海上丝绸之路”的简称。它充分依靠中国与有关国家既有的双多边机制，借助既有的、行之有效的区域合作平台。“一带一路”旨在借用古代丝绸之路的历史符号，高举和平发展的旗帜，积极发展与沿线国家的经济合作伙伴关系，共同打造政治互信、经济融合、文化包容的利益共同体、命运共同体和责任共同体。

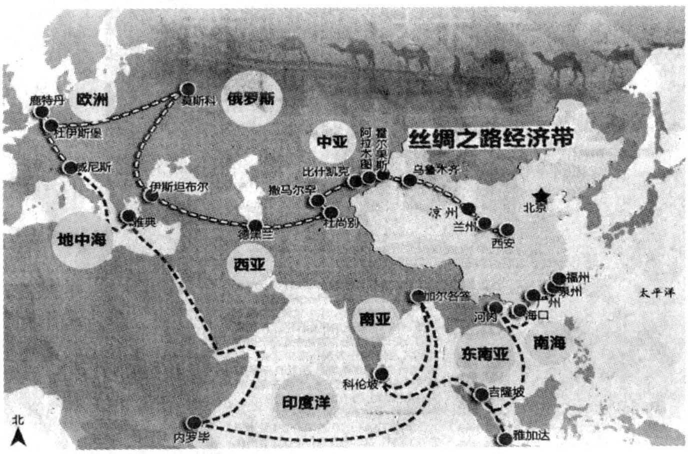

“一带一路”之路线图

（二）“一带一路”背景的延伸

伴随着丝绸之路带来的机遇，更多的企业选择走出国门，同国外的公司、企业建立合作关系。“一带一路”沿线国家，大部分国家能源储存丰富，与我国有较多的能源合作。其中，尤属我国与俄罗斯之间的能源合作较为突出。如何恰当的处理这些纠纷，对我国与俄罗斯之间能源方面的长远合作有十分重要的意义。对于中国与沿线其他国家之间的能源争端解决也将产生重要影响。

二、中国与俄罗斯能源合作开发概述

（一）中国与俄罗斯能源合作开发的现状

1.能源合作开发向纵深发展

中国与俄罗斯在能源方面战略的相互补充成为两国之间开展能源贸易的重要基础，在传统能源的合作方面，双方主要涉及的是石油和天然气。然而随着现代社会对能源要求的提高，已经从单纯的能源需求转变为提高能源的利用率及其环保率。因此，在本国能源无法满足日益增长的能源需求的基础上，中国不断扩大能源的进口，其中包括传统能源及新型能源。

2.区域合作开发方兴未艾

长期以来，俄罗斯远东地区的发展成为俄罗斯比较薄弱的一环，俄罗斯也一直探索适合远东地区的发展方式，并且为此也制定了一些相应的计划。中国的东北作为老工业基地，其与俄罗斯接壤的优势成为中国与俄罗斯能源合作开发的大门。[①]广袤的领土连接地区使双方的区域能源合作开发即将迈入新的历史阶段。[②]

（二）中国与俄罗斯在能源合作开发中产生的主要争端

1.能源政策的不同

俄罗斯作为能源出口大国，为了可以使能源利益最大化，除了中国以外，还有许多的能源出口对象国。中国作为目前较大的能源进口国，为了满足本国经济的发展，不受某一国家能源贸易的限制，中国也与很多能源储备丰富的国家签订了能源合作协议，并有相应的能源合作计划及实践。这也是出于对我国的能源安全及其经济稳定发展的考虑。以避免我国会受制于某一国家的能源贸易。

2.能源贸易争端

随着能源进出口多元化的出现，能源进口国与能源出口国已开始不断地拓

①传勋：《俄罗斯远东市场研究》，社会科学文献出版社2004年版。

②朱显平，（俄）季塔连科：《俄罗斯东部与中国东北的互动发展及能源合作研究》，长春出版社2013年版，第231-240页。

展自己的合作领域，这样的合作方式虽然有利于双方的自身利益，然而在长期的战略合作中，对双方的互信问题也是极大的挑战，容易引发双方的信任危机。

三、中国与俄罗斯能源合作开发争端解决机制的主要内容

（一）中国与俄罗斯能源合作开发中现有的主要能源争端解决机制

1.谈判

在解决争端之时，双方首先采取的是谈判的方式。然而，由于双方僵持不下，因此，经过多轮的谈判并未取得明显的效果，由此也暴露出谈判的弊端。谈判虽然在众多方面都具有明显的优势，但并非完美无缺，其结果完全取决于双方的诚信度，许多国家谈判过后将结果视为一纸空文，导致纠纷不能彻底解决。

2.第三方介入

第三方介入调解是谈判之外又一个非常重要的争端解决方式。在国际冲突中，第三方介入调解在很多情况下发挥了十分重要的作用。第三方由于并非争端的当事国，一般说来，往往可以从中立的角度来看问题，并在争端当事国之间进行游说，避免了争端双方谈判崩溃而使争端无法得到解决。

3.仲裁

仲裁作为一种常见的争端解决方式，在大多数国家的国内法中均有相关规定。而其作为国际争端的解决方式，虽然与多数国家的国内法规定并不完全相同，然而，由于其最终裁决具有法律约束力，因此争端双方也通常会将争端提交相应的仲裁机构以期可以更好地解决争端。

4.国际法院或者其他国际组织解决

通过国际法院或者将争端提交相关的国际组织予以解决，其优点主要表现在所取得的结果具有法律约束力，使得双方的争端可以得到较为彻底的解决。由于这一明显的特点，使得国际司法程序在现代社会得到了高度的重视。

5.SCO下的能源争端解决机制

上海合作组织中达成的能源争端解决机制规定，在发生能源争端之时，双方首先应该采取的措施便是在自愿的原则之下进行调停与调解。解决无望后，才会进入磋商和仲裁的阶段。针对于仲裁，由于能源争端涉及了较多的专业问题，因此更多的倾向于专家组的仲裁，但是对于非专业的问题也可以请求相应的仲裁机构进行仲裁。

（二）中国与俄罗斯能源合作开发中现有的主要争端解决机制存在的问题

1.未能针对能源争端的特殊问题提出解决方案

传统的争端解决机制适用于所有的国与国之间的大部分争端，在一定程度

上也取得了良好的效果。然而，由于能源合作的特殊性，在这一领域中会存在许多其他领域合作可能不会出现的问题。比如在能源合作开发中会产生的能源过境争端、环境污染争端、贸易争端等问题，运用传统的争端解决机制无法解决或者解决效果不能让人满意的时候，就应该考虑针对这些特殊问题制定特殊的应对方案。

2.争端解决机制未能实现多元化

在前文中提及，解决能源争端的方式主要有谈判、第三方介入调解等。然而，在中国与俄罗斯之间的能源合作中，多数协议并不会事先约定争端解决方式或者双方所约定的争端解决方式较为单一。且在实践中，中国与俄罗斯在解决能源合作开发争端时常用的方式是外交手段，仲裁及司法程序均很少使用。

3.争端解决机制涉及的法律适用规定不明确

在一些情况下，将问题诉诸国际法院或者其他国际组织就显得十分重要。在不损害他国利益的前提下，选择有利于我国的法律可以适当的降低我国在能源争端中遭受的损失。在未来的中俄能源合作中应该明确约定争端所适用的法律，避免争端出现后的无所适从，从而稳定双方在能源领域的长期合作。

四、对中俄能源合作开发争端解决机制的几点看法

（一）对能源合作开发领域的特殊问题制定相应的应对措施

1.能源的过境争端建立"调停员"制度

在欧盟与俄罗斯签订的能源宪章条约中对该种问题所涉及的解决方式便是采用了一种特殊的调停机制。该条约中规定，在出现能源过境争端之时，首先依照双方缔结的能源合作条约解决争端，如果双方在缔结条约的过程中没有涉及能源争端解决机制，将启动能源宪章条约中的相关规定。如果能源合作国家之间产生了过境争端，双方在他种方式解决争端无果的情况下，可以由秘书长指派一名调停员出面解决争端。调停员的选任应该完全中立，即与争端各方均无任何直接或者间接联系且具有相关经验。调停员将在九十天内组织双方进行协商并达成相关协议，并对能源过境的相关事宜作出临时性安排。以保证能源贸易不会由于过境争端的影响而终止。这也是该过境争端解决机制的一个非常重要的特点。因此，在解决能源的过境争端方面，该条约对我们具有重大的指导意义。①

2.设立专门机构处理能源环境问题

在对环境问题的处理上，欧盟与俄罗斯之间签订的能源宪章条约中规定，如涉及能源环境问题则应当通过调解等和平方式进行解决，其次可以提交"缔

①周勇刚："中俄能源合作延伸新战略层面"，载《中华工商时报》2014年第1期。

约国大会”予以处理。[①]因此，中国与俄罗斯之间的能源环境问题的处理可以参照该模式，即成立专门机构处理能源环境问题。

（二）争端解决机制多元化

可以通过外交协议将争端解决机制，从国与国之间的外交手段扩大到自然人、法人之间的仲裁诉讼等方式。且中国与俄罗斯之间也可以通过仲裁等替代性争端解决方式解决能源争端，[②]以此实现中俄之间能源合作的长足发展。

（三）明确解决争端所适用的法律

法律选择主要有两种，合同事先约定或者双方事后协商选择争端双方之间任一国家的法律。此外，双方可以采用下列方式选择可适用的法律。首先，协商选择第三国的法律而避免选择争端国法律出现的不公平现象。其次，可以协商选择双方法律中针对有关问题的共同规定予以适用。最后，可以采用相关的国际惯例或者国际原则以解决法律的适用问题。

五、中俄能源争端解决机制对“一带一路”之影响

作为“一带一路”沿线国家中的两个大国，其争端解决机制对于处理中国与他国之间的能源争端具有重要的借鉴意义。从而形成“一带一路”沿线国家能源合作的友好互动。使国家之间经济利益最大化，能源合作可以有更加长远的发展。

结　论

能源问题因其直接关系到一国经济能否长足发展，因而一直都是各国所关注的焦点。能源合作不仅可以很好的缓解一国的能源匮乏问题，使能源在国与国之间得到很好的流通，同时也有利于整个社会的良性发展。中俄之间尚未形成完整的能源争端解决机制。因此，在未来深化能源合作的同时将争端解决机制纳入合作范畴，将对中俄能源长远合作产生质的影响。同时，将引领“一带一路”沿线国家能源合作迈入新台阶。

参考文献

[1] 柴利著.中国与中亚国家能源合作对策研究［M］.北京:社会科学文献出版，2013.

---

①曾加：“国际能源投资争议的解决机制研究——以《能源宪章为例》”.《宁夏大学学报（人文社会科学版）》2008年第3期，第61页。

②王铭剑：《中国与俄罗斯能源合作法律机制构建研究》，新疆大学2012年版。

［2］刁秀华著. 俄罗斯与东北亚地区的能源合作［M］. 北京: 北京师范大学出版社，2010.

［3］曹泽铨. 论中国传统法律和谐思想之体现［J］. 学理论，2012（23）.

［4］常远. 中俄能源合作提速前行［J］. 瞭望，2014（04）.

［5］李慧敏. 中国对俄能源合作不能奉行拿来主义［N］. 中国经营报，2015-06-08(B15).

［6］赵明昊. 张高丽与俄罗斯副总理德沃尔科维奇举行中俄能源合作委员会双方主席会晤［N］. 人民日报，2015-04-22（B03）.

［7］樊培俊.《能源宪章》与欧俄能源博弈［D］. 上海: 华东师范大学，2009.

"一带一路"战略下西部律师的发展策略分析

广西国海律师事务所　伍志锐

内容摘要："一带一路"战略的实施，给西部律师带来了巨大而有利的发展空间。为了更好地把握西部律师的发展机遇，扬长避短，使其获得服务"一带一路"战略的主动权，可运用SWOT法对其优势、劣势、机遇和挑战进行分析，在此基础上形成相应的发展策略。

关键词：西部律师　"一带一路"战略　发展机遇　SWOT分析法

一、前言

以习近平同志为总书记的党中央作出的"一带一路"重大战略决策，契合了西部地区由对外开放的边缘迈向前沿的发展诉求，因此它迅速得到了西部地区的响应。西部地区已呈现出参与"一带一路"建设的热潮。西部地区实施"一带一路"战略离不开法律的引领和保障，这给西部律师带来了前所未有的历史性机遇，又面临着内外多种因素的影响。全面、具体地认清自身行业的所处形势，有助于西部律师更好地把握的发展机遇，扬长避短，争取获得服务西部地区实施"一带一路"战略和经济社会发展层面的主动权。故下文主要是结合SWOT分析法探讨"一带一路"战略下西部律师的存在的问题，包括其优势、劣势、机遇和挑战，进而提出有关的建议，以期推动西部律师行业的整体发展。

二、"一带一路"战略下西部律师发展的SWOT分析

SWOT分析法又称为自我诊断方法，其中的四个英文字母分别代表优势(Strengths)、劣势（Weakness)、机遇（Opportunities)、挑战（Threats)，其实质是通过分析研究对象的内部能力和所处的外部环境，进而研判其战略解决方案的一种科学方法。根据内外因素的不同组合，SWOT分析法可提供四种解决方案，即优势—机遇组合（SO策略)、优势—挑战组合（ST策略)、劣势—机遇组合（WO策略)、劣势—挑战组合（WT策略)。为了更好地整合西部律师优势和机遇，可运用SWOT分析法对其进行优劣势分析，在此基础上导出相应的发展

策略。

（一）优势

1.深入推进西部大开发的政策优势

我国《国民经济和社会发展第十三个五年规划纲要》第37章“深入实施区域发展总体战略”第一节“深入推进西部大开发”中明确提出，要“把深入实施西部大开发战略放在优先位置，更好发挥‘一带一路’建设对西部大开发的带动作用。”与此相应，西部各省亦制定了符合自身实际情况的第十三个五年规划纲要，并呈现出对西部律师发展的利好因素支持（见表1）。

表1　西部省份“十三五”规划中有利于律师发展的内容（部分）[①]

地区	“十三五”规划中的利好内容
广西	发展商贸服务及会计、审计……律师、公证、仲裁、司法鉴定等法律服务。
云南	整合公共法律服务资源，拓展法律服务领域，启动实施公共法律服务平台建设，不断提高公共法律服务和法律保障水平，为群众提供常态化、均等化、便利化、可持续的公共法律服务。完善法律援助制度，扩大法律援助范围，保证群众在遇到法律问题或者权利受侵害时获得及时有效法律帮助。到2020年，全省拥有律师数达1万人以上。
贵州	加强民生领域法律服务，提升面向基层和普通百姓的法律服务能力，加大对老人、妇女、儿童等群体法律援助和服务力度。积极发展律师、公证、司法鉴定等法律服务业，支持中小型法律服务机构发展和法律服务方式创新。加快发展律师队伍，建立激励法律服务人才跨区域流动机制，完善服务执业权益保障制度。
青海	壮大基层法律服务工作者队伍，完善法律援助制度，健全司法救助体系。制定《青海省法律服务业发展规划》，加快发展律师、公证、仲裁、司法鉴定等法律服务业。健全完善律师制度，积极推行法律顾问制度。发展中高端、涉外法律服务业。加强“双语”法律服务业人才队伍建设。

2.得天独厚的地缘优势

西部各省与“一带一路”沿线相邻的国家经过长期的共生、相融发展，形成了独特的区位优势和宝贵的地域、社会、民族文化。地区内众多少数民族跨界而居，民族相近、风俗相似、语言相通，传统友谊源远流长。并且在长期与这些国家进行经贸实践和法律实务的交流过程中，西部本土律师对各国经贸规则、习惯、政策有较深的了解，能够更有针对性地提供法律服务，这是其他地区尤其是发达地区律师难以获取的地缘优势。例如，广西是唯一与东盟国家既有陆地接壤又有海上通道的省份，生活在广西的壮族、傣族等少数民族与越南、老挝等国家的岱依族、侬族、泰族等民族有相同的历史文化渊源，生活风俗和宗族信仰也基本一致；壮语的北部方言和泰语、老挝语、傣语等语言同属壮侗语系闽南语支北部组，壮语南部方言和越南的岱–侬语同属闽南语支中部

① 资料来源：上述地区制定的“十三五”规划。

组，民间不需要翻译就可以交流。

（二）劣势

1.行业发展基础较为薄弱

与北京、广州、上海发达地区及东部沿海地区相比，西部律师无论是在个体执业水平、律师事务所管理效能，还是在律师协会能力建设、行业业务拓展等领域，都存在着一定的差距。以律师行业的重要发展基础——律师事务所和律师个体为例，西部律师行业在数量上相对滞后的问题比较突出（见表2）。

表2 "一带一路"沿线省份律师事务所及律师数量(不完全统计)①

地区	广西	新疆	陕西	甘肃	宁夏	青海	云南	西藏	四川	贵州	内蒙古
律所	601	435	454	322	102	97	683	34	1074	359	390
律师	5900	4092	6567	2757	1600	758	7867	249	13571	3509	4766

地区	北京	上海	广东	浙江	福建	海南	辽宁	吉林
律所	2050	1321	2502	1158	607	104	800	417
律师	25233	16900	291388	14144	8235	1513	90000	3700

2.服务"一带一路"战略的认识水平有待提高

在党中央作出"一带一路"建设的重大战略决策后，西部地区均制定了自己"一带一路"建设的实施方略。然而，从这些实施方略的内容来看，它们的一个共同点是偏重经济发展，鲜有触及法治（包括律师服务）的领域，也尚未制定支持、规范、推动律师行业服务"一带一路"战略的相关具体政策。这从一个侧面说明了西部地区运用法律服务"一带一路"战略的认识水平有待提高。而在此方面，发达地区走在了西部地区的前面。例如，2015年4月，在中共中央审议通过了《京津冀协同发展规划纲要》之后，京津冀三省市司法行政厅（局）于同年9月签署了协同发展框架协议，成立协同发展专项小组，定期召开联席会议，建立沟通协商机制，开展业务交流、人才培养等合作，促使律师携手为京津冀一体化发展提供法律服务②。

（三）机遇

各地积极推动"一带一路"战略建设，是西部律师获得长足发展的最大机遇。在我国政府发布的《推动共建"一带一路"的愿景与行动》中，其划定了我国经济对外发展的五条国际大通道，圈定了沿线18个省份，涉及广西、云

① 数据来源：根据各地律师协会官网、2015年《中国西部律师业发展报告》和《中国司法》2016年第3期登载中国政法大学陈宜教授撰写的文章《"一带一路"战略下律师行业的机遇与挑战》所提供信息整理。

②需要文后［1］内容。

南、西藏、新疆、陕西、甘肃等西部省区。在各省区大力推进"一带一路"经济建设的热潮中（见表3），律师的保驾护航作用不可或缺，其为西部律师行业带来的机遇亦是不证自明的。

表3　西部省份推动实施"一带一路"的规划方案①

地区	内容
广西	供热中国—东盟自贸区升级版建设，把广西打造成为面向东盟、走向世界的国际大通道和"海上丝绸之路"的重要平台和主要节点。
陕西	在打造欧亚立体大通道的基础上重点推进商贸物流、科技教育、文化旅游等领域的合作，加速成为丝绸之路经济带的高端生产要素聚焦区、承接产业转移示范区、交通物流商贸枢纽和文化科教交流核心区。
宁夏	着力实施四项行动计划即实施中阿博览会带动计划、开放通道拓展计划、外向型园区培育计划和贸易便利促进计划，加快建设陆上、网上、空中丝绸之路。
甘肃	通过兰州新区、敦煌国际文化旅游名城和"中国丝绸之路博览会"三大平台的构建，同步加强经济新增长极、经贸技术交流、产业对接合作、道路互联互通、人文交流合作等重点工程的建设。
青海	联合沿海沿江地区共同推进区域通关一体化合作，构建与丝绸之路沿线国家和周边省区铁路、公路、航空有效对接的现代交通网络。
内蒙古	着力推进满里、二连浩特国家重点开发开放实施区和呼伦贝尔中俄蒙合作先导区，进一步加强口岸建设、与俄蒙基础设施的互联互通建设。
西藏	加大招商引资力度，优化投资环境；与"一带一路"和孟中印缅经济走廊的有关国家、省区积极对接，尽快成为南亚大通道；深化对口援藏工作。
新疆	利用经济社会发展的黄金时期，结合其地缘、文化、资源等优势，利用经济社会发展的黄金时期，加速成为丝绸之路经济带的区域性商贸物流、金融、交通枢纽、文化科教和医疗服务中心。
四川	实施"251"三年行动计划：在"一带一路"沿线中优选对四川具有较大产业和贸易比较优势的20个国家进行重点、深度开拓；在20个重点国家中筛选50个"双向"投资重大项目予以落地；在四川现有近1万家外贸企业中挑选100家与"一带一带"沿线有较好投资基础的重点企业，通过重点引导，形成示范。
云南	着力推进为丝绸之路经济带发展重点之一的沿边金改试验区，通过在云南引入东南亚及南亚国家的银行、证券等金融机构带动跨境金融服务升级。
重庆	加快建设长江上游综合交通枢纽，打造内陆开放高地。进一步开拓"一带一路"沿线国家、国际友城和港、海岸、台的市场。
贵州	建设贵阳成为沟通东南亚地区的运输通道和重要物流枢纽。打造贵阳内陆型经济开放高地，为"一带一路"建设提供战略支撑。

① 资料来源：根据国务院、上述地方政府门户网站等资料整理。

（四）挑战

在"一带一路"战略实施的进程中，西部律师面临的一个最大挑战是缺乏有效的行业指引以及强大的信息共享平台。2015年10月，司法部成立了服务"一带一路"研究中心，11月，司法部印发《关于司法行政工作服务"一带一路"建设的意见》，对司法行政工作服务"一带一路"建设作出部署。这两大举措有助于我国律师服务"一带一路"战略迈向新的台阶。可是，西部律师行业未能与时俱进，进一步加强全局性的应对及研究，及时提供适配的行业指引和信息共享平台，致使西部律师在办理涉外业务、设立境外分所等方面遭遇诸多现实问题，给法律服务带来很大的困难。例如，笔者曾联合一些律师事务所、高校共同进行东盟各国公司法律法规的汇编工作。在编撰的过程中，深感能获得的资料信息太少，能够获取的法律法规是很多年以前的。经了解，本行业及区内相关的院校、研究机构也未全面掌握一些资料，目前只能通过私人渠道收集、查找部分资料。

三、"一带一路"战略下西部律师的发展策略选择

通过以上分析，我们可以较为清晰地得出"一带一路"战略下西部律师的发展策略，内部和外部所存在的优势、劣势、机遇和挑战。结合SWOT分析法所提供的四种解决方案，以下对"一带一路"战略下西部律师的发展策略选择提出建议（如图所示），具体说明如下：

内部因素 / 外部因素	优势(S) (1)深入推进西部大开发的政策优势。 (2)得天独厚的地缘优势。	劣势(W) (1)行业发展基础较为薄弱。 (2)服务"一带一路"战略的认识水平有待提高
机遇(O) 各地积极推动"一带一路"战略建设。	SO策略 (1)尽快提升综合实力。 (2)形成自己的服务特色。	WO策略 (1)学习先进经验，夯实行业发展基础。 (2)提高服务"一带一路"战略的认识水平。
挑战(T) 缺乏有效的行业指引以及强大的信息共享平台。	ST策略 (1)做好行业指引。 (2)构建行业信息共享平台。	WT策略 (1)重视本土律师的发展工作。 (2)全方位、多角度地助力西部律师行业的发展。

"一带一路"战略下西部律师发展策略选择图（SWOT分析图）

（一）SO策略

SO策略（优势—机遇策略组合）即发挥已具备优势的同时去抓住外部的机遇。也就是说，西部律师应当充分利用国家深入推进西部大开发的政策优势与自身得天独厚的地缘优势，在“一带一路”战略的推进过程中尽快提升综合实力，形成自己的服务特色。

其一，组织律师为国际货物贸易、服务贸易、知识产权国际保护等提供法律服务，切实维护中外当事人的合法权益。其二，引导和鼓励律师为亚洲基础设施投资银行、金砖国家开发银行、丝路基金等的筹建、运营，以及深化多边金融合作提供法律服务，切实防范融资风险。其三，组织和引导律师围绕交通、能源、通信等基础设施重大工程、重大项目的立项、招投标等活动，提供法律尽职调查服务，防范投资风险；参与合作工程、项目的谈判、合同文本的起草等，严把合同订立的法律关；通过代理诉讼、仲裁等方式，依法妥善处理基础设施建设过程中发生的合同纠纷，维护中外企业的合法权益。其四，积极开展对外法制宣传。向“一带一路”沿线国家介绍、宣传我国的法律制度，特别是有关投资、贸易、金融、环保等方面的法律规定，增进其对我国法律制度的了解和认知①。

值得一提的是，由于西部地区的每个省份情况不一，因此，各地律师行业要形成自己的服务特色不可能在短期内一蹴而就。只能是在稳步发展各种能力的基础上，结合自身的特长，逐步形成西部律师行业整体多元化并合理分工互补的特色格局。例如，中国—东盟博览会至今已在广西成功举办了十二届。今年第十三届中国—东盟博览会的主题是“共建21世纪海上丝绸之路，共筑更为紧密的命运共同体”，广西律师可利用与之相关的各种论坛、研讨会、报告会等场合开展对外交流、宣传和合作，增强本行业影响力。

（二）ST策略

ST策略（优势—挑战策略组合）即利用自身的优势避开或减少外部的挑战。对西部律师行业而言，这其实就是一项如何争取政府、有关部门做好行业指引和构建行业信息共享平台以保障其长足发展的工作。在行业指引方面，西部省份的司法行政机关、律师协会可考虑出台相关文件，为“一带一路”下新的法律服务市场提供政策指导。如通过牵头举办各种交流研讨会、涉外人才培训、与沿线国家律师协会签订战略合作协议等形式，开展行业信息传递、开发法律服务市场、培育与引进人才、律师专业建设、业务合作等方面的工作。例如，新疆律师协会以第四届中国亚欧博览会为契机，组建了服务丝绸之路经济

①需要文后［2］内容。

带的法律服务团，其经验与方式值得其他省份参考、借鉴。

在构建行业信息共享平台方面，获取"一带一路"沿线国家的信息（特别是其法律信息）并能与之开展双向、互动的交流尤为重要。在交流的同时，西部律师也应当注意适时推介自身的行业品牌，输出我国的律师文化，勇于发出自己的声音。对此，可以考虑通过以下形式进行：(1) 驻外研究。如通过中国与沿线国家的外交部、教育部等部门，设立长期的驻外"一带一路"法律事务研究机构。(2) 选派交流。选派西部律师到境外进行学习培训，学习对方相关法律制度与执业经验，扩大法律服务视野，提高业务能力。(3) 合作共建信息平台。2014年9月18日，在由国家互联网信息办公室联合广西壮族自治区人民政府、东盟秘书处举办的以"发展与合作"为主题的交流互联网发展与治理问题的首届中国—东盟网络空间论坛上，中国倡议与东盟共同打造"中国—东盟信息港"，使之成为建设21世纪海上丝绸之路的信息枢纽，得到了东盟各国的积极回应。目前，广西正在积极推进中国-东盟信息港的核心基地建设。可以预见，该信息港所囊括的基础建设平台、技术合作平台、信息共享平台等将成为广西律师发展的虎翼。

（三）WO策略

WO策略（劣势—机遇策略组合）即改变自身劣势的同时去利用外部的机遇。如前所述，相比于北京、广州、上海等发达地区及东部沿海地区，西部地区的律师事务所和律师数量较少，其与"一带一路"相关的法律服务市场存在着很大的增长空间。在提高服务"一带一路"战略认识水平的同时，西部律师行业应当多向东部沿海发达地区学习，汲取其先进经验为我所用，夯实行业发展基础。例如，2015年11月16日，由北京律师肖树伟与韩良主持的京都团队凭借强大的专家律师阵容和过硬的"走出去"研究成果，在全国众多知名律所和高校中脱颖而出，与德恒律师事务所一起中标由北京市律师协会面向政府、高校、培训机构、律所等公开招投标的《北京律师为"一带一路"项目提供法律服务的调研报告》课题。这表明京都所在"一带一路"的法律服务方面走在了全国律所的前列，也标志着其在"国际化、综合化、专业化"道路上迈出了坚实的一步。该调研报告旨在帮助北京律师了解"一带一路"的提出背景和战略框架设计、政府和企业参与"一带一路"项目的法律服务需求及其面临的法律风险、律师如何为参与政府企业提供法律服务等[①]。京都面向"一带一路"的服务意识、理论与实务相结合的技能、强强联合开展"走出去"律师团队建设的经验等，是值得西部广大律师事务所与律师认真学习的。

①需要文后［3］内容。

（四）WT策略

WT策略（劣势—挑战策略组合）即克服自身劣势的同时避开外部的挑战和威胁。从本质上看，这是西部地区各级政府应当提供的一项工作，即政府一要真正重视本土律师的发展工作，二要全方位、多角度地助力西部律师行业的发展。例如，制订本土律师行业服务“一带一路”战略规划，并将律师行业的规划纳入到政府战略规划之中①；与境外政府、企业、律协搭建交流平台和机制；鼓励律师个体参与相关培训学习、律师事务所开展涉外业务，并给予相应的资金支持；整合高校、科研机构及商业专业服务平台等各方力量，加强“一带一路”战略数据库建设、提供有针对性的基础理论研究，等等。

参考文献

[1] 跻身“一带一路”,律师为经济建设“保驾”http://news.hexun.com/2015-09-01/178778186.html.访问时间：2016年7月15日。

[2] 司法部:《关于司法行政工作服务“一带一路”建设的意见》《关于加强公安机关新型智库建设的意见》。

[3]《北京律师为“一带一路”项目提供法律服务的调研报告》项目

http://www.legaldaily.com.cn/Lawyer/content/2015-11/18/content_6360472.htm.访问时间：2016年7月15日。

[4] 陈宜.“一带一路”战略下律师行业的机遇与挑战［J］.中国司法，2016（3）.

①需要文后［4］的内容。

浅议"一带一路"背景下，中国—东盟知识产权法律保护之探究

广西沃诚律师事务所　邓　超　甘盈盈

内容摘要：随着经济全球化、区域一体化的步伐在不断地加快，和我国"走出去"战略的不断深入实施，在对外开放进程中，我们面临的机遇与挑战也伴随而来。尤其是在自主创新不断增强的背景下，中国在世界知识产权的地位不断提高的同时，被侵犯知识产权的现象时有发生。如果中国企业在"走出去"的同时，不注重知识产权的保护或者在保护方式上存在偏差，那么知识产权被侵犯的情况会更为严重。

本文以我国"一带一路"战略为背景，以中国—东盟知识产权保护的策略为对象，介绍我国和东盟国家的知识产权保护制度的立法概况，以及存在之弊端，并在此基础之上，寻求中国-东盟知识产权保护的途径。望借此能不断提高中国企业在"走出去"过程中对知识产权的保护意识，降低法律风险，更好的维护中国企业在海外市场中的合法权益。

关键词：一带一路　中国—东盟　知识产权保护　协调

引　言

知识产权保护是国际贸易的重要组成部分，国际贸易的不断发展，得益于知识产权保护的日渐增强，从而为国际贸易之往来发展提供了强有力的保障。随着中国—东盟自由贸易区的建成以及"一带一路"战略的提出，中国与东盟之间的合作越发地紧密，并且合作的深度和广度也在不断地延伸。含知识产权的产品在国际贸易中所占的比重越来越大。在经济贸易往来越发频繁的同时，个人、企业甚至是商会之间的知识产权纠纷也会随之增加，这必然会导致利益上冲突的产生，若处理不当，还会上升到国家乃至地区之间的摩擦，成为相互间经贸往来的不确定因素。譬如侵犯知识产权，假冒或抢注商标，盗版书籍、电影等，影响正常的贸易往来，给贸易造成不必要的障碍。

为此，我们应当基于对中国以及东盟各国知识产权法律保护充分了解的基础上，寻求中国—东盟自由贸易区中的法律协调的平衡点，通过利益协调达到

利益之大体平衡，进一步推进双方在知识产权战略中的合作，为中国企业在"走出去"、外国企业"走进来"提供保障。同时，充分发挥地区优势，从而在整体上提升中国—东盟自由贸易区在全球经济中的竞争力。

一、中国—东盟自由贸易区知识产权法律保护之现状

（一）东盟国家知识产权法律保护的现状

1.以新加坡为代表的老东盟六国知识产权保护体系正在日臻完善

20世纪90年代初期，从水平上而言，由于印度尼西亚、马来西亚、菲律宾、新加坡、泰国和文莱基本上沿用了殖民时期的旧法制，因此使得老六国之间的知识产权保护水平差距并不大。但是，伴随着国际形势的发展，尤其是美国、欧盟的压力之下，各国为构建和完善知识产权法律体系付出了巨大的努力，并由此取得了显著的成效。例如在1995年，新加坡专利法的出台，标志着新加坡开始对本国知识产权法律保护的重视。随后在2000年左右，新加坡陆续建立了包括著作权、商标权、属地品牌、工业设计和集成电路布图设计在内的知识产权法律体系。接着，新加坡为了实施与美国签订的《新加坡—美国自由贸易协定》，在2004年，又全面修订了版权法、商标法、专利法等一系列的法律，正是通过这一次的修订，使得新加坡由此成为世界上知识产权保护水平最高的国家之一。

在知识产权诉讼程序方面，新加坡于2002年9月在高等法院设立特别法庭，专门受理知识产权方面的诉讼。新加坡的仲裁实行双轨制，即采用两套独立的仲裁立法体系。其规定，凡仲裁地在新加坡的，仲裁程序由其本国的仲裁法或者国际仲裁法调整。新加坡仲裁法与联合国国际贸易法委员会国际商事仲裁示范法一并适用于国内仲裁。对于国际仲裁协议，则适用国际仲裁法。当事人可自由选择特定的仲裁所适用的法律，增加或者减少法院的介入程度。

正是因为这些完善的知识产权保护体系，新加坡也因此被认为是知识产权保护体系在东南亚地区最强有力的国家，成了跨国公司投资的最佳选地。

20世纪末，21世纪初，老东盟六国根据东盟自由贸易区协定以及TRIPS协议的要求，均对本国的知识产权立法进行了修订和增加，知识产权的保护对象范围已扩展到生物技术、生物多样性、医药遗传资源等诸多方面。

2.新东盟四国知识产权法律保护体系逐步建立

越南、老挝、缅甸、柬埔寨于1995年加入东盟，因此他们被称为"新四国"，同时，它们也是东盟十国中最不发达的四个国家。都说经济基础决定上层建筑，经济水平的落后，也决定了它们知识产权保护力度的不足。2012年，老挝成功入世，为了执行TRIPS协议，它们逐步开始建立起了自己的知识产权法

律保护体系。

新东盟四国中，越南的知识产权法律保护较为完善，并颁布了统一的知识产权法；尽管每年柬埔寨的商标注册大部分是美国企业注册，但柬埔寨的商标法确实最为完善的；缅甸和老挝尽管工业落后，但也出台了一系列知识产权法律制度，对本国的专利、工业设计、商标都有了规定。

（二）中国—东盟自由贸易区知识产权保护现状

随着老挝成功加入WTO，在中国—东盟自由贸易区内，可以TRIPS协议作为统一的知识产权法律保护的标准。同时，中国与东盟间的知识产权区域性协调，需要在中国与作为整体的东盟的层面展开，2002年11月4日，中国和东盟领导人签署了《中国—东盟全面经济合作框架协议》，协议中各缔约方同意将合作扩展到知识产权领域。在中国与东盟各成员国间，区域性协调也一道展开，2005年4月14日，中国国家知识产权局与泰国知识产权厅签署了《中国国家知识产权局与泰国知识产权厅专利合作行动计划》，依照该计划，两国将加强知识产权领域的合作。①

二、中国—东盟自由贸易区知识产权法律保护之不足

由于东盟各国的经济水平不同，使得它们各国的知识产权法律呈现出不同的特点。尽管东盟国家间已经签订了《知识产权合作框架协议》和《东盟知识产权合作行动计划》等有关知识产权保护的合作协议，但对于中国和东盟自由贸易区之间的知识产权法律保护的规定甚少。从促进中国—东盟自由贸易区经济发展的角度而言，这样的知识产权保护法律制度是非常不健全的。②

也正因为上述的不足，使得在中国—东盟自由贸易区中，私人层面的知识产权争议频频发生。随着中国企业入驻东盟市场，许多知识产权的争诉也在此产生，并且大多涉及商标领域。最为典型的莫过于云南“999”牌电池被老挝企业抢注的案例。③因为云南“999”牌没有在老挝进行过商标注册，而被另一家企业在老挝成功注册了“999”牌商标，最终云南999公司黯然败退老挝市场。广州市电筒工业公司的“虎头牌”电筒商标在印度尼西亚遭到侵权，并就此事与印度尼西亚的公司展开诉讼时间长达30年，案件审理过程中又遭遇印尼法院不公正的对待，最终诉至印尼最高法院。很多企业在海外维护自身合法权益的

①麻巧妮：“中国—东盟自由贸易区知识产权法律保护研究”，西南政法大学硕士论文，2010年。

② 杨琳：“中国东盟知识产权法律问题研究”，西北大学硕士论文，2009年。

③ 对云南“999”牌电池被抢注的案例，重点参考邹峥、陈明昆：“商标遭抢注999电池受挫老挝”，载《经理日报》2005年7月11日。

过程中，因为证据难找、成本过高、执行难等原因，最终都会放弃诉讼而退出当地市场。除了上述的案例外，还有“大白兔”、“阿诗玛”在菲律宾遭到商标抢注；科龙在新加坡遭到商标抢注，这无疑严重影响了我国企业的商业信誉以及市场竞争力。

除了上述的商标抢注外，还存在著作权侵权的行为。近年来，中国制作的电视剧在海外市场因“盗播”的损失“数以亿计”，在缅甸、越南等地“盗播”中国电视剧的现象非常严重。这些电视台未经电影著作人的合法授权，通过直接在商店买碟片，在电视台进行播放，通过广告插播，获取丰厚利润。除了“盗播”外，越南还开始“翻唱”中国电视剧的主题曲，“翻拍”中国经典的电视剧。这一系列的“盗播”、“翻拍”、“翻唱”的行为，不仅是对我国版权产业的漠视，更是对整个文化产业的冲击。

三、一带一路背景下，中国—东盟自由贸易区知识产权法律保护之策略

（一）企业加强预先防范，积极应对境外知识产权的侵犯

中国企业在进军东南亚市场的同时，必须提高知识产权保护意识，及时设权。一项知识产权只有在一国进行过注册登记后，才具有法律效果。企业在海外的成功设权，意味着它可以自由地使用商标、专利，并可以同时阻止其他企业对中国企业的专利权、商标权的擅自使用，包括与自己相似或者相同的专利、商标，从而在根本上避免侵犯其他企业知识产权的可能，这对企业而言，百利而无一害。

除了通过取得知识产权达到预先防范的目的外，中国企业在东盟国家中对自己知识产权保护的另一重大任务便是在诉讼中维护自己的合法权益。鉴于诉讼成本高，为避免诉讼，商务谈判应视为中国企业在东盟地区知识产权诉讼的前置程序。一旦谈判破裂，诉讼势在必行时，中国企业就需要根据诉讼身份的不同而采取不同的诉讼策略。中国企业积极应诉的正确做法便是委托律师搜集证据，证明对方权利无效或者自己并未侵权，并发现对方存在的漏洞，以此进行反击。

（二）政府加强区域间关于知识产权的对话，帮助知识产权较弱的国家提高知识产权水平

一方面，通过知识产权对话可以增进对东盟国家的了解，减少因知识产权的冲突而造成的损失。通过加强沟通增进彼此间的信任，建立相互尊重、和平共处的知识产权环境共同维护东盟地区区域性的知识产权成果，促进中国与东盟知识产权的发展。

另一方面，我国应向东盟地区知识产权水平较为落后的国家提供帮助，正

所谓“穷则独善其身，达则兼济天下”，通过提高国民的知识产权意识，才能在知识产权保护上实现双赢。

结　论

随着国家“一带一路”建设的不断深入，广西在国家对外开放大格局的地位更加凸显，因此，我们更应该抓住“一带一路”建设这一宝贵时间窗口和重要战略机遇，在广西正在打造“21世纪海上丝绸之路”与“丝绸之路经济带”有机衔接的重要门户的同时，使中国企业增强法律意识，注重对企业知识产权的保护，让知识产权成为企业开拓东盟市场的重要助手。民族的才是世界的，只有这样，才能为中国企业在东盟市场创造出更大的价值。

参考文献

［1］柳福东，龙啸，蒋慧，祖晓光.中国与东盟国家工业产权制度协调研究［M］.广西：广西人民出版社，2008.

［2］贾引狮、宋志国.中国—东盟知识产权合作若干问题研究［M］.北京：知识产权出版社，2014.

［3］蒋慧.中国与新加坡专利法之比较研究［J］.改革与战略，2007（05）.

［4］吕娜.“一带一路”背景下中国和东盟知识产权保护与合作的法律协调研究［J］.云南行政学院报，2016（2）：165.

［5］付德中，况达喆.“- 带 -路”背景下中国知识产权保护研究［J］.沿海企业与科技，2016（01）：15.

［6］王一流.东盟知识产权保护法制一体化之思考［J］.知识产权，2009（19）：90.

［7］宋志国，贾引狮.中国—东盟知识产权保护与合作机制研究［J］.知识产权，2012（4）：97.

［8］杨琳.中国东盟知识产权法律问题研究［D］.西北大学，2009.

［9］申华林.东盟国家知识产权保护［J］.东南亚纵横，2007（12）.

［10］张长立.“一带一路”背景下中国海外知识产权保护路径研究［J］.科学管理研究，2015（10）.

对中俄国际商事仲裁法律的新理解与新思考

广西华尚律师事务所　欧阳海鹏

内容摘要：中俄“一路一盟”计划勾画出两国经济未来全面合作发展的美好蓝图，但无疑也加剧中俄及周边国家之间经济交往中的各种国际商事仲裁冲突。新俄罗斯联邦工商会国际商事仲裁法（2016）和新俄罗斯联邦仲裁法（2016）即将生效。全面熟悉这些最新的俄仲裁法律，对创新和完善我国国际商事仲裁法律制度及仲裁规则，加强我国与俄罗斯联邦国际民商事仲裁理论与实践的合作，无疑至关重要。本文通过学习这两部仲裁法，分析中俄国际经贸仲裁法律及其规则的差异，提出自己的一点思考。

关键词：创新　完善　合作

一、新理解

最新俄罗斯联邦工商会国际商事仲裁法于2016年9月9日起生效（以下简称“新俄国际商事仲裁法”），该法与中国国际经济贸易仲裁法律及其规则在仲裁事项、仲裁协议、仲裁庭组成、临时措施和承认和执行仲裁裁决等方面存在许多差异。

（一）可仲裁事项

虽然当前中俄两国国际商事仲裁规则可仲裁事项都包含“国际民商事争议”和“国内争议”，但“新俄国际商事仲裁法”有许多变化：

1.扩大了可仲裁事项的范围。除适用原争议范围外，还适用于“履行商事关系的大部分义务的地点位于在俄罗斯联邦境外的争议”及“与争议事项关系最密切的地点位于俄罗斯联邦境外的争议”。

2.确定了过去在俄不能仲裁的“法人或其他非法人组织的设立、登记、解散、清算”等争议的可仲裁性。“该类争议必须约定仲裁机构仲裁，禁止通过临时仲裁解决此类争议”。“若该法人为俄罗斯法人，则所涉及的该类争议的仲裁地必须位于俄罗斯境内”。“俄罗斯战略企业清单上的主体所涉及的该类争议不可通过仲裁"。

3. 在俄境内从事仲裁活动的仲裁机构要向俄政府申请许可，未经批准获得俄政府颁发的许可证书，在俄境内从事仲裁活动的仲裁机构作出的仲裁裁决将被视为临时仲裁裁决。

俄罗斯联邦仲裁法（2016）突破了俄仲裁法院对公司法争议纠纷的"专属管辖"，使外国在俄投资争议有了新的解决方式。

依俄仲裁程序法典和俄联邦国际商事仲裁法和新俄联邦仲裁法的有关规定，当事人涉及"国有资产"、"纳税"、"破产"、"私有化"、"国家采购纠纷、"知识产权证书的登记和发放"以及"国家登记簿事项"等争议事项不可仲裁。公法争议中即使其中包括一些民事争议，仍不属于仲裁范围。

中国国际经济贸易仲裁委员会仲裁规则（2015）（以下简称为"CIETAC）的可仲裁事项，虽经2014年修改，但不论是"国际争议"，还是"国内争议"，表述非常笼统：国际（包括港澳台）争议和国内争议。没有细化可仲裁事项（此处略述）。中国仲裁法（2006）对可仲裁事项作了否定的规定，不利于当事人对可仲裁事项的确定。

（二）仲裁协议

俄联邦国际商事仲裁法规定的仲裁协议与CIETAC仲裁规则的相关规定不同。除传统的书面仲裁协议或仲裁条款，以及合同当事人之间相互往来的书信、电传、电报和传真等形式外，俄国际商事仲裁法第2章第7条第1款规定："……合同中对载有仲裁条款的一项文件的援引即构成仲裁协议，只要该协议是书面的，且这种援引足以使上述仲裁条款成为合同的一部分"。此处的"援引"应理解为当事人在本书面合同中未约定仲裁条款，但在本合同之外的某一文件中载有仲裁条款，并且合同当事人有意将该文件中的仲裁条款约定为本合同的一部分，此种书面合同被视为有仲裁条款（仲裁协议）。

CIETAC仲裁规则没有此项规定。另外，俄国际商事仲裁法没有明确规定仲裁协议必须写明的具体内容，它只规定仲裁协议必须包含当事人将现有的或将来可能产生的某项争议提交仲裁解决的意思表示。而CIETAC仲裁规则规定了仲裁协议必写的三项内容。在俄罗斯仲裁要特别注意区别仲裁机构的名称。如Арбитражныйсуд与Ар-битражныйтрибунар。前者是指"仲裁法院"，它与"宪法法院"和"普通法院"共同组成俄罗斯的法律体系，而后者是指"仲裁庭"，它不属于俄罗斯法律体系。

（三）仲裁庭组成

俄联邦商事仲裁法对仲裁庭的组成与UNCITRAL示范法的规定一致。该法

第13条第3款规定：“如果一方依当事人约定的任何程序或依本条第2款的规定程序提出关于仲裁员回避的请求没有得到仲裁庭的满足，则该方可以在收到驳回申请通知之日起三十天内请求俄联邦工商会仲裁院主席团主席就回避问题作出终局决定。该决定不得上诉。”该仲裁院还借鉴国际律师协会国际仲裁利益冲突指引制订了仲裁员独立性及公正性规则，获俄联邦工商会的批准。该规则根据回避事由的性质和重要性，规定了不同级别的红色清单（第5条）、橙色清单（第6条）和绿色清单（第8条）。绿色清单意义更为重要。因为它明确了仲裁员不需披露但可能成为回避理由的情形。这不仅可以为仲裁员与当事人的合理接触划定红线、规范仲裁员行为，也能防止法院在对仲裁裁决审查时滥用回避问题（利益冲突）而否定仲裁裁决的效力。新俄国际商事仲裁法将俄联邦国际商事仲裁院主席团协助当事人确定仲裁员的权利和对当事人要求仲裁员回避申请作出决定的权利交由仲裁法院行使。以此强化法院对仲裁员的独立性和公正性监督。新法规定同一仲裁员不能同时兼任三家以上常设机构的仲裁员名册。常设机构的设立将实行审批制，由俄司法部预审，俄政府颁发证书。俄联邦工商会下设的两家仲裁机构：俄国际商事仲裁院和俄海事仲裁委员会豁免审批，其他在俄自己成立的常设机构都需重新审批。

而CIETAC仲裁规则只规定了当事人的一次回避申请的救济（第32条第6款）。CIETAC内部的仲裁员行为考察规定第6—8条罗列了不宜接受选定或指定以及需要披露和回避事由共26项，由于该规定不对外公开，但当事人不知道回避理由的性质和重要性，不利于当事人选择公正独立的仲裁员。回避体制不完善，如同一仲裁员是否可以在多家常设机构从业没有规定，回避的级别规定和司法监督不严谨。

（四）临时仲裁措施

俄国际商事仲裁临时措施的主体有三个：

1.仲裁庭。俄国际商事仲裁法第17条规定，除非当事人各方另有协议，仲裁庭经一方当事人申请，可命令任何一方当事人对争议标的采取必要的临时保护措施，并决定其为实施保护措施所提供的担保。

2.俄联邦仲裁法院。虽然国际商事仲裁法并未规定仲裁程序中当事人是否有权向仲裁法院申请临时保护措施，但俄联邦程序法典第250条第2款明确规定仲裁当事人可在仲裁程序前，也可在仲裁程序后向俄仲裁法院申请临时措施。

3.俄国际商事仲裁院主席团也有权对当事人的临时措施申请做出决定。该权力来源于俄国际商事仲裁院章程，该章程是国际商事仲裁法的附件，属于该法的一部分。临时仲裁措施权力主体的多元化，意味着当事人的救济权利将得到更好地保障。

而CIETAC仲裁规则第23条第2款仅规定："……当事人可以根据……向……仲裁院申请紧急临时救济。紧急仲裁员可以决定采取必要或适当的紧急性临时救济措施"。该款未规定仲裁院与紧急仲裁员是什么关系？是仲裁院授权采取这一措施？还是都有权采取？规定不明确，该款规定主要是为适应中国香港特别行政区仲裁规则而设，临时仲裁措施适用范围明显较窄。

（五）承认与执行

与大多数国家不同，俄联邦对仲裁裁决的"承认和执行"不分"外国裁决"和"国内裁决"，而分为"国际裁决"和"非国际裁决"。凡是对在俄国际商事仲裁法适用范围内的争议作出的裁决均为"国际裁决"，无论该裁决作出地是否在俄罗斯境内，也不论是"外国仲裁裁决"，还是"本国仲裁裁决"，如果当事人要在俄启动一项对"国际裁决"的承认和执行程序，在时间上，其申请应在仲裁裁决发生法律效力后的三年内提出（特殊情况下可延长）。（美国仲裁法规定为三年；英国仲裁法规定为六年）；在管辖上，申请人应向债务人营业地或住所地的俄仲裁法院提出。如地点未知，可向债务人的财产所在地的仲裁法院提出；在形式上，申请人应提供仲裁裁决和仲裁协议的原本或经有权机关认证过的仲裁裁决和仲裁协议的副本。如果仲裁裁决和仲裁协议不是用俄语书写的，还必须提供有权机关认证过的俄语版本；在救济上，如果当事人对仲裁法院承认和执行仲裁裁决的决定有异议，可在该决定做出之日起1个月内，向有管辖权的仲裁法院上诉。还有一项独特的救济途径，即当事人可在仲裁法院做出承认和执行仲裁裁决的决定生效之日起3个月内向俄最高仲裁法院申请复审。

中国民事诉讼法仅规定申请执行法院生效判决、裁定及仲裁裁决的期间为二年。该法仅规定了申请人对法院不予执行仲裁裁决的起诉权，中国最高法院［法复（1997）］5号批复："……对人民法院依法裁定撤销仲裁裁决或驳回当事人申请的裁定，当事人无权上诉"，剥夺了申请人对此的上诉、复审和再审的权利。中国仲裁法和民事诉讼法也未规定申请人行使最高司法救济的渠道。缺失程序救济权利的保护，必然丧失实体上的合法权益。

除上述俄国际商事仲裁法律与规则的差异外，还有其他方面的差异，有必要对此全面了解。

（六）候补仲裁员和报告人制度

俄国际商事仲裁法规定，当事人指定仲裁员及俄国际商事仲裁院主席团指定仲裁员时，都必须同时指定候补仲裁员，作为仲裁员异议成功时或仲裁员因其他原因停止职能时的替补人员。仲裁庭的首席仲裁员可提名一位仲裁报告人，由国际商事仲裁院主席任命。其职责是对仲裁程序及仲裁庭内部会议进行记录，以及执行仲裁院主席和仲裁庭的命令。仲裁院规定了报告人守则。这两项制度在实践中对防止拖延仲裁程序，提高仲裁效率，效果非常明显。

而CIETAC仲裁规则没有选定或指定候补仲裁员制度，更没有仲裁报告人制度。存在规则设计缺陷。

（七）追加第三人的限制

中俄两国的国际商事仲裁规则都认可在仲裁程序中追加第三人。但俄罗斯对此严格限制。只有同时满足四个条件才能允许追加：当事人双方同意；第三人同意；在仲裁申请的答辩期限届满前提出；同意必须书面。依CIETAC仲裁规则对当事人追加第三人没有限制（第18条第1款）。

（八）仲裁院主席的权限

俄国际商事仲裁法第8条规定，当事人可以向ICAC或仲裁庭申请临时保全措施，也可向ICAC主席申请采取临时保全措施。依主席团的授权，该主席可决定临时保全措施及其担保金额和方法。ICAC主席有权对已经提起或将要提起的保全措施申请做出决定。该决定即可指向当事人，也可指向第三人。经授权，ICAC主席还可以决定首席仲裁员（候补仲裁员）、独任仲裁员（候补独任仲裁员）。而CIETAC及其分会的主任的授权范围有限。

（九）仲裁程序的独立性

ICAC规定在仲裁费未足额预付之前案件不予审理。规定缴清仲裁费是作为向当事人发送裁决书的前提条件。ICAC的裁决无需经任何审查或校核，允许裁决更正、裁决解释和补正裁决。俄国际商事仲裁法撤销和不予执行ICAC裁决的条件与UNCITRAL示范法和纽约公约的规定基本一致。ICAC在2005年被列为UICITRAL仲裁规则的胜任机构和协助机构。

中国仲裁规则未规定不缴清费用不审理。中国仲裁裁决可经法院实体审查而撤销，没有裁决解释，其仲裁裁决的独立性和约束力不高。

（十）当事人权利

依俄国际商事仲裁法规定：“仲裁庭或当事人征得仲裁庭许可，可以请求俄法院协助取证。”当事人在仲裁协议中还有自由约定未来仲裁的证人、鉴定人及专家的权利。俄国际商事仲裁院仲裁规则规定：“如果仲裁协议同时囊括反请求或抵消请求或原请求，被申请人则可以……提出反请求或抵消请求”。

中国国际仲裁规则没有规定当事人的这些权利，极大地限制了仲裁当事人合法权益。

二、新思考

他山之石，可以攻玉。随着英国“脱欧”的影响，北约持续制裁俄罗斯，世界贸易保护主义抬头趋势不断加剧，中国正在世界“崛起”，全球国际民商事仲裁纠纷，特别是中俄美英欧得国际经贸仲裁案件会越来越多。中国国际经贸仲裁委员会应与时俱进，虚心学习和借鉴俄国际商事仲裁法及其仲裁规则的先进经验，不断创新和完善中国国际商事仲裁法律制度与仲裁实体和程序规则，与俄联邦工商会仲裁院积极合作，探讨制定符合两国共同经济利益的统一国际民商事仲裁法律及其规则（替代现有的中苏共同交货条件），为两国未来的全面经济合作与发展提供最高效的国际经贸法律与仲裁保障。

参考文献

[1]（俄）瓦列里·穆辛，（俄）尼古拉·克罗帕切夫.罗斯法概要［M］.中国人民大学出版社，2015.

[2]（美）简·M·Picker.外国投资者法律指南［M］.高升平译，中国人民大学出版社，2015.

[3] 中国国际经济贸易仲裁委员会.“一带一路”沿线国家国际仲裁制度研究（一）.2015.

[4] 中国国际经济贸易仲裁委员会会仲裁规则，2015.

[5] 周广俊.中俄国际商事仲裁案例［OL］.中俄法律网，2011.

"一带一路"战略视角下海关法的修改与完善

广西精一律师事务所　李佳潞

内容摘要："一带一路"战略意义重大，对经济新常态的发展有着指导作用。从海关法律角度来看，其在推进过程中遇到了国际障碍和国内障碍，需要以海关法为指导思想，在适用国际条约方面，口岸建设、管理方面与关税方面对海关法进行修改与完善，为落实"一带一路"战略扫除障碍。

关键词：一带一路战略　海关法　修改与完善

一、"一带一路"战略的背景

当前世界经济形势正在发生着深刻的变化，国际金融危机对经济造成的重创继续显现，世界经济缓慢复苏，国际贸易格局发生重大改变，各国面临的发展问题仍然严峻。中国经济从20世纪80年代改革开放以来的飞速增长进入了稳增长、调结构、提质量为特征的经济新常态，30多年的粗放型经济增长模式已经越来越难以维系，国家正处于转型的关键时期，为了经济的更高、更快、更好发展，必须要适应经济的中高速增长和外贸减速，与世界其他国家进行文化交流经济合作，实现外贸的合理运行。

面对复苏乏力的世界经济形势，开辟新的国际贸易增长点刻不容缓，2013年9月和10月，中国国家主席习近平在出访中亚和东南亚期间，先后提出了共建"丝绸之路经济带"和"21世纪海上丝绸之路"（简称"一带一路"）的重大倡议，建立"一带一路"旨在实现国家间的贸易合作、实现文化交流、实现互利共赢，以实现和平、发展、合作、共赢为主题的新时代贸易。

"一带一路"战略意义重大，对经济新常态的发展有着指导作用，加强了国际的交流合作，加强了科技合作，拓展了相互投资领域，加快相互投资便利，消除投资壁垒，推动新兴产业合作，优化产业链布局，整合现有资源，拓宽就业创业渠道，强化多边合作机制作用，推进区域合作蓬勃发展。

二、"一带一路"战略实施在国际贸易中的主要问题

"一带一路"战略在实施中的障碍较多，来自国际和国内的障碍，阻碍了我国"一带一路"战略的实施，阻碍了我国同其他国家的文化交流，经济合作。

（一）国际障碍

国际障碍主要是国家之间的不反对不支持不配合，"一带一路"倡议的提出，表面上受到了国际的关注，但大多国家是充满矛盾的心态看待中国的开放，仍处于观望状态，不公开支持、不反对、也不配合，国际上的经济大国如美国、日本、俄罗斯等担心中国的"一带一路"战略增强了中国同东亚，欧盟的经济联系，会打破其自身的贸易优势地位，货币的汇率下降，威胁自身的贸易优势与贸易安全，发展中国家如印度更是将中亚和印度洋当做自己的传统势力范围，对任何外来国家都充满了天然的疑虑和抗拒，担心中国的"一带一路"战略只是为了掠夺本国的资源，并不能实现共赢，世界的舆论不遗余力地炒作"中国威胁论"加大了我国"一带一路"战略的推进难度。此外，中亚一带的国际恐怖主义滋生并向全球蔓延，成了全球和平与发展的重大威胁，影响着国际局势，也威胁着我国同世界其他国家的经济交流发展。

（二）国内障碍

1.中国企业的参与能力不够

企业自身对"一带一路"战略的不了解，尚未达成国际贸易价值共识，企业自身的科研技术能力堪忧，从"中国制造"到"中国创造"任重而道远，此外，企业制度国际化是我国企业"走出去"的一大短板，中国的企业与其他"一带一路"战略的合作国家最容易发生冲突的点就是制度上的问题，中国的企业制度与国外严格的劳工法和环境法有法律责任方面的冲突，产生"污染""人权"等问题，这也导致中国的企业在国外被排斥甚至驱赶，中国企业的制度不够透明化，如审批，融资体系等方面也存在不少制度缺陷，这些不可忽略的因素都是影响我国企业"走出去"，和不被世界认可的重要原因。

为了让我国企业真正意义上"走出去"，政府应该充分发挥引导作用，在法律法规上督促完善企业制度，与其他国家劳工法，环境法相符合，制度上更加透明化，企业自身应该增强法律意识，与其他国家签订合作协议时保障自身权利，改变曾经签约容易获益难、诉讼难、撤资难的局面，从法律层面上充分保障自身的权利。此外，企业自身应该提高科研技术能力，提高产品的创新能力、竞争力，量多质更优，毕竟市场是主导，由市场决定企业的生存，与"一带一路"国家实现贸易合作。

2.对外开发口岸匮乏，口岸立法滞后

我国现有的280多个对外开放口岸中，绝大多数都在沿海，内陆省份口岸匮乏，甚至有些省份只有一个对外开放口岸，如贵州省只有一个贵阳龙洞堡机场作为对外开放口岸，[①]"一带一路"战略的发展需要口岸作为支撑，有口岸通道作为国际贸易的合作渠道，但目前我国的对外开放口岸严重匮乏且口岸立法滞后，关于改进口岸工作支持外贸发展的若干意见中写入了要在行政法规层面重点考虑开展口岸条例地制定，表明了我国开展口岸建立和口岸立法的决心，我国"一带一路"战略地开展亟需解决口岸布局与基本设施建立，口岸设立、审批、管理、监督等问题，亟需健全口岸设立、建设、运行、管理等方面的法律法规制度。

3.海关监管领域行政法规立法不健全

海关监管是指海关依法对运输工具、货物、物品的进出境活动进行行政管理。"一带一路"战略的发展离不开对外开放口岸，离不开国际贸易合作，更离不开海关的监管，但目前我国的海关审批、海关征税、海关缉私、海关统计、海关监管等海关事务中，只有监管领域缺乏行政法规，海关总署曾经启动过"海关监管条例"的制定，但因为种种原因被搁置了，我国"一带一路"战略地实施，需要保证一切进出境活动符合国家政策和法律的规范，维护国家主权和利益，这些需要由海关监管来保障，目前我国的海关监管领域亟需健全行政层面的立法，打造先进的，具有国际竞争力的海关监管机制，保障和促进贸易安全和便利。

4.海关特殊监管领域制度不完善

海关特殊监管区域现有六种模式：保税区、出口加工区、保税物流园区、跨境工业园区、保税港区、综合保税区，随着"一带一路"战略的发展，经济进入稳增长、调结构、提质量为特征的新常态，国际贸易的增多，当前保税区、保税港区、自由贸易区等都迅速发展，但我国保税区，保税仓库等的法律监管立法还停留在部门规章等层面，我国曾经拟制定"海关特殊监管区域条例"，但由于条件不成熟并未启动，缺少完善的系统的海关特殊监管区域法律法规，落实"一带一路"战略，需要加快海关特殊区域整合优化，改革海关监管机制，保障贸易安全和贸易便利。

三、"一带一路"战略与海关法修改与完善的若干建议

1987年7月1日起施行的海关法，历经了三次修正，然而这三次修正与"一

① 陈晖："一带一路战略与我国海关法的修改与完善"，载《海关法评论》2015年第5期。

带一路"战略没有直接联系。第一次修正，是在2000年7月进行的，与近几年才提出的"一带一路"战略没有紧密联系；第二、第三次修正是在2013年6月、12月分别进行的，然而，这两次修正的背景是"国家对行政审批制度进行改革"。[①]所以，现行的海关法不能很好服务"一带一路"战略，笔者认为，可以从以下几个方面对其进行修改与完善。

（一）增加海关法指导思想的内容

现行海关法的第1条[②]是关于立法目的地规定，该条是整部海关法的指导思想。然而，该条内容从1987年至今，30年过去了，从未修改过。设立该条时的国际贸易环境和我国的经济发展水平已今非昔比，在"一带一路"战略背景下，笔者认为有必要增加"保障国家贸易安全"的内容。"随着全球贸易安全与便利问题的凸现"，[③]海关在重视保护国家的主权和利益，依法进行海关监管的同时，也应该重视保障我国的贸易安全。保护我国贸易安全，是推进"一带一路"战略所要求的，因为"安全风险是'一带一路'战略的三大挑战之一"。[④]不难看出，在立法目的中强调保护我国贸易安全，有利于"一带一路"战略的推进在实现我国资源、能源进口渠道的多元化，保障海上资源能源运输线的安全方面发挥重要作用。

（二）增加海关法关于适用国际条约的规定

现行的海关法对于如何适用海关国际条约没有明确规定。已如前述，在推进"一带一路"战略时面临的国际障碍，某些国家和地区对我国提出"一带一路"战略既持欢迎的态度，又掺杂担心与疑虑。如何消除这些国家和地区对我国提出一带一路战略的担心与疑虑，从海关法律角度而言，在海关法中增加我国适用相关国际条约的规定无疑是个好方法。笔者参考了越南海关法的相关规定，拟定一条"中华人民共和国缔结或者参加的国际条约同本法有不同规定的，适用国际条约的规定，但中华人民共和国声明保留的条款除外。中华人民共和国法律和中华人民共和国缔结或者参加的国际条约没有规定的，可以适用海关习惯和国际惯例。"增加这一条规定，显示出我国在推进"一带一路"战略

---

① 陈晖："一带一路战略与我国海关法的修改与完善"，载《海关法评论》2015年第5期。

②《中华人民共和国海关法》第1条："为了维护国家的主权和利益，加强海关监督管理，促进对外经济贸易和科技文化交往，保障社会主义现代化建设，特制定本法。"

③陈晖："国际贸易安全与便利：我国《海关法》面临的新课题"，载《国际贸易问题》2008年第8期。

④ 详细参见，"一带一路"战略的三大挑战及其应对策略，http://www.piffle365.com/plus/view.php?aid=58960，2016年7月13日访问。

时是负责任的大国，一个严格遵守国际条约的国家，不会对"一带一路"沿线的国家和地区构成威胁。

（三）增加海关法关于口岸建设与管理的规定

已如前述，我国虽然已经设立了280多个对外开放口岸，但是仍然有两个不足：一是口岸数量有限，不能满足"一带一路"建设的需要；二是对口岸地布局不合理，对内陆口岸地建设重视程度不够。口岸对我国改革开放和现代化建设有着重要的意义，它是我国对外开放的窗口，是我国对外经贸合作的纽带。同样，推进"一带一路"战略，离不开对外开放口岸。然而，现行的海关法关于口岸建设与管理没有明确规定。所以，笔者认为，在海关法中设立关于口岸建设与管理的条文，这样有利于顺利推进"一带一路"战略，也为日后出台关于口岸方面的条例提供立法依据。

（四）完善海关法关于关税的规定

"一带一路"战略是"引进来"和"走出去"战略的延伸和升华，"一带一路"沿线国家"引进来"与我国企业在"走出去"时，关税是不能回避的，"一带一路"战略的推进，实施关税改革也是重要一环。"'一带一路'落实到政策层面就是，实现新一轮关税的进一步下调"。[①]所以，有必要对现行海关法第5章关于"关税"的规定（关税法的第53条至第65条）进行研究，完善其规定，使其与时俱进，如依据第60条[②]的相关规定，海关以开具税款缴款书方式告知纳税义务人（企业）缴纳税款，而根据海关全面深化改革总体方案的相关内容，[③]海关无告知义务，企业需自报、自缴税款。不难看出，完善关税的相关规定，有助于"一带一路"战略顺利推进。

---

① 何茂春："'一带一路'战略面临的障碍与对策"，载《新疆师范大学学报》2015年第3期。

② 《中华人民共和国海关法》第60条的相关规定："进出口货物的纳税义务人，应当自海关填发税款缴款书之日起十五日内缴纳税款。"

③《海关全面深化改革总体方案》(8) 改革税收征管方式，"强化企业如实申报、依法纳税的责任，推动税收征管申报要素的审查由集中在进出口通关环节向全过程转变，由逐票审查确定向抽查审核转变。企业自报、自缴税款，海关受理后，不再开具税单进行缴款告知，由企业缴税后自行打印税单"。

论我国民事诉讼法应否建立答辩失权制度

广西东方意远律师事务所　蒋巍雄

内容摘要：在现代司法理念中，程序正义逐渐体现出不亚于实质正义的地位。在大陆法系与英美法系日益融合的趋势下，对于我国民事诉讼法应否建立答辩失权制度，需要重新审视。本文认为答辩失权制度在平衡原被告双方诉讼权利、防止诉讼突袭、提高司法效率及节约司法成本等方面均具有重要作用，但答辩失权制度对于一个国家的法文化及相关制度协调均有特定要求，我国现阶段不适宜建立答辩失权制度，而完善证据失权制度和审前准备程序，将是现阶段较佳的替代方案。

关键词：答辩失权　民事诉讼模式　审前程序　证据失权

在借鉴先进法律制度不断完善我国司法制度的大背景下，我国民事司法改革力度日益加大。答辩失权制度具有争议焦点的归纳整理和明确，防止当事人诉讼突袭，提高庭审效率，保障当事人的正当程序权利等功能。在证据方面，随着民事司法改革的深入，我国也从过去的证据“随时提出主义”过渡到了相对完善的证据失权的制度模式。学界过去通说认为答辩是被告享有的权利，但近年来主张“承认在提交答辩状方面是被告的一项诉讼权利但必要对行使期间予以限制，法律上应对逾期不答辩进行法律后果上的设置，建立相对完善的答辩失权制度来规范被告答辩权的行使，防止被告答辩权的滥用”[①]的新权利说日益占据主流。

而民事诉讼法对于答辩失权制度究竟应该采何种态度，不仅需要考察国外的立法经验，同时需要论证我国是否存在与国外相同或相类似的社会、历史、文化基础。为避免“食洋不化”，只有在充分论证我国与国外存在相同或相类似的社会、历史、文化基础的情况下，国外的立法经验对我国立法才有实质意义上的借鉴作用。

① 章武生等：《民事现代化与民事诉讼制度的建构》，法律出版社 2003 年版，第 569 页。

一、民事诉讼答辩制度的比较法考察

（一）英美法系的立法现状

英国在民事诉讼规则中规定："被告希望抗辩原告的全部或部分诉讼请求的，必须要提出答辩，如果被告逾期或未提交答辩，若符合该法关于答辩失权规定的其他条件，原告可以取得法院的缺席判决。"美国在联邦民事诉讼规则中规定："被告若想对原告提出的事实主张及请求提出抗辩，应当以简洁明了的措辞对其自认或否认，对在诉答文书中要求必须回答的事实与主张，若被告没有在应答文书中提出抗辩或否认，就视为自认。"

（二）大陆法系的立法现状

德国在民事诉讼法中规定："若被告在指定不变期间内（一般为两周）未以书面形式对送达的诉状提出抗辩进行防御和攻击，则法院有权依原告申请，对被告做出实体裁判"①；奥地利在民事诉讼法中规定："被告必须在指定期间内根据收到的原告起诉状提交相应的答辩状，若逾期或未提交答辩状的，被告将丧失抗辩权。"②

（三）我国民事诉讼法的立法现状

我国关于民事诉讼答辩的立法主要表现在民事诉讼法113条、第150条和最高人民法院关于民事诉讼证据的若干规定的第32条的规定，但此三条并没有明确地指出对于被告不答辩的法律后果，采取的是与当年"证据随时提出主义"相同的"答辩随时主义"。这种规定对于集中审理，提高庭审效率，保障原被告诉讼权利平等，实现程序正义颇为不利，为学者所诟病。

二、民事诉讼模式——构建答辩失权制度的理论基础

英国学者戴维（David Held）认为模式就是有关于政治领域及其确立的经济和社会等诸方面根本条件的概念和通则所组成的网状结构。③一国的民事诉讼模式，必然是与本国的社会制度密切相关的，并且会受到本国社会制度地制约。以美国为例，能够建立起答辩失权制度并得到施行，与它实行当事人主义的诉讼模式的民事诉讼模式是密切相关的。在该种诉讼模式下，诉讼程序是由当事人主导并完成的，律师对于整个诉讼地推动起着至关重要的作用，他们会积极着手调查证据，提出与案件相关的主张和事实，推动法庭上辩论并采取交叉讯

① ［德］奥特马·尧厄尼希著，周翠译：《民事诉讼法》（第27版），法律出版社2003年版，第231页。

② 傅贤国："域外民事诉讼答辩失权制度及其对我国的启示"，载《法治论坛》2012年第6期。

③ 戴维·赫尔德著：《民主的模式》，燕继荣等译，中央编译出版社1998年版，第8页。

问等多种方式使陪审团知晓案件事实，由于实行律师强制代理，法院并不干预案件事实地调查，无查明案件事实真相的义务，只根据双方当事人在庭审中的对抗和证据负责适用法律。此外，争点的形成是美国民事诉讼法中进入庭审程序的动因，被告不及时提交答辩状，原告就无法知晓被告的证据材料，争点在审前无法形成，自然不能进入庭审程序。对此，答辩失权制度就应运而生，这就为答辩失权制度提供了可供施行的土壤。大陆法系实施职权主义模式，强调实体正义大于程序正义，即法院有查明案件事实的义务，法院的判决也不仅限于当事人的主张。结合我国的司法制度史，我国司法制度中"以事实为依据，以法律为准绳"的话语，依然表明了实体正义的第一顺位，可见我国当前的社会制度缺乏答辩失权制度生存的土壤。

三、民事诉讼价值目标的双赢——构建答辩失权制度的初衷

构建答辩失权制度的目标是为了实现公正与效率这两大目标双赢的局面。在公正方面，学者认为构建答辩失权制度是对民事诉讼平等原则的贯彻，被告在详细了解原告的起诉状副本之后故意不提自己主张的事实依据及证据，不提或者延期提交答辩状，使得原告根本无从知晓被告的证据材料，在庭审中对原告实行诉讼突袭，这有违民事诉讼的平等原则。在效率方面，随着立案登记制度地实施，案件数量大幅度增长，理论界和实务界均认为答辩失权制度能明确争点，集中辩论，滤掉不必要的事实与证据，专注围绕争点举证和辩论，抓住问题的关键，加快庭审速度，提高诉讼效率。

四、完善的审前程序——答辩失权制度生存的土壤

（一）英美法系的审前程序

在美国，现代意义上的审前程序是以1938年联邦民事诉讼规则中规定证据开示制度与审前会议得以形成，经过发展形成了由诉答程序、发现程序和审前会议三阶段共同组成的审前程序。在英国，审前准备由诉答程序、证据开示程序、案件管理会议以及审前再议会议等构成。故在英美法系国家，提交答辩的规定属于诉答程序的一部分，诉答程序的功能在于明确争点，从而决定是否可以进入庭审阶段。因此，在承认答辩是被告的一项权利的同时，也强制被告必须答辩，否则无法形成争点，就不能经过诉答程序到达下一阶段，在这种严格当事人程序性诉讼义务的前提下，答辩失权制度就成为了一项不可或缺的制度。

（二）大陆法系的审前程序

德国经过改革最终确立了两种审前准备方式，一是初步审理程序，二是书面准备程序。日本最终形成了由准备性的口头辩论准备程序、书面准备程序构成的完善的审前准备程序。

（三）小结

两大法系审前程序的相对完善，给答辩失权制度提供了肥沃的土壤。就我国司法实践而言，被告自收到原告的起诉状之日起即可答辩，我国法律也明确规定了答辩的期限，而审前程序的主要功能则是确定争点、固定证据。确定争点必然要通过被告对原告所提出的事实、证据反驳才能形成，随着争点的形成原被告双方各自提交证据，证据的固定由此而产生。由此可以看出，答辩作为是审前程序的一部分，没有相对完善的审前程序，答辩失权制度就没有生存的空间。而从各国设置审前准备程序的目的来看，英美法系主要与其陪审团制度相适应，而大陆法系则是更多倾向提高诉讼效率和注重庭审实质方面。二者存在共通性，那就是保证案件适宜开庭，确保庭审中的连贯性和充实性。[①]

我国现行的民事诉讼模式由于实质正义的强大传统，暂不适宜一蹴而就的构建答辩失权制度，但同为大陆法系的德国及日本却能建立起相对完善的答辩失权制度，这都依赖其完善的审前程序。我国现行民事诉讼法规定有“审理前的准备”但并不完善，造成答辩失权制度无法建立。笔者认为，在没有完善的审前程序支撑下直接建立答辩失权制度，恐怕会出现适得其反的效果。

五、我国证据失权制度的发展与完善

关于证据的提出模式主要分为两种：一是证据随时提出主义，一是证据适时提出主义。我国1982年和1991年的民事诉讼法在证据失权方面缺乏相应规定，采取的是证据随时提出主义，当事人在举证期间方面享有极大的自由，不受法院及审级的约束，因此产生了诸多的证据突袭和诉讼拖延，为此最高人民法院在2001年证据规定上对举证程序作了较为详细的规定。在举证时限方面规定了两种方式，一是当事人自行协商，法院认可；二是由人民法院指定。在证据失权方面，证据规定第34条也作出了较完善的规定。2001年证据规定的出台打破了证据随时提出主义的模式，被认为是从证据随时提出主义逐渐过渡到证据适时提出主义。对证据突袭起到了较好的防范作用。2012年民事诉讼法第65条[②]也对证据失权作出了相应的规定，虽然较2001年证据规定而言，2012年民事诉讼法对证据失权的规定相对缓和，但已经为将来实体正义与程序正义并重作了良好的铺垫，证据失权制度中举证时限制度的确立同时反映了司法改革的成果，在制度上有所创新。

---

① 熊跃敏：《民事审前准备程序研究》，人民出版社2007年版，第25页。

②民事诉讼法第65条规定：“当事人对自己提出的主张应当及时提供证据。未及时提供证据的，法院应当责令其说明理由。理由不成立的，人民法院根据不同情形予以训诫、罚款、赔偿拖延诉讼造成的损失、不予采纳该证据。”

支持构建答辩失权制度的学者认为，答辩失权最大的诉讼效益就是防止诉讼突袭，实现程序公正。现行民事诉讼法对于证据失权的规定虽然还有待完善，但是对于证据失权的规定在实践上已经发挥出了防止诉讼突袭的功效，保障了相当的程序正义，再结合前述提及的民事诉讼模式，笔者认为现阶段构建完善的审前准备程序才是实质实现答辩失权制度的必经之路。

六、结论

综上，笔者认为，我国职权主义民事诉讼模式对实体正义的追求远胜于程序正义。近邻日本在构建答辩失权制度的同时，也在其民事诉讼法255条设置了例外情况，包括如果没有严重迟滞诉讼程序，或没有重大的过失但却未在准备程序里提出攻击防御方法等等，但在司法实践中，这类例外在诉讼程序中的利用率达到了100%。①日本与我国有着相当文化传承，结合笔者上文论述的种种障碍，答辩失权在我国的建立能否实现公正与效率的双赢有待商榷。随着在审前准备程序中诉答程序和证据失权的逐步发展和完善，诉讼拖延与诉讼突袭得到进一步缓解，故笔者认为，当前民事诉讼法下，暂不适宜构建答辩失权制度，但可从完善证据失权制度的角度出发，建立和完善审前准备程序从而实现公正与效率的共赢。

参考文献

[1] 章武生等.民事现代化与民事诉讼制度的建构 [M] .北京：法律出版社，2003 .

[2] 徐昕译.英国民事诉讼规则 [M] .北京：中国法制出版社，2001.

[3] 白绿铉，卞建林译.美国联邦民事诉讼规则证据规则 [M] .北京：中国法制出版社，2000.

[4] [德] 奥特马·尧厄尼希著.周翠译.民事诉讼法（第27版）[M] .北京：法律出版社，2003.

[5] 傅贤国.域外民事诉讼答辩失权制度及其对我国的启示 [J] .法治论坛，2012（6）.

[6] 戴维·赫尔德著.燕继荣等译.民主的模式 [M] .北京：中央编译出版社，1998.

[7] 谢佑平.诉讼文化论 [J] .现代法学，1992（5）.

① [日] 中村英郎：《新民事诉讼法讲义》，陈刚、林剑峰、郭美松译，法律出版社2001年版，第193页。

[8] 周荣华、赵忠令.道德的程序及其设计［J］.苏州大学学报，2001（3）.

[9] 刘睹.公正与效率视角下的小额诉讼程序［J］.广东法学，2004（4）.

[10] 肖建国.民事诉讼程序价值论［M］.北京：中国人民大学出版社，2000.

[11] 王琦.答辩失权制度在我国的构建［J］.贵州社会科学，2011（3）.

[12]［美］史蒂文·苏本，玛格瑞特·伍著.蔡彦敏，徐卉译.美国民事诉讼的真谛［M］.法律出版社，2002.

[13] 王亚新.对抗与判定——日本民事诉讼的基本结构［M］.北京：清华大学出版社，2002.

[14]［日］中村英郎著.陈刚，林剑峰，郭美松译.新民事诉讼法讲义［M］.北京：法律出版社，2001.

[15] 谢怀栻译.德意志联邦共和国民事诉讼法［M］.北京：中国法制出版社，2001.

[16] 常怡.民事诉讼法学［M］.北京：中国法制出版社，2008.

[17] 熊跃敏.民事审前准备程序研究［M］.北京：人民出版社，2007.

[18] 卞建林.诉讼法学研究［M］.北京：中国检察出版社，2008.

[19] 张卫平.民事诉讼中举证迟延的对策分析［J］.法学家，2012（5）.

众筹在供给侧改革环境下的若干法律问题

广西通诚律师事务所　廖国靖　廖首华

内容摘要：2015年11月，在中央财经领导小组第十一次会议上，习近平提出“在适度扩大总需求的同时，着力加强供给侧结构性改革，着力提高供给体系质量和效率”。“供给侧改革”即从供给端入手，通过调整劳动力、土地、资本和创新四大要素达到最优配置，全面稳定地拉动经济增长。众筹作为新兴的互联网融资模式，自被写入政府工作报告以及纳入“十三五”规划以来，更是与供给侧改革水乳交融。由于我国资本市场的资金供给长期以来不合理，大量的资金堆积在金融机构，而大多中小微创业企业存在很大的资金缺口，众筹的出现有助于改善这种状况，进而对于供给侧“市场资金”方面起到积极的调配作用。

关键词：供给侧改革　众筹　风险

一、众筹的涵义及历史渊源

（一）众筹的历史渊源

2006年，美国学者迈克尔·萨利文（Michael Sullivan）首次提出Crowdfunding一词，同年他在维基百科中首次对Crowdfunding进行定义：一种群体性合作，通过互联网筹集资金以支持他人发起的项目。2011年，Crowdfunding一词以新型金融术语的身份被《牛津词典》收录，解释为通过互联网平台，向公众募集众多的小额资金用以实现某个项目或风险投资的行为。[①]

（二）众筹的组成结构

从组成形式上看，众筹由三部分组成：众筹发起人即项目发起人（以下简称“发起人”），通过撰写产品、创意策划书并在互联网进行传播展示，设定众筹期限、众筹模式、筹集资金和预期回报等；众筹平台，为发起人提供展示产品、创意以及其他需求的平台，并负责审核发起人创建的项目；众筹投资者（以下简称“投资者”），即通过众筹平台的展示选择投资项目，为发起人提供

①*Definition of Crowdfunding, Oxford Dictionaries*(《牛津词典》)

资金。

（三）众筹与"伪众筹"

在日常生活中，各式各样被冠以众筹名义的项目如雨后春笋般涌出，很多人了解的众筹与上文所讲的众筹概念大相径庭，但这些大多都是"伪众筹"，与真正法律意义上的众筹有显著的区别。

伪众筹的类型有很多，以下列举几类常见的伪众筹：

1.以众筹开店名义进行非法集资，典型代表为水果营行，其冠以众筹的名义在线下疯狂敛财。实际上水果营行是以众筹名义进行集资，主要还是线下销售，没有投资门槛、信息披露及第三方资金托管。

2.善款众筹，即通过网络发布众筹筹集资金进行公益活动，受捐者大多为重病患者，其中不乏有人得到捐款后被爆出生活奢侈，甚至开跑车、戴名表，这类众筹在发起时缺乏第三方平台对捐款对象全面的调查，往往沦为一些人借爱心发不轨之财的工具。

3.凑份子众筹，即少数人集资投资一个项目，这类众筹在日常生活中较常见，但是由于股东多，经营理念不同而引发内部矛盾分歧，导致工作效率愈发降低，甚至可能涉嫌非法集资。

二、众筹的基本类型

根据Massolution[①]发布的一份报告，将众筹分为四大类，这也是目前国际上比较认可的分类，即股权众筹、债权众筹、奖励众筹和公益众筹。

（一）股权众筹

股权众筹顾名思义就是发起人通过获得股权的众筹方式，[②]其具有股权投资的性质，乍一看与最近火热的私募基金有些相似，但他们有明显的区别：

1.投资者数量，私募基金系由少数资金雄厚的特定组织或个人组成，而股权众筹是通过互联网向不特定人募集资金。

2.投资领域，股权众筹投资的领域比较集中，大多投向高新技术企业。

3.企业经营权，私募基金往往会介入其中，甚至通过引入职业经理人或团队提升企业经营能力，而股权众筹通常不干涉企业管理。

（二）债权众筹

投资者对项目或企业进行投资，获得其一定比例的债权，未来获取利息收益并收回本金，债权众筹的表现形式是P2P（peer to peer）。需要提醒的是，我

① 著名私人、公共和社会企业众筹方案调查咨询公司。

②Pribe,What IS Crowdfunding And How Does IT Benefit The Economy.Forbes,November 27, 2012.

国不允许P2P平台设立资金池，P2P平台只能提供中介媒介服务，不能先吸收资金再自行放贷。

（三）奖励众筹

奖励众筹是从传统的预售形式中演变而来的，此处所指的奖励为非货币形式的回报，通常为实物回报。

（四）公益性众筹

公益性众筹，即非营利性组织和个人将公益项目通过众筹平台发布，向非特定用户募集资金的形式。

三、众筹在服务于供给侧改革中的主要法律风险

众筹在服务于供给侧改革过程中，可以有效增加供给侧资本供给、有利于激发供给侧创新活力、有效降低供给过剩、优化资源配置，在这个意义上，也可以称得上是共享经济。与此同时，众筹本身也存在很多风险，要让众筹更好地服务供给侧改革，首先应当正视其风险。

（一）发起人的风险

1.管理众筹款风险

很多发起人不具备财务管理知识，也没有专门的财务团队来管理众筹款，在面对众筹所筹巨款时，往往无法处理各种财务问题。所以发起人在事先要评估自身是否具有管理众筹款的能力，若能力有限应尽早从外部寻求援助。众筹项目执行期间应制定出详细的预算，做好超额募集的紧急预案，募集完成后需要有专门的财务人员进行管理，更重要的是建立透明完善的财务管理和财务公告制度。

2.知识产权风险

对于很多还没有将创意变成真实产品的奖励众筹发起人来说，来自知识产权的风险显得尤为凶险。这里就存在一个明显的悖论，那些真正需要资金的优秀团队有可能不敢众筹，反而一些无技术含量的项目却经过大肆宣传和过度包装，夸大自己的价值通过众筹平台骗取资金。所以并不是所有的产品都适合众筹，具有一定创新性且打算众筹的项目应该选择在发起项目前取得相应的专利认证，获得法律保护，尽可能提高第三人侵权的代价。

3.触犯法律风险

发起人由于利益驱动，很容易陷入欺诈、洗钱等违法犯罪行为，加之我国对众筹监管的法律法规不健全，稍不留神就会落入非法集资的陷进里。

因此，发起人在制定方案时，尽可能对众筹金额和众筹人数进行控制，严格参照最高人民法院关于审理非法集资像是案件具体应用法律若干问题的解释对非法集资的认定标准，决不触碰法律红线。

（二）众筹平台的风险

1.系统安全风险

由于涉及互联网，首先应考虑的是系统安全性。内部风险，即人为操作、程序故障等风险，这一风险来自于平台内；外部风险，即来源于外部的非法入侵、恶意攻击等风险，黑客为这一风险的主要制造者。

2.审核众筹项目的风险

上文发起人的知识产权风险中提到，很多好的团队和项目不敢众筹，而技术含量低的团队或项目通过包装或勾结众筹平台内部人员使该项目在众筹平台上大量敛财。

这显然不是正规众筹平台所乐见的，出于对平台自身发展及发起人负责的态度，众筹平台必须出台措施保护所有利益相关者，为优秀的发起人提供更加优质的服务，同时严厉打击内外串谋、虚假信息或隐瞒风险等违规行为。

要规避此类风险，众筹平台应当设定较为苛刻的准入标准，同时对发起人的项目进行尽职调查。

（三）投资者的风险

1.信息不对称的风险

在实务中，项目信息大多被发起人和众筹平台掌握，而投资者对此知之甚少。

投资者要规避此类风险，应尽量避免选择在一些知名度较低的众筹平台上进行交易，在选择项目时也尽可能搜集更多信息，必要时进行调查，并保持与领投人的充分沟通。

2.专业知识欠缺的风险

众筹的前提是向无差别受众进行募资，所以这几乎是无法避免的风险，这也是发起人敢于仅凭一些不切实际的创意就发起众筹项目的直接原因。

投资者识别此类风险的困难较大，因为根本不可能在短时间内补足专业知识，最直接的建议就是尽量选择自己熟悉的行业和领域进行投资，若一定要涉足陌生领域，必须寻求专家的指导。

四、众筹监管与供给侧改革

（一）我国众筹监管现状

我国目前尚未出台专门规范众筹的法律法规。2014年12月，证监会起草的私募股权众筹融资管理办法（试行）（征求意见稿）[①]（以下简称“意见稿”）

①中国证券业协会 官方网站，通知公告，2014年12月18日。

正式公布，这一意见稿对于推动众筹融资合法化具有积极的指导意义，也为我国逐步形成专门的众筹监管法律提出了可行的框架设想。

2015年，中国证券业协会发布了关于调整场外证券市场业务备案管理办法个别条款的通知，将“私募股权众筹”修改为“互联网非公开股权融资”，该文件在一定程度上体现了官方对于股权众筹与互联网非公开私募融资的区别界定。

（二）提出众筹监管对策以助力供给侧改革

要让众筹更好地服务于供给侧改革，当务之急是将众筹规范，趋利避害，现提出对众筹监管的几项举措：

1.充分借鉴发达国家众筹监管经验，我们把眼光投欧盟。我国的众筹监管所处阶段与欧盟较为相近，都处于意见征询阶段，应该充分借鉴欧盟的做法，使我国的众筹更具国际竞争力。

2.明确监管主体，明确监管主体有两个要求，首先要保证监管主体的唯一性，由于众筹基本形式复杂，有可能出现多个监管部门同时干预，且监管标准不一致的情况；其次不能出现监管真空区，例如债权众筹和公益众筹在近几年始终没有一个明确的监管归属，因此应当尽快弥补监管的真空区。

3.监管应以规范与促进发展为主，监管部门应当通过规范市场秩序，促进利益各方合作共赢，使众筹更好地服务中小微企业，更好地实现供给侧改革，而不是一味打压，更不能因为存在风险而对其全盘否认。国家尽快制定有关众筹的专门法律，特别是适度放宽非法集资和非法公开发行证券的相关规定，避免矛盾。

4.加强学术研究和行业自律，立法是规范市场最快的手段，应当建立以众筹为核心的研究性机构和行业自律协会，有利于调动众筹行业的主观能动性，这也符合我国供给侧改革长远规划。

5.加强众筹相关教育培训，无论是发起人、众筹平台还是投资者，都存在因自身专业技术水平不足而面临风险的情况，因此建立与众筹发展速度匹配的众筹教育培训制度是很有必要的。参考私募基金投资者特别确认程序的做法，通过行政性干预要求众筹平台对投资者进行强制性前置培训，并且对其进行风险测试，有针对性地向不同风险承受能力的投资者推荐适合的众筹产品。

综上所述，众筹发展之路任重道远，我国已经在需求端(出口、消费、投资)方面投入了太多精力，随着国际经济大环境的走弱、民生问题日益凸显以及多个行业的产能过剩，需求端的“三驾马车”后劲渐显不足，现在正是众筹大展拳脚的时候。相信未来众筹一定可以搭上供给侧改革的快车，服务于中小微企业，服务于供给侧改革。

参考文献

［1］ 魏鹏.中国互联网金融的风险与监管研究［J］.金融论坛，2014：3-9.

［2］ 黄健青，辛乔利.“众筹”——新型网络融资模式的概念、特点及启示［J］.国际金融，2013：64-69.

［3］ 胡吉祥，吴颖萌.众筹融资的发展及监管［J］.证券市场导报，2013：60-65.

［4］ 王阿娜.众筹融资运营模式及风险分析［J］.财经理论研究，2014：99-103.

［5］ 田光宁.互联网金融发展的理论框架与规制约束［M］.宏观经济研究，2014：111.

［6］ 丁文超，周余.互联网股权众筹盘点报告［M］.IT 桔子与 TECH2IPO，2014：10.

商事法律服务供给侧改革的应然性探索

广西信德嘉律师事务所 周旭照 卢笛

内容摘要：我们正处世界第四次工业革命浪潮中，互联网技术的日新月异深刻地改变着我们的世界。传统商事法律服务的价值内涵与服务方式也随着大数据、“互联网+”时代的到来在发生越来越深刻的变化，特别是在市场需求端巨大变量的冲击下，商事法律服务价值改造和提升已到了刻不容缓的地步。这正是国内商事法律服务迎来供给侧改革的重要历史性转型时期，改好了转好了，在法律服务水准提升和接轨国际社会后将焕发出勃勃生机。笔者从“信德嘉律师4.0”的定义与外延的引入，到具体服务于“中国XX”平台型信息科技公司的法律技术设计，到广西某大学历史文化“互联网+金融”“互联网+科技”“互联网+法律”平台的创设，集中展示这个供给侧改革的应然性探索的过程。本文是为了大力推动本行业建立一种新的生态链，提供一种或者更多的工作模式而努力。

关键词：商事法律 供给侧 应然性 探索

引 言

了解你自己（knowing yourself），了解今天（knowing today），了解未来（knowing future）。传统商事法律服务的价值内涵与服务方式随着大数据、“互联网+”时代的到来正在发生越来越深刻的变化。今天，我们正处世界第四次工业革命浪潮中，互联网技术的日新月异以前所未有的速度改变着我们的世界。正如未来预测大师杰里米·里夫金（Jeremy Rifkin）认为的那样，即将到来的互联网技术与可再生能源的结合而释放的合作性力量，将从根本上重构人类的关系。人工智能AlphaGo击败人类的围棋大师，引起全球的热议；英国少年程序员约书亚·布劳德（Joshua Browder）推出了“律师机器人”令律师们惊叹；韩国三星称其已经开发出5G技术不久即将推入市场，又将给世界带来一个难以想象的巨变。

现在正是国内商事法律服务迎来供给侧改革的重要历史性转型时期。商事法律服务在经历了中国30年改革开放大潮的“洗礼”后已到了重新定义、重新塑造、重新出发的时候了。《历史的教训》（The lessons of history）作者威尔·杜兰特和阿里尔·杜兰特对于历史研究的态度表达“我们提供的是一种对人类经验的审视，而非个人的启示录。”本文正是基于此种理念而对商事法律服务实践所做出的探索。

2015年，笔者读到李杰（Jay Lee）专著《工业大数据——工业4.0时代的工业转型与价值创造》时，就强烈感触到由德国和美国2006年以来发起的“工业4.0”和“CPS（Cyber-Physical System）”这样一场“不可见世界的竞争”。经笔者倡导，本所专业类、综合性纸质文献《信德嘉律师4.0》继“信德嘉微信”平台后应运而生。本文拟从“信德嘉律师4.0”的定义与外延的引入，到具体服务于以下两个项目，集中展示供给侧改革的应然性探索的过程。

一、“信德嘉律师4.0”的定义与外延

“信德嘉律师4.0”的内涵完全来自于法律大数据与当下国内外兴起的“工业4.0”或者CPS（信息智能系统）催生下的人文精神和时代新高。“信德嘉律师4.0”应被定义为“工业4.0”时代法律大数据条件下个性化、特色化的法律专业服务平台系统，通过这个平台系统传播我们团队的工作发现和建设成果，还有对于未来商业模式特别是法律服务模式改变的认识和提升。“信德嘉律师4.0”将服务合作、价值创新、工作效率、时代使命与文化特征集于一身，打造新标准、创建新高度、自成一体系。“信德嘉律师4.0”的定义与外延可作如下描述：

第一层面：技术渊源或者依据

在这借鉴李杰教授“蛋黄＋蛋白”理论“6M+6C=工业4.0”来形象地揭示“法律服务4.0”的内在机理，也即“商事法律服务供给侧改革的应然性”的表达：

一是“蛋黄——6M”

Material——材料，包括特性和功能等；

Machine——机器，包括精度、自动化和生产能力等；

Methods——方法，包括工艺、效率和产能等；

Measurement——测量，包括六西格玛、传感器监测等；

Maintenance——维护，包括使用率、故障率和运维成本等；

Modeling——数据和知识建模，包括监测、预测、优化和防范等。

二是“蛋白——6C”

Connection——连接，涉及传感器和网络、物联网等；

Cloud——云，即在任何时间按需获取的存储和计算能力；

Cyber——虚拟网络，包括模型与记忆等；

Content/Context——数据内容与来源背景，包括相关性、含义、决策等；

Community——社群，包括交互、分享、协同等；

Customization——定制化，即个性化的服务与价值。

以上从6M到6C的分层描述，就是要运用世界是普遍联系的原理去表达世界的多样性，这个多样性运用则是为揭示生产力发展提供物质条件，而商业法律服务供给侧改革的应然性也必然生成于其中。

第二层面：法律实务的内外在要求与表达

五个"What"（也是笔者本人的"五个苹果说"）：

第一个"W"——目标，包括非诉与诉讼目标、案由的选择与确立，也体现在实体利益目标与程序利益目标之间的兼顾；

第二个"W"——目标的依据与理由，用大数据理论和实证方法确定解决目标实现所需要的多样性依据，通过展示其中的关联性来寻找案件或者项目所需要论证的因果关系；

第三个"W"——建立什么样的非诉与诉讼工作体系，包括程序设计、法院管辖与政治法律文化研究等；

第四个"W"——工作执行与案件管理的标准，包括案件的工作效率提升和质量控制，律师或者工作团队的业绩与社会评价等；

第五个"W"——目标实现预测，包括最低、最高目标实现预测、利益均衡和案件价值的深度挖掘等。

第三层面："信德嘉律师4.0"

在实际结合上述二个层面的基础上，就信德嘉律师工作团队建立"信德嘉律师4.0"标准作如下扼要表达：

一是通过大数据的关联性确立来解决案件或者项目因果性的论证与决策；

二是通过提供个性化、定制化的法律专业服务，来突出"信德嘉律师4.0"的工作标准与服务模式，在案件精细化管理的支持下为实现工作目标提供保障；

三是积极应对传统利益冲突和人力资源的挑战，为公司法务提供支持和辅助；

四是降低或者减少案件或者项目的法律风险，为公司创新业务提供支持；

五是建立长期互信、合作的内外法律服务团队。

二、"中国××"信息港股份有限公司法律技术设计看商事法律服务供给侧改革的应然性

（一）项目背景认识

1.找准时间差，抢占东盟市场"桥头堡"，确立项目未来20年以内在该地区的竞争优势和垄断地位。欧盟最高司法机构欧洲法院于2015年10月作出判决，以美国未能为欧盟公民个人数据提供有效保护为由而认定欧美2000年签署的关于自动交换数据的安全港协议无效。这个案例启示我们，东盟地区公民个人数据保护的标准与时间点在未来将必然影响项目在该地区的信息产业、金融投资与服务贸易的增长。

2.在现行国家政策和法律制度允许和鼓励的条件下，充分利用公司制度与技术规范提出适合项目公司在"公司治理、资本运作和信息产业"方面的顶层设计方案，为项目主要发起人实现与掌握公司控制权，并通过设计与制定股权激励模式实现公司的健康、稳定、持续发展。

（二）纵观公司治理、股权结构与股权激励，资本运作与互联网金融，信息产业等方面的法律技术设计，探索与实践商事法律服务供给侧改革的应然性

我们有关项目的法律技术设计涵盖以下核心内容：

1.按照现代公司管理理念，股东对公司控制权除了其自益权实现以外，更集中体现在资本话语权、公司治理公益权和子公司的控制权等方面，探索子公司或者孙公司作为GP进行资本运作，并通过LP的加入实现杠杆；

2.在母公司以及子公司或者孙公司两个不同层面探索实施股权激励的不同方案；资本运作需要重点表达的是在资金运用过程中可通过证券公司、资产管理公司或项目公司互联网金融平台多方渠道打造多层次的理财产品，实现资金杠杆的应用，助推生态圈的升级；

3.互联网金融是实现公司产业生态的重要基石，一方面实现了"互联网+金融"的结合，另一方面又可助推整个生态圈产业链的实现；

4.在利用新技术促进共享经济的同时，更加注重对新技术的知识产权和商誉的保护，将新技术继续运用于发展信息产业，形成良性发展循环。

（三）从信德嘉团队服务公司的比较优势，检验商事法律服务供给侧改革的新动力、新模式

1.运作模式

突出本所"法律管家""法律诊所"式法律服务特色。

2.技术支撑

信德嘉律师4.0、北大英华数据库与"大数据"支持、商事多维解读、前沿

法律问题研究等。

3.研究团队

公司法、金融法、房地产法、知识产权保护与东盟法研究团队。

三、充分利用“互联网+”和“VR”新技术，打造广西某大学历史文化“互联网+金融”“互联网+科技”“互联网+法律”大型资源性平台系统，为广西考古文博和学科创新提供原动力

在提供公司股权结构等顶层法律制度设计的前提下，通过搭建公益性平台与商业运行系统相结合或者“两轴”联动的模式，全力打造广西大学教育的国际品牌。

第一轴：设立公益性广西历史文化传承保护基金会，搭建大学“一带一路”智库平台，下设三个中心即“广西文化遗产保护研究中心”“大学考古虚拟仿真实验教学中心”“广西民族文化遗产研究中心”。旨在建设大学人才高地、新学科体系和大力推动广西—东盟文化遗产学术交流等人文社会科学的重点研究，建立与拓展基于虚拟现实技术的田野数字考古技术研究、利用3D虚拟建模技术再现考古遗址文化场景、基于VRGIS的三维古遗址重建与网络发布、文物数字化技术及数字化文物系统、真实感考古遗址三维重建及虚拟展示技术研究与应用等标志性教学中心；建设广西文化遗产推广工程，通过搭建“广西历史文化网”，建立公益性物质与非物质成果展示平台，推动旅游类、教育类、社科类等移动互联app等商业网站开发与运用。

第二轴：设立互联网科技公司，着重实施“广西历史文化数字化博物馆群”项目开发新理念，如桂林靖江王陵数字博物馆、桂林甑皮岩遗址数字博物馆、桂林灵渠遗址数字博物馆，还有宁明花山遗址数字博物馆等。在条件成熟的时机，推出东盟历史与文化数字化博物馆项目开发，完成整个项目区域化、国际化的战略转身。

结　语

在目前新常态、新经济条件下，中国商事法律服务面临巨大机遇与挑战。我们用实证的方法进行实践与探索，是为了大力推动本行业建立一种新的生态链，并为改善这种生态环境而付出努力。

“前途是光明的，道路是曲折的”。今年既是商事法律服务发达的美国《独立宣言》发表的240周年，也是1776年同一年英国伟大的哲学家、经济学家亚当·斯密《国富论》问世的240周年。谨以这双“240周年”的时间沉淀，带上笔者对于法治文明与历史事件所抱有的崇高敬意，特别是在斯密“市场之手”

的引领下，中国商事法律服务供给侧改革将更意味深长，中国的市场经济与人民福祉在这个改革与探索的“主旋律”里将得到前所未有的升华。

“工欲善其事，必先利其器”。借此文在参加第八届西部律师论坛之际“抛砖引玉”，与业内同仁共勉。

从行使抵押权的期间制度看法律适用的正当性判断

内蒙古义盟律师事务所　赵志杰

内容摘要：物权法第202条规定："抵押权人应当在主债权诉讼时效期间行使抵押权；未行使的，人民法院不予保护。"可是抵押权行使期间能否中止、中断、延长？这是一个对抵押权人和抵押人有重大利益关系的问题，如果这一期间能够中止、中断、延长，那么对于权利人有利而对义务人来说责任变得难以预期；如果这一期间不能中止、中断、延长，则对权利人来说他必须在这一期间内主张权利，而对义务人来说是可以预期其履行义务的期间的。如何对这一制度进行正当合理的解释，是本文要讨论的问题。

关键词：抵押权　行使期间　期间变更

一、案情介绍

某市装饰工程公司于2010年10月10日向某市农村商业银行借款8000万元，借款到期日为2011年9月20日。该市某房产开发公司以自己开发建设的房产5万多平方米作为抵押，当日（即2010年10月10日）办理了抵押登记。借款到期后，借款人未能还款，而是与贷款人签订了贷款展期协议，将原贷款期限延长至2012年7月20日，抵押人也与贷款人农商行重新签订了抵押合同，但未重新办理抵押登记。

借款第二次到期后，借款人仍未还款，于是农商行于2014年7月18日向法院提起诉讼，要求行使抵押权。

原告请求：要求借款人公司偿还借款本息，要求担保人以其房产承担抵押担保责任。被告抗辩理由：一、本案中原告与公司于2011年9月18日第二次签订抵押合同后未办理抵押登记，依照法律规定抵押权没有成立。二、根据物权法第202条的规定债权人应在诉讼时效期间内主张权利，该笔借款时间为2010年10月10日，抵押登记时间为2010年10月10日，借款到期日为2011年9月20日，诉讼时效届满日应为2013年9月19日。被告与原告虽然于2011年9月再次签订了贷款展期合同和抵押合同，但因未重新办理抵押登记，签订合同的行为虽导致诉讼时效延长但并不能导致抵押权行使期间延长，即如果允许以借款和贷款人的约定来延长抵押权行使期间，对于担保人是不公平的。原告农商行于2014年7月18日向法院提起诉讼行使抵押权已超过法定期限，抵押人不承担担保责任，也不应承担违约责任。

据此，法院总结的争议焦点为：本案原告提出行使抵押权的主张是否超过抵押权行使期间，抵押人应否承担担保责任。

二、审判结论

（一）一审法院判决支持了原告的全部诉讼请求，抵押人不服上诉至二审法院，二审法院维持了一审判决，抵押人向最高人民法院提出再审申请。

再审申请人认为：一、二审法院适用法律错误。物权法第187条规定：“以本法第180条第1款第1项至第3项规定的财产或者第5项规定的正在建造的建筑物抵押的，应当办理抵押登记。抵押权自登记时设立。”本案中抵押权人农商行与抵押人于2011年9月18日签订抵押合同后未办理抵押登记，依照法律规定抵押权不成立。尽管抵押权人与抵押人签订的第一份抵押合同办理过登记，且债权人与债务人后来协议延长了借款期限，从而延长了诉讼时效而使得原告起诉时没有超过期限，但申请人认为物权法第202条之规定的“抵押权人应当在主债权诉讼时效期间行使抵押权”的“诉讼时效期间”是一不变期间，即二年，这一诉讼时效应从已登记的抵押合同记载的借款到期日起算，不适用中断、中止等规定。如果允许债权人与债务人随意延长行使抵押权期间，那么将使抵押人即担保人对自己的责任无法预料，从而将自己的命运寄托在了主合同当事人身上，这对抵押人来说是不公平的。

（二）最高人民法院经审查驳回了申请人的再审请求

最高人民法院认为：关于本案农商行行使抵押是否超过行使抵押权期间的问题。物权法第202条规定：抵押权人应当在主债权诉讼时效期间行使抵押权；未行使的，人民法院不予保护。《最高人民法院关于适用〈中华人民共和国担保法〉若干问题的解释》第12条：当事人约定的或者登记部门要求登记的担保期间，对担保物权的存续不具有法律约束力。可见，抵押权的行使期间是法定期间，不受当事人约定的担保期间或登记部门要求登记的担保期间的约束，但这并不意味着抵押权行使期间是不变期间。根据物权法第202条的规定，抵押权的行使期间受到主债权诉讼时效的约束，故抵押人应在主债权诉讼时效期间内行使抵押权，主债权诉讼时效结束后抵押人行使抵押权的，人民法院不予支持。本案中，借款人与农商行在借款到期前，签订了借款展期协议，展期到期日为2012年7月20日，故主债权诉讼时效届满日为2014年7月20日。抵押人自愿为借款展期继续提供抵押担保，相应受到法律规定的抵押权行使期间之约束。农商行于2014年7月18日起诉主张其抵押权，处于主债权诉讼时效期间内，没有超过物权法第202条规定的抵押权行使期间。

最高人民法院的这一观点，等于对物权法第202条的含意作了明确解释：一是抵押权行使期间是可变期间；二是这一期间即可以因债权人与主债务人的合意延长，也可以因债权人与担保人的合意加以延长。

三、案件评析

可是，这一解释具有多少合法性呢？这一解释究竟是立法本意，还是法官的个人理解，还是社会普遍性理解，或者是符合立法目的的解释呢？

（一）从债权人的角度，当然希望有最高院的上述理解，而从抵押人的角度，则希望抵押权是一个不变的期间。抛开本案抵押人自己同意延长抵押期间的情形，那么如果仅有债权人与债务人延长诉讼时效而没有抵押人同意的情况下，抵押权行使期间如果随意延长，那么抵押人的责任将变得不可预期，这就等于一旦设定了抵押，抵押人的命运将掌握在债权人与债务人的手中。

对于上述观点的不同，使我们很自然想到这是一个法律解释问题。然而，法律解释又客观地存在"大众话语"和"精英话语"的冲突，正如专家所言，"随着法律的日益复杂化、技术化、专业化和职业化，颇具核心功能的法律解释已经出现精英文化的话语统治，这使现代性法律知识预设的民主与法治、正当与合法之间的紧密关系出现了较难克服的内在危机"。（《法律解释问题》第105页，《法律解释中的大众话语与精英话语》，作者刘星，法律出版社出版）

（二）本案中，最高人民法院的观点，显然是精英人士的解释，其解释的出发点是法律本身的内在秩序和法律文本的含意。而社会大众又从公平与正义的角度认为，民事权利与义务应是对等的，权利人只有及时行使权利才会使义务人对自己的义务有所预期，如果因为权利人的行为而使抵押人的义务变得不能预期，这对抵押人是不公平的。显然，社会大众的观点也是有一定道理的。

类似的解释问题还有很多，比如企业之间借贷的法律效力问题。在我国从计划经济向市场经济转化过程中，企业间借贷现象很普遍，在计划经济时代这种企业间的借贷是被法律所禁止的，因为一般来说企业之间的借贷超出了企业的经营范围，违反了有关金融法律规范要求的从事借贷的机构只能是金融机构或国家批准的非金融机构。这种解释是从法律本身的内在秩序和法律文本的含意所作的解释。然而在我们强化市场经济的今天，企业间的这种借贷又是可以理解的，事实上也是非常普遍的，从最高人民法院公布的相关案例中，我们也看出了司法实践中正在承认企业间借贷的合法性。在目前的法律规范没有修改的情况下，对这一问题的解释却发生了变化。

当我们对法律文本理解出现分歧时，如何解释这一文本，如何确定解释的目标呢？

我们认为，“在数千年的历史长河中，公平正义一直是人类在社会生活中执着追求的目标，而法律则是实现这种追求的基本路径。……人类在一起生活，就要有一定的秩序，就必须遵守一定的规矩。就人类社会的本源来说，这种秩序和规矩都应该具有正义，因此法律作为调整和规范人们在社会生活中的行为准则，也应该遵循正义的原则。法的正义精神并不是完全由人类主观创建的，而是客观存在的维护社会生活秩序的自然规律的体现。”（《经由法律的正义》第1–2页，清华大学出版社）对于正义的追求，才是法律解释的目标。

"一带一路"战略背景下国际商事仲裁协议的探讨

云南建广律师事务所　王毅婷

内容摘要：在"一带一路"战略实施的大背景下，国际商事往来与日俱增，在可预见的未来，随着一带一路战略的深化，争端的发生不可避免。其中，国际商事仲裁由于其所具有的裁决易于执行、当事人意思自治程度高、程序保密性强、高效快捷等诸多优势，成为各类争端解决机制中重要的一种。而当事人所订立的国际商事仲裁协议是国际商事仲裁启动的基础，也是仲裁机构或仲裁庭受理和审理双方当事人争议的依据，因此，制定便于双方进行仲裁并确保裁决得以有效执行的仲裁协议，是整个国际商事合作风险防范的重要一环。本文将对商事仲裁协议中的重点问题进行探讨，结合"一带一路"战略的具体情况，站在我国当事人的角度深入思考国际商事仲裁协议的订立。

关键词："一带一路"战略　国际商事仲裁协议　仲裁地　法律适用

引　言

"一带一路"战略共涉及64个国家，除了新加坡法制较为完善外，其余六十多个国家仍属于法治尚待健全的新兴经济体和发展中国家，且法律制度、文化风俗、商业习惯各不相同，这些因素都使"一带一路"战略下的国际商事合作变得更为复杂，争端的发生不可避免。1958年签订的《承认与执行外国仲裁裁决纽约公约》（以下简称：纽约公约）使仲裁裁决较法院判决更易得到外国法院的承认与执行。目前"一带一路"沿线的64个国家中，加入纽约公约的国家共有55个，而同中国签订民事司法协助条约的国家仅为10个、签订民事及刑事司法协助条约的国家仅有16个。[①]因此，一旦发生了商事争议，国际商事仲裁将成为"一带一路"建设中使用最多的纠纷解决机制。而国际商事仲裁的核心是仲裁协议，随着当事人意思自治范围的不断扩大，结合项目和当事人的具体情况，制定一份完善的商事仲裁协议对于当事人来说至关重要。限于篇幅有限，本文不能对各类商事交易情况一一进行分析，仅对仲裁协议中的重点问题

① 马屹："'一带一路'建设与商事争议解决机制"，载《东方律师》2016年第01期。

进行探究，以期为国际商事仲裁协议的订立提供帮助。

国际商事仲裁协议是指双方当事人对他们之间业已发生或将来可能发生的涉外争议交付仲裁解决的一种书面约定。[①]它是仲裁庭或仲裁机构受理案件的权力来源，并具有排除法院管辖的效力。它是主合同的一部分，但却具有相对独立性。因为仲裁协议是仲裁程序启动的依据，所以，仲裁协议的内容直接关系到争议的解决。鉴于这些特点，以下几个方面通常是国际商事仲裁协议的焦点，也是当事人需要特别重视的方面。

一、国际商事仲裁协议中仲裁地的选择

纽约公约规定，在确定某仲裁协议是否有效时，除了当事人的民事行为能力需根据其他规则所确定适用的法律作出判定外，在当事人没有作出选择的情况下，判定仲裁协议有效与否的法律将是裁决作出地国的法律，即仲裁地国的法律。因此，当事人未明示选择仲裁协议的准据法时，国际上通常以仲裁地法作为仲裁协议的准据法，而仲裁协议准据法的确定，关乎仲裁协议的成立、合法性、有效性以及仲裁协议当事人的资格等问题。

另外，在当事人未明确约定仲裁程序法的情形下，各国规定或承认的普遍规则是仲裁程序应遵循仲裁地法律。而仲裁地法律作为程序法的结果是即使当事人选择了适用的仲裁规则，该仲裁规则也不可违反仲裁地关于仲裁程序的强制性规定。

最后，仲裁实体问题的法律适用也受仲裁管辖地现行法律的影响。

国际商事仲裁分为机构仲裁和临时仲裁，当事人可以自由选择。这两类仲裁各有优缺点，就临时仲裁来说，其优点在于赋予了当事人较大的自主权，费用较机构仲裁低廉，但因缺乏固定的管理机构和仲裁规则，仲裁的进行受仲裁员个人的主观因素影响较大。机构仲裁是当今仲裁领域的主流，而历史悠久的临时仲裁在现代仲裁制度下，已逐步边缘化，一些国家如中国没有临时仲裁。

二、国际商事仲裁协议中对仲裁机构的选择

仲裁机构的选择往往关系到仲裁规则的适用和仲裁裁决的可执行性。在国际商事仲裁机构的选择上，当事人可选择位于自己国家的、对方国家的或者位于第三方国家的仲裁机构。在做选择时需根据项目和当事人的具体情况考量一些因素，包括仲裁结果的可执行性，如仲裁地国是否是纽约公约成员国，或是国家间是否有司法协助协定，或直接选择被申请人所在国仲裁机构进行仲裁，以便裁决得到该国法院的承认与执行。

目前中国设有两个涉外仲裁机构：一是中国国际经济贸易仲裁委员会（以

① 黄进：《国际私法》，法律出版社，第606页。

下简称：贸仲），二是中国海事仲裁委员会，两者都隶属于中国国际贸易促进委员会（中国国际商会）。实践中，中国当事人会尽量争取在贸仲进行仲裁，一是费用低廉，二是对于中国当事人来说比较便利。

如当事人选择第三方仲裁机构，结合"一带一路"战略的地域特征，新加坡国际仲裁中心（SIAC）和香港国际仲裁中心（HKIAC）都是不错的选择。新加坡国际仲裁中心的"离岸仲裁机制"[①]使中国当事人能够践行国际先进的仲裁规则与理念的同时又享受到了便捷的服务。

香港国际仲裁中心以联合国国际贸易法委员会仲裁规则为基础，当事人可最大程度的自由约定和设计仲裁程序，且其承继了亚洲和解与调解的传统，同时具有混合东方与西方精华的技巧，是历史悠久的亚洲争议解决中心。但新加坡和香港都属于英美法体系，所以在国际商事仲裁的法律适用方面会与大陆法体系下的仲裁管辖地有所区别。

三、国际商事仲裁的法律适用

（一）国际商事仲裁协议准据法的确定

有效的仲裁协议是仲裁裁决得以承认和执行的前提，而仲裁协议是否有效需要依据仲裁协议的准据法进行判断。[②]但尽管如此，当事人往往会忽视对仲裁协议本身适用法律的选择。在当事人没有明确指定这一法律时，不确定性便会产生，特别是在适用于主合同的法律和仲裁地的法律不一致时。[③]纽约公约第5条[④]规定了拒绝承认和执行外国仲裁裁决的条件，其中一条便是依据仲裁协议的准据法证明该协议无效的可以拒绝承认和执行。各国法律对仲裁协议应具备的具体条件规定不尽相同，但是从多数国家仲裁实践来看有效的仲裁协议必须具备下列基本条件：（1）当事人双方必须具备合法的资格和能力；（2）仲裁协议的形式必须合法；（3）仲裁协议的内容必须合法；（4）仲裁协议必须是双方当事人真实意思表示；（5）所确定的法律关系上可能发生或已经发生的争议。如选择中国的法律作为仲裁协议的准据法，则根据《中华人民共和国仲裁法》第17条的规定，有下列情形的，仲裁协议无效：（1）约定的仲裁事项超出法律规

①根据新加坡国际仲裁中心仲裁规则第18条的规定，当事人可以约定新加坡以外的国家作为仲裁地。

② 仲裁协议具有独立性，即使主合同和仲裁条款在文本构成上在同一合同中，但在效力判断上，仲裁条款和主合同也视为两个独立的合同，因此，法律适用理应分开论之。

③ 《香港国际仲裁中心在其示范条款中加入对仲裁条款准据法的选择》资料来源：http://blog.sina.com.cn/kuwo12345。

④ 《纽约公约》第5条（1）……或者根据仲裁协议所选定的准据法（或未选定准据法而依据裁决地法），证明该仲裁协议无效。

定的仲裁范围的[①]；（2）无民事行为能力、限制行为能力以及准行为能力人订立的仲裁协议；（3）一方采取胁迫手段，迫使对方订立仲裁协议的。目前，香港国际仲裁中心在其示范仲裁条款中加入了促使当事人考虑确定仲裁条款准据法的条文[②]，值得借鉴。

（二）国际商事仲裁程序的法律适用

与民事诉讼程序适用法院地法不同，仲裁程序法可以由当事人进行选择，当事人未做选择的，一般由仲裁庭决定应适用的程序法[③]。中国仲裁法未对仲裁程序法的选择做出规定，中国内地的涉外仲裁实践中，尚无适用外法域仲裁法的实例[④]。而各常设仲裁机构通常都有自己的程序规则，即仲裁规则，一般来说，选择在该仲裁机构仲裁即视为同意适用仲裁机构已有的仲裁规则。因这一部分涉及后续争议解决程序的有效性问题，同时也是司法监督的依据，在纽约公约的约束下，仲裁程序出现瑕疵，很可能导致仲裁裁决在执行环节出现问题，故在订立仲裁协议或需要对已经生效的仲裁裁决提出异议时，可仔细研究仲裁所适用的程序法。

（三）国际商事仲裁实体问题的法律适用

国际商事仲裁所适用的实体法一般遵循当事人意思自治原则，由当事人在订立合同时进行确定。当然这种选择也有一定限制，如公共政策或善良风俗的限制，实际联系的限制等。对于实际联系的限制，仲裁的要求没有诉讼那么严格，从当今国际商事仲裁的现状看,允许当事人自由选择实体法而不受合理联系规则限制已比较普遍。一般而言，只要当事人表示的意思是善意合法的,又无法以公共秩序或公共政策为由撤销选择，则很难以其他理由限制当事人的意思自治。并且随着现代国际商事仲裁实践的发展，当事人不仅可以选择特定国家的国内法,而且还可以选择国内法以外的法律体系，如国际统一实体公约、国际商事惯例等作为解决争议的实体问题的法律依据。如当事人未选择仲裁所依据的实体法，可适用仲裁地的冲突规范来确定应适用的准据法，或是运用最密切联系原则直接适用最密切联系地的法律。

结　论

总的来说，无论是采用仲裁条款、单独的仲裁协议还是其他方式的书面协

①作为《纽约公约》的成员国，中国在加入该公约时作了互惠保留和商事声明保留。只承认和执行来自缔约国且所解决的争议依中国法律属于商事关系的仲裁裁决。

②《香港国际仲裁中心机构仲裁规则》“本仲裁条款适用的法律为……香港法）”。

③ 黄进：《国际私法》，法律出版社2005年第2版，第612页。

④ 黄进：《国际私法》，法律出版社2005年第2版，第612页。

议，仲裁协议的内容都应尽可能的具体明确。仲裁地点、仲裁机构名称（如选择临时仲裁则需明确其组成）、提交仲裁的事项、仲裁适用的法律这些关键部分都应包含在仲裁协议中。

其次，在仲裁地和仲裁机构的选择方面。因"一带一路"沿线国家大部分是欠发达国家，仲裁制度相对落后且未全部加入纽约公约，考虑到仲裁裁决日后的执行效果、当事人或其代理人对中国的法律和贸仲的规则更为熟悉以及地域便利等因素，贸仲仍是中国当事人的第一选择。其次选择在被申请人所在国仲裁机构进行仲裁有利于裁决的执行，除此之外，根据上文的分析，也可在考量相关因素后，选择第三方常设仲裁机构。

再者，"一带一路"战略所涉及的64个国家分属于大陆法系、英美法系、伊斯兰法系三大法系，法制情况复杂，为减少法律适用方面的不确定性，当事人可充分发挥意思高度自治这一仲裁优势，对仲裁程序中可能适用的法律进行明确，包括前文提到的仲裁协议准据法的适用、仲裁程序法的适用和仲裁实体法的适用。

最后，尽管临时仲裁作为一种古老的仲裁方式一直存续至今，其高度的灵活性和自主性确实给予了当事人以便利，也能为当事人省去一大笔管理费和服务费，但考虑到仲裁裁判的公正性、仲裁程序的确定性和仲裁裁决日后的执行范围和执行效果，建议当事人选择较为主流的机构仲裁。①

参考文献

[1] 黄进.国际私法［M］.法律出版社，2005.

[2] 杜丽新.国际民事诉讼与商事仲裁［M］.中国政法大学出版社，2009.

[3] 林志炜.商事仲裁国际理事会之1958年纽约公约释义指南——法官手册.杨帆翻译.2014.

[4] 王贵国."一带一路"战略争端解决机制［J］.中国法律评论，2016（2）.

[5] 刘晓红.论国际商事仲裁协议的法律适用［J］.法学，2014.

[6] 张德胜.浅析国际商事仲裁机构的选择［J］.科技向导，2012（06）.

[7] 张屹."一带一路"建设与商事争议解决机制［J］.东方律师，2016（01）.

[8] 葛黄斌.国际仲裁与"一带一路"项目纠纷解决的战略思考［J］.中国法律，2015（6）.

[9] 王佳宜."一带一路"战略下国际商事仲裁制度的构建［J］.人民论坛，2016.

①国际海事仲裁除外。

我国PPP法律问题研究
——建立法律及政策互动融合的PPP法治体系

北京德恒(昆明)律师事务所　王　舟

内容摘要：虽然我国PPP项目发展因国家的大力支持而得到了一定的发展，但是因为法律法规的缺乏而制约了我国PPP项目的健康持续发展。因此我国PPP项目迫切需要通过立法来改变目前PPP政策繁多、效力层级低、彼此冲突的现状，增强社会资本对PPP的信任度和安全感，保障社会资本的权益，协调各方权益，合理分配风险，实现多方共赢。而由于PPP问题本身的创新性、复杂性、独特性、不确定性等特点单纯的依靠法律法规并不能完全解决项目中可能遇到的问题，因此我们在推进PPP法治化的过程中又必须考虑其同现行政策之间的关系。在进行PPP法治建设时需从法律和政策的双重视角进行审视后，根据规制目标，综合利用法律、政策、意见等规制工具，建构以法律法规为框架，政策、意见为有效补充的PPP法治体系，最终实现在法治框架下的互动与融合。从而既发挥政策的灵活性、创新性，又能使PPP实践和创新"于法有据"。达到以政策的手段推进PPP项目的发展，以法律的手段来保护各方利益。构建适合我国的PPP法治体系促进我国PPP项目的健康稳定发展。

关键词：PPP项目　PPP法治体系　法律滞后性

2013年下半年起，我国掀起一轮新的PPP热潮，国务院及中央各部委相继出台PPP相关的指导意见，财政部和国家发改委推出各自的PPP示范项目及项目库，主推政府和社会资本合作模式（PPP）以缓解中央及地方政府财政压力、降低地方债务风险、盘活存量资本、增加基础设施和公事业领域的有效供给。一时之间大量社会资本纷纷涌入PPP市场，PPP项目在各地落地开花，但是PPP项目的实际情况却并非如预期那般美好。各地PPP项目也遇到诸如收费定价，税收等诸多难题，特别是法律层面的缺失直接制约了我国PPP项目的健康持续发展。

一、PPP的起源及在我国的发展情况

PPP（PUBLIC-PRIVATE PARTNERSHIP），即我国现行法规政策中所称的

"政府和社会资本合作"。目前关于PPP的起源，一般认为现代PPP发源于20世纪80年代的英国，主要应用于英国供排水、道路交通、医疗卫生、教育等基础设施领域。

我国PPP项目起步并不算晚，早在1978年12月，中国共产党召开十一届三中全会，开启了我国改革开放历史新时期，至1995年期间，我国允许大量外资投资国内，大量外国资本与地方政府通过签署协议的方式，在基础设施和公用事业领域开展建设或运营合作，该种合作模式实际上属于PPP，但是尚未出现PPP的完整界定，更无国家层面的法律和政策的调整。①

之后我国政府对PPP的探索和发展不断深入，2013年李克强总理主持召开了国务院常务会议，研究推进政府向社会力量购买公共服务，部署加强城市基础设施。同年9月26日，国务院办公厅颁布实施《国务院办公厅关于政府向社会力量购买服务的指导意见》(国办发［2013］96号，以下简称"国办发96号文")从政府向社会力量购买服务工作等方面规制政府与社会资本间的合作关系，国家开始从制度、机构、项目和能力建设等多方面着手推广PPP模式。2014年2月，国家发改委启动了"基础设施和公用事业特许经营法"的立法工作，同年5月财政部成立了PPP工作领导小组，同年5月21日，国家发改委推出首批80个涵盖铁路、公路、港口交通等基础设施引进社会资本的建设示范项目。地方政府也开始积极储备及推介PPP项目。

二、我国PPP法治体系上的问题

虽然我国PPP项目起步和发展都不算晚，同时本届政府对PPP项目的发展高度重视。但是我国PPP项目在法律制度上存在的问题，直接影响了我国PPP项目的健康持续发展。

(一) 缺乏针对PPP的专门立法

目前我国对PPP的规范性文件主要集中表现为国家各部委所颁布的指导性文件或一事一议的回复性文件，非但没有国家层面上的法律法规、甚至政府层面的规范性政府规章都没有。法律法规的缺失造成了我国现行法律和各部门、各部委颁布的PPP规范性文件之间无法衔接、协调的问题。使得一旦问题发生，当事人或当事企业不知道该采用哪一种法律来解决问题，甚至有些企业及政府部门在项目有瑕疵时择机使用符合其利益的规范性文件来规避相关法律法规的情况。

① 金永祥:《PPP模式在中国的发展及实施 中国式PPP的三个发展阶段》，载 http://www. Water884 8.com/news/201406/24/18983.html。

（二）相关政策及法律间相互矛盾

我国目前对于PPP项目的指南、规范等指导性文件可以说是政出多门，没有一个统一的规范性文件。目前我国各部委为大力推动PPP而竞相发布的多项政策及相关规定并不一致，有些政策之间相互冲突，甚至同某些现行的法律法规相抵触。政出多门的情况造成实践部门无所适从，尤其是发改委和财政部在竞争PPP决策和立法主导权的过程中，分别制定的特许经营管理办法和PPP法草案，极有可能引发立法冲突和监管资源的浪费。政策法律相互矛盾致使企业和地方政府没有规范的PPP的项目立项、审批、招标和管理的操作标准，致使企业和地方政府在开展PPP项目时对相关规范性文件无所适从，造成一些优质的PPP项目无法顺利启动、开展。

（三）现有PPP的规范性文件法律位阶低，影响社会资本的投资信心

2015年5月13日，国务院颁布《国务院关于鼓励和引导民间投资健康发展的若干意见》（国发［2010］13号），亦称为"新36条"，"新36条"出台之际正值国外金融危机、中国经济步入结构性调整、国有投资增速加快而社会投资明显放缓的大背景，中央政府为实现国民经济结构调整。消除社会投资者对"国进民退"现象的担忧，鼓励社会资本投资基础设施而出台的该政策性支持文件。

"新36条"颁布后，国务院十多个部委出台了相关激励社会资本进入的各类配套性文件，其范围覆盖铁路、市政、金融等多个民生服务领域；然而在相关政策措施逐步落实且社会资本投资依然保持良好增长的情况下，在一些存在行业垄断的重点领域内社会资本投资成效甚微。[①]对此，业界人士普遍认为社会资本投资垄断行业收效甚微的原因之一在于PPP项目没有一部上位法来保障社会资本者的利益，如果一旦出现地方政府违约的情况，投资者没有办法通过法律手段来维护自身的合法权利，仅仅依靠一些法律位阶较低的通知、意见等规范性文件，不足以建立一个能够保障社会资本权益的法治环境，无法满足社会资本对投资及收益保障预期。

综上所述，PPP法治体系不够完善是影响我国PPP项目发展的主要原因之一。根据2011年亚洲开发银行一份PPP制度环境成熟度的评估报告，中国得分仅为49.8分，与PPP应用成熟的国家，如澳大利亚(92.3分)和英国(89.7分)差距很大。缺乏以立法形式对社会资本利益的保障，致使社会资本对PPP存在的众多不确定性心存戒备。

---

① 新华社：《"新36条"实施一年效果甚微》，http://www.dfdail.com/html/113/2011/5/22/608215.shtml. 访问时间：2016年7月15日。

三、构建法律及政策相互互补的PPP法治体系来促进PPP发展

（一）加快PPP的相关立法工作

从以上我国PPP的现状及存在的问题我们不难得出我国PPP项目迫切需要通过立法来改变目前PPP政策繁多、效力层级低、彼此冲突的现状，增强社会资本对PPP的信任度和安全感，保障社会资本的权益，协调各方权益，合理分配风险，实现多方共赢。

由于PPP具有参与主体众多、利益诉求多元、法律关系复杂、涉及现行法律法规较多的特性。因此我们在进行立法工作时应协调与现行法律之间的关系，避免发生制定的法律法规同现行法律法规发生抵触的情况，同时最大程度地避免引发立法冲突和监管资源的浪费。

同时由于PPP项目必须涉及政府部门这一特殊性，应以法律的形式来界定政府和市场的关系，约束政府权力，增强政府信用。在立法中应重点规范与约束政府权力，比如取得项目特性经营权过程中应按照政府采购法还是按照政府招投标法，在解决争端时应采取民商事诉讼还是采取行政诉讼等方面。

最后PPP立法不能盲从PPP的政策目标，而应保持法律理性客观的品性，秉持立法者保护公共利益的立场。立法目标应该是提高公共产品和服务的质量和效率、保护公共利益和第三人利益，是规范PPP而不是力推PPP。

（二）以规范性政策弥补相关法律滞后性

然而，完全用PPP法律来取代所有PPP政策是不可能的也是不现实的，因为，首先PPP政策与其他执法政策不同，很多不是执行性的，而是对PPP实践中出现的新问题提供指导性和实验性的规范，具有制度创新的功能。其次，PPP问题本身的创新性、复杂性、独特性、不确定性，使得PPP问题常与多个复杂问题纠结而形成难以解决的"问题束"，这实际上赋予了PPP政策以持久的生命力。因为与具有滞后性、稳定性和普遍一致性的法律相比，PPP政策具有目标工具性、特殊针对性和应对及时性等优点，能够灵活有效地规范PPP实践。[①]再次，国外的PPP实践经验表明，PPP政策在规制PPP中发挥了重要作用。例如，作为PPP母国的英国，没有制定PPP专门法，除了相关的招投标规范外，主要是运用PPP政策来规制和调控PPP。[②]而澳大利亚和南非也制定了非常完善的政策框架，两国都通过政策带来的灵活性来对PPP进行更为合理有效

---

①杨在平："政策法学：迈向实践与理想形态的中国法学"，载《理论探索》2006年第5期，第145页。

②如"PPP政策和指导"、"PF2标准化合同"、"采购和合同管理"、"PPP基础设施指导"、"PPP预算和会计安排"等。

地规制。[1]由此看来，PPP政策在对PPP进行立法后，不是被法律取代，而是有必要长期存在，并持续深入地影响PPP的发展。但这对我们对法治的一般理解会造成一定的观念冲击。因为我国曾经经历过一个政策高于法律的“政策法”时代，所以，信奉法治原则的法律人对政策会有一种禁忌和规避心态。

其实在现代主要民主法治国家，因为政策具有法律不具有的灵活性及针对性和工具性等特点，在某些情况下是允许政府采用政策来调整社会关系的。但是要求政策不能背离法治的基本原则，不能动摇法治的权威和根基。因此当政策具有合法性和民主正当性时允许通过政策来调节部分社会关系并不违反现代法治思想。

因此我们在制定相关PPP政策时，首先需确保该政策的正当性，该政策是否能够提高公共产品和服务的效率。其次需确保政策的合法性，制定的PPP政策有没有现行法律依据、有没有与现行法律相冲突、有没有超越部门权限范围或违法了法律保留原则，一旦政策具有合法性瑕疵该政策就不应贯彻执行。

四、结语

综上所述由于PPP项目涉及公共利益和大众民生，利益各方迫切需要用专门的法律法规来保护其利益，而因为PPP项目的特殊性，我们在推进PPP法治化的过程中又必须考虑其同现行政策之间的关系。因此我们在进行PPP法治建设时需从法律和政策的双重视角进行审视后，根据规制目标，综合利用法律、政策、意见等规制工具，建构以法律法规为框架，政策、意见为有效补充的PPP法治体系，最终实现在法治框架下的互动与融合。从而既发挥政策的灵活性、创新性，又能使PPP实践和创新“于法有据”。达到以政策的手段推进PPP项目的发展，以法律的手段来保护各方利益，维护PPP项目的健康稳定发展的目标。使得PPP真正能够达到有效结合政府工作及社会资本，推动社会事业建设，促进国家的整体进步及提高人民群众生活水平。

---

①亚洲开发银行：中华人民共和国基础设施和公用事业特许经营立法，2015年6月9日，Project Number：48007-001,第10、61、62页。

P2P网络贷款法律风险与防范
——以P2P平台为视角

云南实力律师事务所　田映钧

内容摘要： P2P网贷是互联网金融的重要组成部分，为化解中小企业和个体经营者融资难提供了新路径，同时为社会闲散资金拓展了新的投资渠道。但随着投融资规模的快速膨胀，互联网金融风险防范的短板效应日益显现，其中P2P网贷风险防范更是薄弱环节。分析诸多P2P网络贷款风险事件可知，以P2P平台为切入点防范网络贷款风险尤为迫切。基于此，本文探讨P2P平台面临的十个主要法律风险点，并提出相应的风险防范建议。

关键词： 网络贷款　P2P平台　风险防范

自2007年6月首家P2P平台[①]“拍拍贷”成立以来，P2P网贷行业发展迅猛。[②]与此同时，P2P平台无法提现、负责人跑路或因非法集资被追诉、投资者血本无归引发群体事件等负面报道频见报端。经过近十年野蛮发展，P2P网贷行业要持续健康发展，解决好法律风险防范问题已成当务之急。

P2P平台是P2P网贷行业人员、信息、资金汇集的枢纽，因而也是法律风险的核心聚集点。所以P2P网贷行业法律风险防范，着力点就是P2P平台的法律风险防范。

一、设立时的风险

在P2P网贷行业缺乏明确监管主体和监管规范期间，P2P平台以“经济信息咨询公司”、“金融信息服务公司”等名义按普通公司的条件和程序设立即可，并未明确要求备案登记。这为动机不良者通过注册P2P平台非法集资甚至圈钱跑路提供了便利，而众多投资者损失惨重却难以找到P2P平台的责任人。

---

① 本文所称“P2P平台”即“网络借贷信息中介机构”，银监会将其定义为“依法设立，专门从事网络借贷信息中介业务活动的金融信息中介企业”。

② 根据网贷之家2016年7月1日发布的《2016年全国P2P网贷行业半年报》，截止2016年6月底，仍在运营的P2P平台数量达2349家，贷款余额6212.61亿元，活跃投资人数、借款人数分别为338.27万人、112.41万人，预计2016年网贷行业成交量将突破2万亿。

针对上述问题，银监会[①]《网络借贷信息中介机构业务活动管理暂行办法（征求意见稿）》[②]（以下简称“暂行办法（征求意见稿）”）对P2P平台的名称及备案提出明确要求。据此，现有或新设P2P平台应按要求变更或确定名称，名称中应包含“网络借贷信息中介”字样。而且P2P平台领取营业执照后，还须到注册地地方金融监管部门备案，并向通信主管部门履行网站备案手续，涉及经营性电信业务的应申请电信业务经营许可。若不按规定办理“准生”手续，P2P平台将面临被处罚甚至被取缔的风险。

二、债权转让风险

P2P平台债权转让主要有两种，一是投资人之间转让债权；二是P2P平台作为出借人提供资金给借款人，将因此获得的债权拆分后转让给各投资人。前一种债权转让是投资人作为债权人依法享有的权利，P2P平台只需提示转让方履行债权转让通知义务或依约代为通知借款人即可。[③]

后一种债权转让则存在严重违规的风险，暂行办法（征求意见稿）明确禁止P2P平台发放贷款。尽管有的P2P平台以关联企业或平台负责人、高管甚至员工作为借款人，以求规避前述禁令，但民法通则和合同法都规定，以合法形式掩盖非法目的的民事行为和合同无效，因此，这类规避行为很可能徒劳甚至适得其反。P2P平台应严守“金融信息中介企业”的本分，专心做好居间服务，不违规参与借贷。否则借款行为和债权转让行为被认定无效，不仅面临被处罚的风险，还将因损害投资者利益而负赔偿责任，平台声誉也会受损，得不偿失。

三、非法集资风险

P2P平台开展业务过程中涉及大量资金，包括借款项目募资期间募集的资金、募资期满后放款给借款人之前的资金、借款期满后借款人归还的资金、借款人交纳的风险互助金、担保公司等合作机构交纳的保证金等。有的P2P平台以属于合作方的资金形成自己的“资金池”，与自有资金混同，没有处分权却随意调配使用，甚至卷款跑路，涉嫌非法吸收公众存款、集资诈骗等刑事犯罪。

《关于促进互联网金融健康发展的指导意见》（银发〔2015〕221号）强调实

①根据关于促进互联网金融健康发展的指导意见规定，P2P网贷业务由银监会监管。

②银监会于2015年12月28日发布该暂行办法（征求意见稿）公开征求意见，目前尚未颁行。但鉴于其为P2P平台设计了严密的规范和监管体系，被称为P2P网贷行业“基本法”，P2P平台按其要求提前应对较为稳妥，故本文予以引用。如有变动请以届时正式公布的生效文本为准。

③合同法第79条规定，债权人可以将合同的权利全部或者部分转让给第三人；第80条规定，债权人转让权利的应当通知债务人，否则该转让对债务人不发生效力。

行客户资金第三方存管制度，暂行办法（征求意见稿）也明确要求P2P平台应实行自有资金与客户资金隔离制度。P2P平台应选择符合条件的第三方银行业金融机构合作，由合作银行为客户分别开立结算账户，定期公布资金存管报告，由审计机构审计资金存管情况。这不仅有利于客户资金安全，避开非法集资高压线，而且资金管理规范性和透明度提高，有助于提升P2P平台对投资者的吸引力。

四、信息披露风险

P2P平台作为居间人，信息披露是其法定义务。[①]鉴于信息披露的重要性，暂行办法（征求意见稿）提高了信息披露标准。[②]以下几点P2P平台尤其应重视：首先，银监会明确P2P平台的"董监高"管理层人员应对信息披露工作负责；其次，应在P2P平台官方网站开设信息披露专栏；再次，对资金存管等重要信息应聘请会计师事务所进行审计，并按要求报备、公开审计情况；最后，借款人按规定须配合信息披露工作，P2P平台可据此要求借款人书面保证其所提供的信息完整、真实、准确，借此P2P平台可合理分散信息披露风险。

另一方面，P2P平台应注意信息披露过程中不能侵犯客户隐私、商誉和商业秘密等权益。例如对个人客户身份证号码、家庭成员及住址、联系方式等，可先隐去关键字符，只对实际投资人公布详细信息并要求保密；对企业客户重点公布企业自身信息，对其股东、法定代表人及"董监高"人员只公布必要信息，公布该类人员其他信息应事先获得授权；采取黑名单公示惩戒制度的P2P平台，应在合作之初即要求借款人承诺，若违约则P2P平台可将其列入黑名单并公示。

五、投资者适当性风险

P2P平台之间竞争激烈，为争取尽可能多的投资者，有意无意忽视了投资者适当性风险的防范。例如不实行实名制，可能被利用为洗钱通道；投资者风险意识和风险承受能力较弱，用"养老钱"甚至"救命钱"投资，一旦借款人无力还款，容易引发极端事件或群体事件等。

P2P网贷投资人较传统民间借贷出借人而言，面临的信息不对称和借款人、平台运营者道德因素引发的风险更大，同时借款项目投资人数量众多且分布广泛，影响范围很容易扩大。鉴于此，暂行办法（征求意见稿）对投资者适当性方面的风险防范提出要求，P2P平台应认真填补这方面的漏洞。首先，应严格实行实名制并要求投资者承诺所提供的身份信息真实有效，不得为非实名

①合同法第425条规定，居间人应就有关订立合同的事项向委托人如实报告。

② 详见暂行办法（征求意见稿）第五章"信息披露"。

制客户提供服务；其次，要求投资者保证资金来源合法，并承诺涉嫌洗钱则P2P平台可暂停交易服务并报告公安机关；再次，应对投资者年龄、健康状况、财务状况、投资经验尤其是非保本类金融产品投资经验、风险偏好、风险承受能力等进行评估，未进行风险评估的不得提供服务；最后，应对投资者进行充分的风险提示和告知，可要求其书面确认P2P平台履行风险提示义务的情况。

六、网络安全风险

P2P网贷是借贷行为与网络技术的结合，网络安全是P2P平台"立身之本"。[①]网络安全本来是技术问题，但P2P平台涉及庞大的资金流和大量的客户私密信息，很容易转化为法律风险。P2P平台应按暂行办法（征求意见稿）要求，开展信息系统定级备案和等级测试，完善防火墙、入侵检测、数据加密、灾难恢复等设施和制度，调配资源充分保障信息系统安全稳健运行，保护出借人与借款人信息安全；应记录并留存借贷双方上网日志信息、信息交互内容等数据，留存期限为5年；每两年至少开展一次全面的安全评估，接受国家或行业主管部门的信息安全检查和审计；成立两年内应建立或使用与其业务规模相匹配的应用级灾备系统设施。

P2P平台除自身配备网络安全责任人外，建议与专业网络安全机构合作，由其提供安全、专业、高效的运营系统和备用系统，随时调配网络安全专业人员提供应急服务，以便最大限度化解网络信息安全风险。在合作过程中P2P平台应要求网络安全机构严格履行保密义务，并在合同中明确双方权利义务及责任承担等内容。

七、数据电文风险

数据电文风险属于广义的网络安全风险，但基于其重要性，仍有必要单独强调。P2P网贷业务流程中大量数据、痕迹、合同等以数据电文形式存在，[②]便利交易、提高效率的同时容易被篡改、伪造或误删。借款项目发生纠纷时，前述数据电文属于重要证据，往往是诉讼争议的焦点。P2P平台若不能及时提供相关数据电文资料，很可能面临承担赔偿责任的风险。

P2P平台应按暂行办法（征求意见稿）要求，记录并妥善保存网络借贷业

---

① 据新浪、网易等网站报道，人人贷、拍拍贷、网贷之家等P2P平台都曾被黑客攻击。世界反黑客组织通报称，中国P2P平台已成为全世界黑客"宰割的羔羊"。P2P平台被黑客攻击后往往遭敲诈勒索、客户信息资料泄露、资金被恶意提现等，甚至引发投资者恐慌出现"挤兑"效应，导致P2P平台无法存续。

② 据合同法第10条至第11条、电子签名法第3条、民事诉讼法第63条规定，数据电文形式订立合同和电子数据作为证据已不存在法律障碍。

务活动数据和资料，做好备份，保存期限应符合法律法规及网络借贷有关监管规定的要求，其中借贷合同到期后应当至少保存5年。至于容易伪造、篡改、误删的问题，建议P2P平台通过电子签名认证、时间戳认证、办理数据电文与纸质文书封存公证等手段加以防范。

八、担保风险

P2P平台不得提供增信服务，[①]因此与担保机构合作成为解决增信问题的普遍选择。对此P2P平台应注意以下几点：首先，P2P网贷属融资行为，因而合作担保机构应是获得"融资性担保机构经营许可证"的融资性担保机构；其次，注意识别借款人和担保机构是否存在母子公司等特殊关系，[②]防范其通过关联担保圈钱的风险；再次，应督促合作担保机构遵守融资性担保公司管理暂行办法划定的"红线"，如对单个被担保人的融资性担保责任余额不得超过净资产的10%，融资性担保责任余额不得超过净资产的10倍等；最后，P2P平台应对融资担保公司推荐的项目二次审核，不能因其报送了尽职调查报告等材料就放宽发布标准，以免无意间成为非法集资的"共犯"。

九、利率风险

最高人民法院关于民间借贷的司法解释对民间借贷利率作出俗称"两线三区"的规定，[③]P2P网贷是民间借贷的一种，[④]同样应予遵守。利率问题本来是投资者和借款人之间的问题，因为利息的实质是投资者应获得的收益或借款人需付出的成本。但P2P平台作为居间方，应起必要的监督作用。借款人给出高利率，看似有助于吸引投资者，但这种高额利息能否兑现存在不确定性，而且这往往是借款项目质量不佳的表象，应警惕借款人高息引诱投资后跑路的风险。所以借款项目的利率不应突破上述司法解释划定的红线，否则P2P平台应要求借款人予以调整或视情况拒绝为其提供居间服务，尽可能避开高利率隐含的风险。

---

① 暂行办法（征求意见稿）第3条规定，网络借贷信息中介机构不得提供增信服务。

② 融资性担保公司管理暂行办法第30条规定，融资性担保公司不得为其母公司或子公司提供融资性担保。

③ 根据最高人民法院关于审理民间借贷案件适用法律若干问题的规定第22条规定，民间借贷年利率以24%、36%为界划分为三个区间：24%以内为"司法保护区"，债权人可申请法院强制执行；24%-36%为"自然债务区"，除非债务人自愿支付否则法院不予强制执行；36%以上为"无效债务区"，该部分利息无效，已支付的还可以要求返还。

④ 关于促进互联网金融健康发展的指导意见（银发〔2015〕221号）第8条"网络借贷"规定，在个体网络借贷平台上发生的直接借贷行为属于民间借贷范畴，受合同法、民法通则等法律法规以及最高人民法院相关司法解释规范。

十、宣传推广风险

宣传推广是P2P平台必不可少的业务内容之一，在此过程中首先应遵守广告法、互联网广告暂行管理办法等法律法规的规范；其次根据暂行办法（征求意见稿）规定，不得向非实名制注册用户宣传或推介融资项目；最后，特别注意线上线下宣传推广都不能出现足以认定P2P平台对融资项目保本保息的内容，这是暂行办法（征求意见稿）明确禁止的，①而且P2P平台很可能因此要承担保证责任。②

结 论

自2015年起P2P网络贷款行业进入规范整顿期，这是行业持续健康发展的必然要求。P2P平台应密切关注监管新规，及时自查自纠，规范经营行为，识别并防范各种法律风险，这是在大浪淘沙式的行业洗牌中活得下、活得久、活得好的关键。由于法律风险防范具有较强的专业性，在政府部门、国企都推行法律顾问制度的时代，P2P平台不妨也请律师介入经营活动提供专业法律服务，事前预防而非事后救火，以期获得事半功倍之效。

参考文献

［1］李爱君.互联网金融法律与实务［M］.北京：机械工业出版社，2015年.

［2］黄震、邓建鹏.互联网金融法律与风险控制［M］.北京：机械工业出版社，2015年.

---

① 暂行办法（征求意见稿）第10条规定，网络借贷信息中介机构不得从事或者接受委托从事下列活动：……（三）向出借人提供担保或者承诺保本保息……。

② 最高人民法院关于审理民间借贷案件适用法律若干问题的规定（法释〔2015〕18号）第22条第2款规定，网络贷款平台的提供者通过网页、广告或者其他媒介明示或者有其他证据证明其为借贷提供担保，出借人请求网络贷款平台的提供者承担担保责任的，人民法院应予支持。

老挝律师制度简介

云南隆云律师事务所　唐　超

内容摘要： 老挝作为“一带一路”战略的重要参与国，随着泛亚铁路的开工建设，业已成为新的投资热点。与此同时，中央明确表示支持我国律师事务所在境外设立分支机构，鼓励参与国际法律事务，提升我国律师国际事务处理能力，增强国际话语权。本文主要介绍老挝国家律师制度，特别是老挝对外国律师事务所分支机构的设立及外国律师在老挝执业管理等。

关键词： 老挝　律师　简介

2016年6月18日，中共中央办公厅、国务院办公厅印发《关于深化律师制度改革的意见》指出，加强涉外法律服务工作，支持律师事务所设立境外分支机构，支持律师事务所承接跨国跨境业务，鼓励、支持我国律师参与国际民商事法律组织、仲裁机构活动并担任职务。因此，了解和研究境外律师制度，特别是境外国家对外资律所及境外律师执业的规定就显得尤其重要了。随着我国“一带一路”战略的实施，老挝作为“一带一路”战略的重要参与国，已成为我国企业“走出去”投资的热点，随之而来的是境外法律服务需求的提升。未来，我国律师将在对外投资活动中发挥更加重要的作用。

据老挝律师协会统计，2014年老挝仅有律师191人（含实习律师62人）。老挝律师人数较少，国际法律事务处理能力相对不强，可挖掘的市场潜力大，因此我国律师在老挝法律服务市场将大有作为。然而，老挝的律师制度如何？对境外律师开展法律服务活动的条件是什么？设立律师事务所分支机构的条件又是什么？我国国内学者及律师缺乏应有的关注和研究。本文试从老挝律师资格的取得条件和程序、律师事务所的设立及形式、律师组织管理体系以及境外律师事务所在老挝设立分支机构和执业活动等方面，对老挝律师制度略作介绍。

一、老挝律师行业简介

（一）老挝律师及律师机构数量

据老挝官方统计，2014年老挝律师人数为191人（含实习律师62人），并以平均每年30人的速度增加。另外，未取得律师资格的法律工作者约有40人。从地域分布来看，首都万象市拥有律师人数119人，万象省3人，乌多姆赛2人，占巴塞省1人等，60%以上的律师集中在经济发达和对外交流较多的首都万象市，极少数分布在各省区，部分经济不发达的省区没有律师机构和律师。

根据老挝律师法及律师协会章程规定，律师需在律师事务所进行注册才能开展执业活动。截至2014年，老挝拥有律师事务所34家，其中老挝律师设立18家，外国律所设立的分支机构9家，老挝律师和境外律师合作设立7家，律所拥有的律师人数平均不足6人，较大规模的律师事务所尚未形成。

（二）老挝律师业务基本情况

根据老挝律师协会的报告，2014年老挝律师代理各类诉讼案件346件，其中民事案件70件，刑事案件93件，婚姻家庭案件17件，经济纠纷案件39件，土地纠纷案件65件，劳动争议纠纷案件14件，遗产继承案件12件，法律援助案件16件。以上为律协统计的全国律师代理的诉讼案件，不包括非诉、经济仲裁或未委托律师代理的案件，结合近几年老挝经济发展的速度以及2020年建设成为法治国家的要求，老挝律师的诉讼代理业务尚有较大的发展空间。

二、老挝律师资格的取得

（一）律师资格取得的条件

老挝公民取得律师资格，需年满23周岁，未受刑事处罚，拥有法律本科以上学历，接受律师职业培训并经考核等，履行公职的公务人员、军人、警察等不得申请律师资格。

在老挝，外国人可以申请成为老挝律师。若外国人在老挝申请老挝律师资格，除满足老挝公民基本要求外，还应获得老挝工作许可或在老挝永久居住，熟悉老挝语言、文化，取得老挝法律本科毕业文凭。具备上述条件，即可按照老挝公民的程序申请成为老挝律师，并行使老挝律师的权利和义务。总的来说，外国人成为老挝律师的实质性阻碍是取得老挝法律本科学历。据笔者了解，目前已有部分包括中国在内的外国留学生在老挝取得了法律本科学历，这一部分外国籍的法律本科毕业生将有机会申请成为老挝律师。

老挝律师资格取得的另一个重要的渠道是高校的法学教授、副教授，脱离公职的国会议员、法官、检察官，以及满足一定工作年限的法律工作者等，上述从事法律工作的人员经过特别程序也可以成为老挝律师，开展律师执业活动。

总的来说，取得老挝律师资格的范围是比较广泛的，尤其是允许外国人成为老挝律师的制度设计，在一定程度上，可以为老挝律师行业的发展提供更多先进的经验，促进老挝律师国际交流，提升国际业务水平。

（二）老挝律师资格取得培训制度

根据老挝律师法规定，公民申请取得执业律师资格，必须经过一年的实习培训，培训合格后由律师协会颁发培训结业证书，之后参加司法部组织的律师考试，考试合格经申请由司法部长颁发律师执业证书。律师在实习期间，除协助执业律师处理法律事务外，不得独立发表律师意见、不得代理诉讼等。

2015年后，老挝司法部在中部法律学院的基础上成立国家司法培训学院，负责国家司法人员的统一培训工作。获得法律本科学历的人员，可以考取国家司法培训学院接受为期一年的法律职业培训。毕业后，根据自己的意愿申请法官、检察官或律师资格。

从事法官（检察官）工作十年以上并脱离公职的法官（检察官）、高等院校的法学教授（副教授）、具有法律本科及以上学历且从事法律工作十年以上的人员申请律师资格，可免除实习培训；离职的国会议员、从事法律教学十年以上的教师申请执业律师资格的，实习培训期限缩短至六个月。

三、老挝律师事务所的设立和形式

在老挝，个人和法人均有权申请设立律师事务所。个人申请设立律师事务所的，应具备老挝执业律师资格。法人申请设立律师事务所，则应拥有律师资格的合伙人或股东。

申请设立律师事务所应向司法部申请获得开展律师执业活动的许可，司法部批准后向工商部门提出设立申请。律师事务所的组织形式可以按照老挝企业法的规定注册成个人企业、合伙企业或者有限责任公司。

老挝企业法规定，个人企业是自然人作为企业的所有人，以企业的名义开展经营活动，并以自有财产对企业债务承担无限连带责任的组织形式。合伙企业分为普通合伙企业和有限合伙企业，其中普通合伙企业中全体合伙人对企业债务承担无限连带责任，有限合伙企业中普通合伙人对企业债务承担无限责任，有限合伙人对企业债务承担有限责任。有限责任公司即股东对公司债务以出资为限承担责任，也允许个人有限公司的设立。

与中国比较而言，老挝律师事务所的组织形式更加多元，比如允许法人组织投资设立律所，这种多元性的组织形式有利促进老挝律师行业的发展。

四、老挝的律师组织和行业管理

老挝政府负责律师执业活动的全面管理，并授权司法部作为具体执行部门，协调其他相关部委共同管理律师执业活动。司法部负责组织律师资格的考试、律师执业证书的颁发、监督律师协会及律师事务所的活动、处理律师和律师事务所之间的争议等。

老挝律师的行业自治组织是律师协会，无论是老挝籍律师还是在老挝执业的外国籍律师都应加入老挝律师协会，接受律师协会的行业管理。根据老挝律师法及律师协会章程规定，律师协会设立会员大会、理事会、惩戒委员会及秘书处等常设机构，并下设财务和规划管理部、律师组织部、监察部、法律援助部、国际部等职能部门。必要时，律师协会可在各省设立分支机构，组织协调与省级司法行政部门以及全国律师协会的工作。

律师严重违反职业道德或刑事犯罪，将被司法部吊销律师执照。不符合律师条件的，也将取消律师资格，如死亡或成为公务员、法官、检察官等。据老挝律协通报，2013—2014年期间，有10名律师被取消执业资格，其中1名考取公务员，5人因死亡而丧失律师资格。

五、外国律师及境外律所分支机构的执业活动

如前所述，符合条件的外国人可以直接申请成为老挝律师，而外国律师申请在老挝开展律师执业活动，应与老挝律师事务所签订工作协议，并获得司法部的执业许可，在老挝律师协会登记。外国律师的业务范围为提供涉及外国或国际法业务的咨询和律师意见，不得提供老挝法律咨询，也不得在老挝法院代理诉讼。经律协登记的外国律师，有权行使律协会员的权利和义务，如出席会员大会，向理事会、惩戒委员会提出意见和质询，缴纳会费等权利义务，但无权就理事会、惩戒委员会的选举或其他重大事项行使投票权。

外国律师事务所可以按照老挝企业法在老挝设立分支机构，有权开展外国法律及国际法业务的法律服务工作，若分支机构有老挝律师执业，可通过所属老挝律师开展老挝法律的咨询服务及代理诉讼。据笔者了解，中资律所在老挝设立分所的机构不多，云南因邻接老挝，云南律所相对具有比较明显的地缘优势，目前已有云南八谦律师事务所、云南唯真律师事务所在老挝设立了分支机构，云南汇同律师事务所在老挝设立了合资律所，还有相当一部分具有专业优势的云南本土律所对老挝法律服务市场表现了相当的兴趣，比如云南隆云律师事务所等。

结　语

老挝作为世界最不发达的国家之一，正积极努力参与世界经济，并以一种包容的心态，汲取先进经验。在律师制度上也展现了很多亮点，比如允许外国人申请老挝律师执照并许可外国律师开展律师业务。在培训制度上，组织法官、检察官、律师等在任职前进行统一的司法职业培训等，这些制度或许可以给我国律师制度改革提供一些有益的参考和借鉴。同时，老挝对外国律所及律师提供了相对宽松的法律服务环境，使得我国律师在东南亚法律服务的舞台上有更多展示机会。未来，伴随"一带一路"战略的深入实施，中国律师在国际事务中必将发挥更加重要且有效的作用。

参考文献

[1]《老挝人民民主共和国律师法》(2011-12-21 老挝国会 No.46/NA)
[2]《老挝人民民主共和国企业法》(2013-12-26 老挝国会 No.46/NA)
[3]《老挝人民民主共和国法院法》(2009-11-26 老挝国会 No.09/NA)
[4]《老挝人民民主共和国检察院法》(2009-11-26 老挝国会 No.10/NA)
[5]《老挝律师协会章程》(老挝律师协会)
[6]《老挝律师协会2014年工作总结及2015年工作规划的报告》(老挝律师协会)

浅议构建我国国际化建设工程标准合同范本

——从"一带一路"战略要求着眼

云南微行律师事务所　钟　怡

内容摘要："一带一路"是我国2013年提出的国家战略，为我国企业"走出去"参与沿线国家基础设施建设提供了巨大的机遇。目前国际建设承包工程通用的是FIDIC编制的建设工程合同范本。我国的建设工程施工合同（示范文本）大部分借鉴了FIDIC合同，但由于编制时的适用条件不同，二者间还是存在一些明显的不同之处。本文在总结二者主要区别的基础上，贴合"一带一路"的具体发展需求，力求对我国构建国际化建设工程标准合同范本提出合理化建议。

关键词："一带一路"　FIDIC合同　国际化建设工程标准合同范本

一、我国"一带一路"战略格局的形成

2013年9月和10月习近平总书记分别提出建设"新丝绸之路经济带"和"21世纪海上丝绸之路"，简称"一带一路"。"一带一路"致力于连通欧亚非大陆及附近海洋共计64个国家。这些国家中大部分基础设施相对落后，亟需电站、港口、机场、码头、公路、铁路等基础设施地投资建设，这是中国跨国投资和施工企业海外发展的极好机遇。据民生宏观研究团队2015年初的数据，各地方"一带一路"拟建、在建基础设施规模已经达到1.04万亿元，其中铁路、公路、机场等项目建设资金占比将近7成。[①]

二、国际建设工程的"圣经"——FIDIC合同

（一）FIDIC合同释义

"FIDIC"一词是国际咨询工程师联合会（法文FEDERATION INTERNATIONALE DESINGENIEURS - CONSEILS）的缩写。作为国际上权威的咨询工程师机构，FIDIC编写和出版的标准合同条款以其结构严谨、语言准确、论述全面、客观公正、操作性强而著称，被国际工程界广泛认可和采用，甚至被誉为国际

①梁敏、李雁争："沿线18个重点省份特色对接'一带一路'"，载于搜狐财经，网址：http://business.sohu.com/20150330/n410508262.shtml，访问日期：2016年7月13日。

建设工程的“圣经”。[①]世界银行、亚洲开发银行、非洲开发银行等指定其工程项目必须采用FIDIC合同版本。

FIDIC合同主要包括：“红皮书”——施工合同条件；“黄皮书”——工程设备、设计和施工合同条件；“橘皮书”——设计、建造和交钥匙（工程）合同条件；“银皮书”——EPC交钥匙项目合同条件。国际建设承包工程主要涉及土木工程方面，也即“红皮书”的涵盖范围。所以下文中的FIDIC合同指的就是“红皮书”。我国目前参与的国际建设工程大部分都采用FIDIC合同。

（二）FIDIC合同与我国建设工程施工合同（示范文本）的异同

我国于1996年加入FIDIC，并在1999年建设部编制的建设工程施工合同（示范文本）（以下简称示范文本）中很大程度地借鉴了FIDIC合同条款，具体包括体例（分为两个部分：通用条件和专用条件），以及部分内容、概念、条款设置等。而我国现行的2013年示范文本也沿袭了以上的相同之处。但由于FIDIC合同主要是西方发达国家总结数十年的实践经验得出的成果，与我国编制示范文本时的建设工程发展情况不同，所以我国示范文本并不与FIDIC合同完全一致。下文的表格罗列了两者在三方面的主要区别[②]。

不同点 / 标准合同名称	FIDIC合同	我国示范文本
1.工程师定义和职权范围不同	工程师是雇主任命的咨询工程师，其实质上具有建设工程全过程管理职能，FIDIC合同第4.4款规定：“除合同另有规定外，无工程师的事先同意，承包商不得将工程的任何部分分包出去。”并且，工程质量是由工程师根据业主意图编制的技术规范说明书予以确定的。	我国的示范文本中工程师除了工程监理单位委派的总监理工程师外，还包括建设单位的代表。工程分包决定权在发包人而不在工程师，并且工程质量的主要依据是国家、行业标准。
2.关于分包的规定	允许承包商在有证据和充分理由的情况下反对业主指定分包商，并且对分包单位再分包和承包商将主体工程分包没有明确的限制。	禁止承包商将工程分包给不具备相应资质条件的单位；禁止分包单位将其承包的工程再分包；禁止承包商将建设工程的主体结构工程分包。
3.业主的风险分担机制	确立过错责任归责原则，无过错则不承担责任及损失。 设置具体的业主责任分担机制。	没有专门规定风险与责任的条款，只以分散的条款规定发包人需要承担的风险。

①《FIDIC合同为企业参与国际竞争亮起灯塔》，载于《中国建材资讯》2016年02期。
②闵卫国：《FIDIC合同条件适用性问题比较研究》，武汉大学博士学位论文2013年。

三、构建"一带一路"国家战略布局下的国际化建设工程标准合同范本

为贯彻落实"一带一路"国家战略布局的新要求，深入学习和灵活掌握FIDIC合同势在必行。并且建议以FIDIC合同为模板，构建专属于我国"一带一路"战略格局下的国际化建设工程标准合同范本（下文简称"'一带一路'建设工程合同范本"）。该合同范本应强调以下重点问题。

（一）确立工程师的强势指挥地位

我国现行的示范文本中监理工程师的地位过于被动，这与国际环境下的工程师定位不相符合。特别考虑到随着经济往来的深化，不仅我国的建设施工公司会"走出去"，其他国家的建设施工公司也可能会"走进来"，所以应尽早在"一带一路"建设工程合同范本中明确FIDIC中工程师的强势指挥地位，以实现良好对接。

而与之配套的，还应该建立我国的监理工程师数据库，以大大提升监理工程师的质量，做好技术储备工作。监理工程师数据库的建成一方面能在发生国际建设工程纠纷时提供及时的技术支持，另一方面也为我国企业作为业主方的情况下，需要从我国聘任符合国际建设工程要求的监理工程师做好准备。并在此基础上，提高我国工程师的业务水平和其出具的技术规范说明书的公信力。

（二）引入FIDIC关于分包的规定

FIDIC与我国的示范文本关于分包的相同规定体现在，禁止承包商将整个工程全部分包（即转包）和禁止承包商未经业主或工程师的事前同意把工程的任何部分分包。不同之处是FIDIC允许承包商在有证据和充分理由的情况下反对业主指定分包商，并且对分包单位再分包和承包商将主体工程分包没有明确的限制。鉴于我国大部分企业在"一带一路"项目工程中属于承包商的角色，考虑应在"一带一路"建设工程合同范本中明确以FIDIC分包规则为准，即除转包和未经业主同意的情形之外，其他情形都不构成分包的禁止性条件。

该规则当然地包括以下三个子项①：一是业主可以指定分包商，而承包商有权反对业主的指定分包。二是分包商的应得款项由业主支付给承包商，再由承包商按分包合同支付给分包商。三是就指定分包商在施工或材料上的问题，承包商应向业主负全部责任。这三个子项通过权力的分散而形成业主、承包商、分包商间的相互制衡关系，以确保承包合同与分包合同中公平正义的实现。

（三）应明确业主的风险分担责任

FIDIC确立了业主和承包商之间基本权利、义务，为有效避免和解决业主与

①孟勤国、余卫："'一带一路'与建设工程合同国际化"，载《江西社会科学》2016年第2期。

承包商之间的利益冲突和纠纷提供了保障，"一带一路"建设工程合同范本中应明确FIDIC确立的业主风险分担责任。

没有强调业主的风险分担责任所带来的风险比比皆是，比如波兰的A2高速公路工程。当时中国海外工程公司（下称中海外）与波兰公路管理局虽然采用了FIDIC合同，但因为急于拿下该项目，中海外贸然删除了FIDIC合同项下许多对自身有利的条款，比如"因原材料价格上涨造成工程成本上升时，建筑企业有权要求业主提高工程款项"，并对合同总价款进行"锁死"，由此使得其面对始料不及的砂子价格飙升以及挖掘设备租赁价格上涨5倍以上的情况时，[①]无从应对并面临巨大损失。

除此之外，应结合FIDIC关于不可抗力的定义与应对措施，完善风险分担项下无过错的判定标准并明确双方权利义务。FIDIC第19.1款规定："在本条中，'不可抗力'系指某种特殊事件或情况：(a）一方无法控制的；(b）该方在签订合同前，不能对之进行合理防备的；(c）发生后，该方不能合理避免或克服的；以及（d）不主要归因于他方的。……"可见其对不可抗力的定义与我国并不一致。此外，FIDIC还进一步细化了不可抗力发生时的应对措施，即遭遇不可抗力一方14天内发出通知的义务，以及承包方应采取有效措施减少损失否则不能进行免责抗辩或者索赔。

（四）应增设政策性国家出口信用专项保险条款

FIDIC只有涉及商业保险的条款，而这对于"一带一路"战略进程中可能遭遇的突变与不确定因素难免有杯水车薪之感。毕竟"一带一路"涉及沿线64个国家，不仅语言文化不同，最主要还涉及民族宗教问题。比如违反"社会公共利益"的合同都会趋于无效，但在大部分的伊斯兰国家就社会公共利益的标准可能就不同于中国。举个例子，如果与这些国家签订的建设施工合同涉及高利贷或者不当得利就会被认定无效，并且合同缔约、履行中出现"睿巴"的内容或者"伽喇"的行为也会导致合同无效。[②]

我国建设施工企业目前对这些风险普遍知之不多，更少有应对的经验，如要大规模、快速走出去，不能单纯依靠业主责任分担机制的构建和商业保险的运用，还需要建立国家风险分散的机制。[③]这也是在"一带一路"建设工程合同

①向鹏成、牛晓晔："国际工程总承包项目失败成因及启示——以波兰A2高速公路项目为例"，载于http://www.doc88.com/p-9042097838102.html，2016年7月14日登陆。

②（英）尼尔·G.巴尼：《FIDIC系列工程合同范本——编制原理与应用指南》，张水波译.中国建筑工业出版社2008年版。

③汤敏："'一带一路'战略呼唤'大国心态'"，载《中国发展观察》2015年第1期。

范本中应相较于FIDIC合同增设的特有内容。

目前，针对建设项目及对外承包工程项目上的政策性的出口信用保险，只有中国出口信用担保公司的海外投资保险和中长期出口信用保险。①鉴于"一带一路"是国家战略，且涉及的项目工程量大、工程周期长，为鼓励我国建筑企业积极参与"一带一路"的建设项目，也为给业主方一颗更强劲的"定心丸"，建议建立"一带一路"建设项目政策性出口信用专项保险。

结　论

"一带一路"发展战略为中国企业进驻国际基础设施建设工程项目提供了极好的机遇。在这样新的机遇下，我国应该深入学习了解FIDIC合同，并尽早完善和出台"一带一路"国家战略布局下的国际化建设工程标准合同范本，帮助我国施工企业大规模、安全高效地"走出去"。

参考文献

［1］梁敏，李雁争.沿线18个重点省份特色对接"一带一路"［OL］.搜狐财经，网址http://business.sohu.com/20150330/n410508262.shtml，访问日期2016年7月13日。

［2］闵卫国.FIDIC合同条件适用性问题比较研究［D］.武汉大学，2013.

［3］孟勤国，余卫."一带一路"与建设工程合同国际化［J］.江西社会科学，2016（2）.

［4］向鹏成，牛晓晔.国际工程总承包项目失败成因及启示——以波兰A2高速公路项目为例［OL］.载于http://www.doc88.com/p-9042097838102.html，访问日期2016年7月14日。

［5］（英）尼尔·G.巴尼，张水波译：FIDIC系列工程合同范本——编制原理与应用指南［M］.中国建筑工业出版社，2008.

［6］汤敏."一带一路"战略呼唤"大国心态"［OL］.中国发展观察，2015（1）.

［7］FIDIC合同为企业参与国际竞争亮起灯塔［J］.中国建材资讯，2016（02）.

①孟勤国、余卫："'一带一路'与建设工程合同国际化"，载《江西社会科学》2016年第2期。

西部律师服务“一带一路”的战略布局

云南八谦律师事务所　赵　耀

内容摘要：在“一带一路”法律服务方面，包括西部律师在内的中国律师业面临着机遇与困难。在当下改革供给侧结构的背景下，西部律师应利用服务“一带一路”的契机，以推动组建法律服务联盟，建立交流合作平台及服务机制，鼓励西部律师在境外设立律师事务所，建立“一带一路”法律服务大数据并着力培养人才，推动业务发展为架构，乘势确定战略布局，奠定快速发展的基础。

关键词：一带一路　服务　律师　西部　战略布局

引　言

近年来，全国律协实施涉外“领军人才”规划，广西选派律师到东盟国家律师事务所学习培训，云南设立“南亚东南亚法律服务中心”，八谦律师事务所成立了老挝第一个中资全资律师事务所等，为中国律师业的发展进行了积极而有益的探索。

“一带一路”沿线国家作为中国企业投资的沃土，随着投资的不断增加，涉及法律、税务、会计、金融、知识产权、商旅、翻译、管理咨询等专业领域的服务需求日益旺盛，但法律保障的不足同时也使其成为中企投资的险地，亟待安全而优质的法律服务支撑，而中国律师的法律服务现状又不能完全满足。在这样的背景下，研究西部律师服务“一带一路”的战略布局，具有重要意义。

一、中国律师服务“一带一路”的现状

目前，我国律师队伍的人数已达29.7万人，[①]律师在社会经济发展中发挥着越来越重要的作用。然而，中国律师尤其是西部律师在国际事务、全球经济一体化和国际法律服务市场的影响力和参与度，与我国实施“一带一路”的总体要求仍有差距，机遇与困难并存。

---

① 李万祥：《全国执业律师人数超29.7万人》，中国律师网 2016-03-31 http://www.acla.org.cn.访问日期：2016年7月15日。

（一）西部、东北部律师业发展的新机遇

2015年3月，国家发改委、商务部、外交部联合发布《推动共建“一带一路”的愿景与行动》，划定了中国经济对外发展的五条国际大通道，圈定了沿线18个省份，西部、东北部省份占相当比例。“一带一路”以政策沟通、设施联通、贸易畅通、资金融通、民心相通的“五通”为重点。据民生宏观研究团队2015年初的数据，各地“一带一路”拟建、在建基础设施规模已经达到1.04万亿元，其中铁路、公路、机场等项目建设资金占比将近7成。[①]“一带一路”使我国对外贸易的格局发生较大变化，也给西部、东北部律师业的发展带来了新机遇。这些地区与“一带一路”沿线国家经过长期的相融共生发展，形成了独特的地域和民族文化，多民族跨界而居，血缘相亲、语言相通、风俗相近，传统友谊源远流长，文化认同广泛。这些地区的律师在长期贸易服务过程中，对各国贸易规则、习惯和环境有一定了解，能够更好地提供法律服务。

（二）律师服务空间大，但跨境服务的能力不高，市场培育欠缺

“一带一路”沿线国家存在的法律制度差异、贸易投资、司法环境等因素，导致企业参与“一带一路”建设的法律风险极大且多元化，律师服务的空间需求较大。北京、云南、四川的调研表明：央企和省市国企，有支付法律服务费用的意愿和能力，并且希望在运营过程中由中国律师事务所作为整个法律服务的承包商，对境外律师事务所的选定、律师服务的组织协调及工作成果的质量把关负责。“走出去”的企业中，国企对律师的作用较为重视，而民企往往忽视律师作用，更倾向于去东道国托人情办事。中国企业在这些国家投资失败的案例不少，其主要原因是对存在的法律风险了解不够，运行过程中没有律师介入。相对于服务需求，律师跨境服务的能力整体不足，辐射面窄。

（三）涉外律师缺口大，现有人才培训模式不能满足“一带一路”的需要

2015年8月召开的全国律师工作会议披露，目前，全国能够熟练办理涉外法律业务的律师不到3000名，能办理“双反双保”业务的律师不到50人，能够在WTO上诉机构独立办理业务的律师只有数名。[②]

在广东，以深圳为例，成长了华为、腾讯、招商、平安等世界五百强和中国百强企业，很多企业涉外法律业务量非常大，而业务大部分被欧美律师拿走。原因在于深圳的涉外律师目前只有不到300人，涉外律师缺口达千人以上。上海尽管有海外留学背景的本土律师达4000人，其中被正式纳入涉外高端

① 《各地“一带一路”基建规模达万亿》，东方财富网 2015-03-25 http://www.eastmoney.com，访问时间：2016年7月15日。

② 2015年8月20日孟建柱在全国律师工作会议上的讲话，《长安》 2015年第9期。

法律人才库的已超过100人，[①]据了解其涉外律师人才仍然缺口较大，北京亦如此。但即使如此，西部涉外律师在整体上较之北上广仍有较大差距。而在“一带一路”法律服务中，西部与北上广律师相比，无论是地缘优势、人才储备，专业经验、语言文化，还是交流合作、境外服务机构设立等方面，略显优势。

2012年起全国律协实施了《第八届全国律协涉外高素质律师领军人才培养规划》，其重点培养的业务领域为：服务国有大中型企业实施“走出去”战略、服务我国对外贸易发展、服务我国总体国家利益和整体发展战略。[②]参加过培训的西部律师反馈：该规划旨在培养针对欧美的涉外业务律师人才，培训开阔了视野，但对其办理的南亚东南亚、中亚、西亚业务没有实质性帮助。而地方律协在计划和经费方面，又难以提供有针对性和持续性的培训。

二、西部律师服务“一带一路”的战略布局

基于如上现状，笔者以座谈、走访等方式听取了西部律师的诉求，考察了相关行业的做法，认为西部律师服务“一带一路”的战略布局应侧重于如下几点：

（一）推动西部律师组建服务“一带一路”的法律服务联盟

西部律师现有的微弱优势，不足以保障其完成“一带一路”法律服务的使命。在西部各律所尚不具备充足的人才储备和“独闯天下”能力的情况下，推动组建“联合舰队”——西部律师“一带一路”服务联盟，搭建信息互通、资源共享、专业支持、业务合作的平台，优势互补，在某些法律服务无法单独完成时，与联盟内的成员协作，不失为现有条件下解决西部地区该类律师数量少、承办业务困难的可行办法。

参照国际、国内法律服务联盟的模式，联盟为跨区域业务协作型机构，成员所自愿参与、主体地位独立存续，联盟设立管委会及秘书处，信息平台建设维护、业务交流及日常管理经费由各成员所平均承担，业务由成员所单独或共同承办，同时遵守相应规则，如异地业务就近合作、业务合作及收益分配以资源提供或共同承办方式进行等。在联盟强有力的支持下，既可为“一带一路”内外投资企业提供专业化和高质量的法律服务，又能快速培养一批高素质的专业律师。

---

① 《深圳执业律师8955人 涉外律师不到300人缺口严重》，法制网 2015-11-02 http://www.legaldaily.com，访问时间：2016年7月15日。

② 《全国律协涉外律师“领军人才”规划启动　拟四年培养300名涉外律师人才》，中国律师网 2013-08-05 http://www.acla.org.cn。该规划为全国律协计划在四年内培养300名精通国际法律业务律师人才，于2013年8月5日举办了第一期120名律师的培训班。

（二）建立“一带一路”律师业务合作交流平台和服务机制

西部一些律协虽与周边国家律协有过互访，但没有建立起长效的合作交流机制。令人鼓舞的是，云南律协于2016年5月设立了“南亚东南亚法律服务中心”，主要承担开展南亚东南亚国家法律制度研究、组织律师事务所和律师开展涉外法律服务、培养云南省涉外法律服务人才、与南亚东南亚国家律师协会和律师事务所开展合作交流等。目前，云南省内13家律师事务所、66名律师成为第一批成员。这一模式值得西部其它地区借鉴。

同时，西部各省市区应建立一个服务“一带一路”的涉外律师人才库，并实现西部共享。通过推荐律师和律所名单机制，使内外投资企业选择法律服务供应商更有保障和操作性。通过人才库律师组织宣讲团、举办投资贸易论坛等形式，为企业宣讲法律，总结成功案例经验，反思失败案例的教训，凸显律师作用，培育法律服务市场。

（三）鼓励并支持西部律师“走出去”，在境外设立律师事务所

缘于西部律师的自身优势，由其设立境外律师事务所，至少能够更好地满足中国投资企业的服务需求。“一带一路”建设，除了国家政治、经济实力，离不开法律的保障，中国企业投资在哪里，中国律师的服务就应延伸到哪里。为此，西部律师在“一带一路”沿线国家设立事务所涉及国内审批事项时，司法行政及政府相关部门应“大开绿灯”、提高效率，及时给予办理相关手续。

西部律师在周边国家设立律师事务所，一方面提升了国家的国际影响力，另一方面也是保障大量国有投资决策及信息安全的需要。为此，应要求国有投资企业以及其他中国投资者，建立和完善风险防范机制及由中国律师事务所提供法律服务机制，确保国家安全和投资安全。从这个角度而言，宜以设立中资全资律师事务所为首选，以设立合资律师事务所为补充。在合资情况下，涉及到重要的中国国有投资决策及信息等核心业务，必须由中方律师控制和办理。

此外，应落实和完善配套政策，为“一带一路”“走出去”的西部律所，落实其享受国家的奖励和补助，对派驻的法律专业人才给予必要的资助或奖励；对其境外收入进入国内时，给予税收方面的减免；对整合兼并所在国律师事务所的，给予信贷资金等方面的支持，激励西部律师业“做大”、“做强”。

可喜的是，西部律师在这方面已经迈出了坚实的步伐。2016年3月，云南八谦律师事务所率先在万象设立了八谦老挝律师事务所，是第一家取得老挝司法部执业许可的中资全资律师事务所，致力于服务“澜沧江-湄公河合作”，积极参与中国企业在老挝的投资活动，法律服务贯穿于整个投资过程，将为保障中国企业在老挝的投资安全起到积极作用。这是中国律师走出国门，服务中国

企业“走出去”，服务“澜湄合作”，践行提供跨境法律服务历史使命的有益尝试。[①]

（四）建立“一带一路”法律服务大数据，着力培养人才，推动业务发展

实践中，部分律所在拓展“一带一路”业务时，与高校、科研机构及商业专业服务平台合作，取得较好成效。全国律协也在通过征集一线急需解决却没有精力或不擅长办理的一些专业问题，进行课题招标，委托高校或科研机构等进行研究。但各方力量在研究的内容上存在重复和交叉。因此，在信息时代，西部律师建立以整合和共享为目的、发布年度大数据为方式的“一带一路”法律服务大数据机制，势在必行。

与此同时，应着力培养人才，推动业务发展。一是划拨专项经费，由律协举办有针对性的专门培训，培养一批服务“一带一路”的专业律师。云南注册会计师协会自2012年起独创的涉外高级会计管理人才培养模式值得借鉴，其培训周期为两年半，除专题讲座、研讨等集中培训外，还实行外派深入东南亚国家的大学、企业驻点考察等方式。与此相近的是，广西律协与马来西亚等国律所签订《青年律师培养协议》，选派律师到东盟国家律师事务所进行学习培训，提高广西律师办理涉东盟法律事务的能力。[②]二是鉴于“一带一路”涉外业务的人才储备期长、培养成本高，拓展风险大、市场培育及收益周期长且不稳定等实际，给予一定的资金扶持，推动业务能力的提高。据了解，注册会计师行业、专利代理行业对重点发展领域采取扶持、奖励的方式，较大程度上推动了创新领域的发展。上述模式，可为我们的“攻玉之石”。

结　语

西部律师服务“一带一路”的战略布局，是对国家战略的积极响应，也是律师行业发展、律协能力建设、律所管理效能提升的重要环节。“天降大任于斯人”，西部律师须站在全局的高度，除弊革新，尽快按照市场需求革新供给侧结构，抓住机遇“谋生态”，乘势确定法律服务战略布局。如是，则快速发展可期。

① 《老挝首家中资律师事务所万象挂牌》，光明网 2016-03-31 http:// www.difang.gmw.cn，访问时间：2016年7月15日。

② 《广西律师积极“走出去”试水东盟》，法制网 2015-09-17 http://www.legaldaily.com，访问时间：2016年7月15日。

中国老挝磨憨—磨丁经济合作区
——"一带一路"愿景的落地与承接

建纬(昆明)律师事务所　陈　磊　陈　昭

内容摘要：中国老挝磨憨—磨丁经济合作区的建立，不仅具有巨大的经济价值，也有重要的政治意义，它使丝绸之路经济带"中国至东南亚、南亚、印度洋"勾勒的清晰路线图逐步落地。愿景的落地带来机遇与挑战，笔者以为中国老挝磨憨—磨丁经济合作区重要组成部分老挝磨丁经济特区提供法律服务的经验与体会，从法律服务的角度提出了对"一带一路"愿景的承接，以期对中国企业的跨境投资提供参考。

关键词："一带一路"　中国老挝磨憨—磨丁经济合作区　投资

一、愿景何以落地

2015年3月28日，国家发展改革委、外交部、商务部联合发布了《推动共建丝绸之路经济带和21世纪海上丝绸之路的愿景与行动》，"一带一路"路线图揭开面纱，跨越2000多年的古代丝绸之路终于以"丝绸之路经济带"、"海上丝绸之路"的国家战略形式正式回归。面对国内产能过剩，短期内增加国内消费需求不具可能性；面对美、日、欧盟等国家及经济体以排除中国参与的TPP、TTIP的形式，拟建立新的国际贸易规则。"一带一路"的愿景与行动是我国面向国际市场寻找出路以保持经济增速的突破口。

2015年8月31日，在国家主席习近平和老挝国家主席朱马里·赛雅颂见证下，中国商务部部长高虎城与老挝副总理宋沙瓦·凌沙瓦在京分别代表两国政府正式签署《中国老挝磨憨—磨丁经济合作区建设共同总体方案》，决定在边境接壤的中国云南省和老挝南塔省建设和发展"中国老挝磨憨—磨丁经济合作区"。[①]由此，《"一带一路"愿景与行动》中丝绸之路经济带"中国至东南亚、南亚、印度洋"规划蓝图终以落地。

① 新华网：http://news.xinhuanet.com/2015-08/31/c_1116430242.htm，访问时间：2016年7月10日。

二、中国老挝磨憨—磨丁经济合作区概况

（一）中国老挝磨憨—磨丁经济合作区区位

中国老挝磨憨—磨丁经济合作中方区域位于中国云南省西双版纳州磨憨镇内，规划面积4.83平方公里（483公顷）。四至范围为：东至磨憨集镇，西至磨龙村，南至中老国界线，北至尚岗村茶厂。老方区域位于老挝南塔省磨丁经济特区内，规划面积16.4平方公里（1640公顷）。四至范围为：东至老中边界边防林，西至三峰山国防林，北至中老边界边防林，南至三峰山国防林会通诺河磨别村。两块区域合称为：老挝中国磨丁—磨憨经济合作区。[①]其性质为"跨境经济合作区"，这是继与哈萨克斯坦建立中哈霍尔果斯国际边境合作中心之后，中国与毗邻国家建立的第二个跨国境的经济合作区。

（二）中国老挝磨憨—磨丁经济合作区民间践行——老挝磨丁经济特区

老挝磨丁经济特区是中国老挝磨憨—磨丁经济合作区的重要组成部分，是中国民营企业在老挝跨境投资开发的先期探索与实践。老挝磨丁经济特区是老挝国家政府2009年国家主席令颁布的第075号《促进投资法》，以及老挝人民民主共和国总理府颁布的第089号总理令成立的一个国家级经济特区。可自主开发建设面积为34.3平方公里，开发年限为90年。

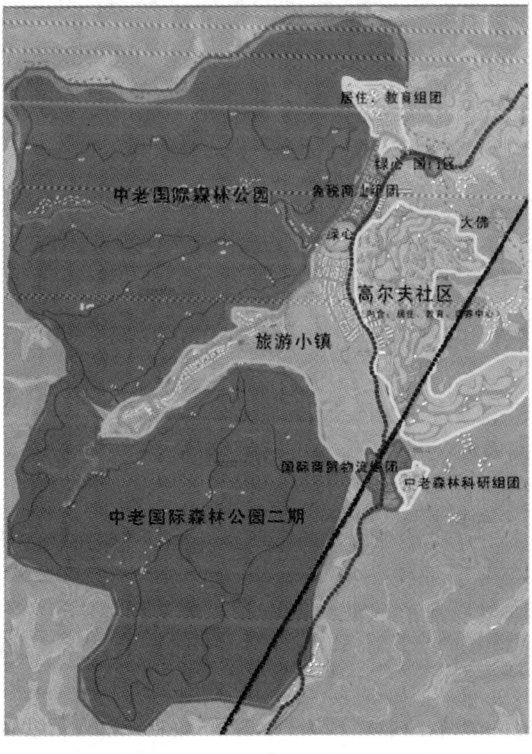

① 《中国老挝磨憨—磨丁经济合作区建设共同总体方案》第三条。

海诚集团作为老挝磨丁经济特区开发集团有限公司唯一股东以“特许经营”方式致力于特区开发。老挝磨丁经济特区总体规划五个功能区主要包括：磨丁国际商业金融中心、国际保税物流加工园区、磨丁国际旅游度假区、老挝磨丁国际公园、寮国古城。[①]2015年以来，海诚集团在老挝磨丁的经济特区建设速度明显加快，特区迎来飞速发展。2009年至2015年，磨憨—磨丁口岸进出口货运量年均增长30%以上，进出口货值年均增长近60%。[②]

老挝磨丁经济特区在跨境投资中具有显著竞争优势。首先，老挝磨丁经济特区是昆曼国际大通道进入老挝的第一站，也是老挝和中国之间唯一的国家级一类陆路口岸，并位于中国西双版纳—老挝琅勃拉邦—泰国清迈旅游环线的中心位置，目前中老泰三国陆路货物运输、出入境旅游大都通过磨丁进行中转和集散，同时磨丁也是中国通往缅甸毛淡棉出海港口这一战略通道中非常重要的节点。其次，老挝磨丁经济特区具备中国国家层面的战略支持：桥头堡战略和“一带一路”建设；老挝政府在引进中国投资上表现出迫切愿望与诚意，制定了切实可行的法律政策以保障投资者权益：多样性的投资模式[③]、允许长期租赁的土地政策[④]、便捷的一站式投资服务、优惠的税收政策等。再次，老挝持续增长的经济与稳定的政局为跨境投资提供了可能。2014年老挝国内生产总值折合美元约113.77亿，人均GDP为1692美元，经济增长7.6%，2014年老挝吸引对外投资项目1150个，总金额33.83亿美元。[⑤]

三、中国老挝磨憨—磨丁经济合作区的重要意义

（一）中国老挝磨憨—磨丁经济合作区是“一带一路”愿景的落地

“一带一路”愿景与行动的发布，标志着习主席倡导的“一带一路”建设从战略构想、宣传推动已进入具体战略实施阶段。[⑥]中国老挝磨憨—磨丁经济合作区的建立对中国“一带一路”战略布局的推进具有积极的鼓舞与促动作用。

---

① 资料来源：老挝磨丁经济特区开发集团有限公司。

② 杨抒燕：“云南海诚集团领跑老挝磨丁经济特区聚集产业建合作发展新高地”，载《云南日报》2016年6月8日。

③ 目前老挝投资促进法允许的投资经营种类主要包括：一般经营、特许经营权经营、经济特区和经济专门区开发经营。

④ 老挝土地法规定外国人、无国籍人和外国组织享有土地租赁权，省级土地相关部门有30年以下的批复权，30年以上须经由国会或中央批复。目前海诚集团取得了特区90年开发期限。

⑤ 陈定辉：“老挝：2014年回顾与2015年展望”，载《东南亚纵横》2015年第2期。

⑥ 霍建国：“深刻领会美好愿景与行动指南，扎实推进一带一路建设”，载《中国发展观察》2015年第4期。

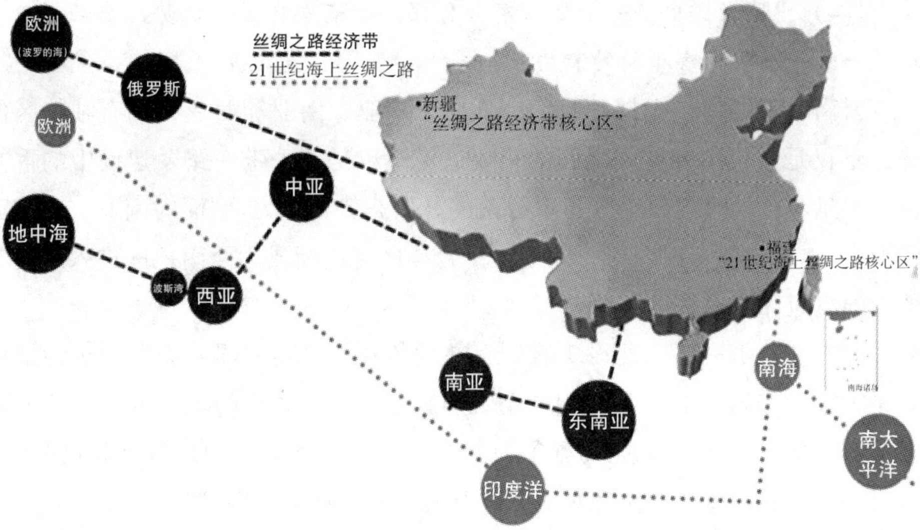

愿景与行动明确提出战略的推进要落脚于政治沟通、设施联通、货物畅通、资金流通及民心相通。中国老挝磨憨—磨丁经济合作区建设共同总体方案的签署是双方共同推进"一带一路"倡议，实现政治沟通的重要体现。设施互联对"一带一路"建设起着关键的基础作用。昆曼公路现已全线贯通；[1]泛亚铁路中线——中老泰国际通道正在积极推进中，2016年4月19日，泛亚铁路中线国内路段（玉溪至磨憨）全线开工建设。[2]2015年12月2日，中老铁路老挝段（磨丁至万象）举行开工奠基仪式，预计将于2020年建成。[3]中泰铁路或于2016年10月开工建设。基础设施的建设必然以融资条件的改善为前提，据悉，老挝磨丁经济特区已与中国国开行达成战略合作，初期授信4亿美元。作为"一带一路"金融支持的亚投行、目前设计规模为400亿美元的丝路基金也将为"一带一路"沿线国家基础设施建设、资源开发、产业合作和金融合作等与互联互通有关的项目提供融资支持。

---

① 昆曼公路（昆曼高速公路）是中国的第一条国际高速公路，起于昆明市，途经玉溪、普洱、西双版纳进入老挝境内南塔、波乔省，经会晒进入泰国清孔，在泰国境内经清莱、清迈最后抵达首都曼谷。全程行车里程1800多公里，全部路段均设计为高速（高等级）公路，并连接马来西亚、新加坡公路网，于2013年12月11日全线贯通。

② 胡晓蓉："玉磨铁路全线开工"，《云南日报》2016年4月20日。

③ 人民网：http://politics.people.com.cn/n/2015/1203/c70731-27883132.html. 访问时间：2016年7月10日。

（二）中国老挝磨憨—磨丁经济合作区是云南发挥区位优势、基层创新、实现"一带一路"战略布局的着力点

云南毗邻缅甸、老挝和越南，面向东南亚、南亚和西亚，拥有独特区位优势，不仅是古代南方丝绸之路的重要通道，也是"一带一路"建设中的重要省份。愿景与行动对西南地区省份云南的开放态势要求为："面向南亚、东南亚的辐射中心。"中国老挝磨憨—磨丁经济合作区将逐渐成为西南地区进入东盟各国的交通枢纽和产业聚集高地。

面对"一带一路"建设中客观存在的各省份之间的同质竞争，更为细化的政策方案尚未出台的现状，相较于观望态度，地方政府的积极创新在争取国家投资、国家政策倾斜上更具竞争力。老挝磨丁经济特区的投资开发已具雏形，政府与企业的沟通与合作将对地方政府的基层创新具有启发意义。

四、愿景何以承接

中国现已成为老挝最大的投资国，[①]"一带一路"的推进，意味着中国资本将更广泛的涌入老挝市场。在中国老挝磨憨—磨丁经济合作区的建设过程中，国内企业面临着巨大的挑战：项目的可持续性风险、海外环境风险、政治风险等。愿景既已落地，如何承接是我们当前面临的重大课题与挑战。笔者以多年来为中国老挝磨憨—磨丁经济合作区重要组成部分老挝磨丁经济特区提供法律服务的经验与体会，从法律服务的角度提出对"一带一路"愿景的承接，以期对中国企业的跨境投资提供参考。

（一）我所为中国企业跨境投资提供的法律服务

1.前期法律服务——为海诚集团进入老挝磨丁经济特区提供法律服务

2003年香港福兴实业公司与老挝民主共和国政府签署协议，以特许经营的形式合作开发磨丁边贸区，赌博业逐渐成为其支柱产业。随着中国政府对边境赌博行业管制的日趋严厉[②]，项目受到严重影响，香港福兴实业公司意欲引入新的投资者重新定位、开发磨丁边贸区。

项目先期考察阶段，我所暨受海诚公司的委托对东道国老挝的法律环境进行了详尽的法律尽职调查，通过对项目的实地考察，对老挝法律制度的深入研究，对投资开发中可能存在的法律风险进行了预判，从法律角度进行交易构架

① 中国一东盟博览会 http://www.caexpo.org/index.php?m=content&c=index&a=show&catid=119&id=210568.访问时间：2017年7月10日。

② 2009年，中国政府高度重视中国公民在边境外赌博问题，时任外交部发言人秦刚在记者会上明确表示，中国希望同有关国家共同加强边境管理，整治边境赌博活动，严惩违法人员。与此同时，中国政府积极协调边境国家，就中国公民在边境外赌博问题进行严肃处理。

策划和方案设计。并全程参与了海诚集团与香港福兴实业公司的商业谈判，把控项目本身合法性、税收风险、对外合同关系风险，促成双方签订《框架合作协议》，实现海诚集团以股权并购进入老挝磨丁经济特区的商业目的。

2. 中期法律服务——为海诚集团投资开发老挝磨丁经济特区提供法律服务

（1）2011年7月，海诚集团、老挝政府、香港福兴旅游娱乐服务集团有限公司签订了《磨丁黄金城开发项目修补合同》，海诚集团实现了项目的绝对控股权。在这一过程中，我所为中国民营企业在境外投资开发争取到行政管理职权，这在中国企业跨境开发的成就中尤为罕见。在符合老挝上位法律规制的前提下，《修补合同》及《中央办公厅、国家经济特区管理委员会关于南塔省南塔县磨丁经济特区行政管委会的委任决议（第27号字）》最终确认了海诚集团与老挝政府代表方共同组建磨丁经济特区管委会负责特区内行政管理工作，海诚集团董事长周昆担任管委会主席。

（2）我所现为磨丁经济特区管理委员会提供法律服务。老挝政府给予特区除外交、国防及刑事案件处置之外的几乎所有行政权力。特区内发生的普通纠纷，由磨丁特区管委会组建的司法处负责解决；刑事犯罪交由老挝司法部门管辖。磨丁特区管委会在特区内具有一定的立法权限，我所现已协助磨丁特区管委会制定并颁布施行了老挝磨丁经济特区治安处罚管理规定、磨丁经济特区土地开发经营管理规定、老挝磨丁经济特区城市房地产管理规定等。

3. 现阶段法律服务——为中国企业境外工程领域的投资开发提供法律服务、实现资源配置

“实现资源配置”系我所伴随法律服务而提供的增值服务，我所已成功推介国内大型建设施工企业与磨丁经济特区管理委员会、海成集团合作，为建设工程项目依法合规、顺利开展创造了有利条件、实现各方共赢。

（二）笔者认为中国企业在中国老挝磨憨—磨丁经济合作区进行投资开发还应当注意以下法律风险的防范

1. 在进行境外投资之前，必须深入研究东道国法律制度，对可能存在的法律风险作出充分预判，以预防法律风险发生或者减少风险发生后的损失。老挝的投资法律体系中最重要的立法为2010年3月老挝国家主席签署第75号主席令正式颁布实施的新版《投资促进法》。目前，中国企业在老挝磨丁经济特区进行投资开发，可通过特区内部分建设项目的总包施工合作、特区内部分项目的投资合作、与海诚集团就特区内应建设事宜开展全方位战略合作等形式得以实现，建议企业在充分了解老挝法律环境的基础上，制作全面的投资整体策划及方案设计，做好投资开发各环节的法律风险防控。

2.防范劳资法律风险，建议就地雇佣劳务，注重外来劳务审查

为了增进投资福利，老挝政府通过立法保障本国劳动者获得更多的就业机会，如规定繁琐的外籍劳务输入管理和审批制度，规定外来务工每人每次不超过12个月，足见老挝对于外籍劳务引进所持的约束和限制性的态度。从经营成本考量，对技艺没有特别要求的工作建议雇佣当地劳务，以避免发生劳资法律风险。

3.重视争端解决机制，善于利用合同中争端解决条款

老挝法律规定解决投资纠纷主要形式有：以协商方式解决；请求计划投资部门或工商部门或有关其他部门按本职能以行政手段解决；通过经济纠纷解决委员会解决；向人民法院提起诉讼；至于已和政府签订合同中的投资纠纷，应根据合同中规定的纠纷解决办法执行。在签订合同时，应衡量实际情况，善于运用最有利于实现自身诉求的争端解决条款以维护自身权益。

五、结语

“一带一路”愿景的落地为中国企业境外投资带来机遇与挑战，对法律风险管理提出了更高的标准及要求。“一带一路”愿景的承接是对企业的考验，也是对“法治先行”重要参与者——律师的历练。在“一带一路”带来的中国与世界的变革里，律师身在其中并发挥着积极的作用。面对激烈的行业竞争及地缘优势，作为西部律师的我们更应静心钻研、提升专业素养，为中国企业“走出去”提供持续、有效的法律服务，“路漫漫其修远兮，吾将上下而求索”！

参考文献

[1] 新华网：http://news.xinhuanet.com/2015-08/31/c_1116430242.htm，访问时间：2016年7月10日。

[2]《中国老挝磨憨——磨丁经济合作区建设共同总体方案》第三条。

[3] 杨抒燕．云南海诚集团领跑老挝磨丁经济特区 聚集产业建合作发展新高地[N]．云南日报，2016年6月8日。

[4] 陈定辉．老挝：2014年回顾与2015年展望［J］．东南亚纵横，2015（2）。

[5] 霍建国．深刻领会美好愿景与行动指南，扎实推进一带一路建设［J］．中国发展观察，2015(4)。

[6] 人民网：http://politics.people.com.cn/n/2015/1203/c70731-27883132.html. 访问时间2016年7月10日。

[7] 胡晓蓉. 玉磨铁路全线开工 [N]. 云南日报，2016年4月20日。

[8] 中国—东盟博览会网站：http://www.caexpo.org/index.php?m=content&c=index&a=show&catid=119&id=210568. 访问时间2017年7月10日。

“四个难题”摆眼前 “五个善于”来破解
——交通肇事罪刑事附带民事诉讼的几点办案思路

云南刘胡乐律师事务所 刘艳洵

内容摘要：本文首先简要阐述了我国交通肇事罪刑事附带民事诉讼的基本现状和特点，重点指出了存在有效参与程序难、肇事车辆扣押难、支持应得款项难、保险公司赔付难等问题。作为附带民事诉讼原告人诉讼代理人的律师，只能在现有制度框架下，理顺办案思路，提高办案技巧，通过善于引导路径选择、善于详列穷尽当事人、善于诉前财产保全、善于力争调解结案、善于争取最大权益，最大限度地维护被害人及其近亲属的合法权益。

关键词：交通肇事 刑事附带民事诉讼 办案思路

改革开放以来，伴随着经济的高速发展，我国机动车数量急剧增加，逐渐步入“汽车社会”。据统计，目前，我国正处在道路交通事故多发期，全国每年发生交通事故25万多起，死伤20多万人。道路交通事故直接危害着千百万人的生命，并造成巨大的公私财产损失，已经成为十分严重的社会问题。交通肇事案件自然是各类案件中常见的类型。如果交通肇事的后果是致人重伤、死亡或使公私财产遭受重大损失，就会涉嫌交通肇事罪，同时必然伴随着民事责任。而基于我国此类刑事附带民事诉讼的制度设计、运作程序及其存在的突出问题，易使被害人或其近亲属合法权益难以得到及时、有效的维护，甚至“赢了官司输了钱”，“流血又流泪”。

一、交通肇事罪刑事附带民事诉讼的基本现状和特点

当前，随着生活水平的提高和人民购买力的增强，机动车数量逐年增多，道路交通运行压力亦日益增大，加之人们的交通安全意识比较淡薄，致使交通事故频繁发生。交通肇事案件成为仅次于盗窃、抢劫、故意伤害案件的多发性案件类型。多数情况下，被害人及其法定代理人或其近亲属（如被害人死亡，下同）会提起刑事附带民事诉讼，占到了刑事附带民事诉讼案件的一大半。此类案件被告人及其家属为了达到从轻处罚的目的，一般会在刑事部分判决前积

极响应被害人一方提出的调解方案，想方设法作出赔偿，故此类案件调解的基础较好，调解结案率较高。并且交通肇事案件属过失犯罪，大部分犯罪情节较轻，被告人的认罪态度较好，故在量刑上呈现轻刑化，缓刑适用率高。一直以来，交通肇事罪刑事附带民事诉讼作为刑事诉讼中的一项重要制度，在维护被害人及其近亲属权益、减少当事人诉累、化解社会矛盾、促进交通安全等方面发挥了重要作用。

二、交通肇事罪刑事附带民事诉讼存在的问题和弊端

司法实践中，由于存在现行立法及制度缺陷，交通肇事罪刑事附带民事诉讼在不同地区和部门，往往在程序和法律适用上不尽相同，也出现了不少该类刑事附带民事诉讼不能公正、高效审理和执行的问题。

（一）有效参与程序难

刑事诉讼法第99条、最高人民法院关于适用《中华人民共和国刑事诉讼法》的解释（以下简称："解释"）第138条均规定，提起附带民事诉讼的时间是在刑事诉讼过程中。司法实践一般也是交警部门在侦查期间就会通知被害人或其近亲属提交附带民事起诉状，参与诉讼。但该解释第147条第1款又规定，附带民事诉讼应当在刑事案件立案后及时提起。明显产生冲突。而根据刑事诉讼法第44条第1款规定，公诉案件附带民事诉讼的当事人及其法定代理人，自案件移送审查起诉之日起，有权委托诉讼代理人。那么，律师可以自案件移送审查起诉之日起，接受附带民事诉讼原告人及其法定代理人的委托担任诉讼代理人（附带民事诉讼被告人的诉讼代理人一般由辩护人同时担任，不在本文讨论之列，下同）。但这时根本还没有附带民事诉讼，如何参与诉讼代理，只得等到刑事案件立案后。同时，该解释第57条规定，经法院许可，诉讼代理人可以查阅、摘抄、复制本案的案卷材料。也就是说，担任诉讼代理人的律师，之前几乎无法参与到诉讼当中，无法对当事人提供法律帮助。比如了解事故情况、参与调解、事故责任认定结果的申请复核等等。尤其是专业性极强、却又十分紧急的诉前财产保全，根本无法代理进行。

（二）肇事车辆扣押难

实践中，交警侦查机关往往根据道路交通事故处理程序规定第28条等规定，在检验、鉴定结论确定之日起五日内就通知犯罪嫌疑人或其家属领取扣留的事故车辆。但有的肇事车辆保险金额根本不足以赔付，甚至"脱保"，肇事车辆就是将来唯一可供执行的财产。一旦其领取，很有可能出卖并转移财产，致使被害人或其家属"赢了官司输了钱"，"流血又流泪"。而这时申请诉前财产保全，由于审查严格，也是困难重重。法院往往要求被害人或其家属委托评估机

构对肇事车辆进行价值评估，然后提供等值的存款或便于法院查控的财产作为担保。再由立案庭审查作出查封、扣押裁定，移交执行局实施保全。作为被害人一方，本就因交通事故损失巨大，一般难以再有上述担保财产。且难以在交警部门放车之前走完如此繁琐的程序。实际上，肇事车辆作为刑事案件的涉案财物，甚至是犯罪工具，在这个时候已不再是普通交通事故的车辆了。检察院和法院一般都是同意查封、扣押，问题是刑事案件还在交警侦查机关，肇事车辆就被放行失控！

（三）支持应得款项难

根据该解释第155条第3款规定，交通肇事罪刑事附带民事诉讼是支持残疾赔偿金、死亡赔偿金的。但有的法院仍然与其他附带民事诉讼一样均不予支持。并且，根据该解释第138条规定，要求赔偿精神损失的，法院也不予受理。这一规定也不尽合理。同时，由刑事审判庭审理民事赔偿部分，基于司法资源、人员配备、专业专长所限，应当赔偿的护理费、交通费等为治疗和康复支付的合理费用，以及因误工减少的收入、残疾生活辅助具费等费用也容易得不到支持。

（四）保险公司赔付难

承保肇事车辆的保险公司基于优势地位及其提供签订的格式合同，往往提出其主观上认为被告人存在逃逸而商业险不赔、超载免赔10%等种种合同约定免责情形的抗辩。而如上所述，由于刑事审判庭审理民事赔偿的受限性，对于保险公司的举证责任、格式条款的提示义务、法律适用、裁判规则等，可能把握不准，导致保险公司赔付不到位，被害人或其近亲属的合法权益保护不充分。同时，由于保险公司出于谨慎，避免争议，特别是对于有多名附带民事诉讼原告人时，一般会将赔偿款汇入法院账户。有的法院要求，被害人或其近亲属只得再以强制执行案件申请立案，然后算为被执行人自动履行，从而经过一个强制执行案件的程序，才能领取赔偿款项。耗时费力，实不容易。

三、交通肇事罪刑事附带民事诉讼的办案思路和技巧

正是关于交通肇事罪刑事附带民事诉讼的立法及司法解释混乱，客观上导致了在司法实践中的不统一和操作紊乱。作为附带民事诉讼原告诉讼代理人的律师，只能在现有制度框架下，理顺办案思路，提高办案技巧，防范执业风险，最大限度地维护被害人及其近亲属的合法权益。

（一）善于引导路径选择

根据该解释第164条：“被害人或者其法定代理人、近亲属在刑事诉讼过程中未提起附带民事诉讼，另行提起民事诉讼的，人民法院可以进行调解，或者根据物质损失情况作出判决"等规定，正确分析并详尽告知附带民事诉讼与另行提起民事诉讼的利与弊。如二者中精神损失赔偿是否支持、诉讼费是否需要交纳等。引导当事人自愿选择一个诉讼路径，并作详细笔录让其签字认可，确定诉讼方案，予以实施。

（二）善于详列穷尽当事人

根据当事人意愿，并认真核实身份，依照该解释第138条第1款规定，将有权提起附带民事诉讼的被害人或其法定代理人、近亲属均列为附带民事诉讼原告人，避免出现遗漏，产生争议。并且依照该解释第143条规定，将在附带民事诉讼中依法负有赔偿责任的主体全部列为附带民事诉讼被告人，尤其是承保肇事车辆的保险公司。在司法实践中，保险公司完全适格，没有任何法律障碍。由于保险公司的履行能力几乎为100%，才能有效地实现诉讼目标。此外，向法院申请查阅刑事案件卷宗，并积极调查研究，如肇事车辆有挂靠单位则同时列为附带民事诉讼被告人，以增强赔付能力，有效承担赔偿责任。

（三）善于诉前财产保全

对于肇事车辆保险金额不足或"脱保"的情形，基于交警侦查机关对肇事车辆放行失控的紧迫性，而又无法代理诉前财产保全，只能根据解释第152条第2、3款等规定，指引和帮助被害人或其近亲属予以实施。重点将情况紧急及未实施保全的后果向法官详细阐述清楚，以尽快采取保全措施。而对于穷尽沟通说服仍然推诿扯皮的法官，可依法向其上级反映，要求纠正错误行为。同时，说服法院简化肇事车辆的价值认定，提供法院认可的诉讼保全保险公司或担保公司的保函作为担保。尽力推动保全案件的流转程序，尽快实施到位。实在无法无力进行诉前财产保全，可恳切请求侦查机关尽快移送审查起诉后，恳请检察院将肇事车辆作为刑事案件的涉案财物、犯罪工具予以查封、扣押。

（四）善于力争调解结案

可根据刑事诉讼法及其解释关于附带民事诉讼案件调解的相关规定，秉承合法自愿原则，力争与被告人一方协商达成赔偿方案，出具谅解意见，并通过司法机关的审核与确认。使得被害人或其近亲属物质和精神上都得到补偿，被告人依法获得宽大处理。同时，动之以情，晓之以理，与保险公司等其他附带民事诉讼被告人加大协商调解力度，以利附带民事诉讼原告人早日实际获得赔偿，抚慰创伤，促进案结事了。

（五）善于争取最大权益

担任附带民事诉讼原告诉讼代理人的律师，也要关注案件的刑事部分，正确引导和帮助被害人及其法定代理人或其近亲属行使要求追究被告人刑事责任的权利，最终使被告人获得罪责刑相适应的惩罚。同时，正确引导刑事审判庭法官清晰界定和厘清民事部分法律关系，并针对保险公司的免责抗辩，结合全案证据材料，详尽阐明保险公司的举证责任和格式条款的提示义务、法律适用等，争取全额赔付。努力促使法庭支持被害人及其法定代理人或其近亲属的全部合理费用。

结　论

交通肇事罪刑事附带民事诉讼是我国刑事附带民事诉讼制度的重要组成部分，对于节约司法资源、减少当事人诉累、保证刑事诉讼中被害人一方民事权益的确认与实现有重大意义。但也存在着一些突出问题，如不利于法律效果和社会效果的统一，需要理论界和实务界的共同努力，才能得到进一步完善，以更好地化解社会矛盾，促进社会和谐。

参考文献

［1］黄小枫.刑事附带民事诉讼的缺陷及其完善［J］.广西民族大学学报（哲学社会科学版），2007（2）.

［2］邵明福.浅谈刑事附带民事诉讼保全的缺陷及完善［J］.法制与经济，2012（5）.

［3］杨涛.刑事附带民事诉讼的司法理念［J］.法律适用，2003（03）.

［4］肖建华.刑事附带民事诉讼制度的内在冲突与协调［J］.法学研究，2001（06）.

［5］王福华，王琦.刑事附带民事诉讼制度与民事权利保护［J］.中国法学，2002（2）.

论第三人利益合同的解除

云南刘胡乐律师事务所　杨夏

内容摘要：我国民商事法律制度中对第三人利益合同的解除权鲜有论述，所以笔者在梳理已有观点的基础上，试图对第三人利益合同之解除权的享有及其法律后果进行讨论，以阐述第三人利益合同之法定解除权、约定解除权，应由双方当事人享有且无须经过受益人的同意。虽要强调对受益人的保护，但是却没有必要扩张受益人在第三人利益合同中享有的权利。

关键词：第三人利益合同　约定解除权　法定解除权

大陆法系继承罗马法合同相对性原则的同时，也认识到第三人利益合同存在的必要性，法国民法典、德国民法典均规定了第三人利益合同。1932年的第一次合同法重述正式确定了美国的第三人利益合同制度。[①]对我国合同法第64条[②]是否规定了第三人利益合同，理论界尚存争议，但其涉及的相关问题值得探讨。

一、问题的提出

2001年第4期《最高人民法院公报》刊登的"王连顺诉中国人寿保险公司永顺支公司保险合同案"，裁判要旨认为：投保人解除人身保险合同时，未通知被保险人和受益人的，当然无效。保险合同不因此解除，保险人仍应当履行保险金给付义务。[③]人身保险合同是典型的第三人利益合同，最高人民法院以公报案例的形式表明：投保人解除第三人利益合同必须经过利益第三人的同意。然而，该裁判规则确立后，上海市第二中级人民法院（2009）沪二中民三（商）终字第411号民事判决书"李甲与卢某、中国人寿保险股份公司上海分公司人

① 郭丽辒、刘小东："《合同法》应当明确规定第三人利益合同"，载《西南政法大学学报》2005年第5期，第12页。

② 《合同法》第64条：当事人约定由债务人向第三人履行债务的，债务人未向第三人履行债务或者履行债务不符合约定，应当向债权人承担违约责任。

③ 《王连顺诉中国人寿保险公司永顺支公司保险合同案》，载于http://wenku.baidu.com/link，访于2016年6月3日12:10。

身保险合同纠纷案"，卢某解除了其与中国人寿保险股份公司上海分公司签订的以卢某之前妻李甲为被保险人的人身保险合同，而李甲则主张该合同的解除因未经其同意而无效，上海市第二中级人民法院认为卢某作为投保人享有解除权，且无需经过被保险人的同意。[①]在最高人民法院确立裁判规则后，下级人民法院仍然作出相反的判决，是否是下级法院未遵循"同案同判"？保险法第15条以及2015年12月生效的《最高人民法院关于适用〈中华人民共和国保险法〉若干问题的解释（三）》第17条之规定态度似乎截然相反不得不引人深思：第三人利益合同的解除权由谁享有？解除权的行使是否必须经过第三人的同意方能解除？

二、第三人利益合同的界定

（一）第三人利益合同的概念

对于第三人利益合同的概念有两种学说：一是肯定说。王泽鉴认为第三人利益契约者，指当事人一方约使他方向第三人给付，第三人因而取得直接请求给付权利之契约。二是否定说。崔建远教授认为，第三人利益合同是指当事人为第三人设定了合同权利，由第三人取得利益的合同，但第三人利益合同不必包含第三人享有直接请求。[②]

那么，第三人享有直接的请求权是第三人利益合同的必要条件吗？笔者认为，第三人利益合同的实质不在于第三人是否享有直接的请求权，不能以是否突破合同的相对性作为判断为第三人利益合同的标准，[③]而应该从第三人利益合同的实质为切入点来认定是否为第三人利益合同。第三人利益合同的实质是债权人与债务人基于意思自治而允许第三人享有债务人的履行利益。即使是第三人不享有直接的利益请求权，只要第三人能够领受并保有合同履行的利益，而不必对债务人承担对价义务，则该合同就应该是第三人利益合同。

（二）第三人利益合同的实证法体现

尽管学者们围绕合同法第64条隐射的"第三人是否当然享有利益的直接请求权"这个论点，有肯定说、否定说、广义的肯定说之争。但是，如上文所述，第三人享有利益的直接请求权并不是第三人利益合同的必要条件，从文义解释的层面可知，我国合同法已经确立了第三人利益合同。我国在保险、信

---

① 傅彤："第三人利益合同的实证考察与反思"，载《司法改革评论》第19辑，第214页。

② 谢鸿飞：《合同法学的新发展》，中国社会科学出版社2014年版，第272页。

③ 崔建远："为第三人利益合同的规格论——以我国《合同法》第64条的规定为中心"，载《政治与法律》2008年第1期，第70页。

托、运输等多个领域确定了第三人利益合同的规则。[①]典型的第三人利益合同对于第三人是否享有利益的直接请求权，也并非统一。如合同法规定的货运合同，根据第308条的规定，收货人不享有变更到达地的请求权，更不必说收货人享有直接请求承运人向自己履行运输合同的请求权。[②]信托法也只规定了受益人享有收益权，并未明确规定受益人享有利益的直接请求权。[③]保险法第18条第3款承认了受益人享有保险金请求权。[④]

三、第三人利益合同的解除权

（一）第三人利益合同的法定解除权

1.债权人的解除权

在债务人根本违约，造成第三人利益合同的目的落空时，债权人是否享有不必经受益人同意的解除权？对于该问题，理论界有肯定说、否定说、折中说三种观点，此处不赘述。

笔者赞成肯定说的观点。首先，笔者认为无论是否定说还是折中说，都借助"受益人的同意"来限制债权人的解除权以实现保护受益人利益的目的，但受益人的利益保护并不一定必须通过对债权人解除权的限制方能实现。因为在第三人利益合同中，受益人因为债权人与债务人的约定而领受并保有履行利益，然而受益人能够享有利益的根源在于受益人与债权人的对价关系（如买卖、赠与等）。即使是债权人行使解除权而致补偿关系消灭，则受益人的利益还是可以得到保护的，因为受益人可基于对价关系的违约而要求债权人承担违约责任。其次，在发生债权人法定解除权的情形，受益人也会同意解除合同，因此无需经过受益人的同意。相反，如果允许债权人行使法定解除权，则有助于法律关系的简化。笔者认为第三人利益合同的初衷是为了保护第三人的利益，但该合同效力的根本来源是对当事人为第三人设定利益的意志的尊重，归根结底，还是为了保护并扩大当事人的自由。[⑤]因此债权人行使解除权无须经过受益

① 张家勇："为第三人利益合同的意志论基础"，载《清华法学》2008年第3期，第105页。

② 合同法第308条：在承运人将货物交付收货人之前，托运人可以要求承运人中止运输、返还货物、变更到达地或者将货物交给其他收货人，但应当赔偿承运人因此受到的损失。

③信托法第43条第1款：受益人是在信托中享有信托受益权的人。受益人可以是自然人、法人或者依法成立的其他组织。

④ 保险法第18条第3款：受益人是指人身保险合同中由被保险人或者投保人指定的享有保险金请求权的人。投保人、被保险人可以为受益人。

⑤ 何平："《合同法》应当确立为第三人利益合同制度"，载《湖北社会科学》2011年第12期，第168页。

人的同意。

2.债务人的解除权

笔者认为，债务人法定解除权的行使不需要征得受益人的同意。首先，允许债务人不经受益人同意即可行使解除权，是对债务人利益的保护。在第三人利益合同中，债权人和受益人的利益是统一的，因为债权人需要债务人向受益人进行履行方能完成其在对价关系中对受益人所负的义务，受益人也只有在债务人完全履行的情形下方能实现对价关系中己方的利益，而债权人、受益人与债务人处于对立的地位。在债权人违约时或者受益人履行迟延时，如需受益人的同意，处于利益对立方的受益人显然不会同意债务人解除合同，则债务人负有继续向第三人履行的义务，这对债务人是不公平的，而且易产生信用危机。[①]其次，避免对债务人造成二次伤害。债权人支付价金迟延或者受益人受领迟延，是对债务人的第一次伤害，如果债务人行使法定解除权还必须经过受益人的同意，此时受益人往往不会同意，限制了债务人救济路径的选择权，这是对债务人的第二次伤害。再次，简化法律关系。第三人利益合同本来就是对合同相对性的一种突破，债务人的解除权行使如需得到受益人的同意，则会使得法律关系进一步的复杂化。

3.受益人的解除权

对于受益人是否享有解除权，笔者尚未发现有"受益人享有解除权"的观点。我妻荣和王泽鉴明确表示，受益人不能取得解除权。[②]笔者也赞成这一观点。首先，在第三人利益合同中，如果是债权人方面的原因而导致合同法定解除权的发生，则债务人有权决定是否解除合同，无需他人替代债务人作出选择。如果债务人不解除合同，则其应继续向受益人进行履行。如果债务人解除合同，则受益人可基于对价关系而要求债权人承担违约责任。故无论债务人是否行使法定解除权都不会损害受益人的利益，所以没有必要授予受益人在债权人违约时的解除权。其次，如果是债务人的原因而导致法定解除权的情形出现时，债权人会行使法定解除权，没有必要再赋予受益人法定解除权。再次，如果是受益人的受领迟延而导致法定解除权的情形出现，则受益人更不可能享有解除权。因此，即使是受益人代替债权人履行属于债权人的义务，除非受益人

---

① 孙卫权："刍议我国为第三人利益合同制度之构建——兼议《合同法》第六十四条"，载《法制与经济》2012年第11期，第34页。

② [日]我妻荣：《我妻荣民法讲义V1：债权各论（上卷）》，徐慧译，中国法制出版社2008年版，第116页。王泽鉴：《民法学说与判例研究》，北京大学出版社2015年版，第1068页。

通过合同主体的变更而成为第三人利益合同的主体。

（二）第三人利益合同的约定解除权

目前普遍认为第三人利益合同的当事人享有约定解除权，且不必经过任何人的同意。笔者亦无异议。因为受益人在表示接受第三人利益合同为其约定的利益时，对合同的内容有了解。因此受益人在接受约定利益的同时，也对第三人利益合同的约定解除权条款表示了接受。根据禁止反言规则，受益人在约定解除权发生的情况下，不能对债权人和债务人的约定解除权进行限制。

四、第三人利益合同解除权行使的法律后果

对于第三人利益合同解除权行使之后的法律后果，笔者认为最值得讨论的是：(1) 因债务人根本违约而导致合同被解除后，何者可以向债务人主张损害赔偿责任以及债务人应向谁赔偿？(2) 因债权人的根本违约而造成合同被解除，在债务人已向第三人全面履行的情况下，谁负有向债务人恢复原状的义务？下文将详细讨论这两个问题。

（一）损害赔偿责任的主张者

损害赔偿请求权原则上应由债权人享有。从第三人利益合同相关的法律关系层面进行分析，债权人与债务人之间存在补偿关系，债权人与受益人之间存在对价关系，债务人与受益人之间存在履行与受领的关系。如果因为债务人的原因而致补偿关系的合同解除并且造成了受益人遭受损失，则债权人是不能完成对价关系所约定的义务的，因此受益人可向债权人主张违约责任，当然也包括损害赔偿请求权。虽然受益人的损失是因为债务人的原因造成的，但是债务人与受益人之间并没有直接的合同关系，所以受益人不能向债务人主张基于合同违约而产生的损害赔偿责任。

至于债务人应向何人承担损害赔偿责任，笔者认为应当向债权人承担，债权人要求债务人直接向受益人承担责任的除外。首先，从合同的相对性出发，违约责任也应遵循合同的相对性，因此债务人的违约责任也只能向债权人承担；其次遵循债的平等性。因为债权人未能完成对价关系所设定的义务而需对受益人承担违约责任，此时受益人成为债权人的债权人，与债权人的其他债权人的地位是平等的，而如果债务人负有应向受益人赔偿损害的义务，则会破坏债的平等性原则。

（二）恢复原状的义务人

债务人向受益人全面履行义务后，因债权人或者受益人的原因而导致合同被解除，谁负有向债务人恢复原状的义务和不当得利返还的义务？王泽鉴先生认为，契约解约之恢复原状，系契约当事人义务，因第三人并非契约当事人，不负恢复原状之义务，[①]笔者持同论。首先，受益人受领并保有利益的基础是债权人与受益人之间的对价关系而非债权人与债务人之间的补偿关系。纵使债权人与债务人之间的补偿关系因合同地解除而消灭，受益人保有利益的正当性来源依然存在。其次，第三人利益合同被解除后，债权人获得利益的基础已经不存在，通常情形下是债权人获得了不当利益。[②]最后，由债权人承担恢复原状和返还不当得利的义务可鼓励交易之目的。因为债权人的原因而致合同被解除后，债权人向债务人返还不当得利后，就可解决债权人与债务人之间的法律关系，但是却不妨碍债权人与受益人之间的对价关系；如果因为受益人的受领迟延而导致第三人利益合同被解除，由债权人向债务人承担违约责任后，债权人对受益人的违约行为有权作出是否解除合同还是寻求其他救济方式的选择权。所以应由债权人承担恢复原状的义务。

五、结语

第三人利益合同是建立在合同相对性之上的，使得合同关系从“二人关系”向“三人关系”转变。在第三人利益合同中没有进行特别约定时，没有必要以保护受益人利益为理由不断扩大受益人的权利，如要求债务人履行直接请求权、第三人利益合同的解除权、损害赔偿请求权。在我国现行合同法对违约责任采取无过错责任原则的背景下，如果因为债权人或者债务人的原因而导致第三人利益合同为受益人设定的利益没有实现时，受益人可以基于对价关系的违约而保护自己的利益，不应该使受益人过度的干涉第三人利益合同，从而造成法律关系的复杂化和混乱化。笔者认为保险法司法解释（三）第17条[③]具有很强启示性：第三人利益合同的解除权只能由合同双方当事人行使，并且无须受益人的同意；受益人通过债权让与（或者债的概括转移）而成为第三人利益合同的当事人，也可取得解除权。

参考文献

「1」郭丽韫、刘小东.《合同法》应当明确规定第三人利益合同［J］.西南政法大学学报，2005（5）.

① 王泽鉴：《民法学说与判例研究》，北京大学出版社，2015年版，第1073页。

② 丁晓春：“第三人利益合同研究”，载《政法学刊》2005年第5期，第69页。

③ 保险法司法解释（三）第17条：投保人解除保险合同，当事人以其解除合同未经被保险人或者受益人同意为由主张解除行为无效的，人民法院不予支持，但被保险人或者受益人已向投保人支付相当于保险单现金价值的款项并通知保险人的除外。

[2] 何平.《合同法》应当确立为第三人利益合同制度［J］.湖北社会科学，2011（12）.

[3] 孙卫权.刍议我国为第三人利益合同制度之构建——兼议《合同法》第六十四条［J］.法制与经济，2012（11）.

[4] 刘青文.德国法上的为第三人利益合同［J］.中德法学论坛，第9辑.

[5] 叶金强.第三人利益合同研究［J］.比较法研究，2001（4）.

[6] 王泽鉴.民法学说与判例研究［M］.北京：北京大学出版社，2015.

[7] 张水军，易军.合同法［M］.北京：中国法制出版社，2009.

[8] 郑玉波.民法债编总论［M］.北京：中国政法大学出版社，2004.

[9] 韩世远.合同法总论［M］.北京：法律出版社，2011.

[10] 史尚宽.债法总论［M］.北京：中国政法大学出版社，2000.

"一带一路"战略下
中国律师执业机遇与挑战

云南八谦律师事务所　顾木州

内容摘要："一带一路"建设为中国律师带来了前所未有的法律服务机遇，同时，也将面临更多的挑战。随着"一带一路"建设的推进，中国将会有更多的律师投身到"一带一路"法律服务工作中，如何把握机遇，迎接挑战，将是中国律师亟须解决的难题。

关键词：一带一路　律师执业　机遇　挑战

引　言

"一带一路"作为二十一世纪最为复杂的国际关系之一，是一项造福人类的宏伟工程，"一带一路"使得沿线众多国家的经济交往空前密切。同时，由于法律制度、经济体制、政治体制、民族文化、宗教信仰等的差异化，也会引发更多的纠纷，加之沿线大部分国家的法律体制不尽完善，法律制度较为复杂，因此，在"一带一路"推进过程中，迫切需要法律的引领，法律是减少或防止"一带一路"投资、建设风险的重要手段。"一带一路"战略的实施将为律师带来巨大的法律服务机会和市场，这是中国律师发展的新机遇，也是律师行业业务拓展、管理效能提升、律师个体发展的极好契机。同时，我们也将面临更多的挑战。

一、"一带一路"战略给中国律师行业发展提供的新机遇

（一）带来巨大的法律服务市场

"一带一路"的顺利建设离不开法律的引领，"一带一路"带来的法律服务市场是空前巨大的。因为"一带一路"不是一朝一夕就能完成的任务，而是需要沿线各国人民不断努力才能完成的一项宏伟工程，其整合的资源是多方面的，但法律是必不可少的一部分。"一带一路"沿岸国家众多，主体关系十分复杂，各国经济发展水平差距巨大，在合作过程中，很容易产生矛盾纠纷。特别是各国在"一带一路"建设主要内容上存在诸多障碍，如贸易、投资方面，沿

线国家存在不同的贸易壁垒和投资障碍，沿线上有诸如哈萨克斯坦、黎巴嫩、叙利亚等国家，都不是世界贸易组织成员，世界贸易组织的法律制度无法约束这些非成员国家，"一带一路"沿线很多国家的法律规范与世界贸易组织法律制度完全不一致，这将导致的后果就是各国之间存有诸多贸易壁垒，合作无法顺利进行。而为了充分解决上述问题，需要从"政策相通"、"道路联通"、"贸易畅通"、"货币流通"、"民心相通"等方面着力。[①]而其中法律是最为基础的着力点，诸多制度的设计，都需要以法律为前提，这其中蕴含的法律服务市场，是空前巨大的。

（二）"一带一路"沿线各国制度不尽完善，在不同制度下的法律风险防范将成为律师服务的新天地

"一带一路"沿线国家经济水平普遍落后，法律体制不尽完善，加之国家众多，各国法律制度差异巨大，决定了"一带一路"建设将面临非常复杂的法律制度。从制度建设维度来看，任何两个国家之间要实现跨国项目或产业合作，都离不开完整的制度支撑，这种制度可能是各国国内制度，也可能是各国之间协商一致签订的贸易协定、契约等，而这些领域都是律师提供法律服务的全新领域，有着非常广阔的前景。另外，从法律制度适用及风险规避的维度来看，随着"一带一路"的推进，外资在中国的投资将越来越多，具体合作项目也会越来越多，这将会更多的涉及到国内外法律的具体适用问题，外资安全审查、外资投资的产业领域、劳动法律制度、税收法律制度、商品流通有关制度、航运有关规定等等。"一带一路"建设中诸如此类的法律专业问题，是离不开律师的专业服务的。

（三）中国企业"走出去"经验不足，需要法律保驾护航，律师将扮演重要角色

随着"一带一路"战略的推进，将有更多的中国企业"走出去"，而就目前中国企业海外投资的现状而言，投资主要集中于基础设施建设及能源领域，诸如建设工程、交通、通讯、石油、天然气等，而这些领域最大特征是周期长，且易受政治因素影响，该类项目大多数由东道国政府或东道国国有公司直接投资建设，项目庞大，合作期限很长，而东道国作为规则制定者，又是与中国投资企业的交易者，扮演着"裁判"和"球员"的双重角色，中国企业通常会成为弱势一方，在对外投资时，中国企业需要充分利用法律规则维护自身合法权益。

①参见习近平："弘扬人民友谊共创美好未来——在纳扎尔巴耶夫大学的演讲"，载《人民日报》2013年9月8日。

另外，对于中国企业而言，中国多数海外投资企业属于“年轻型”企业，缺乏海外投资经验，发展格局较低，多数企业只注重于项目的争夺，而很少关注东道国的法制状况，对于投资的风险评估及实地调研不充分，法律风险防范意识十分薄弱。就中国企业海外投资的法律环境来看，“一带一路”沿线国家积极性的法律因素其实很少，除去立法制度较为完善，或者由世界银行等国际机构直接投资并实施法律监控的项目外，对绝大多数项目，中国企业在进行海外投资时都应该严格对项目进行评估，特别是法律风险。

中国企业“走出去”，法律的保护和救济必不可少，可以说法律是预防和减少争端的最佳方式，而律师则在法律适用中扮演重要角色，这也是中国律师法律服务的一大机遇。

二、“一带一路”战略给中国律师执业带来的挑战

（一）中国“一带一路”沿线律师执业基础薄弱，跨境法律服务的能力有待进一步提高

“一带一路”沿线国家众多，建设参与主体十分广泛，各国之间法律制度差异明显，有着极为复杂的执法环境及因素，同时还可能受贸易投资壁垒的影响，故“一带一路”法律风险点众多且成多元化态势分布，这对律师法律服务专业性、规范性都提出了严格的要求。

跨境服务需要语言、法律、财税、政治等各方面的综合型律师人才，在中国目前的律师群体中，具备跨境服务能力的律师十分稀少，相对于“一带一路”建设中巨大的法律服务需求，中国律师跨境服务的能力整体不足，辐射面窄。据2015年8月召开的全国律师工作会议披露：全国能熟练办理涉外法律业务的律师不到3000人，能办理“双反双保”业务的律师不到50人，能够在WTO上诉机构办理业务的律师只有数名。[①]可见，中国律师跨境法律服务执业基础十分薄弱，特别是中西部地区，后备人才严重不足，律师跨境服务能力还有很大提升空间。

（二）需要面临涉外法律的挑战

“一带一路”法律服务，将会涉及诸多沿线国家的法律制度，虽然大部分纠纷可以选择在中国内地裁决，但也有诸多案件需要与其他国家发生连接甚至是被东道国“属地管辖”，这就要求律师熟悉各国法律，这对律师执业专业度提出了很高的要求，不熟悉外国法律，将成为中国律师在“一带一路”法律服务中最大的挑战。

过去，中国对外贸易主要是“商品输出”，而当今已经转型到“资本输

①陈宜：“‘一带一路’战略下律师行业的机遇与挑战”，载《中国司法》2016年第3期。

出"，在"商品输出"时代，法律风险节点是"商品交付"，而在"资本输出"时代，法律风险节点变成了"签约时点"，契约是一个持续性、动态的过程，契约的签订、履行、终止等可能产生风险，与过去相比，法律风险变得更加多元化，为了最大化规避风险，律师必须全程跟踪，提供全方位的法律服务，并促成合作。

（三）律师需要应对多元的法律服务方式变化

随着"一带一路"战略的推进，将会有越来越多的律师投入到"一带一路"法律服务之中。但"一带一路"法律服务与传统的法律服务有着本质的区别，"一带一路"格局要求更高，更侧向于提供战略性的、合作性的决策服务意见，而不是国内传统法律服务"就案办案"的服务模式。另外，"一带一路"纠纷更多是通过国际仲裁的方式解决，而不是传统的法院诉讼。由于法律服务类型、争议解决方式等的变化，律师法律服务方式也要做出相应变化，以适应法律服务市场的发展要求，而适应这种变化，需要从提升个人专业素养、完善律所管理制度、改变服务方式等角度入手，这将是律师、律所发展中的一大挑战。

三、"一带一路"战略下律师应对挑战的策略

（一）提升自身业务水平

律师要应对"一带一路"带来的法律服务挑战，首当其冲的应是提升自身业务能力，中国虽有将近30万执业律师，但真正精通英语或是"一带一路"沿线国家语言且熟悉多国法律的律师屈指可数，这就要求立志于为"一带一路"提供法律服务的律师立足自身，放眼世界，做"一带一路"建设的引领者，而不是"追随者"。[①]同时，在"一带一路"法律业务拓展过程中，应加强与高校、科研机构及商业专业服务平台合作，提升法律服务水平及实力。其实，"一带一路"法律服务虽复杂多变，但无论哪个国家，无论是英美法系还是大陆法系，基本法理都是相通的，加强对外国法律的学习，全面掌握各国法律与制度，并学习和完善国际经济法及国际贸易知识、国际政治知识、法律外语等，才可以在"一带一路"法律服务中保持长远竞争力。

（二）充分利用政策条件

"一带一路"项目带来了巨大投资，而律师需要具备远大的战略眼光，抓住"一带一路"建设中的法律服务机会，而这就要求我们充分熟悉有关地方的"一带一路"战略部署及其优惠政策，从国家相关产业法律及政策规定中寻找法律服务市场，"一带一路"主要集中于基础设施建设及能源领域，主要影响铁路运输、航空航天、航海运输、国际贸易、石油、天然气等行业，特别是在中央

①包运成："'一带一路'建设的法律思考"，载《前沿》2015年第1期。

"深化改革"的大背景下，中国律师法律服务选择更是应当以国家政策为导向，这就要求律师充分了解国家对产业的有关法律、法规及政策的规定，利用国家政策，为自身业务发展保驾护航。

（三）加强与海外律师及国内律师之间的合作

律师在"一带一路"法律服务过程中，须加强同海外律师的交流与合作，无论东道国经济、法治发展如何，其对本国法律的理解必然优于中国律师，加强与东道国本国律师的交流与合作，有助于中国律师迅速了解东道国法律，同时，也是中国律师打入东道国法律市场的有力途径。

另外，俗话说："一个人走得更快，但一群人走得更远"，加强与东道国律师的合作的同时，我们也应注重与国内律师的合作，建立专业化的服务团队，为"一带一路"建设提供专业的法律服务，专业化、团队化是中国律师在"一带一路"法律服务道路上基业长青的基础。

结　语

"一带一路"战略为中国律师带来了巨大的法律服务市场，同时也给中国律师带来诸多挑战。我们应当加强自我学习，努力提升业务素质，顺应历史潮流及国家发展政策，增强与国内外律师的合作，提升"一带一路"法律服务效率和质量，争取在"一带一路"法律服务中保持长远竞争力。

参考文献

[1] 习近平. 携手建设中国——东盟命运共同体——在印度尼西亚国会的演讲 [N]. 人民日报，2013（2）.

[2] 谢冬慧. 经济与人权:全球化时代法律关注的重心——解读戴尔玛斯-玛蒂《界法的三个挑战》[J]. 河北法学，2013（2）.

[3] 杜尚泽，郝洪. 习近平同哈萨克斯坦总统纳扎尔巴耶夫举行会谈指出深化中哈战略合作大有可为 [N]. 人民日报，2014-05（1）.

[4] 刘志中. "新丝绸之路"背景下中国中亚自由贸易区建设研究 [J]. 东北亚论坛，2014.

[5] 宁国富. 规避法律风险，畅通贸易渠道——中国企业参与"一带一路"战略应该掌握的法律常识 [J]. 中国邮政，2015.

[6] 尹奎杰. 权利发展与法律发展的关系论略 [J]. 河北法学，2010（10）.

论"一带一路"建设方针中给中国西部省城及与西部周边相邻西亚国家之间跨国能源合作的法律问题探讨

新疆典赞律师事务所　史晓燕

内容摘要：国家的发展必然存在各方面合作，而每个国家在国际往来中存在多领域和多方面的合作，其中能源的合作是当今世界跨国合作的必然因素，因此各种能源的充分利用和需求存在国际性合作问题，而能源国际性合作必然存在各方面的法律问题，包括国际法、国内法冲突规范解决问题、国际投资、国际运输、国家税收、出入境管理等问题，这是国际合作问题，也是合作国家之间国际法和国内法冲突解决的问题，这需要法学专家和法律工作者的不断学习和努力，来为跨国能源合同保驾护航，尤其是在"一带一路"思想引领下的跨国能源合作中关于国际法律适用和政府招商引资方面的法律意见，这些法律问题是庞杂的，也是细腻的，是专业的，也是要精益求精的，同时还需要国家出台相应的政策和行政许可事项，这需要我们作为西部律师在"一带一路"跨国能源国际合作中为跨国合作项目保驾护航和建言献策，更需要我们能在具体的合作项目中提供法律意见，则必然要求我们重新将国际法方面的法律学科知识重温一遍和进行系统的再学习来更好提供服务。

关键词：能源　跨国能源合作　招商引资　国际法律　冲突规范　行政许可　交易规则　合作方式　交通运输　出入境管理　专业学习

"一带一路"是"丝绸之路经济带"和"21世纪海上丝绸之路"的总称。从地理区域上看涵盖了中国，包括中亚、东南亚、南亚、西亚乃至非洲、欧洲部分区域的经济长廊，蕴含着巨大的商机与发展机遇。公元前138年，中国西汉的张骞肩负和平友好使命，出使西域，开启了中国同中亚各国友好交往的大门，开辟出一条横贯东西、连接欧亚的丝绸之路。公元73年，班超又出使西域，被东汉任命为西域都护，班超将丝绸之路延伸到波斯湾。21世纪初，贸易和投资在古丝绸之路上再度活跃。2013年随着习主席提出建设"一带一路"战略构想，中国与中东国家的能源关系发展迅速，已成为中国“一带一路”框架的战略支点，现在还在继续开辟海上丝绸之路。中国与中东的能源关系的历程，通过分析中国与中东能源合作的主要机制，即中阿能源合作大会、中海战略对话以及中国与中东能源合作面临的主要问题和挑战，这些都是为促成世界经济的发展和跨国经济战略合作。作为中国西部律师，根据中国西北部的国家各种资源的分布及现状，在西部地区实施“一带一路”的相关政策及开展能源合作，必然涉及相关法律问题，我们西部律师也将面临大的商机与挑战。

在搭建涵盖周边地区开放性的合作平台，畅通各层次的对话渠道、制定合作规则、确定务实的合作项目，则是开展“能资”合作和保障其可持续运营的重要途径。当前，推进“能资”合作既要抓住难得的发展机遇，也要妥善应对严峻挑战。“能资”合作是一个具有战略属性和长期合作的领域，既需要日积月累的扎实推进，也亟待我们去探索和实践。

在跨国能源贸易合作过程中必然存在商业贸易规则的适用、国际多式联运问题、出入境关税征收问题及检验检疫等各类问题，则首先对于任何一种商业贸易的合作还是跨国能源的合作，相应的合作规则均不可缺少。

为此作为西部律师，我认为对于我国西部地区与周边国家的跨国能源合作问题，涉及几个法律问题，需要配套的法律规定与之相匹配。

一、跨国能源合作需要国家相关部门对于能源合作的行政许可，涉及行政许可事宜

根据国家资源保护有关规定，对于属于国家所有的石油、天然气、煤炭等各项资源的探矿、开采、加工等均应通过国务院发展改革委、能源局等有关部门的立项、审批方可进行开采、加工，如不通过上述程序则可能导致相应合同无效的法律后果。西部“一带一路”所可能涉及的跨国能源开发合作，行政审批更是不可或缺的行政许可程序。则在律师实务操作中，必须要掌握跨国能源合作所需行政许可的相关程序、法律法规政策性规定，以保障跨国能源合作合同的合法有效性。

二、跨国能源合作项目存在政府采购或者通过POD、PPT等运营模式，需要寻找好的合作方式达到合作目的

跨国能源合作，作为国家之间的合作项目，由于其战略意义、能源的国家专属性，必然存在招商引资或者政府采购问题及运营模式、税收等问题，则作为政府部门，应当考虑合作方式、税收优惠政策、运营模式、引进方式、法律保障等问题，势必需要听取专职律师的法律意见，以论证跨国能源合作的可行性、操作性、程序性、运作风险规避等诸多法律问题。如此则需要律师进行相应的法律服务，必然需要熟悉国际法及国家之间合作购买方面较精通的律师，律师的法律服务也必须要了解国家对于能源国际合作的政策、税收、采购方式、合作方式、运作模式等等有关规定，律师的角色和服务是必不可少的环节。

三、跨国能源合作对于我国来说还需要进一步确定和完善国际交易规则

国家之间的交易及合作，必须涉及适用各国的法律，在适用各国的法律时存在就同一个问题不同的法律规定，必将存在适用何国法律问题，在国际法中称之为"冲突规范"，为解决冲突规范问题，就要考究国际法对于国家贸易或者跨国合作时所要适用的国际法和国际交易规则问题。纵观我国的国际法及参加的国际惯例和国际交易规则和国际公约，还需要进一步完善国家内部相关的规定，使之与国际法、国际公约等能够很好的衔接，不至于在国际能源合作过程中出现无法可依、无据可依的法律空白。

四、跨国能源合作存在跨国基础设施投资建设、跨国交通运输的必然性

跨国能源合作，必然存在国际口岸的开发、开发建设、与路经的国家协调合作、跨国交通运输问题，要解决上述问题，必然要进行的就是相应基础设施的投资建设、完善现有跨国交通运输问题，这不仅涉及国家投资建设，还存在与相关国家的外交政策问题。我国在西部所开放的口岸并不多，在口岸的建设上投资不足，这需要我国对该问题进行深思熟虑后加大投资建设力度和速度，以完善基础设施建设。对于跨国交通运输问题，在西部，由于与相邻国家均不领海，因此可用的跨国运输方式仅有空运、铁路运输、公路运输或两种以上运输方式的结合使用，为此则必然要开通相应的航线、架铁路、修公路，这也必然涉及到投资成本、回收期限、管理、运营等一系列问题，需要我们必须进行前瞻性选择。当然作为律师，对于我们的挑战就是要面对跨国基础设施建设投资的合法性审查、口岸的互贸交易税收政策的掌握、跨国联合运输的国际运输规则的掌握及相关合同条款、适用规则的选择和适用，这将必然要求我们重新拾起国际法律知识，解决上述问题。

五、跨国能源合作问题，不仅存在人员出入境管理问题，还将带来相应技术人员的国际培训问题

合作问题最终是有相关具体的人员去操作，则必然存在项目的跟进，项目的谈判，项目的咨询和技术服务，这些问题最终就是解决出入境问题和人员国际培训问题。2015年我国边城偷渡事宜较为严重，根据目前我国西部地区人员的出入境问题，必须要加强国家对于出入境人员的管理，以便给跨国能源合作的运行营造一片安全、平静的土壤，也更加有利于跨国能源的长期合作。

跨国能源合作除了要解决上述问题，可能还有其他的主要矛盾要先行解决，比如国家稀缺能源是否可以跨国合作问题，跨国能源合作是要引进能源还是要输出能源问题，是否与相邻国家已经建立国际友好关系等等问题。对于跨国能源合作给国家所带来的蓬勃生机、机遇、挑战自不必说，当然也存在其他因此所带来的各种问题。需要我们通过更加深度的探究、讨论，完善相关的设施设备，加强基础设施的投资建设和管理，加大对国际立法的建设，与国际接轨。这是机遇，也是挑战，让我们西部律师在职业中重新将有关国际法的相关规定再次端出晒太阳。

通过晒太阳，让我们再次学习和熟悉与周边国家进行跨国交易和合作交流的法律法规，也让我们律师行业对国家的国际合作项目建言献策、保驾护航。

"一带一路"战略新疆律师业的新机遇

北京华泰(乌鲁木齐)律师事务所　杨为程　孙艺珈

内容摘要：“一带一路”战略必定推动区域内国家的逐步强大，随着国家“一带一路”战略的深入推进，新疆各族律师要充分发挥职能作用，扎实推进新疆各项建设，全面促进新疆经济社会协调发展。当前国内经济发展进入新常态，适应“一带一路”的大背景，抓住时机提升新疆法律的服务水准。围绕充分发挥我国新疆地区的优势，为建立“一带一路”促进全面提升新疆律师的专业法律服务水平。

关键词：一带一路　新疆发展　律师　法律服务

一、“一带一路”战略背景下的新疆发展

2013年，习近平主席提出了“一带一路”的国家战略，并在圣彼得堡G20会议以及访问中亚四国期间，提出用创新的合作模式，共同建设“丝绸之路经济带”的战略构想，得到区域内国家的广泛响应和积极支持。2015年《推动共建丝绸之路经济带和21世纪海上丝绸之路的愿景与行动》正式发布。“一带一路”战略有助于沿海地区过剩产能向中西部地区乃至国外转移，有助于调整产业结构，缩小区域差距，法律服务也必然转移而扩大和迅速发展。

首先，在改革开放以来，新疆发展的步伐明显加快，“一带一路”战略构想带来的改革红利主要包括三方面：一是经济增长红利；二是经济发展方式转变带来利好；三是金融深化与产融结合红利。“一带一路”战略构想的提出，为新疆提供了良好的发展机遇。新疆有17个国家一类口岸，与8个国家接壤，还有喀什、霍尔果斯两个国家级的经济开发区。新疆人文相亲、国家接壤、经济相容，具有独特的优势，既可以服务国内，又可以服务丝绸之路经济带上向西开放的沿线地区。

其次，新疆承接“五大中心”交通枢纽中心、商贸物流中心、文化科教中心、健康医疗中心、区域金融中心。这也是对应习近平总书记提出的五通：政策沟通、设施联通、贸易畅通、资金融通、民心相通。新疆会在以综合交通运输体系为先导的基础上，推进建设重点项目，规划战略通道布局，搭建起多层

次的交通运输机制，进一步提高新疆国际运输的便利化程度，为新疆的交通网络建设提供难得的机遇。新疆能源优势明显，煤炭资源储量全国第一，石油储量居全国第二，天然气储量位居全国首位，新型能源太阳能，风力资源也是全国最丰富的地区之一。这一战略围绕"五通"来加强建设，国家将会给予新疆更多的项目和资金，这是新疆参与国家开放战略的一个重要机遇。

最后，它有助于构筑陆海统筹、东西互济的全方位开放的新格局，努力建设成为丝绸之路经济带的文化科教中心、区域性交通枢纽中心、金融中心、商贸物流中心、医疗服务中心以及国家大型油气的生产加工和储备基地。为了更好地应对经济下行的压力，在坚持平稳的宏观政策、灵活的微观政策基本思路的基础上，国家又出台了一系列有针对性的微刺激政策，为新疆的经济发展提供了保障。"一带一路"建设背景下，新疆经济发展面临着挑战，更面临着机遇，要敏锐地抓住先机。

二、律师法律服务在"一带一路"战略中存在的风险

推进"一带一路"建设对中国与沿线国家可谓功在当前利在长远，律师行业在"一带一路"的发展中不仅要抓住重大机遇走出国门，更要做好风险管控工作，要发挥专业特长识别各种风险，包括市场与商业风险、技术风险、管理风险，当然也包括合同与法律风险。律师行业发展必须对世界格局详细了解，清醒地认识到"一带一路"本身所面对的大环境所带来的各项风险。

首先，明确认识宏观上的诸多纷扰。从"一带一路"经济带的国家内部来看，其政局不稳定带来诸多不利因素。比如转型前景不明、面临领导交接的中亚等国，这些国家在未来的十几年期间可能在政权模式和对外政策中都会有较大的摇摆。还包括乌克兰危机、六个国家在南中国海的岛屿纷争、中国与印度的边境纠纷、斯里兰卡的情绪、中缅边境的不稳定因素、巴基斯坦的恐怖主义的问题。有人会指出，中国已经与亚、欧、非大多数国家缔结了双边投资协定，但是这些双边协定多是一些原则性规定，在投资争端解决实践中不具有太强的可操作性。再从"一带一路"经济带所处的国际环境来看，"一带一路"首先会遭遇大国在国家战略层面可能的挑战，这些都是对中国"一带一路"战略实施的制约，亚投行对美国在地缘政治，金融秩序，政治军事等方面带来了不小的威胁。现在中国透过亚投行，透过丝路基金，摆脱美国海权势力的包围与遏制，摆脱以美元为货币结算的金融秩序，面对可能更多的威胁。

其次，具体项目问题的处理。律师行业须积极为涉外企业可能面临的投资安全风险问题制定个性化法律服务方案，比如，鉴于目前仅有两条铁路贯穿欧亚大陆，国际航线、高速公路、高速铁路和通信网线尚未完全实现互联互通，那么未来一段时间内有关基础设施建设的项目将占较大的比例。那么针对基建项目的法律服务，有专业特长的律所可以以此为自身亮点，提前制定好成熟高效的问题解决流程和机制，比如针对投资回报的重点研究。目前投资回报可以有几种形式：一是所投资国家用中国企业需要的资源折换;二是由中国修好设施后多少年内收费偿还，比如过路费、设施使用劳动权等;三是由政府负责偿还。如何在这些风险之中准确判断项目可行性等问题都需要慎重考虑。

总之，一带一路给律师行业带来前所未有的发展机遇，当然也伴随着发展风险。律所及律师应利用好这一时机，实现自我发展和法律服务壮大的双赢。

三、服务"一带一路"国家战略——新疆律师业的新机遇

长期以来，涉外律师业务主要集中在北上广及东部沿海地区，"一带一路"战略使我国对外贸易的格局发生了较大的变化，也给西部、东北部律师业的发展创造极好的契机。2015年3月，国家发改委、商务部、外交部联合发布《推动共建"一带一路"的愿景与行动》据民生宏观研究团队2015年初的数据，各地方"一带一路"拟建、在建基础设施规模已经达到1.04万亿元。"一带一路"战略对西部地区、东北地区的律师业发展影响巨大，其本土律师的优势是其他地区乃至发达地区律师不可替代的。地区内众多少数民族跨界而居，血缘相亲、语言相通、风俗相近，传统友谊源远流长，文化认同广泛，并且本土律师在长期贸易实践过程中，对各国贸易规则、习惯有一定了解，能够更好地提供法律服务。

党的十八大的召开，全面推进依法治国理念，建立法治政府，实现依法行政，增强全民法律意识，培养法治观念。"一带一路"战略正是在推行依法治国的理念下提出的。

（一）在"一带一路"战略下，政府、企业需要法律服务提供保障

党的十八大会议精神要求政府行政部门提高依法行政观念，企业亦需进一步培养法律意识，这一理念正是与国际法治理念相接轨。"一带一路"战略下将涌现出大量新型业务，加之党的十八大会议提出，行政、事业单位建立政府法律顾问制度，施行重大决策终身责任追究制度及责任倒查机制，更是需要法律服务前行。因此，在"一带一路"战略的新形势下，一方面要求律师培养政府、企业的法律意识、法治理念，另一方面要求提高国际市场对律师行业的认可度，加快国际化进程，积极争取制定规则的话语权。

（二）建立"一带一路"战略法律服务机制

为更好服务于"一带一路"战略，新疆律师的法律服务更应建立一套法律服务机制，从而推动各区、各国经济现代化进程，实现战略共赢。主动介入信

息、交通、能源等重大工程，推行保姆式全程服务，为重大项目建设提供法律咨询、现场公证、诉讼维权等法律服务。建立法律服务联系点或服务窗口，实行"一站式"服务，切实保障重点工程项目顺利建设。深化与周边各国有关物流、仓储、投融资法律服务方面知识的了解。建立健全涉带涉路企业法律服务需求和供给对接机制。依托互联网平台等企业提供在线法律咨询、法律体检和法律讲座。加强对企业转型发展中新型法律事务、疑难复杂问题的研究，帮助企业做好转型升级、知识产权保护及风险防控等有关具体法律事务。

（三）律师提高法律服务学习和创新的机遇

随着新疆业务领域的扩增、外部执业环境的改善，新疆律师更应从自身着手，修炼内功，提高律师自身的执业态度和专业能力。学习与"一带一路"相关联的各种信息，包括政府投资的资金流向、优惠税收政策等，时刻把握政策导向，为政府、企业等提供正确、及时的信息传递、解读。还应加强专业知识的学习。学习铁路、能源、信息网络等领域的相关法律法规、文化。马云带着阿里巴巴高管团队，与新疆维吾尔自治区人民政府签署"一带一路"战略合作框架协议，在电子商务、物流、云计算以及互联网等方面进行合作，共谋发展。"一带一路"战略下，国内外各大企业进驻新疆，给新疆的法律服务领域带了新的发展机遇。新疆本地法律服务领域，受传统业务的影响，服务模式、理念较北京、上海等地区落后；但近年借"一带一路"战略发展的春风，全国十强律师事务所相继进驻新疆，如北京大成律师事务所、北京盈科律师事务所、北京德恒律师事务所等，本地律师应具有开放的心态。

律师行业作为被经济形势指引的服务业自然需要敏锐的嗅觉，将业务方向严密贴合国家政治热点及经济发展趋势，适应"一带一路"的大背景，抓住时机提升自己的服务水准，赢得交易机会，方是生存繁荣之道。

四、结语

随着"一带一路"战略的实施和开展，将推开全球的机遇之窗。尤其在党的十八大会议中提出的依法治国的理念下，法律服务将会是"一带一路"建设的重中之重，新疆作为"一带一路"的核心区域，新疆律师更是肩负重担。应与时俱进，转变服务理念，修炼自身素养，抓住新机遇，将法律服务渗透到新疆发展的各个环节，促进新疆法律服务又好又快发展，为"一带一路"建设服务。

参考文献

[1] 陈继东.“丝绸之路经济带”构想的背景、潜在挑战和未来走势［J］.要闻特约，2014（4）：11-38.

[2] 李丹.崔日明.“一带一路”战略与全球经贸格局重构［J］.经济学家，2015（8）：1-9.

[3] 房建.迎机遇控风险为基础建设做贡献——“律师怎样为‘一带一路’及PPP提供法律服务”实务理论研讨会综述［J］.中国律师，2015（10）：47-49.

[4] 康瑟拉耶什金.丝绸之路经济带构想及其对中亚的影响〔哈〕［J］.俄罗斯东欧中亚研究，2015（4）：13-24.

[5] 课题组.“一带一路”战略实施与国际金融支持战略构想［J］.国际贸易，2015（4）：35-44.

[6] 卢锋，李昕，李双双，等.为什么是中国?“一带一路”的经济逻辑［J］.国际经济评论，2015（3）：9-34.

[7] 张红力.金融引领与“一带一路”［J］.金融论坛，2015（4）：8-14.

[8] 朱树英.中国律师服务“一带一路”战略的几个问题［N］.中国律师网，2015（10）.

[9] 谈亚军.“一带一路”与律师发展［N］.方圆律政，2015.

[10] 周忠海，谢海霞.中国开放法律服务市场有关问题之探讨［J］.政法论坛（中国政法大学学报），2002，20（1）：74-81.

[11] 邹嘉龄，刘春腊，尹国庆，等.中国与“一带一路”沿线国家贸易格局及其经济贡献［J］.地理科学进展，2015，34（5）：598-605.

[12] 程金华，李学尧.法律变迁的结构性制约-国家、市场与社会互动中的中国律师职业［J］.中国社会科学，2012（7）：101-205.

[13] 隋云雁.实施“一带一路”战略法律服务如何“走出去”［N］.新疆日报，2015.

[14] 余承志.总理报告的律师视角“一带一路”的机遇和风险［N］.中国律师网，2015.

[15] 苏文玲.刘萍.初议新疆律师如何在“一带一路”战略下提供嵌入式法律服务［N］.新疆百域君鸿律师事务所网，2016.

[16] 国际投资专业委员会.“从一带一路战略看中国境外投资的机遇和法律风险防范”讲座综述［EBOL］.［2015-03-18］.http：//www.hzlawyer.net/news/detail.php?id=10437

[17]“一带一路”战略中律师的机遇与挑战［OL］.新疆律师协会网，2016.

[18]“一带一路”战略是新疆的新机遇、新动力［N］.新疆新闻在线网，2015.

［19］苏文玲.刘萍.初议新疆律师如何在"一带一路"战略下提供嵌入式法律服务［OL］.http：//www.byjh.com.cn/view.asp?id=1394，2016-03-08.

［20］刘艳芝."一带一路"背景下的新疆经济发展研究［J］.经济论坛，2016，547（2）：30-32.

［21］桑云.律师要为服务丝绸之路经济带核心区建设作贡献［J］.中国司法，2015（10）：70-73.

在供给侧背景下应加强律师服务工作

青海沙利亚律师事务所　冶有贵

内容摘要：2015年11月中央财经领导小组第十一次会议首次提出"供给侧改革"，明确了供给侧改革和需求侧管理的作用和地位。在我国适度扩大总需求的同时，着力加强供给侧改革势在必行，通过供需二者的配合，把改革的力度、发展的速度和社会可承受的程度有机统一起来，促使中国经济社会平稳度过转型期，以最小的代价迈入高质量发展的健康轨道。这是党中央提出的重大战略思想，是适应和引领经济发展新常态的重大决策部署，是对中国特色社会主义政治经济学的重大创新，也是对马克思主义经济理论的突破发展。面对党和国家经济政策的重大调整，律师队伍应当紧跟时代步伐，为国家经济发展谋篇布局，加强服务。

关键词：供给侧改革　律师服务　改革任务

一、律师应当全面掌握和领会供给侧改革的涵义

面对一个新词，律师有必要对供给侧改革的内涵进行了解。供给侧改革，旨在调整经济结构，使要素实现最优配置，提升经济增长的质量和数量，对应于需求侧投资、消费、出口，常说的"三驾马车"，供给侧就是劳动力、土地、资本、创新四大要素。供给侧改革着眼于制度创新和制度供给，同时聚焦生产率的全面改善，赋予原有的宏观经济政策手段以供给侧改革的新含义。一是突出强调生产率在改善供给体系质量中的评价功能，实施供给侧改革，根本的是生产率提升和供给体系质量的改善，改进原有的宏观经济政策调控功能。二是科学运用宏观经济政策、产业政策和技术政策的综合功能，供给侧改革需要在技术和产业选择方面，充分发挥产业和技术政策的引导作用和载体功能，确保精准实施供给侧改革和供给侧管理。三是发挥市场机制在选择技术先进性和产业带动效应中的决定性作用。供给侧改革和管理离不开政府指导和规划，但是不可忽视市场机制在选择技术和产业中的决定性作用，避免供给侧改革和管理走弯路。四是供给侧改革成效的显现是一个渐变和长期的过程，供给侧改革需要生产要素不同程度和范围的重新配置，应当长期规划、深入观察和系统设计

供给侧改革和管理的全过程。五是重视改进生产要素质量和促进生产要素的结合，面向创新和中小企业的资本同其他生产要素结合的实际需要，结合运用财政政策手段，改进投资杠杆功能，改善我国直接融资市场的结构、运行和监管体制，以提高全要素生产率。六是将开放型经济纳入供给侧管理。总之，供给侧改革的重点即是"三去一降一补"五大任务,以供给侧改革为主线,抓好去产能、去库存、去杠杆、降成本、补短板。以上是供给侧改革的主要内涵，我们务必搞清楚弄明白，吃透消化，并用法律、法规及其法治理论进行全面理解诠释，做好知识储备。

二、律师应当全面介入宏观经济主体加强服务工作

律师适时介入各级政府宏观经济管理部门提出供给侧改革的法律意见和决策服务。律师为各级党委、行政首长出谋划策，提供法律意见，保证党委、行政首长和行政机关的各项工作依法合规进行。但是目前尚缺乏一套完善的律师参与党委、政府决策机制，所以有必要立足于党委、政府实际，充分发挥律师的重要作用，调动律师的工作积极性，以保障政府在去产能、去库存、去杠杆、降成本和补短板中的可行性和合法性。首先，党委、政府部门务必建立律师参与党委、政府供给侧改革决策工作机制，要充分尊重律师，加强与律师合作与沟通，增进相互之间的理解和支持。其次，还必须加大律师参与党委、政府供给侧改革决策的力度，从多角度、全方位全程介入党委、政府的日常工作，参与党委、政府供给侧改革的决策。最后，律师也积极应对供给侧改革带来的一系列问题，提前介入做出预案。当前各级党委、政府面临的主要问题和困境是：一是去产能以后大量出现的下岗职工如何安置是摆在党委、政府面前的一大难题，党委、政府有责任、有义务为这部分下岗职工提供基本的生活保障，通过有力措施，对下岗职工在心理上进行安抚、技能上给予培训，要做好充分的准备，引导他们进入以服务业为主的第三产业中去，我们律师应当做好这方面的预案；二是去库存以后可能引发的房地产业、劳动密集型企业的各种纠纷集中发生，对此我们律师应当做好应对措施；三是去杠杆以后有关的金融风险也有可能出现，我们应当有一个预期的心理准备；四是降成本方面帮助企业订立相应的规章制度，如节能降耗，节约材料，降成本增效益等等；五是补短板方面应与党中央国务院制定的精准扶贫战略、新农村建设和基础设施现代化等具体工作，做好律师服务的切入点和业务拓展新领域。

三、律师应当全面介入微观经济主体，努力完成"三去一降一补"五大供给侧改革任务

目前，律师在微观经济主体中的地位不是十分重要，微观经济主体决策者

误以为律师介入决策会使自己的商业机密泄露，其实不然，律师的介入会使微观经济主体更加合法合规经营，律师能够及时的管控微观经济主体的经营风险，也能够更大程度的规避法律法规方面的风险。随着微观经济主体在更大范围、更广领域、更高层次参与国际国内市场竞争,被置于同一市场规则的法律环境中,生存和发展是一个严峻的考验。尤其目前国家供给侧改革如火如荼，微观经济主体要在竞争中立于不败之地,应当尽快建立律师参与供给侧改革决策机制，让律师成为懂法律、懂经济、懂管理的微观经济主体的高级参谋。

面对供给侧改革中出现的新问题、新情况，律师业务应当以几何级数增长，因此，我们积极主动取得微观经济主体企业法人的信任和聘请，具有针对性地围绕供给侧改革提供法律服务。一是认真处理“僵尸企业”,当机立断切割危机。对“僵尸企业”的处理应当机立断，采取破产、兼并重组等方式快速处置，切割危机。对市场化程度比较高的地区和行业，应采取市场化手段处置，对于依然具备部分价值的“僵尸企业”，应当鼓励有条件的企业根据市场规则对其兼并重组，对于已经不具备重组价值的“僵尸企业”，应该果断的实施破产清算。在市场化程度很低的区域和行业，需要政府的深度参与，对于这部分企业，政府应该停止输血，大量的数据证明，以前曾实施了“再国有化”的企业效益也并不好，我们不应该再去走这条老路。这个过程律师参与决策和具体承办的案件很多，一方面为党和政府解忧，另一方面拓展律师的业务领域并增加收入。二是有针对性地做好下岗职工的分流转移工作。去产能以后大量职工下岗，这是供给侧改革必然出现的一种经济现象，也是劳动力合理流动的一种趋势，这个节点上劳动者与企业之间的各种纠纷会井喷式发生，律师会在这个环节上抓住重点，努力应对，一方面增加收入，另一方面解决政府难题，化解转型企业矛盾，促进社会稳定。三是为企业化解财务风险。律师适时地为企业化解财务风险，提高企业财务运行速度，供给侧改革对企业带来的财务风险不可低估，应当提前运筹帷幄之中。我认为采用如下方法进行化解比较理想：第一，分散化解，随着供给侧改革的深入，企业财务风险也会越来越高，对此企业采取联营、多种经营及对外投资多元化等方法化解风险；第二，回避化解，针对众多理财方案时应当选择风险较小的方案，达到回避财务风险的目的；第三，转移化解，通过保险、多种经营、对外投资等手段把企业财务风险转移给他人承担；第四，降低化解，企业通过降低负债、降低股票投入等方法努力采取措施降低财务风险；第五，多角化风险控制，针对供给侧改革带来的风险，企业应当多投资一些与本企业不相关的项目，多生产、经营一些利润率独立或不完全相关的商品，使高利和低利项目、旺季和淡季、畅销商品和滞销商品在时间上、数量上互相补充或抵消，以弥补因某一方面的损失给公司带来的风险。四是做好企业的降成本增效益工作。供给侧改革势必在降成本增效益方面实现突破性改观，根据企业状况和生产实际，大力开展“节约节俭”、“效益为先、降耗为本”活动，全国上下从节约一滴水、一度电、一滴油和一个小螺丝做起，加大各种材料管理力度，树立良好的节约习惯，达到降低成本和增加企业效益双赢的目的。五是为企业积极寻找新的商机，在新农村建设、基础设施建设、精准扶贫等项目中确立企业的一席之地。

2016年是“十三五”开局之年，我们从生产端入手，解放生产力，提升竞争力，促进经济发展，清理“僵尸企业”、淘汰落后产能，将发展方向锁定在新型领域、创新领域，创造新的经济增长点。在适度扩大总需求的同时，去产能、去库存、去杠杆、降成本、补短板，从生产领域加强优质供给，扩大有效供给，增强供给结构适应性和灵活性，提高全要素生产率。打造企业品牌和国际商标，生产质优价廉的具有国际竞争力的产品，满足需求者选购，一改国人从日本、德国等地购买马桶盖、刀、铲等日用品的被动局面。面对如此巨大的经济改革，我们律师应当率先学习理解供给侧改革的相关知识，满怀信心迎接社会转型和经济高质量发展新时代的到来，从中汲取精神食粮，激发服务斗志，赚取应得利益。

参考文献

［1］谷克鉴.准确把握供给侧结构性改革的丰富内涵［OL］.中国经济网，2016-05-26.

［2］钱军.去产能应为下岗职工提供保障［OL］.新浪财经意见领袖专栏，2016-05-11.

［3］赵超林.地方政府和企业如何去杠杆［OL］.和讯财经新网，20116-03-17.

［4］艾学蛟.大变局时代——中国如何切割危机［M］.北京：电子工业出版社，2014：10.

“一带一路”建设中知识产权保护问题的探究
——关键词推广中网络客户的商标使用行为研究

北京市盈科(银川)律师事务所　张云佳

内容摘要：互联网环境下，网络客户在未经他人许可的情况下利用他人商标作为关键词进行网络推广的行为十分普遍，其行为是否属于商标侵权，理论和实务界历来都是争论不断。本篇文章旨在通过对商标权人商标使用行为的构成要件、侵犯商标专用权行为的构成要件进行分析，说明关键词推广中网络客户使用他人商标作为关键词的行为构成商标侵权，应该承担相应的法律责任。

关键词：关键词　商标侵权　商标性使用　混淆可能性

引　言

1994年3月我国获准加入国际互联网行业，迄今为止，互联网行业在我国的发展经历了短短二十多年。但是，该行业在我国的发展速度之快、发展规模之大、渗透范围之广却是其他任何一个行业都无法超越的，2010年闹得满国风雨且至2015年才停息的“3Q大战”、2015年天猫双十一全球狂欢节总交易额为912亿，这些鲜活事例生动形象地向我们反映了这一事实。目前，我国已经进入互联网信息时代，互联网宛如一棵常青树已在我国扎地生根，但就我国的现实情况来看，与互联网相关的法律制度、国家政策、行业惯例等仍不健全和完备。一个行业的健康发展需要完善的社会制度对其加以扶持，就如一棵树苗的茁壮成长需要肥沃的土壤一样，因此，如何肥沃我国社会现今稀薄的法律、制度土壤，使其适合互联网这棵常青树的生长繁衍，是值得我们深思的问题。近年来，互联网环境下的商标侵权问题受到越来越多的关注，相关问题的争论亦是无休无止。鉴于此，本篇文章旨在对互联网环境下网络客户在关键词推广业务中的商标使用行为进行研究，并提出自己的观点和看法。

一、关键词推广的概念

所谓关键词推广，也叫竞价排名，是搜索引擎服务提供商的一种推广业务，通过利用搜索引擎的搜索技术，将竞价者的网页链接与某关键词相连，并将该链接在搜索结果列表中的排序提前。[①]无论是称作关键词推广，还是竞价排名，顾名思义，都是搜索引擎服务提供商利用自己掌握的互联网技术为其客户提供的一种有偿搜索服务，目的在于使与关键词建立联系的网页链接能够显示在搜索结果的显著位置，以便快速吸引消费者眼球，进而实现推广的目的。

二、关键词推广中的商标使用行为

关键词推广业务中涉及两个行为主体——购买关键词推广服务的网络客户和提供该服务的搜索引擎服务提供商，通常情况下，网络客户自己选定关键词，并确定与关键词相联系的网页标题、网页链接的内容，然后将其提交给搜索引擎服务提供商，由搜索引擎服务提供商利用网络技术使客户选定的关键词与其网络链接建立对应关系。如果搜索引擎服务提供商为其客户设置的关键词是未经他人许可的商标，此时，网络客户购买关键词的行为是否构成商标侵权？网络客户的使用行为是否构成商标侵权？其应该承担怎样的法律责任？这些问题目前在理论上和实践中都尚存争议，有待我们进一步思考。

三、网络客户的行为是否构成商标侵权

在关键词推广中，对于网络客户选定关键词、确定与关键词相关的标题内容和链接内容，然后将其提交给搜索引擎服务提供商的行为是否构成商标侵权，目前理论界和实务界可以说是仁者见仁，智者见智。笔者认为，确定网络客户使用商标作为关键词推广的行为是否构成商标侵权，首先，我们需要明确商标侵权的构成要件，即商标性使用和混淆可能性，依此要件来判断网络客户的行为。持反对观点的人基于以下几点理由认为网络客户的行为并不构成商标侵权。

（一）网络客户单纯的购买行为不构成商标侵权。

有人主张，网络客户仅实施了购买行为，对购买之后的网络服务提供商的行为和上网用户使用关键词搜索的行为无法控制，亦不应负责，因此，其单纯的购买行为不构成商标侵权。对此，笔者认为这种说法有失偏颇。的确，如果网络客户真的仅仅实施了购买关键词的行为，然后将购买得来的关键词束之高阁、仅供观赏，这种做法当然不具有可责难性，不会受到法律的约束，因为这不会侵害到任何人的权益。但此处的问题是，网络客户的行为并不是单纯的购买行为，其在购买关键词之后，还利用网络服务商的关键词推广业务在网络环境中使用该关键词。然而，有人又言，其后的在搜索引擎中设置关键词是搜索引擎服务提供商的行为，并不是网络客户的行为，对于他人行为导致的责任，

---

① 张今、郭伦思：《电子商务中的商标使用及侵权责任研究》，知识产权出版社2014年版，第76页。

网络用户不应承担责任。对此，笔者认为，我们与其说网络客户购买的是关键词，毋宁说网络客户购买的是搜索引擎服务商的服务更为准确。如前文所述，网络客户的最终目的不在于将购买来的关键词束之高阁，而是要将其用于搜索过程中，使关键词与自己的网页标题、网页链接建立联系。因此，就网络客户的主观状态来说，他是希望将关键词运用到网络环境中的。另外，搜索引擎服务提供商将某关键词与网络客户提交的网页标题、网页链接建立联系的行为，是在网络客户的指示、要求下进行的，没有网络客户购买关键词服务的行为，就没有搜索引擎服务提供商的行为。通过以上分析可知，关于网络客户仅仅实施了关键词购买行为的辩解是无法成立的，其购买的不仅仅是关键词，而是关键词推广服务，应该对关键词推广的整个过程负责。

（二）关键词推广的整个过程不属于商标法明确禁止的行为

有人主张，即使网络客户应该对关键词推广的整个业务过程负责，其亦不构成商标侵权，因为其行为不属于商标法第57条、商标法实施条例以及有关司法解释关于商标侵权的规定。我国商标法第57条规定，有下列行为之一的，均属侵犯注册商标专用权：（一）未经商标注册人的许可，在同一种商品上使用与其注册商标相同的商标的；（二）未经商标注册人的许可，在同一种商品上使用与其注册商标近似的商标，或者在类似商品上使用与其注册商标相同或者近似的商标，容易导致混淆的；（三）……；（四）……；（五）……；（六）故意为侵犯他人商标专用权行为提供便利条件，帮助他人实施侵犯商标专用权行为的；（七）给他人的注册商标专用权造成其他损害的。网络客户在关键词推广业务中使用关键词的行为并不属于以上七种行为，其不属于第1、2款所规定的在相同或类似商品上使用相同或者类似的商标，仅就设置关键词的行为而言，也不属于第3、4、5、6款的规定，至于是否属于第七款的情形，还需要结合具体情况予以分析。因此，反对者认为网络客户不构成商标侵权。对此观点，笔者认为有值得商榷之处。

就商标侵权行为的本质来看，网络环境下的商标侵权与传统环境下的商标侵权并无不同，都是由于行为人的行为，破坏了某商标标识与其原有商品之间的特定的、唯一的联系，损害了商标权人的利益，仅仅在侵权发生的场所和具体表现上有所差异，应当同样适用商标性使用和混淆可能性两个要件。[①]的确，即使是在网络环境下商标侵权的判断也应该遵循商标性使用和混淆可能性两要件原则。但是，虚拟的网络环境与传统的真实世界毕竟存在千差万别，因此，

① 张今、郭伦思：《电子商务中的商标使用及侵权责任研究》，知识产权出版社2014年版，第76页。

我们在具体判断某一行为是否属于商标性使用、是否存在混淆可能性时，就不能固守传统的一些标准，而应该尊重网络环境的独特特点，做出适合网络环境的解释。

我国商标法第48条规定：本法所称商标使用，是指将商标用于商品、商品包装或者容器以及商品交易文书上，或者将商标用于广告宣传、展览以及其他商业活动中，用于识别商品来源的作用。我国学界根据该条规定，结合实践情况，对商标权人的商标使用行为的构成要件作出如下总结：在商业中使用、公开使用、真实使用、商标性使用，这是对商标权利人的商标使用行为作出的要求和规定。但是，在判断商标侵权行为的过程中，是否也应该坚守这些要件？关于这一问题，司法实践中在相关案件中仍然会综合考虑以上要件，例如，在"慧鱼"商标权纠纷案中，法院就认为将相关文字设置为推广链接的关键词系在计算机系统内部操作，并未直接将该词作为商业标识向公众展示，不会使公众将其识别为区分商品来源的商标，不属于商标性的使用。[①]本判决的关键之处在于，法院认为被告使用关键词的行为属于内部使用，不满足商标使用的"公开使用"构成要件，因此，被告的行为不构成商标侵权。笔者对此不敢苟同。

首先，暂且认为网络客户使用关键词的行为属于内部使用行为，那么其是否因为该行为是内部使用行为而不构成商标侵权呢？笔者认为，对于商标权利人的"商业中使用、公开使用、真实使用、商标性使用"的商标使用要求不能适用在商标侵权行为的判定中，我国历来对于商标侵权行为中的商标使用行为研究较少，而对于商标权利人的商标使用行为研究却较为丰富，导致商标侵权行为的判定被认为应该采取与权利人使用行为一样的标准。笔者认为，商标侵权行为的判定应该坚持"商标性使用、混淆可能性"两要件说。至于"慧鱼"案中所强调的"公开使用"是否为商标侵权行为的判断要件，笔者对此持否定态度。通常情况下，想要侵犯他人权利的人总是希望通过一种不被他人觉察的、隐蔽的方式去采取相关侵权行为，以使自己不被他人发现，进而逃避相关责任，以明目张胆的方式去侵犯他人权利者实属罕见。因此，在商标侵权行为的判定中，若要坚持侵权行为人的"公开使用"要件，似乎存在不合情理之处。另外，就我国商标法第57条关于商标侵权行为的规定来看，也没有要求侵犯商标权的行为应该满足"公开使用"要件，例如该条规定伪造、擅自制造他人注册商标标识的行为构成侵犯商标专用权的行为，难道我们能说这种伪造、擅自制造的行为符合公开要件吗？显然这种行为是隐蔽性的，但它仍然属于侵犯商标专用权的行为。因此，笔者认为，对于商标权人使用商标的要求不能成

① 中华人民共和国北京市高级人民法院民事判决书，(2013) 高民终字第1620号。

为判断商标侵权行为的标准，商标侵权行为的判断应该坚持"商标性使用"和"混淆可能性"两要件说。

其次，笔者认为，网络客户使用关键词的行为是否属于内部使用行为还有待商榷。所谓"公开使用"，是指商标的使用必须面对消费者，使公众能够感知商标的色彩、图案或文字，进而对商标留下印象。所谓"内部使用"，是指脱离市场，离开消费者认知的使用，如公司内部交易行为或企业内部管理需要而使用商标、仅有商标转让或许可协议的使用等。[①]由此可见，区分"公开使用"和"内部使用"的关键不在于使用的具体方法，而在于使用的结果——消费者是否能够接触，如果消费者能够接触，则属于"公开使用"，如果消费者不能接触，则属于"内部使用"。就关键词推广服务而言，虽然搜索引擎服务提供商利用网络技术设置关键词的行为是在计算机系统内部操作，该操作过程不可能被相关上网用户看到，但正是由于其在先在计算机系统内设置关键词的行为，才导致上网用户在以该关键词进行搜索时，出现与该关键词设置联系的网页链接，使上网用户接触到了这些信息，而搜索引擎服务提供商和其网络客户的目的也在于利用该关键词使相关网络用户对其网页链接或者网页有所了解，该行为不满足"内部使用"所要求的脱离市场，离开消费者认知的要件，与之相反，进入网络市场，吸引消费者，这是网络客户的目的所在。因此，笔者认为，网络客户使用关键词的行为不是"内部使用"行为。

（三）关键词推广中的商标使用形式使其不会构成商标侵权

此外，还有人主张，在关键词推广中，不论是上网用户在搜索时输入的关键词，还是搜索引擎服务提供商在计算机系统内部设置的关键词，亦或是网络客户在网页标题和网页链接中使用的关键词，都是普通的字体形态，而对于商标来说，即使是一个单纯的文字商标，通常情况下商标权人为了追求美观，都会对其进行一定的美术设计，商标不是以普通字体的形式展现。因此，否认者认为在关键词推广中将商标作为关键词的使用不符合我国商标法关于商标使用的规定，因而不构成商标侵权。对此，笔者认为，如前文所述，我国法律关于商标权人商标使用要求在商标侵权行为的判定中不适用，对商标权利人的商标使用要求显然需要高于商标侵权行为人。对于商标侵权行为人，只要其行为属于"商标性使用"并"有可能导致消费者混淆"，即属于商标侵权，至于其行为是否属于商标法所规定的"严格按照商标注册的形态使用"，在商标权属纠纷中应该对其加以考虑，而在商标侵权判定中不必拘泥于此。

---

① 张今、郭伦思：《电子商务中的商标使用及侵权责任研究》，知识产权出版社2014年版，第29页。

（四）关键词推广中使用商标不会造成相关公众的混淆

最后，有人还认为，即使网络客户使用关键词的行为构成“商标性使用”，但是对其行为有“混淆可能性”持否认态度，认为网络客户使用关键词的行为不会导致消费者混淆，更不会对商标权人造成损害，进而认为其行为不构成商标侵权。对此主张，笔者认为存在不妥之处。网络环境是一个虚拟的社会，其不同于现实生活，因此，网络环境下的商标侵权行为与现实生活中的商标侵权行为也存在很大差别。现实生活中不管是制造商标、将商标使用于商品或者服务上，总要借助于一定的有形物质载体。但网络社会却与此不同，尤其是在关键词推广业务中，在上网用户输入关键词到出现搜索结果的这一过程中，出现在上网用户面前的景象是那么抽象，此时上网用户是否会混淆，或者有混淆的可能性，是一个难以捕捉的问题。另外，在关键词推广中引发的商标纠纷中，网络客户通常不会选择毫无知名度的商标作为关键词。网络客户之所以会选择具有一定知名度的商标作为自己的关键词，主要是因为关键词的知名度越高，知晓该关键词的人也越多，在网络中利用该关键词进行搜索的人也会越多，将其设置为自己的关键词，自己的网页标题、网页链接出现在上网用户面前的概率就越大。此时，网络客户显然具有利用他人商标推销自己的行为，其更像是搭便车的不正当竞争行为，应该对其加以规制。

四、结语

在虚拟的网络环境中侵犯他人权利的行为更加抽象和隐蔽，如何正确界定网络环境中的相关行为，对于权利人和行为人来说都具有十分重要的意义。在“一带一路”的建设中，笔者认为，在关键词推广中使用他人商标作为关键词的行为毫无疑问属于侵犯商标权的行为，对此行为应该加以规制。

浅析公司法与公司章程的冲突问题

海南嘉天律师事务所　王龙奎

内容摘要：公司章程是治理公司的纲领，公司法为公司章程的制定、履行提供制度基础。但公司法兼具的自治和国家强制双重属性，使得公司章程与公司法在实际公司治理过程中会不可避免地产生效力冲突，这种冲突的实质就是国家强制与私法自治的博弈。而解决公司章程与公司法规范之间冲突的最好方法就是通过协调，文章主要从立法机关规范指导公司章程的制定、坚持裁判宽容思维及落实章程自治三个方面提出协调对策，以寻求公司章程自治与公司法立法理念的契合，进而规制矛盾冲突。

关键词：公司法　公司章程　冲突　协调

一、基本案情

本案案由：甲公司诉被告A股东会或股东大会、董事会决议效力确认纠纷案

案情综述：原告甲公司《甲公司章程（2010年12月25日修订）》第九条规定"公司董事长A为公司法定代表人"。后甲公司于2012年5月28日、8月26日分别作出《第二届董事会第十次会议决议》及《2012年第一次临时股东大会决议》，经过两次董事会决议，被告A不再是公司董事长和总经理。依据《公司法》第13条规定"公司法定代表人依据公司章程的规定，由董事长、执行董事或者经理担任"，因此A不具备担任公司法定代表人资格。但被告A在董事会、股东会决议作出后，拒不配合办理将甲公司法定代表人变更为C的变更登记手续。原告以被告已经损害了公司的合法权益为由提起诉讼，而被告愿意和解。后原告甲公司与被告双方和解，并于2013年10月8日向法院提出撤诉申请。法院审理认为甲公司撤诉符合法律规定，该院依照相关法律规定裁定准许原告甲公司撤回起诉。本案的焦点既是甲公司的原法定代表人A和现任法定代表人C之间的权力交接的冲突。也是公司章程和法律规范产生了冲突，因此导致了诉讼的产生。

二、案件相关法律概念辨析

本案涉及到公司章程和公司法的界定问题，所以我们先辨析公司章程和公司法的概念，再探讨有关公司章程同公司法冲突协调的问题。

(一) 公司章程与公司法的界定

1.公司章程的概念

学界对公司章程的含义众说纷纭，但描述大同小异。主流观点认为公司章程是指公司必须具备的由发起设立公司的投资者制定的，并对公司、股东、公司经营管理人员具有约束力的调整公司内部组织关系和经营行为的自治规则[①]。

无论大陆法系或是英美法系，对公司章程定义并无本质区别，关键点都是：①公司章程与公司设立行为有关；②公司章程系自治规范；③公司章程对公司、股东、董事和经理皆具有约束力。

2.公司法规范的分类

目前，我国多将公司法规范按照当事人意思表示的内容划分为：强制性法律规范和任意性法律规范。而任意性规范又可进一步划分为：可选择适用的任意性规范、可排除适用的任意性规范和可补充的任意性规范[②]。

公司法中的强制性规范通常以两种方式表述：即规定当事人义务性规则的积极规范和规定当事人禁止性规则的消极规范。

任意性规范，即公司股东或者管理层根据私人的意思表示选择适用、拒绝适用或者补充适用的法律规范，现行公司法的全文就设置了大量的任意性规范。

(二) 公司章程与公司法规范的冲突

公司法与公司章程侧重的价值观念不同，各自发挥特定功能，但就公司的设立、运作而言都非常重要。公司的设立、运作离不开公司法的宏观规制，也离不开公司章程的具体指引，二者是必不可少的。近年来，公司章程与公司法规范之间的积极冲突和消极冲突日益凸显，并且冲突形式又出现新类型、新变化。

1.公司章程与公司法强制性规范之间的冲突

公司章程与公司法强制性规范之间的冲突主要是公司的章程规定违反公司法强制性规范。这是一种由公司章程的积极规定而引起的积极冲突。本文以甲公司的章程争议案为例加以说明。甲公司的公司章程第九条规定“公司董事长A为公司法定代表人”。但A后来已经辞去董事长一职。第九条未对公司法定代

---

① 邓颖翠：“浅析对公司章程自治的限制”，载《金田》2011年第12期。

②王保树：“公司法任意性法律规范适用的留意点”，载《国家检察官学院学报》2011年第1期。

表人的规定作及时修改，而公司法第13条规定："公司法定代表人依照公司章程的规定，由董事长、执行董事或者经理担任，并依法登记。公司法定代表人变更，应当办理变更登记"。已经不是公司董事长的A担任公司法定代表人就违法了公司法强制性规定。

2.公司章程与公司法任意性规范的冲突

公司章程与公司法任意性规范的冲突则是一种消极的冲突，这种矛盾的产生有两种：一是公司当事人怠于行使自己的自治权而产生，现行公司法在修订之初便希冀通过增强任意性法律规范的制定强化公司章程自治，而现实的情况是公司未充分发挥章程自治的作用致使法律授予的权利空置及法律职权性规定悬置。主要表现为在公司制定具体公司章程时，缺乏敏锐的章程规范意识，普遍存在抄袭或是直接照搬公司法的相关规定的现象。这样制定出的章程往往不具有科学性、可操作性，形同虚设。这样一旦公司出现合同或者其他民事纠纷，股东退出或者股权转让纠纷时就会导致无章可循、无约可守的后果。二是公司滥用公司法赋予的自治权利，其自治性规定已经超出了自治范围，甚至触犯了基本法律原则。因此，公司章程与公司法规范就产生了冲突。

三、公司章程和公司法规范在公司治理中的冲突协调途径

解决公司章程与公司法规范在公司治理中的冲突可以通过协调途径，这种协调其实质就是"国家强制对私人强制的限制、国家强制与私人自治的权衡"①。针对本文研究的冲突内容，笔者拟从立法层面、司法裁判及商人主体角度提出协调的对策。

（一）立法机关通过规范性文件指导公司章程的制定

公司法这一规范性法律文件有其规范性和权威性，尽管它是一部私法，但非法律人士对于这些规范事项中具体如何操作仍缺乏了解。因此，笔者建议立法机关可以通过行政法规或者其他规范性文件指导和规范商人主体对公司章程的制定。规范性文件的制度设计可参考如下几个方面：

第一，确定公司章程设计应遵循的基本原则，如合法、规范的原则、充分发挥股东自治的原则、与公司治理有机结合的原则、防范公司僵局的原则等；

第二，在公司法任意性规范的授权范围内，公司章程可以从公司治理结构设计、对治理结构设定规范、公司僵局防范条款、公司反并购、股东退出条款等方面作出引导性规定；

第三，明确商人主体可以自由规定的范畴、鼓励不同性质的公司作有利于其自身生产、经营的个性化设计。

① 杨扬："论公司法中的私人强制与国家强制"，载《法制与社会》2010年第22期。

总之，公司章程作为公司自治的重要的规范性文件，对公司设立、运作及解散的具体权利义务及其行使方式应审慎、详细地落实，有效地规范公司的组织结构和职权的行使状况，不让权利仅停留在公司法规范的纸面上。要在实践中充分地发挥公司章程特色，进而维护公司及其股东、其他利益当事人的合法权益，保障社会经济秩序的平稳有序运行。

（二）司法者转换裁判思维坚持裁判宽容

当章程与公司法形成实际冲突时，当事人最终的解决办法就是通过司法裁判。在公司法立法理念转变的情况下，司法者不能秉承一贯的国家强制思维去断案，应该转换严格的裁判思维，准确理解公司法领域中私法自治的含义，坚持与时俱进宽容地裁判。

法官在处理案件的过程中，主要应围绕案件将生活事实解读到法律事实，并适用相关的法律规则裁判纠纷案件，这个过程中最困难的步骤就是对法律的解释选择和适用。法官应该以章程的争议条款为出发点，研究该适用的法条，再根据该法条的构成要件将生活事实转化为法律事实，在事实与法条来回对比中，不能脱离对法律的解释。由于任意性规范在理解上的不确定性，在对法律进行解释时可能会有多种说法，这种情况下法官应充分发挥其能动性，根据法律解释的目的及法律规定的客观目的进行取舍。既要注重利益的权衡，又要注意前后的一致性使处于不同位阶的法律之间不发生冲突，在留有自由裁判的余地的同时不超过必要的射程①。

裁判宽容还要求法官审理公司法案件时，深刻理解私法自治领域的股东自治和公司自治②，谨慎地解释公司自治与国家强制的界限，明确公司法的私法属性和强制性规范的设定基准，充分尊重公司的商业惯例和商业判断，采取较为灵活和宽缓的方式审判公司纠纷，以做出更加公平合理的决断。而且可以能动性地将商事纠纷的处理程序作必要的简化，如将调解设置为前置程序、在法律允许范围内主动地、能动地缩短审理期限。使扰乱的社会秩序快速地得到恢复，提高交易效率，以追求更高的社会价值。

（三）当事人强化章程意识 落实章程自治

我国现行公司法的立法理念发生了转变，大量的任意性规范使公司章程在公司治理中发挥更大的作用，公司有了更大的自治空间。相应地，从当事人的角度要解决公司章程与公司法规范在公司治理中的消极冲突，可以从公司章程的制作上落实其享有的自治权利入手。首先，公司章程从程序上予以完善。具

① 王泽鉴：《法律思维与民法实例》，中国政法大学出版社2001年版，第135页。

② 李玉明：“公司私法解散浅谈”，载《河南私法警官职业学院学报》2008年第4期。

体而言，各个公司可以根据各自特色从程序上对公司章程加以细化或者严格化。其次，公司章程从职权上对公司组织结构予以完善。通过对公司管理层管理职权的强化，将公司自治理念充分落实到公司经营实处。再次，从补充性任意规范着手，具体化管理规则。目前公司的章程大多数是照搬已有的范本，缺乏个性化的设计和创新。所以要强化当事人公司章程意识，通过法律途径提前协商确定有争议问题的解决方式。根据自身情况量身定做具有自己的公司特色性的章程条款，增强章程的实用性和有效性，充分保障各相关主体的合法权益免受侵扰，进而拓展公司的自治空间。

结　论

公司法兼具自治和国家强制双重属性，学界关于公司章程与公司法的自治与强制界限问题无休止地争论是没有意义的，关键是要在私法自治和国家强制的博弈中找出均衡处进而设计相应的制度对矛盾进行规制。即公司章程在内容上完全服从公司法强制性规范的要求、充分将公司法任意性规范具体化或适用或补充或排除。具体案件中，公司管理层在制定公司的章程的时候应当依据相关的法律法规制定章程，确保章程能成为确保公司正常稳步运作的坚实保证。

参考文献

［1］王泽鉴.法律思维与民法实例［M］.北京：中国政法大学出版社，2001：135.

［2］王保树.公司法任意性规范适用的留意点［J］.国家检察院学院学报，2011（1）.

［3］杨扬.论公司法中的私人强制与国家强制［J］.法制与社会，2010（22）.

［4］邓颖翠.浅析对公司章程自治的限制［J］.金田，2011（12）.

［5］李玉明.公司私法解散浅谈［J］.河南私法警官职业学院学报，2008（4）.

“一带一路”背景下环境公益诉讼制度的构建

北京盈科（太原）律师事务所　温健楠

内容摘要：近年来，习近平主席提出中国愿与周边国家构建“丝绸之路经济带”和“21世纪海上丝绸之路”的倡议，并相继被写进中共中央关于全面深化改革若干重大问题的决定，成为中国的发展战略。然而，任何事物都具有两面性，与生产力进步和社会的高速发展相伴的是日益严重的环境问题。环境利益是社会公共利益的重要组成部分，环境对人类的生存和发展起到至关重要的作用，因此，与环境保护有关的法治问题亟待解决，尤其是我们在“一带一路”建设中必须高度重视环境问题。

本文通过阐述环境公益诉讼的概念、理论基础，并分析新法实施前后的变化，突出新法的进步之处，进而分析我国环境公益诉讼存在的问题并对其他国家的环境公益诉讼制度进行叙述，在“一带一路”过程中，为完善我国的环境公益诉讼制度提供有益借鉴，为经济发展、人民幸福提供良好的环境，为各个企业提供良好的投资环境。

关键词：一带一路　环境权　环境公益诉讼

一、环境公益诉讼制度概述

（一）何为环境公益诉讼

我国学界对于环境公益诉讼的理解各有独到之处，笔者认为李爱年教授的观点对环境公益诉讼的定义更加到位，他指出：“环境公益诉讼是指公民、企事业单位、社会组织以及有关机关依据法律的特别规定，在环境受到或可能受到污染和破坏的情况下，为维护环境公益不受侵害，针对有关民事主体或行政机关而向法院提起诉讼，由法院依法追究行为人法律责任的诉讼。”[①] 上述说法不仅明确了环境公益诉讼的诉讼主体、诉讼目的，同时也指明出了诉讼对象的具体范围。

（二）环境公益诉讼的功能与作用

环境公益诉讼的功能和作用在于维护环境公益，对于推动环境保护、促进

---

① 李爱年：“中国环境公益诉讼的立法模式”，载《法学杂志》2010年第8期。

社会的可持续发展有着积极的社会效果，进而加以预防并对已有的环境损害采取积极的补救措施。首先，有利于预防环境损害，建立生态环境保护机制，保护环境，促进公共政策的实施。其次，有利于为“一带一路”的建设提供良好的公共环境。再次，有利于促进环境民主的发展，提高公众的环境意识，鼓励更多的公民参与到环境保护的活动之中。另外，环境公益诉讼制度的完善有利于形成环境保护政策，推动“一带一路”沿线国家的环境保护进程。

二、环境公益诉讼的域外借鉴

环境问题是伴随着生产力高速发展和工业化大生产而产生的，我国“一带一路”进程中对此问题不可能不予以重视、不予以关注。沿线国家环境公司诉讼制度的发展可以参照美国、印度的制度运用。

美国作为资本主义工业强国，其环境问题亦是非常严重。在此情形下，为了维护国家、社会公共利益，环境公益诉讼制度应运而生，且逐渐形成了较为完整的体系并在实践中得到了良好地应用。其在基本法律中对环境公共利益予以保护，并在原告主体资格上采取的是“事实上的损害标准”，实际损害不单单是指经济上损害，还包括了环境舒适的损害，它将视觉美感、娱乐享受等都纳入到了实际损害的范围。另外，采用了特殊的诉讼费用承担规则，减少诉讼成本的增加，更加有利于环境的保护与发展。

印度则是第一个引入公益诉讼制度的国家，并结合了印度自身的政治、经济、社会条件，在实践中取得了显著的成果。因此，美印两国的公益诉讼制度无疑对我国有着较大的借鉴意义。我国在“一带一路”的建设中，一方面可以借鉴沿线国家的环境公益诉讼制度，另一方面可以协同推进投资生态环境的优化。

三、当前环境公益诉讼的发展状况及缺陷

（一）环境公益诉讼的发展状况

经济发展伴随着的生态问题令人担忧，同时随着公民环保意识的不断提高，环保团体等社会组织的不断成立，维护环境公共利益的呼声越来越高，人们对环境权的呼声亦是此起彼伏。在当前的司法环境之中，一方面，传统的纠纷解决方式不能满足环境案件的需要，在处理问题上通常会有“心有余而力不足”之感。另一方面，当事人由于诉讼成本、取证问题以及其他一些特殊原因往往处于弱势地位，使其不会甚至不敢通过法律途径维护环境利益。

可喜的是，继民事诉讼法第55条有关公益诉讼的规定之后，2015年1月1日实施的新环保法的出台，使得环境公益诉讼制度有法可依，在诉讼范围和诉讼主体资格的上取得了突破性的进步，使其规定更加明确、更加具体。

（二）"一带一路"下，环境公益诉讼制度如何选择和适用

在经济发展，供给侧改革的大背景下，我国环境公益诉讼仍面临着严峻考验：

1.相关法律尚不完备

由于社会环境问题的加剧以及学界的呼吁，我国相继颁布了有关环境公益诉讼的政策性文件，并取得了有益成果。但这些政策性规定只是起了一种导向的作用，对于环境公益诉讼进入司法程序缺乏可操作性，不适于作为环境公益诉讼的法律依据。具体到法律法规而言，在程序法上，仅只有新民事诉讼法第15条[①]、第55条[②]做出了规定，但是该条文作为一个概括性的条款，其宣示性意味较大，缺乏实际可操作性，且对于诉讼主体资格和诉讼范围的规定并不明确、十分模糊，距离形成完善的环境公益诉讼体系仍然任重而道远。在实体法上，有关行政机关、公民和其他社会组织保护环境的权利义务散见于单行法和部门法中，如新环保法第6条[③]、第58条[④]和侵权责任法第15条[⑤]、第65条[⑥]。由于缺乏体系化的程序和法律，使得公民个人或环保组织为维护公共利益的诉讼常以败诉而告终。随着社会经济的不断发展,社会公共利益对于人们来说日益重要,但此种公共利益同时又不是明确地与某个具体的人之间有利害关系，因而，通过法律途径寻求救济异常艰难，导致实体权利难以实现。

2.现有程序法与环境公益诉讼并不完全配套

一方面，诉讼费用承担仍有一定欠缺。按照我国现行的诉讼费用缴纳办法和公益诉讼解释，诉讼费用根据涉案标的按比例收取，由原告预交，最后根据

---

① 《民事诉讼法》第15条规定："机关、社会团体、企业事业单位对损害国家、集体或个人民事权益的行为，可以支持受损害的单位或者个人向人民法院起诉。"

② 《民事诉讼法》第55条："对污染环境、侵害众多消费者合法权益等损害社会公共利益的行为，法律规定的机关和有关组织可以向人民法院提起诉讼。"

③ 《环境保护法》第6条规定："一切单位和个人都有保护环境的义务。"

④ 《环境保护法》第58条规定："对污染环境、破坏生态，损害社会公共利益的行为，符合下列条件的社会组织可以向人民法院提起诉讼：（1）依法在设区的市级以上人民政府民政部门登记；（2）专门从事环境保护公益活动连续五年以上且无违法记录。符合前款规定的社会组织向人民法院提起诉讼，人民法院应当依法受理。提起诉讼的社会组织不得通过诉讼牟取经济利益。"

⑤ 《侵权责任法》第15条规定："承担侵权责任的方式主要有：（一）停止侵害（二）排除妨碍（三）消除危险（四）返还财产（五）恢复原状（六）赔偿损失（七）赔礼道歉（八）消除影响、恢复名誉。"

⑥ 《侵权责任法》第65条规定"因污染环境造成损害的，污染者应当承担侵权责任。"

案件结果在当事人之间按比例分配承担。然而该办法是针对传统的私益诉讼制定的，环境公益诉讼案件旨在维护社会公共利益，原告只是环境公共利益的代表之一，而不是直接的、唯一的权利人，由原告预交诉讼费的方式大大增加了原告的诉讼成本，也严重影响了社会公众保护环境公共利益的积极性。并且，若原告最终败诉，诉讼费用将由原告最终负担的方式，也造成了实质上的不公平。

另一方面，诉讼时效较短。环境公益诉讼作为一种特殊的诉讼方式，一般涉及的范围较广，影响人数较多。双方当事人在有关证据的收集、损害事实的认定以及因果关系的判断等方面，比起一般的环境诉讼难度更大，需要的时间更长，如果按照环保法第66条[①] 所说的3年的诉讼时效来处理，无疑对环境公益的维护是较为不利的。

另外，执行方式有待发展。公益诉讼解释只存在强制执行的规定，但是结合由于环境污染的不可逆性，结合近年来各地区的司法实践，是否将禁止令或先于执行的方法引入现有的环境案件的执行之中有待思考。

3.环保社会团体等组织对环境公益诉讼的参与度较低

据不完全统计，我国环保社会组织在全国总共不过300家[②]。其中有相当一部分是官办性质的社会组织，比如各省的环境科学学会、环保产业协会、环保基金会等。除了中华环保联合会有提起环境公益诉讼的经历和意愿外，其它机构尚未有提起环境公益诉讼案件的经验。另一部分社会组织就是民间自发的环保组织，由于缺乏相关的法律人才、经费[③]以及其他担忧（如利益冲突）提起公益诉讼的意愿或能力较小。根据中华环保联合会的调查报告，环保组织提起环境公益诉讼的主观意愿普遍不高。由此可知，在实际开展环境公益诉讼时，环保组织是"心有余而力不足"，对环境公益诉讼的参与度较为低下。

4.环境公益诉讼制度缺乏其他相关配套制度的支持

马克思主义唯物辩证法认为万事万物都处在普遍联系之中，环境公益诉讼的发展和完善与其他有关法律制度无疑是相互支持、共同作用的关系。如前文所述，虽然新环保法和公益诉讼解释在环境公益诉讼方面取得了较大的进步，但是该规定只是为环境公益诉讼提供了指向性规定、提供了一种可能性，在实

① 《环境保护法》第66条的规定"提起环境损害赔偿诉讼的时效期间为三年，从当事人知道或者应当知道其受到损害时起计算。"

② 金煜.300余家社会组织可提环保公益诉讼［EB/OL］.［2015-2-28］. http://news.xinhuanet.com/gongyi/2014-04/25/c_126433775.htm.

③ 中华环保联合会2013年环境维权服务情况通报会［EB/OL］.［2015-2-28］. http://www.acef.com.cn/zhuantilanmu/2013hjwqtbh/huiyinarong/2014/0303/12495.html.

践中必然会出现一些问题，如：滥诉行为。环境公益诉讼制度作为一种新生事物，其发展必然会遇到较大挑战和困难，要想真正地使该制度得以发展，这些都离不开政府的推动以及相关配套法律制度的支持。

四、环境公益诉讼制度的完善

任何制度的形成和发展都不是一蹴而就的，环境公益诉讼制度也不例外，笔者通过总结国内外经验、参考相关理论，虽不能说有深刻的理解，但也有了一定的认识，认为主要应从以下几点来对我国环境公益诉讼的现状予以完善：

（一）完善立法模式

环境权是一项重要的基本人权。在国际社会中，环境权不仅得到有关国际公约的确认，也被一些国家写进宪法。环境权从根本上来说是环境公益诉讼得以存在和发展的前提。因此，借着"一带一路"的东风，我国在努力建设"美丽中国""法治中国""和谐世界"的新形势下，有必要在宪法等基本法律中规定环境权，从根本上解决公众参与环境保护以及环境公益诉讼的法律障碍。

（二）完备环境公益诉讼程序，健全环境公益诉讼制度

虽然公益诉讼解释对于环境诉讼案件的审理做出了诸多程序性的规定，取得了一定的进步，但也存在一定的问题仍需进一步完善解决：

第一，诉讼费用分担趋于合理化。我国可以参照国外的经验，设立"环境公益诉讼救济基金"，基金可通过国家财政拨款、社会募捐以及其他可行的形式来获得。这样不仅可以解决诉讼费用较大的问题，同时能够呼吁全社会共同关注环境，保护生态，一定程度上也能够起到社会宣传的效果，可以鼓舞更多的环保人士参与到生态环境的保护大军之中。第二，延长或取消诉讼时效的限制。诉讼时效的目的是为了促使权利人及时行使权利。与传统诉讼不同，环境公益诉讼的目的是保护环境公共利益，而非私人利益，且环境损害行为对环境的影响一般具有潜伏时间长、隐蔽性强的特点，如果仅以现有诉讼时效规定的三年作为诉讼，将不利于追究环境损害行为者的责任，使其逃脱法律的制裁。因此，可以考虑取消或适当延长环境公益诉讼的时效，同时使得被侵害环境利益的外国投资企业有更充分的时间主张自身权利。第三，诉讼主体资格的扩展。笔者认为，检察机关作为公共利益的捍卫者，由其提起环境公益诉讼不仅有利于保护环境公共利益，同时由于其独特的地位，在取证、鉴定等方面拥有天然的优势，可以减轻诉累，为各类投资者提供良好的权益保护。

（三）形成奖惩制度规范

环境公益诉讼旨在维护环境法治，维护社会公共利益，因此，为了鼓励此种行为，可以在立法设计中注重一种激励机制。如在诉讼费用中予以特殊规

定，或者在案件胜诉后给予原告一定的奖励，对此进行广泛的宣传，起到一种社会示范作用。但是，由于环境公益诉讼具有一定的特殊性，一定程度上可能会导致"滥诉"，所以有必要对滥用环境公益诉讼的行为进行防治①。譬如可以通过采取类似于美国的行政先置程序和实行滥诉责任制相结合的手段来有效遏制滥诉行为的发生。此种奖惩制度在新法亦得以体现②，社会组织借此手段牟取利益的将依法得到惩治。

五、结语

回顾历史，放眼现在，人类社会在飞速发展的同时，由于过度追求经济利益，生态环境遭到了巨大的破坏，人类的生产、生活也因此受到了严重的影响。所谓"污染易，治理难"，倘若经济发展未能与保护生态环境并举，那我们的子孙后代必将为此付出惨痛的代价。

在"一带一路"的宏大进程中，我们不应只着眼于当前的经济利益，应在供给侧改革的背景下，坚持保护环境制定完善的制度、法规进行规范化管理。环境公益诉讼制度作为一种保护环境的法律制度，不仅能够缓解经济发展与生态平衡、环境保护之间的矛盾，同时能够使社会公众关注和参与环境保护，增强环保意识、权利观念，维护环境公共利益。从而在各国的共同努力下，更好的实现人与环境的和谐统一，更好的建设"美丽地球村"，保证社会的持续健康发展。

参考文献

［1］常纪文．我国环境公益诉讼立法存在的问题及其对策［J］．现代法学，2007（5）．

［2］陈虹．环境公益诉讼功能研究［J］．法商研究，2009（1）．

［3］蔡雪娜．我国构建生态环境公益诉讼的探讨［D］．内蒙古大学，2014.

［4］李爱年．中国环境公益诉讼的立法模式［J］．法学杂志，2010（8）．

［5］吕忠梅．环境公益诉讼辨析［J］．法商研究，2008（6）．

［6］李爱年，彭本利．环境权应成为环境法体系的重心［J］．湖南师范大学社会科

① 王灿发、程多威："新《环保法》下环境公益诉讼面临的困境及其破解"，载《法律适用》2014年第8期。

② 《环境保护法》："第十一条对保护和改善环境有显著成绩的单位和个人，由人民政府给予奖励。"

《公益诉讼解释》第34条第2款规定："社会组织通过诉讼牟取经济利益的，人民法院应当向登记管理机关或有关机关发送司法建议，由其依法处理。"

学学报，2004（4）.

［7］王灿发，程多威.新《环保法》下环境公益诉讼面临的困境及其破解［J］.法律适用，2014（8）.

［8］张卫平.民事诉讼回归原点的思考［M］.北京：北京大学出版社，2011：352.

［9］吴卫星.印度环境公益诉讼制度及其启示［J］.华东政法大学学报，2010（5）.

［10］吴卫星.环境公益诉讼原告资格比较研究与借鉴——以美国、印度河欧盟为例［J］.江苏行政学院学报，2011（3）.

［11］徐祥民，凌欣，陈阳.环境公益诉讼的理论基础研究［J］.中国人口资源与环境，2010（1）.

［12］Lawrence M. Friedman, The Legal System： A Social Science Perspective, New York： Russell Sage Foundation, 1975. 128.

［13］See Denis James Gallignn. et al Due process and fair procedures.Oxford Press,1996（13）.

浅析中小型企业职工社会保障体系

山西长兴律师事务所　史亚姣

内容摘要：我国的经济发展改善了民生，稳定了社会。我国经济在世界经济大潮中得到了快速发展，其中中小型企业的兴起发挥了不可替代的作用。在国际经济愈演愈烈的竞争局势之下，企业中职工社会保障制度的完善显得尤为重要。综合国内外研究，各国对于中小型企业职工社会保障体系的探析数不胜数。虽然国家和市场在制度的完善过程中发挥了巨大的作用，但是在实际操作中，该制度的落实情况与期待值相差甚远。鉴于这种困境，笔者综述相关权威理论以及近几年的实务工作经验，加上本人的甚微见解，专门针对这一问题进行剖析，并提出如下浅见。试图为保障企业职工的基本物质生活，实现经济利润的最大化和经济的可持续快速发展创造一个有利的环境。

关键词：中小型企业　职工权益　社会保障

引　言

我国作为世界上最大的发展中国家，其重要的国际地位决定了其经济必须顺应时代发展的潮流。其中，尤其是众多中小型企业的蓬勃发展更为我国经济潜能的发掘注入了新鲜血液。它作为一种新兴模式，正在以积极的姿态登上历史的舞台，并极力迸发出其巨大的能量。所以中小型企业在我国经济发展中占有至关重要的地位。其中，对于中小型企业职工社会保障体系的建立和完善是企业经济进步的重要保障。然而，在现实的中小型企业中，关于职工社会保障问题频频发生，职工的各项保障无法得到真正的实现，逐渐演变成了企业平稳可持续发展的巨大障碍。

笔者通过了解近几年社会保障纠纷案件并归纳整理，发现中小型企业职工社保体制的诸多不足之处，并采用比较分析法和价值分析法对其原因进行剖析，提出了相应的法律意见。在此基础之上，通过市场的调节作用和政府职能的有效发挥，对企业和劳动者这两个核心主体进行合理协调，才能共同促进完善的社保体系在我国中小型企业中的建构。

一、社会保障的概述

社会保障作为一个国家和社会发展必不可少的重要条件，早在近代以来人类历史的发展过程中就已经出现。它的出现和运行不仅大大减轻了社会的动荡不安，而且在提高国民生活水平等方面也发挥了其积极的作用。这一制度已经在各国乃至世界范围内纷纷得到实施，并取得了显著的社会成效。

（一）社会保障的基本概述

社会保障，是指国家和社会在通过立法对国民收入进行分配和再分配，对社会成员尤其是生活特别困难的人们的基本生活权利给予保障的社会安全制度[①]。它作为一种新兴的国民收入再分配方式必须由相对应的社会保障制度来实现。此外，根据中华人民共和国宪法第45条之规定：“中华人民共和国公民在年老、疾病、或者丧失劳动能力的情况下，有从国家和社会获得物质帮助的权利。”这是由我国的根本大法所规定的公民的基本生存权利，任何人都不能违反。它作为现代各个国家实施的一项基本社会经济制度，是文明进步的重要标志，更是人类历史逐渐进步的里程碑。

（二）社会保障体系在中小型企业中的必要性和重要性

不论国内外，企业中劳动双方在雇佣关系的地位中往往是不平等的，职工的合法权益更需要通过多方机制来进行合法合理的保护。在中小型企业中，企业关于职工社保体制履行不到位极大地影响了职工的切身利益。而不完善的职工社保体系不仅不利于职工权益的有效维护，更给企业的稳步发展带来诸多负面影响。此外，它将会给国家以及社会的发展造成巨大的阻力。基于社会保障体制至关重要的地位，我们可以将其重要性和必要性归纳为以下几点：

1. 社会保障制度有利于中小型企业转换经营机制，是搞活企业的必要条件。只有建立完善的社会保障制度，当劳动者的生活发生严重困难时，由社会给予一定的保障，才能有效地克服中小型企业社会保障体系的不足，使得企业可以根据经营情况的需求和变化，灵活地吸纳劳动力，企业也就有了自主用人、自主运营的动力。

2. 社会保障制度是减轻国家和企业的重负，顺应我国生产力快速发展潮流的需求。目前，中小型企业中的职工社保费用的支出成为企业的一项重负，必须改革原来筹措资金的办法，实施社保费用由国家、企业、个人三方合理负担、建立多层次的社会保障制度。这样不仅可以调动企业的积极性和创造性，而且有助于企业经营的可持续发展。

3. 有助于在发生风险时劳动者的基本生活得到有力保证，解除其后顾之

①陈良瑾：《社会保障教程》，知识出版社1990年版，第5页。

忧。劳动者在履行劳动合同时，因为主客观因素的影响，有可能发生工伤、疾病和失业等风险，这些都会造成劳动者暂时或永久性丧失劳动能力和工作岗位，以致于不再能通过劳动获得相应的报酬来支撑本人及家庭的基本生活支出。这一问题如果处理不当，将会给国家和社会进步带来巨大的阻力。

二、我国中小型企业职工社会保障体制中存在的问题

我国中小型企业中原有的职工社保机制是在生产力发展水平较为低下、立法和监督力度相对欠缺的基础上建立起来的。虽然它在一定程度上适应了社会发展的潮流，但是在不断进步的现代化社会发展中，它也显现出了许多不足之处，具体如下：

（一）社会保障能力的水平不足以满足社会发展的需求

中小型企业社会保障体制具体是由一些管理服务机构来实际操作的，但是这些机构普遍存在着一些严重的问题，如：工作环境比较艰苦、费用紧缺严重；企业人员编制不充足、基础设施建设比较滞后；企业的激励机制尚未落到实处、一些管理服务机构没有稳定的办公场所等。由此可见，目前我国中小型企业中职工社保体系还存在很大缺陷，这与满足社会发展需要的最终目标还有着很大差距。正因为这样，企业作为一个以发展经济为首要目标的实体，其职工的实际利益得不到切实的保障，企业的稳步前进又该从何谈起。

（二）大多企业参保意识差，导致社会保险参保率偏低，比例不和谐

社会保障的发展呈现不断上升的趋势，而且参保层面也在不断地扩大。但是中小型企业相对于大型企业等职工的参保率还是偏低，且参保者多为企业中的高层人员和少数员工。在实际生活中，有很多企业存在少投或者不投社保的问题。除外，还有一些企业通过采用虚报、隐瞒职工人数等非法手段来逃避为职工缴纳社会保险，甚至有的企业在职工工资总额上做虚假上报以达到不缴或少缴纳社保基金的目的等，这些不法行为均严重制约了社会保障制度在中小型企业中的健全。

（三）职工的社保意识相对淡薄，企业管理者在某些程度上压低职工参保基数

许多人对于社会保障体系并不是特别了解，对社会保险的未来预期比较低，而且对于其先缴费后享受待遇的实行机制持怀疑态度。由于职工缺乏对法律知识的了解，只想到了眼前的小利益，对于劳动风险意识和劳动风险损失补偿意识非常缺乏，没有意识到社会保险是与自身利益息息相关的，因而导致他们自身对于参保持一种无所谓的态度，或者宁愿将用于参保的费用以薪酬的方式发放给他们。同时，介于企业和劳动者之间存在相应的人身隶属关系和一定

的财产关系，他们之间是一种企业高于职工的不平等关系，所以企业在参保中监督主体缺位必然会导致参保基数的降低。

（四）中小型企业的固有缺陷导致企业保险水平相对较低

中小型企业虽然在不断地进步，但是与大型企业相比，其自身仍然存在着一些不可避免的缺陷，因而会对职工社保体系产生一些不良影响。企业与劳动者之间建立的劳动关系缺乏严格化、法制化、规范化的制约，所以在招聘员工时没有签订劳动合同的现象普遍存在，劳动关系的手续也不完备。由于其自身的不足，导致企业职工社保中带着它与生俱来的缺陷，这将需要法律法规等对其进行更加严格的规制，除此之外，仍需执行部门积极履行自己的职责，以更好地克服这种不足。

三、我国中小型企业社会保障制度不完善的缘由

由于中小型企业中职工的社会保障制度存在着很多问题，这在很大层面上阻碍着我国经济的发展和社会的稳定，更重要的是该体制的不完善直接影响到了作为社会弱势群体的劳动者的生活保障问题，这恰恰与我国长期以来奉行的以人为本思想背道而驰。尽管如此，我们也不能将责任全部归结为企业的原因。我们应当从社会保障所涉及的三方主体，国家、企业以及劳动者来找缘由。通过对于问题的总结和分析，我们可总结出以下几点：

（一）国家方面

首先，我国作为社会主义国家，始终坚持为民为国思想，因而特别重视中小型企业中职工社会保障体制的实施情况。但是，还有诸多不到位的地方，主要有两点：

1.政府在控制力上实施不严格，缺乏合理有效的配套模式

尽管我国相继制定了一系列的宏观调控政策来进行管理和控制该体制不完善现象的出现，但是由于这些管理措施的约束力不足，监督和管理效力较差，执行力较弱，因此取得的效果并不好。且地方政府制定的具体管理措施效果不大，所以目前亟需地方性法规的出台。

2.法律约束和政策监督机制出现缺位

针对这一问题，我国出台了一系列法律法规以及相关政策来切实维护职工的相关权益。譬如我国颁布的中华人民共和国劳动保险条例，它为我国社保事业的发展奠基了法令根本。但是，国家立法太过抽象、可实施性不强、相关的地方性立法出台较少也会影响该体制的健康发展。虽然于2003年1月1日施行的中华人民共和国中小企业促进法已明确规定，中小型企业有实行社会保障的法定义务。但是，企业在实际发展过程中，很多企业都或多或少存在着损害企

业职工社保权益的实况，这就要求建立完善的法律和健全的监督机制以对其进行有效的制约。我国对中小型企业的法律制约和政策监督还远远不够健全，而这两方机制的缺失给中小型企业的社保机制的落实造成了极大的漏洞。

（二）企业方面

企业作为职工社会保障体制的三方主体之一，负有为职工缴纳社会保障费用的责任。但我国的中小型企业是置身于我国特殊的制度环境中，使得许多中小型企业具有一些与生俱来的不足之处，如资金短缺，实力薄弱；范围狭窄，水平低下等。具体原因有：

1.中小型企业发展眼光短浅，抛弃长远的发展来保护眼前的微小利益

中小型企业是以营利为目的的，故而社会保险金等费用必将会在一定程度上增加企业生产的成本。由于企业其内部管理层人员只看重眼前的微小价值，却忽视了长远的经济和社会价值。他们大多只追求经济效益的最大化，却忽视了与之紧密联系的职工利益。这种情况一旦恶性循环下去，将会造成企业人才的流失，影响企业发展的内部核心力量，会对企业整体发展造成不利影响，也会致使企业经济效益的大幅滑落。

2.中小型企业资金力量环节压力较大，而且税负比较重，造成企业资金力量薄弱，资本积累不足等现象，而这一原因正是职工社保体系出现严重困难的关键之所在。

3.中小型企业职工易于流动

目前，我国对于中小型企业与劳动者之间签订劳动合同的执行力度不强，建立和解除劳动关系的随意性比较强，再加上中小型企业在管理上和待遇方面也存在着一定弊病，这使得职工的自动离职率也就比较高。

（三）个人方面

除了上述两个方面的重要影响，中小型企业中职工的社会保障意识不强也是造成保障制度不完善、合理权益没有受到妥善保护的因素。因为我国的社保制度发展仍然不够完善，加之对于职工的社保教育程度不足，造成许多人员对于社会保障的作用不了解，没有充分认识到社会保障对自身权益的维护作用，导致不愿意参保思想严重化，缺乏正确的劳动保障意识，不仅影响个人利益，同时影响我国整体社会保障制度的建设。主要原因有：

1.企业内部人员构成复杂，并且易于流动，致使企业对参保信息难以掌握。同时，中小型企业大多分布范围比较广，涉及领域比较宽泛。这也常常导致相关社保机构很难准确地调查到企业参保人数，然而对于不同职工参保的项目和资格也各不相同，这是职工社保实施到位的一大难题。

2.职工的参保意识较弱，不愿参保或不要求参保的人数占很大比例。我国法律规定，职工按照工资的一定比例提取出来暂时存入一个固定账户，在将来年老、生病、失业、生育时即可享受社会保障，这也体现了权利与义务的对等原则。但许多人不愿意为一种在他们认为很不确定的未来的社会保障受益买单，倒不如纳入工资一起发到劳动者手中。这是导致参保率低的原因之一。

3.职工的受教育程度等综合素质偏低，占较大比例的职工并没有充分意识到社会保障的至关重要性。由于受到经济和社会发展水平的严重影响以及职工个人自身素质教育水平的制约，导致在中小型企业中职工对于参保及因参保而享受到的利益存在着很大偏见。

该体制涉及三方的利益分配，因而明确各方的责任和义务是实施该体制的前提条件之一，三方都负有一定的责任。将责任原因与所呈现出来的问题相结合，才可以提出合理有效的解决方法，以完善我国目前所存在的制度缺陷。

四、对于中小型企业中职工社会保障的问题应采取的措施

积极推进企业社会保障事业的稳步前进，顺应了党的十八大精神、坚持和落实以人为本的科学发展观的时代潮流，是进一步深化企业改革、完善社会主义市场经济体制的迫切要求，是确保社会保障制度稳健运行和经济可持续发展的客观需要，因此要采取有效的方法积极推进我国中小型企业社会保障制度。

（一）加快相关立法进程

社保制度具有强烈的强制性和规范性，各国都必须坚持有法可依。目前我国关于企业职工社保制度的法律法规相对比较欠缺，同时也缺乏相应的刚性执行力。国家应该加强立法，积极推进一般法和特别法的确立。因而需要与我国的具体国情相结合，努力制定一部综合性的社会保障法律。此外，单行法律法规的制定也刻不容缓，以此来规范社保制度，最终达到保护中小型企业职工及劳动力市场中处于弱势地位的劳动力的合法权益。

（二）加大社会保障的执法和监督力度

社会保障基本立法的重要内容主要是行政执法和司法保护，必须加强执法部门的执法力度和监督部门的监督力度。必须依法严肃处理并严格打击挪用社保基金、玩忽职守、拒不履行社保义务等不法行为。除了需要对企业进行规制，对于拒缴、挪用社会保障基金等个人也应加大执法力度，积极转变人们的主观思想，同时对违法行为进行强有力的法律制裁。只有将法律的刚性实施到位，克服原来的柔性执法，才能实现社会保障制度的高效运行，维持社会整体秩序的安定，为实现我国经济繁荣提供坚实的基础。

（三）加强社保宣传教育，提高双方的参保意识

企业的参保意识应该强化，职工的参保意识也应该得到提高，二者不可偏废其一。要不断加强对企业和职工的宣传教育，尤其要把与社会保障相关的法规政策、具体规定，以及社保制度的利国利民政策进行宣扬，要使他们认识到作为社会重要组成部分的中小型企业，是国家的法人公民，为劳动者提供社会保障不但是他们的法定责任，而且引导他们从大局和长远利益出发，依法参加社会保险，也有助于增强企业的凝聚力，提高企业的综合运营质量。

（四）积极探索合理的社会保障管理机制以适应社会发展

当前社会保障处于条块分割、账号不统一、标准不统一的境况，现实的社保管理机制漏洞较多，难以满足社会进步的需求。这确实是我国中小型企业社保体系发展的一大窘境。所以，对于中小型企业职工，为他们建立一个全国统一的个人账户，从而实行流动转账式管理，帐随人转，这样才能保证职工所缴纳的社会保险费的连续性和完整性，督促和强制其参保，提高收缴比率。而中小型企业职工社会保障是社会保障系统的一个重要组成部分，应把中小型企业社会保障制度的完善和发展纳入到全国社会保障制度改革与完善的整体布局之中，将其与全国的社保体系结合起来，取长补短，共同构筑起完善的社会保障安全网，才能为经济发展和改革开放创造一个健康和谐的社会环境，以促进经济的可持续发展。

结论

我国中小型企业职工社保体系的实施非常不完善，有些甚至是空白。在实际生活中，多数企业只顾自己的利益和短期的利益，却没有顾及到职工的切身利益和企业的长远发展。这种行为的结果将会导致企业人才的相对流失，并终将从企业自身的效益上体现出来。根据我国相关法律法规的规定，中小型企业有义务有责任为职工提供社会保障，只有积极地履行了自己应尽的义务，经济效果和社会效果才能朝着好的方向发展。同时，国家和企业及企业职工共同构建出完善合理的社保体系，为我国国民经济的快速发展提供一个积极文明的发展环境。中小型企业社会保障还面临着很多问题，因为这是在我国经济环境、人口环境和社保体系并不健全的大前提之下形成的，其根本性解决也并不是一时之事。由于研究资料、社会经验以及笔者能力有限，加之对我国中小型企业社保制度具体操作情况了解尚且不足，文章的错误和漏洞在所难免。本文尚显诸多不足，期望多得诸位学者专家及同仁们对笔者的批评。对于文中关于加强立法和执法等建议，希望对完善我国中小型企业职工社保制度有所裨益。

参考文献

[1] 徐清照.健全社会保障体系的必要性和迫切性分析［J］.工会论坛（山东省工会管理干部学院学报），2009（3）：9-10.

[2] 高晶.当前民营中小型企业社会保险问题分析［J］.中国商贸，2012（25）.

[3] 钱海婷.民营中小型企业社会保障问题的成因浅析［J］.理论导刊，2007（4）.

[4] 林淑周.完善社会保障体系构建和谐社会［J］.福州党校学报，2005（1）.

[5] 杨红云.论民营企业的社会保障［J］.湖南人文科技学院学报，2005（6）.

[6] 陈立远.中国私营企业职工社会保障体系研究［D］.湖南：湘潭大学，2012.

[7] 乜静萍.浅析民营中小企业社会保障制度［J］.科技创业家，2013（13）：227.

[8] 林乐成.企业职工社会保障机制的改革措施［J］.社科纵横（新理论版），2013（1）：67-68.

[9] 吕蕾.我国民营企业社会保障困境及其缓解对策研究［D］.武汉科技大学，2008.

[10] 崔坤杰.关于完善我国社会保障制度的思考［J］.金田（励志），2012（7）：284.

[11] 高平堂，王日明.完善我国社会保障制度的方向和途径［J］.山西政报，2009（14）：55-58.

[12] 赵力.建立健全中国社会保障体系的思考［D］.吉林：吉林大学，2004.

特定情形下股东放弃知情权应当得到司法确认

山西轩明律师事务所　郭平珍　宋美霞

内容摘要： 知情权是现代公司制度基于保护股东合法权益而设立的一项独立权利，是股东行使其他权利的基础。股东行使知情权必须基于正当目的，本文以公司法的强制性规定和公司意思自治原则为出发点，选择实务中对股东知情权行使的保护限制的法律适用问题，结合一则典型股东知情权纠纷案例进行分析和讨论，从而发表一点浅见。股东自愿放弃知情权，并经公司通过股东会决议并以章程形式对未足额出资股东权利放弃加以确认和肯定，该权利的放弃并未违反法律强制性规定，应当是有效的。司法裁判应当在尊重法律和法理的基础上，平衡争诉各方的利益、解决争议。

关键词： 股东知情权　正当目的　保障与限制　知情权放弃

一、股东知情权的依据与基础

（一）法律依据

"股东知情权"并未出现在公司法律规范之中，司法理论与实务界共同认可的规范知情权的法律依据是公司法第33条和最高人民法院关于适用《中华人民共和国公司法》若干问题的规定（三）[①]第16条。知情权包括查阅、复制公司章程、股东会会议记录、董事会会议决议、监事会会议决议、财务会计报告及查阅会计账簿等。

（二）法理分析

知情权是股东基于其股东身份和资格享有的基本权利，设置知情权的目的在于通过查阅、复制有关资料，获知重要信息，了解公司经营管理状况，有效维护股东权益和公司利益。股东资格与身份的取得主要取决于三个条件：出资人有投资的真实意思；出资人认缴或者实缴出资额；股东身份以一定的形式为

① 《公司法》司法解释三，2010年12月6日最高人民法院审判委员会第1504次会议通过，根据2014年2月17日最高人民法院审判委员会第1607次会议《关于修改关于适用〈中华人民共和国公司法〉若干问题的规定的决定》修正。

特定公众所认知。在注册资本认缴制下，股东是否足额、按约出资到位，并不影响股东资格的确认。

股东知情权的权利性质。知情权作为股东行使参与公司管理、决策经营等其他权利的基础和前提，具有共益权特征，是固有权利。权利法无明文规定、非经法定程序限制、未经权利人自愿放弃，任何人不得以任何理由排除与限制。股东的知情权能否放弃、限制与排除，不能一概而论，司法实务中应根据个案实际情况结合法律规定与法理综合判断。

二、股东知情权行使的保障与限制

（一）股东知情权的行使

第一，主体必须是股东。足额出资股东行使知情权，完全符合行使知情权的主体。未足额出资股东，既然享有股东身份，原则上就享有股东权利。瑕疵出资股东，首先要按照公司法、公司章程、股东协议等承担补足、违约和连带责任；瑕疵股东只有在经过公司催告缴纳或者返还，在合理期间仍未履行义务的，公司通过正当股东会决议程序解除该股东资格的才丧失股东身份。

第二，必须具有正当目的。股东知情权的行使必须符合正当目的，具有查阅账簿等行使知情权的正当理由。正当目的必须符合三个条件：股东查阅和复制文件的请求是善意的，是为了适当目的；股东合理具体阐明了查账的目的；所查阅文件与所达到目的具有直接的关系。

（二）股东知情权的限制与排除

对于股东权利的限制与排除，通常有下列几种情形：

第一，股东行使知情权不具有正当目的，公司可依法予以限制和排除。

第二，公司可根据章程或者股东会决议对未足额出资股东的利润分配请求权、新股优先认购权、剩余财产分配请求权等股东权利作出相应的合理限制。在这里，对“等股东权利”中的“等”有不同的理解和认识，一种观点认为，因为前面所列举的均为财产性权利，“等”应理解为“等内”，仍为同一类型的财产性权利，不包括知情权。另一种观点认为，既然表述为“等股东权利”，应该是指全部的股东权利，不仅限于财产性权利，当然包括知情权在内。

第三，股东本人放弃。公司基于经营管理需要，召开股东会议完善和补充章程，未足额出资的股东根据自己的从业经验和公司经营业务的特点，主动提议对未足额出资股东的知情权予以限制，全体股东一致同意，形成了股东会决议，本人也在股东会决议上签字。这种情形，既没有违背该股东的意志，也没有侵害该股东的权益；既没有违背公司意志，也没有违反公司章程，未违反公司法意思自治的精神和原则。

诚然，知情权是股东的一项基本权利，有别于其他财产权、管理权，应予特殊保护，不得随意限制和剥夺。但是我们认为，从法理角度与尊重意思自治原则来讲股东完全可以自愿放弃知情权。对于未足额出资股东非财产性权利的限制，如果股东自己同意或者自愿放弃是有效的。而且股东自己主动提议放弃并经其他股东一致同意，是对其权利放弃的进一步确认和肯定，这种权利放弃应当是有效的。

（三）股东知情权行使的保障与限制的合理平衡

股东知情权保障与公司商业秘密保护之间由于价值取向的不同，在司法实践中经常会出现权利冲突。股东知情权直接指向公司财务信息的披露，而诸如利润、成本等大量极有价值的商业秘密的披露很有可能经由股东，直接无偿地向竞争对手提供，从而使公司的商业秘密保护处于被动地位。

根据公平和诚实信用原则，公司法规定公司必须给予股东，特别是少数股东必要的知情权，但是权利的行使如果不加以限制则有可能造成公司经营效益低下的恶果，且由于公司的信息往往载有公司的商业秘密，倘若股东利用知情权达到不正当目的，则会严重损害公司的利益。如何解决这一矛盾，关键在权利保障与限制之间找到平衡点，既体现股东与公司共生又可能存在权力博弈的利益关系，又能够有效减少公司内部的冲突，减少公司运作的成本。

三、个案分析股东知情权放弃的有效性

（一）基本案情

2014年4月初，赵六与张三、李四、王五等四位股东共同设立了A有限公司。赵六认缴出资占注册资本的10%，并未完全出资，实际出资只占4%。鉴于公司设立时套用的是格式化的公司章程，为满足实际需要，后全体股东召开股东会对章程内容进行补充和修订。出于公司所涉行业特殊性需要严格保守商业秘密的考虑，赵六提议：公司小股东在全额交足认缴资本之前，原则上不行使股东权力以及公司给予的名誉职务（包括监事）的权力，由大股东全权负责；鉴于行业惯例，有关账目不得公开，也不受任何检查，公司有权力保密。全体股东一致同意，形成股东会议决议，并签字确认，赵六当然也签字确认。

第二年，赵六想退股，逼迫张三（公司大股东、法定代表人）与其签订委托转让股权协议，委托张三代其将股权转让给他人，因张三一时没找到合适的第三方，赵六就以违约之诉起诉了张三，紧接着又起诉公司要求查账行使知情权。即本案的争议源于股东退股引发的纠纷。

（二）股东知情权的放弃

股东的知情权可以放弃。放弃知情权首先需要股东自愿，放弃权利是其内心真实意思表示；放弃可以是主动提出放弃，也可以是同意放弃。其次，权利的放弃不能违反法律和行政法规的效力性强制规定，不能损害他人的合法正当权益。

知情权放弃的方式。如果股东自愿做出放弃知情权的声明，在形式上不存在争议。如果权利放弃不是体现为声明，而是通过股东会决议的形式体现出来，此时，权利放弃的有效性会受到质疑。是否是权利人的真实意思？是自愿放弃，还是股东会决议剥夺？应结合个案情况综合判断。

（三）本文所引案例知情权的放弃应当得到肯定

第一，知情权的排除不违反公司法律的强制性规定。根据合同法第52条和最高人民法院关于适用中华人民共和国合同法若干问题的解释（二）第14条，违反法律行政法规强制性规定的合同才无效。我们认为公司法关于股东知情权的规定不是效力性强制规定，知情权完全可以自愿放弃。

第二，本案中对股东会决议行为定性分析会存在两种观点。一是对赵六知情权通过股东会决议的形式排除。二是对赵六知情权自愿放弃的真实意思以股东会决议的形式加以确认和肯定，股东会决议是外在形式的进一步确认。第一种观点不能成立。正如前文所述，知情权是股东的固有权利，不能通过公司章程、股东会决议等形式加以排除。

我们赞成第二种观点，理由如下：

本案中赵六凭借多年科技地产从商经验，根据行业的特殊性从保护商业秘密角度出发，在股东会上提议、并经其他股东一致同意，对知情权做了限制。公司是赵六组织发起设立的，他提出该项主张时既有丰富的经营经验，同时他又是未足额出资小股东，放弃知情权当时完全是自愿的，是其真实意思表示，且不违背其他股东的意志，不损害本人、其他人及公司的合法权益，应当得到司法的支持与确认。

赵六主张行使知情权在其退股未果的情况下提出的。如果司法将该放弃知情权行为确定为无效，会有他人利用法律工具达到不当利益之目的。如果这样的股东会决议无效，类似于赵六这样的股东在提议当初就明知对知情权作出限制与排除无效，这项决议即使通过股东会形成决议也会被司法确认无效，难免会成为日后股东间发生纠纷，牵制对方的把柄与筹码。

第三，召开股东会的重要原因是设立公司时的章程是格式文本，不能真正起到"公司宪章"的作用，因而需要补充修订章程。修改章程需要通过股东会决议，而股东行使权利的主要方式就是召开股东会。股东会决议是股东和公司意志的外在表现形式。本案是赵六主动提议、自愿放弃知情权、全体股东一致同意形成股东会决议，将股东意见上升为公司意志。股东想要放弃自己的部分权利，通过股东会的形式行使并确认，在法律上不存在障碍。股东在股东会议上处分自己的权利时，其他股东既是决策人，同时也是见证人。

第四，本案的特殊性——赵六要求查账不具有正当目的。首先，查账的请求不是善意的。本案的实质是退股争议引发了股东纠纷，进而殃及公司，司法裁判不能成为股东间相互残杀的工具。时隔不到10天，赵六先后提起合同纠纷诉讼与知情权纠纷诉讼，退股不成起诉的，其目的不是善意的。其次，所要查阅的文件与查账的目的没有关联。从公司筹备到成立再到运行，赵六均以股东身份通过参加股东会及其他途径完全解了公司的运营情况，再查账多此一举。

公司是一个多元化的利益主体，股东之间难免存在利益的博弈，无正当目的的请求不应得到司法支持。在本案特的情形下，股东曾经放弃知情权的效力应当得到司法裁判的确认。

结　论

有限公司股东知情权的保护是对个人权利的尊重，知情权限制侧重的则是对公司经营秩序的有效维护。保障股东知情权的合理行使不仅有助于公司的良性运营，更能体现现代公司制度的设计价值。知情权的保障与限制，体现的是对股东权益保障与公司风险防控的双向平衡，只有保障与限制合理才能真正体现制度与法律的价值。法律的精髓在于法条的组合与运用，在处理纠纷时不能机械地适用法律规定，应当紧密结合个案的特殊案情与法律原则、法律精神、立法本意，准确适用法律平衡争诉各方的利益。

参考文献

［1］梁慧星.民法解释学［M］.北京：法律出版社，2015.

［2］王泽鉴.民法思维:请求权基础理论体系［M］.北京：北京大学出版社，2009.

［3］潘云波，俞巍.股东查阅公司会计账簿的正当目的及实现方式［J］.人民司法，2011（10）.

供给侧改革过程中法律服务切入点

山西辰平律师事务所　董士瑜

内容摘要：中央财经领导小组提出了供给侧改革的三大原则。第一个是坚持解放和发展生产力。坚持以经济建设为中心不动摇。第二个是坚持社会主义市场经济的发展方向，使市场在资源配置中起决定作用。第三个是调动各方面的积极性，尤其是三个群体的积极性：企业家、创新人才、各级干部。这些原则为供给侧改革提供了方向，甚至有了具体的目标。

关键词：供给侧改革　法律服务　切入点

一、供给侧改革的宏观背景

2008年全球金融危机爆发，中国净出口占GDP比重由9%跌至3%以下，经济增速大幅下滑。2009年，中国政府启动了俗称"四万亿"的大规模需求刺激计划，重新将经济拉回到两位数增长。随着时间的推移，中国进入了类似20世纪90年代中后期以制造业产能过剩为主要特征的经济低速期。

2015年11月，中央提出在适度扩大总需求的同时，要着力加强供给侧结构性改革。目前人们熟知的供给侧改革举措，可能包括结构性减税、简政放权、放松管制以及营造更好的创新环境等。

二、经济与法律的改革是同步的

经济是政治的一个方面，经济法律的改变是一种进步，预示着国家政治、民生进入了一个新的阶段。经济发展和法律的变动往往同步，例如《刑法修正案（九）》的出台，有关定罪量刑的新规定使案件得以处理，保护了法律利益和公民人权，加大了司法裁量权，公平效率得以提高；民事诉讼法及其解释的出台对于实现社会公正、效率有直接的作用，其中简易程序等财产权处理程序为经济的发展及纠纷的处理提供了必要的帮助和直接的依据，明确了事权，有利于案件的处理、公私利益的增长；物权法及其解释的出台，以及近日已经提出的民法草案，都为经济的发展确定了财产权的种类，位阶效力,确定了国家社会经济活动中，分配活动中，生活中企业与人们的财产范围和持有状态，对于稳定经济有重要作用；李克强总理力推增值税改革，2015年8月《增值税》法被补充进第十二届全国人大常委会立法规划，除了要完善税收作为国家收入、公共收入、宏观调控的手段外，将税收权部分收归中央，修改税制方便税收征收降低税收成本，防止过去的税外费用和偷逃回扣。收回税权就是为了实现税收的统一公开透明，减少暗箱操作的机会渠道，让权力尽可能少地直接干预实体，而以调控、制度、信息化方法来解决税收问题。以上都是近年来党和政府在经济法律方面做出的改革，从其中可以看出改革的一致性，相关联性，都以实现经济发展为主要目标，回收权力和下放权力相结合，经济和法律的改革总是息息相关。

如今，一带一路的国外发展规划、亚投行的建立运营、国内的需求改革和供给侧改革、反腐整风政策的实施都是依据我国现在经济发展情况和未来发展蓝图所做的决定，之间有必然的联系。法律作为制度创新的关键，利用本身优势，对供给侧改革起到推动作用。

三、供给侧改革需要依据中央制定的原则来确定内容，结合经济要素来进行，根据我国的历史现状国情来处理。法律服务的切入点也需要从中找出

中央财经领导小组提出了供给侧改革的三大原则。第一个是坚持解放和发展生产力。坚持以经济建设为中心不动摇。第二个是坚持社会主义市场经济的发展方向，使市场在资源配置中起决定作用。第三个是调动各方面的积极性，尤其是三个群体的积极性：企业家、创新人才、各级干部。这些原则为供给侧改革提供了方向，甚至有了具体的目标。法律的改革、法律服务的进行也要在这三个原则下进行。我国不同于发达国家。一些发达国家在资源、制度、经济、文化等方面都处在世界先进地位，而我国真正从一穷二白开始，经过百年战乱，用六十余年经验形成了有本国特色的社会主义市场经济，建立了社会主义法律体系，之所以我们的生活越来越好，就是因为我们采取了正确的方针原则，以经济建设为中心，坚持公有制，实现小康生活。在供给侧改革中就是要“用增量改革促存量调整，在增加投资过程中优化投资结构、产业结构开源疏流，在经济可持续高速增长的基础上实现经济可持续发展与人民生活水平不断提高；就是优化产权结构，国进民进、政府宏观调控与民间活力相互促进；就是优化投融资结构，促进资源整合，实现资源优化配置与优化再生；就是优化产业结构、提高产业质量，优化产品结构、提升产品质量；就是优化分配结构，实现公平分配，使消费成为生产力；就是优化流通结构，节省交易成本，提高有效经济总量；就是优化消费结构，实现消费品不断升级，不断提高人民生活品质，实现创新—协调—绿色—开放—共享的发展。”针对供给侧改革中对于土地、劳动力、资本、创新四个要素，法律服务应当在立法、实施方面提供方法，以适应经济发展，适应经济新常态。

四、法律服务对于供给侧改革各要素均有重大作用

首先，对于土地方面。应当从建设用地的规划、使用，房地产的规划建设，农村承包地、宅基地的保护等方面提供法律服务。

在土地规划使用方面，依据土地法律法规和中长期政策，结合经济要素考虑。由法律服务人员对土地规划使用监管部门提出建设性意见，结合统计数据、报告，按照地理、气候、水文、粮食、林木等资源的分布，本地经济发展状态，本地新旧土地使用项目对比分析研究，为本地制定科学的土地法规提出实体性、程序性的规范意见，帮助本地土地规划使用实现公开、合法、程序正当的目标。

对于房地产的规划建设，中央提出了新的意见，对于开放式小区，应当做好调研工作，掌握政策和长远规划的实际联系。开放的城市、小区、政策、服务是未来房地产改革的方向。通过开放吸引更多的劳动力，建设开放小区改善人们的生活条件，改变房地产的投资格局，应用新技术新材料，出台新的产权法规和一系列配套法规，都是法律服务切入点。过去的旧式小区因为不同的产权，各自分立，居住、服务设施都不统一，而且难于统一，造成很多社会问题，光是靠法律裁决补偿不能满足人们的需求，导致房屋产权、使用权、收益权的不稳定。统一公共服务，稳定产权和相关权利就成为法律服务的目标。对于房地产企业而言，包括国企，建设资金来源很大一部分来自银行的资金支持，稳定产权，首先应当稳定开发建设者的债权。宏观经济下滑，资本市场动荡加剧了债权的风险，但央行降息并放缓了经济步伐，稳定了房屋价格，给房地产企业和银行债权人提供了机会，维持两者之间的债权稳定，就成为法律服务的直接切入点。建设环节之后就是交易流转环节，民法通则、物权法、合同法、担保法及其解释和相关法规，都可以用来保障房屋产权的稳定。法律服务保护产权稳定，保护人们的生活需求和投资利益。同时我们应当看到，虽然有眼前的困难，但人们的购房需求和习惯已经悄悄发生了变化，很多人买房是为了投资、升学、养老，房屋产权的流转明显加快，风险也因为物权关系的复杂而有所提高，房屋使用、收益的多元化，也迫使法律服务在产权问题之外处理人们之间的财产权关系。法律服务应当熟悉相关政策法规，保护不同主体的相关权益。

在农村承包地、宅基地方面，原有的法律法规为保护使用权奠定了扎实的基础。由于近年来农村人口流失数量很大，中央开始了新的土地和人口普查，过去依靠土地数量来决定农民收益的单一情况将被改变，未来的集体土地权利将与劳动力，企业股权，社会保障紧密挂钩。法律服务也应当以保护企业、农村居民承包权和收益权，集体股权转让，国家社会对农村的补贴救助捐赠，农村社会、商业保险为主要目标。政府将会更多地介入农村公共服务的配套建设、金融财税企业的建设扶持，公共资源的维护和利益分享，网络信息的系统设施维护等方面，这都为法律服务提供了广泛的服务空间。法律援助的有关农村案件范围也将有实质的变化，充分保护农村居民的利益。

其次，对于供给侧改革劳动力要素而言，现在人们担心人口现状会导致未来劳动力不足，这其实就是改革的关注点。发达国家不是主要靠人口红利来发展经济的，而是靠普遍提高劳动力质量，以此来吸引更多的劳动力，改革正是以将来吸引更多的优秀劳动力，提高劳动生产率，技术应用率，改变人口质量为目标的。目前法律服务的切入点，主要集中在国企改革中。国企、地方企业职工身份的特殊性、各种福利费用的复杂性，在国有企业与私人资本合作或退出部分市场领域的时候就明显暴露出来。国有企业在我国的特殊性质，决定了它以完成一定时期、行业的计划任务为主要目标，推行新一轮的国企改革，需要制定企业劳动者权益和福利的相关政策，帮助劳动者在政府帮助下逐步向新的社会就业环境中过渡。同理，帮助企业建立用人单位的职工进入退出制度是解决劳动者权利和企业负担的实际问题，合同在其中起到了非常关键的作用，保护劳动者和企业的合同权益是法律服务的根本目标。

再次，对于供给侧改革的资本要素而言，随着我国资本市场的日趋完善，大量上市公司参与国际企业的投资并购，其中很多业务都是会计师事务所主导办理的。但是长远来看，公司的战略发展和风险还得预防更多的政治风险、法律风险，合同风险。一个国家的司法组织、法律规范的结构制约着该国企业的经营情况，国家社会事件的发生也会直接影响合作经营，未来法律服务将会主导上市公司的投资并购。

我国新一代的企业不仅在国际上取得了优势和地位，而且更加重视法律服务，对于改善股权结构，公司集团管理结构，内控风险，国外投资财产的权利维护，国外政府和企业的法律背景、制度设计都需要法律服务者提供调研报告或意见书。

国内的资本市场还是应该强调国有企业、私人企业的发展，国有企业逐步退出公共资源、服务领域，在股份公司中以股份形式出现，形成现在中国特色的多元化的股份有限公司。法律服务应当依据发展形势和目标，针对企业的实际情况提供适当的服务。根据中央财经领导小组提供的三大原则，其中之一是调动企业家的积极性。现实中，法律法规并没有给予企业家特别的照顾。多年的发展形成了各地的商会，地域色彩浓重，抱团互相担保套取银行资金，垄断投资各地资源和地产，除了吃苦耐劳之外，并没有形成企业家精神，也未承担更多的社会责任，对于劳动者的福利费用，更是出现了大量拖欠农民工工资的情况，财务混乱，偷逃税严重，这些问题不仅不好解决，还衍生出很多社会问题。因此针对市场主体，企业的不规范运营都需要中立的财务人员和法律人员提供服务，帮助企业走上良性循环的渠道，遵守法律法规，规避市场风险和不利诱导。

最后，对于供给侧改革的创新方面，法律服务尤其应当保护知识产权。技术的核心是专利权。新中国成立后我国引进了大量的先进技术，形成了全球制造业的优势，全球贸易份额也大幅提升，但是面对发达国家的技术优势和其他国家的技术赶超，我国大量的自主技术没有形成应有的优势，技术的发展和技术创新创收、保护没有同步。我国的知识产权保护体系还处于非常初级的阶段，加上我国权利保护以经济补偿为主要手段，实际上的权利推广应用很难得到保护，造成市场上“中国制造”是仿冒制造的传言，也产生了本土企业制造出口和内地标准不一、国外企业对本土商品服务标准不一的局面。法律服务要保护本国企业、产品、服务，应当先保护知识产权。对于专业化程度较高的知识产权案件，法律服务人员应当会同政府部门、行业部门、研发生产企业一道从生产、服务的各个环节提供法律帮助，而不只是在诉讼阶段起作用。

综上所述，供给侧改革是我国未来的改革方向，是建构未来世界经济格局和我国发展世界贸易的有力保障，法律服务应当为改革提供支持和帮助，建立法治国家，文化国家，建立中国式的民主国家，真正能实现小康社会，实现强国梦，脚踏实地地把改革之路走下去，把法治之路走下去，法律服务一定要做到专业化。

参考文献

［1］吴敬链.供给侧改革经济转型重塑中国布局［M］.北京：中国文史出版社，2016：120-121.

［2］吴敬链.供给侧改革经济转型重塑中国布局［M］.北京：中国文史出版社，2016：149.

附表一　分论坛一入选论文一览表

题目	作者	律所	省份	奖项
供给侧改革背景下律师为公司债券违约处置提供法律服务初探	纪　红 白海戎	甘肃天秦律师事务所	甘肃	一等奖
律师解释法律的基本原则及方法	杨三正	兰州大学法学院		
	王　森	甘肃经天地律师事务所		
"一带一路"战略下我国企业与东盟贸易中知识产权风险防范对策研究	张　婷	重庆公孝律师事务所	重庆	
"一带一路"战略区跨境电子商务法律监管问题研究	齐　飞	中豪律师事务所		
行政许可法中相对人优先权利保护研究	张　志	四川致高守民律师事务所	四川	
私募基金在"一带一路"建设中的法律监管问题	廖国靖 王　霞	广西通诚律师事务所	广西	
大气环境税法律问题研究	张　慧 王文卓	云南建广律师事务所	云南	
PPP热情的理性回归 ——也谈共治理念下的PPP立法建议	樊　玲	云南刘胡乐律师事务所		
非标融资中的基金交易结构	菁　晶	建纬(昆明)律师事务所		
"丝绸之路经济带核心区"建设中知识产权保护问题探究	张　勇 赵乃民	新疆鼎泽凯律师事务所	建设兵团	
"一带一路"战略下西部律师行业的机遇、挑战与对策	马启良	青海西星律师事务所	青海	
城中村改造中农民权益保护问题研究 ——以长治市城中村改造为例	耿富明	山西耿诚律师事务所	山西	

题目	作者	律所	省份	奖项
两岸四地共同打击跨境有组织犯罪的区际合作	杨　柳	重庆渝万律师事务所	重庆	二等奖
消费信托的模式、前景及风险防范	熊伟杰	北京市中伦(重庆)律师事务所	重庆	二等奖
初论私募基金监管问题	刘力嘉	中豪集团(重庆)律师事务所	重庆	二等奖
律师参与法律服务竞争性谈判应注意的问题	尚淑莉	陕西丰瑞律师事务所	陕西	二等奖
新三板市场法律监管现状初探	邓　晶 肖　平 高学敏	内蒙古承达律师事务所	内蒙古	二等奖
我国P2P网络借贷风险及控制研究	宋　婷 杨　炀	云南建广律师事务所	云南	二等奖
“一带一路”建设中企业知识产权保护问题探究——以云南省“新三板”挂牌公司为例	鲁芸芸	北京德恒(昆明)律师事务所	云南	二等奖
是股权投资,还是债权投资？——从PPP角度看有限合伙的投资方式	董杰岚	建纬(昆明)律师事务所	云南	二等奖
哈萨克斯坦矿权收购法律事务概述	刘忠卫	新疆元正律师事务所	新疆	二等奖
P2P网络贷款法律风险与防范	黄新群	新疆瑞和律师事务所	建设兵团	二等奖
我国家庭寄养协议中的监护权研究	彭　程 王忠华	海南威盾律师事务所	海南	二等奖
从逻辑契合到业态引领——论供给侧改革过程中法律服务切入点	张莎莎	北京德和衡(太原)律师事务所	山西	二等奖

题目	作者	律所	省份	奖项
对我国婚姻法律规定的几点反思	罗　娟 郭　琳	甘肃合睿 律师事务所	甘肃	三等奖
"一带一路"建设中知识产权保护问题的探究——以非物质文化视角下崆峒武术的法律保护为例	张永锋	甘肃慧源 律师事务所		
略论我国工伤保险体系的不足和完善	林　磊	甘肃勇盛 律师事务所		
P2P网络贷款法律风险与防范	吴　鹏	甘肃时睿 律师事务所		
"老字号"知识产权保护体系的建构路径——以律师法律服务为视角	李思雷	重庆德琅 律师事务所	重庆	
知情告知法律文书的签署与减少医疗纠纷之间法律相关性的探讨	刘　莉	泰和泰律师事务所	四川	
论房地产转让中的国有土地使用权变更登记错误	邓国林	北京中伦 律师事务所		
证券交易中场外配资法律风险与防范	彭莉花	四川君合 律师事务所		
律师行业法律服务的供给侧改革——以诉讼法律服务为视角	卜文通	陕西稼轩 律师事务所	陕西	
论我国建筑施工企业在"一带一路"涉外承包工程缺陷责任中的法律风险及权利保障——以我国建筑施工企业作为"FIDIC"《施工合同条件》(1999年第1版)"缺陷责任"通用条款中的承包商为视角	韦社标	广西象法 律师事务所	广西	
中国企业赴泰直接投资法律环境分析	陈柏任	广西广合 律师事务所		
PPP项目融资环节尽职调查应注意的问题——从贷款人的视角看SPV	饶　康	云南乾楷 律师事务所	云南	
论企业党组织在公司治理中的法律地位	吴换换	新疆诚和诚 律师事务所	新疆	

题目	作者	律所	省份	奖项
试论法律服务产品标准化与个性化	孙双秀 王金贵	甘肃合睿律师事务所	甘肃	优秀奖
"修霸王车"行为性质的认定	朱万润	甘肃铜城律师事务所		
我国P2P网络借贷平台债权交易的法律问题分析	王晨光	重庆言实律师事务所	重庆	
P2P网络借贷的机遇和挑战	王　琴	重庆坤源衡泰律师事务所		
论"候鸟"式养老的消费者权益保护及权利救济	阙　雯	四川天润华邦律师事务所	四川	
慈善组织与志愿者法律关系的界定探析	李　苗	四川志存律师事务所		
出让合同中受让人承担的违约责任应视为一种行政处罚	鲁建红	四川豁达律师事务所		
国有企业实施混合所有制的法律问题	辜　波	四川信言律师事务所		
试析"小产权房"存在的法律问题及对策	陈　震	陕西富能律师事务所	陕西	
提升陕北煤矿企业法律服务的思考	王　涛 张学锋	陕西秦北律师事务所		
论行政争议与民事争议的合并审理——评行政诉讼法第61条第1款	曹振龙	陕西永嘉信律师事务所		
西部律所如何布局"一带一路"法律服务市场	成武利 薛慧芳	陕西伟天律师事务所		
医疗纠纷的难点、困惑与对策	成花丽	陕西海普睿诚律师事务所		
中国与俄罗斯能源合作开发中争端解决机制研究——以"一带一路"为背景	余　乐	陕西永嘉信律师事务所		

题目	作者	律所	省份	奖项
“一带一路”战略下西部律师的发展策略分析	伍志锐	广西国海律师事务所	广西	优秀奖
浅议“一带一路”背景下,中国—东盟知识产权法律保护之探究	邓超 甘盈盈	广西沃诚律师事务所	广西	优秀奖
对中俄国际商事仲裁法律的新理解与新思考	欧阳海鹏	广西华尚律师事务所	广西	优秀奖
一带一路战略视角下海关法的修改与完善	李佳潞	广西精一律师事务所	广西	优秀奖
论我国民事诉讼法应否建立答辩失权制度	蒋巍雄	广西东方意远律师事务所	广西	优秀奖
众筹在供给侧改革环境下的若干法律问题	廖国靖 廖首华	广西通诚律师事务所	广西	优秀奖
商事法律服务供给侧改革的应然性探索	周旭照 卢笛	广西信德嘉律师事务所	广西	优秀奖
从行使抵押权的期间制度看法律适用的正当性判断	赵志杰	内蒙古义盟律师事务所	内蒙古	优秀奖
“一带一路”战略背景下国际商事仲裁协议的探讨	王毅婷	云南建广律师事务所	云南	优秀奖
我国PPP法律问题研究——建立法律及政策互动融合的PPP法治体系	王舟	北京德恒(昆明)律师事务所	云南	优秀奖
P2P网络贷款法律风险与防范——以P2P平台为视角	田映钧	云南实力律师事务所	云南	优秀奖
老挝律师制度简介	唐超	云南隆云律师事务所	云南	优秀奖
浅议构建我国国际化建设工程标准合同范本——从“一带一路”战略要求着眼	钟怡	云南微行律师事务所	云南	优秀奖
西部律师服务“一带一路”的战略布局	赵耀	云南八谦律师事务所	云南	优秀奖
中国老挝磨憨—磨丁经济合作区——“一带一路”愿景的落地与承接	陈磊 陈昭	建纬(昆明)律师事务所	云南	优秀奖
“四个难题”摆眼前 “五个善于”来破解——交通肇事罪刑事附带民事诉讼的几点办案思路	刘艳淘	云南刘胡乐律师事务所	云南	优秀奖
论第三人利益合同的解除	杨夏	云南刘胡乐律师事务所	云南	优秀奖
“一带一路”战略下中国律师执业机遇与挑战	顾木州	云南八谦律师事务所	云南	优秀奖

题目	作者	律所	省份	奖项
论“一带一路”建设方针中给中国西部省城及与西部周边相邻西亚国家之间跨国能源合作的法律问题探讨	史晓燕	新疆典赞律师事务所	新疆	优秀奖
“一带一路”战略下新疆律师业的新机遇	杨为程 孙艺珈	北京华泰(乌鲁木齐)律师事务所		
在供给侧背景下应加强律师服务工作	冶有贵	青海沙利亚律师事务所	青海	
“一带一路”建设中知识产权保护问题的探究——关键词推广中网络客户的商标使用行为研究	张云佳	北京市盈科(银川)律师事务所	宁夏	
浅析公司法与公司章程的冲突问题	王龙奎	海南嘉天律师事务所	海南	
“一带一路”背景下环境公益诉讼制度的构建	温健楠	北京盈科(太原)律师事务所	山西	
浅析中小型企业职工社会保障体系	史亚姣	山西长兴律师事务所		
特定情形下股东放弃知情权应当得到司法确认	郭平珍 宋美霞	山西轩明律师事务所		
供给侧改革过程中法律服务切入点	董士瑜	山西辰平律师事务所		

分论坛二:机遇与挑战

——律师制度改革背景下的律师事务所管理与发展

甘肃省律师类微信公众号发展现状研究

甘肃神舟律师事务所　彭　澎

内容摘要:“再小的个体，也有自己的品牌”，这是微信公众平台的宣传语。在“互联网+”时代，律师行业如何通过互联网树立品牌形象，开拓新兴市场，这是每个律师和律师事务所都关心和需要面对的问题。本研究选定当下互联网领域普及率较高的社交软件——微信，对甘肃律师行业中开设微信公众号的情况通过普遍调查和个案访问的方法进行了研究，旨在利用对预先设定的诸多变量反应出的单一现象，及不同变量体现出的相关关系，参考个案访问内容，总结甘肃律师对微信公众号这一互联网传播工具的使用现状。

关键词:律师　微信公众号　普遍调查　个案访问

“再小的个体，也有自己的品牌”，这是微信公众平台的宣传语。在“互联网+”时代，律师行业如何通过互联网树立品牌形象，开拓新兴市场，这是每个律师和律师事务所都关心和需要面对的问题。本研究选定当下互联网领域普及率较高的社交软件——微信，对甘肃律师行业中开设微信公众号的情况通过普遍调查和个案访问的方法进行了研究，旨在利用对预先设定的诸多变量反映出的单一现象，及不同变量体现出的相关关系，参考个案访问内容，总结甘肃律师对微信公众号这一互联网传播工具的使用现状。

截至2016年7月，在微信客户端中，以“甘肃律师”为关键词进行搜索，共查找到公众号63个。本研究以此63个公众号作为研究样本，进行了统一编码，并设置了“运营主体、是否认证、最近两个月内更新次数、内容类型、是否原创、有无服务菜单、有无线下联系方式、是否接受咨询、最近一篇推送文章的阅读量”九个变量进行调查赋值，下文将对这些变量进行单一或相关性分析并得出研究结论。

一、运营主体分析

从运营主体来看，在63个样本微信公众号中，个人运营的为25个，由律师事务所运营的有38个。所占比例为40%和60%。在利用微信公众号提高知名度，树立品牌，拓展案源这一传播手段上，律师个人和律师事务所的需求并无本质上的区别，其核心意图即是把微信公众号用户的注意力这一潜在资源转化成实实在在的案件委托。因为律师的数量要远大于律师事务所的数量，律师个人的开设微信公众号理论上也应该大于律师事务所公众号的数量，但是在本研究的样本范围甘肃省，运营主体这一变量上却表现出了与假设相反的一个调查结果。

本研究认为，产生这一现状的可能原因有四个，其一，甘肃省位于西北地区，经济较之于东部沿海地区以及一线城市并不发达，法律服务行业的发展也相对滞后，大多数律师也还没有走上理想中的专业化道路，其精力更多的放在案件处理和知识更新，对于个人品牌的互联网营销并不能倾注过多的时间。其二，律师个人相比律师事务所，资源也较为有限，微信公众号运营需要依托的内容，无论是转载网络或原创写作，个人都很难以较多的积累形成稳定的内容供应。第三，通常情况下，群体的平均年龄直接影响对互联网的利用效率，甘肃省的律师群体构成中，年轻律师比例虽然在迅速逐年增加，但总体比例还不高，很多律师也许有利用微信公众平台宣传自己的愿望，但是技术障碍使他们仅仅停留在了愿望阶段。第四，通过调查发现，律师事务所的微信公众号往往设置专人运营维护，在能够使用的人力资源与内容资源上都大于律师个人，而且律师事务所运营微信公众号的直接动因是事务所领导决定，而各个律师事务所的领导基本上属于律师行业中的精英人群，他们也往往有更强的互联网营销意识。这样来看，律师事务所微信公众号数量众多也就自然而然了。

二、更新频率与内容分析

微信公众号是以文字、图片、视频等为内容的传播载体，可以说每个微信公众号都是内容提供者，通过与订阅该公众号的用户一次次内容推送、互动等环节产生联系，达到一定的传播效果。不推送内容或更新过慢的微信公众号就失去了其传播作用，也基本失去了存在的意义，也就是人们常说的“僵尸号”。本研究以两个月为期限，调查了甘肃省律师类微信公众号的更新频率，如图1所示：

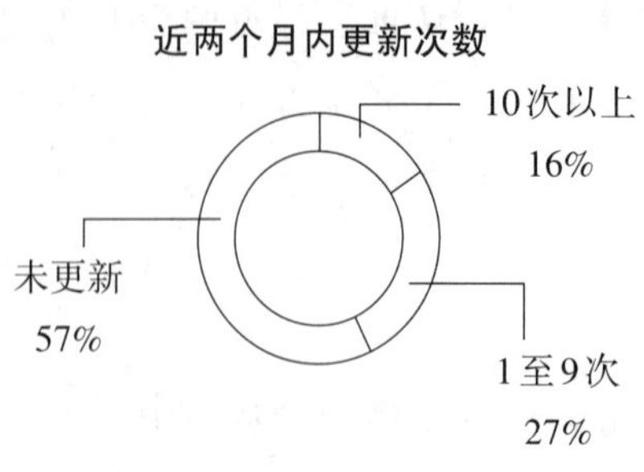

图1　更新频率

近两个月没有推送过任何内容的“僵尸号”为36个，占到总数的57%；能保持较勤更新，两个月内推送内容10次以上的公众号只有10个，占16%。

究其原因，除时间、精力、重视程度等上文已经分析过的因素，内容短板是无法回避的一个事实。本研究同样对两个月内曾推送过内容的公众号进行了内容类型和是否原创的分析：

从内容类型来看，这些公众号推送内容可以大致划分为几类：

本地新闻、事务所新闻、法规案例转载、互联网无固定类型转载、原创文章。各种类型在有内容的27个微信公众号中占比如图2：

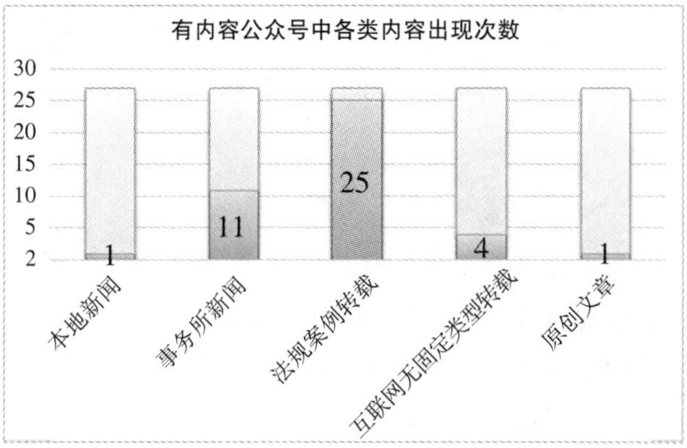

图2　内容类型

如图所示，27个有内容推送的公众号中，有25个都包含法规案例转载这一内容类型，其次较多的是事务所新闻，只有一个公众号在两个月内推送过原创文章。由此可见，甘肃省律师类微信公众号内容同质化较为严重，法律类转载较多，缺乏原创内容。值得注意的是，有不少律师事务所运营的微信公众号把事务所新闻作为了重要的推送内容，对律师事务所专业形象的塑造和培养本所律师的团队意识均有较好的作用。此类事务所新闻往往能够得到本所律师或亲友的转发，阅读量也较大，传播效果明显，可谓是律师类微信公众号“对内讲团结，对外树形象”的优秀内容。

而对于那些没有推送内容的“僵尸号”，微信公众号这一传播方式也仅仅起到了互联网名片的作用，只有当客户已经产生需求时，微信公众号才可以成为一条找到律师的途径，受众从微信公众号能够获得的，也仅仅是律师或律师事务所的线下联系方式。

三、互动服务分析

微信公众号平台是一个开放的公众号后台管理系统，这一平台提供了较丰富的公众号个性化设置模式，微信公众号的运营者可以自由添加服务模块，使公众号开展互动服务成为可能。

对于律师类微信公众号而言，互动服务的主要方式即在线咨询，通过调查发现，样本范围内的微信公众号大多数都设置了服务菜单，也几乎全部公布了线下联系方式，但对于是否接受咨询，咨询是否付费存在较大差异，如图3：

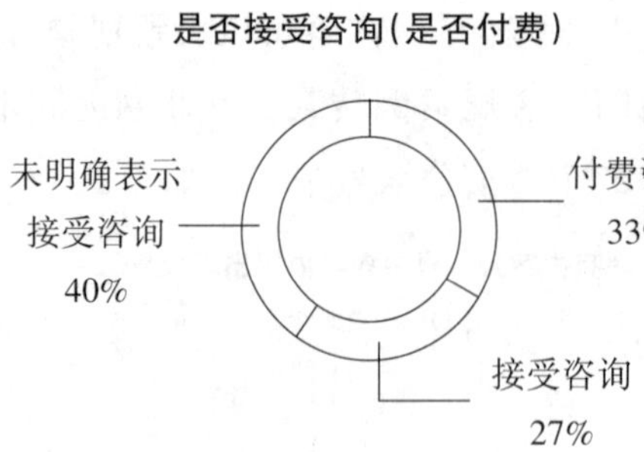

图3　咨询形式

样本中有33%的微信公众号明确表示接受线上咨询，而且需要付费，有27%的公众号表示接受线上咨询，但未明确是否付费，有40%的公众号只提供了线下联系方式，但未明确表示是否接受线上咨询。

咨询律师需要付费已经基本成为了客户人群的基本认识，但是线上咨询也要收费却与大多数人对互联网服务应该免费的理解背道而驰。在微信公众号提供咨询服务之前，普通网民的在线法律咨询需求往往通过百度知道一类的综合答问网站和找法网一类的法律专业答问网站解决，此类网站的最大好处在于免费，但咨询质量往往难以得到保证。对律师和律师事务所来说，咨询如果不付费，又不能发展为高质量的案件委托，线上咨询必然是无法持续的。

而明确表明付费咨询同样也是在培养受众的付费意识，也是服务类互联网客户端必须经历的一个过程。本研究还注意到，近来有很多律师事务所入驻非常火爆的手机APP"分答"，也对法律类咨询设定了明确的收费价位。由此可见，无论是微信公众号，还是答问类手机客户端，未来的"互联网+法律服务"模式的前提是必须普及知识付费意识。

四、传播效果分析

微信公众号作为传播工具，传播效果是必须考量的重要因素，本研究对传播效果采取了两种调查方式，一为统计样本内有内容推送的微信公众号最近一篇推送的阅读量，如图4所示：

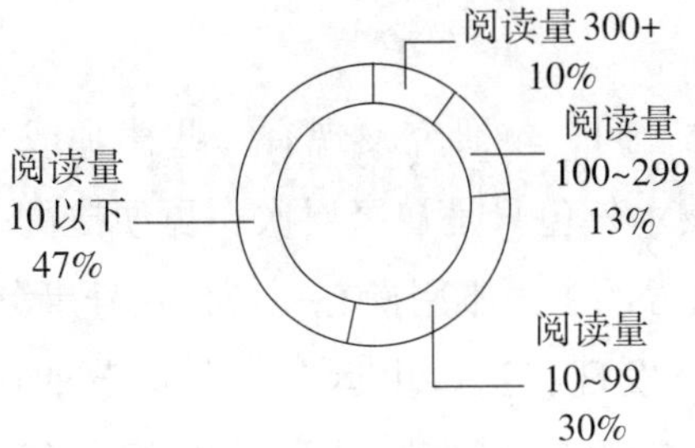

图4　内容到达率

阅读量达到300以上，基本能够视为传播效果较好，但这种推送内容只占10%，而大量的样本微信公众号最近一篇推送内容的阅读量均不到10人次，占到样本总量的47%。由此可以看出，虽然样本中的微信公众号推送了内容，但是这些内容的到达率，也就是被受众阅看的机会并不多，也注定达不到预设的传播效果。

本研究采用的第二种对传播效果研究的方式是个案访问，随机选择样本中的微信公众号，联系公众号的运营者，询问其公众号的运营状况以及有无付费咨询和线上转化委托。

本研究随机抽取了A、B、C三个公众号（应被访问者要求匿名），进行个案访问，得到的反馈如下：

A律师表示，自己精力有限，很难做到对为微信公众号的高质量更新，公众号推送的文章均是自己在互联网上搜集直接转载的，微信公众号的关注群体也多是自己的微信好友，朋友捧捧场点个赞，自己认为还没有形成传播效果，没有人通过微信公众号线上咨询，也没有转化成为线下案件委托的情况。

B事务所表示，事务所在多个平台运营类似传播工具，付费购买线上技术支持，通过微信公众号可以直接连接进入事务所微网站，微网站有付费咨询项目，但是从没有客户通过这一方式咨询过，客户往往直接拨通预留电话进行咨询，咨询接待人员会询问其得到电话号码的方式，亦有客户通过微信公众号发布的信息打电话来咨询，有一例在电话咨询后成功转化成为了案件委托。

C律师表示自己的微信公众号完全外包给线上公司运营，自己只是支付一定的费用，微信号里面发布的一切内容均是外包公司发布的，自己也只把公众号当成一种付费宣传的广告，并没有过多关注是否带来了案源。

虽然这种随机抽取个案进行访问的方法存在代表性弱、回答较为主观随意的漏洞，但是以上三个微信公众号运营者对公众号的态度亦能反映出目前样本范围内微信公众号运营的现状，即普遍传播效果较弱，受众还不能接受线上付费咨询的服务方式，线上传播转化为线下的案件委托基本属于极端个案，少之又少。

而且通过B与C的答问，本研究发现有一些律师或律师事务所会选择将微信公众号事务外包，技术外包只是初级层次，更便捷的是包括技术、服务在内的整体外包，微信公众号的主人不用操心一切公众号事务，均由运营公司完成。

通过再次比较研究发现，这些由运营公司运营的微信公众号往往更新较勤，内容多为互联网法律服务类转载，同质化明显，每篇推送都将律师或律师事务所简介和联系方式放在突出位置，但此类推送的阅读量都非常低，连续翻看多篇文章，其阅读量都是只有一两次。可以看出微信公众号运营已经成为一个市场，但这种市场化、同质化的运营能否为律师和事务所带来实实在在的传播效果，却十分令人怀疑。

五、小结

综上所述，样本选择的甘肃省律师类微信公众号发展还处在较为初级的阶段，这与西部地区经济欠发达，对互联网工具的利用效率低下，以及法律服务行业的竞争程度与整体服务意识较弱是密切相关的。甘肃律师和律所们已经逐渐意识到互联网是法律服务市场的富矿，也已经着手寻找开拓这一市场的突破口，但依然处在探寻摸索的阶段。在微信公众号普及之前，法律服务类网站为律师提供广告宣传受到过不少律师的青睐，纷纷解囊投资，而进入微信时代，一些公众号服务公司又再次瞄准了法律服务市场，帮助律师运营公众号或者微信微网站。但是囿于内容短板，无论是自己拼凑还是由外包的服务公司去随意转载，均无法取得较好的传播效果，反而是部分律师事务所运营的公众号定期发布律所新闻，宣传律所业绩让人眼前一亮，似乎成为了律师事务所利用微信宣传自身的有效方法。

随着我国对知识产权保护的日益重视，互联网也已经不再是寻找免费产品和服务的天堂，下载音乐、电影逐步需要付费，下载实用性文档则早就形成了付费惯例，线上知识性服务付费的时代也已经就在眼前。本研究也看到不少律师和律师事务所明确地在微信公众号上打出付费咨询的字样，参与到了用户付费意识的培养中来。

互联网法律服务市场固然广大，但是律师服务本身成本较高，这就要求客户与律师之间建立足够的信任，这是当前互联网技术与人们的互联网意识所不能够达到的，这在本研究的样本范围——西部省份甘肃就更加明显。

科技改变生活，微信诞生五年就让人们形成了新的生活方式，任何人都无法预言“互联网+律师”的下一个五年会让我们发生何种改变。

公司化律师事务所的运营与治理

四川同兴律师事务所　张玉华　袁福强

内容摘要：党的十八大将建设完备的法律服务体系作为依法治国的一项重内容。随着法治工作的不断推进，律师作为法律共同体的作用越来越明显，传统的法律服务模式已经很难适应高速的经济发展和日新月异的市场变化，律师行业的竞争已逐步从个体的竞争转化为事务所的竞争。建立适应法律服务市场的律所运营与治理模式，是提高律师事务所核心竞争力和发展壮大的必由之路。在企业公司化运作已经走过了上百年历史的今天，如何借鉴企业公司化运营中已经形成的较为成熟、完善、先进的管理体系及运营模式，是作者撰写本文的初衷。

关键词：律所发展趋势　律所公司化优势　律所公司化的建立

一、现代律师事务所的发展趋势

从1979年恢复律师制度至今，我国律师行业走过了短暂而又艰难的三十七年。党的十八大以后，司法改革被党中央提到了与经济体制改革、政治体制等同等重要的位置，而法律服务市场的建设与完备成为司法改革的重要内容之一。随着经济的高速发展和法治化进程不断推进，特别是我国已经成为世界第二大经济体的今天，政府及各行各业与外界的交往越来越频繁，纠纷形式繁多、纠纷数量增大、人们的维权意识也在不断加强；律师参与立法、参与政府依法行政、参与党委政府的重大决策、参与司法监督、参与诉讼及非诉、仲裁等业务的比例都在大幅度上升。这对于律所、律师来说是个好消息，但同时我们应当看到，在信息化高速发展的今天，律师行业的竞争与日俱增，律师事务所管理水平与律师执业水平受到了前所未有的挑战。按部就班、单兵作战的传统律所管理模式已经无法适应和满足法律服务市场的需要。面对这些情形，律师怎么办？律所怎么办？正如《法制网律师业未来发展九大趋势》一文中提到的“刘桂明将之概括为在相当长的一段时间内都无法回避的九大发展趋势：一是规模化，要做大；二是专业化，要做精；三是品牌化，要做活；四是规范化，要作准；五是国际化，要做广；六是公益化，要做好；七是政治化，要做高；八是产业化，要做强；九是信息化，要做快”。针对这种趋势，只能打破传统、顺应趋势、顺势而上,建立现代化的律师事务所”，而成熟的、完善的、先进的公司化运作是律所最好的借鉴模式。

二、公司化律师事务所的优势

说到优势，肯定就是通过与传统律师事务所作比较得出的。这里的传统律所指的是个人所或者是合伙所，被业内人士比喻为个体工商户或者是多个个体工商户的集合（合伙所）。

个体工商户或者师父带徒弟的“传帮带”模式适用于传统经济模式和经济欠发达的地方，其缺点是完全凸显的。一是事务所合伙人没有共同的发展目标；二是律师之间没有共同的价值取向；三是事务所的管理仍然建立在经验管理的基础上，事务所主任或创始人的个人思路在主导和制约事务所的发展；四是事务所合伙人不能形成权益共同体。业务提成比例一致、运营成本平均分担，表面上看是公平，而事实上对于新近的、收入较低的、年老的合伙人来讲，其根本没有感受到、享受到合伙人权益共同体中的任何扶持和保障，很难持久发展。

从世界工业化开始，人们就一直不断在寻求一种既能防控风险又能做大做强的经济活动载体，公司应运而生，到今天已经走过了上百年的历史。律师事务所作为律师服务、发展的平台和依托，要做大做强，要树立品牌，要长久发展，笔者认为公司化是当前最好的选择。一是公司化律师事务所比传统律师事务所在体量上更能做大、做强；二是公司化律师事务所的管理比传统律师事务所更加规范化和精细化；三是伴随公司化律师事务所的是专业化和团队化，比传统律师事务所更能适应市场的要求，也更具战斗力和竞争力；四是公司化律师事务所能够整合各种资源，扩大信息收集量，节约运营成本；五是公司化律师事务所更能形成自己的独特文化体系和价值体系。

三、公司化律师事务所的运营和治理分析

（一）公司制的运营模式

公司化律师事务所即是借鉴公司的运营模式来治理律师事务所。公司化律师事务所内部机构有合伙人会议（类似公司的股东会，是权力机关）、管委会（类似公司的董事会，是执行机关）、主任（类似公司的经理，是具体事务的执行者）、业务委员会（类似公司的业务部门）、财务部门、行政部门等。

制度是公司化律师事务所的灵魂，制度的健康运行，就好比全自动化汽车，运行的好坏不再依赖某个驾驶人员驾驶技术的高低。制度的运行，使合伙人能从传统律师事务所纷繁复杂的事务中解脱出来。行业内有一句话叫“合伙

人复印一张纸都是在浪费时间”，故合伙人应当把精力放在更重要的事情上。

公司化律师事务所需要重视的两大方面的治理就是分配机制和管理模式。

（二）分配机制的建立

传统律所的分配机制较为简单。律所的合伙人收入来源于自身代理案件和收取提成律师的提成比例，并承担律师事务所的办公等运营费用；挂靠律师则是靠自身案源和合伙人分配案源，律所提成后的收入。

而公司化律师事务所的分配机制较为复杂。公司化律师事务所采取的是“低分配、高积累”的方式，一般杜绝提成或提成比例非常低，主要以合伙人和律师的贡献为标准进行分配。由于不实行提成或提成比例很低，公司化律所一般都给合伙人和律师发放工资、提供社会保障，并在年终按照其贡献再进行分红或资金分配等。

律所的合伙人（股东）的收入来源于整个律师事务所的收入分配。一般非合伙人律师的收入来源于自身办理案件的质量与数量。那么合伙人（股东）的能力有大小之分、贡献有多少之别，一般非合伙人律师也有自己的案源，因此如何去平衡和协调、如何做到公平的同时兼顾效率，这时就需要案源进口的统一化管理，如果当事人是冲着律师事务所本身来的，案件的收入按律所制度分配；如果当事人是冲着合伙人或者一般律师来的，那么在案源贡献上就应该给予带来案源的律师一定比例的提成。这时就很好地做到了合伙人和一般律师收入随着案源的增多随之提高，做到公平，多劳多得。除去案源提成、事务所运营成本之后，提取一定比例的资金作为事务所发展和合伙人年老、疾病、意外事故等保障基金后，剩下的就是合伙人可以分配的收入。有些合伙人同时还在律师事务所部门中任职，进行管理或者亲自操刀案件，那么这些合伙人应取得相应的职位工资和定级报酬。一般律师除了案源收入外，在律师事务所中的职务、级别工资是其主要收入来源。

为了衡量各个律师对律所的贡献大小，公司化律师事务所都会建立一整套考评制度，并通过设立考评委员会负责具体考评。考评所依据的标准主要是业务创收、案件办理质量等。

分配机制如何建立，对于合伙人之间是否合作长久至关重要。尤其是对于早已成名并且业绩斐然的律师，可通过股权比例、案源提成、职位定级、成绩考评等方面体现出与一般合伙人的差距。如果蛋糕是固定的大小，那么案源广、业务好的合伙人肯定会吃亏，但是公司化律师事务所的目标就是要把蛋糕做大，虽然案源广、业务好的合伙人在比例上会吃亏，但是蛋糕做大之后，即使比例不占优，实际分配的收入也会有很大提高，实现共赢。

（三）公司化的管理模式

传统律所在管理上比较松散，除了一些形式上的管理，比如统一的开会、着装要求、办公要求等，传统律所只是向提成律师提供办公场地和办公条件，并收取一定比例的律师费提成，而对于提成律师如何拓展业务、如何办理业务等几乎不进行实质性的管理。

公司化律师事务所借鉴现代公司治理制度，采取了一整套管理制度，按公司制的管理模式进行制度管理和运行。

首先是机构的设置。公司化律师事务所的合伙人会议是权力机构，负责讨论和决议律师事务所的重大事务；管委会是执行机构，负责处理和解决日常事务；主任或者执行主任负责具体事务的执行；业务委员会以及财务部门、行政部门等负责分管各个专业部门。各部门通力合作、各司其职。

其次是制度的建立。如上所述，公司化律师事务所的制度建立、按制度行事是保证律所正常运行的条件。各律师事务所要结合自身实际建立以下制度，分配制度、人事管理制度、行政财务管理制度、案件管理制度等，并保证贯彻落实和追究责任。

再次是组织管理。公司化律师事务所的所有人员，包括合伙人都要接受统一管理。统一进行行政管理、统一进行人员招聘、统一对人员进行考评、统一进行财务核算和分配等。

最后是案件的管理。公司化生产之所以比作坊式生产的效率高，就在于其流程化、标准化、规范化、数字化。机械化的流水线作业比手工式操作来得精细与严谨。案件统一归口，就像法院的立案庭，然后分配到各个业务组进行具体办理，直到最后的结案，这是流程化，这其中还有很多的制度设计比如某类型案件的证据、与客户的沟通等。案件分配到各个业务组后，就进行标准化“生产”，模型化“生产”。在“生产”过程中必须遵守制定的制度约束，做到规范化要求，当然规范化的规范是一个不断发展和完善的过程。

（四）团队化、专业化的业务开展模式

律师的个人发展，一定程度上是个人选择的结果，但是什么样的律所在很大程度上决定了律师个人的发展，这就是有一些律师在不同的律所间不断跳来跳去的原因。

传统律所在业务模式上往往采取“单打独斗”的方式，即一个合伙人靠个人社会关系资源获得案源，在进行营销时也只能靠自身，做业务则主要是靠自己或自己所带的团队进行，提成律师则更是靠自己进行。大多数律师由于生存压力，只要是案件大都会接手做，导致成为所谓的“万金油”律师。推广、业务集于一身，这样会造成案源少的律师饿死、案源多的律师累死的境况。也造成“样样懂、门门差”的业务技艺，看似什么都会，实际路子却是越走越窄。专业化能够让律师专心钻研自己业务范围的专业知识和技能，使其成为专业化律师，可以极大地提高业务部门及其律师的执业水准。

在诉讼业务中，律师的职责就是说服法官作出有利于委托人的裁判。法院都对法官作出了专业、部门划分，并且法官都是对某一类型案件无论从法律规定、理论前沿还是实践操作都是相当熟悉，律师事务所还有什么理由不再专业化。在办理非诉业务时，律师的职责就是解决问题并防控、提示风险。现在的经济模式越来越复杂、风险点亦很多，如果不是专门研究某一领域的律师，不会快速识别风险点，比如在谈判中房地产行业的风险、融资担保业务的风险与知识产权业务的风险等各有各的不同，律师如何能做到迅速把握风险，提出对策，占据有利地位，对客户来说至关重要，这就非“万金油”律师能够解决的。

那么，问题马上就来了，律师事务所的“专业化”或者个人的“专业化”会不会面临律师事务所业绩下降或者律师个人吃不饱的情形。当然，这得因地制宜，比如在大都市律师事务所的“专业化”前期也许业绩会下滑，但是只要坚持，终会尝到胜利的滋味的。如果是在小地方，律师事务所的“专业化”的确是有一定风险，那么保守的做法是做到事务所内部部门化、团队化、专业化，就像人民法院一样，只要法律规定能受理的案件都受理，但是会将不同的案件类型分配到不同的部门、不同专业特长的人员进行处理。部门之间通力合作，取长补短、共同进步。

伴随“专业化”的是“团队化”，“专业化”之后把律师分成了块状，但是某些法律问题会涉及方方面面各个专业领域或者跨行业领域，这就需要团队的力量、团队的智慧、团队的协作。

“十招会，不如一招鲜”的专业化，再加上“众人力、泰山移”的团队化，终必势如破竹、摧枯拉朽，体现出巨大的竞争优势。

（五）公司化律所的文化建设和品牌推广

众所周知，公司的发展经历了经验管理、科学管理和文化管理三个阶段，而目前为止，大多数律所仍然停留在经验管理的基础上，好的律所在搞科学管理，尽管大家都在提律所文化建设，但真正形成自己文化体系的律所凤毛麟角。要打造一支富有战斗力的律师团队，打造一流的律师事务所，必须要有大家认同的律所文化。律所文化建设能够增强律师对律所的认同感和归属感，最终达到提升律所的形象和品牌的效果。

苹果产品一半以上的价值是品牌价值，品牌会产生光环效应。对于律师事务所来说道理亦然，品牌就是服务质量和口碑的象征，只要客户认可，品牌会带来大量案源。团队化、专业化建设中，重要的力量就是公司化律所市场拓展部门的建立。

四、结语

当前律所的竞争就是人才与管理的竞争，公司化律师事务所在人才的引进、培养以及律所的高效管理方面都远非传统律师事务所可比。公司化就好比群狼战术，有勇有谋，分工协作，捕食机会肯定大些。个人单打独斗，就算是一只猛虎，也未必能敌过一群狼。当然，改革需要经历阵痛，在律所公司化进程中，需要合伙人、特别是业绩较好的合伙人舍弃目前的个人利益，着眼于长远发展。

资本投资律师事务所的可行性研究

广西欣和律师事务所　张　虹

内容摘要：律师事务所事务发展需要资本的支撑，资本也愿意投资律师事务所，允许资本投资律师事务所是大势所趋。许多国家为资本投资律所做出了有益的探索，给我们提供了丰富的可供借鉴的经验。我们应当摒弃对资本的成见，用良好的制度管理、约束资本，为律师事务所引进资本清除所有障碍。

关键词：非律师资本　障碍　借鉴　可行性　制度设计

引　言

去年有个律师向所里汇报，说有一个对法律事业有浓厚兴趣的商人想与我们所合作，合作方案是：他免费提供市内最高档的写字楼1200平方米作为办公场地，出资500万元作为事务所流动资金；所里组建专门团队承办他所承揽的案件，收入由其分配；所里自行承接的案件由双方另行协商分配方法。这个信息初时让合伙人好奇和兴奋了一阵，冷静之后，双方都对这种合作模式疑虑重重，未就“合作”展开实质性讨论，这场资本投资律所的实验早早夭折。

一、资本与律所的相互吸引

近五年以来，可以明显感觉到我国律师行业的飞速发展。以广西为例，随着大成、盈科等国内大型律所的进驻，广西区内律所的竞争空前高涨。2015年，广西区律所协会颁布了《广西律师事务所规模化、专业化、品牌化建设规划（2015—2018年）》，更加剧了广西律所的扩张。如今这一态势仍在持续之中。在这一片火热的形势下，各律所争相斥巨资购买、租赁高档写字楼，进行豪华装修；规模大的律所聘用了职业经理人作为行政主管，设立了宣传企划、公共关系、网络技术维护等企业化的部门；加大对事务所的宣传力度；对律师的培训也不断加强，培训支出数倍甚至数十倍于前。在一系列企业化运作之下，单靠律所积累或合伙人的投入难免力有不逮，而发展与扩张的愿望是永无止境的。这一切，除了律师的软实力以外，还需要强大的资本支撑。律所对资本的渴求是不言而喻的。

以投资人眼光来看，律师业属于刚需、持久性行业，经营风险小，投资回报稳定，资本对于律所无疑也是十分倾心的。

资本和律所早已处于一拍即合的态势，能否让它们结合，让它们怎样结合，正是我们需要考虑的。

二、资本投资律师事务所的障碍

首先需要明确的是，本文所说的“资本”仅指来自非律师主体的民间出资，律师出资不在本文讨论范围内。

（一）资本投资律师事务所的法律障碍

我国现行立法对资本投资律所虽然没有明确的禁止性规定，却也没给出任何通道。

律师法规定，律所是律师的执业机构，合伙所、个人所和国办所是法定的三种律所组织形式。国办所并非当前主流，暂且不论，先看合伙所和个人所的相关规定。

个人所的情况比较简单，设立人应当是具有五年以上执业经历的律师，不存在非律师设立个人所的可能。

律师法和律师事务所管理办法规定了合伙所设立人应当是满足一定条件的律师，排除了设立人是非律师的可能。对于非创始合伙人，律师法和律师事务所管理办法倒是都没有作出专门的规定，但律师事务所管理办法第15条对合伙协议的内容作出规定，关于合伙人，要求记载其律师执业经历。也就是说，非创始合伙人也只能是律师。

可见，当下我国资本投资律所存在不可逾越的法律障碍。

（二）资本投资律师事务所的思想障碍

非律师投资律所，在世界上大多数国家和地区都是不允许的，即使在美国也是不受欢迎的。

禁止非律师投资律所的观点起源于1928年美国律师协会制定的职业道德准则，经过近90年的变迁，仍然作为一条严格的规则被美国绝大多数管辖区域所采纳。

我国港、澳、台地区也没有打开资本进入律师业的大门。

为何绝大多数国家和地区，虽然经济、法治发展参差不齐，独对这一问题能长时间保持一致？究其原因，是有深刻的思想传统在背后支撑。非律师资本的复杂性，和人们期望的律师业的“纯洁性”，引发了人们对二者结合极大的疑虑。

1.妨害律师执业的独立性

独立性是律师执业的基本规则之一。律师制度的根本目的在于保障当事人的合法权益，确保法律的正确实施，这就要求律师在执业时严格依据自己的专业知识做出处理，不受任何组织和个人的干扰。如果非律师资本进入律所，非律师将成为律所的所有权人甚至管理人，可能会对律师提出不当要求，影响律师独立执业，甚至撼动律师执业的基础，对社会法治造成损害。

2.妨害法律服务的职业性

律所的主要任务是为社会提供职业化的法律服务。人们担心，非律师资本进入律所，势必导致律所朝着商业化道路发展，削弱法律服务的职业性。

3.妨害律师执业的保密性

保密是律师执业最为重要的纪律之一，是律师与客户的信任基础。如果律所被非律师所控制，有可能导致客户秘密被泄露甚至被非法处置。

4.对传统律所造成冲击

非律师资本量惊人，有强大资本支撑的律所在各个方面都更加容易占据优势地位，对传统律所形成碾压式打击。美国北达科塔州最高法院否决了该州律师管理委员会和律师标准委员会关于允许执业律师与非律师合作的建议规则，就是基于对“企业巨人”的畏惧，法院预测：“如果企业巨人来了，世界将会走向尽头。”

资本的进入触及到了律师业最传统、最核心的内容，自然会令人格外谨慎。

三、资本投资律所的现实成果

（一）世界各国律师业吸收资本的发展历程

澳大利亚从2001年开始允许律所采用公司制，目前，澳大利亚已有超过30%的律所注册成公司。2007年全球第一家律所斯莱特·戈登律师事务所上市。

2006年英国审查通过“法律服务法案”（Legal Service Bill）。2011年10月6日，“法律服务法案”中对ABS作出规定的第5部分生效。ABS即“非律师拥有律所”（Alternative Business Structure），是指非律师或其他机构是律所的管理人，或拥有律所的股权。2015年6月8日，具有270年历史的英国盖特林律师事务所在伦敦证券交易所高增长市场上市，这是全球第二家上市的律所。

20世纪80年代末，美国哥伦比亚地区Jordan委员会决定准许非律师与律所合作，得到法院批准。2015年3月，华盛顿州对法律执业者和律所所有者的限制也有所放开，律所的助理或者初级律师可以拥有律所。

2015年7月，山东德衡律师事务所在青岛蓝海股权交易中心挂牌，成为中国第一家进入资本市场的律所。虽然笔者质疑德衡所此举的合法性，但对于该所的大胆尝试还是深表钦佩！

（二）资本进入律师事务所的初效应

斯莱特·戈登上市后，股价从发行价1澳元上升到6澳元，人员从400人上升到了5200人，办公室从15处扩大到了107处，年收入从5700万澳元增长到了1.7亿澳元，还在英国收购了一家IP所。上市极大地促进了该所的发展和扩张。

盖特利首次公开发行的股票有10%被其客户抢购一空，其股价也保持上升态势。

在四板市场挂牌后，至2015年9月30日，德衡律师集团已完成了集团内律师员工全员持股认购申请工作；集团旗下的"德和远航"和"德翼飞翔"推出了"互联网+"法律产品。挂牌极大提升了该所的知名度，将该所带到了一个新的发展平台。

从目前情况来看，也可能由于尚未普及，律所吸收非律师资本的负面效应鲜有报道，而是更多地展示了积极的一面，尤其是律所上市，非但没有受到不良影响，反而让律所在管理上更加严谨规范。

四、我国允许资本投资律师事务所的可行性

国内外同行的创举给了我们极大的启迪，我国应不应该、有没有可能也打开资本进入律所的大门？

我国对于资本投资律所应当是不陌生的，国办所是现成的例证。国办所由政府出资，以事务所的全部资产对债务承担责任。国办所兼具了"有限责任制"和"非律师资本投入"两大特性，可谓我国资本投资律所的鼻祖，也未引发有损律师业的后果。我们再勇敢往前走走又何妨？

（一）我国准许资本投资律所必须清除的障碍

允许我国律所吸收资本，首先要清除两个障碍：

1.法律障碍

（1）组织形式障碍

现行法律规定的律所组织形式不可能满足资本引进的需要。仍以占我国律所总数95%以上的合伙所和个人所为例，合伙人（个人）对律所的债务承担无限连带责任，这点令众多资本望而却步，一是基于对无限责任的畏惧；二是公司法规定公司不得成为对所投资企业的债务承担连带责任的出资人，如此便断绝了公司资本的进入。因此，律所要引进资本首先要改组为有限责任制（公司制）。

英国2000年7月颁布了有限责任合伙法，赋予有限责任合伙独立法人的法律地位。2007年英国允许律所采取公司制组织形式，允许非律师成为律所的股东。2010年英国允许律所进行股份制改革。目前英国律所的主要组织形式是有限责任制的公司制律所。

美国律所的组织形式有七种之多，其中包括了普通公司、专业公司、有限责任公司和有限责任合伙。德、法两国以及我国的香港也有公司制或有限责任制的律所。

各国准许设立公司制的律所是为了让律所引进公司管理制度，规范律所经营行为，加大律师行业抵御风险的能力，树立律所品牌，实现法律服务所产业化、规模化及可持续发展，而准许设立公司制律所的另一项功能是解决了资本进入的法律障碍之一。

（2）投资主体障碍

既然要引进非律师资本，法律就应给予突破现行规定，赋予非律师主体进入律师业的资格。

解决了这两个问题，资本进入律所的法律障碍才算清除。

2.心理障碍

美国这样的国家尚且害怕“企业巨人”入侵律师业，更何况我们这个有着几千年“轻商、畏商”传统的国家。

资本固然有逐利的本能，但良性的利益获取必须建立在“善”的基础之上，对于这一点，现代的人们是达成了共识的。诚信、规范、尊重行业的伦理和遵守职业道德非常普遍地贯彻在现代高品质的企业当中。我们完全可以正视和解决资本投资律所的各种问题。

（二）我国资本投资律所应当关注的几个基本点

允许资本投资律所是一项非常浩大的系统工程，是需要我们投诸巨大的精力去做的一件事。但万变不离其宗，掌握好了规律性的东西，就可以事半功倍。

1.基本规则的保护

所有准许资本进入律所的国家，都会特别重视律师执业基本规则的保护。前文所述的律师执业的独立性、服务的职业性、保密要求、防止不正当竞争以及律师执业时常发生的利益冲突解决机制等，都需要予以关注。

美国哥伦比亚地区Jordan委员会在允许律师与非律师合作的建议说明中提出：“一个律师可以在一个经济利益和管理权力由一个独立的非律师个人所控制或操作的合伙或其他形式的组织中从事法律执业，该非律师应该履行专业服务以协助该组织为客户提供法律服务，只要（1）这不会干涉律师职业判断的独立性或律师与客户之间的关系；（2）律师的客户的秘密正如保密规则中所要求的得到保护；(3) 这样的安排不会导致广告和个人宣传规则中所禁止的广告或与将来客户的私人接触；(4) 这样的安排不会导致违反收费规则而付费；(5) 前述条件应该是书面形式的。"该委员会还澄清了不会允许Sears, Roebuck & Co.这类公司进入律师行业，缓解了社会各界对"企业巨人"的担忧。这些都体现了对律师执业规则的重视和保护。

2.合理精致的制度设计

世界各国在准许非律师资本投资律所时，都不是简单地放开，而是围绕律师行业特点进行精心设计，各有特色，给我们提供了良好的示范。

(1) 可向资本开放的领域。在英国的ABS模式下，律师和非律师可跨行执业，非律师可拥有ABS股权，律师、会计、审计、保险、建筑师、银行业等可以联合设立ABS，为客户提供"一站式"服务，包括法律服务。因此，ABS法律服务的对象通常是定向的。大型律所成为ABS，做涉外业务时会遇到障碍。有的国家只向市场打开非诉法律服务市场，对于诉讼还是不允许非律师资本介入的。我们也应谨慎划定可以开放的法律服务领域，保护法律服务最敏感的地带。

(2) 合格投资人。合格投资人也是一个重要问题。律师业毕竟是一个与上层建筑密切相关、带有社会公益性的组织，如果掌控在不良投资者手上，确实会产生极大的负面后果，这恐怕是政府和民众所不能接受的。因此，合格投资人也应当被充分地考虑。

(3) 行业管理。在非律师介入律所后，行业问题管理就变得麻烦起来。传统律师和律所受律师协会行业管理，律师协会对非律师的管理不可能有太多约束力，在非律师成为律所投资人或管理人之后，如何管理这样一个包含双重主体的组织?

英国ABS就有两种层次的管理，首先是律师公会对事务律师的管理，其次是ABS发照机构的专门管理。这一做法具有一定参考价值，但能不能满足我们自己的需要，还有待研究。

(4) 非律师投资人的权限。由于律师执业独立性和职业性要求，非律师投资人不应介入涉及律师执业的核心事务，非律师投资人可以享有投资收益权和对所投资律所一定的管理权，但涉及法律业务时，应当没有表决权。

(5) 配套机制和严厉罚责的设立。对于广受关注的利益冲突、保密等问题应当设置配套的机制，对非律师投资的律所的信息披露应有更高要求，对保密制度也应有更严格的规定。

良性获利永远与规则并存，对资本投资律所施以更为严格的管理监督措施，包括出现不当行为后所应当遭受的更为严厉的处罚，是社会各界希望看到的。

结　语

允许资本投资律所是大势所趋，只是早晚问题。只要工具运用得当，老虎也可以被驯化。我们应当突破对“商业化”的恐惧，将更多的精力放在对我国律师业实际情况的考察和对相关制度的设计上，就完全可以做到在将“资本”移植到律师业时，开出绚丽的善之花来！

参考文献

［1］吕德快.谈律所的非律师投资［J］.法治研究，2007（10）.

［2］程幽燕.英国的司法变迁——非律师拥有律所［J］.中国律师，2013（4）.

［3］蒋琪.突破“律所+资本”困局.［EB/OL］.http://www.fylz.com.cn/xgxw/201604/t20160427_1783999.shtml，最后访问2016年7月10日.

［4］《英国律所上市了，香港律界怎么想?》.［EB/OL］. http://www.acla.org.cn/html/lvshiyuanchuang/20150611/21394.html，最后访问2016年7月10日.

［5］邓辉.《非律师投资律所合法化问题探究》.［EB/OL］.http://www.cqlsw.net/business/system/20090807133907_2.html，最后访问2016年7月10日.

［6］《世界发达国家和地区律所发展模式分析》.［EB/OL］.http://wenku.baidu.com/link?url=oBCaLqvof3qzsdJZPuwCtTt4sU37eKvtEXMPy6UXMX0DdxuMCdZ07TWwtrNIEBB-pHJAT5SJDqzAFzHGY6txVpVGHcYgNiGNgnMHrI wNmMbO，最后访问2016年7月10日.

律师事务所公司化运营中遇到的问题探究

国浩律师(太原)事务所　魏兴蕾

内容摘要：近年来，以“提成制”分配为基础的管理方式饱受律师行业病垢，它松散、缺乏凝聚力的缺陷已经开始阻碍那些谋求专业化、团队化、品牌化发展的律师事务所。许多律所开始探索适合自己发展目标的管理方式和方法，其中“公司化”管理方式以其完备的组织构架、高效的团队建设、长远的利益考量、注重人才培养等优势，被大多数寻求改变的律所接受，并运用到日常运营中去。但是，“公司化”并非万用良方，当遇到现实中形形色色的问题时，如何构建符合本所实际情况的“公司化”管理模式就成为了首要的问题。本文从律所实行“公司化”管理中遇到困惑说起，探讨合伙人团队建设、事务所管理制度完善、律师团队建设、人才战略、文化建设五个方面的问题。其中有实践中的思考，也有学习中的领悟，是对律所“公司化”管理方式的一次有益探索。

关键词：公司化管理　律师事务所管理　分配模式

为解决“提成制”对事务所发展的束缚和局限，2012年在借鉴国内其他律所成功经验的基础上，山西祝融万权律师事务所正式启动公司化改革，成为山西省第一家、也是唯一的一家公司化管理的律师事务所。当时有部分合伙人因个人原因未参与改革，其分配方式仍沿袭过去的提成制。事务所在“一所两制”的模式下运行了三年，两种制度互相影响，导致个别律师在两种制度之间摇摆不定，很难做到心无旁骛，全力以赴，公司化管理难以统一贯彻执行。今年九月，在与多家公司化管理的律所律师充分沟通交流后，团队合伙人决定改变现有状况，将公司化团队从事务所脱离出来，重新打造一家真正意义上的全公司化管理的事务所。

回顾来时路，有困惑、有迷茫、有彷徨……但将事务所打造成既有专业化分工，又能实现团队协作的整体的初衷始终未变。既然是摸着石头过河，那么不断地发现问题，不断地修正我们前进的方向，才会使公司化之路越走越顺。

本文就事务所目前公司化管理中存在的问题提出一些粗浅的看法，旨在抛砖引玉，以期更多的同行对律所公司化管理进行思考并提出更多更好的建议。

一、合伙人应相互认可，相互包容，互相信任，共同发展

合伙人是事务所发展最核心、最稳定的力量，是否有共同的行为准则及高度统一的价值观直接决定公司化改革的成败，合伙人应从内心真正认可并接受这种制度，并为改革目标的实现付诸努力。公司化管理是一条长期发展之路，公司化的效果在短时间内并不能充分体现出来，每位合伙人对此都应有充分的认识及心理准备，创收高的合伙人应有放下眼前利益的胸怀与智慧，创收低的合伙人应充分发挥自己的管理或业务专长，大家都应从事务所的长远利益出发，相互认可、相互包容、互相信赖、优势整合、融为一体，尽心尽力把“蛋糕”做大，以期最终获得的长期回报超过依靠个人单打独斗赚取的短期利益。一群人走，初期会慢一点，但一定会走得更远。

二、加强事务所管理，不断修改完善各项制度，形成优胜劣汰的良性循环

律师崇尚自由，但也很讲规则。事务所的制度建设与管理是确保公司化改革目标得以实现的基础和保障。公司化改革之初，事务所便制订了一系列的规章制度，并在实践中不断地修改完善，但也出现过偏离公司化管理轨道的情形。比如团队律师除实行工薪制外，其自行承揽的业务也按20% ~ 80%比例给予创收提成，本意是提高律师收入，但这样一来，部分律师把精力都放到自行承揽业务上，而对事务所交办的公共业务并不十分上心，导致业务创收没提高多少，办案质量却明显下降；再比如2014年事务所对各业务部门提出创收要求，导致各业务部门将创收放在首位，什么业务都做，严重影响了事务所的专业化进程；此外，员工职责不明确、工作执行不到位、部门考核不严格、只奖不罚、人员只进不出等情形也不同程度地存在。管理是动态的、长期的行为，上述种种情形都需要有针对性地加以修正和改进，不断进行调整。好的制度应该宽严相济、赏罚分明，能够让律师心甘情愿地接受并执行，好的管理应让有能力的律师获得充分的发展和成长，获得与之对应的收益和肯定。

三、加强专业化律师团队建设，培养一支业务精湛、忠诚度高的律师团队

事务所的定位是为客户提供高端的民商事法律服务，高端业务的角逐需要匹配专业的律师团队，越是高端的客户，其法律需求越是多样化，越看重服务团队的整体专业实力，因此，专业律师团队的组建迫在眉睫。经过三年实践，事务所在金融证券、投融资并购、建筑房地产、高端民商事诉讼等业务领域已形成专业化分工，但业务繁忙时，仍存在律师涉足多个业务领域的情形，非专业领域业务的办理需要花费律师更多的时间，使他们不可能有更多的时间和精力去深入研究本专业业务，这样下去，律师个人觉得累，专业化律师团队的形成也将遥遥无期，完全有悖于公司化改革的初衷。基于此，事务所制度层面应强制专业化，律师个人也应有所取舍，突出优势业务并做精、做强，当律师在自己的专业领域内驾轻就熟时，会发现专业化是最终解决律师工作忙、乱、烦的最佳方法。

需要说明的是，合伙人在事务所专业化形成的过程中应起到带头作用，一般来说，合伙人的执业年限较长，业务经验也更丰富。在事务所专业化未形成之前，合伙人的工作重心仍应放在业务研发及办理上。每位合伙人都应根据自己的特长、优势及对未来法律服务市场的预测进行明确的专业定位，熟知与自己所从事的专业有关的法律法规并进行深入的理论研究及实践，积累娴熟的办案技巧及实务经验，努力成为该业务领域的专家。同时，作为专业领域的带头人，合伙人还应负责构建稳定的专业化律师团队，团队成员应有明确分工，有特定的专业方向和专业知识积累，能够协同为客户提供全方位、专业化、精细化的优质法律服务。

四、积极探索合理的分配模式，引进人才，留住人才

大多数公司化管理的事务所采取的是合伙人的绩点制与律师的薪酬制相结合的方式。如何合理分配，尤其是如何平衡新老合伙人之间的利益关系是公司化管理的核心与难点。老合伙人在公司化改革之初便已确定了初始点数，且只要不出现重大失误，点数会逐年增加，这样后加入的合伙人短时期内很难赶超老合伙人，特别是处于业务上升期的新合伙人，可能业务创收上与老合伙人不相上下、但由于入伙晚，在分配点数上却差距较大，这时新合伙人难免会觉得吃亏，容易产生不满及不稳定情绪，转而选择提成制律所。其实在公司化管理模式下，很多业务是由团队律师齐心协力、共同合作、共同完成的，业务收入并不能归功于某个人，因此，合伙人均应摆正心态，充分认识团队在创收中所起的作用。但话说回来，在事务所未完全摆脱对合伙人个人案源拓展能力的依赖之前，为了鼓励和留住出色的新合伙人并吸引外来人才加入，也可以对现有分配模式进行适当调整，比如将利润的少部分按绩点（担任合伙人年限、资历等）分配，大部分按绩效（专业领域创收、业务承办数量、质量等）分配。

至于非合伙人律师则应实行完全的薪酬制，律师取得报酬与业务创收不挂勾，不鼓励律师在开拓案源上花费太多的时间；与所做业务类型无关，做证券业务与做劳动法业务同等对待。律师报酬只与工作时间与工作效果相关，目的是鼓励律师能够专注做自己的业务，提升专业能力，并服从所里统一的安排与调度，事务所目前并不缺少业务，缺的是能够把业务做好的人。当然，事务所在设计律师薪酬制度时，应将律师的个人利益与律所的整体利益挂钩，实现双方共赢。

五、加强律所文化建设，凝聚人心，传播正能量

文化建设是事务所自我完善的需要，是事务所的核心和灵魂，可以增强事务所的凝聚力与创造力。律所文化建设应做到“以人为本”，要关心青年律师的发展，关注每位员工的成长，要为员工营造一个宽松的工作环境、一个温暖舒适的家，要持续引导员工形成健康、乐观、自信、互助的价值观，培养员工对事务所的认同感、忠诚度、荣誉感、归属感及责任心。

不忘初心，方得始终。只有走过弯路，才更确信当初想要的是什么，我们坚信“专业化、团队化”必定是律所未来的发展趋势与方向，而这个目标只有在公司化管理的模式下才能更快、更好地得以实现。如今，我们整装待发准备迎接新的挑战，将在打造属于我们的事业平台、心灵家园的道路上，坚定不移地前行。

培养卓越的律师团队与律师事务所的发展

青海姜有生律师事务所　吴炳文

内容摘要：如今，律师事务所的发展越来越依靠卓越律师团队的力量，因此需要集思广益，取长补短，形成聚合强大力量的律师团队。如何培养一支（若干支）卓越的律师团队，对于律师事务所的发展至关重要，而律师事务所的发展反过来又为卓越的律师团队提供了做事的平台和发展的帮助。

关键词：培养　卓越律师团队　律师事务所　发展

律师行业及律师事务所发展的两个主流方向是团队化和专业化。曾任通用电气（GE）董事长兼首席执行官的杰克·韦尔奇说过，"商业，归根结底是一项'团队运动'"，"任何人都不应该单枪匹马地从事商业"[①]。律师行业有别于商业，但亦遵循着同样的经济和社会规律。专业分工与合作是生产力发展的需要，而团队能够很好地完成两者的内容和要求。律师事务归根结底也是一项'专业的团队运动'，如果说以前律师事务所更多侧重的是独立个体，那么现在已越来越不适应发展的需求和步伐，律师已不宜再单枪匹马地从事律师事务。在律师事务所的平台中培养（加入）卓越的律师团队，才能实现律师和律师事务所更好更快的发展。

一、卓越律师团队的概念和特征

团队的定义很多，有学者认为团队不是劳动者聚集在一起工作的集团，是由一些才能优化互补、协作密切、在同一目标的指引下共同奋斗的人员的集合[②]，有学者认为团队（Team）是由基层和管理层人员组成的一个共同体，它合理利用每一个成员的知识和技能协同工作，解决问题，达到共同的目标。本文认为，团队应是由两个以上成员组成的为实现共同价值而汇集在一起协同作为的有机整体。律师团队，是由律师作为主要成员和力量，主要从事律师事务的团队。

①杰克·韦尔奇：《商业的本质》，中信出版社2016年版。

②墨非：《最精美的团队准则》，中国华侨出版社2015年版。

“卓越”包含高超出众、杰出、优秀之意，卓越的律师团队具备以下特质：

（一）具有明确清晰的团队目标和共同的价值理念

物以类聚、人以群分，团队目标和共同的价值理念，具有同类聚合及导向的作用。它犹如筛子和灯塔，能让优秀特质的人才汇集在一起，让其他心怀杂念和自私自利的人主动地或被动地另择他途，可以指引团队顺利地走向正确的方向和道路，走向卓越。

（二）具有优秀特质的律师人才

一个好的专业团队，应当由具有不同专业背景、不同阅历、不同年龄层的专业人士组成[①]。律师行业有别于其他行业，其法律专业性较强，实践经验要求较高，事务性较复杂，并且短期难于通过模仿学习达到专业精致高效地处理法律事务的技能要求。律师行业中，人才是核心和关键，一支卓越的律师团队应该具有优秀特质的不同法律人才，方能出色地完成法律事务，方能支撑团队不断向前发展。

（三）具有强大的凝聚力

卓越律师团队的强大力量不在于人员多寡，而在于它的凝聚力。没有凝聚力的团队就像一盘散沙，每个人各行其是，就算团队成员个个都是精英，但力量过于分散，不能形成强大的合力，也难于达到团队的目标。而具有强大凝聚力的团队，即使个体都不是十分强大，但是聚合到一起所产生的力量和影响将是超乎想象的。

（四）主动积极、善于学习，敢于创新

大多数的律师事务本身就具有很强的自主性，其要求参与的团队成员均主动积极地完成自己的职责工作，并积极地协助其他成员，方能取得良好的团体绩效。我们处于法治快速发展和知识信息迅猛膨胀的时代，其对律师及团队提出更高的要求，卓越律师团队要想跟上法治和知识更新的步伐，就必须走不断学习和不断充电的快车道，不断地充实自己，提升团队的整体实力和适应性，并不断创新。

（五）不断检核和评价

有一位著名的商业人士说过，想要快速成功的不二法门是不断缩短检核的时间，从一年一次，到一个月，到一周，到每天一次检核。检核方知不足，不足方能进取，不断地进步方能卓越。一支卓越的律师团队，其成员一定是能够自觉地不断检核自己以及团队亦能够不断检核本身，通过检核发现问题和不足，从而不断改进，走向卓越。

①罗建英：“关于建立和维护先是团队的实践与思考”，锦天城律师事务所，2006。

（六）追求卓越

“心有多远，我们就能走多远”；“没有最好，只有更好”。卓越的团队总是蕴含着追求卓越的执着追求和理想信念。律师及律师事务所的发展一般较漫长，可能遇到的困境和挫折较多，达到成功的彼岸不会一帆风顺，或许还有很多风浪，如果没有追求成功和卓越的坚定信念，则行不远，更不能达到“卓越”。一个团队只有愿意精益求精，致力于把工作做到极致才能为市场提供一流的法律服务，才能从众多的竞争者中脱颖而出，最终走向成功，实现卓越。

二、如何培养卓越的律师团队

（一）寻找并聚合优秀的队员，打造一个卓越的团队

1.杰克·韦尔奇在其《商业的本质》的书中提到 “要打造一个优秀的团队，必须先招聘到优秀的队员。”对于独立专业性强和人才是核心的律师行业同样适用，如果要打造一个卓越的律师团队，必须先寻找并聚合优秀的律师。

一般来说，基于一个共同目标和理念准备组建一个卓越的律师团队，无论成文或不成文的，对于成员都会有一个要求列表，在寻找并聚合成员时逐条考察是否具备这些特征。

不过，韦尔奇提出，不同公司，甚至同一公司在不同时期的需求是截然不同的。同理，对于律师团队来讲，如果律师团队尚处于开拓期，成员的业务能力和创新能力尤为重要，如果已经拥有成熟的客户群和相对规范的工作流程，成员的责任感、执行力就会被更加看重。

2.引用马云的一句话：“人才为什么会离开？说一千道一万，就两个原因：第一，钱没给到位；第二，人憋屈了”。怎样才能让优秀成员（潜在优秀成员）聚合在一起而不离开？答案就在于，建立并执行合理的收入分配机制和绩效考核机制，成员能够实现自身的价值，幸福而有意义地工作和生活。

（二）培养团队意识及合作文化

在社会不断的专业分工及合作中，很多工作都需要协作才能更好地完成，卓越的团队之所以能够产生非同一般的强大发展力，其主要规律就在于1+1>2。团队意识及合作文化的培养是团队建设中必不可少的重要内容。团队精神的基础是尊重个人的兴趣和成就，核心是协同合作，最高境界是全体成员的向心力、凝聚力，反映的是个体利益和整体利益的统一，并进而保证团队的高效运转[①]。在一个优秀的团队中，营造合作共赢的氛围，集思广益，相互合作地完成工作，让成员和团队共同进步和发展，打造活力共进的卓越团队。

①张华：“基于律师团队服务管理的集成化法律服务研究”，复旦大学，2007。

（三）坦诚、及时、全面沟通

哲学中，矛盾总是存在的，尤其在特立独行的优秀律师队伍中，难免会出现一些理念、观点、利益价值相冲突的地方，再优秀的团队在运行中也会出现这样那样的问题。沟通，是化解矛盾的最好办法。矛盾和问题并不可怕，相反，其会促进发展，而可怕的是出现矛盾后不能很好的及时沟通、解决，越积越深，很可能会让一个卓越的团队裂变、解体。优秀的律师都不缺乏智慧，需要的是坦诚、及时、全面的沟通解决在团队运行中出现的矛盾。

（四）培养学习型、战略型的团队

我们处在经济社会和信息化高速发展的时代，法治建设加快推进，法律法规及法学理论知识不断更新，法律服务市场越来越多元化，客户提出的要求越来越高。律师行业从根本上讲是服务行业，理应适应社会和法治的发展，满足日益增长的需求，不断学习理论知识、提高服务水平，规划并实施近期和中长远期的战略，才能在激烈的竞争中保持优势与不败，实现成员和团队的价值，走向卓越。

三、卓越的律师团队与律师事务所发展的相互关系

（一）卓越的律师团队是律师事务所发展的支撑、核心源泉力量及强大快速的推进器

律师行业不是资金密集型的产业，也不是劳动密集型的产业，而是专业人才密集型的产业，它不以资金、人员众多作为主要支撑，而是以优秀的律帅，尤其是以卓越的律师团队作为支撑，以前律师事务所的发展是此，以后的发展更遵循这样的定律。

律师事务所主要由律师组成。律师事务所的主营业务就是法律服务，能提供该法律服务的主要是执业律师，而能够提供优质、专业、高效的法律服务更多来源于卓越的律师团队。律师事务所的主要收入在于业务，而业务源的持续开发、形成、维护、拓展主要依靠律师来完成，而且很大程度上取决于优秀的律师，尤其是卓越的律师团队。律师是律师事务所最基本的必要人员组成，而卓越的律师团队则是律师事务所发展的核心源泉力量。

以前传统的律师事务所依靠若干个独立的优秀律师即可以发展，甚至发展至今，主要因为以前的经济社会和法律服务市场处于较低级的阶段，要求和竞争也相对较低，但现今律师事务所的发展主流方向和模式已跟随经济社会的发展而进入团队化、专业化、规模化，如果律师事务所还是停留在传统的单枪匹马的模式，那么就会举步不前，发展缓慢。同时，我们注意到国际上著名的律师事务所大多数具有自己的核心团队，对于重大的案件和法律事务，越来越少

看见仅由一个律师单独处理，而是由律师团来完成，并且我国近期发展又好又快的律师事务所，无不看见其后面若干支卓越律师团队的身影。没有卓越律师团队的律师事务所或许尚可以缓慢发展，但如需更好更快的发展，离不开卓越律师团队这一强大的推进器。

（二）律师事务所是律师团队的平台，律师事务所的发展不断促进律师团队的成长并走向卓越

我国律师法规定，律师只能在一个律师事务所执业。律师事务所是律师乃至律师团队的执业平台和活动载体。平台的作用不容忽视，其能够聚集的资源和力量是巨大的。无论是早期的沃尔玛、苹果、淘宝、微信、facebook均是基于平台之上的传奇。一家什么样的律师事务所在很大程度上决定了哪些律师汇集在一起，决定了是否能够组建优秀的律师团队以及组建何种类型、专业、方向的律师团队，也在很大程度上影响律师团队的运行、作为及发展。

律师事务所除给律师团队提供平台之外，一个发展中的律师事务所在案源、规模、制度架构、指引等方面帮助、促进了律师团队的建立、维持及发展。笔者了解、观察西部青海的律师事务所的变动和发展情况，有一种类型的律师事务所从成立至今一直非常重视培养本所优秀律师，在律师行业出现专业化、团队化的发展趋势后，及时成立专业部门并组建优秀的律师团队，取得了非常显著的成果，直接打造出了若干支卓越的律师团队，又反过来拓展了法律服务市场，提升了品牌，实现了共赢；有一种情形，由于律师事务所的发展停滞不前，甚至裂变，让团队意识和本已成型的律师团队瞬间消退、解体；还有一种类型的律师事务所，其本身就是基于一支优秀的律师团队而建立，律师事务所的发展与律师团队的成长，相伴而生，相互作用，共同发展，在几年内显示出了强大的生命力。伴随着律师事务所的发展、平台的优化、资源的共享、品牌的建立，一定会不断促进相关律师团队的成长并走向卓越。

结　论

生产力发展和法律服务需要专业分工与合作，而团队能够很好地完成两者的内容和要求。律师事务归根结底也是一项‘专业的团队运动’，律师行业及律师事务所发展的两个主流方向是专业化和团队化，传统的单枪匹马去战斗已不适应发展的潮流。在律师事务所的平台中培养（加入）卓越的律师团队，才能实现律师和律师事务所更好更快的发展。

论律师文化追求的价值与目标

青海海博律师事务所　李凯鸿

内容提要：律师文化的根本内容离不开律师法中关于律师这一群体及其组织规范下的法律关系内容组成的文化元素，这一重要的载体和指引体现了律师文化的各种属性的集合。这种文化价值与目标的有机构成，能够有助于律师文化的整体地位和价值的上升，从而对于律师群体阶层的地位和理想有很大改观，从而推进民主法治的进步。

关键词：律师文化　价值　目标

“律师文化”这一概念的凸显与重视，基于中央倡导“建设文化强国”目标背景下的一个领域的体现。这一概念的提出并非随心所欲的结果，它是在我国律师制度恢复以来实践中孕育出来的一个新鲜词汇，具有鲜明中国特色的事物。

目前对于“律师文化”这一概念的定义和释明，学界有不同的论述，笔者经比较认为，律师文化属于法律文化的一个组成部分，具有法律文化的一般属性，又有别于法律文化。律师文化的外延丰富，一般包括服务理念、核心价值、道德、知识、专业素质、语言沟通能力、为权利而斗争的精神、团队文化等。也有学者从辩证唯物史观的角度出发，认为律师文化是“律师这一社会群体在社会主义经济政治制度下， 在法律服务实践中形成的，为广大律师认可并共同遵守的价值理念和行为规范的总称。由律师群体文化、律师集体文化、律师个体文化组成”。无论从何种观点出发论述律师文化的含义，其根本的内容离不开律师法中关于律师这一群体及其组织规范下的法律关系内容组成的文化元素，这一重要的载体和指引体现了律师文化的各种属性的集合。

律师文化是法律文化中重要的一部分，也是当事人感受法律最直接、最深刻、最真切的组成部分。一般来讲，利害关系人面对纠纷时，最先的意识便从律师那里寻找解决办法，这里面包括诉讼与非诉讼，通过律师职业功能在纠纷产生之际当事人便直接感受到法律的作用。通过自身面临的纠纷与律师的参与，当事人感受到法律文化的存在必须要与律师文化紧密相连。所以，从这个意义上讲，建设好律师文化，对于建设整个法律文化，对于建设真正的法治国家，非常重要。律师文化的建设不当，对于整个法治都会造成不良影响。

一、律师文化的价值追求及形式

价值概念，从法学角度看，一般认为是客体对主体的需要和满足。律师文化追求的价值应是什么？这也就是律师文化追求满足当事人（主体）的哪些功利需要。律师文化的价值追求，其实也就是律师文化的功利追求。不过，“律师文化的功利追求”并不等于“律师的功利追求”，这两者的概念有明显的区分。律师的功利追求，是指律师受托于当事人利用法律规则或诉讼程序行使职权所追求达到的诉求利益，即功利（目标）。这一目标，从浅讲是为解决纠纷，维护合法权益，从深讲就是公平正义的实现。律师文化的功利追求，就是说律师执业活动彰显的所有文化成分如何有力辅助或有利于律师的功利追求实现的问题。前者是律师应然职权行使或职责活动的目标追求本身，后者是律师文化这种文化现象如何有助于那些目标的实现。二者虽紧密联系，但不是一个问题。

律师文化追求的基本价值，笔者认为主要为两个方面：一为维护当事人合法权益，一为维护法律的正确实施。从深远的角度讲，哪些文化（包括样态、模式、体制、习惯、知觉、动机、期望、观念信仰、奋斗目标、服务宗旨、敬业精神、业务水准、职业操守、道德伦理、生活信念、文化素养、气质形象等）可以直接为维权解纷、维护法律的正确适用的目的服务？反而言之，律师文化中若不体现某些价值，或达不到某些标准或要求，就有可能妨碍纠纷的正确解决，维护法律价值的目标难以实现。

律师文化追求的价值的具体形式丰富多样。就个人形象而言，律师的个人形象体现一定的律师文化。比如给律师制定不同的发型、制服等，就可以体现仲裁者型、庄严非一般型等司法礼仪的律师文化。律师外表的严肃正规、谈吐优雅，表明律师所代表的职业的高尚与严谨，给人以可靠信任之感。就律所的布置陈设看，每个律师事务所非常注重自身品牌的培育，设计专门的标徽、定制专用的办公器材、制定具有特色的服务制度等，让当事人感到律所的文化氛围与服务需求的对称。就律师参与的司法程序而言，现代司法程序中的起诉答辩、两造辩论、法庭证据、证据开示等，承载着律师代表当事人对于公平正义的正当追求，对法律正确实施的意见表达的律师文化，以参与看得见的程序实现正义。

二、律师文化价值追求与解决纠纷目标

维护当事人合法权益，是律师为履行职责的应当价值。如何有效的解决纷争，实现这一目标，我们的律师文化在除技巧之外的层面上应该追求什么样的形象？笔者认为有以下几个方面。

第一，律师文化必须追求法治信仰坚定性的形象。忠诚法律的权威与至上，是律师文化中的集体文化的重要内容，是律师文化主体必须的素质。信仰法治的主要内涵是法律至上、权利本位、程序正当、权力控制和善法之治。律师对法治的信仰具有特别重要的意义。律师是司法制度的守门人，如果律师都不信仰法治或对法治存有疑虑，律师职业也就没有存在的必要。信仰法治、崇尚法治，是律师职业的最重要理念，也是律师职业的精神支柱，这对于解决纷争有关键的指导意义。

第二，律师文化必须追求客观性、逻辑性的形象。律师通过参与执业活动，通过案件的形式彰显律师重事实、重证据、重逻辑的形象，彰显律师不武断、不臆断的业务准则。律师恪守法律的固定性和客观性，根据法律本身而不是其他什么条件来阐述法律意义，坚持用法律标准衡量法律事实。所谓“以事实为依据，以法律为准绳”就是这种文化的彰显。一切讲究给人以证据和逻辑说话的感觉，这才给当事人心悦诚服的感觉。

第三，律师文化必须追求睿智、博学、慎行的形象。律师作为比较推崇的职业，一直以来给人的印象是智商与修养令人赞咏。所以，这就要求我们的律师要追求或刻意彰显这一职业所代表的成熟、练达、洞察、睿智、博学、慎行的能力和素质。在日常业务活动中，不要给当事人留下幼稚生嫩、满口学生腔的印象，使人难以相信他会洞察幽灵，难以相信他的判断或认识会适宜和练达。所以美国大法官霍姆斯的名言“法律的生命不在于逻辑而在于经验”，其实强调的也是这一文化追求。

第四，律师文化必须追求社会责任性的形象。勇于承担社会责任，为广大弱势群体提供法律资源的共享，促进法治的发展，这是新形势下对律师要求的一个重要内容。律师是法律尊严的坚决维护者，是完善法制的重要力量。律师在司法制度的发展和完善中拥有举足轻重的作用，这种作用也决定了律师对于帮助司法制度沿着正确的方向前进有着不可推卸的责任。

三、律师文化价值追求与民主法治目标

律师是社会主义民主法治建设者的一支重要的队伍，也是社会主义民主法治建设的组成部分。所以，律师文化的价值追求离不开这一目标。现代民主政治下的律师文化应该有比解决纷争、维护法律的正确实施更高的追求，即“民主与法治”的追求。律师通过执业活动以及社会政治活动、社会管理活动在司法领域通过各种形式，以法律人独特的视角发现问题，并提出解决问题的办法，目前律师的这种作用已经赢得党政部门的注意。因此受得益或受影响的当事人从律师的这些活动中感受到国家在追求民主法治目标中律师的积极作用，便以律师为中介为其代言，实现自身的意愿。在这样的良性互动关系下，律师文化的时代特色与这一目标形成紧密关系，赋予律师文化更深的内涵与吸引力。笔者认为，律师文化追求的价值中的民主法治目标从以下几个方面来认识。

第一，培养高度政治觉悟，懂得“讲政治”的重要。法律作为国家阶级意志反映，与政治的要求密不可分。律师洞察政治制度的建构，了解社会矛盾的焦点，因此律师对维护政治秩序和日常生活的稳定和安全有着其他社会阶层不可替代的作用。律师关心政治、参与政治并在政治舞台上展示自己的能力和力量是律师职业的应尽的职责，是律师职业理想的重要内容。与国家意志保持一致，坚持服务大局，深刻领会各种政策和制度的背景和意义，在相关的业务活动中予以准确的适用，对于民主法治的推进将起到间接的积极作用。我们的律师要立足国情，立足民主法治在我国发展的实际情况，发挥职能，而不要出现消极认为我国民主法治建设的不理想或不合理，散播不当言论，影响律师的正常形象。所以，律师群体应积极表现自己，成长为具有明晰的自我意识和政治诉求的阶层。

第二，打造为权利而斗争的勇气形象。权利是公民和其他组织赖以生存和进行社会生活的根本，对其至关重要。律师为当事人处理法律事务的过程，就是一个为权利而斗争的过程。因此，律师的这一庄严使命，对于律师文化追求的本质具有提升意义。这一价值目标的追求和实现，律师文化的社会属性和阶层地位自然受到当局的重视和认可，其形象、影响力与民主法治本身所追求的目标相得益彰。

结　语

笔者就当前律师文化的现有研究成果出发，从各类论述当中通过比较分析，认为律师文化建设与发展中关于律师文化追求的价值与目标处于基础地位。这些价值与目标的有机构成，能够有助于律师文化的整体地位和价值的上升，从而对于律师群体阶层的地位和理想有很大改观，从而推进民主法治的进步。这样水准的要求任重道远，现在还远远未真正开始。要真诚严肃，实实在在的建设现代律师文化，还需要一代代法律人的认真而艰辛的努力。

参考文献

[1] 宋占文. 中国律师文化 [J]. 中国律师，2005（11）.

[2] 孙百红. 我国律师文化的现状及其对策 [J]. 理论观察，2006（4）.

从专注服务领域看律师事务所的专业化发展

山西中吕律师事务所　李艳红

内容摘要： 律师事务所要成为某一行业领域的专业服务机构，须与本地的产业和经济结构紧密相连，同时应持续关注服务领域发展动态，不断发掘服务领域的法律需求点并不断提升律师事务所的综合法律服务能力。客户内心的专业化法律服务感受是判断律师事务所专业化程度的一个重要标准。

关键词： 服务领域　专业化　服务能力

随着市场经济的不断发展和法律服务消费市场的不断成熟，对律师事务所的专业化建设和律师个人的专业化的要求也越来越高。近年来，关于对律师事务所的专业化建设及律师专业化的探讨越来越多，从律师个人专业划分可以分为刑辩律师、高端民商事诉讼律师、知识产权律师、劳动法专业律师、投资并购律师、婚姻家事律师等等；从律师事务所专业化分工来看，目前国内较大的知名律师事务所大部分均以内部专业部门或者专业领域来划分自己的专业服务团队，根据承接业务的不同选派不同的专业律师；从专业律师事务所业务领域来看，不同的专业律师事务所部门业务特色也很鲜明，例如，专注于建筑房地产服务的上海建纬律师事务所，业务领域细分为城市基础设施及标志性工程建设、房地产项目开发与经营等；专注于能源法律服务的山西中吕律师事务所，内部部门设置分别为矿业投资与并购部、电力与能源建设投资部、环境与资源保护部等等。本文将结合山西中吕律师事务所在能源法律服务方面积累的专业化发展心得，与律师同行一起探讨专业律师事务所的专业化建设。

一、服务领域的专业化应当与本地的产业和经济结构紧密相连，否则将会成为“无源之水”

山西作为一个能源大省，煤炭、电力行业一直是支柱性产业，也是全省GDP及财政收入的主要来源。在山西省国有资产监督管理委员会直接监管的21家省属企业中，煤炭企业7家，占比30%；参股煤炭经营的省属企业5家，占比

24%，两者合计占比达54%。在之前煤炭市场好的时候，山西煤炭工业占全省GDP的31%，对山西省经济的贡献率达到56.6%。同时，与煤炭行业相关联的电力、焦化、煤层气、洗煤、贸易行业也在山西省GDP中占到了较大比重。

中吕律师事务所从2000年开始关注煤炭及其他能源企业的法律服务市场，从研究煤炭能源领域的法律法规到对山西省煤改政策的深刻解读；从服务煤炭能源企业兼并重组到服务煤炭能源企业法律风险防范、投融资、完善法人治理结构、诉讼仲裁案件代理；从提议起草煤炭领域地方性规章到受邀参加能源课题研究、能源立法。能让中吕持续关注能源这一服务领域的内因在于山西为能源大省，对山西省有着重要影响以及关系重大民生政策的出台均与"煤"有关，作为长期专注于这一领域的律所能够敏锐的对相关政策提出自己的意见，以供政府部门参考。发生在山西省内两次大的资源整合引发了全国和全世界的关注，2600多座煤矿的整合和上千亿资金的再次分配，让律师有了广阔的非诉服务市场。从市场的宠儿到如何走出困境，煤炭企业的去产能又成为了当前最热的话题，破产重整、职工安置等等法律事务又让律师有了新一轮的服务市场。在多年来形成的"一煤独大"的特殊省情背景下，政府每一次在煤炭领域的政策调整，都伴随着煤炭法律服务的一次大碰撞。对于区域性律师事务所而言，如果要在某个行业领域有所突破的话，应当选择与所在区域的优势经济相关联的行业领域，否则很难形成持久力和影响力。

二、服务领域的专业化应及时关注服务领域发展动态，不断发掘服务领域的法律需求点

当一家律师事务所长期专注于某一领域时，对这一领域的政策调整、发展动态、发展趋势以及相关法律实施中存在的问题都会有较好和较全面的认识，对这一领域服务客户的法律需求点也会有及时准确的把握。以中吕律师事务所为例，因所服务的80%的客户均集中在能源领域，事务所网站、微信公众号均会在第一时间把相关能源领域的最新法律法规以及国家最新出台的政策进行关注，这就要求我们的律师必须分部门及时关注煤炭、电力、煤层气、新能源等领域的法规出台动态以及行业动态。打开中吕网站，客户能看到全面的能源法律法规分类检索查询栏目，煤炭、非煤、电力、天然气、煤层气、新能源六大领域的法律法规、地方政策都能在这里通过检索获取；能源资讯每日发布发生在能源领域的大事件，也让服务律师及时了解行业动态，与服务客户交流时亦会有更多的共同话题，视野更宽阔。

十年间，山西的煤炭领域经历了重组、治理、供给侧改革等一系列重大政策的调整，在每一次政策调整时期，都会有中吕律师的发声和服务成果。2009

年资源整合，浙商对山西煤炭兼并重组的合法性提出质疑，并组成法律团与山西省政府进行磋商。中吕律师受邀加入山西省人民政府组成的“应对浙商法律专家组”，从2007年煤炭资源政府未进行资源公开出让的角度阐明了2009年资源整合不予评估的客观历史原因。之后，根据整合后煤业公司建立健全法人治理结构的特殊需求，中吕所先后为二十余家新组建的煤业公司进行了转型的煤业公司法律风险管理专项法律服务，完善并有效推动了新组建的煤业公司的法人治理结构的科学运行。期间，中吕所先后编辑出版了《山西省煤炭资源整合法律法规汇编》、《煤炭企业设立并购指引》、《煤业公司法律风险防范指引》等专著。围绕这个时期煤炭企业的法律需求，中吕所先后撰写了20余篇关于煤炭企业整合的难点和热点的文章，为政府决策和整合后的煤炭企业良好运行提供了有利的法律保障；煤炭法、山西省煤炭条例和山西省煤炭资源矿业权出让转让管理办法的修订和出台均有中吕律师提出的借鉴性意见。近期，煤炭市场低迷，煤炭企业的融资和职工安置又成为新一轮煤企最迫切的法律需求，中吕所已经为多家煤炭企业提供融资服务和去产能的职工安置法律服务。

随着山西省煤电一体化的推进和国家控制煤电产能规模政策的出台，中吕所在服务传统大型电厂项目建设、运营的基础上，近年来在煤电一体化项目服务、低热值煤发电项目服务方面均取得了不错的服务业绩。在服务电力企业的同时，不断进行梳理总结，先后自行编写了《电力企业合同审查要点》、《电力企业法律风险防范指引》，在中吕网站、中吕能源法律服务圈上也常会见到专业律师的关于在电力行业服务心得的文章。近期，国家明确鼓励分布式能源发电项目、储能项目、光伏扶贫项目等采用PPP方式建设、运营，在总结之前中吕所已经成功服务的PPP项目的基础上，由中吕所电力与能源投资建设部编写的《能源企业PPP操作实务》也已完成。随着新一轮电力体制改革的不断推进，对于“售电侧放开”的讨论也越来越热，售电公司开展售电业务前期面临的法律风险又成为中吕电力与能源建设部需要探讨的新课题。正是基于长期关注电力行业的发展动态，中吕所总是能适度调整自己的服务方向，为电力客户提供优质的法律服务。

在新能源、煤层气、天然气法律服务方面，中吕所也一直秉持持续关注、持续研发的钻研精神，及时关注行业发展动态，已形成了自己独有的法律服务优势。

三、服务领域专业化前行的基础是不断提升律师事务所的综合法律服务能力

一般而言，专注服务领域的律师事务所的客户群体的素质相对较高，其对律所服务的质量要求也相对较高。以中吕所目前为能源企业提供的法律服务类型来看，企业并购、破产重组、税务筹划、PPP专项服务、劳动争议、投融资、工程建设、公司诉讼、物权诉讼、刑事辩护等等，几乎涵盖了律所的全部业务范围（家庭婚姻除外），如何能在竞争激烈的法律服务市场中保持自己的服务特色，同时又能得到客户的高度认可？不断提升事务所的综合法律服务能力是基础、也是根本。以中吕所多年客户认可的经验来看，加强综合法律服务的能力是保障专业化发展的重中之重，专业化是客户在面临同类律所选择时的一个催化剂，二者均不可偏废。多年来，中吕所在内部培训、外部交流方面始终"不忘初心"，强化内功，通过各种培训提高服务律师的非诉技能和诉讼庭审技能。同时，在对外承接业务时，事务所会根据业务类型，选择不同业务部门内擅长所承接业务的律师来具体承办，在最大限度地满足客户"懂行业、懂专业、业务精"的要求。

专业化律所的综合化，综合化律所的专业化似乎永远也没有一个严格清晰的界限，在律师业界也是众说纷纭、百家争鸣的一个话题。作为一个服务行业，我想还是把是否专业的标准交给市场和客户去判断，唯有客户内心的专业化法律服务标准和感受才能更好的说明律所和律师服务的专业化程度。

律师事务所公司化管理的特点、优势与困境

——我们为什么一定要公司化

国浩律师(太原)事务所　常　勤

内容摘要：律师专业化是律师行业发展的一种趋势，而公司化管理是实现专业化的载体。本文将通过这两个方面，分析律师事务所公司化管理的特点、优势与困境。

关键词：律师事务所　专业化　公司化

笔者所在律所在公司化道路上的探索已经过了四个年头了。而我，正是在公司化改革之初加入了这个行列。这四年里，我们的公司化道路历经曲折，不断有人退出，又有新人加入。在这四年里，我们发现，公司化的道路远比想象中来得艰难，既有方向问题，也有方法问题。在前十几年的律师工作经历中，从未遇到这么多的困难。之前需要考虑的无非是承揽案源（市场开拓）和承办业务（产品质量），而尝试公司化之后，才发现走公司化的道路真是自讨苦吃，凭空飞来形形色色的问题。而这些问题，又无一不反作用于律所的市场和产品。说句不避家丑的话，这四年里，公司化团队的总业务收入没有显著的增长，主营业务除了受市场经济环境的因素影响呈现结构性的变化之外，新三板业务没有产生更多创新的增长点。有些在公司化团队中成长起来的律师，离开团队走自己发展的路。这些现象无一不困扰着我们这些律所公司化的实践者。律所公司化是否不适合我们所处的地域环境？是否不匹配我们现在的经济基础？公司化机制是否缺乏激励？公司化是否缺乏对能力出众者的吸引力？每一个合伙人在办理大量业务的同时，还要拿出更多的时间和精力来考虑业务、团队的管理问题。公司化以来，每一位合伙人都感觉肩上的担子不轻。但是，合伙人的收入却没有像工作量一样同比增长。

问题出在哪里？是公司化管理机制的弊端吗？如何提高生产力，如何提高生产效率，如何让奔着公司化而来的律师们获得更快的提升和更大的回报，这些问题，成为每个公司化团队合伙人的心中之痛。解决不了这些难题，就难以走入公司化的正轨，发挥出分工合作的优势。

这四年的探索尝试，看起来我们并没向前走出很远，但是，起码让我们知道，哪些方法不对需要改正。年末，我们在经过对内自省，向外取经之后，大家决定把公司化的道路坚定不移地走下去。这个决定绝不是为了公司化而公司化，我们选择一条艰辛的路，是因为有值得大家忍受煎熬、付出努力的美好明天。在此，我把自己的一点理解和感悟写下来，鉴以明志。

一、律师专业化是律师行业发展的一种趋势

众所周知，公司是各种经济实体最为成熟的一种模式。所有的公司，都是为了获得更大经济利益而存在的。创造价值和提高效率是每一家公司共同追求的目标。同时，公司这种形式又较好地解决了每一个成员之间的利益平衡问题。在公司里，存在着不同的工作岗位，每一个人担负着不同的任务，大家各司其职，推动公司这台机器平稳运转。说到这里，问题来了。公司里因为存在着形形色色的部门，不同的部门职能自然不同。可是，在恢复律师制度这三十多年里，律师一直是自由职业者代表，每一位律师都是能独当一面的好手。换句话说，律师和律师之间并没有天然形成的明显差异。那么，在一家公司化管理的律所，如何进行分工合作是必须解决的问题。否则，角色和能力的重叠，致使仅有公司之形而无公司之实。

好了，现在我们知道一家公司化管理的律所，应该在成员之间进行分工。但问题又来了，在公司中，成立之初，都会根据岗位设置招募具有不同技能的人，没有一家公司会先招募几十个具有同样技能的人，然后再分别给予他们不同的职位，对他们进行训练和培养。但对于从传统提成模式转向公司化管理模式的律所，基础成员之间并不具有这样的差异，大家能力有强有弱，但原来干的活儿都差不多。怎么引导大家寻找合适自己的专属岗位呢？对于初入行的年轻律师来讲，缺乏工作上的经历导致对各类型业务并没有更多的体验。但又不能花费大量的时间去体验一遍再做选择。有一定基础的律师，又舍不得不同业务带来的创收机会。这才是律所要解决的难题。

看到这里有人可能会说，律所搞分工这绝对是自寻烦恼，非要逼着大家不全面发展，把路子越走越窄。还和以前一样就好了嘛，每个律师有什么喜好和特长，自由发展就很好，什么都干一干，都会干才是一个称职的律师。我认为，持有这种看法的人也不为错，每个人都有自己的标准和目的，没有哪个标准是适合所有人的。但是，在社会分工日趋精细的今天，一个样样精通的人是不可想象的（当然总有一些能文能武、十项全能的大神让我们顶礼膜拜望不可及）。举个例子，从职业角度上来看，和律师的特征最相似的职业是医生。医生开始的时候也是啥病都瞧，发展到今天，专家基本上都是专科大夫，鲜有听说哪个名医真能包治百病。大家平时有个感冒发烧的，到社区诊所肯定没啥问题，但真有严重的疾患，该去什么地方自然不用我说。律师职业，在新中国的历史不过三十余年，而医生这个职业一直没间断过。可以说，律师这个行当的发展刚刚开始，将来发展的趋势也必定会朝着专业化的方向。说到这儿，可能又有人会说，现代医疗体系这么发达的今天，不是仍然有很多的医务工作者在诊所执业吗？国外的律师不也是巨无霸和个人所并存了好几百年？我看这说法绝对没错，每个个体都有自己对职业的规划和选择。志向不同，道路也不相同。

二、公司化管理是实现专业化的载体

伴随着近几年煤焦行业的不景气，山西的经济环境在不断恶化。各大企业的投资行为严重萎缩，而经济纠纷呈现爆发式增长的趋势，这些经济现象也反映在律师业务上。很多同行前几年忙着做并购，这两年又忙着搞诉讼。一方面不同的业务带给律师不同的历练，另一方面也是不得已而为之。有谁能眼看着赚钱机会不去争取，而仅仅守着专业范围内的一亩三分地呢。但是，毕竟人的精力有限，难以方方面面都精耕细作。在竞争激烈的今天，技高一筹就能取得决定性的胜利。行业翘楚一定是在投入了最多精力、钻研最为细致的人群中产生。单个律师很难在多种业务中做出取舍，而公司化把不同专业的律师连接起来，共享资源和利益。每个人在获得他人专业支撑的同时，也是伙伴们不可或缺的力量。每个人都能够安心地在自己的专业方向投入精力，心无旁骛。也不会因为失去其他业务机会而导致自己经济收入产生剧烈滑坡。

需要说明的是，这种专业之间的相互支撑，是以互相专业水平在同一个水准和高度信任为基础的。水平参差不齐会导致这个支撑结构的不稳定。在这个结构搭建之初，这个平衡还没有形成，需要一段时间来磨合以及互相选择。同时，还需要有一个机制来维持这种平衡。这就是业务的标准和流程体系，让大家都以同一个标准对外提供法律服务。而不是千人千样，难以预测事情的结果。换句话说，知道队友能够完成交给他的任务，而不是把事情搞砸。如果不是在统一管理的律所，完成这个标准体系是不可能的。

三、分工不仅是不同专业之间的分工，效率问题也需要分工解决

我之前习惯独自完成整个业务的全部流程，从谈案一直到代理工作结束。这倒不是说自己有多么勤奋，只是律师这个工作是递进式的，没有对案情和基础材料的了解，就难以制定出合适的解决方案。但案情不是一篇文章，通读一遍就能了然于胸。整件案子是通过对大量证据的检视和过滤才可以总结形成。梳理事实这个工作也不是一个简单的事，同样的证据材料，不同的人可能得出的证明事项会有不同。所以，复杂案件很难找到别人分担工作。对于初入行的新手，在接到老律师分配的任务时也往往一头雾水，感到难以入手，能否顺利完成交办的工作也就全凭个人的悟性。造成这两种情况的原因有两点，一是每个人都有自己积累的知识，但自己对某一阶段工作的要求没有总结出来，交给别人工作的时候没有提出明确的要求，他人难以按照交办者的想法完成工作；二是接受工作的人缺乏工作经验，又没有经过专业技能的培训，需要通过不断的揣摩才能把法律知识转化为工作技能，自然难以迅速形成工作能力。

难以分工的问题找到了，那怎么解决呢？这里不得不提到非专业的一些知识，就是大数据。在信息如此发达的今天，可以通过对目标事项定义范围，来寻找具有相同特征事项的共性。根据这个共性就可以总结出这一类事项的处理办法。我们总觉得案情千差万别，不能用同样的办法办不同的案件，这种认识是因为分类总结的不够细致。当一件案件的全部过程不断被细化以后，每一个点都可以进行总结提炼。从而获得一个规范的做法。当然，这需要大量的基础数据，才可以对比得出结论。公司化管理的律所，在利益共享的前提下，更容易在更大程度上实现资源共享，以完成这个分类提炼的过程。分工才能够保证质量，让业务链前端和后端的成员密切配合。对于这个链条的成员来讲，位置也不是一成不变。通过工作不断提升自己技能的人，就有机会去担当更为复杂的工作。

微信里有个段子，说做律师得符合很多条件。大意是说能文能武，又能屈能伸。自嘲的同时也道尽了这个行业的不易。一个律师，要研究纷繁复杂的业务知识，又要处理更为复杂的人际关系，确实不是每一个人通过努力都能够做好的，但是该面对的还是得面对，不会因为你不擅长，问题就自己解决掉了。一个专业团队内部之间，也应当根据个体的长处进行不同的分工。分工问题解决了，不论你是与法律条文死磕的技术派，还是经多年摸爬滚打的实践派，都能够在这样的一间律所里找到合适自己的位置。

说了这么多，能够耐心看到此处的朋友可能会产生疑问，你把公司化管理对律所和律师的好处说了这么多，那这些好处的作用呢？在前面你不是也谈到这四年祝融万权公司化团队的业绩并没有显著增长么？不能提高盈利能力的办法还称得上什么好办法？没有实际意义嘛。我们在公司化的道路上摸索，一边在前进，一边也在改正自己犯下的错误。改革从来就不是一帆风顺的事，很多企业的创始人也一定有这样的心得，每当你解决了一个大问题，以为前方一马平川的时候，会发现又冒出来更多的问题等着你去解决。如我在开头所讲，我们现在起码知道了哪些方法不适合用在公司化管理之中，我们有勇气承认和改正自己曾经犯下的错误，我们选择一条相对艰难的道路，我们向目标又近了一步，虽然没有立竿见影，但持之以恒，不断总结不断升级，总有实现目标的一天。

我们诚挚的恳请关心我们的人继续给予我们更多的关注，如果我们有一些成果，请点赞。如果我们有不足，也请毫不客气地指出，帮助我们更快成长。

最后欢迎有同样梦想的人加入我们，一起前行！

西部公司化律师事务所发展问题思考

甘肃玉榕律师事务所　秦　晨

内容摘要：近年来，公司化律所成为我国律师行业的一个热点，西部公司化律所正方兴未艾，西部公司化律所在一些方面获得了长足发展，但也面临着不少的问题，严重制约了其进一步的发展。本文从西部公司化律所的角度出发，分析了西部公司化律所的发展状况，剖析了西部公司化律所发展中存在的主要问题，对公司化理念、人员结构、业务方向、薪酬体系、内部管理机制等方面进行了深入的思考。

关键词：公司化律所　发展　思考

引　言

近年来，公司化律所成为我国律师行业的一个很热的话题。各方对于公司化律所的观点差异较大，褒扬者认为“公司化是律所发展的主要趋势”、“公司化是我国律所专业化、规模化发展的必然选择”、“合伙制律所向公司化转化是必由之路”等等，也有反对者认为“谁实行公司化，谁就先死。”其实，由于律师法将我国律所的组织形式限定为合伙制、个人制、国有制三种，国内所说的公司化律所，不同于国外的公司制律所，实际上是实行公司化管理和运营的合伙律所或个人律所（故本文所提到的公司化律所指实行公司化管理和运营的合伙律所或个人律所，下同）。受到金杜、天同、阳光时代、胜伦等公司化律所标杆的影响，近年来西部涌现了一批公司化及类公司化律所。这些律所经过几年的发展，取得了一定的成绩，但也面临着不少的问题，对其发展造成较大的制约。因此，笔者认为有必要对面临的主要问题进行认真的反思与分析，探索解决问题的思路和方法，对律所的进一步发展具有积极意义。

一、西部公司化律所的发展

当90年代末公司化律所悄然出现在国内律师界时，还是一个极为超前而不被大多数律所认可的“异类”，行业内大都对其抱着“看稀罕”和不认可的态度。但是随着如金杜、天同、阳光时代、胜伦等一批第一梯队的公司化律所的迅速发展壮大，成为公司化律所的标杆后，受其启发和影响，公司化及类公司化律所在全国范围内如雨后春笋一般遍地开花。虽然从总体数量上来看，目前公司化律所在全国律所总数中仅占相当少的比例，但是公司化律所已从当年的“异类”发展成了今天司空见惯的类型，并已成为律师行业中一只重要的力量，甚至被不少同仁认为是代表了中国律所的未来发展方向。西部公司化律所发端于2007年左右，近五年以来发展较快，各地纷纷涌现，方兴未艾。

笔者认为西部公司化律所具有以下主要特征：

（1）全员公司化少

与金杜、天同、阳光时代、胜伦、广悦鸿鼎等实现了全员公司化相比，西部的公司化律所绝大部分属于部分实行公司化或实行类公司化，实现了全员公司化的属于凤毛麟角。

（2）普遍规模较小

西部的公司化律所普遍规模较小，大部分属于中小规模的律所，少有规模达到50人以上的。

（3）人员普遍年轻化

西部的公司化律所的人员普遍年轻化，大部分律所除主任和个别合伙人以外，青年律师特别是新执业的青年律师占有很高的比例。

（4）专业化不突出

西部的公司化律所普遍以综合性业务为主，尤其传统业务占有较多半的比例，专业化方向不太明确，专业化分工尚未形成，专业化优势不突出。

二、西部公司化律所发展中存在的主要问题

西部公司化律所在设立之初充分发挥了公司化的优势，经历了快速发展期，在人员规模、品牌形象、业务拓展等方面取得了明显的进步。但是经过几年的发展，公司化律所也陆续出现了各种各样的问题，特别是快速发展期过后，被当初发展速度所掩盖的老问题与发展中出现的新问题逐步凸显出来，并相互交织在一起，对公司化律所的进一步发展形成较大制约。笔者认为西部公司化律所发展中存在的主要问题有以下五个方面：

（一）对公司化的认识不足

公司化的实质是按照现代企业—公司的机制和制度进行设计和运行。公司的机制和制度包括股权（股份）机制、治理结构、运营模式、制度体系等方面，属于一个整体系统。西部公司化律所由于对公司化的认识和研究不足，往往忽视了公司化是一个整体系统，只是在传统律所的基础上，选取了公司化的部分元素或部分内容进行移植，律所没有形成公司化系统，致使律所的公司化出现水土不服，或者律所名为公司化实为团队化。

（二）人员不适应

律所实行公司化后，公司化的优势应一方面能吸引外部优秀的成熟律师加入，另一方面形成内部良性的人才选拔机制，使得优秀的律师脱颖而出。但现实中却往往相反，公司化律所的律师队伍普遍过于稚嫩，一方面吸引不到外部优秀的成熟律师加入，最终吸引来的往往都是一些没有经验、没有资源、没有积累的“三无”新手，而公司化律所实际上又把他们当作成熟的律师来要求和使用，导致人员和律所之间严重不适应。

（三）业务不适应

律所实行公司化的一个主要目的是，整合放大工作能力、提高业务工作效率、实现业务质量控制，形成律所的竞争优势。提高业务工作效率的主要途径为专业化和分工协作的有效结合，实现业务质量控制的前提是法律服务产品的标准化。这也对公司化律所的业务类型提出了不同于传统律所的更高要求，公司化律所应以最适应公司化模式的标准化法律服务产品或是可以重复多次实施的专业化法律服务产品为主要业务。但现实中不少公司化律所的业务仍以传统的简单法律服务（如普通诉讼）和非诉法律服务（如法律顾问）为主，导致不仅不能充分发挥公司化律所的资源整合放大效应、业务高效率和统一质量控制，反而因业务与模式的不适应使得业务效率和质量控制低于传统律所模式，造成资源整合的浪费。

（四）薪酬体系不适应

传统的合伙律所或个人律所的分配机制相对比较简单，主要分为提成制、摊费用制、交管理费制，特点是简单明了，方便易行。而公司化律所需要相对比较复杂的薪酬体系，要体现业务来源、业务分工、工作时间、工作难易程度、专业技能、分工协助、工作效率、成果质量、客户满意度、资本回报等诸多因素，并进行一定的调节以达到相对平衡。但现实中公司化律所往往缺乏科学合理的薪酬体系，要么沿用传统律所的分配机制，要么制定简单的分配机制，导致分配不能体现合理的差异化，或是运营费用居高不下。

（五）内部管理不适应

实行提成制、摊费用制、交管理费制的传统合伙律所或个人律所，由于以业务开拓与办理、客户维护与品牌营销等均以律师个人为主体，故大都重创收、轻管理。而公司化律所因为要发展，故其内部管理是重头戏。但现实中公司化律所往往缺乏有效的、适应的内部管理，要么沿用传统律所的重创收、轻管理的做法，导致纪律涣散、人浮于事、相互推诿，要么完全照搬生产经营类企业的管理方式，未考虑律师职业的特殊性，导致律师和事务所之间产生对抗情绪。

三、对西部公司化律所发展的思考

笔者针对西部公司化律所发展中存在的上述五个方面的主要问题，即一个认识不足和四个不适应的分析和反思，通过与金杜、天同、阳光时代、胜伦等公司化律所的交流、考察，形成以下几点思考：

（一）正确认识公司化，形成完整的公司化理念和系统

笔者认为律所公司化应包含了3个层面的内容：（1）按照公司的股权（股份）机制，根据律所合伙人的出资数额和比例设计合伙人的权利和义务；（2）按照公司的治理结构设计律所的科学治理结构，实现出资与管理的平衡关系；（3）按照公司的运营模式整合，实现专业化分工与协作；（4）按照公司的制度体系建立律所的制度体系，实现制度的系统化。故，应该正确认识公司化，形成完整的公司化理念和运营系统，打造真正的公司化律所。

（二）调整合理的人员结构，发挥公司化优势

公司化律所应建立以合伙人为核心，以骨干律师为主，以青年律师为辅的合理人员结构。界定清楚合伙人、骨干律师、青年律师各自的角色定位，明确各自的工作岗位和工作责任，各司其职，各尽其责。充分发挥合伙人的核心带头作用，依靠骨干律师担任业务主办，运用青年律师做好辅助工作，形成能力分层、分工协作、工作高效的强大而精悍的业务队伍。

严把进人关，提高人员选聘标准，确保优秀的人员，防止盲目扩大人员规模，要根据实际业务和市场情况，确定各个发展阶段人员的合理数量，保持人员与业务之间的平衡性，避免形成人力资源浪费和运营成本过高。

坚持以业务为导向，以一线业务律师为主体，减少和压缩非从事实际业务的人员，避免形成小马拉大车。同时，保证优秀人员的上升空间的晋级通道的顺畅，避免优秀人员外流；保持优胜劣汰的良性的人才选拔机制，避免形成劣胜优汰的怪圈。

（三）因地制宜确定业务方向，实现业务转型

美国一位大律师说，你有什么样的的客户就有什么样的律所。目前我国著名的几家公司化律所，如金杜、君合、敬海等，其基本客户都是跨国公司或上市公司或专业化很强的海事单位。这对于广大的公司化律所，特别是西部公司化律所来说，显然距离很遥远，也不现实。虽然业务取决于市场、律所、律师个人等诸多复杂因素，其不以人的意志为转移，非主观和制度所能决定，但是专业化始终是律师赢取客户的根本，也是公司化律所的核心优势所在。

专业化并非就是上市、国际贸易、海商等各种高大上，我们需要对专业化

进行再认识。专业化有两个维度：一个维度讲的是分工，是将过去由一人完成的工作进行细分，交由多人完成，从而提高工作质量，加快工作进度，并且降低成本。另一个维度讲的是领域，是将过去什么领域都做，变为集中资源和力量做少数领域。现实中，婚姻、继承、交通事故、侵权等常见的律师业务都可以做成专业化，关键是要做好市场评估，特别是商业价值的评估。

专业化并非专业单一化，专业化方向可以是多个，而且最好是将多个专业化方向形成一个专业化链条，打通多个专业化方向之间的通道，实现相互衔接。单一的专业化发展方向具有很大的市场风险，多个专业化方向显然胜于专业单一化，一个专业化链条显然优于多个专业化方向。公司化律所的分工协作机制天然有利于形成专业化，从制度层面保证了专业化。需要认真思考，因地制宜确定专业化方向，并整合多个专业化方向为一个专业化链条，体现公司化律所的专业化优势。

故，公司化律所不能再像传统律所一样定位为综合业务，必须因地制宜确定业务方向，实现业务转型。

（四）建立科学合理的薪酬体系

公司化律所应建立科学合理的薪酬体系，一般来说包括：

1. 根据人员不同的角色定位、工作岗位与职责，设定差别化的年薪，年薪分为基本薪酬和绩效薪酬。在薪酬设定时要考虑职位的作用、要求的能力、工作内容、耗费的时间和精力、担负的责任、工作的复杂程度等多种因素，使得不同的职位的职责与薪酬相适应，避免出现职位职责与薪酬的倒挂。

2. 基本薪酬和绩效薪酬通过不同的考核办法进行考核和兑现。基本薪酬的考核要求不宜过高，绩效薪酬的考核要求应较高。不同职位的工作要求和工作内容是不同的，故用一样的要求（内容）去考核不同的职位显然存在问题，考核要求（内容）如果按照较低职位的要求（内容）去设计，就无法涵盖和对应较高职位的工作内容，无法识别出较高职位的工作价值；考核要求（内容）如果按照较高职位的要求（内容）去设计，同样不适应低职位的工作内容。另外，考核要求（内容）还应体现业务型工作和管理型工作的不同。

3. 由于现实的复杂性和变化性，任何制定出来的考核要求（内容）在适用过程中均会存在一定的滞后性和僵化性。作为一个科学的薪酬体系，还应设置一些弹性系数对考核结果进行修正和调整，以保证薪酬体系在整体上的公正性和合理性。

（五）建立和实行有效的内部管理机制

公司化律所的内部管理体系设计要遵循以下几个原则：

1.围绕业务设计管理机制。管理的目的是要为更好地完成业务，实现业务的发展，因此应紧紧围绕业务的模式、业务的特点、业务的发展来设计管理机制，要让管理机制成为业务发展的催化剂，而不是成为业务发展的阻碍，不能脱离业务的需要而单纯的进行管理。

2.围绕实现的价值设计管理机制。公司化律所区别与传统律所的一个重要特点是具有管理优势，但是这种管理不是一般意义上的控制，而是要实现全所资源整合，充分调动每一个人员的主观能动性，形成最优的组合，提供超越客户期望的服务，实现公司化律所的价值，摆脱价格竞争，实现价值竞争。

3.体现律师职业的特殊性。律师职业有其特殊性，律师的思维理念、工作方式、价值体现、权利意识等与通常的企业公司员工有着较大的区别，不能如同普通企业公司一样对律师进行管理，否则会束缚律师的工作手脚和创新精神，因此要在管理机制上，给予律师一定的自由性和职业自尊，激发律师的工作热情和潜能，形成积极向上、阳光活跃的所内氛围。

4.强制性管理逐步向服务型管理转变。很多公司化律所制定的管理机制是从“管”字着眼，往往语气生硬、气势汹汹，形同刑法条文，被“管”对象被迫接受，其内心并不完全认同，往往表面应付、阳奉阴违、消极对待，导致制度看似贯彻，实则虚化，落不到实处；管理看似周密，实则大打折扣。这种情况下，管理实际上是在做减法，律所管理的成本是很高的。

要从强制性管理逐步向服务型管理转变，要让每一个律师深切感受到管理机制不是来约束他的，而是服务于他的。律所通过管理向律师提供全面周到的服务，帮助他高效完成业务工作，帮助他实现成长和发展。只有律师感受到律所的服务，感受到律所的真诚，消除对抗情绪，转化为内心的认同和接受，他才会自觉地遵守和维护管理机制。管理变为做加法，律所才能真正降低管理成本，并通过管理实现律所增值。

四、结语

公司化律所虽然不是我国律所的主流形式，但公司化律所的发展，不仅适应了市场的需求，还实现了律所管理运营模式和律师法律服务产品的探索与创新，因此代表了律师行业的发展方向。西部公司化律所相对起步晚、底子薄、规模小，但其发展方兴未艾。通过对这类律所存在和面临的主要问题进行认真的反思与分析，学习借鉴先行者的经验教训，探索解决问题的思路和方法，因地制宜的实现发展，必将成为对区域具有重要影响力的律所，推动律师行业的创新与发展。

参考文献

[1] 邓国荣.《律所公司化专业化再探》广东明和理律师事务所.[EB/OL].[2013-7-24].http://www.gzlawyer.org/info/8e3809829de34d3cb304ba720791d3eb.2015年7月20日访问.

[2]《专业化分工的大趋势》.[EB/OL].http://www.ebusinessreview.cn/dissertations/dissertation258.html.2015年7月20日访问.

梦想与光荣

——站在历史的高点看深化律师制度改革

甘肃拓原律师事务所　刘吉颖

内容摘要：深化律师制度改革是中国法治道路的改革，是中国国家治理体系和治理能力现代化的历史性变革。

依法治国的第一抓手就是律师制度的改革。其一，人治无法根除，根本原因在于人们的观念上只信权而不信法。律师从他产生之日起，就是法律的化身，从转变观念和象征意义上讲，选择律师就是选择法律；其二，法治推行缓慢，其核心问题是公权力过大，私权力太弱，公权力的拥有者会顽固维护权力集团既得利益不愿松手、不愿改革。而律师代表的是民权、民生、民意，是私权力的维护者，最有可能与公权力相抗衡；其三，律师代表私权力与公权力的抗衡，一是权力法授，二是有序、良性、公平、正义，不会造成社会动荡和生灵涂炭；其四，法治国家是现代社会治理的不二选择，律师参与治理是无可回避、无可抗拒的历史潮流。

国强不必霸——世界大国和平崛起的中国模式。是对科学发展观的最好诠释，是马克思列宁主义的普遍真理与中国实践相结合的中国实践送给世界的一份创新之礼！和平崛起的中国将以法治的理念、法治的行为引领世界形成人类命运共同体和利益共同体，携手建设我们共同的美好家园——地球村！

过往的历史告诉我们：无论是古老的殖民帝国葡萄牙、大英帝国、还是盛极一时的俄罗斯、美利坚合众国的崛起，都是伴随着坚船、利炮、骠骑、洋枪而来；都是以血腥、杀戮、掠夺、暴力征服；都是弱肉强食的人类血泪史。

中国的崛起，是和平的崛起，祥和的崛起，是造福全人类的崛起！一带一路，就是要把和平、幸福、富裕带给所有的国家和人民。

伴随着中华民族和平崛起的，必将是中国的法治，推动中国走向世界的将是中国的律师而不是中国尖端的武器。而有中国印迹的地方，必有中国律师的身影、有中国贡献的地方，必有中国律师的智慧！

深化改革重新确立了中国律师的法律地位，肯定了律师在依法治国中的重要作用。

突破了传统的业务范围，彰显了党要在法律范围内行使职权的决心，法要管党，律师要服务于党。

架起了律师与政治的通道，理顺了律师与政治的关系。

为中华民族复兴的伟大梦想、为共和国的繁荣兴旺贡献聪明才智，这不正是我们律师的初心吗？若干年后，党和国家领导人从优秀律师中脱颖而出将成为可能，这不正是我们的梦想与光荣吗？

关键词：律师制度改革　治理体系　治理能力　中国模式　律师服务

波澜壮阔的历史画卷是由无数个看似不经意的历史事件组成，但生活在当下的人们很少能够看清身边正在发生的事件的历史意义，只有回望历史时，才会恍然：当时，我们正是那个历史事件的亲历者！

95年前，南湖的小船上，几个年轻人成立了一个政党，谁会想到他会彻底改变近代中国发展的方向和进程？38年前的三中全会，一个改革开放的政策，又有谁会想到他会给中国社会带来在如此短暂的历史阶段里赶超世界强国的可能和机遇？而党的十八大以后开启的深化中国律师制度改革，无疑将是又一个重大的历史事件，他必将给中国乃至世界带来深刻的变化！我们，站在历史的路口不要看不清历史的方向、行走在历史的旅途不要缺失历史的印迹、沉浮在历史的波涛中不要抓不住历史的机遇！

一、依法治国——中国国家治理体系和治理能力现代化的历史性变革

关于深化律师制度的改革，绝对不仅仅是为了保障律师执业权利那么简单和肤浅的事，更不是为了给律师切出一块改革红利的大蛋糕，否则不会由深改委研究发文，弄出这么大的动静来。正如习总书记所讲：“改革和法治如鸟之两翼、车之两轮。我们要坚持走中国特色社会主义法治道路，加快构建中国特色社会主义法治体系。”[①]“律师队伍是依法治国的一支重要力量，要切实加强律师工作和律师队伍建设。”[②]由此可见，律师制度改革是中国法治道路的改革，是国家治理模式的改革。所以，我们一定要把这次律师制度改革上升到依法治国的高度去认识，去理解，去准备，去实践，才能正确把握时代脉动，紧跟时代潮流，才能不负党的重托、人民的期望，才能报效国家，服务法治。

历史上中国是一个典型的人治国家，儒家思想根深蒂固。改革开放以后，顺应历史潮流，总设计师邓小平就明确提出了依法治国的指导思想，并高瞻远瞩地指出，搞现代化建设要有30万律师。但在当时的历史条件下，无论从法制文化建设上、法律人才储备上，还是依法治国制度创立上、机构设置上、都不

① 习近平总书记《在庆祝中国共产党成立95周年大会上的讲话》。

② 习近平总书记对全国律师工作会议的指示。

具备全面依法治国的条件，所以只能成为一种愿望、一种目标。后来，在江泽民时代，又附加了以德治国，在胡锦涛时代，提出了和谐社会，都是在摸着石头过河，都是在现实条件下对依法治国的一种修补。但经过改革开放三十多年的探索和建设，我们已经有了真正依法治国的资本和条件，我们已经可以做出顶层设计，为实现伟大复兴的中国梦沿着既定的路线图前进，而不用再高一脚低一步地踩着石头过河，那么，这个顶层设计中最重要的一环就是依法治国，而依法治国的第一抓手就是律师制度的改革。

历史为什么会选择中国律师来担当第一抓手的重任？其实，这既是一种现实的选择，也是一种历史的必然。其一，人治无法根除，根本原因在于人们的观念上只信权而不信法。律师从他产生之日起，就是法律的化身，从转变观念和象征意义上讲，选择律师就是选择法律；其二，法治推行缓慢，其核心问题是公权力过大，私权力太弱，公权力的拥有者会顽固维护权力集团既得利益不愿松手、不愿改革。而律师代表的是民权、民生、民意，是私权力的维护者，最有可能与公权力相抗衡；其三，律师代表私权力与公权力的抗衡，一是权力法授，二是有序、良性、公平、正义，不会造成社会动荡和生灵涂炭；其四，法治国家是现代社会治理的不二选择，律师参与治理是无可回避、无可抗拒的历史潮流。

从十八届三中、四中全会开始，中国共产党就全面布局依法治国的战略。面对体制缺陷，党和政府内触目惊心而又愈反愈烈、愈反愈多的腐败，长期积累的大量社会矛盾，共产党人痛定思痛，深刻地认识到，惟有真正、全面依法治国，才是解决所有问题的首选，才是安邦定国的治本之道。因此，习总书记首先提出了“把权力关进制度的笼子里。”[①]而这个笼子，必须是用法律的经纬编织起来，才是最牢靠，最权威的。所谓法网恢恢，疏而不漏！之后，关于依法保障律师执业权利的规定、从律师、法学专家中公开选拔立法工作者、法官、检察官办法、关于深化律师制度改革的意见、关于推行法律顾问制度和公职律师公司律师制度的意见等文件相继颁布，一系列关于律师制度改革的会议也在全国范围内陆续召开，核心议题是提高律师素质，扩大律师参与社会治理的深度和广度，保障律师合法执业权利。其归结点都是为深化改革和现代化建设保驾护航，从而达到国家治理体系和治理能力现代化的历史性变革——即全面依法治国！

二、国强不必霸——世界大国和平崛起的中国模式

中国从一个地大物博，人口众多的贫弱国家，已经成长为世界第二大经济

① 习近平总书记《在首都各界纪念现行宪法公布施行30周年大会上的讲话》。

体、第一大出口国、第二大进口国、第三大对外投资国，而且还在以任何经济体都无法企及的高增长率继续上升。只要我们把自己的事做好，不久的将来，中华民族将傲立于世界之巅已无法逆转。过往的历史告诉我们：无论是古老的殖民帝国葡萄牙、大英帝国、还是盛极一时的俄罗斯、美利坚合众国的崛起，都是伴随着坚船、利炮、骠骑、洋枪而来；都是以血腥、杀戮、掠夺、暴力征服；都是弱肉强食的人类血泪史。正因如此，伴随中国崛起的，是不绝于耳的中国威胁论，一些别有用心的国家和政客，企图套用历史的既成事实来丑化中国，抹黑中国，从而达到遏制中国的险恶目的。然而改革开放三十多年来中国人民奋发图强的历史事实证明：中国的崛起，是和平的崛起，祥和的崛起，是造福全人类的崛起！一带一路，就是要把和平、幸福、富裕带给所有的国家和人民，正如习总书记针对奥巴马总统关于中国搭便车的真情告白——"中国愿意为包括蒙古国在内的周边国家提供共同发展的机遇和空间，欢迎大家搭乘中国发展的列车。"这就是大中华——我们的国度、我们的胸怀、我们的视野！我们将颠覆历史轨迹，续写崭新历史篇章，我们绝对不走国强必霸的老路，我们不做侵略者、不做殖民者、不做占领者，不做剥削者。相反，我们要"为人类不断作出新的更大的贡献……以合作取代对抗，以共赢取代独占……推动构建以合作共赢为核心的新型国际关系，推动形成人类命运共同体和利益共同体。"[①]在这种全新理念指引下，伴随着中华民族和平崛起的，必将是中国的法治，推动中国走向世界的将是中国的律师而不是中国尖端的武器。未来的世纪，将是中华民族伟大复兴梦想实现的世纪，而有中国印迹的地方，必有中国律师的身影，有中国贡献的地方，必有中国律师的智慧！因此，孟建柱书记在全国律师工作会议上明确提出中国律师未来的发展方向之一是"做全方位对外开放的促进者。"

和平崛起的中国模式，是对科学发展观的最好诠释，是马克思列宁主义的普遍真理与中国实践相结合的中国实践送给世界的一份创新之礼——国强不必霸！和平崛起的中国将以法治的理念、法治的行为引领世界形成人类命运共同体和利益共同体，携手建设我们共同的美好家园——地球村！

三、天降大任——深化改革带给中国律师的改变

深化律师制度改革的大幕拉开了，给中国律师开辟了一个前所未有的发展空间，搭建了一个大展宏图，报效祖国的舞台！与以前相比，在以下几个方面，将给律师行业带来重大突破和新的契机，同时也将深刻影响中国社会结构和治理模式的渐变：

① 习近平总书记《在庆祝中国共产党成立95周年大会上的讲话》。

（一）重新确立了中国律师的法律地位，肯定了律师在依法治国中的重要作用

1980年制订的《中华人民共和国律师暂行条例》规定："律师是国家的法律工作者，其任务是对国家机关、企业事业单位、社会团体、人民公社和公民提供法律帮助，以维护法律的正确实施，维护国家、集体的利益和公民的合法权益。"中国律师曾经做为国家法律工作者感到自豪、骄傲。但在律师法中，律师变成了"依法取得律师执业证书，为社会提供法律服务的执业人员。"瞬间，中国律师失去了国家的依托，降格为社会中介机构，沦落为没有精神引领、没有政治归属感的自由执业人员，好像一群唯利是图的法律二道贩子。

迷失中，律师在苦苦求索，并以自己的行动争取自己的地位！这次深化改革中，中国律师终于重新找到了自己的位置、自己的历史责任：即"律师是社会主义法治工作者。"[①]中国律师又回归了有政治信仰、有社会主义理想和精神寄托的法律人！

（二）突破了传统的业务范围，彰显了党要在法律范围内行使职权的决心，法要管党，律师要服务于党

历来，都强调党的一元化领导，但是，这次深化律师体制改革中，石破天惊的提出了一个前所未有的新要求，即"积极推行党政机关法律顾问制度"，并且有严格的规定，细致的要求以及有令不行导致恶果后的责任追究。如此明确具体的规定，如此严肃认真的要求,字里行间无不透露出党要守法、法要管党的意志和决心，无不寄托着律师对党委、政府工作依法谏言的厚望！

（三）架起了律师与政治的通道，理顺了律师与政治的关系

法律和政治联系起来才叫"法治"，可是过去，中国律师做为法律人，其实与政治是有一层防火墙的，即律师从事政治的道路是被阻断的。选择了律师，就既不能成为警官、法官、检察官，也成不了公务员，更成不了立法者和政治家，因此注定律师永远只是一个专业技术人员。本次改革，就是要"畅通公职律师、公司律师与社会律师、法官、检察官之间的交流渠道。"明确规定"具有立法权的人大常委会的法制工作机构、政府法制部门、人民法院、人民检察院应当将从符合条件的律师、法学专家中公开选拔立法工作者、法官、检察官工作纳入队伍建设规划，并采取切实措施予以落实。"今后，律师可以通过自己的努力，迈步跨入立法、司法、行政机构，成为国家的治理者。政治与法律高度融合，在法律中律师是政治人，要有政治觉悟；在政治上，律师是法律人，要有法治观念。此路一通，成千上万的律师精英将活跃于共和国的政治、军事、立法、司法、行政、外交、文化、经济等各个领域，为中华民族复兴的伟大梦

①孟建柱《在第九次全国律师代表大会上的讲话》。

想、为共和国的繁荣兴旺贡献聪明才智，这不正是我们律师的初心吗？若干年后，党和国家领导人从优秀律师中脱颖而出将成为可能，这不正是我们的梦想与光荣吗？

总之，深化律师制度改革后，律师服务于我们这个伟大民族、伟大时代、全面依法治国的盛世将全面来临！律师终将携手并肩共同创造和见证中华民族伟大复兴的梦想与光荣！

小型律师事务所的人才战略与薪酬设计

贵州驰铭律师事务所　杨秀炉

内容提要：本文从人才战略与薪酬设计角度，对小型律师事务所如何转变松散型管理，实现团队化建设进行思考：小型律师事务所应有自己的长远目标愿景，建立长远的人才战略，并以平等的理念，明确的分工及分配制度为基础，设计适合自身发展的薪酬制度，以实现从传统单兵作战的法律服务模式向团队分工协作的法律服务模式的根本转变，最终实现团队化建设。

关键词：小型律所　人才战略　薪酬制度　团队建设

法治中国的建设为中国律师带来了前所未有的机遇，同时也对律师的服务提出了新的更高的要求。面对新形势、新要求，即便是执业律师在20人以下的小型律师事务所也必须进行专业化、团队化建设以适应新的法律服务市场。新的法律服务市场要求小型律师事务所必须转变之前的松散型管理，通过人才战略和薪酬制度建设，打造积极、专业、高效的律师团队。

一、小型律师事务所应建立长远的人才战略

小型律师事务所在传统的松散型管理模式下，无论是实行包干制，还是提成制，在录用律师时，相对而言都是比较随意的。对包干制而言，无论律师实际创收多少，其上交律师事务所的费用是固定的。提成制也一样，即便律师不创收，对律师事务所而言，其成本基本上也仅限于办公成本。这样的模式尽管管理松散，但事务所的责任义务相对较小，律师灵活性大，律师与律师事务所之间权责利明确，能够充分调动律师的积极性。但其最大的缺点是律师单兵作战，各自为政，不能形成团队合力。同时，这样的模式还使得律师事务所没有积累，不能持续发展。

法律服务市场要求小型律师事务所必须转变传统单兵作战的法律服务模式。欲实现法律服务模式的转型，小型律师事务所应转变之前的松散型管理模式，着眼长远发展，实行团队化的人才战略。既然是团队化建设，首先得为欲建立的团队进行定位，即为团队建立一个长远的目标愿景。其次，得以团队

的目标愿景为基础确定团队的工作任务及完成该工作任务所需的工作人员。最后是以团队的工作岗位及团队的发展需要确定团队的人才战略。

团队化的人才战略，要求进入团队的成员必须认同团队的目标愿景，并且愿意与团队的其他成员平等合作，愿意为实现团队的目标愿景努力工作，贡献力量。这是团队化建设对团队成员的基本要求。所有的团队成员必须符合这一要求，宁缺毋滥。如果某一团队成员做不到这一点，无论其个人能力多优秀，都应该劝其离开团队。这样的团队成员，无论他的个人贡献多大，相对于他对整个团队的负面影响而言，都微不足道。同样，律师事务所作为整个团队的管理者，也得为团队的成员负责。律师事务所一旦接收某位律师作为团队的一员，就应该对他负责，为他提供相应的工作平台。只有这样，律师才会对律师事务所有归属感，律师事务所才能凝聚整个律师团队的力量，形成合力。

所以，律师事务所要实现传统单兵作战法律服务模式的转变，必须先转变传统的松散型管理模式，着眼于长远的发展，实行团队化的人才战略。

二、律师事务所为保障人才战略的实现，还得进行相应的薪酬制度设计

实行人才战略的目的，是为了打造积极、专业、高效的优秀律师团队。一个优秀的律师团队必须有铁的制度作保障。特别是对团队新成员来说，制度化的管理显得尤其重要。团队的新进成员，由于没有完全融入团队的工作氛围，往往是被动的，消极的。同时，对整个团队而言，新进成员往往又是很可爱的，可塑性最强的。制度是风，新进的成员是草，风往哪里吹，草就往哪里倒。

律师事务所的所有的管理制度中，最核心的莫过于薪酬管理制度。那么，作为小型律师事务所，究竟选择什么样的薪酬制度，又如何设计自己的薪酬制度呢？小型律所最常用的，最传统的薪酬制度是提成制。最近几年说得较多的是授薪制、公司制等。正因为如此，许多人经常会有常识性误解：说到授薪制和公司制时总感觉比较高大上，而说到传统的提成制时总认为是落后的制度，是应该废止和改革的制度。本人以为，薪酬制度无所谓好坏，只要通过合理的设计，能够调动团队成员的积极性，凝聚力量并使团队形成合力就是好的薪酬制度。

小型律师事务所无论采用何种薪酬制度，但在设计具体的薪酬分配时，应当考虑以下几个方面的问题。

（一）小型律师事务所的薪酬设计必须拥有平等的理念

尽管在管理制度上必须有决策、管理、执行等自上而下的层级设计，但制度的整体设计必须建立在平等的基础之上，方能凝聚团队力量，形成合力。平等的理念产生平等的意识，即团队成员间是平等的，团队的每一个成员对整个团队的目标实现都是有贡献的，否则就应该劝其离开团队。团队成员之间工作任务的不同只是团队分工的需要，团队成员之间是互相合作的共生共存关系，不存在谁依附谁的问题。

传统的单兵作战法律服务模式之所以不能形成合力，其根本原因就是因为没有平等的理念，以致无法实现分工合作。律师事务所的工作内容基本可以分为三大块，第一块是获得律师业务，第二块是办理律师业务，第三块是获得业务和办理业务之外的其他工作。这三块业务之中，前两块业务是创收的，后一块业务是不创收的。因此，从事前两块业务的成员往往具有较大的话语权，很多从事获得律师业务和办理律师业务的人员甚至认为是他们养活了从事第三块业务的人员。因此，律师事务所在薪酬设计上往往会忽视从事第三块工作的人员。这样的结果是，从事第三块工作的人员没有积极性，缺少归属感，有的甚至抱着骑驴找马的心态，得过且过，一边混日子，一边寻找更好的职位。

同样，随着律师行业竞争的激烈，获取律师业务的律师相对于办理律师业务的律师而言往往拥有绝对的话语权。如果没有平等的理念，获取律师业务的律师会在薪酬设计时，因为其绝对的话语权不自觉的忽视具体办理业务的律师。在这样的制度下，趋利避害的人性会促使所有律师都着力于如何尽快拓展自己的律师业务，形成自己独立的业务资源，至于办理其他律师交办的业务只是迫于生存压力的需要。在这样的工作状态下，往往会忽视服务的质量和客户和满意度问题，最终影响律师事务所的持续发展。

所以，要想整合团队的力量，形成团队合力，应当在平等理念的基础上设计团队的薪酬制度。

（二）小型律师事务所的薪酬设计应当以明确的分工为前提

一个律师团队要发展，首先得有业务可做，得有人寻找并拓展业务。其次得有专业的律师优质高效的具体完成律师业务。最后还得有相应的行政工作人员维持团队的日常运转。要想让律师团队高效有序的运转，必须进行明确的分工，明确每个律师在团队中的权利和义务。

本人认为，在整个律师团队中，必须按工作性质进行分工，建立专门工作专人负责的分工制度。在具体办理某一个具体的律师业务时，只要是由两个以上的人员完成的业务，都必须明确分工，明确每个成员应该做的工作及应承担的责任，以防止互相推诿、消极怠工。在明确分工的基础上，还应对每个成员的具体工作，比如获得律师业务，操刀主办律师业务，协助办理律师业务等予以明确的量化，以量化的工作量为基础合理设计相应的薪酬制度，以刺激整个团队的积极性。

（三）小型律所的薪酬设计应有相应的激励机制

为充分调动律师事务所团队成员的积极性，小型律师事务所的薪酬设计应有相应的激励机制。何为激励机制呢？本人以为，激励机制是一种制度，是一种保障积极工作者得到奖励的制度。这种奖励不一定是钱，可以是学习的机会等其他福利。很多时候，员工之所以缺乏积极性，其主要原因就是因为没有相应的激励机制。

建立激励机制的前提是建立工作质量考评制度。每一份薪酬必须与相应的工作量及工作质量相对应，完成相应的工作量并达到考评标准所要求的质量，方可获得相应的薪酬。超额完成工作或工作质量超标准的，给予相应的激励。

三、小型律师事务所人才战略与薪酬设计的意义

前面已经讲到，小型律师事务所进行人才战略与薪酬设计的根本目的是转变传统单兵作战的法律服务方式，改变传统的松散型管理模式，从而实现律师事务所的专业化、团队化建设，以适应当下以及未来的法律服务市场。但本人认为，这还不是人才战略与薪酬设计的终极目标。律师事务所进行人才战略与薪酬设计的终极目标应该是提高律师行业的职业价值，增强律师行业的职业荣誉感，推动律师行业的产业化建设。

关于律师行业的产业化和品牌化建设，我们应该向医院学习。比如像北京同仁医院，中山眼科医院等知名医院，许多病患因对医院知名度的认可而认可该医院任何一个医生的专业水平。我想除了这些医院的医生水平确实好以外，更重要的是这些医院完成了专业化和产业化建设，在公众心中建立起了极高的品牌形象，具有极高的知名度和美誉度。

律师可以通过传统单兵作战的法律服务方式，积累人脉，拓展案源。这样的服务方式能够在小范围内成就名律师，但却无法打造名律所。虽然在一个县，甚至一个地区，社会公众也会说，某某律所好，但其真实意思是该所的某某律师好。如果需要法律服务，他会去该所直接找某某律师，而不是找律所，让律所给他指派律师。也即是说，客户进行委托，是冲律师的名气而来，不是冲律师事务所的名声而来的。这样的律师事务所是不稳定的，只要其中几名甚至一名律师的离开都可能导致全所业务的明显下降，甚至整个律所的解散。律师事务所要实现可持续发展，必须形成自己的公共案源，拥有因为律师事务所的知名度和美誉度而信任该所律师的客户。律师事务所要形成公共案源，必须进行团队化建设，凝聚团队的力量，淡化律师个人影响力，彰显律师事务所的品牌。

以上仅仅是一名年青律师关于“小型律师事务所的人才战略与薪酬设计”

的一点思考。作为律师，我希望每一个试图转型的小型律师事务所都能够找到适合自身发展的人才战略与薪酬制度，打造自己的专业化团队，以推动律师事务所的专业化及品牌化发展。每一个小型律师事务所的发展，推而广之，终将促进整个律师行业的发展。在全面依法治国的今天，中国律师行业的春天已经来临。让我们拥抱中国律师的春天，并以自己是一名“中国律师”而自豪。

中小城市律所管理的困境

贵州舸林律师事务所　程吉芬

内容摘要：自1984年地方众多法律顾问处改为律师事务所，再到1996年5月律师法的通过，20年左右的时间，律师事务所如雨后春笋般呈井喷式的增长。伴随着律师事务所数量的增多，中小城市的律师事务所无法在注重业务增长的同时加强对律所的管理。因此，造成了诸多中小城市律所管理方式落后，管理标准不一，品牌意识不强，凝聚力不足等问题。本文主要对目前中小城市律所的管理困境进行清点和评价，并对中小城市律师事务所日后的发展和管理的创新谈谈自己的看法。

关键词：管理创新　专业化　品牌　凝聚力　信息化

一、问题的提出

在大众的眼里，律师是一个专业性极强的职业，说律师个个都是"人精"一点也不夸张。但是作为律师生存与发展平台的律师事务所，与同样都是靠专业能力吃饭的会计师事务所和建筑师事务所相比，中小城市乃至于一线、二线城市的中小律所在管理上都极其不专业。造成这种吃专业饭的人没有专业化管理的原因从很大程度上是和律师职业的特点有关的。

首先，律师是一个相对来说比较自由的职业，这个职业自由的不仅仅是律师的时间、薪酬，更多的是律师的思想。在这样一群靠游走在万千法律条文中进行发散思维的人来说，律师需要的事务所管理是能给他们节约时间，提供便利，而不是捆绑手脚。其次，我国的律师基本上都是采取独立开拓、独立办案的"独行侠"模式，律师与律师之间合作性很低，甚至更多的是把其他律师当作竞争对手，就算是在同一个律师事务所中也有可能被当作潜在的"侵略者"而无法达成共享和合作。最后，目前我国中小城市的律师事务所除了少量采取公司制，大部分都是个人所或者合伙所。这类组织形式的律所管理模式都比较依赖个别名望较高的律师或者少数合伙人来带领全所律师发展，负责律所的管理。虽然律师都是精英，但是让一个或者几个精英去管理整个律所，难免会心有余而力不足，出现纰漏和滞后。况且律师是一个"逐利性"的群体，"铁打的营盘流水的兵"，每个"独行侠"都希望能够获得最高的收益，哪里收益高、发展好，可能律师就去哪里。分享、奉献对目前中小城市的律师乃至于律师行业来说都还不是流行词语。因此，让律师花时间去进行律所的管理和经营，如果后期没办法形成专业化、规范化的管理模式，将会大量消耗律师的时间、精力，影响律师的收益。

鉴于上述律师职业的显著特点以及目前律师事务所管理的现有模式，律师让出自身收益的可能性去管理律所，即使是再有分享、牺牲奉献精神的律师，也很难做到心无旁骛，将律所的管理带入专业化的水平。而专业化的管理团队对于中小城市的律所来说管理成本又太高，因此最后中小城市的律所管理就陷入了一个恶性循环：大部分律师不愿意花时间管，又不愿意花钱请专业的管理团队来管，重业务、轻管理、无战略。最后律所留不住律师，发展趋势只剩被大所合并、与小所联盟或者自行解散。

二、中小城市律所管理的现状与困境

自1984年法律顾问处改为律师事务所，再到1996年5月律师法的通过，20年左右的时间，律师事务所从无到有，呈现井喷式增长。[①]但是伴随着律所数量的增长，许多中小城市律师事务所的管理却出现了诸如上述的恶性循环。如何去发展和管理律师事务所，正视律所管理的现状和困境是每个律师应该去思考的问题。

（一）律所规模小，流动性大，管理标准难统一

受各方面因素的影响，中小城市的律师事务所规模往往比较小，通常是20人到50人的规模，有的律所甚至10人不到。在管理与业务创收这样一种鱼与熊掌不可兼得的情况下，中小城市律师事务所要生存，业务创收就必然排在了管理的前面，律师都忙于增加自身的创收，"事不关己，高高挂起"，将律所的管理自动忽略。久而久之，律所的管理自然而然的形成了一种松散的管理状态，律师之间向心力、凝聚力弱，缺乏必要的沟通交流和知识共享。再加上小所的创收和发展前景的不稳定，人员流动较为频繁，新律师、老律师参差不齐，律所管理的标准难以统一，想要建立一支稳定、高效的团队更是难上加难。

---

① 1980年8月26日，五届全国人大常委会第十五次会议通过了律师暂行条例。1984年开始一些地方陆续将法律顾问处改为律师事务所.从20世纪80年代后期开始，我国对律师制度进行了一些探索性的改革，如改革律师事务所的经费管理体制、收入分配体制、人事编制体制，并进行了创办合作律师事务所的试点工作。1993年12月，《司法部关于深化律师工作改革的方案》获国务院批准。1996年5月15日律师法审议通过。20年左右的时间，律师事务所从70多家发展到2.4万家呈井喷式增长。

（二）管理方式落后，品牌意识不强

对于大部分中小城市的律所来说，采取的管理方式通常都比较传统，往往是由律师缴纳一定的管理费，再由律所聘请两到三个财务、行政人员来进行行政辅助工作，甚至有的是由个别律师兼职律所的行政工作。而这样的管理模式会造成两方面的弊端：一方面，律师参与管理的自主性和积极性由缴纳的管理经费所替代，律所管理最重要的主体缺位，律所管理和律师业务之间脱钩，缺乏必要的联系与沟通，往往没办法给律师办案带来便利，而是让律师感觉增加了时间成本和思想负担；另一方面，聘请个别的行政专员或者让律师兼任律所管理，缺乏与日常律师业务的联络，缺乏创新意识和品牌意识。只注重传统的财务工作、行政管理，无法兼顾律所里需求更大的案件管理、合同管理、知识管理OA系统等比较新颖的管理方式。这样因循守旧的传统管理方式也许不会让律所乱成一团，但是却无法在管理上给律所和律师创造管理价值。好的律所管理应该把律所打造成一支规模化、专业化、品牌化的队伍，但是传统的管理方式往往只注重眼前的利益，品牌意识薄弱，对律所的可持续发展无法起到促进作用。

（三）管理忽视律所文化的构建，缺乏凝聚力

律师总在为实现自身的利益最大化而考量，律师行业最大的特点就是人才流动性大，[①]良禽择木而栖，一旦有更好的发展平台，律师为了自身的利益会做出明智的选择，留不住律师，那律师事务所的管理就是失败的。尽管对律师来说，很大一部分考量的因素是利益，但是其实归根结底来说，律所就是律师的家，律师之所以会更换自己的家很多时候不仅仅是因为利益，而是因为没有归属感。我认为，律师的归属感来源于律所的凝聚力和向心力，而更深层次的原因是归结于律所的文化。文化是一个抽象的概念，无法凭空产生。但是律师培育文化最基本的方式是靠协作行为[②]，也即要求律师将自身的业务和案件办理融入到律所管理中，在创造收益进行协作的同时产生智慧的沉淀物，这个沉淀物就是知识，将点滴的知识进行收集、整理、提炼、升华，进而就上升为一种文化。现在很多的律所管理律师缺位，缺乏团队之间律师的协作和交流，没有办法产生共鸣，进而也没有空间创造文化，归属感也自然就不复存在了。

三、如何在困境中求发展

律所是每个律师的生存、发展平台，一个好的律师能够给律师事务所带来

---

①温丽媛：“我国中小型律师事务所发展研究”，中国政法大学硕士论文，2010。

②龙华江：《律所知识管理的终极目标是传承文化》[EB/OL]．[2015-11-30] http://blog.sina.com.cn/s/blog_61bcb2e10102w5fn.html.

利益和名誉，同样，一个好的律师事务所也能给律师带来品牌效应。而如何打造一个好的律师事务所这和律所的管理是分不开的。纵观上述中小城市律所管理的困境，如何在现有的困局中进行管理创新，谋求持续发展，对此我有如下几点思考。

（一）走精细化、专业化管理道路

麻雀虽小，五脏要全，尽管中小城市的律师事务所规模都不大，但是小所也有小所的好处，人员适中利于管理方式的灵活变动。传统的律所管理方式已经不适宜当前经济形势的急剧变化，互联网智能化的快速发展。与我国的情况相反，国外很多知名的律所除了少数“航空母舰”诸如White&Case(伟凯)，大部分都以精细化著称，这样的律所在国外并没有因为其规模小而导致律所管理的无序，反而是这样的“麻雀所”让律师们拧成一股绳，走出了一条精细化、专业化的管理道路。小所常常受困扰的就是相比大所而言律所规模往往无法让当事人产生信任感，而国外的小所对此采取的方式就是通过专业的深度来替代规模的广度带给当事人的信任感。与之相配套的律所管理即采用精细化的管理方式，将每个律师都融入到律所的管理当中。经验丰富的律师负责理论的拓展，资历尚浅的律师负责基础的夯实，将每个律师的成果都计入律所管理协作的范围内，从而让律所管理与律师业务紧密结合，管理内容精细化对应律师办案的每一步，在促进团队专业深度的同时，打造成一支理论功底深厚、实务经验丰富、高素质、高效率、高凝聚力的法律服务团队，让律所管理与律师成长相得益彰。

（二）树立律师事务所的品牌形象

品牌就像一张活的名片，这与律所的规模、地域无关。律师本身从事的就是高附加值的劳动，是创造性服务，律师经营的是知识，其品牌价值不可低估[①]。律师在发展的过程中会创造自己的品牌效应，而律所的管理也会创造出品牌效应，从而反作用于律师，诸如北京天同律师事务所、北京盈科律师事务所。律所管理注重品牌的建立和推广，然后品牌效应又反作用于律师的发展。因此，律所在管理过程中要有品牌意识，为律所树立一个统一的品牌形象和品牌理念，这一理念要与律所的专业化理念相同。在进行品牌打造的过程中的要多利用创新的推广和营销方式，诸如推广网站、注册商标、让律师在全国开展巡回演讲，宣传律所的品牌理念、做公众号的推广、统一律所的形象设计等等。将律所的品牌打造出来，这不仅是对律所的宣传，让大众跨地域加深对律

①董家友:《互联网+时代中小城市律所管理创新之路》［EB/OL］.［2016-5-17］http://www.acla.org.cn/html/lvsuoguanli/20160517/25394.html.

所的认知，更是为依靠律所发展的律师打造一个好的平台推广自己，赢得客户的信赖。

（三）注重培养律所文化，增加凝聚力

律师事务所的发展绝对不仅仅是依赖于律师的专业知识和专业能力，而是需要依靠律师的凝聚力和向心力，一个律师的单打独斗的时代已经过去，合作、共享才能共赢。中小城市的律师事务所要想在竞争越发激烈的市场经济中可持续发展，必须从根本上注重律所文化的建设，进行文化宣传和品牌打造。律所的律师必须要认同和赞成自身律所的文化，并且乐于奉献自我去丰富律所的文化，这样律师才能求同存异，共同发展。因此，中小城市的律所在管理的过程当中要特别注意律所文化的构建，律师要共同参与律所文化的构建，增加凝聚力。律所要多举行普法宣传、公益法律服务、公益讲座等等与民同乐的活动。创新管理方式，采用互联网线上线下的方式，将律所打造成高科技律所、技术型律所，始终跟上时代的步伐，实现可持续发展。

结　语

不管是企业还是律师事务所都必须要有自身的核心竞争力，这样才能可持续发展。作为中小城市的律师事务所来说，一方面，必须要找到自己的定位，发现自己与众不同的地方在哪里。另一方面，要有律所的发展规划，知道自己以后要发展成为什么样的律所。随着经济的发展，科技的进步，律师事务所的管理也要与时俱进，开拓创新，知识编码化是律师事务所开放式创新的第一步。如果律师事务所在与客户互动时还是靠律师个人这样单打独斗的工作方式，那么长此以往即便事务所规模变大，从本质上也仍是多个小规模所的简单结合[①]。因此，中小城市律所管理需要创新和图突破，不在变革中爆发就只能在变革中死亡。对律师而言，律所是一个利益共同体、责任共同体和命运共同体，律所最大功能之一就是为律师提供一个尽情挥洒才智、施展拳脚的平台。只有律所的管理水平跟上了律师的专业水平，才能极大的为律师创造便利，才能有帮助和留住律师的资本，律所才能走出发展的困境，走上专精尖的可持续发展道路。

---

①金鹰：《中小律师事务所发展模式研究》［EB/OL］.［2012-4-13］http://blog.sina.com.cn/s/blog_63fff198010143rp.html，最后访问2016年7月15日。

参考文献

［1］陈长建.西部县域律师如何发展［J］.新丝路（下旬）民主法治版，2015：50-51.

［2］刘耀堂.律师行业多方合力 破解县域律师事务所发展困境［J］.中国律师，2015（1）：68.

律师公司化管理与提成制的融合

四川春雷律师事务所　李涛

内容摘要：我国的律师制度历经坎坷，在曲折中缓慢发展。在十八届四中全会后，在我国的社会主义法制建设进程中，明确提出了加强法律服务队伍建设、提高律师队伍业务素质、完善执业保障机制，并逐步建立普遍法律顾问制度，律师业迎来了新的机遇和挑战。律师事务所的规范化管理、律师的收入分配机制的变革，是整个律师行业在新形势下所面临的共同问题。而收入分配机制在一定程度上又制约着律师事务所的发展，探索符合律师事务所发展规划和充分发挥律师事务所地缘优势的管理模式和收入分配机制在一定时期内，是律师事务所管理者的重要工作。

关键词：律师事务所管理　公司化　分配机制　融合

一、中国律师业的发展

清朝末年，中国从西方引进了律师制度，但却历经坎坷，一直在曲折中缓慢发展。1979年十一届三中全会后，律师制度得以恢复，根据1982年的《律师暂行条例》的规定，律师是国家法律工作者，是国家干部，其工作机构是律师顾问处，是司法行政机关的一个部门。改革开放后律师成为一种职业，与公、检、法的工作人员一样同属于国家工作人员，差别仅是分工不同。1993年司法部作出《关于进出一步推进司法体制改革的决定》，并在1994年提出设立不占编制和经费，自愿组合、自收自支、自我发展、自我约束的合伙制律师事务所，律师作为专业的法律服务人员逐步推向市场，并与行政机关脱离，律师不再是国家工作人员，普通合伙律师事务所、特殊的普通律师事务所、个人律师事务所逐步出现，收入分配体制也随之改变。

2014年十八届四中全会通过了《中共中央关于全面推进依法治国若干重大问题的决定》，加强法律服务队伍建设，提高律师队伍业务素质，完善执业保障机制，律师及律师事务所的发展迎来了新的契机。

二、律师公司化管理的概念

律师公司化管理随着律师业的发展而提出，但现有法律、法规并未对律师公司化管理作出定义，笔者根据现阶段律师的行业特点和执业经历，从执业律师的角度出发，认为所谓律师公司化管理是指律师事务所参考公司的管理制度，由合伙人设立权利机构选举律师事务所的负责人，设立律师事务的执行机构、监督机构，执行机构对律师事务所的负责人负责，律师事务所的负责人对律师事务所的权利机构负责，监督机构履行对合伙人、律师事务所负责人和执行机构的监督职责，实现律师事务所内部的分权与制衡，并对律师事务所实行专业化、规范化管理的一种管理模式。

三、如何实现律师公司化管理

要实现律师公司化管理，应当从律师事务所的发展需要出发，并充分结合律师事务所的行业特点、发展规划、业务发展和区域性特点等因素，我以为可以从以下几点着手，以促进律师事务所公司化管理模式的发展。

（一）修改合伙人承担无限责任的规定，促进律师事务所规模化发展

我国律师法第15条规定合伙律师事务所可以采用普通合伙或者特殊的普通合伙形式设立。合伙律师事务所的合伙人按照合伙形式对该律师事务所的债务依法承担责任。第16条规定设立个人律师事务所，设立人对律师事务所的债务承担无限责任。律师事务所管理办法的第44条规定国家出资设立的律师事务所以其全部资产对其债务承担责任；对于普通合伙律师事务所对律师事务所的债务承担无限连带责任，特殊的普通合伙律师事务所一个合伙人或者数个合伙人承担无限责任，其他合伙人以其在律师事务所中财产份额为限承担责任。与国办所相比，这样的规定相对于采取合伙形式的律师事务所来说并不公平，导致合伙制律师事务所合伙人为避免承担无限责任，过于拘泥，收入分配仅着于眼前利益，而一旦律所的执业律师稍不如意，即“另立炉灶”自己去设立律师事务所，导致中小型律师事务所的数量急剧上涨，而律师事务所之间则形成无序的恶性竞争、各自为政，阻碍了律师事务所的良性发展。

律师事务所管理办法第44条规定了律师违法执业或者因过错给当事人造成损失的，由其所在律师事务所承担责任，律师事务所赔偿后，可以向有故意或者重大过失行为的律师追偿。这样的规定实际上在一定程度上降低了合伙人承担责任的风险，事实上律师事务所的合伙人真正需要承担无限责任的极少，合伙人承担无限责任的相应规定已无存在的必要。

（二）律师事务所应建立完善的管理制度

我国的律师事务所管理办法第43条规定了律师事务所应建立执业风险、事业发展、社会保障等基金。律师事务所不仅应当建立前述的执业风险、事业发展和社会保障等基金，还应建立完善的风险防控制度、绩效考核制度、收入分

配制度等规章制度，对律师事务进行规范化管理，降低律师和律师事务所在执业过程中的风险，保障律师事务所的可持续发展。

（三）建立完善的律师执业风险保险制度

对于律师执业过程中可能存在执业风险保险，虽然部分地区的律师事务所已投保，但并不规范。在立法层面也未对律师的执业风险保险制度作出明确、具体的规定，缺乏可操作性。十八届四中全会通过的中共中央关于全面推进依法治国若干重大问题的决定，规定了加强法律服务队伍建设，提高律师队伍业务素质，完善执业保障机制。笔者认为，这里所说的“完善执业保障机制”不应仅仅局限于依法保障律师在执业过程中的权利，还应包括执业风险保障机制，因此建立完善的律师执业风险保险制度，能够有效防范律师和律师事务所在执业过程中的风险，有利于律师事务所实行公司化管理。

（四）律师协会应加强行业自律

我国的律师法明确规定，律师协会是社会团体法人，是律师的自律性组织；律师应当加入所在地的地方律师协会，加入地方律师协会的律师、律师事务所，同时是全国律师协会的会员。律师协会应履行律师法第46条所规定职责，充分保障律师、律师事务所在执业过程中的合法权益，完善相应的行业规范和惩戒规则，加强行业自律，促进律师事务所持续健康发展。

四、律师业发展过程中的分配模式

1979年十一届三中全会决定恢复律师制度以来，到1982年《律师暂行条例》实施后较长时间，律师隶属于司法行政机关下设的法律顾问处，律师是领工资的国家干部，实行律师根据其行政级别领取工资的分配模式。

在司法部作出关于进一步推进司法体制改的决定后，1994年又提出了设立不占编制和经费的合伙律师事务所，此前在法律顾问处工作的律师进行分流，法律顾问处也不复存在，一部分人选择成为国家行政机关工作人员不再是律师；一部分则选择与行政编制脱离，成为合伙律师事务所的执业律师，收入分配模式也逐渐演变，历经挂靠制（律师相对独立，仅向律所交纳一定的挂靠费）、提成制、月薪或者年薪制，或者多种分配形式共存的收入分配模式。而随着律师业的发展，又出现了公司律师、公职律师和专（兼）职律师共存和与之相匹配的收入分配模式的局面。

五、如何实现律师公司化管理与提成制收入分配模式的有机统一

（一）律师事务所要有市场定位和完善的发展规划

律师事务所要根据自身的特点和地缘优势，明确自己的市场定位，并确立律所的服务群体，有针对性的调整律所的服务方式和策略，并制定切实可行的、具有可操作性的完善的发展规划，规范管理，通过专业化分工，发挥团体优势，努力提升律所的品牌效应，通过专业化分工、开展业务创新等方式拓展业务量，提高律所的竞争力，实现律所和律所内部各部分的资源共享。

（二）弱化律师事务的合伙人个人意志对律师事务所的发展模式和决策机制的影响

律师事务所的合伙人，作为投资人，除为其自身提供发展的平台外，对利益的追求在一定程度上阻碍了律师事务所发展，因此，在律师事务所内部管理上应弱化律师事务所合伙人的个人意志对律师事务所发展的影响，制定除出资合伙人外的执业律师的晋升机制，充分发挥执业律师的积极性和主观能动性，由合伙人和一定数量的执业律师组成律师事务所的决策机构，通过发挥团体的力量决定律所的发展规划，增强执业律师的融入感，促进律所的健康发展。

（三）建立完善的权利分配机制和权利制衡机制

律师事务所受设立地的地域特点，在一定程度上决定了律师事务所发展方向，合伙人之间的权利分配与权利制衡决定律师事务所的规模和发展，律师事务所内部应有完善的权利分配机制和权利制衡机制，制定完善的管理制度和监督制度，实行民主管理，增强律师事务所凝聚力，避免律师事务管理层和决策层独断专行。

（四）建立完善的绩效考核机制和与之配套的收入分配机制

建立完善的绩效考核机制，这话说起来容易做起来难，很多律师事务所都是根据自身的实际情况制定符合自身特点的考核机制，实行工时制、记分制等各式各样的考核方式，纵观整个律师业的绩效考核机制，仅可借鉴，不可复制。律师事务所内部实行专业分工、规范管理，律所内部各部门，各团队之间在实现资源共享后，可以采取薪酬制、提成制、底薪加提成等与绩效考核挂钩的一种或多种分配模式相结合的收入分配机制。

结　语

律师事务所实行公司化管理，仅仅是律师事务所的一种管理模式，而提成制则属于一种收入分配模式。采用什么样的管理模式，采取什么样的收入分配方式是各律师事务所在发展过程中都会遇到的问题，并在一定程度上制约着律师事务所发展。律师事务所的市场定位、发展理念和发展规划，律师事务所地域特点和地缘优势影响着律师事务所的发展。要将律师事务所公司化管理模式与包括提成制分配模式在内的多种收入分配模式有机统一起来，实现公司化的管理模式与包括提成制的收入分配模式的融合，促进律师事务所的快速、持续、健康发展。

保障律师执业权利与改善律师执业环境
——以法律服务市场混乱损害律师执业公平竞争权为视角

广西龙津律师事务所　凌梁珠

内容摘要：律师事务所及律师、基层法律服务所及法律工作者、法律援助机构及法援工作者等法律服务主体，因执业准入门槛不一，管理体制上条块分割，责任要求不同，各法律服务主体间不平等竞争、不正当竞争和恶意竞争，致使法律服务市场混乱损害了律师执业公平竞争权。本文以此为视角，从法律服务市场混乱损害律师执业公平竞争权的现状、原因、对策展开论述，浅谈保障律师执业权利与改善律师执业环境。

关键词：法律服务主体　多元杂乱　律师　法律工作者　法援工作者　法律服务市场　公平竞争权　律师执业权利　律师执业环境

引　言

我国律师执业环境不尽如人意，律师执业权利得不到应有保障，其原因及表现是多方面的，法律服务市场混乱是其中之一。本文以法律服务市场混乱损害律师执业公平竞争权为视角，浅谈保障律师执业权利与改善律师执业环境。

一、法律服务市场混乱损害律师执业公平竞争权的现状。

我国法律服务主体多元杂乱，既有律师事务所及律师，也有基层法律服务所及法律工作者、法律援助机构及法援工作者等非律师机构和人员，学历层次、职业资格、责任要求、日常管理等都不一致，相互间发生收费、案源等恶意竞争，扰乱了法律服务市场，损害了律师执业公平竞争权。

（一）律师事务所及律师：执业准入门槛不统一，相互间在法律服务市场上不平等竞争、不正当竞争和恶意竞争

1.法律职业资格A、B、C证的律师执业准入门槛不统一，致使律师执业起点不同，不平等竞争。统一国家司法考试之后，又对部分西部地区降低了学历和分数要求，出现了法律职业资格证书分为A、B、C证，其中A证是本科及以上学历、分数合格的，B证是专科学历、分数合格的，C证是专科或本科以上学

历、分数不合格但达到照顾分数的。

2.异地挂靠执业的律师，因管理上的盲区而扰乱法律服务市场和损害律师执业公平竞争权。住在A地的律师，挂靠B地的律师事务所，出现管理上的盲区，致使A、B两地司法行政机关和律师协会实际上都管不到这类律师，律师事务所也难以管好这类律师，脱离有效管理的律师，在执业过程中投机取巧、违法违规和不正当竞争。

3.私设办公场所、发布违规广告、不诚信执业、与司法干警勾结等，扰乱法律服务市场和损害律师执业公平竞争权。私设办公场所及发布违规广告，包括律师自己挂牌或通过第三人挂牌“×××律师工作室”、“免费法律咨询”等，或者不挂牌但有固定门面做办公场所等等，都是不正当竞争。有些律师不诚信执业、虚假承诺、乱收费、敷衍或忽悠当事人，甚至与司法干警勾结等，对法律服务市场和律师执业环境的危害很大。

（二）基层法律服务所及法律工作者：不是律师却从事律师业务，扰乱法律服务市场和损害律师执业公平竞争权

基层法律服务所及法律工作者除了不能办理刑事案件以外，其业务范围、执业地域与律师事务所及律师几无差异，不是律师却做着律师业务。

1.法律服务所的机构名称具有误导性。法律服务所和律师事务所都叫“×××务所”，但律师事务所只能使用××字号作名称，而法律服务所却可以使用县、市等行政区域名称，群众以为“××律师事务所”是私人开的，“××县法律服务所”是政府开的，政府开的要比私人开的好。甚至有些叫“××县法律服务中心”，误导性更强。

2.法律工作者的执业证书、职业称谓具有误导性。基层法律服务工作者执业证和律师执业证的证书样式、发证机关及年度考核等无异，在群众眼里没有区别。大凡专门从事诉讼代理等法律服务的人，在群众潜意识里就是律师，很多群众和当事人误以为法律工作者只是律师的另一种称谓。

3.有关部门误导群众对法律工作者的认识。法律援助机构的“点援制”、检察院代理公益诉讼、一村一社区法律顾问等，把法律工作者和律师一起称为律师列入律师名单。在有关部门组织律师和法律工作者开展法律宣传、法律咨询等活动中，公开称法律工作者为律师。有些网站、报刊等也把法律工作者称为律师。法庭上，法官和书记员当着当事人及旁听人员的面，公开称法律工作者为律师。

（三）法律援助机构及法援工作者：没有理顺好与律师事务所及律师的关系，与律师争抢案源，扰乱法律服务市场和损害律师执业公平竞争权

1.法援工作者多元杂乱，执业准入门槛不一。有的法援工作者考取法律职业资格证书，有的没有考取法律职业资格证书，没有统一的学历层次、专业知识、职业资格等执业准入门槛。

2.法律援助机构与律师争抢案源。越来越多的当事人申请法律援助，几乎所有法律援助申请都得到批准，压缩了律师的执业生存空间。有的法律援助机构安排异地律师常年值班接案，或者把法律援助案件几乎都安排给异地律师承办，却没有安排本地律师。对法律援助机构与律师间的关系没有理顺好，相互间争抢案源、恶意竞争。

3.有些法援工作者同时在两个机构执业。有些法援工作者同时在法律援助机构和基层法律服务所两个机构执业，当其在办理法律援助案件时以法援工作者的名义，当其从事有偿法律服务时以法律工作者的名义。

二、法律服务市场混乱损害律师执业公平竞争权的主要原因

（一）立法上的原因：律师法存在先天不足，其他法律服务主体的规章规定与律师法相悖，规章与法律之间有冲突

1.律师制度的法律依据存在立法缺陷。律师制度有律师法和三大诉讼法等法律依据，但律师法没有规定律师对诉讼代理辩护等法律服务的垄断地位，对损害律师执业权利的救济途径、法律责任等没有明确规定，存在先天的立法不足。民事诉讼法和行政诉讼法还规定法律工作者也可担任诉讼代理人。

2.基层法律服务制度的部门规章依据违反上位法。基层法律服务所及法律工作者是根据司法部基层法律服务所管理办法、基层法律服务工作者管理办法部门规章设立的，该部门规章违反律师法等上位法，是在法律规定之外允许非律师人员从事法律服务，与律师法相悖。

3.法律援助制度的行政法规依据未理顺好法律援助与律师间的关系。法律援助机构及法援工作者是根据国务院法律援助条例及地方政府规章的规定设立和管理的，对法律援助与律师间的关系没有明确规定，因政绩考核与经济利益等原因，法律援助机构与律师争抢案源。

（二）管理体制上的原因：各种法律服务主体的管理部门并不相同，条块分割，各自为政

从县、市、省级司法行政机关到司法部，律师事务所及律师分别由律师公证管理股、科、处、司直接管理，基层法律服务所及法律工作者分别由基层工作股、科、处、司直接管理，法律援助机构及法援工作者分别在各级司法行政

机关内设立并管理。此外还有律师协会、基层法律服务工作者协会分别进行行业管理。管理上条块分割、各自为政。

（三）执业准入门槛上的原因：对各种法律服务主体的学历层次、职业资格等执业准入门槛要求不统一

律师的法律职业资格证书分为A、B、C证，各证的学历层次、司考分数、执业地域要求不统一。法律工作者和法援工作者的人员构成多元杂乱，没有统一的学历层次、职业资格、实习考核等执业准入门槛。

（四）职业评价体系上的原因：法律服务水平评价、选优评优等缺乏统一的客观公正的评定标准和评价体系

对法律服务主体的服务水平评价、选优评优等缺乏统一的客观公正的评定标准和评价体系，被评为优秀的法律工作者，其服务水平却远低于没有评上优秀的律师，一个没有法律专业学历的年老的法律工作者，却比一个法律专业大学毕业的年轻的律师更受当事人"欢迎"。

（五）日常管理上的原因：对各种扰乱法律服务市场的行为，律师协会和司法行政机关怠于管理、不敢管理或难以管理

律师协会和司法行政机关对于私设办公场所、发布违规广告、假冒律师执业、同时在两个机构执业、不诚信执业等行为，怠于管理、不敢管理或难以管理。有些律师与司法干警勾结，难以发现和管理。

（六）法律服务主体间关系上的原因：对各种法律服务主体间的关系没有理顺好，互抢案源，恶意竞争

经常有法律工作者吹嘘自己、虚假承诺、贬损律师、压低收费等恶意竞争行为。法律援助机构因政绩考核与经济利益因素，对法律援助申请几乎来者不拒，与律师争抢案源、恶意竞争。

三、对法律服务市场混乱损害律师执业公平竞争权的对策

（一）立法规定上：对法律服务业进行统一立法和统一法律规定

修改律师法，废除有关基层法律服务的规章，明确规定只有律师才能从事诉讼代理辩护等法律服务。

（二）执业准入上：对法律服务主体实行统一的学历层次和职业资格等执业准入门槛

法律工作者和B、C证律师如符合学历条件的，可参加国家统一法律职业资格考试，取得统一的法律职业资格书的，可在全国范围内设立或挂靠律师事务所执业，否则法律工作者不得再从事法律服务，B、C证律师只有当学历层次、职业资格符合条件要求后，才不受执业地域限制。

（三）管理体制上：对从事法律服务主体实行统一的行政管理部门和行业管理部门

将律师、基层法律服务、法律援助统一划归司法行政机关的某一个部门实施行政管理，行业管理仍由律师协会负责。同时取消基层法律服务所及法律工作者，避免各方之间的利益冲突，保证法律服务市场公平有序。

（四）评价体系上：对法律服务水平评价、选优评优等建立起统一的客观公正的评定标准和评价体系

（五）日常管理上：对各种扰乱法律服务市场的行为坚决处理；建立律师与司法干警间良性互动、防止勾结的有效机制

律师协会和司法行政机关对于律师或非律师人员私设办公场所、发布违规广告、假冒律师执业、同时在两个机构执业、吹嘘自己、虚假承诺、贬低律师、压低收费、不诚信执业、敷衍和忽悠当事人等扰乱法律服务市场的行为，应坚决处理。要建立律师与司法干警间良性互动、防止勾结的有效机制。

（六）关系理顺上：要理顺好法律援助与律师间的关系

确定统一的给予法律援助的标准，明确经济困难标准和证明方式，不能来者不拒。法律援助案件应当优先安排给本地律师事务所及律师办理。要理顺好律师与法律援助间的关系，解决好两者间的利益冲突问题，否则律师执业环境和律师执业权利将无从改善。

结　语

修改律师法，取消基层法律服务制度，确立律师对法律服务的垄断地位，统一律师执业准入门槛，建立律师执业权利保障机制，理顺好律师与法律援助间的关系，对扰乱法律服务市场的行为予以处理，切实维护律师执业公平竞争权，从而保障律师执业权利和改善律师执业环境。

参考文献

[1]《中华人民共和国律师法》，全国人大常委会，2013年1月1日.

[2]《律师事务所管理办法》，司法部，2012年9月18日.

[3]《律师执业管理办法》，司法部，2008年5月28日.

[4]《国家司法考试实施办法》，最高法、最高检、司法部，司发〔2008〕11号.

[5]《关于确定国家司法考试放宽报名学历条件地方的意见》，司发通（2007）38

号；

[6]《关于取得法律职业资格证书C证的人员申请律师执业问题的批复》，司复（2013）4号.

[7]《律师执业行为规范》，中华全国律师协会，2009年12月29日.

[8]《基层法律服务所管理办法》，司法部，2013年4月8日.

[9]《基层法律服务工作者管理办法》，司法部，2000年3月31日.

[10]《法律援助条例》，国务院，2003年9月1日.

[11]《中华人民共和国民事诉讼法》，全国人大常委会，2012年8月31日.

[12]《中华人民共和国行政诉讼法》，全国人大常委会，2014年11月1日.

[13]《中华人民共和国刑事诉讼法》，全国人大常委会，2012年3月14日.

[14]《中华人民共和国立法法》，全国人大常委会，2015年3月15日.

[15]《关于依法保障律师执业权利的规定》，最高法、最高检、公安部、国安部、司法部，2015年9月20日.

[16]《关于完善国家统一法律职业资格制度的意见》，中办、国办，2015年12月20日.

[17]《关于深化律师制度改革的意见》，中办、国办，2016年6月17日.

[18]《关于司法体制改革试点若干问题的框架意见》，中央深改组，2014年6月11日.

律师事务所总所与分所一体化管理研究
——以北京大成律师事务所为例

北京大成（南宁）律师事务所　兰　敬

内容摘要：律师事务所要在经济全球化时代做大做强，必须走规范化、规模化、专业化、品牌化、国际化的路径。规模化和国际化是一体化的前提，规范化、专业化和品牌化是一体化的实质，也是律师事务所做大做强的根本立足点，总所分所一体化有不同的途径，但最终都要以专业化为根本。西部律师事务所应当积极参与到大所规模化扩张的浪潮中来，抓住机会，借助大所一体化的过程，实现本所的管理能力和专业能力的提升。

关键词：一体化　规模化　专业化

一、大成所一体化的探索之路

（一）大成所的规模化和国际化之路

北京大成律师事务所（以下简称“大成所”）成立于1992年4月，是中国成立最早的合伙制律师事务所之一。大成所在2004年开始了变革之路，在对总所规范化管理的基础上，对原有分所进行整合，通过合并地方优秀事务所的规模化之路，加快建设全球法律服务网络。[①]2007年7月开始，针对经济全球化的趋势，大成所确定了全球化法律服务网络战略，即根据大成现有客户的需要和大成未来业务拓展的需要，在国内外选择合适的城市建立为大成客户提供法律服务的网点，并通过大成全球综合信息管理系统为各服务网点信息沟通、业务合作搭建平台，形成统一的法律服务网络，在全球范围整合、优化配置资源，为大成客户提供及时、高效、优质的全球化法律服务。该战略实施以来，大成

① 2004年开始大成所开始了全面的改革，确定新的发展战略目标和思路为：“以一流的、大型的、综合性的、具有专业特色和管理特色的、不断开拓创新的大所强所为目标；以改革管理体制、作业模式、分配制度为动力；以逐步推进规范化、规模化、专业化、品牌化、国际化为路径；以建立资源共享和有效控制业务质量两大机制为主线；以人为本，遵循自然法则、市场法则，充分运用现代信息技术搭建基础性、战略性律师服务平台，创建文化管理新模式”。

所的规模迅速扩大，在与dentons律师事务所合并之前，大成所已经是亚洲最大律师事务所，建立了覆盖全国、遍布世界重要城市的全球法律服务网络；大成的境内外机构均可共享大成全球法律服务网络内的项目信息、专业知识、业务经验、专业人才、社会关系等资源，全球化网络服务体系已基本建成。2015年1月27日，大成所与全球十大律所之一的Dentons律师事务所签署合并的框架协议，2015年11月10日两所正式合并，这意味着大成在国际化道路上迈出了坚实的一步。截至到2016年6月17日，大成所执业律师人数已超过7500人，成为了全球律师业规模最大的律师事务所之一。

（二）大成所的一体化之路

在与Dentons律师事务所正式合并以前，大成所在短短的十年左右的时间以合并地方优势所的方式快速实现了规模化的目标，成为亚洲第一大律师事务所。这种快速的吸收式合并的方式必然导致集中管理的困难，但大成所从改革之初就没有把集中管理作为改革的目标，而是“以一流的、大型的、综合性的、具有专业特色和管理特色的、不断开拓创新的大所强所为目标”且“以建立资源共享和有效控制业务质量两大机制为主线”。也正是这样的理念，大成所和Dentons合并采用的是“Swiss Verein”模式（即“瑞士法人结构”）[①]，这一模式意味着多中心、去总部。

对于如何整合全球法律服务网络资源，实现一体化管理，从而实现规范化、专业化和品牌化的问题上，大成所创造性地找到了“以建立资源共享和有效控制业务质量两大机制为主线”这一应对模式。并在这两条主线的指引下逐步推进大成全球法律服务一体化的目标。2010年10月25日，大成所管理委员会第54次高级合伙人会议审议通过了大成全球法律服务网络一体化建设纲要，确立了一体化管理的方向与目标。这两大主线最终主要通过“大成全球网络综合信息管理系统”得以实现。早在2009年大成就意识到互联网在信息社会的巨大作用，当年即引进了“大成全球网络综合信息管理系统”，旨在通过这一平台实现大成全球法律服务网络成员间信息交换、业务合作、内部质量管理与风险控制等功能，最终达到整合、优化配置全球化法律服务网络资源、增强核心竞争力，提升大成品牌，提高法律服务的经济效益和社会效益之目的。经过七年多的努力，“大成全球网络综合信息管理系统”已融入每个大成人的日常工作中，成为大成全球法律服务网络不可或缺的一部分，系统所积累的数据资源更是成为了全体大成人宝贵的财富。大成全球网络综合信息管理系统也按预期实现了

① Swiss Verein：安排下的所谓“律所合并”究竟是为什么？［EB/OL］. http://www.acla.org.cn/html/lvsuoguanli/20150128/19552.html?from=message&isappinstalled=1。

资源共享和有效控制业务质量两大重要功能。

二、大成所总所分所一体化之启示

(一) 精准的定位是一体化模式的决定因素

大成所在改革之初就没有把建立一个单一中心的事务所为目标，而是着眼于资源的共享和质量的控制，这一定位也最终促成了大成所和dentons事务所的合并，双方都秉承着多元中心的理念。在资源共享和质量控制两大主线下，共享一个品牌，但又保持各成员的相对独立，大成所的其他制度也循着这两条主线展开。在资源共享方面，大成所经过七年的一体化建设，已经建立了一个良好的信息发布平台、积累了一定数量的知识信息、解决跨地域合作带来的业务收入分配问题。在质量控制方面，大成所通过利益冲突检索系统、内部质量控制体系、标准体系的制定提高了整体的服务质量和服务标准。

相比较而言，更早地经历了规模化扩张的，属于国内顶尖律师事务所行列的金杜律师事务所一开始在总所分所一体化方面就定位为紧密型和精英化的一体化。在分所扩张方面，金杜律师事务所并没有采取兼并当地律师事务所的方式，而是建立分所的同时派出团队到当地运营和发展，并从当地招聘优秀的律师加盟，最终通过着眼于各分所的业务质量和人员能力的提升来实现其一体化。君合律师事务所的一体化则和金杜律师事务所有相似的路径。综上可见，不管按照哪一种方式实现总所分所的一体化的过程，必须先准确定位，在准确定位的基础上，选择适合本事务所的方式实施一体化。

(二) 强大的信息技术平台是总所分所一体化的重要手段

大成全球网络综合信息管理系统是大成客户服务体系的载体，是信息交换、业务合作的平台、是内部质量管理与风险控制的工具。该信息系统不仅能节省人力、降低劳动强度，提高管理效率和降低管理成本，而且是整合、优化配置全球化法律服务网络资源、增强核心竞争力，提升法律服务的经济效益和社会效益，实现经营目的的技术支撑和重要保障。大成所在建立“大成全球网络综合信息管理系统”七年以来，成为促进大成总所分所一体化的重要手段：第一，促进了先进的大成文化的建立，通过把“志存高远，海纳百川，跬步千里，共铸大成”的理念快捷、持续不断地输送到全球法律服务网络的各个网点成员当中，让其认同与接受，从而形成统一的大成规则和标准，促进大成的一体化建设。第二，加快了先进的治理结构及机制的构建，系统内设立的合伙人特区，促进了合伙人之间的沟通和交流，使合伙人更为清晰、便捷地了解事务所最新动态；系统内的其他各个管理模块，则为合伙人对事务所的管理提供了依据。第三，加快了行业一流的法律服务流程和质量标准体系的建立。大成全球网络综合信息管理系统的立案登记和冲突检索系统通过对各个网点业务实施严格的立案、结案流程管理，减少了大成全球法律服务网络中各个网点出现利益冲突[①]的可能性，为建立行业一流的法律服务流程奠定了基础。同时，“大成全球网络综合信息管理系统”中内含的法律文书数据库、经典案例数据库、样本文书数据库等，可以提供各类业务指引、操作规程、标准文本格式、流程监控系统及样本文书的制作，逐步实现各网点律师法律服务活动的规范化、标准化，建立大成所的服务质量标准体系。

（三）服务质量的规范化和专业化是总所分所一体化的根本

无论选择何种模式或者采取何种措施，总所分所一体化的成败最终在服务质量的规范化和专业化两个方面展现出来。比较各大律师事务所一体化的不同路径可见，不管律师事务所是采用多中心的一体化还是一个中心的一体化，均把注意力集中在质量控制这一根本点上。这也正是大成所在成为全球第一大所之后亟需解决的问题，这一问题涉及到中西方律师整体素质不平衡的问题还涉及到中国中西部律师素质参差不齐的问题。这也是每一个总所和分所一体化过程中需要花费一个相当长的时间才能完成的工作，相对这一层面的一体化而言，规模化和国际化是容易实现的，但规范化和专业化，最终实现品牌化需要总所和分所的管理者和每一个律师付出极大的努力。

二、西部律师事务所在大所扩张过程中的机遇与挑战

大所的扩张给西部律师事务所带来机遇的同时也带来了巨大的挑战，高铁的普及以及民用航空的廉价化极大地提升的交通的便利化以及信息传播的无障碍化给西部传统的律师事务所带来了巨大的冲击，西部传统律师事务所在传统业务方面面临的竞争不再限于本地事务所，国内外大所在持续性侵入资本市场业务和大型诉讼业务的同时，在传统业务方面也不断地侵入。但总体而言，西部律师事务所的总体水平相较于国内知名的大所还有很大的差距，西部律师事务所应当紧紧抓住本轮各大律师事务所的规模化扩张的契机，通过事务所整体并入或者律师加盟的方式参与到各大律师事务所的规模化浪潮之中，成为大所的分所，在总所分所一体化过程中吸收总所的先进管理经验，依托总所的质量控制体系、培训机制提升本地事务所整体管理水平和律师的专业水平。

---

① 利益冲突，即委托人的利益与提供专业服务的业者本人或者与其所代表的其他利益之间存在某种形式的对抗，进而有可能导致委托人的利益受损，或者有可能带来专业服务品质的实质性下降。中华全国律师协会《律师执业行为规范》（2011版）第50条第（五）款，“在民事诉讼、行政诉讼、仲裁案件中，同一律师事务所的不同律师同时担任争议双方当事人的代理人，或者本所或其工作人员为一方当事人，本所其他律师担任对方当事人的代理人的”，可作为依据。

各地方律师协会也应当在大所规模化浪潮中大力推进本地律师事务所的规模化、专业化和品牌化建设，例如广西律师协会于2015年4月即印发了《关于印发〈广西律师事务所规模化、专业化、品牌化建设规划（2015年—2018年）〉的通知》，阐述了广西律师事务所"三化"建设的总体思路、目标和主要任务以及广西律师事务所"三化"建设的保障措施。在过去几年中，广西本地律师事务所在大所的规模化扩张中利用总所分所一体化过程成功实现自身专业化转型的律师事务所也不乏其例，北京大成（南宁）律师事务所的前身广西远东律师事务所也是很好的例子。因此，对于西部律师事务所而言，这是一个充满机遇的时代也是一个充满挑战的时代。

参考文献：

[1] 张文静．律师事务所现代化管理体制的探索与实践——北京市律师事务所管理论坛综述［J］．中国司法，2007（1）．

[2] 王进喜．律师事务所管理评价体系研究报告［J］．中国司法，2007（8）．

[3] 贾殿安．国际律师事务所的管理体制和律师管理［J］．法人杂志，2007（11）．

[4] 金琦．合伙律师事务所的管理模式创新——结合贝克·麦肯思律师事务所的实证分析［J］．武汉科技大学学报：社会科学版，2006（2）．

[5] 权进强．建立规范的律师事务所内部管理机制［J］．中国司法，2006（10）．

[6] 徐黎明．律师事务所管理制度的创新［J］．律师世界，2002（12）．

[7] 丁仁．国际性律师事务所的管理［J］．中国律师，2002（1）．

[8] 桂昶,李丹．我国律师事务所发展方向之探索［J］．律师世界，2001（12）．

[9] 张世华．律师事务所的管理结构［J］．中国律师，2000（1）．

薪酬分配制度对中小型律师事务所发展的影响

广西金湾律师事务所　廖　莉

内容摘要：薪酬分配制度对律师事务所的发展非常关键，尤其是对中小型律师事务所。合适的薪酬分配制度可以让律师事务所迅速发展，而不合适的薪酬分配制度使得律师事务所的发展停滞不前。我国律师事务所的薪酬分配制度种类繁多，多半比较粗糙，主观因素也较浓。因此，如何选择、设计一款适合自己的薪酬分配制度，是本文探讨的最终目的。

关键词：薪酬分配制度　中小型律师事务所

薪酬分配制度对律师事务所的发展非常重要，也影响着人才的进出。大型的律师事务所基本上已形成自己的一套管理体系、薪酬分配制度。截止至2016年07月17日，广西有律师事务所601家，律师5900名。平均下来，就是9.8名律师一个律师事务所。仅从人数上而言，100人以上的律师事务所方能称之为大型(当然不是唯一标准)。可见，中小型律师事务所才是整个律师事务所行业的主体。因此，本文旨在探讨薪酬分配制度对于中小型律师事务所发展的影响。

以钦州市为例，至今没有一家规模较大的，或者知名度较高的律师事务所。律师事务所的人员流动频繁，特别是资深的律师，如果不是律师事务所合伙人，那么他在这个律师事务所的时间很少会超过5年。在一个律师事务所待了一段时间以后，律师通常选择两条道路：开所，转所。钦州市律师的这种现象，也是律师行业的一个普遍现象。这其中，或多或少离不开薪酬分配制度的影响，特别是在律所文化发展缺失的地区。

那么，在中国，律师事务所的薪酬分配制度又是怎样的一个状况呢？

一、中小型律师事务所薪酬分配制度的现状

中小型律师事务所的人员一般分为四部分：合伙人、专职律师、授薪律师、行政及内勤人员等。

对于专职律师，指挂靠在律师事务所，每年给律师事务所上交一定费用，

自己寻找案源的律师。专职律师的独立性较强，一般不参与到律师事务所的薪酬分配制度中。因此，薪酬分配制度主要针对的是授薪律师和合伙人。

对于授薪律师，以"底薪+提成"的模式为主，律师事务所主要在底薪和提成的设计上做文章。对于提成，简单的就是以整个案件为一个计算单位或是细化的，以阶段性工作量为计算单位。而底薪是多少、提成是多少，往往是由授薪律师所跟随的合伙人或资深律师来决定，授薪律师的意见难以得到采纳。

对于合伙人，主要有平均分配制和提成制。所谓平均分配制，即全体合伙人平均分配律师事务所的利润。这种制度通常适用于两三位同批次且本身是朋友关系的律师,并同意组建合伙关系的律师事务所。在中国,平均分配制广泛适用于初创期的律师事务所,或者专门从事某种业务的律师事务所。[①]在平均分配制下，合伙人共同管理律师事务所的行政管理事务。随着时间的推移，合伙人之间的创收能力出现差距，对律师事务所的贡献出现差距，继续实行平均分配制容易产生争议。另一种常见的方式是提成制，提成制是根据合伙人的创收能力作为主要的确定标准，不再实行均分的模式，而是根据合伙人创收能力，大小来确定。

至于行政及内勤人员，通常与公司一样，实行相对固定的薪资制度，有的律师事务所也会有年终的奖励。如果行政人员的案源业务能力较强（有的律师事务所专门设有业务部门），也可采取"底薪+提成"的方式，以鼓励他们为律师事务所创收。

二、中小型事务所薪酬分配制度的特点和重要性

（一）中小型律师事务所的薪酬分配制度带有明显的随机性和主观性

中小型律师事务所的薪酬分配制度除了对合伙人与合伙人之间、律师与律师之间、合伙人与律师之间的紧密度有较高的要求外，制度的设计和执行更多的依赖于合伙人的道德及公平公正的标尺。一旦这条标尺倾斜，便很容易引起内部地摩擦。如果不能做及时的调整，合伙人之间容易有裂缝，以至于律师事务所内斗、内耗严重。这种情形并不少见，此时谈律师事务所的发展就显得有些不合时宜。如果是发生在合伙人与执业律师（专职律师、授薪律师）之间，直接的结果就是律师的离开。当然，这本身谈不上好事或坏事。但是，如果合伙人有发展律师事务所的意向，特别是在中小城市，本身律师队伍不大，如何吸引到优秀的人才，关注薪酬分配制度的设计不失为一方良计。

---

① 胡清平："律师事务所薪酬制度研究报告"，载《360个人图书馆》2015年5月26日。

（二）创办者缺乏设计薪酬分配制度的意识

诚然，在律师事务所发展的初期，业务的拓展需要大量的时间精力。对于合伙人而言，简单省心是首要需求。我接触过一些开办律师事务所的律师，在筹备律师事务所以及开办初期，对他们而言，薪酬分配制度并不是需要考虑的重要问题，他们没有意识，也没有时间精力去过多的考虑这个问题。因此，创办者缺乏设计薪酬分配制度的意识也决定了中小型律师事务所的薪酬分配制度具有明显的随机性和主观性。但是，随着律师事务所稳步发展，如果想更进一步，无论是规模化的进步还是专业化的进步，薪酬分配制度都不失为一个突破瓶颈的阶梯。因为，合适的薪酬分配制度具有吸引、整合人才的作用。

三、如何设计合适的薪酬分配制度

年轻律师是一个律师事务所发展的动力，而每个律师在进入一个律师事务所时，薪酬分配制度是他们必然要关心的重要问题。我加入这个律师事务所，我可以得到什么？我的工作是否可以得到等价的回报？我为这个律师事务所带来的利润是否得到合理的分配？

自上海和华利盛（重庆）律师事务所2009年6月挂牌到2013年，仅四年半的时间，无论是规模、质量还是创收都跻身于重庆前十。其合伙人大力推崇其薪资分配制度即公共时薪制。上海和华利盛（重庆）律师事务所从成立起实施公共时薪制，这种制度对于律师事务所的成功具有重大意义。公共时薪制有三个特点：第一，授薪。年轻律师不主动找案源，而是承办资深律师的案子；第二，计时。以工作时间长短作为收入的主要计量依据；第三，公共。这是最核心的部分，由多个交办律师“分享”助理律师。

中小型律师事务所要转型，要么走公司制的道路，要么加盟大所。但是，公司制的成功道路难以复制，加盟大所又难以割舍……上海和华利盛（重庆）律师事务所的经验，可以说是在保留律师事务所本源的基础上作出的成功改革。

当然，公共时薪制并非包治百病，可以适用于所有的中小型律师事务所。但是，它设计的理念值得中小型律师事务所去学习。它设计所包含的理念是：改变传统“一对一”的方式，资源共享，创收共享，使得年轻律师可以接触到不同的法律事务，从中锻炼成长，并且容易在其中找到自己的专长予以发展，给予年轻律师更多的成长空间，同时也让资深律师根据法律事务的不同找到适合自己的助理，使双方达到共赢，自然而然的推动律师事务所的稳健发展。

一个律师事务所的薪酬分配制度，不管它是简单粗暴还是复杂细致，关键在于让一个律师可以看到上升的空间，看到发展的希望。在他不断提升自己能力的同时，可以及时实现相应的价值。律师自身价值不断地提高，同时也会促使他继续不断地提升自己的能力，也就能够更好地为律师事务所创收，促进律师事务所的良性发展。律师，是社会上公认的有尊严的行业（职业）。作为一名律师，工作得到认可，能力得到展现，整体素质得到提升。无论是哪个年代哪个行业的人们，被尊重被需要的感觉始终是一种需求，是一种人生愉悦的体验。薪酬分配制度的设计也是律师被尊重的一种表现。

当然，薪酬分配制度纵然关键，但并非一个律师事务所的全部，也不是决定律师事务所发展的唯一因素。在薪酬等级不相上下的情况下，律师事务所的发展还取决于它的律所文化、律所定位、律所领导人的综合素质。未来中小型律师事务所的发展，将是精品化、专业化的发展，对于律师事务所薪酬分配制度的设计、律所文化的整合必然有更高的要求！

参考文献

[1] 胡清平.律师事务所薪酬制度研究报告［J］.360个人图书馆，2015（5）.

[2] 贾锐.提成制律所突围之道［M］.北京：法律出版社，2015.

[3] 赵小鲁.律所的大小选择［J］.方圆律政，2016（4）.

[4] 杨厚宏.中小律师事务所发展中存在的问题和对策.华律网，2013（8）.

律师事务所管理模式与律师事务所发展

内蒙古圣泉律师事务所　刘伟芳

内容摘要：律师事务所是律师执业的平台。凭借这个平台，律师在法律所能提供的有限空间内，驰骋捭阖，维护委托人的合法权益，彰显法律的公正和社会正义，标榜律师事务所的信誉和形象，展示个人的才华和品牌，在有序和无序中，力所能及地维护社会的稳定与和谐。

如果把视点投向律师事务所内部，观察一下每个律师事务所都是怎样管理这个平台的，在这个平台上，律师们都处于一种什么样的执业状态和心理状态，制约或者影响律师事务所发展壮大的因素有哪些，实事求是地讲，大同小异却又难以一言以蔽之，共性的问题如元气不足、后发乏力现象，穷庙富和尚现象，一枝独秀、苦乐悬殊现象。问题症结如“三合一”体制，统一接受委托，统一收费倒置等问题。改革思路可借鉴现代企业制度理念，实行所有者（出资人）、管理者、执业者分离，打造完整“平台”，改革分配机制，逐步建立实力不断增强、名律师不断产生、新律师得以健康成长的律师事务所良性运行机制。

关键词：律师事务所　现状剖析　改革思路

引　言

2016年是全国律协成立30周年，也是律师法颁布20周年。2016年3月30日，第九次全国律师代表大会在北京开幕。中华全国律师协会会长王俊峰在工作报告中指出，目前，全国执业律师人数已超过29.7万人，律师事务所达到2.4万多家。在1979年恢复律师制度至今近40年的时间里，随着中国律师业的不断发展，业内对律师事务所的管理模式和律师事务所的发展进行了不断的探索，在国际范围内也进行了必要的比较和借鉴，目前已经形成了一些类型化的管理模式，但不可否认的是，从律师业整体范围来看，管理模式、管理手段尚处于较低级的阶段。本文拟就律师事务所的管理模式及发展进行探讨。

一、律师事务所现状审视

律师事务所是律师执业的平台。凭借这个平台，律师在法律所能提供的有限空间内，驰骋捭阖，维护委托人的合法权益，彰显法律的公正和社会正义，标榜律师事务所的信誉和形象，展示个人的才华和品牌，在有序和无序中，力所能及地维护社会的稳定与和谐。

如果把视点投向律师事务所内部，观察一下每个律师事务所都是怎样管理这个平台的，在这个平台上，律师们都处于一种什么样的执业状态和心理状态，制约或者影响律师事务所发展壮大的因素有哪些，实事求是地讲，大同小异却又难以一言以蔽之，共性的问题比较突出却又司空见惯。如果从现象入手进行归纳，主要表现在三个方面。

（一）元气不足，后发乏力现象

低门槛的注册资金，低比例的分配后提留，这是绝大多数律师所“元气”不足的先天因素。从后天因素看，极少有合伙人中期投入。因为目前律师所的提留部分，除了缴纳各种税费外，基本上只能维持正常的营业支出 。于是，因先天不足而形成了一大批“亚健康”的律师事务所，这应当是不争的事实。

（二）穷庙富和尚现象

这个现象较为普遍。据初步了解，绝大多数律师所没有自己的办公场所，长期租房，设备简陋，更谈不上对执业律师投资“充电”，但律师个人业务收入却不菲。如果“穷庙”到了“遮风避雨”都难以为继的时候，“富和尚”又何处栖身呢?

（三）“一枝独秀，苦乐悬殊”现象

任何一个律师事务所，都有一两个或几个“创收大户”，他们的业务量和执业收入要高出其他律师几倍甚至十几倍。相比之下，有的律师一年中忙闲各半，特别是刚出道的律师，几乎无事可做。

透过这种现象可以看出，一些“不正常”现象的存在更应引起我们的关注。抛开天生不适合做律师的个别人不说，一个合格律师在一个律所因得不到或很少得到业务做，为了谋生不得不改行离开律师所，这多少有些悲哀。因为，中国目前的律师执业人数，不是太多而是不足。大部分律师及其律所挤在一些“肥”地方“抢肉”“争肉”，忙忙碌碌；而“请不起律师”、“请不到律师”状况仍在困扰贫困群体和边远地区。

二、问题浅析

如果对上述三种现象产生的原因作一粗浅剖析，以下两个问题或许有必要探讨。

（一）“三合一”体制问题

目前，占绝大多数的合伙所都是“三合一”体制，即注册合伙人既是所有者，又是管理者，更是生产者（执业律师）。这种三者合一体制是产生上述三种现象的根本原因，也是司法部关于律师事务所要向规模化、专业化发展难以实现的症结所在。这种体制的弊端在于：

1.管理是一门科学，而作为律所管理者的合伙律师绝大多数并不精于此道。

2.作为合伙人的执业律师大都是该律所的"精英"，他们的主要精力和时间基本消耗在法庭、旅途、接待当事人或查阅资料和制作文书上。对律所的管理事务，常常是无暇顾及，甚至感到是一种困扰。

3.作为所有者的执业律师，并不在乎律所年终分红。与执业收入相比，这点分红确属微不足道。因为大多数合伙所实行的分配方式是提成制而非工资制，为吸笼所聘律师，所里的提留部分都很低，除去缴纳各种税费和日常办公支出，所剩无几。合伙人申请注册律师事务所，更多的是为了追求个人事业的发展。结果是律所的管理有失规范和科学，缺少活力和后劲。

（二）"律所统一接受委托，统一收费"倒置的问题

"统一接受委托，统一收费"，不仅是律师行业规章所要求的，也是律师法规定的。但在实践中，除了少数大所外，这方面的管理大多都是倒置，即执业律师个人接受委托，律所出具委托合同和公函之类；个人与当事人协商论价，律所出具收费收据。这样一来，下列情况的发生就不可避免：一是私下接受委托，特别是非诉讼业务；二是私下收费，特别是当事人不要求正规收据，执业律师只要出具一个署名收条即可；三是由于律所不是真正的统一接受委托，不能对业务实行统一调派，完全处于自然运作状态，于是，"大牌"律师可以"挑肥拣瘦"，而刚出道的律师连积累经验的机会都难寻；四是迫于竞争，不管是否属于自己擅长或熟练的业务都要做，"万能律师"或者称"全科律师"多，而专业律师少，律师事务所的团队实力相对较弱。

三、改革思路

无论从我国民主法制建设的要求出发还是从我国律师面临的国际竞争环境考虑，对律所现状的改革已成大势所趋。改革的着眼点应是律所的现行体制和管理机制。

（一）借鉴现代企业制度理念，实现公司化管理模式下的规模化发展，实行所有者（出资人）、管理者、执业者三者分离

基本思路是：

1.实行投资主体多元化，自然人或法人均可，还可以实行股份制，但应设定准入资格条件。

2.提高现行最低注册资金额度，并附加其他如办公场所，设备等物质条件。

3. 建立律所专业管理人队伍，实行资质培训，持证上岗，上岗后还需定期培训。专业管理人可以成为出资人。出资人为法人的，必须聘用专业管理人管理律所事务，并作为准入条件之一。专业管理人接受司法行政机关的管理和律师协会的指导。

本文认为公司化管理模式下的规模化发展最有利于发挥规模优势，最终实现律所的根本发展。但在规模化发展过程中应当注意以下几个问题：

（1）规模化发展要根据当地的市场状况确定，切忌盲目追求规模

不同地区的法律服务市场差异很大，市场空间很不相同，这往往与当地的经济发展水平存在相对应的关系。在一些经济不是十分发达的地区，规模化发展应当特别注意循序渐进，盲目的规模化将导致管理成本不断增加，而较小的法律服务市场又难以实现律师事务所的规模效应，最终会得不偿失。

（2）规模化的发展应当根据律所的业务领域进行确定

不同业务领域的律所对规模化的要求是不同的。举例来看：以刑事辩护业务为主的律所，鉴于委托人选择刑事辩护律师更为关注律师个人的知名度和过往成功案例，没有必要急于追求规模化的发展。以诉讼为主要业务的律所，鉴于诉讼案源的不稳定性和不确定性，同样也没有必要盲目追求规模化的发展。

（3）规模化发展的方式应当慎重选择

随着律师业务发展，不断吸纳新的合伙人和聘用律师加入律所，人力的良性扩张毫无疑问会进一步促进律师业务的发展，从而实现律所的不断发展壮大，此种发展模式是律所规模化发展的重要途径，也是律所规模化发展的常态。很多中型律所就是这样不断发展起来的，属于“不断温和放大”的规模化发展。

（二）强化律所的管理功能，严禁“租赁柜台”现象，打造完整“平台”，逐步形成实力不断增强，名律师不断产生，新律师得以充分锻炼的良性运作机制

具体措施是:

1. 所内设立若干业务部门，分类方法可选择如诉讼业务部，非诉讼业务部，然后分别下设具体业务室。也可按刑事、民事、商事、婚姻、劳动等设立，还可直接按具体业务如金融证券、房地产、知识产权等设立，或者与律协的业务部门对应设立。此外，律所根据运营需要，还可设立诸如公共关系、市场开拓等行政类部门。

2. 根据所内业务部门设置，执业律师需申报自己的专业特长和优势，可以“一专多能”，但最多以“一专二能”为宜，且应遵循业务门类相近原则，否则

不利于优势的形成和名律师的培养。

3.实行“招揽业务”与“承办业务”分离。对于“慕名委托”，在征求委托人意见的前提下，尽量做到“量才委派”，真正实现“统一接受委托，统一收取费用，统一委派律师”。

4.加强内勤保障。为保障执业律师专心致志，提高工作质量，至少每两个业务部门配备一名内勤人员，或者按5：1的比例配备，即每五名执业律师配一名内勤人员。

（三）改革现行的提成制，借鉴一些大所的分配经验，实行绩效结构工资制

具体是：

1.非出资人的专业管理人和内勤人员的收入由基本工资和年终奖金构成，由出资人以聘用合同确定。

2.执业律师的收入由以下各项构成：

（1）基本工资，体现基本生活保障，可参考当地公务员平均工资为基数。

（2）经办奖金，体现经办律师的劳动价值。

（3）案源奖励，体现无形资产价值，如名律师效应，个人的社会人事资源价值等。该奖励不限于执业律师，内勤人员和局外人均可，但当事人直接同律师事务所联系的除外。

（4）特别贡献奖励，体现执业律师能力价值和对律师事务所贡献价值。

（5）年终奖金，体现激励机制。

（四）加强培养律所文化，打造律所品牌，提升律师事务所的核心竞争力

事务所统一的管理、统一的营销、统一的质量标准、统一的形象、足够的投入和稳定的团队是培育律所文化和建立律所品牌的前提。公司化管理模式的律所往往对律所文化及品牌建设较为重视，能够进行较大的投入，这应当是公司化管理模式的显著优势。

没有企业文化的企业是没有希望的企业，是没有生命力的企业，是不可能持续发展的。同样，这是一个品牌时代，品牌观念已经深入人心，从消费领域看没有品牌的产品将无人问津或低价出售，在服务领域没有品牌的服务同样必将遭受冷遇。身处服务业的律所应当从以下方面培育文化和打造品牌：

1.选择科学的管理模式，完善内部治理结构，规范经营行为，这是律所文化的载体，也是律所文化的表象。

2.树立积极进取、诚信服务的企业理念，培养团结奋进的团队精神，不断加强律师职业道德和执业纪律教育。

3.完善激励机制和绩效考核制度，留住人才，培养人才，使专业人才具有

充分的发挥余地和发展空间。

4.推行标准化和规范化的法律服务服务模式，不断提高法律服务水准，建立完善的法律服务保障机制。

5.注重理论研究和实务总结，培养律所的学习和研究氛围，不断推出理论研究成果。

6.注重律所律师及其他辅助人员统一形象的培养和宣传，注意使用和推广统一的服务标识和形象标识。

7.制定律所品牌战略规划，并落实实施要点，保证品牌建设的合理预算。

8.积极参加各种社会公益活动，履行社会责任，并注意与媒体、主管部门及行业协会的沟通。

律所文化培育与律所品牌建设属于律师事务所的系统工程，不可能一蹴而就，必须进行长期的关注和投入。

结　语

律师事务所的管理模式、律师事务所的业务发展问题一直是律师业内的最主要论题之一，各律师事务所及律师界的同仁们进行了不断的尝试和交流。律师事务所的改革涉及相关法律和部门规章，事体严肃重大，且关乎律师切身利益，不可妄谈。本文权作抛砖引玉。

新形势下基层律师事务的内部管理问题与对策

新疆翰兴律师事务所　甘崇斌

内容摘要：十八大以来，我国律师执业服务环境有了很大改善，新的律师从业人员和律师事务所不断涌现，业务不断向县区、乡等基层地区拓展。在新形势下，如何做好基层律师所的业务管理、统筹未来发展成为摆在合伙人面前的一个现实问题。本文围绕“统一办所思想，明确发展目标，规范服务行为，完善内部制度”四个方面的问题，探讨以“为人民服务，创立和发展有中国特色的基层法律服务业务”为办所宗旨，解决目前大多数基层事务所办所思想不明确导致的内部不团结、行动不统一问题，通过统一思想来达到“内增团结，外树形象”的目的。有了统一明确的思想，辅助以办企业的态度，办社会的思想，通过不断地完善管理办法，修正前进道路，在实践过程中，所内各类从业人员的利益都能得到最大化，并最终实现律师事务所的不断壮大和发展，以成为当地法律正义的可信维护者，社会道德当仁不让的担当者。

关键词：明确宗旨　基层　律所　发展　对策

十八大以来，以习近平同志为总书记的党中央对我国未来发展提出了一系列重大构想。在“一带一路”、“互联网＋”“政府法律服务”等新形势、新政策的引导和驱动下，法律服务行业呈现一片兴旺景象。

我所作为基层所，在这样一种背景下成立，是一种幸运。人生百年，云帆沧海！面对大好形势，发展机遇不容我们错过。下面就我所在成立和发展中面临的问题和我们的解决对策作一简要介绍，与同仁们共勉。

一、统一思想，加强认同

思想是行动的指南，一个团队，如果没有统一的思想，一致的认同，而只是因为利益聚集在一起，其结果必定是大家分道扬镳、团队分崩离析。律师作为从事法律服务的专业人员，只有找准律师是中国特色社会主义法律工作者的定位，才能更好地服务于群众，实现自我价值最大化。我所成立只有三年，但自成立以来，所有合伙人就充分认识到了统一思想，加强认同的重要性。所谓的统一思想，并不是要求每个人的所想的完全一样，而是树立合伙人的整体价值观。并要向整个社会表达律师事务所的价值追求、基本愿景、精神信仰等，才能使得律师事务所有前进的原动力，这种原动力对外决定着律师事务所的社会形象和认可度，对内则可以为加强管理提供导向，起到凝聚、激励、规范、辐射作用，成为提高内在素质的有力保证。

目前有些合伙律师事务所，因为所内合伙人在合伙前原本就有一块业务范围，合作律师也各有自己的业务强项，大家平时都忙于个人业务，努力创收，大部分律师（甚至包括一些合伙人）对所内事务采取不闻不问的态度。对其他人在忙什么干什么，也是“事不关己、高高挂起”！合伙人之间、合作律师之间相互了解不够，缺少联系和沟通。这种看似务实的态度、“和平共处，互不干涉”的“外交”政策，实际上表现出所内人际关系的淡漠以及“同行相轻”式的猜忌心理，在风平浪静，一团和气的外表下，蕴含着随时可能暴发的矛盾，发生着没有硝烟的“战争”。这样的组织行为模式，对整个律所和律师的个人长期发展都是极其不利的。

俗话说，“行百里者，半九十”，处理律师事务所内部人与人之间的关系；律所与客户的关系；律所与司法机关、行政执法机关的关系；律所和律师个人与司法行政主管机关的关系，虽然不属于律师专业业务范围，却构成了事务所的日常业务的一大部分，这些都需要律所负责人和合伙人有相互协作，互相“补台”，不断去修正协调。如果没有统一的思想意识和正确的价值认知，就会形成各自为政的局面，律所也就成了律师履行律师业务、获取个人利益的“一张皮”、“一把伞”，甚至在有些律师眼中，充其量不过是有个能开介绍信的工厂而已。

在实际工作中，这种所会时常因经营思想和发展理念的差异导致合伙人的不合，或是在遇到重大问题时产生分歧（有的注重与司法机关搞好关系，有的偏向与行政部门加强来往，有的在司法行政机关有熟人，有的在公安机关案源多……）；或是在发展道路上心思各异（我想买汽车，你要置房产，他要多分配；有的想就地培养几个接班人，有的计划派员进修，有的则认为直接用重金引进人才更为有利）；合作律师之间，也会因为不交流、不配合，出现业务“撞车”，互相拆台的情况，这种局面，会给合伙（作）人之间伏下潜在的裂痕，产生所内人员流动大，队伍缺乏相对稳定性等弊端，轻则影响各律师专业特长发挥，重则影响了律师所整体素质的提高和后续发展，甚至造成散伙。

因此，一个律师事务所如果没有一个统一的指导思想，就会没有办案原则，忽视律师宗旨，对外形象也会因个别人、个别案子而大打折扣。我所合伙人一致认为，我国是社会主义国家，社会主义制度决定了社会主义道德和法律具有共同的性质、以及共同的思想基础和阶级本质：在法理层面，社会主义道德和法律都是以马列主义毛泽东思想和邓小平理论、三个代表指导思想和科学发展观为理论基础的，都是为我国广大人民利益而服务的，是社会大多数人共同意志和利益的体现。在法律实践层面，社会主义法律也把社会主义道德的某些要求进行了规范化，并在一定程度上使之制度化，法律化，把一些严重违反社会主义道德规则的行为用法律来加以制裁和打击，以国家强制力来保证社会主义道德和公序良俗得以保持延续。

鉴于此，我所在制定章程时，十分注意明确办所宗旨，在章程中明确将“维护最广大人民的根本利益，维护社会政治稳定，推动社会主义政治文明、物质文明和精神文明建设，为新疆的社会稳定和长治久安、为本地区社会政治、经济、文化等全面发展努力做出贡献。”作为办所宗旨列在章程的最开头。这与有些律师所将各种法律罗列于章程的前言，以突显“依法办所”是有本质不同的。事实证明，明确的宗旨，对我所业务的拓展和内部管理具有巨大的推动作用。在明确宗旨、统一思想的基础上，我所在内部管理和业务拓展上逐步实现了发展。

二、统一行政管理，规范接案办案流程

有效的行政管理是产生效益和和保证组织协调发展的最好手段。我所在统一行政事务管理方面主要做了以下几方面努力：

（一）统一收案，并加强审核

成立行政和后勤管理办公室,雇佣干练的行政管理人员,对收案、收费进行统一管理。同时，每个合伙人指定对几个合作律师负责，通过审阅案卷，与客户沟通等形式来监督律师的办案情况。我所合伙人认为，合伙人作为本所经营和所有权的代表，既然收取了合作律师的案件收入提成，就有责任对律师所办案件进行督查指导和帮助，在律师办案遇到困难时，合伙人要作为合作律师的坚强后盾，在合作律师不遵守行业规则，有损本所整体利益时，合伙人有责任监督和制止。同时，律师的执业行为不只是个人行为，还代表了本所的利益、水平以及整个律师服务行业的声誉和整体尊严。我所从建所之初就将律师的执业素质和执业能力作为管理重点，并时刻加强监督。合伙人除对案卷进行包干负责外，还建立重大案件讨论、报告制度，主要是为了集思广益，降低办案风险，保证法律服务质量，更好地为当事人服务。对于案情复杂，涉及标的较大，社会影响面较广的案件，除规定要向主任汇报，由主任召集执业律师进行讨论外，关系公共利益和公共安全的重大案件，也规定要向主管司法部门报告，积极听取政法部门领导的意见。

（二）统一后勤，加强保障

前文曾经述及，有些事务所在管理上呈现不同形式的散漫状态，可归纳为“西瓜—芝麻”型、“一盘散沙”型、“一堆石子”型！“西瓜—芝麻”型的律师事务所，主任在资历、出资、创收等方面均占大头儿，与司法机关也是长期合作，类同“百年老店”。这种律所名为合伙，实为个人，主任一人独大，其他律师都是陪衬或聘用人员。这种类型的律所，因我国法律的限制，无法名正言顺地以个人所模式运作，以至发展规模受限。这种情形在律师制度改革初期较典型，现在已经不多。第二种，“一盘散沙”型：这种类型在合伙所表现较突出，几个合伙人都是“老板”，都很有实力和能力，为了一个共同的目标：“钱”，从不同地方走到一起来了，所里人数较多，业务也多，主任在忙业务的同时难以完成全部的管理工作，于是进行分工，各管理一摊，即减轻了主任的负担也避免了制度僵化。但其缺点是各自为政，合伙人、合作人之间沟通不够，没有有效的监督机制，容易出现财务危机和经济漏洞。第三种是“一堆石子”型，大家实力有大有小，但相对均衡，所内雇员不多，因此主任非常民主，重大事项均经合伙人讨论同意，这种管理有利于形成合力，但缺点也很明显，即几个合伙人谁都说了算，以至于因循不前，缺乏创新意识。

我所属于第三种类型，对于这种类型，保证每个合伙人具备共同的思想认同、并保证所内制定统一规范、切实可行的制度显得尤为重要。我们遵循这一原则进行积极操作，使统一的办所宗旨和严格的规章制度起到了“水泥粘结剂”的作用，将每个“石子”牢牢黏结在一起，形成一道坚不可摧的堤坝！因此，我所不但在行政上舍得雇用较多人员，同时出资保证律师的统一着装，在后勤上逐步建立起食堂、餐厅、值班室等后勤设施，加强了凝聚力。

三、统一发展、休戚与共

我所认为，无论是合伙人、合作律师、行政管理人员还是后勤工作人员，都是团队的一分子，都有发展个人前途和实现个人愿望的权利。作为合伙人，如同一艘大船上的船长和舵手，有责任为每个人提供发展的机会，有责任帮助每个人实现心中美好的愿望，有责任保证律师事务所这艘大船的正确前进方向。

为此，我所制定多种制度保障内部管理规范高效运行和团队后续发展。

（一）学习制度

我所的学习主要包括政治学习和业务学习。我国是社会主义国家，中国共产党是代表人民当家做主的执政党，党的政策是与国家法律相辅相成，互为依托的，这一点什么时候都不会变，因此我所注意将支部的发展与所内管理相结合，以每月的政治学习和业务学习为依托，要求全所人员不但要提高法律知识水平，还要以饱满的热情投入到支部活动中，以提高政策水平和政治素质，增强大局意识、责任意识和服务意识，并通过主动与司法行政部门共同进行党建学习活动，来加强沟通，通过支部学习，把握社会主义法制理论观点，理解政策理论的思想精髓，并运用到推动律师执业和律师事务所发展中。目前，我所每位律师都能认真参加学习，并按时完成学习笔记。办案能力有显著提高。

事实证明，我所的这一管理决策和学习手段是正确的，2014年10月20日至23日在北京召开中国共产党第十八届中央委员会第四次全体会议决定："积极推行政府法律顾问制度，建立政府法制机构人员为主体、吸收专家和律师参加的法律顾问队伍，保证法律顾问在制定重大行政决策、推进依法行政中发挥积极作用"。由于我所日常坚持党建及党的理论学习，为参与政府法律顾问体系建设打下了坚实的基础。

（二）财务管理制度

我所认为，作为一个合伙律师事务所，要带头守法，按法律办事，所内律师不但要光明正大地执业，光明正大地挣钱，还要光明正大地纳税，光明正大地为其他纳税人作出榜样。因此，我所除聘用高素质的行政管理人员之外，还聘用了合格的财务管理人员，建立规范的财务管理制度，保证准确计算收入和应缴纳的税款，宁可多交一点税，也不愿因为被税务部门查出漏洞而影响声誉。

结　论

统一的法制思想，正确的办所宗旨，规范而高效的行政管理，精湛的专业素质，是一个基层法律服务所长久生存的根本。虽然我所规模比较小，但一贯注重规范律师事务所的管理制度，探索发展新形势下的管理体制，使得无论是律师个人，还是律师事务所整体方面都能按规范发展，留下较大发展空间，给所内各阶层人员都带来了发展机遇。我所将继续发扬学习制度，重大疑难案件研讨制度等良好的做法。以后，将探索建立案件管理信息平台、推行律师行业职业经理人制度、试行律师事务所公司化管理等先进管理理念和方法，使合伙人的主要精力能够放在掌握政策发展方向，提高决策水平和明确业务发展动向上来，通过调整内部分配政策、完善规章制度、运用先进的信息化管理手段，来确保我所事业的健康发展。

律师事务所的人才战略和薪酬设计

青海智凡律师事务所　韩琳璐

内容摘要：人才决定了律师事务所的市场竞争力，薪酬制度决定人才的积极性。因此，制定合理的人才战略和薪酬分配制度对律师事务所的发展至关重要。

关键词：律师事务所　人才战略　薪酬制度

一、人才决定了律师事务所的市场竞争力

随着社会经济的发展，社会对律师行业的市场需求量越来越大，为了满足市场需求，律师事务所的数量也与日俱增。所以要想在众多律师事务所的竞争过程中以自己独特的优势脱颖而出，律师事务所自身所具备的优势要体现在律师事务所专业影响力、律师事务所品牌口碑美誉度、律师事务所专职从事知识管理、品牌管理、客户管理、人力资源管理等服务岗位设置这些与国际接轨的新指标上。

然而，能够使这些提高律师事务所市场竞争力的指标达到优于他所的决定因素，归根结底就是律师事务所内在人才的选拔和培训上。尤其是律师这类专业性、个人能力要求极高的工作，其必然是人才战略决定了律所是否在市场竞争中处于领先地位。

如何制定律师事务所人才战略？律师事务所人才战略的制定，离不开对人力资源管理的运用，律所可以设置专门的人力资源部门，人才战略工作的进行可以包括以下几个部分：

1.由人力资源部专员根据律所的发展战略规划制定和提交律所整体的人力资源规划，再由事务所决策层审议决定，人力资源管理规划对人才引进年度计划、人才类别、从业领域等等会有严格的要求，以确保律所在需要的时间、岗位上获得所需的人员，并保证事得其人、人尽其才，从而使人员招聘与配置上进行合理化。

2.详细划分所内职位等级，建立严格的招聘遴选体系，根据不同的岗位工作职能制定不同的招聘方式，从而高标准高质量的进行招聘活动，更多的实现

公平化，例如招聘过程中不要允许合伙人随意招人，目的是为了保证所招人员的质量和与律所的匹配程度，减少律所招聘成本。

3. 对所招人员的培训中，律所要以自主培养人才为主，以职业能力为标准对人员进行培养、认证以及使用，通过职业培训，实现人才职业能力由弱势向强势转变。我们没法保证在招聘过程中招到完美的人才，但是可以通过组织内部的培训工作培训出能提高律所市场竞争力的人才，律所可以组织以内部业务学习和疑难案件讨论为主题的各类培训，在分享本人知识的过程中可以吸收他人的知识，从而拓展自己的知识面，实现两方学习互成长的培训目的。人力资源部也要结合本所情况制定合理的合伙人遴选标准，不仅要有把招聘入所的每一个人都发展成合伙人的远见，也要考虑存在引进本所的合伙人存在着带领着一个律师团队的可能性，也能进一步壮大本所的人才竞争力。

4. 为了实现律师事务所的人才战略，除了律所招聘并发掘各种人才外，也要对人才有合理的管理办法，这也就是人力资源管理的绩效考核工作，制定符合本所人员管理的工作评价体系，一般律所内律师岗位阶段由低到高分为实习律师、初级律师、中级律师、高级律师以及合伙所的合伙人律师。明确律师各个阶段所要达到的标准，进行绩效考核，绩效考核的目的不是只考核律师所办的案件数量，而是考核律师的专业技能、办理案件效率能力、客户维护能力、业务开发能力、自身发展可能性、团队协作能力。通过对律师上述能力的考核，对律所律师进行有效管理.

二、薪酬制度决定个人才的积极性

当律所招聘和引进了人才，最重要的就是如何激励和留住人才。这就需要律所通过合理的薪酬策略，即能从律所的角度出发，降低律所人员的流动率，特别是防止高级人才的流动，吸引高级人才，短期激励和长期激励相结合，留住人才。也能从员工的角度出发，实现短期激励满足自己生存的需要，长期激励满足员工的发展需要。

律师薪酬分配关系到律所的持续、稳健发展和事务所服务能力。

进行薪酬设计，一定要满足薪酬内部的公平性和外部的竞争性这两个原则。内在公平性是指薪酬收入高低相对公平。外在竞争性就是指企业员工的收入水平依据战略要求是具有竞争性的还是稳定性的薪酬水准。传统的薪酬制度，都以职位或能力为基准设计，以职位为基准，容易实现内部的公平性，便于薪酬成本控制并与外部市场对比；以能力为基准，能最有效地激励人才的成长。但是二者又有很多弊端，所以新型的企业薪酬设计都以能力为中心，以职位为基准相结合的薪酬体系。

律师事务所使用受薪制可以根据律师的从业时间对律师进行等级划分，虽然看似实现了内部的公平，但是避免不了会出现混日子的人员。而使用提成制虽然能对员工起激励作用，但提成制使律所内部组织纪律涣散，因为律师工作具有较强的独立性与自主性，实行严格的上下班考勤和坐班制度是不可能也是不现实的。但是，这并不意味着一个律师事务所不需要一定的组织纪律，在相对自由和独立的前提下坚持一定的组织纪律还是必要的。

目前的律师事务所大多以合伙所为主，所以根据其本质特性，律师事务所的薪酬分配要进行专职律师和合伙人律师不同性质不同薪酬体系。对专职律师应当以提成制为主，避免律师的惰性以及更好的管理激励专职律师对待工作的态度，然后实习、初级律师以受薪制为主，能够很好地管理内部组织纪律，如果专职律师在事务所规定的时限内多次没有完成任务，可以考虑将律师等级自动化分为初级，并实施受薪制薪酬。对于合伙人律师可以采取股份分配制，激励所有人都朝合伙人方向努力。

根据不同的薪酬分配方法激发律师的劳动积极性，充分发挥出律所人才的能动性，就能更好地促进整个律师事务所的团队建设。

律师事务所的团队管理与被管理
——影响力是团队管理的核心力量

国浩律师(太原)事务所　庞海青

内容摘要：随着我国律师行业的迅猛发展，律师事务所、律师团队管理如何适应高速发展的律师业务已成为当今律师界普遍关心的问题，围绕律师事务所管理的各类研讨会与日俱增，关于律所及律师团队建设的理论或思考层出不穷。本文从律师团队管理者释放影响力的角度，结合个人管理中积累的经验和感受，从影响力的产生到如何发挥作用，再到影响整个团队三个层面探讨管理者对律师团队的管理。本文对律师事务所以及律师团队管理有一定的参考价值。

关键词：影响力　律师团队管理　律师事务所管理

行业内有一个误区，即大家都说律师难管，其实不然，律师团队管不好，问题不在于团队成员，关键在于作为一个管理者是否能有足够的影响力，并让好的影响力在团队内释放，让别人参加到你的集体中来，心甘情愿地为实现团队目标而努力。影响力才是管理律师团队的核心力量。

现实中，特别是在这样的一个信息时代，我们每一个人都无时无刻不沐浴在影响当中，要么在影响着“圈里人”，要么被“圈里人”影响着。真正的领导者，只要你和他在一起待哪怕几分钟，你能够感受他身上所散发出的能量，很多人之所以努力追随他，乃是因为被他本身所具有的强大的威信所吸引。这种威信不但会影响到团队成员，同时也会影响客户。古人云“有威则可畏，有信则乐从，凡欲服人者，必兼有威信”。因此，作为一个团队的管理者要做的第一件事情就是应该先审视一下自己是否称职？自己的德行能否影响其他人。一个称职的管理者应该从以下几方面做起：

一、解铃还须系铃人，正人先正己

要想管理好团队，首先要以身作则，管理好自己！有些管理者当团队在工作上出现纰漏时，不从自己身上找症结，却左顾右盼，把所有责任都推到具体承办人员的身上，这样的管理者在团队中的威信将大打折扣。“凡是权利行使的地方，就有责任”，要想影响员工先影响自己，要影响自己就需要勇于承担责任。一个负责任的管理者，不但要做好自己的事情，而且当自己的团队成员犯错时，也要挺身而出把责任揽过来，这样才会得到下属的信服和尊重。承办人员是否有错，其实他自己心里非常清楚，他绝不会因为有人担责而不改错。

其次，作为一个合格的团队管理者，一定是一个具有优秀品德的人，首先要对人真诚，对团队对集体有比较好的忠诚度。如果一个团队的管理者做不到对团队的忠诚，很难想象其他团队成员如何忠诚于团队。如果一个团队管理者不能够在是非面前坚持原则，与团队成员沟通时敞开心扉，在工作中事实求是，很难在团队中产生积极向上的影响。

另外，作为一个好的管理者，一定要取得员工的信任。团队成员对团队管理者的信任就像是润滑剂，既能减少彼此的隔阂和猜疑，消除因团队内部冲突所带来的摩擦，同时也能促进团队工作更有效的运行。如果团队成员对管理者不信任，为“趋利避害”，他们会把更多的时间和精力放在揣测上，而不能把精力放在实际工作当中。而对于一个团队来讲，内耗是最可怕的。相反，如果团队成员对管理者充分信任，能够提升团队内部的合作意识，彼此沟通更顺畅，团队成员更能认同团队目标，增强团队的对外竞争力。

二、让优质的影响力在团队内部释放

我们的客户越来越要求律师服务团队具有较强的合作能力，而一个具有高竞争力、战斗力的团队，必须有相应的团队精神作为支撑，而要搭建一个高绩效的律师团队，需要让优质的影响力在团队内释放。律师业靠个人单打独斗的时代已经结束，一个人不管你有多么优秀，都不能具备完成工作所需的所有能力与经验，必须通过借助团队的力量，通过团队合作提高工作效率。团队的管理者与团队成员除应有共同的利益诉求外，更重要的是必须有共同的价值观，作为管理者应将自己的价值告诉团队成员并且获得他们的认同，并且尊重他们的想法，敞开心扉与他们共同探讨，了解律师的诉求，将他们的价值观与自己的价值观充分的融合。“组建一个执行力强、高效的律师团队，除了共同的价值观、目标和使命感，还需要有一个尊重、坦诚、自由的沟通机制”，真诚的沟通可以增加团队的凝聚力。管理的成功来源于沟通，沟通是为了能够达成共识，任何一个团队中都会存在或多或少的矛盾与问题，而且这些问题在发展的各个不同阶段都会出现并有不同的特点，想一次性完全解决是不可能的。因此一个好的团队，应该是经常交流、随时沟通，从目标到具体的工作细节到人际关系等等，良好的沟通能够消除误会，增进了解，和谐相处；真诚的沟通是化解团队中矛盾与问题的最好方式。而实现沟通的前提是让大家了解现实、共同面对现实，这样才能统一思想认识，从而解决问题。

管理好团队除了要建立一种基于信任的工作环境外，应该与团队成员平等相处，真正有经验、有修养的管理者，都是平易近人、与下属平等相处的。要想平等地对待他，得到他的尊重，要先去尊重他，要尊重他的人格、尊重他的意见、尊重他的发展需要。团队成员参与工作的程度越深，他的工作积极性就会越高，从而带动团队的沟通与互动，要让律师自己去领导自己，自己为自己工作。大部分律师工作不仅仅是为了追求经济利益，还有满足其自尊及自我价值的实现。作为管理者，应该了解他们的职业规划并帮助他们完成自己的职业规划。一定要让团队律师与团队共同成长！

管理好团队，应当要让团队成员人尽其才，如何让每一个成员都找到最适合自己的位置？这应该是一个团队管理者关心的问题。学历高的人并非就一定是人才，没有学历的人也不一定就是庸才。每个管理者都希望自己的团队成员个个都是精英，人人都是天才，但这仅仅是管理者的一厢情愿而已，作为管理者所能做到的，应该做到的是把团队成员的能力进行优化组合，使每个人都能在自己的岗位上发挥他的最大效能。我们不能让猪去唱歌、让兔子去游泳、让乌龟去赛跑，而应该让他们去做自己最擅长的、最喜欢的事。作为一个团队成员最幸福的事莫过于他会做这件事，他喜欢做这件事，而管理者恰恰让他去做这件事。要想人尽其才，当然要了解团队成员，识别他们的长处，避开他们的短处。

三、人性化管理

优秀的团队本质不在于谋求一时的利益，而在于团队的可持续发展，特别是要致力于团队成员的共同成长。实施人性化管理就是一个管理者与成员共同成长的过程。人性化管理的实质在于提高团队成员的整体素质，作为一个领导者当你有足够的人格魅力（威信），能够取得团队成员的信任与支持；能够与团队成员进行有效的沟通交流；并且能够尽可能地给成员提供学习机会，引导他们学习的方向，使团队成为一个积极进取的学习型团队；能够抑恶扬善，在潜移默化中，团队的整体素质会不断提升，人性将得到升华。随着员工素质的不断提高，管理者开展人性化管理就会如鱼得水，良好的个体人性，会在团队人性化管理的整合和提升下，成为团队共同的一种精神风尚和追求，管理者将达到“无为而治”的最高境界。

实施人性化管理，作为管理者，应该持开放的姿态去管理，律师行业压力本来就比较大，作为管理者不能过分地给成员施加压力，尽量用自己的影响力去引导团队成员尽职尽责，只要把安排的工作做好，应该让他们自己去支配自己的时间，与其让他们在单位熬时间，不如让他们把自己的生活安排好，更好地投入工作。另外，人性化管理应该允许不同的声音存在，张扬个性，让团队成员勇于表达个人不同意见，让所有人员都能够融入到团队中，形成一个充满活力的氛围。

人性化管理的目标就是要唤起团队成员的归属感，团队中如果有人感到很难融入团队，对团队感觉生疏和游离，不知道明天会怎样，始终有一种不安全感，团队有很多问题，大家都不想说……这些心理都是对团队缺乏归属感导致的，没有归属感的员工是创造不出佳绩的。要提高员工的归属感，首先应当形成在管理架构和同事之间的公开、自由、诚实、开放的沟通氛围，实现管理者与员工之间心与心的交流，从而避免一切不必要的误会及心理上的不满情绪。其次，要提高员工在晋升、报酬等方面的公平感和满意度。另外，还应让员工参与到团队的文化建设中去。

欲善人先善己。总之，歪门邪道难以服众，更难以赢得持久的影响力，唯有用你的正直、善良去影响员工，才能在团队内部形成一种积极向上的工作氛围，才能提升自己的影响力。一个团队的管理涉及多方面的内容，笔者本文仅从管理者释放影响力的角度谈自己的一点看法，与行内的各位律所合伙人们共勉！

由团伙型律师事务所到团队型律师事务所

——小议律师事务所的团队化

山西太初律师事务所　褚智昀

内容摘要：十八届四中全会以来，在中国共产党的领导下，中华民族正全面推进依法治国，努力建设中国特色社会主义法治体系，建设社会主义法治国家。在此过程中，中国律师又一次迎来了更快更好的发展机遇。如何打造卓越的律师团队，进而建设高素质高效能的社会主义法治工作者律师队伍，是当前亟待解决的问题。本文尝试在对现有律师团队化建设的现状的基础上，试图对比律师事务所建设的团伙型现状，提出律师事务所最佳组织形态即团队型律师事务所。

关键词：律师事务所　组织形态　团队型律师事务所

弹指之间，中国律师制度恢复已30多年。30多年的岁月，无数法律人的付出，积淀至今各项法律制度及法律组织日臻完善。在此之中，律师的组合体——律师事务所，无疑是最富特性的，它是律师开展执业活动最传统最基本的组织形式。在大力提倡作为律师业个体元素的律师个人各项素养完善与提升的同时，我们必须注意到，作为律师组合的律师事务所的成功建设将更有利于整个律师业的发展与进步。

为此，当我们将目光再次聚焦于律师事务所的建设，我们不免需要面对这样一个令人尴尬的现实，即虽然律师事务所建设作为律师队伍建设的重要工作内容早已开展，但就当前全国律师事务所团队化建设而言，国内律师事务所的团队化建设仍极少完成（虽然大多数律师事务所均自称可以提供团队化的专业法律服务），律师事务所团队化已经成为制约未来中国律师事业进一步发展的巨大瓶颈。

一、当前国内律师事务所组织形态现状

综观律师事务所组织形态，笔者认为，当前就律师事务所组织形态而言，现有国内律师事务所可以归为两类：律师团伙型律师事务所和律师群体型律师事务所。笔者试分论之。

（一）律师团伙型律师事务所

团者，会合也；伙者，同伴也。团伙者，即为两个以上成员之间，基于共同的意图和目标，以共同的需要、兴趣、价值观念等心理因素作为精神纽带，纠合在一起，共同进行特定活动，比较松散的非正式群体。就现有律师事务所组织而言，其乃是最糟糕最失败最混乱的律师组合，此类律师事务所以当前法律服务市场中广为存在不容忽视的小作坊式的小所最为典型。

作为律师共同执业的一种组织形态，团伙型律师事务所的主要特征为：

1.组织结构，较为松散。组织内的律师大多仅因需要一个出具律师手续的机构而加入，甚至其中最糟糕的律师事务所只需要加入的律师年初缴纳一定费用，便可以将空白手续出具，任由该律师自行承办事务。

2.没有明确领导者。此类律师事务所根本不存在且实际也无法产生能够对事务所全局负责的领导者，如上所述的事务所中，所谓的合伙人不外是对外出售律师手续的商人而已，谈何领导管理。

3.律师在执业活动中没有明确的分工或分工比较简单、不固定，事务所内各律师之间高度独立、分离，甚至律师之间鸡犬之声相闻而老死不相往来。

4.虽然事务所具有相对稳定性，但作为成员的律师极不固定，此类事务所是彻底的利益组合，因律师之间因利益而相从又因利益而相分。

总之，团伙型律师事务所是一种介于一人制律师事务所与群体型律师事务所之间的律师组织形态。此种形态之律师事务所在一人制律师事务所出现之前是最常见的合伙制律师事务所的失败组织形态。

（二）律师群体型律师事务所

与上述团伙型律师事务所组织形态相比，较为常见即在当前律师事务所组织形态中最为普遍存在的当属作为律师群体组合的群体型律师事务所。此类律师事务所，以绝大多数发展已经步入正轨的同时正积极追求更大进步的中等规模律师事务所为代表。

依据组织学概念，群体是指两个或两个以上的人，为了达到共同的目标，以一定的方式联系在一起进行活动的人群。就群体型律师事务所组织形态而言，此类律师事务所是由两个以上互动的律师个体组成，作为组织成员的事务所执业律师个体之间具有稳定关系和共同目标且彼此意识到同属一群。

此类律师事务所所组织形态具有如下自身特点：

1.在群体型律师事务所组织中，作为群体一员的律师个体之间不仅仅是人数上的组合，而是彼此之间存在互动，即彼此之间相互影响，此种互动的良性影响是极其有利于律师个体自身素质提高与能力的提升的。

2.作为律师群体组合的律师事务所具有稳定的结构。虽然作为群体成员的单个律师个体可能会有变化，但作为律师事务所组织形态中的群体成员，律师总体之间必须具备相对稳定的关系，如律师事务所中角色分工。

3.作为律师事务所群体成员的律师具有共同的目标和兴趣，这一目标和兴趣已经远出于执业之迫不得已的场所需要。律师事务所律师之间是一种执业理想相似或相同的组合，远非团伙型组织形态中单纯短期经济利益的临时随机拼凑。

4.律师作为群体成员能够彼此清晰地认识到他们都是一个群体的成员，并且，他们能够识别非群体成员。当然，此种识别并非缘于组织外在形象识别系统，更主要的是同一群体的价值、文化、理念识别。

总体来说，群体型律师事务所是律师个体的中度优势组合形态，在这一组织形态中，律师个体之间通过群体这一律师事务所平台得以取长补短。通过群体力量实现个体优势与利益的放大。正是在这一组织形态基础上，律师业的规则、规划方有切实存在的可能。

与此同时，随着新时代法律服务业的日趋完善与成熟，群体型律师事务所也渐渐显示其一些不足，例如：

1.领导方面。作为群体的律师事务所组织自然而然地有着明确的领导人，作为群体组织的领导人其独立担当组织管理、组织规划的责任，由于往往光靠领导者殚精竭虑而缺乏组织内其他律师及人员的思考参与，繁重而庞杂的决策往往顾此失彼，缺乏律师事务所管理规划的长期性、前瞻性和周延性。

2.协作方面。群体的协作性可能是中等程度的，有时成员还有些消极，有些对立。同时其中更加明显的是在律师事务所中更注重提高员工的个人能力而没有有效的团队协作。

3.责任方面。群体的领导者要负很大责任，而作为群体非领导成员的律师个体而言缺乏必要的共同责任感。

4.技能方面。作为群体成员律师之间其业务技能可能是不同的，也可能是相同的，但往往缺乏相互补充、角色互补，从而不宜达到整个组织的有效组合。

5.结果方面。作为群体绩效的事务所绩效仅仅是每一个个体的绩效相加之和，缺乏1+1>2式的群体扩大绩效。

二、律师事务所组织形态的最佳——团队型律师事务所

既然随着时代的发展，就律师事务所作为法律服务的组织化提供者而言，群体型律师事务所组织形态已经日益显示其不完善之处，那么，在高度市场化专业化服务需求与各种新时代新管理组织模式频频应用于各项市场竞争主体的时代背景下，立足于法律服务这一特殊的服务市场中，何种律师事务所组织结构方能最高效地适应时代需要，从而更进一步地提升律师事务所的市场竞争优势，促进律师业的发展呢？笔者认为，团队型律师事务所是律师事务所组织形态的最佳选择。

（一）团队型律师事务所定义

团队型律师事务所是指一种为了实现某一目标而由相互协作的律师个体所组成的正式律师群体。是由作为员工的律师和作为事务所管理层的专业管理人员（这一人员可以由律师自身担任，但为实现管理的专业化，其最佳选择是逐步引入专业的组织管理专家）组成的一个共同体，它合理利用每一个成员的知识和技能协同工作，解决问题，达到共同的目标。

（二）就团队型律师事务所组织形态而论，其应当具备的如下几个重要的构成要素：

1.目标

作为团队组合的律师事务所应该有一个既定的目标，为团队成员导航，知道要向何处去，没有目标这个团队就没有存在的价值。同时，与群体型律师组织中存在的目标相比较，团队型律师事务所的目标应当把大目标分成小目标具体分到各个团队成员身上，大家合力实现这个共同的目标。同时，目标还应该有效地向大众传播，让团队内外的成员都知道这些目标，以此激励所有的人为这个目标去工作。

2.人

人是构成团队最核心的力量。人员的选择是团队中非常重要的一个部分。在一个团队中可能需要有人出主意，有人定计划，有人实施，有人协调不同的人一起去工作，还有人去监督团队工作的进展，评价团队最终的贡献。不同的人通过分工来共同完成团队的目标，在人员选择方面要考虑人员的能力如何，技能是否互补，人员的经验如何。

3.团队的定位

团队的定位包含两层意思：

团队的定位，即作为团队的律师事务所在法律服务市场中应处于什么位置。

个体的定位，即作为律师事务所团体成员的律师个体在律师事务所这一团队中扮演什么角色。

4.权限

律师事务所这一团队当中，作为领导人的权利，团队越成熟领导者所拥有的权利相应越小。

（三）成功的团队型律师事务所组织形态应当具备如下特征

1.明确的目标。团队成员即每个律师事务所成员包括律师及其他工作人员要能清楚地了解所要达到的目标，以及目标所包含的重大现实意义；

2.相关的技能。作为团队成员的律师应具备实现目标所需要的基本技能，并能够良好合作；

3.相互间信任。事务所这一团队组织中每个人对团队内其他人的品行和能力都确信不疑；

4.共同的诺言。这要求律师事务所组织团队中的成员需具备对完成目标的奉献精神；

5.良好的沟通。律师事务所团队成员间拥有畅通的信息交流；

6.合适的领导。高效团队的领导往往担任的是教练或后盾的作用，就律师事务所的组织管理而言，律师事务所的管理者对律师事务所这一特殊法律服务团队要能够提供宏观的指导和支持，而不是单纯地试图去控制下属而进行琐碎的日常事务经营；

7.内部与外部的支持。这要求律师事务所本身既包括内部合理的基础结构，如完善的内部控制、风险管理、战略管理等制度，也包括外部给予必要的资源条件。

结　语

律师事务所的组织管理与建设，或许已经不是一个陌生的命题。但我们应当注意到，长久以来，律师作为拥有特殊技能的服务者，彼此之间的组合往往因其自身业务特性而富有自身特色。当我们自诩为自由职业者时，关注律师群体、关注律师组织建设的有识之士，也曾面对作为律师组织的律师事务所组织管理困局，发出“律师，你为什么不团队”的疑惑。

应当明确说明的是，无论是强调律师自身素质的提高，还是律师事务所的各种建设（如律师事务所文化建设、规范化建设），缺乏成功的组织形态的律师事务所是无法从根本上取得实质性成功的。

为此，律师的团队化迫在眉睫！

由团伙到团队，实现律师事务所组织形态团队化的律师业，明天一定会更好！

附表二　分论坛二入选论文一览表

题目	作者	律所	省份	奖项
甘肃省律师类微信公众号发展现状研究	彭　澎	甘肃神舟律师事务所	甘肃	二等奖
公司化律师事务所的运营与治理	张玉华 袁福强	四川同兴律师事务所	四川	
资本投资律师事务所的可行性研究	张　虹	广西欣和律师事务所	广西	
律师事务所公司化运营中遇到的问题探究	魏兴蕾	国浩律师(太原)事务所	山西	
培养卓越的律师团队与律师事务所的发展	吴炳文	青海姜有生律师事务所	青海	三等奖
论律师文化追求的价值与目标	李凯鸿	青海海博律师事务所		
从专注服务领域看律师服务的专业化发展	李艳红	山西中吕律师事务所	山西	
律师事务所公司化管理的特点、优势与困境——我们为什么一定要公司化	常　勤	国浩律师(太原)事务所		

题目	作者	律所	省份	奖项
西部公司化律师事务所发展问题思考	秦　晨	甘肃玉榕律师事务所	甘肃	优秀奖
梦想与光荣——站在历史的高点看深化律师制度改革	刘吉颖	甘肃拓原律师事务所		
小型律师事务所的人才战略与薪酬设计	杨秀炉	贵州驰铭律师事务所	贵州	
中小城市律所管理的困境	程吉芬	贵州舸林律师事务所		
律师公司化管理与提成制的融合	李　涛	四川春雷律师事务所	四川	
保障律师执业权利与改善律师执业环境——以法律服务市场混乱损害律师执业公平竞争权为视角	凌梁珠	广西龙津律师事务所	广西	
律师事务所总所与分所一体化管理研究——以北京大成律师事务所为例	兰　敬	北京大成(南宁)律师事务所		
薪酬分配制度对中小型律师事务所发展的影响	廖　莉	广西金湾律师事务所		
律师事务所管理模式与律师事务所发展	刘伟芳	内蒙古圣泉律师事务所	内蒙古	
新形势下基层律师事务的内部管理问题与对策	甘崇斌	新疆翰兴律师事务所	建设兵团	
律师事务所的人才战略和薪酬设计	韩琳璐	青海智凡律师事务所	青海	
律师事务所的团队管理与被管理——影响力是团对管理的核心力量	庞海青	国浩律师(太原)事务所	山西	
由团伙型律师事务所到团队型律师事务所——小议律师事务所的团队化	褚智昀	山西太初律师事务所		

面向“一带一路”的律师法律服务

第八届西部律师发展论坛获奖论文集

（下册）

西部律师发展论坛组委会　编

兰州大学出版社
LANZHOU UNIVERSITY PRESS

目　录

（下册）

分论坛三：新定位·新思路

——以审判为中心的刑事诉讼改革与刑事辩护

分论坛四：服务与创新

——法治政府建设背景下律师法律服务的方式

分论坛五：新领域 · 新途径

——互联网+时代的律师业发展

分论坛六：责任与使命

——青年律师的职业精神培养

分论坛三：新定位·新思路

——以审判为中心的刑事诉讼改革与刑事辩护

提高审判程序中刑事辩护率的制度保障

甘肃东方人律师事务所　尚伦生

内容摘要：刑事辩护率能够有效反映司法保护人权的状况。由于现阶段刑事辩护率较低，不能满足大多数刑事案件被告人的辩护需求。有效提高刑事辩护率，不仅需要观念的改变，更需要制度的建设并严格执行制度。

关键词：人权的司法保护　刑事辩护率　制度保障

刑事辩护是“尊重和保障人权”的宪法原则落地实施的重要措施之一，能够直接体现国家对于人权的司法保护状况。然而，历年来的调研数据表明，我国律师参与刑事案件辩护的比例一直处于较低的水平。甘肃省律师协会刑委会2011年的调查数字显示，在该省法院审判的刑事案件中，只有11%左右的案件有律师参与。[①]全国刑事案件律师参与的比例不足30%，全国律师人均办理刑事案件不足3件，且其中还包括法律援助案件。[②]

刑事辩护率不高，原因是多方面的。既有制度不健全方面的原因，还有司法人员对于刑事辩护认识不足的问题。本文认为，提高刑事辩护率，充分发挥刑事辩护在保障人权方面的作用，制度建设是第一位的。如果没有制度保障，提高刑事辩护率可能就是一句空话。刑事辩护率继续在低位徘徊，人权的司法保护就可能变为一句空话。基于这种认识，本文拟就审判程序中提高刑事辩护率的制度建设问题，作简要探讨。

一、以建立以审判为中心的诉讼制度改革为契机，将庭审实质化落到实处

党的十八届四中全会提出，要“推进以审判为中心的诉讼制度改革”，这是既定目标，应当不折不扣地予以推进。虽然学界对于“以审判为中心”的认识存在差异，[③]但至少在以下几个方面是已经形成共识的，即保障审判程序在刑事诉讼活动中的中心地位，保障庭审发挥实质作用，保障法官在审判中的权威地

①甘肃省律师协会刑委会2011年调查报告。

②郝铁川：“刑案律师辩护率何以较低”，载2016年8月4日《法制日报》。

③樊崇义：“解读‘以审判为中心’的诉讼制度改革”，载《中国司法》2015年第2期。

位。孟建柱同志进一步指出，"要坚持以审判为中心，突出审判程序在刑事诉讼中的中心地位，所有定罪的事实证据都要经过法庭质证，确保侦查、起诉、审判的案件事实证据经得起法律检验。犯罪嫌疑人、被告人有罪无罪，不是由侦查机关、人民检察院决定，而是由人民法院审判决定，靠证据说了算。"本文认为，落实上述改革任务，应当通过修改刑事诉讼法的形式，确定以下主要原则，切实推进庭审实质化。这样做既可以将以审判为中心的诉讼制度改革落到实处，又能够充分调动律师参与刑事辩护的积极性，进而提高刑事辩护率，更为有效地保护人权。

（一）确立控辩平等原则

长期以来，律师在刑事诉讼活动中的作用得不到有效发挥，一个很重要的原因是控辩双方在法庭上不平等。司法实践中，公诉人在法庭上怒斥辩护人者有之，法官随意打断辩护人发言者有之，法官不支持辩护人正当申请者亦有之。个别极端的例子是，辩护人申请证人出庭作证，法官竟然要先征求公诉人的意见。公诉人不同意证人出庭，法官便不同意证人出庭。在庭审过程中，就连形式上的控辩平等都做不到，又怎么奢望律师在维护程序正义、防范冤假错案中发挥作用？本文认为，法官、公诉人的上述做法实际上已经超出了刑事诉讼法的规定，是一种"越轨诉讼行为"。①

确立控辩双方在法庭上的平等诉讼地位，不仅能够充分发挥律师的作用，对于建立以审判为中心的诉讼制度同样具有重要作用。本文认为，控辩平等的内容主要包括：审判人员始终保持中立，任何时候都不偏向控辩任何一方，尤其不得偏向控方；控辩双方对于一审判决均享有同样的异议权，即控方享有抗诉权，辩方亦享有独立的上诉权；庭审之后，控方不得参与合议庭及法院对案件的合议、决定。取消检察长列席法院审判委员会的做法。现在有的地方，不仅检察长可以列席法院审委会，有的公诉处长甚至公诉人也列席审委会，这样无形对审委会成员施加了压力，是对审判权的干预，可能造成判决错误；强化对于辩方权利的救济。如果辩护人参与了案件的一二审辩护，该辩护人认为生效判决确实存在错误的，只要该辩护人提出申请再审的，法院应当按照检察机关对于生效判决的抗诉一样同等对待。

（二）保障律师的申请权

由于律师属于"在野法曹"，律师行使权利不具有强制性。现在的制度设计中，在刑事诉讼中律师除了有限的权利外，更多的是依靠申请权。即律师通过申请，获得公权力的支持履行职责、达到保护目的。如申请法院重新鉴定，申

①茹作勋：《调研与思考》，人民法院出版社2016年版，第81页。

请调取新的物证，申请证人、鉴定人出庭，申请排除非法证据等等。但许多法官对于制度的重要性认识不到位，对于律师的申请要么不支持，要么泥牛入海。因此，有必要建立律师申请审查制度。应当以同意律师申请为常态，以不同意律师申请为例外。对于不同意或不支持律师申请的事项，必须由合议庭经过合议之后做出书面决定，并将不同意的决定作为法律文书入卷，作为将来判决结果可能发生逆转后的追责根据。

（三）贯彻证据裁判原则

在刑事诉讼活动中，证据裁判规则是认定犯罪事实和定罪量刑的基础。基础不牢，地动天摇。证据裁判原则虽然在刑事诉讼法中早有规定，但中央在改革文件中再次强调证据裁判原则，说明落实证据裁判原则之难。

本文认为，贯彻证据裁判原则首先要突出强调法官的证据裁判意识。有的案件起诉到法院后，公诉人可能会主动向法官反映一些“案外情节”，讲一些没有证据证实的事实，这是公诉人的“公关策略”，无可非议。但对法官足以起到引导甚至误导的作用，可能导致法官在认定案件事实或者定性、量刑时，法官的内心受到干扰。要排除这种干扰，最为有效的就是贯彻证据裁判原则，即只有证据证明的事实才是案件事实。其次，应当制定具体的程序性措施，保障证据裁判原则得到贯彻执行。其中最主要的是庭审认证程序规则。应当规定绝大多数案件在法庭审理过程中，对于控辩双方出示的证据，法官必须出庭作出是否采信的公开认证。不能继续按照现在的习惯做法搞庭后认证、关门认证。同时建立认证错误救济程序，对于出庭认证出现错误的依照法定程序予以纠正。

应当强制推行直接言词原则。虽然现行刑事诉讼法规定了证人应当出庭作证的法定情形，但司法实践中证人出庭作证率仍然很低。为了将刑事诉讼法规定的内容变得更为“刚性”，建议修改刑事诉讼法第190条的规定，除少数几类案件外，其他案件的证人一律出庭作证，在法庭上接受控辩双方的质证。司法实践证明，证人在侦查机关作证与出庭作证，证言往往存在差异，有的甚至相反。让证人出庭作证更有利于法官掌握证人的情况和证言发生变化的原因等，进而掌握更多的信息做出采纳与否的判断。因此，凡是对于应当出庭作证而未出庭的，该证人的证言不能作为认定案件事实的根据或不能作为量刑的根据。当然，对于证人应当一律出庭的观点，有的学者和实务工作者持有不同意见，认为证人一律出庭存在客观困难，难以实现。[①]其实，客观原因确实存在，但根本原因还在于认识问题。本文认为，立法或者修改法律不能仅凭现实状况，而应当具有前瞻性、引领性。1996年修改刑事诉讼法时，有学者就提出侦查机关

①柯葛壮：《刑事诉讼中的人权保障制度》，上海交通大学出版社2006年版，第19页。

在讯问过程中应当录音录像。当时反对者众，认为侦查过程中录音录像不现实。但不足20年的时间，全程录音录像已经全部实现。2011年刑法修正案（八）拟增加危险驾驶罪时，反对者也不在少数。但从司法实践的效果看，增加危险驾驶罪对于酒后驾车行为起到了极大的遏制作用，对于保护人民群众的生命财产，起到了积极作用。规范具有引领作用。我们应当突破认识上的障碍，以强制性的规定让证人出庭作证成为人们普遍的认识。如果不通过规范予以引领，将永远不能解决证人出庭作证的问题，直接言词原则就可能成为摆设。

贯彻证据裁判原则，还应当制定可行的非法证据排除规则。司法实践中，律师提出排除非法证据，往往很难得到法官的支持。应当制定更为细致且具有强制力的排非规则，让律师在排除非法证据和防范冤假错案中发挥更大的作用。

二、加大对于刑辩律师的履职保障，免除其后顾之忧

中央《关于深化律师制度改革的意见》，就完善律师执业保障机制提出了具体措施。最高人民法院、最高人民检察院、公安部、国家安全部、司法部也联合出台了《关于依法保障律师执业权利的规定》，对律师执业权利保障设置了四项救济机制：投诉机制、申诉控告机制、维护律师执业权利工作机制、政法各部门联席会议制度。本文认为，这些零星的保护措施对于改善律师的执业环境、保障律师的执业权利有一定的帮助。但这些规定的层级较低，作用有限。如果将这些规定中的有效措施上升为刑事诉讼法的保障措施，则更有利于保护律师的执业权利，尤其是保障律师参与刑事诉讼活动的权利。

针对司法实践中律师屡屡“被伪证”的情况，建议赋予律师在参与刑事辩护过程中享有一定的职业豁免权。建议在现有规定的基础上，增加律师在参与刑事诉讼活动中如果确实存在“伪证”嫌疑的，应当由审判该案的法院在审判结束后提出建议，向司法行政机关或律师协会通报，再由有管辖权的侦查机关立案侦查。让涉嫌“伪证”的律师明明白白接受调查。杜绝出现律师辩护的案件尚未审结，但辩护人涉嫌伪证的判决已经生效的尴尬局面。

三、实行必须辩护制度，从制度层面扩大刑事案件的辩护范围

刑事诉讼法第34条规定了指定辩护的三种情形。但是，这三种情形的案件并非数量最多的案件。因此，建议在此基础上扩大指定辩护的范围，将指定辩护的案件纳入必须辩护的案件范围。

为了让更多的刑事被告人均等地享有律师的法律服务，有的地方已经进行了有益的探索。例如浙江省人民法院已将应当为被告人指派法律援助律师的案件范围扩大到“被告人可能被判处三年以上有期徒刑刑罚的”，以及“被告人作无罪辩护的”情形，从而大大提高了该省的律师出庭辩护率。甘肃省目前正在制定相关制度，拟将法律援助的范围扩大到“被告人可能被判处五年以上有期徒刑刑罚的”案件。地方的探索也是法律的重要渊源，建议修改刑事诉讼法和法律援助条例的相关规定，进一步扩大刑事案件必须辩护的范围，让更多的刑事被告人享受律师的法律服务。这也是尊重和保障人权的应有之意。

四、放开或适当提高刑事辩护案件的收费标准

为贯彻落实党的十八届三中全会精神，使市场在资源配置中起决定性作用，国家发改委于2014年12月就放开部分地方实行定价管理的服务价发出通知，决定对已具备竞争条件律师服务价格放开，实行市场指导价。但律师的以下服务项目不实行市场指导价：

1.律师担任刑事案件犯罪嫌疑人、被告人的辩护人以及刑事案件自诉人、被害人的代理人；

2.担任公民请求支付劳动报酬、工伤赔偿，请求给付赡养费、抚养费、扶养费，请求发给抚恤金、救济金，请求给予社会保险待遇或最低生活保障待遇的民事诉讼、行政诉讼的代理人，以及担任涉及安全事故、环境污染、征地拆迁赔偿（补偿）等公共利益的群体性诉讼案件代理人；

3.担任公民请求国家赔偿案件的代理人。

本文认为，对于涉及劳动报酬、工伤赔偿、国家赔偿之类的案件，由政府定价是适当的。因为这些类型的案件的当事人至少属于经济上的弱势群体。但将所有的刑事案件的收费标准统统纳入政府指导价，则不能反映所有刑事案件的实际情况。如从另一个角度审视刑事辩护率低的原因，则是刑事辩护风险高、收费低。这“一高一低”，导致一部分优秀律师不参与刑事辩护。

对照上述实行政府指导价的服务项目不难发现，刑事辩护不应当继续实行政府指导价。因为扩大法律援助案件的范围后，基本上覆盖了应当辩护的案件。剩下的不宜纳入必须辩护范围的案件，则只是所有刑事案件中的一部分（当然，自行委托辩护人的案件与法律援助案件存在部分重合）。这部分案件的当事人之所以自行委托辩护人而不愿接受指定辩护人，是其主张辩护权的一部分。这些人能够自行行使委托辩护人的权利，是以其具有相应的支付律师费的能力为基础的。同时，这部分案件的当事人只属于一部分而不是全部，不能纳入影响民生的范围或者项目。对于非民生项目继续实行支付指导价，不利于调动律师参与刑事辩护的积极性，也违背市场规律。当然，如果认为现阶段还不宜放开刑事辩护案件律师服务费的收费价格，就应当根据律师辩护的成本、风险、物价上涨、货币贬值等因素，对刑事辩护服务费的价格及时进行调整，适当提高刑事辩护的律师收费标准。

参考文献

［1］田文昌，陈瑞华.《中华人民共和国刑事诉讼法》再修改律师建议稿与论证［M］.法律出版社，2007.

［2］冀祥德.控辩平等论［M］.北京：法律出版社，2008.

［3］陈卫东.刑事诉讼法修改条文理解与适用［M］.北京：中国法制出版社，2012.

［4］樊崇义.迈向理性刑事诉讼法学［M］.北京：中国人民公安大学出版社，2006.

［5］樊崇义.刑事审前程序改革实证研究［M］.北京：中国人民公安大学出版社，2006.

刑事辩护援助条件的反思与调整

泰和泰(重庆)律师事务所　冉家祺

内容摘要：扩大刑事辩护法律援助①范围已经取得理论和实务界的共识，基于此，本文在通知辩护和申请辩护的框架下对援助条件提出了调整建议。在通知辩护方面，未成年犯通知辩护的条件改为犯罪实施时年龄未满18周岁，将可能被判处死刑或无期徒刑外的其他重型犯纳入通知辩护。在申请辩护方面，"经济困难"从援助的前提调整为兜底理由，同时将"不认罪""二审""共同犯罪案件中，其他被告人已经委托辩护人的案件和指定管辖案件纳入到申请辩护的条件之中。

关键词：刑事辩护　法律援助　通知辩护　申请辩护　经济困难

"推进以审判为中心的诉讼制度改革"是党的十八届四中全会明确提出的重大改革措施，其中庭审是关键环节。庭审的重要性在于其能发现案件疑点、查明事实，庭审实现这一功能的关键是实现控、辩交锋。被告人虽有辩解权利，然而在律师们讨论是否设置辩护准入制度的背景下，自我辩解权利的实际效果就值得怀疑。基于此，扩大刑事辩护的援助范围，调整辩护援助的条件，就成为推进改革的重要配套措施。

一、扩大通知辩护的条件

刑事诉讼法规定嫌疑人、被告人获得辩护援助主要依靠两种途径。一种是申请辩护，即嫌疑人、被告人因经济困难或者其他原因可以向法律援助机构提出援助申请。另一种是通知辩护，即盲、聋、哑人、尚未完全丧失辨认或者控制自己行为能力的精神病人，未成年人和可能判处无期徒刑、死刑以及死刑复核案件的被告人，在没有委托辩护律师的情况下，办案机关应当通知法律援助机构指定律师为其辩护。因此，通知辩护的条件可分为特殊主体和特殊量刑两种。

①刑事法律援助可分为对自诉案件自诉人、公诉案件被害人与公诉案件嫌疑人、被告人的援助，本文仅就公诉案件中嫌疑人、被告人的法律援助问题展开探讨，因此笔者将此类型的刑事法律援助称为刑事辩护援助。

特殊主体是指盲、聋、哑、精神病人和未成年人。对特殊主体的通知辩护有两个特点：第一，特殊主体均存在着认识能力的限制和不足，其在参与诉讼活动时难以维护自身的合法权益；第二，办案机关只要发现嫌疑人、被告人属于特殊主体，一律应当给予法律援助，而不用对量刑和经济情况进行审查。对特殊主体的通知辩护使其有机会获得实质性辩护，该制度应当坚持和适当扩大。

未成年人获得通知辩护的条件是诉讼活动中嫌疑人、被告人的实际年龄未满18周岁，所以实践中就会发生在侦查、审查起诉阶段已获得辩护援助的未成年人，在审判时因已成年而被取消辩护援助的情况。然而，诉讼活动的进度掌握在办案机关手中，这就使得办案机关能够通过拖延办案时间，影响未成年人获得辩护援助的情况，并且无论从实际辩护能力或是法律援助取消后带给未成年犯心理影响的角度看，都有必要将未成年人获得法律援助的条件更改为犯罪活动实施时未满18周岁。

对特殊量刑案件的辩护援助是考虑到刑事判决可能严重剥夺被告人的权利。我国已在2012年刑事诉讼法修改时将此类援助的条件从可能判处死刑扩大到可能被判处无期徒刑，当然援助范围可以根据司法资源的实际状况进一步向重刑犯扩展。

除了刑事诉讼法规定的法定通知辩护外，刑事诉讼法司法解释还规定“有重大社会影响的案件”和“被告人的行为可能不构成犯罪的案件”由法院决定是否通知辩护。被告人是否构成犯罪确属需法院裁量，是否给予援助可由法院决定。但“有重大社会影响的案件”可以通过具体列明的方式将部分情形纳入到申请辩护的范围，未列明部分由法院裁量。

二、取消“经济困难”作为申请辩护援助的前提条件

申请法律援助最重要的条件是申请人经济困难。援助机构会对民事案件申请人的经济条件进行审查。通过审查，法律援助机构既能将有限资源用于经济确实困难的申请人，使得公众获得最低限度的法律服务；又避免产生挥霍国家司法资源的情况。然而，经济困难才能申请辩护援助的做法非常不妥。

首先，刑事判决可能剥夺嫌疑人、被告人的人身自由甚至生命，因此有限的法律援助资源本应向此倾斜。更何况，民事案件的原告能主动启动诉讼程序消费司法资源，但嫌疑人、被告人对刑事案件唯恐避之不及，后者即使获得法律援助，也无法挥霍国家的司法资源。

其次，当前刑事诉讼活动中羁押率居高不下，嫌疑人、被告人在人身自由被限制时，只能听命其家属代为聘请律师。家属出于家庭经济情况的考虑，对违法犯罪活动的怨愤，甚至是一己私利，往往难以设身处地地为嫌疑人、被告人考虑，甚至对其采取放任不管的态度。所以，无力聘请律师的嫌疑人、被告人并非都属于经济上的贫困。家属不聘请律师所反映的人性复杂与纠结，往往难以被经济条件较为宽裕的立法者和政策制定者所察觉。因此，将经济贫困作为申请辩护援助的最主要条件存在脱离实际的情况。另一方面，嫌疑人、被告人以经济困难为由自行申请辩护援助，法律援助机构在认定申请人是否符合经济困难条件时，依据的是我国乡镇人民政府或者街道办事处出具的家庭经济困难证明。姑且不论申请人在被羁押时亲属配合提供证明材料所存在的衔接问题，就该证明而言，贫困证明往往是以家庭为对象，嫌疑人、被告人难以被单独认定为是经济困难。

最后，嫌疑人、被告人虽然拥有自我辩护的权利，但这种权利因刑事辩护专业化水平的提高，变得像是形式上的权利。从域外经验看，意大利《刑事诉讼法典》第97条第1款规定："所有未任命辩护人的被告人，都有权得到一名指派的辩护人的帮助。"[①]法国93-2号法律规定，"除当事人明确放弃之外，只有其律师在场或者按规定传唤律师到场的情况外，才能听取当事人陈述、进行讯问、令其对质。"[②]《日本刑事诉讼法》第289条第1款规定："于审判适用死刑或无期或最高刑期超过三年惩役监禁的案件中，无辩护人，不得开庭。"上述法律意味着：在刑事诉讼中，犯罪嫌疑人、被告人获得辩护援助是原则，无法获得属于例外。美国甚至在宪法第六修正案中规定："所有刑事诉讼中，被告享有获得律师辩护帮助的权利"。域外法治国家的司法实践均极为重视律师辩护在刑事诉讼中的作用，这与刑事辩护的专业化密不可分。

经济困难可以作为申请辩护援助的一种类型，但是不应作为申请辩护援助的一个前提。换言之，嫌疑人、被告人在不符合通知辩护条件和其他申请辩护条件的情况下，能以经济困难为由申请辩护援助。

三、增加可以申请辩护援助的条件

进一步扩大辩护援助的范围已成为共识，所以不少人提出根据可能判处有期徒刑的年限来确定扩大范围。然而，以可能判处有期徒刑的"年限"作为条件来确定扩大的范围，该主张固然简洁明快，但主要缺陷在于：量刑高的案件并非就比量刑低的案件疑难复杂，前者的被告人并非比后者更需要辩护援助。所以根据具体案件的情节来提炼援助条件，能真正筛选出急需援助的案件，有

①参见《意大利刑事诉讼法典》，黄风译，中国政法大学出版社1994年版，第37页。
②参见《法国刑事诉讼法典》，罗结珍译，中国法制出版社2006年版，第111页。

学者就提出应当将"不认罪"等类型案件纳入到法律援助之中。①笔者赞同提炼若干案件类型作为援助的条件，同时应明确此类援助属于申请辩护。事实上，通知辩护虽然赋予了嫌疑人、被告人获得辩护的权利，但在其不聘请律师的情况下亦须承担接受通知辩护的义务。虽然若干类型的案件存在辩护援助的必要，然而此类案件嫌疑人、被告人主体普通，刑罚并非重刑，所以应当允许嫌疑人、被告人拒绝律师的辩护。

"不认罪"的嫌疑人、被告人应当可以申请辩护。"不认罪"意味着嫌疑人、被告人可能对案件事实或法律适用有不同看法，甚至诉讼活动中存在非法收集证据的情况，被告人不认罪的案件只能适用普通程序就已说明此类案件通常会出现复杂情况。另外，如果嫌疑人、被告人基于对法律的错误认识而不认罪，律师的介入可以帮其认识错误，这无论从提高简易程序适用率还是促进法律实施都具有积极作用。辩护援助提供的时间从审查起诉阶段开始为宜。嫌疑人在侦查之初或多或少的会出现不认罪的情况，随着证据的不断完善嫌疑人的态度也会发生改变，若侦查阶段不认罪就一律提供法律援助，这将使"不认罪"条件丧失了对复杂案件的筛选功能。当然，嫌疑人在援助律师介入后认罪，审判阶段亦应当继续援助。一方面，认罪就取消援助，不认罪反而继续援助有"抑善扬恶"之嫌；另一方面，如果被告人当庭翻供不认罪后再申请律师，司法运行成本反而更高。

对"二审"提供辩护援助已规定在刑事诉讼法司法解释之中，但仅包含法院"可以"为人民检察院抗诉案件的被告人通知辩护，所以完善对"二审"的法律援助应当注意两点。第一，被告人上诉的案件亦应当纳入到援助的范围之中。不论被告人是对程序或实体有异议，上诉行为表明被告人认为一审判决存在重大异议，此时国家应该给予辩护援助，以帮助其明确表达出自己的看法。第二，二审案件的辩护援助不能定位为法院裁量的通知辩护，而是应当将其纳入申请辩护的条件之中，成为被告人的一种权利。

"共同犯罪案件中，其他被告人已经委托辩护人""有重大社会影响的案件"的案件都属于法院"可以"通知辩护的情况。但是，共同犯罪案件中，其他被告人已经委托辩护人的案件应给未聘请辩护人的被告人申请辩护援助的机会。共同犯罪中各方被告人之间存在利益冲突，通常会出现相互推卸责任的情况，司法实践中，未聘请律师的被告人甚至在开庭时也无法知晓本案证据和其他被告人的相关陈述，难以进行有针对性的自我辩护，所以其应在条件符合时

①顾永忠："以审判为中心背景下的刑事辩护突出问题研究"，载《中国法学》2016年第2期。

就有权申请辩护援助。这里的“条件符合时”是指，同案犯聘请的辩护律师在什么阶段介入案件，未聘请律师的嫌疑人、被告人就能在同阶段获得申请辩护援助的权利。

另外，有重大社会影响的案件中需要法院对案件是否具有重大影响进行判断，应当赋予法院决定是否通知辩护的权力。然而，公、检、法三机关中存在指定管辖的情况，应当被认为是具有重大社会影响的案件，这类案件从被指定管辖之日起，嫌疑人、被告人具有申请辩护援助的权利。对于何为重大影响，法律援助政策的制定者也应不断总结案例，通过列举的方式尽可能多的赋予嫌疑人、被告人申请辩护的权利，限缩法院的裁量权。

四、结论

调整刑事辩护的援助条件，扩大刑事辩护援助的范围符合当前司法改革的方向。在具体改革时，我们应该利用现行制度确立的通知辩护与申请辩护的分类体系，在其基础上完善援助条件。一方面，适当扩大通知辩护的范围，将未成年犯的通知辩护条件改为犯罪实施时的年龄未满18周岁，将死刑与无期徒刑外的其他重型犯也纳入通知辩护的条件，除了上述法定通知辩护的情形外，增加“被告人的行为可能不构成犯罪”和“有重大社会影响”这两项裁定通知辩护的情形。另一方面，大力调整申请辩护的条件，将“经济困难”从申请援助的一般性前提调整为可以申请的一个普通理由，同时将“不认罪”“二审”“共同犯罪案件中，其他被告人已经委托辩护人”的案件和指定管辖案件纳入到申请辩护的条件之中，只要申请人符合申请辩护援助的条件，则援助机构应当为申请人指派律师为其辩护。

参考文献

［1］顾永忠.以审判为中心背景下的刑事辩护突出问题研究［J］.中国法学，2016（2）.

［2］左卫民.中国应当构建什么样的刑事法律援助制度［J］.中国法学，2013（1）.

［3］陈永生.刑事法律援助的中国问题与域外经验［J］.比较法研究，2014（1）.

［4］左宁.论我国侦查阶段法律援助的缺陷与完善［J］.法学杂志，2013（9）.

［5］冀祥德.刑事辩护准入制度与有效辩护及普遍辩护［J］.清华法学，2012（4）.

［6］胡前程.刑事辩护准入制度研究［J］.湖南公安高等专科学校学报，2008

(6).

[7] 左卫民，马静华.刑事法律援助改革试点之实证研究——基于D县试点的思考[J].法制与社会发展（双月刊），2013（1）.

[8] 黄风.意大利刑事诉讼法典[M].北京：中国政法大学出版社，1994.

[9] 罗结珍.法国刑事诉讼法典[M].北京：中国法制出版社，2006.

[10] 陈瑞华.刑事辩护制度的实证考察[M].北京：北京大学出版社，2005.

[11] [日] 宫泽俊义.日本国宪法精义[M].北京：中国民主法制出版社，1990.

律师,不应当沉默
——对以审判为中心的刑事诉讼制度改革的冷思考

贵州贵达律师事务所　付永盛

内容提要：现行刑事诉讼制度存在许多缺陷，需要进行制度上的改革，但改革应当广泛征求意见，听取不同建议，正视现实中存在的违反法律规定的一些问题，真正做到刑事诉讼公开、公平，以达到“加强人权司法保障”的终极目的。

关键词：司法改革　审判中心主义　刑事诉讼制度　刑事辩护　思考

2014年10月23日中国共产党第十八届中央委员会第四次全体会议通过了《中共中央关于全面推进依法治国若干重大问题的决定》(以下简称《决定》)，决定指出“推进以审判为中心的诉讼制度改革，确保侦查、审查起诉的案件事实证据经得起法律的检验。”“加强人权司法保障。强化诉讼过程中当事人和其他诉讼参与人的知情权、陈述权、辩护辩论权、申请权、申诉权的制度保障。健全落实罪刑法定、疑罪从无、非法证据排除等法律原则的法律制度。完善对限制人身自由司法措施和侦查手段的司法监督，加强对刑讯逼供和非法取证的源头预防，健全冤假错案有效防范、及时纠正机制。”

上述精神为我国刑事诉讼制度的改革指明了方向，设定了目标。

就具体的司法改革而言，在中央层面，与律师相关的内容，有最高人民法院、最高人民检察院、公安部、国家安全部、司法部2015年9月16日印发《关于依法保障律师执业权利的规定》，于地方而言，主要由政法委牵头，以确定的相关人民法院、人民检察院作为司法改革试点单位，基本与辩护律师无关。比如，贵州省高级人民法院、贵州省人民检察院、贵州省公安厅联合下发的刑事案件基本证据要求，似乎与律师没有关系！而传说中的刑事辩护律师区分为出庭律师与事务律师的规定也未见端倪。

现代刑事诉讼制度的主要标志之一，就是控、辩双方的诉讼地位平等，没有平等的诉讼地位，“加强人权司法保障”只能是一句口号而已。在司法实务中，人民法院、人民检察院正在浓墨重彩的书写华章，而律师则像匆匆的过客。

之所以要对刑事诉讼制度进行改革试点，目的在于发现问题，总结经验、吸取教训，将成熟的、符合刑事诉讼规律的做法上升为法律。作为其中重要参与者的刑事辩护律师，在改革中应当积极参与，而不能冷眼旁观。

鉴于本人对刑事诉讼制度改革所掌握的现实资料有限，现仅就本人所理解的"以审判为中心的刑事诉讼制度改革"略陈管见，以就教于同仁。

一、刑事辩护律师的无奈

2012年3月14日第十一届全国人民代表大会第五次会议通过了《关于修改〈中华人民共和国刑事诉讼法〉的决定》，对中华人民共和国刑事诉讼法进行了第二次全面的修正，广大刑事辩护律师对修正后的刑事诉讼法的实际执行满怀期待，但在现实中却遇到了太多的无奈。

（一）无法确定的上诉立案期限

刑事诉讼法第220条规定："被告人、自诉人、附带民事诉讼的原告人和被告人通过原审人民法院提出上诉的，原审人民法院应当在三日以内将上诉状连同案卷、证据移送上一级人民法院，同时将上诉状副本送交同级人民检察院和对方当事人。"法律规定的期限是清楚的、明白的。但对于二审法院何时立案，则是一个无法确定的事实，因为二审法院有自己的审查程序。

笔者接受委托的一个案件，2012年8月份，一审被告人提出上诉，二审法院2013年2月才正式立案。

（二）艰难的取保候审

中华人民共和国刑事诉讼法第65条规定了取保候审的条件，但因该规定过于原则，导致辩护人在申请取保候审时非常艰难。其一，有些犯罪情节较轻的案件，本可取保候审，但因犯罪嫌疑人"态度不好"而不能取保候审，其严重后果是导致了案件到法院时，已关押了一段时间，本来不构成犯罪的，法院却作出了关多久判多久的非正常判决；其二，未能在法定审限内结案的案件，办案机关不同意取保候审。

（三）尴尬的刑事附带民事代理人

作为受害人，在刑事附带民事诉讼中享有正当的诉讼权利，但实践中，很多法院仅仅让当事人就民事部分提出诉讼请求及辩论，忽视了受害方的其他刑事诉讼权利。就代理人而言，其一，不允许代理律师阅卷；其二，在审理刑事部分时不允许代理律师发言。

（四）偷偷摸摸的律师

相信绝大部分律师都有这样的经历，即经历过法无明文规定的内审程序。开庭审理，律师理所当然的可以参与诉讼活动。但在内审程序中，因其不是一个独立的审判程序，而实际上法院又是这么操作的。无奈之下的律师，只有通过非正常渠道打听内审程序系是哪位法官办理，用书写“情况反映”等方式提出意见。

（五）偏重与检察机关的配合，漠视辩护律师的辩护意见

实务中，经过庭审，在犯罪事实不清，证据不足的情况下，人民法院不敢对被告人直接作出无罪判决，而是与检察机关进行沟通，让检察机关申请撤诉。

（六）如何准确理解以审判为中心

《决定》指出“推进以审判为中心的诉讼制度改革，确保侦查、审查起诉的案件事实证据经得起法律的检验。”“以审判为中心”，其内涵和外延到底如何界定，仁者见仁，有人认为“‘审判中心主义的内涵’主要包含以下三个方面：第一，审判是整个刑事诉讼程序的中心。相对于侦查、审查起诉、执行等程序，审判才是确定被告人定罪量刑的最关键和最重要的环节；第二，庭审是整个审判活动的中心；第三，一审庭审是庭审的中心。”①有人认为“实现‘以审判为中心’的重要思路与举措应当主要包括以下几个方面。（一）在社会与政治体制背景下确立以法院为中心的司法体制；（二）将确保裁判权力行使的独立性、实质性作为未来改革的重要方向；（三）重新划分诉讼阶段，塑造审判与审前的主从模式。”②有人认为“‘庭审中心主义’‘证据中心主义’的思想内核是确立法官在审判中的主体地位，树立法官的司法权威和主观能动性。建立法官中心主义是要确立法官在司法审判中的中心地位，赋予法官更大的实质权力。”③综观近十年来所发现的具有重大影响的冤假错案，杜培武案、佘祥林案、赵作海案、呼格案、念斌案等等，究其根本原因，绝大部分源于重侦查，轻审判，其结果就是在证据的收集、固定、保存、审查及运用方面出现了严重问题，导致在认定事实上产生偏差，最终形成冤案，但同时也应注意到，很多错案，经审判，法院认为无罪，但最终还是被判有罪。造成冤假错案的原因是多方面的，不能片面强调某一方面的问题而忽视了其他方面的原因。

刑事诉讼现有的侦查、审查起诉和审判这几个主要的阶段，短期内不可能完全彻底改变。

《决定》的改革方向是“确保侦查、审查起诉的案件事实证据经得起法律的

---

①王向明、张云霄：“审判中心主义视野下职务犯罪侦查模式之转型”，载《法学杂志》2016年第4期。

②左卫民：“审判如何成为中心：误区与正道”，载《法学》2016年第6期。

③赵天睿：“从法官行政、司法二元身份到‘法官中心主义’”，载《法学杂志》2016年第3期。

检验"。目标是"健全落实罪刑法定、疑罪从无、非法证据排除等法律原则的法律制度"。案件事实和证据是审判中最重要的两个方面，而在刑事诉讼法还规定不起诉制度的情形下，个人认为，"以审判为中心"实质应当成为我国刑事诉讼法的一项基本原则，而不是具体的"以法院为中心"，更不应当"以法官为中心"。

二、以审判为中心的刑事诉讼制度改革的几点思考

当前，政法委员会、人民法院、人民检察院，对于刑事诉讼制度改革的热情，可谓如火如荼，相反，对于作为刑事诉讼主要参与方的律师及其普通民众而言，则显得寂寞与冷清，有必要进行冷静的思考：

（一）以审判为中心的刑事诉讼制度改革不能闭门造车

刑事诉讼制度作为三大诉讼制度之一，与每一个公司、每一个家庭都可能产生联系，而且往往关系到公民的人身自由乃至生命，因而，在对现有刑事诉讼制度改革时，仅仅依靠人民法院、人民检察院这两家机关的力量显然是不够的。必须充分听取法律专家的意见，广泛听取民众对改革的建议，集思广益、群策群力，才能取得令人满意的效果。对此，有学者指出"第二大隐忧：司法改革闭门造车，不给社会讨论、批判空间。……'2014年司法改革方案从起草，到论证，甚至到出台，都处于秘而不宣的状态，各试点法院讳莫如深、避而不谈'"①

（二）应当取消人民法院现行的内审制度

内审制度有以下弊端：其一，上级法院不相信下级法院法官的业务水平；其二，内审制度实质上剥夺了当事人申请回避的法定诉讼权利；其三，剥夺了当事人合法的辩护权。

内审制度纯属于暗箱操作的范围，与公开、公正的刑事诉讼制度相违背，应当予以取消。

（三）对法律规定的期间作出硬性要求

刑事诉讼法所明确规定的期间，如立案时间，到期时间，申请延期的时间等，均应当及时告知当事人。以利于当事人行使相关的刑事诉讼权利，如到期不能审结时，当事人可以申请取保候审的权利。

（四）制定证据法，明确证据收集、固定、保存及审查的规则

《决定》指出"全面贯彻证据裁判规则，严格依法收集、固定、保存、审查、运用证据，完善证人、鉴定人出庭制度，保证庭审在查明事实、认定证据、保护诉权、公正裁判中发挥决定性作用。"为此，应当制定证据法，对证据

①秦前红："当前司法改革存在的五大隐忧"，载《法律经济学》2016年第5期。

的效力、证明力等作出明确规定。

（五）将强制措施的司法审查权交由法院行使

在控、辩双方对于是否应当对犯罪嫌疑人采取羁押措施而产生争议时，将争议交由法院审查，由法院作出裁定。

（六）对受害方在刑事附带民事诉讼中，应当赋予与被告方平等的诉讼地位

结论：现行刑事诉讼制度确实存在许多缺陷，需要进行制度上的改革，但改革应当广泛征求意见，听取不同建议，正视现实中存在的违反法律的一些问题，真正做到刑事诉讼公开、公平，以达到“加强人权司法保障”的终极目的。

职务犯罪罚金刑的辩护技巧

四川卓安律师事务所　成　安

内容摘要：《刑法修正案（九）》大幅度增加了贪污贿赂犯罪罚金刑的适用范围。现在，在贪污贿赂犯罪的14个罪名中，只有挪用公款罪、巨额财产来源不明罪、隐瞒境外存款罪3个罪名没有罚金刑。但是，刑法及相关司法解释未能明确罚金刑裁量的具体依据。相关理论研究也不够深入。刑事辩护律师至少应当从犯罪金额、造成损失的大小、退赃数额及时间、缴纳罚金的能力以及是否存在自首、立功情况等五个方面进行罚金刑辩护。

关键词：职务犯罪　罚金刑　犯罪金额　造成损失的大小　退赃

一、职务犯罪罚金刑的现状

《刑法修正案（九）》对贪污贿赂犯罪进行了较大幅度的修改。其中一项就是：大幅度增加了罚金刑（没收财产刑的适用范围较小，本文不专门加以讨论）的适用范围。现在，在贪污贿赂犯罪的14个罪名中，只有挪用公款罪、巨额财产来源不明罪、隐瞒境外存款罪3个罪名没有罚金刑。

虽然从刑法条文上来看，11个罪名均是适用无限额罚金刑。但是，相关司法解释对此作了限缩解释，实际上均为限额罚金刑。最高人民法院、最高人民检察院2016年联合发布的《关于办理贪污贿赂刑事案件适用法律若干问题的解释》（以下简称《解释》）第19条规定："（第一款）对贪污罪、受贿罪判处三年以下有期徒刑或者拘役的，应当并处十万元以上五十万元以下的罚金；判处三年以上十年以下有期徒刑的，应当并处二十万元以上犯罪数额二倍以下的罚金或者没收财产；判处十年以上有期徒刑或者无期徒刑的，应当并处五十万元以上犯罪数额二倍以下的罚金或者没收财产。（第二款）对刑法规定并处罚金的其他贪污贿赂犯罪，应当在十万元以上犯罪数额二倍以下判处罚金。"

二、职务犯罪罚金刑辩护的现实困境

笔者认为，职务犯罪罚金刑辩护的现实困境至少包括两点：

(一)刑法及相关司法解释未能明确罚金刑裁量的具体依据

第一，刑法第52条规定："判处罚金，应当根据犯罪情节决定罚金数额。"最高人民法院2000年关于适用财产刑若干问题的规定第2条规定："人民法院应当根据犯罪情节，如违法所得数额、造成损失的大小等，并综合考虑犯罪分子缴纳罚金的能力，依法判处罚金。"

第二，最高人民法院自2010年10月全面试行量刑规范化改革，并在总结经验的情况下，出台了关于常见犯罪的量刑指导意见，自2014年1月1日起已在全国施行，各省高级人民法院随后也出台了实施细则。但是，通篇均未涉及罚金刑的量刑问题。这也反映出审判机关对于罚金刑裁量历来不予重视的现实。

(二)相关理论研究不够深入

在我国刑法理论研究中，历来存在重定罪轻量刑的传统。在知名刑法学者中，除了武汉大学法学院的赵庭光教授等少数人之外，绝大多数没有对量刑问题有过深入研究，更别谈作为附加刑的罚金刑。即使在现有罚金刑研究成果中，也主要集中于罚金刑的功能、利弊、适用的一般原则等问题，对于罚金刑裁量的研究还有很多值得深入的地方。

司法实践和理论研究的双重缺乏所导致的结果就是，"罚金刑的量刑偏差在我国司法实践中是存在的，而且其偏差度相比有期自由刑等主刑而言更加突出。"①作为辩护人而言，我们很难预料法官判处罚金刑的具体结果以及根据，也就很难对此实现有效辩护。

三、职务犯罪罚金刑的辩护技巧

笔者认为，在职务犯罪罚金刑辩护中，应当从以下几个方面入手：

(一)犯罪金额

通过《解释》第19条可以看出：犯罪金额是决定罚金刑多少的基本参数。一般认为，在没有其它从轻情节的情况下，罚金数额不得低于犯罪金额，但一般也不得超过犯罪金额的2倍。然而，有罚金刑的11个罪名的各量刑幅度的起刑点不能做到与《解释》第19条完全对应。因此，要分情况讨论：

1.对有期徒刑三年以下或者拘役的贪污罪和受贿罪而言，当犯罪金额在1至10万之间的，被科处的罚金一般就是10万元。当犯罪金额在10至20万元之间的，被科处的罚金一般应在10至40万元之间选择，只有出现明显的酌定从重处罚情节时，被科处的罚金才应在40至50万元之间选择。

2.对有期徒刑三至十年之间的贪污罪和受贿罪而言，当犯罪金额在10至20

①王德录、王红梅、袁涛："罚金刑量刑偏差的司法解决"，载《山东审判》2012年第2期。

万元之间的，被科处的罚金一般就是20万元。

3.对有期徒刑五年以下或者拘役的行贿罪而言，当犯罪金额在1至3万元之间的，被科处的罚金一般就是10万元。

4.对有期徒刑三年以下或者拘役的利用影响力受贿罪而言，当犯罪金额在1至3万元之间的，被科处的罚金一般就是10万元。

5.对有期徒刑三年以下或者拘役的对有影响力的人行贿罪而言，当犯罪金额在1至3万元之间的，被科处的罚金一般就是10万元。

（二）造成损失的大小

在贪污贿赂犯罪中，尤其是贿赂犯罪中，存在以下情况：行贿人为了获取某项按正常程序也极可能由其获得的利益，但为了稳妥起见，便向相关国家工作人员行贿，最后也未对国家利益尤其是财产性利益造成实质性损害。在这种情况下，就未造成损失。反之，行贿人为了获取某项按正常程序不该由其获得的利益，向相关国家工作人员行贿，最后也对国家利益尤其是财产性利益造成了实质性损害。在这种情况下，所造成损失的大小就应当成为罚金数额裁量所应当考虑的因素之一。但是，往往这种损失并不太容易量化。那么，从辩护人的角度来看，就必须从在案证据能够证实的损失大小着手进行辩护。

换个角度来说，对于行贿者而言，上述损失大小就是其违法所得。这在行贿犯罪的罚金刑裁量中就是必须应当考虑的因素之一。

（三）退赃数额及时间

在贪污和受贿犯罪中，涉及退赃问题。由于犯罪嫌疑人对案件的认识各有不同，有的犯罪嫌疑人会选择在侦查阶段初期全部退赃，或者部分退赃；有的犯罪嫌疑人会选择在审查起诉阶段全部退赃，或者部分退赃；有的犯罪嫌疑人会选择在庭审阶段全部退赃，或者部分退赃；也有的犯罪嫌疑人拒绝退赃。显然，退赃数额越多，退赃时间越早，就直接反映出犯罪嫌疑人的认罪态度更好，相应的罚金应当更少。退赃数额越少，退赃时间越晚，所体现出犯罪嫌疑人的认罪态度就更差，相应的罚金应当更多。

这里需要注意的是：侦查部门要求犯罪嫌疑人的退赃数额与犯罪嫌疑人自身认可的数额、公诉部门所认定的犯罪数额以及法院最终认定的犯罪数额常常并不一致。在这种情况下，应当以犯罪嫌疑人实际退赃数额与法院最终认定的犯罪数额进行比较，进而确定罚金数额。法院不应以犯罪嫌疑人实际退赃数额未达到检察机关的要求为由，对其科处更多的罚金。

（四）缴纳罚金的能力

很多人会有这样的认识，涉及贪污贿赂犯罪的国家工作人员被法院所认定的犯罪数额比其实际收取的金额要少很多，因此，应当对这些人进行重罚。从犯罪学的角度出发，这种说法的前半部分有一定道理，但并不意味着应当对这些人可以适用更重的罚金。第一，并非所有案件均是上述情况，加之这只是基于一种经验判断，并没有相关证据加以支撑；第二，即使存在上述情形，由于各犯罪嫌疑人家庭情况的不同，尤其是当有证据证实犯罪嫌疑人及近亲属患病、家庭遭遇重大变故等情况下，其实际经济状况确实不尽如人意之时，倘若科处过重的罚金，极可能影响其近亲属日常生活，则不应对犯罪嫌疑人科处过重的罚金。

（五）是否存在自首、立功情况

是否存在自首情节是认定犯罪嫌疑人主观恶性程度大小的重要指标，这不仅影响到主刑的裁量，同样影响到附加刑的裁量。相对于自首情节而言，是否存在立功情节对于罚金刑的裁量影响应当更大。因为，立功情节的成立，往往意味着犯罪嫌疑人为国家及公共利益挽回了不少的损失，这种损失在很大程度上是可以量化的。因此，在罚金刑裁量时，应当考虑立功所挽回损失的程度。

四、结论

随着《刑法修正案（九）》的正式实施，罚金刑在职务犯罪中适用的范围大大扩大，但相关配套规定并不足以支撑审判机关在罚金刑的实际裁量中能够符合罪刑均衡原则的要求。审判机关存在滥用罚金刑的可能性。刑事辩护律师应该结合相关规定和职务犯罪的相关特点，寻找更多的辩点，以维护犯罪嫌疑人的合法权益。

刑事诉讼非法证据排除规则适用问题

广西东方意远律师事务所　王锦意

内容摘要：我国的非法证据排除规则立法层级不断提高，适用范围上不断扩大，启动程序进一步明确，是司法人权保障进步的体现，但现行的非法证据排除规则仍存在不少的问题。笔者分别从立法及实践两方面分析存在的问题，最后抛砖引玉地提出通过明确立法、提高律师地位及侦查技术等建议来逐步完善该规则。

关键词：非法证据　排除　立法　适用问题

一、“非法证据”及“非法证据排除规则”的界定

（一）非法证据的定义

在理论界，广义的非法证据即为我国诉讼法大辞典上的表述，指“来源、手段、形式及法定程序均不合法的证据”，而狭义的非法证据定义为手段及方式均不符合相关法律规定而取得的证据。刑诉法第54条在非法言词证据方面只将其定义限定为手段的不合法，在非法实物证据方面只将其定义程序的不合法不足以保障被告人的合法权益。笔者建议在非法证据的定义上宜采相对宽泛的定义，对来源、手段、形式及法定程序均不合法的证据。

（二）非法证据排除规则的界定

联合国禁止酷刑公约规定法官对于以酷刑、残忍以及违反人道主义而取得的证据供词没有自由裁量权，必须予以排除。联合国公约在非法证据排除的界定问题上较为宽泛。在美国，非法证据排除规则的界定最初只限于运用在排除非法证据作为定案的依据，后来渐渐扩展到对搜查令、逮捕证的签发等领域。在我国，有学者认为“执法机关及其工作人员使用非法的行为取得的证据不得在刑事审判中被采纳的规则”。[①]即把非法证据排除规则仅界定在定罪方面。2012年刑事诉讼法修改，虽未能采纳联合国禁止酷刑公约自动排除规则，虽存在一定问题，但已经有了长足进步。笔者认为，非法证据排除规则应扩展到逮捕阶段，即非法证据既要排除其作为起诉、判决的依据，也要排除其作为对犯

① 杨宇冠：《非法证据排除规则研究》，中国人民公安大学出版社2002年版，第4页。

罪嫌疑人进行逮捕的依据。

二、非法证据排除规则在我国的发展

1979年《中华人民共和国刑事诉讼法》就已确认了非法证据排除规则的法律条文，对我国法治进步作出了巨大的贡献，但仅规定基本原则而无具体制度保障。1996年刑事诉讼法继续沿用原非法证据排除的原则性规定。最高人民法院与最高人民检察院（以下简称“两高”）相继出台了关于非法证据排除规则的司法解释，但其仅限于排除非法言词证据的狭窄适用范围在司法实践中缺乏可操作性。2010年“两高三部”颁布的《规定》开始完善非法证据排除的程序问题的规定，如责任、证明标准等问题确立。2012年《中华人民共和国刑事诉讼法》的修改，让非法证据排除规则不仅仅存在于司法解释及规定当中，而是真正以基本法的形式完善其制度及适用，被誉为非法证据排除规则的里程碑。在此次修法当中，对非法证据排除规则的实体问题，如非法证据排除范围；程序问题，如非法证据排除的启动阶段、启动方式以及举证责任问题均有详尽规定。随后，两高出台相应的司法解释对2012年刑事诉讼法的非法证据排除规则进行配套完善，对我国法治进步作出了巨大的贡献。

三、现行非法证据排除规则适用问题

（一）现行立法上的问题

1.适用范围的狭窄。2012年刑诉法规定了采取暴力、威胁手段等非法方法获得的言词证据，如证人证言及被害人陈述，以及采取刑讯逼供等方式获得的被告人供述等，均应作为非法证据予以排除。根据学理解释，法律条文中的“等”字的含义应与前述所述手段的程度相当，这就意味只有与暴力和威胁手段以及与刑讯逼供相当程度的手段取得的言词证据才能适用非法证据排除规则[①]，这相对两高在1996年所发布非法言词证据排除规则的司法解释[②]是一种退步，因为刑诉法显然将引诱、欺骗等与暴力、威胁程度不相当的手段获取的证据排除在非法证据范围之外。

2.证明方式。录音录像为侦查人员证明讯问及调查取证过程合法性最强证

① 王尚新、李寿伟：全国人民代表大会常务委员会法制工作委员会刑法室编著:《〈关于修改刑事诉讼法的决定〉解释与适用》，人民法院出版社2012年版，第53页。

② 最高人民法院《关于执行〈中华人民共和国刑事诉讼法〉若干问题的解释》第61条规定：“凡经查证确实属于采用刑讯逼供或者威胁、利诱、欺骗等非法的方法取得的证人证言、被害人陈述、被告人供述，不能作为定案的根据。”

最高人民检察院《人民检察院刑事诉讼规则》第265条规定：“以刑讯逼供或者威胁、引诱、欺骗等非法的方法收集的犯罪嫌疑人供述、被害人陈述、证人证言，不得作为指控犯罪的根据。”

据，但2012年《中华人民共和国刑事诉讼法》仅规定"可以进行录音录像"[①]而非应当，虽其随后对一些重案、大案也进行了应当录音或录像的限定，但也只是录音或者录像两者取其一，而对于录音录像强制落实方面，无强制性规定，给侦查机关在重案、大案的讯问及取证过程中不录音或者不录像，以及一般案件中录音录像都不采纳提供了依据。

3.证明标准上。由于录音录像立法瑕疵，明确辩方在提出非法证据排除规则申请的证明标准不可或缺，但现行刑事诉讼法对于辩方证明标准较为模糊，未规定辩方需要达到什么程度的证明标准才能把举证责任转移给控方，由于辩方弱势的地位，导致法官的自由裁量权过于扩大，引发法律的适用问题。

（二）实践操作层面的问题

1.启动主体范围及启动标准问题。对于非法证据排除的启动方式上，一般有依申请及依职权启动两种方式，但我国刑诉法上并没有明确规定主体范围。在启动标准上，我国刑诉法规定当事人申请非法证据排除必须提供相应的线索及材料，但对于线索和材料的要求并没有明确的规定线索及材料的标准，造成法院及检方权力过大。在司法实践过程中，法院也尽量不启动非法证据排除规则，以达到提高庭审效率的目的，这让该程序启动的自由裁量权过大，实质上难以启动。

2.配套制度设施的落后。(1)实体正义与侦查技术的背离。除现行案件数量积压过多，庭审效率过慢之外，侦查技术的落后，以及在人民群众办案舆论压力下，加之党政机关的干预。非法证据排除规则很难在实践中被运用。(2)法院内部"潜规则"问题。为追求实体真实，一审法院法官会选择征求和采纳上一级法院法官的意见，这种"默契"的上下级请示汇报的程序，实质性造成一审终审，二审法院难以起到纠正的功能。(3)律师地位及权利问题。现阶段，虽明确要求了"犯罪嫌疑人自被讯问的第一次起就有权要求会见律师"，但在非法证据取得的多发的拘留和逮捕程序中，不允许律师侦查阶段进行调查，助长了非法证据的取得。

四、域外非法证据排除规则的借鉴

（一）大陆法系——德国的非法证据排除规则

在非法言词证据方面，德国以立法形式明确详尽罗列适用范围，并限制法

① 2012年《刑事诉讼法》第121条规定："侦查人员在讯问犯罪嫌疑人的时候，可以对讯问过程进行录音或者录像；对于可能判处无期徒刑、死刑的案件或者其他重大犯罪案件，应当对讯问过程进行录音或者录像。"

官的自由裁量权将其予以绝对排除[①]，规定不得剥夺律师帮助权。在非法实物证据上，德国法律明确了实物证据如果严重侵犯属于宪法规定的人格尊严权及人身自由权等权利的，应该对该证据予以禁用。

（二）英美法系——美国的非法证据排除规则

在非法证据排除适用范围上，美国有专门独立的审前程序，故非法证据的排除范围扩及其逮捕、搜查以及扣押等程序，警察进入刑事调查程序时必须取得合法依据，法院也有权对审前的证据予以排除。在非法言词证据方面，根据美国宪法第5修正案“不得强迫自证其罪”第6修正案“获得律师帮助权”和第14修正案“正当程序”的规定适用[②]，侧重发挥律师的作用。在非法实物证据方面，则援用美国宪法第4修正案的规定适用[③]，确保实物证据取得的合法程序。

五、我国非法证据排除规则的完善及建议

（一）明确非法证据排除的适用范围

笔者认为，我国可借鉴德国做法将常见的非法证据取得的方式、来源及手段等明确罗列，而不仅仅将其作为概括性的条文进行泛化，增加排除规则的适用难度，同时方便法官在庭审过程中的适用，可更好的兼顾实体正义与程序正义，提高庭审效率。

（二）进一步规范启动主体

现行刑诉法将非法证据排除的启动主体规定为:当事人及其辩护人、诉讼代理人，当事人即包括被害人及其法定代理人，诉讼代理人即为被害人及其法定代理人的代理人。但笔者认为由于刑事诉讼活动本身就是围绕着犯罪嫌疑人、被告人或其法定代理人的定罪问题而展开，故在启动主体上，笔者认为，刑诉法应排除刑事诉讼中的被害人、证人、鉴定人等。

（三）明确辩方证明标准

笔者认为，可借鉴美国的“优势证据标准”所谓证据之优势，也即为盖然

---

① 德国1950年《刑事诉讼法》第136条规定：“禁止以不正当方式讯问被告人，对被告人适用非法折磨、疲劳战术、妨害身体、服用药品、拷问、欺诈或催眠方法、威胁、许诺以及使用损害被告人记忆和理解力的方法所得的陈述，即使被告人同意，也不允许使用。”

② 王茂松：“非任意性自白之研究”，载《中兴法学》2012年第23期。

③ 美国宪法第4修正案规定：“人民的人身、房屋、文件和财产不受不合理的搜查和扣押的权力，不受侵犯；除非根据用宣誓或者誓愿的形式证明了的可成立的理由，并且具体写明搜查的地点、扣押的人身或者物品，不得签发令状。”

性之优势[①]，即辩方在庭审中提出的证据证明标准能使法官达到一种内心确信非法证据存在或成立的概率高于其不存在或不成立的概率，这种确信程度一般在50%以上即可。

（四）配套设施的完善

1.“获取律师帮助权”的肯定。我国律师在侦查阶段，根本无法介入侦查机关获得证据来源、手段及方式，笔者建议设置犯罪嫌疑人被讯问时律师在场制度，不仅有利于非法证据的排除，同时能显示我国注重人权保护的决心。

2.提高侦查技术。我国由于侦查技术的相对落后，重口供轻证据，使得非法言词证据一直难以排除。笔者认为，侦查技术是排除非法言词证据的强有力的配套措施，有必要进一步提高。

六、结语

非法证据排除规则的发展体现了我国近年来在司法改革过程中对程序正义与实体正义并重的决心，相较于西方发达国家而言，我国的非法证据排除规则虽起步较晚，但却可以充分借鉴各国的司法实践及运用的先进经验来取得后发的优势，笔者建议从立法上对模糊的规定予以明确，实践中完善侦查技术，发挥律师的作用，非法证据排除制度才能发挥其真正的作用。

参考文献

［1］Henry Cam Pbell Blaek.Black´s Law Dictionary［M］.New York: West Publishing-co.

［2］Richard May. Criminal Evidence［M］. New York:Blackstone Press Limited.

［3］杨宇冠.非法证据排除规则研究［M］.北京：中国人民公安大学出版社，2002（1）.

［4］杨宇冠.《刑事诉讼法》修改凸显人权保障——论不得强迫自证有罪和非法证据排除条款［J］.法学杂志，2012（5）.

［5］王尚新，李寿伟.全国人民代表大会常务委员会法制工作委员会刑法室编著:《〈关于修改刑事诉讼法的决定〉解释与适用》［M］.北京：人民法院出版社，2012.

［6］［德］托马斯·魏根特.德国刑事诉讼程序［M］.岳礼玲，温小洁，译.北京：中国政法大学出版社，2004.

［7］卫晓莹.论刑事诉讼非法证据排除制度［J］.法制与社会，2006（20）.

［8］王茂松.非任意性自白之研究［J］.中兴法学，2012（23）.

① 李学灯著：《证据法比较研究》，五南图书出版公司1992年版。

[9] 李学灯.证据法比较研究［M］.台北：五南图书出版公司，1992.

［10］何家弘.刑事司法大趋势——以欧盟刑事司法一体化为视角［M］.北京：中国检察出版社，2005.

［11］马可，吕升运.非法证据排除规则适用中的司法证明问题——以《非法证据排除规定》、201年《刑事诉讼法》修正案及司法解释为视角［J］.苏州大学学报：哲学社会科学版，2014（3）.

［12］张建伟.非法证据缘何难以排除——基于刑事诉讼法再修改和相关司法解释的分析［J］.清华法学，2012（3）.

［13］单民，董坤.检察机关适用非法证据排除规则若干问题探讨——兼论《人民检察院刑事诉讼规则（试行）》修改的意见和建议［J］.河北法学，2014（9）.

［14］丁晓静.论刑事诉讼非法证据排除规则［D］.中国政法大学硕士学位论文，2011.

［15］赵延勇.论刑事诉讼中非法证据排除规则在我国的构建［D］.中国政法大学硕士学位论文，2010.

［16］宋英辉，叶衍艳.我国审判阶段非法证据排除启动程序问题研究——基于《刑事诉讼法》及相关司法解释的分析［J］.法学杂志，2013（9）.

［17］何邦武.刑事非法证据排除规则的结构功能及其完善［J］.江海学刊，2013（3）.

司法改革中刑事辩护新契机

——庭审实质化改革语境下的辩护律师权利保障

宁夏兴业律师事务所　马　勇

内容摘要：此次"以审判为中心"的刑事诉讼制度改革并不是要进行一次以审判中心主义为模式的大改革，而是"以审判为中心"的小改。通过庭审实质化引导刑事诉讼，构建侦查、起诉、辩护、审判的良性架构。在这个进程中重视律师辩护权利的保障对于庭审实质化的落实有着十分重要的作用，因此应当在强制证人出庭、改革庭审举证质证规则、确立发问、交叉询问规则、保障辩护人调查取证权等方面关注律师辩护权利的保障。

关键词：以审判为中心　庭审实质化　律师辩护权利的保障

引　言

十八届四中全会做出的《中共中央关于全面推进依法治国若干重大问题的决定》(以下简称《决定》)注定将在中国法制史上拥有重要地位。其中很重要的原因就是它提出："推进以审判为中心的诉讼制度改革"，《决定》发布后的2016年6月27日，习近平总书记主持召开中央深改组第25次会议通过了《关于推进以审判为中心的刑事诉讼制度改革的意见》(简称《意见》)，强调"发挥好审判特别是庭审在查明事实、认定证据、保护诉权、公正裁判中的重要作用，……建立更加符合司法规律的刑事诉讼制度。"由此，一场以改变刑事庭审方式为核心的司法改革再次走进公众的视野。

随着以审判为中心的刑事诉讼制度改革的展开，证人、鉴定人、警察出庭作证并接受控辩双方的诘问将成为法庭上的常态。以司法亲历审理代替间接书面审理将对确保案件质量、公正裁判发挥巨大的作用。而以此为契机，为确保司法改革的顺利进行，建立更加符合司法规律的刑事诉讼制度，辩护律师的权利构建和保障必将再次被顶层设计者重视，刑事辩护事业又将迎来难得的发展机遇。本文就此谈一点认识。

一、现阶段刑事案件庭审流于形式，辩护律师权利得不到保障

对现阶段刑事案件庭审效能进行评估与检讨，是衡量下一步改革目标实现程度的基础。目前刑事诉讼的实际重心在侦查阶段，案件的实质和全面调查都在这一阶段完成，形成人们通常所说的侦查中心主义。在侦查中心主义下，法官尤其是一审法官缺乏司法亲历性，完全依据侦查机关形成的笔录卷宗进行审理，庭审调查也基本以复核笔录为主要形式，迫使审判机关成为侦查机关的“橡皮图章”，从而形成整个刑事诉讼流程完全围绕着侦查进行，出现人们所说的“公安做饭、检察院端饭、法院吃饭、律师蹭饭”的局面。在庭审流于形式的现状下，刑辩律师的各项权利也流于形式。在庭审时表现为质证时被要求简单质证，发问时被要求直截了当，辩论时被限制长篇大论，所调查的证据难得到采信，申请证人出庭难或不愿申请证人出庭等等。辩论沦为表演，形成“你辩你的，我判我的”，这种情形表面看损害了律师制度的发展，实质上损害了法律的尊严和公正。对此周强院长在《推进严格司法》一文中说：“刑事诉讼中审判程序难以发挥对其他诉讼程序的制约作用，严重影响刑事司法尺度的统一和刑事司法公正，必须深化刑事司法改革，推进建立以审判为中心的诉讼制度。”

二、要确保“以审判为中心”的刑事诉讼制度改革顺利进行，在建立新型的诉讼构架中应当注重保障辩护律师的权利

《意见》指出司法改革需要“建立更加符合司法规律的刑事诉讼制度”，因此对侦查、起诉、辩护、审判四方面的权利格局进行改革应是当有之义，而在当下以推进庭审实质化来实现司改阶段性目标的进程中，围绕着庭审改革，则应当注重构建和保障辩护律师的如下权利。

（一）改革庭审举证、质证方式，保障辩护律师充分的质证权

庭审流于形式在举证环节的表现就是控方以概括说明的方式批量举证，这种批量举证使得庭审节奏异常快速，关键证据夹杂在批量举证中一带而过；被告人质证时只能就记住的提出质证意见，记不住的则无法进行一一对应的质证；辩护律师质证时法庭时常会要求律师对证据的三性进行质证，而通常会制止辩护律师对证明力、证明目的的质证意见，并要求在辩论阶段再发表相应证据证明力、证明目的的意见，导致质证辩论不彻底，本应在质证阶段解决的问题未得到解决。刑诉法司法解释218条所规定的“互相质问、辩论”的质证权利在实践中没有得到保障。

对此笔者建议应对举证、质证方式进行规制，即对适用概括说明式的批量举证和一证一质的情形进行规定，限制批量举证；如辩护人提出异议的，还应

当听取辩护人对举证方式的意见；此外还应当要求控方有义务向律师提供证据目录或者清单，庭审时应按照目录或清单举证、质证；同样，应规定允许控辩双方在质证时对证据进行多轮次的辩证，不应随意抑制辩方发表质证意见。

（二）改革人证出庭制度，保障律师申请人证出庭的权利

2012年刑诉法虽对证人、鉴定人、被害人、专家证人等人证出庭的条件、保障及拒不出庭作证的处罚等方面进行了规定，但实践中人证不出庭的现象仍旧普遍存在。而“关键证人出庭作证是刑事庭审实质化的核心所在，也是庭审调查的重中之重。”故最高院确定的庭审实质化改革试点的温州、成都两个中院都将人证出庭作为关键工作来抓。要确保庭审中人证出庭作证，笔者建议重点从限制书面证言的证据资格入手，确定证人出庭的法定条件，限制法官使用酌定权的条件，强化人证出庭、保障律师申请人证出庭的权利。

值得注意的是，从上述两个试点中院的报告看，尽管试点法院对于推动人证出庭的意愿很高（可能是基于试点的原因，这与非试点法院不愿意证人出庭的态度截然不同），但人证出庭的实际情况并不乐观。成都中院试点时人证出庭案件共计53件，占试点案件总数的63.8%；温州两级法院共在205起刑事案件中通知431人出庭，实际有119起案件179人出庭作证，实际到庭率41.53%。

笔者认为人证出庭难的原因是多方面的，既有中国传统文化的因素，也有法律规定本身的原因，而对于控辩双方而言，基于各自的诉讼利益而不愿人证出庭也是其中原因之一。正如《温州法院推进庭审实质化改革试点工作调研报告》中所述，“控辩双方申请证人出庭的意愿不强”是因为公诉机关担心“关键证人出庭时翻证，会对证据体系造成严重破坏，甚至直接推翻指控，导致公诉人陷入被动……”。“辩护人处于保护自身的目的，对证人出庭持被动态度，部分辩护人将联系证人、申请出庭的工作推给被告人家属，对出庭证人的身份、证言不加审核，造成申请出庭的成功率不高”。调研报告中呈现的辩护律师对申请人证出庭意愿不高的现实令人意外，但这种情形又与刑法第306条规定的辩护人毁灭、伪造证据、妨碍作证罪有很大的关系。因此笔者建议，在庭审实质化改革过程中辩护律师不仅要积极申请人证出庭作证，同时还需采取双律师办案、会见证人时录音录像等措施防范执业风险。当然笔者呼吁立法部门修改或废除该罪名，因为这不仅对辩护律师执业权利的保障大有裨益，而且对庭审实质化改革进程具有积极作用。

（三）细化对人证发问规则，保障律师发问权利

刑诉法司法解释212条到216条对庭审发问的规定过于简单，不能适应庭审实质化改革的需要，在司法实践中辩护人发问经常会被法庭要求简短、直接发

问等理由打断或制止，这些都需要在新的改革中予以关注并做出细化规定，以保障辩护人发问权利的充分行使。笔者建议制定发问的规则应当包括发问的主体、顺序、轮次、方式以及发问的内容，发问过程中的异议权利以及限制、制止控辩双方发问的情形。值得注意的是，在成都中院制定的《刑事诉讼人证出庭作证操作规范（试行）》中对为了帮助证人唤起记忆而进行的诱导发问不严格限制的探索性规定，令人印象深刻。此外，还应当规定控辩双方发问时可以现场测试等方式考察人证的证明能力，如允许对人证视力进行现场测试等制度。

（四）保障律师调查取证权

庭审实质化需要辩护律师对控方证据尤其是关键证据进行核实，这就需要赋予及保障辩护律师调查取证权。刑诉法第39至41条对辩护律师调查取证规定了自行调查取证和申请调查取证两种形式，但实践中仍存在自行调查取证权受到限制，没有其他程序和手段来落实保障这种权利；而申请调查取证权更缺乏程序保障，在实践中律师申请调查取证很容易被限制或者不予理睬，导致辩护律师的调查取证变成了私家侦探式的偷偷摸摸，再加之广为业界诟病的刑法306条的规定，使得调查取证成为辩护律师不愿涉足的禁区，但是没有正当的权利何来公正的调查结果。

结 语

总之，以审判为中心的刑事诉讼制度改革是一场牵一发动全身的改革，而不注重辩护律师权利保障的改革注定将难以远行。作为律师，笔者希望此次改革能够达到顶层设计者的预期，同时也希望辩护律师再次搭上改革的顺风车从而保障律师各项辩护权利的落实，以改变刑事辩护的困境。

令人欣喜的是，改革试点中有利于辩护律师的新气象已经出现，如成都中院调研报告有关改革初步成效的评估中指出“诉辩意见当庭发表，庭后不接受补充意见，倒逼控辩双方提高示证能力和论辩能力”；以及“庭审程序发挥实质性功能，控辩双方的论辩情况对判决结果有重大影响”。“改革对法官、检察官、警官、律师执业技能均提出了迫切要求，客观上倒逼和促进法律职业共同体整体提升职业素养”。试点法院的改革成效已经昭示出此次改革又将是律师行业发展的新机遇，毫无疑问，只有那些重视庭审、研究庭审规律的辩护律师才能成为此次改革的先锋。

参考书目

[1] 朱孝清. 司法的亲历性 [J]. 中外法学，2015（4）：919.

[2] 叶青. 以审判为中心的诉讼制度改革之若干思考 [J]. 法学，2015（7）.

[3] 龙宗智. 庭审实质化的路径和方法 [J]. 法学研究，2015（5）.

[4] 闵春雷. 以审判为中心：内涵解读及实现路径 [J]. 法律科学，2015（5）.

略谈贪污贿赂案件最新司法解释对刑事辩护的影响

重庆春意律师事务所　程　洪

内容摘要：贪污贿赂案件最新司法解释细化了定罪和量刑数额，数额等级划分具有一定的合理性。但是，具体数额与部分模糊性情节相结合，不但影响到定罪和量刑，还会影响到司法的公正性。本文从犯罪构成、罪刑法定和量刑辩护三个方面，简略探讨该司法解释对刑事辩护产生的影响，以飨律师同行，作实务中指导。

关键词：贪污贿赂罪　司法解释　定罪量刑　刑事辩护

《刑法修正案（九）》将贪污贿赂罪的定罪量刑标准从具体数额标准调整为"抽象数额"和"情节"模式标准。在"大而统"的传统观念之下，"抽象数额"和"情节"在具体案件中如何适用，仍需最高司法机关发布司法解释予以确定，导致《刑法修正案（九）》自2015年11月1日施行起，近半年的时间里，贪污贿赂案件的定罪量刑呈现普遍"中止适用"的"奇观"。在千呼万唤之下，"两高"经过缜密研究，于2016年4月18日联合发布了《关于办理贪污贿赂刑事案件适用法律若干问题的解释》（以下称《解释》），并当日起实施。《解释》通过"严""密"体系之设置，体现依法严惩贪污贿赂犯罪之原则，力图实现法治反腐之功效。由于《解释》对刑法中抽象的数额和情节进行了相对具体化的技术构造，必然对定罪和量刑产生实质性的影响。

一、对犯罪构成的影响

（一）贪污受贿罪中数额和情节的性质

在我国刑法理论界，学者对"数额+情节"模式存在"构成要件说"和"处罚条件说"之争。①刑法第382条第1款、第385条第1款对贪污、受贿罪作出明确的定义，其中并不包含数额和情节构成要件要素。刑法第383条第1款规定，"对犯贪污罪的，根据情节轻重，分别依照下列规定处罚"；刑法第386条规

① 参见［德］埃里克.希尔根多夫：《刑法体系与客观归责——中德刑法学者的对话（二）》，梁根林译，北京大学出版社2015年版，第12页、第51~52页。

定，“对犯受贿罪的，根据受贿所得数额及情节，依照本法第383条的规定处罚”。《解释》对刑法第383条第1款中的“情节轻重”和第386条中的“数额及情节”以“数额+情节”的模式进行了细化。但该解释并未遵从传统理论的构成要件说，将“数额+情节”作为区分罪与非罪的标准[①]，而是更接近于周光权教授和陈兴良教授的“客观处罚条件说”[②]，以及张明楷教授的“评价要素说”[③]。因此，《解释》大胆地将“曾因贪污、受贿、挪用公款受过党纪、行政处分的”“曾因故意犯罪受过刑事追究的”，这些与犯罪行为没有客观联系的“前科情节”纳入衡量“情节轻重”的标准之中。那么，在《解释》第1条、第2条中，“数额+情节”只是贪污、受贿罪的量刑规则，并非犯罪构成要件要素。换言之，“数额+情节”只涉及行为人当不当处以刑罚，或处以什么刑罚的问题，与是否构成贪污、受贿罪无关。

（二）挪用公款罪中数额的性质

刑法第384条第1款挪用公款罪就表现为三种具体行为，[④]即三种基本犯形式，和两级刑罚升格条件。其中，“数额较大”是挪用公款进行营利活动的，和挪用公款超过三个月未还的犯罪构成要件要素。而“数额”不是“挪用公款归个人使用，进行非法活动”的犯罪构成要件要素。“情节严重”和“数额巨大”是三种基本犯的法定刑升格条件。因此，《解释》第5条中的“数额”当属量刑规则，第6条中的“数额”当属犯罪构成要件要素，分别属于刑罚论和犯罪论的范畴，各自对量刑和定罪产生影响。

（三）行贿罪中数额和情节的性质

在刑法第389条第1款的规定中，“数额”不是行贿罪构成要件要素。在刑法第390条第1款规定的对行贿罪处罚中，“数额”也不是基本犯的量刑规则，只是将“情节严重或重大损失”“情节特别严重或特别重大损失”作为法定刑的升格条件。刑法第389条第2款规定，“在经济往来中，违反国家规定，给予国家工作人员以财物，数额较大的”，以行贿论处。既然刑法将该行为拟制为行贿罪，那么，笔者认为该款中的“数额较大”应当属该行贿罪的构成要件要

①参见高铭暄：《刑法专论》（第二版），高等教育出版社2008年版，第759页。

② 参见陈兴良、周兴权：《刑法学的现代展开Ⅱ》，中国人民大学出版社2015年版，第299页；[德] 埃里克·希尔根多夫：《中德刑法学者的对话——罪刑法定与刑法解释》，梁根林译，北京大学出版社2013年版，第19页。

③ 张明楷：《刑法分则的解释原理（第二版）》（下），中国人民大学出版社2012年版，第588页。

④ 周道鸾、张军：《刑法罪名精释（第三版）》，人民法院出版社2008年版，第815页。

素，而不是量刑规则。因此，对于刑法389条第2款中的“数额较大”，应当不低于《解释》第7条第1款“3万元以上”的标准。而《解释》第7条第2款规定的“数额”+6项“情形”，无法满足“经济往来中”和“数额较大”构成要件要素的基本条件。那么，该拟制行贿罪法定刑的升格就应以“数额”为条件，而不是“数额+情节”为条件。

综上，在适用《解释》的辩护过程中，律师应当注意区分“数额”“情节”系犯罪构成要件要素，还是量刑规则或处罚条件，这涉及到罪与非罪、当罚与不当罚、此刑罚与彼刑罚的问题。

二、扩大解释对辩护的影响

（一）《解释》扩大了死刑的适用范围

刑法第383条第1款第3项中，只规定了贪污“数额特别巨大，并使国家和人民利益遭受特别重大损失的”，才适用死刑，而对于该项分号前的“数额特别巨大”或“情节特别严重”的贪污犯罪中，没有规定死刑的法定刑。《解释》第3条第1款规定，“贪污或者受贿数额在300万元以上的，应当认定为刑法第383条第1款规定的‘数额特别巨大’，依法判处10年以上有期徒刑、无期徒刑或者死刑，并处罚金或者没收财产”；第2款规定，“贪污数额在150万元以上不满300万元，具有本解释第1条第2款规定的情形之一的，应当认定为刑法第383条第1款规定的‘其他特别严重情节’，依法判处10年以上有期徒刑、无期徒刑或者死刑，并处罚金或者没收财产”。刑法第383条第1款第3项中的“贪污数额特别巨大或者有其他特别严重情节”属选择性条件，均为该款第2项“数额巨大或其他严重情节”的法定刑升格条件，且明确规定了法定刑为“处10年以上有期徒刑或者无期徒刑，并处罚金或者没收财产”。刑法第383条第1款第3项分号后的“数额特别巨大，并使国家和人民利益遭受特别重大损失”也应是该款第2项“数额巨大或其他严重情节”的法定刑升格条件，而不是“数额特别巨大或者有其他特别严重情节”的升格条件。[①]因此，笔者认为，《解释》第3条对“数额特别巨大或者有其他特别严重情节”适用死刑的规定，违反了罪刑法定原则，应当属无效解释。

（二）将接受“感情投资”拟制为受贿行为

《解释》第13条第2款规定，“国家工作人员索取、收受具有上下级关系的下属或者具有行政管理关系的被管理人员的财物价值3万元以上，可能影响职权行使的，视为承诺为他人谋取利益”。最高人民法院在2003年11月13日发布

① 若分号后段是前段的升格条件，应单列一项。立法者使用分号，表明前后两段之间并非补充或递进关系。

的《全国法院审理经济犯罪案件工作座谈会纪要》第3条第2项中规定，“明知他人有具体请托事项而收受其财物的，视为承诺为他人谋取利益”。该纪要中的视为承诺为他人谋取利益，是以存在“明知他人有具体请托事项”的主观违法要素为前提，具有司法推定的性质。《解释》第13条第2款规定的受贿，不需要行为人是否认识到他人有具体请托事项，只要存在上级或行政管理人员收受下属或被管理人员财物的客观事实，就具有了为他人谋取利益的主观违法意图。在法律拟制的场合，尽管立法者明知T2与T1在事实上并不完全相同，但出于某种目的，仍然对T2赋予T1相同的法律效果。[①]因此，《解释》第13条第2款将“感情投资”等同于为他人谋取利益而收受他人财物同样的法律效果，是一种明显的法律拟制。但是，法律拟制是类推，只是一种立法上的类推，完全不同于司法上的类推适用与类推解释。[②]所以，该解释不符合罪刑法定原则。

根据司法实践，“两高”作出这样的司法解释，必定会适用到具体的案件之中。法律拟制仅适用于刑法明文规定的情形，而不具有普遍意义；对于类似的情形，如果没有法律拟制规定，就不得比照拟制规定处理。[③]根据法律拟制的这一特性，笔者认为，下属或被管理人员向上级或行政管理人员赠送财物，不存在谋取不正当利益主观违法要素的情况下，不管次数的多少和数额的大小，应当然不适用《解释》第7条、第8条、第9条的规定。

（三）从重情节成为法定刑的升格条件

刑法第56条规定，累犯属法定的从重处罚的情节。《解释》第3条第2款、第3款，却将“曾因贪污、受贿、挪用公款受过党纪、行政处分的”“曾因故意犯罪受过刑事追究的”，作为法定刑的升格条件之一。累犯虽然是法定刑的从重处罚情节，但它只是预防刑情节，亦即，只能在责任刑之下影响。可是上述解释直接使累犯成为法定刑的升格条件，这便明显违反了责任主义。受过刑事处罚或行政处罚后再犯同种罪的属于法定刑升格条件中的“情节严重”、“情节特别严重”，这明显违反了刑法精神。[④]

刑法第384条第2款将挪用特定款物规定为挪用公款的从重处罚情节，而《解释》第5条、第6条，也是将挪用特定款物解释为挪用公款罪的法定刑升格条件之一。挪用特定款物的比挪用一般款物的挪用公款罪在数额上要少二分之

---

① 张明楷：《刑法分则的解释原理（第二版）》（下），中国人民大学出版社2012年版，第632页。

② 同上，第634页。

③ 同上，第632页。

④ 同上，第601页。

一，似乎从反向体现了刑法第384条第2款规定的“从重处罚”。但是，这种反向从重实质是降低了法定刑的升格条件。如，挪用特定款物从事非法活动在50万元以上，是否还适用刑法第384条第2款从重处罚的规定？若适用，就存在重复评价问题；若不适用，刑法第384条第2款的规定就被架空。

三、对量刑辩护的影响

（一）退赃对贪污罪量刑的影响

刑法第383条第3款规定，在提起公诉前积极退赃的，可以作从轻、减轻或者免除处罚的条件之一。《解释》第1条第2款规定，贪污数额在1万元以上不满3万元，具有“拒不交代赃款赃物去向或者拒不配合追缴工作，致使无法追缴的”情节，属于“其他较重情节”之一。刑法第383条第3款规定的积极退赃与如实供述自己罪行、真诚悔罪是并列条件。[①]那么，除刑法总则规定的从轻、减轻情节外，只要存在《解释》第1条第2款的赃款无法追缴的情形，就丧失从轻、减轻和免于处罚的条件。

（二）行贿罪免除处罚情节

有人认为，刑法第390条第2款规定的“犯罪较轻的”“对侦破重大案件起关键作用的”“或者有重大立功表现的”，只要符合其中之一的，即“可以减轻或者免除处罚”。[②]即在行贿罪基本刑范围内，存在“犯罪较轻”“对侦破重大案件起关键作用”“或者有重大立功表现”情节之一时，就有可能免除处罚。而行贿罪的基本刑是“五年以下有期徒刑或者拘役，并处罚金”，因此，免予处罚并非必须是《解释》第14条第1款规定的3年有期徒刑以下刑罚的情形。

四、结语

笔者作为一名律师，无意去评论《解释》中存在的不足，只是在坚持罪刑法定原则下，粗略分析该司法解释“数额+情节”模式的体系标准，对定罪和量刑带来的影响。由于《解释》倾向于“适用方便主义”，在今后的施行过程中，一定还会出现更多的问题。如果只是将《解释》中的“数额”和“情节”进行简单的堆砌，那么律师的刑事辩护就会显得十分的呆板。因此，很有必要将《解释》的“数额+情节”，同刑法理论、解释学原理相结合起来，方能使刑事辩护发挥其应有的作用。

---

① 沈德咏：《〈刑法修正案（九）〉条文及配套司法解释理解与适用》，人民法院出版社2015年版，第385页。

② 同上，第395页。

关于律师对宽严相济刑事政策发挥作用的调研报告

贵州贵达律师事务所　朱　山　周书亭

内容摘要： 宽严相济刑事政策应充分发挥公、检、法、司四机关的作用，律师的作用不可或缺，应予以高度重视。

关键词： 宽严相济　辩护率　司法保障

宽严相济的刑事政策，是我国原有的“惩办与宽大相结合”刑事政策的继承与发展，强调要根据犯罪态势、社会治安形势的变化，对犯罪实行区别对待，注重宽与严的有机统一，该严则严，当宽则宽，宽严互补，宽严有度，充分发挥司法机关和律师的职能作用，促进社会和谐稳定。为促进贵州省进一步贯彻落实好宽严相济的刑事政策，2016年3月以来，我们有幸参与了贵州省政协社会与法制委员会专门组建调研组进行的调研，对律师在侦查、审查起诉、审判及刑罚执行阶段减刑、假释、保外就医的参与情况给予了重点关注。

一、贵州省贯彻宽严相济刑事政策的基本情况和做法

从调研的情况来看，贵州省贯彻执行宽严相济刑事政策的总体情况是好的，但律师作用的发挥不容乐观。2013年至2015年，全省公安机关共侦破大量刑事案件，尤其是命案破案率较高，抓捕了一大批严重刑事犯罪分子。全省检察机关共对3656名职务犯罪人立案侦查，其中，县处级177人，厅局级以上20人。全省法院共审结严重刑事犯罪案件36182件，判处罪犯41465人，占判处罪犯人数的17.44%；死刑案件核准率一直位居全国前列。审结贪污贿赂案件2197件，严格把握职务犯罪缓刑的适用，职务犯罪人适用缓刑的比例控制在31.29%，低于全国同期3至4个百分点。全省累犯、毒品再犯人数下降了13.96%，均优于全国同期平均水平。各级政法机关严格依照刑事强制措施的适用条件，正确把握罪与非罪的界限。全省检察机关依法不批捕11941人，不起诉3541人。全省法院共对38名被告人依法宣告无罪（包括个别死刑或重罪案件被告人改判无罪）。此外，公、检、法机关合力推进轻微刑事案件快速办理机

制，减少涉案人员在各个诉讼环节的停留时间，其中，侦查阶段办案时限平均缩短为9天，审查起诉阶段平均缩短为11天，审判阶段平均缩短为5天。

具体做法是：

（一）公安机关逐步重视依法保障律师执业权利

全省公安机关严格依法保障犯罪嫌疑人的合法权益，但侦查阶段律师介入的比例偏低，重大刑事案件聘请律师的比例约34.5%，一般刑事案件约为18.9%，聘请律师介入的公安机关依法安排了会见，但充分听取律师意见有待进一步改善。通过律师参与，一是在办理刑事案件的过程中，根据法律法规等严格区分罪与非罪，认真辨别刑事案件与一般行政违法、民事、经济纠纷案件的界限，对于不符合立案标准的，坚决不予立案；在立案后发现不应当立案的，依法作撤案处理。二是在保证刑事诉讼活动正常进行的同时，审慎适用拘留、逮捕等强制措施，对于符合法定条件的犯罪嫌疑人，尽量用取保候审或者监视居住等限制人身自由的措施。

（二）检察机关忠实履行检察职责，打击犯罪与预防犯罪并重，努力维护社会和谐稳定，为发挥律师作用创造了良好的环境

一是自侦案件告知当事人有权聘请律师，但聘请律师案件比例不足40%，律师会见难的问题基本解决，重大贿赂案件依法在侦查终结前安排了律师会见。二是严把审查起诉关，宽严相济。对严重侵害人民群众生命、财产安全的严重暴力性犯罪，坚决依法提起公诉追究其刑事责任；对于部分轻微刑事案件，坚持从宽处理，依法作出不起诉决定，化解社会矛盾，促进社会和谐。三是严格审查“逮捕的必要性”，慎用“逮捕措施”，在审查逮捕必要性时，注重对逮捕条件中“社会危险性”条件的把握，对可捕可不捕的，应当不捕。例如，2013年至2015年，安顺市检察机关不批捕未成年犯罪嫌疑人188人，占受理审查逮捕未成年人案件人数的35%，但律师参与比例不到10%。同时，进一步推进逮捕后羁押必要性的审查，对羁押必要性消失的犯罪嫌疑人、被告人依法变更强制措施或者予以释放，减少不必要的羁押。四是高度重视量刑建议在贯彻宽严相济刑事政策中的作用，区分犯罪的严重程度、犯罪人的主观恶性、人身危险性等情况，提出不同的量刑建议，为法院正确量刑提供参考。五是依法履行法律监督职责，确保宽严相济刑事政策的落实。2013年至2015年，全省检察机关通过向公安机关发出立案通知书、撤案建议等方式，督促公安机关立案2112件；督促撤案1737件。

（三）人民法院充分发挥刑事审判职能作用，严厉打击各类刑事犯罪，加强人权司法保障，充分重视律师作用，全面贯彻宽严相济刑事政策

在严惩严重刑事犯罪的同时，对具有从轻、减轻或免除刑事处罚情节的被告人，依法予以从宽处理。一是对于具有自首、立功等法定从轻、减轻处罚情节的被告人，给予从宽处罚。同时，根据犯罪动机、目的、犯罪前的一贯表现、犯罪手段、犯罪后的态度等酌定情节也给予充分的考虑，在量刑上予以体现。二是对轻微犯罪人积极适用管制、单处罚金、缓刑等非监禁措施或者免予刑事处罚。2013年至2015年，全省法院共对两万多人判处缓刑、管制等非监禁刑；依法审结减刑、假释案件6000多件。三是严格按照刑事诉讼法规定的证明标准来认定案件事实、采信证据，对定罪证据坚持排除合理怀疑。对不构成犯罪或者证据不足的，依法宣告无罪。四是对青少年犯罪人坚持“教育为主、惩罚为辅”的原则和“教育、感化、挽救”的方针，对于罪行较轻的未成年犯罪人，以适用非监禁刑为主，对依法不需要判处刑罚的，免于刑事处罚。2013年至2015年与过去三年相比，未成年人非监禁刑的适用率提升了5.63个百分点。此外，充分运用犯罪记录封存、社区矫正等制度，为未成年人重新回归社会创造条件。例如，2013年至2015年，贵阳市花溪区人民法院共审理未成年人犯罪案件164件191人，对这191名未成年人的犯罪记录全部进行封存，取得了良好的社会效果。五是在审理共同犯罪案件时，注意区分各被告人的作用地位，分清主犯与从犯、胁从犯，并在量刑上予以充分体现。六是加大罚金刑等财产刑的适用力度。不断扩大单独适用罚金刑的范围。2013年至2015年，全省法院生效判决中共判处单处罚金刑人数逐年增加。

（四）司法行政机关充分发挥法律服务、保障职能，贯彻落实宽严相济刑事政策

全省司法行政机关充分发挥职能作用，深入推进法律援助、社区矫正、减刑、假释等工作，对犯罪嫌疑人、被告人争取从宽处理。一是各级律师协会充分发挥职能作用，刑事辩护律师积极履行辩护职能，维护犯罪嫌疑人、被告人的合法权益，客观上促进了我省刑罚适用的轻缓化。二是监狱等刑罚执行机关严格办理罪犯减刑、假释案件，确保刑罚执行的公平、公正。2013年至2015年，平均假释率为4.18%，与过去三年相比，假释率提高了2.36个百分点。三是不断完善社区矫正相关制度，健全社区服刑人员的分类管理。但律师在减刑、假释、保外就医案件中参与比例不足3%。

二、我省贯彻宽严相济刑事政策存在的主要问题及原因分析

通过调研发现，我省政法机关在贯彻宽严相济刑事政策的过程中，也存在

着一些值得重视的问题，影响到了这一基本政策的有效落实。

（一）对宽严相济刑事政策中的“严”掌握还不够到位

虽然与过去相比，我省司法机关贯彻宽严相济刑事政策取得了很大进步，已经从原来的一味强调“严打”，转向打击犯罪与保护人权并重。但是，对“严”的掌握还有不到位的地方。一些职务犯罪过多地适用缓刑和免予刑事处罚。近三年来，我省重刑率①虽呈下降趋势，但均高于全国同期平均水平2到5个百分点。重刑率高导致上诉率、二审案件数攀升。2013年到2015年，全省二审结案数增长速度明显高于一审结案数，因量刑过重不服法院生效判决的人数也逐年增加，平均增长率为33.17%。

（二）贯彻宽严相济刑事政策中“宽”的方面问题更为突出

重打击、轻保护，对一些没有社会危险性的犯罪嫌疑人，特别是未成年人也予以拘留、逮捕，取保候审、监视居住等措施的适用比例不高。2013年至2015年，全省轻微刑事案件平均羁押率为72%，与全省80.4%的平均批捕率相差不明显。检察机关对于可以作出相对不起诉的案件范围理解过于狭窄，相对不起诉，附条件不起诉的适用比例偏低。例如，2013年至2015年，毕节市检察机关共对254件轻微犯罪的294人做出不起诉决定。其中，交通肇事罪、故意伤害罪、聚众斗殴罪等，占到不起诉案件的90.39%。对于未成年犯罪人适用附条件不起诉的比例也不高。我省非监禁刑、免于刑事处罚的适用比例均低于全国平均水平，宽缓政策依然有发挥的空间。2013年至2015年，全省有期徒刑、拘役适用缓刑比例低于全国同期平均水平9到10个百分点；管制刑适用比例低于全国同期平均水平0.5到0.7个百分点；单处罚金刑适用比例低于全国同期平均水平0.7到0.9个百分点；免于刑事处罚适用比例低于全国同期平均水平0.3到0.5个百分点。

（三）“宽严相济”的“济”落实得不好

严重犯罪中可能具有一些从宽情节，轻微犯罪中也可能具有一些从重情节。政法机关在贯彻宽严相济刑事政策的过程中，对少数严重犯罪，存在没有充分运用各种法定、酌定量刑情节，体现“严中有宽”，使一些具有自首、立功等法定情节的被告人没有得到从轻、减轻处罚，被告人的犯罪动机和目的、犯罪情节、危害后果、被告人的一贯表现、认罪悔罪态度等酌定从轻情节的考虑往往不足，量刑上总体偏重，导致上诉率、改判发回率较高，“量刑过重”仍然是被告人上诉的首要理由。另一方面，也存在对一些实施轻微犯罪但具有累犯或犯罪前科等从重情节的情况，没有很好地体现“宽中有严”。在财产刑的执行

① 重刑率是指判处五年以上有期徒刑至死刑的犯罪人占生效犯罪人数的比例。

上，该严不严较突出。许多图利性犯罪虽然依法判处了罚金、没收财产等财产刑，但基本上都没有执行到位，影响到了刑罚执行的严肃性。

产生以上问题的原因是多方面的，但不可忽视的原因是公、检、法机关未形成良好的“分工负责，互相配合，相互制约”的关系，控辩双方力量失衡，未能充分发挥律师的重要作用。在一些具体制度上，公、检、法机关也存在着配合不到位的问题。例如，在轻刑快审问题上，一些公安、检察机关不够重视，不愿意启动“速裁”程序，加之收集证据不够全面，导致法院不能做到快审快结。一些法院对被告人认罪的案件，提出过多的证据要求，也影响了轻刑快审制度的落实。

三、发挥律师对贯彻执行宽严相济刑事政策的建议

（一）不断推进司法改革，特别是以“审判为中心的诉讼制度改革”，保证公正司法，不断提高司法公信力

党的十八届四中全会部署了一系列司法改革措施，其中，以“审判为中心的诉讼制度改革”强调侦查、起诉和辩护等各个诉讼环节都必须围绕审判展开，做到事实证据调查在法庭，定罪量刑辩论在法庭，判决结果形成在法庭。这是保障宽严相济刑事政策有效落实的重大制度。我省作为全国司法改革的试点，应进一步推进“以审判为中心”的诉讼制度改革，切实发挥审判程序应有的终局裁断功能及其对审前程序的制约、引导功能，严格贯彻证据裁判原则，确保侦查机关依法收集、固定、保存证据，检察机关、审判机关依法审查、运用证据；进一步完善证人、鉴定人出庭的保障机制，发挥庭审在查明事实、认定证据、保护诉权中的决定性作用。建议由省委政法委牵头，公、检、法机关共同研究制定刑事案件基本证据要求，并通过信息化手段将其整合进办案系统，对公、检、法机关案件移送的基本证据要求作出规范。

（二）加大对法律援助经费的投入

党委、政府应当进一步加大政法经费的投入力度，切实提高公、检、法等部门的经费保障水平，增强政法机关的科技装备建设，加快“政法云”的开发，不断提高政法机关的信息化水平，加大法律援助经费的投入，提高应援尽援的范围。

（三）进一步推进轻刑快审和认罪认罚从宽制度的落实

建议公、检、法机关要尽快建立健全轻微刑事案件快速审理机制，依法简化工作程序，缩短办案期限，进一步明确“轻刑快审机制”审理的案件类型，真正做到轻刑快审。当前，中央正在抓紧制定认罪认罚从宽制度试点方案，贵州应争取成为认罪认罚从宽制度改革的试点先锋，从而推动我省宽严相济刑事

政策的进一步落实。检察机关应进一步建立完善附条件不起诉的考察、帮教配套措施，吸收社会力量参与到考验期的帮教工作中来，将附条件不起诉的未成年人纳入社区矫正的适用范围，做好附条件不起诉未成年人的留校、复校、就业、升学等有关配套工作。

（四）努力提高刑事辩护率，进一步推进刑事案件的法律援助工作，确保犯罪嫌疑人、被告人及时获得法律帮助

一是要大力发展律师事业，目前贵州律师约4500人，万人比约1.2，远低于全国平均水平，加上刑事案件收费偏低，导致律师积极性不高，参与刑事辩护的比例偏低。二是要为律师参与侦查、起诉、审判，特别是刑罚执行，逮捕必要性审查提供保障。司法行政机关要建立健全法律服务机构和人员开展法律援助的考核评价机制，规定承办一定数量的法律援助案件。要适当提高律师承办刑事法律援助案件的补贴标准。

“毒驾”入刑的价值理论分析

四川明炬律师事务所　陈自强　崔红梅

内容摘要： 2015年8月24日，全国人大常委会对刑法修正案九进行三审，其审议焦点之一是搁置“毒驾”入刑。本文认为，“毒驾”行为应当及时入刑，并从“毒驾”的严重社会危害性，具有与危险驾驶相当的社会危害性，符合犯罪化标准，符合民意，以及对刑事司法实践的指引和世界刑事立法的发展趋势进行了价值理论分析。

关键词： 毒驾　入刑　分析

何为“毒驾”？其官方定义是指以非医疗目的服用国家管制的精神药品和麻醉药品后驾驶机动车辆的行为。来自英国的一项调查发现，酒驾要比正常反应时间慢12%，“毒驾”则比正常反应时间慢21%，人在吸毒之后易产生视觉幻想（比如，最近的一篇新闻报道“驾驶员将水果刀当车钥匙 涉嫌毒驾遭逮捕”便是有力的论证）。吸毒之后，人的驾驶能力严重削弱，为恶性交通事故的发生埋下隐患，毒驾作为危险驾驶罪危及到人们的安全。如何让潜在罪犯少犯罪抑或是不犯罪，使潜在罪犯认识到犯罪的成本大于收益，进而放弃犯罪，是刑法防止犯罪的主要途径，笔者由此种角度分析为何“毒驾”需要入刑，其理论的价值含义又体现在何处：

一、源于“毒驾”具有严重的社会危害性

近些年，吸毒驾驶案件呈逐年上升趋势，呈现出“荷塘效应”（经济学中“荷塘效应”的原理：假设第一天，池塘里有一片荷叶，一天后新长出两片，二天后新长出四片，三天后新长出八片，可能一直到第47天，我们也只看到池塘里依然只有不到四分之一的地方长有荷叶，大部分水面还是空的，而到第48天荷叶就掩盖了半个池塘，又过了仅仅一天，荷叶就掩盖了整个池塘。在47天的“临界点”之前，信息可能都处于缓慢的滋长期，难以引起人的注意，而一旦到了最后一天，瞬间爆发，其影响力将让人瞠目结舌）。其社会危害的严重程度已引起社会的普遍关注，如2009年1月5日温州男子朱某由于吸毒后情绪失控，连撞8车，同时向警察持枪射击，造成无辜群众受伤；2011年3月14日，北京

一肇事司机有10年吸毒史驾驶超载的幼儿园校车撞上路边的施工围挡，致使1名幼儿和随行的幼儿园园长死亡。据公安部的调查，每一百人中就有一人吸毒，本文仅是列举一二，从这些事故和造成的伤害来看，毒驾行为抑或吸毒相关的驾驶行为完全不亚于酒驾所带来的社会危害，而社会危害性就是犯罪的本质特征。

二、具有与醉酒驾驶危险性相当的危害性

毒驾行为之危险性和酒驾行为之危险性大致相当，两者均不要求其结果上具有重大人员伤亡或者是财产损失，仅仅是指在饮用酒精饮料或者服用国家严禁的管制麻醉药品与精神药品驾驶机动车即可构成。驾驶员对车辆的安全驾驶是寸辖制轮的关键。吸毒驾车与醉酒驾驶相比，均会诱发驾驶者的追逐竞驶或者无视交规、横冲直撞，吸毒更甚者还能诱发幻觉，易发交通事故，偶有侥幸者，当然实属幸运。悲剧一旦发生，后果可大可小，从近年发生的毒驾事件中亦可窥见其事故结果大多比酒驾严重得多。只有在其它法律无法规制该行为的严重危害时，才需要纳入刑法进行规制，当年，酒驾入刑，其考虑因素正是基于此。那么，在比较两者的危险性时，我们既然能坦然接受酒驾入刑，就不应将具有严重社会危害性与酒驾相当抑或更为严重的毒驾网开一面。

三、毒驾符合行为犯罪化的标准

毒驾对公众之安全威胁，在此毋庸赘言，社会公众持反对意见者颇多，刑罚科处对普通预防及特殊预防是有利的。而且近几年在处理醉驾情况下具有了一定的经验后，对于吸毒驾驶的査处亦不会因为生疏而无从下手。同样，就目前的法规来解决处理毒驾问题，亦是含糊不清甚或一笔带过，如若将其寄托于刑法解释来实现公正合理处罚略欠不妥，在公意推动与世界立法的大趋势下，毒驾入刑有其毋庸置疑的正当性。因刑法解释论的匮乏，毒驾可能认定的犯罪为以危险方法危害公共安全罪、危险驾驶罪。首先，按照最高法院关于交通肇事罪的司法解释，毒驾肇事致1人以上重伤，以交通肇事罪处罚。而对毒驾的处罚往往发生了重大人员伤亡后，以交通肇事罪而非危险驾驶处罚，以至于毒驾未发生危险结果则难以处罚。虽然危险驾驶可以在文意上包含吸毒后驾驶机动车，但是根据刑法第133条之一的规定，危险驾驶的犯罪构成中，并不存在吸毒驾驶的情形，而且醉酒驾车测量的是酒精含量，与毒驾并不沾边。若以危害公共安全定罪量刑，不仅会造成刑罚过重的问题，还存在吸毒驾驶并非能并列于放火、决水与爆炸等行为。故存在立法空洞问题的同时，解释论的匮乏也难以填 补 法律漏洞。其次，行政处罚措施的无力。有观点认为行政法规规制了新型危害行为，并非说刑法不能入罪，而是入罪后会导致公安机关掌握认定犯罪的权力，同时也会导致刑罚资源的浪费。因此行政处罚措施是有限的。若仅仅对毒驾作吸毒处理，对应15日以下，2000元以下的罚款，情节较轻的是5日以下，500元以下罚款；若按交通运输法处理，20元到200元的罚款看上去也是隔靴搔痒。而吸毒的治安拘留与毒驾行为并不完全相关，不能相互取代。

四、吸毒驾驶行为入刑符合民意

从社会民众的角度，毒驾入刑符合多数人的需求以及呼声。据世界卫生组织的数据显示，全世界每天因车祸而失去生命的人数超过60万，我国每天达到600人左右。因毒品而家破人亡、妻离子散、破产、身败名裂、自甘堕落、流浪街头、扰乱社会治安、犯罪等等国内外的例子不胜枚举，尽管政府部门年年进行'扫毒'但仍然猖獗。对将此行为入刑，社会群众、人大代表、政协委员以及国家相关部门领导均有呼声。

五、"毒驾"入刑对于刑事司法实践有重要的指引作用

司法判案、定罪量刑。应当是"以事实为根据，以法律为准绳"，刑罚之所以规制，亦是避免主观臆断，要求客观记述犯罪要件，毒驾目前尚缺乏统一的认定以及处罚手段，这使得在定罪量刑时无从下手，同时具有相当大的主观意志掺杂，这便违背法律的不偏不倚、公平正义特质。如若法律不能做到客观公正，那么司法实践中的法官更无法做到明镜高悬，刚正不阿，更何来的民主民权。长此以往，百姓对于法律的崇敬以及敬仰消磨殆尽，那么又何来的刑法威慑力。司法公正作为刑事诉讼的程序问题，如若立法不能公正有效的指导司法，司法机关亦无从依据客观标准公正地惩罚犯罪。因而吸毒驾驶应当入刑亦应当有效——指导司法实践，使得司法机关有一个关于毒驾客观认定标准。毒驾界定、毒驾认定标准、毒驾配刑是毒驾入刑主要症结问题。界定毒驾，笔者已在开头做了叙述。而关于毒驾的认定其难行之处便是"毒驾检测"。公安机关在履行侦查职能时，目前检测毒品方式以尿液检测为主。尿液检查虽然普遍使用并且成本较低，但对于在道路上进行现场执法的交通管理部门而言，以人体尿液为样本，略显不妥，第一，要求具备能保护隐私的场所去采集尿液，第二，需要一定的时间，同时还要求驾驶员的配合，在只靠民警以往的工作经验以及现场情况进行断定是否涉嫌毒驾是难以实现的，要想实现高效、便捷、和及时发现毒驾行为成为目前需攻克的技术瓶颈。同时吸毒检测程序规定中规定了三种吸毒检测方式：现场检测、实验室检测、实验室复检，而现在公安机关普及的是现场检测，实验室检测和实践。当然，科技的发展，对于实现上述检测毒品的目标，仅是时间上的问题。从国外目前的技术测量装备来看，对于确定毒驾指日可待，技术在不断革新，技术在强化配置，毒驾之客观认定的难行之处总会释然。

六、世界立法的发展趋势

联合国毒品组织以及犯罪署在呼吁各国应严格规范从事交通安全风险行业的人员，发达国家对此已早进行严格规范。英国的毒驾行为最多可获得6个月的监禁；法国被查出有此行为的，至少被记6分，导致人员死亡的获7年监禁并处以10万欧元的罚款。许多国家对这一行为采取“零容忍”的态度。作为人员复杂的国家—中国，毒驾的行为规范会逐渐被严格规制起来。

由以上诸多素因可以观摩，毒驾现象在如今变得愈发强烈，现如今由于法律的规制程度层次不足，使得犯罪成本低廉，而无法实现社会的利益。法律经济学家波斯纳认为犯罪亦是一种交易形式，只不过是一种高成本的交易方式，犯罪破坏了交易的结构，应享权利可以以交易成本更低的自愿交易方式进行转移，而不是采取不经同意的强制交易（盗窃、抢劫）的方式转移产权，给予犯罪者以高于损失补偿的惩罚，将引导罪犯以自愿交易代替强制交易，所以给予更高惩罚的目的在于通过具有强硬威慑力的法制体系将其纳入规范，一是将犯罪行为限制在有效水平之下，二是强制性的将犯罪行为转换为社会认可的自愿交易行为，更高的惩罚是植根于对市场之上及其效率的坚守，由更高惩罚产生的威慑，不仅在于组织犯罪行为，更在于自愿交易的促进。正是因为目前对于毒驾的犯罪规制成本偏低，无法让那些潜在犯罪者提高警惕，从而犯罪率愈发强烈。

结　语

吸毒驾驶，在毒品犯罪 “枝繁叶茂”的现状下，仅是一隔之遥，毒驾愈演愈烈的形势，已不再是冰山一角的芝麻小事，就以目前尚且混乱的行政规制法来应对、预防、控制毒驾，似乎有些以卵击石，刑罚作为保障人民安全的法律上最有威慑力的制裁，难道会对此放纵？每一个犯罪入刑均应当慎重考量，毒驾亦是如此。毒驾入刑在保护权益时，其合法权益应当包含有受害者与施害者，但这一切都在客观地界定、认定毒驾以及合理配备的基础之上，在严谨规范诉讼程序之上。本文通过毒驾概念的界定、毒驾入刑理论分析以及毒驾罪的构成设想，认为毒驾入刑无论在法理论证还是在司法实践都具备了条件，毒驾应当入刑。

约定受贿案的法理与辩护

四川蜀鼎律师事务所　魏　东　何　为

内容摘要：通过约定受贿的法理检讨和实证分析可以发现，犯意流露阶段和犯罪预备阶段的约定受贿在我国是依法不应定罪处罚的，约定受贿而"着手"实施收受财物但尚未完成实际收受财物的行为应认定为受贿罪未遂。这一法理分析发现，对于增强受贿案件的有效辩护和公正司法，尤其是对于刑辩律师合理确定受贿案件的辩护方案和增强辩护说理具有十分重大的实用价值。

关键词：约定受贿　受贿数额　受贿未遂　刑事辩护

一、姚某某约定受贿案与"问题意识"

关于约定受贿问题，最高人民法院和最高人民检察院在相关司法解释性文本及下发文件（以下简称"两高文本"）中有三次规定，依时间先后顺序是：（1）2000年7月13日最高人民法院《关于国家工作人员利用职务上的便利为他人谋取利益退休后收受财物行为如何处理问题的批复》（以下简称"批复"）规定："国家工作人员利用职务上的便利为请托人谋取利益，并与请托人事先约定，在其离退休后收受请托人财物，构成犯罪的，以受贿罪定罪处罚。"（2）2003年11月13日最高人民法院《全国法院审理经济犯罪案件工作座谈会纪要》（以下简称"纪要"）第3条第4项，规定："参照《最高人民法院关于国家工作人员利用职务上的便利为他人谋取利益退休后收受财物行为如何处理问题的批复》规定的精神，国家工作人员利用职务上的便利为请托人谋取利益，并与请托人事先约定，在其离职后收受请托人财物，构成犯罪的，以受贿罪定罪处罚。"（3）2007年7月8日最高人民法院、最高人民检察院《关于办理受贿刑事案件适用法律若干问题的意见》（以下简称"意见"）第10条规定："国家工作人员利用职务上的便利为请托人谋取利益之前或者之后，约定在其离职后收受请托人财物，并在离职后收受的，以受贿论处。"当然，笔者注意到刑法典和2016年两高《关于办理贪污贿赂刑事案件适用法律若干问题的解释》（以下简称"解释"）均没有对约定受贿问题作出"明文规定"。

从以上列举可以看出，两高文本对约定受贿的文字表述既有一些共通性，也存在一定差异性。其中共通性表现在，三个文本都强调约定受贿均是指约定“在其离退休后”或者“在其离职后”收受请托人财物；而差异性在于，前两个文本只强调了“事先约定”（构成犯罪的，以受贿罪定罪处罚），而第三个文本则强调“之前或者之后”有“约定”“并在离职后收受的”（以受贿论处）。

【案例】姚某某受贿案

2010年上半年的一个周末在成都市某西餐厅，卢某某对姚某某说，我这几年在某市医院做了一些业务，一直想对你表达感谢，我记着还要给你160万元，等你不当国家公职人员或者你急需用钱的时候，我再给你。姚某某说：“我现在也不需要钱，先放在你那里。”姚某某对卢某某的承诺表示认可。对此事实，雅安市中级人民法院一审判决认定被告人姚某某构成受贿罪（未遂）。被告人姚某某不服此判决从而向四川省高级人民法院提出上诉。

二审判决认为，行贿人卢某某与被告人姚某某事前虽有约定，姚某某也利用其职务便利为卢某某谋取了利益，但姚某某未实际收受或者控制款项就已经案发，且在案证据证实该款项仅属于卢某某对姚某某的承诺，并未以任何形式单独存放。根据2007年两高“意见”第10条“国家工作人员利用职务上的便利为请托人谋取利益之前或者之后，约定在其离职收受请托人财物，并在离职后收受的，以受贿论处”、第9条“国家工作人员收受请托人财物后及时退还或者上交的不是受贿”的规定，本院认为，原判认定该160万元受贿（未遂）的证据不足，不应计入姚某某受贿的总数额。①

本案一审和二审均认定姚某某有“约定受贿”的事实，但是在是否对该约定受贿行为定罪问题上出现了分歧：一审法院认为，对于姚某某仅有约定受贿，即使没有“并在离职后收受的”行为也应定罪（受贿罪未遂），其文本依据笔者认为可能是最高法的“批复”和“纪要”；而二审法院认为，对于姚某某仅有约定受贿，没有“并在离职后收受的”行为不应定罪，其文本依据应当是两高“意见”。那么，就姚某某案适用文本的选择与解释结论而言，二审法院选择适用了规范效力更高（“意见”作为司法解释规范形式之一的规范效力比“批复”和“纪要”的规范效力更高）、发布时间更晚（“新法”取代“旧法”）、规范内容更加有利于被告（“轻法”优于“重法”）所得出的解释结论可能更具有合法性和正当性。但是，仅限于此而得出二审法院的判决结果优于一审法院的判决结果的结论可能并不充分，尤其是在现行刑法典规范文本之内，姚某某的约定受贿行为是否可以解释为受贿罪（未遂）的问题，可能还需要进一步

①参见《四川省高级人民法院刑事判决书》(2013) 川刑终字第391号。

展开法哲学和解释论上的判决说理。

从刑法原理和解释论上观察，约定受贿所涉下列"问题意识"必须予以关注和研讨：其一，约定而尚未"着手"实施收受财物行为应当如何定性处理。其二，约定而"着手"实施收受财物行为的定性处理。其三，约定受贿的法理分析对于刑事辩护有何价值。本文对此展开具体研讨并提出笔者拙见，以期抛砖引玉，供学界和律师同仁参考。

二、约定而尚未"着手"实施收受财物行为的定性处理

笔者认为，约定收受但未实际收受财物的行为定性处理，一刀切地认定为构成受贿罪（未遂）或者一刀切地认定为不构成受贿罪（包括不认定为受贿罪未遂）都不恰当，其中至为关键的"点"在于审查其中约定受贿人是否存在"着手"实施收受财物的行为：如果约定受贿人业已存在"着手"实施收受财物的行为，则约定受贿人依法应认定为受贿罪（未遂）；如果约定受贿人尚不存在"着手"实施收受财物的行为，则约定受贿人依法应认定为不构成受贿罪（包括不构成受贿罪未遂或者预备）。因此，约定收受但未实际收受财物的行为定性处理，应具体区分以下两种情形进行分析：一是约定而尚未"着手"实施收受财物的行为，二是约定而"着手"实施收受财物、但是尚未完成实际收受财物的行为。

对于第一种情形，约定而尚未"着手"实施收受财物的行为，我们认为，由于不处罚受贿的预备行为是我国受贿罪司法裁判中业已形成的一个裁判规则，[①]约定而尚未"着手"实施收受财物的行为，依法不认定为受贿罪。其主要理由在于：

其一，文本依据。两高"意见"第10条规定："国家工作人员利用职务上的便利为请托人谋取利益之前或者之后，约定在其离职后收受请托人财物，并在离职后收受的，以受贿论处。"根据该条规定，约定受贿必须以"并在离职后收受的"为必备条件，按照刑法的客观解释立场，"并在离职后收受的"之"收受"行为的解释，必须以"着手"实施收受行为为最低限度，其含义中并不包括收受财物的单纯的犯意流露或者犯罪预备。与此相类似，将某种特定情形下实行行为限定解释为"着手"实施该行为，在我国刑法中还有很多。例如，两

---

① 但是这个问题在理论上存在争议，如张明楷教授指出，"在司法实践中，对于单纯利用职务上的便利索要贿赂，而没有现实取得贿赂的行为，一般都没有认定为受贿罪，后者仅认定为受贿未遂"；但是张明楷教授主张"将实施索取行为（包括国家工作人员主动提出的约定）认定为既遂"，即"在索取贿赂的情况下，应当以实施了索要行为作为受贿既遂标准"。参见张明楷：《刑法学（第四版）》，法律出版社2011年版，第1077-1078页。

高“解释”第15条第2款规定：“国家工作人员利用职务上的便利为请托人谋取利益前后多次收受请托人财物，受请托之前收受的财物数额在一万元以上的，应当一并计入受贿数额。”那么根据该条款规定，“多次收受请托人财物”的含义应当是仅限于实际收受、而不包括约定收受但是尚未实际收受的情形，“受请托之前收受的财物数额在一万元以上”的含义也只能是仅限于实施收受，而不包括约定收受但是尚未实际收受的情形。

其二，法理依据。贿赂双方尽管在逻辑上是对向犯，但受贿行为的有效实施完成其实更重要的通常是需要依赖于行贿人的单方决意和单方行动，只要行贿人单方面放弃决意和行动就可能导致受贿不能，哪怕受贿人“索贿”也是如此。因此，法理上仍然没有必要惩治受贿罪（以及行贿罪）的预备行为，受贿罪的最低入罪门槛应当是约定受贿行为人已经（在行贿人“着手”实施行贿行为的基础上）存在“着手”实施收受财物的行为，此时方能认定约定受贿行为人构成犯罪未遂。

综上，约定而尚未“着手”实施收受财物的行为依法不构成受贿罪。实践中，下列情形可以认定为约定而尚未“着手”实施收受财物的行为：（1）贿赂双方只实施了“约定”行为；（2）在“约定”行为之外，行贿人单方面实施了准备财物的行为；（3）在“约定”行为之外，行贿人单方面实施了准备财物并告知受贿人的行为；（4）在“约定”行为之外，行贿人单方面实施了“着手”行贿行为、但受贿人在看到或者接触到财物时明确表示犹豫或者拒绝收受的行为。尤其值得刑辩律师注意的是，此处列举的最后一种情形，之所以也应认定为约定而尚未“着手”实施收受财物的行为，是因为从受贿行为人的角度审查是否“着手”实施受贿行为，应该也只能以受贿人的行为样态为准，而行贿人单方面是否“着手”实施行贿行为（送财物的行为）并不是受贿行为人所能控制的，因而在行贿人即使有“着手”实施行贿行为之时，如果受贿人有明确表示犹豫或者拒绝收受的行为，仍然应当认定为受贿人尚未“着手”实施受贿行为。

三、约定而“着手”实施收受财物行为的定性处理

理论上讲，受贿人如果与行贿人约定贿赂并且约定受贿人“着手”实施了收受财物的行为，但是尚未完成实际收受财物的行为的情形，依法可以认定为受贿罪未遂。这种情形的关键“点”在于审查其中约定受贿人是否存在“着手”实施收受财物的行为。但实践中下列几种情形下约定受贿人应当如何定性处理值得研究，尤其是刑辩律师应该抓住的“辩点”：

第一种情形：行贿人根据约定而“着手”实施行贿行为，如果约定受贿人并没有“明确认可或者同意”，或者对于约定行贿人“着手”实施行贿行为不知情、态度犹豫甚至明确反对的，则依法不应认定约定受贿人“着手”实施收受财物，从而约定受贿人不能构成受贿罪未遂。

第二种情形：行贿人根据约定而实施了向约定受贿人“打借条”或者同约定受贿人“签订书面承诺”、并且约定受贿人实际接受了收条或者书面承诺的，是否应认定约定受贿人已经“着手”实施收受财物？我们认为，此种情形仍然属于“约定贿赂”范畴，辩护人仍应抓住约定受贿人接受收条或者书面承诺的行为仍然仅具有“约定受贿”的性质、而不具有“着手”实施收受财物的这个“辩点”，只不过此时约定受贿人是将口头约定转化为了书面约定，充其量也只是具备受贿预备行为的性质，按照“不处罚受贿的预备行为”的裁判规则，对此行为依法不应认定为受贿罪（未遂）。

第三种情形：行贿人根据约定而将部分财物送给受贿人，但约定受贿人在实际收受部分财物后即案发，那么对于约定而尚未实际收到的另一部分财物而言是否应认定约定受贿人已经“着手”实施收受财物？

我们认为，一般而言，行贿人根据约定而将部分财物送给受贿人，但约定受贿人在实际收受部分财物后，对于约定而尚未实际收到的另一部分财物而言通常不应认定为约定受贿人已经“着手”实施收受财物，从而不应将约定而尚未实际收到的另一部分财物认定为受贿数额（即受贿罪未遂的数额）。其主要理由在于，对于约定受贿的贿赂本身属于可分之物的情形，如果约定受贿人客观上只“着手”实施收受部分财物的行为，依法只能就该种行为进行刑法评价，并根据其行为样态依法认定为受贿罪的既遂或者未遂；但是，对于约定而尚未实际收到的另一部分财物而言，并没有改变其处于约定受贿人有“约定受贿”而尚未“着手”实施收受财物的行为状态，从而不应将约定而尚未实际收到的另一部分财物认定为受贿数额（即受贿罪未遂的数额）。

刑辩律师在办理该种情形的约定受贿案件时，应当具体审查约定受贿人是否已经“着手”实施收受该另一部分财物，分为以下两种情形加以区别认定：如果有证据证实约定受贿人已经“着手”实施收受该另一部分财物的，依法应该将约定而尚未实际收到的另一部分财物认定为受贿数额（即受贿罪未遂的数额）；如果没有证据证实约定受贿人已经“着手”实施收受该另一部分财物的，则依法应该将约定而尚未实际收到的另一部分财物不认定为受贿数额（包括不认定为受贿罪未遂的数额）。

西部青年律师刑辩培训之探讨

四川晓明维序律师事务所　吴雪松　梁胜辉

内容摘要：刑事辩护就律师而言，最讲究专业水准、论辩技巧以及个人胆略，往往又是难度、风险最大，付出劳动最多的律师业务，是律师综合素质得以全面展示的一种重要方式,是律师业务的皇冠。但遗憾的是，刑辩技能的总结与培训还显得十分薄弱，青年律师刑事辩护培训显得尤为薄弱。打破目前刑事辩护培训中各自为政、各显其能，摸索前进的现状显得尤为重要。

关键词：青年律师 刑事辩护　途径　形成合力

中国律师制度的历史短暂，意味着律师行业也处于发育、发展的过程中。从律师基本概念的确立，到律师操作的技能与规范，几乎一切都要从零开始。青年律师的刑事辩护技能也需要多总结一些经验，多一些尝试。

一、西部社会环境及青年刑辩律师执业面临的困境

（一）社会环境、刑辩法律服务市场不容乐观

1.法治环境的不完善阻碍着青年律师的成长

由于熟人社会、宗族势力等方面的影响，法制环境的不完善，阻碍青年律师成长。“云南法官铐律师事件”、“北海事件”、广西律师“撕裤门”等都可以看到律师执业的艰辛。试想，连那些大律师都如此艰辛，对于青年律师而言更是一种巨大的挑战。

2.人才欠缺，缺乏好的学习条件

西部地区由于区域经济、社会环境的局限，优秀人才纷纷到东南沿海和省会等一二线城市发展事业，使得西部基层优秀律师人才资源的流失问题非常严重。青年律师缺乏学习的师资和环境。

3.市场开拓困难，业务量少

每个地区都有老律师、关键人物多年经营形成的刑辩业务网络。青年律师执业初期一般进不了圈子，刑辩之路特别窄，很少出现专攻刑事辩护的青年专业律师，更多选择“全科医生”的执业道路。

（二）青年律师选择刑事辩护执业方向实际困难多

1.青年律师尤其是实习律师基本执业技能严重缺失，刑事辩护技能更是不成熟

广大青年律师还处于象牙塔过渡到现实社会心理转型过程中，加上国人对公检法强力部门陌生和畏惧，一般没办法独立处理问题，更不用说形成专业化的刑事辩护思路。大多数青年律师将刑事辩护视为艰难险阻也就不足为奇了。

2.现行的律师管理模式严重阻碍了青年律师的发展

青年律师执业初期，人脉关系少，案源少，他们承受着执业难的煎熬。青年律师分配机制与老律师基本无区别，各种规费与老律师基本一样。特别是最近几年通过司法考试人群逐渐增多，在案源相对固定的情况下，青年律师是最为困难的群体。

二、对如何改变困境的思考

1.青年律师刑辩技能培训不能离开当前的司法环境和青年律师生存需要

各自所处区域的刑辩业务市场不可能爆发式增长，并且刑事辩护技能的提高也不是一朝一夕能够练成的。律协或事务所可以通过梯级培养的方式将符合条件的律师送往更高更好的律所或司法机构实习深造。送培方式一方面可以提高青年律师执业技能增强执业自信心，另一方面也可以通过执业规划明确努力的方向，将更多有意愿从事刑事辩护事业的青年律师引向刑辩之路。

2.不同区域、不同人群采取不同措施，差异化培训

不同区域不同经济环境侧重点不一样，采用一套教材、一种教学方法、一个师傅的教学方式，只能解决基础性问题。采取差异化方法和措施，才能起到事半功倍的效果。相关部门、机构要不仅仅提供纯粹的刑辩专业技能培训，还要培训刑事方向的案源获取等相关法律营销知识。确保真正有志促进法治进步的青年律师不至于因物质条件中断刑事辩护业务的深入学习和钻研。

3.青年律师要自己对自己负责

青年律师应根据自身的条件和兴趣，作出有益的应对。青年律师应当树立正确的世界观、人生观、价值观。应当谦虚好学，积极向老前辈老律师学习。利用青年人接受新事物速度快的特点，有针对性地在网络、新的法律、法规、规章制度等方面发挥年轻的特点。可以利用在网上为网民在线答疑等方式提升自己，及时更新新法的理解和运用。结合自己的实际情况，找到自己喜欢的刑辩主攻方向，结合现代社会的法律需要，进一步坚持“专一门，通几门”的思路，做出自己特色和专业的刑辩品牌。

三、如何提高西部青年律师刑事辩护培训效果

（一）培训的首要目标是寻找对刑事辩护感兴趣，愿意为此付出精力学习的青年律师

1.欲培训先分流，选择符合需要的青年刑辩律师

比如邀请一些资深的律师来对青年律师的专业方向进行理性的分析和判断，结合青年律师的自身法学素养、外语能力、自身外形条件、文字功底、社会资源、事务所专业定位等来给青年律师提出专业方向的参考。并且在合适的时候给予青年律师一些刑辩专业方向的刑事辩护专项入门培训或刑事辩护需要具备哪些条件等的基础讲座，对青年律师进行兴趣引导。

2.细分需求内容，培训内容有的放矢

刑事辩护的内容有很多：主要有刑事辩护的一般基础概念问题、刑事辩护的基本流程、会见、申请变更强制措施、阅卷、调查取证、法庭辩护、非法证据排除等。应坚持够用、实用的原则，分阶段分人群提供不同的培训内容供选择。

对新执业律师主要从阅卷、法庭辩护等内容的法律思维与实践操作技巧，以及职业精神、基本素养、学习能力提升及方法等方面进行指导。对有较好基础的青年律师进行刑事辩护业务技能提高培训，以及职业收益指导及专案指导。对在大学或转行做律师前有相关实践经验的青年律师予以重点关注，特别照顾。对这类律师培训的重点一是实践操作技巧，应知应会等基础知识，一是进行专业技能技巧、法律思维培训等。

3.必要的、系统的行业认知和职业训练后的提高

遵循“二八”原则，分阶段实施，以点带面，发挥榜样带头作用。培训不能仅仅局限于初级培训，还应该有中级、高级培训。形成刑辩律师培训的完整连贯体系。有必要建立专门考核培训体系，不同标准接受不同的培训，培训达标给予物资和精神奖励。

（二）青年刑辩律师的培训需要全社会的合力，要整合多方资源才能搞好刑辩律师培训

1.律师协会应改革现有制度，进一步发挥保障青年律师发展的作用

律师协会的行业管理地位和职责，决定了其在实现行业可持续发展中的重要地位和作用，律协能够也应该高瞻远瞩，在青年律师的培养和成长方面提供有效的制度、经济保障，加大对青年律师的倾斜。

（1）出台相关政策，改变师徒相传，薪酬不明确的传统。将老师的培训收费明确化，增加徒弟独立执业的时间至3—5年。确保青年律师能够有一个安稳

的环境学习刑事辩护，确保老师和学生利益都能得到双赢。也可由律协在实习律师管理方面更进一步深入到律所管理中。由律协向律所收取相当于工资的费用，然后按考核结果代为向每名实习律师按月发放，真正地保障实习律师的温饱问题等合法权益。

（2）律协主办或承办相关的讲座、沙龙等，增强律师事务所和青年律师的相互了解。有条件的律协应对青年律师开展一些提升社交能力的培训活动，可以外聘社交礼仪专家结合律师行业的自身特点进行培训，使青年律师能更好地对外展示自己的执业形象。带有律师业务背景的社交活动，也能帮助青年律师摆脱孤独找到志同道合的好友，共同面对执业初期的困惑和迷茫。

（3）重在引导，奖励先行。律协应该提高每年对优秀的实习律师和培养实习律师的优秀律师事务所的奖励，以激发实习律师学习的兴趣和鼓励律师事务所加强对青年律师的培养。可以考虑在评选标准上偏向有志从事刑事辩护的优惠条件。

（4）专项资金保障。律协应该在每年的会费范围内抽出一部分资金用于专门针对实习律师的刑事辩护培训活动，以保障青年律师尤其是实习律师从执业之初就具备较高的刑事辩护业务水平。

2.律所应从自身发展角度出发以培养青年人才为己任

除了专做刑事辩护的律师事务所外，其他每个综合性事务所刑事辩护业务可以不作为主业，但还是应当有刑事法律这么一个部门或个人来“撑场面”。每一个想要谋取发展的律所一定不会在培养青年律师的道路上掉链子。青年人的发散思维也必定会带动整个律师事务所的发展。近年来不少80后甚至90后的律师成为律所主任，为法律服务行业带来了一股清风。在互联网+的时代背景下，优秀青年律师已成为事务所持续高速稳健发展的重要动力，是事务所的重要资源，是律师事务所核心竞争力的另一种表现。

（1）严格管理制度。从制度上，律所要制定专门的青年律师和实习律师的管理制度，以制度的形式严格规定实习律师的准入、接收、培养等情况。

（2）优先物资保障。从物质上，律所应该制定相应的青年律师尤其是实习律师的物质保障政策，除律协的政策外，律所应当为自己的新鲜血液提供物质保障，只有首先解决了他们的温饱问题，他们才可以得到更好的发展。

（3）直接业务培训指导。从业务上，律所内部应当定期对青年律师进行业务指导和培训，不管是内部自己组织的业务演习还是律所出资外出进行的业务培训，都可以对青年律师的发展起到很好地作用。可以让青年律师尽快地融入律师行业，更好地做好业务。

（4）开拓视野、做大市场。青年律师需要的案源开发经验，在青年律师身上具有可复制性的经验。当然，所里的培训不会立竿见影马上产生效果，重要的是给青年律师提供一种思路，一种模式、一种方法。让青年律师明白很多人没活干的同时，是很多活没人干。向青年律师提供符合本区域实际情况的优质案件的开发经验，其实对做大法律服务市场有积极意义。

3.国家应尽快修改关于深化律师制度改革的意见，公检法司部门应改变对待律师的态度

（1）青年律师是律师业的未来。将他们培养成合格的执业律师，满足社会日益扩大的法律服务需求，是全社会的责任。孟建柱最近指出，律师制度的健全、完善是社会主义法治文明进步的重要标志，广大律师已经和正在为社会主义法治国家建设作出积极贡献。律师与法官、检察官同为法律职业的重要组成部分。孟建柱还要求，司法部要会同有关部门抓紧修改关于深化律师制度改革的意见，为律师事业健康发展提供制度保证。结合讲话精神，社会尤其是公、检、法部门应当为青年律师的发展提供力所能及的帮助。

（2）借助公检法司的资源进行培训。公检法司作为我国的法治发展的重要组成部门，应当在自己的业务领域内为青年律师尤其是实习律师在刑事辩护业务领域提供很好地指导和帮助的机会。尤其对于实习律师，希望上述部门可以在政策允许的范围内，每年组织实习律师或青年律师进入这些部门参与一些日常的和律帅刑辩业务相关的法律业务的见习。这样对于实习律师踏入律师行业很有帮助，可以很好地提高刑辩律师的素质，增强公检法部门人员与律师的沟通，从而节省宝贵的司法资源。

（3）国家应该从政策上加大对律协、律所青年律师培养的投入。国家应加大青年律师刑辩业务培训的管理力度，从制度层面重视青年律师最基本的生存土壤。国家应当允许部分地方针对律师培训进行改革试点，试点地方可以研究提出试点方案和进度要求，对于试点中需要修改法律或得到法律授权的问题，要按程序进行，坚持依法有序推进律师制度改革。

（三）整合教育资源，形成全国刑辩培训教育平台，建设开放型“刑辩学习大学”

1.现代远程教育优势明显

远程教育对地处偏僻的西部来说，是费用低、知识更新快的一种优质学习方式。笔者地处三线城市，到最近的省会城市开车需要9个小时，坐火车需要13个小时。因到省会一线城市学习时间费用成本都比较高，不少青年律师对到省城学习提高的积极性不高。现代远程教育发挥出了优势。

2.线上远程教育加线下专题讲座是最佳组合

目前全国律协远程教育所提供的网上教育基本包括了律师工作的方方面面，基本能满足青年律师的一般培训需要。如果能够整合相关资源，并能够以青年刑辩律师需要的内容为中心，搭建国家统一权威刑辩教育平台，由青年律师按需选择是一个不错的选择。同时开展线下公益讲座等方式真正提供培训名师与学员之间实时或非实时的、多种方式的互动，最大限度答疑解惑。在排除国家政策等方面的考虑，线上远程教育加线下专题讲座是目前西部青年刑辩律师业务培训非常好的途径。

参考文献

[1] 艾伦·德肖维茨.致青年律师的信［M］.北京：法律出版社，2009.
[2] 孙渝.舶来的律师 中国律师的前世今生［M］.北京：法律出版社，2013.
[3] 门金玲.刑事辩护操作指引［M］.北京：法律出版社，2015.
[4] 艾·里斯，劳拉·里斯.品牌22律［M］.北京：机械工业出版社，2013.

论利用影响力受贿罪的处罚依据与定罪界限

广西铭荟律师事务所　赵洪飞

内容摘要：从《刑法修正案（七）》始，利用影响力受贿罪走入人们的视野，近十年的理论研究与司法实践，我们对这一罪名的认识理解提升到更高的层次，《贪污贿赂最新司法解释》从原来的“数额+情节”的定罪模式已发展到更为细致的具体数额+具体情节的法律阶段。本文从刑事政策、大众心态等角度出发，以期能对利用影响力受贿罪的处罚依据与定罪界限的理解更加透彻。

关键词：影响力　处罚根据　界限

一、利用影响力受贿罪的处罚根据

利用影响力受贿罪，是2009年2月28日《刑法修正案（七）》新设立的罪名[①]。究本溯源，在探讨利用影响力受贿罪的处罚依据之前，我们需厘清利用影响力受贿罪的成因，甚至可以说是贪污贿赂犯罪的成因。西方犯罪学中，对于贪污贿赂犯罪的成因存在诸多理论，大多都是从心理学的角度出发，美国现代著名犯罪学家萨瑟兰认为，贪污贿赂犯罪是在与亲密群体的交往中学会的，即不同交往理论。美国著名的社会学家，针对犯罪的原因，提出：合法获取财富的方式在不同社会阶层和拥有不同地位中的人是不同的，尽管社会认可的成功的普世价值观念在整个社会中是大体一致的，但是法律所认可的获取财富的手段和数量却因社会阶层和社会地位的不同而存有差别[②]。在中国，贪污贿赂的原因大体上也与西方社会学家一致，其一，中国从古至今“学而优则仕”的传统凝聚了大批为国家机器服务的人才，同侪的交往中不可避免存在相互影响的可能，受他人不正风气的影响不可避免，毕竟效仿他人是人类最原始的本能；其二，退一步来讲，尽管机关工作人员恪尽职守，忠于信仰，人的根本属性仍是社会中的人，不能避免与亲朋好友的交往，打着国家工作人员的旗号行受贿之

①参见《刑法》388条之一。

② 付晓雅：“西方犯罪学视阈下的贪污贿赂犯罪原因研究”，载《法学杂志》2013年第12期。

事已经屡见不鲜。对于利用影响力受贿罪的处罚也是依据上述原因。

（一）刑事政策的应然趋向

如果根据刑法规制的广度（法网是否严密）与力度（刑罚是否严厉）的组合对刑法规制的模式进行分类，那么刑法大体上可以分为四种规制模式："严而又厉"（罪状设计严密、刑罚苛厉）模式、不严不厉（罪状不严密、刑罚不苛厉）模式、严而不厉（罪状设计严密而刑罚不苛厉）模式、厉而不严（刑罚苛厉而法网不严密）模式[①]。刑罚政策一直是刑事政策的核心内容，因此采用不同的刑法规制模式实际上反映的是刑事政策的应然趋向，对于利用影响力受贿罪的处罚依据的核心也应符合刑事政策的应然趋向。现下理论学界对于我国利用影响力受贿罪的刑事政策趋向争论不休，一种观点认为我国刑法政策的整体趋向轻刑化，从我国不断废除死刑可见端倪，这也符合国际上的发展趋势，对于利用影响力受贿罪的处罚也应符合这种趋势，也就是采用不严不厉的刑事政策模式，将社会上不断出现的利用影响力受贿的行为付诸行政处罚、行政处分甚至保安处分进行规制，克制刑法的运用。第二种观点认为，与现下贪污受贿犯罪的严重程度、社会效应等相对应，我国当下遏制贪污受贿等腐败犯罪的立法与司法，不但要求将多种行为入刑，同时也要在刑罚上保持足够的威慑力，在这一方面不应该向轻刑化妥协。加大对贪污贿赂犯罪的刑罚供应量，我国现阶段最基本的刑事政策应该是"又严又厉"模式。[②]还有一种观点认为对于利用影响力受贿罪我国应该采用严而不厉的刑事政策的模式，不断扩大利用影响力受贿罪的主体范围和对于财产性利益进行扩大的解释，但是在刑罚政策上主张轻刑化，这样既有利于我国打击利用影响力受贿罪，又符合我国刑法轻刑化的政策趋向，可以认为这是一种折中说。笔者赞同第二种观点，理由如下：现下我国贪污贿赂犯罪频发，社会影响恶劣。利用影响力犯罪的行为层出不穷，普通民众对待此类行为深恶痛绝，其危害性甚至会动摇社会的根本，面对这一严峻形势采用"又严又厉"的刑事政策模式符合我国社会的发展现状。

（二）对罪恶意识的社会防卫

利用影响力受贿罪是侵入党和国家的顽疾，不仅严重损害公共利益，也损坏了党和政府的公信力，这样的理解在中国这样的熟人社会中显得尤为深刻，人情往来不可避免，对于特权的崇拜相较其他民族更甚，小贪不叫贪的观念自

---

① 孙国祥："我国惩治贪污贿赂犯罪刑事政策模式的应然选择"，《法商研究》2010年第5期。

② 孙国祥："我国惩治贪污贿赂犯罪刑事政策模式的应然选择"，《法商研究》2010年第5期。

古以来深入人心，加强对于利用影响力受贿罪的处罚力度就是对这种思想进行的社会防卫。

刑法的主要目的是为了保护、预防和惩罚。总体来说刑法的主要功能仍是为了保护民众的安全，只有社会出现一定的严重社会问题，刑罚的出发目的才会凸显。笔者认为，党和国家领导人在多种场合都曾提出：遏制腐败和建设廉洁的政府，是党和国家治国理政的目标。贪污腐败类犯罪的严重程度可见一斑，社会防卫功能应该适时启动。利用政策与刑法规制的功能对于那些根深蒂固于心里的贪污的罪恶意识进行适当的社会防卫。此外，风险刑法理论的提出对于我们深刻认识社会矛盾大有裨益，利用影响力受贿的行为也是提高社会风险的因素之一，毕竟我们对于某一个体赋予特权的时候，另一个体的权利必然减少。严厉打击利用影响力受贿罪，也是风险刑法防控风险的手段之一。

二、利用影响力受贿罪的定罪界限

《刑法修正案（七）》增加了利用影响力受贿罪，正式将利用影响力受贿罪纳入了刑法规制的范围，经过近十年的沿革，2016年的《贪污贿赂犯罪最新司法解释》已经从当初的数额与情节模式定罪标准完成了具体数额和具体情节都明法有据的转变。理论学界与司法实践界一直都致力于利用影响力受贿罪与受贿罪中斡旋受贿等问题的比较，至今已初见成效。笔者在他们的研究成果上，就具体问题提出自己的浅薄见解，以求不拾人牙慧。

（一）利用影响力受贿与“人情往来”的界限

中国自古受熟人社会的浸润，人情往来成为基本的社会共识，在2007年以前，利用影响力受贿的行为并不属于刑法的规制范围，只是因为利用影响力受贿行为与一般的人情往来的行为难以区分。但是改革开放以来，经济发展突飞猛进，公职人员近亲属及相关关系人基于二者难以区分，利用法律的漏洞，非法收受财物。同一般的人情往来相比较，至于二者主要的区别，从实质上来说，在利用影响力受贿罪侵犯的国家公职人员职务廉洁性，而一般的人情往来则是被社会认可甚至提倡的行为。从形式上来说，利用影响力受贿罪主要分为两种形式，其一，假借公职人员的旗号，向他人索取财物，这种形式并不以是否取得非法利益为前提；其二，假借公职人员的旗号，接受他人的财物，为请托人谋取不正当利益，这需要从两方面理解，获取财物和谋取不正当利益两者都是构成利用影响力受贿罪的要件。对利用影响力受贿罪与人情往来进行严格的区分也是基于此，如果行为人仅仅为他人谋取了不正当利益，没有收受任何财物，不构成犯罪。如果仅仅收受了财物而并未谋取任何不正当利益，可能触犯其他刑法条文。

相对于国家工作人员的直接受贿而言，利用影响力受贿罪的犯罪主体不是利用职务便利条件，为他人谋取利益的国家工作人员，而是被欺瞒内情的的国家工作人员的近亲属或者关系密切的人。利用影响力受贿罪具有明显的"间接性"，其定罪量刑的门槛应当更高，即我们应当在受贿罪定罪量刑标准的基础上，对利用影响力受贿罪定罪量刑的门槛应该更高。《贪污贿赂司法解释》第10条规定刑法第380条之一规定的利用影响力受贿罪的定罪量刑的标准，参照本解释关于受贿罪的规定执行。由此可知，从法的价值层面上来讲，利用影响力受贿罪的法益侵害的危险性已经同受贿罪相等价。刑罚的处罚幅度依然延续犯罪数额与犯罪情节的标准。

（二）利用影响力受贿罪与斡旋受贿罪的界限

97刑法第388条规定："国家工作人员利用本人职权或者地位形成的便利条件，通过其他国家工作人员职务上的行为，为请托人谋取不正当利益，索取请托人财物或者收受请托人财物的，以受贿罪论处。"这是刑法第一次把斡旋受贿行为规定为犯罪[①]。通过与利用影响力受贿罪比较可知，二者在客观上的行为都是通过其他国家工作人员职务上的行为，为请托人谋取不正当利益，索取请托人财物或者收受请托人财物，都是利用国家工作人员的职权或者地位形成的便利条件获取利益，二者并无实质区别。从两罪的客体上进行分析，都是侵犯国家工作人员的职务廉洁性。二者的分水岭是，利用影响力受贿罪的主体限于国家工作人员的近亲属或者其他与该国家工作人员关系密切的人，这样的主体显然是一般主体。而斡旋受贿罪的主体限于国家工作人员。但是斡旋受贿罪是否应该属于受贿罪。笔者认为，区分斡旋受贿罪与利用影响力受贿罪的界限是毫无意义的，换句话说，斡旋受贿罪其本身属于利用影响力受贿罪，斡旋受贿罪本不应作为独立的法条出现在刑法典上，从犯罪构成四要件的角度进行分析，犯罪主体、犯罪客体、犯罪主观方面、犯罪客观方面四部分构成犯罪，既然利用影响力受贿罪与斡旋受贿罪在犯罪主观方面，犯罪客观方面、犯罪客体等三方面进行分析都是相同的，而从犯罪主体的角度出发来看，利用影响力受贿罪是为一般主体，而斡旋受贿罪属于特殊主体，即国家工作人员，一般主体本身包含各类主体，遂而得出的结论即是斡旋受贿罪本身属于利用影响力受贿罪，无需单独列出法条。

三、定罪界限中几个疑难问题的理解

无论理论学者还是司法实践者对于利用影响力受贿罪还存在诸多困惑，利用影响力受贿罪的数额与情节也是贪污贿赂司法解释的重点，除此以外，解释

① 戴玉忠："我国贿赂犯罪刑法制度的演变与发展完善"，《法学杂志》2016年第4期。

还对利用影响力受贿罪犯罪在定罪量刑中的某些疑难问题作了规定，以便对其的认定与处罚的司法实践活动起到指导作用。应当指出，这些规定主要针对受贿罪的，只是个别问题针对利用影响力受贿罪[①]。本文针对两个问题进行阐释。

（一）财物数额的宽泛化

无论是1979年刑法，还是1997年刑法，财物都是贪污罪和贿赂罪及其他贿赂犯罪行为的行为对象，尽管理论学界一直想要把性贿赂纳为其行为对象，但是至今财物仍是唯一的行为对象。这里的财物，在刑法理论上一般都做扩大解释，认为既包括有体物品、无体物品，同时又包括财产性利益，甚至认为包括非财产性利益。利用影响力受贿罪的行为对象应当比“财物”更加宽泛化，行为的对象除包括金钱和可以用金钱衡量的其他类别财物外，还应当包括其他物质性利益。既然将“财物”进行宽泛化解释，就应当将“收受他人财物”改为“收受他人财物、财产性利益和其他可以衡量的物质性利益。这样严格限定了法律规定，体现了罪行法定原则，有利于惩罚犯罪。从解释中也可以看出，对财产性利益的解释对于认定利用影响力受贿罪意义重大，解释对财产性利益列举了以下情形：（1）装修房屋；（2）债务免除；（3）会员服务；（4）免费旅游，这些情形的共同特点就是符合社会现实，可以说对贪污贿赂犯罪的修改增删是我国刑法领域最为频繁的变动，这样不可避免的导致法条的规定具有深刻的时代烙印。一些学者认为，频繁变动的根源是因为非理性的民意或舆论对刑法修正案的影响进而产生情绪性立法。[②]

（二）为他人谋取利益的合理认定

我国刑法中的利用影响力受贿罪可以分为索贿和收受财物这两种行为类型。规定只有收受财物构成犯罪才以为他们谋取利益为要件。在理论学界中，关于为他人谋取利益要件的性质存在客观说和主观说之争[③]。客观说认为为他人谋取利益是一种客观行为，国家工作人员客观完成了为他人谋取利益行为才具备该要素。主观说则认为，为他们谋取利益是主观意图，只要国家工作人员主观上具有为他人谋取利益的意图即具备了该要素。考虑到利用影响力受罪的本质是侵犯国家工作人员的职务廉洁性，是否是事实上为他们谋取利益并不重要。笔者认为对于为他人谋取利益的认定应当遵循主观说。其理由有二，其一，利用影响力受贿罪侵犯的是国家工作人员的职务廉洁性，应当以职务廉洁性是否被侵犯为判断标准；其二，国家工作人员已经具体实施了为他人谋取利

①陈兴良：“贪污贿赂犯罪司法解释:刑法教义学的阐释”，载《法学》2016年第5期。

②刘宪权：“贪污贿赂犯罪最新定罪量刑标准体系化评析”，载《法学》2016年第5期。

③ 陈兴良：“贪污贿赂犯罪司法解释:刑法教义学的阐释”，载《法学》2016年第5期。

益的行为，甚至已经实际为他人谋取利益，这些具体行为也并不是受贿罪的构成要件，而只是为他人谋取利益这一主观意图的客观体现。

综上可知，"为他人谋取利益"在刑法中应处于应然状态，而非实然状态。刑法文本上明文规定受贿罪要"为他人谋取利益"，严格限定了利用影响力受贿罪的构成。实践中，收钱不办事的大有人在，也严重影响了国家工作人员的职务廉洁性。有人认为，应当规定：国家公职人员不得在任何时候、任何情况下，本人或者通过他人或者伙同他人收受财物，收者以受贿论；但情节显著轻微的不构成犯罪。这样的规定，有利于体现公职人员为人民服务的宗旨，有利于遏制犯罪。

四、结语

法律的功能不仅是维护社会秩序的工具，更体现在公平的精神和正义原则，体现在扩大利用影响力受贿罪的范围，体现在当政者与普通民众同腐败做斗争的决心。古典法学派意大利法学家贝卡里亚说："刑法的社会本质不在于有多美，而在于不可避免。"只有深刻理解利用影响力受贿罪的处罚理论根据，才能更好地确定利用影响力受贿罪的形式与实质界限。对于我们在司法实践领域更好的规范利用影响力受贿行为大有裨益。

刑事案件和解运行机制研究
——以青海W村为例

青海延辉律师事务所　王存花　王延辉

内容摘要：本文从乡村本身出发研究刑事和解的运作过程。刑事和解现已被新刑事诉讼法所确认，它不仅仅是农村的特权，也是全国普遍发生的一种现象，但通过笔者对村庄近两年的观察，农村的刑事和解制度有一套独特的运行方式。因此，本文主要研究异化了的刑事和解在该村是如何运行的，以及刑事案件和解运行机制的形成，使刑事案件和解在刑事法律的规制下发挥积极功能，维护村庄秩序。

关键词：刑事和解　社会控制　村庄秩序

一、刑事案件和解的运行过程

（一）概念及W村基本情况

刑事和解是指在刑事诉讼过程中，加害人与被害人协商合作，加害人以认罪、赔偿、道歉等形式与被害人达成和解后，国家专门机关对加害人不追究刑事责任、免除处罚或者从轻处罚的一种制度。[①]本文的刑事案件和解在乡村的场域中有了一套独特的运行方式，包括诉讼外和解与诉讼内和解。

W村位于青海乐都县的一个村庄，有102户，411人，劳动力238人，全村总面积为1628亩，耕地面积为904亩，退耕还林248.2亩，人均耕地2.63亩，它是一个非常普通的村子，没有少数民族，是清一色的汉族，主要有王姓，杨姓，还有少数陈姓。这个村子位于山区，而且住宅比较密集，两家人共用一堵墙的很常见，这样村民的交往也很密切。这个村子特别重视教育，每年考上大学的基本上占了大多数，这可能就会唤起村民现代意识、自我保护意识的增强。因此，村民既想保护自己的利益又摆脱不了村庄社会结构、社会价值观念的束缚，一方面，如果村民对于发生的刑事案件运用纯粹的私人手段解决，这一理想几乎已不存在，这是因为，国家权力在农村的渗透、送法下乡的背景使

① 参见宋英辉：“主题研讨——刑事和解：法律家与法学家对话录”，载《国家检察官学院学报》2007年第4期。

得传统解决刑事案件的规范和组织失去了合法性。另一方面，正式的刑事司法程序虽然能够起到惩罚犯罪、补偿受害人损失的效果，但不能恢复当事人在村庄原有的地位及相邻的友好关系，这可能使他们在以后的村庄生活中处于非常尴尬的地位。农村在目前的社会变迁中，就面临这样一个秩序断裂的困境。这就是：“现行的司法制度在乡间发生了很特殊的副作用，它破坏了原有的礼治秩序，却没有建立起法治秩序。”[①]可以说现在的农村是一个半自治社会领域，是社会和国家权力不断碰撞和相容的场域。

（二）刑事案件的发生

1.案例一：当事人双方能力的悬殊

在笔者的访谈中问：“这个案子是怎样发生的？”陈某的弟弟告诉我：“这样的事情说出去不好，但是情况也就是大家说的那样。”

2012年6月在青海W村发生了一起盗窃案。[②]案由是这样的，杨某（盗窃者）和陈某（受害人）同属于W村，2010年村里有盖房补贴，如果享有最低保障补贴的村民要盖房，国家可以全部给予补贴，即20000元，而陈某家就是村里的最低保障户之一。有一天，杨某对陈某说，要给他介绍媳妇，问他们家有没有钱娶媳妇、钱有多少、放在哪里等问题，而傻傻的陈某一听很开心就口无遮拦的如实回答了杨某的所有问题，第二天陈某家的盖房补贴就这样不翼而飞了，陈某家立即慌了，这些钱对他们的重要性是不言而喻的，后来经由陈某的妹妹（有点知识）建议去了县公安局报案，县公安局经过调查，通过银行的录像发现取款的就是杨某。县公安局经过调解后，杨某将10000元返还给了受害人陈某。[③]

2.案例二：亲情的促动

在笔者的访谈中问道：“你们的案子是怎么发生的？都是一家人，怎么会发生这种事情呢？”乙说出了以下的事实：

2013年1月，也即在春节前一天下了一场大雪，因为这里的房屋都是土房，所以下雪必须要清扫屋顶的雪。甲跟乙是兄弟，已各自成家，分成两家后也毗邻而居，经常发生一些小纠纷也属正常。就在2013年春节的前一天，因为乙把雪扫在了他们两家共有的一条小路上挡住了甲一家人的通行，于是甲一家人和乙一家人发生口角，没想到事情越闹越大，甲的儿子随手拿出一把刀就向乙的媳妇和其儿子冲了过来，事情发生后，乙立马给派出所报了案，随后将儿

---

① 费孝通：《乡土中国》，人民出版社2011年版，第72页。

② 本文中所使用的案例全部来自笔者的田野调查。

③ 案件的事实来源于村长和其他村民的叙述，由受害人陈某的弟弟进行确认。

子和媳妇送往医院。派出所录了口供，派出所所长和司法所所长来村里解决案件，该案最终又在派出所、司法所的调解下解决。[①]

从这两个案例中，笔者发现，在一个案件发生之后，双方当事人都会动用自身所有的资源，为自己挣得最大的利益，这些资源包括法律资源、公权力资源、社会关系资源等。从案件发生到解决，这些资源在互动中不断的博弈，体现出双方当事人各自所拥有资源的一种竞争。

（三）公权力机构介入的可能

在今天法律下乡、村民权利意识增强的背景下，不管是本文两个案例，还是其他类似案件，公权力机关或国家工作人员介入解决刑事案件是必然的。

1.公安局的介入

在案例一中，问："有没有其他人参与案件的解决？"答："只有公安局，他们做了侦查。"在我访问公安局人员的过程中，公安干警回答："有时，在进入起诉阶段以前，当事人已经进行了自主协商或向公安派出所和基层的刑警大队表示了和解的愿望，我们在确认加害人的危害性不大，被害人的损失已经得到补偿的基础上，会对案件做出不立案、撤销案件、转为治安案件的处理方式。对于社会危害性小的案件一般建议当事人和解解决，一方面为当事人的利益，另一方面也为节省司法的成本。"公安局及其派出所会介入案件的解决，往往要考虑农村的特殊性，这里看到了法律与社会的互动，即使是公权力机关介入案件解决，也不会马上改变村庄原有的社会结构、村民的价值观念对案件的影响，村庄的社会结构、价值观念是在与法律的互动中发生变迁的。

2.法院作为和解主持者

通过调查发现，法院在双方自愿的基础上，为了节约司法成本，在行为的社会危害程度小的情况下，将有些案件中刑事附带民事诉讼部分进行和解，并减轻刑事处罚。下列表格是从W村所属县法院获取的数据，我看到的数据和典型案例[②]都显示出，只有针对刑事附带民事诉讼部分，法院在双方自愿的基础上进行和解并达成和解协议，而刑事诉讼部分则做出了判决，一般都为缓刑。

① 关于此案的事实，笔者访问了其他的村民，也印证了乙的说法，至于案件中的是非对错，各人有各人的说法，因为本案是和解解决，对于谁对谁错并没有足够的证据证明。

② 2014年度乐刑初字第3号故意伤害案；2014年度乐刑初字第13号故意伤害案；2014年度乐刑初字第14号交通肇事案。

表1 2012—2014年乐都县法院刑事案件情况表

年份 类型	2012		2013		2014	
	件数（件）	比重（%）	件数(件)	比重(%)	件数(件)	比重（%）
故意伤害案	33	23.9	30	26.5	29	29.3
盗窃案	27	19.5	22	19.5	12	12.1
交通肇事案	26	18.8	19	16.8	13	13.1
其他	52	37.7	42	37.2	45	45.5
总计	138	100	113	100	99	100

资料来源：乐都县人民法院刑事审判庭，2015年1月14日

从表1中可以看出，在该县故意伤害案、盗窃案、交通肇事案比较多，这三类案件也是和解的对象，这也反映了本文所选的两个案例在此区域内是有一定代表性的。

表2 2012—2014年乐都县法院刑事案件附带民事诉讼和解情况表

类型年份	故意伤害案		盗窃案		交通肇事案	
	判处	和解	判处	和解	判处	和解
2012	26	7	27	2	17	9
2013	25	5	22	6	15	4
2014	19	10	11	1	8	5

备注：单位（件）

资料来源：乐都县人民法院刑事审判庭案件登记簿，2015年1月14日

从表1、表2的数据中可以看出，故意伤害、盗窃、交通肇事的案件审理数量最多，和解并达成和解协议的数量也相对较多，在2012年这三种类型的案件审理86件，占总案件数的62.3%，其中和解18件，和解率为20.9%；在2013年这三种类型的案件受理71件，占总案件数的62.8%，其中和解15件，和解率21.1%；在2014年这三种类型的案件受理54件，占案件总数的54.5%，其中和解16件，和解率为29.6%。在此项数据中，我们虽然不能得出和解率在逐年升高的普遍结论，但是可以看出，和解在这个县是存在的，已被法院这个正式司法机关所接受，而且在我查看的几个典型卷宗中，案件大部分是发生在农村。由此，在刑事案件和解的过程中，法院是一个不可或缺的角色，同时也在推动刑事案件和解机制的形成。

二、刑事案件和解机制的形成

“纠纷解决机制是指一个社会中，多种多样的纠纷解决方式以其特定的功能

和特点，相互协调，共同存在，所结成的一种互补的、满足社会主体的多元需求的程序体系和动态的调整系统。”[①]机制是一个相互依赖的诸多部分组成统一整体，每个部分都对这个整体的形成创造了条件，同时也从这个整体中获取自身发展的因素，从而使整个机制在更大的空间发挥作用。具体来说，包含官方正式机制和各种社会资源形成的非正式机制，各组成部分在机制内部不仅相互补充，也相应地形成了制衡。刑事和解制度也是解决纠纷的一种方式，其运行也是多种社会力量相互协调、多种社会资源相互博弈的过程。通过W村刑事案件和解过程，可以看到各种力量在村庄场域的博弈与协调。同时在W村刑事案件和解过程中，也清晰地看到正式机制对非正式机制的指导和制约，就此而言，村庄视角下的刑事和解是在刑事法律规定的大背景下运行的。“倡导现实意义和规范意义两个层面的刑事和解，并不是要抑制刑事和解的合理存在，也不是用它来取代现行刑事司法体系，而是使它在法律规制下发挥辅助的作用。”[②]

农村刑事案件和解的生成，是一种适应农村在传统的私了与国家正式刑事司法之间选择的结果。刑事案件和解制度的运行是对刑事司法很好的补充，弥补了我国法律现代化过程中所产生的缺陷，“刑事和解是加害方-被害方利益的契合，使司法机关获得了收益，如诉讼效率的提高、疑难案件的解决，也使社会和谐秩序能够达成。”[③]学者宋英辉等人通过对杭州、江苏、河北、海南、山东等地的调查后认为，刑事案件和解对刑事司法制度有积极的作用，“（1）减少审前羁押、避免交叉感染；（2）使没有必要诉至法院的案件在审前程序中被分流；（3）减少短期自由刑；（4）宽缓刑罚，与刑罚的人道性、谦抑性和有限性等要求相吻合。”[④]笔者认为农村刑事案件和解具有积极功能，就本文研究的村庄而言，它有助于维护村民之间的熟人关系，能够更恰当的保护被害人的合法权益，同时，它也会使加害人得到一次在村里重新做人的机会。这对于基层的司法机关来讲，在一定程度上节约了司法成本，减轻了他们维护农村社会稳定的压力，有利于维护村庄的和谐秩序。

因此，刑事案件和解在案件解决的效率上、当事人关系的维护上等很多方面对我们现行的刑事司法制度起到积极的作用，这也是刑事案件和解被越来越多的当事人和公权力机关接受的原因，也是我国制定法开始接纳刑事和解的理由。

---

① 范愉：《非诉讼纠纷解决机制研究》，中国人民大学出版社2000年版，第53页。

②王立、李翊：“刑事和解工作机制实证研究”，载《政法论坛》2008年第6期。

③ 陈瑞华：“刑事诉讼的私力合作模式——刑事和解在中国的兴起”，载《中国法学》2006年第5期。

④ 宋英辉、李哲：“公诉案件刑事和解实证研究”，载《法学研究》2009年第3期。

结　语

“法治并不意味着整个社会的秩序是由法律所建构的，只有把法律作为社会控制系统、建构秩序的力量的一部分来考察，才能理解法律和其他社会控制力量在法治秩序建构中的作用和位置。”①正式社会控制是与非正式社会控制相互作用建构着地方性生活，在理解乡村有非正式社会控制形成的秩序，同时它也是受到正式社会控制影响的半自治社会领域，如果说非正式社会控制构建着乡村微观秩序的话，那么正式社会控制则构建着乡村宏观的秩序。因此，刑事案件和解作为正式社会控制与非正式社会控制相互作用的产物，并且不断地得到发展与完善，它作为乡村多元控制方式的一种，也在建构着乡村的社会秩序，而乡村的社会秩序又推动刑事案件和解迈向制度化。

参考文献

［1］罗伯特·C·埃里克森.无需法律的秩序——邻人如何解决纠纷［M］.苏力，译.北京：法律出版社，1998.

［2］罗斯科·庞德.通过法律的社会控制［M］.沈宗灵，译.商务印书馆，1984.

［3］费孝通.乡土中国·生育制度［M］.北京：北京大学出版社，1998.

［4］王启梁.迈向深嵌在社会与文化中的法律［M］.北京：中国法制出版社，2010.

［5］范愉．非诉讼纠纷解决机制研究［M］．北京：中国人民大学出版社，2000.

［6］王立，李翊.刑事和解工作机制实证研究［J］.政法论坛，2008（6）.

［7］陈瑞华.刑事诉讼的私力合作模式——刑事和解在中国的兴起［J］.中国法学，2006（5）.

［8］宋英辉等.主题研讨——刑事和解：法律家与法学家对话录.［J］.国家检察官学院学报，2007（04）.

［9］宋英辉，李哲等.公诉案件刑事和解实证研究.［J］.法学研究，2009（3）.

---

①王启梁：《迈向深嵌在社会与文化中的法律》，中国法制出版社2010年版，第181页。

认罪认罚从宽制度中的律师辩护

海南外经律师事务所　林建才

内容摘要：认罪认罚从宽制度对贯彻宽严相济刑事政策、犯罪嫌疑人、被告人人权保障、节约司法资源、提高司法效率具有重大意义，对律师辩护也将带来重大影响。本文分析了律师参与认罪认罚从宽程序辩护的重要意义，介绍了律师参与该程序辩护的五个工作内容，并着重提出了律师参与该程序辩护可能存在的被告人被无辜定罪，从宽幅度过小，律师迎合被告人非法要求及与检察官非法交易，传统刑罚观念制约程序适用等风险及规避方法。本文的研究对完善认罪认罚从宽制度以及律师参与认罪认罚从宽程序辩护均具有重要参考价值。

关键词：认罪认罚从宽程序　律师辩护　风险及规避

“案件激增是世界各法治国家面临的共同问题，对此司法机关在很多情况下不得不将效率作为优先考虑的价值，并据此推行简易程序和协商程序。”近年来，我国刑事案件不断攀升，法院、检察院工作压力骤增。因此，中共十八大四中全会通过《中共中央关于全面推进依法治国若干重大问题的决定》，提出完善认罪认罚从宽制度。最高人民法院和最高人民检察院分别在《人民法院第四个五年改革刚要（2014—2018）》和《关于深化检察改革的意见（2013—2017年工作规划）》中提出完善认罪认罚从宽制度，探索建立辩护律师参与的认罪量刑协商制度。2016年1月举行的中共中央政法工作会议提出抓紧研究认罪认罚从宽制度工作。以上措施表明我国即将借鉴国外辩诉交易制度的合理元素，企在构建能够做到案件繁简分流，缓解办案压力，提高司法效率，减少社会对抗，修复社会关系的认罪认罚从宽制度。“认罪认罚制度的改革探索高度契合当前我国刑事司法稳健运行[①]的迫切需要。”[②]

该制度的建立、完善和实施充分体现现代司法宽容和民主精神，是对刑事

①冯喜恒：“刑事处罚令中的量刑协商——德国的实践及其对我国设立认罪认罚从宽制度的启示”，载《浙江理工大学学报（社会科学版）》2016年第2期。

②陈卫东：“认罪认罚从宽制度研究”，载《中国法学》2016年第2期。

诉讼程序的创新，今后将对律师辩护带来深远影响。本文拟对律师参与认罪认罚从宽程序辩护的意义、工作内容、风险及其规避进行探讨。

一、律师参与认罪认罚从宽程序辩护的重要意义

认罪认罚从宽制度是指犯罪嫌疑人、被告人在律师的帮助下，对自己的犯罪事实和相关法律有了充分认识和了解，自愿认罪认罚，以获得司法机关实体上从宽、程序上从简处理的刑事司法制度。中央政法工作会议提出在实施认罪认罚从宽制度时，要发挥好律师的重要作用。在认罪认罚从宽程序中，律师参与辩护具有重要的意义。

（一）律师参与认罪认罚从宽程序辩护，有利于控辩双方充分有效协商，维护犯罪嫌疑人、被告人的合法权益

犯罪嫌疑人、被告人缺乏相应的法律知识，且大多处于被羁押状态，不但缺乏协商的能力，而且对从宽处理后果缺乏准确的理解，容易被误导，导致无辜者被迫认罪，形成冤案、错案；或者对从宽的期望值过高而失望乃至于反悔，在上诉审中产生强烈对抗。控辩双方的罪名和量刑磋商结果是在检察官和律师的博弈下完成的，为了保证犯罪嫌疑人、被告人认罪认罚的决定是在律师的帮助下充分、有效地权衡控诉证据和自身利益的基础上做出的，只有作为第三方的辩护律师参与和见证，控辩双方签订的认罪认罚从宽协议才不会沦为虚假的承诺，犯罪嫌疑人、被告人的合法权益才有保障。

（二）律师参与认罪认罚从宽程序辩护，可以有效地制约和监督司法机关，防止司法腐败

如果没有完善律师辩护制度，确保律师参与以及完善证据制度等相应配套措施，认罪认罚从宽制度无疑将会成为司法腐败的温床。律师参与认罪认罚从宽程序，可以确保犯罪嫌疑人、被告人是在自愿的前提下适用该程序，保证实体上起到从宽处罚，程序上从简处理；可以对承办法官、检察官进行监督，防止发生无辜者被迫认罪，防止权权交易、权钱交易等问题，从而遏制司法腐败。

（三）律师参与认罪认罚从宽程序辩护，可以节约司法资源，提高司法效率

“被告人及时自愿作出真实的认罪认罚，有利于司法机关更快更早更经济地查明真相，认定事实。”[①]律师参与认罪认罚从宽程序，提供咨询和讲解，让犯罪嫌疑人、被告人对案件证据、事实以及相关法律有充分的认识，既保证启动认罪认罚从宽程序的自愿性，减少上诉率，同时又避免庭审剧烈的对抗。律师参与协商决策过程有利于促使犯罪嫌疑人、被告人如实供述犯罪事实，配合司

①左卫民、吕国凡：“完善被告人认罪认罚从宽处理制度的若干思考”，《理论视野》2015年第4期。

法机关依法处理案件，使案件得以从宽从快处理，节约司法资源，提高司法效率。

二、律师参与认罪认罚从宽程序的主要工作

（一）查阅案卷，并与犯罪嫌疑人、被告人核实证据，交流案件事实和相关法律

刑事诉讼法第37条第4款规定，辩护律师会见在押的犯罪嫌疑人、被告人，可以了解有关情况，提供法律咨询，自案件移送审查起诉之日起，可向犯罪嫌疑人、被告人核实有关证据。辩护律师查阅案卷证据材料，掌握案件事实，通过会见并与犯罪嫌疑人、被告人核实证据，“目的在于使犯罪嫌疑人、被告人了解、掌握办案机关认定其涉嫌犯罪或指控其犯罪的事实及相关证据，同时使辩护律师与犯罪嫌疑人、被告人就案件事实和相关证据进行充分交流，以做好辩护的准备。”①

（二）协助犯罪嫌疑人、被告人启动认罪认罚从宽程序

辩护律师可根据案情和法律，告知犯罪嫌疑人、被告人罪名、犯罪情节和犯罪构成，建议其选择认罪认罚从宽程序，“也可向犯罪嫌疑人、被告人提出不选择认罪认罚制度的建议，供犯罪嫌疑人、被告人参考”②，由其最终决定是否适用认罪认罚从宽程序。但是，犯罪嫌疑人、被告人一旦选择适用认罪认罚从宽程序，律师就应当积极地请求司法机关启动该程序。

（三）积极参与协商、协助犯罪嫌疑人、被告人与控方签订认罪认罚从宽协议书

律师应就案件事实、证据、适用的量刑种类、幅度等方面与控方磋商，与承办检察官就犯罪嫌疑人、被告人的从宽处罚情节进行充分探讨，最终达成有利于犯罪嫌疑人、被告人的认罪认罚协议书，以便承办检察官向法院提出从轻、减轻处罚的量刑建议，最大限度地维护被告人的合法权益。

（四）争取简化庭审程序，建议法官采纳较轻的刑罚并当庭宣判

量刑过程是一个包括认识、心理、判断、推理等多种因素的法律操作过程。法官的职权是参照认罪认罚协议书，在刑法规定的量刑幅度内自由裁定刑罚。按照认罪认罚从宽制度的设计，对被告人从宽处罚属于应然的范畴，但从宽的幅度大小将取决于法官对控辩双方协商结果的采信程度。因此，辩护律师应提出充分的辩护意见供法官采纳。

---

①陈光中：《〈中华人民共和国刑事诉讼法〉修改条文释义与点评》，人民法院出版社2012年版，第33页。

②陈卫东：“认罪认罚从宽制度研究”，载《中国法学》2016年第2期。

（五）做好被告人的安抚工作或协助其提起上诉

在认罪认罚从宽程序中，从宽处罚的判决会出现与被告人期望的结果差距过大，被告人反悔甚至否定自己构成犯罪的情况。对此，律师应综合分析案件事实、证据以及相关法律，重新审查判决书认定的事实，判决的理由和事项。如果判决书认定的事实和罪名确实有误或者量刑过重，违背了被告人认罪认罚的初衷，律师可以协助其提出上诉。如果被告人的理由不成立，律师应当对其晓之以法，晓之以理，劝说其认罪服判，做好安抚工作。

三、律师参与认罪认罚从宽程序的风险及规避

（一）参与认罪认罚从宽程序选择的风险及规避

“如果当事人自己聘请了辩护律师，辩护律师当庭对量刑情节或者量刑建议表示异议时，法庭应当征求被告人的意见，由被告人来决定其是接受律师的异议还是坚持在检察环节与公诉人进行量刑协商的结果。”①认罪认罚从宽程序的选择权和决定权在于犯罪嫌疑人、被告人。大部分刑事案件事实清楚、证据充分、法律适用争议不大，律师和犯罪嫌疑人、被告人容易形成一致意见，启动认罪认罚从宽程序风险较小。但是，某些“疑罪”案件，案件证据与定罪标准尚有一定差距，或者适用罪名上存在争议，律师与犯罪嫌疑人、被告人往往在辩护策略、适用程序等问题上容易产生分歧，甚至意见相左。此时，辩护律师的法律智慧将得到考验。如果辩护律师以独立辩护为由自居，我行我素，擅自启动或者放弃认罪认罚从宽程序，就会存在被告人被无辜定罪或者丧失从宽处罚的风险。因此，辩护律师的正确做法是，在取舍维艰的司法程序中，根据待证事实的证明标准和现有证据情况以及对结果可能性的预测得出判断，给当事人提出合理性方案，帮助无罪的人避免刑事追究，有罪的人得到尽可能轻的从宽处罚，从而避免因为被告人误解法律或者无法理解辩护人的策略而做出无法反映其真实意愿的选择，降低被告人因受到外在因素的误导、压力和诱惑而做出错误决定的风险。

（二）在与控方协商过程中迎合被告人非法要求和与检察官非法交易的风险及规避

被告人为了避重就轻，逃避惩罚，其本人及其家属很可能利用辩护律师参与定罪量刑磋商的时机向律师提出非法要求。在利益驱使下，辩护律师有可能会丧失客观公正立场，实施非法的或具有欺诈性的行为，甚至出现与承办检察官相互勾结、权权交易、权钱交易等情况。因此，面对以上风险，辩护律师应

①曹红虹：“刑事案件速裁程序的试点探索与理论建构”，载《人民检察》2015年第19期。

当坚守律师职业道德，遵守执业纪律，把住尺度，守住底线，防止陷入违法犯罪的泥沼。

（三）认罪认罚从宽协议书未被采纳或对被告人从宽幅度过小的风险及规避

刑法第67条第3款："犯罪嫌疑人虽不具有前两款规定的自首情节，但是如实供述自己罪行的，可以从轻处罚；因其如实供述自己罪行，避免特别严重后果发生的，可以减轻处罚。"关于坦白的法律规定，确定的是可以从轻处罚而不是应当从轻处罚。法院又不受检察院指控罪名和量刑建议的约束，即使是在简易程序和刑事和解程序中，控辩双方达成的协议未必能得到法院的认同，交易安全得不到保障，司法权威必将受到损害，律师参与存在很大风险。"如果被告人这种让渡甚至放弃诉权的行为无法在认罪认罚从宽制度中获得同等的权利回报，不仅会使该制度被架空，而且还会违背合作性司法的要义。"①另外，从宽幅度、量刑标准界定不清，各地法院、不同法官掌握认罪认罚从宽幅度不一或者某些案件受制于法定刑幅度，酌定从宽幅度不大，就会存在被告人得不到量刑实惠的风险。因此，辩护律师应当根据案件事实和法律规定准确预测量刑幅度，避免出现对被告人量刑过重或从宽幅度过小的风险。

（四）传统刑罚观念制约认罪认罚从宽程序适用的风险及规避

刑罚报应观、重刑主义传统的刑罚观念和"有罪必罚、疑罪轻罚"的思想观念仍占主导地位，认罪认罚难以全部做到"该宽则宽、当严则严、宽严相济、罚当其罪"。甚至部分学者和司法工作者认为，认罪认罚从宽制度损害公平正义，违背刑法面前人人平等、罪刑法定、罪责刑相适应等刑法原则。"即使相应律师援助、辩护制度再完善，但是具体执行人员在理念、认识层面对律师参与持有抵触、反对情绪，那么，我们也可以想象得到这些制度在实务中的执行情况。"②但是，现代法治国家的刑罚观念与刑事理念已经发生了重大变化，人们开始重视权利保障与个人尊严，刑法谦抑、刑罚轻缓以及人道主义观念逐渐深入人心。提高对认罪认罚从宽制度以及被告人权利保障重要性的认识，改变法官、检察官传统的刑罚观念，排除适用认罪认罚从宽程序的各种障碍和阻力，律师在认罪认罚从宽程序中的辩护风险就会降低。

综上，认罪认罚从宽制度虽然具有损害公平正义的制度缺陷，但作为一项新设的刑事司法制度，其司法效率、人权保障等价值将不可限量，今后将会对律师辩护的模式、内容等方面产生重大影响。律师要与时俱进，学习和把握认

---

①孔令勇："论刑事诉讼中的认罪认罚从宽制度——一种针对内在逻辑与完善进路的探讨"，载《安徽大学学报（哲学社会科学版）》2016年第2期。

②赵恒："刑事速裁程序试点实证研究"，载《中国刑事法杂志》2016年第2期。

罪认罚从宽制度，积极地为犯罪嫌疑人、被告人做有效辩护。

参考文献

[1] 陈光中. 刑事诉讼法 [M]. 北京：北京大学出版社、高等教育出版社，2013.

[2] 王以真. 外国刑事诉讼法 [M]. 北京：北京大学出版社，2006.

[3] 陈瑞华. 比较刑事诉讼法 [M]. 北京：中国人民大学出版社，2010.

[4] 陈瑞华. 刑事诉讼的前沿问题 [M]. 北京：中国人民大学出版社，2013.

[5] 张建伟. 刑事诉讼法通义 [M]. 北京：北京大学出版社，2016.

[6] 汪建成. 冲突和平衡—刑事诉讼程序理论的新视角 [M]. 北京：北京大学出版社，2006.

[7] 陈瑞华，田文昌. 刑事辩护的中国经验 [M]. 北京：北京大学出版社，2012.

[8] 陈光中. 辩诉交易在中国 [M]. 北京：中国检查出版社，2003.

有效辩护的定位与策略

重庆百君律师事务所　肖志军

内容摘要： 1979年《中华人民共和国刑事诉讼法》的颁布以及1997年、2012年的两次修正，我国刑事辩护制度不断发展和完善，律师的刑事辩护技能日益强化，当事人对于刑事案件结果的期望值也随之上涨，有效辩护这一话题更是引发了越来越多的关注和重视。

迄今为止，我国仍有约70%的刑事案件被告人无法获得律师的帮助，只能依靠自行辩护的方式来行使法定的诉讼权利。而那些有律师辩护的案件中，由于律师职业的准入门槛普遍不高、法律素养不够、不尽职、不尽责等一系列因素，当事人难以获得高质量的法律服务。

将无效辩护与程序错误并列为上级法院撤销原判、发回重审的依据，是美国刑事诉讼制度的特殊经验。[①]在可预见的未来，中国引入无效辩护责任追究制的可能性是很小的。但是，确立有效辩护的理念，并推动辩护制度的改革，这却是很有现实意义的。

何为有效辩护？如何实施有效辩护？辩护过程中各方意见间的冲突如何有效解决？本文拟对有效辩护的定位、策略及一系列冲突解决机制作一探讨。

关键词： 辩护　有效辩护

一、有效辩护的定位

（一）辩护权的概念

辩护权是指刑事被告人及其辩护人对被控告、被追究的犯罪，从事实、证据、法律、处罚等诸方面进行申辩、反驳、反证，以查清案件事实和正确适用法律的方式来维护被告人的合法权益，使案件得到公正合法的处理的权利；是指刑事诉讼法赋予当事人及其辩护人针对控诉而进行申辩活动的权利。

刑事诉讼法第32条规定："犯罪嫌疑人、被告人除自己行使辩护权以外，还可以委托一至二人作为辩护人。"这种辩护权的设立和行使，其任务和目的是

① 陈瑞华："刑事诉讼中的有效辩护问题"，载《苏州大学学报（哲学社会科学版）》2014年第5期。

为了反驳控诉，根据事实和法律，提出有利于犯罪嫌疑人、被告人的材料和意见，论证犯罪嫌疑人无罪、罪轻或者应当从轻、减轻、免除处罚。

（二）有效辩护的概念

刑事辩护的有效性通常以结果论，即以达到诉讼目的为评判标准。刑事辩护一般分为无罪辩护和罪轻辩护。无罪辩护的有效性是体现在无罪结果的出现；而罪轻辩护的有效性则通过两种方式来体现：一是在不改变罪名的情况下，以被告人具有法定或者酌定从轻、减轻的情节来达到降低刑罚的目的；二是以变更罪名的方式，使法庭以刑罚较轻的罪名来评判被告人的行为，从而达到降低刑罚的目的。总的来说，罪轻辩护的有效性体现在刑罚的降低上。然而，这种以结果论成效的判断标准存在一个问题：若一个案件中，律师从始至终都没有发表过任何辩护意见，但判决结果却出现了无罪或者罪轻的结果，难道我们要认定这次辩护是有效的吗？显然，这种以结果评定辩护有效性的标准忽略了辩护本身的有效性以及辩护活动与结果的因果关系。毕竟，不管律师辩与不辩，法院都有审查义务。那么，仅注重辩护过程是否妥当？诸如独立辩护、骑墙辩护、两头辩护，又该如何对待和理解？

首先，辩护本身应当具备形式有效性。此有效性体现在律师工作的尽责。所谓尽责，是要求律师尽可能深入的挖掘案件中的可辩因素，并且参与到庭审的对抗中。这种有效性在结果上不一定能够体现，因为刑事审判的结果并非由单一因素而决定，而是由多方因素共同作用的结果。同时，案件本身又具有多样性，不同的案件留给律师施展的空间也不尽相同。若以结果来评定辩护的有效性，则势必会打击辩护工作的积极性。在司法实践中，许多法院在裁判时虽然没有给出律师想要的结果，但在判决书中仍肯定了律师的部分观点。笔者认为，此种情况下，也不能够否定律师辩护的有效性。其次，辩护活动与结果应当具有因果关系。这就要求法院作出的关于被告人无罪或者罪轻评判的考量点是来源于辩护人的辩护，而非控方或者法庭自己。

（三）有效辩护的定位

"律师对当事人负责高于对公平正义负责。"这是中南民族大学法学副教授陈虎在第九届尚权刑辩论坛上的发言。通过华南虎案、李庄案、刘志军案等案例，陈虎认为，刑辩律师对当事人负责的私法义务是第一位的，即"拿人钱财替人消灾"，而不是一味地追求所谓的法治、公平正义等公法义务。

辩护律师的辩护权来源于当事人的委托，辩护律师作为当事人一方的代理角色出现，属于诉讼程序设定的一个制衡角色。既然诉讼制度中设计了控诉方，就应当有与其相对应的辩护方，倘若辩方与控方站在了同一角度，或是仅仅停留在表面上的对立，那么就严重脱离了辩护职责的基本特征，辩护制度的存在便形同虚设。①

笔者认为，有效辩护应当建立在独立辩护的基础之上。辩护律师作为一种私权的代表，首先得是有立场的辩护人，其次才是具有法律观点的法律人。唯有明确了自身的立场，方可最大限度的维护当事人的合法权益。

综上，有效辩护是辩护律师以辩护过程、辩护结果以及辩护过程与结果间的因果关系相结合的综合评判标准，是以专业知识、预判风险以及在充分披露和沟通下，按照当事人的意思自治并在法律框架内最大限度维护当事人合法利益的系列法律服务。

二、有效辩护的策略

有效辩护存在于辩护活动的每一个细化环节：从侦诉审程序性信息的收集和告知，到与承办单位口头沟通和书面意见，乃至辩护律师的办案日志、与当事人的会见笔录、与委托人的沟通笔录，均有不同程度的体现。在不同阶段、不同状况，面临不同的意见冲突时，选择相对应的解决机制，采取合适的辩护策略，才能达到有效辩护的最大值。

（一）*辩护方案的选择争议*

首先，我们来谈一下在辩护方案的选择上，与当事人不一致的情况下如何取舍。要解决这个问题，首先要理清辩护律师在案件中的地位和立场。上文已提到，辩护律师的辩护权来源于当事人的委托，辩护律师作为当事人一方的代理角色出现。那么，是否就意味着我们必须永远与当事人的观点保持一致？即便当事人矢口否认，我们是否也应当盲目的作无罪辩护？

至少在笔者看来，答案不能一概而论。作为律师，我们有自身的专业技能与素养，尤其在仔细审查全案证据材料后，对于案件本身的事实及案件可能的走向和趋势，以及是否作无罪辩护、可行性的大小等问题，心中已有一个较为充分的预判。在这种情况下，若当事人始终坚持自己是无罪的，作为其辩护律师，我们应该有义务、有责任对案件的现状、证据的指向及其证明力度的大小向当事人作充分的披露。这种披露行为实际上是在引导当事人作出对自己更有利的选择，而最终的决定权应当掌握在当事人自己手中。

在对全案因素的全面分析下，如果当事人仍然坚持要求作无罪辩护，辩护律师可选择在遵循其意愿的情况下，同时也相对独立表达自己的辩护观点。即，在法庭上为当事人作骑墙式辩护，以充分保障其诉讼权利。两高三部在2010年出台的《关于规范量刑程序若干问题的意见（试行）》第1条明确规

① 陈瑞华、田文昌：《刑事辩护的中国经验》，北京大学出版社2012年版。

定："人民法院审理刑事案件，应当保障量刑活动的相对独立性。"也就是说，辩护律师在作无罪辩护后，仍可就当事人的量刑另行提出辩护意见，此规定一定程度上表明了律师在法庭上作骑墙式辩护的可行性。

此外，辩护方案的选择与委托人的意愿不一致、委托人与当事人意愿不一致的情况如何解决？

辩护律师的辩护权来源于当事人的委托，是为当事人辩护。所以，相对于委托人的意愿，辩护律师应当以当事人的意愿为主。在辩护方案的选择与委托人不一致、委托人与当事人不一致的情况下，辩护律师应当做的，是协调并化解当事人与委托人两者之间的矛盾。除了向委托人充分披露案件的真实情况、证据指向等事项，辩护律师还应当以自己的专业技能和素养，充分引导委托人，告知如何开展辩护工作才能达到有效辩护的最大值，以取得委托人的认可和信任。

同样的，辩护方案的选择与同一律所两个辩护人意见不一致、不同律所两个辩护人意见不一致时，我们更多应该做的是协调和化解矛盾。

从本质上而言，这两种情况存在的矛盾是一致的：同一当事人的两名辩护人意见不一。在这种情况下，各辩护人应当充分履行各自的职责：向当事人作充分披露，并全面分析各自辩护方案的利弊得失。至于最终选择何种辩护方案，依然由当事人自行决定。当然，在不影响辩护方向的情况下，遵循最大限度维护当事人合法权益的基础之上，各辩护人可以各司其职，各抒己见。如：此辩护人认为构成重罪的从犯、而彼辩护人认为不构成重罪而构成轻罪的情况下，两辩护人均是作罪轻辩护，以争取法院的降格处罚，两辩护人则可以分别实施各自的辩护方案，交由法院裁判。

（二）事项方面的选择争议

1. 认罪与否的争议

"认还是不认？"相信这是每一位刑辩律师都曾遇到当事人这般发问。对于这个问题，笔者认为，根据案件阶段的不同，可以采取不同的措施：

在侦查阶段，辩护律师尚不能看到任何案卷材料，往往只能凭借当事人的口头交代以及办案机关提供的少量信息了解案情，不宜在此时对案件细节作过分深入探讨。在这种前提下，辩护律师应当向当事人阐明涉嫌罪名的具体法条、司法解释以及与案件相关的其他法律条文（如自首、立功等），而不应当直截了当的回答当事人认罪与否。

在审查起诉阶段，辩护律师已经审阅了所有的案卷材料，梳理了客观而具体的案情，对案件的走向也有了一定的预判。此时，辩护律师应当利用自己的专业知识和技能，与当事人实事求是沟通案情，告知现阶段的优势与劣势，引导其作出正确的选择。

而在审判阶段，时常会遇到类似诉辩交易的情形，如：法官向辩护律师发出信号，若当事人认罪并缴纳罚金，则对其适用缓刑。此种情况下，辩护律师在向当事人传递诉辩交易信息的同时，也应当为其分析当中的风险，适当地提出可行性建议或意见，让当事人在全盘考虑、综合分析的情况下作出认罪与否的决定。

2. 事实认定的争议

关于事实认定争议的问题，也就是对证据认定的理解度和质疑度的问题。对于同一个证据，或者同一组证据，当事人与辩护律师往往会出现理解程度上的偏差。如：在辩护律师看来，该组证据已经确实充分的证明了当事人所犯之罪，但在当事人看来却并非如此。

此时，辩护律师要做的是两项工作：一，运用自身的专业知识和技能，向当事人充分阐释自己对于该组证据如何理解，法院对于“确实充分”这一标准如何把握，甚至可以适当地加入“法院对于这组证据会如何认定”等预判；二，耐心聆听当事人自身的看法和见解，从中发掘出有价值的信息，再对原本的辩护方案加以整合，以提高辩护方案的全面性。

3. 适用法律的争议

关于适用法律的争议，也就是通常情况下的辩护律师认为构成此罪，而当事人认为构成彼罪的情况。笔者认为，首先，辩护律师必须和当事人站在同一立场，在不违反法律法规的情况下，把当事人的利益放在首要位置，最大限度的维护当事人的合法权益。因此，辩护律师认为构成此罪，而当事人认为构成彼罪，在本质上应当是一致的：也就是往刑罚较轻的方向努力。否则，辩护律师颠倒了自己在案件中的位置，在某种意义上和检察官无异。

那么，既然已经确定了辩护律师和当事人的方向是一致的，加之，如果当事人的观点具有可取性，作为辩护律师，就不必在原本的辩护方案上故步自封，可采取罪名上的骑墙式辩护，即：构成轻罪；若构成重罪，也属从犯。如果当事人的观点不具有可取性，且当事人始终坚持自己的观点，此时，在征求当事人同意的情况下，在其自行辩护时发表自己的观点，辩护律师发表自己的辩护意见，最终交由法院裁判。

4. 量刑幅度的区域性差异

笔者早前曾代理一起走私国家禁止进出口物品的案件，涉案走私牛肉制品2000多吨，一审判处了11年有期徒刑。事后，当事人家属提供了一份广西的判决：同样是走私牛肉制品，涉案数额8000多吨，仅判处了7年有期徒刑。当事人家属十分不解，为何更重的犯罪数额反而会得到更轻的判决结果。

对此，辩护律师需要对其耐心告知：不同的区域，由于各方面条件不同，加之影响案件本身的因素差异，判决结果参考价值也就十分有限。广西地处边境，走私案件频发，当地法院对走私案件的打击力度有别于重庆本地的法院。而且，该个案中的被告人存在其他的从轻、减轻处罚的情节。因此，单纯以犯罪数额来衡量量刑的轻重，有失偏颇。最终，经过多番的苦口婆心，当事人家属也对此表示理解。

5. 收集证据的风险及认识争议

对于辩护律师收集证据，长年以来都是一个有争议的问题。甚至到今天为止，愿意主动去收集证据的辩护律师依然是少数。原因不外乎两个：一，律师向有关单位和个人调查取证时总是会遭到无理拒绝；二，律师收集敏感证据容易触犯底线，存在极大执业风险。所以，在辩护律师取证如此困难的环境下，许多辩护律师就直接放弃取证，仅围绕侦查机关收集的证据展开辩护。

对此，笔者持一种折中的观点：可取证，需谨慎。对于证明类的证据，如：医院证明、贫困证明等，只要是客观真实的，辩护律师就可以大胆地去收集；对于不具有人为因素的实物证据，如：当事人不在场证明的监控录像，辩护律师也应当尽最大努力去收集；但是，对于人为因素决定的证据，如：行贿人存在反复的证言等。此种证据风险太大，笔者不建议由刑辩律师自己去收集，稍有不慎，难免“赔了夫人又折兵”。

（三）紧急事件下的应变措施

此处所说的“紧急事件”，主要是指当事人在法庭上不按规矩出牌、当庭翻供的情形，不外乎两种：一，庭前认罪，庭审过程中突然翻供的；二，庭前拒不承认，庭审过程中突然认罪的。

曾经在北京发生过这么一个案子，律师原来想作无罪辩护，被告人也想作无罪辩护，结果开庭时，被告人出乎意料的当庭认罪，律师马上拍案而起，高呼当事人出卖了他，最后选择退出法庭，拒绝继续辩护。

这种做法是否合适？是否符合律师的职业道德？至少笔者持否定态度。针对上述两种法庭上的紧急事件，笔者认为，应当对症下药，择其道而行之：一，被告人庭前认罪，庭审过程中突然翻供的，辩护律师可以在坚持其无罪辩护的观点之上，再为其作罪轻辩护，以骑墙式辩护的方式化解庭审困境；二，被告人庭前拒不承认，庭审过程中突然认罪的，辩护律师依然可以为其作无罪辩护。因为，根据刑事诉讼法第35条及律师法第31条：辩护人的责任是根据事实和法律，提出犯罪嫌疑人、被告人无罪、罪轻或者减轻、免除其刑事责任的材料和意见，维护犯罪嫌疑人、被告人的诉讼权利和其他合法权益。因此，辩护律师独立行使辩护权，发表无罪辩护的观点不影响当事人本人的认罪态度。

刑事辩护一直被认为是推动司法进步、彰显法律正义、实现律师自我价值的重要途径。近年来，随着司法改革的推进，有效辩护的理念更是越发突出。面对未来庭审实质化的职业要求，委托人和当事人法律意识和权利保障意识的提高，有效辩护的探索、深化及实现，势在必行。

国家工作人员收受具有上下级关系的下属财物的认定问题

泰和泰律师事务所　王　凯　徐海利

内容摘要：对于国家工作人员收受具有上下级关系的下属财物的行为，应当区分为日常人情往来中的收受礼金行为与应受刑法规制的犯罪行为。而对于应受刑法处罚的收受财物的行为应当认定为何种罪名，存在新设立“收受礼金罪”和受贿罪的争论。从刑法体系的统一性角度看来，新设“收受礼金罪”并非必要。从刑法解释学角度出发，对受贿罪的构成要件进行重新解读，受贿罪的法益应认定为职务行为的公正性，为他人谋取利益应当为受贿罪的构成要件要素。因而可以将国家工作人员收受具有上下级关系的下属财物的行为以受贿罪论处。同时，仍应当严格区分其与日常人情往来中的收受礼金的行为及与违反党纪的行为。

关键词：受贿罪　为他人谋取利益　具有上下级关系

一、引言

传统的受贿罪的形式大多数为“临时抱佛脚”型，即在有利益需求时才向国家机关工作人员实施贿赂行为，并且大多具有具体的请托事项。这样的贿赂形式在认定受贿罪上没有任何问题。但随着贪污贿赂犯罪手段的多样化及方式的日益隐蔽，“感情投资”型的贿赂方式越来越多。行为人借着日常的人情往来向国家工作人员赠送所谓的礼金、慰问金等财物，如果行为人有具体的请托事项，则根据两高关于办理贪污贿赂刑事案件适用法律若干问题的解释第13条的规定可以认定为“为他人谋取利益”，从而认定为受贿罪。但实践中多发的情况为，行为人在实施赠送财物的时候，表面上看并没有具体的请托事项，因此在认定受贿罪的问题上存在难度。

同样在国家工作人员收受具有上下级关系的下属财物的场合，如果具有明确的请托事项，则认定受贿罪并无争议。但如果在没有具体请托事项的感情投资的场合，能否认定为受贿罪？根据两高的司法解释第13条第2款：“国家工作人员索取、收受具有上下级关系的下属或者具有行政管理关系的被管理人员的财物价值三万元以上，可能影响职权行使的，视为承诺为他人谋取利益。”在没有具体请托事项的场合，司法解释却将其视为承诺为他人谋取利益，这样的规定究竟是一种推定还是类推？在解决该问题之前还必须明确两个问题：(1) 受贿罪侵害的法益究竟是什么？(2) 为他人谋取利益在受贿罪中的地位？前者在于明确受贿罪的处罚圈，进而根据目的解释对收受具有上下级关系的下属财物的行为进行解释。

二、对受贿罪构成要件的重新解读

(一) 对受贿罪保护法益的界定

对受贿罪侵犯法益的不同认定会产生受贿罪构成要件的不同解释结论。对受贿罪侵犯的法益目前存在以下不同的理论观点：

第一，廉洁性说。对于廉洁性也存在两种不同的侧重点，一方面认为受贿罪的法益在于保护职务行为本身的廉洁性；另一种在于公务员的廉洁制度。如果以职务行为本身的廉洁性为受贿罪的保护法益，那么对正当的职务行为实施贿赂行为则不能构成受贿罪。在国家工作人员收受具有上下级关系的下属财物的场合，必须具备实施了不正当职务的行为才构成犯罪。如果以公务员的廉洁制度为保护法益则不要求公务员实施不正当的职务行为。

第二，职务行为的不可收买性说。受贿罪保护的法益是职务行为的不可收买性，国家公职人员应当根据公务员法律获得相应的报酬，不得就职务行为获得任何应得报酬外的利益，不得使职务行为本身成为获得利益的对价。国家的公务大多是为了多数人的利益，通过裁量来执行的，因此必须得到公平的执行，如果为了某个人的利益而进行裁量，此外的人在不能得到利益这个意义上便受到了损害，公务员作为裁量行为的对价而收受利益，进行这种不公平的裁量时，所导致的危险就特别大。因此，受贿罪的目的就是禁止将职务行为作为个人利益的对价来执行。在这样的法益观下，受贿罪的构成要件就必须具备为他人谋取利益这一要素。只有为他人谋取利益的实现才能侵犯职务行为的不可收买性。在国家工作人员收受具有上下级关系的下属财物的场合，除收受财物的行为外，还必须具备实施了为他人谋取利益的行为，否则不成立受贿罪。但是，职务行为的不可收买性更强调为他人谋取利益的实现，对受贿罪的成立设立了较为严格的条件，不利于及时打击受贿行为。

第三，职务行为的公正性说。该说实质上是在职务行为的不可收买性的基础上演化而来的，职务行为的不可收买性实质上是职务行为公正性的形式表征，职务行为之所以具有不可收买性是基于职务行为的公正性。而且坚持职务行为的公正性说可以解决廉洁性说无法解决的问题：执行职务行为时正当行使裁量权的问题。廉洁性说要求受贿罪侵犯的是职务行为的廉洁性，如果实施的本身就是正当的职务行为则并没有侵害受贿罪的保护法益。但是根据职务行为的正当性说，受贿罪实际包括对职务行为公正性法益具有侵害危险的危险犯，以及侵害职务行为公正性的实害犯。如果收受贿赂后并没有实施不公正的职务行为，但仍然具有侵害职务行为公正性的危险，仍然应当按照受贿罪处理；而实际实施了不公正的职务行为的受贿罪，比起没有实施不公正职务行为的受贿罪具有更严重的法益侵害性。

（二）"利用职务便利"的重新解读

在国家工作人员收受具有上下级关系的下属财物的场合，存在送礼人没有具体请托事由，收受人仅仅只是单纯的收受礼金，也没有实施一定的职务行为。表面上看着似乎并不符合受贿罪关于利用职务上的便利的构成要件。但是法律的适用并不是僵化的"一个萝卜一个坑"，我们在适用法律时应发挥主观能动性，用一切方法去解释法律，使其与司法实践一致，减少法律的漏洞。

从目的解释角度出发，我们确立了受贿罪的危害在于侵害职务行为的公正性及其危险。因此，从这一目的出发，受贿罪中的"利用职务上的便利"就不仅仅要求受贿人实施了一定职务行为。即使受贿人没有实施一定的职务行为，但收受贿赂的行为是基于其职务本身的关联性，反向思考：倘若受贿人不具有职务身份，其能否收受相关财物？如果是否定的，则证明收受财物是与其职务具有关联性。虽然接受财物行为本身并无实施职务行为，但却是基于受贿人所拥有的职务身份才取得的。其对于职务行为的公正性具有侵害危险，因此仍应当将这种行为认定为受贿罪。而对其中的"利用职务上的便利"就应当做扩大解释，强调收受行为与职务的关联性，而非仅仅注重实际上实施了利用职务便利的行为。结合国家工作人员收受具有上下级关系的下属财物的场合，对于并没有具体请托事项的送礼人，但是送礼人 之所以送礼仍然是因为受贿人特有的职务身份和地位，倘若其不具有相关职务，则不可能成功接收相关财物，该行为仍然具有职务相关性，应当视为受贿罪构成要件中的利用职务上的便利。

（三）对"为他人谋取利益"要件的重新解读

为他人谋取利益作为侵害职务行为公正性的直接体现，一直以来，传统的刑法理论都将其视为受贿罪的构成要件，但是一部分学者有认为"为他人谋取利益"并非受贿罪的构成要件。

第一，"为他人谋取利益"的构成要件否定说。其理由如下：如果要求受贿罪的构成要件具备"为他人谋取利益"，则会导致罪责刑不相适应，不利于打击受贿行为。例如，受贿人仅有收取他人财物的事实，并没有承诺或实际为他人谋取利益，在本文所述的情形中，仅有国家工作人员单纯收受下属财物的行为，并没有实际实施职务行为或为其谋取利益，则由于不具备为他人谋取利益的要件从而不构成犯罪，结果会导致受贿行为的滋长。其次，在刑事政策角度上看，只要国家工作人员收受了贿赂，无论是否为他人谋取了利益，只要因职务收取了贿赂，在刑事政策上就具有了犯罪化的正当依据。因此否定说不要求受贿罪必须具备“为他人谋取利益”的要件，该内容只是为了说明职务行为与获得利益之间的对价关系。

第二，“为他人谋取利益”的构成要件肯定说。在前面的论述中，我们认为受贿罪的法益在于职务行为的公正性，而体现这种法益侵害性的受贿罪的基本不法类型即为“贿赂和职务行为之间所形成的对价关系”。而要体现这种对价关系，除了具有利用职务便利之外，还必须要求为他人谋取利益的行为，只有这样才能反映受贿罪的法益侵害性。仅仅只是收受他人财物的，还不足以说明其收受的财物和职务行为之间形成对价关系，因为收受他人财物也有可能是由于职务行为所形成的身份、地位而受财的情形。因此，在受贿罪的构成要件中，“为他人谋取利益”的要件不能取消。在认定受贿罪的成立时，也不能仅因受贿人收受财物就成立犯罪，必须正确区分为他人谋取利益与单纯收受财物的情形。

（四）国家工作人员收受具有上下级关系的下属财物的定性与定量分析

综上所述，受贿罪的保护法益是职务行为的公正性，只要具有侵害职务行为公正性的行为或者危及职务行为公正性的危险，就有认定为受贿罪的必要性。在此基础之上，必须要求受贿罪的构成要件具备“利用职务之便”和“为他人谋取利益”。而对利用职务之便不能理解为仅仅要求受贿人实际实施了利用职务之便的行为，应该将其理解为“职务关联性”的行为，受贿人获得财物必须与其职务有关联，运用逆向思维考察，倘若受贿人不具备该职务行为，则不可能收受该财物。因此可以认定受贿人具有利用职务之便。在认定职务相关性之后，还应进一步考虑为他人谋取利益要件的具备与否。根据两高的司法解释，为他人谋取利益不仅包括实际实现阶段，还应当包括承诺为他人谋取利益阶段。这种承诺不应该只从形式上考虑受贿人表露于外的承诺。在没有明示承诺的场合，受贿人知道收受财物后，日后必定会在职务行为行使时为他人谋取一定的利益，在双方心照不宣的情况下，受贿人收受财物的行为，在行贿人眼中，即为承诺谋取利益的行为。因此，在没有明确具体的请托事项，受贿人也没有明确承诺为其谋取特定利益的场合，不能一概而论地认为其不具备为他人谋取利益的要件，进而否定受贿罪的成立。

在国家工作人员收受具有上下级关系的下属财物的场合，同样如此，首先应当正确区分在此场合下的受贿行为与日常人情往来行为。在否定日常人情往来之后，还应进一步考虑该行为是否侵害了受贿罪的法益，齐备了受贿罪的构成要件。不能认为只要在此场合，收受下属财物的行为都成立受贿罪。在收受下属财物时，要考察赠送财物的行为与国家工作人员职务之间的关联性，以及两者之间形成的对价是否足以导致国家工作人员在实施职务行为时失去公正性。在某些场合，下属赠送财物并不是为了获取升职等利益，其仅仅只是希望搞好和上级领导的关系，希望和上级领导和睦相处，在此种情形下，并不足以导致职务行为的公正性受到侵害，因此不应当认定为受贿罪，而仅应当将其作为违纪行为予以党纪处分。

两高的司法解释也认为：“国家工作人员索取、收受具有上下级关系的下属财物价值3万元以上，可能影响职权行使的，视为承诺为他人谋取利益。”此处视为承诺为他人谋取利益，实质上是一种推定。在基于职务行为收受下属财物时，在职务行为与财物之间就形成了某种对价关系，这种关系具有危及职务行为公正性的危险，虽然此时并没有承诺为其谋取利益，但在日后，赠送人有求于收受人时，必定会为其利益而损害职务行为的公正性。因此，应当认为具有承诺为他人谋取利益，从而认定为受贿罪。

但是，司法解释却并未对此种行为的量刑作出规定。国家工作人员收受下级财物的场合应当根据不同的情形区分不同的量刑情节。如果具有明确的请托事项，受贿人实施了为他人谋取利益的行为，则对职务行为公正性的侵害更为严重。但在没有具体请托事项，也没有明确承诺的场合，只是在日后具有为其谋取利益的可能，应视为对职务行为公正性侵害的危险，在社会危害性上应轻于前者。因此在量刑上应轻于前者。前者为受贿罪的基本刑，则后者就应当在此基础上予以减轻处罚。

三、受贿罪与日常礼金往来的区分

国家工作人员收受具有上下级关系的下属财物的行为，并非都是受贿罪。在日常人情往来中，国家工作人员也有可能收受下属的财物。但此时不易也不应当将其视为受贿罪。如果对收受下属财物的行为不加以区分，一律认定为受贿罪，则刑法就具有了侵入公民生活自由之嫌。因此应该严格区分两者的不同。但实践中，却没有法律可以参照。两高司法解释规定的3万元的基准数额或许可以成为一定的参照。但是在除了从数额上予以区分以外，还应当结合其他情形 予以辨别。

首先从数额上予以区分，3万的基准数额可以成为区分的一个标准。因为在日常的人情往来的过程中，大部分的礼金不会呈现出十几万、几十万的情形，如果超出3万元，则可能具有受贿罪的嫌疑。但是还应当结合当地的经济发展水平 和当地的生活风俗习惯予以认定，尤其是当地的礼金标准及礼金支付方式。其次，还应当考虑上下级收受财物的时机、缘由，先前的往来记录，亲密程度。

参考文献

[1] 陈伟，蔡荣."收受礼金"行为的刑法规则［J］.河北法学，2015（12）.

[2] 李邦友，黄悦.受贿罪法益新论——以"为他人谋取利益"为切入点［J］.武汉理工大学学报：社会科学版，2013（4）.

[3] 陈兴良.贪污贿赂犯罪司法解释：刑法教义学的阐释［J］.法学，2016（5）.

[4] 李浩.为他人谋取利益不应成为受贿罪的成立条件［J］.当代法学，2010（1）.

[5] 曾粤兴.周兆进.受贿罪中"为他人谋取利益"之要件探讨［J］.吉首大学学报：社会科学版，2014（3）.

[6] 李卫红.受贿罪的司法认定.法学杂志［J］，2016（4）.

论刑事诉讼中专家辅助人制度的完善

四川平新律师事务所　李　强

内容摘要： 2012年刑事诉讼法修改首次确立专家辅助人制度，该制度借鉴英美法系的专家证人和意大利的技术顾问制度，同时与鉴定人、证人制度相区别，因此具有独立的诉讼地位。近年司法实践中专家辅助人参与法庭审理具有维护司法公正和人权保障的积极作用。由于立法对该制度仅作出笼统的规定，因而司法实践中仍对专家辅助人制度定位、性质、权利义务、专家辅助人的准入资格机制以及责任承担存在诸多争议。本文从理论讨论和实践中探索该制度建设，最终推动专家辅助人制度的完善。

关键词： 专家辅助人　刑事诉讼　人权保障　制度完善

专家辅助人也称专家证人，广义上包括鉴定人和有“专门知识的人”（指在诉讼活动中受当事人和司法机关的委托，就案件中涉及的专门问题进行说明和评价的掌握特定科学技术和专门知识的人）。狭义上的专家辅助人仅指“有专门知识的人”即受公诉人、当事人和辩护人、诉讼代理人申请，由法庭通知出庭，就鉴定人的鉴定意见所涉及的专门性知识进行说明和评价并提出意见的有特殊专业知识和科学技能的人。

一、专家辅助人制度内涵

我国刑事诉讼借鉴英美法系专家证人制度和大陆法系意大利技术顾问制度建立起中国特色的专家辅助人制度。英美法系的专家证人主要是指根据美国联邦证据规则第702条之规定“如果科学技术或者其他专业知识将有助于事实审判者理解证据或者确定系争事实，凭其专业知识、技能、经验、训练或教育够格为专家的证人可以用意见或者其他方式作证”确立的专家证人制度，适应当事人主义的庭审模式。专家证人的意见作为证据出示，将专家证人作为独立的特殊证人参加法庭庭审并发表意见，参与举证质证。这是美国意见规则的例外。

大陆法系国家也建立了专家辅助人制度，如 俄罗斯刑事诉讼法典第58条、第168条、第251条和第270条规定了专家辅助人的性质、条件，以及刑事诉讼各阶段的具体操作程序 。德国刑事诉讼法第85条："为了证明过去的事实、情况需要具有专门知识的人员时，适用证人的规定。"

二、专家辅助人制度存在的必要性

2014年"念斌案"中专家辅助人就检方提供的鉴定意见所涉及的专业性知识进行专业的研究质证、说明，就法官所提的问题作出详细的解释，帮助法官了解证据的真实性。专家意见成为推翻该案虚假鉴定意见的重要工具，使法官和当事人对涉案关键毒物的性质产生更明确的认识，最终法庭宣告念斌无罪。因此，专家辅助人在司法鉴定过程和刑事诉讼过程具有独立的存在价值，主要有以下四点：

（一）实现打击犯罪和保障人权的刑诉目的

专家辅助人针对鉴定意见提出更全面的质证意见，完善证据，一方面有利于惩罚犯罪，另一方面限制公安机关和检察院侦查起诉的权利，维护犯罪嫌疑人、被告人的辩护权和充分参与诉讼的权利。专家辅助人参与刑事诉讼程序的目的是对鉴定人作出的鉴定意见的真伪提供质辨意见，是对申请方的控诉意见或辩护意见的重要补充，对辩护方而言，专家辅助人从专业的角度对控诉方鉴定意见的可靠性和可信性进行质疑，反驳，发现鉴定意见的问题和破绽。保障犯罪嫌疑人的基本人权。

（二）完善司法鉴定制度

打破法院掌握司法鉴定启动权的格局，实现法庭庭审的对抗辩论机制。具有弹劾性的专家意见能从侧面强化鉴定人的责任意识，督促鉴定人在鉴定过程中对相关数据、物质进行详尽核对、仔细确认，增强鉴定意见的科学性，减少刑事鉴定争议，监督司法鉴定机关谨慎履职，避免错误、虚假鉴定，逐步打破我国职权机关垄断鉴定的局面，提高鉴定人的出庭率，促进司法鉴定体制的自我完善和更新。

（三）弥补法院及各方当事人专业知识和技能的不足，适应科学证据时代的要求

随着科学技术的发展和社会经济不断变化，刑事案件犯罪人的犯罪手段呈现出科技化和专业化的趋势。司法实践中，大多数法官、公诉人、当事人不具备相关专业技能，对鉴定人的解答和陈述在一定程度上不能理解或者无法发现其中的问题，以至于上述人员难以对鉴定意见进行有效质证和判断，难以判断鉴定意见的真实性，进而出现重复鉴定、多人鉴定、鉴定意见真假难辨等现象。通过专家辅助人出庭对鉴定意见进行解释和论述，使上述人员对鉴定意见有更清晰和明确的理解。更为重要的是使中立裁判的法官对事实有更加准确和

客观的判断。

（四）减少重复鉴定、节约诉讼资源，兼顾公平和效率

专家辅助人参与刑事诉讼，对鉴定意见存在的问题和错误作出有针对性的补充鉴定和重新鉴定。避免只要鉴定意见对己不利就申请重新鉴定的资源浪费现象。专家辅助人制度的建立有防止错误鉴定和重复鉴定，控制司法鉴定的次数等功能，提高刑事诉讼效率，保障当事人各方的权利，节约司法资源，保证当事人了解案情的权利。

三、专家辅助人制度的完善

我国刑事诉讼法第82条规定诉讼参与人有4类，包括诉讼代理人、辩护人、证人、鉴定人。现今仍未明确将专家辅助人列入诉讼参与人，该制度仍不成熟，首先诉讼地位模糊，根据刑事诉讼法的规定，我国专家辅助人适用鉴定人的出庭规则，显然不利于该制度与鉴定人制度的区别，导致专家辅助人的权利义务模糊。其次，专家辅助人的准入机制不明，对“具有专门知识的人”的定义尚不明确，亦不能简单地、完全地适用鉴定人的准入规则。

（一）专家辅助人的权利义务

1.赋予专家辅助人的权利

第一，赋予专家辅助人以独立的诉讼参与人地位。将其纳入刑事诉讼法第82条有关诉讼参与人的规定。

第二，专家辅助人有权根据当事人的申请，到法院、公诉机关、侦查机关查阅、摘录与鉴定意见相关的材料。

第三，专家辅助人有权向鉴定人了解与鉴定相关的内容及过程，涉及国家秘密或个人隐私的，须经法院和当事人同意。专家辅助人有权见证、参与和监督鉴定过程。

第四，专家辅助人有权参加法庭审理，并代表委托人对鉴定人的鉴定意见和鉴定工作发表评论或意见，在庭审过程中可以向鉴定人发问和质证，在法庭指导下就有争议的问题进行辩论。

第五，法官在审理案件事实的过程中涉及的专业性问题，应当向专家辅助人询问意见。

第六，专家辅助人有权拒绝接受委托等权利。

2.明确专家辅助人的义务

第一，专家辅助人必须遵守法律法规和职业道德，提供真实的信息，与涉案人员有利害关系的应如实告知委托人。

第二，专家辅助人应如实为委托人提供案件所涉专业技术问题的说明和解

释，使委托人对案件中的专门性问题有正确认识。

第三，专家辅助人应配合鉴定活动，不得以任何方式阻碍、妨害司法鉴定工作。

第四，庭审中接受询问等其他义务。

（二）专家辅助人的选任资格机制

结合我国立法与司法实践，专家辅助人的选任及资格条件应具有相对独立性。主要有以下 方面：

1.明确专家辅助人的资质

“具有专门知识的人”这一定义及判断标准需具体明确，包括学历、职位、工作年限、个人信息等，或以不超过公众预期为标准。笔者认为，专家辅助人制度的选任不必完全参照鉴定人的资格。聘请专家辅助人是赋予控辩双方平等的权利，其设置的目的在于能够保障处于弱势或国家强制力下的被告人在庭审中的辩护权利，给予被告人更多为自己辩护的权利。

2.创新专家辅助人的委托渠道

首先，控辩双方均有权委托专家辅助人。其次，在国家侦查机关、公诉机关和法院等国家强制力面前，被告人几乎处于孤立无援的状态。因此，国家强制减免家庭经济困难的被告人的委托费用，或者给予专家辅助人机构适当补偿。对于可能判无期徒刑、死刑的犯罪嫌疑人指定法定专家辅助人，以便与法律援助制度相衔接。

3.出庭程序

专家辅助人出庭制度可以适当参照鉴定人的出庭制度，将其作为诉讼参与人，适用诉讼参与人的相关程序，但不应过多的限制。首先，由法律规定专家辅助人的出庭权，以此与法庭决定鉴定人出庭的权利相区别；其次由于专家辅助人的鉴定内容牵涉许多关键性证据，为避免鉴定乱象维护司法程序、鉴定秩序的稳定，设立回避制度。列举以下两点建议：第一，专家证人接受委托后，应当参与庭审，接受法庭询问。第二，审判人员和公诉人员，侦查人员与专家辅助人有利害关系的应主动告知相关领导人及法院，未回避的，双方专家意见的真实性和可信性由法庭判断。

（三）专家辅助人制度的责任承担

第一，专家辅助人应当严格遵守法律法规与职业道德。对违约等民事侵权行为，依相关民事法律处理；第二，对严重扰乱法庭秩序，违反法律和职业要求的行为，专家辅助人在对鉴定意见质询并向己方诉讼当事人提供专业辅助的过程中，故意违反相关司法鉴定规定帮助当事人捏造或销毁证据，妨害正常司法秩序的，给予吊销资格，罚款、拘留等行政处罚、司法处罚。第三，专家辅助人故意帮助诉讼各方当事人在刑事诉讼程序中徇私枉法、滥用职权，严重违反法律、法规损害国家、社会公共利益和他人合法权益的，依法追究刑事责任，并注销专业资格证书。

参考文献

［1］邹海燕，鲁涤.论我国设立专家辅助人制度的必要性［J］.中国司法鉴定，2012（1）.

［2］张玮玮.从复旦投毒案二审看刑事专家辅助人诉讼属性［J］.法治观点，2015（2）.

［3］姜中华，韩红.论我国刑事诉讼专家辅助人制度的建构［J］.黑龙江省政法管理干部学院学报，2015（2）.

［4］陈心歌.论刑事诉讼中专家辅助人制度［J］.中国司法鉴定，2015（2）.

［5］李学军，朱梦妮.专家辅助人制度研析［J］.法学家，2015（1）.

试论贪污贿赂案件最新司法解释对经济犯罪案件量刑的影响

——通过运用比例数理模型计算刑期体现

广西通诚律师事务所　黄春芳

内容摘要： 贪污贿赂案件最新司法解释规定了国家工作人员及非国家工作人员职务犯罪的定罪量刑标准，最高人民法院出具了重大贪污受贿案件量刑意见，以这些司法解释为参照，以刑法基本原则为依据，通过合理的法律解释和方法来适用刑法，可以对其他经济犯罪案件的量刑与贪污贿赂案件的量刑达到平衡，以符合公平正义观念。文章建立了一个以上述司法解释为参照系的经济犯罪案件量刑比例数理模型，阐述及论证了计算其他经济犯罪案件量刑的方法。

关键词： 贪污贿赂　司法解释　经济犯罪案件　量刑

引　言

最高人民法院、最高人民检察院于2016年4月18日联合出台了《关于办理贪污贿赂案件适用法律若干问题的解释》（以下简称“贪污贿赂案件最新司法解释”），提高了贪污贿赂等国家工作人员职务犯罪和职务侵占、挪用资金等非国家工作人员职务犯罪的定罪量刑标准。该解释出台后，有一种意见认为，普通经济犯罪案件的定罪量刑标准相比之下偏高，形成量刑不平衡的问题。对此，最高法回应：“要深入研究对类似犯罪定罪量刑标准及刑罚体系调整完善问题，加强调查研究，积极提出立法、修法建议。”[①]实际上，该回应的逻辑前提是认同了职务犯罪案件与普通经济犯罪案件的量刑在立法上确实存在着不平衡。

立法上的不平衡客观存在，而修法之路漫漫，在此期间，怎样能修正这一不平衡，实现各种经济犯罪案件量刑上的平衡，体现罪刑相适应的刑法基本原则，如何通过在司法中合理地解释法律来解决这一难题，就是本文要探究的主

① 引自最高人民法院常务副院长沈德咏2016年4月18日在全国法院系统电视电话会议上的发言。

要问题。

一、通过司法中的法律解释修正立法缺陷的法理分析及实证

（一）法理分析

社会是不断发展的，新现象、新问题层出不穷，而法律需要一定的稳定性，这一矛盾必然导致法律会滞后于现实社会需要的客观现象。与此同时，正是为了解决这些不断出现的新问题，促使修法，使法律臻于完善。修法需要经过特定的程序，不是一蹴而就的，可是在这期间，不能让危害社会的人逍遥法外，不能让法律的制裁缺位，于是，通过在司法中对现有法律解释能为统治阶级弥补立法本身的缺陷。

（二）实证分析

在刑事司法实践中，先通过司法机关制定司法解释解决实践中出现的新问题，修法时再将司法解释的内容写入法律的情况为数不少。2013年修订的现行刑诉法吸纳了2010年两高三部联合发布的“两个证据规定”①中非法证据排除等内容，就是从实践到立法、至“下”而“上”立法的典型例子。

二、经济犯罪案件量刑比例数理模型

贪污贿赂案件最新司法解释的出台，客观上造成了职务犯罪案件与普通经济犯罪案件的量刑在立法上的不平衡，而法律解释是调节法律稳定性与社会发展变化之关系的媒介，具有弥补法律漏洞的作用，因此可以运用法律解释这一工具，修补该司法解释出台后出现的立法缺陷。这一修补过程，可以通过建立一个经济犯罪案件量刑比例数理模型，均衡各罪名的量刑来实现。

（一）建模思路

我们先仅以数额为依据，建立经济犯罪案件量刑比例数理模型基础，计算出相应数额的刑期，再根据其他量刑情节加减相应比例的刑期，使罪刑相适应。

（二）模型基础参照值

依据贪污贿赂案件最新司法解释中贪污案件的定罪量刑标准，以及《最高人民法院关于重大贪污受贿犯罪案件量刑意见》（以下简称“重大贪污受贿案件量刑意见”）中各量刑档次对应的数额，计算出各量刑档次每增加一个月刑期对应增加的犯罪数额，即每一个量刑档次的步幅，这些数据即为基础参照值（见表1）。

---

① 2010年5月，最高人民法院、最高人民检察院、公安部、国家安全部和司法部联合发布的《关于办理死刑案件审查判断证据若干问题的规定》和《关于办理刑事案件排除非法证据若干问题的规定》。

表1　贪污罪定罪量刑档次及步幅、与立案标准倍数

量刑档次	犯罪数额（/万元）	刑期（/月）	步幅（+万元/月）	对立案标准倍数
数额较大	3≤X<20	Y<36	0.47	
数额巨大	20≤X<300	36≤Y<120	3.33	6.67
数额特别巨大	300≤X<2000	120≤Y<180	28.33	100
	2000≤X<10000	无期徒刑		667
	10000≤X	死刑		3333

（三）量刑步骤

1.判处有期徒刑的算法

步骤1：根据上表思路和算法计算出实际案件罪名及犯罪数额对应量刑档次的步幅。

步骤2：将计算出的步幅与上表贪污罪对应量刑档次的参照步幅相比较：若大于参照步幅的，适用计算出的实际步幅；若小于参照步幅的，则适应参照步幅。无法计算出步幅的，适用参照步幅。

步骤3：以实际罪名犯罪数额对应的量刑档次最低数额和刑期分别为数额基数和刑期基数；以实际数额减基数数额的差，再除以适用步幅，得到增加的刑期月份；将刑期基数加上增加月份，得到基本刑期。

步骤4：对照《最高人民法院关于常见犯罪的量刑指导意见》（以下简称“量刑指导意见”）或各省高级人民法院制定的量刑指导意见实施细则中各种法定、酌定量刑情节的加减比例，以步骤3中得出的基本刑期为基数，计算出拟定刑期；之后，还可以综合考虑全案情况，在20%的幅度内调整[1]。

步骤5：将综合考虑了各量刑情节的拟定刑期和实际数额所对应的法定量刑幅度相比较，若拟定刑期与法律规定不冲突，则该拟定刑期就可以作为该案件的刑期；若在没有法定减轻处罚情节的情况下拟定刑期低于法定量刑期，则可将法定最低刑作为该案件的刑期；若在没有法定加重处罚情节的情况下拟定刑期高于法定量刑期，则可将法定最高刑作为该案件的刑期。

2.判处无期徒刑以上刑罚的算法

由于判处无期徒刑以上的案件无法计算出每增加一个月刑期要增加的犯罪

① 参照《最高人民法院关于常见犯罪的量刑指导意见》“2.量刑的基本方法”“3.确定宣告刑的方法”“4.综合考虑全案情况，独任审判员或合议庭可以在20%的幅度内对调节结果进行调整，确定宣告刑”的规定。

数额，即无法计算出步幅，因此不适用上述算法。对于每一个罪名，都能计算出每一个量刑档次的起点数额与立案标准数额的倍数，因此，可以参照贪污罪量刑对应无期徒刑以上量刑档次起点数额与立案标准数额的倍数确定各个罪名适用无期徒刑以上刑罚的起点数额。即以对应罪名立案标准数额的667倍作为无期徒刑的起点，3333倍作为死刑的起点。

三、模型算法的可行性论证

1.增加一定犯罪数额相应增加一定刑期的做法，具有可行性。本数理模型中，在一定幅度内，刑期随犯罪数额按比例同向增加的思路及给予法官20%的自由裁量权的做法是借鉴了最高法量刑指导意见的规定，是司法精细化的体现，在一定程度上约束了自由裁量权，经过司法实践证明是可行的。

2.以贪污罪的定罪量刑为参照系，具有合理性。目前我国刑法体系中，对贪污和受贿罪的定罪量刑规定是最新最全的，既体现了对经济犯罪定罪量刑的司法风向；又能给其他经济犯罪案件的定罪量刑提供完整的参照系。贪污罪侵犯的是双重客体，既侵犯了公共财产的所有权，又侵犯了公权利的职务廉洁性，在经济犯罪中社会危害性是比较大的，属于比较重的罪，举重以明轻，以贪污罪的定罪量刑作参照，是有法理依据的。

3.区分有期徒刑的算法和无期徒刑以上刑罚的算法，具有科学性。只有都在有限区间范围内的两个参数才能计算出比例变化关系，因此在量刑数额标准和量刑幅度都有限的有期徒刑幅度内，采用刑期随犯罪数额增加的方法；对数额或量刑无法用有限的数据量化的，采用与立案标准相似的倍数法，充分考虑不同区间的科学性。

4.通过步幅比较可以体现有关罪名现行立法的轻重，具有指标性。在判处有期徒刑算法的步骤2中，将具体罪名的步幅与贪污罪对应量刑档次的步幅相比较：若大于参照步幅的，说明该罪名每增加一个月刑期的犯罪数额比贪污罪多，即量刑比贪污罪轻，由于贪污罪在经济犯罪案件中是重罪，量刑比贪污罪轻是符合罪刑相适应原则的；反之，则说明该罪名的现行立法比贪污罪重，有修订的必要性。

5.通过步幅选择可以使“重罪”轻刑化，具有调节作用。对于现行立法偏重的罪名，量刑时采用贪污罪的步幅，意味着每增加一个月刑期的犯罪数额比根据该罪本身规定计算出来的多，也就是在量刑时将该罪调轻，使量刑接近于对贪污罪的量刑。这也是贪污贿赂案件最新司法解释对其他经济犯罪案件量刑影响的直接体现，是通过司法中的法律解释修正立法缺陷的实例。

四、模型算法的可操作性演示

诈骗罪是典型、高发的经济犯罪案件，也是最高法量刑指导意见中有具体量刑指导意见的常见罪名之一，现分别以诈骗2万元、30万元、500万元为例，演示本经济犯罪案件量刑比例数理模型的运用，印证该模型的可操作性；同时，通过和适用量刑指导意见计算出的刑期相比较，印证其合理性。

（一）运用比例数理模型计算刑期

步骤1：根据广西高院制定的量刑指导意见实施细则之规定列出诈骗罪各量刑档次的步幅（见表2）。

表2　诈骗罪定罪量刑档次及步幅与贪污罪步幅比较①

量刑档次	犯罪数额（/万元）	刑期（/月）	步幅（+万元/月）	贪污罪步幅（+万元/月）	贪污罪对立案标准倍数
数额较大	0.3≤X＜3	Y<36	0.075	0.47	
数额巨大	3≤X＜50	36≤Y＜120	0.56	3.33	6.67
数额特别巨大	50≤X＜200	120≤Y＜180	2.5	28.33	100
	200≤X	无期徒刑			667

步骤2：将诈骗罪的步幅与贪污罪对应量刑档次的参照步幅相比较，诈骗罪的步幅均小于参照步幅，那么适用参照步幅计算诈骗罪的刑期。

步骤3：将以上数据带入公式，计算出相应基本刑期：

诈骗2万元：刑期=0+（2−0.3）/0.47≈4个月±1个月

诈骗30万元：刑期=36+（30−3）/3.33≈38个月±8个月

诈骗500万元：先根据贪污罪判处无期徒刑数额标准对立案标准的倍数算出诈骗罪判处无期徒刑的数额标准，即：0.3×667≈200万元。那么，诈骗500万

① 表中诈骗罪各量刑档次数据来源于《广西壮族自治区高级人民法院<关于常见犯罪的量刑指导意见>实施细则》"四、常见犯罪的量刑""(七)诈骗罪""1.法定刑在三年以下有期徒刑、拘役、管制、单处罚金幅度的量刑起点和基准刑：诈骗公私财物，达到'数额较大'起点三千元的，在三个月拘役至一年有期徒刑幅度内确定量刑起点。在量刑起点的基础上，诈骗数额每增加三千元，增加一个月至三个月刑期，从而确定基准刑。2.法定刑在三年以上十年以下有期徒刑幅度的量刑起点和基准刑：诈骗公私财物，犯罪数额达到'数额巨大'起点三万元的，在三年至四年有期徒刑幅度内确定量刑起点。诈骗数额每增加一万元，增加一个月至二个月刑期，3.法定刑在十年以上有期徒刑幅度的量刑起点和基准刑：诈骗公私财物，犯罪数额达到'数额特别巨大'起点五十万元的，可以在十年至十二年有期徒刑幅度内确定量刑起点。依法应当判处无期徒刑的除外。犯罪数额每增加五万元，增加一个月至二个月刑期。"

元可以判处无期徒刑。

计算结果：由于暂不考虑其他任何量刑情节，在自由裁量的幅度内，诈骗2万元的量刑为拘役三至五个月，诈骗30万元的量刑为有期徒刑二年六个月至三年十个月，诈骗500万元判处无期徒刑。计算刑期均在法定量刑幅度内。

（二）适用广西量刑指导意见实施细则计算刑期

根据广西量刑指导意见实施细则“四、常见犯罪的量刑”“(七)诈骗罪”第1点[①]的计算方法，诈骗2万元的量刑为有期徒刑九个月至一年五个月，即：

诈骗2万元：［3+(2−0.3)/0.3］≤刑期≤［12+(2−0.3)/0.3×3］

9个月≤刑期≤29个月

而同数额的贪污罪还未达到立案起点。

根据广西量刑指导意见实施细则“四、常见犯罪的量刑”“(七)诈骗罪”第2点[②]的计算方法，诈骗30万元的量刑为有期徒刑五年三个月至八年六个月，即：

诈骗30万元：［36+(30−3)/1］≤刑期≤［48+(30−3)/1×2］

63个月≤刑期≤102个月

根据广西量刑指导意见实施细则“四、常见犯罪的量刑”“(七)诈骗罪”第3点[③]的计算方法，诈骗500万元的刑期为：

诈骗500万元：［120+(500−50)/5］≤刑期≤［144+(500−50)/5×2］

210个月≤刑期≤324个月

该幅度超过有期徒刑的最高刑期15年（180个月），可以判处无期徒刑，而同数额的贪污罪只在有期徒刑十年至十五年范围内量刑。

（三）数据分析

从步幅的比较来看，贪污罪的步幅是诈骗罪的6倍左右，也就意味着立法上诈骗罪比贪污罪重；从适用广西量刑指导意见实施细则计算出的刑期和贪污罪比较，也能得出相同结论。因此，诈骗罪还能提高定罪量刑标准，还有修法的空间。

我们通过步幅的选择使诈骗罪的量刑更接近于对贪污罪的量刑，明显低于适用广西量刑指导意见实施细则计算出来的刑期，就是在立法不变的情况下，参照贪污贿赂案件最新司法解释，通过法律适用使其他经济犯罪案件量刑合理调低的过程。

---

① 条文内容详见脚注③。

② 条文内容详见脚注③。

③ 条文内容详见脚注③。

结　语

最新贪污受贿案件司法解释及重大贪污受贿案件量刑意见全面构建了贪污受贿罪的定罪量刑体系，是对经济犯罪定罪量刑的司法风向标。举重以明轻，以贪污罪定罪量刑参数为参照，运用科学合理的刑期计算方法，使其他经济犯罪案件的量刑体系更接近于贪污案件量刑体系，调低“重罪”的刑期，均衡各种经济犯罪案件的量刑，通过司法中合理的法律解释弥补立法上的不均，使法律的适用符合罪刑相适应原则和公平正义观念。

参考文献

王利明.法律解释［M］.北京：中国人民大学出版社，2010.

"以审判为中心"视阈下辩护律师的权利保障

云南微行律师事务所　潘　峰

内容摘要："以审判为中心"的诉讼制度改革，既是防范冤假错案、实现司法公正的需要，也为辩护律师权利保障体系的完善提供了新的契机和发展平台。如何抓住这一历史机遇，发展和完善辩护律师的诉讼权利，切实保障其权利的依法行使，以更好地维护犯罪嫌疑人、被告人的合法权益，这需要我们进一步地探索和研究。本文着眼于"以审判为中心"的诉讼制度改革，探讨刑事辩护律师权利的保障问题，从而推进我国辩护制度的发展与完善。

关键词：以审判为中心　刑事辩护　权利　保障

引　言

党的十八届四中全会通过的《中共中央关于全面推进依法治国若干重大问题的决定》提出"以审判为中心"的诉讼制度改革，这是对过去"以侦查为中心"的诉讼模式的反思与革新，其核心在于构建一个以审判为中心的科学、合理的诉讼构造。[①]这不仅有利于促进控辩之间的平衡，也为辩护权的保障和完善提供了新的契机和理论框架。那么，在推进"以审判为中心"的诉讼制度改革进程中，如何充分保障辩护律师的诉讼权利，是值得深思的问题。本文将围绕这一问题进行探讨，以期完善辩护律师的诉讼权利，发挥辩护律师在刑事诉讼中的应有作用。

一、"以审判为中心"的内涵解读

目前，对"以审判为中心"的研究成果可谓汗牛充栋。但是，对于如何准确地界定其涵义却众说纷纭。笔者认为，"以审判为中心"可以从广义和狭义两个方面进行解读：

从广义上讲，以审判为中心，是以审判活动为中心，即整个刑事诉讼制度和刑事诉讼活动围绕审判而建构和展开，侦查、起诉活动应当面向审判、服从

①陈卫东："以审判为中心推动诉讼制度改革"，载《中国社会科学报》2014年10月31日。

审判要求，同时发挥审判在认定事实、适用法律上的决定性作用。[①]需要指出的是，以审判为中心并非是在以往公、检、法三机关“分工负责、互相配合、互相制约”这一司法运行流水线上的一个重心的简单平移，并非否定审前程序的重要性，也不是有意提升法院在公检法关系中的地位。侦查、起诉、审判三者在刑事诉讼中各司其职，在实现打击和惩罚犯罪、保障无辜的人不受刑事追究的诉讼任务方面均发挥了重要作用。因此，以审判为中心要以侦查、审查起诉等审前阶段为前提和基础，否则审判就成了空中楼阁。同时应发挥审判活动对审前程序的审查功能，引导侦查、起诉活动自觉向审判中事实认定、法律适用的标准和要求看齐，从而使侦查机关的调查取证和公诉机关的控诉经得起庭审的质证、辩论并得到法庭的最终认可。

从狭义上讲，以审判为中心，实质是以庭审为中心，是指审判案件以庭审为中心，事实证据调查在法庭，定罪量刑辩论在法庭，裁判结果形成于法庭，全面落实直接言词原则，严格执行非法证据排除制度。[②]以庭审为中心，就是要求法官和诉讼参与人都围绕着庭审开展诉讼活动。在法庭审理中，控辩双方出示证据材料并质证，在法院的组织下对被告人定罪量刑问题展开充分辩论，发表诉辩意见，法官直接听取控辩双方的意见，以法庭调查的事实、证据为基础认定案件事实，依据证据裁判规则作出裁判。只有这样，才能“保证庭审在查明事实、认定证据、保护诉权、公正裁判中发挥决定性作用”，才能“通过法庭审判的程序公正实现案件裁判的实体公正，有效防范冤假错案产生。”[③]

二、“以审判为中心”的诉讼制度改革对辩护律师权利保障的推动作用

（一）“以审判为中心”的诉讼制度强调控辩平等，有利于辩护权的扩张和完善

长期以来，我国基本的刑事诉讼构造为公、检、法三机关分工负责、互相配合、互相制约的“线型结构”，在该诉讼结构中，作为控诉一方的侦查机关和检察机关，拥有强大的国家权力支撑，可以积极调动各种资源，采取多种措施进行侦查和追诉活动；与代表公权力的控诉方相比，被追诉人在国家追诉活动中处于弱势地位，其诉讼权利受到诸多限制，控辩关系天然失衡，刑事诉讼也异化为作为追诉方的国家依靠强大的国家权力对犯罪嫌疑人、被告人单向治罪的工具。在“以审判为中心”诉讼制度之下，刑事诉讼构造呈现为法官居中裁

---

①龙宗智：“‘以审判为中心’的改革及其限度”，载《中外法学》2015年第4期。

②蒋惠岭：“重提‘庭审中心主义’”，载《人民法院报》2014年4月18日。

③本书编写组：《党的十八届四中全会〈决定〉学习辅导百问》，党建读物出版社、学习出版社2014年版，第46页。

判、两造平等对抗的“等腰三角形”结构。这种结构的核心是控辩平等，它要求辩护方获得与控诉方同等的对待和平等的保护。因此，要实现控辩平等首先需要在立法层面赋予控辩双方平等的诉讼权利和攻防手段，其中最为重要的是刑事诉讼法应对犯罪嫌疑人、被告人的辩护权利进行一定程度的扩张。但是，由于犯罪嫌疑人、被告人自行行使辩护权有诸多现实障碍，其辩护权利的行使，一般需要借助辩护律师的帮助。因此，辩护权的扩张主要是通过辩护律师的权利扩张来实现。在“以审判为中心”的诉讼制度改革进程中，国家对刑事辩护的必要性和重要性高度重视，2015年9月两高三部联合出台了《关于依法保障律师执业权利的规定》（以下简称《规定》），在刑事诉讼法已有规定的基础上，对依法切实保障律师诉讼权利进行了细化和完善，而其中90%以上的条款都是关于律师辩护的内容。可见，“以审判为中心”的诉讼制度改革，有利于犯罪嫌疑人、被告人的辩护权特别是辩护律师诉讼权利的扩张和完善。

（二）“以审判为中心”的诉讼制度强调庭审的实质化，为律师发表辩护意见、展开辩护提供了最佳舞台

目前，司法实践中庭审虚置化的问题较为突出，检察机关移送的刑事卷宗，成为法院对被告人定罪的主要依据，证人、鉴定人不出庭，实行书面审理和间接审理，辩护方提出的各种主张、观点得不到法院的足够重视，“你辩你的，我判我的”情形依然存在。在这种以案卷笔录为中心而非庭审为中心的情况下，辩护律师在庭审中发挥作用的空间极其有限。庭审实质化的提出使法官必须依据庭审中提出的证据和材料，在控辩双方对证据进行充分质证和认真听取诉辩意见的基础上作出裁判。这就为辩护律师作用的发挥提供了更为广阔的空间，其不仅可以从实体上还可以从程序上展开辩护，以更好地维护被告人的合法权益，有利于司法公正的实现。

三、“以审判为中心”语境下辩护律师权利保障的现状剖析及完善

（一）辩护律师在侦查阶段的诉讼权利与其诉讼地位不相符

根据刑事诉讼法第33条第1款规定，犯罪嫌疑人自被侦查机关第一次讯问或者采取强制措施之日起，有权委托律师作为辩护人，侦查阶段律师不再局限于法律帮助者的角色，而具有了辩护人的身份。从律师辩护人身份的考量，其应当享有其为行使辩护权所必备的相关诉讼权利。但是，目前我国刑事诉讼法仅规定了辩护律师在侦查阶段享有会见、代理申诉、控告和了解案件有关情况等权利，对是否享有调查取证权却未予以明确。简言之，立法上一方面赋予了律师在侦查阶段以“辩护人”的地位，另一方面却未赋予其实质性的辩护权利，这不利于侦查阶段辩护律师辩护权的有效行使。笔者认为，辩护律师在侦

查阶段享有调查取证权是国际社会的通行做法，也是控辩平等原则的必然要求。因此，将律师在侦查阶段是否享有调查取证权应纳入整个刑事诉讼法体系考察，将侦查阶段律师的调查取证权作为辩护权的基础性权利构成，在法律条文中明确固定，使其明朗化[①]。

（二）辩护律师对诉讼中重大程序信息的知情权难以保障

知情权是一种知悉、获取有关信息的自由和权利。一件刑事案件进展到哪一个诉讼阶段，这不仅直接关系到律师辩护工作的开展，甚至与辩护策略和辩护重心的调整也密切相关。因此，在刑事辩护过程中，律师对影响诉讼进程的程序信息十分关注。为充分保障犯罪嫌疑人、被告人及其辩护律师的知情权，办案机关应履行一定的告知义务，如《规定》第37条明确，“对于诉讼中的重大程序信息和送达当事人的诉讼文书，办案机关应当通知辩护、代理律师”。这里所指“重大程序信息”可以理解为《规定》第6条所列举的犯罪嫌疑人被采取、变更、解除强制措施、延长侦查羁押期限、移送审查起诉、退回补充侦查、提起公诉以及自侦案件报请逮捕等信息。但是，在司法实践中，办案机关往往出于怕麻烦等原因，鲜有主动履行告知义务的。笔者认为，办案人员应当树立起司法为民的法律服务意识、保障人权的司法理念，认真履行其法定告知义务。此外，还应当从立法层面上规定办案人员不履行告知义务所应承担的法律责任。只有这样，该权利的行使才能落到实处。

（三）辩护律师提出意见权的行使效果不理想

2012年修订后的刑事诉讼法新增加了辩护律师提出意见的权利，规定在不同诉讼阶段，要求办案机关听取辩护律师的意见，辩护律师在审查批准逮捕程序、侦查终结程序、审查起诉程序中均享有提出意见的权利，在庭前会议、死刑复核程序中也享有此权利，《规定》也明确了此项权利。[②]从立法层面而言，对辩护律师提出意见权的保障是较为全面的，但是，在司法实践中，办案人员听取意见的积极性不高，对律师提出的意见不能有效地听取并反馈，其意见往往得不到应有的重视。在“以审判为中心”的诉讼制度改革中，辩护律师的法律意见对于限制办案机关滥用权力、防止出现冤假错案、提高办案质量具有重要作用，办案人员应当转变观念，充分认识法律意见的价值，耐心听取辩护律师

①潘峰、樊玲：《新刑事诉讼法背景下的律师调查取证权——以侦查阶段为视角》，载《新西部·新丝路·新未来——第六届西部律师发展论坛论文集》，2014年，第10页。

② 关于辩护律师提出意见权的规定，参见2012年《中华人民共和国刑事诉讼法》第68条第2款、第159条、第170条、第182条第2款、第240条第1款，“两高三部”《关于依法保障律师执业权利的规定》第21条的规定。

师提出的意见，认真进行核实，最终将是否采纳的决定告知辩护律师并说明理由。

（四）辩护律师申请证人出庭作证难

证人出庭作证是审查判断证人证言真伪的一种直接有效形式，但在刑事诉讼中，证人出庭作证率极低，这与申请证人出庭作证难不无关系。根据刑事诉讼法第192条的规定，在法庭审理过程中，辩护人有权申请通知新的证人到庭。《规定》第24条明确辩护律师在开庭以前提出证人、鉴定人出庭申请的，人民法院应当及时审查作出处理决定，并告知辩护律师。可见，在刑事诉讼中，辩护律师享有申请证人出庭作证的权利。但是，根据刑事诉讼法第187条第1款的规定，证人出庭作证要求同时具备“对证人证言有异议”、“证人证言对定罪量刑有重大影响”、“法院认为有必要”三个要件。然而，“法院认为有必要”是一种主观性判断，这使得证人是否出庭在相当程度上要取决于法院的自由裁量，而法院在考量时多是从自身工作便利性角度出发，这易导致一些本该到庭作证的证人却被法院以“没有必要”为由拒之于法庭之外。如果法院作出证人不出庭的决定，则被告人及其辩护人只能依据检察机关提供的证人证言笔录或者录音录像进行质证，这与“以审判为中心”诉讼制度改革庭审实质化的要求相悖，侵犯了被告人及其辩护律师的质证权，直接言词原则的贯彻也成为空谈。对此立法必须进行调整，应从限制书面证言的证据资格入手，对于辩护方对证人证言有异议，且该证人证言对定罪量刑有重大影响的，法院都应通知证人出庭作证。

结　语

综上，推进“以审判为中心”的诉讼制度改革是我国进行司法体制改革的重要举措之一，构建和完善辩护权的保障机制以切实保障律师执业权利是推进“以为审判中心”的诉讼制度改革的重要一环。从总体上看，本轮司法改革对辩护权在司法实践中存在的部分问题做出了一些回应，但还存在诸多问题有待解决，希望随着诉讼制度改革的逐步推进，能够逐一得到解决，早日推动我国的辩护权保障制度走向成熟和完善。

参考文献

［1］宋英辉著.刑事诉讼原理［M］.北京：法律出版社，2003.

［2］谢佑平，万毅著.刑事诉讼法原则：程序正义的基石［M］.北京：法律出版

社，2002.

［3］本书编写组.《党的十八届四中全会〈决定〉学习辅导百问》［M］.北京：党建读物出版社、学习出版社，2014.

［4］汪海燕，付奇艺.辩护律师诉讼权利保障的法治困境［J］.中国司法，2014（1）.

［5］刘华英.以审判为中心诉讼制度改革专题研究［J］.河南社会科学，2016（3）.

［6］顾永忠.以审判为中心背景下的刑事辩护突出问题研究［J］.中国法学，2016（2）.

以审判为中心的诉讼制度下刑事辩护新思路

甘肃正天合律师事务所　陈国武

内容摘要：推进以审判为中心的诉论制度改革是现阶段我国司法改革的重要方面。在新的形势下，刑事辩护律师也要转变思想，以应对改革，用新的思路处理刑事辩护问题。

关键词：刑事辩护　司法改革　新思路

目前正在推行的以审判为中心的诉讼制度改革，不仅是对以侦查为中心的诉讼制度的变革，而且是对中国法律传统以民众法律义务本位的彻底否定；不但是制度的进步，而且是思想的解放，是尊重和保障人权的重要体现，对开展刑事辩护的思路有引领作用。

《中共中央关于全面依法治国若干问题的决定》（以下简称《决定》）:指出“推进以审判为中心的诉讼制度改革，确保侦查、审查起诉的案件事实证据经得起法律的检验。全面贯彻证据裁判规则，严格依法收集、固定、保存、审查、运用证据，完善证人、鉴定人出庭制度，保证庭审在查明事实、认定证据、保护诉权、公正裁判中发挥决定性作用。”2015年2月，最高人民法院颁布了《最高人民法院关于深化人民法院改革的意见》（以下简称《意见》），将以审判为中心的诉讼制度改革内容进行了细化，具体为：严格落实罪刑法定、全面贯彻证据裁判、疑罪从无、非法证据排除等法律原则和制度。完善证人、鉴定人出庭制度，强化庭审中心意识，落实直接言词原则。规范法庭审理程序，加强人权司法保障，依法保障当事人、辩护人诉讼权利，完善律师执业权利保障机制。推进繁简分流和多元化纠纷解决机制改革。

以上《决定》及《意见》的重要内容，是因为这些具体内容的实质就是保障辩护权。这是我们党宗旨的体现，是全体法律人多年来不懈努力的成果。这些内容将在相关法律、司法解释中体现，再次修改的刑事诉讼法将真正落实保障人权的任务，使有罪的人受到程序公正的审判；使无罪的人不受刑事追究。结合具体的办案感受，这一目标正在上进，日征月迈，进进不已，必达终点。

全体人民将乐有法律，而且会尊重法律，法律的权威源自人民的内心拥护和真诚信仰，自不期然而然。这也是我在以审判为中心的诉讼制度改革下有辩护新思路的信心来源。具体思路有以下两点：

一、对于认罪案件的辩护思路

《意见》规定，构建被告人认罪案件和不认罪案件的分流机制。我国目前被告人不认罪的案件约占全部刑事案件的10%～15%，因此，对于刑事案件中被告人认罪的案件，在接受委托和会见犯罪嫌疑人或被告人后，确保其自愿和有事实根据的前提下，制定辩护方案。为优化司法资源配置，对于认罪的案件，法院办案速度快，程序会相对简单。辩护的重点是对量刑的证据的审查、质证，根据证据、事实提出从轻、减轻的辩护意见。

二、对于不认罪案件的辩护思路

不认罪案件是律师辩护的重点。这类案件有三种情形：被告人不认罪但可能有罪；被告人认罪但可能无罪；被告人不认罪可能无罪。第一种情形应与当事人充分沟通，告知认罪从宽等规定，避免风险。而后两种情形是最具挑战辩护人业务素质和服务水平的地方。对于这类案件，在以审判为中心或以庭审为中心的制度下，辩护人要做好以下工作：

（一）做好与当事人的沟通工作

前述第二种情形，当事人可能有多种顾虑而认罪。但经过与其耐心交谈，取得信任，消除顾虑后，当事人就会说出认罪的原因及案件真实情况，这时就和第三种情形同样，可能要作无罪辩护。此类案件与当事人会见谈话，要做充分准备，列出谈话提纲，询问相关案件细节，以便与案卷材料和其他证据核对印证。

（二）结合法律规定反复研读与案件有关的所有材料

在庭审中心制度下，根据证据裁判规则，所有与案件有关的证据都要在庭审时质证，查明事实在法庭，认定证据在法庭。因此，庭审前辩护人在法律规定的权限内，复制与案件有关的所有材料，对于起诉书不但要对指控事实清楚，而且要背诵下来。对于案卷材料要反复看，摘录与起诉书指控的待证事实密切关联的正反内容，要对各种证据烂熟于心。阅卷要重点关注细节，审查证据间有无矛盾，询问、讯问笔录是否合法，内容是否符合逻辑、常理，对证据了然于心后，自己心中的疑问自然就有解决的路径。

（三）充分行使法律规定的关于补充证据的权利

如前所述，全面掌握案情后，解决疑点的路径就会出现，需要补充的证据的脉络会逐渐清晰，甚至需要补充的证据的地点就会浮现在脑海。此时，或自已依法调查取证，或申请法院收集、调取证据，或申请法院通知证人出庭作证。总之，要充分行使法律赋予的各项诉讼权利，争取庭审时的主动权。

（四）结合起诉书梳理出公诉人证据体系

公诉人在提起公诉前，已有其完善的证据体系，其若干单个证据或组合证据指向不同的待证事实，最终证明其指控的犯罪事实成立。辩护人就要在起诉书中寻找其待证事实，判断其所使用的证据，梳理其证据体系，分析其证据资格、证明能力，找出突破口、攻击点。

（五）精心准备发问提纲

很多案件的证人证言、被告人的供述和辩解前后基本稳定，内容一致，可与其他证据印证、审查认定比较容易。但在一些案件中，侦查阶段被告人先不认罪后认罪，在庭审时翻供不认罪，这种笔录会出现被告人的供述和辩解前后不一致，多份笔录相互矛盾，与其他证据也不能印证的情况。这是比较复杂的情况，在以往以侦查为中心的阶段，公诉人起诉主要举示反映构成犯罪要件的证据，加之无证人、鉴定人出庭，对被告人的当庭陈述一般不予采信，一旦庭审形成走过场的局面，就很难查明事实真相，这种情况下，多有冤假错案发生。现在进行的以审判为中心或以庭审为中心的制度改革，确保执行直接、言词规则，确保执行反映案件核心事实的证人、鉴定人包括侦查人员出庭接受质询的规则。所有证据非经质证不得定案，确保侦查、审查起诉的案件事实证据经得起法律的检验。这既是制度的进步，也对辩护人的业务水平提出了更高的要求。因此，阅卷、审查证据要精细化作业，证人证言、供述和辩解为什么会前后矛盾、相互矛盾，鉴定意见采用的事实是已证明的客观事实还是待法庭审理时需查明的待证事实，侦查人员收集证据时是否采取了法律所禁止的方法，根据这些疑点，制定出解决这些疑点的发问提纲，结合庭审情况，辅之以发问技巧，利用直接、言词规则，将案件事实真相在法庭中展现。我认为这是新制度下，作为刑事案件辩护人新思路的重中之重。

（六）详细全面准备质证意见及时回应答辩

质证质量来自于对起诉书内容的全面了解，来自对指控的待证事实的分析，来自对控方可能运用的证据及其证明体系的推演，多方研究，方能增加胜算。质证就是辩方对控方举示的证据表明态度，提出意见。单个证据结合证据“三性”进行质证，指出是否属于非法证据，瑕疵证据及不得作为定案的证据。最后，要综合全案证据，对证据的真实性发表质证意见；对证据的证明力，要根据证据与待证事实的关联程度、证据与证据间的联系发表质证意见；控方证据体系中如果存在证据所要证明的待证事实存在无法排出的矛盾和无法解释的疑问，要发表质证意见。庭审后制作一份书面的质证意见材料提交法庭，以补法庭记录不全，开庭时间久远法官易忘之不足。

比较复杂的案件，控方在辩方质证后，有时就质证意见作出回应，在法庭允许的情况下，要及时作出有针对性的答辩，强化质证效果。

（七）发表辩护意见

辩护词的内容，以指控的犯罪构成要件为依据，以法庭质证、查明的事实为基础，结合法律规定，从事实、证据、程序上对起诉书进行辩驳。发表辩护词时，要神情沉稳，语速适中，吐字清楚，数据准确，确保法庭听得清楚，书记员记录完整。

作好刑事辩护，要继续学习、不断学习、终身学习，不断提高自己的思想、心灵境界。要学习法哲学，来理解良法善政给人类的福利；要系统学习刑法、刑事诉讼法理论知识，提高对辩护工作的认识；广泛涉猎金融、医学、财会等各方面的知识，加强对辩护工作的帮助。不断学习，陶冶心灵，减少功利之心，增添悲悯之情，消除郁积，化解块垒，这也是刑事辩护的一个新思路吧。

刑事辩护律师执业权利的有效保障

重庆渝万律师事务所　张兴安　陈继才

内容摘要： 刑事辩护制度是一项重要的制度，但是我国刑辩律师的执业现状还存在很多问题，辩护律师的执业权利缺乏有效保障，刑事案件的辩护效果不佳，刑案辩护率很低，冤假错案时有发生。这同我国确立的依法治国、建设社会主义法治国家的目标是相悖的。因此，需要立法、执法及司法部门共同努力，改变现有的状况，尤其是司法部门要严格执行刑事诉讼法，保障辩护律师的执业权利，充分保障辩护律师的会见权、阅卷权、调查取证权，充分尊重律师的辩护意见，增强庭审的对抗性，以保证司法公正的实现。

关键词： 刑事辩护　律师权利　执业保障　司法公正

辩护制度起源于古罗马时期，后来罗马法中断，西方国家在资产阶级民主革命后得以重新确立。随着各国经济的发展和政治民主进程的推进，西方的辩护制度不断发展趋于完备。为了确保公正的实现，英、美等国还确立了控辩式（即对抗式）的诉讼模式。其后，许多资本主义国家都先后确立了刑事辩护制度，使得这一制度成为刑事诉讼中最重要也是最为核心的制度。我国在清末引入了辩护制度，后来经过北洋政府、国民政府再到新中国，刑事辩护制度被保留下来。"文革"时期一度被当作"资产阶级法权"连同审判制度一并取消，改革开放之后得到恢复，并得到了一定的发展。

一、我国刑事辩护律师的执业现状

我国自1979年恢复司法制度以后，刑事辩护制度得到了一定程度的发展。1996年和2012年又两次修订"刑事诉讼法"，引入了控辩式的诉讼模式，以使我国刑事诉讼制度更加民主，符合刑事诉讼的现代化要求。经过两次修订，我国的刑事辩护制度有了很大的发展，辩护律师的地位有了一定程度的提高。但应当说明的是，我国刑事诉讼也还未能真正确立对抗式的诉讼模式，其所体现的程序公正还没有完全实现。从修正后法律实施的情况看，还没有达到预先设想的强化辩护职能，使之能够有效地与控诉方对抗，很多案件都难于达到刑事辩护所要实现的目的。目前我国有很多刑事案件没有律师辩护，刑事案件的辩护率只有30%左右。这与辩护律师的执业权利受限，没有得到充分的保障是有很大的关系的。这些缺陷成为制约我国刑事诉讼现代化、民主化的瓶颈，成为我国实现法治国家的障碍。笔者认为，要真正实现依法治国，建设社会主义法治国家，就有必要加强和完善我国的刑事辩护制度，保障辩护律师的执业权利，重视辩护律师的作用，提高刑事案件的辩护率，减少冤假错案。

二、严格执行刑事诉讼法，保障辩护律师的执业权利

2012年修订的刑事诉讼法将犯罪嫌疑人委托辩护人的时间提前到侦查阶段，刑事诉讼法第33条规定，犯罪嫌疑人自被侦查机关第一次讯问或者采取强制措施之日起，有权委托辩护人。这是一个进步，但要充分保障辩护律师的会见通信权和阅卷权等权利，才能起到相应的作用。

（一）充分保障辩护律师的会见权

新刑诉法在保障辩护律师的会见权上取消了以前的一些限制。根据刑事诉讼法及有关司法解释规定，除涉及危害国家安全犯罪、恐怖活动犯罪、特别重大贿赂犯罪等几类案件律师会见犯罪嫌疑人要经过侦查机关批准外，其余案件已不需要经过侦查机关批准。辩护律师持律师执业证书、律师事务所证明和委托书或者法律援助公函要求会见在押的犯罪嫌疑人的，看守所应当及时安排会见，至迟不得超过四十八小时。律师会见犯罪嫌疑人、被告人时不被监听。这些都是较大的进步，因为在侦查阶段中，犯罪嫌疑人最需要辩护律师的帮助。侦查阶段是刑事诉讼的基础阶段，国家侦查权的暴力性最容易肆意发挥，直接涉及犯罪嫌疑人人身自由的限制与剥夺。时有发生的刑讯逼供、暴力取证事件，大多发生在侦查阶段，此时缺乏相关法律知识的犯罪嫌疑人，在面对国家专门机关追诉的强大压力之下处于非常劣势的地位，没有辩护律师的帮助意味着他们的合法权益很难得到有效的维护。辩护律师会见在押的犯罪嫌疑人，可以了解案件有关情况，提供法律咨询；如果侦查机关存在违法的情况，比如刑讯逼供等，辩护律师可以代理申诉、控告，申请变更强制措施，提出意见等等。只要认真执行刑事诉讼法的相关规定，就相当于辩护律师对侦查机关的侦查行为起到了一定的监督作用，这对避免侦查机关违法办案、超期羁押以及刑讯逼供等是有益处的。

实践中侦查阶段辩护律师的会见权也存在一些问题，就是有些办案机关容易扩大重大贿赂的范围，根据刑事诉讼法第36条的规定，只有特别重大的贿赂犯罪辩护律师会见才需要批准，而高检刑诉规则第45条规定，涉嫌贿赂犯罪数额在50万元以上,犯罪情节恶劣的；有重大社会影响的；涉及国家重大利益的三种情形为特别重大的贿赂犯罪。这三种情形中涉及国家重大利益一项倒不难确定，但是前两项却有容易被利用的因素。因为在侦查阶段犯罪的数额不需要十分确定，重大社会影响也是一个规范的构成要件，难以准确界定，故有些贿赂犯罪数额实际上没有达到50万元以上和犯罪情节恶劣的犯罪嫌疑人也不好见。此外，国安案件也存在这种情况。这是有待改进的，需要侦查机关充分认识到辩护权为法定权利，需要得到充分的保障和尊重。

（二）充分保障辩护律师的阅卷权和调查取证权

新刑诉法在保障辩护律师的阅卷权上有了较大的进步。刑事案件到了审查起诉阶段以后，辩护律师可以查阅、摘抄、复制本案的案卷材料，体现了对律师的尊重。但在调查取证方面还有较多的限制。一方面对受害人一方的亲属或证人取证要经过证人或有关单位的同意并经过检察院、法院的许可，另一方面由于我国刑法第306条规定了律师伪证罪，而该条的条文含义又比较含糊，在实践中为有关部门打击、报复律师提供了便利，使得辩护律师对证据问题非常敏感，在刑事诉讼中往往不敢调查、收集更多的证据，只有依赖于控方的证据。而控方的证据往往是经过选择了的，并不一定全面。这就使得辩护律师难以取得犯罪嫌疑人、被告人无罪或罪轻的证据，不利于辩护作用的发挥。而在实践中，由于案件的复杂性与客观情况，侦查机关并不能保证每一个案件都能取得足够的证据，在审判阶段足以定罪量刑。而侦查机关又往往存在破案的压力。在这种情况下，就难以避免某些案件在证据不足、难以定案时为了完成任务匆忙定案，甚至难以避免对犯罪嫌疑人实施刑讯逼供。事实上，从已经发现的冤假错案中，基本上都可以看到这种情况，看到刑讯逼供的影子。笔者认为，并不是我们的警察素质较低，或者喜欢刑讯逼供，而是因为我们片面追求破案率，以及我们的侦查主体比较单一。在欧美等国家，都有私人侦探这一职业，他们在刑事案件的侦破中起到了积极的作用。律师作为专业人士，如果享有足够的调查取证的权利，本来也是可以对侦查工作起到促进的作用的，而且我国刑诉法第6条也规定的依靠群众的原则，但是对私人侦探和律师这些专业人士却加以禁止或限制，这是不利于侦查工作的。笔者认为，要真正实现依靠群众，就不能只是依靠群众对违法犯罪进行举报，也要相信私人侦探和律师等专业人士对侦查活动会起到积极作用，只有这样才有利于破案，有利于查清案件事实，有利于减少冤假错案的发生。

（三）充分尊重辩护律师的意见

新刑诉法规定了辩护律师在侦查、起诉以及审判各个阶段都可以提出法律意见，这是一个进步。但在实践中，辩护律师的意见往往没有受到足够的重视。由于我国在意识形态上一直沿用马克思主义关于国家学说的理论，把司法机关视为国家机器的一部分，突出其作为一种暴力工具的作用，所以在实践中，尽管公检法等司法机关的工作人员与律师学的是同一部法律，但由于工作岗位和职责的不同，对某些法律规定的理解也不尽相同。而且我国目前尚未把律师作为司法人员，尚未形成包括律师在内的法律共同体，这就使得少数司法人员对辩护律师在刑事案件中提出的辩护意见不够重视。特别是在审判阶段，辩护律师参与法庭辩论，充分行使辩护权，但是有些法官由于对律师存在偏见，对律师经过精心准备的辩护意见不够重视，不管对错都不予采纳，在判决书中都不引用只言片语，使辩护律师的劳动付诸东流，这是十分错误的，也是应当纠正的。从已经发生的一些冤假错案看来，当时的辩护律师大多提出了不同的意见，不少案件的律师还作了无罪辩护，但因为司法机关及其工作人员没有听取辩护律师的正确意见，最终使案件成为冤案。笔者认为，司法人员有必要改变这种现象，严格依据刑事诉讼法的规定，认真听取并充分尊重辩护律师的意见，共同维护好刑事辩护这一宝贵的制度。最高人民法院沈德咏副院长说："从防范冤假错案的角度而言，从确保所有刑事案件审判的公正性、合理性、裁判可接受性而言，辩护律师都是法庭最可信赖和应当依靠的力量，要充分发挥辩护律师在防范冤假错案上的重要作用。"

三、增强庭审的对抗性，实现刑事诉讼中控辩的均衡与和谐

在我国的刑事诉讼中，由于辩护律师的权利受到限制，难以发挥应有的作用。控辩双方在法庭上的地位是很不对等的。控方利用其作为公权力的优势，在刑事诉讼中享有很大的主导权。控辩双方的力量悬殊。实践证明，如果控方的力量过于强大，辩方的力量过于弱小，则很难保证犯罪嫌疑人、被告人得到有效的辩护，很难保证司法公正的实现。正因为如此，我国才两次修改刑事诉讼法，引入控辩式的诉讼模式。一项优秀制度的引入，是经过了艰难的选择和充分的考量才得以进行的，不要让它成为虚设。就如沈德咏大法官所说，在刑事诉讼中，错放一个人，天塌不下来。增强刑事诉讼中的对抗性，使辩护权得以充分发挥，天塌不下来。在我国古代，民事诉讼也是纠问式的，两造面对法官都要下跪，甚至被羁押，古人可能以为不如此不足以体现法官的权威。现在我们引入的民事诉讼已经完全实现了对抗式的诉讼模式，双方平等对抗，法官居中裁判，并没有影响到法官的权威。刑事诉讼虽然性质不同，要实现的功能也不同，需要追求效率，但要追求公正却是与民事诉讼一致的。在诉讼中如果始终让一方保持巨大的优势，另一方根本无法与之进行有效的对抗，甚至起不到应有的作用，那就必将损害刑事辩护这一制度的根基，使其趋于虚无。

结 论

刑事辩护是现代刑事诉讼的一项重要制度，法律共同体都要维护好这一制度。要严格执行刑事诉讼法，保障辩护律师的执业权利，充分保障辩护律师的会见权、阅卷权、调查取证权，充分尊重律师的辩护意见，增强庭审的对抗性，保证司法公正的实现。做到这些不仅需要魄力和勇气，还需要耐心与毅力。不仅需要立法机关的努力，也需要执法机关的自信与自律，更需要社会各界的共同关注、共同努力。律师们更应切记：路漫漫，其修远兮，吾将上下而求索！

论辩护人的法律地位

北京炜衡（成都）律师事务所　袁　志

内容摘要： 关于辩护人的法律性质和地位，在我国立法进程中历经变迁。明确辩护权从属于当事人，律师辩护独立于外部其他因素，有助于厘清辩护人的法律地位。

关键词： 辩护人　法律　地位

要厘清辩护人的法律地位，必须首先解决两个问题：一个是辩护权与当事人之间的内部关系，一个是辩护权与当事人之外的其他外部因素的关系。即律师与当事人之间，是独立行使辩护权还是律师的辩护权从属于当事人；其次，律师是否具有发现真实的客观公正义务，律师辩护行为是否具有党派性。1980年通过的《律师暂行条例》，将律师的性质定义为“国家的法律工作者”。1996年《中华人民共和国律师法》将律师从“国家的法律工作者”变成“为社会提供法律服务”的社会法律工作者，强调律师为社会提供服务。2007年修订《中华人民共和国律师法》时把律师的社会性改成“为当事人提供法律服务的执业人员”。律师称谓的改变体现出律师性质和地位的变迁。

一、辩护权从属于当事人

长期以来，理论与实践均认为辩护人具有独立的诉讼地位，依法独立行使辩护权。当被告人坚决不认罪时，辩护律师以依法独立行使辩护权为由坚持进行有罪为前提的罪轻辩护，或被告人认罪，律师同样以依法独立行使辩护权为由进行无罪辩护。律师的辩护活动原则上不受犯罪嫌疑人、被告人意志的约束，辩护律师依据法律的授权查阅案卷材料、会见当事人、调查取证，并在此基础上形成辩护意见、参加法庭调查和法庭辩论，不受犯罪嫌疑人、被告人支配。只是对于当事人的意见和要求，辩护律师应充分听取并予以考虑。笔者认为，这种观点和认识背弃了律师辩护权的来源和基础，强调律师依法独立行使辩护权面临的首要问题是如何回答律师辩护权的来源和基础。辩护权本质上是属于犯罪嫌疑人、被告人的权利，只不过在以发现客观真实为目的的刑事诉讼中，为了真实发现的需要，设置了辩护人这一诉讼角色，以弥补犯罪嫌疑人、被告人行为能力上的不足。从律师辩护权来源和基础看，是受犯罪嫌疑人、被告人的委托才能享有刑事诉讼法规定的各项权利。如果没有犯罪嫌疑人、被告人的委托，仅具有律师身份是无法行使公法上的权利。我国刑事诉讼法第43条规定，在审判过程中，被告人可以拒绝辩护人继续为他辩护，也可以另行委托辩护人辩护。这一法律规定明确了辩护人是否能够继续辩护，被告人具有最终的决定权。在这种意义上，辩护人强调依法独立辩护是无本之木，无源之水。

认为律师辩护权独立于当事人，根本原因在于混淆了律师公法上的义务和私法上权利的来源。基于发现真实以准确、公平地认定和惩罚犯罪，实现公平、正义的需要，律师受当事人委托取得辩护的资格，从而具有公法上的法律地位，被赋予了超出当事人权利范围的各种权利，从而在公法意义上具有独立于当事人的法律地位。但这种公法上独立与当事人的法律地位并不能泯灭律师辩护权的来源和基础，律师辩护从属于当事人，应受到当事人意志的约束。

律师辩护应受到当事人意志的约束并不意味着律师在履行辩护职责时，唯当事人意志是从。很多案件都牵涉到大量复杂的法律适用问题，法律的技术性、复杂性以及难以理解性决定了当事人往往难以做出正确、适当的决定。虽然律师不能成为当事人利益的最佳判断者，但应当帮助当事人做出最佳利益选择。辩护律师应有自身独立判断的精神，并依据案件事实、证据做出独立的判断并供当事人进行选择。但当辩护律师与当事人意见不一致时，要么按照当事人的意志进行辩护，要么选择退出辩护。

二、律师辩护独立于外部其他因素

控辩对抗制度的设置是为了发现客观真实，以准确适用法律，但辩护律师与控方、审方不同，在职责上不具有发现客观真实的客观公正义务。如果辩护律师在职责上与控方趋同甚至是一致，不仅对抗失去基础，而且难以解释当事人为何要付出经济上的代价聘请律师为自己辩护。笔者认为，律师依法独立行使辩护权的正确内涵应当是律师辩护只忠于事实和法律，独立于案件外的其他因素，独立与公安司法机关，在具体个案上，甚至独立与案件本身事实。

辩护权设置的目的就是为了抵御国家追诉权，属于被告人积极性防御权利，是为了防止国家追诉权的滥用和防范单向性权力可能出现的错误。这正如美国学者Lieberman所言："只有辩护律师独立于国家或执政党，并且他们被允许甚至鼓励不遗余力地、有偏向性地为当事人辩护，我们才能确保国家不会指控那些无辜的人。"辩护律师在辩护过程中，并没有积极发现真实的义务，属于消极性、被动性防御，依托的是追诉机关以证据证明的事实。即便辩护律师通过调查，发现事实真相，目的也在于破坏追诉机关的证据构造，破坏追诉机关追诉依托的事实。如果律师与侦控机关一样，都负有发现客观真实的义务，律师与当事人之间就会失去赖以信任的基础。基于趋利避害的本能，当事人并不甘于接受惩罚，而是试图逃避法律的制裁。允许当事人以合法手段规避自身责任是一种精妙的制度设置，原因是基于对权力滥用的恐惧，防止当事人沦为追诉的客体而导致社会更大的不公。刑事辩护是整个法律体系当中很特殊的一个部分，目的是保护人们免受国家的侵害，而不是讲求准确的判决结果。

我国刑事诉讼法第46条规定："辩护律师对在执业活动中知悉的委托人有关情况和信息，有权予以保密。但是，辩护律师在执业活动中知悉委托人或者其他人，准备或者正在实施危害国家安全、公共安全以及严重危害他人人身安全的犯罪的，应当及时告知司法机关。"在一定程度上体现了律师辩护独立于外部因素，体现了律师辩护不是为了发现真实，不是讲求准确的判决结果。只不过在制度设置上考虑了个体利益与社会利益之间适当的平衡。在非重大社会利益情形下，律师辩护可以独立与案件事实本身，只依据法律事实和证据进行辩护。事实上有罪并不等同于法律上就能认定为有罪，证据所证明的法律事实并不等同于客观事实本身。

排除非法证据的困境及对策

北京德恒（成都）律师事务所　彭育波

内容摘要：非法证据排除规则虽有明文规定，但实际上辩护人能够适用非法证据排除规则的案件非常少。侦查阶段律师若提出非法证据排除申请，则一般被权力机关口头或形式上出具类似"没有刑讯逼供行为"的说明即解决问题；审查批捕、起诉阶段因案件办理时限的原因，辩护人关于非法证据排除的申请也很难被采纳；审判阶段则由于被告人及辩护人提交的证据较少，审判人员内心已排除合理怀疑，或因辩护人担心打击报复，难以启动。因此，只有建立不间断的刑事讯问录音、录像制度；设立独立于审判庭的法庭专门受理非法证据排除申请；赋予辩护人有限的调查核实权等形式及实质上工作，非法证据排除规则才可能被真正适用起来。

关键词：非法证据排除　刑讯逼供

2012年修订的《中华人民共和国刑事诉讼法》以及关于适用《中华人民共和国刑事诉讼法》的解释、人民检察院刑事诉讼规则（试行）、公安机关办理刑事案件程序规定、关于办理死刑案件审查判断证据若干问题的规定、关于办理刑事案件排除非法证据若干问题的规定中有多个条文涉及非法证据排除规则，规则明确规定当事人及其辩护人、诉讼代理人可以向法院申请排除以非法方法收集的证据，但在律师辩护过程中，当辩护人提出排除以非法方法收集的证据的申请被采纳的却少之又少。为什么被采纳的那么少，为什么不能发挥非法证据排除规则的震慑功能与预防功能，为什么通过这些规则并不能及时、有效的保障当事人的合法权益，为什么不能通过排除规则实现程序正义与实体正义的真正平衡，这些都是值得深入探讨的问题。笔者认为，应该进一步明确和规范非法证据常见情形的实体认定，并进一步完善非法证据排除的程序认定。

一、非法证据排除规则的相关概念

非法证据排除规则，是指对非法方式获得的证据不被采用，应排除在证据之外。美国最高法院于1914年在威克斯案中首次确立了非法证据的排除规则，英国在1779年的诉桑案件中强调了 "不得被迫成为不利于己的证人"，并采取了排除“毒树”和食用“毒树之果”原则。随后法国、德国等国家的法律也规定，对于刑讯逼供和其他非法手段取得的言词证据，不能作为定案根据。联合国大会1975年通过的《保护人人不受酷刑和其他残忍、不人道或有辱人格待遇或处罚宣言》第12条规定：“如经证实是因为受酷刑和其他残忍、不人道或有辱人格的待遇或处罚而作出的供词，不得在任何诉讼中援引为指控有关的人或任何其他人的证据。”因而确立了非法证据排除的国际准则。

2010年，针对我国刑事诉讼法及相关司法解释的不足，为了防止冤假错案的发生，最高人民法院、最高人民检察院、公安部、国家安全部、司法部联合制定的关于办理死刑案件审查判断证据若干问题的规定、关于办理刑事案件排除非法证据若干问题的规定首次明确了刑事非法证据排除规则。这两个规定是我国刑事诉讼法和刑事证据规则发展过程中的重大里程碑，大大推进了我国刑事证据规则特别是刑事非法证据规则排除规则的立法进程。虽然如此，但我国非法取证的范围极窄，仅对非法取得的言词证据加以排除，而不包括排除非法取得的实物证据，实际上使得因不能全面排除非法取得的相关证据，达到最大限度保障嫌疑人（被告人）合法权益的目的，也不能最大限度的发挥非法证据排除规则的震慑功能与预防功能。

二、辩护人角度看非法证据排除存在的问题

修法后，我们作为辩护人，虽然感觉从刑诉法中获取到了排除非法证据的主动权，为提早介入刑事诉讼程序从条文上得到了保障，然而受配套制度不完善约束，阅卷权过于后置以及嫌疑人（被告人）的交流难达通彻等因素的限制，律师作为辩护人，在整个刑事诉讼程序中开展排除非法证据活动的情况并不如人意。

（一）侦查阶段所面临的问题

目前法律规定，侦查机关自第一次讯问犯罪嫌疑人或者对犯罪嫌疑人采取强制措施到人民检察院对案件受理审查起诉期间，辩护人没有查阅、摘抄、复制案卷材料的权利，而只能通过与嫌疑人会面了解案情，获取部分案情。这样的规则虽有利于追究有罪的嫌疑人，但却无法保障嫌疑人的合法权益，特别是这段时间侦查机关取得的言词证据合法性问题难以保障。

结合目前辩护的实例，一般法庭在认定被告人在侦查阶段所做的讯问笔录是否是真实意思表示时，会以刑事拘留前及刑事拘留时的笔录做为标准，并结合至少前后几次以上笔录对有罪供述的陈述是否一致。如果有超过三次连续的、稳定的有罪供述，则法庭会认为被告人承认了罪行。而很难在起诉或审判后，对被告人的翻供做认真审查，就算审查，也会认为被告人在认罪态度上不

好，并做为在量刑时适当加重刑罚的考虑。但法庭却很难去审查和判断被告人为何会翻供，从辩护人的角度，我们认为，如果出现嫌疑人（被告人）翻供的，大部分原因是在侦查阶段受到了刑讯逼供，从而做出了不真实的意思表示。

实际上，除了必须指派律师提供法律援助的案件外，一般案件嫌疑人能见到自己律师的机会并不多（无钱聘请律师的除外），嫌疑人在看守所见到律师时，由于情绪激动、会见时间短等原因，很多时候无法在第一时间告知律师自己受到了刑讯逼供。虽然目前侦查机关与看守所交接羁押嫌疑人时，会要求医院出具体检报告，但是报告仅限于嫌疑人身体外观上是否存在明显的外伤，瘀伤，但这些检查流于形式，停留表面。

有时嫌疑人在遭受到侦查机关不让吃饭或不让上厕所等变相刑讯逼供后，做出的有罪供述因自己并不能举出明确的证据证实，且侦查机关有充分的理由提出没有视频监控的原因，故而无法证实嫌疑人真实遭受了变相刑讯逼供。

有时嫌疑人受到刑讯逼供，侦查机关对辩护人所提出的质疑也会置之不理，或者简单的回答"我们调查后再回复"，之后便不了了之；甚至还有不走过场，直接回答"绝不会发生这种事情"。笔者甚至还遇到过侦查机关自书"在办案过程中不存在刑讯逼供"说明就自证清白的事；还遇到过辩护人将侦查机关刑讯逼供的情况向其上级机关举报后，上级机关不亲自调查，反而将材料转交涉事侦查机关自行调查、回复，涉事侦查机关通过书面回复，草草告知上级机关在办案过程中并未发生刑讯逼供的情况。

这些情况，其实都是嫌疑人和辩护人本身无法取证，无力取证的，也因此无明确证据证实存在非法证据排除的理由。

（二）审查批捕、起诉阶段所面临的问题

由于辩护人在审查批捕阶段无法查阅、摘抄、复制案卷材料，只能通过与嫌疑人的会见知晓大概案情，无法了解全面案情，所以辩护人在检察机关审查批捕阶段往往会出现以下问题：

1.律师会见嫌疑人只是为了走过场，为了给嫌疑人及家属一个交代，特别是针对一些涉案金额小、情节轻微的简单刑事案件，仅粗浅地向嫌疑人了解情况，并未向嫌疑人告知其应当享有权利，使得一些嫌疑人在受到侦查机关的刑讯逼供后承认本来没有发生的罪行，进而让检察机关作出批准对其批捕的意见。

2.检察机关案多人少，且审查一个批准逮捕案件的时限只有七天，就算律师提出了排除非法证据的申请，检察官也往往无心，也无力认真对待，依旧采取"重实体轻程序"的审查模式，快速结案。因此，律师难于在检察机关审查批捕阶段提出排除非法证据。

在审查起诉阶段，辩护人虽然能够全面了解案情，但有时辩护人在了解完案情且做出充分论证及分析后提出排除非法证据时，检察官已经将案件起诉至法院，致使排除非法证据申请无法在审查起诉环节启动。还有的情况是，有时检察官根据辩护人提供的线索或者材料对证据的合法性产生了合法怀疑，启动了排除程序，但若案件处于退补程序，那么待案件查证属实再次向检察机关重报后，检察官也会因为案件太多，无暇顾及等原因不主动通知辩护人到检察机关查阅、摘抄、复制补充回来的材料，辩护人也不能及时知晓自己所提出的申请是否被采纳，从而无法适用非法证据排除规则。

（三）审判阶段所面临的问题

由于存在前述两个阶段的问题，辩护人一般都会在审判阶段提出排除非法证据的申请，但即便这样也会面临很多的困境。

一是根据关于适用《中华人民共和国刑事诉讼法》的解释第96条规定“当事人及其辩护人、诉讼代理人申请人民法院排除以非法方法收集的证据的，应当提供涉嫌非法取证的人员、时间、地点、方式、内容等相关线索或者材料”以及关于办理刑事案件排除非法证据若干问题的规定第6条规定“被告人及其辩护人提出审判前供述是非法取得的，法庭应当要求其提供涉嫌非法取证的人员、时间、地点、方式、内容等相关线索或者证据”。法庭启动排除非法证据的程序必须由被告人或者辩护人提供相应的非法取证的线索或者证据。但是，受到一定因素的限制，被告人和辩护人往往不能对此提供具体的线索或者证据，而只能是口头证据的形式提出“被告人受到了刑讯逼供”，请求法庭启动排除非法证据的程序。在这种情况下，法庭一般会以被告人或者辩护人未提供相应的线索或者材料驳回排除申请，继续审理案件。

二是辩护人根据相关法律规定向法庭提交了侦查机关刑讯逼供的线索或者材料，但这些线索或者材料因仅是只言片语，无法形成明确的锁链，无法从逻辑上使法庭产生合理怀疑，法庭也不会启动排除非法证据的程序。

三是某些法官仍然存在“重实体轻程序”的思想，即便辩护人根据相关法律规定向法庭提交了侦查机关刑讯逼供的线索或者材料，法官也会认为：虽然被告人遭受了刑讯逼供，但其确有犯罪行为且构成犯罪，故而对提出的排除非法证据的申请置之不理，不对“非法证据”是否存在以及应否加以排除的问题做出任何结论，甚至连专门的调查、审核程序都不举行。

四是当辩护人提交给法庭侦查机关刑讯逼供的线索或者材料，使法官对侦查机关取证的合法性产生了怀疑，启动了排除非法证据的程序，并要求检控方加以调查，做出说明。但即便将刑讯逼供的问题纳入调查的范围，侦查机关也几乎从不派人（尤其是被指控实施刑讯逼供行为的讯问人员）出庭作证，仅自书一份“在办案过程中不存在刑讯逼供”来反驳一切有关侦查人员刑讯逼供的指控，对于这样的“说明”，法庭基本也是当庭采纳的，并将其作为驳回辩护人申请的依据。于是，有关排除非法证据的问题在绝大多数情况下就以辩护方的申请被驳回而宣告“解决”。

五是现在大多数辩护人还存在不得罪办案人员，和谐办案的想法。具体来说就是辩护律师可能会遇到同时代理的几个案件都有嫌疑人受到了刑讯逼供的情况，但这些案件都是由同一个法院受理，甚至在同一个法官手中审理的情况，为了不因此案影响彼案，或多次对案件提出排除申请，被法庭认为存心搅局，受到训诫、处罚等；并且结合具体的国情还可能担心在重大、疑难或有影响的案件提出排除申请后遭到侦查机关打击报复等因素，辩护人也会选择不提或少提申请。

三、如何解决辩护人在非法证据排除上的困境

法律、法规虽然通过条文规定使辩护人在刑事辩护中的地位得到了提高，但针对申请排除非法证据时面临很多困境，笔者认为，若能解决如下几个问题，则有可能逐步解决非法证据排除规则中律师的困境。程序上，自嫌疑人被侦查机关控制时起，全程不间断的录像，防止变相刑讯逼供；将非法证据排除程序从法院审判程序中分离出来，在庭前会议中解决非法证据排除问题；设立刑事审判庭之外其它法庭分管的听证程序，通过相对独立、开放的平台，充分听取侦查机关、嫌疑人及辩护人、被害人等案件当事人的意见，实现刑事案件的相对公平。实体上，赋予辩护人有限的调查核实权，特别是可以不经过事前申请、批准，在全程录像的情况下对部分知情人员调查取证，排除涉事人员造假的问题。但以上操作将会涉及多方利益，短期内难以实现，因此律师要想解决目前非法证据排除规则的困境，还有很长、很艰难的路要走，我们只有寄希望于党和国家依法治国的方针的继续深入贯彻与实施。

以审判为中心的刑事诉讼改革与刑事辩护

陕西仁和万国律师事务所 王 益

内容摘要：“法律的生命力在于实施，法律的权威也在于实施。”长期以来，过分看重案卷移送的以侦查为中心的刑事诉讼模式，使得法官在庭审时失去了居中裁判的角色定位，而“强公诉、弱辩护”的失衡庭审结构使得庭审往往流于形式，法律在庭审适用时被严重弱化，这不仅降低了庭审质量，也影响了庭审的公正性和权威性。以审判为中心的刑事诉讼改革，即将庭审实质化，将庭审作为审判的重心，充分发挥庭审的决定性作用，从而实现司法公正，提升司法公信力，进而建设公正、高效、权威的社会主义法治。本文试图探究以庭审为中心的刑事诉讼改革中的疑难问题，并探讨刑事辩护律师在这一改革中应有的定位与策略，以期为我国刑事诉讼司法改革贡献绵薄之力。

关键词：刑事诉讼改革　审判中心主义　司法权威

引　言

十八届四中全会通过了《中共中央关于全面推进依法治国若干重大问题的决定》(下称《决定》)，《决定》明确提出：“推进以审判为中心的诉讼制度改革，确保侦查、审查起诉的案件事实证据经得起法律的检验。全面贯彻证据裁判规则，严格依法收集、固定、保存、审查、运用证据，完善证人、鉴定人出庭制度，保证庭审在查明事实、认定证据、保护诉权、公正裁判中发挥决定性作用。”习近平总书记在关于十八届四中全会《决定》的说明中，将以审判为中心的诉讼制度改革作为十个重点说明的问题之一进行了专门阐述。习近平总书记深刻指出：“充分发挥审判特别是庭审的作用，是确保案件处理质量和司法公正的重要环节。我国刑事诉讼法规定公检法三机关在刑事诉讼活动中各司其职、互相配合、互相制约，这是符合中国国情、具有中国特色的诉讼制度，必须坚持。”

刑事诉讼法第12条规定：“未经人民法院依法判决，对任何人都不得确定有罪。”该条明确说明审判在实现刑事诉讼惩罚犯罪、保障人权任务方面具有结局性的作用，是整个诉讼活动的中心。但是，长期以来，过分看重案卷移送的以侦查为中心的刑事诉讼模式，使得审判权与侦查权地位出现颠倒，这就不可避免的造成了一系列冤假错案。从侦查中心模式向审判中心模式的转变，是诉讼规律发展的必然，是防止冤假错案的保障，是我国长期司法实践智慧的总结，是改善案件质量，提升司法公信力的有力举措，是对规范性法律制度严格遵守的回归。将庭审做为审判的决定性环节，一改从前庭审流于形式的弊病，既可以防止法官在开庭之前受到检察机关移送至法院的案卷材料的影响，形成“预断”；又可以防止在庭前会议上提前研究与被告人定罪量刑有关的实质性问题，以及强行解决非法证据排除问题；同时，还可以有效避免庭审功能外移。博登海默曾说：“规范性制度的存在以及对该规范性制度的严格遵守，乃是在社会中推行法治所必须依凭的一个不可或缺的前提条件。”[①]因此，以审判为中心的刑事诉讼模式对于重构新型公、检、法三机关关系，对于实现程序正义，践行“罪刑法定原则”，构建社会主义法治社会，具有至关重要的作用。

一、以审判为中心刑事诉讼模式内涵的厘定

“对法律有效性的探索是旨在确定某一特定行为规则是否具备一条应得到遵守与实施的法律规则的资格条件。”[②]以审判为中心的刑事诉讼制度改革使得人们对“人民法院、人民检察院和公安机关进行刑事诉讼，应当分工负责，互相配合，互相制约，以保证准确有效地执行法律”、“未经人民法院依法判决，对任何人都不得确定有罪”法律规定的认识再次发生了深刻的变化。但是，对于如何正确认知这一改革的内涵，司法机关及学者之间却存在不同的认识。笔者结合法律规定及司法实践，认为以审判为中心的刑事诉讼模式既非要求公安机关和检察机关必须完全以庭审的标准实施庭前准备工作，也非要求所有的刑事案件程序必须在庭审时进行和辩论，这一改革措施实际上是对“罪刑法定原则”和公检法三机关职权分工的再次明确。

首先，“罪刑法定”原则作为刑法规定的原则，其核心要义就是，所有的刑事犯罪必须符合刑法规定的犯罪构成，否则，就应当坚守“疑罪从无”原则。但是，一系列冤假错案的发生，无不证明该原则在实践中未被真正实施。公安机关为了收集犯罪嫌疑人有罪的证据，摒弃了证据裁判规则要求的证据收集制

① [美]E·博登海默：《法理学：法律哲学与法律方法》，邓正来译，中国政法大学出版社1999年版，第239页。

② [美]E·博登海默：《法理学：法律哲学与法律方法》，邓正来译，中国政法大学出版社1999年版，第341页。

度，坚持以“疑罪从有”的心理进行侦查，而检察机关根据长期以来形成的信赖心里，对公安机关的侦查资料几乎不带质疑，即使存在瑕疵，也多以补充侦查的形式掩盖侦查中存在的不适当之处。因此，当法院开庭审理案件时，法官对案件的认知及证据材料的审查更多的流于形式，“罪刑法定”原则也就无法真正体现在庭审过程中。

其次，公检法三机关在诉讼活动中应当分工合作、相互配合、相互制约，这样才能保证司法公正，确保庭审的公正性和最终裁判结果的权威性。但是，长期以来形成的“重实体，轻程序”的错误理念，致使公安机关和检察机关的侦查活动和审查起诉活动占据了整个诉讼活动的大部分比例，且侦查活动或审查起诉活动并非真正受到检查监督，而法院的庭审活动又是根据公安机关和检察机关的刑事证据开展的。因此，在庭审中就出现了“强公诉、弱辩护”的不适当局面，而此时，作为居中裁判者的法院往往就会采取庭前阅卷或庭后请示，以确保案件的质量。但是，弱化了公诉质量，偏离了中立的立场，法院庭审活动往往也就流于形式，这也就不难解释诸多刑事辩护律师为何感叹，刑事案件律师有所为的作用太小，开庭更多的是考虑如何量刑的问题了。

因此，以审判为中心的刑事诉讼制度改革实际上就是对公、检、法三机关的地位与作用的理性回归，使得二机关能够真正做到各司其职、依法办事、公正办事，确保公安机关与检察院的立案侦查活动及审查起诉活动同样受到法庭庭审活动的审查。正如有的学者所言：“目前我们推进的‘以审判为中心’也属于一种‘技术型’审判中心论，即在一种全面和整体性国家体制中，在司法的基本格局和运行机制不发生根本性变化的情况下，在普通刑事案件办理的技术方法上要求侦查、起诉面向审判、服务审判、同时能够在一定程度上发挥审判对于认定事实、适用法律的决定作用，以提高刑事案件的办案质量。”[①]

二、以审判为中心刑事诉讼改革的方向

（一）正确适用证据裁判规则，转变侦查理念

要正确理解和适用罪刑法定、疑罪从无等证据裁判规则，公安机关及检察机关在案件侦查阶段，必须转变侦查理念。“侦查机关在制度上的独立性，导致其不仅不受审判权制约，而且检察监督权对侦查权也难以制约，导致侦查阶段不能排除非法证据，审查起诉阶段也难以排除非法证据，甚至审判阶段也难以排除非法证据。非法证据不能依法排除成为冤假错案发生的根源。”[②]一系列冤

① 龙宗智：“‘以审判为中心’的 改革及其限度”，载《中外法学》2015年第4期。

② 杨正万、王天子：“非法证据排除证明机制研究——以审判中心主义为视角”，载《贵州民族大学学报》2015年第1期。

假错案发生的根源就是侦查阶段侦查权运用失当，导致关键性证据遗失或遗漏，部分证据通过刑讯逼供等非正当形式取得。聂树斌案件、杜培武案件、呼格吉勒图案件等一系列案件无不证明侦查权滥用、侦查权不受监督以及侦查权标准过低，造成了司法不公。即使罪刑法定、疑罪从无已经成为刑事追诉的标准，但是"法律规定要真正落实并不容易，迫于观念上、体制机制上的原因，一段时间以来，疑罪从有、疑罪从轻、疑罪从挂的现象时有发生。对疑案，司法机关常常作出"留有余地"的判决。"因此，转变侦查理念，将侦查行为进行诉讼化改造，按照庭审的标准去严格要求侦查行为，确立正确适用证据裁判规则的法律意识，自愿将立案侦查活动置于监督之下，才能从源头上杜绝侦查权滥用的弊病，才能真正发挥侦查应有的司法价值，才能为审判活动提供全面准确的证据材料，也才能真正实现保障人权的司法价值理念。

（二）提高公诉质量，构造新型控辩关系

刑事诉讼法第50条规定："审判人员、检察人员、侦查人员必须依照法定程序，收集能够证实犯罪嫌疑人、被告人有罪或者无罪、犯罪情节轻重的各种证据。"但是，长期以来，公诉机关过分倚重公安机关的立案侦查，丧失了审查起诉时应有的地位和作用，导致公诉机关沦为公安机关的"传菜员"，公诉机关在庭审中的作用也就被大打折扣。公诉机关草率完成了流水线上的一环，而法院象征性的进行简单的询问，作为被告人的辩护人更是无法对公诉机关的证据材料发表完整而充分的辩护意见，控辩双方的庭审更多的是一种"完任务"、"走过场"，这完全不利于正确认定案件事实，维护被告人的合法权益。

（三）践行庭审实质化，确保公、检、法三机关职权回归理性化

"以审判为中心"要求庭审实质化，而庭审实质化的关键是建立起科学合理的控辩关系，让各类案卷笔录、书证、物证等证据在庭审聚光灯下充分"曝光"，通过诉讼参与人举证、质证，充分发表意见，最后判断证据的证明力。而在整个庭审过程中，就必须充分运用直接言词证据规则、疑罪从无原则、非法证据排除原则等各种法律规定对整个庭审进行审视。通过庭审实质化，提高公诉机关的案件质量，激发辩护人的辩护热情，督促公安机关依据证据规则收集相关证据，从而真正实现公、检、法相互配合、相互制约；控、辩、审各司其职，共同探求事实真相的合理庭审结构。

三、刑事辩护律师应对审判中心模式的策略

以审判为中心的刑事诉讼制度改革，释放了律师在庭审中应当具有的能量。但是，长期以来，我国刑事辩护现状不容乐观。笔者认为，究其原因：一是辩护律师权利受限，加之长期以来的"官本位"思想使得控辩双方在庭审中

的地位严重失衡，辩护律师无法全面的表达辩护意见；一是辩护律师执业风险保障缺失，使得许多律师不愿从事刑事辩护，或不愿、不敢在庭审中对公、检、法违法行为进行批评指正。长此以往，就形成了目前辩护律师形同虚设的畸形庭审结构。而要真正实现庭审中心主义，就必须重视和强化刑事辩护在庭审中的地位和作用。具体而言，刑事辩护律师应当从以下几个方面做起，以积极的心态去面对以庭审为中心的刑事诉讼制度改革。

（一）构建扎实的理论功底

律师如果不能对刑事法律法规进行准确把握，也就不可能做好每一起刑事案件。因此，刑事辩护律师需要谙熟刑法和刑事诉讼法及相关司法解释，筑好刑事辩护律师的第一道基础线，为庭审中的完美呈现而不断努力。

（二）练就娴熟的业务技能

美国大法官霍姆斯曾经说过“法律的生命不是逻辑而是经验”（the life of law doesn´t lie in logic, but in experience），逻辑性的知识可以从书本上得到，而经验性的知识只有亲身在案件的打磨中才能获得。作为刑事辩护律师，必须不断提升个人业务技能，加强实践训练，才能在案件中得到升华，才能快速、准确地把握案件的核心，进而进行有针对性的辩护。

（三）树立坚定的理想信念

“每个人都拥有一种基于正义的不可侵犯性，这种不可侵犯性即使以社会整体利益之名也不能逾越。”[①]因此，我们只有树立坚定的理想信念，坚持为我国的司法公平正义而斗争，我们才能为实现依法治国的宏伟蓝图贡献自己的绵薄之力。

结　论

王敏远教授曾指出：“司法程序对实现司法公正这个目标，具有的特殊功能，不仅基于司法权的特殊性，而且基于司法程序自身的特殊性。这主要表现在审判程序的三个方面，即，审判是在诉讼参与人的共同参与下解决案件事实、证据和法律适用等问题；审判阶段被追诉者享有最充分的辩护权；由居中裁判的独立行使审判权的法官主持公正的司法程序并作出判决。这三个方面的特征使审判能够发挥其保障司法公正的特殊功能。正是审判程序的这种特殊功能，有助于解决我国当前刑事诉讼中实质上的‘侦查中心主义’的刑事程序结

① [美]罗尔斯：《正义论》，何怀宏等译，中国社会科学出版社1988年版，第1页。

构所产生的种种问题。”[①]以审判为中心的刑事诉讼改革，正是将公、检、法三机关的职权进行了理性回归，在这一改革过程中，刑事辩护律师也应不断加强自身修养，为健康、理性的控辩审的庭审结构做出应有的贡献。

① 王敏远：“2012年刑事诉讼法修改后的司法解释研究”，载《国家检察官学院学报》2015年第1期。

非法证据排除的困境与对策研究

广西益远律师事务所　郑照红

内容摘要： 十八届四中全会《决定》提出“推进以审判为中心的诉讼制度改革，确保侦查、审查起诉的案件事实证据经得起法律的检验。”为实现以审判为中心，推进相关诉讼制度的改革势在必行，其中证据制度是刑事诉讼制度中的重要制度之一，而根据现行法律的规定和司法实践，证据制度的改革，需着力解决非法证据排除难的问题。

关键词： 以审判为中心　非法证据　排除

前　言

2014年10月23日结束的中共十八届四中全会通过了《中共中央关于全面推进依法治国若干重大问题的决定》，决定提出了全面推进依法治国的具体路线，要求“推进严格司法”，提出推进以审判为中心的诉讼制度改革，其中涉及非法证据排除、疑罪从无、证据裁判等多项重要制度。最高人民法院和最高人民检察院均于2015年2月公布意味着深化改的文件《〈关于深化检察改革的意（2013— 2017年工作规划）〉（2015年修订版）》和《最高人民法院关于全面深化改革的意见》，认真研读“两高”的文件可以发现，证据部分是工作部署“以审判为中心”时的共同重点，而非法证据排除则是核心内容，是改革的重中之重。本文拟就推进以审判为中心中涉及非法证据排除的问题进行探讨研究。

一、立法与实践

最高人民法院、最高人民检察院联合公安部、国家安全部和司法部于2010年5月30日发布《关于办理刑事案件排除非法证据若干问题的规定》，对刑事诉讼程序的非法证据排除做出了较为详细的规定，2012年修订刑事诉讼法在非法证据排除规则方面进一步增添了内容，丰富了非法证据排除规则的内涵，较为系统地囊括了证据排除规则，是我国非法证据排除最为重要的一环。

刑事诉讼法第54条明确的回答和界定了非法证据排除的对象：其一，以刑讯逼供等非法方式获取的犯罪嫌疑人、被告人供述以及采用暴力、威胁等非法方法收集的证人证言、被害人陈述；其二，物证、书证类，对于违反法定程序，因而导致严重影响司法公正的，应当予以补正或者作出合理解释；不能补正或者作 出合理解释的，予以排除。第56条设置了比较规范的非法证据庭审排除程序，而在57条中更明示了检察机关在庭审过程中非法证据的合法性证明是负有举证责任的证明方式。第55条对于非法方法收集证据的处理也做了大致的规定。刑诉法用了五个条文专门就非法证据排除问题做了较全面的规定，同时也标志着我国非法证据排除规则的正式确立。

证据规定及2012年刑事诉讼法修订以来，排除非法证据有了较为系统的规范依据，但为何从司法实践领域反馈的信息是"真正进入非法证据排除程序的刑事案件很少，能实际运用证据规定排除非法证据的案件更少，有的即使进入了程序，往往也难于排除"[①]。且根据相关学者的调查，从两年多来有关报纸、网络媒体刊登出来的涉及非法证据排除的案件，共找到相关案例36起，然最终成功排除非法证据的案例仅有9起，多数非法证据排除的申请被搁置，而这仅有的9起案例当中亦存在排除程序操作不一，相互间实践做法不一致等问题[②]。显然，作为一个系统的复杂工程，非法证据的排除从立法到实践均面临着重重困境。

二、非法证据排除的困境

（一）立法的含糊

刑事诉讼法第54条关于对非法取证的方式规定是概括性的，包括的方式仅为"刑讯逼供、暴力、威胁等非法手段"，对于何为"暴力、威胁"在司法解释中没有详尽的解释，没有认定标准。对"等非法手段"也难于理解和把握。同时，对于一些具有争议的欺骗性侦查手段没有给予否定，容易导致司法滥权，造成权力膨胀。

（二）观念的滞后性

虽然刑事诉讼法对非法证据排除作了明确的规定，但是实践中多数办案人员推行 "有罪推定"，"重实体、轻程序"的观念根深蒂固，多数办案人员在实践中为求保护法益事实真相，而忽略了保障人权，由于观念的误差，通过非法手段获取的证据仍然有可能成为定罪量刑的依据，可见，摒除错误的办案思维，摆正观念是完善非法证据排除规则的前提之一。

---

① 衷建军、余德峰、胡立新：《非法证据排除规则事实问题研究》（陈光中主编），北京大学出版社，第158页。

② 孙振："非法证据排除的司法困境及对策"，载《淮阴工学院学报》2013年4月。

（三）问责制度不严厉，偏失威慑

侦查人员为尽快破案，急于求成，在获取证据时，采取不法手段，威胁、刑讯逼供等屡见不鲜，即使被告人或辩护律师在庭审时提出，但是只要侦查机关出具证明就能“洗脱嫌疑”，非法证据依然不会被排除，甚至对非法取证的提出置之不理，所以侦查人员明知非法取证的违法性依然明目张胆而为之。而且在具体的责任承担上没有明确指出，互相推卸追责无法明确便不了了之。

（四）配套制度的缺乏

侦查人员在讯问犯罪嫌疑人时，犯罪嫌疑人大多已经被羁押，一般情况下，侦查人员在讯问犯罪嫌疑人时不得有其他人在场，那么如何证明侦查人员没有以非法手段获取嫌疑人口供。虽然我国早已建立同步录音录像制度，但是由于法条硬性规定适用同步录音录像的情形有限，根据刑事诉讼法第121条的规定，除了有可能被判处无期徒刑、死刑的案件及其他重大案件，应当进行同步录音录像外，其他情况仅“可以”适用。

（五）司法权责不统一

刑事诉讼法的第55条规定，若侦查人员使用非法方法获取证据的，检察机关有权调查核实，明确了检察机关的监督职责，防止侦查人员在侦查活动非法搜集证据，以保证侦查权的合理实施。检察机关虽然有监督的权力，但是缺乏对非法取证行为制裁性的规定，实际上监督无法落实，容易致使当事人的权益有不当的损害，更难以实现刑事诉讼法保障人权和保护法益两大机能的平衡。

三、解决非法证据排除困境的对策

（一）完善立法

明确立法内容。刑事诉讼法虽然在非法证据排除规则方面完善力度很大，但是也存在不足之处，对非法取证方式的规定缺乏明确性，仅仅就侦查活动中经常出现的违法取证行为加以规范，德国刑事诉讼法关于非法取证的方式规定较为详细，可以予以借鉴。根据德国刑事诉讼法规定，除了一般倾向于人权主义的方式都不得采用外，同时严禁承诺给予法律未设定利益对于损害被告人精神的方法，也不得使用。[①]这些对非法取证的方式加以列明的规定，对我国的非法证据排除规定有借鉴意义，有利于减少司法实践中的模糊地带。

（二）刑事理念——无罪推定原则的落实

以有罪推定的原则作为办案的思路，很容易造成办案人员对证据逐个填补，出现非法证据，要杜绝非法证据确立无罪推定，彻底废除有罪推定的思想。无罪推定原则包括三个方面：其一，疑罪从无；其二，控诉机关负举证责

① 郭军伟：“我国非法证据排除规则的完善研究”，载《法制与社会》2015年1月。

任，必须提供确实充分的证据来指控被告人，而被告人不负有证明自己无罪的义务，即不能要求被告自证其罪；其三，指犯罪嫌疑人、被告面对讯问，有权保持沉默。

赋予犯罪嫌疑人、被告人员沉默权，这一权利借鉴了英美法系的普遍做法。在刑事诉讼活动中，虽然我国刑事诉讼法要求保障人权，但是犯罪嫌疑人与侦查人员的地位实践中并不对等，犯罪嫌疑人、被告的合法权益容易受到不法侵害。同时，根据我国法律的规定，对侦查人员、检察人员和审判人员的发问，犯罪嫌疑人、被告人有如实回答的义务。若犯罪嫌疑人、被告人享有沉默权，那么即可以此对来抗刑讯逼供，即犯罪嫌疑人受讯问时，可以有保持沉默的权力，同时沉默权也与不得自证其罪相辅相成。

虽然我国在刑法中确立“疑罪从无”，但是对“无罪推定”则无明确的规定，所以要转变陈腐的办案思路，以刚性规定确立无罪推定原则尤为重要。

（三）完善侦查监督

建立当事人约见检察官制度，若犯罪嫌疑人受到侵害时，可以寻求检察人员的帮助，约见检查人员。建立此制度一方面犯罪嫌疑人在受到侵害时，可以向检察机关寻求救济。另一方面检察机关可以根据犯罪嫌疑人反映的情况，及时行使其监督职能。检察机关行使的监督权是防止非法证据出现的有效途径，检察机关作为国家专门的法律监督机关，应认真承担其对司法活动进行监督的职责，强化监督机能。

（四）其他配套制度的完善

1.建立讯问时律师在场制度。在讯问犯罪嫌疑人时，安排律师在审讯室附近的另外场所，该场所必须确保律师可以看见犯罪嫌疑人讯问的过程，但是律师不能听到讯问的内容。这样既可以确保犯罪嫌疑人在讯问时不受刑讯逼供、暴力等手段侵害，还可以避免律师与犯罪嫌疑人串供的可能。

2.救济程序。赋予当事人对法院作出的非法证据确认不服，有提出上诉的权利。赋予当事人关于证据的上诉权，即当事人可以在不服一审法院作出的非法证据确认不服裁判后，可单独提出上诉，要求二审法院就证据合法性的问题进行单独的审理。同时，规定检察机关对非法证据问题可以在提出抗诉时一并提出。此项上诉或抗诉救济程序的确定，可以有效地保障控辩双方的诉讼权利。

结 语

刑事诉讼法及相关司法解释对非法证据排除问题有了较为详细的规定，但从排除非法证据的司法实践来看，从制度到实践，该问题均需要进一步的完善。完善证据制度，实现非法证据的排除，对遏制司法权力的滥用和保障人权具有重要的意义；实现非法证据排除，完善证据制度，保障司法公正、促进社会公平正义，实现以审判为中心。

参考文献

［1］陈瑞华.刑事诉讼的前言问题（第四版）［M］.北京：中国人民大学出版社，2013.

［2］陈光中.非法证据排除规则事实问题研究［M］.北京：北京大学出版社，2014.

［3］陈瑞华，黄永，褚福民.法律程序改革的突破与限度——2012年刑事诉讼法修改评述［M］.北京：中国法制出版社，2012.

中国死刑限制及废除途径研究

内蒙古东日律师事务所　张　尧

内容摘要：我国历来是一个重刑主义的国家，死刑罪名甚多和死刑适用频繁是其突出的特点，同时世界上三分之二的国家已经彻底废除死刑制度。中国在这种趋势和国际人权组织的压力下以及自身刑法发展的需要，彻底废除死刑制度也将成为历史之必然，但是基于目前我国的基本国情彻底废除死刑还不能实现。我国现在能做的就是逐步减少死刑的罪名和限制死刑的适用，同时设立可以替代死刑的刑罚，待时机和国情允许时再彻底废除死刑制度。主要有以下几种做法：1.减少甚至彻底取消经济类犯罪的死刑罪名。2.减少死刑的适用，即省高院和最高人民法院应该减少死刑复核的数量。3.设立可以替代死刑的刑罚，例如终身监禁制度，以此来满足当下对于死刑刑罚的需要。4.限制死刑的适用对象，例如提高适用死刑的最低年龄和降低适用死刑的最低年龄。5.加强普法宣传力度，提高公民的法律素养，为彻底废除死刑提供民众基础。废除死刑制度是一条既艰辛又漫长的道路，需要我们坚持不懈的努力。

关键词：死刑　限制　废除路径

引　言

自从1764年贝卡利亚首次提出废除死刑制度以来，对于死刑存废的争议一直从未间断过，这场长达250多年的争议在近半个世纪才逐渐形成统一趋势。近年来废除死刑的国家随着时间的推移变得越来越多，例如向来倚重死刑的英国经过两个世纪的努力于20世纪60年代最终废除死刑，紧随其后芬兰、法国、德国、希腊、意大利等其他欧洲国家也先后废除死刑制度。同时更多的拉美国家、非洲也迎合趋势逐步废除了死刑，美国虽然没有废除死刑，但是包括阿拉斯加、夏威夷、爱荷华、缅因、马萨诸塞、密歇根、明尼苏达、北达科他、新泽西、新墨西哥、威斯康星、哥伦比亚特区、纽约、罗得岛、佛蒙特、西弗吉尼亚、伊利诺伊、康涅狄格在内的17个州已经废除了死刑。并且美国执行死刑数量很少，且都限于严重谋杀罪。“根据刑法学者刘仁文教授统计，截至到2011

年世界上有70%以上的国家和地区已在法律上或者是在事实上废除了死刑。”[①]可以说废除死刑制度已经成为一个势不可挡的趋势。我国历来是个重刑主义的国家，死刑的罪名也十分的多，但是近年来基于刑法发展的需要以及国际人权组织的压力开始减少死刑罪名，逐步废除死刑。我国于2015年8月29日颁布的《刑法修正案（九）》中将刑法第50条第1款修改为：“判处死刑缓期执行的，在死刑缓期执行期间，如果没有故意犯罪，二年期满以后，减为无期徒刑；如果确有重大立功表现，二年期满以后，减为二十五年有期徒刑；如果故意犯罪，情节恶劣的，报请最高人民法院核准后执行死刑；对于故意犯罪未执行死刑的，死刑缓期执行的期间重新计算，并报最高人民法院备案。”可以看出我国废除死刑制度的趋势已经形成，但是目前基于国情以及其他因素的影响我国现在还不能彻底的废除死刑，只能够在逐步减少死刑罪名的基础上逐步废除死刑制度。因此本文将根据我国的国情对怎样减少死刑和如何废除死刑制度进行探讨，为我国最终废除死刑创造有利的理论条件，为死刑的废除提供更多的理论基础，也希望我国能够早日彻底废除死刑制度。

一、废除死刑制度的必要性

死刑是一种十分古老的刑罚。在古代社会死刑的适用频繁是因为生产力的落后决定了人的生命价值的低下。随着社会生产力的发展，人的生命价值相应提高，人权理论逐渐形成，因此人们开始对死刑制度进行理性的反思。1764年意大利著名刑法学家贝卡里亚在其所著的《论犯罪与刑罚》一书中提到“死刑并不是一种权利，我已经证明这是不可能的。”[②]这是世界刑法史上首次提出废除死刑制度。国家的一切权利属于人民，人民才是国家的主人，人民才是权利的所有者。卢梭也在《社会契约论》提到人们将属于自己的一部分权利拿出来组成政府，由政府统一行使社会的公共管理权，维护社会的治安和稳定[③]。国家权力归根结底属于人民那么国家有权剥夺人民的生命么？如果答案是肯定的，那么形成了公民赋予政府以权力，政府用公民赋予其的权利来剥夺公民生命，即公民用自己的权利自己剥夺自己生命的相互矛盾的怪圈。死刑制度的存在的确有其存在的功用和价值，但是这些功用和价值与生命权比起来似乎是微不足道的。因为生命权是最大的人权。人权即一个人作为人的最基本的权利，也是人类社会发展的基础。废除死刑制度是保障人权的根本要求。废除死刑制度是历史发展的必然趋势，也是人类文明发展的必然需求。

---

①韩惠祥：《死刑废除的必要性和可行性》，天津市河东区人民检察院，2012年9月。

② 贝卡利亚：《论犯罪与刑罚》，黄风译，中国大百科全书出版社1993年版。

③ 卢梭：《社会契约论》，黄永义译，中国政法大学出版社1999年版。

死刑制度废除有利于消除与国际社会产生的隔阂，提升我国的社会主义的良好形象，同时利于国际和区域刑事司法合作。实际上刑法死刑罪名的逐渐废除也为我国开展与其他国家进行的司法合作带来了便利条件。以赖昌星案为例，得益于我国刑法将走私罪这一纯粹的财产性犯罪死刑废除以后才得以与加拿大方面达成一致意见，最终成功将潜逃国外多年的赖昌星引渡回国[①]

死刑制度的废除有利于减少冤案的发生，避免造成无辜生命的惨死。2014年12月30日内蒙古高级人民法院做出赔偿决定，决定支付呼格吉勒图父母2059621.40元。[②]冤案虽然已经昭雪，赔偿金额也十分惊人，但是一条年轻的生命因此而陨灭。刑事误判不可避免，但是我们可以设法挽救，可是一旦适用了死刑那么结果将是无法挽回的。所以废除死刑制度是避免无辜生命惨死的根本措施。

二、我国目前废除死刑的土壤

从目前中国现实状况来说，还不具备彻底废除死刑制度所应具备的物质文明和精神文明条件，因为中国目前正处于且在未来的很长一段时间内将处于社会主义初级阶段，物质条件还很落后。在这种物质条件还很落后的情况下，生命价值同样保持在一个与物质条件相对应的较低水平上，因此当一个社会的物质文明程度还没发展到一定程度，政府目前还不会放弃死刑这一刑罚。对于精神文明程度来说，在一个精神文明较低的社会，报应观念愈强烈，对于死刑的认同感也越强。而只有精神文明发展的一定水平，超越报应的刑罚人道主义思想才具有存在的社会土壤。我国目前精神文明程度还不高，公民整体素质也不高，大部分民众还不认同废除死刑思想。如药家鑫案、夏俊峰案和许迈永案等这些社会影响力大的案件容易受到社会公众和媒体舆论的影响说明公众对于死刑的认可和需求。因此，从物质文明程度和精神文明程度两个方面来看，我国目前还不具备废除死刑的条件。

三、我国死刑废除的路径

废除死刑制度已经成为不可更改的必然趋势，我国不可能违背废除死刑的历史发展趋势，长久游离于废除死刑世界潮流之外。但是由于我目前的基本国情彻底废除死刑制度还不能实现，所以逐步废除死刑制度才是正确的道路。首先应该逐步减少死刑的罪名和限制死刑的适用，其次设立可以替代死刑的刑罚，最后废除死刑必须具备一定的政治、经济、文化和法律条件，并辅之以制度配合。现阶段，我国应努力营造废除死刑的环境，满足废除死刑所需的条件

① 代晓霞：《论死刑的废止》，中国政法大学硕士论文，2007年3月。

② 内蒙古高院官网网址 http://nmgfy.chinacourt.org/article/detail/2014/12/id/1526790.shtml

和制度，待时机和国情允许时再彻底废除死刑制度。

（一）财产性死刑罪名的废除

我国目前死刑罪名的构成中还包含财产性犯罪，例如贪污罪、受贿罪和战时掠夺居民财物罪等罪名。实际上无论从哪个角度来讲，财产性犯罪与生命权是不能等价的，即使被告人造成难以弥补的经济损失，我们也不能以剥夺生命的方式来对其进行惩罚，这也是一个文明国家所应该具有的素质。实际上在废除财产性死刑罪名等方面，我国是不断取得进步的，在几次刑法修订的过程中逐步废除了走私文物罪、走私贵重金属罪、走私珍贵动物、珍贵动物制品罪、走私普通货物、物品罪、票据诈骗罪、金融凭证诈骗罪等财产性罪名的死刑，这一逐步废除财产性死刑罪名的过程也表明我国立法者的观念在变化着，立法的文明和专业程度在不断进步。目前经过修订的《刑法修正案（九）》已经正式施行，其中规定的46个死刑罪名中大部分涉及暴力性的人身伤害，财产性死刑罪名所剩不多。此次刑法的修订没有废除贪污罪和受贿罪死刑，可能在一定程度上是基于这两个罪名的敏感，也是照顾社会公众的情绪，但是在实践中已经基本不再因为贪污和受贿两个罪名判处死刑。例如近几年落马的省部级干部大都涉及金额巨大的贪污现象，但是也没有判处死刑。这些方面都体现了我国在废除死刑方面的一个进步。

（二）减少死刑的适用

2007年最高人民法院将死刑复核权收回，在一定程度上减少了死刑适用的数量。所以省级高院也应减少死刑复核以及死刑缓期的批准数量，以减少死刑的适用。2015年8月29日我国颁布了《刑法修正案（九）》将刑法第50条第1款修改为：“判处死刑缓期执行的，在死刑缓期执行期间，如果没有故意犯罪，二年期满以后，减为无期徒刑；如果确有重大立功表现，二年期满以后，减为二十五年有期徒刑；如果故意犯罪，情节恶劣的，报请最高人民法院核准后执行死刑；对于故意犯罪未执行死刑的，死刑缓期执行的期间重新计算，并报最高人民法院备案。”即在死缓期间故意犯罪的罪犯不再一律使用死刑。

（三）设立终身监禁的刑法

“人类文明取得如此伟大的成果，是因为我们总是站在巨人的肩膀上。”所以死刑制度的废除我们也应该站在巨人的肩膀上吸收借鉴历史文明成果和其他国家的先进制度。例如在寻找设立替代死刑的刑罚时我们可以设立终身监禁制度，以此来满足公众对于死刑的需求。终身监禁也可以称为是“绝对无期徒刑”[①]，即对于被判处死刑的罪犯不再执行死刑而是判处无期徒刑，同时并对无

①刘瑞平：“中国渐进废除死刑的路径选择”，苏州大学硕士学位论文，2005年9月。

期徒刑进行限制即使该罪犯满足减刑假释的条件也不对其给予减刑假释。终身监禁的刑罚威慑力与死刑相差无几，且其能够减弱公众对于死刑需求。

（四）限制死刑的适用对象

我国刑法第49条规定“犯罪的时候不满十八周岁的人和审判的时候怀孕的妇女，不适用死刑。同时《中华人民共和国刑法修正案（八）》规定“审判的时候已满七十五周岁的人，不适用死刑，但以特别残忍手段致人死亡的除外”。现行刑法通过这两条对适用死刑的对象进行了限制，但是笔者认为该限制应该进行适当的扩展。将死刑适用的最低年龄变为20周岁，将死刑适用的最高年龄降低至70周岁。事实上，规定死刑执行的年龄上限的做法在古代和国外都有存在。比如最早在《唐律·名例》中就有“九十以上，七岁以下，虽有死罪，不加刑”的规定。即年满90岁的人犯死罪则不加刑，即不负刑事责任[①]我国第一部近代刑法典《大清新刑律》第50条规定“未满十六岁或满八十岁人犯罪者，得减本刑一等或二等”。虽然上述规定有些极端，即符合条件的人可能会利用法律的空子故意杀人。因此我们应取其精华去其糟粕，提高死刑适用的最低年龄，降低其最高年龄。

（五）加强普法宣传力度，提高公民的法律素养

死刑制度废除的另一个主要障碍是公众对于废除死刑的心理障碍。我国历来是一个重刑主义国家，公众对于死刑有着一定的倚重心里，杀人偿命等观念在公众心中根深蒂固，废除死刑制度首先要消除公众的阻碍，因此加强人权意识的宣传，提高公民的法律素养尤为重要。首先法律界必须要加强公众人权意识的宣传，让公众懂得刑罚的设立是为维护人类社会的安全和人类集体的人权[②]，不是为了消灭、报复罪犯，杀人者死等支持死刑等观念是对人权的严重践踏。其次，国家应该积极地引导公众的生命价值观[③]，生命是至高无上的，生命是上天赋予我们的权利，政府的权利也是人民所赋予的所以政府没有权利剥夺人的生命。最后，也是不容忽视的力量即媒体的宣传以及引导，当一个罪犯即将被判处死刑时其所造成的损害已经发生，已经是无法改变的事实对其处以死刑也于事无补同时将会是另一个家庭悲剧。激发公众的同情心理，引导公众学会原谅罪犯，这不仅仅是废除死刑制度所需要的同时也是一种正确的选择。设想如果被害者家属整日生活在仇恨之中对他们而言将是另一种伤害，教导公众要学会放下，放下心中的仇恨，尝试着去原谅。

---

①周光权：“死刑削减的社会基础”，载《贵阳日报》2010年9月6日。

② 王联合：“论中国废除死刑的主要障碍及对策”，广州商学院 法学院，2007年2月。

③ 李铭：“论社会死刑废除意识的塑造”，载《怀化学院学报》2010年10月。

四、结论

国际社会彻底废除死刑制度已经成为大势所趋，但是由于我国的基本国情现在还不能彻底的废除死刑制度，我们只能逐步的废除死刑制度，当时机成熟时彻底废除死刑。因此死刑制度的废除任重而道远，在这条充满艰辛与泥泞的道路上需要我们所有人共同努力。本文笔者以现在较为流行的学术界关于死刑废除争议方面进行选题，也通过阅读刑法的法条以及相关的书籍和文献拙著此文发表了自己一些浅显的见解，希望能够得到大家批评。同时也希望有朝一日可以真正看到我国死刑制度的彻底废除。

参考文献

［1］Roger Hood. 死刑的全球考察［M］. 刘仁文、周振杰，译. 北京：中国人民公安大学出版社，2002.

［2］贝卡里亚. 论犯罪与刑罚［M］. 黄风，译. 北京：中国大百科全书出版社，1993.

［3］罗贝尔·巴丹戴尔. 为废除死刑而战［M］. 罗结珍、赵海峰，译. 北京：法律出版社，2003.

［4］陈兴良. 刑事法评论［M］. 北京：中国政法大学出版社，1997.

［5］马建松. 死刑司法控制研究［M］. 北京：法律出版社，2006.

［6］陈兴良. 本体刑法学［M］. 北京：商务印刷馆，2001.

［7］黄振宣. 中国废止死刑面临的障碍及对策浅析［J］. 南宁师范高等专科学校学报，2005（3）.

［8］张明楷. 法学者如何为削减死刑作贡献［J］. 当代法学，2005（1）.

［9］康树华. 死刑存废之我见［J］. 人民检察，2006（6）.

论疑罪从无与司法实践中之疑罪从轻
——从实务的角度

云南刘胡乐律师事务所　税海波

内容摘要：疑罪从无是我国刑事司法中一项重要原则，但在当前司法实践中更多的证据不足案件却是采用了疑罪从轻这一有违法治精神的处理方法。本文从司法实践中疑罪从轻产生的原因及危害，疑罪从无的内涵、法律构建几方面作分析、探讨，以期在司法实践中真正构建疑罪从无原则。

关键词：疑罪从无　疑罪从轻　法治精神

引　言

疑罪从无，顾名思义，没有确切证据证实被告人有罪，则被告人即当然无罪，这本为法治的必然，也是无罪推定原则的应有之义。然而，在现今司法实践中，疑罪从无并非审判机关的当然选择，相反，更多情况下，审判机关的做法是疑罪从轻，选择了这一有违法治精神的处理方法。究竟是什么原因导致审判机关作出这样的选择，审判机关面临着哪些不当压力？应如何在司法实践中真正构建疑罪从无原则呢？这是我们亟待解决而又必须要解决的问题。

一、司法实践中疑罪从轻产生的原因

（一）导致疑罪从轻的审判机关内部原因

当今司法实践中存有的一个很不正常的现象，就是审判人员对案件的处理缺乏独立性，即审判人员对案件的处理并没有最终的决定权。对于有证据表明被告人可能有重大犯罪嫌疑但又无确切证据证实被告人有罪此类介于罪与非罪间案件，在实践中的处理程序是：案件经合议庭讨论后，报经庭务会议或者审判长联席会议讨论，然后由院审判委员会讨论决定，有时还会报请上级法院听取其意见。经过这样的处理程序，案件最终结果是取决于由资深法官组成的法院审判委员会的决定。而由于我国刑事司法长期以来受有罪推定思想的影响，加之体制等原因而带来的各种外部阻力，此类案件基本上全是宣告有罪，但予以从轻处理。审判人员对案件处理结果没有决定权，其可能作出的无罪处理意

见会被完全否决，这就是一个罪与非罪间案件在审判机关处理上的几乎是必然的归宿。久而久之，审判人员再面对此类案件时，基本上就不会再作出宣告无罪这一看来是幼稚的处理意见了。

（二）审判机关面临的相关部门阻力

一旦案件被宣告无罪，检察机关、侦查机关肯定面临来自内、外部的各种压力，而作为具体承办案件的检察员与侦查员首先要面临来自内部的各种考核指标压力及一系列的责任追究，对个人荣誉、职务晋升等各方面也会带来很多不利的影响。因此，必然导致检察机关、侦查机关通过各种途径向审判机关施加压力，以避免宣告无罪结果的发生。同时，有些案件出于所谓的维稳、监督等方面考虑和要求，相关权力机关还会通过召开案件协调会、采取案件督办函等多种形式，过问和干预案件的处理，并且经常强调案件的处理不仅要考虑法律效果，还要考虑社会效果，以及政治效果，给审判机关施加很大的压力。

（三）来自于媒体、舆论及被害方的压力

由于当今媒体和舆论的空前发展，近年来司法实践中一个趋势就是，媒体的越位现象越来越严重，许多案例表明媒体已是越俎代庖，几乎已经由"媒体监督"上升到了"媒体审判"的程度，过分的媒体炒作，未审已先判，这给审判机关造成了巨大不利影响，已然严重干扰了审判机关的独立性与公正性。当今中国司法的现状是，由于诸多方面的原因，司法权威并未完全真正树立，这就如同一株还未长成的幼苗，如何经得起飓风、暴雨的破坏，在此情况下，过分强势的媒体舆论不当干预，必将严重的损害司法审判的独立与权威。因此，根据目前之现实，我们更需要的是一个相对宽松的媒体舆论环境，才有利于司法权威的建立，而不是相反。还有就是来自被害方的压力，在一些案件中，被害方本来就强烈要求严惩凶手，有些情绪还十分激烈，审判机关即便是从轻处罚都会面临巨大的压力，如果宣告无罪，那将是面临被害方无穷无尽的上访与缠访，而出于目前相关部门维稳之要求和做法，审判机关及审判人员面临的压力更是巨大。

二、疑罪从轻的危害

（一）导致审判机关对检察机关、侦查机关的制约作用丧失

审判机关、检察机关、侦查机关在当前刑事司法活动中更重要的作用应当是互相制约，而非配合。审判机关本应通过疑罪从无，宣告无罪的判决，对侦查机关收集证据不足甚至是违法收集证据及检察机关审核证据把关不严进行纠正，促使侦查机关与检察机关在收集审核证据上的能力不断提高，以合法的程序、手段调查取证，以此对侦查机关、检察机关形成有力制约。相反，如果审

判机关采取疑罪从轻的处理方式，在证据审查把关上和稀泥，一味迁就，不仅丧失了相关的制约作用，其实更是一种纵容，其后果就是检察机关将很多证据上存在致命问题的案件起诉到审判机关，给审判机关对案件的处理带来极大的困难，而审判机关还只得吞下这难咽的苦果。

（二）为冤假错案的发生埋下隐患

虽说冤假错案的发生最根本的原因是侦查机关刑讯逼供等违法调查取证而造成的，但是也与审判机关在面对此类案件时采用疑罪从轻，而不是疑罪从无的处理方式密切相关。从已经发生的很多错案来看，审判机关在案件处理时已经发现了证据上的疑点，并且有的案件疑点还很大，证据存有很大的缺陷，但是由于各方面的原因，审判机关最终并没有下决心作出疑罪从无的处理，从而避免错案的发生。相反，取而代之的是疑罪从轻，未能坚守住审查把关的最后一道防线，导致了冤假错案的发生，这种教训在司法实践中很多。

（三）对司法权威造成损害

当今中国司法权威不高，部分民众对法律不信仰、甚至不信任，究其原因是多方面的，但其中一个很重要的原因就与审判机关采取疑罪从轻处理方式而带来的不良后果有关。审判机关在司法体系中居核心地位，本应挺直腰杆，对此类没有确切证据证实的疑案明确说不，通过无罪判决，对相关公权力形成强有力的制约，从而实现公平正义，在全社会中树立强大的司法权威，这是构建司法权威的一条重要途径。然而，由于审判机关采取了疑罪从轻的处理方法，姑息和纵容了侦查机关，使得侦查机关采用刑讯逼供等违法手段调查取证的行为不但得不到制约和制止，极有可能导致侦查机关在收集证据过程中更加肆无忌惮地使用违法手段取证，导致侦查机关权力的滥用愈演愈烈，这必将对司法权威造成严重损害。

三、疑罪从无的真正内涵及意义

（一）疑罪从无的真正法律价值

面对介于罪与非罪之间的疑罪案件的处理，虽使得审判机关陷于两难的境地，但究竟如何取舍，其实是关乎审判机关法律价值取向这一重大问题，实质上就是选择有罪推定，还是无罪推定的问题。如果选择疑罪从轻，则就是有罪推定；如果选择疑罪从无，就是无罪推定。虽然我国司法实践在这一问题上长期以来一直存有不同的观点及价值取向，但随着法治进程的不断发展、进步，无罪推定原则显然已经成为现代司法中最重要的原则之一，成为现代法治精神的重要支柱。因此，疑罪从无原则其实质是体现了法治的精神，也是法治精神的必然要求，其对构建真正法治社会具有十分重要的作用。

（二）疑罪从无对构建以审判为中心的司法体系具有重要作用

在长期以来的司法实践中，由于体制等方面的原因，我国司法体系实际上是侦查中心主义，而不是审判中心主义，这不符合现代司法及法治精神。“推进以审判为中心的诉讼制度改革，确保侦查、审查起诉的案件事实证据经得起法律的检验”，这也是目前我国司法改革的重要目标。为实现这一目标，审判机关只有坚持对疑罪从无原则的坚定贯彻实施，倒逼侦查机关、检察机关提高收集证据水平和能力，摒弃违法调查取证方法，从源头上防止冤假错案的发生，实现社会公平正义，树立强大的司法权威，这样才能真正构建以审判为中心的健康司法体系。

（三）疑罪从无并非放纵犯罪

不得不说的是，疑罪从无是否就是对犯罪的一种放纵，有违我国刑事司法惩罚犯罪，保护人民生命财产安全的目的呢？其答案肯定不是。一方面，在证明案件事实的证据不能达到确实充分情况下作出无罪处理，这是法治的必然要求。另一方面，如果随着时间的推移及事件的发展变化，对于此类案件如果有新的证据出现，侦查机关进一步收集到犯罪嫌疑人相关犯罪证据，全案证据形成锁链，能够确实充分地证明犯罪事实，在此情况下，司法机关并不受一事不再理原则约束，可以再次启动司法程序追究其刑事责任，打击犯罪。

四、疑罪从无的法律构建

（一）切实强化证据意识，严格证据标准

现今司法实践中，部分审判人员还存有“两个基本”的观念，即“有基本事实，有基本证据”，对于这样的案件就勉强地予以定罪处罚，这是一种证据标准很低的法律观念，绝不符合现代司法之要求，必须予以摒弃。审判关机必须要强化证据意识，严把证据关，必须做到认定的事实均有充分的证据予以证实，充分认识到证据在保证案件质量中扮演的重要角色。对于一些证据不充分的案件，如果综合全案证据仍不能排除合理怀疑，就应当下决心按疑罪从无处理。

（二）严格遵循法定程序原则

司法人员必须遵循法定程序，严格依法办案，对严重违反法定程序的行为不仅要追究有关人员的责任，而且还要将相关非法证据排除，不得作为定案证据。我国长期的司法实践中，存在着重实体公正，而忽略程序公正的倾向，在这一点上，我们应当借鉴其他国家对程序公正理念近乎严苛的追求，美国法官道格拉斯曾精辟指出：“权利法案的绝大部分条款都与程序有关，这绝非毫无意义。正是程序决定了法治与随心所欲或反复无常的人治之间的大部分差异。坚定地遵守严格的法律程序，是我们赖以实现法律面前人人平等的主要保证。”

（三）真正做好“让审理者裁判，让裁判者负责”的司法改革

当前，我国正在进行一场极深刻的司法改革，这场改革其中一个重要目标就是在案件审理过程中真正实现“让审理者裁判，让裁判者负责”。长期以来的司法实践，由于审判机关内部繁多的案件处理程序及行政体制色彩浓厚等原因，导致的实际情况是“审者不判，判者不审”，审判人员没有独立性，对案件没有决定权，这不符合现代司法的要求。虽然目前这场改革面临很多复杂的问题和巨大的困难，但是必须要排除各种干扰，坚定的实施下去，使“让审理者裁判，让裁判者负责”的目标真正得以实现，只有这样，疑罪从无原则才能真正得以实施，这对长远的法治建设、司法权威的树立将起到巨大作用。

（四）确实建立并有效实施非法证据排除制度

侦查机关采用刑讯逼供等违法手段调查取证是冤假错案发生的最根本原因，几乎所有冤假错案均有其影子存在。因此，非法证据排除制度的建立并得以有效实施，对审判机关疑罪从无的实施，防止冤假错案的发生具有十分重要的作用。目前，最高院等五部委已联合颁布的关于办理刑事案件排除非法证据若干问题的规定，对于有可能系采用刑讯逼供、威胁、引诱等手段获取的合法性存疑的证据，必须依据规定确立的非法证据排除规则，按照法定程序真正有效落实侦查人员、证人、鉴定人出庭等一系列措施，将刑讯逼供、违法取证所得相关非法证据予以排除。

（五）取消检察机关、侦查机关不合理考核制度

检察机关、侦查机关工作考核中存在的不合理、不科学标准是导致侦查机关违法调查取证很重要的原因。盲目地要求“限期破案”、“命案必破”，不切实际地下达“破案率”、“有罪率”、“抗诉率”等不科学考评指标，必定会使侦查员、检察员承受诸多有形或无形的压力，可能导致侦查员在压力下而刑讯逼供、办错案、办假案，从而为冤假错案的发生埋下隐患。刑事诉讼活动必须尊重认识规律和司法规律，否则，不规范的司法行为必将导致案件质量经不起法律和时间的检验。

（六）让刑事辩护在疑罪从无中发挥重要作用

在目前的司法实践中，由于种种原因，辩护人还没有完全在刑事辩护中发挥其应有的重要作用。对此，一方面，审判机关要充分保障被告人及其辩护人的辩护权利，让控方和辩方机会均等，让控辩双方在法庭上针对案件事实和证据形成真正的对抗与交锋。另一方面，虽然有些时候辩护人面临的司法环境还很困难，但是作为辩护人一定要有正气、有担当、不惧风险、不退缩，以坚定

的信念开展刑事辩护工作，要敢于捍卫法律尊严，敢于与强权抗争、敢于为当事人争取权利，以铮铮铁骨推动刑事辩护事业不断前行，让刑事辩护在疑罪从无中发挥重要作用。

结 语

法律必须被信仰，司法权威必须树立。要实现这一目标，就必须坚决摒弃司法实践中尚存的疑罪从轻的思想与做法，坚定施行疑罪从无原则，让疑罪从无这一理念深入每一位司法人员灵魂，让法律的信仰在人民大众心底奠基，这样，法治的光辉必将光耀神州!

参考文献

[1] 沈德咏.论疑罪从无［J］.中国法学，2013（5）.

[2] 刘宪权.“疑罪从轻”是产生冤案的祸根［J］.中国法学，2010（6）.

[3] 陈义良.刑事法评论［M］.北京：中国政法大学出版社，1999.

排除非法证据的困境与对策
——以律师刑事辩护为视角

云南正昱律师事务所　刘　飞

内容摘要：非法证据排除规则在推进中国的法治建设、规范刑事司法行为、尊重和保障人权进程中，具有重大意义，有利于促进惩罚犯罪和保障人权的有机统一。刑事诉讼法确立该规则后，不仅对刑事司法提出了挑战，还对律师在刑事辩护中的角色定位提供了新思路。本文从非法证据排除规则在律师刑事辩护中遇到的困境以及在司法实践中如何处理为视角，寻求解决路径。

关键词：非法证据　刑事辩护　困境　对策

一、刑事诉讼法确立非法证据排除规则的价值取向

价值问题不仅是哲学研究的问题，同样引起法学界的重视。一切法学家都只不过是用各种各样的方式，描述法律能够在什么程度上实现社会秩序、公平、个人自由这些基本的价值而已。[①]非法证据排除规则也不例外，我国的刑事立法和刑事司法逐步确立该规则，正是考虑到该规则在刑法的公正、谦抑、人道现代刑法的三大价值目标中的关键作用。具体来讲，该规则体现了刑法的立法公正、审判公正、行刑公正，刑法的谦抑性以及尊重和保障人权等程序正义的价值取向。[②]

（一）非法证据排除规则的逐步确立

受传统的"重实体、轻程序"、"有罪推定"等刑事司法理念的影响，我国刑事司法一直注重追求实体正义的价值，忽视程序正义的价值。但随着我国法治的不断发展、冤假错案的不断产生，程序正义、尊重和保障人权等刑事司法理念逐渐得到立法者和社会的普遍接受，并逐步上升到国家基本法的高度予以保护。

---

① 参见［英］彼得·斯坦、约翰·香德：《西方社会的法律价值》，王献平译，中国人民公安大学出版社1990年版，第35页。

② 参见陈兴良：《刑法哲学》，中国政法大学出版社2009年1版，第4-13页。

实际上，非法证据排除规则也经历了上述“心路历程”，从最初的不重视到逐步在公安部、最高人民检察院、最高人民法院等部门的司法解释、部门规章、规范性文件中加以规定，再到上升为刑事诉讼法的高度予以规定。此外，为了提高法律规定的可操作性，2012年最高人民法院颁布的关于适用中华人民共和国刑事诉讼法的解释设置了专节对非法证据排除规则予以明确规定。

（二）非法证据排除规则对刑事司法的价值

非法证据排除规则在防范刑事司法权对公民人身权利、财产权利等权利的不当侵犯，维护司法公正的过程中发挥着越发重要的作用。如2013年浙江张辉、张高平强奸罪再审改判无罪案中，浙江省高院基于新证据、侦查机关存在刑讯逼供等非法方法收集证据等情形，最终改判两人无罪。2015年云南钱仁凤投放危险物质再审改判无罪案中，云南省高院就刑事毒物检验鉴定书、一次性注射器和对菜刀进行辩认的两份辨认笔录等定罪的关键性证据，从证据收集的方法、程序等角度予以审查，认定有关证据不能作为该案定罪量刑的依据，应当予以排除，最终以事实不清、证据不足，宣告钱仁凤无罪。

上述改判无罪案件的重要价值不仅在于蒙冤的个人得以平反昭雪，更在于案件对整个刑事司法的影响和震动，以及对我国法治建设进程的推进作用，这从另外的角度表明非法证据排除规则对刑事司法的价值所在。

二、非法证据排除规则对律师在刑事辩护中的角色定位提供了新思路和新挑战

非法证据排除规则的确立，让刑事司法权装进了“权力的牢笼”里，规范了刑事侦查行为、检察监督行为、刑事审判行为，使公、检、法三机关真正做到分工负责、互相配合、相互制约，这对律师受聘担任辩护人的角色定位来说可谓“如虎添翼”。换句话说在刑事辩护中，律师有了更多的辩护角度和思路，律师不仅仅关注讯问笔录等材料的表象，更关注和挖掘讯问笔录、鉴定报告等材料取得的方法、程序等本质问题，以维护犯罪嫌疑人、被告人的合法权利，更好地发挥辩护人的价值。但笔者在欣喜的同时，在具体承办刑事案件中，发现新的挑战和困境接踵而来。

（一）经办案例引出非法证据排除的挑战和困境

笔者以经办的实际案例作为引子，谈谈律师在刑事辩护中运用非法证据排除规则时所遇到的困境。

1.一起劳动仲裁案件所引发的刑事案件。笔者代理一起劳动争议案件，用人单位在接到劳动争议仲裁院的开庭传票后，以所谓的财务凭证、送货单等材料证实劳动者存在职务侵占的犯罪行为，并向公安机关报案。公安机关予以刑

事立案，并将该劳动者以涉嫌职务侵占罪刑事拘留。案件侦查过程中，侦查机关结合用人单位提供的财务凭证等材料作出了鉴定报告，鉴定报告的结论大致为劳动者任职期间，公司应收账款为人民币30多万元，但劳动者只上交公司人民币10多万元，故侵占公司的财物为人民币20余万元。

笔者受委托作为劳动者涉嫌职务侵占罪一案的辩护人，在案件进入批捕阶段向检察机关提出鉴定报告所依托的财务材料不全面，且与案件无必然的关联性，不能作为定案的证据使用，应撤销案件或变更强制措施，最终检察机关依法作出不批捕决定。现该案仍在刑事侦查中，但公安机关对该劳动者已解除刑事强制措施，并退还了保证金。

2.一起贩卖毒品案，笔者提起非法证据排除申请。通过阅卷和会见，笔者向法院申请对被告人的庭前供述和侦查机关从被告人家中搜查取得毒品的合法性及数量进行审查。本案存在以下非法取证的情形：首先，侦查机关是在无搜查证的情况下对被告人家中进行搜查；其次，在进入被告人家中搜查前，侦查人员对被告人进行了殴打，有看守所体检报告为证，随后获取了被告人有罪的供述；再次，搜查笔录中见证人签字前后笔迹不一致，还有涂改的痕迹，而且见证人系在被告人家中的吸毒人员，致使搜查出来的毒品数量存在一定的疑点。

为此，笔者向法院申请非法证据排除，法院经审查也予以准许，并召开了庭前会议，但法院认为侦查机关搜集的物证确有违反法定程序，但未达到严重程度，也能够作出合理解释。而且，侦查机关对被告人确有一定的殴打行为存在，但被告人后几次供述同样作了有罪供述。遂对上述证据不予排除，只是在量刑时给予了相应的斟酌。

（二）非法证据排除的挑战和困境

1.律师需要面对刑事司法人员有罪推定、疑罪从轻的司法理念

我国之前的刑事政策将惩罚犯罪作为刑事诉讼的首要任务，"有罪推定"、"重实体轻程序"的理念深深地影响着刑事司法人员，也就是说，有罪推定等司法理念限制了非法证据排除规定的适用。比如上述提到的一起劳动仲裁引发的刑事案件，侦查人员主观上认为劳动者侵占了单位的财物，实际上就是有罪推定理念在起作用。

2.对非法证据的范围界定相对模糊，导致非法证据的排除难度大

刑事诉讼法将非法证据分为非法言词证据和非法实物证据，并坚持非法言词证据绝对排除，非法实物证据相对排除的原则。但仍存在以下问题：如立法及司法解释没有明确将引诱、欺骗方法收集的犯罪嫌疑人、被告人供述和证人证言列为非法言词证据。再比如，上文提到的贩卖毒品案件中，侦查人员证实

搜查所得毒品数量的证据主要是搜查笔录、全程录音录像，但见证人的资格问题和见证人实际未全程参与搜查，如何确定毒品的数量，该侦查行为是否属于可能严重影响司法公正，是否应当予以排除，在某种程度上可能取决于法官的自由裁量。再有，立法要求侦查机关自身来做补正和合理解释，即所谓的自证有错，难度很大。

3.被告人部分供述系刑讯逼供获取，其他部分却是合法获取的，是否应当予以排除

上文提到的贩卖毒品案件中，侦查机关在搜查时对被告人实施殴打获得了有罪供述，后面被告人继续承认有罪，那么是否应当排除，司法实践中可能存在不同的理解。笔者认为，若是在第一次刑讯逼供后，犯罪嫌疑人有理由相信若不继续承认有罪，还会遭到殴打，故供述有罪应属于非法证据，应当予以全部排除，但司法实践中难度可想而知。

4.申请排除非法证据提供相关线索或者材料的责任不应过于严苛

刑事犯罪中，犯罪嫌疑人、被告人被依法限制人身自由，不可能持有相应的证据，只能寄希望于相关部门，比如看守所。故只要被告人提供的相关线索或者材料相对真实即可，正所谓“法不强人所难”。

三、司法实践中如何合法地将非法证据排除规则运用到律师的刑事辩护中，以维护司法公正和刑事诉讼参与人的合法权益

1.摒弃有罪推定、疑罪从轻等错误的司法理念

为了司法公正，法律共同体应从观念上否定有罪推定，从制度上贯彻非法证据排除规则和疑罪从无原则。在此基础上，辩护律师应充分发挥主观能动性，积极协助法官查明案情，辩护律师的工作越扎实，法院越容易作出公平公正的裁决，从而达到平息社会矛盾、定纷止争的司法目的。

2.立法和司法层面不断强化程序与实体并重理念，推进以审判为中心的刑事诉讼体制改革，为律师辩护提供“自由空间”

为了避免冤假错案的发生，让人民群众在刑事司法案件中切实地感受到公平正义，在刑事诉讼各环节应规范取证程序，减少对口供的依赖，重视刑事人权的司法保障，对采用刑讯逼供等非法方法取得的证据坚决予以排除。与此同时，公检法要彼此制约，而非彼此协助，推进以审判为中心的刑事诉讼体制改革，真正发挥庭审在查明案件事实、认定证据等方面的重大作用，这样辩护律师才能更好地发挥自身的作用。

3.通过立法和司法解释或者指导性案例，明确非法证据的范围、认定标准以及相关的排除程序，适当限制刑事司法人员的自由裁量权，也有助于减轻刑

事司法人员的裁判压力。毕竟非法证据排除规则的适用，为辩护律师提供了相对多的新思路，但执行阻力还是客观存在的，通过对规则的细化和案例指导，有助于准确适用该规则。

4.将庭前会议制度落实到实处

司法实践中，有些案件的证据辩护律师在庭前无法阅卷，公诉机关经常用所谓的卷外证据来证明案件事实，在证据出示不完全的情况下，庭前会议制度可能毫无意义。故在适用非法证据排除规则时，保证辩护律师全面阅卷显得十分必要。

结 语

我国刑事诉讼法将尊重和保障人权作为一项基本原则，具体地表现在严禁刑讯逼供、排除非法证据、坚持无罪推定和疑罪从无，在刑事司法活动中保障犯罪嫌疑人、被告人获得律师辩护权，不断完善刑事辩护制度。结合当前“一带一路”战略背景，律师需要吃透相关法律，找到自身在刑事辩护中的角色定位，并不断挖掘刑事辩护的新思路，这样不仅维护了当事人的合法权利，也实现了律师在社会主义法治建设中的价值。

参考文献

［1］陈兴良.刑法哲学［M］.北京：中国政法大学出版社，2009.

［2］最高人民法院研究室.《新刑事诉讼法及司法解释适用解答》，人民法院出版社，2013.

律师应如何在刑事辩护中树立“辩点”

北京德恒(乌鲁木齐)律师事务所　邱黎勇

内容摘要：寻找、树立“辩护观点”，即“辩点”，是刑事辩护律师在刑事案件辩护工作中的核心和重点。本文首先从法律规定出发，归纳、整理了刑法、刑事诉讼法及配套法律规范中出现的所有辩点。接着总结了三种常见的寻找“辩点”的途径，即阅卷、会见、调查访问，并进一步阐述了通过这三种途径寻找到“辩点”的方法。最后，从不同的辩护方案出发，分析了如何论证、树立自己的“辩点”。

关键词：辩点　刑法　刑事诉讼法　阅卷　会见

一、何为“辩点”

“辩点”不是一个具有固定解释的法律术语，依据作者的个人理解，它是“辩护观点”的简称，是整个刑事案件辩护工作的突破口，是具体刑事案件被告人获得无罪、罪轻及量刑从轻、减轻处罚辩护的着力点和事实、法律依据。“辩点”是有效刑事辩护工作的中心点，一切辩护工作均应围绕“辩点”进行，为“辩点”服务。因此，如何发现具体案件的“辩点”，论证、树立起“辩点”让刑辩律师的“辩点”为审判机关接受，从而实现辩护目的，是每一个刑辩律师都需要高度重视的问题。

二、刑事案件的“辩点”在法律规范中的体现

为不犯低级错误，影响刑辩律师的职业形象，有必要对照《中华人民共和国刑法》（下称“刑法”）、《中华人民共和国刑事诉讼法》（下称“刑诉法”）这两部规定刑事诉讼工作的基本法律及配套的司法解释，明确常见的“辩点”，给予从事刑事辩护的律师一定的提醒。对此，笔者做了一个简单的梳理，具体如下：

（一）刑法规定的无罪及免责事由

1.不满14周岁，或已满14周岁不满16周岁，所犯之罪非犯故意杀人、故意伤害致人重伤或者死亡、强奸、抢劫、贩卖毒品、放火、爆炸、投放危险物质罪的（刑法第17条）；

2.精神病人在不能辨认或者不能控制自己行为的时候造成危害结果的（刑法第18条）；

3.正当防卫，紧急避险（刑法第20、21条）。

（二）刑法规定的免除处罚的情节

1.属于中止犯，且没有造成损害的（刑法第24条，法定情节）；

2.自首的犯罪分子，犯罪较轻的（刑法第67条，酌定情节）；

3.有重大立功表现的（刑法第68条，酌定情节）。

（三）刑法规定的从轻处罚的情节

不属于自首的犯罪分子如实供述自己罪行的（刑法第67条，酌定情节）。

（四）刑法规定的减轻处罚的情节

1.犯罪中止但造成损害的（刑法第24条，法定情节）；

2.如实供述自己的罪行，避免特别严重的后果发生的（刑法第67条，酌定情节）；

3.有重大立功表现的（刑法第68条，酌定情节）。

（五）刑法规定的减轻或免除处罚的情节

1.防卫过当的（刑法第20条，法定情节）；

2.避险过当的（刑法第21条，法定情节）；

3.属于胁从犯的（刑法第28条、法定情节）。

（六）刑法规定的从轻或减轻处罚的情节

1.已满14周岁不满18周岁的人犯罪的（刑法第17条，法定情节）；

2.已过75周岁的人故意犯罪的（刑法第17条，酌定情节）；

3.已过75周岁的人过失犯罪的（刑法第17条，法定情节）；

4.尚未完全丧失辨认或者控制自己行为能力的精神病人犯罪的（刑法第18条，酌定情节）；

5.属于未遂犯的（刑法第23条，酌定情节）；

6.系教唆犯，但被教唆的人没有犯被教唆的罪的（刑法第29条，酌定情节）；

7.自首的（刑法第67条，酌定情节）；

8.立功的（刑法第68条，酌定情节）。

（七）刑法规定的从轻、减轻或免除处罚的情节

1.又聋又哑的人或盲人犯罪的（刑法第19条，酌定情节）；

2.属于预备犯的（刑法第22条，酌定情节）；

3.属于从犯的（刑法第27条，法定情节）。

（八）法律规定的不追究刑事责任的情节（刑诉法第15条）

1.情节显著轻微、危害不大，不认为是犯罪的；

2.犯罪已过追诉时效期限的；

3.经特赦令免除刑罚的；

4.依照刑法告诉才处理的犯罪，没有告诉或者撤回告诉的；

5.犯罪嫌疑人、被告人死亡的；

6.其他法律规定免予追究刑事责任的。

（九）刑诉法及配套司法解释中规定的程序违法情形

1.违反有关侦查阶段诉讼程序，尤其是取证程序的相关规定的；

2.违反有关起诉阶段诉讼程序规定的；

3.违反回避制度的；

4.剥夺或限制被告人诉讼权利，可能影响公证审判的；

5.审判人员的组成不合法的；

6.其他违反法律规定的诉讼程序，可能影响案件公正审理的。

（十）依据刑法及刑诉法等法律的规定，刑辩律师应注意的以下几点：

1.犯罪事实是否发生；

2.犯罪行为是否是被告人所为；

3.行为本身是否构成犯罪；

4.因缺少或不符合某种具体的罪名的构成要件，而不构成该犯罪；

5.被告人是否有主观罪过。

以上所列出的"辩点"并未穷尽，只是提醒有关刑辩律师要有"辩点"的渊薮意识，不可失察。

三、发现"辩点"的途径

刑辩律师了解案件具体情况，寻找到"辩点"的途径，根据法律规定有以下三种：

（一）阅卷。有关法律规定见刑诉法第38条，《最高人民法院关于适用〈中华人民共和国刑事诉讼法〉的解释》（下称"高法解释"）第47条，《人民检察院刑事诉讼规则》（下称"高检规则）第47、49条；

（二）会见。有关法律规定见刑诉法第37条，高法解释第48条，高检规则第45、46条，公安机关办理刑事案件程序规定（下称"公安部规定"）第48至52条；

（三）调查访问（有关法律规定见刑诉法第39至41条，刑诉解释第49至53条，高检规则第50至54条，公安部规定第55条）。

四、如何在三种途径中找到"辩点"

(一)如何通过阅卷寻找"辩点"

查阅案卷材料，是律师参加刑事诉讼活动，了解案情的一项重要工作。阅卷有三个功能：一是了解检方证据有无瑕疵，证据体系是否完整；二是通过阅卷发现诉讼文书、办案过程在程序上有无违法之处；三是通过阅卷发现新的证据线索，为搜集调查有利于被告人的证据做准备。因此，律师查阅案件材料是进行辩护的基础。但律师用于阅卷的时间有限，必须讲究方法，注意抓住关键，提高阅卷效率。

1.阅卷的原则

阅卷应遵循的首要原则是全面性。无论案情多么复杂，案卷材料如何浩繁，都必须逐页逐项的看完、看全，不得择要阅卷。

2.阅卷的方法

(1)认真研究起诉书。起诉书是公诉机关对案件作出的结论性的文件，主要内容就是对被告人犯罪事实的叙述，是律师进行辩护工作的重点针对对象。阅卷必须首先研究起诉书，从中发现矛盾点，明确起诉的基本事实。通过研究起诉书，可以了解被告人犯了什么罪、犯了几个罪、主要罪行是什么、罪名是否准确、叙述事实是否清楚、前后是否有矛盾。力争通过研究起诉书对案件有一个比较清楚的印象和基本分析。

(2)仔细审阅侦查机关的起诉意见书和审查起诉机关的起诉书之间的异同，寻找两份法律文书内容上的不同之处，对比两份法律文书间认定的事实、援引的证据以及法律依据之间的差别，品味两份文书之间的差异和矛盾之处，为"辩点"寻找素材。

(3)具有补充侦查程序的刑事案件，尤其要注意公诉机关对侦查机关提出的补侦要求，对照查看侦查机关提交的补侦材料。公诉机关提出的补侦要求就是侦查机关移送审查起诉的材料中证据缺失、证据证明力不足的地方，相应的补侦材料应是对该瑕疵地方的补强与弥补。阅卷时应审查补侦材料是否达到刑诉法规定的唯一性、排他性的证明要求。这是律师"巧取"辩点的技巧之一：公诉机关替刑辩律师审查了一遍，律师何乐而不为呢?

(4)阅卷一定要把言词证据当成重中之重

卷宗实际上是证据之源，既是控方的证据之源，也是辩方的证据之源。实物证据、鉴定结论、勘验检查笔录固然重要，但是相对稳定，发生自相矛盾的情形比较少见。但在目前的侦查条件下，言词证据自相矛盾的情形大量发生。因此，在查阅卷宗中的言词证据时，首先要对每一份言词证据，从第一次到最后一次，以摘要成列表的形式发现其变化的状况。其次要将言词证据进行相互对比，尤其要发现其中存在重大矛盾的地方：譬如被告人口供和证人证言间的矛盾，与被害人陈述间的矛盾。将单个言词证据前后比较，多个言词证据之间横向比较，发现矛盾就可以形成辩护要点及辩护思路——即“辩点”。律师阅卷过程中发现的这种矛盾越多，辩护的基础就越牢固。

（5）在阅卷的过程中，还要注意将言词证据、实物证据和其他证据进行比对。对实物证据、鉴定结论、勘验笔录等证据，脑子里要有两条线索：首先判断是不是原物、有没有伪造、有没有被变造、来源是不是合法；其次判断这些证据的真实性和相关性，通过上述方法，寻找“辩点”。

（二）如何通过会见寻找“辩点”

首先应明确，会见被告人是一种特殊的调查方式，目的在于发现对被告人有利的材料或线索。会见被告人不是为被告人专门解答法律咨询、讲解法律规定，更不是专门给被告人做心理疏导。

其次，会见被告人时应先了解案件事实、询问被告人对起诉书的意见，了解控告与反驳之间的差距。被告人是被指控事实的亲历人，对具体案情的发生发展过程最清楚，有关“辩点”的线索、事实，只有被告人知道。因此在询问被告人时，应仔细倾听记录，为形成“辩点”做准备。

再次，会见被告人时应重点询问案件中不清楚的事实，以进一步了解案件事实及卷宗之中的矛盾之处。

另外，会见被告人时还应向其询问有无新的证据或新的证据线索。

最后，会见被告人时要注意被告人的精神状态，以及被告人是否是完全刑事责任能力人。

需要指出的是，整个会见的过程中，在寻找“辩点”的同时，不能为了片面的寻找辩护理由，而指供、诱供，或暗示、教唆被告人翻供，避免律师自身的执业风险。

（三）如何通过调查访问发现“辩点”

在刑辩律师参与刑事诉讼的过程中，一般情况下，并不就案件情况进行全面调查，或者不调查。只是对于一些带有关键性的、可能影响定罪量刑的案件，律师为了使自己的辩护建立在更加可信的事实基础上，才进行一些必要的调查访问。

调查访问具有以下三种功能：收集新证据；核实对方的证据；收集证据证明程序违法。2007年修订的律师法对律师的调查权做了一个重大调整，即律师具有自行调查权，又有申请调查权，当自行调查遇到困难的时候，有权申请检察院、法院调查。

律师在调查访问时，应尽可能收集有利于被告人的新证据，避免接触控方已调查过的证人或被害人，以防涉嫌刑法第306条所规定的辩护人、诉讼代理人毁灭证据、伪造证据、妨害作证罪。从保护辩护律师的角度考虑，应尽量只调查实物证据，不调查言词证据，尤其是不接触控方已调查过的证人及被害人。

在处理具体案件时，以下内容应当重点进行调查访问：

1. 专业技术方面的问题；

2. 被告人提出的有关定罪量刑的新证人，新证据；

3. 辩护律师对证据可靠性有怀疑的，包括证人证言前后矛盾的，证词之间有拼凑痕迹的，鉴定结论不科学的，物证没有关联性的等等。

五、如何论证、树立“辩点”

通过上述阅卷、会见、调查访问等手段，辩护律师对案件的基本案情和主要情况应该有了比较清晰的认识，对案卷中各种材料之间存在的矛盾之处，也一定了然于胸。综合考虑具体个案全部的情况，辩护律师可以从以下几种方案中选择自己的辩论方向。

（一）从认定事实方面入手进行辩护时，一般有以下三种情况：

1. 起诉的事实与根据全部相符，但这些事实和根据的性质根本不构成犯罪。比如将正当防卫、情节显著轻微危害不大的行为以及一般违法行为作为犯罪行为起诉的，做无罪辩护。

2. 起诉中指控的内容在主要情节的认定上与案件事实有重大出入，做从轻、减轻罪责的辩护。

3. 起诉的事实不清，证据不足的，可做无罪辩护。

（二）从定性方面进行辩护时，要从犯罪构成的理论和各罪的构成要件及特征入手，划分罪与非罪、此罪与彼罪的界限，从定性方面提出辩护意见

（三）从运用刑罚方面进行辩护时，可以考虑从下几点入手：

1. 被告人是否具有法定的从轻、减轻和免除处罚的情节；

2. 被告人的行为是否属于法定从重处罚的情节；

3. 被告人是否具有酌定的从轻、减轻和免除处罚的情节；

4. 被告人是否存在数罪并罚的情况；

5. 公诉机关是否存在适用法律错误的情况。

（四）从诉讼程序的方面提出辩护意见

（五）从维护被告人合法权益的其他方面提出辩护意见

如进行查封、扣押、冻结时不办理相关手续，没收违法所得时涉及他人合

法财产等等。

辩护律师在办理认为被告人不构成犯罪，或不构成起诉书中所指控的犯罪的案件时，应紧扣具体犯罪的构成要件，进行严密的论述，同时穷尽具体指控犯罪罪名的所有法律规定及相关司法解释及最高人民法院发布的指导案例，对被告人做无罪、罪轻或应从轻、减轻、免除处罚的论证。在论证的过程中，引用法条时应写明所引条款的法律名称、条款、具体条文的全文；引用案卷材料时，应注明卷宗名称和页码，做到言之有据，便于核对，让自己的“辩点”与卷宗中的证据材料能做到一一对应，经得起法律规定和案件事实的检验。

六、结语

树立“辩点”是具体个案刑事辩护工作的方向性问题，也是整个刑辩工作的根本性问题。“辩点”决定着具体个案律师努力追求的工作方向，是整个刑辩工作的基础。“辩点”树立对了，即使律师论证过程存在一定瑕疵，对案件的辩护也不会有太大的影响，依然会提醒审判机关注意到该问题；但是若“辩点”树立不当，或主次颠倒，甚至将应做主要辩护要点的地方遗漏，律师的辩护工作就是一种无效的辩护，必然导致案件辩护工作的全部失败。辩护律师必将愧对职责，难辞其咎，面临较大的执业风险。

参考文献

[1] 李益民.律师实务［M］.北京：法律出版社，1996.

[2] 秦甫.律师办案艺术［M］.北京：法律出版社，1996.

[3] 秦甫.律师论辩的策略与技巧［M］.北京：法律出版社，2001.

[4] 罗力彦.找到辩点［M］.法律出版社，2010.

[5] 田文昌，陈瑞华.刑事辩护的中国经验［M］.北京：法律出版社，2013.

[6] 田文昌.中国大律师辩护词精选——田文昌专辑［M］.北京：法律出版社，2015.

未成年人犯罪量刑研究

青海泰宏律师事务所　赵　婷

内容摘要：未成年人犯罪的量刑是当今社会的一个热点问题，随着未成年人犯罪率的提升，未成年犯罪人的年龄减小趋势明显，让社会更加关注未成年人的犯罪及量刑。对未成年犯罪人我国遵循以教育为主、刑罚为辅的原则，在使其受到惩罚的同时保护其人权。对于现行量刑制度的研究，不断完善未成年人犯罪量刑制度，有利于维护法律的公平公正，保护未成年犯罪人的人权以及维护社会的稳定与和谐。

关键字：未成年人犯罪　量刑制度　非刑罚处置措施

当今世界，被称为三大公害的分别是毒品、环境污染以及未成年人犯罪。未成年人是一个国家的未来，他们肩负着祖国赋予他们的重任，他们是祖国的希望。未成年人也有着特殊性，例如对外界的事情接受程度高、模仿能力强，但因其思想成熟度较低，对于外界发生的事情是否合法的辨识度低，容易受到不法分子的利用。国际社会对未成年人犯罪问题的关注度较高，并在积极寻求可以控制、预防未成年人犯罪的途径和方法，继而降低未成年人的犯罪率，使已经犯罪的未成年人得到教育、感化，能够在其刑满释放后快速融入社会，降低再犯危险。我国对于未成年人的犯罪问题一直给予高度的重视，在立法、司法领域合理规划的同时强调社会、家庭、学校的综合预防与教育。

当今社会未成年人的犯罪率不断增高，使得对未成年人犯罪的量刑演变为一个复杂的社会问题。国际社会对未成年人的犯罪进行处理时主要本着教育为主，惩罚为辅的准则，以预防为根本，以轻缓为导向，以重返社会为目的，体现了对未成年人人权的保护。但如今未成年人的犯罪持续增多，一些未成年人犯罪的手段也变得极其残忍，对于这种现象，法律该如何进行应对，成了一个热门的话题。

一、我国对未成年人犯罪的量刑状况

（一）我国对未成年人犯罪的量刑标准

我国在对未成年人犯罪的问题上一直秉承教育为主、惩罚为辅的原则，并且对于未成年人的犯罪量刑较轻，既保护了未成年人的人权，也与我国宽严相济的刑事司法政策相契合。对于未成年犯罪人的量刑我国刑法也明确表明对未成年犯罪人的量刑应当从轻或减轻，是必减主义。最高人民法院关于审理未成年人刑事案件具体应用法律若干问题的解释第11条明确规定了未成年人刑事案件量刑时应当充分考虑的5个酌定量刑情节:犯罪时的年龄、是否初次犯罪、犯罪后的悔罪表现、个人成长经历和一贯表现。未成年人是一个特殊的群体，对于这个群体的量刑应当慎重。我国也设定了未成年人犯罪记录封存制度、不公开审理制度、附条件不起诉等保护未成年人的刑事司法制度，充分保护了未成年犯罪人的人权。

（二）我国对未成年人犯罪量刑的一般原则

我国主要遵从以下几个原则：宽宥原则、双向保护原则、刑罚个别化原则。宽宥原则是基于未成年犯罪人刑事责任年龄和能力不具备并且未成年人更容易接受教育感化的特点去设立的，且该项原则与我国一直提倡的宽严相济的刑事政策相统一。宽严相济不仅体现在检察院对加害人的行为进行考量从而在法定以及酌定的减刑幅度内减少犯罪人所应受的刑罚时间，作出量刑建议，而且体现在法院在进行裁判时综合考虑犯罪人的社会危害性、人身危险性、社会影响等方面的因素对犯罪人作出合理从宽的判决。双向保护原则是国家在对有犯罪行为的未成年人所进行的司法活动中，既要注重保护社会秩序、维护社会的稳定和社会公众的利益，对犯罪的未成年人依法惩处，又要注重保护未成年人对其进行教育和挽救。犯罪后受到刑事处罚是无可厚非的事情，但是，对于未成年人这样一个特殊的群体，单一的惩罚并不能够起到预期的效果，对于未成年犯罪人更重要的是对其的教育和感化，使其认识到自己的违法行为并能够认真改过，降低再犯危险，更有利于犯罪的预防和维护社会的稳定与和谐。刑罚个别化原则是对未成年犯罪人的犯罪行为做个别处理的原则。未成年人心理不成熟，自我意识较强，但是尚未建立起正确的是非观、法制观，一切以自己的感觉为主，且犯罪动机较为简单，因为一时冲动、哥们义气和好奇心的情形较多。再者，未成年人的可塑性较强，直接套用成年犯罪人的处罚方式，未免有失偏颇。结合未成年犯罪人的自身特点，对未成年犯罪人制定符合其身心特殊性的刑罚方法、内容，能够更合理的适用刑罚。

二、国外对未成年人犯罪的量刑标准——以加拿大为例

加拿大对未成年人犯罪人量刑时，遵从四个准则，即与成年人刑罚做比较原则、刑罚近似原则、刑责相称原则、监禁替代原则。与成年人刑罚做比较原则是在未成年人与成年人的案情相近似时，对未成年人的量刑不得比成年人高，在未成年犯罪人在受到刑罚制裁的同时也能促进其思想行为的矫正与其重新融入社会的便易，从而实现对社会公共利益的长久保护。且与成年人的刑罚做比较给了法官量刑的一个明确的范围，保证在案件事实相似时未成年人受到的刑罚不会重于成年人。刑罚相似原则是在特定区域内，如果案情相似，对指控罪名相同的犯罪少年的量刑，应当类似于先前被认定为有罪的少年之刑罚。刑责相称原则是法庭对于未成年犯罪人的量刑应当与其犯罪的严重性和承担的责任程度相当。与我国的罪责刑相适应原则是一致的。监禁替代原则是如果不属于严重犯罪或者严重的屡犯，或者被害人受到的损失更严重，或者之前已有前科，其量刑则可能更严重。具体而言即是除了严重的暴力犯罪应当处以监禁刑以外，对于一般的犯罪，考虑到未成年犯罪人的身心发育程度以及其他案件的具体情形，合理选择便于其改造以及重新回归社会的非监禁刑。

三、我国现行量刑制度存在的问题

（一）立法中存在的问题

首先，我国现行法律体系中，对未成年人的犯罪量刑主要倚重刑法，其他配套的具体法律法规较少，使得法律的规定缺乏针对性和强制性。我国对于未成年犯罪人的量刑原则在刑法中给予了明确规定，但是对于量刑的标准却没有规定。人民法院量刑指导意见（试行）和关于常见犯罪的量刑指导意见对未成年犯的量刑作了规定，但是在常见的罪名中没有体现未成年犯与成年犯在量刑上的区别。且使用成年人的标准为统一的对比标准也未免有失偏颇。其次，由于未成年人自身的特点，对未成年人的刑事责任年龄也做了较为完善的规定，除了刑法明文规定的八种类型犯罪，以14岁作为量刑起点外，均是以16岁作为量刑起点。这就有了非刑罚处置措施的生存空间，非刑罚处置措施是实现刑事责任的方式之一。根据我国现行刑法第37条的规定，非刑法措施主要包括：赔偿经济损失、训诫、具结悔过、赔礼道歉、赔偿损失、建议给予行政处分等几种，但是这些规定过于单一、分散，没有形成一套完整的措施体系，虽然是可以作为未成年刑事司法制度的补充，但是从现状来看，仍然不足以满足现实的需求。

（二）司法中存在的问题

首先未成年人犯罪使用非监禁刑的种类过于单一。对于未成年犯罪人除了严重暴力犯罪需要判处监禁刑外，一般犯罪均判处非监禁刑，但是法院对于非监禁刑的使用多集中于适用缓刑，对于类似罚金、没收财产等使用较少，一则是未成年人的财产不多，再者多数未成年人均与其他亲属共同生活居住，对于未成年人个人的财产不能清晰地辨别，加大了对判决执行的难度。其次，办案人员重定罪轻量刑的观念依然存在。在对未成年犯罪人的侦查起诉过程中，多是注重于收集未成年人的有罪证据而轻视了量刑的问题。量刑不仅考虑如何惩罚未成年犯罪人，还要注重对其的教育感化。惩罚犯罪、维护社会的和谐安定是司法机关的职责所在，对于未成年犯罪人主要是以教育感化为主，惩罚为辅，因而如何量刑就显得格外重要。所以在对未成年人犯罪案件的审查、起诉时也要针对未成年人的个人特点、身心发育情况、生长环境等提出具体的量刑建议，实现对未成年犯罪人的教育、感化、挽救，减小其再犯危险。

四、解决方案及法律完善

（一）完善现行法律制度

随着社会情势的变迁，法律制度也应当跟随社会的发展而完善。制定相应的法律法规，给法院在对未成年人犯罪的案件量刑时有具体的参考，不再局限于以成年人的量刑为标准，结合未成年人的生理心理发育情况做出具体的规定，能够使其接受教育感化，便于重新回归社会，减小再犯危险。首先要对未成年犯罪人的法定量刑情节以及酌定量刑情节做出明确规定。刑法的总则和分则对量刑情节做出了具体的规定，但是对有两个以上的法定量刑情节并存时该如何处理，未有明确的规定。在对未成年人犯罪量刑时，除了考虑法定量刑情节外，更多的要注重完善酌定量刑情节，案件事实复杂多样，许多情形是法律无法囊括的，包括犯罪动机、手段、侵害对象、造成的结果、当时环境、犯罪起因、人身危险性等，让刑法罪责刑相适应原则能够得到更好的体现，充分保障未成年犯罪人的人权，实现惩罚犯罪、保护人权的有机统一。

（二）完善非刑罚处置措施的适用

首先对非刑罚处置措施的范围给予明确规定。非刑罚处置措施是实现刑事责任的一种方式，那么它适用的标准就与其他刑事责任承担的方式一致：实施了犯罪行为、具有刑事责任能力。因此，与刑法规定的其他刑罚一样，对于不满14周岁的未成年人与患有精神病的未成年人均不适用非刑罚处置措施。其次，要增设一些非刑罚处置措施。如前所述，现有的非刑罚处置措施已不足以囊括社会中的多样化的犯罪行为。参考《联合国少年司法最低限度标准规则》（简称《北京公约》）的规定并结合我国的国情，我认为可以增加以下处置措施：司法警告、责令家长加强管教、管教协助、社会公益劳动等。

五、结语

未成年人犯罪的量刑是一个复杂的社会问题，也是世界各国都关注的问题。对于该问题，各国都颁布了相应的法律予以规定，但随着社会形势的不断变化，法律也应当不断完善，能够跟上社会的步伐，解决现实存在的亟待解决的问题，保证司法的公信力，以维护社会的稳定与和谐。

参考文献

[1] 何斐明.北京规则与修订刑法的完善 [M] .北京：研究出版社，2002：7.

[2] 蔡国芹.加拿大未成年人犯罪量刑制度及其借鉴 [J] .青少年犯罪问题，2010（6）.

[3] 陈立毅.未成年人犯罪量刑制度研究 [J] .经济与社会发展，2015（6）.

[4] 莫洪宪.中国青少年犯罪问题及对策研究 [M]. 湖南：湖南人民出版社，2005.

以审判为中心的刑事诉讼改革背景下排除非法证据的困境与对策

宁夏致和律师事务所　赵光辉

内容摘要：最高人民法院副院长沈德咏在2013年的发言中曾指出刑事审判中存在的两个突出问题：一个是疑罪的处理问题，一个是非法证据的排除问题。自2012年后随着新刑事诉讼法的生效施行，一系列旨在防范冤假错案的“新政”陆续启动，以审判为中心的刑事诉讼制度改革开始推进，随之直接促成了包括呼格吉勒图案、念斌案等多起旧案的改判。前述两案表明，法院开始顶住压力，遵守疑罪从无的原则，然而两起案件中审理法院对于排除非法证据的问题上，态度模糊，在判决书中避而不谈。疑罪从无和非法证据排除，这两项同时被强调的司法改革，为何受到了不一样的对待？在以审判为中心的刑事诉讼改革背景下，要如何解决排除非法证据的困境？

关键词：非法证据　证明标准　审判中心　举证责任

中共中央关于全面推进依法治国若干重大问题的决定指出，“推进以审判为中心的诉讼制度改革，确保侦查、审查起诉的案件事实证据经得起法律的检验。全面贯彻证据裁判规则，严格依法收集、固定、保存、审查、运用证据，完善证人、鉴定人出庭制度，保证庭审在查明事实、认定证据、保护诉权、公正裁判中发挥决定性作用。”这段论述正是要借助制度改良去实现防冤纠错。“以审判为中心”坚持非法证据排除规则，有助于从制度上进一步遏制刑讯逼供和其他非法收集证据的行为，维护司法公正和刑事诉讼参与人的合法权利，纠正旧的“以侦查为中心”观念的弊端。

一、我国刑事诉讼程序中排除非法证据证明机制存在的宏观问题

非法证据的排除，实际上是审判机关通过排除非法证据对追诉机关的行为予以否定的评价，其脱不开权力制约的关系。十八届四中全会确定的以审判为中心主义的核心理念主要是指侦查、起诉、审判三种职能应该以审判职能为核心展开整个刑事诉讼活动。因为侦查本来是服务于审判的活动，与审判存在俯仰关系。但我国刑事诉讼实际构造是以侦查为中心，这样的诉讼制度就导致了

侦查决定诉讼命运的情况。有人用“一个车间，三道工序”来形容，面对着侦查机关已经煮熟的“饭”（指案件），检察院送上来后，法院不能不吃。这必然导致非法证据排除规则在实践中适用时出现问题。法院裁判有罪几乎是毫无悬念的事，判决无罪则是会上新闻的罕见例外。公安机关目前在国家权力结构中表面上比同级法院、检察院矮半级，实则位高权重，公安机关负责人在党政体系中往往占据要位，有时甚至超越法院院长、检察院检察长。在这种权力格局之上，人民法院若想做出调整，将自身跳脱于这种权力格局的束缚，取得高于人民检察院、公安机关的上位者地位，委实不易。

可以预见，在相当长一段时期内，以审判为中心难以嬗变为“以法院为中心”，法院的地位若不能超越侦查、控诉机关，非法证据排除规定之类限缩国家公权力的制度、规则很难得到贯彻，非法证据排除规定的实施必然遭遇瓶颈。

二、排除非法证据诉讼程序及证明机制存在问题，难以保障控辩双方平等对抗

侦查阶段、审查起诉阶段非法证据的排除的路径只能是由侦查机关主动排除或检查机关、辩护律师申请后予以排除，让被追诉方有权获得救济空间。公安机关办理刑事案件程序规定第67条规定“在侦查阶段发现有应当排除的证据的，经县级以上公安机关负责人批准，应当依法予以排除，不得作为提请批准逮捕、移送审查起诉的依据。”侦查机关无论是出于单纯考虑破案、考虑追诉犯罪的价值导向，还是作为证据的调查取证方，在程序不具备开放性、可操作性的情况下都难以排除非法证据。整个侦查阶段除了申请逮捕阶段有检察机关参加外，其余程序均只有侦查机关、当事人及辩护人参加，在这一阶段中侦查机关出于绝对主导地位，在程序上双方并无可对抗、可协商的程序制度设计。来自检察机关的调查显示，在审查逮捕环节检察机关因侦查公安机关违法侦查所取得的非法证据排除率极低，有的基层检察院一件也没有。

在审查起诉阶段，根据《人民检察院刑事诉讼规则（试行）》第67条至第72条关于非法证据排除程序的启动、调查规定，仍然是以侦查或检察机关为审查主体的行政式调查，这种结构安排使得辩护方并不享有可对抗的可能性，辩方权利也只是在检察机关听取辩护人、当事人意见的程序中有所规定，但听取意见只是一种单方的支配活动，且因为检察机关和侦查机关都属于刑事诉讼中的控诉方，案件处理时与公安机关往往“重配合，轻制约”，使得非法证据排除程序的操作空间不足，增加了非法证据排除时肆意的可能性。

三、排除非法证据在实践操作中面临的现实障碍

（一）裁判主体的偏向性及两难困境

在司法改革尚未取得重大突破的今天，法院仍然是一个具有高度行政化体制的机构，法官在法院中只是处于上下级权力层级中较低的“一线工人”，在适用非法证据排除规则时，作为个人的法官，实际上并非就案说案，而是面对整个侦查机关奉行的侦查理念及被普遍接受的侦查手段的否定，并将直接影响检察机关所指控事实及罪名的认定。而非法证据排除规则的严格适用必然牵扯到具体的责任人，排除了一个非法证据可能涉及后续的责任追究。检察院集公诉权和监督权于一体的独特身份，让刑事法官畏惧检察院的法律监督权，在判断非法证据排除与否时陷入左右为难的困境。同时法院尽管对非法证据排除规则享有最终的裁决权，但是，由于有关违法取证行为的证明直接依赖于追诉方提供的证据，于是，在实际操作层面，法院既没有能力查明事实真相以支持辩方的请求，又因为不敢认定“可能存在违法取证行为”而不得不接受控方关于证据合法性的证明。

（二）辩方提供非法取证线索或证据“难”

非法证据排除规定第6条、刑事诉讼法第56条均规定辩方申请排除以非法方法收集的证据的，应当提供相关线索或者材料。即由辩方承担排除非法证据的初步证明责任，也称动议证明责任。这是为了防止辩方滥用非法取证程序，但并未考虑到即便是这种看似较低的证明标准对辩方来说也可能是“勉为其难”。尤其是在多数非法证据形成的侦查阶段，法律并未确立律师的在场权，也未赋予律师在侦查阶段的调查取证权，在实践中律师会见普遍受限的情况下，如律师会见不得拍照录像等，导致即便发现被告留有刑讯伤痕，也缺乏必要的调查取证及保全证据的手段，加之没有制度对侦查机关讯问过程进行无缝衔接的全面监控。其结果就是一旦辩方举证不能，非法证据就会被法院作为裁判证据使用，同时辩方要想促使法庭启动证据合法性的调查程序将非常困难。

（三）非法证据排除规则的实践可操作性不强，侦控方对取证合法性证明“易”

非法证据排除规定中赋予了侦控方广泛的调查取证权及多种多样证明证据合法性的方法。如第7条中要求控方以作为证明对象的讯问笔录，作为证明合法取证的证据，导致证明对象变成了证明手段。又或第7条第3款规定：“公诉人提交加盖公章的说明材料，未经有关讯问人员签名或者盖章的，不能作为证明取证合法性的证据。”该规定的言外之意是，公诉人提交加盖公章的说明材料，只要经过有关讯问人员的签名或者盖章，即能够作为证明取证合法性的证

据，使得侦控方轻松完成举证责任。

四、非法证据排除规则的完善建议

（一）完善非法证据排除的制度设计与理念转变

党的十八届四中全会提出了“以审判为中心的刑事诉讼制度改革”的主张。审判为中心的理念要求保证庭审发挥决定性作用，要求办案机关和诉讼参与人都要围绕庭审开展诉讼活动。其核心是要求审判权控制侦查权、辩方有相应能力对抗控诉方、检查监督权不能被控方立场所左右。

权责分立是非法证据排除规则的基石。按照刑事诉讼法的有关规定，公、检、法三机关应当分工负责，互相配合，互相制约，共同目标是把好案件的质量关，保证刑事司法系统生产出合格的“社会产品”。这一原则只落实了配合部分，对制约方面的规定不具体也没有实际效果。诉讼重心的前移造成了侦查权过于庞大，不受司法权的约束和控制，并形成侦查中心主义，不论是检察监督权还是审判权都对侦查权缺少有效制约，导致侦查阶段不能排除非法证据，审查起诉阶段难以排除非法证据，审判阶段不能排除非法证据。而非法证据不能排除则成为冤假错案发生的根源。因此需要改变中国原有的纵向“流水作业”，在侦查阶段、审查起诉阶段引入法院作为中立的第三方介入，以审判机关作为侦查阶段、审查起诉阶段非法证据的排除方，改变非法证据排除时以侦控方为审查主体的行政调查模式，建立以控、辩、审三方的“等腰三角形”的诉讼构造，以审判权制约侦查权，赋予辩方对抗控诉的相应能力，防止检察监督权因控方立场所控制，利用检察监督权控制裁判结果，通过均衡的对抗达到兼听则明的效果。

（二）完善侦查阶段当事人对排除非法证据的申请权，赋予律师相应调查取证、固定证据的权利

犯罪嫌疑人最危险最需要律师帮助的时候就是侦查阶段，非法证据形成的多数时间段也都是在侦查阶段。刑事诉讼法仅规定了辩方审判阶段对非法证据排除的申请权，因此建议在侦查阶段也应当明确辩方有对非法证据排除的申请权，并进而规定告知当事人这一权利作为侦查前的前置程序。

另外鉴于侦查的封闭性、秘密性，使得被告人不能有效提供非法取证的证据，因此应当增加允许辩护律师在当事人被讯问时在场等，并完善律师对看守所体检报告的调取、律师会见时发现当事人伤痕时保存证据的程序措施，防止因时间流逝导致证据灭失，以此为辩方实现非法证据排除权利提供充分保障。

（三）降低辩方启动非法证据排除时的举证责任

非法证据排除规定第6条、关于适用《刑事诉讼法》的解释第96条均规定

“当事人及其辩护人、诉讼代理人申请人民法院排除以非法方法收集的证据的，应当提供涉嫌非法取证的人员、时间、地点、方式、内容等相关线索或者材料。”其所代表的观点主要是提醒辩方不要随意行使权利，避免轻易提出申请，浪费司法资源。但该规定是根据常人没有被采取刑讯措施下具备的认知能力为出发点，却并未考虑实践中，因侦查的秘密、封闭性，如侦讯人员采取有意隐瞒时间、蒙住当事人双眼等手段，或当事人因持续高压讯问造成精神恍惚等情况，其很难将刑讯的具体细节交代清楚。在目前法律规定模糊，非法证据排除的启动有赖于法官的自由裁量，公检法配合多于制约的情况下，建议对非法证据排除程序予以简化，只要辩方提供证据对证据的合法性提出质疑，就应当启动非法证据排除程序，进行实质审查。因控方本身就有义务证明取得证据的合法性。对于辩护人玩弄程序，随意提出排除非法证据的申请，并不值得担心，因为最终能否排除，由法庭决定，任何一个头脑清醒的律师都不会不计后果地以这种方式跟法庭较劲，找法庭麻烦。

（四）明确非法证据排除的证明标准

关于非法证据排除的证明标准，修订后的刑事诉讼法并没有明确的规定。就证据收集的合法性而言，代表性的观点均认为与定罪证明标准没有区别。这意味着，控诉方证明证据合法性的标准是证据确实充分。根据刑事诉讼法第58条确定的规则，辩护方对非法证据的证明标准是优势证据，即不能排除非法证据的可能。基于这一思路建议对相关证明标准予以细化，如对刑事诉讼法第58条进行列举性规定并设定兜底条款。例如：将应当同步录音录像而没有同步录音录像或者同步录音录像不完整的供述推定为可能存在本法第54条规定的以非法方法收集证据的情形，对有关证据应当予以排除等等。

（五）对非法证据排除中的被告人及涉嫌非法取证的侦查人员都要坚持疑罪从无的原则

刑事诉讼中非法证据排除不仅涉及被告人的利益，也涉及侦查人员、公诉人员的利益。非法证据排除后必然涉及责任追究问题，为适应我国法官难以执行非法证据排除规则的国情，对被告人应当按照刑事诉讼法第58条的规定，对不能排除有刑讯逼供可能的证据坚决予以排除，但证据排除不能必然得出侦查人员刑讯逼供，对被告人和涉嫌非法取证的侦查人员均要坚持疑罪从无的原则。建议在立法或司法解释上明确，以此来缓解矛盾，减轻审判人员的顾虑。

五、结论

非法证据排除规则是刑事诉讼法中的重要证据规则，其在保障被告人的人权、遏制违法取证、倡导依法治国、维护法律面前人人平等的法治理念等方面起着至关重要的作用。但非法证据排除不能只依赖立法的完善，更需要现代刑事司法程序一系列配套措施与外部条件及司法理念的建立与完善。而以审判为中心，完善与保障被告人与辩护律师的权利、改革和完善控辩双方的诉讼结构则成为改革的切入点。在笔者撰写本篇论文时，最高院关于非法证据排除的新司法解释文件已经完成初稿，有望出台，这无疑是振奋人心的一个消息。诉讼制度改革还有很多需要完善的地方，在此，希望未来的法治之路更加顺畅。

参考文献

[1] 张建伟. 审判中心主义的实质内涵与实现途径［J］. 中外法学，2015.

[2] 董坤. 检查环节刑事错案的成因及防治对策［J］. 中国法学，2014（6）.

[3] 彭丫. 非法证据排除规则的审判实践考察报告［N］. 广西审判，2016-03-30.

[4] 郭志媛. 非法证据排除规则实施研讨会综述［N］. 人民法院报，2013-12-04.

[5] 王进喜、常林. 证据理论与科学：首届国际研讨会论文集［C］. 北京：中国政法大学出版社，2009：49.

[6] 陈瑞华. 非法证据排除程序再讨论［J］. 法学研究，2014（2）.

附表三　分论坛三入选论文一览表

题目	作者	律所	省份	奖项
提高审判程序中刑事辩护率的制度保障	尚伦生	甘肃东方人律师事务所	甘肃	
刑事辩护援助条件的反思与调整	冉家祺	泰和泰(重庆)律师事务所	重庆	一等奖
律师,不应当沉默——对以审判为中心的刑事诉讼制度改革的冷思考	付永盛	贵州贵达律师事务所	贵州	
职务犯罪罚金刑的辩护技巧	成　安	四川卓安律师事务所	四川	
刑事诉讼非法证据排除规则适用问题	王锦意	广西东方意远律师事务所	广西	
司法改革中刑事辩护新契机——庭审实质化改革语境下的辩护律师权利保障	马　勇	宁夏兴业律师事务所	宁夏	
略谈贪污贿赂案件最新司法解释对刑事辩护的影响	程　洪	重庆春意律师事务所	重庆	二等奖
关于律师对宽严相济刑事政策发挥作用的调研报告	朱　山 周书亭	贵州贵达律师事务所	贵州	
“毒驾”入刑的价值理论分析	陈自强 崔红梅	四川明炬律师事务所	四川	
约定受贿案的法理与辩护	魏　东 何　为	四川蜀鼎律师事务所		
西部青年律师刑辩培训之探讨	吴雪松 梁胜辉	四川晓明维序律师事务所		
论利用影响力受贿罪的处罚依据与定罪界限	赵洪飞	广西铭荟律师事务所	广西	
刑事案件和解运行机制研究——以青海W村为例	王存花 王延辉	青海延辉律师事务所	青海	
认罪认罚从宽制度中的律师辩护	林建才	海南外经律师事务所	海南	

题目	作者	律所	省份	奖项
有效辩护的定位与策略	肖志军	重庆百君律师事务所	重庆	三等奖
国家工作人员收受具有上下级关系的下属财物的认定问题	王　凯 徐海利	泰和泰律师事务所	四川	
论刑事诉讼中专家辅助人制度的完善	李　强	四川平新律师事务所		
试论贪污贿赂案件最新司法解释对经济犯罪案件量刑的影响——通过运用比例数理模型计算刑期体现	黄春芳	广西通诚律师事务所	广西	
“以审判为中心”视阈下辩护律师的权利保障	潘　峰	云南微行律师事务所	云南	
以审判为中心的诉讼制度下刑事辩护新思路	陈国武	甘肃正天合律师事务所	甘肃	优秀奖
刑事辩护律师执业权利的有效保障	张兴安 陈继才	重庆渝万律师事务所	重庆	
论辩护人的法律地位	袁　志	北京炜衡（成都）律师事务所	四川	
排除非法证据的困境及对策	彭育波	北京德恒（成都）律师事务所		
以审判为中心的刑事诉讼改革与刑事辩护	王　益	陕西仁和万国律师事务所	陕西	
非法证据排除的困境与对策研究	郑照红	广西益远律师事务所	广西	
中国死刑限制及废除途径研究	张　尧	内蒙古东日律师事务所	内蒙古	
论疑罪从无与司法实践中之疑罪从轻——从实务的角度	税海波	云南刘胡乐律师事务所	云南	
排除非法证据的困境与对策——以律师刑事辩护为视角	刘　飞	云南正昱律师事务所		
律师应如何在刑事辩护中树立“辩点”	邱黎勇	北京德恒（乌鲁木齐）律师事务所	新疆	
未成年人犯罪量刑研究	赵　婷	青海泰宏律师事务所	青海	
以审判为中心的刑事诉讼改革背景下排除非法证据的困境与对策	赵光辉	宁夏致和律师事务所	宁夏	

分论坛四:服务与创新

——法治政府建设背景下律师法律服务的方式

社会转型期群体性事件的法律处置研究

新疆双信律师事务所　胡永平　杨云峰

内容摘要：群体性事件是社会矛盾冲突的极端表现形式，对依法治国的进程形成重大的阻力，对我国的法治建设产生严重的负面效应。法律对社会的控制主要是通过对利益的调控与平衡而实现的，对群体性事件进行预防与处置，法律是最佳的控制手段。以法治思维并运用法律机制来对待和处理群体性事件，切实保障民众的多元利益诉求，才能有效防止和控制社会冲突，促进社会秩序的安全稳定。

关键词：社会转型期　群体性事件　法治建设　利益冲突　法律控制

当前我国正处于快速发展和全面转型的特殊时期，各种社会矛盾和纠纷不断凸显，群体性事件正是社会矛盾冲突的极端表现形式，给社会治理工作带来了巨大的压力。群体性事件是民众释放压抑情绪、表达利益诉求的一种方式，“在打击腐败、反对官僚主义、消除社会不公、释放社会张力方面往往能够起到正常的制度安排难以起到的监督与修正作用。”但是，群体性事件所产生的消极后果也是难以否认的。公安部制定的公安机关处置群体性治安事件规定，将群体性事件定义为：聚众共同实施的，违反国家法律、法规、规章，扰乱社会秩序、危害公共安全，侵犯公民人身安全和公私财产安全的行为。根据该规定可以将群体性事件定性为违法行为。特别是对于以颠覆国家政权和破坏社会秩序稳定为目的的暴力型群体性事件对依法治国的进程形成重大的阻力，对我国的法治建设产生严重的负面效应。

一、群体性事件对法治建设形成的负面影响

暴力型群体性事件肆意侵害基本人权，对正当法益造成严重损害。法律是以权利和义务为内容而制定的一系列社会规则和制度，对公民合法权益的有效保障是法律的宗旨和使命。然而，突发暴力型群体事件往往在广大民众毫无防备的情况下骤然发生，参与者以“打砸抢烧”等为主要行为方式，残害无辜群众的生命健康，毁损掠夺公私财产，使很多家庭瞬间支离破碎、公民合法的财产顷刻间化为乌有。

群体性事件严重破坏法的价值，危害社会公共安全。建立并维护正常的社

会秩序是法的重要价值功能。如果社会处于无序失控状态，人类将陷入混乱、争夺和杀戮，最终将走向共同毁灭。然而，群体性事件一般采取集体上访、静坐请愿、抗议示威、围堵党政机关、聚众闹事、哄抢焚烧公私财物、阻塞交通等群体行为方式，使得国家机关陷入瘫痪、公共场所处于停滞，民众正常的工作、生活被迫中断，社会秩序动荡不安。

突发群体性暴力事件无视法的权威，践踏法律的尊严。法律的权威源自人民的内心拥护和真诚信仰。"法律必须被信仰，否则它将形同虚设。"法治不仅是一种治国理念和方略，还意味着民众应该按照法律的规定制度化的解决问题。而群体性事件的组织者与参与者根本不认同法律的功能和作用，不去寻求正常的途径和现有的制度解决实际问题，故意挑起事端向政府施压，有些参与者为了泄愤而报复社会，在事发混乱的局面中实施违反社会治安甚至犯罪的行为。这种无视法律的存在，践踏法律尊严的行为，给其他民众带来极其恶劣的示范效果。

二、法律作为群体性事件控制手段的原因

美国学者亨廷顿曾指出:"现代性孕育着稳定，而现代化过程却滋生着动乱。"目前我国在向现代化转变的过程中，社会结构发生剧烈的变动，而利益分配格局的不断调整是引起社会结构不断转变的根本原因。社会资源的有限性与人性需求与欲望的无限性决定了利益主体在分配和占有利益的过程中必然会产生摩擦。由于在利益分配和利益调适的过程中，一些群体的利益得不到有效的维护，利益受损群体的需求得不到满足，从而导致具有共同利益诉求的利益相关人为了维护其共同利益不得已而采取过激行为，引起群体性事件的爆发。

虽然群体性事件本是自然社会的常态，是不可避免的，"问题并不在于消除紧张度，不在于取消冲突本身，而在于将冒险降至最低程度，即是说，控制冲突。"庞德提出"近代世界里，法律成了社会控制的主要手段。"利益诉求无法得到满足与利益分配不公是群体性事件产生的核心原因，而社会控制的目的是最大程度地满足社会中人类的利益。法律对社会的控制和调整主要是通过对利益的调控而实现的，法从产生到运行的各个环节都是围绕着利益展开的。

法律不仅负担着社会公共利益的实现与维护，同时还注重个人利益的保障，并且极力协调和平衡各种利益关系。正如庞德所言"利益冲突是普遍的，社会即利益冲突的载体，法律承担着社会控制与平衡利益冲突的职能"，法律的主要任务是一种利益调控机制，表达利益要求，平衡利益冲突，重建利益格局，注重利益冲突的制度化调整，从而促进社会利益的整合与重构。法律的功能凝聚了所有社会治理手段的最大期许，从根本上触及群体性事件发生的核心因素，对群体性事件进行预防与控制，法律手段无疑是最佳的选择。

三、法律应对群体性事件的优势

群体性事件是社会内在的矛盾冲突表现为外部行动的集中反映，充分体现出社会治理的状态。因此，国家对社会的治理，尤其是对群体性事件的处置，离不开各种社会控制手段的运用。罗斯认为，舆论、法律、信仰、社会暗示、宗教、个人理想、礼仪、艺术、社会价值观、伦理法则乃至社会评价等，都是社会控制的手段，是达到社会和谐与稳定的必要措施。

传统的群体性事件处置模式不仅没有从根源上化解矛盾，反而将民众的利益诉求进行压制或封堵，或者由于缺乏外在的强制力而无济于事。现代国家都特别重视法律的作用，善于运用法律的手段解决社会矛盾纠纷。法律由国家制定和认可，因此具有高度的统一性和极大的权威性，应该能得到社会民众的普遍遵守。它一经产生，便超越个人而具有相对稳定性和较强的中立性，因此天然获得了公信力，易于人们接受和认可。在法治社会里，法律为公民的行为提供了明确的行为规则，指引着人们对自己的行为做出预测，对他人的行为做出判断和评价。法律是进行社会控制的强有力的手段，是通过国家强制力保证其有效实施的一种社会规范，也是最高层次的社会控制手段。法律作为调控社会冲突的重要手段，在预防、减少或解决冲突中发挥着不可替代的作用。

庞德指出:“在一个发达社会中法就是社会控制的最终有效工具。”“法律手段在控制冲突中之所以具有如此优势，这是因为法律正被发展成为一套精致的技术理性；法律机构遵循着立法、行政和司法机关相分离原则建立；法律适用推行一套不同于政治、经济、伦理的解释、论证方法；一个专业化的法律职业团体，控制着法律规则，占据法律机构，进行法律实践并承担实现定纷止争的功能。实现一种社会秩序与法律秩序的对应相等”。由此可见，法律在解决社会冲突，应对群体性事件时，具有其他社会控制手段无法比拟的优势，也补缺了其他社会控制手段的局限。在现代社会中，法律控制以其强制力和规范性，已成为诸多社会控制手段中最基本和最重要的手段。

四、依法处置群体性事件的具体对策

依法治国要求必须以法治思维并运用法律机制来对待和处理群体性事件，切实保障民众的多元利益诉求，才能有效防止和控制社会冲突，促进政权稳定和法治秩序的实现。

（一）完善法律运行的各个环节，事先消除和化解社会矛盾纠纷

首先，健全相关立法，落实公民的政治参与权。我国现有的一些制度堵塞了社会主体释放不满情绪的宣泄口，切断了与政府正常表达沟通的渠道，当长

期积累的不满情绪和敌意不断升级并积累到一定程度，就会以一种“毁灭性的、进攻性的”冲突形式表现出来。所以应当积极引导和促成公民集会、游行等权利的实现，作为排泄社会张力的减压阀和激烈冲突的缓冲带。

其次，加强法院职能，完善司法救济制度。正常的诉求表达和救济机制的缺失，是群体性事件发生的制度原因。而法院作为正式的、权威的纠纷矛盾处理机关，负有定纷止争、排忧解难的职能。应当畅通利益诉求表达和平衡的渠道，通过对侵权行为进行矫正和惩罚、保障被侵犯的权利得到及时恢复和救济，使社会纠纷在司法诉讼过程中得以最终化解，及时彰显社会的公平正义，预防矛盾冲突因得不到解决而不断积累并最后爆发。

再次，规范执法，维护社会安全稳定。部分执法人员恣意妄为、滥用职权的行为侵害群众的合法权益，是激发群体性事件的外部原因。特别是近几年来在城镇化进程中，一些地方政府与房产企业权钱勾联，强行征收土地，暴力拆迁房屋，恶意拖欠工资，公然破坏环境，肆意侵害民众的权利和挑战人们容忍的底线，重新制造新的社会矛盾和隐患。所以，必须要全面贯彻行政法治的原则，执法人员要严格按照法定权限和程序行使职权，严格控制自由裁量权的运用。很多涉及民众切身利益的行政行为，要及时充分地与相对人沟通协商。对侵害相对人权益的行政违法行为必须追究法律责任，建立和维护行政法律秩序。

（二）事中处置遵循法定程序，有效控制局势，平息事态

群体性事件在酝酿过程中和形成初期，相关部门应该合理定性，尽早制定处置方案，对各个环节周密安排和精心部署，尽可能将群体性事件纳入法治的框架内。在事件的处置过程中，尽量避免采用压制和封堵的方式，防止刺激不良情绪，激化矛盾而导致事态恶化。现代治理模式需要更加民主、开放、包容和理性的精神和素养，拓宽官民沟通的渠道，积极回应参与者合法合理的利益诉求和愿望，不仅为民众提供参与解决争议的机会，而且还可以不断培养和提高公众政治参与的能力和水平。

对于趁群体性事件的混乱局面为泄愤和报复社会而实施严重违反社会治安并伴有严重暴力的行为，如不及时果断处置将可能造成更为严重后果的，则应依法果断采取措施，坚决予以制止。公安机关在相关部门或以其他方式劝离无效的情况下，可以根据现场指挥员的指示，强行带离或驱散围堵党政机关大门和交通要道的违法人员;必要时对现场可疑人员进行人身搜查，收缴其非法携带的危险物品，以威慑其他参与人，达到有效控制局面、尽快平息事态、维护社会秩序稳定的目的。

当然，在此过程中，必须严格遵循坚持慎用警力、慎用武器警械、慎用强

制措施的原则。既要防止因使用警力和强制措施不当而激化矛盾，以免对无辜人员的人权造成不必要的损害，又要防止因警力和强制措施当用不用而导致事态进一步扩大。对此，就要求事件的指挥决策人员审时度势，根据事态进展的实际情况，下达妥当的决定和命令，既不能超越法定权限和违反法定程序，又不能犹豫不决而使局势失控。

（三）事后及时解决矛盾根源并反馈意见，依法处理违法人员

群体性事件平息后，相关部门不应以为风平浪静而高枕无忧，而应以此为警钟，尽快解决群体性事件爆发的根源和存在的问题，及时履行承诺，并做好沟通协调，进一步做好回访调查工作，了解群众的思想动态，分析评估相关因素，防止群体性事件反弹，并进行相应的制度改进和纠纷解决机制的重构。

与此同时，相关部门应该对整个事件进行全面调查，弄清真相，并通过网络、电视等媒体及时通报，以正视听。其次，在充分调查取证基础上，对在群体性突发事件中暴露的渎职、失职的干部，对因官商勾结损害民众利益的腐败官员及热衷于政绩工程的官员，严肃追究其党纪及行政责任。而对于群体性事件的参与者，则应该分门别类区别对待。对权利受损的当事人，应该充分运用现有的制度安排，及时解决问题和困惑，并做好心理上的安抚工作，使其重新回归正常的生活;对随波逐流、不明真相的群众应披露真相，阐明政策，明晰事理，以教育为主;而对那些借机闹事，蓄意制造混乱危害社会稳定的骨干分子，应当根据治安管理处罚法，严格进行行政处罚。而对于实施聚众扰乱社会秩序、侵害人身、财产型犯罪行为的人员，应当严厉追究其刑事责任，绝不迁就姑息，达到惩罚犯罪，同时威慑社会上潜在的犯罪人，以维护社会秩序的安全稳定。

参考文献

[1] 罗瑞林.关于群体性事件的法律思考［J］.政法学刊，2006（4）：18.

[2] 伯尔曼.法律与宗教［M］.梁治平，译.北京：商务印书馆，2012：3.

[3] 罗·庞德.通过法律的社会控制——法律的任务［M］. 沈宗灵、董世忠，译.北京：商务印书馆，1984：10，69，35.

[4] 赵树坤.社会冲突与法律控制［M］.北京:法律出版社，2008：29.

浅谈律师在精准扶贫工作中的作用
——以海南省白沙黎族自治县为例

海南博才律师事务所　李雅儒

内容摘要：精准扶贫，是指针对不同贫困区域环境、不同贫困农户状况，运用科学有效程序对扶贫对象实施精确识别、精确帮扶、精确管理的治贫方式。律师与精准扶贫，看似联系不大，实则关系密切。律师不仅可以在精准扶贫工作中提供专业的法律服务，而且可以积极宣传中央乃至当地的扶贫政策；同时，还可以对扶贫对象进行法律扶贫，积极为政府开展精准扶贫工作提出合理化建议与意见等。

笔者现结合自身工作与实践经验，运用收集与掌握的信息与数据，简要谈谈律师如何在精准扶贫工作中尽可能地发挥专业优势与作用等。

关键词：精准扶贫　扶贫政策　法律服务　法律援助　意见建议

一、何谓精准扶贫

精准扶贫，是指针对不同贫困区域环境、不同贫困农户状况，运用科学有效程序对扶贫对象实施精确识别、精确帮扶、精确管理的治贫方式。"精准扶贫"的重要思想，最早是在2013年11月，习近平到湖南湘西考察时首次作出了"实事求是、因地制宜、分类指导、精准扶贫 "的重要指示。

2014年1月，中办详细规制了精准扶贫工作模式的顶层设计，推动了"精准扶贫"思想落地。同年3月，习近平参加两会代表团审议时强调，要实施精准扶贫，瞄准扶贫对象，进行重点施策。进一步阐释了精准扶贫的理念。

2015年1月，习近平总书记在云南调研时强调，坚决打好扶贫开发攻坚战，加快民族地区经济社会发展。5个月后，总书记在贵州省强调，要科学谋划好"十三五"时期扶贫开发工作，确保贫困人口到2020年如期脱贫，并提出扶贫开发"贵在精准，重在精准，成败之举在于精准"，" 精准扶贫"成为社会各界热议的关键词。

白沙黎族自治县（以下简称"白沙县"），地处海南省中西部山区，也系革命老区，由于多年来城乡基础薄弱、道路交通不便、人才队伍缺乏等诸多原因，据了解，白沙县现有贫困人口23126人，贫困率居全省第二。不难看出，白沙县的精准扶贫工作，任重道远，意义非凡。作为一名执业律师，如何在精准扶贫工作中发挥出自己应有的价值与作用呢？

二、律师应该积极宣传扶贫政策，为精准扶贫工作奠定坚实基础

今年，是白沙县脱贫攻坚的开局之年。为进一步贯彻落实中央和全省扶贫开发工作会议精神，2016年全县脱贫攻坚工作推进会于2016年5月6日在白沙县政府隆重召开，县长胡翔同志作了发言，动员、部署及号召全县上下、举全县之力打好脱贫攻坚战。书记严正同志提出了四点要求，各乡镇与县委县政府在会上签订了脱贫攻坚责任书，立下军令状，切实承担起脱贫攻坚的主体责任等。

为了认真落实精准扶贫工作任务，确保实现减贫人口目标，有效推进减贫工作开展，牙叉镇、邦溪镇、打安镇、七坊镇、青松乡、金波乡等十一个乡镇，均及时制定了本乡镇的2016年脱贫攻坚实施方案，内容含指导思想、基本原则、目标任务、组织机构、实施步骤、保障措施等；工作安排方面，设有资金保障组、产业发展组、基础设施组、移民搬迁组、整村推进组、教育电商组、社会保障组、督查考核组等，方案内容明确具体，保障了各乡镇精准扶贫工作有条不紊地开展。

同时，为了健全干部进村入户帮扶机制，确保如期完成脱贫任务，白沙县委县政府制定了关于做好2016年贫困人口脱贫对口帮扶工作的通知，要求各政府部门与单位确保脱贫人口年末人均收入达到2965元以上，稳定实现农村贫困人口“两不愁三保障”等。

上述扶贫政策与机制，为白沙县实施精准扶贫工作奠定了坚实的基础，如果扶贫政策能够落地及时、落实到位、深入人心、赢得支持的话，如果扶贫机制能够有效执行、高效运作、保质保量、落到实处的话，想必一定会达到令人满意的扶贫效果。

但是，笔者在入村调研时发现，部分村民对县委县政府的扶贫政策不甚了解，甚至持有怀疑或者不屑的态度。有的村民对政府的扶贫机制与工作流程，缺乏必要的了解与信任。比如：某村民一家四口，低保户，家住危房，却不知道如何申报危房改造资金，更不知道还可以同时申报特困户补贴，以及政府补贴标准是多少等。通过交流感受到，在他的心目中，能够得到政府补贴的，都是有关系的；他没有关系，不敢对政府补贴存有奢想。殊不知，政府补贴也好，扶贫项目也罢，均不是人际关系下的产物，只要符合政府规定的条件，只要提交申请获得政府依法批准，均可享受国家财政补贴与支持。

不难看出，律师可以充分利用对扶贫政策的了解与认识，在日常的普法宣传、法律援助、案件代理与接待咨询等业务中，积极向村民宣传扶贫政策与机制，甚至于可以指导协助贫困户依法向政府提出申请等。

三、律师应该参与政府法律顾问服务，为精准扶贫工作保驾护航

随着法治政府的逐步建立，尤其是中共中央办公厅、国务院办公厅近日印发了关于推进法律顾问制度和公职律师公司律师制度的意见，该意见明确要求2017年底前，县级以上地方各级党政机关普遍设立法律顾问、公职律师，乡镇党委和政府根据需要设立法律顾问等，到2020年全面形成与经济社会发展和法律服务需求相适应的中国特色法律顾问、公职律师、公司律师制度体系。

2015年3月10日，白沙县荣获了"全国法治县创建活动先进单位"称号。自2015年起，白沙县司法局等部门积极推进乡镇政府法律顾问工作，截止到现在，先后有青松乡、牙叉镇、邦溪镇、打安镇、金波乡人民政府与白沙县工商联（总商会）等单位，与海南博才律师事务所签订了常年法律顾问合同，聘请李雅儒律师担任其常年法律顾问，为乡镇等单位依法行政，提供了强有力的专业服务与支持。

笔者在为某镇政府提供法律服务中得知，基层政府工作人员的法律知识普遍缺乏、法律思维严重欠缺、运用法律处理问题能力亟须提高等。比如：某政府积极引进一公司参与当地的一个扶贫项目，开发形式是"公司+农户"，农民负责提供土地，公司负责投入资金，双方按照合同约定分配利益等。但在项目实施过程中，公司遇到了资金问题，遂提出以农民名义向银行贷款，公司作为保证人担保如期还款等。工作人员咨询笔者贷款方案是否可行。笔者答复如下：如果公司到期不能偿还银行贷款怎么办？农民是借款人，农民就得偿还，农民如果有钱还要公司来帮助扶贫吗？如果公司有实力有资产，公司可以抵押资产向银行贷款；如果公司没有资产，怎么有能力承担担保责任呢，一旦公司不能如期还款，农民将会怨声载道，说不准还会怪罪政府，政府又不能代替公司、农民还款等。

这个案例，不是特例；类似案例，比比皆是。

不难看出，律师可以积极投入到各级政府的法律顾问服务中去，积极主动为政府依法行政与精准扶贫保驾护航，避免政府工作人员好心办了坏事，避免扶贫工作半途而废。

四、律师应该主动参与普法工作，为精准扶贫营造和谐法治环境

普法的形式有很多，常见形式有法律进村、免费咨询、专题讲座等。笔者认为，充分利用"七五普法"的大好形势，加强基层法律人员培训，不失为一种立竿见影、惠及百姓的普法形式。

据了解，白沙县基层法律人员主要由人民调解员、法制宣传员、法律援助联络员、法制副校长等人员组成。除了乡镇人民调解委员会的调解员是由各乡镇抽调各部门干部组成外，其他的基层法律人员基本上是司法所司法助理员、村（居）委会干部，以及村民小组组长等。

笔者在调研中得知，白沙县现有人民调解组织83个，人民调解员1746名，纠纷信息员1560名，已经实现了县、乡（镇）、村（社区）、村民小组四级人民调解网络，并且还积极推行了行政调解、司法调解和人民调解的三调联动机制。2015年度，白沙县各级人民调解委员会共受理各类社会矛盾与纠纷747件，其中成功调解了726件，调解成功率为97%。另外，还有效排查了各类社会矛盾与纠纷102件，成功调解了69件。

不难看出，律师应该提高对基层法律人员进行法律培训的认识，充分利用专业的法律知识与丰富的实践经验，不失时机地对基层法律人员进行培训，不断提高他们的法律水平与业务能力，进而提升农村干部依法办事的能力，培养一批乡村的法律明白人。如此一来，必将会为精准扶贫工作营造出一个和谐的法治环境。

五、律师应该积极代理法律援助案件，为精准扶贫工作贡献力量

困难群众无钱打官司，法律援助来帮你。

法律援助，不仅可以为贫困家庭、困难群众以及农民工等提供高效、便捷、无偿的法律服务，而且还可以为精准扶贫工作的顺利开展提供及时、周到、专业的司法保障。

法律援助，也是白沙县人民政府承诺的“办好十件民生实事”之一。

笔者在代理法律援助案件中发现，法律援助不仅事关当事人的切身利益，即个体利益；还往往会涉及到精准扶贫项目的推进与扶贫任务的完成，甚至会严重影响到当地社会的和谐与稳定等，即公众利益。比如：在某乡镇政府的积极引荐与大力推动下，某村90多户村民分别与某公司签订了土地租赁合同，合同约定公司租赁土地用于常年瓜菜生产基地等。本是一个扶贫项目，利国利民的好事，但是由于公司违约，一直未付租金，村民对乡镇政府的意见非常大，曾经多次上访，要求政府赔偿损失等。笔者为村民们详细分析了案情，耐心讲解了相关的法律规定与维权途径等，同时表示愿意积极为村民朋友们提供法律援助等，最终村民们同意回到法制轨道，目前90多个案件正在通过诉讼程序，理性解决矛盾与纠纷。

不难看出，律师应该高度重视法律援助案件的代理事务，积极主动代理涉农案件，多为精准扶贫工作与社会和谐稳定贡献自己的力量。

六、律师应该认清自己的历史使命，为精准扶贫工作进言献策

为促进白沙县精准扶贫工作稳步推进，白沙县法学会将精准扶贫工作纳入法学会的议事日程。2016年5月10日，白沙县法学会会长、副会长和常务理事等，与白沙县政法机关、扶贫办等单位的负责人及媒体记者等，就白沙县精准扶贫工作与法治环境等问题进行了座谈与交流。

笔者作为白沙县法学会常务理事有幸参与并全面负责《为精准扶贫营造和谐法治环境》的课题调研工作。在调研中了解到，白沙县政法委、公安局、检察院、法院等有关单位，全面支持精准扶贫工作，严厉打击各种利用扶贫政策或者机会实施骗取、侵占或者贪污大棚蔬菜政府补贴、危房改造补助款、村村通财政补贴、农村医疗救助金，以及其他扶贫资金等违法犯罪行为，积极追回部分扶贫资金，为下一步精准扶贫工作创造了一个良好的法治环境。

据统计，约有86%受调村民希望政府能够多对村民进行法制教育与普法讲座，普遍认为唯有社会稳定与和谐了，才能真正实现脱贫解困等；约有95%村民对人民调解工作表示满意，同时希望调解案件的效率能更高些，希望能够跟踪案件与事态发展，确保真正实现案结事了；100%村民对于依法打击侵占诈骗等扶贫资金的违法犯罪行为，表示赞成与支持，约有65%村民认为目前打击扶贫中的违法犯罪的力度与深度还不够，希望加大打击深度与广度，更希望能够加强事前防范等。

在调研中有些村民反映，在认定贫困户方面，没有具体的认定标准，或者认定程序不够透明，不明白为何自己以前是贫困户，现在莫名其妙地被取消了，为何自己比别人穷，自己不是贫困户，别人却是贫困户等，从而造成一些村民不理解，以致于出现重复性上访，有的还四处咨询，拟向人民法院提起“民告官”官司等。

通过深入调研与广泛论证，笔者撰写了一份关于为精准扶贫营造和谐法治环境的调研报告，积极为白沙县精准扶贫工作进言献策，深受白沙县委县政府的高度重视，为有力推动白沙精准扶贫工作的顺利开展奉献自己的微薄之力。

另外，笔者在为扶贫工作中出现的违法犯罪被告人辩护时，不仅会积极维护被告人的合法权益，同时也会深层分析案发起因，尤其是扶贫资金申请与发放等环节中存在的管理与漏洞问题，积极向有关部门提出非常中肯的意见与建议等。

不难看出，律师应该认清自己的历史使命，积极参与社会活动，在自己的工作中多发现、勤思考，力所能及地多为精准扶贫工作进言献策。

结　语

习近平曾经强调，中国扶贫攻坚工作实施精准扶贫方略，增加扶贫投入，出台优惠政策措施，坚持中国制度优势，注重六个精准，坚持分类施策，因人因地施策，因贫困原因施策，因贫困类型施策，通过扶持生产和就业发展一批，通过易地搬迁安置一批，通过生态保护脱贫一批，通过教育扶贫脱贫一批，通过低保政策兜底一批，广泛动员全社会力量参与扶贫。

律师，不仅是一股非常重要的社会力量，而且必将成为精准扶贫工作中的一支主力军。为此，希望律师同仁们借“七五普法”之东风，充分利用专业优势，结合自身工作实际，积极主动、广泛深入地参与到精准扶贫工作中来，为精准扶贫工作奉献自己的微薄之力，我们将无愧于这个美好的时代。

法治政府背景下从供给侧看律师为政府提供法律服务的方式

甘肃阶州律师事务所　何兴民

内容摘要：党的十八届四中全会之后，法治政府的建设被提到一个新的高度，清晰地勾画出了一个可以使广大人民群众满意的法治政府的框架。律师是法律服务的提供者，属于法律服务需求关系当中的供给方，在推进法治政府建设中的作用格外受到重视。党和政府在战略和制度层面不断打开政府法律服务需求的前提下，律师如何趁势而为，在法律服务的供给方给政府法律服务需求以高效的响应和支持，必将成为律师应当思考的问题。本文从律师为政府提供法律服务的角度，对相关问题予以阐述。

关键词：法治政府　供给侧　律师法律服务方式

一、随着法治政府建设的不断深入，政府法律服务需求的激发，为律师的发展提供了良好的机遇和广阔的前景

法治政府是依法治国战略的重要内容。建设法治政府的核心就是将政府打造成为符合现代世界发展潮流的民主型政府、有限型政府、善治型政府、责任型政府和平权型政府。随着法制的健全，在法治政府建设过程中，行政组织、行政行为、行政监督、行政救济等方面的法律制度都在初步建立的基础上趋向完善。

律师为提供政府法律服务的理论基础是政府行为“合法化”需求。德国哲学家、社会学家哈贝马斯认为，合法化意指由好的理由来支持一种被承认为正确的和公正的政治秩序主张；而马克斯·韦伯将合法性看作是一种正当性的信念，满足于诉诸作出决定的正当程序。因此，政府行为的合法化，是确保政府行为正确性和正当性的基石，失去合法化，将会导致政府行为的巨大风险。因此，从某种程度上说，“合法化是一种动机，是统治阶级维护政治统治的推动力。”

十八届四中全会将律师定义为社会主义法治工作者，从政治上给予律师队伍高度的肯定，体现了党对律师的尊重和认可。法治政府建设实施纲要提出：

建立行政机关内部重大决策合法性审查机制，未经合法性审查或经审查不合法的，不得提交讨论。

2016年6月，中共中央办公厅、国务院办公厅印发了《关于深化律师制度改革的意见》，指出：充分发挥律师在全面依法治国中的重要作用，吸纳律师担任各级党政机关的法律顾问；充分发挥律师在维护社会和谐稳定中的重要作用；充分发挥律师在依法管理经济社会事务中的重要作用；各级党委和政府要将律师制度改革工作列入重要议事日程，并抓好落实；各有关部门要积极引导对律师制度和律师队伍进行正面宣传，为推进律师制度改革营造良好的舆论氛围。

时隔几天，中共中央办公厅、国务院办公厅又印发了经过习近平总书记在深化改革领导小组会议上审议通过的关于推行法律顾问制度和公职律师公司律师制度的意见。《意见》要求：2017年底前，中央和国家机关各部委，县级以上地方各级党政机关普遍设立法律顾问、公职律师，乡镇党委和政府根据需要设立法律顾问、公职律师；依照有关规定应当听取法律顾问、公职律师的法律意见而未听取的事项，或者法律顾问、公职律师认为不合法不合规的事项，不得提交讨论、作出决定。对应当听取法律顾问、公职律师的法律意见而未听取，应当请法律顾问、公职律师参加而未落实，应当采纳法律顾问、公职律师的法律意见而未采纳，造成重大损失或者严重不良影响的，依法依规追究党政机关主要负责人、负有责任的其他领导人员和相关责任人员的责任。

由此可见，在法治政府建设的过程中，党和政府从顶层设计的高度不断发力，推动政府法律服需求，政府的法律服务需求成为了国家的制度性安排。

二、在政府法律服务需求被激发的前提下，律师为政府提供法律服务的“供给侧”思考

（一）供给侧改革的相关理论简述

供给学派的鼻祖法国经济学家萨伊斯提出了与传统经济学不一样的论断：“供给创造需求”。萨伊认为，人们总是拥有无穷的欲望，但欲望却不都是需求。根据供给学派的观点，供给本身也是创造价值的手段，但这种手段是有目的的。从改革指向来看，供给侧结构改革指向主要是指向生产者。

需求和供给，是经济运行的两个方面，“供给侧”是相对于“需求侧”的一个概念。“需求侧”所要阐明的是某一项产品或服务“要不要”，而“供给侧”所要解决的是某一项产品或服务“好不好”。从经济学的角度分析，供给侧的要素有：劳力、土地、资本和创新，引申到法律服务领域，供给侧的要素为：律师、律师事务所、经费保障、创新。

（二）从供给侧角度出发的为政府提供法律服务方式思考

1.就律师要素而言。作为专业的法律服务提供者，律师为政府提供法律服务，必须要有丰富的法律知识、过硬的业务能力、高度的政治觉悟、较强的抗压能力，努力做到“政治上靠得住、业务上过得硬、操守上信得过”。政治素质、业务素质、职业道德素质一样都不能少。律师应该加强业务知识学习，通过各种途径参加培训并经常性的自学，形成系统的法律知识。要形成司法行政机关和律师协会主导的继续教育培训、实习培训、岗前培训、业务骨干培训、专题培训、交流培训与律师事务所组织的日常集中培训、律师个人自主学习培训相结合的立体式人才培训体系。政府需要的是为政府的法律问题提供最佳解决方案的律师，而不是对政府的法律问题束手无策的律师，因此律师要加强自己的“内功”修为，切忌“花架子”。

2.从律师事务所的角度而言。律师事务所要精心培育品牌，打造专业团队。重视律所的品牌建设、重视打造各自的拳头产品、加强律师行业合作实现平台供给效应。律师事务所要高度重视政府法律服务工作，承担起为政府提供法律服务的主体责任。有条件的律师事务所应当设立专门的政府法律服务部，挑选优秀的律师组成律师团队，有针对性的引导该团队的律师进行专业化的分工和学习，根据国家的相关规定，应当在党员律师中优先选择政府法律服务律师。律师事务所应当出资购置与政府法律服务有关的书籍，为团队律师提供专门的办公场所，积极以律师事务所为平台对团队律师进行宣传和推介。主动参加政府及相关部门组织的研讨会和座谈会，增强团队律师在政府及相关部门的存在感，应政府及相关部门的邀请对政府工作人员进行法律知识培训。为政府及其相关部门的行政行为提供高效的法律建议和意见，妥善处理涉访涉诉案件，认真代理行政诉讼及行政复议案件，为政府的依法行政保驾护航。同时，律师事务所应该积极和其他有丰富经验的律师事务所加强沟通和交流，学习其他律师事务所的先进经验和管理模式。

3.从经费保障而言。律师事务所应当为律师提供法律服务活动予以基本的经费保障，在律师事务所内部的案源分配和利益分配当中，充分考虑到政府法律服务团队律师因专业化分工而导致的案源流失及收入减少的问题。确保政府法律服务团队律师的收入不降低，增加政府法律服务律师的工作积极性。同时，也应该要求政府以公平价格购买法律服务，充分体现律师法律服务的价值。

4.从创新的角度分析。法律服务供给侧的创新，主要包括三个方面，一是管理上的创新，二是服务上的创新，三是理念上的创新。

（1）就管理上的创新而言。律师事务所应该格外重视内部管理的规范化，管理的规范化能够有效地提高工作效率降低管理成本；同时应该在条件具备的情况下引入公司化管理的模式以及职业经理人管理制度；成立律所内部的法律讲堂，不断提高年轻律师的临场应对能力、口语表达能力以及心理素质；订立系统的学习培训计划，不断学习相关领域的前沿知识；重视律所网站、微信平台、所刊等宣传展示工具的建设，利用新媒体的扩散作用，充分调动“互联网+”的功能，不断增强律所的影响力；具备条件的情况下，举办专题论坛，成为行业标杆，树立在特定领域的权威和影响力。

（2）就服务创新而言。推行主动式的律师服务模式，从被动服务到主动发现需求、研发产品、提供服务，从事后补救式服务转换为事前防范式服务；相信团队的力量，组建律师服务团队，且团队内部成员之间也应该有相应分工，形成相互补充、相互配合的工作模式；细致研究不同政府部门的不同法律服务需求，提供有针对性的法律服务；加强个案的归纳分析，不断总结经验吸取教训；恪守律师职业的独立性，敢于对政府的行为说“不”，如果律师认为不妥，必须大胆指出存在的问题和风险，只要律师的观点是正确的，就要大胆坚持，这才是律师担任政府法律顾问的价值所在；勤勉尽责，做到“脚勤手勤口勤”，格外重视工作效率，在较短的时间内提供高质量的法律意见和建议，不影响政府的决策和行动的效率；要有敏锐的程序意识，随着相关法律法规的出台，政府行为的程序合法性是考量行政行为合法性的重要方面，程序方面存在瑕疵也有可能影响行政行为的合法性，所以律师应该格外重视行政程序的合法性；律师应当有高度的保密意识，对政府委托的相关事务予以保密，不当泄露工作秘密，将会给政府带来诸多不良影响；要有高度的责任心，律师为政府担任法律顾问不容有一点闪失和差错，若事前没有吃透材料、没有精研法律、没有缜密思考、没有预计风险，将有可能给政府带来法律风险。

（3）就服务理念的创新而言。首先，要树立目标一致的理念，无论是政府还是律师，其终极的目标是一致的，都是为了维护法律的贯彻和执行，推动法制的进步和完善；其次，要树立利益平衡理念，律师应当具备以下两个最基本的平衡能力：一个是在政府和行政相对人之间谋求平衡，政府和行政相对人不存在根本利益的冲突，但是政府的行为往往涉及对行政相对人利益的调整，律师就应该在维护行政执法的合法性和行政相对人的合法权益之间达成平衡，不仅达到行政管理和行政执法的效果，也要充分保障行政相对人的权益，预防行政相对人诉讼或上访，减少对行政管理资源的浪费；另一个平衡能力就是在法律规定的“刚性”和行政行为的“灵活性”之间掌握平衡，行政机关在具体的执法过程中有“灵活”执行法律的习惯和传统，追求行政效率应当对法律的执行具备一定的灵活性，但是这种灵活性应当以符合法律的刚性规定为前提，否则反而影响行政效率和政府形象。

结 语

供给侧改革是"新常态"下的改革新思路，律师应当积极从法律服务供给侧角度出发，持续思考如何有效为政府提供法律服务，才能在推动法治政府建设的过程中实现律师事业的长远发展。

参考文献

［1］杨海坤，张志远．中国特色法治政府论研究［M］．北京：法律出版社，2008：137-140.

［2］杨海坤．我国法治政府建设的历程、反思与展望［J］．法治研究，2015（6）：91.

［3］方续辉．刍议政府法律顾问制度建设之北京——以政治运作的合法化为视角［J］．法治与社会，2016（4）．

［4］冯志峰．供给侧结构改革的理论逻辑与实践路径［J］．经济问题，2016（2）．

［5］范池英，闫利杉．律师法律服务供给侧改革初探［J］．中国律师，2016（5）．

行政诉讼先予执行制度的实践与完善
——以白龙江苗家坝水电站司法移民案为例

甘肃玉榕律师事务所　杜卫东　李兴洋

内容摘要：2014年11月1日修订的《中华人民共和国行政诉讼法》对先予执行的案件类型、申请主体及适用条件均进行了一定限制。可见，国家对行政诉讼中的先予执行非常谨慎，充分体现了保障弱者权益、防止行政机关滥用公权力以及平息“官”民矛盾等目的。行政诉讼中的先予执行有其特殊性，具有独立的价值，但实际运行中仍然存在诸多困境。结合司法实践对其进一步完善，必将对相关行政案件的合理解决发挥更加重要的作用。

关键词：行政诉讼　先予执行　实践　完善

何为先予执行，行政诉讼法并无明确解释。按学界通说，先予执行是指人民法院在受理案件后、终审判决做出前，根据一方当事人的申请，裁定对方当事人向申请人给付一定数额的金钱或其他财物，或者实施或停止某种行为，并立即执行的一种程序。①这个定义既适用于民事诉讼，也适用于行政诉讼。司法实践中，人民法院审理行政案件需要适用先予执行时，也多参考民事诉讼法的相关规定。对先予执行的性质，应当从以下两个方面来把握：第一，先予执行是一种程序。同其他诉讼程序一样，其也是由一系列过程或阶段组成的。因此，在先予执行程序的构建中，就必须坚持程序正当原则，保证先予执行的正当性。第二，先予执行是一种保全程序。与财产保全不同，先予执行侧重于预先满足申请人的迫切需求，保证将来可能的胜诉判决的实现具有实际意义。

一、案情简介

苗家坝水电站位于白龙江中游甘肃省文县境内，电站总装机容量24万千瓦，设计年发电9.24亿千瓦时，是2008年甘肃省发改委以甘发改能源［2008］744号文件批复的重点项目。2013年，电站建设工程已全部完成，滞后的移民搬迁成为制约电站按期下闸蓄水的最主要因素。随着拆迁安置工作的深入，移

①江伟：《民事诉讼法学原理》，中国人民大学出版社1999年版，第554页。

民户的安置要求也不断增加。2014年2月，在距集团公司下达的蓄水发电最后期限仅有不到两个月时，仍有74户村民尚未搬迁。其中已签订补偿协议30户，未签订补偿协议44户。由于移民工作尚未结束，水电站无法正常蓄水发电，导致每年多达数亿元的国有资产白白流失。笔者于2014年2月接受甘肃大唐白龙江发电有限责任公司的委托后，经过仔细研究案情，与文县县委、县政府以及委托人沟通，决定通过司法途径解决移民问题。2014年3月，甘肃大唐白龙江发电有限责任公司作为原告，以县政府为被告、以未签订补偿协议的44户村民为第三人提起行政诉讼。法院立案后，原告向法院提供财产担保，申请法院先予执行政府依据土地管理法实施条例第45条应当履行的法定义务。法院受理审查后，认为符合先于执行的条件，作出强制执行裁定并送达被执行人。在送达过程中，通过直接及公告的方式对执行裁定的强制力进行进一步宣讲，通过执行裁定的威慑力敦促被执行人搬迁。对在自动履行期满仍拒绝搬迁的被执行人，依法进行强制执行。法院强制执行工作结束后，申请人向法院申请撤诉，法院以撤诉裁定终结案件。经各方努力，4月23日白龙江苗家坝水电站成功下闸蓄水。该案也成为我省首例司法移民案件。

二、行政诉讼先予执行的困境

本案是采取司法途径来解决最为敏感的移民搬迁问题，其中行政诉讼先予执行制度的首次适用是解决本案的关键，也正是这一制度的适用使案件得以迅速解决。案件得以顺利解决，但笔者通过对行政诉讼先予执行制度的研究，结合其在处理苗家坝水电站案件中适用的实践经验，认为我国当前行政诉讼先予执行制度在司法实践中还存在一些问题，需要进一步研究和完善。

（一）适用范围仍显狭窄

根据最高人民法院关于适用行政诉讼法若干问题的解释第48、94条的规定，适用先予执行的案件包括：第一，起诉行政机关依法发放抚恤金、最低生活保障金等；第二，诉讼过程中，不及时执行可能给国家利益、公共利益或者他人合法权益造成不可弥补的损失的。本案就满足第二类，即不及时执行可能给国家利益造成不可弥补的损失。虽然行政诉讼先予执行的适用范围较民事诉讼要宽，但笔者认为，对可适用金钱请求权案件的列举仍显狭窄，行为请求权也仅限于对具体行政行为的执行。对行政赔偿金的支付以及特定行政行为的请求是否可先予执行并没有明确规定，而从实际情况来看，此类行为在行政诉讼中往往具有强烈的先予执行需求。

（二）适用条件过于严格、难以把握

关于行政诉讼先予执行的适用条件，行政诉讼法及其司法解释均没有规定，司法实践中多参照民事诉讼法“当事人之间权利义务明确”和“不先予执行将严重影响申请人的生活或生产经营”为适用条件。但笔者认为，这一规定会使许多具有给付内容和需求的行政案件失去先予执行的机会。因为这些案件当事人之间的权利义务关系并非总是明确的，行政行为也并非必然导致申请人的生产或生活难以为继。同时，到底何种程度才能构成“严重影响申请人的生活或生产经营”在实践中也难以把握，最终也就导致此类案件中先予执行的适用率过低。

（三）先予执行后准许原告撤诉是否正当值得怀疑

最高人民法院关于在经济审判工作中严格执行民事诉讼法的若干规定第18条规定，“人民法院采取先予执行措施后，申请先予执行的当事人申请撤诉的，人民法院应当及时通知对方当事人、第三人或有关的案外人。在接到通知至准予撤诉的裁定送达前，对方当事人、第三人及有关的案外人，对撤诉提出异议的，应当裁定驳回撤诉申请。”也就是说，如果对方当事人、第三人或有关的案外人对撤诉有异议，则人民法院不得以撤诉结案，而应继续后面的诉讼程序。本案中，法院强制执行后，根据甘肃大唐白龙江发电有限责任公司的申请，以撤诉裁定终结案件。虽然被告、第三人均没有提出异议，撤诉结案似乎并无不妥。但笔者认为，基于行政诉讼合法性审查原则，某些案件中先予执行后准许原告撤诉，显然在一定程度上剥夺了对方当事人、第三人或有关案外人的诉讼权益，其正当性显然值得怀疑。

（四）先予执行的复议程序缺乏可操作性

最高人民法院关于适用行政诉讼法若干问题的解释规定，对人民法院的先予执行裁定不服，当事人可以申请复议。那么问题出来了，向谁复议，由哪个机关复议，是原作出裁定的人民法院还是上级人民法院，法律均未作出明确规定。而且，法律规定的“当事人”显然仅指被申请人，并没有规定申请人不服驳回先予执行申请时具有何种有效救济手段。同时，对当事人申请复议的期间也缺乏明确规定，将给正常的诉讼程序带来严重影响。虽然本案并未涉及复议程序，但从整个案件的处理，以及当事人的权益保护来看，法律规定对此确实存在漏洞。更为严重的是，就申请人而言，完全没有被赋予不服驳回先予执行申请的有效救济手段。

（五）先予执行缺少具体的执行程序规定

由于申请人的迫切需求，先予执行裁定作出后，必须立刻予以执行。但在执行程序如何启动上，是依申请执行还是法院依职权主动执行，以及执行的具体程序，法律均没有明确规定。这一问题在本案中体现得最为突出，在法院准予先予执行后，是依照法院的职权执行，还是依申请人的请求执行双方存在分歧。到了具体执行上，因为缺少具体的执行程序，执行过程时断时续，以至于执行非常缓慢，严重影响了申请人的建设进度，造成了国家财产的损失。

三、行政诉讼先予执行制度的完善

针对在研究和处理实际案件中发现的一系列问题，笔者对症下药，简单提出自己对完善行政诉讼先予执行制度的几点建议：

（一）进一步扩大先予执行的范围

目前，我国行政诉讼先予执行的范围仅限于几种特定的金钱请求权和行为请求权。但随着社会主义市场经济体制改革地不断深化、“一带一路”战略的不断推进，缓解申请人生活或生产上的困难的单一目的已无法适应现代社会的要求。实践中，先予执行的适用也已体现出“预先实现申请人的诉讼请求，保证将来可能的胜诉判决的实现”的目的。为了彰显行政诉讼先予执行的独立价值，不论是金钱请求权还是非金钱请求权，只要符合适用的条件、具有预先实现诉讼请求的迫切需求，即可适用先予执行。

（二）逐步放宽先予执行的适用条件

行政诉讼先予执行参照民事诉讼法“当事人之间权利义务明确”和“不先予执行将严重影响申请人的生活或生产经营”的适用条件，显然已无法满足先予执行目扩张的需要。“不先予执行将严重影响申请人的生活或生产经营”这一条件是对过去先行给付条件的继续且实践中难以把握，目的扩张后必须将其舍弃，在实践中挖掘更符合目的、更具兼容性的条件。笔者认为，具有明确的给付内容和迫切的给付需求的案件，在当事人申请后，均可考虑适用先予执行。

（三）在特定领域中，禁止原告先予执行后申请撤诉

虽然行政诉讼先予执行的目的正在扩张，其适用范围也应更为宽广，但基于合法性审查原则，并不排斥人民法院在特定领域严格控制先予执行的适用。例如，政府拆迁安置案件中，作为拆迁人（行政机关）的原告就拆迁裁决提起诉讼后，申请人民法院先予执行，待执行完毕后又申请撤诉，人民法院就不应准许，而应继续案件的审理程序。因为，此种情形显然不符合先予执行的目的，也不利于纠纷的顺利解决，可能激化政府部门与拆迁户的矛盾，应当禁止原告先予执行后申请撤诉。

（四）完善复议程序，提供充分程序保障

明确规定对人民法院先予执行裁定不服，应当向上一级人民法院申请复议。因为总体而言，先予执行对被申请人相对不利，同级复议难以为被申请人提供充分救济，且这种复议缺乏程序保障，有必要进行上级复议，使对先予执

行条件的审查更加程序化、中立化。同时，应明确赋予申请人不服驳回先予执行申请的有效救济手段。

（五）根据不同情况，规定具体的执行程序

如果先予执行是为保护特定的私益，法院应依职权主动执行。若先予执行是为保护国家利益、社会公共利益，则法院可以依申请执行。同时，在执行期限的规定上也应与正常诉讼后的执行相区别，进行特别规定。因为先予执行以申请人的正当利益的迫切需求为前提，如果仍然向通常的执行一样不紧不慢，则先予执行就失去了意义。

行政诉讼先予执行制度有其特殊性，具有独立的价值。在司法实践中，可以使案件得以顺利解决，维护当事人的合法权益。但我们也应看到，随着经济和社会的快速发展，其在理论和实践层面存在的困境和不足也逐渐暴露。需要结合实践经验，对其继续规范和完善，才能进一步发挥其重要作用。

参考文献

[1] 马怀德.行政诉讼法学［M］.北京：北京大学出版社，2004.

[2] 宋朝武.民事诉讼法学［M］.北京：中国政法大学出版社，2008.

[3] 王彦.行政诉讼法先予执行制度的完善［J］.人民司法，2008（9）.

[4] 刘德起、王炼.论行政诉讼中先予执行制度的几个问题［J］.天津市政法管理干部学院学报，2002（4）.

[5] 徐丹丹.法官详解湖北首例行政先予执行裁定［N］.法制日报，2016-03-19.

律师担任政府法律顾问业务标准研究

四川梨乡律师事务所　丁友军　丁福灵

内容摘要：担任政府法律顾问的律师提供什么样的服务才是合格的服务，这是政府和律师共同关心的话题。作者通过对政府法律顾问角色功能的分析，提出政府法律顾问业务操作标准，为政府聘请法律顾问和律师担任政府法律顾问提供业务参考。

关键词：政府法律顾问　服务标准

一、政府法律顾问的角色定位

政府自设立伊始就是公权力的代表，并且凭借公权力干预着社会生活。政府文化的形成、发展过程是行政权力行为模式变化的过程，是权力、法益寻求平衡的过程。在不同的政府文化背景下，具体的行政行为方式差异明显，就是具有同一政府文化传统的政府在不同时期，行政行为方式也有很大差异。其原因是多方面的，影响力最大的还是行政权力行为模式多样性和不确定性。

行政权力行为模式的多样性和不确定性问题是可以解决的。其方法就是将行政权力行为模式纳入法治轨道，用设定的法律来规范行政权力行为，用既定的标准来衡量一个政府行为是否符合确定的价值标准。法律作为一种制度，一种行为尺度或标准，无论对公权力还是私权利，法律不仅具有规范功能，还具有评价与否定功能。政府法治建设是宏伟的社会治理工程，不可能一蹴而就。政府法治建设一方面是向政府文化中注入新的要素即法律文化，使法律文化成为政府文化的现代特色；另一方面用现行的法律来规范政府行为。政府没有足够的律师或受过法律专业训练的行政执法队伍来保证现实行为符合法律标准，存在大量需要用法律标准和程序解决的现实问题，政府法律顾问制度应运而生。政府法律顾问和政府法律代理制度有相似性，但是两者存在重大差别，属于不同范畴。政府法律顾问依附于政府又独立于政府，政府代理制度完全从属于政府。政府代理人要在授权范围内从事代理行为，不得超越代理权限。但是，政府法律顾问不能完全从属于政府，政府顾问从属于政府时，将失去顾问对政府的监督和制约功能，使政府顾问制度的社会功能大打折扣。这是政府和顾问律师应当明了的职业界限。

二、政府法律顾问的业务标准

律师为政府服务是机遇和挑战并存的业务。并不是说只要你精通法律，客观公正就能够为政府服务好，也不是因为领有执业证，律师就能够为政府提供良好的服务。行政过程的规范化、制度化就是法治化过程。推动政府法治建设需要将既定的法律具体地运用到行政管理的全过程，其前提条件是行政管理人员熟悉现行的法律规范。政府没有律师的现状与政府法治建设急需大量的律师形成新的供求关系，这个市场为律师们提供了新的发展空间和机遇。没有政府购买不了的律师服务，问题在于政府能不能购买到需要的服务，律师能不能提供政府需要的服务。

作为专业人员的律师提供政府需要的服务似乎没有问题，事实不然。政府法律顾问业务是专业中的专业，不能以为律师精通法律就自然能够胜任法顾问工作，不是每个律师拿来就可以胜任政府法律顾问工作，用民事、刑事、非诉讼法律思维处理行政事务是不适当的。现在的大部分律师帮助政府解决个案纠纷是没有问题的，但是，政府法律顾问工作是行政与法律有机结合的艺术性工作。

依据关于推行法律顾问制度和公职律师公司律师制度的意见规定，结合行政法体系与行政法律服务实践，作为合格的政府法律顾问的律师应当在下列八个方面提供满足基本条件的服务。

（一）律师提供政府法治文化建设顾问服务标准

1.提供不少于6场次/年的行政法治讲座；

2.提供不少于2篇行政执法报告、论文、意见、建议；

3.行政执法培训不得少于50人次，带徒专业培训不得低于3人；

4.指导下级政府（包括行政部门）法律顾问工作不得低于2次；

5.向本级和上一级人民政府提供年度工作报告1篇以上。

6.向本级政府提供行政执法现状报告1篇/年。

政府法律顾问律师不要轻视这些政府法治文化建设工作，这是律师作为政府法律顾问不可替代的标志性工作。他的意义在于对政府法治建设具有引导作用，他的文化价值是潜移默化的。

（二）律师提供政府立法及审查规范性文件顾问服务标准

1.把握政府立法及制定规范性文件的法定权限和依据；

2.严格把握规章、规范性文件制定程序；

3.把握规章、规范性文件内容与法律、法规的一致性；

4.把握行政职权权限和自由裁量权的界限；

5.除程序外不得对自由裁量权行为、行政合理性提出异议；

6.严守职业秘密，未公开前不得泄露相关信息。

7.做好相关工作日志、记录。

政府职权行为的表现形式之一就是制定规范性文件，职权法定、程序法定是制定规章、规范性文件的基本原则之一。作为政府法律顾问，在行政规章、行政规范性文件制定过程中，帮助政府把好程序关和实体内容关是提供服务的基本内容。一旦备案审查发现规范性文件违法，需要修改或被撤销，涉及有关责任人的责任不说，还将直接影响相关管理工作的延迟，可能引发行政不作为、行政赔偿等纠纷。其次，在行政诉讼和行政复议过程中，规范性文件的合法性要接受复议机关和司法审查，规范性文件不合法人民法院将不作为证据使用。

规范性文件具有程序性和实体性融为一体的特点。因此，律师要在程序的公开、公正、公平性方面下工夫，实体问题通常由法定职权或行政机关自由裁量权以及其他实体法决定。在规范性文件的合法性、合理性问题上，律师的任务是审查合法性问题。在程序上，要确保程序符合规定，从制定主体、制定权限、适用范围、相对人范围、救济途径、复议审查的可能性等方面进行全面审查。对联合制作的规范性文件，尤其要在行政主管范围、行政职责范围、联合的法律依据方面审查清楚。以前，我们经常遇到党委和政府联合下发的设定有相对人权利义务的规范性文件，政府文件具有可诉性，党委文件不具有可诉性。按照宪法规定，一切党政机关都要以法律为根本的活动准则。实际情况不是这回事，因为我们还没有建成法治政府，作为政府律师不可不恰当处之。同时，规范性文件的内容是要符合法律、法规、规章规定，规范性文件不得设定相对人权利义务。

对于党委规范性文件的法律审查需要把握的界限是，党委文件规范的党组织、党员行为，通常不涉及行政相对人的民事权益，党委规范性文件一般不涉及具体的法律规范。但是，党委规范性文件与宪法规定、基本法原则和党内法规需要保持一致。

（三）律师提供法律意见书顾问服务标准

1.法律意见书符合通行的格式要求；

2.具体事务叙述完整，问题归纳明确具体；

3.法律分析到位，论证充分，引用法律准确；

4.提出两种以上解决相关问题的方案；

5.论证法律风险并提出应对策略；

6. 法律意见书结论具有可执行性；

7. 法律意见书应当附上法律规范目录；

8. 做好工作日志，保管好有关资料、草案、文本。

提供法律意见书是政府法律顾问的工作之一，法律意见书因不同的事务及要求导致具体内容各异。总体而言，法律意见书齐备前七要素基本符合质量标准。

（四）律师提供重大决策顾问服务标准

1. 不得直接反对政府提出重大决策的动议；

2. 不得直接对重大决策方案提出反对意见或异议；

3. 不得提出重大决策不具备成熟条件的意见；

4. 不得夸大重大决策正反两方面的后果；

5. 不得在自身不明确决策要素的情况下提出处理意见；

6. 不得在争议当中提出倾向性意见，除非环境态势需要；

7. 不得干预行政自由裁量权；

8. 不得明确反对某一意见；

9. 不得对行政合理性提出质疑。

这里以“不得”的方式表达顾问律师行为，是由这个问题的复杂性决定的。行政决策是政府经常性的工作，行政决策尤其重大行政决策涉及的决策要素很多。作为政府法律顾问最难做好的也是为行政决策提供法律服务。行政决策涉及行政职权、自由裁量权、行政合理性、行政个性问题。政府法律顾问不是决策者，只是法律意见提供者，而且，微妙的行政规则需要顾问律师严把权力边界，无论决策是否能够通过，顾问律师的任务是积极提供决策涉及的法律服务，而不是决策意见。一个合格的政府法律顾问不是为决策者提供是或不是的意见，而是最大限度地提供法律的确定性和不确定性，提出在事前、事中、事后可能涉及的法律问题及预防措施、方案。

（五）律师提供行政复议、行政诉讼顾问服务标准

1. 积极告知举证责任要求及后果；

2. 客观全面分析行政纠纷存在的问题；

3. 积极提出弥补行政行为缺陷的方案、措施；

4. 提供行政复议、诉讼的法治意义，消除不当理解和认识；

5. 指导应诉人员齐备证据、规范性文件、参与制定应诉方案；

6. 以案说法，总结、培训应诉人员，提高应诉人员应诉能力；

7. 提供执行方案，告知行政执行及执行司法裁判的方案、措施；

8.提供行政赔偿、行政追偿的条件、程序、方案。

在行政复议、行政诉讼中，被申请人或被告人，需要履行行政复议、诉讼答辩、提供证据义务。无论律师担任代理人还是协助人，在参与前，必须掌握全案事实、证据、规范性文件；熟悉有关的法律依据。客观公正地提出几种处理方案，对每种处理方案的利弊分析透彻，提供给决策者决策，根据决策者的决定选择适用。

在行政复议中，政府可能是复议决定者，也可能是行政复议的被申请人。不同的关系中，工作重点是不同的。在复议决定中，政府将对下级行政机关的具体行政行为的合法性、合理性、相关的规范性文件的合法性进行审查，并可对行政补偿、行政赔偿、行政自由裁量权进行调解。律师的综合素质、熟悉行政法的优势可以得到充分发挥。但是，要弄清楚的是，律师不是行政复议员，不是行政执法监督人员，律师只是法律知识、法律措施的提供者，不能代替复议人员，不可代为实施复议行为。

（六）律师提供行政许可、行政处罚、行政强制顾问服务标准

1.把好行政许可、行政处罚事实、证据关；

2.把好行政许可、行政处罚程序关；

3.把好行政自由裁量权的授权范围关；

4.把好行政许可、行政处罚的合法性、合理性关；

5.把好行政许可、行政处罚的救济途径关；

6.把好行政强制的程序、处理方案的合法性关。

在处理行政许可、行政处罚、行政强制过程中，律师需要明确律师参与其中是间接的行为，是行政内部行为。律师服务对行政机关和公务员有影响力，但是，对相对人不具有约束力。律师只是行政处罚、许可、强制方案的拟定者和程序咨询者，律师不得代理实施行政处罚、行政许可和行政强制。因为，律师不是行政执法人员，在亮证执法要求下，律师没有行政执法主体资格，因为在现行行政法律法规里面还没有授权律师实施具体行政行为，公职律师除外。

（七）律师提供专项法律顾问服务标准

1.全面掌握专项法律服务的事实；

2.全面梳理专项法律事务可能涉及的法律、法规、司法解释；

3.拟定2个以上的解决方案；

4.提供法律风险分析意见和应对措施；

5.有关文书、文本符合法律文书要求；

6.提供的专项报告应当附上法律条文摘要

对重大项目提供专项服务是政府律师的重要业务之一，总体要求是，尽可能收集翔实的与项目有关的信息资料，全面了解专项事务，重点提供操作程序意见，对实体内容的合法性、合理性问题提出概括性意见。对具体事务的处理意见要明确具体，因为具体事务的处理具有针对性。对可以有多种处理方案的，要尽可能地提供，并对每种处理方案进行必要的对比、分析、判断，对实施中可能出现的问题及解决问题的方案做到有必要规划，供决策者选择。专项业务报告要体现出公平、公正、合法、合理精神。

（八）律师提供行政执法监督顾问服务标准

1.了解被监督对象的行政执法范围及权利义务；

2.制定行政监督预案，了解被监督对象的行政过程；

3.对行政监督过程中了解的情况客观叙述，保持中立性；

4.向政府提供解决行政执法问题的解决方案；

5.不宜对被监督的行为草率评定；

6.保持与被监督者之间的畅通和谐关系；

7.不宜以政府法律顾问身份对被监督者发号施令。

行政执法监督是政府的职权之一，通过行政复议、行政监察、行政问责、行政执法监督形成了行政系统上下级之间的行政监督机制。律师在为政府提供顾问服务的过程中，都会以一定的方式与监督者、被监督者发生关系。政府法律顾问在提供行政监督服务过程中，要以学者的姿态、平等的身份、热情的态度面对被监督者。行政监督服务的终极目的是帮助政府提升整体行政执法水平，没有被监督者的积极参与，行政执法工作无法取得预期效果。因此，政府法律顾问以鼓励、激励、肯定、建议的态度处理被监督问题可能比监督者的号令更能取得良好的社会效果。

需要特别注意的问题是，公职律师改革意见规定“依照有关规定应当听取法律顾问、公职律师的法律意见而未听取的事项，或者法律顾问、公职律师认为不合法不合规的事项，不得提交讨论、作出决定。对应当采纳法律顾问、公职律师的法律意见而未采纳，造成重大损失或者严重不良影响的，依法依规追究党政机关主要负责人、负有责任的其他领导人员和相关责任人员的责任。”

这项制度赋予政府顾问特别的权利，也带来新的问题。政府顾问有体制内的法制机构人员和外聘的律师，法律顾问具有相对的独立性，而体制内人员的领导与被领导关系与外聘律师的聘用关系是有差别的，公职律师和聘用律师的履行职责空间、自由度、权利义务是有差别的，两者是协作提供服务的关系。此外，工作方式上，法制机构和外聘律师以法制机构的名义提供服务是主要的工作方式，以外聘律师所在执业机构的名义和外聘律师名义提供服务为辅助方式。政府法律顾问工作的相对独立性仅指提供法律事务判断的独立性，而不是行为不受行政组织纪律的约束，滥用法律顾问工作的相对独立性是不适宜的。

要做一名成功的政府律师不是容易的事情，谙熟行政法理论和熟悉行政法律事务是基础，具备优良的法律素养和品质以及良好的社会活动能力，是成为合格的政府法律顾问的条件。

新传媒背景下政府依法行政法律问题研究

陕西海普睿诚律师事务所　闫玉新

内容摘要：新传媒的蓬勃发展在促进政府依法行政的同时，也在一定程度上阻碍了政府依法行政。新传媒背景下，政府面临着新传媒的负外部性风险，政府发布信息面临着新要求，政府行政执法负面形象被放大。面对以上问题，政府需要提高执法水平，改善政府形象；加强与新传媒沟通，改善执法环境；加强新传媒建设，完善舆论监督体系。政府坚持依法行政，与新传媒形成良性互动关系，是二者共同发展的必经之路。

关键词：新传媒　政府　依法行政

引　言

近年来，随着互联网的发展及智能手机的普及，类似微信、微博、网络论坛等自媒体大量涌现，政府的各项行政行为也处于全民监督之下，在新传媒背景下，政府如何依法行政，行政机关如何与新传媒建立良好的互动关系，是值得深思的问题。

一、新传媒与政府依法行政基本理论

（一）新传媒的基本理论

1.新传媒的概念。新传媒是指利用数字技术、网络技术和移动通信技术，通过互联网、宽带局域网、无线通讯网和卫星等渠道，以电视、电脑和手机为主要输出终端，向用户提供视频、音频、语音数据服务等集成信息和娱乐服务的所有新的传播手段或传播形式的总称。随着智能手机的普及，微信、微博、网络论坛等赋予新传媒新的内涵。

2.新传媒的特征。第一，超媒体性。即依靠数字技术对多媒介信息的整合，用户不仅可以获得相关的文本信息，还可以获得相关声音、影像信息。第二，交互性。信息发布者和信息接收者之间的信息交流是双向的。第三，超时空性。信息的传播摆脱了地理限制，并且实现即时传播。第四，个性化信息服务。每一位用户可以根据自己的需求获得个性化信息。第五，融合性。新传媒

将各种信息形态、传输渠道、接收终端整合在一起。

（二）政府依法行政的基本理论

1.依法行政的概念。依法行政是指行政主体在宪法、法律、法规赋予的权限内，依据法律和法规的规定，管理国家政治、经济、社会事务和文化教育事业的活动。[①]依法行政是行政机关行使行政职权必须遵循的基本原则、是全面开展依法治国的题中应有之义。

2.政府为什么要依法行政。首先，行政权的作用与特点，决定了政府必须依法行政。行政权对整个社会来说是一种支配权，其容易与利益相联系，依法行政是防止行政权滥用的良药妙方。其次，依法行政是行政管理文明进步的重要标志。行政管理的法制化有利于解决行政部门职责不清、权限不明的问题。第三，全球一体化的形势要求行政机关依法行政。遵守国际公约、履行双边协议，必须要求行政机关增加法律法规的透明度，减少不必要的行政干预。

（三）新传媒与政府依法行政的关系

新传媒犹如一把双刃剑，对政府行政行为利弊共存。

1.新传媒促进政府依法行政。新传媒打破了传统媒体下信息的单方性，在这一背景之下，政府必须调整行政思维和工作方式，满足公民合理的利益需求，树立良好形象。具体来讲，新传媒促进政府依法行政主要表现为以下几点：

（1）全民化行政监督的压力。随着互联网技术的发展及智能手机的普及，全民化的网络监督已经突破传统的政治制约，政府的某一违法或不合理的行为一旦被网友曝光，即可迅速成为全民讨论的话题，"雷洋案"、"广西律师吴良述被打事件"即是明证。这就要求政府部门必须在第一时间进行有效的回应与处理，解释其行为的合法性、合理性，纠正不合法行为。

（2）政府行政高效便民的要求。新传媒背景下，公众不仅可以对政府进行网络监督，而且可以更方便地表达诉求，实现政民互通。社会转型期各类主体诉求不同，社会关系复杂多样，在这种背景下，促进行政权力规范化、高效化运行，是政府依法行政的题中之意，也是行政高效便民的内在要求。

（3）政府信息公开透明的驱动。新传媒背景下，政府的一举一动都将受到社会各界的关注与监督，只有做到政务公开，实现行政过程的透明化，政府的良好形象才能在公众中得以维持。

2.新传媒一定程度上阻碍政府依法行政。新传媒具有负外部性。"大众传播媒介是一种既可以为善服务，也可以为恶服务的强大工具；而总的来说，如果

---

①孙莉杰：《浅论政府依法行政的现状与改革》，郑州大学硕士论文，2003年10月。

不加以适当的控制，它的恶的可能性会更大。”[①]新传媒环境下，制造、传播恐怖信息、种族歧视甚至是反体制信息会对社会产生重大不良影响，损害政府形象，政府必须对其予以规制。

二、新传媒背景下政府面临的新问题

（一）政府面临新传媒的负外部性风险

新媒体在充当舆论监督利器的同时也存在一些风险：一是媒体自身因为其自发性而没有“把控人”使得有可能出现失实报道，引起社会恐慌；另一方面，传播过程中风险的真实性往往人为地被放大或缩小，从而使得媒体失去预警功能而助推了风险。这种广泛性和相对不规范性特征使它在舆论监督过程中出现的风险如果不能很好地引导的话，将直接导致社会风险的放大效应及负面影响。例如最近湖北地区的洪涝灾害使得湖北人民损失惨重，网络上就出现了大量评论修建三峡大坝是一个历史性的错误，对于这样的舆论监督，媒体如果不采取正确、及时的措施引导舆论走上正确的轨道，政府在民众中的信用将会大大降低。

（二）政府发布信息面临新要求

政府行政行为是否合法，取决于事实和法律，而媒体有时候会歪曲事实，新传媒相较于旧传媒，其舆论监督权放人，且改变舆论发布方式监督更及时，在此背景下，政府的每一项行政行为都需做出充分的合法性论证。新媒体环境下，信息量呈爆炸式增长，往往针对同一事件会有截然不同的报道，这就要求政府需要快捷、准确、有引导性且需大力消除有害信息。

（三）政府行政执法负面形象被放大

新闻舆论工作者感情表达失当与网民的非理性思维相结合，极易高倍放大行政执法的负面影响，进而造成其后行政执法困难重重，甚至造成抗法事件发生，实践中屡见不鲜的“城管打人案”、“强拆案”很好地说明了新传媒对政府行政执法负面形象的放大作用。

综上，新传媒背景下，政府在提高依法行政能力的同时，其行政执法面临着舆论的负外部性，具备超媒体性、超时空性、交互性及融合性等特征的新传媒对政府来说既是机遇、亦是挑战，如何迎接挑战，依法行政是关键。

三、新传媒背景下政府如何依法行政

新传媒背景下，政府应坚持依法行政，与舆论监督形成良性互动关系，促进社会和谐。

---

①陈力丹：传播学是什么?，北京大学出版社，2007年版，第159页。

（一）提高执法水平，改善政府形象

1.政府要正确对待舆论监督。首先，各级政府应积极认识舆论监督对政府工作的重要性。实践中，新媒体曝光了政府部门的某些不良现象，一定程度上损害了政府的短期利益和局部利益，但政府如果认真对待，便会树立政府的良好形象，维护政府的长远利益和整体利益。其次，政府应积极引导舆论监督的良性发展。新传媒背景下，许多新闻媒体盲目追求所谓的轰动效应，造成了恶劣的社会影响。其实，新闻媒体监督应把握一个基本原则：舆论监督并非毫无约束，而是在正视社会问题的基础上，分析问题、解决问题，推进社会健康有序发展，这是政府引导新传媒走向规范化、制度化、法制化轨道的必要前提。

2.提高执法水平，改善执法理念。新传媒放大了政府及其执法人员执法理念偏差、执法人员素质不高的问题，为有效解决以上问题，首先，行政机关应切实转变执政理念，积极提高执法水平，严格依法办事，建立高效、廉洁、勤政、务实的政府。其次，执法人员要努力提高自身素质，树立以人为本的执法理念，做到便民高效。继公司营业执照、组织机构代码证、税务登记证“三证合一”制度推行以来，政府又积极推动“五证合一”制度是政府及其执法人员执法理念转变的重要体现。

3.完善政府执法机制，规范政府执法方式。针对新传媒暴露出来的政府权责不清的问题，政府应当由分散执法、多重执法向综合执法转变，清理政府各部门交叉执法现象，建立集中、联合性的执法管理体制。同时，健全行政执法主体资格制度。新传媒暴露出的执法主体混乱已成为常态：城管工作中的“协管员现象”、房屋强拆案件中公安部门的不合理介入等问题，实践中要严格按照全面推进依法治国行政实施纲要的规定，规范行政执法主体资格。

4.完善内部管理制度，健全监督制约机制。当前关于行政执法监督部分的规定，仅有行政许可法、行政处罚法、公务员法等法律规定，且规定不完整，可操作性差。在现有党内监督、人大监督、司法监督、政府法制监督的前提下，充分发挥新闻舆论的监督功能，让全社会参与对行政执法的监督，确保权力在阳光下运行，建立立体化、网络化、全方位的行政执法监督体制。

5.引导新传媒，提升自身素质。首先，政府可以利用新传媒充分了解民情民意，有针对性地宣传法律法规，实现行政部门与行政相对人的良性互动，有效改善执法环境。其次，政府部门通过与媒体打交道，不断改善自身素质，通过网络公开向群众征集意见和建议，在网民互动中发现自己的缺点与不足，从而有针对性地改正缺点，提高行政执法水平。再次，网络舆论有助于行政执法机关与社会大众良性互动，例如去年黑龙江省某监狱罪犯越狱案，在广大网民的积极参与下，逃犯最终在20个小时内落网，实现“官民互动”。

（二）加强与新传媒沟通，改善执法环境

1.主动开展交流与合作。政府行政机关在行政执法过程中主动配合媒体报道，加强与新闻媒体的沟通，通过媒体的渠道将政府政策和政府行为告知社会群众，努力构建透明政府、阳光政府。同时又要通过媒体及时获取群众的意见和建议，及时调整政策倾向，以更好地为民服务，依法行政。

2.创建两者互信关系。对行政机关来说，需要不断提高执法的公开透明度；对新闻媒体来讲，需要针对行政相对人潜移默化地熏陶他们的法律意识和程序意识。通过二者共同努力建立良好的信任关系，促进政府依法行政，不无裨益。

（三）加强新传媒建设，完善舆论监督体系

1.坚持原则，做好舆论。首先，政府部门要从经济和社会发展的大局出发，结合民主法治建设，创新舆论监督的方法。其次，做到实事求是。新闻舆论监督需做到真实准确、客观公正。例如，对于5年前温州动车事故的报道，如何让民众对政府就此事件的处理充满信任，实事求是至关重要。

2.将舆论监督与舆论管制相结合。缺乏监督的权力必然导致腐败，但新传媒的非理性监督亦需政府管制。新传媒背景下，行政执法的独立性往往受到干扰，新传媒收集信息和言论表达的自由以及对行政执法机关进行批评报道的权利不能成为侵害行政执法独立的理由，对此，应从立法层面对新传媒监督的主体、对象、方式、介入时间、法律责任等方面进行明确规定，防止新传媒权力的滥用。

四、结论

在新传媒背景下，政府通过不断提高执法水平，改善政府形象；加强与新传媒沟通，改善执法环境；加强新传媒建设，完善舆论监督体系等措施，是能够与新传媒建立良好的互动关系的，二者的结合有助于法治文明及和谐社会的建设。

参考文献

［1］陈力丹.传播学是什么？［M］.北京：北京大学出版社，2007.

［2］钟丞.地方行政执法与舆论监督关系浅探［D］.河北：河北师范大学，2010.

［3］林颖锋.新媒体环境下我国新闻舆论对行政权力监督研究［D］.广东：中山大学，2010.

[4] 夏源.新媒体政府规制研究［D］.浙江：浙江大学，2015.

[5] 胡肖华，谢忠华.论宪政维度下新闻传媒与政府的关系［J］.云南行政学院学报，2010（2）.

[6] 山雪艳.动因、机理与成效——新媒体对县级政府依法行政的作用力［J］.湖北科技学院学报，2014（2）.

[7] 龚秋源.刍议基层依法行政的现实问题与解决之道［J］.科学时代，2015（2）.

浅析律师通过个案参与立法的实践经验
——一件行政诉讼案引发的法规清理活动

云南微行律师事务所　周凤清

内容摘要：法律、法规的清理、整理规范行为其实也是一种立法行为。律师通过个案参与法规清理活动，从而对法律、实际判例、各种规则等作出实际影响，律师界应当推动律师参与法律、法规清理，以提高律师在立法中的影响力。

关键词：防雷装置设计审核　上位法　下位法　法规清理　个案　立法

引　言

2016年6月24日国务院发布国发〔2016〕39号文件《关于优化建设工程防雷许可的决定》，决定“将气象部门承担的房屋建筑工程和市政基础设施工程防雷装置设计审核、竣工验收许可，整合纳入建筑工程施工图审查、竣工验收备案，统一由住房城乡建设部门监管，切实优化流程、缩短时限、提高效率。”至此，历时三年有余，由一件行政诉讼案件引发的法规、规范性文件的清理活动以胜利告终，笔者有种“守得云开见月明”的释然。

一、裁判依据及结果

（一）案情简介

某房地产开发公司（以下简称“地产公司”）建设的住宅项目已办理各项行政审批手续，依法取得各项行政许可证书。项目施工图设计文件（包含防雷装置设计）经住房和城乡建设局（以下简称“住建局”）审查合格，颁发《建筑工程施工许可证》。2011年9月，该住宅项目经竣工验收被评为优良工程，交付业主使用。2012年5月，气象局以“住宅项目未办理防雷装置设计审核行政许可”为由，对地产公司作出行政处罚。

气象局在其辖区内对未向申请其办理防雷装置设计审核的建筑工程大量作出行政处罚，地产公司认为气象局作出行政处罚没有法律依据，考虑通过司法途径处理此事。由于案件背后牵涉部门、行业利益，涉及众多行政相对人的利益，因此，本案引起较高社会关注度。笔者作为地产公司的代理人，参与了一场旷日持久的法规、规范性文件的清理活动。

（二）行政复议裁判依据及结果

2012年7月，地产公司向市政府提起行政复议，将气象局列为被告，请求撤销行政处罚决定；并将住建局和某建设工程施工图审查中心（以下简称“审图中心”）列为第三人，意在由审图中心从技术层面证实：在住宅项目施工图设计文件中已包含防雷装置设计，由审图中心审核通过出具《施工图设计文件审查合格书》；且建筑物的防雷设计是工程设计的一部分，不可分割，若由气象局单独对建筑工程的防雷装置设计进行审核，这在技术上是无法操作的。

市政府作出维持行政处罚的复议决定，认为：根据《国务院对确需保留的行政审批项目设定的行政许可的决定》（国务院令第412号）的规定，气象局是适格的防雷装置设计审核行政主管部门，有权作出气象行政处罚决定。

（三）行政诉讼裁判依据及结果

地产公司提起行政诉讼。法院驳回地产公司请求撤销行政处罚决定的诉请，认为气象局属于法律法规授权的防雷装置设计审核的行政管理机关，有权对辖区内的建筑物防雷装置设计审核 、检测及相应处罚等管理事项进行裁决处分。

根据我国气象法第31条的规定“各级气象主管机构应当加强对雷电灾害防御工作的组织管理，并会同有关部门指导对可能遭受雷击的建筑物、构筑物和其他设施安装的雷电灾害防护装置的检测工作。”法院“由此判断”（引自行政判决书）：防雷装置设计审核属于雷电灾害防御措施及相关活动范围事项，相应行政管理职权依法应由气象局行使。

二、法规、规范性文件之间存在冲突

笔者分析出现前述判决的原因如下：

（一）法院对法律、法规的扩大解释

我国气象法第31条规定的主文是由气象部门指导防雷装置的检测工作，却被法院解释为：气象部门有权对防雷装置设计进行审核。这一扩大解释有悖于我国行政处罚法的规定，行政处罚的实施主体应当在法定的职权范围内实施。行政主体的法定职权是由法律直接赋予的，而不是由法院“由此判断”而来的。

同时，根据国务院令第570号《气象灾害防御条例》第23条规定：“对新建、改建、扩建、建（构）筑物设计文件进行审查，应当就雷电防护装置的设计征求气象主管机构的意见……” 法院认为防雷装置设计由气象部门进行审查管理。行政法规明确规定，对防雷装置设计文件进行审查时应当征求气象部门意见，并没有规定气象部门有权对防雷装置设计文件进行审核。新建建筑物设计文件的审查管理部门是住建部门，由该部门就防雷装置的设计征求气象部门意见。但法院直接将“征求意见”认定为气象部门对防雷装置设计文件有审核权。

（二）法规、规范性文件之间存在冲突

某市雷电灾害防御管理办法确实规定了气象部门有权对防雷装置设计进行审核；同时，2004年6月发布《国务院对确需保留的行政审批项目设定的行政许可的决定》（国务院令第412号）第378项规定：由县级以上地方气象部门负责防雷装置设计审核和竣工验收。但2010年4月1日起施行的《气象灾害防御条例》（国务院令第570号）第23条规定，就雷电防护装置的设计征求气象主管机构的意见，而不再由其审核。这一变化是显而易见的。从法律、法规实施的时间上讲，新的规定与旧的规定不一致的，适用新的规定；从法律层级而言，下位法服从上位法。况且，《国务院对确需保留的行政审批项目设定的行政许可的决定》（国务院令第412号）仅为规范性文件，不属于行政法规。

作为下位法的某市雷电灾害防御管理办法第26条规定与上位法的《气象灾害防御条例》（国务院令第570号）第23条规定产生冲突，根据我国立法法的规定，下位法应当服从上位法，故下位法应作出修改。

（三）确实存在部门、行业利益之争

由于存在巨大的行业利益，才引得各部门争夺审核权。防雷工程属于特殊的行业，其设计水平、工程质量直接关系到建筑防雷效果，关系到建筑安全及公共安全，规章制度较为繁琐，部门职责交叉、重复监管较为严重，增加了行政相对人的办事成本。

鉴于上述三点原因的考量，以及顾及众多行政相对人的利益，地产公司决定不再上诉，而是走上了法规清理或立法的漫漫长路。律师参与起草建议书，通过市级和省级住建部门分别向市政府、省政府法制办公室递交建议书，指出地方性法规与上位法存在冲突，并建议气象部门不再单独就防雷装置设计进行审核，将该项审核并入住建部门的建设工程施工图审查一并进行；由省级住建部门将建议书上报住建部，再由住建部上报国务院，建议对2004年6月发布《国务院对确需保留的行政审批项目设定的行政许可的决定》（国务院令第412号）第378项规定进行清理，使之符合法律规定。三年后，随着国务院国发〔2016〕39号文件《关于优化建设工程防雷许可的决定》的发布，防雷装置设计审核之争终于尘埃落定。

三、律师参与法规清理的优势与作用

法规的清理、整理行为其实也是一种立法行为，立法参与应该充分扩展到律师参与的诉讼活动中，律师可以通过个案抓住确立法律规范、清理法规的机会，或者就某一实务问题提供通向顶层立法的上行通道。

律师参与法律、法规的清理、整理活动具有如下的优势：

（一）规避部门、行业利益对法律法规的影响

法律法规通常是各种利益平衡、妥协的最终结果。在地方立法和政府规章制定的实践中，多年来形成由职能部门起草、立法主体批准通过的程序，使得一些法规、规章容易滋生部门、行业利益。而律师参与立法，能够处于中立的立场，在一定程度上规避地方利益、行业利益之争等问题。律师是具备专业技能的法律工作者，仅在委托中维护当事人的利益，而在立法及法律法规清理活动中，并不代表任何部门与行业利益，具有超然的居中特性。律师可以从个案等法律活动中，敏锐地发现法律法规中存在的各种利益之争，能够以中立的眼光探寻公正的解决方案。律师职业具有一定的独立性，不受各种利益的干预，可以站在公允的立场，客观地平衡立法中触及的各种利益，以确保立法及法律法规清理的客观性与公正性。

（二）律师具备法律专业技能

立法及法律法规清理是一项专业性极强的工作，需要参与人具备较强的专业技能。而律师具有法律操作与应用实践方面的经验，律师了解法律实施和执行过程中的具体情况，律师对立法缺陷具有更强的洞察力，容易从源头上避免立法缺陷，使法律操作性更强。因此，律师的职能不仅在于运用规则，更在于参与制定规则。

律师通过个案参与法规清理或立法具有提高律师社会地位的作用。律师能够通过个案引发法规清理乃至立法时，民众对法治运行的信心也会随之提升；律师更多地参与法规清理或立法，意味着法律从顶层走到普通人生活的细节之中，民众对法律的认知也会从与空洞条文变为随时影响切身利益的真实案件。在顶层的立法机构或者是民众层面，律师社会影响力增强，社会地位也将随之提高。

四、律师参与立法的方式与途径

（一）律师以各级人大代表、政协委员的身份直接参与立法和提出建议，通过"提案"来推进立法

各级人大代表可以直接参与地方或全国的立法调研、起草、审查等工作。例如：全国人大代表陈舒律师受邀列席全国人大常委会对物权法草案的审议，提出了房屋和土地应实行统一登记制度，以减少当事人重复登记成本，提供查阅便利的修改建议，最终得到了立法机关的采纳。

（二）作为政府法律顾问参与立法

政府在出台地方法规、部门规章之前，通常会征求法律顾问的意见和建议，这时律师可以直接参与地方立法。

（三）以律师协会的名义参与立法

近年来，全国人大法制工作委员会等立法部门，先后就物权法、劳动合同法、国家赔偿法等多部法律、法规和司法解释草案通过全国律协征求律师意见，并有多位律师直接参与了起草工作。

（四）通过“个案”来促成立法

当上述几种参与立法的渠道都不畅通时，律师仍然可以通过“个案”来促成立法。律师经办的“个案”有可能会影响法治的进步，通过“个案”来发现立法、司法的问题，乃至发现法理的问题；律师通过“个案”找到“类案”，通过总结“类案”，发现共性，找到律师介入立法的方法，找到一种路径，从必要性提升到操作性，找到立法的操作性和可行性。

律师要争取参与到一个具体的法律，甚至一个条文的制定或修订中去。律师参与立法的价值追求在于：尽管律师力量单薄、声音弱小，然而律师的努力仍在步履蹒跚地推动法治的进步。

结　论

律师作为实践性较强的职业群体，应该发挥在个案中的立法价值，法律、法规的清理、整理规范行为其实也是一种立法行为。律师通过个案对法律、法规、实际判例、各种规则作出实际影响，律师界应当推动律师参与法律、法规清理活动，以提高律师在立法活动中的影响力。

参考文献

[1] 张正乾.律师与立法［M］.北京：法律出版社，2007.

[2] 王中华.当代中国律师参与立法的途径、制约因素及其完善机制研究［J］.青岛科级大学学报（社会科学版），2011（3）.

[3] 石东坡，余凡.论“后体系时代”律师的立法参与问题［J］.法治研究，2013（2）.

[4] 尹志金.执业过程中的律师立法参与［J］.中国律师网，2015（3）.

[5] 刘桂明.律师参与立法的路径在哪里［R］.第二届“国浩法治论坛”上的演讲，2014（12）.

律师在规范行政执法工作中的作用

新疆正嘉律师事务所　胡志翔

内容摘要：律师在民主法制的影响下产生，是实现依法治国不可缺少的力量。民主法制通过依法行政实现，是依法治国的具体方法。律师在社会主义法律的实施中发挥着重要作用，在依法行政中有着重要功能，律师与依法行政存在着密不可分的内在联系。本文针对律师与依法行政之间的关系，当前律师在依法行政工作中发挥的作用、情况、产生的问题展开研究，并提出几点建议，希望能对强化律师在规范行政执法工作中的作用有所裨益。

关键词：律师　行政执法　规范作用　问题建议

一、律师与依法执政的关系

（一）律师和依法行政都与依法治国有着密不可分的关系

律师在我国的依法治国工作中发挥着不可缺少的作用。在如今，没有律师的国家，对实现法治社会将无从谈起，如果没有完全发挥出律师作用，那国家的法治就会出现诸多问题。依法行政是依法治国工作中十分关键的一个环节，是依法执政的具体措施。

（二）律师和依法行政具有相同的目标

二者均希望以依法律办事的方式，维护国家利益、集体和个人合法权益不受侵害，为社会公平公正保驾护航，实现依法治国的目标，努力构建一个民主、文明、和平安定、富强的社会主义强国。

二、律师在规范行政执法工作中的作用

（一）律师参与行政立法，促进政府依法行政，在立法方面保证立法工作具有科学性和规范性

要想实现行政执法工作的规范化，必须要先构建一个完整、科学、合理的法律体系。鼓励律师参与行政法律法规的起草和制定并提高参与度，这有利于立法技术和实践操作问题的妥善解决，同时保证依法行政具有行政精神，然后严格按照宪法、法律的规定，制定出与我国国情相符合，具有实效性的法律。

以律师参与行政立法工作的方式，做到与现有法律不冲突且具有统一性，还能使新的行政法规与政府行政的精神相一致，达到构建法治政府的要求。

（二）律师参与政府部门重大行政决策并列席会议，为政府决策进行风险评估工作，给政府行政执法工作的规范化提供帮助

政府的管理工作中总是会难以避免的面临种类繁多的法律问题，当政府部门进行重要决策时，要兼顾决策的合法性与决策对行政机关内部审查制度的遵守，符合法律实体，而此时，政府的重大行政决策也对律师提出的建议和方法有很大的需求。

（三）律师提供律师建议对规范行政执法工作具有推动作用

在律师执业和办案过程中我们经常会发现政府部门存在“缺位”和“越位”的问题，对此律师若能从法律角度出发，结合自身法律工作经验给政府部门提供具有建设性的建议与看法，为政府规范行政执法工作的不断完善提供力量。律师还可以对改革发展进行研究，在发现新问题时采取各种方法向行政机关进行反馈并提供研究报告、作出律师建议，推动行政执法工作规范化更好的发展。

三、律师参与规范行政执法工作的现状

律师的社会职责在我国法治建设进程的不断推进中逐渐扩大，从最初的打官司、顾问及代办等具体业务向律师参政议政、参与立法、提供公益性法律服务等更高领域发展，这一发展走向促进了依法行政的顺利开展、实现。如今，越来越多的政府及各级行政机关聘请律师为其进行法律服务，从中可以看出律师在规范依法行政执法工作中的参与度非常高，但是还远远达不到国务院全面推进依法行政实施纲要的要求，还要不断努力推进。根据我国依法行政的现状，律师参与规范行政执法工作仍然有许多问题，主要有：

（一）政府不规范的执法方式与“排外”的工作思路降低了律师参政议政热情

就目前的情况来看，部分政府部门人员在进行执法工作时缺乏严格性，没有严格遵守法律、法规、规范性文件的要求，具有很强的主观随意性；行政执法方式过于简单，经常用感情处理问题，没有按照一定的程序展开工作，也没有进行有效的沟通工作；不欢迎甚至排斥律师参政议政、参与规范依法执政工作，认为律师会给政府的执法工作带来不利影响。政府的这种“不信任”很容易给律师一个消极的暗示，从而使律师参政议政的积极性和热情度大大降低，从而在参政议政方面开始产生不作为的消极思想。这样的一个消极反应链的恶性循环于政府于律师于整个社会来看都是极为不利的，因此，如何提升律师参政的积极性，政府在规范自身行政思路和执法工作方面必须下功夫。

（二）律师的职责范围不明朗与参政地位的被边缘化

参政议政是律师参与规范依法执政工作最便捷、重要的方式之一，但是一些律师对参政议政的热情不足，认为这是政治活动，不在其职责范围内，殊不知这正是自己的分内之事，这也是律师参与到治理国家中去的公民基本的责任与义务，而国家和政府对于律师参政议政的“职责”似乎也并未进行强制要求和规定，导致律师的参政议政的职责范围始终不明朗；另一方面，由于律师在我国具有很强的社会地位意识，他们在的执业过程中很容易被一些部门歧视、刁难，由此导致与政府及相关参政人员的冲突和矛盾，甚至造成律师的心理自卑和厌政倾向，而律师的这种参政地位的被边缘化现象在较长一段时间内不但没有好转的迹象，反而给相当一部分律师造成了参政的心理阴影；此外，由于上述的各种原因，部分有条件参政议政或已经在这一行列的律师，受之前参政的心理阴影等消极因素的影响，对这一工作开始失去热情，没有了主动性、积极性，敷衍了事。因此，如何明确律师的职责范围与改变其参政地位被边缘化的现象在改善律师参政问题的解决中必须加以考虑。

（三）缺乏科学完整的律师参政议政规章制度与体系

大部分情况下，由于部分政府官员放不下身段，在与律师进行参政议政问题的沟通时，往往持以一种高高在上的姿态，其不愿意与律师进行平等交流的态度常常导致他们之间的沟通难度非常大，这将直接影响到双方交流和沟通的效率和效果，而在目前的条件之下，我国并没有建成科学完整的律师参政议政规章制度与体系，一些关于政府如何与律师进行深层次的沟通和对话的体制和规范并没有建立，关于全党政机关法律顾问、公职律师制度国有企业法律顾问、公司律师制度等规范制度还需要进一步健全，律师参政议政问题只有在一个科学完整的律师参政议政规章制度与体系下才有可能得以解决。

四、关于律师参与规范行政执法工作问题的解决建议

（一）思想上加强相关参政主体对于新政策和新方向的认识，提升其政治敏感度

对于目前国家倡导的法律顾问制度和公职律师公司律师制度，相关参政主体要明确其指导思想、基本原则和目标任务等方面的内容。一方面，对于政府工作人员来说，特别是上层领导，必须在思想上树立官本位的态度，始终坚持“权为民所用，情为民所系，利为民所谋”的为人民服务的宗旨，坚持广大人民在法律面前人人平等的法制规则，严肃执政，合理执政，依法行政，在与律师讨论相关政治问题时，要尊重其参政权利与地位，给其一定的参政空间和发言权。另一方面，广大律师也必须加强法律意识，提升思想方面的认识。坚持把

宪法和法律作为自己工作的准绳和依据，牢固为树立公平正义的和谐社会而工作的思想，同时必须时刻以一个责任人的身份主动积极地参加到依法行政的事务中去。

（二）提升律师综合素质，努力向新形势下法律顾问制度和公职律师公司律师制度规定的律师参政要求靠近

对于广大律师来说，首先应该从提高其政治觉悟着手，不断提高他们的政治素养，这就需要让他们对依法行政从一般认识提升到理论高度，从而更好地让他们深刻认识政治与法律的关系，并在此基础上理清律师与政治的关系。因为从目前律师行业律师的整体素质来看，相较于政府这样的行政执法机构而言，他们在业务水平方面，素质是相当高的，但就政治素质来看，他们则远远赶不上政府的行政队伍，同时这也很好地解释了为何律师很少进入参政议政的行列。从现实情况来看，相当一部分律师都还算不上一个真正的"从政人员"，甚至一些在行业内赫赫有名的律师也是同样。不少律师对于律师应该涉猎政治内容或者精通政治常常持怀疑和反对的态度，这是由于他们长久以来对于美国律师是很崇拜的，并常常因此把美国律师的某些做法奉为圭臬。但事实上，美国的律师其实对政治是最精通的，而且往往是民主和霸权政治兼通，这与其特殊的国情显然是有很大关系的，而对中国律师来说，也应具体情况具体分析，毕竟中国的国情不同于外国，不可以做一个打着"政治和法律"的幌子赚钱的工具，至少，一个了解和熟悉政治的律师，既具有当总统的潜质，又有做领导的政治素质，再不济，他也一定是个更加明辨是非和讲道理的好律师，这就像现在的"十字形"人才，对于那些只懂打基本官司的律师，则永远无法有很多的机会真正融入政治圈。为此，对于律师来说，需要不断提升自己的洞察力和政治觉悟，律师事务所按照党的要求不断完善基层组织，定期开展各种专题讲座和培训不断提升律师的政治敏感度。

同时，广大律师需要明确的是在国家不断完善相关制度为其营造良好的参政议政的制度背景和环境下，他们也需要提高自身参政的能力，严格按照法律顾问制度和公职律师公司律师制度中对法律顾问的要求提升自己各方的素质和参政议政的信心，以主人翁的姿态更好的参与到治理国家的行列中去。

（三）建立和完善相关长效协调系统，切实加强对律师参政议政工作的组织领导和有效管理

根据《关于推行法律顾问制度和公职律师公司律师制度的意见》的相关要求，党内法规工作机构、政府相关部门及国有企业，需要分别负责本单位法律顾问、公职律师、公司律师的日常业务领导和管理工作，同时还要承担对具备

律师顾问资格的工作人员进行审核等工作。因此，政府在面对《纲要》曾对建成法治政府目标达成最终期限的时间短、任务重的双重压力时，切不可自乱阵脚，需要明确的是，建成法治政府目标的达成依赖的是多方面力量的协调与配合，这期间律师则是一个相当重要的主体，因此政府在达成这一目标的过程中，必须建立一个协调、沟通的平台，同时辅以必要的相关规定，以保证一个长效机制的长期建立，同时，党内及国有企业在本单位和机构内也同样需要对律师参政议政工作的领导和管理切实负起责任，最终建立一个多方互动协调、执行顺畅的长效协调系统。

(四) 赋予律师"特权"，完善关于律师参政行政的追责制监督方式

按照上文提到的《意见》要求，对应当听取律师的意见而未接受，应当请律师参加重大会议而未实行，由此造成一定损失及各种消极影响的，相关机构的主要负责人应被依法追责。同时，为了激发律师参与我国依法治国的热情与积极性，可以尝试利用立法方式，赋予律师对司法及行政等国家机关的监督权这一项"特权"。一方面，这可以在公权和私利之间形成一个恰到好处的制衡，同时，这也可以很好地改善目前我国律师在社会中相对劣势的处境；另一方面，这一举措有助于增加律师对参政议政的自信与热情；最后，这对司法和行政官员腐败行为将起到很好的监督作用，这将大大促进我国依法行政目标的实现。

结 语

律师作为社会主义事业的建设者，要以第十八届中央委员在中共中央关于全面推进依法治国若干重大问题的决定中提出的关于依法行政，构建法治型政府的全面部署为依据，明确我们作为法律工作者的责任与义务，为规范行政执法工作提供一分力量。

参考文献

[1] 周维珩.行政执法与律师服务关系探析［J］.今日财富，2010，07：216-216.

[2] 王训伟，卢娟.造就一支以公职律师为带头人的高素质行政执法队伍［J］.工商行政管理，2012，09：33-34.

西部律所如何布局“一带一路”法律服务市场

酒泉阳关律师事务所　郎　平　袁世武

内容摘要：我国自十八届四中全会提出全面推进依法治国总目标以来，又提出要加快建设法治政府进程，为保证“依法治国”和“深化改革”并驾齐驱，2015年3月，提出了“一带一路”①的经济发展战略，沿线圈定18个省份，其中西部地区省份占到九个。经济的有序发展需要良好的法治保驾护航，要稳扎稳打实现“一带一路”战略，律师的法律服务不可或缺。可见，“一带一路”战略的推进为律师服务市场带来了机遇。但是，西部律所如何布局“一带一路”法律服务市场，是有力把握“一带一路”战略机遇的关键。本文深入分析了当下西部地区法律服务市场中面临的问题，以“一带一路”战略对西部律师服务行业的影响为切入点，为西部律所该如何布局“一带一路”法律服务市场提供可行性的建议。

关键词：“一带一路”战略　法律服务市场　西部律所

一、西部律师服务市场的发展现状

西部地区内众多少数民族杂居，形成了独特的地域文化和民族文化，文化认同广泛，这种文化认同决定了西部地区本土律师的优势是其他地区乃至发达地区律师不可替代的。但是，西部法律服务市场长期以来由于受到经济、历史文化、地理环境等因素的制约，目前，西部地区律师服务市场的发展面临以下问题：一是本土化优势过度发展，导致大部分资深的本土律师普遍受理的都是本地区当事人的涉诉案件，受案范围过窄，知识产权类案件、涉外案件由于案件难度高，专业化、团队协作性要求较高，小规模的律师事务所难以承载，大规模的律师事务所又寥寥无几，加之本土律师几乎受理的都是本地区的案件，很难接触到专业性要求高的涉外案件、知识产权案件等，而且在西部地区能够办理此类案件的律师更是屈指可数，导致此类案件呈现出从西部地区“走出

---

① 2015年3月，国家发改委、商务部、外交部联合发布《推动共建“一带一路”的愿景与行动》，沿线圈定的18个省份中，其中西部地区分别是新疆、陕西、甘肃、宁夏、青海、云南、广西、西藏、重庆，沿海地区分别是北京、上海、广东、福建、浙江、海南，东北的黑龙江、吉林、辽宁三省。

去"的趋势。二是人才流失现象严重。大量的西部优秀律师"东南飞"，扎堆在北京、上海、广州、深圳等经济发达城市，造成东部律师"过剩"，反而西部地区律师呈现出年龄断档严重，人员结构布局不合理的局面，甚至严重缺乏高素质的法律后备人才，这一发展趋势已经严重影响到西部律师服务行业的可持续发展。三是由于信息不对称，在一定程度上造成了司法资源的浪费。在西部地区律师受理案件均采取"进门服务"的被动服务模式，也未充分利用网络平台，为当事人提供高效便利的服务，更有部分县城的老百姓不知道如何打官司，导致其合法权益无法得到及时维护。

二、"一带一路"战略对西部地区法律服务市场的影响

2015年3月，提出了"一带一路"[①]的经济发展战略，沿线圈定18个省份，其中西部地区省份占到九个。"一带一路"经济发展战略的建设，是以政策沟通、设施联通、贸易畅通、资金融通、民心相通的"五通"为建设重心，将涵盖26个国家和地区的44亿人口，占世界人口的63%，产生21万亿美元的经济效益，占世界经济总量29%。根据2015年初民生宏观研究院报告显示，各地方"一带一路"拟建基础设施投资规模已经达到1.04万亿元，主要包括重庆、宁夏、云南、广西、陕西、甘肃、青海、新疆、福建等省市，具体项目主要年以铁路、公路、机场为主，占到全部投资的68.8%；跨国投资规模约524.7亿美元，主要集中在中亚、南亚等地区，更多以能源、铁路、公路等基础设施为主。"一带一路"战略对律师服务行业的需求为律师服务市场的发展带来了机遇，尤其对西部地区影响巨大。

为保障和推进"一带一路"战略，法律服务市场被进一步细分，一是对公职律师、政府法律顾问的需求，主要为政府制定有关政策措施提供法律意见，防范法律风险，提高决策水平。二是对基础设施重大工程项目建设的法律服务需求。一方面律所应该组织和引导律师围绕交通、能源、通信等基础设施重大工程、重大项目的立项、招投标等活动，提供法律尽职调查服务，并参与合作工程、项目的谈判、合同文本的起草等，在防范投资风险的同时，严把合同订立的法律关；另一方面，律师要在处理基础设施建设过程中发生的合同纠纷中起到积极引导、及时协助、妥善处理的作用，以便维护中外企业的合法权益。三是对涉外业务专业化的法律服务需求。"一带一路"战略的跨国活动主要体现

① 2015年3月，国家发改委、商务部、外交部联合发布《推动共建"一带一路"的愿景与行动》，沿线圈定的18个省份中，其中西部地区分别是新疆、陕西、甘肃、宁夏、青海、云南、广西、西藏、重庆，沿海地区分别是北京、上海、广东、福建、浙江、海南，东北的黑龙江、吉林、辽宁三省。

在投资贸易合作和资金融通两个方面，因此，一方面要组织律师积极为国际货物贸易、服务贸易、知识产权国际保护等提供法律服务，同时要为跨境电子商务、新能源等新兴产业领域发展提供法律服务；另一方面，要为“一带一路”战略推进的资金融通提供从风险防范到保险理赔全方位的法律服务。除此之外，可能还会涉及涉外刑事案件等。

西部地区在“一带一路”战略推进中所占省份之多，是经济建设的重点，尤其对基础设施重大工程项目建设、政府部门对律师的需求、涉外业务的剧增。可见，“一带一路”战略的推进，不仅拓宽了西部地区法律服务市场的服务范围，使西部地区的法律服务市场由大众化的法律服务开始向专业性要求高的涉外领域拓展；另一方面，将西部地区律师个人能力、团队协作意识提到了一个新的高度。总之，“一带一路”战略的推进，将促使西部地区法律服务市场逐步向律师队伍的专业化、法律服务范围的扩大化与法律服务方式的多元化的发展模式转变。

因此，当下要想借助“一带一路”战略的经济发展势头，突破西部地区律师事务所本土化发展趋势的固有模式、人才流失、信息不对称的困境，西部律所必须针对西部地区的具体情况，合理布局“一带一路”法律服务市场，对西部的法律服务市场的布局做好规划与引导。

三、西部律所如何布局“一带一路”法律服务市场建议

第一，西部地区各律所应该积极搭建西部地区与经济发达地区律所之间的合作平台。该合作平台的搭建将助于缓解西部地区律师业务发展滞后的矛盾，弥补西部地区律所规模小、律师专业化程度不高的缺陷，逐步实现西部律师和东部律师应当平衡发展的法制发展要求。因此，要想保障此平台的良性运转，经济发达地区的律师事务所应协助西部律师解困，而西部地区的律师事务所必须督促当地律师加强学习，尽可能在经济发达地区律所的协助下，共同承办专业化要求高、团队协作能力强的知识产权业务、涉外业务等业务。例如，西藏的珠穆朗玛律师事务所是一个以藏族律师为主的律所，事务所的15名律师中，有5名是获得美国法律硕士学位的优秀涉外律师，在各类诉讼和商事非诉讼，包括涉外业务领域，他们为拓展律师业务领域，加大了对知识产权业务的关注度，如对藏药配方、传统壁画版权等领域的深入探讨，2015年5月16日，加入了中国德和精品律所联盟（ECLA）[①]。ECLA是律所合作平台搭建的典范，这将为西部地区与经济发达地区如何搭建合作平台提供指引。

除此之外，应该全力培养“支点城市”的法律服务市场，确定西部法律服务市场中的“支点城市”[②]，将该城市作为提供法律服务的重心，同时加强该城市中律师事务所与其他周边城市律师事务所的合作交流，联合各律师事务所力量，利用资源优势提高跨境服务的办案能力，拓宽西部法律服务市场的服务范围。例如，在某项涉外法律业务由于专业化、精细化要求高，西部地区的律所无法单独完成时，应该加强与经济发达地区律所的合作，这样，不仅为走出去、走进来的当事人提供了优质的法律服务，同时提升了本土律师的业务素质。

第二，各律所一方面对律师的培养要实行“走出去”与“引进来”相结合的模式，确保西部律师服务行业的可持续发展，另一方面，要制定涉外法律人才培养计划，储备涉外法律人才，弥补涉外律师的缺口，遏制涉外业务被外国律师拿走的发展势头。目前，我国律师队伍的人数达到27万余人，北上广的律师近7万余人，占全国律师总数的四分之一，这些地方的律师专业化能力强，并且国内大部分优秀涉外律师及外国律师事务所办事处都集聚于此，其中，上海有海外留学背景的本土律师达4000余人，被正式纳入涉外高端法律人才库的已经超过100人。而“一带一路”沿线18个省市中，西部地区占到一半的省份比重，但是执业律师总人数合计却不足4万人，拥有海外留学背景的律师更是凤毛麟角，而涉外高端法律人才库几乎无西部律师的一席之地。以甘肃为例，截至2015年年底，甘肃大约有律所282个，律师2433个，100人以上的律所屈指可数，除兰州个别较大的律所对受案业务进行了专业化划分，包括设立涉外业务部门，其他地区的律所由于受到经济发展因素、律所规模、案件来源等因素的制约，知识产权业务、涉外业务几乎成为这些律所的法律服务业务的“盲区”。为保障和推进“一带一路”战略的推进，当下必须加快我国西部地区急需的法律人才、特别是律师人才的培养，提高西部律师整体的专业化素养，为走进来走出去的当事人提供优质的法律服务。例如，对西部律师再教育的跟进，

① 中国德和精品律所联盟（ECLA）自2011年成立至今已有5年。作为一个初创型的组织，短短4年发展到拥有超过30家的境内外优质律所，超过3000名优秀律师，摸索出规范且前瞻的运营模式，建立起突破式的品牌口碑，业务交流活跃，协作平台的规模化效应明显，地域全覆盖和全球化布局是目前联盟新发展阶段中的重要工作。

② 中国人民大学重阳金融研究院2015年发布《推动贸易畅通、共建丝路繁荣：“一带一路”国际贸易支点城市研究报告》将“‘一带一路’国际贸易支点城市”定义为：“一带一路”沿线经济规模和国际贸易额较大，具备区位优势、开放性特征，带有杠杆、撬动、集聚、辐射等功能，在国际贸易中具有重要地位的城市。

鼓励西部年轻律师到东部学习，对西部律师行业实行特殊的补贴、税务政策、举办各种西部律师研讨班等等，遏制西部地区优秀律师“东南飞”的局面。

第三，创新法律服务模式，利用本土化律师服务的优势，构建多元化的法律服务渠道，提供便利及时的法律服务。“一带一路”战略的推进将会带动沿线省市经济的快速发展，但是新疆、青海、甘肃、西藏，由于特殊的地理环境和历史文化因素，律所的分布并不均衡，大部分律所都集中在省会城市，偏远市县几乎没有律所，导致律师的法律服务与法律服务市场需求出现空白地带。因此，一是要以“一带一路”经济发展战略的建设中的政策沟通、设施联通为导向，以为弱势群体提供公益服务的理念为指导，政府出台奖励政策，形成以精神奖励为主，物质奖励为辅的激励机制，各律所全面协助本所律师，为需要法律援助的当事人提供及时、优质的法律服务。例如，甘肃省司法厅推行的“法律服务直通车”活动，该活动以公益服务为指导理念，便利民众与律师的及时沟通，弥补了法律服务与法律服务市场需求的空白地带。二是借助“一带一路”战略的设施联通，将“面对面”的服务模式逐步向电话咨询服务平台、网络服务平台渗透，便利当事人，解决信息不对称问题。

结　论

目前，西部地区法律服务市场主要面临的三个问题：一是本土化优势过度发展，受案范围过窄，加之知识产权类案件、涉外案件由于案件难度高，专业化、团队协作性要求较高，小规模的律师事务所难以承载，大规模的律师事务所又寥寥无几，导致此类案件呈现出从西部地区“走出去”的趋势。二是人才流失现象严重，西部优秀律师“东南飞”，严重影响到西部律师服务行业的可持续发展。三是由于信息不对称，在一定程度上造成了司法资源的浪费。2015年3月推行的“一带一路”经济发展战略，致使法律服务市场被进一步细分，主要是公职律师及政府法律顾问、基础设施重大工程项目建设、涉外业务三个方面的法律服务市场需求。因此，西部律所必须针对西部地区的具体情况，借助“一带一路”战略的经济发展势头，突破西部地区律师事务所本土化发展趋势的固有模式、人才流失、信息不对称的困境。据此，对西部律所如何合理布局“一带一路”法律服务市场提出三点可行性建议：一是西部地区各律所应该积极搭建西部地区与经济发达地区律所之间的合作平台；二是各律所一方面对律师的培养要实行“走出去”与“引进来”相结合的模式，确保西部律师服务行业的可持续发展，更要制定涉外法律人才培养计划，储备涉外法律人才，弥补涉外律师的缺口，遏制涉外业务被外国律师拿走的发展势头。三是创新法律服务模式，利用本土化律师服务的优势，构建多元化的法律服务渠道，提供便利及时的法律服务。

参考文献

［1］陈宜．"一带一路"战略下律师行业的机遇与挑战［J］．中国司法，2016（3）．

［2］朱树英．中国律师服务"一带一路"战略的几个问题，中国律师网，网址 http://www.acla.org.cn/html/lvshiwushi/20151209/23797.html，访问日期 2016 年 7 月 3 日．

［3］法制日报．努力为"一带一路"建设提供法律服务和保障，法制网，网址 http://finance.sina.com.cn/sf/news/2015-11-26/093411620.html，最后访问日期 2016 年 7 月 8 日．

法治政府建设背景下律师法律服务的供给侧改革

重庆华立万韬律师事务所　陈　艇　邓多文

内容摘要：按照十八届四中全会依法治国、依法执政、依法行政共同推进，法治国家、法治政府、法治社会一体建设的战略部署，推进依法行政、建设法治政府是关键和核心。法治政府建设始于20世纪80年代，在这个过程中，律师已经发挥了重要的作用，取得良好成效。为了实现2020年基本建成法治政府的目标，各级政府对律师法律服务的需求将更为旺盛，这是不言而喻的。律师法律服务要更好地满足法治政府建设的要求，则需要在服务主体、内容、方式质量和机制等方面进行改革，也就是按照党中央和习近平总书记的要求，推进律师服务法治政府建设的供给侧结构性改革。

关键词：法治　政府建设　供给侧改革

一、供给主体改革

在服务政府法治建设的供给主体方面，1989年司法部颁布的《关于律师担任政府法律顾问的若干规定》，对担任政府法律顾问的律师并没有进行分类，1993年国务院批转的《司法部关于深化律师工作改革的方案》，提出了政府律师的试点要求，2002年司法部出台的《关于开展公职律师试点工作的意见》，开始探索具有中国特色的公职律师制度。从这一改革历程可以看出，法治政府建设的律师法律服务供给主体，逐步形成了社会律师和公职律师两类，其中以社会律师为主、公职律师为辅。①

为贯彻落实党的十八大和十八届三中、四中、五中全会精神，并在总结试点工作经验基础上，中央办公厅、国务院办公厅于2016年6月印发了《关于推行法律顾问制度和公职律师公司律师制度的意见》，积极推行党政机关法律顾问制度，建立以党内法规工作机构、政府法制机构人员为主体，吸收法学专家和律师参加的法律顾问队伍。这意味着，法治政府建设的律师法律服务供给主

①赵大程："在律师服务法治政府建设研讨会上的讲话"，载《中国律师》2013年第12期，第8页。

体，将转变到以公职律师为主、社会律师为辅。

对社会律师担任政府法律顾问的主体条件，1989年司法部颁布的《关于律师担任政府法律顾问的若干规定》只是概括地要求具备较高的思想政治觉悟和政策业务水平，而2016年6月印发的《关于推行法律顾问制度和公职律师公司律师制度的意见》则对思想政治觉悟和政策业务水平作出具体规定，在思想政治觉悟方面，要求政治素质高，拥护党的理论和路线方针政策，一般应当是中国共产党党员；具有良好职业道德和社会责任感；严格遵纪守法，未受过刑事处罚，未受过司法行政部门的行政处罚或者律师协会的行业处分；在政策业务水平方面，要求具有5年以上执业经验、专业能力较强；最后还加上了兜底性条款，即必须具备聘任机关规定的其他条件。可见，社会律师为法治政府供给法律服务受到较为严格的准入限制。但全国政协委员、全国律协会长王俊峰在2016年“两会”期间接受法制网记者采访时认为，政府购买律师法律服务仍处于初始阶段，其购买数量远远满足不了社会需要。[①]因此，社会律师服务法治政府建设可以发挥其独立性、专业性和社会性优势，不受公职律师的内部人角色束缚，依然大有可为。

二、供给内容改革

供给内容改革，实际上是回答律师服务法治政府建设的领域和范围。首先，在文件规定层面，1989年司法部颁布的《关于律师担任政府法律顾问的若干规定》、2002年《司法部关于开展公职律师试点工作的意见》、2016年中央办公厅、国务院办公厅《关于推行法律顾问制度和公职律师公司律师制度的意见》等官方正式文件以及全国律协2013年的两个征求意见稿（《关于推进政府购买律师服务的指导意见》《关于推进和深化政府法律顾问工作的指导意见》），均作出了大同小异的规定。2016年中央办公厅、国务院办公厅《关于推行法律顾问制度和公职律师公司律师制度的意见》是其中的集大成者，它全面、细致、明确规定了律师担任服务法治政府建设、担任法律顾问所承担的职责：为重大决策、重大行政行为提供法律意见；参与法律法规规章草案、党内法规草案和规范性文件送审稿的起草、论证；参与合作项目的洽谈，协助起草、修改重要的法律文书或者以党政机关为一方当事人的重大合同；为处置涉法涉诉案件、信访案件和重大突发事件等提供法律服务；参与处理行政复议、诉讼、仲裁等法律事务；所在党政机关规定的其他职责。

---

①陈虹伟：《全国政协委员王俊峰建议完善政府购买法律服务机制》，网址 http://www.legaldaily.com.cn/index_article/content/2016-03/03/content_6509091.htm，最后访问日期 2016年7月。

其次，从实际运行来看，律师服务政府法治建设，其服务领域呈现不断扩大的趋势，早期主要代理政府参加诉讼，协助政府审查经济合同、投资项目以及规范性法律文件，后来参与政府“三重一大”（政府重大工程决策、重大项目安排、重大民生工作和大额资金使用）的合法性和可行性论证，最近几年还参与突发事件、群体事件的处理以及涉法涉诉信访工作等。[①]但根据上海市律协的调研，政府采购法律服务范围相对较窄，主要是政府重大投资建设项目、突发事件和维稳事件，而对常规运转、重大决策等重要方面没有进行考虑。[②]基于社会律师法律服务的这一缺陷，一方面要创新政府购买法律服务的机制，另一方面全面推进政府公职律师制度建设就恰逢其时，它有利于发挥其熟悉政府内部运作的优势，弥补社会律师在服务政府常规运转方面的不足。

三、供给方式改革

从整个律师队伍来看，根据上海市律协的调研，律师服务政府项目显现出突发性、群体性、诉讼类案件多，常规性服务少的特点。另外，在采购法律服务中，全过程服务少，临时性解决问题居多，律师参与的深度广度都不够。因此，律师要更好地发挥作用，必须形成全过程的律师法律服务供给方式，即构建事前防范、事中控制、事后补救的全程风险防范体系。从律师协会来看，通过工作研讨、项目推介、成果展示等活动，推动司法行政机关、律师事务所与政府相关部门建立沟通协调机制。

从律师事务所来看，首先，要调研政府的法律服务需求，可以从政府的工作规划，领导人的重要讲话，颁布的新法新规中掌握政府的运行状态，挖掘政府的法律服务需求，及时地为法治政府建设服务；其次，可以适当分工，设立若干小组，比如根据政府法律服务的供给范围，分为纠纷解决组、“三重一大”审查组、规范性文件审查组、合同审查组等，相对独立地服务于法治政府建设；第三，针对具体服务事项，实施专业律师组团式全方位服务，还包括与其他专业组织，比如会计事务所开展合作，甚至与区域或全国其他律师事务所构建服务法治政府建设的联盟；第四，在服务过程中，强化与政府部门沟通协调，实时掌握服务情况，不断改进服务质量。

四、供给质量改革

供给质量反映了律师服务法治政府建设的能力。目前，政府法律顾问律师

---

①赵大程：“在律师服务法治政府建设研讨会上的讲话”，载《中国律师》2013年第12期，第8页。

②上海市律师协会：《上海律师服务政府投资重大建设项目现状及建议》，网址 http://www.acla.org.cn/zfgwyjcg/10806.jhtml，最后访问日期2016年7月。

和公职律师的整体素质有待进一步提高。[①]由于政府法律事务具有很强政治性、公共性、全局性，所以，首先，律师要有强烈的政治意识、责任意识、大局意识，只有这样才可能公正地提出法律意见，特别是在政府作出重大决策、重大项目等影响社会公众利益的政策时；其次，社会律师要更好地服务法治政府建设，必须了解、熟悉政府的内部运作规律，为此，必须深入政府内部，强化与政府的沟通协调，尤其加强与公职律师的合作，这是一条重要的途径；第三，不管是社会律师，还是公职律师，都要有精湛的法律专业技能，这是服务法治政府建设的必备基础；第四，律师要具备团队合作能力，这样才能做到扬长避短，优势互补，共同提升服务法治政府的能力；第五，随着政府国际法律事务的拓展，律师需要提升国际贸易争端解决、国际知识产权保护、国际反倾销反补贴等方面的实务操作能力。第六，律师协会应当与司法行政机关、政府有关部门合作，组织专业化的培训，提升律师服务法治政府建设的能力。

五、供给机制改革

供给机制改革，实际上是从需求侧发力，要求政府从制度上保证律师服务法治政府建设。

首先，律师作用发挥机制。1989年司法部颁布的《关于律师担任政府法律顾问的若干规定》、2002年《司法部关于开展公职律师试点工作的意见》并没有规定律师作用发挥的机制，全国律协2013年的两个征求意见稿（《关于推进政府购买律师服务的指导意见》《关于推进和深化政府法律顾问工作的指导意见》仅仅分别从理念引导、政府考核、评先评优方面简要规定了政策保障措施，2016年《关于推行法律顾问制度和公职律师公司律师制度的意见》第30条从明确政府相关领导人员、责任人员责任追究的角度规定了律师作用的发挥机制。

其次，招投标管理机制。对政府购买社会律师法律服务而言，按照政府采购法的规定，将政府法律事务纳入政府采购目录，明确其种类、性质和内容，并且依托现代网络技术，建立信息管理平台，进行需求调查、计划发布、政策宣传、数据统计等。

第三，监督管理机制。建立竞业禁止及保密制度，[②]防止律师服务政府的利益冲突，损害政府利益；建立质量评价机制，并将评价结果向社会公开，作为律师及其事务所年度考核及其继聘的重要依据；对玩忽职守、徇私舞弊者，予以相应追究、处理（对党政机关法律顾问、公职律师，依法依纪处理；属于外

① 参见《关于推进和深化政府法律顾问工作的指导意见》（征求意见稿）。

② 参见《关于律师担任政府法律顾问的若干规定》《司法部关于开展公职律师试点工作的意见》《关于推行法律顾问制度和公职律师公司律师制度的意见》的有关规定。

聘法律顾问的，予以解聘，并记入法律顾问工作档案和个人诚信档案，通报律师协会或者所在单位，依法追究责任）。①

第四，经费保障机制。全国律协2013年的两个征求意见稿（《关于推进政府购买律师服务的指导意见》《关于推进和深化政府法律顾问工作的指导意见》）根据中办发〔2010〕30号文件的规定，均提出将律师服务法治政府建设纳入政府财政预算，并要求明确收费标准，在2016年《关于推行法律顾问制度和公职律师公司律师制度的意见》中得到进一步确认，即党政机关要将法律顾问、公职律师经费列入财政预算，采取政府购买或者财政补贴的方式，根据工作量和工作绩效合理确定外聘法律顾问报酬，为法律顾问、公职律师开展工作提供必要保障。

结　语

以上有关律师服务法治政府建设的供给主体、内容、方式、质量以及机制的结构性改革是统一的整体，前四个方面侧重供给侧的改革，而最后一个方面即供给机制的改革，则是从需求侧的视角来回应供给侧的改革。这“五位一体”的改革举措在党和政府的相关文件中均有较为明确的规定。“徒法不足以自行”，只有这些举措落地生根，才能助力2020年基本建成法治政府目标的真正实现。

① 参见《关于推行法律顾问制度和公职律师公司律师制度的意见》。

公私合作(PPP)双方权利义务配置问题研究

重庆沁山律师事务所　王燕婷

内容摘要：公私合作（PPP）[①]主要在公路、铁路、轨道交通、港口、机场、城市（集中）供水、集中供暖、污水处理、环境保护、大气污染、公共医疗和养老服务设施等行业运行。在公私合作的体制机制不断完善的当下，将实践中动态的PPP双方权利义务配置和类型化PPP合同范本相结合，既可以促进公私合作合同的典范条款，又有益于公私合作双方权利义务的合理配置，避免合同漏洞。

关键词：公私合作　政府权利义务　体制完善

一、引言

公私合作（PPP）主要在公路、铁路、轨道交通、港口、机场、城市（集中）供水、集中供暖、污水处理、环境保护、大气污染、公共医疗和养老服务设施等行业运行。一方面，《政府采购法》、《招投标法》及《特许经营管理办法》等在法律规范层面为公私合作保驾护航，另一方面，规范性文件（见下表）中，《政府和社会资本合作模式操作指南（试行）》（下文简称《PPP操作指南（试行）》）、《国务院办公厅转发财政部发展改革委人民银行关于在公共服务领域推广政府和社会资本合作模式指导意见》（〔2015〕42号）和《政府和社会资本合作项目通用合同指南（2014版）》（下文简称《PPP通用合同指南（2014版）》）等也是公私合作的重要指引。在财政部发布的《PPP操作指南（试行）》中规定政府承担公私合作项目的规划、采购、管理、监督等行政管理职能，社会资本方一般成立项目公司、负责项目的实施。在发改委发布的《PPP通用合同指南（2014版）》中则指出政府主体享有监管和合同约定的权利，私主体享有获得政府支持、按约定实施项目和获得回报的权利等。财政部

① PPP（Public Private Partnership或Public Private Partnerships）译为：政府与社会资本合作、公私合作、公私伙伴关系、公私协力，下文将主要使用PPP和公私合作两个概念。

和发改委发布的两版合同指引[①]及相关文件中关于双方的权利义务的说明过于分散、简单，下文将依据现有法律规范内容及合同范本对公私双方的权利义务内容进行配置。另外，两份PPP项目合同指南均作为指导性文件供参考性使用，[②]为原则性指南不是合同。

表　公私合作的规范性文件整理

发文单位	发文时间	文件名称	主要内容
财政部	2014.11.29	《政府和社会资本合作模式操作指南（试行）的通知》财金（2014）113号	PPP实践，具体规定项目识别、项目准备、项目采购、项目执行和项目移交五方面
	2014.11.29	《关于政府和社会资本合作示范项目实施有关问题的通知》财金（2014）112号	PPP示范项目发布，涉及城市轨道交通、污水处理、供水供暖和环境治理等多个领域
	2014.12.30	《关于规范政府和社会合作合同管理工作的通知》财金（2014）156号	规范公私合作合同
	2014.12.31	《关于政府和社会资本合作项目政府采购管理办法的通知》财金（2014）215号	规范公私合作项目政府采购行为，从项目政府采购程序、争议处理和监督等方面作出规定
	2015.2.13	《关于市政公用领域开展政府和社会资本合作项目推介工作的通知》财建（2015）29号	规定开展PPP项目的市政公用领域范围，并指出其目标、原则、实施及保障等内容，属于框架指导性文件
	2015.4.7	《关于政府和社会资本合作项目财政承受能力论证指引和通知》财金（2015）21号	规范公私合作项目财政承受能力论证工作流程
	2015.12.18	《PPP物有所值评价指引（试行）》	通过定性评价和定量评价生成物有所值评价报告，并通过PPP综合信息平台等实现信息公开
	2015.12.18	《关于规范政府和社会资本合作（PPP）综合信息平台运行的通知》财金（2015）166号文 附件《政府和社会资本合作（PPP）综合信息平台运行规程》	PPP综合信息平台用于收集、管理和发布国家PPP政策、工作动态、项目信息等内容，推动项目实施的公开透明、有序竞争，包括项目库（储备库、执行库和示范库）、资料库和机构库

① 《PPP项目合同指南（试行）》在财政部于2014年12月30日公布的《财政部关于规范政府和社会资本合作合同管理工作的通知》（财金〔2014〕156号）中作为附件公布。《政府和社会资本合作项目通用合同指南（2014年版）》在国家发展和改革委员会于2014年12月2日公布的《国家发改委关于开展政府和社会资本合作的指导意见》（发改投资〔2014〕2724号）作为附件公布。

② 《PPP项目合同指南（试行）》在其【编制说明】中明确指出："编制本指南，以帮助PPP项目各参与方全面系统地认识PPP项目合同，指导合同的订立和履行。"《政府和社会资本合作项目通用合同指南（2014年版）》也在其【使用说明】中明确指出："在项目招标或招商之前，政府应参考《合同指南》组织编制合同文本，并将其作为招标或招商文件的组成部分。"以及"各行业管理部门可参考《合同指南》，分别研究制定相应行业的标准合同范本。"

续表

发文单位	发文时间	文件名称	主要内容
发改委	2014.12.2	《关于开展政府和社会资本合作的指导意见》发改投资（2014）2724号	明确PPP项目的范围、操作模式、工作机制及政策保障
	2014.12.2	《政府和社会资本合作项目通用合同指南》（2014年版）	PPP项目合作指南，涉及合同主体、内容、解除、违约责任和争议解决，以及项目前期工作、收入和回报、不可抗力和法律变更等
	2015.3.10	《关于推进开发性金融支持政府和社会资本合作有关工作的通知》发改投资（2015）445号	就推进开放性金融支持PPP项目发布的指导性意见
	2015.7.10	《关于进一步鼓励和扩大社会资本投资建设铁路的实施意见》	框架指导文件，全面开放铁路投资和运营市场，完善社会资本投资的实施机制、投资环境和政策支持。

二、公私合作双方的权利义务配置

在为公私合作划定边界之后，反观实践中的公私合作项目，因法律制度的不完善、长远规划的忽视、风险分担和权利与义务分配的不合理，政府往往将资金缺乏、经营不善的公共产品和服务推给公私合作，以此推卸应由政府承担的责任，或者过多干预项目影响其商业运作，从而导致看似热闹非凡的公私合作项目实际潜伏诸多隐患亟待解决。在北京体育场PPP项目中，权责分配不合理、风险分担（见下文表一）不平衡是其最终划归国营[①]重要原因之一。北京市政府对项目的主导性过强、权利过多，而相关责任由项目公司承担，如将原设计方案中奥运会公园建成停车场的车位要求减少1000个，将原设计方案中闭合顶盖的要求取消，要求减少体育场的商业设施，这些介入导致建设工期紧张，严重影响项目公司后期的商业运营。[②]因此，笔者尝试在现有的法律文本基础上探讨公私双方的权利与义务配置，并将其设定为选定社会资本方、项目经营和

① 中信联合体放弃了30年许经营权，转而获得永久股东身份；国家体育场有限责任公司董事长、总经理等公司高层由北京市国资委派任，也就是说国家体育场最终股权转移，由北京市委、市政府主导，国家体育产公司负责运营，北京市各相关部门、属地政府全力配合的新体制，中信集团、北京城建和美国金州控股共同组建的中信联合体放弃30年的特许经营权，而拥有42%的股权。

② 谢芪．“鸟巢”的遗憾:国家体育场PPP项目融资模式案例分析[2016-02-22]//http://www.360doc.com/content/14/0604/11/15477063_383516810.shtml.html.

资产转移三个维度，虽没有面面俱到，但期望能够涵盖公私合作过程中的几个重要方面，为公私合作项目运作提供有益参考。

风险	风险分配	风险事件
政策风险	公	北京市政府的干预:要求减少停车位;减少商业设施
主权风险	公	无
法律风险	公	政府承诺30年不分红,违反清算法的规定,因此北京市发改委协调各部门帮助联合体取得利润
公众反对	公	后期体育场营业收入主要来自票价,票价太高导致公众反对
获准风险	公	政府审批一路绿灯,获准风险很小
项目决策失误风险	公	北京市政府没有获得国家体育场设计的知识产权
信用风险	私	主要是联合体之间的信用问题
金融市场不健全	私	融资完成时间比实际拖后了2个月
设计不合理或大变更	私	取消可闭合顶盖,对设施要求变化
合同风险	私	由于出现大的设计变更,导致设计联合体索赔原设计费的三分之一
技术风险	私	国家体育场技术标准要求很高,功能很复杂,承办商需要花更多的时间进行项目规划,特别是取消可闭合顶盖后,技术变化大
环境风险	私	在绿色奥运的主题下,该项目对环境影响较小,运营环保
服务质量	私	作为国家窗口项目,服务质量较好
建设成本超支	私	国家体育场的结构复杂,中国没有类似项目施工经验,最终导致成本出现较大超支
维修成本超支	私	奥运会后国家体育场一年的维护成本大概是5000多万元
运营成本增加	私	由于项目公司从来未经营过体育场,缺乏运营经验,花费高昂的咨询费,请法国的Stade de France公司提供咨询,最终导致运营成本增加
定价风险	私	作为国家窗口,公众参观的票价不能定高
同业竞争	私	尽管北京市政府保证不会批准在北京市北部新建体育馆,但已有工人体育场的竞争很大

从理论出发，按照希瑟·斯基林和卡特勒恩·博特的观点，在公私合作中各方的职责范围如下：政策决策方的职责包括建立并优先安排公私合作方向和目标，并向公众传达；批准决策标准，选择适合公私合作方案；批准建议的公私合作方案；批准法规框架。公司管理层的职责范围是确定公司具体公私合作需求和目标。雇员的职责是提供公司数据信息、协助营销和尽职调查过程、实施改变。投资商的职责是反馈各种公私合作方案吸引力、遵守竞标规则和流程、进行全面尽职调查，实现具有竞争力和现实的投标。战略顾问的职责是公平评估公私合作方案、评估现有框架和建议的改革、协助利益相关方合作。以此为出发点，笔者依据风险分配及相关法律文件对政府方和社会资本方（或者说是项目公司）的权利义务进行分配，以更好地推动公私合作模式的发展。

（一）政府方的权利和义务

1.准入规则、项目标准制定。PPP的项目准入规则和项目建设或者运营标准由政府方制定，政府并不是全知全能，因此政府制定的规则和标准在符合公正和平等的原则并依照相关法律标准的基础上，主要从公共利益的角度把控项目的宏观方向。

2.特许经营权授予与收回。在项目公司与一般人民发生直接法律关系的特许模式中，政府方有权依法授予和收回其特许经营权。

3.审查、监察。对项目公司的设计，政府方有权在一定期限内予以审查并提出意见，以保证项目的设计水准和质量。政府还享有对项目建设、运营、维护进行监督和介入的权利，如知情权、进场检查和测试、对承包商和分包商选择的监控、参股项目公司、价格调控，政府方基于公共利益目标考量、服务目标和价格政策等考量，对项目的建设、运营、维护各个阶段均有权进行监督和介入，但与传统采购项目不同，政府方的参与应当有一定的限制，如不影响项目正常施工、特定情形下方能介入项目建设工作、不影响项目公司的正常经营管理等，也是项目公司基于其承担的风险所相应享有的权利。

4.回购。回购既是一种权利也是一种义务，一般情况下，如果项目公司违反合作协议的相关约定导致项目中止，政府享有回购的选择权。但是，在涉及公共利益、公共安全等公益事项的公私合作项目中，政府应当保障该公共产品和服务的持续性供给，如项目公司履行不能甚至项目公司违约导致项目中止，政府仍然负有回购的义务。

5.信息披露的义务。从项目规划、采购、建设、运营的过程中，特别是项目采购过程中的重要信息，政府方需要进行公开，以此保障最优社会资本方的选择及项目的高效运行。

6.政府承诺。第一，付费或补助，政府按照可用性、使用量或绩效付费，在可行性缺口补助中，政府提供一定程度的补助。第二，协助审批。依据公私双方风险合理分配的原则，合作项目运行过程中相关审批程序应当交由对此最有控制力且能够高效完成的一方予以承担，在合法的情况下，政府有义务协助审批，但是，如果项目公司可以独自高效地获得审批，则无需政府协助。第三，提供或者协助获得土地使用权。我国的土地所有权归属于国家或集体所有，集体所有土地的使用限制较多，而公私合作项目涉及的基础设施和公用事业领域依据法律规定土地使用大都采用划拨的方式，对于划拨土地的取得，政府较项目公司具有明显的优势，在北京地铁四号线项目中土地使用权就是由政府方提供。但是，土地所有权的获得并不全都属于政府方的义务，在私主体可自行取得的情形下，如商业用地领域，政府方只需要提供必要的协助即可。第四，提供相关连接设施。公私合作项目的实施，虽然政府方不再直接作为公共产品和服务的提供者，但在公私合作的大原则下，双方共同完成合作显然更有助于最终目标的实现，因此，政府在项目的建设过程中要给予一些配套支持，完成与现有相关基建和公用事业的对接，这也算是一种“历史遗留”义务。第五，竞争环境的限制。考虑到项目的成本回收以及项目对社会资本方的吸引力，可限制一定地域一定时间范围内与合作项目有竞争的项目，以保证项目运营能够拥有足够的用户支付费用。

7.担保义务。政府负有向公众提供优质且价格合理的公共产品和服务的义务，如在特许型公私合作中，政府不直接向公众提供公共产品和服务，而是承担担保义务，担保私部门提供优质的公共产品和公共服务。

（二）社会资本方的权利和义务

1.公平竞争权。公正和平等是公私合作项目选定社会资本方的基本原则，在公私合作项目选定社会资本方的过程中，社会资本方依法享有平等取得公私合作项目实施人资格的权利，并要求政府方公开、公正、公平对待每一个申请人，不歧视，以保障私主体的公平竞争权。

2.知情权。在公私合作项目中，私部门对项目信息享有知情权，其有权利了解政府方的除涉及国家秘密和商业秘密以外的决策、计划等重要事务的信息，这是其平等获得公私合作项目的前提。如果私营部门无法获得完全的信息，不利于公私合作项目最优项目计划的选择。

3.救济权。在整个公私合作项目的运行过程中，私营部门可对准入制度提出异议、申诉和质疑，或者通过司法手段提起诉讼获得救济，这些救济的权利既能保障权利的正常实现，又能防止和排除外在的不法侵害，这是项目有效运行的保障。

4.社会资本自提及补偿。私主体可以根据公私合作指导目录，向有关行业主管部门提出公私合作实施方案建议，该提出者如果未被依法选择为社会资本，则有权获得制作实施方案建议的成本补偿。

5.土地使用权限制。转让限制和用途限制，项目公司未经政府批准不得将合作项目涉及的土地使用权转让给第三方，也不得违反约定将土地用于项目外的用途以及法律和合同规定的其他限制。

6.履约担保。履约保证金、履约保函和其他形式的保证等都是履约担保的方式，也是为了保证项目公司按照合同约定履行合同并运营项目所设置的各种机制。

7.融资担保。社会资本或项目公司有权抵押、质押项目公司的动产和不动产、土地使用权、股权、收益权等财产和权利，但不得用于合作项目之外的用途，不得以上述财产和权利为他人提供担保。

8.股权变更的限制。一般情况下，社会资本持有的项目公司股权在一定期间内是不允许转让变更的，但是，如果存在项目贷款人为了履行该项目融资担保而涉及的股权变更等特殊情况，则可以允许股权变更。

9.普遍服务义务。社会资本应当根据有关法律法规、标准规范和合作协议，提供普遍、优质、持续、无差别的公共产品或者服务。

三、结论

在公私合作的体制机制不断完善的当下，将实践中动态的PPP双方权利义务配置和类型化PPP合同范本相结合，既可以促进公私合作合同的典范条款，又有益于公私合作双方权利义务的合理配置，避免合同漏洞。具体说来，就是从每种类型的公私合作合同中选择一件大型的公共建设契约作为蓝本，总结双方权利义务不同的选择可能和变化，在不断公布和听取各方意见后，加以定案，形成公私合作双方类型化合同下权益分配的模板。同时，随着公私合作实践的不断探索和法律的完善，公私合作体制机制也在逐步系统化。从管理体制上来说，财政部是公私合作的第一责任人，其负责指导协调、监督管理全国政府和社会资本合作工作，并会同有关部门制定政府和社会资本合作综合性政策措施。发展改革、国土资源、住房城乡建设、交通运输等有关主管部门按照各自职责负责有关政府和社会资本合作政策的制定和监督管理工作。从监管机制上来说，信息公开有助于实现全民监督。财金〔2015〕166号文《关于规范政府和社会资本合作（PPP）综合信息平台运行的通知》中指出，财政部要开发建设政府和社会资本方的综合信息平台，这个平台包括项目库、机构库和资料库。从行政指导上来说，对公私合作今后的实践运作实现良性引导，合同范本的指引作用尤为关键，如在合同中如何避免掠取巨额利润，不同阶段的风险如何分担等问题在公私合作合同范本的制定中将逐步予以解决。展望未来，我们可以期待，随着公私合作模式在权利义务配置、管理体制、监管机制等方面愈加规范化发展，公私合作在未来的经济发展、政府管理中将实现其功效的最大化。

参考文献

[1] 林明锵.论形式化之行政行为与未形式化之行政行为// 翁岳生教授祝寿论文集编辑委员会.当代公法理论——翁岳生教授祝寿论文集［M］.台湾：月旦出版公司，1993：355-356.

[2] E.S.萨瓦斯.民营化与公私部门的伙伴关系［M］.北京：中国人民大学出版社.2002：105.

[3] 陈雍之.电信市场自由化及其管制之研究//当代公法新论（中）［M］.台湾：元照出版公司，2002：657.

[4] 谢·格拉济耶夫.俄罗斯改革的悲剧于出路——俄罗斯于新世界秩序［M］佟宪国等译.北京：经济管理出版社，2004：31.

[5] 卡罗尔·哈洛，理查德·罗林斯.法律与行政［M］.杨伟东等译.北京：商务印务馆，2004：76.

[6] 敖双红.公共行政民营化法律问题研究［M］.北京：法律出版社，2007：136-140.

[7] 刘淑范.公私伙伴关系于欧盟法制下发展之初探［J］.台大法学评论，2011，40（2）：512.

[8] 章志远.我国公用事业特许经营的困境与消解［J］.河北科技大学学报，2011，11（2）：40-44.

[9] 李训民.公法契约之控制——从公私合伙架构谈起［J］.行政法学研究，2012（1）：137.

[10] 刘宗德.公私协力与自主规制之公法理论［J］.月旦法学杂志，2013（6）：60.

[11] 邹焕聪.论公私协力的公法救济模式及体系现代化——以担保国家理论为视角［J］.政治与法律，2014（10）：80-84.

浅谈少数民族律师在民族地区信访维稳工作中如何发挥更大的作用

贵州浩锐律师事务所　陇　康

内容摘要：针对少数民族地区信访维稳工作的严峻性，本文从少数民族律师的角度分析了当前信访维稳工作存在的问题、形成的原因及作为少数民族律师参与到信访维稳工作的必要性，并对少数民族律师参与信访维稳工作的方法和途径提出建设性建议。

关键词：信访维稳　严峻　少数民族律师　优势　建议

引　言

信访是社会管理者与管理相对人之间的一种社会活动，据考证古代就有之。1995年10月28日国务院发布《信访条例》，标志着我国信访工作纳入了法制化轨道。近年来，由于诸如人民对物质生活的诉求与经济发展的矛盾，矛盾调节方式的滞后等各种原因，全国各地信访案件数量大增。当下信访维稳形势严峻。

一、少数民族律师独有的优势和特点

贵州浩锐律师事务所位于贵州省威宁彝族回族苗族自治县地处黔西北高原，是贵州省的西大门，全县总面积6296.3平方公里，辖35个乡镇，621个行政村（居）委会，总人口150余万，居住着汉、彝、回、苗、布依等21个民族，少数民族人口占全县人口的25.1%，是国家新阶段扶贫开发工作重点县之一。由于经济、文化的相对落后，法律意识整体相对淡薄，民族结构相对复杂，威宁彝族回族苗族自治县与其他地方一样，信访维稳形势不容乐观。小部分信访人“信访不信法”。迷信“大闹大解决，小闹小解决”的错误观点，看准了政府强调和谐、重视稳定的心理，人为制造不稳定的假象，往往在实践中屡试不爽，笔者把这一类信访现象称之为“恶访”。“恶访”导致了更多信访人的效仿。于是，大规模的缠访，进京上访等事件层出不穷，一部分群众在其合法权益受到侵害时，没有依法使用法律武器保护自己的合法权益，而是采用过激

的手段，诸如：抬尸游行、阻塞交通、非法集会、干扰政府机关办公等手段，以图扩大影响、引起重视。政府不得不安排人力、财力应对，苦不堪言，这严重影响政府的正常工作秩序，给全县的经济发展拖了后腿。而在信访案件和“恶访”当中，少数民族信访人所占比例不低。作为一名少数民族律师，从事法律服务多年，在工作中接触的信访人数量众多，接触的群体性案件也不少，对律师特别是少数民族律师在民族地区的信访维稳工作如何更好地发挥作用，有一些浅见，故在此抛砖引玉。

笔者认为，少数民族律师积极投身到民族地区信访维稳工作中，能起到事半功倍的效果，是因为少数民族律师独有的特点和优势。

（一）通晓民族语言，熟悉民族习俗

少数民族律师大多都是当地土生土长，通晓汉语和本民族语言，熟悉当地各民族的风俗习惯。这一特点，在信访维稳工作中就像一支“润滑剂”，减少了信访人、当事人与信访工作人员、执法人员间的摩擦，拉近了他们之间的距离。近年来，在一些恶性刑事案件、交通事故、安全生产事故中，造成了少数民族受害人死亡的后果，部分受害人家属有的不了解办案机关的工作程序，不了解赔偿途径和相关法律规定，有的不满侦查机关的工作效率，不理解工作人员的苦衷，误认为处理不公或会久拖不决，将悲痛转化为怨气指向政府。于是有的组织亲友抬尸游行，造成交通阻塞，影响政府机关正常工作，有的拒不安葬死者，甚至抬尸冲进当事企业工作区或对方当事人家中，造成恶劣影响，导致矛盾激化的可能性大大增加。在近年发生的类似案件中，笔者亲历和目睹一部分处理工作，在这些事件中，少数民族律师利用通晓民族语言和熟悉民族习俗的特点，与政府相关部门紧密配合，不分昼夜，紧急制订方案（信仰宗教的少数民族大多有死者三日内安葬死者的习俗），到第一线与受害人家属、亲友代表谈心，宣传法律知识，解答咨询，为他们出主意，算赔偿数额，代写法律文书，引导他们走法律途径依法维权，起到了显著的作用，为党委和政府分忧，减轻信访维稳压力。

（二）具有民族认同感

民族认同感，是指能被少数民族认可、认同，使他们在心理上没有戒心、防备心理甚至敌视心理。少数民族因为语言、习俗、共同的心理，历史等原因，普遍对本民族或其他少数民族容易产生信任和认同，愿意交往、交流。在我接触的一些少数民族案件中，最后是少数民族律师赶到后当事人才打开家门，打开家门的时候，也打开了心门。没有了先入为主的怨气，多了交流和沟通，最终找到解决矛盾的途径和方法。

（三）非公职身份容易得到信任

一部分信访人和维稳事件的当事人，特别是来自地处边远，交通不便，信息闭塞的少数民族山寨的，由于文化较低，缺乏法律知识，不了解行政机关、司法机关的工作程序，加之确有一小部分国家工作人员对待人民群众“冷、硬、横、拖”，“吃、拿、卡、要”，使他们对国家工作人员产生了极坏的印象，对公职人员极不信任。面对少数民族律师的律师身份，由于是非公职的，服务性的，容易得到他们的信任。据报道，某地的信访窗口曾安排过律师与其他公职人员接待涉法信访人。结果律师窗口前排起了长队，接待的大多是来自农村的群众，其中不乏少数民族。笔者的一位资深律师同事谈到一起触电事故，事故中死者家人抬尸堵路，情绪十分激动，该律师与其他公职人员赶到去做家属工作，公职人员一开口，就被打断、起哄、谩骂，而律师亮明自己的身份后，人们静静地倾听他解释，效果非常好，该律师事后感触颇深，感受到律师的非公职身份还是容易得到群众信任的。

（四）精通法律和法律实务技巧

少数民族律师和其他法律工作者一样，精通法律，是社会和群众认可的法律专家，而且对法律实务的操作驾轻就熟。在涉法信访和维稳工作中，动口能解答法律咨询，解释法律困惑，宣传法律知识，打动群众，感动当事人，动手能计算赔偿数额，代写各类文书，制订和解、调解方案。贯穿全过程，步步能到位，作用不可或缺。

二、对少数民族地区的信访和维稳工作的建议

鉴于上述少数民族律师独有的特点和优势，笔者就民族地区的信访和维稳工作，提出几点建议：

1.在现有的信访机构和维稳机构中设立少数民族涉法信访和少数民族维稳专门工作部门。要充分认识到少数民族信访和维稳工作的长期性，复杂性和重要性，在民族地区设立专门工作部门，尤为重要且刻不容缓。

2.吸收少数民族律师加入信访和维稳工作部门，把法律服务和信访维稳工作相结合。

3.在少数民族涉法信访和少数民族维稳工作中制定少数民族律师值班制度。要使少数民族律师值班制度成为常态，而不是临时应景。

4.保障律师参与少数民族涉法信访和维稳工作的工作经费和适当补助。

5.把普法宣传教育深入到最偏远、最落后的少数民族山寨。这样可以使邪教组织、反动会道门和一些别有用心的人的歪理邪说，变得没有市场、没有影响力。

6.加强党委、人大、政协、律师、社会各界对司法和行政执法的监督。

7.在涉法信访和维稳工作中，对符合法律援助条件的要指派律师提供法律援助，并要求司法机关及时予以司法救助。

8.加快信访、维稳工作与法律服务相结合的立法，使之于法有据。

习近平总书记明确指出：律师队伍是依法治国的一支重要力量，实践证明律师参与化解和代理涉法涉诉信访案件是有效解决矛盾、实现息诉罢访的有效方式。律师以法为业，熟悉法律，对涉及法律问题的解答具有职业优势，历史赋予了律师促进社会和谐稳定的神圣使命，笔者作为一名少数民族律师，一名社会主义法律工作者，更加责无旁贷，愿意为社会的和谐稳定尽自己的一份力，故作拙文敬请指正。

政府法律顾问如何发挥作用

四川恒智达律师事务所　郪小奇　刘浩一

内容摘要：政府法律顾问制度在全面推进依法治国的战略布局中有重要意义。我市各级政府自推行政府法律顾问制度以来，虽然取得了一定成绩，但政府法律顾问制度在实际运行中，还存在着整体服务范围偏窄、个体咨询事项较杂、介入时间滞后等问题。为最大限度地发挥政府法律顾问制度的应有作用，应进一步拓宽政府法律顾问的服务范围，探索建立某类问题的专业化顾问团队，将政府法律顾问的介入关口前移，实现政府法律顾问服务范围的全面化、顾问团队的专业化、介入节点的制度化。

关键词：政府法律顾问　参与机制　完善建议　法治政府

一、完善政府法律顾问的参与机制

政府法律顾问在政府工作中可以参与的事项在司法部《关于律师担任政府法律顾问的若干规定》（以下简称“若干规定”）中有比较具体的规定，非律师担任政府法律顾问可参与的事项可基本参照执行。但是在实践中，政府法律顾问能够有效参与的事项仍显不足，笔者认为导致这一现象的主要原因如下：

（一）关于政府法律顾问参与机制的配套制度不足

原则上，政府法律顾问可以参与政府重大决策的出台、审查重大经济合同、修改补充规范性文件等事项，但是何谓重大决策及重大经济合同，何种类型的规范性文件需要政府法律顾问的参与并无明确具体的规定，导致在实践中政府法律顾问能否参与以上事项，仍然在很大程度上取决于该事项的具体负责领导的个人意志，并且即使是能够参与，也更多是偏向于解决可能影响维稳、安全等的具体事件，离制度化、常态化的有效参与仍然有不小的距离。

建议结合政府工作实际，出台相应的规范性文件，细化需要政府法律顾问参与事项的具体内容。当前可参考若干规定，对以下内容予以细化：一是决策可能影响的人数、完成决策需使用的资金数；二是规范性文件约束对象的数量，规范性文件是否涉及新型、敏感法律问题；三是各类纠纷的当事人数量及标的额；四是诉讼在本地区的影响程度；五是经济合同的标的额、经济项目的资金来源情况等。凡满足条件的事项，一律必须有政府法律顾问参与，使政府法律顾问的参与机制更具有操作性，并将政府法律顾问的参与情况纳入考评机制，奠定政府法律顾问能够全面有效参与政府工作事项的制度基础。

（二）未签订完善的政府法律顾问服务合同

在一些地方，存在以聘书代替合同，或者仅签订一个对服务事项约定得比较笼统的合同等做法。而政府法律顾问服务本质是一项契约，服务事项更是契约的主要履行内容，不容马虎。以上做法实则是弱化了法律服务的契约性质，不利于服务的接受与提供方以严谨的契约精神来对待政府法律顾问服务。建议在制定细化的规范性文件的基础上，签订具体约定服务事项的政府法律顾问服务合同，为政府法律顾问全面有效参与政府工作事项提供契约保障。

（三）相关人员对“法治”的理解仍有待提高

近年来，笔者听到许多政府机关工作人员表达出对“法治社会”的渴望，但表达的语境，多集中在面对违规上访、征地拆迁等涉稳事件时，因疲于应对，而希望维稳对象能够平和、理性地通过司法途径解决自身诉求，省去自己工作的麻烦。换言之，在某些相关人员的思想深处，“法治”仍然只具备工具性质的作用，“法治”这件工具最大的作用仍然是“省事”、“免责”，用司法部门来省去政府之事，用法律条款来免去可能存在的追责。这样的认识虽然也体现了“法治”某些方面的作用，但是却绝非“法治”真正的、全部的作用。这样的认识实际上体现的正是“法治”（rule of law，法律之治）与“法制”(rule by law，以法统治)的分野。关于“法治”与“法制”的区别，可概括为三个方面：首先，法制是法律制度的简称，法律制度是相对于一个国家的经济、政治、文化、军事等制度来说的，而法治从来都是相对于人治来说的，没有人治就无谓法治，相反亦然。其次，法律制度包括民法、刑法等一套法律规则以及这些规则怎么制定、怎样执行和遵守等制度；法治与人治则是两种对立的治国理念和原则，即国家的长治久安不应寄希望于一两个圣主贤君，而关键在是否有一个良好的法律和制度，这些良好的法律还应得到切实的遵守。再次，任何一个国家的任何一个时期，都有自己的法律制度，但不一定是实行法治。[①]简单地说，“法制”是把法律看成治理国家的工具之一，这种认识仅能让政府法律顾问发挥“临危受命”的救火队员的作用，通常会导致政府法律顾问参与事项集中于涉稳领域，且介入时间滞后等问题；而“法治”是把法律奉为治理国家的根本原则，可以让法律发挥“防患于未然”的润物细无声的作用。“法制”思想虽然相比起几乎无原则的“人治”而言是长足的进步，但是对于要全面推进依法治国

①李步云：“二十年改一字 从刀‘制’到水‘治’，载《南方都市报》2008年4月1日。

的中国来讲显然是不够的。应当进一步加大宣传教育力度，采取多种方式，将相关人员特别是各级领导干部的“法制”思想转化为“法治”思想，打破对待法律的工具意识，树立“宪法法律至上”的真正的法治思想。在这样的思想的主导下，包括政府法律顾问在内的法律相关工作人员方能更加有所作为。

二、提高政府法律顾问的专业化程度

法律服务，包括政府法律顾问服务在内，都是专业化程度相当高的工作。而政府工作要解决的问题通常涉及社会民生、国家战略等方方面面，其复杂程度可以说又远远超过执业律师大多数的诉讼及非诉业务。但反观当前的政府法律顾问制度，却类似于民间一事一托的诉讼或非诉业务，未能发挥政府在资源协调、宏观掌控等方面的优势，故政府法律顾问的专业化程度仍有不小的上升空间。具体来讲，笔者认为可以在以下方面进行尝试：

（一）建立跨行业的政府法律顾问团

从全国范围来看，目前已组建8200多个政府法律顾问机构，其人员主要由政府法制部门人员、公职律师、法学专家、执业律师等组成。而在其中，占比重较大的是执业律师群体。相关统计数据显示，截至目前，约有23500名律师受聘担任各级政府部门的政府法律顾问，占全国律师总数的1/10以上。[①]执业律师在政府法律顾问中占比重较其他群体较大固然有执业律师基数大的原因，另一方面也与前述的“法制”思想，将法律当作“省事”、“免责”的工具的观点有关。诚然，执业律师在处理具体的法律纠纷问题上相比其他群体具有相当的优势，但是在对宏观政策解读、法律理论与精神的把握等方面，政府法制部门人员（包括政府各部门法制工作人员）与法学专家更有优势。笔者建议在完善政府法律顾问的参与制度之基础上，建立由执业律师、公职律师、政府及其部门法制工作人员和法学专家组成的政府法律顾问团，使得政府法律顾问在基础知识结构方面能够更加符合依法治国战略布局的要求。

（二）建立法律咨询专家数据库

鉴于政府法律顾问名额有限，且所聘任的政府法律顾问也未必对各项事务均精通，为此有必要根据政府法律顾问工作的需要，建立政府法律顾问咨询专家库。专家库由政府法制机构负责建立，专业范围为法律、国土资源、城建规划、金融证券、公共管理、科教卫生等。[②]当政府法律顾问团在承担某些专业性较强的工作时，可以从专家库中聘请有关专家进行论证，聘请方式为一事一议。

---

①任勇：“积极推行政府法律顾问制度”，载《学习时报》2014年12月15日。

②杨继慧：政府法律顾问制度及实践问题研究，国务院法制办网站，2012年10月24日。

（三）完善顾问团在具体业务中的组织、议事机制

顾问团建立后，若要避免“顾”而不“问”的尴尬局面，必须要有一套行之有效的议事方式。政府应当根据所需解决的具体事项，分析该事项需要的专业知识，有意识地组织顾问团中隶属于不同单位的政府法律顾问，采取“集中会谈-分别提出意见-集中汇总意见”的基本模式，形成兼听则明的局面，保证法律意见的全面性、科学性。同时，此种做法也有助于当地法律从业人员的横向交流，提升当地法律从业人员的整体素质。

三、完善政府法律顾问的激励机制

政府法律顾问，尤其是执业律师作为政府法律顾问，承担了自己本职工作之外的职责，一个无法回避的问题便是顾问服务的报酬。特别是伴随依法治国工作的深入开展，政府法律顾问参与的事项必然会更深、更广，顾问工作占用的时间、精力也必然相应增多，如何通过合理的激励机制激发顾问的工作热情以发挥顾问的作用亦是一个重要课题。笔者认为，与企业可以用高额的顾问费解决这一问题不同，政府法律顾问的性质决定了顾问费用应当低于市场一般水平。相应地，可以采用给予免费的媒体宣传、评选优秀顾问人员等非物质形式的激励，使政府法律顾问的社会知名度得到提高，并且感受到作为政府法律顾问的荣誉感，以此激发其工作热情。

四、提升政府法律顾问主管领导级别，充实政府法制工作力量

政府既是政府法律顾问服务的接受者，又是政府法律顾问服务的组织者，毫无疑问地居于顾问服务的主导地位。因此要充分发挥政府法律顾问作用，使政府的重大合同、重要决策及规范性文件都带上更加浓厚的法治色彩，必须要依赖于政府领导层的高度重视及充实的法制工作力量。

（一）提升政府法律顾问工作主管领导级别

主管领导级别对推动一项工作的意义重大。政府只能行使法律赋予的权力，从这个意义上讲政府的所有工作，不过就是行使法律赋予的权力。①因此，将法治工作称为政府行使权力的基础性工作亦不为过，提升包括政府法律顾问工作在内的法治工作主管领导级别亦是顺理成章之事。关于提升领导级别的具体做法，笔者认为可以采取以下三种模式：一是政府主要领导负责法治工作；二是政府主要领导联系，常务副职具体负责法治工作；三是政府常务副职负责法治工作。

（二）充实政府法制工作力量

如前文所述，政府法律顾问作用的充分发挥还有赖于大量的基础性工作，

①熊文钊：“依法治国是国家治理现代化必由之路”，载《廉政瞭望》2014年10月号。

而当前部分政府的法制部门人手、经费相对不足，完成现有工作已显吃力，恐难有余力做好关于政府法律顾问方面的基础性工作。以我市为例，市政府法制办仅有九个行政编制，下设三科室，除去一正一副两名主任及三名调研员外，部分科室日常工作人员仅剩一人。在市级部门中，仍有相当部分的部门未单设法规科，法制工作力量相比监察、行政审批等工作的力量明显薄弱。以上种种不利因素也制约了政府法律顾问作用的充分发挥，笔者认为应当积极协调编办、财政等部门，给予政府法制工作以充足的人力、财力支持，唯其如此，全面推进依法治国才不会成为一句空话。

结　语

政府法律顾问制度在我国还处于起步阶段，要完善政府法律顾问制度，还需进一步提高认识，从制度层面、操作层面等多方面入手，系统推进，方能充分发挥政府法律顾问的作用。

法治政府建设背景下
从供给侧看律师法律服务的方式

陕西海普睿诚律师事务所　刘晓恩　黄溪涓

内容摘要：随着社会经济的发展，越来越多的社会关系被放置于法律调整的范围之下。法律服务在现代生活中的重要性逐渐凸显，社会对法律服务的需求趋于多样化，从市场的供给与需求关系角度出发，法律服务供需平衡对法律服务的发展有着重要的能动作用。本文从法律服务的供给和需求角度入手，从律师法律服务的特点着手论述，从律师法律服务的对象角度出发，分析不同服务对象的供求关系及出现问题，并针对这些问题提出完善律师法律服务的建议。

关键词：律师法律服务　法律需求　完善建议

引　言

随着社会的法治化程度不断提高，社会对法律服务的需求也越大。法律服务弥补了人们因为自身能力不同而产生的差距，在一定程度上有利于实现社会的公平和正义。因此将法律服务市场作为整体来研究，从法律服务供给与需求的角度进行考察，具有理论意义。

一、律师法律服务的特点

我国目前的法律服务体系，主要是由律师、公证、法律援助、基层法律服务、司法鉴定和人民调解组成。其中律师法律服务的专业性程度相对较高，回顾我国三十几年来律师制度改革实践，律师从“国家法律工作者”的身份转变为“社会法律服务者”成为自收自支的新兴职业群体。律师身份的转变促使我们对律师法律服务性质进行具体分析。

（一）律师法律服务的政治性

律师宗旨在于保障私权，维护人权，通过在私权利与公权力之间构建制衡机制，以制约和防范公权的滥用。[①]律师和国家法治追求目标是一致的，律师是推进国家法制建设，实现法治目标的重要力量之一。

① 张引驰：“广州市法律服务实证研究”，广东商学院2010年硕士学位论文。

（二）律师法律服务的准司法性

第一，依法介入司法活动。律师进行法律服务时适用法律要合法，办案程序要合法，同时必须遵守自身行业的执业纪律和规范。第二，法定的代理人或辩护人身份。为社会提供法律服务的律师必须依法取得执业证书，法律赋予律师为当事人代理案件处理法律问题的法定属性。第三，律师享有法定的诉讼权利。律师在办理案件过程中，享有律师法规定的调查取证权、刑事诉讼法赋予的在侦查阶段只能委托律师作为辩护人而享有的诸多权利。

（三）律师法律服务的社会性

第一，律师身份的社会化。律师不属于国家公职人员，不是国家的法律工作者，而属于社会中介人员。第二，律师职业的社会立场。律师代表当事人的意志和维护当事人的合法权益，而不代表国家意志或权力意志。第三，律师面向社会提供法律服务。律师是为需要法律服务的人提供开放式法律服务的职业。

（四）律师法律服务的商品性

WTO服务贸易总协定所规定的11大类160种服务贸易商品中，法律服务是至关重要的一项。这就是说律师也具有市场经济主体的属性，其所提供的法律服务是市场经济中服务的一种。将法律服务看作一种带有经营性质的产业，有利于我们从全球范围找到我们的位置和规划未来法律服务发展的策略。[①]

二、律师法律服务供求关系分析

（一）律师法律服务对象

1.政府

法治政府建设的背景下，各级政府部门的法律意识逐渐加强。越来越多的政府部门从律师中选取经验丰富的法律人组成专业的法律团队，为政府重大决策和职能转变提供专业的法律分析意见。

2.企业

当前的经济背景下，法律风险防范贯穿企业发展的全过程，企业建立健全的法律风险防范机制，律师结合企业的实际情况提供适应企业发展的法律服务已经成为企业管理的重要组成部分。律师通过担任企业的法律顾问形式，以事前防范为主、以事中化解和事后补救为辅，把风险控制在管理层面。

3.公民

社会不断发展，人们的法制意识也逐渐提高，更加注重对自己权利义务的维护，更加注重用法律的武器来为权利斗争。在法律服务过程中，律师通过运

① 李本森：“国际法律服务自由化与我国法律服务业的对外开放”，载《律师文摘》中国法制出版社，2005年第4辑，第59页。

用法律，更好地为当事人解决纠纷，实现公平和正义。

（二）律师法律服务的供需分析

律师提供法律服务事实上是在发挥着资源配置的作用。“对人们的各种行为都产生了程度不同的隐含成本”。[①]法律服务的供给侧改革，强调的就是着眼于供需关系，在法律服务市场中进行资源配置的活动，这种供需关系与人们购买法律服务的主观愿望和客观能力(即法律服务需求)相对应。

首先，对于掌握国家公权力的政府，其购买法律服务具有内在需求性和外在必要性。在依法行政的要求下，法治政府的建设效果成为了考核各级行政机关工作效能的一个重要指标。[②]从律师角度出发，律师为政府提供法律服务的方式表现为：从宏观上要把握政治、经济和社会发展方向，要懂得政府的规划纲要及运行规则，发掘法律需求使法律服务具有前瞻性。从微观上讲，处理具体法律问题，需要明确了解政府的目标，在政府部门要求的目标之内使得利益最大化。

其次，从企业角度出发，法律服务作为一种商品在市场经济中发挥着重要作用，结合律师法律服务企业的实际情况，一般企业对律师的需要是以法律顾问形式出现。但是企业也在这个过程中考虑自己的商业成本，律师的收费是不是达到企业的预期价位，付出的经济成本能否得到相匹配的法律服务回报，都是企业在聘请法律顾问时考虑较多的地方。

最后，随着经济的发展，法律定纷止争，解决纠纷的作用更加凸显。在普通大众心里，法律已经成为维护自己权益的利剑。对律师来说，前期接受咨询、中期跟进案件、后期总结案件，这三个阶段缺一不可，每一阶段的侧重点不同，前期需要将自己的专业化体现出来，中期关于案件与委托人多进行沟通，后期在案件的裁判结果出来后要及时总结梳理，并向委托人反馈。

（三）传统法律服务存在的问题

第一，缺少客户体验环节。

客户是否满意通常与客户对法律服务的感知效果与其期望值相比较后所形成的愉悦或失望的感觉状态有关。就本质而言，客户选择哪一个律师，与前期的沟通和咨询是分不开的，客户通过控制过程来得到其所追求的结果。传统法律服务方式缺少客户体验，较多的是依靠介绍案源及降低收费来吸引客户，缺

---

① 孙文俊：“律师业发展路径与制度保障研究——从律师法律服务产品化为视角”，南京大学2015年博士论文。

② 敖斌：“法治视角下政府行政模式的转变——论政府购买法律服务”，载《中国司法》2012年第2期。

少对客户的前期引导，缺少让客户来律师办案场所进行实地参观的体验，从而无法让客户对律师提供的法律服务形成全面的感知。

第二，个体户式的作业方式，人员配置单一。

传统法律服务中，律师独立性强，办案倾向于个人处理，而不注重团队合作，传统律师个人办案的特点，使得律师在对客户提供法律服务中，因其办案的水平、办案质量缺少团队力量而显得较为单薄，尤其在处理高端复杂法律纠纷问题时，个体户式的作业方式无法集思广益，拿出较为完善的法律方案，严重影响办案质量，造成高端优质客户的流失。

三、律师法律服务方式转变及完善建议

（一）政府层面实现自身职能转变

其一，建设社会主义法治国家是治国理政的新要求。在政府职能转变的过程中，如何实现公权力的规范化运行，最为可靠的方式莫过于将其置于法律的规控之下。政府购买法律服务这一机制可以降低行政行为做出过程中的法律风险，尽可能规避不利后果，从而推动政府依法行政。

其二，律师以自己的专业知识为政府在做出行政行为时保驾护航，政府在进行社会事务监管当中也日益重视购买法律服务的问题，于是聘请律师为其提供法律咨询，代理行政复议和行政诉讼案件等情形日益常见。政府购买法律服务是政府职能转变的客观需要。

（二）律师层面转变法律服务方式

第一，法律服务供给侧改革——增强法律服务产品化能力。

市场经济使社会关系越来越繁杂，调整社会关系的法律规则也越来越复杂，律师作为社会关系的润滑剂在社会事务中扮演着日渐重要的角色，对律师群体的规模和专业化程度要求日益提高，产业化正好能够满足这种需要。律师事务所做为律师的承载平台，应当注重精细化分工及培养工匠人才。律师要秉着“破、守、离”的法律工匠精神，掌握更加广泛的法律专业知识，并对自己擅长的，更感兴趣的领域深入研究，这样才能在服务社会需求的过程中，发挥律师专业法律人的作用。

第二，法律服务供给侧改革的实质内容——如何做好法律服务

一个好的律师应该是精通某几个专业。现在许多当事人所面临的问题既涉及民事问题也涉及刑事或其他问题，接受咨询时律师应该及时厘清相关的法律关系。同时，律师要更注意自己的专业和强项。真正业务精湛的律师，会明确地告诉当事人自己擅长什么领域，对于自己不熟知的领域，会推荐其他律师，这才是对当事人负责的态度。

一个好的律师也不会包赢官司，律师是个既专业又理性的职业，会谨慎地分析法律问题，有把握也不会说出“绝对”二字。会对当事人提供的材料进行分析和研判，告知当事人可能出现的结果，或提出他认为最好的策略，而不轻易做出承诺。

第三，法律服务供给侧改革应当注重当事人的服务体验

法律服务从形式上看，开展的具体工作内容往往是无形的，它并不像其它市场经济的商品一样具有实实在在的外观存在；其服务的过程一般也不易被感知，更不好谈被认可。因此，很多当事人“惟案件结果论英雄”。法律服务供给侧改革恰恰可以从弥补当事人的服务感知入手，让当事人在一定程度上参与案件处理，了解律师工作的繁琐，理解律师工作过程的创造思维，提供思想的不易，从而最终对案件的裁判结果有更加理性的认识。这样，律师开展的有效工作能够与当事人的感知实现信息的对等交换，当事人往往会以服务过程来评判，认可律师的法律服务工作。

（三）律所层面积极走品牌化、公司化、专业化道路

在法律服务市场，客户选择律师法律服务提供者的标准应当是律师事务所的专业化、规模和知名度，而不应当仅仅是律师个人的知名度和执业水平。律师业的市场化更强调了律师业追求经济利益最大化这一特点，这就必然存在律师事务所要适应市场经济规律来经营律师的服务业务。纵观国内外有悠久历史的律师事务所，首先注重的是价值思维和律所文化的塑造；其次是内部管理和机构设置：实行公司化或准公司化运作、完善的律师晋升机制、科学的专业分工、团队合作和科学的分配机制、有着完善的规章制度、全面的律师助理、秘书等辅助设施、辅助人员。我国律师事务所在实施品牌战略过程中，应当参照上述标准，逐步实现“规范化”、“规模化”、“品牌化”、“精品化”。

结　论

在供给侧改革的背景下，律师法律服务必须遵循市场规律。律师作为法律服务的提供者之一，经由委托人的自由选择来促进法律服务市场优胜劣汰。律师法律服务的政治性特点又导致法律服务不仅仅是市场化，还需要为公权力服务并具有一定的公共属性和社会引导作用。法治中国建设的供给侧改革，既有市场属性，同时又强调公共属性。在供给侧改革的背景下，律师业应该重新思考和定位，律师应最大限度优化法律资源的配置，转变法律服务方式，为法治国家建设贡献自己的重要力量。

参考文献

［1］冉井富.中国法律服务30年［M］.中国法治30年，218.

［2］张引驰.广州市法律服务实证研究［D］.广东：广东商学院，2010.

［3］李本森.国际法律服务自由化与我国法律服务业的对外开放［J］.律师文摘.中国法制出版社，2005（4）：59.

［4］孙文俊.律师业发展路径与制度保障研究——从律师法律服务产品化为视角［D］.江苏：南京大学，2015.

［5］敖斌.法治视角下政府行政模式的转变——论政府购买法律服务［J］.中国司法，2012（2）.

新修改的《行政诉讼法》带来的机遇与挑战漫谈
——从雷洋事件说起

京园律师事务所北海分所　胥军芳　李言红

内容摘要：本文以前段时间引起热议的雷洋事件作为切入点，从理论层面深入探讨行政诉讼法修订的背景和目的——公权力与私权利的平衡，分析新行政诉讼法的实施给律师职业带来的机遇与挑战，并对新形势下行政部门法律师职业的发展提出了建议。

关键词：行政诉讼法　公权力　私权利　机遇　挑战

一、引言

前段时间，人大硕士雷洋之死事件甚嚣尘上，引起了社会各界的广泛关注。为何该事件能持续发酵，成为公众及众多法律界人士关注的焦点？知名媒体人蔡慎坤一语中的，“如果说我们关注雷洋之死是出于正义和良知，倒不如说是出于恐惧和愤怒！对公权力的恐惧和愤怒”，“这些年，无论是社会精英还是底层平民，在恐惧和愤怒之中，纷纷选择逃离这块土地，并非人们不热爱这个国家不眷恋这块土地，而是在恐惧和愤怒之际的无奈之举！”[①]对公权力的免于恐惧的自由，一时间成为公民社会及个体关注的焦点。

在理论界，从古希腊到现今中国，从亚里士多德、洛克到马克思再到施密特，对公权力与私权利、国家与社会、权力来源与边界的探讨与关注古往今来从来没有停止过。大众接受程度较高的理论是“天赋人权说”和“社会契约论”。相关的理论认为，人的自然权利是天赋的，是与生俱来的，每个人都是自己自然权利的保护者，众人遵循自然法，也就是理性生活；然而当个体之间存在矛盾以及面对外来入侵时，自然状态存在难以克服的缺陷，为了更好地保护个人自然权利，人们让渡部分权利（限权政府只在人民让渡的权利范围内行使权力），彼此联合形成一个公民社会，并推选出这一公民社会的保证——政府，

① 蔡慎坤：雷洋之死真相早已大白于天下，http://www.xici.net/d230121803.htm（已被删帖）。

以保护个人的生命权、自由权和财产权。在理想的状态下，政府和个人权利都是在各自的权力空间中依据规则运行。[①]为了约束公权力，后来的思想家们又提出了“三权分立”、“代议制政府”等理论，当然，这些政治思想也成为现代政府设计政治运行机制的基础。然而，公权力具有与生俱来的扩张性，很难有一种体制能够完美地解决公权力与私权利之间的矛盾，使国家（政府）与市民能够和平共处，协调发展。

对公权力的约束、限制，对正当的私权利的保护，成为公民社会及个体的殷切期盼；而另一方面如何守住公权力的边界，在被授权的范围内行使好公权力，保护私权利也成了每一个接受了私权力让渡的合法政府的不懈追求，公权力与私权利的平衡问题成为法治社会的永恒命题。

二、价值的趋同及《行政诉讼法》修订的意义

党的十八届四中全会通过的中共中央关于全面推进依法治国若干重大问题的决定（以下简称决定）提出：“依法治国，是坚持和发展中国特色社会主义的本质要求和重要保障，是实现国家治理体系和治理能力现代化的必然要求”，“全面建成小康社会、实现中华民族伟大复兴的中国梦，全面深化改革、完善和发展中国特色社会主义制度，提高党的执政能力和执政水平，必须全面推进依法治国。”[②]要全面推进依法治国，就必须充分发挥法治的引领和规范作用，就要求手握公权力的人要正当、合法地行使公权力，保护私权利，促进社会和谐。2015年5月1日起开始实施的《中华人民共和国行政诉讼法》正是在公权力与私权利、国家与市民社会不断博弈的过程中，在政府与公民个体这对互相矛盾又相互依存的两个概念长期的理论探讨中，实施依法治国实践的产物，更是双方协商、妥协、价值趋同的产物。保持公权力与私权利的平衡、和谐，实现秩序与自由的统一是建设社会主义和谐社会的价值目标与当然选择。

在实施依法治国方略、推进法治的进程中，无论是作为代表国家的公权力，还是作为代表公民个体的私权利，都有一个正确定位和合理配置的问题。新修订的中华人民共和国行政诉讼法，从立案制度、受案范围、被告资格、管辖、审查深度、被告应诉、执行和检察监督等方面对旧法进行了修订，“强调要强化对行政权力的制约和监督，同时也提出要加强人权司法保障。此番行政诉讼法的修改，针对行政诉讼中饱受诟病的‘立案难、审判难、执行难’问题，从加强公民权利保障、确保法院依法独立审判、推动法治政府建设等多方面进

---

① 洛克：《政府论》，商务印书馆，1964年版，第48-76页，128页。

②《中共中央关于全面推进依法治国若干重大问题的决定》，http://www.guancha.cn/politics/2014_10_28_280526.shtml。

行了制度优化，是对我国行政诉讼制度的一次重要完善。”[①]除了法治意义外，我们还应该认识到这次修订的巨大政治意义。“把权力关进制度的笼子”，这次修订是多年来宪政改革的一大进步，是实施政治体制改革的一次创新，是我国党和政府民主政治制度的一次创新。

三、新行政诉讼法带来的机遇和挑战

自1989年行政诉讼法制定后，时隔25年，行政诉讼法首次做出修改。新修改的行政诉讼法的施行除了在价值理念层面对我们产生深远影响，也必将在其他方面对律师实务产生影响：

（一）律师代理行政诉讼业务面临新机遇，新行政诉讼法实施以后，行政诉讼和非诉业务量猛增

首先，行政诉讼业务量激增。由于新的行政诉讼法将行政诉讼的受案范围扩大了，各级法院行政诉讼立案数量翻倍。据最高人民法院统计，新行政诉讼法实施的首个工作日，全国各级法院行政一审共登记立案2000多件。对比2014、2015年全国法院工作日，2014年日均行政一审立案600件左右，2015年4月份全国法院工作日日均行政一审立案1132件。当日的行政一审案件立案数量，同比增长3倍左右。行政诉讼大幅攀升这一趋势在各个省份都在上演，山西省高级人民法院统计“今年1至4月份，全省新收行政一审案件682件，同比上升53.26%；新收二审案件380件，同比上升43.93%；省法院新收行政二审案件65件，同比上升75.68%”。[②]大幅攀升的行政诉讼数据表明，行政诉讼渠道更加畅通，在一定程度上也反映出老百姓“不敢告”、“不会告”的现象得到明显改变。与此相对应，新修订的行政诉讼法对行政行为进行了12个方面的规定，很大程度上解决了立案难的问题，扩大了律师的受案范围，律师可以代理的行政诉讼案件大大增加。

其次，非诉业务发展迅猛。新法实施以后，不仅行政诉讼业务量猛增，非诉业务更是需求旺盛。为了配合依法治国，建设法治政府的战略部署，十八届四中全会决定明确要求积极推行政府法律顾问制度。实践证明，行政机关聘请律师担任法律顾问，有利于行政机关法治意识和法治水平的提高，律师参加行政诉讼，也有利于诉讼的顺利进行。从实践来看，自2014年底开始，全国各地各级政府在配备政府法律顾问方面进展神速，以广西为例，到2015年12月底，自治区各级政府和县级以上政府工作部门已经普遍建立政府法律顾问制度

---

① 李敏：“行政诉讼法修改的意义和主要内容”，载《海南人大》2015年第3期，第50-52页。

②雷清明：山西经济日报，2015年/5月/29日，第002版。

并组织开展工作，保障政府各部门用法治思维和法治方式履职尽责。法治日报、广西日报、北海日报等先后发文肯定律师在法治政府建设中的积极作用。

（二）律师代理行政诉讼业务面临更大挑战

1.律师代理案件难度加大

新法对法条修改幅度较大，律师代理案件难度加大，具体在于：

一是因为行政诉讼涉及行政机关的一些行为，因为各个部委机关及各个委、办、局等部门具体业务范围都不一样，涉及到的一些法律法规和规范文件内容都不一样，律师作为行政诉讼的代理人，必须熟练掌握相关法律法规及规范文件。

二是鉴于行政诉讼法是国家的基本法，不可能囊括全部的操作细节，新法修订施行后，还需要最高人民法院及相关部门出台具体实施细则，这需要同行们及时学习把握。

三是行政案件增加了很多新的诉讼类型，比如新增诉讼合同审查、对行政行为合法性审查，对行政行为明显不公正所涉及的撤销诉讼等。

以上这些原因都增加了律师代理案件的难度。

2.律师业务能力亟待提升

在我国律师的业务主要以诉讼业务为主，且以专门从事民事诉讼代理活动的律师居多，对于民事诉讼的业务都非常熟悉，而专门从事行政诉讼代理活动的律师却很少，从事行政复议代理活动的律师更是寥寥无几。

行政诉讼要求律师具备行政法方面的理论功底，既要熟悉行政许可法、行政处罚法、行政强制法、政府信息公开条例，还要熟悉立法法、宪法。高素质的行政诉讼律师可以从三个方面考察：一是具备深厚的行政法理论功底；二是熟知部门法；三是对代理被告的行政诉讼律师要求更特殊，例如要有大局意识、遵守保密要求等。

从现实来看，无论是在理论功底、对部门法法条的熟悉程度以及该专业领域所应具备的特殊素质来讲，从事行政部门法业务的律师同行们都急需继续努力，以应对来自当事人、政府对行政诉讼和非诉业务日益扩张的需求。

四、结论

不论是作为行政机关的代理人还是公民个体的代理人，不论是行政诉讼还是行政复议，在发生纠纷时，律师是连接政府和公民个体的最为理性和专业的群体。在现今国家层面与社会层面对于公权力和私权利的认识逐步达成一致的情况下，笔者认为，作为律师首先要从理论层面了解行政诉讼法修订的背景和目的，只有这样处于不同的立场时才能保持独立的、理性的思考；其次，要站在政治高度解读新行政诉讼法，只有这样才能更好地理解依法治国的基本方略以及行政诉讼的政治方向和价值选择。再次，夯实内功，坚持最高服务水准，只有这样才能在机遇与挑战并存的大环境中得到各界的认可和尊重，立于不败之地。

参考文献

［1］洛克.政府论［M］.商务印书馆，1964.

［2］李敏.行政诉讼法修改的意义和主要内容［J］.海南人大，2015（3）.

［3］雷清明.山西经济日报［N］，2015-5-29.

［4］杨志敏.依法依规破解难题 努力当好法律顾问［J］.政府法制，2012.

［5］刘富初.政府法律顾问与依法行政［J］.海南政报，2000（1）.

［6］姜明安.行政诉讼法修改的若干问题［J］.法学，2014.

［7］何海波.行政审判体制改革刍议［J］.中国法律评论，2014（1）.

［8］关玫.司法公信力初论——概念、类型与特征［J］. 法制与社会发展，（双月刊），2005.

［9］杨仁寿.法学方法论［M］. 北京：中国政法大学出版社，2012（7）.

［10］约翰. 罗尔斯.正义论［M］. 何怀宏，何包钢，廖申白译. 北京：中国社会科学出版社，1988（3）.

律师在基层政府及新农村建设中的作用

云南刘胡乐律师事务所　和慧莲

内容摘要：本文通过基层政府及新农村建设对法律服务的需求、律师在基层政府及新农村建设中的作用、基层政府及新农村建设中存在的问题简要分析后，针对基层政府及新农村建设中存在的问题提出以下几点建议：聘请律师作为法律顾问，规范政府的执法行为；通过律师积极参与村民间纠纷的调解工作，化解村民纠纷，增强村民的法律意识；开展与基层司法所、法律服务所、律师事务所合作交流，互为补充的法律援助制度，为基层政府及新农村建设提供优质法律服务。

关键词：律师　基层政府　新农村建设　依法治国　依法行政

引　言

党的十五大将依法治国确定为我国的治国方略后，我国的法治建设进入了一个全新的历史时期，政府法律顾问在建设法治国家、依法行政等方面发挥了重要作用。农村经济建设在我国国民经济建设中发挥着举足轻重的作用，农业、农村、农民（以下称“三农”）问题是事关国计民生的重大问题。全国律协曾于2009年下发过《关于律师为“三农”提供优质法律服务，促进农村经济社会和谐发展的指导意见》，倡导广大律师把服务“三农”作为自身工作的重点。

一、基层政府及新农村建设对法律服务的需求

（一）随着社会经济的不断发展，新农村建设步伐不断加快，基层政府及新农村建设的法律服务需求发生了巨大变化，由简单的法律问题转向复杂深层次的专业法律服务

基层农村的民事纠纷由原来相对简单的离婚、民间借贷、收养、继承、遗嘱、相邻权、土地承包、侵权纠纷等传统业务发展到城中村改造、土地征用补偿安置、农村宅基地（房屋）流转、林权、医患等新型领域。随着我国各项改革的不断深入，需要提供法律服务的行业和部门越来越多，很多改革措施需要法律去规范，许多经济行为需要法律去保障。因此，现在基层政府及新农村建

设中对法服务的需求除了一些常规业务外，还将延伸到农村金融、房地产、劳务、教育、医疗卫生、林权制度改革等专业领域。

（二）随着农村居民维权意识的不断增强，各种群体信访事件和诉讼案件日益剧增，严重影响了农村政治、经济文化的和谐发展

长期由于司法不公，当发生争议时他们不是理性的通过司法途径解决，而是通过不断的上访，寄希望于某一领导的批示来影响司法，以加重其在诉讼中胜诉的筹码，这不仅不利于纠纷的解决，反而破坏了司法独立。如土地征用补偿纠纷，具有涉案人数众多、矛盾尖锐、信访量大等特点，如律师能早日参与这些问题的处理，作为基层政府法律顾问，对土地征用补偿方案的合法性进行审查，对基层政府在实施补偿方案过程中遇到的问题出具法律建议，有助于化解社会矛盾。发生纠纷时能为村民提供法律咨询，从而帮助他们选择合法有效的途径解决纠纷，从而化解矛盾，对维护农村的稳定具有重要的作用。

（三）依法行政是建设社会主义法治国家的根本要求，律师为基层政府及新农村建设提供法律服务是依法行政的客观需求

“依法行政”客观要求政府的一切活动必须置于宪法和法律、法规和规章的控制和约束之下，政府的行政行为违反了法律规定，就要承担相应的法律责任。依法治国要求公民守法，政府依法行政，基层乡镇政府也需要依法办事，然而受各种条件制约，基层执法人员的法律知识薄弱，在行政执法中时常存在违法行为。

基层政府作为执法机关，绝大部分的法律法规、地方性法规和规章都是由行政机关组织实施的，就基层政府及新农村建设行政执法中会涉及的法律、法规、部门规章、司法解释等规范性法律文件庞杂，每个领导及执法人员不可能全部精通与掌握相关的法律、法规和规章。通过法律顾问的介入为基层政府及新农村建设行政执法提供法律意见，保障政府的行政行为符合国家法律规定，提高政府工作人员的知法、守法及执法水平，促进行政管理的统一性和稳定性，从根本上提高政府依法行政能力，规范农村经济秩序、生活秩序的正常运行。

二、律师在基层政府及新农村建设中的作用

（一）律师为基层政府提供法律服务，能有效规避行政执法中法律风险，从而使执法部门能有法可依、有法必依

通过律师为基层政府及新农村建设提供优质法律服务，强化对农村人口，尤其是对基层政府工作人员、农村党员、干部的法律法规培训，不断提高执法人员的法律知识。由于基层政府及农村工作的庞杂，基层政府及农村干部文化水平和法律知识有限，若在执法中遇到疑难法律问题，通过律师为其提供法律

建议或咨询，能有效规避执法中的法律风险。

（二）律师为基层政府提供法律服务，能维护政府的合法权益，同时能促进社会的和谐发展

随着经济的发展社会矛盾日益凸显，公民的法治观念和法律意识不断增强，引发对政府具体行政行为不服的行政诉讼案件大量增加。一些新型的社会纠纷也不断出现，如人身侵权赔偿案件、消费者权益被侵害案件、医疗事故纠纷案件、房屋拆迁补偿纠纷案件等，通过律师提供法律建议、调解等方式能合法有效解决、化解部分争议。从而避免小案件发展成大案件，民事案件引发为刑事案件，促进农村形成和谐稳定的大局。

三、基层政府及新农村建设中存在的问题

（一）基层政府及各派出机构能提供的法律服务有限，加之法律资源整体分布不平衡，基层政府及新农村法律服务匮乏

乡镇政府工作人员所掌握的法律知识不全面，难以提供专业法律服务；随着司法体制改革不断深入，派出所介入民事纠纷的现象已逐步减少；人民法庭作为履行审判职责的主体，随着司法消极性和中立理念的深入，能够给农民提供的法律咨询越来越少。随着国家城市化进程步伐的加快，大量律师奔向发达城市和大城市，县乡一线律师越来越少，甚至有些县城无一名执业律师，乡镇就更不用谈了。担任基层法律服务重要角色的法律服务所，法律素质参差不齐，少数法律服务工作者在执业工作中受利益驱动，违规违纪现象时有发生，影响了基层法律服务工作者的整体形象。

（二）农村居民的维权意识虽不断增强，但法律意识淡薄、缺乏法律知识，发生纠纷时未采取合法的法律途径解决，贯用以“以暴制暴”的非法律途径解决纠纷，从而引发了新的社会矛盾

近年来，随着城市化的进展，新闻媒体普法栏目的不断宣传，人们的维权意识不断增强，越来越多的人已经不再把打官司看作不光彩的事，但是很多农民欠缺法律知识，缺乏寻求法律救济的主动性，他们在权利被侵害时，一般倾向于选择私下调解、不断上访或者直接以暴制暴，在城中村改造过程中这一现象尤为突出，当对拆迁补偿不服时，时常采用暴力阻止拆迁、无序上访、自焚、甚至冲击国家机关等非法行为，不仅不能解决纠纷，后果严重的反而可能会被追究刑事责任。

律师这一行业不仅很难为普通农民接近，而且获取这种法律服务所需支付的费用也是普通农民支付不起或不愿支付的。加之诉讼结果是依赖于整个案情及充分的法律证据，即使胜讼，被执行人有可供执的财产才能执行。但很多农

民他们在乎的是能否拿到钱，对于诉讼过程、诉讼可能面临的风险、法律证据是否与客观事实相符、所掌握的证据是否充分等问题从不考虑。总觉得律师是万能的，请了律师付了律师费就应该包胜诉、包执行。当面临败诉或难以执行时，他们对法律就失去了信心。

（三）基层政府的行政工作人员及村干部法律知识不高，综合素质参差不齐，在解决群众法律诉求时有不及时、不专业，甚至存在违法违规的行为

有些工作人员法律知识欠缺，很多群众咨询的事项，比如土地流转、交通事故赔偿金额计算、工伤认定等，因工作人员专业水平限制没有能力给予及时解答，解决问题的效率不高，有些工作人员连相关事项应由哪个部门处理都不知道，致使很多部门互相推诿，民众的问题久久不能解决，当找到律师时诉讼时效都已过了。

四、对策及建议

（一）各级政府应当提高行政执法水平，聘请律师作为法律顾问，规范政府的执法行为

依法管理、依法行政，迫切需要律师提供法律服务，律师担任省、市、县（区）政府的法律顾问所发挥的作用是有目共睹的，农村乡镇政府聘请律师做法律顾问还很缺失。乡镇基层政府聘请律师作为法律顾问，可以规范乡镇一级的行政行为，纠正一些执法中的偏差，及时发现农村基层单位在社会主义新农村建设中的不足之处，提出正确的法律意见加以改正。

（二）律师协助基层政府扩大普法宣传的力度，提高乡镇、村居干部的法治观念和执法水平；律师积极参与村民间纠纷的调解工作，化解村民纠纷，增强村民的法律意识

至今仍有一些地方的乡村干部法治观念不强，未能很好地维护农民的合法权益，在一定程度上影响了法律在农民心中的权威地位。只有从执法这个环节入手，在执法过程中做到有法可依、有法必依才能有效提高乡村干部的法治观念和执法水平，进而树立起农民对实行法治的信心。

农村婚姻、家庭、继承、邻里关系、宅基地等民事纠纷，这些矛盾看起来是一家一户的事情，但是处理不好就会影响农村安定团结。律师积极参与乡村人民调解委员会重大复杂的民间纠纷调解工作，引导村民化解、消除矛盾纷争，在源头上解决矛盾和纠纷，避免矛盾和纠纷进一步升级扩大，减少给村民带来的法律风险和损失。

（三）开展与基层司法所、法律服务所、律师事务所合作交流，互为补充的法律援助制度，为基层政府及新农村建设提供优质法律服务

虽然律师可以提供优质专业的法律服务，但律师事务所离农村较远，对于一些案情简单的案件，律师亲自办理，会增加办案成本。因此，有必要开展与基层司法所、法律服务所、律师事务所的合作交流。对于法律服务所、司法所收到的疑难案件，律师可以参与合办，刑事辩护案件，移交律师事务所律师承办。各地司法部门组织律师事务所与乡镇、街道司法所建立“所所结对”的法律援助帮扶制度，到基层乡村和街道社区定期开展公益法律服务，充分发挥法律工作者的职能优势，为农民免费提供法律咨询服务。

五、结语

律师作为基层政府及新农村建设的法律服务者，应做到“事前防范、事中控制为主，事后补救为辅”的法律事务风险防范机制，要适时关注法律动态，为基层政府提供关系切身利益的法律新动态；及时了解政府规范性文件的内容，以便有的放矢地开展工作；要经常对基层政府及新农村进行走访，为其提供所需的法律服务。律师作为社会主义经济发展和法治建设的法律服务者，应积极投身于基层政府及新农村建设建设中，为新农村的建设提供优质法律服务、发挥应有的法律服务的职能。

律师参与立法修法活动及规范性文件制定工作的经验

海南惠海律师事务所　张　蕾
海南昌宇律师事务所　李航燕

内容摘要：2015年3月15日，第十二届全国人民代表大会第三次会议决定对立法法作出修改，地方立法权扩至所有设区的市。中央扩大地方立法权，是对地方改革探索的一种鼓励，而这个级别的地方立法本身又何尝不是在“摸着石头过河”。笔者拟通过本文对自己一年多来参与三亚（设区的市）立法活动的经验进行总结，与同行交流。

关键词：律师　立法　设区的市立法　三亚

2015年3月15日，第十二届全国人民代表大会第三次会议决定对立法法作出修改，地方立法权扩至所有设区的市。这一规定让“撤镇设区”方一年有余的三亚市获得了制定地方性法规的权利。规定出台半年后，2015年9月，三亚市人大常委会通过了《三亚市白鹭公园保护管理规定》。三亚因此成为立法法修改后全国第一个出台地方性法规的设区的市。

三亚市白鹭公园保护管理规定从草案到征求意见稿，再到表决稿，八易其稿，这其中包含着众多三亚律师们所付出的智慧和辛苦。作为有幸参与、见证这次立法活动的律师，我们后来又陆续参与了三亚市一日游管理暂行办法、三亚市河道生态保护管理规定、三亚市山体保护条例、三亚市三亚湾滨海公园保护管理规定、吉阳区政府各职能部门权力清单修订等三亚的立法和规范性文件的制定工作。在这一年多的时间里，我们深感制定一部“在应然和实然当中寻找和谐与平衡”的法规有多么不易，也为自己作为律师有机会承担起自己应当承担的社会责任感到自豪和骄傲。同时，也感到是时候对自己参与立法工作的经验进行总结，与同行交流。毕竟，对于任何一个设区的市来讲，正式享有立法权不过是从2015年6月才刚开始。中央扩大地方立法权，是对地方改革探索的一种鼓励，而这个级别的地方立法本身又何尝不是在“摸着石头过河”。因此，及时进行总结、交流经验还是十分必要的。这里主要分三个方面进行总结。

一、律师如何将自己的业务范围拓展到立法工作中

目前，相信大多数律师的日常业务主要还是在司法领域，如何由“司法之士”成为“立法之师”需要特定的条件和机遇。

首先，律师特别是青年律师最主要也最方便借助的平台就是自己的律所。立法活动往往由地方人大及相关政府部门主导，一个在政府事务领域有较高知名度的律所，往往更容易给律师提供这样的业务机会。2015年初三亚市人大常委会立法准备工作计划中列示了三亚当年共准备立法6部，海南惠海律师事务所的律师同仁们依托律所平台，参与到了其中4部法规的制定工作。律师依托律所参与立法活动还有一个好处，就是一家具有专业分工的律所，律师们的专长不同，一些专业领域的立法仅有一般的法律知识还不行，还需要特定领域的专业法律知识，而这种特殊领域的法律知识，一个律师未必恰好擅长，依托律师团队的力量才能更好地完成。

其次，平时积极参政议政、关注政府法律事务、社会公共事务的律师，接触立法工作的机会就更多一些。当今社会律师参政议政的渠道越来越多，不少律师担任人大代表、政协委员、党派成员。今年7月份，中央统战部成立以“新的社会阶层人士”为工作重点的“八局”，意味着律师作为“新的社会阶层人士”中的一分子，又多了一个平台为社会公共事务发声。律师在参政议政、参与社会公共事务的过程中，才会跳脱法律在个案上的适用，了解法律在社会宏观方面的运行，也给自己更多的机会，取得政府及相关部门的信任，进而将自己的业务范围拓展到立法领域。

再次，从律师自身角度，应当有充分的自信到立法这一领域发挥自己的业务专长。律师不仅在法律知识储备、法律实践经验方面具有天然的优势，而且是一个身份相对超然的群体。对地方立法者而言，怎样在地方立法利益衡量的过程中，确定利益的轻重、主次、先后之别，并对各种利益给予合理的兼顾，绝对是个难题。而律师不代表任何机关、团体和个人，仅代表自己和自己的当事人，忠于法律，忠于当事人，“受人之托、忠人之事”，这样的群体参与立法过程，相信不会倾向任何利益集团，也不会忽视任何群体利益。

另外，律师也应当意识到，参与到立法工作中所带来的经济效益并不一定比得上其他业务，但其所带来的社会效益却是任何业务都难以企及的。

二、律师参与立法工作应当注意的问题

（一）律师参与立法活动首先要对自己所要参与立法的层级、相应层级的立法权限、立法特点有清楚的认识

我国的立法法将不同的立法权限授予了不同层级的不同部门。律师介入立

法活动时首先应了解自己所要参与立法的层级。以防止超越立法权限立法，以及与上位法相冲突。以三亚市为例，作为设区的市，仅能在不与宪法、法律、行政法规和本省、自治区的地方性法规相抵触的前提下，对城乡建设与管理、环境保护、历史文化保护等方面的事项制定地方性法规。

这三个方面，看起来比较窄，但实际上范围比较宽。比如城乡建设与管理，包括城乡规划、基础设施建设、市政管理等；环境保护方面，范围则包括大气、水、土地等。可以说，三个方面涉及经济社会发展的方方面面。另外，需要注意的是，虽然设区的市立法权的范围比较宽，但制定出的法规却往往都是具有针对性和可操作性的，而非宣传性、纲要性的立法。

（二）在进行一项立法时，律师要对其上位法和相关配套法规有清楚的了解，并运用自己的专业知识，在立法活动中避免所立法律法规与上位法相冲突，并能与配套法规相互衔接

在我国，法律规定上的冲突并不鲜见，比如我国劳动法上关于劳动仲裁时效的问题，同一时期尚在的不同层级的法律法规中有三种不同的规定。这些法律规定上的冲突必然导致人们在面对这些法律法规时无所适从，因此，立法必须要考虑与上位法保持一致以及与配套法规的衔接问题。这一点可能在大部分律师头脑里都会有比较清醒的认识。但在笔者参与的地方法规立法实践活动中，律师往往需要与特定政府部门的工作人员一起协作起草法规，这些人员大多对自己的专业领域比较熟悉，但对上位法或配套法规认识不足。律师需要在立法之初就向他们普及相应的法律知识，在立法的过程中，对他们进行引导、监督，并在出现问题时及时纠正。

（三）律师应了解相应的立法技术规范

立法技术规范包括法律的结构、形式、文体、修改和废止的方法等方面的规则，是起草、修改法律需要掌握的具体操作标准。由于立法活动是一种专业性强，程序要求高，需要多方合作进行的复杂劳动和集体行为，作为立法成果的法律法规都是集体智慧的结晶，所以立法活动需要方共同遵循立法技术及其规范，才能保证立法质量。因此，无论是国家层面，还是省一级，都有相应的立法技术规范。国家层面的立法技术规范主要规定在立法法、行政法规制定程序条例、规章制定程序条例、法律法规备案条例等当中；海南省制定的立法技术规范主要规定在地方立法听证规则、海南省人大专门委员会、常委会工作机构审议审查地方性法规草案工作规程、地方性法规配套规范性文件制定工作程序、海南省人大法制委员会议事规则等当中，律师参与立法时，应当注意参照这些规范。

（四）注重调查研究，防止"闭门造车"和"盲目抄袭"，同时要善于借力

如何制定一部法律，为了不让工作变得千头万绪，大家最初考虑的捷径一般都是，能否找到一个合适的样本来借鉴。那么如何让一部法律"现实而良善"且有可操作性？这就不得不借助于调查研究了，而且立法过程本身是一个不同利益群体间的博弈过程。因此，在立法工作中，必须通过调研活动广泛听取各方意见，并对各种意见进行理性分析和科学判断，方能使制定的法规更加体现群众的共同意愿。另外，律师虽是法律方面的专家，但对于特殊领域的立法所需要的特殊专业知识、特殊领域的现实情况未必恰好了解。这就需要借助调研，以及借助整合其他力量来弥补律师在这方面的不足。比如说在三亚市三亚湾滨海公园保护管理规定的制定过程中，律师就说服委托立法的政府部门外聘了两位有立法经验的环境法方面的专家学者一起参与立法，并起到了较好的效果。笔者从自己参加的三亚立法实践来看，大多数部门都能意识到调研工作的重要性，但对于律师来说应当结合自己所运用的法律知识引导相关部门进行更加系统、科学、细致、有效的调研工作。

（五）立法不仅仅需要法律知识，还需要有政治、经济、社会、历史、文化等方面的考量

英国哲学家边沁在《立法篇论》中曾把立法学和法学严格区分开来，认为立法学不是法学的一个分支，而应属伦理学的一个分支。他的理由简单来说就是：法学是以既有的法律规范体系作为研究对象的，而立法研究的是关于如何确立一个规则的问题的学科，显然这两者不能归属同一学科。边沁的观点确有可取之处，这就要求我们不能仅仅运用我们律师惯常的法律思维去看待立法，而要有更多的外部视角。比如说，三亚马上要起草的三亚市烟花爆竹管理规定，我们就不得不考虑中国在烟花爆竹这个问题上是有特定的文化习俗的，这些特定的文化习俗根深蒂固地影响中国人的行为模式，不考虑这些因素，相应的管理制度就没办法建立起来。另外，在烟花爆竹"禁还是限"的问题上，参照其他一些城市在此方面立法"由禁改限"的经验，我们还要考虑到对于烟花爆竹的立法活动要进行某种社会学的评价，为什么完全禁止燃放烟花爆竹的立法无法行得通？从社会学的角度，人是有主观能动性的，总是会选择趋利避害，选择对自己有利的方式实现自己的刚需。市面上不允许买卖烟花爆竹了，但人们的刚需没有变，地下交易就会产生，如果立法的时候没有考虑这些，那么不仅我们立法时要追求那些效果无法实现，而且人们在绕开规则的过程中，可能会使问题更加恶化。

三、律师在参与立法中遇到的问题和一些思考

通过一年多的时间陆续参与到三亚市的一些立法活动过程中，笔者也体会到，目前，至少在三亚，律师参与立法还存在诸多的局限。包括：

（一）从全国各地的情况来看，律师参与地方立法活动已经渐成趋势

不可否认，律师参与地方立法，与常见的政府、学者参与地方立法模式一样，也存在着自身的局限。如律师参与地方立法，目前还存在一定的随机性、偶然性，因此可能很多参与其中的律师存在经验方面的不足；再如受时间、精力和经济报酬等限制，律师与人大和政府等实际工作部门接触不够深入，难以运用行政资源掌握全面的立法信息，立法调研难以深入和不够充分等。因此，如何通过组织相关平台建设、制度建设，充分发挥律师在参与地方立法方面的作用，同时也规范律师参与地方立法活动，是我们需要进一步思考的问题。

（二）参与范围的局限

根据笔者的了解，三亚市的律师参与立法，其形式主要还局限于在相关政府部门的组织下，参与法条起草、编纂方面的立法工作。但事实上，若想要律师更加有效的参与立法，还应当在立法立项、立法评议、立法听证、立法后的评估等方面进一步发挥律师的作用。甚至还可以考虑，在立法评议、听证等环节，建立律师参与的立法辩论制度，以推动我们的地方立法更加科学、民主。

以上便是我们对一年来参与三亚立法工作的一些思考和经验总结。但受笔者参与立法的时间较短，数量不多，参与立法的层级仅限于三亚市的地方性法规以及规范性法律文件所限，只能就自己较为熟知的范畴，从律师参与立法的实务角度谈几点自己也许还不太成熟的看法，供大家参考。希望能够抛砖引玉，让更多的律师对立法方面的法律实务产生兴趣，或与已经参与这方面工作的律师有更多的互动交流机会。

仲裁确权之创新性模式探究

——三亚市棚户区改造中房屋确权经验

海南建亚律师事务所　高华阳

内容摘要：棚户区改造是我国着眼于改善民生，执政党致力于为人民服务的一项重大举措，是一项惠民工程。然而，政府在推进棚户区改造的过程中，遇到了诸多难题，导致了棚户区改造的战线拉长，耗费了更多的人力物力，不利于棚户区改造政策的落实。所以，如何在棚户区改造中探索一种新的方式，在符合法律规定的前提下快速有效推进棚户区改造进度，使这一惠民政策得到完全落实，显得尤为重要。

关键词：仲裁确权　棚户区改造　房屋确权　创新性模式

一、棚户区改造的历史问题及现状

棚户区改造是国务院下达给各省市的重要任务，近年来，各省高度重视，将棚户区改造列为重点项目强力推进。

（一）诸多客观因素导致棚户区改造进度缓慢

被列入棚户区改造范围的房屋性质多样，因年代久远，历史遗留问题较多，且棚户区改造涉及多方利益，尤其对于流动性人口较多的城市（诸如三亚市等）而言，如处理不当，则影响社会稳定。

从房屋性质上看，棚户区改造中多为单位集资房、房改房、经济适用房、个人自建住宅等，同时也存在部分商品房，部分房屋中还存在房屋出卖单位与购房者之间按份共有的情形，因此房屋性质极其复杂。

从房屋交易形式上看，多数房屋经过多次转卖、易主，相当部分未办理房屋过户登记，由于这些房屋交易最早发生在20世纪末21世纪初，当时交易双方的法律意识淡薄，付款凭证均为简易的“收据”。部分购房合同意思表示不明，导致了政府在主导棚户区改造中，难以辨别各方房屋交易的意思表示是否真实、所提供的证据材料是否合法有效。

从交易时间上看，由于部分房屋交易年代久远，取证困难，导致了确权难度进一步加大。

从交易各方诚信度上看，部分房屋转卖人在转卖房屋后，看到了棚户区改造所带来的利益，便恶意撕毁与购房人签订的合同，对购房人作为被补偿人提出了异议。

（二）在主观方面上，因专业法律知识受限，导致难以准确、快速进行确权

在棚户区改造中，由政府作为主导，投入了大量的人力物力，但由于政府工作人员缺少丰富的法律实务经验，难以完全胜任补偿协议的起草、房屋确权材料的审查等法律工作，难以准确快速进行房屋确权。

二、三亚市棚户区改造的创新性模式探究

三亚市胜利路原武装部片区棚户区改造，由三亚市政府统一领导协调，为解决三亚市棚户区改造中的确权难题，采用了如下创新性模式：

（一）通过前期审查，做到快捷、准确确权以迅速签订补偿合同并发放补偿款

在进行棚户区改造的前期，律师便开始参与其中，参与起草棚户区改造项目房屋征收补偿安置方案，起草补偿安置协议，指导各方当事人收集初步的有效证据以便确权。

在三亚市住建局与各被补偿人签订补偿协议时，由律师指导签订协议，保障协议内容及签订协议的主体资格适格。与此同时，仲裁委员会亦提前介入，将仲裁程序中的证据审查程序前置，在住建局审查被补偿人资格时参与审查其中的现有证据是否能够进行确权。审查方式主要为形式性审查，审查过程中发现被拆迁房屋可能存在权属纠纷、产权不明晰等情况的，采用由住建局先行与初步确定的被补偿人签订补偿协议，该被补偿人先交付房屋用于棚户区改造拆迁，在房屋拆迁的同时通过仲裁程序进行房屋确权的方式，在仲裁程序中对证据材料进行实质性审查。

在签订补偿协议时，当事人各方在补偿协议中特别注明："甲乙双方同意由甲方将本协议提交海南仲裁委员会三亚仲裁院，并邀请利害关系方参加相关仲裁活动，对本协议项下征收补偿安置权益人资格进行司法确认，并按仲裁裁决执行本协议"，以确保当事人各方将房屋确权纠纷提交仲裁委员会管辖具有法律依据，住建局特别承诺仲裁费用由住建局承担。

从安置补偿方案的确定，补偿协议的起草与签订，再到被补偿人资格审查，通过律师与仲裁委员会的参与，弥补了政府部门工作人员在房屋确权方面专业性法律知识的不足，减小了确权出现错误的风险，同时加快推进了棚户区改造进度。

（二）对于可能存在权属争议的房屋，由仲裁委员会通过仲裁确权，以最后一道"防线"来避免确权错误

仲裁委员会在处理本次棚户区改造房屋确权仲裁案件的过程中，具有如下创新特点：

1. 开通了绿色通道，专门设立了三亚市棚户区改造房屋确权的工作室，配备专人统一负责大量仲裁案件的管理、分类、登记等工作。

2. 在案件审理程序上，适用简易程序审理案件，采用独任仲裁庭的组庭方式，在符合规定的情况下尽可能简化程序，主要体现在：（1）在立案审查上，及时对案件进行立案审查，缩短立案审查时间；（2）在仲裁员选定上，对于所有仲裁案件均统一指定熟悉房地产法律业务的资深专业律师担任独任仲裁员，既保障了确权标准的统一性，又节约了在程序上的时间。

3. 在证据审查上，仲裁委员会采用了提前介入审查证据的方式。通过前期对证据的形式审查，熟悉了拟改造片区的房屋特点，进而在仲裁确权程序中，对证据进行实质性审查更加高效、快捷。

4. 在审理方式上，由于案件数量较多，采用"不公开不开庭审理"与"不公开开庭审理"相结合的方式进行审理。对于案情简单，通过在仲裁程序中补充证据后，能够进行确权的，则采用"不公开不开庭审理"的方式进行审理。对于证据不足、相关利害关系人提出异议的，则采用"不公开开庭审理"的方式，以确保裁决的准确性。

5. 在仲裁员的选定上，指定具有专业知识和经验的资深律师为仲裁员，集中审理案件，确保各个案件审判标准的一致性、连贯性。

6. 在人员配备上，仲裁委员会专门配备了具有丰富办案经验的秘书，保证处理案件审理过程中的送达、通知、调查取证等工作的合法性。

7. 具有律师身份的仲裁员必须有一个专业化的律师团队支持仲裁员的工作，使得仲裁案件具有充分的人力保障。

8. 在内部沟通机制上，创造了仲裁委员会、仲裁员、秘书分工明确、紧密合作的机制，能够针对各个案件的不同特点，从法律角度、证据角度对疑难问题及时进行讨论并达成一致。

前期由律师、仲裁委员会介入为棚户区改造提供法律意见及指导，后期通过仲裁来确定棚户区改造中房屋的权属模式，是律师和仲裁委员会在棚户区改造项目中房屋确权的工作流程及模式上的大胆创新。

三、采用仲裁确权的创新性模式而取得的重大成果

位于三亚市胜利路的原武装部片区棚户区改造项目占地面积117亩，房屋

127栋，改造户数2172户，人口7114人，涉及征收总建筑面积191687.53平方米。该范围内土地性质为划拨行政、企事业单位用地。房产基本情况为：市工商银行、市地方税务局、市国家税务局、市邮电局、市烟草公司、市国资委下属23家单位，共计23家单位的办公用房约26676平方米；非住宅用房约26287平方米；单位职工房改房等住宅房约132277平方米。房屋为80年代后陆续建造，房屋权属不明确，道路拥挤、居住环境较差。

鉴于位于三亚市胜利路的原武装部片区棚户区改造项目中房屋情况复杂，在进入仲裁程序后，仲裁员采用了如下处理方式以提高裁决效率：对申请人住建局已提请仲裁的案件按照房屋特点及性质、房屋转卖情况、产权情况等因素先行进行分类，分别确定了不同的处理思路，对各案按照其所属的类别所对应的处理思路进行处理并撰写仲裁裁决书；对部分案情简单、证据充足的案件采用“不公开不开庭审理”的方式，秘书负责确认案件事实、询问各方当事人并做好相应的笔录，组织各方当事人补交相应证据、送达文书等工作。对于证据不足、证据真实性难以认定、相关利害关系人提出异议等无法进行书面审理的情况下作出裁决的仲裁确权案件，则采用“不公开开庭审理”的方式，对这些案件分类进行开庭审理，以确保裁决的准确性。

在进行仲裁确权的过程中，发现了部分与住建局签订补偿协议的被补偿人并非真正的被拆迁房屋的权利人，通过裁决的方式确定了适格的被拆迁房屋权利人，由住建局重新与真正的权利人签订补偿协议，防止了错误发放补偿款情况的发生。

仲裁裁决书送达后，住建局根据裁决书向涉案房屋权利人发放了补偿款，保障了被补偿人的利益，争取了在短时间内向被补偿人发放补偿款。

通过本次仲裁确认房屋权属，相关政府职能部门及各被补偿人、其他当事人认为通过仲裁确认房屋权属，不但减少了时间成本，提高了棚户区改造的工作效率，并且确保了确权的准确性，为三亚市棚户区改造工作作出了巨大贡献。

四、采用仲裁确权的创新性模式的借鉴意义

本次棚户区改造所采用的模式对推动棚户区改造工作的顺利进行具有借鉴意义。从政府进行棚户区改造工作上看，这是一次对棚户区改造模式创新的摸索，是新的经验积累。从成效上看，在三亚市政府的统一协调下，各方通力配合，通过大胆创新，解决了诸多棚户区改造难题，三亚市棚户区改造工作取得了突破性的进展，这是一种可以广泛运用于海南省甚至全国范围的模式，具有借鉴意义。

从被补偿主体的角度上看，通过聘请律师、邀请仲裁委员会提前参与棚户区改造工作，在具体参与改造过程中，创新了解决法律问题的模式，做到了高效确权，保障了被补偿人的利益，节约了拆迁、改造的时间，增加了被补偿人对政府工作的信任度。

从仲裁工作的角度上看，通过仲裁委员会的提前参与，开创了一种全新的仲裁模式，扩大了仲裁委员会的社会影响力，有利于仲裁委员会更广泛地参与到棚户区改造工作中，发挥公正裁决、快速确权的作用。

当然，工作模式需要靠人去创新，同时良好的创新模式下亦需要靠人相互配合才能完美运作，所以，在采用此种创新模式时，应当注意以下五点：

1.律师要进行全程跟踪式服务，自始至终参与棚户区改造的每一项工作，在房屋确权方面，前期对相关证据材料进行形式审查，进入仲裁程序后，仲裁委员会对证据进行实质性审查，律师负责收集并补交确权所需的证据。

2.选定的仲裁员必须有扎实的法律功底，能够准确判断法律关系，须为具有丰富的建设工程房地产领域的实务经验、诉讼经验的律师，具有很强的处理纠纷的能力。

3.在仲裁程序中，需配备具有丰富经验的办案秘书，协助处理大量程序性事务。

4.在仲裁委员会内部，须时刻保持良好的沟通机制，团结协作。

5.负责实施棚户区改造的政府部门的代理律师必须具有专业法律知识，在建设工程房地产领域具有丰富的实务处理经验，且必须有一个专业水平高、足够团结的团队。

结　语

三亚市棚户区改造有其独特之处，所以，创新棚户区改造模式中的确权方法，能够最直接地促进棚户区改造的进度。

我国的商事仲裁机构不是单纯以营利为目的的，其主要宗旨是为了保障社会主义市场经济的健康发展，这就要求仲裁员有更强的社会责任感、更高的道德标准和社会信用度。[①]本次仲裁委员会参与三亚市棚户区改造，则是主动承担社会责任的体现，同样，律师作为法治社会不可缺少的一部分，亦应当具有高度的使命感，积极投身于法律事业中。三亚市还有更多棚户区改造的重任，无论是仲裁委员会还是律师，均应积极主动参与其中，为棚户区改造贡献自己的

①陈知之：“我国商事仲裁制度的SWOT分析与创新研究”，载《法制博览》2013年4月（中），第195页。

力量，并通过这些实践积累经验，形成研究成果，进行推广，为全国的棚户区改造提供先进性的经验。

律师在规范行政执法工作中的作用

山西隆德晟律师事务所　焦宇飞

内容摘要： 近年来各级行政机关领导及工作人员的法律意识有所提高，但与中央提出的依法治国的要求还有较大差距。律师担任行政机关法律顾问可有效提高行政机关的法律程序思维，提高行政机关依法决策的能力与水平，提高行政机关的执法能力。

关键词： 法治政府　律师服务　提高执法能力

2014年10月，中国共产党第十八届中央委员会第四次全体会议审议通过了《中共中央关于全面推进依法治国若干重大问题的决定》，确定了全面推进依法治国的总目标，在我国法治史上具有里程碑意义。借此契机，律师业的发展迎来了春天。2016年6月，中共中央办公厅、国务院印发的《关于深化律师制度改革的意见》确定了律师制度是中国特色社会主义司法制度的重要组成部分，律师队伍是落实依法治国基本方略、建设社会主义法治国家的重要力量，是社会主义法治工作队伍的重要组成部分。此后，中共中央办公厅、国务院印发关于推行法律顾问制度和公职律师公司律师制度的意见明确了法律顾问制度对建立法治政府的重要意义，并进一步明确了政府机构建立法律顾问制度的目标与方式。这些政策的颁布对于建立法治政府具有重大意义，必将提高政府机构依法执政、依法行政、依法管理的能力和水平。现笔者结合多年为政府机构提供法律服务的经验，谈几点律师在规范行政执法工作中的作用。

一、当前行政机关工作人员依法行政的能力与水平

近年来，行政机关工作人员通过业务培训、参与行政诉讼、聘请律师指导等方式依法行政的能力与水平有了较大的提高，各级行政机关领导及其工作人员依法行政观念逐步增强。但是，行政机关领导及工作人员与中央提出的依法治国的政策要求还是有较大的差距。这其中原因方方面面，这里应当提及的是县一级政府撤销法制办编制且普遍缺乏通晓法律知识的人员是制约提高依法行政能力与水平的重要原因。县一级政府中负责法制工作的部门为办公室，而办

公室的业务繁多，造成办公室工作人员难以全身心投入法务工作中，加之政府工作人员岗位流动性高，造成政府法务工作过度依赖聘请的法律顾问，政府工作人员本身的执法水平与执法能力难以提高。另外，政府及行政机关工作人员法律程序思维较差，甚至有的行政机关在作出处罚时不知道有听证这一程序，不知道数额较大罚款的数额是多少，这些情况是普遍存在的。还有部分政府及行政机关领导依然缺乏依法行政的观念，以言代法、以权代法的现象仍不同程度地存在。

二、律师在规范行政执法工作中的作用

笔者结合工作经验，谈几点律师在规范行政执法工作中的作用。

（一）提高行政机关执法水平与能力首先应提高行政机关领导与工作人员法律程序性思维

在办理业务过程中常见到政府在招商引资过程中被骗，有的领导因工作失误被追究刑事责任。究其原因，笔者认为除了追求政绩外，还有一个主要原因就是行政机关领导与工作人员的法律程序性思维较差。在行政诉讼中因程序违法被法院撤销行政行为的案件占很大比例，这就反映出了行政机关工作人员法律程序性思维较差，所以笔者认为提高行政机关执法水平与能力首先应当提高行政机关领导与工作人员的法律程序性思维。律师可通过对行政机关领导及工作人员进行普法教育，讲解玩忽职守、滥用职权等刑事案例和相关行政诉讼案例使行政机关工作人员认识到遵守法律程序的重要性，帮助行政机关领导及工作人员树立严格按法定程序履行职责，按法定程序执法的法律程序性思维。

（二）律师参与行政机关重大事项决策可提高行政机关依法决策、科学决策的能力与水平

坚持科学决策、民主决策、依法决策、健全决策机制和程序是党的十八大提出的要求。笔者在担任行政机关法律顾问期间经常参与行政机关召开的重大事项的研究、决策会议，笔者始终要求行政机关依法决策、依程序决策，并要充分考虑重大事项涉及的群众利益。笔者多次向行政机关提出重大事项的决策应遵守公众参与、专家论证、风险评估、合法性审查、集体讨论等程序，并为行政机关的重大事项决策提供可行性论证、合法性审查等意见，为行政机关制定规范性文件提供法律意见。律师参与行政机关重大事项决策可提高行政机关依法决策、科学决策的能力与水平，为行政机关领导的决策提供法律依据，为行政机关依法行政提供法律意见与建议。

（三）律师可帮助行政机关规范行政许可、行政强制、行政处罚等具体行政行为，提高行政机关依法行政的能力与水平

律师作为行政机关法律顾问，与行政机关之间为合同关系，不存在行政隶属关系，因而律师在帮助行政机关办理具体业务时地位独立。担任行政机关法律顾问的多是经验丰富、知识广博、思维敏锐的律师，可规范行政机关作出的行政许可、行政强制、行政处罚等具体行政行为。笔者担任行政机关法律顾问期间，审查行政机关拟作出的行政许可、行政强制、行政处罚等具体行政行为时，必先严格审查拟作出的行政行为程序是否合法，再审查认定的事实是否有充分的证据支持及依据是否合法、主体是否合法等，对拟作出的具体行政行为进行严格审查。因此，律师可帮助行政机关规范行政许可、行政强制、行政处罚等具体行政行为，提高行政机关依法行政的能力与水平。

三、律师应加强业务学习，不断提升业务技能

行政机关业务涉及领域非常广泛，如住建部门业务涉及建设工程、用地规划、工程规划等业务，土地部门业务涉及土地开发、征地、土地登记等业务。笔者在代理行政机关参与行政诉讼过程中深感行政机关涉及的业务领域和规范众多，深刻地体会到学习业务知识的重要性。因而，律师在为行政机关提供法律服务时应虚心向行政机关业务人员请教业务知识，并积极参加行政机关系统内部的业务培训。在审查行政机关具体行政行为合法性时要尽可能地收集各类法律、法规、规范性文件、相关政策，平时认真学习积累各类业务知识，才有可能满足行政机关法律顾问工作的要求。

四、律师为行政机关提供法律服务应端正态度、认真履职。

律师为行政机关提供法律服务应端正态度、认真履职，坚持做到以下几点：(1) 为行政机关审查合同、文件时应保证及时准确；(2) 随时接受行政机关安排参加行政机关有关重大事项的研究、决策会议；(3) 保证为行政机关提供法律服务的质量；(4) 为行政机关提供行政执法程序示意图，促进行政机关工作人员严格按程序执法；(5) 定期为行政机关工作人员开展业务培训，增强行政机关工作人员的执法能力与水平。

综上，律师应不断加强学习，完善法律知识，努力提高自身素质，为行政机关提供优质法律服务。律师参与行政机关行政决策和行政执法等领域的各个环节，有利于增强行政机关工作人员法治意识、法治思维，提高依法决策和依法行政水平，有利于规范行政机关依法行政。

律师参与信访工作方法研究

重庆依斯特律师事务所　李登方

内容摘要：随着法制的不断完善、社会的不断进步，老百姓对法律的学习和理解能力逐步提高，在政府公务人员提升自身法律法规学习的同时，老百姓也在不断地通过电视、报纸、手机等媒介学习自身所需要的东西。一个地方法治的进步与否，社情稳定与否，其主要技术指标取决于该区域的信访数量。纵然法院的案件受理量也是一个关键性的技术指标，但信访工作更是衡量百姓对政府政策理解与否的重要指数。所以，律师作为法律专业人士，参与信访工作的处理，为政府合法有效的施政奠定了坚实的基础。

关键词：律师　信访　工作方法

新华社2015年11月9日全文公布的《关于建立律师参与化解和代理涉法涉诉信访案件制度的意见（试行）》，再次印证了律师参与信访工作的重要性和必然性。自2015年下半年以来，随着全球经济形势的下滑，国家宏观政策的调控和转型，相当一部分生产型企业、房地产企业以及部分实体企业等直接面临"寒冬"，很多企业在受到经济冲击的同时，还没有做好应对准备，就已经被淹没在滚滚的经济浪潮中。随之而来的，是该类企业出现的问题如何解决、如何善后的工作。老板、企业家们昔日的风光不再，卷铺盖跑路的不乏一些曾经的行业大鳄，而政府作为人民的主心骨，不得不站出来收拾这个乱摊子。而很多企业的员工，为了快速的处理解决自身的问题，不依法依归办理，不通过诉讼解决，直接采用上访或者上网的方式，让政府相关部门很是头疼。接下来的，就是如何应对和接待、处理各式各样的上访人员。正是在这种前提下，律师参与和介入信访工作，不仅有其特定性，也是当前法治建设发展的趋势所需。

笔者作为某直辖市下一个园区和一些基层镇街的法律顾问，自2015年春节至2016年春节期间，有幸先后参与接待和处理了数十起信访工作。究其原因，其上访户的主要诉求有：土地拆迁补偿、拖欠民工工资、人身损害赔偿不合理、领导干部不作为、历史遗留问题未解决以及一些家长里短的未决问题等。

其中，土地拆迁补偿和拖欠民工工资又占整个信访数量的30%左右，主要是上访人员对目前的征地拆迁补偿政策没有彻底的理解，有的只是理解了部分，就认为自己已经全部理解了，从而没有将政策或法律进行融合，从而导致上访户认为政府没有按照文件或法律法规执行，自认为好像抓住了政府执行部门的缺点，要求政府给予特殊的补助或者给予特殊对待。纵观国际国内经济发展态势，形成该两类信访的主要原因有：一是政府前些年大力开发建设，全国各地一夜之间成立了各式各样的园区，其中最近的两个园区相距仅数百米，而各个园区几乎均是以圈地和不动产建设为主。二是全球经济形势下滑，老板跑路，无钱继续建设，导致民工无法按约定时间领取工资。三是恶性循环导致。建设单位无钱支付上游的材料款和机械款，导致上游单位缺乏资金，从而出现经济困难，由于建设单位无钱继续生产经营，或生产的产品无法成功销售，直接导致其下游企业无法继续存活，故出现大量的"僵尸企业"；这也正是当下中央和各省市下大力气整治的重点。

此种情形下，笔者认为律师介入信访工作，不仅是顺应时代的潮流，同时也是我国法治发展进步的体现。律师不仅要从一开始就介入信访工作，同时还要对信访工作中出现的问题进行梳理、分析，指导信访工作人员在合法、合规的基础上，在最短的时间内将上访人所反映的事项处理完毕，以免节外生枝或出现次生灾害，导致信访事件长久无法或不能处理完毕。为此，笔者认为，作为一名专业的信访律师，应该注意以下几种工作方法。

一、信访事件发生前需注意的事项

收集信访事件发生前的上访信息。笔者根据近年的信访工作处理经验发现，上访户在上访前，均有各种症状出现，如抱怨、找基层领导倾诉、向周围的人询问、打政府投诉电话等等。其实，细经研究，不难发现，如果基层领导细心观察，常常关注自己辖区内的人员，就会发现哪些人是潜在的上访户，哪些人有上访的倾向。

梳理、分析、应对信访时间发生前的上访信息。为了更好地将信访户的信访事项处理在萌芽状态，笔者根据多年的信访处理经验，认为有一个办法可以提前发现上访人员，从而自源头上控制信访，防止上访人员的数量增加和信访事件增加。即以每个居委会、村委会设置的段长、楼长、社长等为基础，然后在每个基层政府设置一专门的信访咨询电话，由该辖区内的段长、楼长、社长等每三天报告一次各自辖区内有异常动态人员的基本情况。采用有事报事、无事报平安的方式每周两次电话汇报。凡一经发现有上访苗头，立即组织专人前往了解、询问、解释，同时邀请参与信访工作的律师一同前往，对准备上访的人员采用法律法规宣传加解释的方式，对其进行正确的引导，让其通过法律途径解决，或交由基层政府处理解决。如果均无法解决的，则由基层政府将其上报上一级政府相关部门进行处理，将上访户拟准备上访的事项处理在萌芽状态。对未积极汇报的段长、楼长、社长等，基层政府将其进行撤换或者将该业绩计入考核指标，待下次选举或指派时作为评判其工作能力高低的一个技术指标。

二、信访事件发生前法律资料的收集准备、场地布置等

如何有效运用信访事件发生前所梳理和分析的法律依据。笔者在处理信访的工作中发现，有的基层领导刚开始处理就直接给上访人员讲法律法规，有的直接对其进行威吓，更有甚者采用自认为有效的其它手段和方法。然而，笔者认为，这些处理上访事件的方法都不可取。笔者认为，我们首先应该搞清楚上访户上访的最初目的和最终目的，因为上访户在上访前也是想好了自己本次上访的目的和要求，但是在实际处理的过程中，经过上访前信访人员的了解分析和解释，结合信访工作人员在处理上访的过程中的言行举止，上访户的最终目的会和最初目的发生变化。有的会在最初目的的基础上降低要求，但是也有的会在最初目的的基础上提升自己的要求。这与信访工作人员在实际处理信访事件时对上访户的处理方式方法有很大关系，所以，信访工作人员在处理信访事件时，要熟悉相关的法律法规，熟悉当地的市区两级政策，特别是中央的政策更应该熟知。如果之前收集到了该上访户的相关问题或曾经对其做过解释，则需要对接待上访的人员做特殊对待；其次是要做好法律法规和政策的收集，最后是要做好接待处理时场地的布置（即信访接待室的布置）。特别是在信访接待室的布置方面，既不能有体现十分刚性的东西，同时也不能有体现十分柔性的装饰。这个需要恰到好处的布置，不仅要让上访户有一种紧迫感，同时还要让其有一种严肃感，最终是要让其感受到政府的体恤和关怀，且不失威严。所以，自上访户步入信访接待室或信访处理室的那一刻起，他的身心都在发生变化，场地的情景，加上信访工作人员的处理方式，说话的语气语调等，都是成功处理信访的信号。为此，笔者常常看到，有的上访人员因为信访工作人员的一句话或者一个动作，甚至一个眼神，导致上访户不接受信访人员的处理意见，从而使得信访人员持续了多个小时的信访处理工作付之东流。

所以，笔者认为，律师介入信访工作是必然的，也是必须的。因为律师是经过专业测评后取得专业资格证的法律专业从业人员，对各类法律相对普通人较为熟悉，同时在接触和处理诉讼案件时，与无数的当事人打过交道，对各式各样的当事人都有过心理和言语的接触。所以，有一定经验的律师，只要一看上访人员的来势，加之上访人员的说话和要求，就知道如何处理该信访事件了。由于信访人员的信访事项很可能是牵涉到几个法律关系，需要触类旁通，将几个法律关系联系起来分析、处理，从而才能够正确处理信访事项，所以，作为一名合格的信访处理人员，不应该是一开始就急于处理信访人提出的信访事项，而是应该在收集、梳理、分析信访事件后，再查找信访事件涉及的法律法规，然后结合上访户的实际事情和实际需求来进行分析，同时做到换位思考，自己如果是上访户，要如何做才能够达到自己的目的，或者要如何说才能感动信访处理工作人员，从而达到自己上访的诉求。就像张明楷先生所讲的“三段论”一样，先有大前提，再有小前提，最后结论自然就出来了。

三、如何做好信访处理工作

在笔者处理的众多信访事件中，人数最多的一次纠集上百人来上访，最少有只来一个人上访。所以，对待群体的信访和个体的上访，就需要信访处理人员的综合素质和信访处理经验了。特别是对群体上访处理中，由于上访人员众多，观点不一，很难搞清楚每个上访人的想法和最终的目的，因为群体上访中，大家为了保护带头的人，一般是不会将带头的人推到前台。根据经验，聪明的或有经验的集体上访的带头人会在上访中位于第二或第三排的上访人当中，没有经验的群体上访人会直接说自己可以代表大家，但是说这种话的上访人的言语可信度不高。其实，处理信访事件就是一个博弈的过程，信访处理人和上访人就像下棋的双方，都在试探对方的底线和准备下一步的招式。为此，笔者建议在处理群体上访事件的时候，需要特别注意以下几点：

（一）确定或锁定上访关键人（即上访带头人）

由于群体上访人员众多，信访工作处理人就需要在接待上访户的同时，看清来访人员中谁是主要人员、谁是负责人、谁是带头的人员。只有搞清楚上访人员中的领头人，然后根据其上访反映的事情类型和要求进行分批分组的处理。同时，信访工作人员要求上访人每组推荐1—2名代表向工作人员反映上访事情和诉求，其他上访人员到指定的场所等待或休息。信访处理人对分组后的上访人员首先要做好基础信息的登记工作，然后对其进行上访事项的收集、梳理、分析，最后处理。信访处理人要善于在与上访代表人的交谈中发现对方的家庭背景、文化底蕴、职业、爱好、担忧、信访诉求等等，从而为后续顺利处理群体信访事件奠定基础。

（二）震慑恶性上访人

在群体上访事件中，有打砸抢倾向的上访人（也有故意滋事或闹事的上访人），需要立即启动应急方案，及时调集公安和武警，将其带头人有效控制，然后迅速带离现场。避免在现场出现抓扯和纠纷，然后由信访处理工作人员将上访人中的党员或有谈判意识的人员进行归类，通过与该类人交谈稳住其他上访人，避免产生群情激动。然后，要求该类人作为上访户的代表，同时请群体上访人员的上级人员或主管部门人员亲临现场协助处理。对上访人员采用法律法规震慑的同时，对其动之以情、晓之以理。特别是对党员或者有一定职务的上访人，更要让其瓦解其上访意图或者反作为信访工作人员去做通上访人的工作，同时也要让该类上访户明白，触犯法律必将受到严惩，上访需合法合规，不得违法违规上访。

（三）如何处理死磕类的上访人

笔者处理信访的经验中，发现有部分上访人明明知道自己的要求于法无据、于理不通，故意纠集其他无关人员一起上访，导致群体上访事件，从而为自己达到上访要求增加砝码。为此，笔者建议，对待该类上访户，需要进行事先的了解，一旦发现其是该类上访户，即邀请信访律师、公安、镇街或与该上访人有一定联系的家属人员中懂法和讲道理的人一起组成专门的处理小组，对其采用法律、法规和政策攻心的同时，让其家属从内心瓦解其无理要求。如果家属不配合，则让律师和公安采用解释法律、法规和宣读相关违法违纪公告来进行处理，然后由镇街出面对其进行安抚和引导。

四、上访事件处理完毕非信访工作已经处理完毕

其实，信访的处理不是接待上访户，处理完上访事件后就万事大吉了，恰恰相反，对待上访事件，我们在提前摸排、梳理、收集、分析并处理完信访事件后，该信访工作实际只完成了70%，还有最后30%的工作至关重要。这就是需要对该类上访事件进行统计、整理、分析、总结，按上访事件的不同类别，采用按月或季度为单位，每年进行统计梳理，锁定每年的上访高峰期和高发期，预判上访事件不同类别的不同发案时间和数量。为后续及时、高效的处理上访事件奠定基础，提供准确的预判和数据分析。只有做到信访事件处理有始有终，这样才是一名合格的信访处理工作人员。

五、律师在信访工作中发挥的独有作用

律师参与信访工作，不仅可以引导、监督信访工作人员合法、合规、高效的处理信访事件，更多的是参与信访工作的律师，要在信访工作中不断地发现信访户的诉求与法律规定部分内容产生的碰撞和重合，从而发现哪些事是需要法律解决的，哪些事是通过法律途径可以解决的，哪些事是不可以通过法律途径解决的。使其信访处理工作人员在律师的引导下，发现哪些上访事件在依法依归的前提下，可以最快的解决上访户的信访事件。

同时，信访律师应该在信访中针对上访事件的处理及时提出自己的意见或建议，特别是信访工作人员在处理信访事件的时候，需要对其进行法律专业的引导，避免在处理信访事件时出现违法违规的事情。必要时，参与信访的律师还应该对一些特殊的信访事件出具法律意见书或者法律风险防范意见书等，为信访工作人员在处理信访事件时奠定法律基础，避免处理信访工作时出现无法可依的局面。

结　语

律师参与信访工作只是政府为民服务的一个细节，其最终目的是要提升全民的法律意识，让全体民众学法、懂法、知法、用法。让更多的上访人员在提出上访诉求的同时，认知到自己的诉求是否有法律依据、是否符合法律规定，自己的上访行为是否合法、合规。同时，律师参与信访工作，还需要其在不断处理信访的过程中，做好普法、解释工作，让上访户在上访时依法、依规行事。更重要的是要监督和引导信访工作人员在处理信访事件中，合法、合规的履行自身的职责，避免与上访户产生矛盾。为此，律师参与信访工作是一个任重而道远的工作，各种各样的信访处理方法也在不断地推陈出新，但最终的目的都是及时为民服务、为百姓解决疾苦，让政府的各项施政措施深得民心。

浅议律师如何在规范基层行政执法领域发挥积极作用

重庆捷讯律师事务所　邓晓华　罗文雄

内容摘要：行政执法是依法行政的重要组成部分，但笔者以律师身份为顾问单位提供法律服务时，发现基层行政执法部门存在诸多不足之处。因此笔者凭多年行政法律服务方面的经验，结合相关法律法规，对不足之处进行了分析归纳，并认为律师可以在行政执法工作中起到事前防范、事中指导、事后总结的作用，以及应当通过律师个人、律师事务所、律师行业协会三个层面推进行政法律服务的专业化。

关键词：依法行政　行政执法　律师

1999年，依法治国第一次被写进了宪法之中，拉开了我国依法治国的新篇章。之后，党的十八届四中全会通过了《中共中央关于全面推进依法治国若干重大问题的决定》，更是进一步提高了依法治国的地位。依法治国的基本内容和重要组成部分就是依法行政，依法行政的关键环节便是行政执法。而基层行政部门与广大人民群众接触最直接，联系最紧密，规范其行政执法的重要性和必要性不言而喻。而且笔者所在律师团队在为基层安全生产执法部门担任法律顾问期间，也发现了基层行政部门在行政执法工作当中的诸多不足，于是在律师事务所内部，充分发挥所内律师集体的经验智慧，由团队律师针对安全执法起草了万余字的安全生产行政执法工作实际操作法律要点指引，提供给该行政部门，作为推进其规范安全执法工作的重要参考文件，并取得了不错的效果。因此，笔者尝试在此基础上，就律师在规范基层行政执法领域中所能起的作用浅议一二。

一、行政执法现状

行政执法，是指行政主体依法实施的直接影响相对人权利义务的行为，或者对个人、组织的权利义务的行使和履行情况进行监督检查的行为。依据该定义，行政执法包括行政决定、行政许可、行政征收、行政处罚、行政强制等具体行政行为。

在上述定义下的行政执法当中，以笔者所在的重庆市为例，依据重庆市高级人民法院发布的重庆法院行政案件审判白皮书可以看出，近年来的行政诉讼案件呈现出案件数量增加、行政机关败诉率上升、案件所涉行政管理领域更广等特征。笔者认为出现这些特征的原因大致是：一是百姓物质生活水平提高，使其依法维权的意识也不断提高；二是经过法律共同体多年的努力，整体司法环境大为改观，司法公信力得到显著提升；三是存在行政相对人恶意诉讼、滥用诉权的现象；四是行政执法部门限于自身执法水平、重视程度不高或法律法规的缺失等原因导致了有瑕疵的具体行政行为。限于篇幅，笔者仅就第四个原因在下文展开讨论。

二、基层行政执法中存在的主要问题

由于历史原因，我国行政机关在从管理型政府向服务型政府转变的过程当中，难免会产生各种各样的问题，而其中又以下列问题发生的频次最多、人民群众的反应最强烈：

1.主要证据不足。所谓主要证据不足，是指行政机关作出的行政行为缺乏事实根据，导致认定事实错误或基本事实不清。通常表现为行政机关没有收集确实、充分的证据，或者证据不符合三性的要求等。

2.适用法律、法规错误。实践中时常出现以下几种错误情形：一是应适用此法，却适用彼法；二是应适用上位法、特别法、新法，却适用下位法、一般法、旧法；三是应适用某一条款，却适用了该法其他条款；四是应适用某一条款，却没有说明；五是适用了尚未生效或已经失效、废止的法律、法规等。

3.违反法定程序。实践中比较常见的是一些案件中执法人员人数不足、执法人员没有合法资格、不履行告知义务、满足条件却不组织听证、告知书和决定书同时送达等严重违反法定程序的情形。

4.行政主体超越职权。超越职权的表现形式包括：根本没有行政主体资格、超越部门管辖权、超越地域管辖权、超越级别管辖权等，这将直接导致行政行为无效。

5.行政不作为。即不作为行政行为，通常包括行政机关拒绝履行和不正确履行其法定职责的两种情形，主要集中在土地管理、劳动和社会保障、城市规划和拆迁、房屋登记等领域。

6.具体行政行为不合理甚至滥用职权。这种情况一般是在行政机关行使自由裁量权时发生，通常表现为具体行政行为畸轻畸重、标准不同，不平等对待相对人，忽略一些相关的因素或者考虑一些不相关的因素等等。

三、律师在规范基层行政执法工作中的作用

2016年6月印发的《关于推行法律顾问制度和公职律师公司律师制度的意见》，进一步确定了党政机关、人民团体、国有企事业单位等均可依靠聘请律师作为法律顾问等方式来切实提高依法行政的水平。因此，依靠律师来进一步规范自身行政执法工作将逐渐成为行政机关的重要选择，因为律师在其中能起到无可替代的作用。

（一）事前防范

1.参与规范性文件的制定。制定法律时需要遵守科学原则和利益原则，但制定规范性文件往往是由一个或数个政府部门起草，这种方式一般都带有起草部门的利益倾向性而忽略其他群体的利益。但律师作为向不特定当事人提供法律服务的专业人士，能深入了解社会各个群体的利益需求，因此让律师参与制定过程，必定能使制定出的规范性文件最大程度地体现民意。同时，由于律师作为法律的实践者，对规范性文件的可操作性也能提供科学的建议，对已有规范性文件的漏洞或滞后性也能提出具有针对性和及时性的修改或补充建议。

2.协助建立风险防控制度。基层行政执法工作中的风险防控制度可以分为风险识别制度和风险控制制度。风险识别制度主要围绕行政机关自身能力展开，包括认识错误、行为不当、能力不足和准备不充分等方面。风险控制制度可以就前述方面进行展开：（1）增强风险知识的培训，律师作为专业人士可以总结风险的规律性并进行系统归纳，再通过通俗易懂的语言向执法人员讲解；（2）提升业务能力的培训，律师可以明确不同类型的行政执法构成要件和要素，帮助执法人员掌握法律规范，提升分析能力，避免法律认识错误；（3）律师可以帮助行政机关建立和落实行政执法质量管理体系；（4）律师可以协助行政机关在执法前梳理各种可能发生的情形并做好应对措施，如果发生复议和诉讼，律师还可以协助行政机关准备相应材料，把控程序进度，避免诉讼风险。

（二）事中指导

1.起草、审查法律文书。典型事例如近年来全国各地大力推行的PPP等大型项目。这些项目具有投资周期长、投资金额大、牵涉法律问题多的特点，其投资风险巨大，律师的全程介入和积极参与，能够最大程度地保证项目的合法性，降低并把控法律风险。

2.重大决策风险评估。当前改革进入深水区，行政事务日趋复杂，增大了行政机关作出行政决策的难度。律师具有法律思维和商业思维，也兼具行政思维，因此可以为行政机关的重大项目出具法律风险评估书，在重大事件发生前协助建立风险预警和应急机制，为重大信访事件参与听证并提供合法建议等方

式确保重大决策的合法性、合理性。

（三）事后总结

1. 协助建立执法案例指导制度。律师的作用主要是：（1）协助筛选和审查符合法律规定、较为常见、社会较关注的行政执法案件，并参与论证和提出意见；（2）在为其他当事人服务或与行政相对人交流时，向其宣传和讲解，以化解矛盾纠纷；（3）法律、法规出现变化的，及时提醒建立制度的部门和具体执法部门注意，避免后续执法风险。

2. 建立统计与分析制度。律师可以利用最高人民法院的裁判文书网，结合大数据的统计方式方法，将行政机关的行政行为被撤销或确认违法的原因进行总结，并进一步提炼成为规律，最后形成报告和建议提交给相关行政机关，或者开展专门的培训。

四、加强行政法律服务律师的专业能力，促进律师在基层行政执法法律服务领域中发挥积极作用

前述可知，专业律师在基层行政执法工作过程中有着不可或缺的作用，但要想有效发挥律师作用，前提是律师必须具备专业而完备的行政法律服务实践经验。在律师行业专业化分工的大趋势下，律师行业怎样提高行政法律水平，是保障律师在基层行政执法过程发挥积极作用的前提条件。因此律师、律师事务所、律师行业必需从以下方面加强律师的行政法律服务能力：

1. 从事行政法律服务的律师应进行专业化定位，通过各种方式提高自身的行政法律能力和意识，着力提升行政服务多方面的专业能力。

2. 结合行业分工的趋势，有能力的律师事务所，应针对性的制定专业发展规划，从人才培养、专业分工、制度保障、分配机制等多方面进行长期有效的坚持和推进，为选择从事行政法律服务领域的律师创造成长和实践的环境与条件，培育一批业务专精、法律素养高、实践经验丰富的行政法律服务团队。

3. 律师行业协会应设立行政法律专业委员会，提供一定培训经费，有目的、有规划、有层级地组织中高级法院中有丰富行政实务经验的法官和法学院行政法方面的学者系统地对律师进行培训和交流。定期或不定期地组织行政法律服务领域的律师举行沙龙、专业研讨会等形式的交流。

通过律师个人、律师事务所、律师行业协会三个层面的相互促进、梯次推进的方式，在律师人才培养、律师业务开展、业务学习和交流方面形成良好的从业环境。培养和成长一批具有专业法律素养、业务经验丰富的实践性律师梯队。从而有效和深入到基层行政执法法律服务业务领域，发挥律师的专业价值和社会作用，提升行政机构执法的水平和社会效果，树立法治政府的良好社会形象。

结 语

全面推进依法治国是中国律师实现跨越式发展的重大历史机遇，律师作为促进经济健康发展、民主法治进步、社会良性运行的重要力量，随着经济发展和社会转型、民主法治的稳步推进，律师在规范基层行政执法工作中的作用将越来越明显，律师发挥作用的空间也将越来越广阔。

基于依法治国带来的律师发展机遇，整个律师行业在推动依法行政积极作用的过程中，需要律师行业进行专业化分工的推进，需要律师个人在专业方向上进行选择，需要各律师事务所在人才培养、分配机制、团队合作等方面建立相应的制度，需要律师行业协会在协调法律资源等不同角度和维度等方面，发挥各自的作用，共同推进，形成合力。

参考文献

[1] 崔卓兰.行政法与行政诉讼法［M］.北京：人民出版社，2010：159.

[2] 袁杰.中华人民共和国行政诉讼法解读［M］.北京：法制出版社，2014：194.

[3] 艾恒平.行政不作为的形成根源及其法律治理［J］.新疆：兵团党校学报，2015（3）：52-54.

[4] 夏云峰.行政执法重点实务业务工作［M］.北京：法制出版社，2015：307

律师参与信访工作方法研究

四川道融民舟律师事务所　熊秉红　侯习敏

内容摘要：鉴于改革开放利益分配格局重构、全能政府无限责任、国家治理体系改革、涉法涉诉信访改革等诸多因素的影响，全国信访案件数量剧增，一方面信访问题涉及面广，处理难度大；另一方面重复上访、越级上访、集体上访层出不穷。导致信访问题已经成为当前的"社会痼疾"，妥善解决信访问题刻不容缓。律师作为社会法律服务工作者，运用独到的方法，以专业知识参与信访案件的化解和处理，是落实党的十八届四中全会精神、全面推进依法治国的具体要求和实践。文章针对信访案件的特点，建设性地提出了分类分段跟踪式的信访工作方法，期待在信访工作方法方面抛砖引玉。

关键词：律师　信访　工作方法

2005年1月国务院制定了《信访条例》，成为我国信访工作的指引性法律规范，在信访条例的规范下，全国各地制定了相应的信访工作实施细则，信访工作取得了良好的效果。但信访案件多发、重复访高发、久访不息的问题仍然十分突出，据统计：2015年，虽然全国信访总量、进京访数量和集体访数量均出现下降，但网上信访比例继续上升。国家信访局向各地集中转送607件积案，带动各地梳理化解信访积案9.1万件，带动各地督查化解1.98万件信访事项[①]，这一庞大的案件数量引发的社会矛盾不容小觑。如何做到案结事了，提高信访案件效率自然成为了信访工作部门普遍关心的问题。2004年10月司法部和国家信访局制定了《进一步加强律师参与涉法信访工作的意见》第一次为律师参与信访工作打开了门路；2015年11月中央政法委印发《关于建立律师参与化解和代理涉法涉诉信访案件制度的意见（试行）》（以下简称《意见》），《意见》指出，充分发挥律师的独特优势，动员律师积极参与化解和代理涉法涉诉信访案件工作，是推进涉法涉诉信访走向法治的重要途径，是形成良好信访秩序的制度保障，目前，国家信访局也在研究建立律师参与信访工作机制。自此，律师

①数据来源于《人民日报》（2016年1月26日）。

成为了信访工作的“分流器”与“过滤器”，大大减缓了信访部门的工作压力，律师参与信访案件处理不仅能为信访群众释法解惑，提供法律、政策咨询服务，同时还能引导群众理性表达信访诉求，依法维护权益，有效推动解决一批陈年积案，达到法律效果、政治效果、社会效果的有机统一。

然而，现实情况是我国律师参与信访工作实践还处于探索阶段，尚未形成一种新常态，还存在着一些亟待改进的问题，如参与广度不够、热情不高、参与方式单一、介入比较滞后等弊端。文章重点就律师参与信访工作应当坚持的原则及方法做重点分析，期许能够与长期从事信访工作实践的同仁形成共鸣。

一、信访案件的主要特征

广义的信访指人民群众通过书面或口头向各级党政职能部门提出要求、意见、批评、建议和申诉，以此来达到某种目的的活动。[①]在国务院2005年制定的信访条例中，信访还增加了司法意义上的申诉、向纪检部门投诉的行为。[②]狭义的信访则是指信访条例中规定的具体行为，即“公民、法人或者其他组织采用书信、电子邮件、传真、电话、走访等形式，向各级人民政府、县级以上人民政府工作部门反映情况，提出建议、意见或者投诉请求，依法由有关行政机关处理的活动。”[③]从其概念可以看出，信访途径多样，受理信访问题部门众多。近年来，受改革开放利益分配格局重构、全能政府无限责任、国家治理体系改革、企业改制历史遗留问题、涉法涉诉信访改革、社会转型期利益交织严重、社会治理方式转变等诸多因素的影响，我国当前的信访案件具有鲜明的时代特征，[④]主要表现为以下几点：

（一）信访案件总量居高不下

正如上文提到的，虽然全国信访总量、京访数量和集体上访数量均出现下降，但网上信访比例仍持续上升。从2015年国家信访局公布的数据来看，2015年国家信访局向各地集中转送607件积案，带动各地梳理化解信访积案9.1万件，带动各地督查化解1.98万件信访事项，但这些数目反映的仅仅是积案，笔

① 汪庆华、应星著：《中国基层行政争议解决机制的经验研究》，上海三联书店2010版，第6页。

② 许志水：“宪政视野中的信访治理”，载《甘肃理论学刊》2005年5月第3期。

③ 国务院2005年制定的《信访条例》规定：本条例所称信访，是指公民、法人或者其他组织采用书信、电子邮件、传真、电话、走访等形式，向各级人民政府、县级以上人民政府工作部门反映情况，提出建议、意见或者投诉请求，依法由有关行政机关处理的活动。

④张丽霞著：《民事涉诉信访制度研究——政治学与法学交叉的视角》，法律出版社2010年版，第217页。

者常年从事四川省绵阳市某区级政府的信访接待工作，仅2015年一年，全区共接待信访案件3668件，其中，个体访350批567人次，集体访139批3101人次，2015年1—6月共计1603件；2016年1—6月29日，全区共接待信访案件1684件。[①]笔者所在区位于四川省绵阳市，在全国范围来看属于经济中等发达地区，这个数目可以作为全国信访案件计算的一个参照数目，据此可以估算全国2015年的全国信访案件，显而易见，全国信访案件数量大；从纵向来看，2016年上半年该区信访案件数量远远大于上年度同期数量，这从另外一个角度说明了信访案件有增无减。

（二）信访主体多元化、信访事项涉及面广

从多年参与信访工作接待的实践来看，信访主体除了包括农民工、城镇职工、农民等传统信访群体外，城市拆迁户、知识分子、企业改制涉及的人员、私人企业主等带有时代特征的信访群体也越来越多。信访人员中，既有残疾人员、丧失劳动能力者等社会弱势群体，也有部分军转干部、复员退役军人、退休机关干部等特殊群体。[②]

从信访事项涉及面来看，信访事项涉及社会生活的方方面面，如：人身伤害、合同纠纷、司法赔偿房屋拆迁、土地征用、占地补偿、企业改制、劳动合同、医疗纠纷、社保待遇、行政职能部门不作为等，大大增加了信访事项解决难度。

（三）群访趋势蔓延

按照信访条例规定涉及主体较多的信访事项信访人应当推选不超过5名代表进行上访，但在社会资源分配模式重整的情况下，具有相同利害关系的信访人对共同的利益问题极易产生共鸣，大多数信访人认为人多力量大，希望借助群体效应引起行政职能部门重视，组织大规模群众进行集体上访，给相关职能部门工作造成了无形压力。

二、律师在信访案件中的角色定位

（一）提供专业咨询及建议

从实质上看，信访问题大多属于法律适用、政策运用、执行问题，解决问题的思路也就自然离不开法治思维，信访工作涉及社会管理的各个领域，在办理纷繁复杂的群众来信来访事项和为人民群众解疑释惑中，所依据和适用的法律、法规以及规范性文件种类繁杂，需要一支专业的法律队伍来解决上述社会

① 数据来源于四川省绵阳市某区信访和群工局。

② 张正朝：“律师参与处理涉法涉诉案件探究”，载《中国司法》2012年第3期，第69页。

矛盾。[①]以征地拆迁信访案件为例，涉及土地拆迁、征收、补偿及救济等诸多专业知识，一般的行政主体对这些事宜不可能熟练精通。[②]律师作为法律工作者，参与上访案件接访却具有专业优势，律师参与信访事件更多的是依靠法律去解决矛盾，遇到信访疑难复杂案件时，律师对涉法事项进行调查、咨询、分析、论证，最终提出法律上的处理意见，为政府决策提供法律、事实依据。

（二）扮演“分流器”，充当调解员

信访案件中有很多陈年积案，部分上访人的诉求没有得到满足，反复上访，甚至采取过激行为。作为行政主体的政府部门遇到类似情形显得比较被动，部分上访人大肆渲染，加之媒体不明真相歪曲报道，容易歪曲政府形象。作为中立方的律师，在接访中恰好可以引导当事人理性有序地表达意愿，[③]并帮信访人分析非理性行为带来的成本和可能造成的不利后果，从而将涉法涉诉案件分流到司法部门。

（三）普法宣讲员

通过多年的接访工作，笔者认为，律师应当把参与信访接待的过程变成普法宣讲过程。在接访中，对信访人提供的材料，律师应当根据自身专业知识及时指出其中的瑕疵、漏洞，给予法律上的解答，使信访人在信访过程中学习有关法律常识。

三、律师参与信访工作的原则

信访工作是一项重大复杂的社会问题，也是一项民生工程，律师参与信访工作的终极目标是协助政府妥善化解社会矛盾，做到案结事了，律师在参与信访工作处理中应当坚持一些基本原则。

（一）坚持信访工作政治效果、法律效果、社会效果的有机统一

参与信访工作接待的律师应当具备较高的政治涵养，在处理信访案件时应坚持法律效果、社会效果和政治效果相统一的原则。既要以法服人，又要服务大局，更要把握正确的政治方向，避免将矛盾激化。

（二）坚持客观公正原则

律师从事的更多的是中介服务工作，不代表任何一方的利益，因而律师在处理信访案件时应当秉承客观、公正的原则。1880年，奥利弗·温德尔·霍姆

---

①马福谦著：《常见信访问题街道》，法律出版社2012年版，第17页。

② 王优银著：《征地拆迁纠纷实务精解与百案评析》，中国法制出版社2013年版，第34页。

③ 汤啸天：“引导公民理性有序地表达意愿”，载《红旗文稿》2005年第19期，第24-26页。

大法官提出了"法律的生命不是逻辑，而是经验"这个命题，他所说的"经验"是指法官在遵循先例的前提下，充分根据变化中的社会生活，给予先例以新的生命，而不能主观的盲目照搬。同样的，律师在处理信访案件的过程中应该客观公正，不能以先例为标杆，忽视每一个信访案件的细微差别之处。

（三）坚持以政府为主，自身为辅的工作原则

律师处理信访案件的过程本质上是属于协助政府依法行政的过程，每一个信访案件的出现都有深刻的原因，这就要求律师对接触的每一个信访案件都应当去分析、调查背后的真相，而不能妄下定论抑或轻易否定政府所做事项。

（四）坚持调解优先原则

虽然律师在处理信访案件中扮演"分流器"的（有的学者称之为"减压阀"[①]）角色，但在社会治理创新改革、纠纷解决机制多元化的社会背景下，可以优先调解处理的，律师应当发挥定纷止争的功能，坚持调解优先的原则，为此，少一件信访案件，多一份社会和谐，政府也多一份时间来为人民群众办好事、办实事。

四、律师参与信访工作方法研究

实践中，律师参与信访工作在很多省份已经得到贯彻落实，主要参与途径有以下四种：一是设立律师接待日，定期参与信访接待工作；二是以担任法律顾问的方式为信访部门提供法律服务；三是参与党政领导接待日活动；四是参与有关部门解决信访问题的会议，为有关领导决策提供法律意见。[②]

笔者认为，虽然理论界和实务界对律师参与信访工作途径研究颇多，但对律师参与信访工作的方法却处于空白状态。笔者结合多年参与基层信访案件接待的实践，在没有具体方法可供借鉴的情况下，创新性地提出了"分类分段跟踪式"的信访工作方法，这个方法对信访工作的具体开展具有较大的参考价值。具体模式如下：

---

①李连峰："信访工作的政府律师解决方案"，载《黑龙江省政法管理干部学院学报》2006年第5期，第44页。

②何肖龙："律师参与涉法信访工作的方法与作用"，载《中国律师》2009年第10期，第72页。

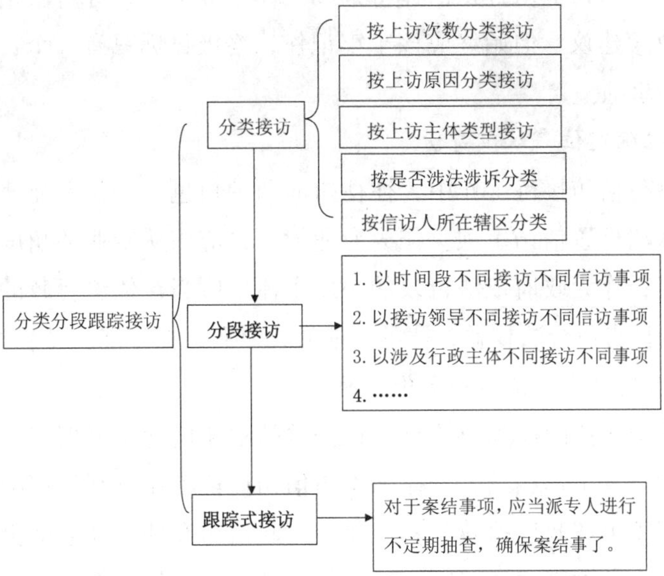

为了更加深刻地了解这一接访方法，笔者认为很有必要对其进一步展开论述，分类分段接访与跟踪式接访是有机统一的，分类分段接访是跟踪式接访的前提。跟踪式接访是分类分段接访的实践检验，属于循证实践①的要求。

分类接访即律师参与信访案件接访时，可以按照该信访主体的上访次数、上访原因、上访问题是否涉法涉诉、属于哪个辖区来进行区分接访。

分段接访是分类接访的延伸，即以时间段不同（如周一、周三、周五接待房屋拆迁上访事宜，周二、周四接访农民工讨薪问题）、接访领导不同（每天都安排不同的分管领导参与接访）、涉及行政主体不同（针对信访人申诉、控告的部门不同）而接访不同的信访事项。

跟踪式接访即对于结案事项，应当派专人进行不定期抽查，确保案结事了。

笔者认为，“分类分段跟踪式”接访的工作方法树立了接访的基本框架，是律师参与接访工作的大纲，但接访工作是一项复杂的系统化工程，参与接访的每一位律师在上述工作方法框架之下还应注重以下几点细节，方能实现信访工作的妥善处理。

（一）以解决信访事项为终极目标

律师参与信访接待工作无论是协助政府履行依法行政职能还是向群众宣传

① 循证实践兴起于20世纪七八十年代的循证医学领域。指实践者根据具体的实践情境，检索并选择与实践情境相关的最佳研究证据，再结合实践者的个体经验，针对实践服务对象的具体特点，进行旨在提高实践有效性的心理学实践。它强调运用证据来印证理论的合理性，进而用理论指导实践。

法律知识，为上访群众提供法律咨询和法律服务，为领导解决信访问题提供法律依据和决策建议，但始终应该牢牢记住，终极目标只有一个：案结事了，妥善化解信访事项。

（二）准确定位“双重身份”

律师参与信访接待工作中，往往扮演两种角色，一是专业律师，二是协助信访部门依法处置信访事项。作为专业律师，应该从专业的角度公正客观的发表法律意见；作为政府依法行政的协助主体，应当在依法行政的框架下引导信访人依法维护自身合法权益，律师不能激化矛盾，更不能支持、怂恿上访。

（三）实现自身价值与社会价值的统一

参与信访接待的律师应该有一种公益的法律信念，要把律师参与信访接待工作与律师自身工作相结合。律师参与信访接待工作有利于律师了解基层社会情况，有利于了解政府执政艺术，化解一起信访案件，社会就少了一个不稳定因素，从这个角度来说，律师为社会的和谐稳定贡献了部分微薄之力，实现了自身价值和社会价值的统一。

结　论

律师参与信访接待工作，是一项政府需要、群众认可的法律服务工作，虽无报酬，但能坚守住法律人对正义、法治孜孜不倦的追求，理应成为每一位律师的工作导向。笔者认为，随着依法治国的深入推进，律师参与信访接待工作将是一项长期而艰巨的任务，只要律师以良好心态，运用合理的工作方法把信访工作当作事业来完成，就能为化解社会矛盾，维护社会稳定，为依法治国做出法律人应有的贡献。

法治政府建设背景下
从供给侧看律师法律服务的方式

四川时代永嘉律师事务所　安　言

内容摘要：2015年11月10日上午，习近平同志主持召开中央财经领导小组第十一次会议，研究经济结构性改革和城市工作。习近平指出，推进经济结构性改革，是贯彻落实中国共产党的十八届五中全会精神的一个重要举措。要牢固树立和贯彻落实创新、协调、绿色、开放、共享的发展理念，适应经济发展新常态，在适度扩大总需求的同时，着力加强供给侧结构性改革，着力提高供给体系质量和效率，增强经济持续增长动力，推动中国社会生产力水平实现整体跃升。供给侧结构性改革的根本目的是提高社会生产力水平，落实好以人民为中心的发展思想。要在适度扩大总需求的同时，扩大有效供给，提高供给结构适应性和灵活性，提高全要素生产率，使供给体系更好适应需求结构变化。2014年10月23日《中共中央关于全面推进依法治国若干重大问题的决定》在中央委员会第四次全体会议通过，全面推进依法治国，坚定不移走中国特色社会主义法治道路，坚决维护宪法法律权威，依法维护人民权益、维护社会公平正义、维护国家安全稳定，建设中国特色社会主义法治体系，建设社会主义法治国家，促进国家治理体系和治理能力现代化。四川省依法治省纲要也针对省情制定出了具有地方特色的法治建设纲要，提出了近期目标和预景规划。根据律师法的界定，律师是指依法取得律师执业证书，接受委托或者指定，为当事人提供法律服务的执业人员，律师应当维护当事人合法权益，维护法律正确实施，维护社会公平和正义。在中国共产党的坚强领导下，律师对社会和公众负有使命和责任，法治社会目标的确立，客观上要求作为法律职业共同体重要组成部分的律师独立开展法律服务，与时代发展接轨，与国家的治理模式及社会经济变革相适应，在法治政府建设背景下从供给侧方向改革创新律师法律服务的方式。

关键词：供给侧改革　法治政府建设　律师服务方式

一、供给侧结构性改革与律师业务结构性调整

中国供需关系正面临着不可忽视的结构性失衡，一方面，过剩产能已成为制约中国经济转型的一大包袱；另一方面，中国的供给体系，总体上是中低端

产品过剩，高端产品供给不足。传统的先增长后治理、追求增长繁荣忽视公平正义的发展方式失去了可持续性，结构调整是中国无法回避、必须进行的一场变革。供给侧结构性改革，就是从提高供给质量出发，用改革的方法推进结构调整，矫正要素配置扭曲，扩大有效供给，提高供给结构对需求变化的适应性和灵活性，提高全要素生产率，更好满足广大人民群众的需求，促进经济社会持续健康发展。习近平同志指出，[①]推进经济结构性改革，是贯彻落实中国共产党的十八届五中全会精神的一个重要举措。要牢固树立和贯彻落实创新、协调、绿色、开放、共享的发展理念，适应经济发展新常态，坚持稳中求进，坚持改革开放，实行宏观政策要稳、产业政策要准、微观政策要活、改革政策要实、社会政策要托底的政策，着力加强供给侧结构性改革。其后，习近平同志强调[②]，供给侧结构性改革的根本目的是提高社会生产力水平，落实好以人民为中心的发展思想。

供给侧实质上就是改革政府公共政策的供给方式，也就是改革公共政策的产生、输出、执行以及修正和调整方式，更好地与市场导向相协调，充分发挥市场在资源配置时的决定作用，按照市场导向的要求来规范政府权力。推进供给侧结构性改革，政府的主要职责是把法律、法规、标准和政策制定好，给企业和市场相对稳定的预期，提高其积极性和创造性[③]。加强供给侧结构性改革，解除对人口和劳动力、土地和资源、资本和金融、技术和创新、制度和管理等的供给抑制，提高供给效率，依靠"大众创业、万众创新"刺激新供给、创造新需求。

供给侧结构性改革，促进经济社会持续健康发展；律师业务结构性调整，建立完善高效的法律服务方式。二者相辅相成、相得益彰！

党的十八大和三中全会、四中全会以来，全面推进依法治国，把依法执政确定为执政党治国理政的基本方针，积极建设社会主义法治。四川省依法治省纲要中提出了"建立完善法律顾问团制度，为党委政府依法执政、依法行政和人民团体开展权益维护工作提供法律咨询服务，到2020年，依法治国基本方略全面落实，法治精神深入人心，公共权力依法规范公开进行，公民依法享有权利和履行义务，治蜀兴川各项事业全面纳入法治化轨迹，基本形成尚法守制、诚信文明、安定有序的依法治省新格局"的总体目标。

---

①习近平2015年11月10日在中央财经领导小组第十一次会议上的讲话。

②习近平 2016年1月27日在中央财经领导小组第十二会议上的讲话。

③中国（海南）改革发展研究院院长迟福林的讲话。

二、法治政府建设背景下从供给侧看律师法律服务的方式

律师是为社会提供法律服务的专业人员，对社会和公众负有使命和责任，法治社会目标的确立，客观上要求作为法律职业共同体重要组成部分的律师独立开展法律服务，自律职业发展，讲政治、顾大局、守纪律、识大体，服务和服从于地方经济建设和中心工作。要加强调查研究，及时洞察中央和地方的大政方针，增强对经济社会和民主法治建设走向的预见，引导律师业务未来预期，使律师业务导向超前于需求、供给变化。对政府立法、产业政策调整、资源配置改革等要有前瞻性认识，对重组、清算以及相关衍生业务要有市场预期，对带来律师法律服务供给方式巨大变革的“互联网+”应该有清醒的认识和准备。

“危机管理”法律服务——随着社会经济的发展，越来越多的重大群体性涉法事件时有发生，如何依法解决，及时化解重大群体性事件矛盾，成为无法回避的问题。习近平同志在十八大会议上强调依法治国的施政方略，“依法”成为解决矛盾冲突的有力方式。政府职能部门及各级领导干部正确把握法治思维、运用法治方式，及时、积极的处理，是解决矛盾成败的关键点。律师作为专业独立的法律工作者，提前介入纠纷，分析当事人诉求的合法性，找出矛盾焦点，对少数群众“信访不信法”、“弃法转访”、“以访压法”等突出问题加以合法引导，明确权利与责任，运用各种工作技巧，促使当事人依法处理涉法涉诉案件。

“规范性文件建设”法律服务——十八届四中全会强调：“加强和改进政府立法制度的建设，完善行政法规、规章制定程序，完善公众参与政府立法机制，依法赋予设区的市地方立法权，健全立法机关参与社会公众沟通机制，开展立法协商，法律是治国之重器，良法是善治之前提”，大事要立法，地方应主动制定法规条例；重大创新要修法，避免突破法律办事。当前，政府的立法需要解决四个方面的问题：立法是否能够符合社会生活现实的需要，解决现实社会生活中出现的问题；立法是否与现有的上位法和其他现行的法律法规规章相冲突；立法是否有现实的可操作性，是否具有迫切性；还有规范性文件的清理修订或废止。律师专业法律服务主要包括：找准制定规范性文件的依据，展开调研；全面掌握和分析相关领域的政策和社情民意；决策风险评估；组织专家论证；征求政府各职能部门和社会公众意见；会同政府法制部门对规范性文件进行合法性审查等。

“综合执法”法律服务——自行政处罚法颁布实施，确立了“相对集中行政处罚权的制度”，提出了综合执法的政策，但问题都层出不穷，为此1999年11

月8日国务院发布《关于全面推进依法行政的决定》，其后又相继出台了系列综合执法方面的规范性文件，以推动城市综合管理执法的健康发展。但由于各地社情民情的差异，矛盾的集中点不同，加之细化性的法规规章等可操作性差，多头执法，执法中的服务意识淡薄，甚至社会舆论、媒体报道的一边倒，综合执法的权威和力度得不到有效体现。律师的服务内容：参与制度规范的制定、建立、健全，完善规章制度；参与执法活动，为行政机关重大决策提供法律意见，对决策进行法律论证，发挥决策的参谋作用；为各类行政复议、复核提供法律咨询，审查重要法律文书，代理诉讼；协助进行法制宣传和法律培训等。

“行政执法与诉讼”法律服务——政府承担着大量的社会管理职能，职责的行使受到行政处罚法、行政许可法、行政强制法等行政法律法规的规制，决策要依法，依法行政；工作要合法，运用法律手段处理问题。尤其是大修后的行政诉讼法的实施，公民和法人的法治观念及法律意识不断增强，导致一大批具体法律事务的产生，必然会造成行政复议、行政诉讼的井喷式增长。行政争议法律关系复杂，解决难度大，而律师具有精通法律和了解社会的优势，这是律师参与行政执法与诉讼的重要基础条件。实践证明，律师在为行政执法与诉讼提供服务方面正发挥着越来越重要的作用。

“土地管理”法律服务——随着城市化进程的推进，在经济建设迅猛发展的过程中对土地的需求空前迫切，因土地的稀缺性所带来的供需矛盾，导致城镇土地房屋征收和农村土地征收纠纷和问题层出不穷，阻碍了城市规划和建设，有的甚至成了危及社会稳定与和谐的火药桶。法律顾问的引入，规范的法律服务操作模式，是保障土地管理部门依法履职的重要途径之一。借助顾问律师专业的法律知识和技能，不仅能够协助土地管理部门制定合理合法的土地政策，合法规划土地利用，同时能够有效应对当前日益增多的土地纠纷，维护社会稳定。根据土地管理部门的职能和特点，律师服务主要大的项目有：（1）土地储备服务；（2）土地出让服务；（3）土地争议确权服务；（4）闲置土地管理服务；（5）不动产登记服务；（6）行政处罚服务；（7）行政诉讼服务。

“社区管理”法律服务——社区是城市的细胞，是城市工作的落脚点。加强城市社区管理是搞好城市管理的坚实基础，是实现城市基层长治久安的重要措施，是提高城市文明程度的重要途径。如何创新社区管理体制，增强社区服务功能，这是社区管理的一个长期性难题，涉及诸多因素及错综复杂的关系，其中涉及许多的法律问题，需要法律专业人士参与。律师参与社区管理服务，可以为社区提供准确的法律、法规及政策依据，有效规避法律风险和政策风险，在诸如物业管理、社区矫正、校园安全、合同审查、法律培训（咨询）等领域已经越来越多地体现了律师介入社区管理服务后的良好状态。

广义上讲，法治政府建设背景下从供给侧看律师法律服务的方式，还包括招商引资、工程建设、政府采购、国有资产监管、劳动争议调处、医患纠纷协调等领域。积极发挥律师专业服务功能，充分认识律师在法治政府、法治社会建设中的巨大作用，正确处理为政府提供法律服务与律师队伍建设之间的关系，优化律师的执业环境，加强律师自身能力建设，树立正确的角色定位，不越位、不缺位，使一批政治素质高、专业能力强、具备较高社会认同度的专家型律师能够积极参与法治政府建设，推进法治政府有序高效的运行。

全面依法治国正在深入推进，律师业务亟待超前谋划、调整方向、跟进服务，律师法律服务伴随着经济社会前进的步伐，推进供给侧结构性改革将任重道远。

法治政府视野下的政府法律顾问制度研究

陕西伟天律师事务所　刘　涛　王媛妹

内容摘要：我国宪法明确规定“中华人民共和国实行依法治国，建设社会主义法治国家”。政府作为国家主权和社会利益的代表，建设社会主义法治国家，离不开政府的依法行政，亦即必须构建法治政府。当下，法治政府的建设需要依托健全的法律体系，而由法律界精英人群组成政府法律顾问团体，显得尤为重要，党的十八届四中全会要求“积极推行政府法律顾问制度”也充分地说明了这点。但如何更好地发挥政府法律顾问在法治政府建设中的积极作用，推进法治国家的实现，则需要对政府法律顾问制度做全面的了解。

关键字：法治政府　政府法律顾问制度　突发性群体事件

引　言

我国正处在转型期，社会矛盾纷繁复杂，实现法治国家，建设法治政府，需要法律顾问参与，协助政府化解各类矛盾，落实依法行政。贺卫方教授指出：“律师参与政治的必要性在于依法治国的本身需要，律师对国家政治生活的参与程度乃是一国法治实现程度的标尺。”[①]律师作为法律人，是参与政府生活的重要一员，结合现状，我国政府法律顾问主要由具有较高的法学理论水平和丰富的法律实践经验的律师担任，也包括一些从事法律教学、法律研究工作的人员。这些专业的法律人士，是法治政府建设中不可或缺的一员，是社会主义法治国家构建的顶梁柱。

一、政府法律顾问制度的定位

我国政府法律顾问制度的产生，起源于20世纪80年代，经历了从试点到逐步成熟的不同阶段。深圳市人民政府最早成立了市政府法律顾问工作室，随后，上海浦东新区、北京、南京、吉林等地陆续开展了试点工作。党的十八届四中全会通过的中共中央关于全面推进依法治国若干重大问题的决定明确指出“积极推行政府法律顾问制度，建立政府法制机构人员为主体、吸收专家和律师

①贺卫方：“律师的政治参与”，载《中国律师》2001年第3期。

参加的法律顾问队伍，保证法律顾问在制定重大行政决策、推进依法行政中发挥积极作用。”

政府法律顾问由专业的法律人士组成，法律人的自身特点，决定了政府法律顾问应当有别于政府公职人员的管理，其与政府之间应当是因聘用合同而产生的契约关系，而不是上下级的隶属关系。政府法律顾问在处理具体事务时应当保持法律至上和独立思维的原则。

“只有健全的政府法律顾问制度，才能全面推进依法行政、建设法治政府，推进国家治理体系和治理能力现代化的实现，促进法治中国、平安中国的建设。”①

二、陕西省政府法律顾问制度的设立情况

陕西省作为西部地区省级行政单位，是中国东、中部地区和西北、西南地区的重要枢纽。陕西省政府法律顾问的设立情况，与西部地区法治政府的建设息息相关。

早在2003年8月，陕西省的省会城市西安，经市政府同意，市政府办公厅便专门印发了西安市聘任市政府法律顾问暂行办法。2012年11月，陕西省人民政府印发了《关于印发〈陕西省人民政府法律顾问工作规则〉的通知》，要求各设区市政府和省政府各工作部门、直属机构的法律顾问工作参照省政府法律顾问工作规则执行。2015年5月，政府办公厅印发的2015年政府信息公开工作要点分解细化方案中规定，各地、各部门根据工作需要在信息公开领域建立政府法律顾问制度，提高信息公开专业化、法制化水平。2016年1月，《陕西省人民政府办公厅关于加强政府法律顾问工作的通知》（陕政办函〔2016〕12号），明确了建立政府法律顾问制度的目标任务、基本条件、具体职责、设置方式及工作条件等内容，要求全省各级政府结合实际，尽快研究制定方案并予以实施，推动政府法律顾问全面介入政府依法行政各领域、各环节。随后，陕西省2016年依法行政工作要点的通知中强调，积极推进陕西省各级行政机关法律顾问全覆盖，完善法律顾问的准入、考核、激励制度和工作规则。至此，陕西省各市、县、区政府已经基本设立了政府法律顾问制度，部分偏远地区也已将政府法律顾问制度的设立提上议程。

目前，依据西安市政府法制办出具的西安市政府法律顾问工作情况调研报告显示，陕西省省会城市西安市，已有近三分之二的政府单位聘请了法律顾问，未聘请法律顾问的单位，大部分不具有行政管理职能。在聘请的法律顾问中，有三分之二是个人，即律师、从事法律工作的专家学者等，有三分之一是

①于爱荣：《政府法制900问》，中国法制出版社2015年版，第50页。

律师事务所。据调查，陕西省榆林市、宝鸡市、咸阳市、商洛市等地政府部门，均已聘请了政府法律顾问，设立政府法律顾问制度。

三、政府法律顾问制度的内在解析

（一）法治政府建设的要求

“法治政府，是指政府的一切行动，从决策到执行及监督，都纳入法律化轨道，在政府与法律的关系上，要求法律至上，政府的活动只能在法律之内而不能在其之外，只能在法律之下而不能在法律之上，做到‘有法可依、有法必依、执法必严、违法必究’。”①现实情况下，我国政府工作人员，多数没有接触过专业法律教育，在处理涉及法律领域的问题时束手无策，影响政府工作。因此，法治政府的建设，需要从事专业法律工作的人士参与，而政府法律顾问制度的存在，为政府和法律工作人士之间搭建了稳固的桥梁。

（二）政府法律顾问制度的运行模式

结合我国现实需要，全国政府法律顾问制度运行包括了三种模式：第一，建立公职律师制度，由公职律师担任政府法律顾问；第二，直接聘请专家、律师担任法律顾问；第三，各级政府法制办负责，整合学者、律师等社会各个领域的法律人才，组建政府法律顾问队伍。在这三种模式中，最为科学的应当属第三种模式，首先，学者、律师等法律人才，对政府的运行机制并不熟悉，而如何更为有效的开展法律服务工作，应当由政府人员从中指导协调。其次，吸纳各领域中的专业法律人才，形成团队互补，可以更高效、专业的处理各类法律问题。但此过程中，政府法律顾问团队必须独立于政府利益之外，从而实现政府法律顾问真正的作用。

（三）政府法律顾问制度推行过程中应注重的问题

1.从政府部门工作人员角度看

第一，应端正政府部门工作人员的思想认识。建立政府法律顾问制度，是保障政府部门工作的依法化，为政府解决各类法律问题。但部分政府工作人员认为，建立政府法律顾问制度，将会影响到自身利益的获取，或者将自己的违法行为公布于众，因而对政府法律顾问存在严重的排斥、抵抗心理，阻碍政府法律顾问制度的设立。此种情况，对其错误认识应当做妥善的疏解，找到根本原因，通过批评、教育等方式端正其思想认识。

第二，防止将政府法律顾问制度形式化。任何形式化的工作都不可取，尤其是政府部门。政府法律顾问制度建立的最终目的，是为了建设社会主义法治国家，而政府法律顾问制度有其特定的时代背景及作用，因此，各省、市政府

①李月军：《法治政府》，中央编译出版社2013年版，第2页。

部门，不能只是印发相应的政策文件，却不关心文件的实际执行情况，致使政府法律顾问制度形同虚设，“‘顾而不问’，成为滋生腐败的温床，甚至被异化成个别地方规避法律、违法行政的掩护。”[①]

第三，政府法律顾问组成成员的遴选，应当依照相应的规定及程序进行。现阶段，政府遴选的法律顾问大多是通过私交关系或者政府部门人员的推荐而来。这种方式选出的成员，一方面与政府人员存在特定关系，将会受到琐事的干扰，无法专注于法律方面的事务；另一方面其专业素养的参差不齐，会严重影响政府法律事务的处理效率。因此，政府法律顾问的选任，应当遵照相应的规定及程序，采取“优胜劣汰”的方式，遴选出最优秀的人员担任。

2.从政府法律顾问人员角度看

政府法律顾问成员除了具备夯实的法律知识外，还应当积累丰富的实践经验，从政府的法律咨询者提升为政府不可或缺的专家人才。无论是法律学者，还是律师，都应当注重自身法律素养的提升，并在服务政府的过程中，保持法律至上及独立的人格。

需要注意的是，政府法律顾问的工作有其特殊性，会经常涉及保密性信息。这需要政府法律顾问成员严格遵守保密义务，必要时建立专门的保密设施，防止泄密。

四、突发性群体事件的有效应对

现行转型的中国，各类经济矛盾、治安矛盾等社会矛盾不可避免，突发性群体事件是社会矛盾的一种特殊表现形式，作为处理突发性群体事件的专门机构，政府责无旁贷。但如何合理合法的处理各方利益，稳定群体情绪，减轻社会影响，则需要政府法律顾问团队为政府纳言献策。

“突发性群体事件，严格意义上讲，是指因伸张某种诉求而形成的特定或者不特定规模的人群聚集，其集体行为指向多为政府部门、政府执法部门，社会影响恶劣。”[②]结合我国征用土地进行建路、建厂、建房的需求，无序征地的问题极为突出，经常导致该区政府门口被民众围堵，强拉横幅，寻求公道。同时，强制拆迁问题也是我国近年来增长最快的矛盾源头，无论是其深度、广度，还是显著性上，都高于其他社会矛盾。这些矛盾的解决不仅严重影响到法治政府的建设，更是政府法律顾问团队面临的严峻挑战。政府法律顾问团队除了寻找可行的方案化解矛盾，更要在政府深陷矛盾之前做好预防工作，从法律

---

①陈燕：“政府法律顾问制度建设的若干思考”，载《福建法学》2015年第3期。

②高新民、吴桂韩：《领导干部应对群体性事件案例选评》，中共中央党校出版社2011年版，第1页。

角度出发，使政府的工作合法化、合理化、公正化。张培义老师讲过，作为政府法律顾问，应当具备有效解决突发性群体事件的能力，三句话内成为整个群体的焦点，然后通过说服，平息事态，解决问题。这是对政府法律顾问的基本要求，也决定了政府法律顾问处理突发性群体事件的目标。

五、结束语

“在建设社会主义法治中国的前提下，国家治理的各个领域与环节都应当在法治的框架下展开，”[①]建立完善的政府法律顾问制度迫在眉睫。除了建立健全政府法律顾问制度，转变政府部门工作人员的思想认识、完善政府法律顾问人员的遴选，提升律师自身素养外，更重要的是政府法律顾问团体必须有乘风破浪的勇气，能将政府法律服务工作落到实处，实现依法行政，依法治国。

①吴玄：“美国白宫法律顾问制度研究”，载《环球法律评论》2014年第5期。

论律师在PPP项目中的服务内容与注意事项

陕西稼轩律师事务所　晋　威

内容摘要：随着PPP模式在我国的兴起，这一行业对律师法律服务的需求越来越大，虽然律师介入PPP项目很有必要，但由于我国PPP尚处在起步阶段，律师可以提供哪些服务以及应该注意哪些问题都不明确。本文就从这一点出发，对我国律师在PPP项目中可以提供的服务内容以及在这一过程中应当注意的事项提出了自己的看法。

关键词：PPP　法律服务　注意事项

引　言

PPP项目在我国的发展已经进入了快车道，逐渐成为我国社会基础设施建设领域里不可或缺的一部分。经济的发展离不开法律与政策的保驾护航，而我国目前关于PPP的法律法规尚不健全，给PPP的发展带来了一定的困难，这时律师的法律服务就显得十分关键。而律师在这个过程中具体需要承担什么样的职责，需要注意哪些问题，都是需要我们加以关注的。

一、概述

（一）PPP的内涵

PPP（Public-Private Partnership，简称PPP）是指政府和私人部门之间就公共产品的提供建立的风险共担的长期伙伴关系。在这一关系中，私人部门发挥资金、技术、管理优势，按照政府设定的标准建造公共设施、提供公共服务，并通过从政府部门收费或从使用者收费的方式来获取较为稳定的收入，政府部门则负责确定公共服务要求，并进行必要的协助和监管，最终实现以最低成本提供更高质量的公共服务目标。①

（二）PPP的发展历程

PPP这一模式最早始于18世纪的欧洲，在20世纪中后期欧美国家为了应对政府资金不足，开始大力推行这一模式，使之得到了真正的发展。我国财政部

① 刘晓凯、张铭："全球视角下的PPP：内涵、模式、实践与问题"，载《国际经济评论》2015年第4期，第55页。

于2014发布《关于推广运用政府和社会资本合作模式有关问题的通知》，紧接国务院常务会议于2015年通过了被认为是PPP推进基本法的《基础设施和公用事业特许经营管理办法》，标志着PPP模式在我国进入了快速发展期。在中央政府的大力推动下，一些地方政府纷纷公布愿意与社会资本合作的项目清单，[①]表达了在地方开展PPP合作的意愿。而社会公众对PPP也展现了高度的热情，政府的大力推进，在社会上掀起了一股关于PPP模式的热潮，很多社会资金纷纷表达了对投资PPP项目的巨大热情并付诸行动，截至2015年11月底，国家发展改革委公开推介的第一批1043个PPP项目中，已签约项目达到329个，占推介项目数量的31.5%。[②]可以预见，PPP有望成为我国日后基础设施建设的重要模式，笔者认为，律师也应顺应时代的需求，积极参与到PPP项目的建设中，为PPP在我国的发展贡献自己的一分力量。

（三）律师参与PPP项目的必要性

笔者认为，PPP作为一种在我国新兴的合作模式，其健康发展离不开律师的专业服务，原因有以下几点：

第一、PPP模式涉及的大都是大型建设项目，其法律关系复杂，介入主体众多，牵涉利益广泛，如果没有律师从中提供法律服务，排除风险，消除隐患，那么很可能影响到项目的顺利实施。

第二、作为大型的建设项目，其前期需要进行招投标活动、大量的商业谈判、合同的签署以及项目公司的组建，而这些作为公权力机关的政府是不擅长的，仅凭政府内部工作人员很难顺利地完成。而对上述活动，律师有着丰富的经验，如果律师能够参与其中，就能够很好的帮助政府完成上述工作，实现与公司和社会的无缝对接。

第三、PPP模式下的项目在建设完成后，存在后期运营的问题，这其中涉及了大量合同法、侵权责任法等领域的法律问题，由于PPP项目大多是基础设施项目，涉及社会公众，因此一旦产生纠纷，很可能演变为公共诉讼，这就需要专业的律师进行服务才能够更好地解决这些问题。

因此，PPP项目应当充分发挥律师的作用，但由于PPP在我国刚刚起步，律师行业对PPP也处在一个学习的过程中，律师在哪些环节应当介入，具体应

① 目前，已经发布项目合作清单的省级单位包括北京、浙江、山东、吉林、山西等省市，合作领域则包括城市基础设施和城市服务领域，具体包括城市供水、供暖、供气、污水和垃圾处理、保障性安居工程、地下综合管廊、轨道交通、医疗和养老服务设施等。

② 王龙玺：“我国PPP模式发展状况与商业银行参与调查”，载《知识经济》第8期，第41页。

当提供哪些服务，需要注意哪些问题，这些都是亟待探讨的问题。下面，笔者将对上述问题提出自己的观点。

二、律师在PPP项目中的服务内容

（一）从PPP项目在我国的运行模式看律师的服务内容

要确定律师在PPP项目中会发挥怎样的作用，首先要了解我国PPP项目的主要运行模式。虽然我国在这几年才开始大力推行PPP模式，但该合作方式在我国的实践则始于20世纪80年代，经过近30年的发展，PPP项目在我国主要有三种运行模式，分别是BOT特许经营模式、运营和维护模式以及租赁合约模式。其中，应用最为广泛的是BOT特许经营模式，所谓BOT特许经营，即建设—经营—转让，是指政府授予私营企业一定期限的特许专营权许可其融资建设和经营某公用基础设施，在规定的特许期限内私人企业可以向基础设施使用者收取费用来获取投资回报，待特许期满，私人企业将该设施无偿或有偿转交给政府。[①]在已经完成的工程项目中，北京地铁4号线、南京地铁1号线南延线项目、南京长江三桥项目等均采用了BOT特许经营模式。可以说，这一模式是我国PPP项目建设的主要运行模式，因此，律师要提供法律服务，应当将目光主要聚焦于这一模式，并对已有的成功案例进行细致的研究和总结，从中提炼律师的业务内容，根据这一模式的特点拓展自身的业务。同时，也应当关注在BOT模式基础上产生新的PPP模式，如BOO、TOT等。

（二）从PPP项目的运作阶段看律师的服务内容

作为大型基础设施的运作模式，PPP的运作有明显的阶段特征，从各个阶段的具体内容中，能够使律师对自己在PPP项目的工作内容有更为清晰的认识。就现有的PPP运行状况看，PPP项目可以分为前期筹备阶段和建设阶段，律师在每个阶段提供着不同的服务。[②]

首先，在PPP项目前期准备阶段，律师提供的主要服务内容包括：

1.协助进行PPP项目的筹划。在PPP项目的最初阶段，政府首先要设计出科学、合理、合法的PPP方案。在这一过程中，律师能够利用自己的专业技能和社会资源，配合政府参与PPP项目筹划。帮助政府选择专业的咨询服务机构，为政府及相关专业咨询服务机构在设计PPP项目投融资以及PPP项目运作方式等方案时提供专业的法律咨询，就PPP项目投融资、运作方式等方案的合法性、可行性等出具法律意见，并就前期招商筹备阶段涉及的其他关键问题设

---

① 刘薇：“PPP模式理论阐释及其现实例证”，载《改革》2015年第1期，第78页。

② 朱静、付冬梅：“律师参与PPP项目法律服务的要点与注意事项”，载《中国律师》2015年第7期，第48页。

计可行性的方案。

2. 撮合PPP项目谈判，对谈判内容提供法律建议。在PPP项目方案确定后，政府开始寻找合适的社会合作者，该阶段律师可以参与引进社会资本方的招商谈判、磋商工作以及针对各类法律文件进行草拟或者修改、审核相关法律文件并出具法律意见书等，尤其是配合政府针对PPP特许经营协议中的关键性条款进行细化设计，对投资计划及融资方案设计等。必要时，还可以开展对相关投资者法律尽职调查。

3. 为PPP项目公司的筹备与建设提供法律服务。律师在该阶段的服务，主要集中于对PPP项目公司的组建、设立等提供专业方案，负责公司内部结构的设计、章程的草拟等内容。

其次，在PPP项目建设的工程中，律师主要可以提供以下法律服务：

在这一阶段，律师的工作呈现出多样性、复杂性的特点，其工作包括非诉与诉讼两大类。其中，非诉服务主要指在项目的融资阶段提供融资的风险分析、合法性建议；在PPP项目建设中对工程项下的合同进行审查；政府与社会合作方进行资产移交时的合规服务、风险点审核；工程在劳动领域的法律服务等。而诉讼服务主要指的是对在工程的建设过程中出现的违约、合同解除、劳动纠纷等法律纠纷提供的法律服务。对于这一阶段的法律服务，以常年法律顾问的方式进行服务较为适宜。

可以看出，律师在PPP项目中有着充分的法律服务空间，其可以提供的法律服务形式多样，涉及的领域众多，这主要是由PPP项目自身的特点所决定的。

三、律师参与PPP项目的注意事项

首先，从前文中对PPP项目服务内容的介绍中不难发现，PPP项目设计法律问题众多，形式多样，且多为复杂的法律问题。因此，律师参与PPP项目服务不能单兵作战，必须以团队的形式进行法律服务。当然，除了专业的律师团队，还应当与工程类、经济类专业人员保持密切的合作关系，只有这样才能够为PPP项目提供全面、充分的法律服务。

其次，律师进行PPP项目的服务，必须建立全面的法律观，同时注重对政策、经济与自然环境的研究。这是因为PPP项目涉及的法律领域十分广泛，所需要的法律服务形式也极其多样，需要律师建立全面的法律知识体系，才能更好地提供服务。同时，由于PPP项目往往跟当地的政治、经济和自然环境有着密切的联系，律师必须对这些有充分的了解，才能更好地因地制宜，协助PPP项目的建设。

再次，应当树立良好的职业道德观念。律师在给PPP项目提供法律服务的过程中，除按照与政府或社会资本方合同履行相关义务外，同时必须对其提供法律服务过程中接触、了解到的国家秘密、商业秘密、不宜公开的情况及个人隐私负有保密的义务。同时，由于PPP项目中涉及的主体众多，而且有公权力的介入，因此要求律师在提供法律服务的过程中严格依照律师法、律师职业道德和执业纪律规范约束自己的行为，不能为了追求一些利益而放弃对律师职业道德的遵守。

最后，律师应当保持维护社会公众利益的大局观。PPP项目多是涉及公众利益的基础设施建设项目，其中难免会出现各种利益冲突，担任PPP项目的服务律师以及律师事务所，在维护自己所代理的当事人的合法权益的同时，还应当从大局出发，确保自己的行为不会对社会公众利益造成不必要的损害。

结　论

笔者认为，随着PPP模式在我国的不断发展与壮大，其对律师法律服务的需求会越来越大，律师应当提前做好准备，以专业的法律素养、严谨的执业态度为PPP模式的健康发展贡献自己的力量。同时，鉴于PPP尚处在一个不断发展的过程中，其相关的法律规定尚不健全，律师的参与势必能够发现其中所存在的问题，从而倒逼PPP项目立法的进程，也不失为律师业对中国法治发展的一种贡献。

律师参与地方立法修法工作经验小谈

陕西海普睿诚律师事务所　唐　惠

内容摘要：我国立法体制是中央和地方两级立法体制，地方立法同中央立法相比有不同之处。律师参与地方立法修法工作，要认识我国地方立法体制演进、地方立法存在的问题、律师提出修法建议应把握的原则。建议律师要博闻多识、有一颗公心以做好立法修法工作。

关键词：律师参与　地方立法修法经验

引　言

十八大以来党中央高度重视提高立法质量的工作，提出"立善法于天下，则天下治；立善法于一国，则一国治"，并提出"建立从符合条件的律师、法学专家中招录立法工作者"等立法改革措施。借立法改革东风，笔者和本所律师因担任陕西省人大代表和政协委员"一对一"免费法律顾问的工作，有机会参与地方立法草案稿的修改工作。本文就律师参与地方立法修法工作经验予以阐述。

一、认识我国地方立法体制演进利于律师开展工作

地方立法是指宪法和法律规定的地方立法主体制定地方性法规和政府规章的活动。[①]我国实行统一而又分层次的立法体制，中央与地方、权力机关与行政机关各自有不同的立法层级和权限。我国是单一制国家，这决定我国有一部宪法，中央立法机关根据宪法制定法律。同时，我国又是一个幅员辽阔、人口众多、多民族融合的大国，两千多年"治乱循环"的历史提示，中央与地方的关系始终是历朝历代重要的政治问题。新中国成立后，我国随国情变化逐步授予地方立法权，形成现在中央和地方的两级立法体制。

1949年新中国成立，1954年宪法取消了除民族自治地方以外的地方立法权，立法体制是高度集权。1979年，在"发挥中央和地方两个积极性"思想指导下，地方组织法授予省级人大及其常委会制定地方性法规的职权，我国开始

①陈公雨：《地方立法十三讲》，中国法制出版社2015年版，第3页。

地方立法制度由1982年宪法确认。1982年修改地方组织法，授予省级政府、省会市和经国务院批准的较大的市的政府规章制定权。1986年修改地方组织法，授予省会市、较大的市人大及其常委会制定地方性法规并报省、自治区人大常委会批准的职权。2000年制定立法法，将经济特区所在市纳入较大的市的范围，授予地方立法权。至此，我国有49个市（27个省会市、18个较大的市，4个经济特区市）有地方立法权，235个设区的市没有地方立法权。

随着我国工业化、城市化建设加快，据国务院2014年11月公布的城市规模新标准，"特大城市（常住人口500万—1000万）的设区的市有87个，属于大型城市（300万—500万）的设区的市有82个……[①]城市扩大伴随的人口、土地、环境、社会治理等问题日益复杂，地方治理迫切需要主动性、积极性、精细化管理所需的相应自主权限。在此背景下，2015年新立法法授予设区的市地方立法权，规定在不违背上位法的情况下，对"城乡建设与管理、环境保护、历史文化保护等事项"有制定地方性法规的权利。至此，我国288个市(含国务院批准的4个未设区的市）全部拥有地方立法权。

由此看出，我国地方立法体制伴随我国改革开放以来经济社会的快速发展产生，是我国法治统一、法治建设不断完善细化的必然结果。地方立法权非自身固有，而由中央授予的体制决定地方立法的特点：（1）地方性，效力只限于本行政区域；（2）补充性，对中央立法的补充、细化；（3）受监督性，地方立法权限有限，受中央立法机关监督（后文论述）。明确这些，对律师参与地方立法工作大有裨益。

二、找准地方立法问题利于律师对症下药

"问题与解决问题的方法同时产生"，找准问题才能对症下药。十八届四中全会宏观指出立法问题包括"有的法律法规未能全面反映客观规律和人民意愿，针对性、可操作性不强，立法工作中部门化倾向、争权诿责现象较为突出。"[②]律师有解决这些立法问题的职业优势。

首先，律师从法律实施的角度、用户的角度在"立法之初"检验法条是否可操作可执行，帮助解决可操作性不强的问题。其次，律师以自身客观中立的自由职业者身份，参与立法过程，帮助解决立法部门化倾向、争权诿责的问题。第三，律师以广泛的社会联系，表达社会各阶层的呼声需求，帮助解决立法不能满足人民需求的问题。笔者结合上文总结地方立法的问题有以下几条。

---

① 武增：《中华人民共和国立法法解读》，中国法制出版社，2015年版，第259页。

②《中共中央关于全面深化改革若干重大问题的决定》，人民出版社2013年版第3页。

（一）"口号型、呼吁型"地方立法

例如XX循环经济促进条例（草案修改稿）一条，公民应当增强循环经济的意识，合理消费，节约资源。笔者以为，第一，该条虽立法出发点很好，可"口号型、呼吁型"法条一旦进入实践就变得模棱两可，无法执行。第二，该条混淆了法律和道德的关系。法律是行为的指引，道德是内心的指引。法律的特征是以权利、义务、法律责任为核心，并以司法强制力为后盾保障实施。二者是两种不同的社会行为规范体系。

（二）"抄袭上位法型"地方立法

法律和行政法规因为要在全国范围内实施，有时只能做概括和原则性规定。而地方立法要将这种普遍性和概括性结合本地的经济水平、发展状况、地理资源、历史传统、人文背景、民情风俗等实际状况，做出适合本地实情、具体精细的规定，要突出地方立法的特点。或许是为了追求与上位法体例一致的原因，地方立法抄袭上位法情况比较多见。

（三）"权限模糊型"地方立法

有的地方立法在地方性法规与地方政府规章之间立法权限模糊。立法法第73条规定了地方性法规三项立法权限:（1）执行性立法，法律、行政法规在本地区的执行。（2）地方性事务立法，属于地方性事务需要制定地方性法规。（3）先行性立法，就国家尚未制定法律、行政法规的，先行制定地方性法规。设区的市、自治州的立法权限在上述范围内仅限于"城乡建设与管理、环境保护、历史文化保护"等事项。

立法法82条规定地方政府规章两项立法权限:（1）执行性立法，为执行法律、行政法规、地方性法规，地方政府可以制定规章。（2）职权性立法，属于本行政区域内的具体行政管理事项。但到实践中有时模糊。例如××汉丹江流域水污染防治条例（草案修改稿），汉丹江在"一江清水供北京"政策的高度重视下，省市两级地方政府出台多项规章保护汉丹江流域，出水也一直达标，表明地方政府规章发生效力。有什么特殊情况需再制定地方性法规？二者权限如何划分？至少在该法的立法说明中缺乏充分、翔实的论证，难免令人质疑。

三、掌握"三条原则"利于律师提出立法修法建议

从规则的执行者到规则的参与者，律师的职业优势帮助笔者边干边学，边学边悟，逐渐总结出"三条原则"或对立法律师略有帮助，当然也仅适用于部分地方立法问题。

（一）以上位法为原则

我国的立法体制决定了地方立法一定在上位法框架内进行，不能超越地方立法权限，否则违背国家法治统一。因此，参与地方立法修法的律师一定要围绕上位法的法条逐一对照，严谨细致，咬文嚼字。比如××固体废物污染环境防治条例（草案修改稿）第1条，“因发生事故或者其他突发事件造成危险废物污染环境后，……必要时由有关政府及时通报可能受到污染危害的单位和个人”。而上位法固体废物污染环境防治法第63条规定，“……政府应及时通报可能受到污染危害的单位和居民”。法律人都知道“应及时”和“必要时”三字的差别，笔者认为该条违背上位法的建议得到立法机关采纳。但上位法如有未尽之处，下位法也无可奈何。又如××地下水条例（草案修改稿）第1条“对严重破坏地下水资源的行为，处以“五万元以上十万元以下”罚款。笔者认为罚款过轻，不能起到遏制违法行为的作用，建议加大行政处罚幅度，但因违背上位法未被采纳。

（二）公权与私权来源合法性原则

地方性法规与地方政府规章之间立法权限模糊的问题，笔者认为原因多种，解决方法之一是严把公权与私权的来源。地方政府的公权要严格限制，即“法无授权不可为”。目前对公权授权主要是行政许可法、行政强制法、行政处罚法，因此立法律师要熟知这三部法。而私权是“法无禁止即可为”，没有法律或者国务院的行政法规、决定、命令的依据，部门规章不得设定减损公民、法人和其他组织权利或者增加其义务的规范。公权与私权的来源要严格区分把握。

（三）合理设计行为规范原则

法律法规是一套行为规范体系，是权利、义务、法律责任的合理分配；要有哪些行为不能做的禁止性条款，这样一套行为规范体系才完整，具有指引、评价、预测行为等作用，否则就不完整。例如××人力资源市场条例（草案送审稿），全文近60条，却没有禁止性条款。笔者认为该法不完整，建议增加禁止性条款的建议得到了立法机关的采纳。

四、建议律师要博闻多识，有一颗公心，以做好立法修法工作

笔者参与环境保护、社会治理等多部地方立法修法，自己才疏学浅，所幸有律师团队支持，深感立法律师要博闻多识，要大量学习政治、经济、社会学等多学科知识，积累丰富的社会经验。这和当下律师服务强调“专业化”的主流不同。当下我国社会分层加剧，利益阶层固化，思想文化多元，“立法最核心的问题其实是要平衡利益和分配利益”。[①]立法既要兼顾平衡多方利益，又要维护社会弱势群体的利益，从中找出“立法最大公约数”。同时，立法不仅要考虑

①苏力：“社会分层与立法问题”，http://www.aisixiang.com/data/93884.html，访问时间：2016年7月10日。

正式的规则制度，还要考虑惯例、道德、风俗等非正式制度（俗称软法），因为这些"软法亦是法"。

立法律师要有一颗公心，这和律师维护委托人合法利益不同。要记住法学专家的警醒，"法律的职业特点本来就受雇于人，而且必须忠实于客户，这是它的美德，这种职业特点很可能使法律执业人进入立法时不是从全局出发，不是先天下之忧而忧……[①]要记住习总书记的要求，"立法是为国家定规矩，为社会定方圆的神圣工作，立法人员必须具有很高的思想政治素质，具备遵循规律、发扬民主、加强协调、凝聚共识的能力"。[②]

"法，国之权衡也，时之准绳也。权衡所以定轻重，准绳所以正曲直。"（魏征）立法律师，则是法之"准绳"！责任重大！

五、结论

当下我国重视提高立法工作质量，出台了政府购买法律服务等多项律师利好政策，立法律师市场前景广阔。律师参与立法，充分发挥律师的专业优势、职业优势、实践优势，助力提高立法质量，即为"良法善治"做出贡献，同时也为律师参政议政，提升律师社会地位，打通更广阔的职业上升空间做出贡献。笔者期许与其他律师砥砺前行！

---

①苏力："社会分层与立法问题"，http://www.aisixiang.com/data/93884.html，访问时间：2016年7月10日。

②中共中央文献研究室编：《习近平关于全面依法治国论述摘编》，中央文献出版社2015年版，第104页。

西部政府法律顾问服务市场拓展路径探析

陕西丰瑞律师事务所　安晓生

内容摘要：本文在解读中共中央办公厅、国务院办公厅印发的关于推行法律顾问制度和公职律师公司律师制度意见的法律性质、核心亮点基础上，重点对西部政府法律服务市场现状、前景及发展趋势进行了总体分析，并拓展政府法律服务市场的具体路径，以期进一步提升西部律所对政府法律顾问市场的渗透率。

关键字：西部　政府法律服务　路径

引　言

2016年6月，中共中央办公厅、国务院办公厅印发《关于推行法律顾问制度和公职律师公司律师制度的意见》（以下简称意见），其中规定，积极推行党政机关法律顾问制度。2017年底前，中央和国家机关各部委，县级以上地方各级党政机关普遍设立法律顾问，乡镇党委和政府根据需要设立法律顾问。这必将进一步拓宽律师的执业领域和工作覆盖面，并对西部政府法律顾问法律服务市场格局产生重大影响。

意见的法律性质，系政府（行政性）规范性文件的一种类型，更接近政策性文件。意见的行政效力，及于我国行政区域内政府系统体制内管辖的中央和国家机关各部委、各省、市、（区）县、乡镇以及政府各工作部门、各直属机构，并对其具有行政约束力。

意见的亮点之一，是形成全国行政系统政府法律顾问的制度化、常态化、机制化，实现政府法律顾问制度的全面覆盖。可以预见，上述意见，必将为西部律师进一步拓展政府法律顾问服务市场奠定坚实的制度性基础。

现结合西部政府法律顾问市场的特点和具体实践，对新形势下律所进一步拓展政府法律服务市场的路径作出探析，以期进一步提升西部律所对政府法律顾问市场的渗透率。

一、西部政府法律服务市场现状、前景总体分析

由于尚不掌握西部各地政府法律服务市场的最新资料，难以全景式、准确

展现出西部各地政府法律服务市场现状，只能就部分材料和对市场的部分体验与观察，对西部政府法律服务市场现状、前景的特点作出简要式的分析。

（一）西部法律顾问市场覆盖现状分析

西部政府法律顾问市场总体上体现出层次性的特点，即根据政府的行政级别包括省、市、县（市、区）、乡（镇）四级（四个层次）。

根据业务的综合性程度，又可分为政府的综合性法律业务市场和政府各下属职能部门的行业性（专业性）法律业务市场。

根据西部各地市场经济、法治进程的不同阶段，西部政府综合性法律业务市场总体初步判断为，目前西部各地省级、市级政府法律服务市场基本覆盖或正着手覆盖，发达的县（市、区）级政府法律服务市场覆盖率较高，部分偏僻、不发达的县（市、区）级政府法律服务市场估计覆盖率较低，乡（镇）政府法律顾问市场估计覆盖率有待提升。政府法律服务市场总体上呈现出一定的不均衡性，这也与西部各地的整体社会发展及法治环境相适应。

西部政府各下属职能部门的专业性法律业务市场总体初步判断，西部省级政府下属职能部门的法律服务市场基本覆盖或正着手覆盖，省会等发达城市的政府下属职能部门的法律服务市场基本覆盖或正着手覆盖，覆盖率较高，部分不太不发达的城市政府下属职能部门的法律服务市场覆盖率可能不太高，县（市、区）政府下属职能部门的法律服务市场估计覆盖率有待提升。

综上所述，在西部少部分正着手覆盖法律顾问制度的市级政府、不发达的县（市、区）政府、大部分乡（镇）政府，发达城市正着手覆盖法律顾问制度的政府下属职能部门、部分不太发达的城市政府下属职能部门、县（市、区）政府下属职能部门的法律服务市场，可能存在较大（或部分）的空白。

（二）西部政府法律顾问市场总体及前景特点

西部政府法律顾问市场目前的总体特点，是处于传统型市场向公开采购法律服务型市场的转型阶段。

由于制度与市场转型的历史惯性及过程性，目前阶段西部政府法律顾问的市场竞争存在以传统的营销方式竞争与政府公开采购形成的律所核心专业力竞争两种方式。但可以预见的是，随着西部市场经济与法治政府建设的不断深化与制度变迁，市场化的公开采购律所法律服务方式将成为发展的必然趋势，其必将成为主流方式或首选方式之一。

另外，由于市场经济发展的差异，目前西部政府法律顾问市场的律所收费情况，与发达地区相比，总体不太高。比如，据西安市法制办2014年相关调研，西安市各区县政府、市政府各工作部门、直属机构和各开发区管委会给支付的政府法律顾问的报酬标准差异较大，支付形式也不尽一致。聘请律师事务所的，每年为3万元到10万元不等，遇到具体案件再议。

当然，随着律师介入政府法律顾问业务的不断深化，律师的作用和价值的认可度必将不断提升，业务收费也必将出现相应提高的趋势。

二、拓展政府法律服务市场的路径

机遇和挑战并存，拓展政府法律服务市场路径如下：

（一）拓展的总体商业策略

商业策略的核心路径是，以课题研究为基础，以产品研发为先导，以市场化营销为重点。

（二）拓展路径的总体特点

1.战略性

拓展路径涉及律所业务战略发展方向，对律所业务结构性调整、升级，增加新增长动能，具有基础性的意义。

2.系统性

拓展路径涉及律所提升包括业务培训、课题研究、产品研发、市场营销等方方面面，具有一定的系统性、组合性。

3.长效型

政府法律顾问市场的拓展，是一个长期坚持发展的过程，不太可能毕其功于一役，在短期内突击完成目标。西部市场传统方式选聘律所与新型公开采购方式的并存现状，也说明市场变革、转型的过程性。市场拓展需要同时适应传统与新型两种选聘律所的方式。

另外，西部政府法律顾问市场总体的初级阶段发展现实，使得律师工作价值的政府认可度有待提升。在市场开拓与培育的初期，可能会面临收费不太高、市场培育周期较长、律师工作难度相对较大等问题。

（三）市场拓展路径的具体内容

针对西部律所发展现状及西部政府法律服务市场竞争趋势，现提出以下具体拓展路径：

1.律所建立政府法律顾问业务团队

面对政府业务复杂性、专业化要求，律师团队化合作是必然趋势。紧密合作的律师工作团队，可以在保证服务质量的同时，提供涉及政府业务多方面法律需求。为适应政府法律服务市场拓展的新形势，进一步扩展政府法律顾问市场业务领域，律所应建立政府法律顾问业务团队，以政府法律业务为专业方向，构建政府法律业务的市场专业化、差异化核心竞争力。

2.进一步归纳、设计律所政府法律业务服务的新型领域

政府法律业务适用的主要法律体系与规则、业务领域与范围、类型、主要风险点等方面均存在特殊性，根据法治政府建设的具体新任务、新要求以及政府面对的热点，研究政府法律业务不同于商事类企业客户的特殊法律需求，在一般性、常规性业务领域基础上，进一步梳理、归纳、设计律所政府法律业务服务的新型领域。

比如政府重大行政性立法、重大行政决策法治化涉及的路径、程序、制度、救济等方面的法律论证、审查、[①]政府规范性文件的制定、法律论证审查、政府与社会资本合作项目PPP模式、政府三项清单（权力清单、负面清单、责任清单）的法律审查、重大事项社会稳定法律风险评估、重大群体性上访或信访、政府政务公开、信息公开法律审查、政府规范性文件清理、政府重大法律风险管理体系建立等方面。

3.进一步加强对西部政府法律服务市场机会与市场分类的细化研究

西部政府法律服务市场，具有与西部社会、经济、法治发展阶段相适应的特殊性，律所需进一步加强对西部本地政府法律顾问市场机会的捕捉。对市场机会保持敏感性，重点关注目前西部政府法律服务市场的空白或延伸，以及市场从传统转型为公开采购带来的业务机会。市场的空白或延伸，主要包括尚未覆盖法律顾问的政府（或政府部门）以及延伸的社会团体、事业单位等。同时，高度关注由于政府法律顾问服务期限届满、换届、辞聘、提前解聘等原因，出现的公开采购市场变化从而可能带来的市场机会。

市场的分类细化研究，包括对政府法律顾问（省、市、区县、乡镇等）不同层级性业务、政府综合性业务、政府不同职能部门行业类业务、各类专项业务等的细分及不同市场特点、业务规律、工作方法的研究。

4.深入研读和研究西部各省、省会城市以及相关目标城市的年度政府工作报告

年度政府报告提出的政府重点工作任务，是律师服务政府法律工作的重点。律所需深入研读和研究西部各省、省会城市以及相关目标城市的年度政府工作报告，以法律思维对政府提出的重点任务进行针对性、前瞻性的专业研究，从而挖掘政府法律需求，有针对性地拓展目标客户，提升律所的市场竞争力。比如重点研究陕西省西安市2016年政府工作报告，对报告提出的重点工作、任务进行法律解读，挖掘法律需求。

5.善于对西部各省以及省内各地重大社会制度建设、重大社会公共事件发

①马怀德：《全面推进依法行政的法律问题研究》，中国法制出版社2014年版。

出律所或律师之声

重大社会制度建设、社会公共事件，一般是政府和社会关注的热点，各种矛盾比较集中，各类价值观与不同层次的利益冲突，行政、民商事（部分还包括刑事）等多种法律关系复杂交织，并且与政治、经济、社会稳定融合性强，处理难度和对律师综合能力挑战较大。

针对西部各省以及省内各地、社会公共事件进行研究预判，并发出律所或律师之声，是切入政府法律市场的重要途径之一。律所或律师需敢于、善于整合资源，以建议、简报等多种方式向政府关键领导或媒体就区域内重大社会制度建设、社会公共事件提出创新性的法律建议或法律解决方案，以提升律所专业团队重大社会问题法律综合研究能力和市场突破能力。

6.行政实务课题研究

以现实问题为导向的行政法实务应用课题研究，是律所专业团队提升差异化竞争能力，避免与其他律所同质化竞争的重要方式。律所需根据政府实际法律需求，有针对性地对重大实践问题组织课题研究。比如政府信息公开、重大社会稳定法律风险评估、重大上访事件法律处理、政府网络舆论法律应对等。通过收集各地相关方面的资料，运用综合性研究方法，形成相应的课题研究成果，并用研究成果指导政府法律顾问的具体业务实践。比如重大社会稳定法律风险评估课题，可以就重大社会稳定法律风险评估的原则、范围、内容、程序等形成具体的课题研究成果，指导具体的业务实践。①

7.政府法律服务产品研发

在课题研究为基础，借鉴北京等发达地区律所先进经验，融合行政流程、风险管理技术等要素、工具，开发相对标准化、流程化、规范化的政府法律服务产品，作为市场开发的利器。比如政府重大行政决策法律产品、政府规范性文件审查法律产品、重大社会稳定法律风险评估法律产品等。

8.定期向各级政府法制办、目标政府客户赠阅律所政府法律专业资讯

为进一步培育政府法律市场，扩展影响力，律所需组织编纂政府法律专业资讯（先期可季度编纂），汇总最新颁布的相关行政类法律法规、经典案例分析以及相应的律师解读与提示，为拓展市场逐步建立律所专业品牌奠定基础。

9.定期举办政府法律业务沙龙、论坛

为加强律所、律师与政府部门的沟通和联系，整合资源，律所可就一些政府法律业务的现实问题，增强议题策划能力，策划、设计相关政府、社会关注的主题或议题，邀请专家、学者、法官、律师、政府机构等，定期举办一些沙

①赵耀：《政府法律顾问实务》，法律出版社2011年版。

龙、讲座、论坛，在深入了解行政、法律动态的基础上，促进思想上的碰撞与交流，逐渐扩大社会影响。

结 论

可以预见，随着法治政府建设和政府法律顾问范围、内容的不断深化，西部律所拓展政府法律服务市场路径的不断创新与多元化，律所对西部政府法律顾问市场的渗透率将进一步提升，西部政府法律服务市场也必将在西部整体法律服务市场版图中占更大的份额，并具有更加重要的法治与市场引领示范作用。

律师参与信访工作方法研究

广西九宇律师事务所　廖德娇

内容摘要: 社会格局的变化，导致信访问题多样化和复杂化，如何做好信访工作是摆在各级党和政府面前一个迫需解决的问题。信访工作是党和政府联系群众的桥梁纽带，也是政府的一项重要工作。律师参与信访工作大势所趋，工作方法有待进一步研究。

关键词: 信访工作　平乐公共法律服务中心　律师提前介入　事前预防　平乐6.20自然山体滑坡事件

近些年来，随着经济利益格局的重大调整，政治经济体制的不断深入改革，社会贫富两极分化，各种社会矛盾和社会问题日益突出，上访信访层出不穷，特别是涉法涉诉信访案件不断增多，影响了社会的和谐稳定与当地经济的发展。党的十八届四中全会强调，要强化法律在维护群众权益、化解社会矛盾中的权威地位，把信访纳入法治化轨道，健全社会矛盾纠纷预防化解机制。广西平乐县党委、政府高度重视，成立了平乐县公共法律服务中心，建立健全各项机制，促进信访工作健康有序的发展。2014年，在民革桂林市委会的牵头与组织下，民革的律师党员与平乐县司法局开展了“法律服务在乡村”的活动，由律师党员为涉法涉诉信访工作提供法律帮扶，取得了非常好的效果。作为民革的律师党员，我从头到尾参与了该项活动并积累了一定的工作经验和工作方法，现将我们的工作方法介绍如下：

一、各级党委、政府、政法机关高度重视此项工作

现信访问题越来越多，不仅影响到了当地的经济发展，亦影响到了社会的稳定团结。信访的发生，成因复杂，既有当地政府、政法部门的原因，也有信访人自身的原因，更有其他深层次的原因（比如把信访当成利益产业），因此，如何化解、用什么方法化解这些信访问题，是摆在各级党委、政府面前一个迫需解决的问题。

目前，在法治化进程不断加快的情况下，政府购买法律服务已是一种趋

势，许多地方的党委、政府将律师参与信访工作纳入了工作范畴，特别是涉法涉诉信访案件，律师参与的程度非常高。平乐县自2014年成立公共法律服务中心以来，十分重视律师的参与工作，凡涉及法律问题的信访，均邀请律师参与，直接面对面地与信访人就相关问题进行法律咨询、讲解；涉及疑难复杂案件，民革桂林市委会与平乐司法局均会组织法学专家、律师进行讨论，群策群力，提出建议或者处理方案。

二、司法局、律协、律所的重视与宣传

司法局、律协要充分重视律师参与信访工作的重要性，通过报纸、媒体、新闻加大此方面的宣传力度，使广大群众了解此项工作，扩大影响力，在群众中逐步树立起依法信访、理性信访、依法维权的观念，引导广大群众从信访向信法的理念转变，主动寻求律师的帮助，让律师帮助他们以法治思维和法治方式解决信访问题。

在长期的基层法律服务过程中。我们接触到了各种各样的信访人，也了解了他们的信访诉求，其实有些信访问题真的很简单，完全可以避免走信访或者上访道路。以前的信访工作很少有律所参与，而信访部门的工作人员又非法律专业人士，无法对信访人的问题作出令其满意的回应，更有一些部门，对信访人的一些正当合理的诉求相互推诿，此举导致信访人越级上访或是进京上访。比如，我们在处理平乐外嫁女土地补偿款的问题上，外嫁女嫁出去以后，她们的土地户口均还在村里，村委会拒绝将征地补偿款发放给她们，而法院对土地补偿纠纷又不予立案，维权无望的外嫁女只能进京上访，而且上访频繁，当地政府多次组织协调均无结果。后在我们民革党员冯舜同志的多次下乡参与、协调下，此事最终得到圆满解决，外嫁女至此不再上访。因此，如果加大对信访工作的宣传力度，加大律师参与信访工作的宣传力度，我相信，信访的人会不断减少，而依法维权、通过诉讼途径解决问题的会更多。

另外一点，在选派律师的时候，应当优先选派政治素质过硬、公道正派、业务能力社会能力均比较强的律师，而且要热心于社会公益事业，善于做群众思想工作；同时，也要充分发挥党员律师、优秀律师的带头作用，鼓励他们参与到信访工作中来。

三、经费保障及执业权利的保障

各级党委、政府应当对律师参与信访工作予以高度重视，加强对律师信访工作的支持，多渠道解决经费问题，为参与接访的律师提供经济补助、解决食宿及交通费的开支。这种重视，不能仅是口头上的重视，必须落在实处，让律师饿着肚子做公益，不仅不现实，接访工作也会形同虚设。

我们大家都知道，律师是自由职业者，以自己的专业法律知识谋求立足与发展，没有任何一个部门会为律师发放一分钱工资，因此，让律师放弃自己的业务从而花费更多的时间和精力来参与信访工作，相信没有几个律师会坚持。实践当中，很多地方对律师参与信访工作的报酬难以落实到位，这直接影响到了律师参与工作的热情与积极性。律师参与接访，牺牲了自己办理业务的时间和精力，而且参与接访也是在帮助我们的政府我们的社会解决矛盾和纠纷，律师的艰辛付出大家是有目共睹的，因此想要调动律师参与的积极性，落实经费是关键。

信访反映的问题一般都是时间跨度比较长、情况比较复杂，而且涉及好几个部门，没有较高的法律水准，很难提出有建设性的意见和建议。律师本身就是专业的法律人士，熟悉法律法规和各种诉讼非诉讼业务，对法律和政策的理解比较准确，而且能说到点子上，亦能一针见血地指出问题所在。因此，为保证信访工作有成效，必须吸引优秀的、素质过硬的律师参与到信访工作中来。就我们国家目前的司法环境来说，律师的执业权利经常得不到保障，取证难、阅卷难、会见难等，对律师提出的法律建议视而不见，而且律师的人身权利有时还无法得到保障，这也直接影响了律师参与的积极性。各级党委、政府要与当地的政法部门协调沟通，保证信访律师执业工作的顺利进行。接访单位要为律师提供必要的工作场地和条件，加强安全防范，保证律师的人身财产安全；对信访律师提出的阅卷、咨询、了解案情、调取并复印相关材料等合理要求提供支持，必要的时候，可以开具专用介绍信方便律师开展工作；对律师发出的法律建议书或者是书面意见，应当及时反馈，通过多种途径解决律师参与信访工作面临的难题。

四、提前介入，预防为主，变被动为主动

目前律师参与信访工作介入的时间比较滞后，而且多数限于事后调处，往往是在信访矛盾激化且在当地造成了不良影响之后才请律师介入。这个时候，律师的工作难度是非常大的，而且花费地时间和精力也更大。因此，这些年各地信访工作暴露出来的问题让我们深刻地认识到律师提前介入的重要性。在矛盾的前期阶段，律师提前介入，参与预警预判、风险评估，提出化解矛盾的建议和方法，把被动变为主动，把事后补救变为事前预防，把矛盾消灭在萌芽状态，这可以节约大量的人力物力财力。

2016年6月20日，因南方持续强降雨，广西平乐县沙子镇猪婆岩发生山体自然滑坡事件，将正在岩洞内作业的八名农民工掩埋，一人死亡七人失联。事发后，当地政府立即组织开展救援工作。死难者及失联者的亲属将近二百号人从各地赶来，情绪激动，一度冲破救援警戒线，严重影响了救援工作的进度。此后，政府当即成立了八个安抚工作小组，每组由一个县领导负责，抽调十个政府工作人员，安抚一组亲属。为了稳定亲属情绪，同时统一善后处理工作，事故发生后，当地党委、政府马上邀请了桂林的律师、法学学者亲自到事发地为政府工作人员做相关法律知识的讲解、培训。因该八名农民工又是帮一石材公司作业的，因此，涉及工伤保险待遇问题也是要一并解决的。事发第二天，我从新闻媒体上得知了此次山体滑坡事件后，第一时间与平乐司法局联系，提前介入，做好预防工作。因为这种自然事件与工伤相重叠的情况，处理得好，当事人不会找麻烦；但一旦处理不当，势必引起怨气，导致上访。因此，为防止出现这种情况，我们律师提前介入显得非常的重要。对亲属的安抚、赔偿问题的谈判、法律法规的讲解、与石材公司的谈判，我们都有条不紊地进行着。经过大家的努力，亲属情绪稳定，不再闹事，表示相信政府会为他们处理好这一切事宜。此后，县委县政府司法局召开多次协商会议，就工作的开展群策群力。到目前为止，我们的工作已见成效，已有七户亲属签订了《协议书》，剩下的一户也在进一步的协商之中。

律师的提前介入，对死难者亲属法律法规的讲解，使他们明白不切实际的要求是不能实现的，只要是依法赔偿，赔偿标准、项目一致，他们都能接受。我们律师并不代表任何一方，只是提前介入，协助双方处理好此事，对于我们提出的赔偿方案以及建议和意见，各方均能接受。因此，这可以说是律师提前介入取得良好效果的一个典型案例。

五、耐心、爱心、恒心

说句真心话，律师参与信访工作必须具备足够的耐心、爱心、恒心。在所接待的形形色色的信访人中，不少群众就是因为不了解法律法规和国家政策而反复的上访，缠访缠诉，这不仅严重影响了信访人自身的生产能力，严重影响了其家庭的和谐，更给当地政府的工作带来严重的干扰，政府不得不腾出人力、精力和财力去予以解决。我在接访中还了解到一个信访案例，很小的一个道路交通人身损害赔偿案件，仅仅是因为2000元的赔偿款，当事人这十来年不断地去南宁、去北京上访，当地政府光是花在他一人身上的费用就高达四百万。一个人的信访成本就高达四百万，请问大家，这是一个什么样的概念？一人四百万，十个人呢？一百个人呢？都这样的话，任何一个地方政府的财政都负担不起。假设当初各相关部门能耐心细致的把工作做好，及时请律师介入，为其讲解相关的法律法规，也许事情会是另外一种状况（当然，我们也不排除个别信访人将此作为产业链达到获利的不正当目的）。但这至少说明，对信访工作必须足够重视，耐心讲解，持之以恒。实际工作中我们也常发现，有些信访人对政府工作人员抱有极大的不信任的心态，甚至是一种敌对的态度，都认为是官官相护，但是对律师的话，他们却能听得进去。首先就是，在接待的时候我们就说清楚了，我们律师不代表任何一方的利益，只是出于公益之心，协助解决。所以，在接待来访群众的时候，我们都必须以极大的耐心来听取的陈述，为他们分析，指点他们如何依法维权，而不能表现出任何一点不耐烦之心。

在接待信访人的时候，我们不仅要认真倾听，同时也要做好接谈笔录，从信访人杂乱无章的陈述中提取到重要的信息。信访人长期上访、信访，问题得不到解决，言语之中难免会出现诋毁党政机关的语言，因此，接待的同时做好心理疏导也是一项重要的工作，要想办法把他们的不满情绪疏导出来。有时我们只需认真地听他们发泄内心的不满，等发泄够了，他们的心情也就放松了不少。司法局、律协在推选律师的时候，要着重选用善于做群众思想工作的律师，这可以起到事半功倍的效果。对信访人带来的各种材料，我建议还是要认真阅读，你认真，别人才有理由相信你。准确了解其诉求，为其讲解法律法规，有条件的话还可以翻出法律法规让他看，增强他的信任度，对其信访活动进行评价，找到关键点。做这一系列的工作，都需要律师极大的耐心、恒心。对遭遇各种不幸的信访人应当抱以一定的同情心，引导其依法申诉，对生活困难的，可以为其联系当地的民政部门，纳入低保范围。有时我们设身处地地为他们着想一下，解决一点实际困难，他们也是很感激的。

综上，律师参与信访工作既是国家法治形势发展的客观需要，也是律师自身政治素质的一种要求。如何更好地将信访工作做好，建立一种比较好的运行模式，需要在实践当中不断摸索、不断创新。这两年来，在为平乐县做信访工作的过程中，虽然我们也总结了一些自己的经验和工作方法，但面对复杂多变的信访情况，我们在不断加强自身业务能力学习的同时，也必须向全国各地的律师同行、信访部门交流切磋，群策群力，找到一种更好的方式方法，为我们国家的法治建设添砖添瓦。

论“十三五”规划“一带一路”建设新疆首府律师的机遇与挑战

新疆世源律师事务所　李乔炯

内容摘要：“一带一路”西进欧洲，（十三五规划）首开之年，“四个全面”战略布局在新疆展开。这给新疆律师特别是乌市首府律师提供了一个转变法律服务观念，开拓法律服务领域的大好机遇。但是，面对新疆民族地区和极端宗教势力，律师又面对“维稳”与“维权”、“打官司”与“宏观”经济服务的严峻挑战。

关键词：机遇与发展　维稳与维权　责任与挑战

党的十八届四中全会明确提出了推进国家治理体系和法治能力的现代化，建设法治中国的核心在于社会治理能力和社会治理体系的现代化。目前，“十三五”规划开局之年，“一带一路”在西部展开，特别是处于西部边陲的乌鲁木齐律师，在新一轮的“一带一路”建设中，面对新疆民族地区的稳定与发展、机遇与挑战的历史时刻，应扮演怎样的角色，是对新疆执业律师特别是乌市首府律师的重大考验。

一、新疆律师在“十三五”规划和“一带一路”建设中，面临机遇和严峻的考验

改革开放以来，特别是西部大开发战略实施以来，党和国家高度重视新疆的发展，采取了一系列支持、扶持、援疆的发展战略政策，新疆的经济发展取得了巨大的成就，人民生活有了相应改善，社会秩序相对稳定。但是，进入新时期的“十三五”开局之年，在全面落实“一带一路”的战略发展形势下，尤其是社会治理、民族团结、去极端化宗教思想的现代化建设中，新疆律师任务艰巨，面临挑战。特别是我区与东部地区的发展差距巨大，交通设施落后，水源短缺，生态环境脆弱、民族宗教问题复杂等，要切实面对这些严峻的事实和发展机遇，给我们新疆律师带来的机遇和挑战并存。

二、“十三五”规划和“一带一路”的战略，为新疆律师特别是为乌鲁木齐首府律师提供了广阔的法律市场空间

乌鲁木齐市的律师事务所近百家，执业律师达全疆律师总人数的一半，新疆的律师精英大多汇集于首府，在面对机遇与挑战并存的历史时刻，面临着巨大服务能量和法律服务市场空间。

随着国家“一带一路”战略的实施和国家政策对新疆的扶持，特别是应对民族地区稳求发展的新疆，更迫切需要首府律师参与法治建设与法律服务，参与新一轮西部大开发中的经济、法治、社会和谐治理的深度和广度等，恰恰为律师参与服务提供了新的领域及社会责任。作为发展转型建设时期的新疆，要改善基础设施、生态环境、工业交通等重大发展，就要在城市规划、旧城撤迁、农村征地补偿、行政执法维权，环境污染、道路开通建设、边境贸易服务、大型企业项目投资等领域需要律师更好地参与法律服务，推动“一带一路”的建设，使各项建设发展规范化、法治化，削除社会发展带来的新问题和不稳定因素。

三、首府律师应适应新一轮经济发展的要求

（一）“打官司”与“大服务”

在普通人看来，打赢官司的律师就是好律师，律师打赢官司只是一方胜诉，当然，维护当事人的合法权益是律师的本职。如果律师在打官司的过程中能够使原、被告共赢，才是真正的好律师。在新疆多民族地区，促进社会和谐、稳定民族团结、化解社会矛盾是律师的政治任务，比打赢官司更为重要。如果律师在打赢官司维护当事人合法权益的同时，能使原、被告共赢，才真正符合律协党委对律师的要求，才真正体现了社会主义法治精神，即达到了“政治效果、法律效果、社会效果”的和谐统一。

（二）为发展经济建设的市场主体做好大服务、好参谋

律师要从打官司的“谋食型”法律服务，转变到发展型的“谋道”法律服务，要积极参与到“十三五”规划的法治建设中，追求“一带一路”建设中的法律服务，为“四个全面”的战略“谋道”，做好法治文化，法治和谐，体现经济建设中的法律先导，体现律师法律服务的真正价值。

经济建设，就是经济建设主体在市场中的各经济项目的活动。法律服务就是为那些各建设工程项目做好资信把关、合同审查、规范项目投资、指导招投标；为重组企业提供人员分流、平稳改制的法律意见；为预立建设项目做好坏评预测、生态保护、节能减排的法律建议；为那些荒地、草原的开发、土地承包主体提供退耕还林、治理污染、优惠政策的法律咨询；为那些城乡社区居民

提供好撤迁补赏、婚姻家庭、财产继承、友邻关系等法律服务。

也就是说，律师要转变法律服务观念和服务方式，切实做好市场建设主体的参谋，做好社会公民法律服务，积极参与经济开发建设主体的法律服务，同时做好因经济建设引起的社会矛盾产生的法律服务，将法律文化传播到经济、生活和稳定的建设环境中，这才是转型法律服务的新思路。

四、对乌市首府律师的严峻挑战

要做好“十三五”、“一带一路”经济建设的转型法律服务，新疆律师有别于中国其他省市的律师，要根据律协党委的要求处理好以下法律事务：

（一）正确看待“维稳”与“维权”的法律关系

我国宪法规定：“中华人民共和国的一切权力属于人民，人民依照法律规定，通过各种形势和途经管理国家事务，管理经济和文化事务，管理社会事务。”这就将社会稳定的要求上升到宪法高度，特别是新疆地处民族地区，极端宗教势力受西方势力挑动与影响，维护社会稳定是保障人民管理国家权利的根本，才能长治久安保障“一带一路”经济建设和“十三五”长期稳定发展。首府律师在转型法律服务的同时，正面临这个特处时期“维稳”与“维权”的考量。

当“权力”和“权利”发生冲突时，要正确看待“矛盾”冲突的本质，分清暴恐犯罪和极端宗教的本质，区分群众性集体纠纷及发展“十三五”规划中出现社会碰撞产生的矛盾纠纷，要用正确的政治态度维稳，要用法律的思维疏导因社会利益分配引起的冲突，正确引导群众诉求，在“维稳”的过程中依法“维权”，使公民的权利不因“维稳”而受到侵害，处理好“维稳”与“维权”法律关系。

（二）重律师社会责任，去律师经济指标

律师是法律职业体系中法律执业共同体的一员，这一体系的法律执业区别于公、检、法和其他国家公务人员，既要“自食其力”又要肩负“法治使命”，必须向社会提供优质的法律服务，以求得经济报酬，这的确使部分律师处于两难之地。特别是律师在新疆执业，经济发展相对落后，宗教极端势力带抬头，律师执业面临“双重”任务。但从新疆司法行政部门，律协党委部门来说，要宏观统筹律师行业的“经济创收”，考察律师及律师事务所时，要去经济指标，重社会责任。2015年5至6月，在乌市律协的带领下，本人亲自去南疆民族地区进行过法治宣讲，亲历南疆民族乡村地区的老百姓对法律知识的匮乏，在思想意识领域，极端宗教势力之所以能够有发展滋生的空间，就是利用了老百姓的法律意识淡薄，灌输极端宗教思想，占领了部分思想意思领域的阵地，使我深感到律师肩负的社会责任是多么重大。不得不承认，这一块过去因忽视而丢失的思想意思领域阵地，不是用枪杆子就能夺回来的，它是一场普法与愚昧战斗，是法律的正义与极端宗教势力较量。亲身感受老百姓对律师的信任而深知，律师们肩负的社会责任比执业获得的经济利益重要得多，特别是那些身居偏远地区的民族律师，他们不光是一个普通的执业律师，还是我们法治前沿阵地的战斗员，自食其力的战斗员。国家财政、司法机关，应该给他们拨款，行政机关和新疆的公民们应该给他们点赞。在今天“一带一路”的发展战略中，新疆的律师们在服务好经济建设的同时，更应该承担起与极端宗教势力斗争的社会责任。

结　语

国家“一带一路”的西部战略发展，“十三五”规划的实施，给新疆律师特别是乌鲁木齐的律师提供了一个宏大的发展机遇与广阔的发展空间，但在新疆多民族地区，极端宗教势力的影响下，又面临着严峻的挑战与考验，既要转变思想不失时机地为经济发展提供优质法律服务，又要肩负法律正义的社会责任，在“维稳”和“维权”中维护社会公平正义，为发展宏观经济和“十三五规划”提供一个稳定的发展环境。新疆乌市首府律师们，机遇喜人，挑战严峻!

律师在规范行政执法工作中的作用

新疆家正律师事务所　和　鹭

内容摘要：在法治国家、法治政府、法治社会全面建设和推进的时代大潮到来之际，如何才能做到依法治国、依法执政、依法行政？法治思维、法治理念和法治方式是前提和保障。不改变思维方式和思维理念的旧有框架和行为模式，“依法治国”仅仅是换汤不换药的口号。律师在“体制外”的地位和职责可以在规范司法行政工作中为依法行政起到很好的推动作用和引导作用，律师应加强和提高自身素养，不辱使命，为迎接历史使命和责任做好充分准备。

关键词：法治思维　法治方式　依法行政　规范执法

引　言

律师制度是一个国家法律制度的重要组成部分，是法治文明进步的重要标志。由于中国特殊的国情和律师制度起步发展的较晚等历史原因，中国律师地位和作用及现状并不乐观，远没有达到法治文明社会应当达到的位置和高度，相对于长期历史发展中形成的“人治国家”而言，律师一直以来都处于被动弱势的花瓶陪衬地位，是“体制外”人员。根本没有享受到“法律共同体”人员同等尊重和应有的待遇，写下“律师在规范行政执法中的作用”这个题目，实在是感到既怀疑又充满期待！律师能在行政执法工作中有作为吗？律师的地位和作用真的可以在行政执法中发挥出来吗？

一、律师的规范作用从法治思维的建立开始

“往者既已逝，来者犹可追”。随着党的十八届四中全会决定出台，依法治国、依法执政、依法行政，共同推进，坚持法治国家、法治政府，法治社会一体建设的历史号角已经吹响，中国法治国家和法治社会的东风起兮，律师事业的春天来兮！尤其是党的十八届三中全会、四中全会进一步明确律师队伍的定位和作用，关于深化律师制度改革的意见、配套保障律师执业权利的文件通过以及2015年8月20日至21日，由最高人民法院、最高人民检察院、公安部，司法部联合召开的具有里程碑意义的全国律师会议，更是对律师在全面依法治国中的重要作用给予了充分肯定和高度重视。在律师担负着诸多职责和使命的作

用中，笔者想在本文探讨的是律师在行政执法中的作用，核心点和基本点就是律师帮助和引导行政执法人员运用法治思维和法治理念来依法行政，用法治思维来规范行政工作。没有法治思维的理念，依法行政，依法治国将都是空话和大话。

（一）从法治思维开始规范行政执法

所谓法治思维就是基于法治的固有特性和对法治的信念来认识事物、判断是非、解决问题的思维方式。法治思维是一种规则思维、程序思维，以严守规则为基本要求，强调法律的底线不能逾越，法律的红线不能触碰，凡事必须在既定的程序及法定权限内运行。法治思维的核心是权利义务观念，法治思维有三个要素：第一是法治观念，法治思维只有在法治理念支配下才能形成。法治理念是法治思维的基础，法治思维是建立在法治理念的基础上形成的思维方式。法治思维必然体现出法律至上、保障人权、制约权力、保障权利、程序正义的五大法治理念。第二是法律规范，法治思维是在法律规范指引下的一种逻辑思维方式，可以指引和规范人们的行为方向，引导人们在法律规范框架内活动。第三是法治逻辑，就是在法治理念支配下，在法律规范、法律原则、法律精神是指引下，对现实问题进行判断、推理，形成认识和解决问题。对于在推进依法治国中担任重要职能作用的广大司法行政人员而言，具备法治思维尤其重要。

（二）法治思维的重要性和必要性

党的十八届四中全会作出的决定指出："提高党员干部法治思维和依法办事能力。"司法部吴爱英部长在2016年1月23日全国司法厅（局）长会议上的讲话中专门提出了要"更加注重法治思维和法治方式推进司法行政工作"，她指出："各级司法行政机关特别是领导干部一定要适应全面依法治国的新要求，带头崇尚法治、坚守法治、厉行法治，积极运用法律思维谋划工作，用法治方式解决问题。要注重法治思维的养成，认真学习宪法和国家的基本法律，学习掌握与本职工作密切相关的法律法规，切实增强法治观念，树立法治信仰，提高法律素养，增强运用法治思维和法治方法的自觉性和坚定性。要坚持依法行政、依法管理，健全依法决策机制，特别是健全重大决策和重大执法决定合法性审查机制，严格按照法律规定和法定程序作出决策，坚持法定职责必须法无授权不可为，依法履行职责，同时要完善责任追究制度和责任倒查机制，促进和保障各项工作在法制轨道上运行。要善于运用法治思维和法治方式解决司法行政改革发展中的困难和问题，始终做到办事依法、遇事找法、解决问题用法、化解矛盾靠法，提高司法行政工作法治化水平。"

二、法治思维在行政执法中缺失的表现

尽管党的十八大已经明确提出了"依法治国"的目标，此后有一系列文件

政策配合执行实施方案和规划，尽管改革开放30年，法制宣传、法治建设和法治环境取得了显著的成绩和改善，但是作为生活在中国社会各阶层的公民却仍然不时地在行政执法过程中被粗暴执法、无权执法，执法不公等种种问题困扰。轻则基本人权被侵犯、财务受损，重则残疾甚至失去生命，且不说这两年在全国闹得沸沸扬扬的“城管形象”和“城管事件”，也不说不时被披露的上访人员被抓、被打，刑讯逼供、屈打成招等个案，就说刚刚发生在一个月前两起典型的全国人民关注的重大行政执法公共事件，就足以说明为什么要在行政执法中谈及法治思维。2016年5月7日，首都北京，普通公民雷洋在离家到机场接外地亲戚来京的一个小时内被昌平派出所人员强行带走，离奇死亡。虽然最终案情和死亡原因尚未定性，但公安人员在行政执法过程中的种种问题，在公众知晓的客观事实和全国各界人士，尤其是法律专家、学者的拷问、质疑下，此案执法合法性问题已层层凸显出来，比如便衣执法未出示证件的合法性，盘问及带至公安机关的合法性，使用器械的合法性，以及雷洋死后公安机关公布的足疗小姐的作证视频和嫖娼收据的合法性，谁删除了雷洋手机的相关信息等种种事实真相及相关的执法合法性问题都将随着案情的进展得到逐步揭露。

无独有偶，2016年6月3日，广西吴良述律师到青秀区法院立案，因法院法官怀疑其录音，便指派法警将其强行关在信访室，按倒在地、抢夺手机，撕破裤子。此案件的图片和事实经过被各媒体公之于众后，全国哗然，律师愤然，法警侵犯公民的通信秘密，在无证据的情况下，抢夺律师手机，强制检查，合法性何在？谁赋予法警强制搜查的权利？法警撕破律师的裤子到大腿根部，已经侵犯了公民的人格尊严，但事后相关部门组成的调查组却轻描淡写认为“不存在殴打律师行为”。调查结论一石激起千层浪，尤其是法律界和新闻媒体人纷纷发文表达声援和愤慨之情，著名的资深独立时事评论员、法律文化人陈杰人认为：“对于一个情节如此严重、影响如此恶劣，违法如此严重的法院残忍滥权的现象，南宁官方居然这么轻描淡写，文过饰非，并妄图以一些不着边际的处理意见来搪塞公众怒火，实在是对违法的纵容，对法治的破坏”。

在这两起刚刚发生的全国关注的行政执法案中，社会公众没有看到执法人员的法治思维和法治方式来解决问题，看到的是暴力和强权下的公权力肆意践踏基本人权，剥夺无辜生命；感受到人格尊严和生命权被随时侵犯的恐惧和愤怒；体验到法治进展的悲哀和失望……这两起公众事件充分说明了依法行政、依法治国、法治社会、法治政府的建设目标和法治现实相差甚远。行政执法机关及其工作人员的“官本位”思想和长期滥用权力行为要向依法行政转变，实在是任重道远，非从根本上以法治思维和法治方式来洗心革面，而不能达到依法行政的目标和理想。

为什么行政执法人员会如此缺失法治思维？律师又该如何担当和作为？笔者认为，法治思维缺失的原因主要有三个方面，既有来自国家层面几千年的封建专制历史，近现代发展的“官本位”思想和“人治”社会方面的原因；也有来自社会层面中，不同阶层，不同部门各自利益博弈和集团利益最大化追求，社会运行机制不合理，权力制约、监督失衡，行政干预司法等方面的原因；也有个人层面的没有法律知识和法律信仰，却相信关系和背景，迷信权力和潜规则方面的原因。对于律师，由于置身“体制外”，没有权力运作，也无特权思想，更无运用“人治”的思维模式和行为习惯，相对行政执法人员，律师会更加客观和中立地对待执法行为。2016年6月16日，中共中央办公厅和国务院办公厅联合发布了《关于推行律师顾问制度和公职律师公司律师制度的意见》，为律师进入行政执法部门，规范行政执法工作，提高依法执政，依法行政提供法治保障和法治途径。按照该意见的规定，2017年底中央和国家机关各部委，县级以上地方各级党政机关普遍设立法律顾问，公职律师，乡镇党委根据需要设立。

三、律师在行政执法中的具体作用

笔者认为，律师给政府行政部门和党政机关担任法律顾问公职律师，其履行职责的同时就是规范行政执法工作和依法执政工作。这一过程主要通过法治思维和法治方式来发挥作用，其中对第12项职责中为重大决策和重大行政行为提供法律意见，参与法律法规草案、党内规章草案和规范性文件送审核的起草。论证就是引导行政执法机关运用法律思维来思考，把法律至上、保障人权、制约权力、保障权利，程序正义的五大法治理念，通过法律规范的制定，引导行政执法人员在法律框架内活动。律师用法治方式来解决问题的作用更多体现在第3、4、5项职责上，律师通过法治理念和法律规范运用逻辑思维参与合作项目洽谈，起草法律文书，处置涉法涉诉，信访案件和重大突发事件以及处理行政复议，诉讼等法律事务均是在引领和规范行政执法机关和人员运用法治思维思考问题，运用法治方式解决问题的完整学法、用法、示法过程。

近日随着党中央政法委关于处理上访人员要求规定的出台，对上访人员不能随便抓的规定，也进一步体现了国家依法行政的勇气和决心，随着政府党政机关法律顾问公职律师的设立，我们完全有信心期待，律师在规范行政执法工作中一定可以发挥出应有的作用，律师完全可以不辱使命，完成党和国家赋予的在依法治国中担当的作为，“体制外”的律师一定可以和“体制内”的法律同仁一起撑起中华人民共和国法治文明的蓝天，雷洋案悲剧和吴良述撕裤事件也必将不会再重演。

冲击与进路：新行政诉讼法对律师行业的实践检视

海南卫伦律师事务所　刘道俊

内容摘要：在新行政诉讼法实施一年以来，产生了令人瞩目的积极影响，但也不可避免地存在需要正视和完善的问题。对于律师行业来说，应对新行政诉讼法实施的影响，需要在程序方面、实体方面和配套服务方面作出相应的调整。不仅需要加强学习的职业化和专业化，实现传统业务的精细化加工；还需要通过交流，创造跨界的交流与价值，为委托人提供更到位的服务。

关键词：新行政诉讼法　变化　影响　应对

引　言

改革开放以来，随着法治化进程的深入，诉讼在解决纠纷过程中所起到的作用越来越大，尤其是在推行立案登记制改革之后，伴随着新行政诉讼法的适用，行政诉讼案件的增长尤其引人瞩目，为行政执法和法治服务提供了强有力的机遇和挑战。如何应对这种发展和变化，律师行业需要从程序、实体和配套服务上作出调整。

一、新行政诉讼法实施一年：变化与问题

（一）背景分析

行政诉讼法，俗称为"民告官"的法律，规定了行政诉讼程序的基本规则，为受到国家行政机关非法侵犯的公民和法人提供了法律救济途径。

行政诉讼法于1990年10月1日起实施，此次为该法实施24年来的首次大修，并于2015年5月1日起开始施行。此次修改主要针对实践中长期被诟病的立案难、审理难、执行难等"三难"问题，从当事人的诉讼权利、管辖制度、诉讼参加人制度、证据制度、民事争议和行政争议交叉的处理机制、判决形式等十个方面进行完善。

（二）现况分析

截至2016年5月1日，新行政诉讼法实施已满一年，目前已彰显出巨大的

变化趋势：

1.法院行政案件数量大增。2015年5月1日至2016年3月31日，全国法院受理一审行政案件达到220259件，同比上升59.23%；仅2015年5月就受理一审行政案件2.6万件，同比上升221%。同时据测算，2016年人民法院受理行政案件将在2015年的基础上继续成倍增长。[①]

2.行政复议机关因当被告压力加大。行政机关败诉的问题，在行政诉讼中无法回避，但可以通过发挥行政复议作用的方式来进行控制。具体败诉率指数暂时没有明确数据显示趋势，但因复议维持而成为共同被告，已经较调整前取得了较大的进步。

3.行政机关负责人出庭应诉现象增多。新法将行政机关负责人出庭应诉明确为法律义务，已经在出庭数量、出庭比例和负责人级别问题上取得了明显效果。

4.出现审查规范性文件及行政公益诉讼等新类型诉讼。目前，针对行政行为依据的规范性文件提起审查请求，或开展公益诉讼试点等工作，部分地区已开始积极推进和实施。

5.跨行政区划法院和集中管辖制度开始发挥作用。目前部分地区已开始实行集中管辖制度，行政案件的数量和质量都有所提升，同时有效增强了原告信心，为法院依法独立公正审理案件提供了制度保障。

但不可否认的是，正如卡多佐在《论法律的成长》一文中所说的那样，“法律就像旅行一样，必须为明天做准备。它必须具备成长的原则，”新行政诉讼法不可避免的也存在需要正视和完善的问题，如“审理难、执行难”的问题仍未得到根本解决；随着大量行政案件涌入法院，一案多诉、滥诉等浪费司法资源的现象也逐步显现；跨行政区划法院制度的建立和运行不畅，作用发挥存在可预见的局限性等等。

二、新行政诉讼法对律师行业的影响：机遇与挑战

新行政诉讼法的实施，无疑是推进全面依法治国进程中至关重要的一笔，而行政案件的数量在一定程度上是经济社会快速发展和国家治理体系现代化的晴雨表。因此，伴随着行政诉讼案件的激增，新行政诉讼法的实施对于律师行业的影响也如硬币的正反面一样，激发出机遇与挑战的并存。

（一）程序方面

法律程序的熟练掌握，是律师服务的基础。新行政诉讼法所调整的程序内

①数据引自最高人民法院于2016年5月11日发布的《人民法院实施新行政诉讼法一周年综述》，http://www.court.gov.cn/zixun-xiangqing-20722.html，最后访问日期2016年7月。

容，具体可体现在管辖法院的变更、诉讼时效的注意、诉讼代表人的提出、诉讼证据规则的确认等方面。对于律师来说，就是要懂得与时俱进，及时学习和适用相关法律内容。

（二）实体方面

从实践中摸索和积累，是律师服务不断增值的源泉。新行政诉讼法所调整的实体内容，具体可体现在受案范围的改变、民事行政交叉处理机制的应用、行政判决与执行等方面。对于律师来说，就是要懂得灵活应变，及时归纳总结和类型化运用相关法律经验。

（三）配套服务

律师服务，重点在于服务，因此也必然考虑服务的成本和经营问题。具体体现在：（1）诉讼费用。特别是随着跨行政区划法院和集中管辖制度的推行，客观上要求律师在接受行政诉讼委托之前，对于管辖问题必然要提前了解清楚。律师因此也需要对差旅等成本进行重新考量，这直接影响了诉讼费用。（2）诉讼战略和布局。如前所述，尤其是基于管辖的不同，直接影响到律师在案件人力投入、证据采集等方面的决定。律师因此也需要在接受行政诉讼委托之后，合理地进行空间、时间和人力的配比。

三、律师行业的应对建议：应激与守恒

新行政诉讼法实施至今，律师行业有必要认真总结经验，关注新法实施以来的变化，客观分析存在的问题，找到破解方案，更好地应对新形势与新挑战。具体建议有：

（一）主动应变：学习的职业化和专业化

在行政诉讼中，原告与被告的诉讼地位是平等的，但诉讼权限具有差异性，因而代理律师的权限具有差异性，导致其诉讼过程也往往更为曲折和困难。这也就决定了律师在提供相应的服务时，对专业的了解程度需要远超过刑事和民事诉讼。因此，与时俱进，加强学习和交流，是行政诉讼律师主动应变的唯一出路。走职业化和专业化发展道路，是行政诉讼委托做大做强的必然要求。

（二）被动求存：传统业务的精细化加工

行政诉讼法，是该法实施24年来的首次大修改，客观上也体现出我国行政诉讼业务基本框架的稳定性。因此，虽然新行政诉讼法调整较大，但传统行政诉讼并不能放松。行政诉讼律师在已有的业务条件下，应当秉持对传统行政诉讼业务的精细化加工，做到人尽其事。

（三）中立转化：创造跨界的交流与价值

新行政诉讼法的亮点不少，但无论程序、实体的调整，目的都是为了更好

的解决行政诉讼纠纷。因此，律师要在行政诉讼中发挥作用，也应忠于为当事人解决问题的最终目的，充分利用一切可以利用的条件和力量。具体体现为，保持独立做事的风格，加强行业间的学习和交流；保持客观中立的态度，懂得充分利用行政复议、行政诉讼分流等多元化纠纷解决机制。

四、结论

笔者认为，在新常态、新机遇、新发展的环境下，行政诉讼委托的受理，是机遇与挑战的并存。对于律师行业来说，加强专业知识结构，借鉴他人先进经验，实现资源整合，都具有十分现实的意义。

参考文献

[1] 蒋惠岭.司法学视角下的新行政诉讼法述评［J］.法律适用，2015（2）.

[2] 温玉娟.简析律师行政诉讼代理［J］.消费导刊，2008（2）.

[3] 陈业业.依法治国背景下新行政诉讼法的保障作用探微［J］.法制博览，2015（11）.

[4] 胡建淼，吴欢.中国行政诉讼法制百年变迁［J］.法制与社会发展，2014（12）.

[5] 薛刚凌.行政诉讼法修订基本问题之思考度［J］.中国法学，2014（1）.

[6] 李步云，李林，胡云腾.全面推进依法治国迈向法治新时代［J］.法学研究，2013（9）.

农村法律服务制度的实然困境与应然进路

——以全面推进依法治国与新农村建设为背景

海南嘉法律师事务所　唐欣瑜

内容摘要： 随着改革开放的不断深入和社会主义市场经济体制的不断完善，涉农纠纷日益增多，如何在全面推进依法治国的背景下，以社会主义新农村建设为契机，建立相对完备的法律服务制度，是我国农村法治建设必须面对和解决的问题。农村地区一直是普及法律的难点和盲点，面临着法律服务机构城乡失衡、法律服务制度供需矛盾的实然困境，需要从整合法律服务组织机构、实现法律服务机制供需平衡等方面予以完善。

关键词： 农村法律服务　依法治国　新农村建设

随着我国改革开放的不断深入和社会主义市场经济体制的不断完善，涉农纠纷日益增多，但农村地区却是普及法律的难点和法律服务长期被忽视的盲点，法律服务体系并不健全。2015年和2016年的中央一号文件均提到要推动城乡协调发展，加快新农村建设步伐、提高建设水平，[①]党的十八届四中全会决议也提到统筹城乡、区域法律服务资源，建设完备的法律服务体系。[②]党和中央的政策为法律服务在农村发挥作用开辟了广阔的天地，如何在全面推进依法治国的背景下，以社会主义新农村建设为契机，建立相对完备的法律服务制度，通过法律服务的力量巩固农村改革、促进农村发展以及保障农村稳定，俨然成为我国农村法治建设必须面对和解决的重大课题。

一、追溯：法律服务体系对新农村建设的独特意义

根据2015年与2016年的中央一号文件精神，要在城市与农村协调发展的背景下建设新农村，新农村建设也必然包含农村地区的法治建设。然而，与城市

① 参见《中共中央国务院关于落实发展新理念　加快农业现代化　实现全面小康目标的若干意见》（2016年1月27日）。

② 参见《中共中央关于全面推进依法治国若干重大问题的决定》（2014年10月23日中国共产党第十八届中央委员会第四次全体会议通过）。

相比，农村地区的法治建设犹如木桶上的一块短板，这就决定了相对于城市法律服务而言，我国农村法律服务体系具有其独特性。

（一）推进农村法律服务是建设新农村、实现城乡统筹发展的内在要求

在市场经济不断深入的背景下，当前农村进入了一个新的发展阶段，城市化长距离地向农村辐射，农民逐渐从土地中脱离出来，农村经济关系显现出复杂化、市场化、多元化的特征。经济的发展导致诸多新的法律纠纷层出不穷，既有乡镇企业的相关民事活动纠纷，土地利用开发、征收等财产纠纷，又有家庭婚姻关系、邻里侵权等人身纠纷以及申领许可证、工商登记等多种形式的非诉讼法律事务，这些纠纷甚至完全不同于以往，也正在向市场化、多样化、法治化的方向发展。这是现有的农村法律服务体系所无法承载的，迫切需要与城市的法律服务系统实现接轨，吸引更为专业的法律人士进行指导和帮助。因此，对比城市法律服务的相关内容，深入研究农村法律服务体系，应在城乡统筹发展下总结农村法律服务的内在要求，从而最终建立城乡统筹的法律服务市场。

（二）健全农村法律服务体系是我国法治建设进程的应有之义

从以往的改革、发展实践来看，越是在发展的关键时刻越是要发挥法治维系社会稳定的重要作用。我国城市和农村地区的法治建设是一个整体，但农村是法治建设相对薄弱的领域，新农村建设涵盖了农村社会从政治、经济到文化等一系列的工程建设，中途产生的法律问题也涵盖民事、行政等多个方面。因此，进一步加强农村的法治建设，需要健全农村法律服务体系，通过法律法规服务机制及时预防和解决各种涉农纠纷问题，防止和控制农村违法犯罪现象的产生和蔓延，同时通过对广大农民进行法制宣传、普法教育，对农民正确行使权利维护合法利益进行引导和帮助，协助农村基层干部运用法律手段管理基层事务、调解农村各类纠纷，化解基层社会矛盾，全方位地加快农村法治建设进程。

二、实然困境：法律服务制度在新农村建设中的缺失

（一）法律服务机构的城乡失衡

我国目前主要的法律服务机构涵盖了律师事务所、乡镇街道设立的基层法律服务所、司法所、各政府法制局设立的法律服务中心、公证机构，更广义的范围还包括一些直接到工商管理登记部门挂牌设立的法律服务部。①由于城乡发展不平衡，法律服务机构体系在城市和农村的发展也不一致，城市受市场的影响，以律师服务为主，公证服务与法律援助机制并存发展为辅，整体相对完

① 此处是指不经司法行政机关同意，一些直接到工商管理登记部门挂牌设立的法律服务部。参见陈乐夫："论农村地区律师法律服务的拓展"，2010年湘潭大学硕士论文，第1页。

善，而基层法律服务基本上支撑起了农村地区的法律服务，甚至还出现与农村基层政府的行政事务以及人民调解职能混杂，公权力与私权利失衡的现象。另一方面，农村法律服务体系的薄弱还包括律师服务的发展缓慢、公证服务制度缺失，以及法律援助制度在农村的长期缺位。

具体而言，首先是基层法律服务所出现了管理体制混乱，法律人员素质不高以及范围逐步萎缩的状态。①其次，农村法律专业人才稀缺，律师力量和法律工作者分布很不均匀，大部分律师在完成司法行政部门组织的农村法律服务活动之外，并不把农村作为自身的服务范围，不仅仅是经济利益的原因，他们认为在农村这样关系繁杂的熟人社会里，法律服务并不好开展，存在调查取证难、执行难的问题，工作常常得不到理解和支持。再次，公证服务在广大农村地区还是一种缺失状态，城市地区基本集聚了其所有的执业机构，农村的公证业务也必须前往城市才能开展，即便与农村地区进行交涉，相当一部分也需要通过基层法律服务所的协助才能完成。

（二）法律服务制度的供需矛盾

随着农村经济的发展，一方面，在农村经济结构调整优化工程中，农业产业化经营改革不断深化，各种专业经济组织在农村得以成立，由于管理这些经济组织的农民主体并不具备相应的法律知识，需要法律服务规范其在发展和交易过程中的行为；另一方面，近年来农民进城务工的人数急速增加，由此产生了许多亟待解决的法律问题，他们迫切需要法律服务来保护自身的合法权益。同时，与传统的农民相比，随着农村普法教育工作的全面推进，农民已经具备了一定依法维权的主动性，对法律工作者提供符合其经济、文化层次需求法律服务的意识普遍增强，这也带动了农村法律服务的需求。

与不断增长的农村法律服务需求相对应的是传统、落后的法律服务，显然其已不能满足农村主体的发展需要。农村法律服务的供给资源滞后主要体现在以下两个方面：一是城乡法律服务资源配置不合理，农村的法律服务资源尤其是人力资源处于匮乏的状态，法律服务机构和人员大多集中在城市，农村地区难以实现就近获得法律服务。二是对城市而言，法律服务已经市场化，收费标准受到市场调节，但农村的经济与城市水平相去甚远，大部分农民即便有去城市获取法律服务的需求，也因为与其收入水平不相适应的收费望而却步，不再选择通过寻求法律服务的途径解决纠纷。

三、应然进路：全面推进依法治国背景下农村法律服务制度的完善

全面推进依法治国，农村的法治建设是重要的组成部分，而法治新农村要

①陈乐夫："论农村地区律师法律服务的拓展"，2010年湘潭大学硕士论文，第1页。

求我们在新农村建设过程中，必须在思想观念上先确立法律的权威性。当前我国农民对法律服务资源的分享还处于弱势地位，要使农民树立起对法律的信仰，必须建立健全农村法律救济制度和法律服务机构，及时定纷止争。

（一）整合法律服务组织机构

法律服务机构是一个有机整体，由针对不同社会需求提供相应法律服务的律师组织、公证组织、基层法律服务组织等各种形式组合而成。对于我国法律服务机构城乡失衡的现况，应当整合法律服务组织机构，首先，可以逐步在乡镇设立律师机构。目前农村对法律服务的需求相对较小，对于市场化的律师收费相对难以接受，因而在设立乡镇律师服务机构时应立足于农村经济发展状况。由于每个乡镇的面积、经济发展状况不同对法律服务的需求也不同，具体可以先设置在经济相对发达的乡镇一级，为当地农村居民就近获得法律服务提供便利。其次，应该根据农村经济和社会的发展状况逐步设立公证机构。可以先对农村地区进行调研考察，根据当时实际需求情况确定公证机构的设置地点，也可以因地制宜在一定范围内的农村区域内设立一家公证机构，为附近的村落提供法律服务。而对于公证服务需求较少的农村，也可以依托当地的乡镇律师机构开展公证业务。再次，调整和规范基层法律服务。对于现有的基层法律服务所及其工作者而言，需要实行分层管理，并从业务范围、收费政策以及收费标准进行全面的调整和规范，最终逐步将其纳入律师管理轨道，与乡镇律师机构实现整合。

（二）实现法律服务机制供需平衡

值得深思的是，我国农村法律服务市场的供给不足，在市场需求方面的表现也很不令人满意，这归责于目前我国农村法律服务市场的发育还不成熟，如果直接使用市场供需理论构造法律服务机制，那么基于市场的自主选择性，农村法律服务资源的配置将会更加失衡。因此，对于在市场资源配置中处于弱势地位的农村法律服务体系，应当凸显政府在农村法律服务供给领域的主导地位。政府在实现法律服务机制供需平衡中的主导作用并不意味着其需要承担全部的法律服务责任，而是指政府在发挥职能作用时为其它市场主体参与农村法律服务创造一定的空间。

政府需要将农村法律服务供给纳入各级政府的政绩考核体系之中，利用法律的手段，为农村地区弱势群体的合法权益提供保护，同时利用经济调节手段，加大对法律服务尤其是法律援助的财政资金投入，发挥公共财政职能为农民提供基本的法律服务。发挥基层政府的能动性，调动广大农民群众广泛参加到农村法律服务中去，引导农民的利益表达、利益再分配机制的构建，促使农民自觉监督和管理专为他们建设的法律服务体系。

同时，在市场导向无法吸引的情况下，由政府提供一定的优惠条件，动员法律专业人员参与到农村法律服务中。例如由政府出资组成课题调研小组或假期法律服务团体，组织具备较为专业的法学知识和服务热情的高校法学教师与法律专业的学生面向农村和农民提供法律帮助。他们在积累法律服务的实践经验中能为农民提供代书、咨询等法律服务，解决很多现实问题，在一定程度上满足农民对法律服务的需求。在条件具备的前提下，甚至可以适当选择优秀的法学专业毕业生担任村官，缓解农村对法律人才的急需，改变法律服务队伍中专门人才构成偏低的状况。

四、结语

在我国广大农村地区，农民生活水平提高使之法治意识不断增强，农村经济发展导致涉农纠纷呈现多元化，滞后的法律服务体系已经不能满足需求的增长，这也正为农村法律服务制度的快速发展提供了机遇。在全面推进依法治国的时代背景下，加快新农村建设步伐需要把法律服务工作的重心转移到农村，发挥农村法律服务机构及其人员在新农村建设中的作用，通过完善律师制度、公证制度、法律援助制度以及规范农村基层法律服务，最终形成一个良性循环，内部互动，相互促进的综合服务体系，才能妥善解决农村法律服务问题，全面推进农村法治建设。

参考文献

［1］李佳，袁艳平.新农村建设视域下法律服务制度之构建［J］.农业经济，2013（5）：24.

［2］陈乐夫.论农村地区律师法律服务的拓展［D］.湖南：湘潭大学，2010.

［3］郭琰.论吉林省农村法律服务体系的构建［J］.行政与法，2014（7）：16

［4］司莉.理想与现实之间——农村法律服务机制的科学建构［J］.中国司法，2008（6）.

［5］白继洲.构建广州农村公益法律服务体系思考［J］.法治论坛，2009（12）：39.

［6］郭琰.论吉林省农村法律服务体系的构建［J］.行政与法，2014（7）：15-17.

因政府原因造成土地闲置处置制度的司法实证探究

海南威盾律师事务所　纪　红

内容摘要：我国目前存在的土地闲置问题很大程度上与政府受土地财产利益驱动、缺少保护土地使用权受让人利益的意识、对合同风险没有进行防范有很大关系。一旦出现土地闲置的诉讼纠纷，土地使用权受让人又往往处于不利的处境。因此，应当完善处置土地闲置的相关制度，减少政府在履行土地使用权出让合同过程中的违约行为，以保护土地使用权受让人的合法权益。

关键词：国有建设用地使用权出让合同　闲置土地　政府原因

一、引言

国土部出台《闲置土地处置办法》，其目的在于防止企业囤积土地、投机取巧、提高土地利用效率、避免土地浪费，然而来自国土部的统计数据证实，54%的土地闲置系政府原因。①而社会对于如何加大收回因企业原因造成闲置土地的力度较为关注，对于如何避免因政府原因造成土地闲置缺少关注。本文结合司法案例，对政府原因造成土地闲置的一些法律问题进行实证探讨并就其法律制度的完善提出建议。

二、政府行为造成土地闲置的原因分析

笔者在中国裁判文书网上通过高级检索输入关键词“出让 合同 闲置土地”在2015年1月1日至2016年1月1日的二审判决中进行搜索，共得到结果59个，其中土地受让人与出让人有土地闲置争议的案件共26个，行政案件14件，民事案件12件。法院认定企业原因造成闲置土地并支持行政机关（包括政府或土地管理部门）主张的有8件，其中4件为民事案件，法院判决解除合同，受让人无权主张返还定金；另4件为行政案件，法院判决造成土地闲置的原因是受让人怠于开发土地造成闲置。另外，有4件是政府主张企业闲置土地，法院对

①华夏时报《地方政府收钱容易吐钱难　闲置土地监管陷两难》，http://www.96369.net/news/201307/columnid-6-282541.html，最后访问日期：2016年7月。

闲置的原因没有分析，仅以程序错误或超越职权撤销政府无偿收回的行政行为；1件是法院判决政府认定闲置土地清楚，但适用法律错误撤销政府无偿收地决定。另外13件案件行政机关与土地受让人均对土地闲置原因有争议，法院判决均认为造成土地闲置是政府原因或政府未按合同约定条件交付土地，其中民事案件8件，法院认定土地管理部门即土地出让人存在违约行为，未依约定条件提供土地，支持了土地受让人解除合同的诉讼请求；5件是行政案件，其中1件是土地受让人以行政赔偿提起诉讼，法院认定土地出让人不依职权履行职责造成受让人经济损失；1件被法院认定土地出让人将相同的土地证颁发给2个不同的企业，造成土地权属不清影响土地开发；2件被法院认定为土地出让人未完成连接土地区域的基础设施建设，造成土地闲置的原因为政府部门，撤销政府无偿收回土地使用权的决定；1件政府以有偿收回土地使用权的方式收回闲置土地，但法院认为出让人有偿收回土地使用权补偿不合理，撤销政府有偿收回土地使用权的行政行为。土地管理部门与土地受让人签订土地出让合同，目的是为了贯彻执行国家土地政策，按照市场规律配置土地资源，实现土地的最佳经济和社会效益。但通过上述判决统计分析，作为土地出让人的土地管理部门，在处置闲置土地中，其违约和违法的概率比受让人还要高，值得行政机关反思。

（一）政府出让土地使用权时受土地财产利益的驱动，未实行净地出让

国土资源部关于加大闲置土地处置力度通知明确规定：“实行建设用地使用权净地出让，出让前，应处理好土地的产权、补偿安置等经济法律关系，完成必要的通水、通电、通路、土地平整等前期开发，防止土地闲置浪费。”但一些地方政府出于经济增长和财政收入的双重考量和追求，其财政支出过度依赖于土地财政，不同程度地出现了“卖地冲动”，在出让土地前没有落实净地出让的要求，造成土地闲置。

（二）缺乏保护土地受让人合法利益的意识

土地受让人通过与土地管理部门签订国有建设用地使用权出让合同取得物权，对土地管理部门的登记具有信赖利益。物权法的基本理念是强调尊重和保护物权人的私法自治，损害公共利益的除外。国有建设用地使用权出让合同即使是行政合同，但也与一般的行政合同不同，其行政相对人不是特定的，土地管理部门签订国有建设用地使用权出让合同是行使其管理职能，但受让方却是因自愿而成为合同当事人，其取得土地使用权是按土地市场价格付出对价，理应拥有合同的对等权利。但是由于行政机关忽视受让人的物权，仅将治理闲置

土地当作国家对土地资源管理的意志，过于强调加大对闲置土地的处置力度。[①]仅从政府利益角度判断行政相对人行为的违法性，而基本不考虑形成原因，一旦土地被政府部门认定为闲置土地，就必然启动强行收回土地的行政程序，这完全没有考虑土地出让合同中对政府行为的约定。由于忽视土地受让人的权利造成合同意识淡薄，不履行自己的合同义务，而对收地却存在利益冲动，造成土地闲置。如在海南省定安城东建筑装修工程公司与海南省定安县人民政府收回国有土地使用权及撤销土地证再审一案中，政府对闲置原因未作出认定就作出无偿收回土地使用权后又以公共利益为由有偿收回土地使用权的决定，但并未和土地使用权人和土地抵押权人协商就单方作出收回土地使用权决定和按取得土地的成本价进行补偿。该案经最高人民法院提审后作出判决，认为定安县人民政府收回土地使用权违法，土地补偿不合理，因为，所谓“适当补偿”应当是公平合理的补偿，即按照被收回土地的性质、用途、区位等，以作出收地决定之日的市场评估价予以补偿。县政府按土地原成本价予以补偿于法无据。鉴于县政府收回土地使用权行为违法，补偿价格明显不公，且收地决定作出后涉案土地升值较大，而当事人因不能以转让土地使用权方式及时偿还银行贷款，存在贷款利息损失，县政府在支付补偿款的同时，还应当支付自决定收回土地使用权之日起至实际支付全部补偿款之日的同期银行贷款利息。[②]

（三）缺乏合同履行的风险意识

土地管理部门既然与土地受让人就土地出让事宜签订合同，首先应对合同的风险进行评估，合同是当事人对双方权利义务的约定，如果一方没有履行合同的能力或无法行使合同权力，合同目的就无法达到。但实践中，政府在出让土地前，往往并未对竞标人履行合同的能力、出让土地是否达到合同约定条件、土地审批、土地规划等进行评估，对自身能否履行合同能力也心中无数，在合同履行阶段更没有进行巡查和监管。在笔者搜索到的以上26件与闲置土地有关的案件中，没有一件体现出政府或土地管理部门曾经对合同风险进行防范，并在履行合同中对受让人开发情况进行过巡查的预警。

三、土地使用权受让人司法救济的难点

（一）对土地使用权出让合同的法律性质存在争议造成诉讼识别困难

实践中，往往根据土地使用权出让合同纠纷请求权基础的不同确定不同的救济途径。根据土地出让合同争议的请求权基础是依据行政法律规范还是民事

---

①黄胜春：“闲置土地处置行政案件若干法律问题探讨”，载《东南司法评论》2012年第00期。

②最高人民法院裁判文书，2012年提字第26。

法律规范确定案件的受理部门，一般把行政机关与土地使用人的纯粹契约行为作为民事案件受理，把土地管理部门在合同阶段上的"契约前行为"、"契约后行为"及形式上的"契约外行为"当作行政处理和行政处罚行为，作为行政案件受理。但是在实务上，如何确定当事人提出的请求是基于行政合同还是民事合同，还是相当不易。[①]在实践中，当行政机关不按合同约定提供土地时，从合同的角度看是违约，但从土地管理的角度却表述为因政府或政府部门原因造成土地闲置，行政机关也从有利于诉讼利益的角度，有时主张是民事合同，有时主张是行政合同。在海南香江德福大酒楼、海南香江实业有限公司清算组与海口市国土资源局建设用地使用权出让合同纠纷二审一案中，行政机关主张该案属行政诉讼审理范围。法院判决对该案是属民事诉讼还是行政诉讼作了认真的回应。主要观点如下：国有土地使用权出让合同系当事人双方遵循平等、自愿、有偿原则协商订立。国有土地使用权出让合同双方当事人权利义务对等。上述规定赋予了双方当事人平等的合同解除权，守约方享有的违约赔偿请求权应属于民事权利性质。目前在理论界和司法实践中确有观点认为国有土地使用权出让合同系行政合同。但是，现行的最高人民法院关于审理涉及国有土地使用权合同纠纷案件适用法律问题的解释将国有土地使用权合同定性为民事合同，在现行法律没有修改的情况下，本案纠纷不宜作为行政争议纳入行政诉讼的范围。修改后的行政诉讼法第12条第11项有将此类纠纷纳入行政诉讼范围的趋向。至于此法实施后发生的法律行为产生争议是否按行政争议处理，再依据新修改的行政诉讼法及其司法解释作出判断，此处不予赘述。[②]在皖宜公司诉岳西国土局行政赔偿一案中，皖宜公司因行政机关提供土地不符合合同约定请求赔偿，岳西县国土资源局主张国有土地使用权出让合同属民事合同，本案不属人民法院行政诉讼受案。该案判决以国家赔偿法第4条第4项规定："行政机关及其工作人员在行使行政职权时有下列侵犯财产权情形之一的，受害人有取得赔偿的权利：造成财产损害的其他违法行为。"认为该案属行政赔偿审理范围。[③]笔者认为新修改的行政诉讼法及其司法解释针对的是行政合同，并未对土地使用权出让合同的性质作出明确规定。

（二）土地管理部门定位不明确

在签订国有建设用地使用权出让合同时，土地管理部门和土地受让人完全

①沙永梅："国有土地使用权出让合同司法救济制度的反思与重构"，载《全国法院系统第二十二届学术讨论会论文集》2011年。

②最高人民法院民事裁定书，（2015）民一终字第83号。

③安徽省安庆市中级人民法院行政赔偿制决书，（2015）宜行赔终字第00003号。

是通过平等协商达成合同，但一旦达成合同，土地管理部门就由“运动员”变成“裁判员”，成了土地受让人的管理者和监督者。而土地出让合同中有关土地出让方的合同义务，包括三通一平、拆迁、规划、审批土地出让、颁发土地证等都不是土地管理部门所能履行的，所以，土地管理部门在合同中究竟是合同当事人还是政府的代理人，在法律上的定位不明确。发生纠纷后，当法院支持土地受让人继续履行合同的诉讼请求时，如何执行也就成了问题。

（三）存在同案不同判的情况

法官应当努力追求案件处理的确定性，类似案件应当得到类似处理，否则，便可能产生违背法治精神，损害司法公正的“同案不同判”现象，这种现象破坏了法律面前人人平等的原则，损害了司法权威的公信力。①以上26个案例在认定土地闲置原因、行政行为的程序、适用法律、争议的性质为民事纠纷或行政纠纷及土地管理部门是否有权作出无偿收回土地使用权的决定，均存在一定程度的不同标准。同案不同判现象必然增加土地受让人提起诉讼时对判决结果的不确定性。如在五指山明珠文化旅业发展有限公司与五指山市国土环境资源局行政命令、行政确认二审一案中，法院认为依据土地管理法第37条第一款的规定，无偿收回用地单位土地使用权的主体是县级以上人民政府，五指山国土局作为五指山市政府的职能部门，无权作出无偿收地决定，故其作出被诉无偿收回涉案土地决定，属超越职权。五指山国土局主张本案所涉土地闲置系明珠旅业公司自身原因所造成的，鉴于五指山国土局作出本案收地决定属超越职权，该决定因此应予撤销。②而在承德泰达新能源发电有限公司与平泉县国土资源局土地行政处罚一案二审中，法院认为平泉县人民政府并非作出所诉行政行为的行政机关，并认定土地管理部门无偿收地的行政行为合法。③

四、完善因政府原因造成土地闲置处置制度的建议

（一）落实净地出让制度

要把落实净地出让制度作为治理土地闲置工作的源头。由于地方政府原因导致的土地闲置，很难通过国土资源部去追责，所以必须在土地出让工作中引入第三方参与监督的制度。

（二）建立土地出让和处置闲置土地工作公开化制度

公开出让土地的建设条件、竞买者资格、建设规划，以便于社会监督政府

---

①胡云腾：《最高人民法院指导性案例参照与适用》，人民法院出版社2012年版，第71页。

②海南省高级人民法院行政判决书，（2014）琼环行终字。

③河北省承德市中级人民法院行政判决书，（2015）承行终字第00124号。

必须按净地标准进行出让；公开出让土地的建设开发进度、闲置土地的原因、执法情况，以防止行政机关选择性执法造成的执法腐败问题。

（三）明确土地管理部门和政府在履行土地出让合同中的权力清单

行政权力必须来自于法律的赋予，应通过法律明确在除无偿收回因受让人原因造成闲置期满两年的土地和政府因公共利益有偿收回土地外，土地使用权出让合同纠纷均为民事合同纠纷。

（四）细化认定闲置土地及责任主体的量化标准

对造成土地闲置的原因，如地面附着物不清理、出让土地面积与合同不符、变更规划等，行政机关往往主张其违约行为不构成土地闲置的原因。所以应细化认定闲置土地及责任主体的量化标准，对于因受让人原因造成闲置期满两年无偿收回土地使用权的行政处罚，可在行政诉讼中一并审理土地出让人和受让人的合同纠纷。

结　语

政府出让土地使用权时应对自身的合同权利义务尽到审慎责任，不能在土地财产利益的驱动下盲目出让土地，却在处置闲置土地的名义下，不顾土地受让人的利益随意收回土地。当出现闲置土地纠纷时，守约一方的利益更应得到保护，这不仅是建设诚信政府的应有之义，也是促进土地资源合理配置的有效途径。

附表四　分论坛四入选论文一览表

题目	作者	律所	省份	奖项
社会转型期群体性事件的法律处置研究	胡永平 杨云峰	新疆双信 律师事务所	新疆	一等奖
浅谈律师在精准扶贫工作中的作用——以海南省白沙黎族自治县为例	李雅儒	海南博才 律师事务所	海南	
法治政府背景下从供给侧看律师为政府提供法律服务的方式	何兴民	甘肃阶州 律师事务所	甘肃	二等奖
行政诉讼先予执行制度的实践与完善——以白龙江苗家坝水电站司法移民案为例	杜卫东 李兴洋	甘肃玉榕 律师事务所		
律师担任政府法律顾问业务标准研究	丁友军 丁福灵	四川梨乡 律师事务所	四川	
新传媒背景下政府依法行政法律问题研究	闫玉新	陕西海普睿诚 律师事务所	陕西	
浅析律师通过个案参与立法的实践经验——一件行政诉讼案引发的法规清理活动	周凤清	云南微行 律师事务所	云南	
律师在规范行政执法工作中的作用	胡志翔	新疆正嘉 律师事务所	新疆	

<table>
<tr><th>题目</th><th>作者</th><th>律所</th><th>省份</th><th>奖项</th></tr>
<tr><td>西部律所如何布局“一带一路”法律服务市场</td><td>郎　平
袁世武</td><td>酒泉阳关
律师事务所</td><td>甘肃</td><td rowspan="12">三等奖</td></tr>
<tr><td>法治政府建设背景下律师法律服务的供给侧改革</td><td>陈　艇
邓多文</td><td>重庆华立万韬
律师事务所</td><td rowspan="2">重庆</td></tr>
<tr><td>公私合作(PPP)双方权利义务配置问题研究</td><td>王燕婷</td><td>重庆沁山
律师事务所</td></tr>
<tr><td>浅谈少数民族律师在民族地区信访维稳工作中如何发挥更大的作用</td><td>陇　康</td><td>贵州浩锐
律师事务所</td><td>贵州</td></tr>
<tr><td>政府法律顾问如何发挥作用</td><td>鄢小奇
刘浩一</td><td>四川恒智达
律师事务所</td><td>四川</td></tr>
<tr><td>法治政府建设背景下从供给侧
看律师法律服务的方式</td><td>刘晓恩
黄溪涓</td><td>陕西海普睿诚
律师事务所</td><td>陕西</td></tr>
<tr><td>新修改的《行政诉讼法》带来的机遇与挑战漫谈——从雷洋事件说起</td><td>胥军芳
李言红</td><td>京园律师事务所
北海分所</td><td>广西</td></tr>
<tr><td>律师在基层政府及新农村建设中的作用</td><td>和慧莲</td><td>云南刘胡乐
律师事务所</td><td>云南</td></tr>
<tr><td rowspan="2">律师参与立法修法活动及规范性文件制定工作的经验</td><td>张　蕾</td><td>海南惠海
律师事务所</td><td rowspan="3">海南</td></tr>
<tr><td>李航燕</td><td>海南昌宇
律师事务所</td></tr>
<tr><td>仲裁确权之创新性模式探究——三亚市棚户区改造中房屋确权经验</td><td>高华阳</td><td>海南建亚
律师事务所</td></tr>
<tr><td>律师在规范行政执法工作中的作用</td><td>焦宇飞</td><td>山西隆德晟
律师事务所</td><td>山西</td></tr>
</table>

题目	作者	律所	省份	奖项
律师参与信访工作方法研究	李登方	重庆依斯特律师事务所	重庆	优秀奖
浅议律师如何在规范基层行政执法领域发挥积极作用	邓晓华 罗文雄	重庆捷讯律师事务所		
律师参与信访工作方法研究	熊秉红 侯习敏	四川道融民舟律师事务所	四川	
法治政府建设背景下从供给侧看律师法律服务的方式	安　言	四川时代永嘉律师事务所		
法治政府视野下的政府法律顾问制度研究	刘　涛 王媛妹	陕西伟天律师事务所	陕西	
论律师在PPP项目中的服务内容与注意事项	晋　威	陕西稼轩律师事务所		
律师参与地方立法修法工作经验小谈	唐　惠	陕西海普睿诚律师事务所		
西部政府法律顾问服务市场拓展路径探析	安晓生	陕西丰端律师事务所		
律师参与信访工作方法研究	廖德娇	广西九宇律师事务所	广西	
论“十三五”规划“一带一路”建设新疆首府律师的机遇与挑战	李乔炯	新疆世源律师事务所	新疆	
律师在规范行政执法工作中的作用	和　鹭	新疆家正律师事务所		
冲击与进路:新行政诉讼法对律师行业的实践检视	刘道俊	海南卫伦律师事务所	海南	
农村法律服务制度的实然困境与应然进路——以全面推进依法治国与新农村建设为背景	唐欣瑜	海南嘉法律师事务所		
因政府原因造成土地闲置处置制度的司法实证探究	纪　红	海南威盾律师事务所		

分论坛五：新领域·新途径

——互联网+时代的律师业发展

大数据时代律师执业的机遇与挑战刍议

贵州准据律师事务所　崔　超　肖友林

内容摘要： 党的十八大以来，伴随全面依法治国战略举措的实施，我国律师队伍不断壮大，律师执业环境有序改善，律师行业良性发展，律师制度日趋完善，律师已成为我国法治建设不可或缺的重要保障力量，发挥处理纠纷、调处矛盾、减少风险、稳定秩序、维护正义、追求公正、维护和谐等诸多法治功用。法治体系的构建完善，司法制度的深化改革，日新月异的社会发展，多种多样的冲突纠纷，人民群众的维权诉求，要求律师执业必须与时俱进，紧跟时代发展脚步，把握未来前进趋势，主动与国家、社会、人民形成“命运共同体”，发挥更积极、更有效、更多样的法治正能量。大数据作为巨量数据集合的信息资产，开启改变人类生活与创新各行各业发展之门。大数据拉开律师执业的变革大幕，势必对律师执业诸方面带来机遇与挑战，律师执业必须抢抓大数据机遇，应对大数据挑战，促进律师执业资源优化重组，实现律师执业有序发展。

关键词： 大数据　律师执业　机遇与挑战

早在1980年，著名未来学家阿尔文·托夫勒在其著《第三次浪潮》中将大数据比作“第三次浪潮的华彩乐章”。[①]近年来，“大数据”（“Big Data”）不仅成为时髦新鲜的词汇，而且成为引领各行各业发展的新动力。尽管大数据尚未形成统一权威的定义，[②]但可以确定大数据内涵与外延的构成要素包括海量信息资源，高新智能技术，巨大综合价值，广阔应用前景等。如果说前三次科技革

---

①卞友江：“‘大数据’概念考辨”，载《新闻研究导刊》，2013年5月。

② 关于大数据的定义，比较有代表的观点为：麦肯锡全球研究报告《大数据：创新、竞争和生产力的下一个前言》认为大数据是指超出了传统数据库软件工具的抓取、存储、管理和分析能力的数据群。EMC认为大数据是指大型数据集，一般在10TB规模左右，多用户把多个数据集放在一起，形成PB级的数据量。参见：郭晓科主编：《大数据》，清华大学出版社2013年，第5–6页。维基百科则认为：大数据是指利用常用软件工具捕获、管理和处理数据所耗时间超过可容忍时间的数据集。参见：http://en.wikipedia.org/wiki/Big_data（访问日期2016–7–10）。

命分别以蒸汽机、电、计算机为标志，那么基于大数据"5V"技术特点，[①]新一轮的科技革命势必以大数据为标志。目前以美国为主的发达国家开始探索运用大数据治理国家，以沃尔玛、Googel、IBM等世界500强企业开启大数据产业与大数据研究。[②]我国亦未雨绸缪，积极把握大数据发展前沿，启动大数据战略布局与发展规划。[③]大数据时代浪潮亦变革和创新法治体系，国家法治需要披沙炼金，汲取大数据精华，运用大数据不断创新立法、执法、司法、守法、护法。面对大数据时代，律师执业应积极把握机遇，主动应对挑战，探寻一条大数据时代律师执业的新路。

一、大数据对律师执业的机遇

（一）案源：渠道多样，数量增加，种类繁多

案源是律师执业的基础，更是律师生存的前提。律师执业若没有案源，就好比"无本之木""无源之流"，再优秀的律师没有案源也无法解决"巧妇难为无米之炊"的困境。律师执业传统案源主要依靠：（1）律师事务所或其他律师；（2）亲朋好友；（3）现有客户；（4）工作合作伙伴；（5）公共平台。[④]前面四种渠道主要依靠人与人之间的现实交往，其一是基于律师与所在律师事务所的共生关系，其二是基于律师自身的人际资源，其三是基于律师执业的现实表现。最后一种渠道主要是虚拟方式，通过各种纸质、电子交换媒介进行"邀约邀请"，等待客户主动提出"邀约"。此五种传统案源渠道各有所长，各有所

---

① 大数据"5V"技术特点是由"蓝色巨人"IBM提出，5V即：Volume（大量）、Velocity（高速）、Variety（多样）、Value（价值）、Veracity（真实性）。

② 例如：美国最早将大数据用作网络安全战略的核心技术保障，2009年奥巴马上任伊始，就签署了《透明和开放的政府》总统备忘录，推进建成政府统一数据门户网站，构建网络安全新战略。2012年3月29日，美国政府发布《大数据研究与发展计划》。2013年11月6日，法国政府出台《八国集团开放数据宪章法国行动计划》。英国政府建立世界上首个"开放数据研究所"。Google流感趋势（Google Flu Trends）利用搜索关键词预测禽流感散布。麻省理工学院利用手机定位数据和交通数据建立城市规划。梅西百货采用实时定价机制，根据需求和库存的情况，基于SAS的系统对多达7300万种货品进行实时调价。

③ 例如：党的十八大提出"科技创新是提高社会生产力和综合国力的战略支撑"。十八届三中全会提出"要整合科技规划和资源，完善政府对基础性、战略性、前沿性科学研究和共性技术研究的支撑机制"。2016年政府工作报告指出："促进大数据、云计算、物联网广泛应用"。党的十八大以来，上海、广东、重庆等地积极探索大数据政务实施机制，寻求运用大数据整合政府资源，提高服务大众效率的路径。国内互联网三巨头BAT（百度、阿里、腾讯）充分发掘大数据"聚宝盆"，运用大数据于旅游城市推荐、感冒流行趋势预测、数字地图、就业预测、生态指标等诸多方面。

④中华金国律师协人：《律师执业基本素养》，北京大学出版社2013年版，第64-65页。

短，其“痛点”在于没有实现人际资源与虚拟资源的互联互通。大数据可弥合二者间的不足，实现案源现实资源与虚拟资源的无缝对接。一方面，大数据通过分布式互联网技术，开发特定律所与个体律师的案源数据库，既表达律所律师的基本情况、擅长领域、执业经历、典型案例，又收集与之相匹配的案源，实现案源的稳定增长与有机配对；另一方面，大数据整合案源传统渠道，实现现实资源与虚拟资源的有机衔接，将律所律师已有客户、潜在客户、亲朋好友、合作伙伴等基础信息有序建立数据库，通过数据分析各种客户法律服务需要的紧急情况、涉及领域、利益诉求等诸多现实需要，有针对性的给予客户关心、帮助，实现“攻心为上”，获取案源。通过大数据，既能够保留“常客”，又能够增加“新客”。大数据行业和与大数据紧密联系的行业产生大量纠纷矛盾，当事人的维权诉求与法律需求亦增加，且各种案件种类纷繁复杂，既有民刑交叉，又有刑行交叉，甚至民行交叉，给律师执业带来诸多案源。

（二）信息：方便查阅，系统归类，有的放矢

21世纪是信息社会，信息已经成为自然人、法人、组织甚至国家生存发展的基础，每天都会产生和使用大量信息。律师执业既要依托大量信息资源，如瀚如烟海的法律条文，层出不穷的法学理论，汗牛充栋的裁判案例，又要处理大量信息资源，如选取办案政策法条，甄别案件各种信息，处理案件来往信息。依靠传统信息检索“查字典”的方法已经不适合大数据时代的要求，大数据为律师执业信息工作创造诸多便利。一方面，律师可以通过各种数据库迅速有效的寻找所需案件信息资源，如：北大法宝、北大法意、Westlaw Next、Hein Online等中外文数据库。另一方面，律师可以根据自身掌握的信息资源构建DIY数据库，即构建私家电子图书馆，以方便律师执业检索、分析、处理案件材料、客户资料、社会资源、工作日程、基础知识。人脑主要依托“经验”，电脑主要依托“数字”，通过大数据，能够将律师执业的各种经验要素数字化，按照律师执业特点与行业需求，搭建各种数据库，系统、科学、优化、持续的形成律师执业数据库，有的放矢的处置各种执业事务，事半功倍的完成各种执业案件。格言有云“21世纪谁掌握了信息谁就掌握了主动权”，通过大数据搜集、检索、解析、建立、运用信息，为新一代律师执业提供了良好的发展机遇。

（三）办案：创新方法，提高效率，扩大视野

律师执业既要依法依规，又要灵活机动，传统办案方式主要采取纸质办案与实地办案，所谓纸质办案是指律师执业过程中全部依托纸质形式的案件材料，包括代理手续、案件卷宗、证据材料、法律文书等，所谓实地办案是指律师执业过程中需要外出办案，包括会见犯罪嫌疑人、被告人，会谈当事人，实

地调查取证等。此两种办案方法是律师执业的基础，也是传统执业的方式，具有长期性、经验性、有效性，不可偏废。大数据的Volume（大量）、Velocity（高速）、Veracity（真实性）为创新办案方法、提高办案效率提供了技术支持。当下，电子办案方式起步晚，但速度快、影响大、效率高。首先，运用大数据将纸质版案件材料转化为电子版数据材料。其一能通过检索关键词高效获取案件信息，保证真实性，提高效率性。其二能通过数字化的案卷材料，节省大量的人力、物力和财力。其三能通过司法资源数据库，发掘案件相似或近似案件，案件所涉法源，法学理论，典型判例，相关自然科学知识与社会科学知识。其四能通过电子数据分析，识别案件证据材料真伪程度。其五能通过综合分析数据化案件材料，提供办案参考思路与对策。其次，运用大数据技术手段构建办案新方法。其一可通过视频直播技术，构建律所办案互联系统，随时与律所及其他律师会诊案件。其二可通过大数据开发法院、检察院、公安机关、司法局、看守所等办案软件，及时查阅案件有关信息。其三可通过数据交互手段，实现与当事人之间更为直接有效的沟通。最后，运用大数据还能扩大办案视野，通过采用国内外相关案例、法学前沿理论、法律前沿实务、电子版教材、现代科学技术、最新自然科学知识和人文社科知识，不断为律师执业办案提供多维参考依据与创新办案路径，丰富律师执业方法的宏观性与微观性。

二、大数据对律师执业的挑战

（一）理念：不断更新

大数据正快速改变自然界与人类社会，各行各业均不可小觑大数据所带来的冲击与影响。大数据不断更新律师执业理念，无论老律师，还是新律师都必须与时俱进，否则，"逆水行舟，不进则退"。囿于律师执业队伍结构、文化素质、办案经验、生存状况、兴趣爱好等因素，导致律师对大数据认识参差不齐，"马太效应"逐步显现，有的律师已经思考大数据背景下的律师执业变革，有的律师还沉寂于传统执业模式。目前，大数据产生或潜在产生的纠纷冲突在一定程度上已经超越了现有法律制度，很多侵权行为与犯罪行为的界限日益模糊，边际效应突出。例如网络表演平台与网络表演者的行为界定，一定程度上给司法实务界带来诸多挑战，其行为是否构成犯罪，构成何种犯罪均存在争议。又如大数据交易中的合同关系如何识别、如何规范、如何维权。再如利用公众大数据行为如何界定。大数据渗透到各个行业，势必创新各行各业，由此产生新的行为与新的关系，如何破解大数据所带来的诸多法律实务问题，势必对律师执业理念产生不断冲击，律师执业面临观念更新、更替、更进的挑战。

（二）知识：不断提高

前三次科技革命史充分说明“知识是第一生产力”，以大数据引领的新科技革命更加需要知识，需要创造，需要信息，需要人才，诸多需要仍以知识为前提。“秀才不出门，尽知天下事”的时代早已到来，一个通信设备、一个网络、一个电源就可以覆盖“地球村”，世界日益变化，事务日益繁多，人际交往扩大，生活节奏加快，无不对现代人提出更高的知识要求。律师作为法治保障的重要队伍，不仅应具备更加完善的知识体系，而且应具备不断学习，不断革新，不断探索的知识自创生系统。否则，律师无法胜任日益繁重的法务工作，更无法担负人民群众维权诉求的重要使命。大数据时代要求律师执业除具备基本的法律知识和法学理论外，对律师执业知识提出了更多的挑战。首先，律师必须面对加快更新的法条体系，必须面对日益繁多的政策方针，必须面对综合立体的知识内容。其次，律师必须应对大数据、互联网、物联网、云计算、电子商务、网络计算机、物流、通信工程、环境监测评价等诸多自然科学知识与跨学科知识冲击。最后，律师必须面对普通话、计算机等“老大难”的知识困境。

（三）技能：不断提升

不少自命不凡的律师总认为自己经过多年办案，已经掌握了律师执业技能与素养，不需花费大量时间精力提升执业技能。其实，知识时代，信息时代，知识与技能的更新周期不断缩小，过去几百年更新一次，到现代也就三五年更新一次，甚至有一年一更新的趋势。大数据的Velocity（高速），对由大数据主导的新科技革命，对由大数据渗透的各行各业，对由大数据发起的法律事务带来诸多挑战。对于律师执业而言，大数据的高速特质必然对律师执业知识与技能更新提出更加严苛的要求，墨守成规的传统律师执业技能已成为过去时，日新月异的新型律师执业模式成为现在时，律师执业技能面临不断提升的挑战。例如传统律师执业在寻求案源方面，主要采用等待客户上门、电话联系、信件沟通，如果不能及时跟进大数据引领的高新技术产业，不会使用微信、微博、微视等新媒体技术，那么这样的律师执业方式只会出现守株待兔的悲剧。又如传统律师执业在办案过程中往往采用纸质阅卷法，无暇采用电子录入卷宗与电子阅卷分析法，将大量的时间花费在纸质阅读上，却无法检索案卷某一个关键词或细节问题。再如传统律师执业取证往往要求当事人提供，自己懒于实地调取，致使办案成功率大打折扣，运用大数据构建证据体系，分析案发地实际地形地貌，构建多维“3D”模型，运用动画技术展示案件来龙去脉，无疑能够取得更好的效果。

三、大数据时代律师执业的对策

（一）建立律师执业数据库

仲尼曰：“工欲善其事，必先利其器。”[①]充分运用大数据于律师执业中，首先，必须构建律师执业数据库。笔者认为构建的数据库包括：第一是法源数据子库，包含法律、法规、规章、司法解释、单行法律、修正案等法律文本。第二是案例数据子库，包含“两高”发布的指导性案例、学理解读案例、争议案例等案例汇编。第三是办案流程子库，包含三大诉讼法及其司法解释、“两高”、公安部、司法部、国家安全部等主体制定实施的办案程序、时限、步骤、阶段、权利、义务、责任等程序事项。第四是案源子库，包含现有客户、潜在客户的基本信息与互联软件。第五是党政文件子库，包含党和国家下发、出台、印发的党内法规、文件、意见、办法、规划等。第六是知识子库，包含律师执业常用的自然科学知识与社会科学知识。

（二）增加律师执业知识量

托夫勒在其著作《第三次浪潮》中言：“未来的文盲是没有学会学习的人。”言下之意，现代社会中的文盲已经不单是没有文化知识的人，而更多的是有一定文化却没有终身学习的人。律师作为高知识高能力的职业，第一，要树立“终身学习”、“随时学习”、“深入学习”的理念。第二，与时俱进学习前沿法律知识与最新法学理论，大力夯实本专业知识，塑造过硬的法学专业体系。第三，学习大数据时代迫切需要掌握的知识，例如“大数据”、“物联网”、“云计算”等新科技知识，又如电子商务、物流基础、社区管理等基础知识，再如卡耐基名言、厚黑学、成功学、心理学等人格塑造知识。第四，重新拾起外国语与计算机基础知识，进一步应对国际法务工作的需要，以备不时之需。第五，向同行、教师、专家学习，既要学习书本知识，又要学习社会知识，实现知识、经验、能力的协调发展。

（三）丰富律师执业交流平台

律师执业既有单兵作战，又有集团作战，各有优势与利弊，应寻求二者交汇，追求最优利益。通过大数据构建丰富律师执业交流平台，第一，构建律所交流平台，充分发掘律所内部执业技术资源，相互学习，共同进步。第二，构建律师同行交流平台，向竞争对手学习，向律师同行学习。第三，构建律师学术交流平台，邀请法学专家、法学教师进入平台，甘当学生，求教师长。第四，构建律师客户交流平台，以客户为中心，及时与客户进行有效沟通。第五，构建律师百科交流平台，以律所为中心，各个律师为主角，通过此平台提

①仲尼：《论语》，中华书局2015年版，第187页。

出问题，大家讨论，或者将自己办案所常用的知识、法条、心得、经验、资源放入此库，实现资源的共享互惠。

习近平总书记在主持中央政治局第九次集体学习时指出："机会稍纵即逝，抓住了就是机遇，抓不住就是挑战。"律师界必须抓住大数据机遇，发掘、搜集、分析、研究、运用大数据，为律师执业积极创造正能量。

“互联网+ ”形势下律师业务的路径优化

四川山和律师事务所　彭　策

内容摘要：本文通过分析“互联网+”法律服务的现状，指出在该形势下我国互联网法律服务建设体系存在的问题，并结合“互联网+”在类似行业的发展趋势，以法律服务的特殊性为基点，从线下法律服务需求者的角度出发，倒推线上法律服务的框架设计，以此为“互联网+ ”形势下律师业务的线上拓展寻求新的思路。

关键字：互联网+　律师业务　路径优化

引　言

随着产业技术发展以及互联网的普及，我国网络的使用频率已经呈现出井喷式的增长态势。截至2015年12月，我国的网民规模已经达到6.88亿，互联网普及率达到50.3%，电子商务市场交易规模超过16.2万亿元。①可见，互联网技术已经开始影响到我们的生活方式，互联网消费模式也逐步成为线上消费的主流。基于庞大的O2O市场，律师行业的互联网思维亦显得尤为重要，为此，本文从互联网发展对律师行业的影响入手，以法律服务的特殊性为基点，倒推线上法律服务的框架设计，以此为律师业务的线上拓展寻求新的思路。

一、当前“互联网+”法律服务的现状

（一）当前互联网法律服务的模式

当前的互联网法律服务主要体现在律师营销、在线法律服务和法律大数据三种模式中。

律师营销法律服务主要是为客户和律师之间提供中介平台服务，但网站并不以自身名义提供任何法律服务。就目前以这类模式运营的网站来看，其弊端是：

1.供求不匹配，该种模式一是缺乏资深律师入驻，二是少有优质客户选择，三是律师专业方向推荐不明确。

---

① 《中国互联网络发展状况统计报告》，http：//baike.so.com/doc/2735532-2887371.html，最后访问日期：2016年7月。

2.缺乏第三方监督保障体系，在法律线下服务跟踪上存在短板。

3.服务提供商的UI和UE设计繁琐，专业匹配识别能力不足，客户体验度较差。

在线法律服务主要是通过自建法律服务平台（非网站展示），以专业的律师事务所或律师团队为依托为客户提供透明化的法律服务。就目前该类模式运营的网站来看，一是采取了标准化的服务模式，服务价格、内容、流程公开化；二是客户能通过后台数据实时查看案件进程；三是配备了专业的客服为客户进行专业疑问解答。但该类模式目前仍被旧的搜索引擎所牵制，识别精准度差，客户的互动体验更多还是来自传统搜索引擎的排名优化选择。

法律大数据模式目前仍处于为律师协会、律师事务所、律师团队服务的阶段，即为前两种法律服务方式进行基础性数据的分析。在法律大数据发展时代，其核心作用应该是与法检系统进行数据交换，基于不同类别案件的地域性、多发性、客户匹配性等基础资料为互联网法律服务提供数据支撑，以厘清"互联网+"法律的发展方向。

（二）当前互联网法律服务的困境

我国法律服务行业的电商起步较晚，总体仍处在粗放型发展阶段，当前我国法律电商发展特征表现在如下几个方面：

1.整体UI设计不突出，没有明显的法律电商识别特征，导致用户群在商标识别上知情感下降，认知度及信任度降低，在选择上缺乏动力。

2.没有考虑到我国法律市场的区域性、地域性特征。目前，我国的法律服务审批机制还是以省级区划为标准，且逐渐在北京、长三角、珠三角形成了区域性的法律服务市场，在中西部地区这样的市场还尚未形成；同时在整个法律服务中，超过95%的案件均由各省法院系统办理完结，针对该种特征，我们在法律大数据运用上还是空白。

3.线上律师缺乏第三方平台的资质确认及公正的客户体验评价，客户对律师的身份识别、专业方向、案情风险评估仍存在疑虑。

4.线上法律服务提供商没有整体的法律服务思路，后续法律服务功能缺失。法律服务整体上来说还是理论联系实践的服务产品，在客户选择线上法律服务后，在实际操作中会遇到各种问题，而目前的线上法律服务几乎没有延伸到线下指导，造成整体法律服务的脱节。

（三）其他互联网企业线上服务的关注点

在O2O发展过程中，供求双方都特别关注如下几个特征：

1.产品的特征，即客户在产品需求上的痛点究竟在哪个位置？如产品的设计、服务流程、可视化、可对比性等。

2.服务提供商的特征，即供应者的资质、行业认同度、第三方评价体系、风险控制等方面。

3.行业或政府引导度，即行业发展趋势对产品的升级动力影响是否能适应客户需求，以及政府方面的政策红利对互联网细分行业的信心保障。

4.客户体验度的中心特征，随着互联网带来的自由与公开，人与人之间的沟通打破了地域的限制，人们的视野不断扩展，消费的“主权化”时代已经到来。在消费“主权化”时代，客户的服务需求不仅仅是专业服务本身，而且还包含多方面的无形服务，比如从业者的素养、服务响应效率、客户有效管理、后期保障、增值服务等。①

二、律师业务“线上拓展”痛点的类比分析

在同样采取传统方式“面对面”“一对一”服务的医疗行业和教育行业，在互联网发展初期，仍出现专业不匹配、服务提供商认证困难、用户群停滞等痛点。②

经过近几年的行业突围和自净，上述两个行业的用户群和创收均实现几何倍增长。如在线医疗行业2009年市场规模2亿元，2015年创收160亿元；线上教育培训行业2011年用户群为3413万人，市场规模为575亿元，2015年市场规模为7227万人，创收1192亿元。目前，这两个行业已初步将线上使用和线下接入进行了无缝对接，基本实现了整个流程的规范化，客户体验度逐步上升。也基于此，上述两个行业的移动客户端使用量逐步超越PC端，成为又一业务的扩展点。

与上述两个行业横向特征相似的法律服务行业，其线上发展的弊端是：案件本身存在独立性、特殊性、地域性、不可复制性，同时法律服务提供者的专业水平和敬业程度无法实行可视量化。因此，“互联网+”形势下律师业务的痛点就表现在大数据整合、法律潜在客户培育、法律产品标识细化、线上案情初析、线下体验融合等环节。

三、“互联网+”形势下的律师业务优化路径构建

（一）构建法律服务市场的大数据库

目前，我国法律服务市场还存在区域性、地域性的特征。基于此，我们应

①张璐璐：“商业模式创新影响因素研究——基于家电连锁行业的实证分析”，安徽大学硕士学位论文，2014年6月。

②江旺祥：“‘互联网+’模式下院外医疗急救事业的实践和展望”，载《中国急救复苏与灾害医学杂志》2015年10月。

通过行业协会与部分地区法检系统进行数据对接。通过数据对接，了解该区域的案件种类、案件发展趋势、各类案件占比、诉讼过程中代理人的委托情况等数据，通过海量数据分析建模，为区域性线上法律服务找到切入点。同时，在非诉讼法律服务方面通过与工商、税务、统计部门及各行业协会进行数据接入或交换，先期了解目标区域的产业发展路径，为专业法律服务产品的设计提供基础数据。[①]

（二）以客户为中心设计法律服务产品

在与客户进行面对面沟通前，法律服务的对象实际为空白。基于此，在“互联网+”形势下，我们应运用互联网思维为法律服务寻找市场。

1.对自建网络平台进行SEO优化。自建网络平台最重要的是被客户所发现，所以对网络平台进行SEO优化显得尤为重要，SEO优化就是从网站运营结构、内容建设方案、用户互动传播等角度进行合理规划，并在了解搜索引擎自然排名机制的基础上，对网站进行内部及外部的调整优化，改进网站在搜索引擎中的关键词自然排名，获得更多流量，从而达成网站销售及品牌建设的预期目标。

2.对潜在客户进行“算法”统计跟踪。当法律服务潜在客户通过搜索引擎进行法律服务搜索时，网站运营者可以通过cookies进行客户搜索算法统计，并将满足客户需求的特定法律服务进行自动推送。同时还可以通过协同过滤算法中的Item -based算法为潜在客户进行更为广泛的客户跟踪。

3.重视客户的网络体验感。根据大数据分析及网民年龄层次，在UI、UE设计上贴近客户群体，重视客户的网络体验感。

4.开发适用于互联网的法律服务产品。目前互联网法律服务市场还有待健全，故在互联网法律服务市场选择上，应选择较成熟、能批量化、高效率产出和使用的法律服务产品。如婚姻财产分割标准、劳动人事争议、人身损害赔偿、有名合同签署等简单、易懂的产品等，以此为契机培养法律消费群体，形成“粉丝经济”模式。

5.精准、专业的法律服务。基于地域性特征和法律适用差异，在提供互联网法律服务时需保证覆盖地域的法律适用稳定性和准确性，并做到有相关案例支撑，以体现大数据时代的专业性。[②]

①魏杰：“探析互联网金融时代众筹融资模式的法律环境”，载《商》2016年5月，第152-153页。

② 董冬冬：“Y律师事务所的电子商务战略规划及其应用研究”，复旦大学硕士学位论文，2013年6月。

6.构建适宜增值服务。2015年兴起的“智慧民生”运动，涉及交通、医疗与出入境等多项公共服务，在政府公共服务的整个体系之中，公共法律服务是重要的内容，公共法律服务有着极强的市场容量。如果能够有效地缔结、链接与给付，即可以实现多向利益保护与利益最大化的市场占有。

（三）进行公司化的运营管理

法律服务给客户的第一印象是专业，从客户体验角度来看专业的公司化运营无疑能为“互联网+”下的律师业务发展带来红利。因此，在这一背景下，“互联网+”法律首先应树立优质的法律服务品牌，相关从业人员应该进行系统专业的培训，构建立体的营销系统，能实现一对一的辅导状态，并有专人进行优质的客户管理。

（四）注重“互联网+”法律服务体系的安全防范

“互联网+”法律服务体系几乎都涉及客户的商业秘密或隐私，在支付流程中亦包含了资金支付的安全及密码保护。基于该类服务的特殊性，首先应在“互联网+”法律服务体系下加强内控管理，建立严格的系统操作规程；其次，应采用“强加密”方式保存用户密码等关键数据；第三，应加强系统安全防护工作，防止来自外部的入侵渗透攻击，在网络平台上严格提供上传空间和下载链接。

（五）推动“互联网+”法律服务的创新

互联网的发展是科技不断创新的结果，在法律服务领域保证创新，更是“互联网+”的题中之意。在创新方面，首先应推动移动客户端建设，随着4G网络的成熟和智能手机的普及，移动客户端的使用达到了6.2亿人，所以在做互联网法律服务的同时，应重视手机APP的建设，使其与WEB形成良性互动，在法律服务需求、律师匹配、信息推送、法律公众号等方面培养移动客户端粉丝，形成自己的特色品牌。其次，注重线上、线下的良性互动，互联网的弱点就是客户体验度不够，因此在现有网站平台、APP设计上除了注重科技体验外，可以在线下进行客户群的互动，包括进行区域内线下交流，线下服务延伸等，通过知识性、互动性、体验性的交流，拓展客户群。第三，重视第三方机构的评测，第三方机构的评测能及时发现线上运行的bug，并针对性的寻求到解决方案，以优化网络配置；同时法律需求人群也会基于第三方评测，寻求适合自己的互联网机构，匹配适合自己的律师。第四，跟踪社会热点法治事件，通过互联网用户大面积的关注，提升线上服务的关注度。在跟踪该类热点法治事件时，应注重从法律角度出发，客观公正的引导网民的法治思维导向，为法治社会的构建尽绵薄之力。

结　论

当前社会的主流声音充分肯定了“互联网+”模式下的社会经济成果与法律业务的结合，进一步推进了技术进步与组织变革，提升了实体经济的实力与人民总体的创新能力。在此形式下，以互联网作为依托发展律师业务既是机遇又是挑战，作为从业者，我们应该结合互联网对于律师业务的影响，然后作出律师业务发展的路径优化举措。

参考文献

［1］《中国互联网络发展状况统计报告》［R］，http：//baike.so.com/doc/2735532-2887371.html，2016-7.

［2］张璐璐.商业模式创新影响因素研究——基于家电连锁行业的实证分析［D］.安徽：安徽大学，2014.

［3］江旺祥.“互联网+”模式下院外医疗急救事业的实践和展望［J］.中国急救复苏与灾害医学杂志，2015（10）：11：1013-1015.DOI：10.3969/j.issn.1673-6966.2015.11.002.

［4］魏杰.探析互联网金融时代众筹融资模式的法律环境［J］.商，2016（5）.

［5］董冬冬.Y律师事务所的电子商务战略规划及其应用研究［D］.上海：复旦大学，2013.

互联网思维对传统律所的冲击及应对

四川广聚律师事务所　李明华

内容摘要：随着互联网科技的不断发展，移动互联网络已经渗透到生产和生活的方方面面，对社会产生了深远的影响。2015年3月5日，李克强总理在第十二届全国人大第三次会议政府工作报告中，提出制定"互联网+"行动计划。在"互联网+"上升到国家战略高度之际，律师行业应当深刻认识互联网思维对传统律所形成的冲击，将互联网与传统律师服务结合起来，丰富营销模式，拓展业务领域，充分运用互联网络打造律所品牌，为促进经济社会和谐发展做出更大的贡献。

关键词：互联网思维　传统律所　冲击及应对

一、互联网思维的概念

互联网思维即泛互联网时代的思考方式，是指在（移动）互联网、大数据、云计算等科技不断发展的背景下，对市场、用户、产品、企业价值链乃至对整个商业生态进行重新审视的思考方式。

360公司董事长周鸿祎为"互联网思维"总结出4个关键词：用户至上、体验为王、免费的商业模式、颠覆式创新。用户至上，即提供有价值的服务，和用户永远保持连接。体验为王，让大家有超出预期的感受，产生交易之外的感情上的认同。免费模式，通过免费服务汇聚巨大的用户量，为少部分用户提供多样的、个性化的收费服务。颠覆式创新，不一定是完美的，更不一定最先进，但是它一定在一个点上做到了极致。①

二、传统律所的营销管理模式概况

传统律所特别是实行挂靠模式的律所，律师通常单打独斗，主要靠个人资源获得案源。律所按比例或固定金额收取律师管理费，对律师的业务开拓、案件办理等方面很少提供支持，对律师也缺乏必要的管理和约束。有些律师对挂靠制律所有个比喻："律所就像一个茶馆，律师就像来喝茶的顾客，来去自由，

①白雪："周鸿祎：互联网思维是常识的回归"，载《中国青年报》2014年10月8日版。

不过来喝茶时就得交茶钱（即律师收取代理费时应向律所交纳管理费）”。这种比喻不一定准确，但是比较形象地反映出某些律所与挂靠律师之间十分松散的关系。相对而言，公司化管理的律所通常具有一定的文化理念，律所与律师之间关系较紧密，律师对律所的忠诚度较高。律所内部分工较明确，律师按照专业领域承办案件，由专门人员负责业务开拓，能够调配律所资源进行品牌建设，通过树立律所品牌来吸引案源。

无论是挂靠制还是公司制律所，都可以通过电视、报纸、广播等传统媒介进行宣传，也可以建立事务所网站，通过网络介绍律所基本情况、业务范围、成功案例等，以此扩大影响。但是，在网络发展日新月异的今天，传统律所沿用原有的管理模式和营销方式，是跟不上时代的，可能会被那些深刻理解互联网思维、积极拥抱“互联网+”的律所远远抛在身后。

三、互联网思维对传统律所的冲击

中国互联网络信息中心（CNNIC）2016年1月22日发布的第37次《中国互联网络发展状况统计报告》显示，截至2015年12月，中国网民规模达6.88亿，互联网普及率达到50.3%。手机网民规模达6.20亿，有90.1%的网民通过手机上网。互联网对于社会的影响已进入新的阶段。①

对法律服务市场而言，客户可以从网上查找到各类法律规定、类似案件的生效判例、律师行业的收费标准、律所的业务领域等各类信息。法律电商、法律服务人员可以通过网络与客户互动交流、完成交易。互联网思维已经打破了律所原有的业务格局，对传统律所的既有市场份额、甚至律所的内部管理均造成巨大冲击，主要表现在：

（一）咨询代书类业务萎缩

许多法律电商为吸引人气、抢占市场，推出免费网络咨询服务。例如百度公司推出的“百度知道”产品，对法律类咨询优质回答的要求，除了对问题作出判断之外，还要列出依据的法律条文、司法解释，有些解答者甚至引用类似案例、注明判例的文书号。部分有咨询需求的客户，会通过网络渠道获得解答，未必会到律所付费咨询。至于法律关系简单的代书类业务，客户只需通过网络介绍情况、上传相关材料，支付几百元即可从法律电商处购买成品法律文书。网上订购不但费用低廉，而且节约了到律所找律师的时间成本。许多律师认为，网上免费的解答不负法律责任、解答者未必尽心尽力；而法律电商为客户提供代书服务的人员可能不具备律师身份，但是无论如何，“网络免费咨

① “中国网民规模达6.88亿人互联网普及率达到50.3%”，人民网，http://media.people.com.cn/n1/2016/0123/c40606-28078214.html，最后访问日期：2016年1月23日。

询"、"网上订购文书"在客观上会导致律所咨询代书类业务减少。

（二）律师代理简单民事案件发挥的作用被低估

过去，公众对律师缺乏了解，律师职业相对神秘。随着信息透明化，律师法律服务的内容逐渐被公众了解。以民间借贷纠纷为例，有借条、有银行转款凭据的当事人，到网上搜几个案例、参考一个民事起诉状模板，具备一定学习能力的当事人就能自行到法院起诉。这类事实清楚的案件，客户即使委托律师，也往往认为律师只是跑个腿、出个庭，低估律师代理案件的价值，并以此为由削减律师代理费用。

（三）律所之间、律师之间的竞争加剧

部分律所及律师加大了网络宣传的力度，客户通过移动网络能够快速搜索到律师并可以进行比较，增加了选择余地。主要依靠临近法院、检察院的地理优势守株待兔的律所，业务量可能因此减少。另外，客户可能会通过网络或电话向多位律师咨询，然后从中选择代理律师。低端法律服务市场的客户通常对价格十分敏感，由此可能导致部分律所加入打价格战的恶性竞争。

（四）中小微企业法律顾问单位分流

面对庞大的中小微企业市场，部分法律电商采取"线上+线下结合，全国联盟合作"模式，通过互联网线上提供日常法律服务；同时与各地律所合作，线下提供案件代理等服务。从运作模式上看，北京的法律电商，可以安排长沙的加盟律师，审查修改攀枝花小微企业的买卖合同。这种模式虽然尚在起步阶段，但普通的法律顾问服务从技术上看能够突破地域限制，法律电商已经开始切割各地法律顾问市场的蛋糕。

（五）律所与挂靠律师之间的关系更加松散

"互联网+"时代，律师在有网络的地方，就可以承揽业务、并开展工作。对于不能为律师发展提供有效支持的传统律所，挂靠律师对律所的忠诚度可能会进一步降低，竞争力不强的律所人才流失压力增大。

四、对互联网思维冲击的应对策略

近年来，已有少数优秀律所借助移动互联科技在高端法律服务市场谋篇布局。传统律所可以结合本所实际情况，参考借鉴先行者一些有益的做法。对互联网思维的冲击，传统律所可以采取以下几个方面的应对措施：

（一）加强律所信息化建设，提高内部管理效率

传统律所管理层应当加强思想认识，调配资金、安排专人加强信息化建设。有条件的律所要尽快建立网络办公平台，规范收案、办案、结案、回访等各环节流程，加强案件质量监管，促进律所成员间的分工合作。通过网络平台

实现远程办公和移动办公，律所信息做到有效流通和共享，可以提高工作效率、降低管理成本、提升律师的学习创新能力、增强律所的凝聚力。

（二）走专业化道路，在细分市场里树立律所品牌

律所和律师走专业化道路是老生常谈的话题。尽管大家都知道专业化的优势，但是多年来许多中小型律所还是拳打脚踢、什么业务都在做。在泛互联网时代，低端法律服务市场的竞争加剧、以此为主业的律师生存空间将被进一步挤压。只有结合自身优势，确定专业方向并付出努力，在众多律所中具备可识别性，才是做低端业务律所的出路。尽管不得不放弃部分现有业务，但必须要有壮士断臂的勇气，否则什么都想抓，最终什么都抓不住。

（三）建立互动型网络平台，及时解答客户咨询、处理非诉业务

有些律所虽然创办了自己的网站，但相应网站主要是介绍律所业务范围、律师简介、成功案例等，网站内容不及时更新，也不能与客户互动。律所应当对原有的僵尸网进行彻底更新升级，确保律所客服上班时间在线，并安排律师轮流值班，及时解答QQ咨询、回复网站留言，并通过传真、电子邮件、微信等处理法律顾问单位交办的合同审查、文书制作等事务。通过更高效便捷的服务，提升客户体验的满意度。

（四）运用各类自媒体整体营销，扩大律所的影响力

北京天同律师事务所在互联网思维方面走在律师界的前列。“天同与时俱进地将所有外寄的文件都上了微博、微信的二维码，创建了律师事务所中第一个自媒体品牌：天同诉讼圈。让用户可以随时关注自己，通过微信、微博发起活动，围绕这个全新用户社区，形成口碑互动。”①传统律所可以借鉴天同的经验，设立律所微博、微信公众号，对社会热点事件在第一时间发布评论、开设网络课堂、拍摄法治微电影等，采取各种合法的营销方式吸引公众眼球，提高律所的社会关注度和影响力。

（五）加强与异地律所、法律电商的合作

传统律所特别是实力相对雄厚的大中型律所，应打破地域限制，与异地律所建立战略合作关系。不同律所之间互相学习、资源共享、同业互助，在异地调查取证、协助办案等方面提供方便，能提高工作效率、降低成本。此外，传统律所可加强与法律电商的合作，成为法律电商在当地的合作单位。法律电商可为律所提供展示窗口，当地案源推荐给合作律所承办；同时，律所可安排律师解答电商平台的法律咨询，解答网络咨询虽然难以收费，但是可对不同类型

① “天同：如何用互联网思维打造‘小而美’律所”，法帮网，http://www.fabang.com/a/20140218/639727.html，最后访问日期：2014年2月18日。

的法律问题进行甄别，争取将咨询转化为委托。

五、结论

互联网思维对各行各业的生存发展已经产生巨大影响，传统律所如果故步自封、不把握科技的发展、不顺应客户思维的变化，终将被社会所淘汰。传统律所应走专业化道路，充分利用现代信息技术，打造融网站（互联网站、手机网站）、微博、微信等媒介为一体的综合性法律服务平台，降低律所办公成本，提高内部管理水平、加强外部营销力度，为客户提供高效快捷的法律服务。笔者相信，只要传统律所的管理层有危机意识，将互联网思维视为挑战和机遇，找准目标客户，着力打造专业性强的精品律所，就一定能在未来的竞争中立于不败之地！

服务创新
——法律服务业发展的新动力

陕西丰瑞律师事务所　刘天利　窦醒亚

内容摘要：法律服务业已被国家服务业发展“十二五”规划确定为服务产业的重要部分，并被定位到生活性服务范畴内。通过运用波特竞争力模型分析了我国法律服务市场基本竞争态势，指出法律服务业存在的若干现实问题及其原因。提出应在现有制度环境下进行内源性服务创新，通过变革法律服务机构组织形式、创新服务内容及产品、拓展服务对象与客体、建立学习型组织等推动其有序发展。

关键词：服务创新　法律服务业　新动力

引　言

我国法律服务市场发展经历了由国家统包定位到需求自发形成，法律服务者的身份和性质也经历了国家法律工作者到自由职业者，再到社会法律工作者的变化过程，这与我国经济社会发展阶段相适应。

一、法律服务业的基本竞争态势

服务市场化是借助市场手段实现服务资源的合理流动和优化配置，可从市场供给、议价能力、新进入者、替代服务威胁及现有市场竞争等方面对现有法律服务市场进行分析。

（一）服务提供者议价能力较弱，服务购买者的议价能力较强

我国法律服务市场上提供服务的人员队伍庞大，包括律师、其他基层法律工作者、经许可的外国律师、企业法务人员、知识产权代理人及其他民间代理人等。但法治传统缺乏及市场发展不充分等使得法律服务并非必需品，这导致服务购买者具有稀缺性，供需的不均衡导致服务购买者对服务提供者在议价博弈中有明显优势。

（二）新进入者在规模经济、产品差异、资本需要、转换成本等方面的进入壁垒较低

目前法律服务者的市场准入条件不统一，对新进入者的进入阻碍较小。比

如从资格取得来看，只有律师执业要求通过国家统一司法考试，具备全面、扎实的专业知识、技能和修养，还须参加实习工作一年并经考核合格，而其他法律服务者无须如此严格的条件限制。

（三）法律服务替代产品威胁较弱

法律服务具有较强专业性，这给替代性服务形成了较高的专业化壁垒。但随着法律服务的功利化、世俗化倾向，以及目前经济效益最大化的基本价值取向影响，经济优先、金钱至上的观念甚嚣尘上，替代性服务往往通过社会关系等非专业化方式获得市场机会。

（四）行业内不正当竞争行为普遍，法律服务市场无序化值得关注

供需矛盾突出导致法律服务者为获取市场机会往往在服务定价上做文章。目前，法律服务的基本定价标准是各省物价部门和司法部门共同颁发的指导性收费标准，其中虽然对定价区间和低于成本竞争行为作了规定，但由于法律服务成本较难测量，因而不正当竞争行为并未减少。

（五）具有特定资质的产品提供者与市场需求潜力不匹配

尽管法律服务市场的新进入者进入壁垒较低，但最终进入且留存的优秀服务提供者却人数不多，其在待遇及社会地位认知等方面的预期与目前市场实际差距较大，因而行业吸引力有限。

当然，法律服务业与一般服务业有较大不同，受服务提供者自身素质、业务监管及非竞争隐形环境因素的影响较大。

二、法律服务市场竞争态势的原因

上述法律服务市场现状与现行立法及政策因素密不可分，但这些因素具有一定的稳定性和短期不可更改性，因而文章主要从法律服务者、非竞争隐性环境及市场监管角度进行探析。

（一）服务供给不能满足市场需求

市场环境决定了法律服务的总量、空间及趋势，目前法律服务者的能力、理念、组织形式及模式等是造成市场基本竞争态势的关键原因。一是法律服务者总体专业能力参差不齐，尚未形成自身核心竞争力，服务基本集中于低端市场，而中、高端法律服务业务及涉外市场却鲜有人问津。二是服务理念滞后，多围绕经济利益展开，而对自身在社会发展和人类进步中的使命、责任及法律职业的公益性认识不足。三是法律服务机构组织形式较为单一，合作人或合伙人担负的法律风险较大阻碍了其扩张意愿，也不能有效满足客户以法律服务机构规模考量服务能力的发展趋势。四是法律服务模式封闭、单一，缺乏创新，一般具有个体性，通过组建团队或者机构联合起来提供服务的情况较少，尤其

是经济不发达地区。

（二）法律服务市场监管体制不能匹配服务需求

我国法律服务市场主要由各级政府、司法行政机关和工商行政机关监管，此外律师还由各级律师协会协助管理。由于立法规定的监管职权及其层次性不同，监管队伍的组织体系差异较大，被监管者受到的管控也存在差别。另外，现行多种且较为松散的监管体制也是客户受到法律服务二次侵害的原因之一，再加上监管人员数量有限、整体素质有待提升，就造成了不能令服务提供者与服务购买者满意的监管局面。

（三）法治环境混乱使市场法治信念受损

目前法治环境依然有待提升，行政权膨胀并干预司法权，司法人员素质及司法权独立性有待提高，权力寻租、执法权滥用等情况屡见不鲜。法律服务者作为帮助服务购买者实现其正当、合法目的的辅助人员，其实现服务购买者的诉求往往被潜规则、暗箱操作等阻止或抹杀，打击了法律服务者的市场信心。

其实，法律服务市场的监管体制变革非一朝一夕之力即可促成，将法律服务引入正规化、有序化、市场化的发展轨道，服务创新应是法律服务者在竞争中处于优势地位的必然选项。

三、法律服务的创新趋势及实践探索

2015年11月，国务院《关于加快发展生活性服务业促进消费结构升级的指导意见》发布，首次明确提出将法律服务作为生活性服务来促进消费结构升级，这不仅彰显了法律服务业在产业结构体系中的重要地位，也为法律服务市场的有序发展奠定了良好的法律、政策基础。当然，法律服务创新不只是将创新的注意力集中到顾客期望上，将服务产品与企业自身的发展愿景及企业文化结合，将追求创新利润作为服务创新的出发点和归宿，还应考虑法律服务的公益性及社会使命性。事实上，近几年我国法律服务机构尤其是律师事务所都在以不同途径、不同内容进行着自我变革与创新，这符合我国关于法律服务业不断创新发展的总体趋势。

（一）转换发展思路、创新服务模式的律所变革

天同律师事务所一直致力于成为中国高端民商事诉讼最佳解决方案提供者，其所代理的案件多次被编辑于最高人民法院等各类审判指导文件中。但随着网络经济、共享经济及互联网思维等新型经济业态兴起，天同人转换发展思路成立专门的研发团队，创办了天同诉讼圈微信平台、天同律师微博，举办了天同开放日及巡回演讲交流等活动，及时更新并宣传天同律师最新研究成果及诉讼经验，不断将服务消费者范围拓宽至律师行业并形成天同粉丝社区，同时

研发了与其诉讼专长相应的"天同码"产品，将民商诉讼案件代理过程整体流程化、产品化、可视化，取得了良好的效果。

（二）以改革分配模式倒逼服务管理创新

法律服务市场细分化为服务提供者开展合作提出要求，其核心在于收益如何分配。君合律师事务所打破了业绩固定收益、底薪加提成等分配方式，逐步设计出鼓励服务提供者团队合作及案源转介的收入分配模式，即实施一项为期三年"锁定步伐"分配模式试验。该实验每年对合伙人进行评估，评估要素包括案源引入、工作执行、新人培养、管理职责，行政技能和其他非财政贡献等多方面，根据评估结果以一定的基点来确定合伙人薪酬。通过透明的指标评价体系，鼓励合伙人加强团队合作交流，借助于跨区域、跨团队、跨专业的协作注重对年轻律师培养，充分发挥年轻律师在互联网技术上的优势，从入职年限、客户拓展、业务执行、计费总量及对其他利益贡献等方面综合选拔青年人才做合伙人。

（三）法律电商带来的新机遇

法律电商是网络技术与法律服务行业结合的产物，通过网络运营商提供的网络平台促成法律服务交易。2008年创立的易法通是我国首家以法律信息化平台为载体的在线法律风险管理外包提供商，公司招募了2200多人的律师联盟，由专业团队根据企业常见法律风险，借助互联网思维上线各类实用法务咨询数据库（主要指运用大数据技术整理的各种行业法律实务合同文本及规章制度数据库）为各类服务购买者解决法律问题，降低了服务购买者的交易成本。2015年11月20日，易法通作为首家法律电商高新企业获准挂牌新三板。

综上，基于国家对法律服务行业的产业定位与发展规划，变革与创新法律服务是服务提供者对市场做出的积极回应。

四、法律服务创新路径

法律服务创新应建立在现行立法体系所形成的法律服务市场格局上，是基于法律服务市场系统的全方位内部驱动型创新。创新主体为各层次法律服务机构及法律服务者，创新路径不仅限于服务内容、服务模式、服务产品等服务本身的创新，还包括服务机构组织形式、服务对象、服务客体等支撑服务本体的外在形式创新。

（一）法律服务机构组织形式开放性

法律服务机构的组织形式直接决定其发展规模、内部管理机制及责任承担。组织形式的创新迟缓直接导致管理缺乏机制创新，进而决定了法律服务者在收入分配、责任承担等方面不可妥协的争议，阻碍了法律服务者有机整合。

从全球范围内来看，自20世纪80年代开始，西方律师职业的服务已慢慢转向有限合伙、有限公司等新的组织形式。虽然近年来国内律师事务所的组织形式也不断探索，甚至取得一些良好效果，但总体仍不容乐观。法律服务机构组织形式创新既要强调法律服务业的社会价值又要看到其商业性，可在管理上引入公司化管理，在责任形式上实行一定的有限责任。2008年全球金融危机后，“虚拟律师事务所”组织形式也值得关注，[6] 尤其是网络技术与传统服务业结合的条件下，不固守传统的律师事务所模式才能更好地促进行业发展。

（二）服务产品化及服务内容创新

法律服务以法律文书、庭审表现及谈判技巧等表现形式，但服务本身是一个无形知识有形化的过程，这就要求服务提供者要将自身服务内容外在化，通过可观察、可触摸、可物化的产品体现服务，并把客户的需求体现在服务产品的整体构思上，不仅是将服务以产品形式体现，更是对服务内容的重新整合与创新。要在产品设计中体现服务，就必须考虑服务转化为产品的可能性、存在形式及内容的可拓展及可表达性，体现服务内容的个性化，使内容在合规、无风险前提下，与一类或某个客户的实际情况相符，从客户需求出发，体现售前咨询、售中指导和参与、售后跟踪管理与培训等内容，把注意力集中在对顾客期望的把握上。

（三）服务对象与服务客体的拓展

扩展服务对象就是将服务覆盖到原有范围或主体之外，借助互联网技术和平台将城镇客户与农村客户、有偿客户与无偿客户、大型客户与中小型客户、成熟型客户与成长型客户全面纳入。法律服务对象的期望不同，要求服务本身应有一定弹性，对共性问题统一标准，对个性问题具体分析，无需一味追求规模效应。服务客体拓展不仅要紧盯传统业务，还要对中、高端业务有所储备；不仅熟悉现存业务，还要对未来趋势有所思考；不仅要将法律事务当作业务，还要将企业内部经营等非传统法律事务作为业务新方向；同时国内业务与国际业务两条腿走路。

（四）服务理念变革与模式创新

服务理念变革与模式创新是基于法律服务市场的实际和变化，树立主动服务的基本理念，通过运用现代通讯技术与科学方法将法律服务者整合起来，以客户需求为核心，以服务为统领，通过服务提供者的系统设计，为客户提供一套完整解决问题及后续延伸服务的方案。整合法律服务者主要是解决传统一人或单一专业团队提供服务的不足，在未来可借助互联网技术弱化现实团队合作乃至个人服务的效率低、成本高等弊端，构建固定或随机的虚拟服务团队。

（五）学习型法律服务机构是服务创新的知识保障

构建学习型法律服务机构需明确社会正义服务的指导思想，以组织共同愿景为基础，以分散学习或团队集体学习为形式，通过专业知识、技能，商务知识及其他知识的学习，不断增强组织创造潜力，塑造法律服务者个体素质、团体能力及创新意识。通过组织成员互动式民主平等交流，以科学管理为接口，创新法律服务的同时提升法律服务机构自身的管理水平和层次。

小　结

由于我国法律服务市场中一些长期固有障碍无法短期消除，因而内源化服务创新能有效在法律职业公益性和营利性上寻求平衡，引导法律服务走向正规化、秩序化和市场化，保证法律服务的社会属性，又能实现法律服务者的自我需求。

参考文献：

［1］Berry，L. L.，Shankar，V.，Parish，J. T.，Cadwallader，S. & Dotzel，T. Creating new markets through service innovation ［J］. Sloan Management Review，2006，47（2）：56-63.

［2］陈晔. 基于服务新特征的服务创新路径与策略［J］. 科学管理研究，2010（4）：7-10.

［3］（英）乔·迪德，福兰克·M赫尔. 李靖华，译. 服务创新对技术机会和市场需求的组织相应［M］. 北京：知识产权出版社. 2010（5）：102—103.

［4］吕德快. 虚拟律师事务所若干问题初探［J］. 法治研究，2009（7）：79-84.

互联网律师业务发展瓶颈问题原因的探究

广西万益律师事务所　袁翠微　潘海清

内容摘要：在移动互联网时代，电子商务给许多行业带来翻天覆地的变化，电子商务是否可以在法律服务行业尤其是律师业务中发展？是什么原因制约了互联网律师业务的发展？文本拟从律师业务的三个特性：发生概率的低频性、操作过程的非标准性、价格的模糊性三个角度，来探讨互联网律师业务发展瓶颈问题的原因。

关键词：互联网　律师业务　律师事务所　律师

引　言

随着移动互联网时代的到来，电子商务发展迅猛，对许多行业产生深刻影响，法律服务业也不例外。“有数据显示2014年中国法律服务的市场规模已经超过1000亿元，2017年则将达到5000亿元。”[①]在互联网+法律服务时代，面对互联网法律服务这片蓝海，对法律电商、律师事务所及律师，既是机遇，也是挑战。

互联网法律服务是指“把某种法律服务通过标准化、规范化、流程化打包成一个产品，通过互联网实现交易。”[②]与货物商品交易，或者餐饮、旅游、娱乐等服务业相比，为何互联网律师业务发展缓慢？制约互联网律师业务发展的瓶颈问题是什么？笔者以律师法律服务的特性为出发点，从以下三个方面进行阐述。

一、律师法律服务发生概率的低频性，是互联网律师业务发展的瓶颈问题之一

律师法律服务发生机率的低频性，决定了律师业务不会是电子商务之中发展最早最快的领域。

①纪立平、e媒体：“互联网+法律”又一个千亿市场，http://edushi.baijia.baidu.com/article/113777，最后访问日期：2016年6月14日。

②“法律电商”词条，搜狗百科，http://baike.sogou.com/v62845269.htm?fromTitle=%E6%B3%95%E5%BE%8B%E7%94%B5%E5%95%86，最后访问日期：2016年7月16日。

产生法律服务需求的原因有二：其一，主体之间的纠纷已经无法协商解决，只能通过诉讼解决，即诉讼业务；其二，主体为确保其行为合法的同时又能达到预期目的而需要律师协助解决，即非诉讼业务。这就决定了法律服务不具有广泛的需求性，不是一种必需品，其发生的概率不高，即“低频性”。“中国人的法律需求其实是一个低频需求，不同于购物、吃饭等刚性需求”，[①]有的人也许一辈子都不会需要律师，有的企业也许十年都没有找过律师。市场是只看不见的手，总是向最需要的地方伸展，因此电子商务中货物交易是最早最快发展起来的。网购行为大量集中在日常消费品上，从文中的两张截图[②]可以看到，当前国内最大的两家电商提供的网购商品均为自然人的日常用品，并没有法律服务产品。

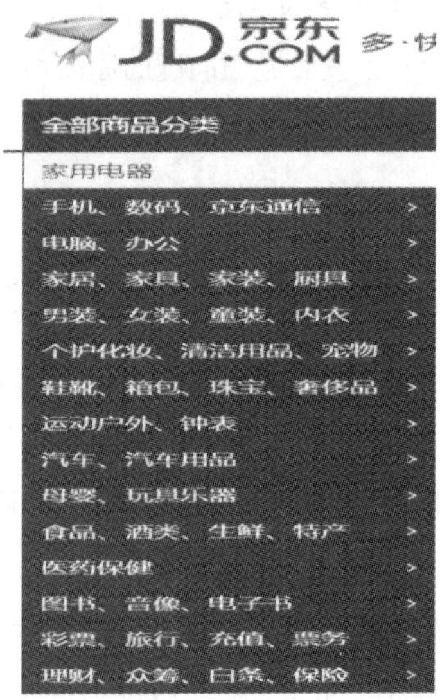

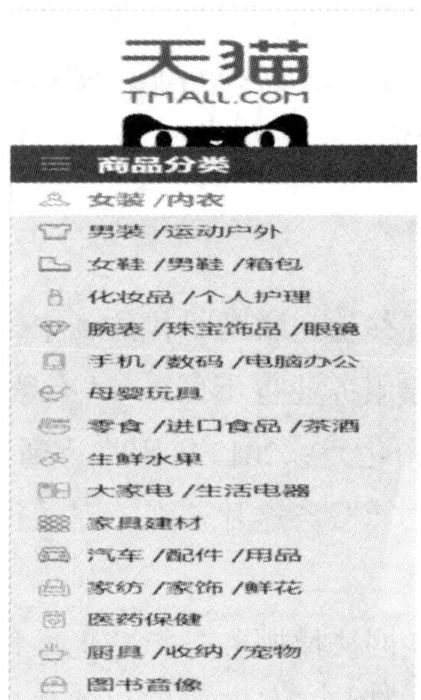

我国电子商务起步于1990—1993年，成熟期是2010年。[③]国内互联网法律服务业起步较晚，21世纪初期，雨后春笋般冒出一批法律门户网站。号称“中

① 夜千，知乎，http://www.zhihu.com/question/23968364，最后访问日期：2016年7月16日.

② 左图来自京东商城网站 http://www.jd.com/?cu=true&utm_source=123.sogou.com&utm_medium=tuiguang&utm_campaign=t_1000003625_sogoumz&utm_term=5f960ebce84848ada0a40e4166c01576，右图来自天猫网站 https://www.tmall.com/?ali_trackid=2:mm_26632331_7304251_24130794:1468630249_265_453019119，最后访问日期：2016年7月16日。

③我国电子商务起步于1990—1993年，雏形期是1993—1997年，发展期是1998—2000年，稳定期是2000—2009年，成熟期是2010年。例如阿里巴巴网站是1999年创立，淘宝网是2003年创立。此处5个阶段的划分，根据百度百科词条“电子商务”整理，http://baike.baidu.com/link?url=6mEHAJVePNkdylbSfDIf7x9iOFKV8ayYvph91hS11UtzqXUV7RTEr-ZANlY4r6gQKOkGqwBuFL4-3ZHfWrwoZbK，最后访问日期：2016年7月15日。

国法律第一网”的中顾法律网（http://www.9ask.cn）是2005年创立的，华律网（http://www.66law.cn）是2004年创立的。这些网站的收入主要来自律师支付的广告费，律师在网站上的服务主要是提供免费法律咨询。律师需要在海量的免费咨询用户里挑选优质潜在客户吸引到线下。这样的运作模式带有O2O的影子，但这些网站还不是真正的法律电商，法律电商源于美国，比如1999年成立的Legalzoom，而中国“2012年诞生了十几家法律电商型网站”[①]，起步稍晚。

二、律师法律服务操作过程的非标准性，是互联网律师业务发展的瓶颈问题之二

“法律电商要完成一项项法律服务，必须以可量化操作的步骤来进行，否则在定价、服务体验、利益分配、售后服务上存在很多操作性难题。”[②]律师法律服务操作过程的非标准性，决定了律师法律服务难以形成可量化的标准产品，这是互联网律师业务发展中的核心问题，也是法律服务与互联网难以融合的关键问题，是最难解决的问题。

有形商品的质量、成分、重量、外观、包装等均可进行量化，形成一定的规格型号从而达到标准化。一类是完全标准化，比如每一台型号为LE39B3300W的LED海尔彩电；另一类是大体标准化，比如每一包“好想你”品牌的执行产品标准号为Q/IIXN0006S的“和田枣夹核桃”。产品标准化的优势在于能够大批量生产复制，从而降低生产成本。

法律服务却难以做到标准化，原因何在？是因为法律服务提供的不是有形产品而是智力成果。发明创造、商标和作品都是智力成果，一旦它们以物质的方式体现出来，它们的物质载体就可以标准化。例如，作者脑海里的故事是智力成果，一旦该“故事”以物质形式体现出来，被印刷成一本书时，就可以标准化生产。那为什么法律服务难以标准化？因为法律服务与知识产权不同，它具有自身的特殊性。

其一，法律服务需求及产生原因的非类似性，导致法律服务难以标准化。如将法律服务视为一项产品，当事人的需求和业务的具体事实即案情就是“原材料”，而每一位客户的需求、每一个案件的案情，也许会出现类似的部分，但不会完全相同。客户需求的不同与案情的不同，决定了法律服务是一种个性化的服务，具有“一对一”的特性，导致法律服务难以量化，进而导致难以标准化。

① “法律电商”词条，搜狗百科，http://baike.sogou.com/v62845269.htm?fromTitle=%E6%B3%95%E5%BE%8B%E7%94%B5%E5%95%86，最后访问日期：2016年7月16日。

② “法律电商”词条，搜狗百科，http://baike.sogou.com/v62845269.htm?fromTitle=%E6%B3%95%E5%BE%8B%E7%94%B5%E5%95%86，最后访问日期：2016年7月16日。

其二，法律服务外在形式的差异性，导致法律服务难以标准化。作为一种智力成果，法律服务最终也会以一定形式表现出来，例如法律文书、庭审辩护或者代理、调查行为等，但是，其外在形式也具有差异性。例如，即便有的法律文书在格式上是标准的，但内容不会完全一致；或者有的法律服务在流程上是统一的，比如申请商标注册，所需材料的种类也是同一的，甚至每一份材料的标题都是相同的，但每份材料的具体内容还是不同。尽职调查的项目不同，调查对象、内容也会不同。如此一来，法律服务难以标准化。

其三，法律服务的无法提前完成性（或称事后形成性），导致法律服务难以标准化。有形产品的购物行为在消费者付款之时，商品大都已经存在，即便其所购买的商品暂时断货，购物者可以通过产品说明书之类的材料得以了解商品。法律服务却完全不同，当事人购买法律服务时，因专业知识的缺乏，有的当事人对律师提供法律服务的内容知之甚少；同时，律师也无法在双方达成委托合意的时候就拿出一个现成的“法律服务产品”，因为此时律师的法律服务并未开始。例如，诉讼案件中，当事人与律师签订委托代理合同后，律师才会开展实质性工作，对案情进行分析调查，做出案件分析报告，草拟起诉状，出庭应诉等。又如，尽职调查中，律师需要开展大量调查工作，但最后呈现到当事人眼前的只是一份《尽职调查报告》。律师提供法律服务，不是单纯地提供一件“货物”，而是提供一种“服务行为”，是一个持续不断的过程。现实情况复杂多变，决定了律师在提供法律服务的过程中需要与当事人不断沟通，二者需要建立起彼此之间的信任关系。标准化意味着先有产品标准，然后按照标准批量生产产品，而法律服务是先有服务，后有服务成果，如何标准化？显然难以做到。

其四，法律服务过程参与主体的多元性，也导致法律服务难以标准化。例如，刑诉案件中侦查人员、受害人、公诉人、被告、法官、证人、鉴定人等，在不同的阶段，会参与诉讼程序。在非诉讼业务中，当事人委托事项不同，将导致涉及主体的不同和多少。如果是一项房地产项目，政府部门、开发商、拆迁户、鉴定机构等多方机构人员都会牵涉进来。如此一来，如何标准化？显然难以做到，而且，调查取证、出庭应诉等法律服务必须在互联网线下才能完成，也加大了法律服务标准化的难度。

综上，“律师服务是一个语言沟通、信息采集读取、法律化梳理、资源整合、再按照个案（包括诉讼、非诉讼）需求进行输出或运作这样一系列逻辑化的脑力和体力劳动”，[①]是一种创造性的劳动，是一种服务的过程。因此，法律

① 陈慧：“谈谈互联网时代的法律服务”，http://www.360doc.com/content/15/0120/20/873070_442388906.shtml，最后访问时间：2016年6月14日

服务难以量化，也难以标准化。

三、律师法律服务价格的模糊性，是互联网律师业务发展的瓶颈问题之三

电子商务与传统商品交易最大的差别在于价格优势、速度优势。标准化有形产品通过大批量生产复制，降低了产品的生产成本。电子商务通过减少流通环节，再一次降低产品的流通成本。二者结合形成“网购”比实体店购买“便宜”的现象。

在法律服务无法标准化的前提下，互联网法律服务还可以廉价吗？狮吼网联合创始人陆海天认为：“第二代是标准化的法律服务，核心资源提供廉价的法律劳工，向消费者收钱。比如请律师起草完一个文件可能花5000元，现在通过网上服务可能300元就搞定了。”[①]

当前，法海网、赢了网、法大大、知果果、法斗士、易法通等国内十几家兴起的法律电商，纷纷各显神通，而价格更是其中的关键。例如：知果果（http://www.zhiguoguo.com）号称“国内首家专注于知识产权领域的垂直法律电商平台”，免费商标注册、外观设计专利申请是其明星产品。从知果果网站的截图[②]可以看到，该网站并非所有产品都是免费。广西某家律师事务所商标代理收取的服务费是800元—1000元，著作权登记的服务费是500元—1000元，异议复审的服务费3500元起步。除去免费项目，知果果网站的收费，有的比市场价格略低。

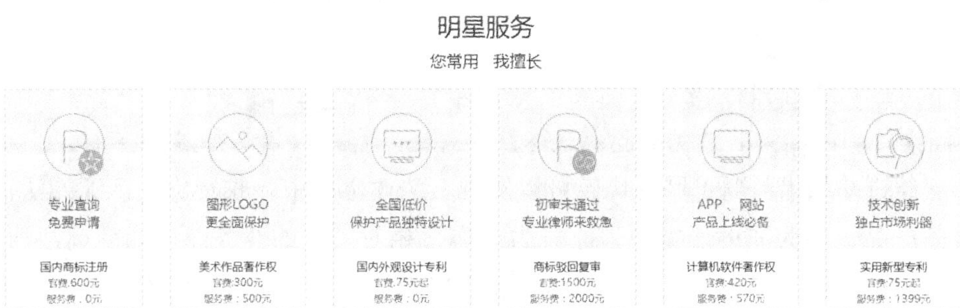

赢了网（http://www.yingle.com）首创律师竞标模式[③]，但该网站同样以免费法律服务咨询作为吸引客户的手段。笔者打开一份《盛先生的房产土地案》[④]，该案共有15位律师参加竞标，14律师提供法律意见，法律意见通过赢了网法律

---

① 《法律服务O2O，只是看上去很美？》http://news.xinhuanet.com/legal/2016-02/21/c_128737397.htm。

② 图片来自知果果网站http://www.zhiguoguo.com/，最后访问日期：2016年7月17日。

③ 图片来自赢了网网站http://www.yingle.com/，最后访问日期：2016年7月17日。

④ 根据赢了网网站内容整理http://www.yingle.com/c/faces/pc/lawsuit/classiccase/classicdetail?id=1，最后访问日期：2016年7月17日

顾问评审的律师数量是11位，11位律师的报价情况为：300元（1位）、5000元（1位）、8000元（1位）、10000元（1位）、15000元（1位）、20000元（4位）、30000元（3位）。上述报价均为“一次性收费”，均为“一审代理前收费”，最低报价300元仅为最高报价30000元的百分之一。然而，中标获得委托的高律师，并非报价最低的律师，他的报价为20000元，其业务水平指数为2016，是11人中最高者；其法律意见评分为86.00，在11人中位居第二；其简历评分为9.0，在11人中位居第三。

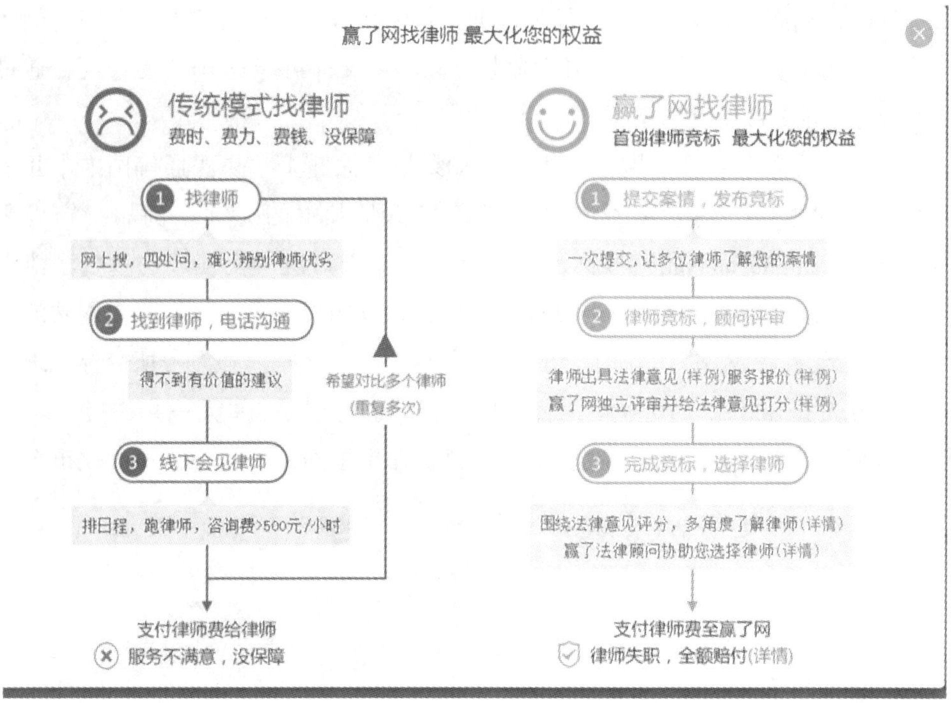

经过知果果与赢了网的比较可以发现：法律电商中，收费价格低廉的法律服务产品，多为非诉讼类中程序较为成熟、相对简单的业务。比如商标注册，其流程由商标局确定，材料商标局也有明确规定。至于诉讼类案件或复杂的非诉讼业务，即便通过法律电商的推荐，其价格也难以低廉。如文中所列举《盛先生的房产土地案》中的盛先生，也并未选取报价最低的律师。这与陆海天先生提到的“标准化的法律服务”、“廉价的法律劳工”说法显然不一致。

“需求者总是喜欢用更低的价格来购买服务，但是就法律行业而言，知识劳动本来就不廉价。为了降低成本，只能做出标准化的可以批量复制的产品。”[①] 律师法律服务是一种垂直服务，是针对具有特定需求的特定主体提供的专业性服务。律师是专业人士，一名优秀律师的培养成本是不小的，这种培养成本自

① 夜千，知乎，http://www.zhihu.com/question/23968364，访问日期：2016年7月16日。

然会体现在其提供的法律服务价格上。律师的法律服务价格，包括但不限于以下因素：法律业务本身的复杂程度、律师本人专业水平的高低、经验的多少及律师个人的声誉影响力、办理案件耗费时间长短、人员多少、距离的远近、案源的稀缺程度、律师与当事人关系的亲疏、收费方式、案件的社会影响力等等。这些要素的不同，必然导致法律服务价格的模糊性。尤其采取风险代理的情况下，律师服务价格更加难以确定。法律服务特别之处还在于：律师提供的法律服务与当事人的主观需求，并不当然画等号。当二者出现差异时，甚至会引发当事人与律师之间就法律服务价格产生的纠纷，引起法律服务价格变动。

综上，笔者认为，标准化的法律服务产品，至少在现阶段，无法覆盖法律服务的全部领域。恰恰相反，当前只有极少数的法律服务领域可以做到标准化，即便是成熟的法律电商也无法完全取代律师的地位。“LegalZoom 无法完全取代律师的角色，它的业务范围主要集中在非诉讼业务上，比如申请商标、创建公司、书写遗嘱以及订立租赁合同等等”，①复杂疑难的法律业务以及出庭应诉等，法律电商无法离开律师独自承办，仍需律师亲力而为。在人工智能尚未高度发达之前，试图通过低廉价格来推行网络法律服务的做法，并不可行。互联网法律服务的发展，必须要解决非标准化服务与差异化收费的问题，解决线上服务与线下服务的问题。

探讨问题发生的原因，目的在于解决问题，由于篇幅有限，如何解决互联网律师业务发展的瓶颈问题，无法在此文讨论，笔者很是遗憾。愿此文可以抛砖引玉，引来更多探讨。

参考文献

[1] 王映.法律服务电商难题 [J].载封面故事，2016（1）.

[2] 康丹.法律服务行业在互联网时代的发展契机 [J].清远职业技术学院学报，2013（10）：5.

[3] 王映.法律服务弄潮“互联网+” [J].互联网观察，2015（9）.

[4] 陈丽丽.国外互联网内容管理的经验 [J].人民法治.

[5] 陈秋兰.聚焦：互联网+法律服务——第四届中国信息网络与高新技术法律实务研讨会综述 [J].中国律师，2015（10）.

[6] 熊汀，王欣.浙江律师：互联网金融法律服务的新思考 [J].中国律师，2014（9）.

① http://www.ifanr.com/87975，访问日期：2016年7月16日。

[7] 夜千，知乎，http://www.zhihu.com/question/23968364，最后访问日期：2016年7月16日.

[8] http://www.ifanr.com/87975，最后访问日期：2016年7月16日.

[9] 法律服务O2O，只是看上去很美？http://news.xinhuanet.com/legal/2016-02/21/c_128737397.htm，最后访问日期：2016年7月15日.

[10] “法律电商”词条，搜狗百科，http://baike.sogou.com/v62845269.htm?fromTitle=%E6%B3%95%E5%BE%8B%E7%94%B5%E5%95%86，最后访问日期：2016年7月16日.

[11] 百度百科词条“电子商务”，http://baike.baidu.com/link?url=6mEHAJVePNkdylbSfDIf7x9iOFKV8ayYvph91hS11UtzqXUV7RTErZANlY4r6gQKOkGqwBuFL4- 3ZHfWrwoZbK，最后访问日期：2016年7月15日.

[12] 李万祥.法律电商：创新“互联网+”时代下法律服务[J].中国经济网，http://www.ce.cn/xwzx/gnsz/gdxw/201511/01/t20151101_6866828.shtml，最后访问日期：2016年7月16日.

[13]《猎律网中国版legalzoom,一次划时代法律服务市场变革领导》，http://news.163.com/15/0724/22/AVAQ878J00014AED.html，最后访问日期：2016年7月16日.

[14] 蔡航.法律服务为何电商化.国浩律师事务所网站，http://www.grandall.com.cn/grandall-research-institute/legal-study/grandall-forum/140826153048.htm，最后访问日期：2016年7月16日.

[15] 蒋勇.如何观察法律服务互联网化路线图？http://tech.163.com/16/0606/07/BOS257NV00097U7V.html，最后访问日期：2016年6月14日.

[16] 百度百科词条“互联网”，http://baike.baidu.com/link?url=svRhAIrm4D-dQQ1Ra3un-Ihknme7ml5dLfH9sy67ygAQuNEJc45XxkmQ79mgflpQoLXPgI7IPXNkcQaTESkGbk3Gj6XpaM6zldHfkataKqy，最后访问日期：2016年7月1日.

[17] 纪立平，e媒体.“互联网+法律”又一个千亿市场，http://edushi.baijia.baidu.com/article/113777，最后访问日期：2016年6月14日.

[18] 梧桐理想.易法通:法律服务电商，http://finance.qq.com/a/20160603/023983.htm，最后访问日期：2016年7月16日.

[19] 赢了网：创新法律服务如何角逐“互联网+”，人民网上海频道，http://sh.people.com.cn/n2/2016/0519/c134768-28364231.html，最后访问日期：2016年6月14日.

[20] 谈谈互联网时代的法律服务，http://www.360doc.com/content/15/0120/20/873070_442388906.shtml，最后访问日期：2016年6月14日.

[21] 陈慧.谈谈互联网时代的法律服务，http://www.360doc.com/content/15/0120/20/873070_442388906.shtml，最后访问日期：2016年6月14日.

［22］ 陈庆麟，许华亮.法律服务也可以网购了“互联网+法律”已在路上，http://tech.ifeng.com/a/20151103/41500509_0.shtml，最后访问日期2016年6月14日.

［23］ 尹燕德，朱林海，丁伟晓.法律服务如何对接互联网时代，http://www.lawyers.org.cn/info/b7d3c6c949cd4c62abaf6b2525340f9a，最后访问日期2016年6月14日.

［24］ 林平，唐超.业界研讨“互联网+”时代下法律服务行业创新，人民法治网，http://www.acla.org.cn/html/fazhixinwen/20151106/23366.html，最后访问日期2016年6月14日.

互联网+“律师门诊”

内蒙古加度律师事务所　王　勇

内容摘要：本文从三个方面来探讨互联网+法律服务的问题，一是互联网+法律服务的概念，秉持“产品至上”、“技术至上”，探索解决律师界长期存在的案源问题；二是着力于培养青年律师，遵循青年律师从“技术律师”到“责任律师”再到“品牌律师”的发展规律，尝试解决长期困扰律师界的青年律师成长问题；三是探索“法律服务标准化”，为律师执业水平评价体系和制度的建立做一些有益的探索。

关键词：律师门诊　法律服务标准化

引　言

律师界长久以来存在“二八定律”之说，简言之，就是20%的人掌握着80%的法律服务市场，奉行“渠道为王”。中国律师制度恢复才30多年，先辈律师们的确在那个从无到有、从弱到强的法律荒漠服务年代，牺牲了官本位的思想，毅然下海，开创了律师的法律服务市场，平台理论是有其历史根据的，无可厚非，理所当然。但众所周知，互联网时代的到来，确实改变了许多，它深刻地影响着我们的生活，也影响着法律服务行业。我们这一代人的核心竞争力注定不可能再重走老路，继续依靠渠道为王，因为已经没有那种历史土壤。

做产品，奉行“技术至上”，可能是我们的必然选择，也是我们的安身立命之本。互联网可能是我们这一代人区别于前辈们的主要特征，用好互联网，使好产品与市场需求真正得以打通，实现O2O，把案源这个令无数律师头疼、心痛的问题彻底解决掉，这是我们这一代人需要为之努力、奋斗的事业。我们信奉的一句话就是：只要你能做出好产品，就一定能找到好市场。

一、产品构成

主要包含如下四个要素：

1.从老百姓、客户、当事人朴素、啰嗦、繁复的案情介绍中，提炼法律问题，这个法律问题一定是能够反映和代表市场需求的法律问题；

2.推送法律释义与法律依据，有了法律依据，就像掌握了维权的武器一样，最容易使人在理论时有理有据，这个是律师的基本技能，一定要精准、无遗漏；

3. 利用我们购买的强大数据库系统，再推送实践中发生的相似案例；案例是法律实践的生命，有了案例会使人对法律问题的理解更为形象、更为具体，同案同判是朴素的法律适用逻辑；

4. 如果与我们推送的案例有相似之处又有不同点，这个时候，律师的服务空间就出现了，可以再推送“具体的解决方案”，获取法律服务的市场价值。

可以说，在这个产品结构中，前3点是个药引子，也是技术律师的基本功，最后一点是盈利点，通过前3点我们需要客户了解我们的专业能力与专业水平，最后一点则更为个性化、贴身、量身定做，体现专属性。这样的产品，范围可以涵盖诉讼与非诉业务领域（含IPO、上市公司再融资、并购重组、新三板挂牌、税务筹划等等），尽可能丰富、贴近实践、适时更新。

中国出台案例最多的两个部门：一个是最高院、一个是证监会，那里的案例资源是海量的，只要肯沉下心来去挖掘这些大数据，其中蕴含的市场价值是非常巨大的。我们这个团队，每天大家就当是学习，一天至少积累一个诉讼案例，三天整理一个非诉案例，半年下来就能积攒到一千多个案例，一年下来就是两千多个，这个数量是相当可以的，而且我们梳理、提炼、整理的每一个案例就代表的是一个产品。因为实践中企业和老百姓提出的问题基本上都有相似性，这个产品在实践中可以被出售许多次，甚至可以达到上百次，最后如果进入公知领域，因为这个产品上明确标有我们的LOGO和律师门诊标识，还可以为我们的律师门诊做广告，只要产品好就会有好口碑。

二、团队构成

律师门诊这个平台上线以后，可以说是24小时不打烊，一年365天都是全开放的，我们的团队将会分成前台、中台、后台、润色4大部分。

1. 前台主要负责梳理企业和老百姓提出的各种各样的问题，将其提炼转化成法律问题；

2. 中台针对这些提炼出的法律问题，利用我们拥有的强大数据库体系，检索法律依据和情形相似的案例；

3. 后台主要负责将法律问题、法律依据、法律释义、相似案例整理成逻辑通顺、成体系的产品；

4. 润色团队,我们将请一些文字水平比较高的老律师对产品进行打磨润色，最终形成一稿语言简捷、通俗易懂、贴近生活实践的好产品，就像我们读《毛泽东选集》那种感觉一样，将法律问题通俗化，转化成老百姓和企业都能够听得明白、读得懂的好产品。

我们的前台、中台、后台与润色，需要的都是精兵强将，前台律师一定要有对实践的敏感性和敏锐性，有丰富的实战经验，必须具备转化和提炼法律问题的能力；中台一定要有超强的检索技巧和经验，从海量数据中无遗漏地准确检索信息；后台这个写作团队也很重要，要逻辑清晰、思路明确、整合材料的能力很强；润色这个团队需要的是文字功力和语言技巧，一个法律产品如果让外行人看得都非常有意思，我想这个产品的生命力是永恒的。

三、平台和产品定位

律师门诊的主要服务对象，即切入点问题，平台需要对客户群体进行定位。创立前期我们还是要以企业常年法务为主，尽可能筛选优质企业，推动企业走资本市场之路。企业法律服务涵盖法律知识的方方面面：历史沿革、产权、资质、环保、质量、劳动、内控、安全、产供销等等各个环节都全面覆盖，而且企业涉及的行业类型和所有制性质各异，企业遇到的诉讼和仲裁也是多种多样，法律服务内容非常丰富。此外，企业作为一个整体，其执行力、推动力、稳定性、安全度、支付能力都要优于个人，我们抓住企业这个客户大头，相当于我们集中了优势兵力，要搞好专属服务，平台前期这样定位比较适合我们的体量，而且能保证团队不被分散精力，形成合力。

四、盈利点

平台的核心竞争力体现在我们积累的产品数量上，产品数量直接决定着我们的服务能力，平台的所有盈利点都是围绕着产品产生的。互联网时代下，要坚信只要有好产品就不会缺乏市场和卖点，借助第三方支付通道，我们收入具体可以体现在：咨询、代书、提出解决方案、梳理证据、论证、答疑等等，收费都可以通过时间来具体量化。这些铺垫重点烘托的两项主要服务就是谈判和出庭。这两项服务可以说最能体现律师价值的服务，而且也无法替代，有律师在场客户就会更为托底。但在实践中，其价值往往被模糊化，甚至有时为了接业务不惜免费提供这两项服务。而在平台上，因为已经有了产品展示、咨询、提出解决方案、答疑等前期考察了解铺垫，律师离开工作场所出庭和谈判是需要一笔相当匹配的费用，这样可以使律师的价值真正得到最充分的尊重和体现。

五、平台的不同发展阶段

（一）整合学术资源，壮大平台研究能力，形成产学研链条

律师门诊平台建立起来后，必然存在它的可复制性问题，我们也非常担心容易被人抄袭，如果不提升自身的档次，一定会出现同质化问题，发展后劲不足。与发达地区相比，我们又身处发展中地区，如何发挥比较优势是我们思考

的下一步发展方向。我们的想法是，等律师门诊平台积累到5000个案例产品体量时，这个时候因为与公众的长期互动以及每天适时不间断地更新，也会形成相当规模的访问量，有了一定的知名度，此时我们可以将一些学术资源放上去，发挥他们的研究能力，将平台变成产学研产业化实践平台，发挥法学专家的学术功底，将一些重大疑难、法律争议比较大的问题交给学界专家进行网上会诊，既可以提升我们平台的服务能力，又可以使我们平台增色不少、提升档次。

（二）对接法院案例数据资源，形成官方与民间案例挖掘与整理的良性互动，塑造法律职业共同体

我们的产品是致力于国家的民间案例制度研究，对官办案例体系研究是一个有益的补充，而且我们的平台已经具备了一定的公众反馈和响应度，也有学术资源给予技术把关，这样我们可以和最高院从全国各地法院归集上来的案例数据库联网，我们可以从中选取一些对司法实践非常有指导性意义的案例进行梳理研究和提炼、重述，因为这些案例比较新，我们的研究力量又强且不花费国家的资金，这样既可以丰富我们的数据体系，又可以通过知识纽带凝聚法律职业共同体。此外，还有一块附加值红利，就是我们的平台由于广泛不间断地接触实践，最高院每一则司法解释的出台在实践中适用得如何，这一课题也可以在我们这个平台得到完全地实证体现，这些司法解释到底能否准确体现立法意图，适用是否顺畅，反响如何，我们这个平台完全可以作为最高院的实证法研究基地，我们完全可以将这些实证研究数据反馈给最高院，实现官方和民间在案例研究和法律适用实证研究方面的数据融合和互动。

六、平台对律师行业的影响

（一）净化和规范法律服务市场，使良币驱逐劣币

法律工作者一直是我们法律服务领域的一块鸡肋。进而规范，囿于其基本素质几乎没有可能；退而取消，则又会使老百姓普遍存在的法律服务需求无法得到满足。互联网律师门诊推出后，依托对典型、常见案例的归纳和总结，针对一般法律问题，会形成很多标准化产品，这些产品通过互联网可以轻松检索到，我们的产品中既有典型问题，又有法律依据和释义，还有相似案例，这对老百姓应该有很强的说服力，再加上我们平台配套推送一些电话咨询、代书、草拟举证说明、推荐专业律师等功能选择，能够很好地使老百姓接触到优质的法律服务，使劣质法律工作者在法律服务市场中无法浑水摸鱼，同时也能引导使之走向规范，因为老百姓通过我们的产品，对自己当前最关心的事，基本可以形成正确的认识会对劣质法律工作者产生一定的免疫力。

（二）培养青年律师，打牢技术基础

青年律师成长问题的主要症结，我感觉还是出在传帮带作用的发挥以及律师待遇分配不均问题上，这是主观原因；还有客观原因，就是案源有限，法律服务市场规模不大所致。平台上线后，需要培养大批的技术律师加入，所有加入这个平台的青年律师，并能够在这个平台上站稳的律师，必须都要先梳理案例，会做产品，而且必须达到一定的量才算合格律师，做产品的能力应该是一个青年律师的基本功。我们这个平台的锻炼价值就在于，青年律师每天都能接触到鲜活案例，而且他每天的工作时间基本可以用到实践上，避免出现“等、靠、要”，出现律师执业初期的迷茫。互联网使得法律服务市场可以突破地域的限制，丰富的支付手段又可以保证律师的优质服务得到快捷合理持续的回报，越来越多的业务领域又可以无限满足青年律师多样的学习兴趣，案例研究还给青年律师提供了最具实践意义的教学课堂，青年律师每做出一个好产品，就可以通过互联网实现多次的购买，省去了中间渠道，使得业务能力与市场需求实现了O2O，引导青年律师将主要精力放在业务学习上，解决案源对青年律师成长的影响。

（三）体现法律服务公允价值，便利政府采购法律服务

目前法律服务市场在非诉业务领域缺乏统一标准，律师服务的公允价值无法准确反映，就常年法律顾问来说，低的3000元—5000元一年，高的可以上千万元，这里面既存在严重低估的问题，也存在过分高估的问题。低估会使律师对服务质量难以保证挫伤执业信心，高估则会产生利益输送、国资流失。我们这个平台上线后，因为面对的主要客户群体是企业，依托我们日积月累形成的庞大产品体系，在与企业的一问一答互动中，既能帮助企业一事一议地解决实际问题，又可以通过每一次有针对性的法律服务获得合理的业务收入。企业的问题好多基本上是相通和雷同的，触类旁通，在我们这个平台上因为能广泛接触到企业各种各样的提问，再加上我们自己强大的案例研究力量，从经验和素材方面，及时满足企业的需求应该不会有问题。未来政府采购法律服务，也不必再进行统一招标，可联动到律师门诊，一问一答、一事一议、更有针对性，客观上能使法律服务定价更为公允，更易计量。

七、平台的升华梦想

我们还有一个梦想，就是用这个平台上的积累，拍一部关于“法治”的纪录片，反映大国兴衰的《大国崛起》、体现国家一带一路产业政策的《河西走廊》、讲述资本市场故事的《华尔街》、展现公司魅力的《公司的力量》、阐释经济原理的《货币》以及描绘互联网力量的《互联网时代》，都是老百姓喜闻乐

见、听得懂、看得明白、图文并茂的好作品。但是遗憾的是，在我们这个倡导和厉行法治的时代，我们法律人却拍不出一部法治纪录片。法治到底是什么，到底必备哪些要素，一个法治社会为什么需要律师，为什么要有大检察官的存在，为什么需要法官来居中裁断，为什么要有陪审员，为什么要权力制衡，为什么要讲宪法至上，为什么要尊重我们的国情践行法治，这些知识点都没有得到普及，就像辛亥革命搞共和革命，老百姓对共和革命没有概念一样，所以这件事非常值得一做，如果我们这个平台能做成这件事，平台的创建意义就更为深远了。我们这帮吃法律饭的人，也算对法律问心无愧了。

互联网大数据对律师业务的机遇与挑战

云南刘胡乐律师事务所　徐之松

内容摘要： 随着互联网技术的高速发展，一切信息数据的收集、分析、检索、筛选都在发生着巨大变革，毫无疑问大数据时代已经来临，律师业务更是受到了巨大的影响。本文在阐述律师在大数据时代中日益凸显重要作用的基础上，重点对律师在办理业务时如何应对这些机遇和挑战进行了论述。

关键词： 大数据　律师业务　信息管理

引　言

随着数据存储技术、互联网技术的急速发展，海量信息蜂拥而至，人类已迈入了大数据时代，在这期间，社会的各行各业时时刻刻都处在互联网信息数据的包围之中。通过借助各类软件、信息平台、数学模型对这些数据进行筛选和检索，绝大多数行业从中获得了具有非凡价值的信息。当然，天下没有"免费的午餐"，只有对急速增长的数据进行收集、筛选和甄别后，方能享受大数据带来的好处。因此，律师作为智力密集型社会服务行业中的一员，其在办理业务过程中必将面临大数据带来的机遇与挑战。

一、互联网大数据的概念和特点

世界上第一次提出大数据时代这个名词的是美国一家名叫麦肯锡的咨询公司，它将囊括所有信息的数据称为大数据，也就是说大数据具有一般数据所不具备的完整性和准确性。例如，在一般传统的数据中，人们只能用样本来推测总体，但大数据可以做到其本身既是样本也是总体，因此，大数据具备了兼容不同种类数据和多元化信息来源的能力，使人们可以不再关注数据的因果联系，而是去发现数据的相关关系。维克托·迈尔——舍恩伯格在《大数据时代——生活、工作与思维的大变革》中提出："大数据时代最大的转变就是，放弃对因果关系的渴求，而取而代之关注相关关系。[①]我们已经习惯了信息的匮乏，

---

① 维克托·迈克——舍恩伯格，肯尼思·库克耶：《大数据时代——生活、工作与思维的大变革》，盛杨燕，周涛（译）. 浙江人民出版社2014年4月第1版，第124页。

故也习惯了在少量数据的基础上进行推理思考，而大数据则是对数据相关关系进行分析。每一个数据都是有价值的，特别是当数据大到一定程度的时候，它的价值更是不可言喻的”。通俗概括的讲，大数据就是运用新的数学模型（思维方式或处理模式）将海量、高速增长和多样化的信息进行筛选和甄别，最终使其变为信息资产。它的四个特点是：Volume（大量），Velocity（高速），Variety（多样）、Value（价值）。

二、在互联网大数据时代律师的作用日益凸显

律师作为实现社会公平正义、维护社会稳定不可或缺的职业，其主要职能是通过诉讼或非诉业务维护当事人的合法权益，帮助当事人预防法律风险并解决面临的法律问题。具体包括：代理法人或自然人进行民事诉讼活动；担任企业的法律顾问；依当事人委托进行尽职调查；通过对刑事卷宗及证据的调阅，找到犯罪嫌疑人无罪或罪轻的法律依据并为其提供辩护等等。互联网大数据时代的到来，给律师上述职能的发挥及业务的拓展提供了新的契机。

（一）提高法律风险的预测能力

在互联网大数据时代背景下，我国到底有多少人是信息的贡献者和分享者？据中国互联网络信息中心(CNNIC)2016年6月22日发布的《2015年中国互联网络发展状况统计报告》显示：截至2015年12月，中国网民规模达6.68亿，互联网普及率为48.8%，较2014年底提升了3.1个百分点。我国手机网民规模已达到5.94亿。[①]那么，毫无疑问，律师完全可以通过信息软件平台实时地以专业的视角将政策信息、法律法规向公众进行解读。另外，在非诉业务上，对于已形成委托关系的客户，也能根据其所属行业的特性及时向企业或个人解读最新的司法信息、政策信息，避免其在投资经营或在进行社会活动时与法律“相撞”导致风险的产生。还有，在办理诉讼案件过程中，不可避免地会有大量的文字性信息及数据产生，通过运用互联网大数据对这些信息进行分析、筛选能提高律师在代理或辩护此类案件中的胜诉率，降低办理案件的法律风险。维克托认为“大数据的核心就是预测，也就是通过关联物预测和捕捉接下来发生的事情”。[②]

（二）有效的提升律师自身的核心竞争力

长久以来，除前来咨询的客户外，律师与客户之间很少有直接联系。这也

---

① “2015年中国互联网络发展状况统计报告”，http://www.cnnic.cn/gywm/xwzx/rdxw/2015/201507/t20150723_52626.htm，访问日期2016年6月30日

②维克托·迈克——舍恩伯格，肯尼思·库克耶：《大数据时代——生活、工作与思维的大变革》，盛杨燕，周涛（译），浙江人民出版社2014年4月第1版，第26页。

使得客户的需求很难在第一时间被律师掌握，也很难针对客户潜在的法律需求及时的作出有针对性的、专业性的信息反馈。但互联网大数据时代的到来，令这种局面大为改观，律师不仅能通过信息平台对客户或潜在客户的各类活动进行信息收集，而且能够从以往被丢弃的信息中发掘出有价值的部分。例如：客户或潜在客户因需要法律服务在互联网上对律师进行了搜索，但最终可能没有聘请律师。以往，这类信息因未形成实际的委托关系而被忽略，既没有人收集也没有人分析。然而互联网大数据时代律师应对此类信息高度重视，这是律师扩展业务提升核心竞争力的关键，因为此类信息包含了客户或潜在客户所需求法律服务的类型，不仅如此，律师还可以依据这些信息，通过运用自己的专业知识对其进行量化分析和理性逻辑处理，帮助现有客户找到问题的所在，从而提供精准的法律服务。通俗地讲，律师可以通过大数据更好地了解自己的客户，从而提高法律服务质量，使客户更加信任律师的专业能力，同时，律师还可以通过互联网大数据来推广自己的业务范围，甚至可以通过对数据的管理和处理来了解客户或潜在客户的需求，从而进一步延伸自己的业务领域。在大数据时代中，中国的每一个公民，每一个企业都有权通过互联网快捷的获取到律师的帮助和服务。

三、互联网大数据时代律师业务面临的挑战

（一）律师对大数据在办理业务时的作用认识不足

想要及时抓住互联网大数据时代的机遇，有效应对挑战，首先要求律师能够尽量的掌握软件信息平台的使用。然而并不是所有律师都有精力和时间去研究掌握软件信息平台，更多的时间被用于业务知识的累积。正所谓万事开头难，互联网大数据虽然能使律师在掌握如何运用后带来巨大的好处，当然也包含了累积业务知识，但是很多律师不愿意一开始就花费大量的时间成本来掌握如何运用大数据，他们觉得花几个月来学习使用一个数据处理软件将严重影响工作和对其他专业知识的累积，投入和产出不成正比。若是聘请一位专业的数据管理人员又觉得其整理收集的信息不是自己需要的。①

（二）使用软件成本与收益的权衡

通常情况下，对于律师个人而言购买专业信息处理软件，聘请专业的数据技术人员所花费的物力和财力是高昂的，在经济学中这被认为是“成本与效益的权衡”，也就是如何平衡投入和产出的问题。律师为了在办理业务过程中降低成本和增强竞争力，就需要掌握对大数据的运用，也就是掌握对相关软件信息

① 小律所、大数据：“诉讼的数据化时代”，http：//www.acla.org.cn/html/lvsuoguanli/20140523/16755.html，访问日期2016年6月30日。

平台的运用。但软件开发需要一定的时间，熟练掌握也需要一定的时间，最为关键的是编制及维护一套适合律师使用的软件所产生的花费是巨大的。因此，前述花费是否值得，直接在考验着律师自身或律所领导对于未来的预测能力和掌握运用大数据的决心。

（三）互联网大数据对于隐私尚无妥善的保密措施

要想使数据增值就必须对数据进行收集，然后筛选、分析，因此，数据的收集就成为数据增值的前提。在我国互联网大数据发展的高速时期，数据的收集就意味着涉及一个对隐私的保护问题。对于律所而言，其可能聘请专业技术人员利用高昂的设备通过大数据对其他律师事务所的数据库进行扫描，从而获取商业信息或行业情报；对于律师个人而言，管理者在存放律师个人信息时，也涉及个人隐私问题。例如通过大数据分析某一律师最近搜索的文档或撰写的书面材料，极有可能看到这名律师对于个人事务的处理情况，严重侵犯律师的个人隐私。因此，如何通过正当、合法的技术保护措施来保障隐私是所有律师事务所及律师不可回避的问题。

四、面对互联网大数据时代的机遇与挑战，应采取多种方式积极应对

（一）提升律师对于互联网大数据的认识

万事开头难，首要的任务就是提升律师对于未来互联网大数据在办理业务中起到关键性作用的认识。第一，对于研究和学习过如何运用并掌握大数据的少数律师而言，应将自己实践后的先进经验，通过互联网或授课的方式介绍给其他律师，使广大律师更容易地了解互联网大数据是如何在业务工作中起到关键性作用的。第二，律师协会应多组织与之相关的交流和学习。第三，如果律师事务所已建立专业的信息软件，也应当经常组织所内律师对软件进行交流和学习。

（二）借助已有的信息软件系统对数据进行处理

互联网大数据最为突出的特点就是海量的信息，通过一般传统的信息处理软件已无法满足律师对信息的各项需求。但是花费巨资建立新的软件和数据库也是不可取的，现今最为恰当的方式就是购买已被开发出来的新型高智能软件，这样既可以降低花费也能满足律师在办理业务、提升业务范围、加速累积专业知识时对信息收集、筛选的需求。

（三）律师应注重培养自己掌握大数据知识的能力

当下，掌握大数据知识与法律专业知识的人才十分缺乏，律师如果自身能够掌握并精通大数据的知识，熟练使用软件这有助于提升信息收集及处理的能力，信息的价值也将被进一步挖掘。可以肯定的是，在未来律师为客户带来的专业化服务会极其依赖于信息的准确性、完整性，信息具有的价值高低决定了律师为客户带来的服务是否足够专业。因此，在面对未来越来越残酷的竞争中，律师应当腾出时间，多多参与互联网大数据知识的交流和学习，快速提升自己分析和收集信息的能力。

（四）学会使用软件中对数据信息的保密方式

律师应学会在办理业务过程中运用软件对信息进行加密，最大限度保护好信息资产的安全，同时，可在律师与律师间需要分享信息的时候，在互联网上建立一个中介存放空间，将要分享的信息放入其中，这样就能把需要分享的信息与需要保密的信息进行隔离，防止涉及隐私的信息被他人看见。[①]当然，确保信息的安全并非是律师的专长，所能做到就只有依据软件提供的保密措施尽量保证信息的安全。还有，律师与律师间共享信息的时候也应当在尊重彼此的基础上合理利用所分享的信息。

五、结论

综上，在大数据时代背景下，中国律师作为实现社会公平正义、维护社会稳定不可或缺的一员，正发挥着越来越重要的职能作用，在此基础上，律师的业务也将被进一步的拓宽、拓深，这就是大数据给律师业务带来的机遇。但是，机遇与挑战就像事物的"两面"不可分割，若不能从认识上重视大数据在律师业务中的作用，不能从拓展业务的角度来看待掌握大数据的必要性，那么，"迎接挑战"就只是一句空话。因此，对于未来我们应拿出勇气、决心和智慧，在不断拓展业务的同时，创造出一个属于我们律师自己的互联网大数据时代。

参考文献

［1］维克托·迈克——舍恩伯格，肯尼思·库克耶.大数据时代——生活、工作与思维的大变革［M］. 盛杨燕，周涛译. 浙江：浙江人民出版社，2014.

［2］曹婧.顺应信息化时代推动律所发展———北京律协召开大数据时代的律师事务所管理与发展研讨会［J］.中国律师，2013.

［3］刘珊. 大数据时代下隐私保护危机之对策分析［J］.佳木斯教育学院学报，2014（2）.

［4］万红玲.大数据时代下的精准营销［J］.新闻传播，2014.

---

① 刘珊："大数据时代下隐私保护危机之对策分析"，载《佳木斯教育学院学报》2014年第2期。

[5] 王蒙蒙．基于数据消冗技术的大数据加密算法研究［D］．河南：华北水利水电大学，2013（5）．

[6] 顾秋凡．大数据的财富与陷阱［N］．自然与科技，2014.

[7] 石鑫，程成．大数据时代下的思维变革、问题与应对决策［J］．沈阳航空航天大学学报，2013年增刊．

[8] 葛似兰，林燕．大数据时代律师事务所发展与管理的效率与局限［J］．当代青年，2015.

大数据法律保护之困

山西恒驰律师事务所　迟　菲

内容摘要：并不是一定数量的数据集合就叫大数据。只有同时具备大数据三个必要条件的才可能称之为大数据。目前，大数据在具有巨大的经济价值的同时，法律保护却处于空白状态。这造成了大数据的法律属性难以确定，大数据的权利归属、开发利用以及交易都处于法律空白状态。本文力图通过对这些困境的分析，为研究大数据法律保护提供一些思路。

关键词：大数据　大数据法律保护　数据权利归属　数据交易

大数据这个词，可能是目前人们说得最多，懂得最少的一个词。各行各业都在说大数据，都在宣称自己的服务或产品基于大数据技术。而这些所谓的大数据高科技企业中，却有很多并不懂什么叫大数据。甚至部分企业把基于传统数据库这样小数据开发的产品，换个名字自称为大数据技术。在大数据行业一片混乱的情况下，大数据的法律规制、法律保护更是一片空白。在大数据行业内部，大家对法律层面保护大数据的重要性和必要性没有正确的认识；在法律业界内，对如何规制大数据，如何保护大数据，也还是未知数。大数据本身跨专业性与在各专业中的高技术性阻碍了多个学科在大数据研究上的普遍合作。同时，大数据技术目前仍在不断改进与拓展过程中，商业模式也在不断推陈出新，造成大数据研究始终难有定论。本文希望通过对目前大数据法律保护问题的困境的分析，为各位律师在研究大数据法律问题时提供一些思路与借鉴。

一、大数据法律属性之困

（一）什么是大数据

大数据这个词，不同学科从不同角度、不同目的进行了解读，这些解读各有侧重，大多是为自身学科的需要进行的分析与研究。从法律角度考量，至今还没有一个对大数据较为权威的解读。

"名不正则言不顺，言不顺则事不成"。要弄清大数据的法律属性，必须先对大数据进行定义。

考察目前各种大数据的定义，抛开各种用途的各具特色部分，我们可以抽象出构成大数据的三个必要条件：

大数据的“大”首先是表现在数量上。对于数据来说，大无疑要求数据具有相当的数量，几十个、几百个数据不能形成趋势，自然不能称之为大数据。但大与小是相对的，到底需要有多少数据才能叫大数据，少于多少就叫小数据，也并没有一个数量级作为界限。大数据中所谓的“大”是一个相对的概念，要结合大数据具体的用途来确定。对于一定数量的数据来说，只要这些数据多到足以让数据的使用者可以通过大数据分析手段对数据进行规律性分析的程度，就可以称之为大数据。（至于大数据分析手段，应当属于大数据的充分条件，本文不予展开讨论）

大数据的“大”还表现在范围上。大数据是对某一类数据的整体进行分析处理，所谓的整体是指数据收集后形成的全部信息，包括了各种极端数据以及错误数据。与大数据相对应的是传统统计学或数据库方法处理的“小数据”，传统统计学或数据库方法是将数据进行筛选分类，去掉数据中含错的数据，不符合统计学规律的极端数据后，研究剩下那部分更具有代表性的数据。

最后一个大数据的必要条件是原生态性。大数据技术必须是对数据的原始状态通过大数据分析手段进行利用。而不是通过对数据分类、排序等方式进行结构化之后再通过提取字段等方式进行分类分析。换句简单的话说，传统统计学的小数据是把一堆数据进行精准化后，用精确分析的手段进行分析利用；大数据是在数据原生态状态下，以模糊分析的手段对数据加以分析利用。

以上三方面是构成“大数据”的必要条件，只要不符合上述任何一项，就不是大数据项目。（同时具备三项，是否是大数据还要结合分析利用方法等综合判断，本文囿于篇幅，不对大数据的充分条件进行分析）

（二）大数据的法律属性之困

大数据的必要条件决定了大数据就是一大堆零散混乱的数据，这些数据本身没有任何的人类智力成果，数据所含的信息都是一些客观事实。数据的形成可能是人工收集的结果，例如由人工对某一类数据进行采集；可能是长期经营或运营形成的数据集合，例如某大型零售企业的客户信息；还可能是计算机系统自动形成的数据集合，例如电商网站客户注册信息。从大数据是非结构化的数据这一特征就可以看出，即使是人力投入最大的人工收集的数据，也仅仅是对数据进行了简单的收集，只有人力的投入，并没有智力的投入，是不符合智力成果法律保护条件的。我国知识产权保护中的著作权、商标权、专利权三大武器并不能对大数据进行保护。而且，大数据本身是一堆客观存在的信息，这些信息占有者不能依照传统的所有权、占有权及使用、处分、收益权体系来保护。

所有权的客体是物，而大数据并不是一些实体的物，也无法纳入目前我国无形资产的传统分类。组成大数据的信息的客观存在性决定了其他人如果通过合法途径付出劳动也可能获得一份同样的数据。在这种情况下，大数据更类似与空气一类的资源，任何人都可以收集。大数据这种非独占的特点，也造成了很难依靠传统的占有权体系对大数据进行保护。

大数据在法律上到底是什么属性？它在我国现行法体系中应纳入什么法律体系进行规制与保护，这是一个难题。

从我国现行法层面分析，大数据更接近商业秘密，类似我们传统商业秘密中的客户名单。而且大数据持有者依照我国商业秘密保护的要求对数据采取了保密措施的，在遭遇侵权时也可以依照商业秘密保护途径维权。但这不能从根本上解决大数据保护的全部法律问题。

确定大数据的法律属性，最终还需要创设一种新的法律权利，这种权利不是基于对物的所有，也不是基于是否投入了智力活动，而是基于这类权利的客体是否具有经济价值，人们为获得这些经济价值是否付出了人力、物力和财力。当然这需要大数据本身发展到一定的阶段，其内涵、外延及开发利用方式、商业模式有了一定的规律后才具有可能性。

二、大数据的巨大经济价值及经济投入与法律权利空缺的冲突

大数据的经济价值毋庸置疑，目前，大数据可以说占据了我们生活的各个领域。从我们的购物习惯到我们的出行习惯等等，都通过大数据被分析和掌握。我们每天接收着各类依据大数据分析推送给我们的信息，在享受其便利的同时，也饱受骚扰之苦。大数据分析在城市管理、企业管理中的作用日益突出。智慧城市概念的实施，就是依靠大数据分析技术得以实现的。而大型企业，特别是跨国企业内部管理也日益倚重大数据。同时，一家企业在无意中收集到的大数据可以被多家企业从不同角度加以利用是客观存在的事实。在这样的情况下，这些数据本身就具有交易价值。而且数据的持有者对数据的收集、开发利用的投入也是非常巨大的；对于投入巨大，收益巨大的一种事物，必然需要对其权利进行法律保护，而现实中的这种保护却是一片空白。

企业对大数据的开发利用是否合法是需要解决的第一大法律难题。例如，A企业通过合法的途径取得了大量的客户信息。如果A企业仅仅是利用这些大数据开发用于确定内部营销战略则该行为是合法的。但如果这些战略包含针对客户的直接信息推送是否合法，就值得推敲。特别是客户购买一些涉及个人私生活的物品后，如果购物网站大量推荐涉及私生活的广告，是否构成了对客户个人隐私权的侵犯？

其次，是大数据拥有者对数据本身是否有权处置。例如，如果A企业将通过合法方式收集取得的客户信息整体打包卖给B企业是否合法？卖给B企业后，B企业并不向公众公开这些数据而是用于指定自己的营销战略，这样的买卖是否合法？是否侵犯客户个人信息？如果A企业将这些客户数据抹去客户姓名等能定位到具体人的信息后，将其他信息卖给B企业，是否违法？企业将其掌握的大数据赠与第三方是否合法？

企业用掌握的大数据作为投资是亟待解决的第二大难题。如果前述A企业不是将大数据卖给B企业，而是将大数据作为投资，同B企业共同成立C企业开发利用这些数据，是否构成对A企业客户个人信息权利的侵犯？A企业的大数据无疑具有经济价值，如果这样出资，可否在双方协商大数据的经济价值后，直接以大数据作价出资？这样作价的非货币资产到底算什么资产？

再比如，A企业可否接受其他企业的委托，利用自己掌握的大数据为其他公司制定营销战略？可否帮助其他公司推送广告？可否向自己的客户搭载其他公司的商品或服务后，向其他商家收取费用？企业客户作为信息指向的标的，可否要求大数据利用者分配部分红利？客户是否有要求将自己的信息排除在大数据信息之外的权利？

可以说，大数据产业要想健康有序的发展下去，所有这类问题都需要有一个合法合理的法律安排。

三、大数据法律保护之困

在大数据的基本法律属性不明的情况下，大数据的法律保护自然也处于困境状态，主要表现在：

（一）大数据权利归属法律保护之困

大数据是一堆客观存在的信息，A企业掌握这些数据之后，是否就对大数据享有了权利，享有什么样的权利，其权利在什么范围受法律保护？这样的权利是否属于先占取得？B企业如果通过某种方式抄袭了这些数据，是否构成对A企业的侵权？在大数据获取的软件是一方开发的，另一方使用软件的情况下，如果软件自动收集的数据集合符合了大数据的特征，这些数据到底属于软件开发企业，还是软件使用企业？这些问题通过协议约定后，协议除约束协议双方外，第三方权利对协议的影响等如何确定？这些都没有定论。

（二）大数据开发利用的法律保护之困

大数据经开发利用后具有相当大的经济价值。部分企业自行对大数据进行开发与利用，但是大部分企业需要将大数据的开发和利用服务外包给第三方来完成。对专门进行大数据开发与利用服务的企业提供的服务，如何进行法律评判？如何确定经济价值？在双方对开发利用发生纠纷后，依据什么标准来确定开发利用服务的质量？开发利用过程中发生的侵权等如何归责？在开发方与数据持有方不一致的情况下，开发产生的经济价值如何分配？对开发利用后的大数据的二次开发和利用的权利归属问题，以及开发过程中对个人信息泄露的风险把控等等，现行法都没有现成的答案。

（三）大数据交易的法律保护之困

目前，大数据交易在现实中已经存在。一些企业已经把自己取得的大数据本身或者大数据的开发利用权利对外进行转让。这些转让本身的合法性以及发生纠纷后的归责与处置原则也有法律空白。

四、大数据法律保护之困给律师带来的巨大市场空间

我们在看到大数据法律保护之困后，应当看到这背后给律师带来的巨大市场空间。机会之神送给我们这一代律师一个全新的事物，这种事物具有巨大经济价值，却没有任何法律保护。在一切有了法律上明确的定论之前的一切活动，要么冒着巨大的法律风险进行，要么需要律师在每一个具体的法律过程中创制规则，对商业行为进行最大限度法律保护。当然，在某一新事物出现之初，大量市场主体都是冒着法律风险进行的。但是，随着产业的逐步完善，必然会有法律风险防控的需求出现。这时，就给我们律师带来了巨大的市场空间。

综上所述，大数据无疑是摆在我们这一代律师面前最大的机会，也是最大的挑战，我们能否积极应对，能否抓住这一机遇，还需要我们全体律师作为一个群体而积极努力。

互联网+时代的律师业务发展

重庆静昇律师事务所　张明强

内容摘要：滚滚而来的互联网大潮，冲击、改变着越来越多的传统行业，律师行业也不例外。在“互联网+”时代，律师应从坚持专业化发展与修炼、工作方式信息化、工作时间碎片化、遵守执业纪律与职业道德、注重品牌营销与推广等方面积极运用互联网的科技成果，促进自身业务进步与行业发展。

关键词：“互联网+”　专业化　信息化　营销

一、引言

“这是一个最好的时代，这也是个最坏的时代。”滚滚而来的互联网大潮，已显示出远远超乎人们想象的威力，以摧枯拉朽的气势，冲击、改变着越来越多的传统行业，古老的律师行业也不例外。如今，一个充分利用互联网的时代，一个大案源的时代，一个以客户为导向的时代来临。互联网带来了哪些契机？而律师，又该如何用新的思维方式在互联网时代谋求发展？

二、“互联网+”为律师行业带来的发展契机

（一）打破地域限制整合法律服务市场资源

理论上说，律师的执业是不受地域限制的，但实际情况中，律师的执业却很大程度上受到了地域限制。[①]究其原因，大概有三：一是大部分案源集中于人口密集、经济发达的地区；二是律师在办理跨区域案件时，多通过“熟人”关系与外省同行寻求合作；三是目前跨区域律师之间的合作，多限于工商调查、房产、土地信息查询等比较基本的法律服务事务，缺乏有目的、有组织、有机制的长效合作方式。

互联网正在逐步打破地域限制，整合法律服务市场的资源。不同地域、不同领域、不同律所的律师在互联网这个平台上，突破了曾经空间上的限制，实现了业务领域的合作与互补。在此方面，中国法律服务市场本身也存在一定的

①康丹：“法律服务行业在互联网时代的发展契机”，载《清远职业技术学院学报》2013年10月第6卷第5期。

优势，中国是大陆法系国家，不同地域之间实行的法律是相同的，跨地域合作时障碍更小。

现在法律服务市场上已经出现了拥有法律人独立垂直社交关系的平台，比如某律师事务所开发的“无讼”产品，就一直在探索跨地域同行之间“合作共享”的思路。“无讼”利用“无讼案例”中的关键信息，评价律师执业经验，打造属于每位律师自己的“无讼名片”；[①]律师还可在“无讼合作”项目上发布自己的需求，找到有机会一起合作的律师。这样的例子应该只是一个开始，未来，随着跨地域同行之间合作规模的扩大、程度的深入，法律服务市场资源的专业化、一体化、信息化将是大趋势。

（二）对接法律服务市场的需求与供给

在律师行业有个说法，即百分之八十的案源被百分之二十的律师垄断着。造成这样的局面，一是由于律师数量在地理分布上的不均衡，[②]我国律师主要分布在经济较为发达的北上广、沿海地区，西部人数较少，有的县城甚至没有律师；二是有一定知名度和资源的律所或律师依靠优势积累的良性循环，掌握了大量的客户资源；而那些初出茅庐的青年律师因为缺少人脉和经验，案源匮乏。正因如此，法律市场需求与供给存在着严重的信息不对称；有的律师找不到案源，而有的法律服务需求者又不知道通过怎样的途径寻找合适的律师。

互联网正在打破着这种信息不对称，将律师与客户对接起来，解决法律服务供需两方的难题。客户不仅可以通过网络搜索引擎或诸如“找法网”、“中顾网”等网站平台这种比较早期的方式寻找律师；也可以通过近期兴起的各类以功能型、工具型为主导的法律服务移动平台直接与律师交流。比如“搜名律”手机APP软件，这款APP不仅方便客户根据所需随时与律师交流，还设置有“导律”功能，如果在问题发布六小时后还没有律师在线提供咨询服务，“导律”可自行回答咨询，帮助客户解决一些基础的法律问题，如果客户的咨询可以转换为案源，“导律”会精准的将客户的需求与律师的服务和报价进行匹配，减少律师大量的免费咨询时间。

通过“互联网＋法律平台”，建立了法律服务的供需渠道，客户可以通过更多的途径选择律师，律师也可以通过同样的途径获取案源。互联网的发展改变了依托资源优势垄断法律服务市场的传统格局。

（三）促进法律咨询服务收费方式的转变

在传统的法律咨询服务模式中，基本上免收咨询费用，律师的积极性不

---

①马丽、彭飞：“蒋勇和他‘无讼’法律互联网试验田”，载《中国法律》2015年。

②许秋莉：“浅析法律电商的现状及未来”，载《商》2015年。

高，解答的质量也参差不齐。如今，某些“互联网+法律”服务平台正在探索法律咨询服务收费模式。不仅让客户形成法律咨询服务需要付费的观念，也通过客户对律师解答咨询的评价来督促律师的服务质量。在寻找盈利模式上，“互联网+法律”的模式使付费法律咨询服务水到渠成。例如：“绿狗网”刚上线时采用“绿狗币”来作为客户的付费工具，客户需要购买绿狗币来获得法律服务。最近引人关注的付费语音平台“分答”，律师在分答平台上可以自我介绍或描述擅长的领域，设置付费问答的价格。客户可以就咨询的问题向律师付费提问，并可以就不满意的回答进行评价。

三、律师如何应对“互联网+”的挑战

面对“互联网+时代”的挑战，个人认为律师需从以下四个方面着手应对，方能抓住时代发展机遇。

（一）坚持专业化发展与修炼

一是“互联网+时代”竞争的需要。互联网让客户更方便地检索律师信息，也提供了更多的筛选机制。要想从互联网的海量信息中脱颖而出，让客户或者同行认同执业能力，“专业化”必不可少。在互联网冲击下，在日益激烈的竞争中，一个没有专业之长的律师很难在市场中脱颖而出。二是“互联网+时代”资源的需要。如何突出重围，拥有自己的资源？专业化是一个选择。一方面客户可以通过互联网寻找自己认为合适的律师;另一方面律师也可以更好地向潜在客户展示自己的能力，真正有能力的律师获得资源的可能性增加。三是“互联网+时代”宣传的需要。当客户遇到一个法律问题需要寻找律师，他们信任一个律师的前提是什么？是这个律师的专业性。互联网时代，“专业化”的标签必不可少，专业化便是最有利的“撒手锏”。

（二）工作方式信息化、工作时间碎片化

在移动互联网发展起来之前，80% 以上的法律服务都是通过线下来完成的。现在，“互联网+时代”信息化的工作方式节约了工作成本，提高了工作效率，是网络时代的特征之一，诸如“印象笔记”、“Tower”等信息化办公工具。律师可以利用信息化办公工具，通过无纸化办公共享联系人、互换文件、数据，进行网络会议、案件讨论、信息发布、业务交流、团队协作等，通过信息化产品解决信息资源即时传递、流程配置、流程管理、服务跟踪和分析用户行为等跨组织流程核心的问题，提升自己的工作效率和团队的核心竞争力。

互联网带来的另一个影响，律师为客户提供法律服务的时间被客户分割，客户会选择在他们觉得合适的碎片化时间通过互联网向律师提出法律咨询。律师必须根据客户的时间需求，充分利用自己的碎片化时间提供法律服务。

（三）遵守执业纪律、提升职业道德

互联网让信息更加透明，有违职业道德和执业纪律的行为在网络面前无处藏身，客户对于律师执业过程中执业道德的监督力也不断加强。互联网的放大和传播功能使得很小的一个违规行为也会被公众所知。忠于职守，勤勉尽责，努力维护律师个人声誉和律师行业形象，高度规范自己的执业行为，是在互联网时代成为一名成功的律师的基本前提。

（四）注重品牌营销与推广

律师营销属于营销的一种，是指律师或者律师事务所通过自身的宣传赢得声誉及客户，为客户提供专业的法律服务，获得客户及社会的承认认可，实现律师职业的社会价值及物质回报的方式。[①]在互联网时代，如何打造自己的专业“名片”、塑造律师个人品牌、增强当事人对律师的信任、拓展更多的业务市场，其中，律师营销发挥的重要作用不言而喻。在互联网时代，只有建立了广泛的连接与被连接关系，主动呈现自己专业法律背景、承办的各种案件，这些内容才会形成更多的节点，被更多的受众关注。在营销中，除了立足专业，还有三大基本原则值得注意。

一是要选择适合自己的营销方式。“营销”两个字，《广雅》说：“营、度也。”在销之前，我们需要好好测量市场，盲目推销结果只能适得其反。律师行业有自己的特殊属性，不能盲目照搬、模仿其他行业，概念营销、热点营销、观点营销……网络营销方法也不是适合于每个人，最重要的是量体裁衣、扬长避短，找到适合自己的营销方式。

二是要采用便于受众接受的形式。很多律师在营销自己时有一个误区，认为专业性即是专业词汇的堆砌，别人看不懂的，必定是专业的。然而，在互联网时代，信息的接收如此快捷，如果一条信息艰难晦涩、无法理解，注定无法广泛传播。诚然，法律的专业性和新闻的通俗性在某种程度上来说是相互矛盾的，但这并非要律师在营销时放弃专业，而是需要转变方式，注意语言的简明、易懂，既要体现法律的严谨细致，也要深入浅出让受众接受，这样才能达到营销目的。

三是要持之以恒，切忌急于求成。网络营销虽然有助于提升律师或律所品牌形象，但并非有立竿见影的效果。客户的信任往往是需要很长一段时间建立的，获得新的关注和案源也是需要时间的。切忌急于求成，为了营销而炒作、低级吹捧，这样反而适得其反。

---

①梁琨：“浅谈律师营销”，载《法制博览（中旬刊）》2014年。

四、结语

律师如何在“互联网 + ”的大背景下，努力提升自身业务，服务经济社会，是一个极具历史与现实意义的话题。“互联网 + ”时代下，顺势而为方为上策。相信，如今我们正是变革的前夜，未来，让我们拭目以待。

参考文献

[1] 查理·萨金斯.明日世界的律师：写给法律人的市场趋势分析与行动策略［M］.麦惠芬，译.商周文化事业股份有限公司，2014.

[2] 陈兴良.七个不平衡：中国律师业的现状与困境［J］.中国司法，2005：03.

[3] 刘承韪.“互联网＋法律”的机遇与挑战［J］.中国律师，2016（1）：43-45.

[4] 王永强.网络时代律师发展新趋势［J］.武汉大学学报：哲学社会科学版，2013（1）：27-32.

[5] 理查德·萨斯堪.法律的未来：面临信息技术的挑战［M］.刘海俊等，译.法律出版社，2004：55-57

[6] 杨秀菊.网络服务商法律监管研究［J］.山西财经大学学报，2006.

[7] 徐德力.互联网领域商业模式颠覆性创分析［J］.商业研究，2013（3）.

[8] 丁兆雷.被电商化冲击的法律人［J］.思想，2015（11）.

[9] 丁晓涵.基于OAO电子商务模式下电商与实体店的跨界融合.商业评论，2015（17）：10.

[10] 安新华.史慧法律管埋评论：“互联网＋法律”的机遇与挑战［J］.中国对外贸易，2015（5）：42-43.

律所品牌如何在互联网乱象中脱颖而出

四川同方正律师事务所　刘　锋

内容摘要：互联网自兴起以来，不但从方方面面改变人们的日常生活，更是改变了许多传统的经济行业、传统商业模式，催生了一些新的行业。那么律师这个行业也难以例外地受到了互联网的影响，那么在互联网时代如何利用它发展律师事务所的品牌就成了一个值得思考的问题。在国家深化司法体制改革，法治水平不断提高的趋势下，品牌建设中的定位，执业以及法律服务的模式等都需要我们积极地努力探索，以更好地适应社会发展的需要，才能在混杂的互联网乱象中脱颖而出。

关键词：律师事务所　互联网　品牌建设　法律服务　定位

互联网自兴起以来，不但从方方面面改变人们的日常生活，更是改变了许多传统的经济行业、传统商业模式，催生了一些新的行业，同时造就了一批家喻户晓的互联网商业巨头，国外如谷歌、脸谱，中国如BAT（百度、腾讯、阿里巴巴）等。许多传统实体行业的巨头，也纷纷转变观念，去探索和互联网的结合的可能性，有些甚至全方位去拥抱互联网。如家电渠道品类巨头苏宁开发了网上苏宁易购，2016年更是与阿里巴巴互换股权，全面合作。地产龙头万科推出万科购房中心和线上经纪人平台“万享会”，两者结合，实验推行全民网络营销。商业界更是发生过一场有名的 “豪赌”，双方分别为商业地产巨头万达王健林与电商巨头阿里巴巴马云。在一个节目中，王健林说：“电商再厉害，但像洗澡、捏脚、修耳朵这些业务也取代不了。我跟马云先生赌一把：2020年后，10年后，如果电商在中国零售市场，整个大零售市场份额占50%，我给他一个亿，如果没到，他还我一个亿。”究竟谁输谁赢，10年后揭晓。结果不久之后王健林说，打赌不过是个笑话，为什么？因为他也将要很快和马云合作，实际上线上与线下谁也离不开谁。

自从国务院印发《关于积极推进“互联网+”行动的指导意见》后，“互联网+”已经上升为一个国家战略，在国民经济中的重要性已经不言而喻，为经济创新、转型、升级提供了一种新的思路。而律师行业作为一个传统的行业，能不受互联网的影响吗？在互联网大潮下，律师事务所又应该采取什么样的态度？是拒绝、迎合、还是快步跟上？笔者作为一名普通律师，在互联网方面实践也不多，只是想结合生活、执业经历及个人观察，作一点浅显的思考。

一、律师行业需不需要互联网？

正如前面所述，除了本身就是互联网行业的商业外，许多传统的行业也都在积极进行与互联网的结合，探索用互联网来改造传统行业的模式和路径，律师行业恐怕也难以例外。实际上，互联网对律师行业的影响是显而易见的。打开百度搜索，输入律师或法律纠纷相关关键词，我们可以看到许许多多的律师事务所和律师个人都做了相关百度推广。同时，更出现了许多服务律师推广的平台，如华律网、找法网、法律快车等等。许多的律所打造了专业、美观的律师事务所网站，现在很多律所推出了微信公众号等。在整个律师行业，有许许多多的先知先觉者早就开始了这方面的实践。随着互联网的日益深入，城镇化的进一步加深及宽带下乡等国家战略的推行，互联网必将成为人们日常生活与经济生活必不可少的部分，谁能在这一革命性、颠覆性创新大潮中，提早积极布局，谁就抢占了先机，占据了主动。这一点，只要看看电信黄页、电信114的变迁就可见一斑。

二、律师事务所需不需要品牌？

（一）律师事务所的定位及变迁

律师事务所需要品牌吗？这似乎是一个不需要回答的问题。作为市场经济中的经营主体，当然需要一个响亮的品牌。然而，律师事务所是市场经济主体吗？这里，我们有必要简单回顾新中国律师制度的发展及对律师定位的转变。

1956年1月国务院正式批准了司法部提出的《关于建立律师工作的请示报告》，司法部于1956年上半年完成起草《律师暂行条例草案》。到1957年6月，全国共建立了19多个律师协会，800多个法律顾问处，有专职律师多2500多人，兼职律师800多人，形成了律师制度顺利发展的局面。然而由于受“左”倾思潮影响，1959年司法部被撤销，律师制度事实上也被取消了。改革开放后，1980年通过了《律师暂行条例》，将律师定位为“国家法律工作者”，而将律师的执业机构称为法律顾问处。根据该条例律师执业机构主要是由国家核拨编制、核发经费设立的。在经费上，对律师执业机构实行统收统支的行政包干的管理方式。[①]试想一下，这样的律师事务所需要品牌吗？应该说彼时品牌对一个律师事务所的意义是不明显的。

随着国家对律师制度不断改革，1996年通过了《中华人民共和国律师

①熊秋红：“新中国律师制度的发展历程及展望”，载《中国法学》1999年。

法》，律师的性质、定位都发生了重大转变。律师法规定律师是依法取得执业证书为社会提供法律服务的执业人员，突破了以往对律师性质的认识，即不再以行政机关的模式界定律师、律师事务所。律师不再是国家干部,而是为社会提供法律服务的执业人员，律师事务所不再是行政机关的附属，而是具有中介性质的法律服务机构。[①]在这一定位下，律师事务所是具有中介性质的法律服务机构，也即要有效参与市场竞争。此时，律师事务所提供法律服务的质量好坏不再是由行政主管机关决定，而是由法律服务的接受者、消费者决定。律师事务所业务的发展、壮大都极大的决定于消费者对律师事务所提供法律服务质量、效果的认可。从这一角度，律师事务所已经具有市场经济主体的属性，律师事务所品牌建设的意义不言自明。

（二）律师事务所与其他市场经济主体的区别

既然律师事务所已经具有市场经济主体的属性，那么律师事务所也可以向其他市场经济主体一样营销自己，推出自己的品牌吗？如铺天盖地的广告，形式多样的促销。2009年全国律协修订后发布的《律师执业行为规范》有如下规定："第二十八条　律师事务所广告的内容应当限于律师事务所名称、住所、电话号码、传真号码、邮政编码、电子信箱、网址；所属律师协会；所内执业律师及依法能够向社会提供的法律服务业务范围简介；执业业绩。第二十九条　律师和律师事务所不得以有悖律师使命、有损律师形象的方式制作广告，不得采用一般商业广告的艺术夸张手段制作广告。第三十二条　律师和律师事务所可以宣传所从事的某一专业法律服务领域，但不得自我声明或者暗示其被公认或者证明为某一专业领域的权威或专家。第三十三条　律师和律师事务所不得进行律师之间或者律师事务所之间的比较宣传。"

通过以上规定我们可以明显地看出，律师事务所在宣传自身方面不但要遵守广告法，还要遵守行业自身的严格规定。事实上，根据上面的要求，律师广告的内容并不比商业名片能够提供的信息更多。这是因为律师事务所不但是市场经济的参与者，更是社会主义法治建设的重要参与者，这就要求律师事务所在参与市场竞争的同时要更多的承担社会责任，更多地发挥制度性的作用。比如律师事务所在提供法律服务的收费方面并不能完全和当事人自主约定，对服务效果、服务质量的约定、承诺也不能完全地意思自治。正如执业规范中提到的，律师制度设计时就要求律师是有"使命"的，正是这种双重的属性决定了律师事务所要建立自身的品牌比一般的市场经济主体更加困难。

①熊秋红："新中国律师制度的发展历程及展望"，载《中国法学》1999年。

三、律师事务所如何利用互联网强化自身品牌

(一)正确定位

我们的社会已经变成一个传播过度的社会。在这个传播过度的丛林里，获得大成功的唯一希望是要有选择性，缩小目标，分门别类。简言之，就是“定位”。[①]

定位理论是商场上一个经久不衰的理论，在为企业制定品牌战略方面提供了独特的视角，这对律师事务所的品牌建设是有积极借鉴意义的。正如前文所讲，许多律师个人、律师事务所都已经在网络上进行了各种形式的推广活动，如页面展示、百度的竞价排名等。但如果我们用定位理论来审视可以发现，许多展示并没有很好的定位。比如做竞价排名的很多律所，在当事人通过百度进入律师事务所网站后，一般就是一个模板，比如一个画面一个logo，人员介绍、专业领域介绍等，没有一个版块可以给当事人留下一个深刻的印象。在当事人的心中，仅仅知道了你是一个律师事务所，但是一个什么样的律师事务所?专注刑事的，还是专注于知识产权的?没有答案，当事人可能也没有兴趣去搞清楚。这样的营销确实是只相当于给当事人散发了一张名片，如果当事人没有其他的名片可能会找到你，但我们要知道网络上的律师事务所名片某种程度上是要多少有多少的。因此，我们必须依靠有效的定位，迅速占领当事人的心智。事实上，律师行业的同行已经开始了这方面的实践，如有专门做刑辩的律师事务所，有专门做知识产权的律师事务所，有专门做劳动纠纷的等等。有人说，定位就是专业化。如果这样理解定位就片面了，定位包括专业化但不仅限于专业化，还包括对竞争对手战略的研究，定位的方法，甚至创造原来没有的定位等。

(二)如何执行定位战略

一个律师事务所，如果确定了一个品牌定位，我们该如何实现这个定位呢?在互联网中有些企业、个人为了实现其定位，可以说不择手段，甚至采用了负面形象的方法。如我们熟知的“芙蓉姐姐”“凤姐”，到如今的各种网红等，甚至有人认为出名就是经济效益，而不管这种名是美名还是恶名。前面我们也谈到了，律师事务所作为具有双重属性的一个市场经济主体，他的行为方式必须更加谨慎，宣传方式必须更加符合规范，这也注定了律师事务所的品牌建设之路和其他企业是不一样的。在这个信息爆炸的社会，如何才能第一时间打入当事人的心里，并牢牢占据一席之地呢?定位专家特劳特认为，在我们这

①阿尔·里斯 杰克·特劳特:《定位》，中国财政经济出版社，第1页。

个传播过度的社会里，最好的办法是传送极其简单的信息。[①]如果一个企业确定了一个定位，那就要求这个企业的所有资源都必须围绕这一定位展开，为这一定位服务、配置资源，甚至放弃有损这一定位的业务。我看到过一个律师事务所的网站，打开网站，首页醒目的一行文字映入眼帘“我们只做刑事辩护，我们为您提供快速便捷的刑期预测”，我觉得这就是向当事人传送极其简单的信息“刑期预测”，一旦当事人有这么方面的联想或是需要，想到的肯定首先是这个律师事务所。

（三）律师事务所提供法律服务模式再思考

冯卫东将商业品类划分为三界，分别是产品品类、渠道品类和导购品类三界，分别回答了顾客购买决策中涉及的三个重大问题：（1）买什么？（2）去哪买？（3）如何选择？品类三界论并非概念游戏，因为属于不同界别的品类有非常不同的经济特性，而属于同一界别的品类则具有许多相同的经济特性。如果按照这一划分，传统的律师事务所当然是属于产品品类，我们的主要模式为提供法律服务，向当事人收取法律服务的合理对价。从这个角度，我们的法律服务就具有产品品类的许多经济属性。但律师事务所能创造其他品类吗？比如渠道品类和导购品类。关于渠道品类，其实前面说到的很多网络营销平台已经具有了渠道品类的某些特性，如找法网、华律网等，但这些平台都是一些网络公司创建的，并不能很好地理解律师行业和法律行业。至今似乎还没有一家律师事务所真正从事这方面的创新。再如导购品类，许多当事人在选择律师事务所的时候其实是有选择障碍的，能不能搞一个大数据，对律师事务所的胜率、专业、人员、案例等方面进行统计，提供一个类似导购的思路或是类似大学排名，专业化排名的东西。当然，这方面的转变似乎已经不是传统意义上律师事务所，但时代向前发展，行业自身的某些转变总是难以避免的。实际上，在律师行业，有些同行已经在尝试吃螃蟹了。天同律所日渐声名鹊起的“无讼网”就是这方面非常典型的尝试。其以后既可能成为产品品类，如出售其整理的大数据，也可以成为律师社交平台、合作平台，类似律师界的腾讯。或是成为渠道商，提供与大数据、案例胜率挂钩的律师事务所品牌，或是导购类，如类似大众点评向当事人提供选择律师事务所的帮助。这些都有可能，取决于天同律所最终的定位。

---

①阿尔·里斯 杰克·特劳特：《定位》，中国财政经济出版社，第5页。

结　语

在现阶段，国家正在深化司法体制改革，随着法治水平的提高，法治环境的优化，律师事务所面临的竞争性将更加充分。如何建设律师事务所的品牌，如何结合互联网发展的大势强化突出律师事务所的品牌，在今后的法律市场竞争中将具有更加重要的意义。

参考文献

熊秋红.新中国律师制度的发展历程及展望［J］.中国法学，1999：15-16.

互联网+：青年律师的营销之道

陕西渭临律师事务所　侯云辉

内容摘要：日臻完善的法律制度和不断优化的执业环境吸引大批有志青年满怀激情地涌入律师行业，但理想与现实差距太大。青年律师在执业初期大多面临案源少，发展受限和生活困难等问题。如何摆脱困境？作者以为青年律师的未来在互联网。移动互联网为青年律师展现自我，交流学习和获取案源提供了可能性。因此，青年律师充分利用互联网这个自媒体平台营销自己，公平参与市场竞争，在法律服务方面将大有作为，最终实现弯道超车。作者认为青年律师自我营销的途径有：分析顾客需求，准确定位自己是首要，其次是不断修炼内功，将个人品牌化。年轻律师还要善于营销，敢于并善于秀。最后要利用好各种社交平台及大数据沟通交流。

关键词：互联网+　自我营销　个人品牌

一、法律服务模式的改变

智能设备的移动互联网崛起，改变了人们的生活和交流方式，改变了大众的消费习惯，也改变着法律服务市场传统交易的模式。

首先，法律需求表现方式改变。移动互联网时代，信息充盈且工具智能，搜集信息越来越便捷，法律服务的需求者在正式委托律师前，一定会利用搜索引擎先上网寻找相关法律信息和知识，会先在网上进行法律咨询。所以，线上咨询成为法律服务需求的新形式。其次，移动互联网手段，重新配置了法律服务资源。在传统法律服务市场，依靠的是熟人效应，拼的是人脉关系。由于信息不对称，大多数律师缺乏案源，而当事人却找不到专业的好律师。“二八法则”在法律服务市场表现明显：20%的律师创造律所80%的价值，80%的律师执业受困。而移动互联网法律平台，涌现了亿律APP、掌上律师、口袋律师等互联网法律产品，颠覆了律师坐在律所，等待当事人上门咨询、委托，之后提供服务的模式，突破法律服务的供给侧——律师执业时间、地域的限制，帮助律师从线上拓展案源。最后，口碑评价成为影响法律服务的需求者选择最重要的依据。在大数据时代，互联网传播有两个要素——产品和口碑。法律知识的专业性，使客户难以衡量律师提供的服务。但他们变得更精明，可以通过法律人对该律师的评价、该律师与同行的互动和深入分析案例大数据等内容，从侧面了解律师的能力。由于口碑评价为移动互联网量化律师服务提供了可能，解决了法律服务的需求者选择律师时的盲目，所以关注口碑已成为趋势。

二、顺势而为，准确定位

（一）做有市场意识的律师

青年律师，应顺应历史潮流和国内外大环境，以敏锐的嗅觉捕捉市场先机，及时调整努力方向，并大胆、果断地做出积极反应，将专业优势与市场机遇结合起来。青年律师可以借助问答或法律门户网站、微博、微信、法律论坛、网络社区等平台，进行定向宣传，分享在该领域中的体会、心得和实务经验，对赢取专业信任非常重要。

（二）成为某一领域的专家

青年律师可以结合自己的个人兴趣和专业，凭借触网能力强的优势对某一个法律领域精耕细作，利用好由公开的司法裁判文书建造的强大的案例大数据库。分析归纳法官的裁判依据，学习其他律师的办案经验，了解该类案件的通行做法，预判案件的基本走向。进而提出一个切实可行的办案思路和行之有效的代理方案，为客户提供更专业、更精细、更高端的法律服务。通过学习案例可以大大缩短青年律师的成长时间，当专注转化为专业，迅速掌握了执业技能，青年律师就会成为专家型律师。

三、培养移动互联网思维，秀起来

智能终端的连接，改变了传播方式。自媒体时代人人既是信息的消费者，也是信息的制造者。马云说，“分享是21世纪DT时代最重要的技能和品质”。秀已经成为一种时尚，分享信息既便捷成本又低。于是，法律服务产业走向社交时代，是行业发展的必然。

（一）为什么要秀？

秀可以更快地让更多人认识你，秀可以让别人更好地了解你，因此秀是青年律师必备的技能。同时，秀是一个不断学习的过程，有东西才能秀出来。当你把自己精心准备的东西秀出来并得到大量关注，成就感一定会激励你一直秀下去。当有了反馈，秀的内容会成为他人评价你的重要数据，秀又变成检验已有认知，不断反思，不断提升自己的过程。所以，秀会迫使你变得更加优秀。

（二）秀什么？——秀专业

青年律师要多参加培训，完善知识体系；多参与法律研讨会，多接触大律师，开阔眼界。可以就热点案例写原创性的评论，其中的专业见解，可以精准地吸引对这一领域感兴趣的潜在客户，会让其对该律师的专业能力有更深的了解，强化客户对他在该领域的认可度和信任度，于是自然而然地青年律师会形成某种影响力。青年律师也可以加入到全国性专业的法律门户网站，如法律快车、找法网等，向适当的目标群体提供咨询、代理等法律服务，获得客户的认可也会成为专业能力的有力背书。

（三）会传播

小米CEO雷军在解读互联网思维时，用了四个词：专注、极致、口碑、快。青年律师要敢于秀，更要善于秀。既要选择好秀的渠道，还要精心设计好秀的内容。网络时代，有料、有爱、有氛围、有参与感的内容才会得到广泛传播。因此青年律师推销自己，要选好切入点，包装自己，进行事件营销、口碑营销。青年律师可以尝试出书、撰写专业论文，来提升自己的知名度与层次；学会与媒体打交道，多写一些有社会影响和新闻价值的案例，利用媒体的大平台免费宣传自己。青年律师可以选择公益性诉讼提高知名度，或通过担任各级人大代表、政协委员甚至党代会代表，以更为立体的形象，更为广泛的影响，出现在大众的视野。

四、建设青年律师的自身品牌

（一）识别度高

律师是一个个性化的职业，让自己带上鲜明的可识别特征，更容易被他人记住。在“互联网+”的时代，如果没有垂直细分的专业，就没有精确的品牌定位，客户就会模糊该律师与其他律师之间的界限。为此，青年律师可以针对目标市场，分析法律服务的需求，找准细分领域，适度创新。通过提供差异化服务，形成独特的业务模式。再通过营销手段获得竞争优势，以最快的速度制造卖点、建立关系、实现销售。

（二）提供高品质的服务

青年律师可以聚焦自己擅长的领域，将核心竞争力发挥到极致。把每一个办过的案子都做成精品，使每一个案子都成为青年律师的金字招牌，重视律师行业内部的评价和客户评价，努力提供让客户满意的高质量服务。

（三）注重形象

首先，做有“温度”的律师。要成为一名优秀的律师，先要学会修身养性。青年律师是一个个鲜活的个体，应该有积极向上的人生观，有维护公平正义的价值观、有忠于法律的理想和济世救人的正义感，成为一位有灵魂、有内涵、有人格魅力的律师，是获得当事人认可的前提。其次，注重外在形象。言谈举止间流露出法律人的素养，穿衣打扮间看出白领的风采。总之，要将自己打造成一个职业的、干练的儒雅先生或知性佳丽。

五、学会沟通

（一）业内沟通

互联网为青年律师与资深律师之间的交流、青年律师之间的互动学习搭建了桥梁。加入法律人垂直交流社群，可以帮助青年律师结识同行，交流经验，取长补短，随时掌握新信息和知识，还可以增进相互之间的感情。

（二）与法律服务需求者的交流

如今，产品市场顾客需求已经从基本的产品需求向更高的心理需求的层次发展。向顾客学习、强调客户参与和互动，即时响应服务需求，更好地实现信息的传递以及情感的联络和客户关系重构。律师可利用碎片化的时间，随时随地提供免费或付费咨询，使法律服务需求者在购买法律服务时，可以节约交易成本，提高服务效率。

（三）与社会和媒体的交流

律师要从单纯的业务索取型向价值贡献型转变，青年律师可以利用业余时间参与一些公益活动如：提出法治建议、义务法律咨询，参与志愿活动等。在对社会的贡献中获得生存和发展的机会。特别是对弱势群体给予人文关怀，能让人看到青年律师的社会担当，会增加社会和媒体的认同感，扩大该律师的影响力。

总　结

2015年被称为“互联网法律”元年，在移动互联网时代，法律服务业务获取的方式、渠道和客户关系管理已然改变。青年律师应顺应潮流，不断吸收网络新技术，利用强大的网络信息资源，积极拓展案源。青年律师应聚焦于自己擅长的领域，专心耕耘，成为专家型律师，并树立自己的品牌。通过多种营销方式，青年律师可以扩大其影响力。通过多次沟通交流，青年律师可以缩短与同行之间的差距并提高顾客满意度，最终为自己实现跨越式发展创造机会。

参考文献

[1] 苏义飞.青年律师的未来是互联网.http://www.ahxb.cn/c/100/2015-04-09/1211.html.

[2] 苏明龙.秀是青年律师必备的技能.http://www.legaldaily.com.cn/Lawyer/content/2016-06/13/content_6667442.htm.

［3］刘云柱.移动互联时代：律师也疯狂.http://www.360doc.com/content/15/0214/11/5797664_448536027.shtml.

［4］柳沛.“互联网+”时代青年律师培养路径探究——以律师事务所管理为视角.http://www.acla.org.cn/html/lvsuoguanli/20160412/25024.html.

［5］王龙龙.金装律师推出WeLawyer探索“互联网+律师”免费新服务模式.http://edu.youth.cn/2015/0831/1922523.shtml.

互联网融资租赁P2L模式的法律风险及发展建议

云南建广律师事务所　杨浚珑

内容摘要： 随着互联网技术的发展，互联网金融信息对金融市场的影响已经越来越不容忽视，再加上融资租赁行业的创新发展与之融合形成了P2L模式。本文从融资租赁与互联网金融相结合的背景为切入点，简要阐述P2L模式在互联网金融及融资租赁行业的优势，同时也分析两者结合后在发展过程中存在的诸多风险，并对P2L模式的持续发展提出了相应的发展建议。

关键词： 互联网金融　融资租赁　P2L模式　法律风险

引　言

随着经济的发展，越来越多的互联网金融平台开始关注融资租赁行业，对其两者合作而言，是一种新契机，但其中也存在如多问题。本文看重列出关于互联网融资租赁P2L模式中存在的风险及问题，并对其将来良性持续发展提出建议。

一、互联网融资租赁P2L模式形成的背景

融资租赁是现代化大生产条件下产生的实物信用与银行信用相结合的新型金融服务形式，是集金融、贸易、服务为一体的交叉混合行业。随着中国经济的持续发展，依托中国的实体经济，未来融资租赁业必将成为我国服务业中较有竞争力的行业。2015年9月国务院办公厅下发了《国务院办公厅关于加快融资租赁业发展的指导意见》，其中提到支持融资租赁创新发展，支持融资租赁公司与互联网融合发展，加强与银行、保险、信托、基金等金融机构合作，创新商业模式。

互联网金融也是传统金融行业与互联网技术相结合的新兴领域，其发展对于金融市场起着越来越大的作用。2015年7月18日，央行等十部委联合发布《关于促进互联网金融健康发展的指导意见》，该《指导意见》指出将鼓励、支持互联网金融对于产品及服务进行创新，鼓励与其他相关行业合作互补，将互

联网金融的发展外延进一步拓展。

近些年来，国内融资租赁行业与互联网金融行业在积极探索合作业务模式，以求达到一个共同的契合点。互联网融资租赁P2L模式就是其之间开展合作的一个重要合作模式，经过这两年的发展，互联网融资租赁P2L模式已经成为融资租赁和互联网金融结合的最为常见的模式。

二、互联网融资租赁P2L模式的概述

（一）互联网融资租赁概念

互联网融资租赁其实就是利用互联网技术与融资租赁这一传统行业的结合，从业务模式上来看，体现为融资租赁中的融资端的互联网化。简单来说，就是融资租赁公司购买设备资产的资金来源于互联网平台上的投资者。[①]

（二）互联网融资租赁中的P2L模式

P2L模式Person to leasing（个人对租赁项目）是在互联网融资租赁中最为常见且最易操作的一种模式。通常来说，P2L模式是通过互联网中介平台和经销商、融资租赁公司、第三方支付机构等进行合作：第一，由互联网中介平台公司审核融资租赁公司的资质及背景，同时对于其所涉及的融资项目的真实性、合法性、合规性、可操作性进行深一步审查；第二，在互联网平台上发布融资租赁公司的借款需求，再由投资人在互联网平台上直接与融资租赁公司签订借款合同；第三，由融资租赁公司提供抵质物或由互联网中介平台公司引入担保措施为该租赁融资项目提供多重担保；第四，该互联网融资租赁项目所有的资金流转均通过第三方支付机构进行运作。

三、互联网融资租赁P2L模式的优势及存在的法律风险及问题

（一）互联网融资租赁P2L模式的优势

1.互联网融资租赁P2L模式合法可行

P2L模式中的互联网中介平台公司在项目中并不参与交易，仅仅是作为中介方，央行等十部委联合发布《关于促进互联网金融健康发展的指导意见》对于互联网平台中介的合法地位予以认可。同时，对于P2L模式中借款人与融资人的借贷关系，我国的《民法通则》及《最高人民法院关于审理民间借贷案件适用法律若干问题的规定》等相关法律法规均对于此予以认可和保护，因此，P2L模式具备合法身份与地位。

2.第三方资金托管

P2L模式中所有资金流转均由第三方支付机构进行运作，作为互联网平台

① 尹振涛：“互联网融资租赁的业务模式风险防范与发展建议”，载《农村金融研究》2015年 第12期。

中介公司不会直接接触到项目资金，因此，这对于项目资金安全有了可靠保证，极大地避免了互联网平台中介公司“非法集资”等违法风险的出现。

3.P2L模式具有实物标的优势

对于互联网融资租赁项目，融资租赁公司享有标的物的所有权，这是投资人实实在在看得见、摸得着的实物保障，降低了投资人的投资风险，增加了其救济途径。

（二）互联网融资租赁P2L模式存在的法律风险与现实问题

1.监管风险

由于互联网融资租赁P2L模式是一个全新的领域，且仍处于磨合与探索阶段，因此，我国目前并没有对互联网融资租赁P2L模式进行明确的定义，更没有对此出台任何监管细则，以至于其在发展过程中存在诸多法律漏洞与不确定性。

2.违约风险

由于互联网交易平台具有线上交易的特征，其在要求更高的便捷性的同时往往忽略了对借款人的信用问题进行核实。就借款用途而言亦存在造假风险，使得借款资金真正的用途缺乏透明度，一旦借款人经营失败或资金链断裂，就很难向投资人履行相应的还款义务。同时，再加上较高的投资收益率倒逼，借款人的融资成本不断上升，极易产生违约风险。

3.互联网交易平台存在拆分项目期限风险

融资租赁通常是一种长期的融资手段，融资周期长，而互联网金融则主要是针对短期的融资需求。两者为了解决期限错配的问题，便通过采取拆分项目开展业务，即融资租赁公司把一个长期项目均分拆成多个短期项目，互联网中介平台在上一个项目到期后再设立下一个项目。由此可见，拆分项目的做法增加了融资的复杂性及融资成本。倘若平台缺少后续资金续接，极容易造成资金链断裂。

4.其他风险

除了上述法律风险和问题外，互联网融资租赁P2L模式还存在客户信息泄漏风险、第三方资金存管缺少监管的风险、非法集资和自融的风险、因评级机构缺乏公信力而导致投资者被误导的风险等。

四、P2L模式中的法律风险防范与建议

（一）完善互联网融资租赁P2L相关监管制度

国务院办公厅《关于促进互联网金融健康发展的指导意见》的出台是对于互联网金融在我国这些年发展的肯定，但同时互联网金融也存在了不少问题。

由于互联网融资租赁P2L模式属于较为新颖的互联网融资模式，国家对于其发展也是在观望和监控中，不断从中发现漏洞、找出问题并进行总结，待时机成熟，我国也将会对于这块内容出具专门的法律法规或指导意见，建立完善的监管制度，以便互联网融资租赁P2L模式在市场经济良性发展。

（二）进一步完善互联网融资租赁P2L模式

由于互联网交易平台拆分项目期限存在风险，融资租赁与传统互联网金融的融资期限均有所差异，为了满足各方的需求与利益，互联网融资租赁P2L模式需要在借款人与投资者之间寻求一个融资期限、融资利率、融资成本、融资时效方面的平衡点，以符合各方的利益。

（三）建立权威的信用评级系统

我国目前的信用制度仍不健全。针对P2L模式中借款人—企业的信用信息，我国应当建立独立、公正、权威的信用评级机构，通过信用等级对企业基础信息、企业效益、经营管理、关联企业信息等客观事实进行评价。以便在互联网融资租赁项目中，给予投资人以最广角度的参考，降低投资风险。

（四）互联网中介公司也应当做好尽职调查工作

虽然互联网中介公司仅仅在P2L模式中充当一个居然中介的角色，但其实质的作用极为关键，互联网中介公司引入的借款人的资质的好坏、风险承担能力的高低直接影响到投资人的权益。因此，互联网中介公司必须对于其引入的借款人进行严格的程序审批，做好充分的尽职调查工作，特别是对于借款人的企业规模、企业关联方、企业发展前景、资产状况、对外融资及对外担保等情况更应该加倍关注。

（五）建立信息披露机制

我国现在不少互联网中介公司对于融资项目的信息披露是不成熟的，以至于投资者在完成投资项目出资后便失去了了解项目进展的情况的机会。投资者得知融资项目及企业的信息滞后，使得其失去了采取措施应对风险的最佳时机。互联网中介公司应当建立信息披露机制，定期发布有关融资项目和企业的相关信息，真实、全面、及时、充分地进行信息披露，只有这样，才能对投资者乃至互联网中介平台本身有利。

结　论

综上所述，互联网融资租赁P2L模式作为我国较为新颖的金融投融资模式，在法律制度层面需要加快立法步伐，适应与迎合互联网新兴金融经济的发展；在监管层面，国家应当加大监管力度，给P2L乃至其他互联网金融模式创造良好的经营环境。在P2L模式不断发展的将来，将面临不少机遇与挑战，我们将共同努力为其发展出力、献策。

参考文献

［1］陈锵芳.试论现代经济下的融资租赁［J］.经济师，2014（9）.

［2］何文茜.浅论我国互联网融资租赁P2L的发展［J］.商业经济，2014（24）：71-72.

［3］孙世森，涂俊.P2C平台与融资租赁的结合模式与前景［J］.科技和产业，2015（1）：158-164.

［4］杨涛."触网"互联网金融融资租赁行业新引擎［J］.当代金融家，2015（10）：102-107.

［5］王莹.P2P拆标及期限错配的三重罪［N］.第一财经日报，2014-10-28（10）.

［6］李布.融资租赁P2P模式发展 呼唤有公信力的评级体系［N］.中国经济导报，2015-7-29（B07）.

［7］冯雨，王潜.从"庞氏骗局"看P2P平台的法律风险及完善建议——"以e租宝事件"为视角.海南金融，2016（2）：74-76.

［8］刘威岩，宫建华.融资租赁借力P2P模式的思考［J］.征信，2016（4）.

数据的收集、开发使用中的法律实务

山西恒驰律师事务所　安金芬

内容摘要：大数据及其应用迅速而广泛地深入社会生活中，而我国现行法律对此并无明确规定。本文在分析现行法律立法原则与宗旨的基础上，结合实践中数据收集、开发使用存在的实际问题，通过对协议规范数据的收集、开发使用进行分析，旨在为数据真正发挥其商业价值提供参考。

关键词：大数据　数据的收集　商业价值

大数据及其应用的迅速发展，使得法学研究面临一场新的机遇与挑战，大数据正在挑战着传统法学研究的方式。

大数据具有巨大的商业价值已是众所周知的事实。但我们知道海量的数据与大数据是不同的概念，简单的数据堆砌不具有价值，对海量的数据进行开发分析，形成关联性结构性很强的大数据才具有价值。因此，要发挥数据的商业价值必须对数据进行开发分析。数据的开发分析需要技术，自从有了云计算服务器，"大数据"便有了可以运行的轨道，从而拥有了可以实现大数据真正价值的途径，有人形象的把各种"大数据"的应用比作一辆辆"汽车"，将云计算比作支撑起这些"汽车"运行的"高速公路"，这个比喻完美地诠释了大数据价值的实现过程。

大数据在实现其巨大经济价值的同时，也面临着一些法律边界性的问题，比如数据的收集是否合法、数据的开发分析及使用是否合法、数据的后续开发与使用中的法律纠纷等。合法性问题是大数据能否真正实现其商业价值的基础。总体来说,合法的数据加合法的技术开发才能完美的发挥大数据的价值。

下面就大数据完美的实现其商业价值的各个环节的合法性进行理论与实践的探讨。

一、数据的合法收集

截至目前，我国并没有明确的专门性的法律规定。现行的法律法规中也仅仅规定了公民个人信息收集的原则及个人隐私的保护，并未对收集数据作出明确具体的规定。2013年9月1日起实施的《电信和互联网用户个人信息保护规定》中规定电信业务经营者、互联网信息服务提供者在提供服务的过程中收集、使用用户个人信息，应当遵循合法、正当、必要的原则。中华人民共和国宪法中规定，中华人民共和国公民的通信自由和通信秘密受法律的保护。中华人民共和国未成年人保护法中规定任何组织或者个人不得披露未成年人的个人隐私。在尊重我国法律关于数据收集的原则性规定及保护个人隐私的宗旨下，理论上数据的收集应遵循以下几个原则。

（1）收集个人数据的目的要合法明确，在收集完毕之后不得私自改变收集数据的目的，用作其他用途；

（2）以简单易懂的方式告知数据主体处理个人数据的目的，存储时间以及数据主体享有的权利和救济的手段；

（3）确保在收集过程中不随意篡改信息数据；

（4）不出售或非法向他人提供公民的个人数据；

（5）建立必要的管理和技术手段对收集的数据进行保密，确保数据的安全性。

《电信和互联网用户个人信息保护规定》第8条规定，电信业务经营者、互联网信息服务提供者应当制定用户个人信息收集、使用规则，并在其经营或者服务场所、网站等予以公布。该规定为实践中如何解决上述（1）（2）（3）（4）原则提供了解决问题的思路。在实践中数据收集主体通常可以采用申明或协议的方式解决，该申明、格式条款协议以及提示义务应遵循我国合同法等的相关规定。实践中对于第（5）原则通常采用商业秘密进行保护，现有的知识产权以及其他法律中都未对数据的保护作出明确的规定，而利用商业秘密对保护进行保护是目前最可靠的方式。

二、数据的开发利用

我国现行法律对于数据的开发利用亦未作出相关规定，结合数据开发的实际情况，实践中的开发使用模式分为两种，单独开发模式与合作开发模式。

（一）单独开发模式

单独开发模式分为三种情况，一种是数据收集方自己对采集的数据进行开发并供自己使用；一种是数据收集方自己对采集的数据进行开发后交由他方使用；一种是数据采集方将采集的数据完全交由他方进行开发并使用。

1.数据收集方对采集的数据自己开发并使用

该种开发模式相对于其他的开发利用方式法律关系较为简单。在该种模式中，仅需确保在开发过程中数据不外泄。数据外泄的原因有系统本身的技术问题和人为因素的泄露。再强大的系统也会存在缺陷，因此实践中除了提高科学技术外，还应防止人为因素导致的数据泄露。在实际操作中通常采用与技术人员及数据参与人员签署有针对性的保密协议，在协议中规定明确的违约情形及责任承担方式，必要时签署担保协议，同时，在技术上采用分散保密及层级制约的方式对数据进行保护，做到有章可循，在数据泄露事故发生后，做到责任主体明确，尽最大可能将事故损失降到最低。

对数据进行合法的开发分析后，在后期的使用过程中还应严格按照数据收集时申明的合法目的和用途进行使用，以确保整个数据的收集、开发使用都符合我国法律的原则与宗旨。

2.数据收集方自己对采集的数据进行开发后交由他方使用

该种模式通常情况下是数据收集方将自己的成果交由他方使用，获得一定的经济报酬。该种模式使用数据分析成果的一方并不直接接触数据，因此数据采集开发方与使用方仅仅存在一种简单的买卖交易关系。双方可以在遵循我国现有法律及交易习惯的基础上进行交易。但值得注意的是双方的交易合同中必须明确写明数据的使用者应严格按照数据采集时的合法目的和用途进行使用，并对违约后的法律责任的承担进行明确的约定。

3.数据采集方将采集的数据完全交由他方进行开发并使用

该种模式是否涉嫌出售或者非法向他人提供个人信息值得探讨。2015年1月31日，国务院印发了《关于促进云计算创新发展培育信息产业新业态的意见》，明确表明在保障信息安全与个人隐私的前提下，鼓励政府机构与企业创新大数据服务模式。因此，数据开发利用的合法的前提必然遵守信息安全与个人隐私。而大数据真正的价值在于通过对客户信息和行为数据的分析、整理，帮助企业加深对客服需求的认识和理解，从而通过精准营销、个性服务，挖掘和满足客户真实需求，改善和提升客服体验。因此数据的开发和分析建立在尊重客户隐私的基础上。该种模式只要保障数据安全与尊重个人隐私便是合法的。

我国现行法律并无明确的规定，因此，实践中通常需要通过协议来解决。该种模式需要数据收集方与数据开发使用方签署的协议有：数据开发协议，保密协议，共同信息安全保障体系，各自建立安全保障体系。在开发协议中需明确载明数据开发的范围及开发使用的目的，违约责任的承担方式等，做到责任主体明确，维权救济渠道畅通。

（二）合作开发模式

合作开发模式可以分为共同开发，一方使用和共同开发，共同使用的模式。

1.共同开发、一方使用的模式

我国法律对于数据的开发并无明确的法律规定，实践中亦需通过签订协议进行保护。该种模式由于双方都参与了数据的开发，因此双方需要签署的协议有：数据的合作开发协议，保密协议，共同建立安全保障体系，各自建立数据安全保障体系，该项中的保密协议包括了双方与自己的技术人员或参与人员有针对性的签署的保密及责任承担的协议。在数据的合作开发协议中应明确载明数据使用的方式及用途，并对违约责任进行明确的划分。

2.共同开发、共同使用的模式

该种数据开发使用模式中数据收集者与他方的合作关系更为紧密。因此，双方需要签订合作开发协议、保密协议、建立共同的安全保障系统、建立各自的安全保障系统、与各自的技术及参与人员有针对性的签署保密协议。同时需要明确的是在签署合作开发使用协议中标明双方对开发后数据的使用权限。

三、数据的后续开发与使用

无论上述哪种模式，均面临着数据的后续开发与使用的问题。数据的后续开发包括两种情况，一种是数据交由第三方重新开发使用，一种是在已经进行了的数据分析开发的基础上进行的再次开发使用。

我国现行法律亦没有相关的规定，实践中还需要签订相关协议进行解决。总结上述数据开发使用模式，通常两种情形，一种是对已经分析开发的大数据的后续开发使用权以及原始数据的开发使用权归属一方所有，另一方不享有任何权利，存在此种情形的模式有数据收集方对采集的数据自己开发并使用、数据采集方将采集的数据完全交由他方进行开发并使用；一种是对已经分析开发的大数据的后续开发使用权归属一方所有，数据采集方可允许任何第三方分析使用原始数据，存在此种情形的有数据收集方自己对采集的数据进行开发后交由他方使用。对于合作开发使用的两种模式上述两种情形都会存在。

因此，在数据开发使用协议中应针对不同情形，考虑数据的后续开发使用问题，并在数据开发的相关协议中进行明确的约定，防止不必要的矛盾和纠纷的发生，避免经济和司法资源的浪费。

结　论

大数据产业是对海量数据进行开发、使用的产业，因此，数据开发使用的合法性是大数据产业的立足之本。而目前我国法律对数据的收集、开发利用及再次开发问题均没有明确的法律规定。需要数据采集、开发利用方在充分考察、遵守现行法的基础上，通过申明及协议等方式对数据的收集、开发使用进行保护。

以上就是我对数据的收集、开发使用的浅显认识，望有助于大数据真正发挥其商业价值。

互联网大数据对律师业务发展的机遇与挑战

甘肃诚域律师事务所　付星俊　何小辉

内容摘要：数据这个江湖，是最好的江湖，是最坏的江湖。数据的创建及分析正快速的悄悄地改变着律师界，它可以带来律师界资源的优化配置，必将带来新一轮的律师队伍筛选，分流，及细化，对律师、律所、律师业务的开展，它都将提出新的要求。本文从大数据的概念特征入手，探索我国法律大数据的建设现状，以此分析互联网大数据对律师业务发展的机遇和挑战。

关键词：互联网　大数据　律师业务

引　言

马云说：“很多人还没搞清楚什么是PC互联网，移动互联网来了，我们还没搞清楚移动互联的时候，大数据时代又来了。”是的，大数据时代的到来，不仅仅预示着信息世界的又一次历史性革新，也为传统行业带来了前所未有的冲击和全新的挑战。

一、大数据的概念

大数据或称巨量数据、海量数据、大资料，指的是所涉及的数据量规模巨大到无法通过人工或者计算机，在合理的时间内达到截取、管理、处理、并整理成为人类所能解读的形式的信息。自20世纪80年代起，世界上人均科技信息存储能力，大约每40个月翻一番；例如2012，每天数据创建量高达到2.5艾字节（2.5×1018）。

二、大数据的特征

（一）大数据中的数据应当具有相当的数量

到底多大的数据量才能叫大数据，并没有一个具体的数字或者一个数量区间作为界限。“数量大”在这里仅是一个相对的概念，结合大数据具体的用途，只要数据多到足够让数据的使用者通过大数据分析手段对数据进行规律性分析的程度，便可以称之为大数据。①

（二）大数据通过“全量数据挖掘”获知规律

大数据首先对一类全量数据整体进行分析处理，然后再将数据进行筛选分类，去掉含错的数据和不符合统计学规律的极端数据后，研究剩下的具有代表性的数据。大数据是客观的，是通过真实有效的数据、特有的大数据清洗筛选方式、大数据分析方法对数据进行分析处理。它通常需要借助一些专业的软件，从而将抽象的数字以可视化的图标展示出来。

（三）大数据的核心价值是进行“资源的优化配置”

对“全量数据”的挖掘分析，从分析结果中，得到的规律，可以避免全局的资源浪费，提高工作效率，这也正是大数据应用的落脚点和真正价值。具体到律师业务上，大数据可以帮助律师为客户以最优的价格提供最好的服务，提高律师的业务能力，同时客户也可以挑选符合自己需求的律师为其提供服务。

三、我国法律界大数据时代

法律数据库阶段始于20世纪70年代初，在个人电脑尚未问世之前,美国法律界已率先提出“电脑辅助法律研究”（Computer-assisted legal research）的构想,并开发了两个著 名的“在线法律数据库”，即Lexis和Westlaw。

而我国的法律数据库的建立，正处于尝试阶段。2013年11月，最高人民法院正式开通“中国裁判文书网”。全国首部法院信息化第三方评估报告中称截至2016年2月29日，各级人民法院已经公布生效裁判文书1570.7万余篇，“中国裁判文书网”已成为全球最大裁判文书数据库。且这一数据库仍以每天4万余篇的速度新增着。这一数据库的建立，使得大数据智能分析有了基础数据，为互联网、大数据改变传统法律界运作模式，形成新的法律思维方式和运作模式提供了可能。

目前，我国正努力推进实现审判流程公开的建设。今年，各大政法类媒体不约而同地推送了这样一则消息：“自7月1日起，最高人民法院所有公开开庭的庭审活动原则上均通过互联网直播。”最高人民法院将以身作则，其引领和示范作用，从自身做起以推进审判流程公开。并且，我国还开放了全国企业信用信息公示系统、中国执行信息公开网、法信网等100多家官方网站，提供全方位、多维度的信息。

基本的数据库建设后，下一步往往是要解决对海量数据的量化分析，如何将检索出来的相关法律数据，应用到法律实践当中。对此，我们进行了多方面的探索。

---

① 迟菲律师在大数据法律保护志之困一中所述观点。

例如，2015年5月8日，李克强总理亲自批示成立贵阳大数据交易所，其成为全国第一家大数据交易所，并首次在中国提出了"数据交易"的概念。在贵阳大数据交易所可交易的数据产品中，我们发现其中包含了"法院大数据"这一大类。在法律学术界，由中国政法大学作为牵头高校，联合了各级司法机关、法律行业组织等国内协同单位以及国外协同机构做出的《2014年中国司法文明指数报告》，将司法文明指数建成指标体系，并设计成调查问卷，通过客观的数据，展示出中国司法文明情况。由中国政法大学企业法务管理研究中心发布的《2014上市公司法律风险指数报告》，以分析银行业的风险防控效果。由北京师范大学中国企业家刑事风险防控北京中心共同研究制定了《关于企业家刑事辩护内部研究集》，该研究集依托大数据，试图在刑事辩护、企业家刑事风险预防等方面入手，分析诉讼策略和证据采纳和裁判结果之间的关系。

四、大数据对律师业务发展的机遇与挑战

目前我国的律师队伍正不断地壮大，全国律协在2012年8月26日，向社会公开发布《中国律师行业社会责任报告》，该报告称，截至2012年底，中国（不含港澳台地区）律师数量为232384名，律师平均年增长速度为9.1%。目前我国每1万人口平均拥有1.6名律师；中国律师事务所数量为19361家，律师事务所平均年增长速度约为6%。

律师队伍的不断壮大、大数据库的逐步建立对过去律师单打独斗、靠当事人、同行口口相传获取业务的传统模式形成了一定冲击，大数据时代的到来给律师业务的展开带来了三方面的机遇和挑战：案源获取方式的变革、诉讼工具的变革和律师事务所盈利模式的变革，具体来说：

第一，法律服务的需求，尤其是诉讼业务，其特点之一便是低频。客户的第一需求一定是找一个合适的律师，而以往找合适律师的方式便是靠人与人之间的信息传递或者是通过偶然性的方式找一个律师，用户并不知道找的律师是否适合自己。且鉴于律师服务的无形性，律师、律师事务所对自身业务能力无法直观展示给客户。在这种模式下，往往是自身经济实力越强的主体越能够选择到适合自己的法律服务，拥有自己的法律顾问抑或是法务部门，而大多数的自然人和中小企业往往没有固定的法律服务提供者。

而在"互联网+"时代下，信息传播的方式发生了巨大的变化，从口口相传、通过某些物质载体的传播方式逐渐发展到虚拟的新媒体传播方式，且通过新媒体传播方式的受众远大于传统方式。同时，有了法律大数据库的支撑，当事人能有针对性的寻求满足自己需求的律师，同时律师、律师事务所也能通过客观有形的数据展示自己的专业能力。

第二，把判决当做对象，把法官当做对象，挖掘其数据分析处理所蕴藏的无限价值成为主要的诉讼工具。对数据的挖掘分析处理蕴藏着无限价值。如上文所述，“中国裁判文书网”已成为全球最大裁判文书数据库，同时也存在着其他商业法律数据库，能做更细致专业的检索。通过来自裁判文书数据库的文书和大数据检索分析方法，对裁判文书本身内容的分析可以探索出法官的裁判思路；预测判决结果期望；分析法官的个人喜好；对某一法官对某一法律规定的理解等等。也就是说不仅能做到对案件、法律法规本身知识的检索，同时还能做到对法官的分析，这将极大提高诉讼的准备效率、用力精准，最终实现胜诉率的大幅提升。

第三，就像滴滴打车、uber、神州专车等互联网软件重新定义了出租车服务，法律服务资源的配置在法律大数据背景下有变革的可能。法律服务有其自身的特点：首先，法律服务基本都是无形的；其次，客户的需求具有独特性，且同一客户的回单率低；再次，律师服务的提供者提供法律服务往往需要以经验为主导。这些法律服务的特征，使得法律服务的开展无法像普通行业那样生成简单固化的产品，像普通产业链一样扩大生产经营，且同样导致了人和性极强的“作坊”模式的律师事务所的扩张成本极高而限制律师事务所的发展。而法律大数据使得法律服务产生相应的法律产品，例如，“律品100”这一关于婚姻家事有关的法律产品，它的使用几乎可以轻松解决95%以上的婚姻家事问题，甚至是相关协议的拟定。随着数据库、大数据分析方法和软件的完善和发展，必然会出现越来越多的各种业务层面的法律产品，而这一发展必然促使律师事务所盈利模式的改变。

以上三个方面的变革是正在发生的不可忽视的机遇和挑战，律师事务所应保有开放心态，培养大数据意识，早做部署，抢占新一轮变革的先机。

参考文献

［1］ Vance, Ashley. Start- Up Goes After Big Data With Hadoop Helper. New York Times Blog. 2010-04-22.

［2］“IBM What is big data? – Bringing big data to the enterprise”. www.ibm.com. Retrieved 2013-08-26.

［3］ 张力行、沈家欧.大数据时代给法律界带来的机遇与挑战［N］.中国远洋航务，2016（3）：84-85

互联网时代下的青年律师成长之路

重庆智豪律师事务所　张公典

内容摘要：执业之初的艰难是每位律师必然经历的痛楚，对于青年律师而言总要经历无案源无收入、办案技能难以提高的痛苦阶段；而互联网甚至"互联网+"的盛行给了青年律师一些成长、发展的机遇，深入学习互联网思维、加强律师自我营销、勇于开拓新型业务、通过网络加强异地律师合作，无疑成为互联网时代下的青年律师成长之路。

关键词：互联网　青年律师　营销　成长

一、青年律师成长之痛

律师，听起来是很光鲜的职业，收入高，有地位，有才华、有派头，然而，在这光鲜的背后，隐藏着多少律师成长的痛苦与不堪。正如有人说，世上没有无缘无故的爱，也没有无缘无故的恨，世上也从没有随随便便就能成功的律师。

每一位律师在成长的过程中，都会遇到各种挫折，但笔者心想，其中最难忘的，莫过于身为青年律师时，那种出道之初的困窘与痛楚。

（一）经济收入上的捉襟见肘

经济学上的"二八定律"在律师行业十分明显，作为靠案源吃饭的职业，很多律师都面临着没有案源或案源太少的窘境，而对于青年律师而言，这种情况就更加普遍。大部分优质案源被资深律师占据，而潜在的优质案源，又多不会选择青年律师。[①]越没有案源的青年律师，越难以从办案中积累经验，更难以从办案中积累人脉关系，反过来又再次制约案源的获取，长此以往，青年律师的收入始终无法"脱贫"，总是在温饱线上下徘徊，这也成为青年律师最为苦恼的原因之一。

---

① 青年律师的培养机制探讨，http：//www.66law.cn/domainblog/53111.aspx 访问日期：2016年7月12日。

（二）办案技能上的难以提高

除了经济上的收入，青年律师还经常遇到的一个问题是，自己舍得吃苦，自己也愿意学，却苦于“剃头担子一头热”，陷入了没有师傅培养的尴尬境地。例如，青年律师在进入律师事务所后，部分人员虽由资深律师以师傅带徒弟的方式培养，但多数人员则处于“放羊式”的“自我成长”，游离于边缘地带，缺乏职业管理、带教和基本生活保障。[①]究其原因，除去律所新人培养机制不健全外，“教会徒弟，饿死师傅”的传统观念也是重要影响因素，尤其是资深律师办案地域局限性强或是部分律师较少的、法制相对欠发达的县、市，每多一个自立山头的青年律师，对资深律师而言就意味着增加了一个竞争对手，因而一个愿学，一个不愿教便成了律师界的常态。

有的青年律师虽有师傅教，但由于我国律师市场还不成熟，各种黑律师、假律师大行其道非但不能给青年律师带来办案技能上的提升，反而可能被引领至违法犯罪之门。

然而，“法律的生命不在于逻辑而在于经验”，没有长期浸淫在办案中的经验，如何获得办案技能的提高，如何能够独立办案？

二、互联网时代下青年律师的发展机遇

（一）有利于营销宣传案源拓展

俗话说，“酒香不怕巷子深”。但在人才济济的今天，这句话已然失去了其现实意义，改为“酒香也怕巷子深”恐怕更为合适。而互联网时代下，信息传播的迅速性、及时性和高效性无疑为律师的营销宣传和个人品牌的推广提供了便利的条件。

有人说，一个好的律师，不仅要看其是否具有高水准的办案水平，更重要的是，要有相当程度的接案能力。没有案源，即使有天大的本领，一切等于零。而获得案源尤其是优质案源的有效途径，除了尽职尽责地办理好案件本身外，莫过于提高自己的知名度和声誉度，让案源来找律师，而非律师来找案源。

但在互联网兴起之前，熟人社会是社会的典型特征，案源多数来自亲戚朋友介绍也是很多律师主要的生存之道，而如今通过网络，将自己的实力在网上进行展示和不断地“曝光”，以及入驻一些专门的法律类网站为网友提供法律咨询，可以成为拓宽案源的有效途径。

（二）有利于技能提高、业务挖掘

上文提到，青年律师除面临收入上的“囊中羞涩”外，还有无师可拜、无

---

① 青年律师的培养机制探讨，http：//www.66law.cn/domainblog/53111.aspx 访问日期：2016年7月12日。

案可学，无法提高实战技能的苦恼。而互联网的日益兴起，使得青年律师在网络上可以免费或少量付费地学习全国各地钻研各类业务的资深律师、法律专家的课程，如通过点睛网的学习与培训，通过关注法律类微信公众号获得法律类资讯、法律规定或实务技巧的文章推送，都可以使得青年律师获得技能上巨大提升。

除此之外，互联网的盛行也开始为律师开辟新的业务种类，如各类新型的互联网金融、资本证券化、艺术品租赁、金融租赁、私募资金等新型融资方式带来的债市、股市、房市发展的品字形经济形态也为律师大展拳脚提供了广阔的法律服务空间。换言之，如果青年律师肯下工夫，在这些前人未曾开拓的领域认真钻研和挖掘，也完全可能成为某一领域内的大咖。

三、互联网时代下青年律师的成长之路

当然，任何事物都是需要辩证看待的，互联网也不例外。网络的兴起对青年律师而言，不仅仅有机遇，也有一定的挑战，如竞争加剧，年轻律师成长之路将更加艰难。再如，网络平台的出现推动律师间相互合作，跨区域办案成为常态，这使得法律业务资源进一步向“知名律师”与中心城市转移，低端律师将被市场所淘汰，“村镇律师”的生存空间进一步受到挤压，而刚刚出道的青年律师往往属于低端律师。[①]那么，在竞争激烈的互联网时代下，青年律师如何快速地成长，无疑是迫在眉睫的问题。结合笔者所在律所及相关见闻而言，笔者认为，可以从以下几个方面着手。

（一）深入学习网络思维、提升自身业务能力

如何善用网络思维，首先要做到善用搜索引擎，互联网发展到今天，已然成为人们的“第二世界”，不夸张地说，只要你想找的东西，无论是法律规定、司法解释，还是法律专家的讲座、实务部门的培训，在网上很少有找不到的。其次，善用网络思维，还要善用大数据。如笔者所在的智豪律师事务所，长期关注中国裁判文书网的各类判决，并致力于从数万份判决中梳理、总结出共性之处，以供办案中参考。最后，善用网络思维，还要善用网络平台形成与律师同行的良性互动，只有这样，青年律师才能博采众长，全面提升自身业务能力。

（二）加强互联网自我营销、打造个人品牌价值

上文已经提到，有实力，更要会营销，这句话对长期在生存线上下挣扎的青年律师尤为重要。笔者认为，青年律师考虑到自己经济实力有限，起步阶段可以借助各类法律类网站平台，向客户提供法律咨询，保持网络上的活跃度，

① 互联网时代律师发展的新趋势，http：//blog.sina.com.cn/s/blog_99eae5dd0101lsrg.html 访问日期：2016年7月13日。

逐步积累自己的案源。在发展到一定阶段后，可以考虑在自身承办过的案件中，突出办案效果好的案件，以及自己相对专攻的方向，平时多尝试对时事热点等进行法律类评论的写作，加强对个人品牌和形象的塑造。例如，某律师在微博上将自己塑造为专打行政诉讼的律师，而其也形成了普通民众对其专门打民告官官司的律师形象的认识，长期在网络上抨击政府的某些行为，向公众展现了一个不畏强权的形象，无疑取得了不错的效果。[①]当然，笔者并非教唆青年律师去抨击甚至污化政府形象，举出这个例子仅仅是提醒青年律师个人形象与品牌塑造的重要性。

（三）努力开拓新业务，提升业务专业度

青年律师应当有股锐气，这股锐气不仅体现在年轻时期不怕吃苦、踏实肯干上，还应体现在对新型业务的勇于开拓和对业务的专业专攻上。互联网的兴起给青年律师带来的机遇多于挑战，与资深律师不同，青年律师思维更为发散和跳跃，创新性强，容易在新型领域做出一番事业，在对知识机构、学历水平要求更高的互联网新时代和如私募基金、高端非诉业务等新型业务中，青年律师可以通过对原有业务的更为精细化的划分，赢得自己的一席之地。

同时，在业务发展日益细化的今天，青年律师也不应满足于"万金油"的执业模式，而应在努力开拓新业务的同时，注重对业务专业度的培养。听起来，又要开拓新业务，又要专注某业务领域，似乎有所矛盾，但实际上，对于青年律师而言，开拓新业务、提升业务专注度本就是相辅相成的关系，与其在固有业务领域与经验丰富、人脉广阔的老律师们竞争，不如狠下心来开拓新的业务市场，在新的业务市场上，不管是青年律师还是资深律师，已然站在了同一起跑线上，而青年律师通过对新型业务的专注，也更容易取得成功。

（四）摆脱案源地域限制，加强异地律师合作意识

青年律师在执业之初，必然面对办案经验不足的尴尬，而日益精细的业务分工也使得青年律师在这一领域可大展拳脚却在另一领域难以触类旁通。而互联网的发达给了青年律师一个不错的选择：合作共赢！

实际上，目前网络上已经出现了一些为异地律师交流合作搭建的平台，通过此类平台，青年律师不仅可以摆脱案源的地域限制，又可以和异地律师分工合作，实现共赢。换言之，青年律师不应将眼光过于局限在本地案源上，"风物长宜放眼量"，充分利用互联网带来的优势和便利，加强与异地律师的合作意识，亦不失为青年律师的一种成长之道。

---

① 一位大律师的感悟：律师该如何做网络营销，http：//www.shichangbu.com/article-17706-1.html 访问日期：2016年7月13日。

结 论

“海阔凭鱼跃，天高任鸟飞”。青年律师固然有执业之初的痛苦与烦恼，但在互联网时代甚至互联网+时代，将互联网带来的便利与青年律师自身的优势相结合，凭着自己的刻苦努力和辛勤耕耘，相信总能找到属于自己的成长之路，收获属于自己的鲜花和掌声。

参考文献

［1］贾明军.人在律途：小律师到大律师的成长范本［M］.北京：法律出版社，2015.

［2］邱旭瑜.穷律师富律师（2）：揭开中国律师营销之谜［M］.北京：法律出版社，2009.

［3］易胜华.别在异乡哭泣：一个律师的成长手记［M］.北京：北京大学出版社，2013.

［4］申欣旺.中伦的秘密：中国顶级律所20年风云录［M］.北京：中信出版社，2013.

掘金法律大数据

北京盈科(贵阳)律师事务所　龙子骄

内容摘要：大数据无疑是时下炙手可热的流行词汇。大数据的重要性已经无需过多讨论，但究竟还有多少神奇的事情是大数据可以做到的？依靠大数据，还有多少价值可以挖掘？所谓“大数据”模式，其实是一个思考方式的转变，我们将方方面面藏在不同角落的数据都集中起来，然后通过科技的方式，对巨量的数据资料进行撷取、分析，从而把数据的价值挖掘出来，以供政府、企业、个人等决策使用。[①]换句话说，大数据并非只是一个简单的巨量数据的传统收集，还经历了撷取、分析这种“二次加工”从而使大数据成为一种资产，给人们带来了极大的便利。这种便利早已从虚拟的信息空间，走进了真实存在的传统世界。

关键词：大数据　法律服务者　法律业务　法律客户

当前，大数据的概念在各个行业中被广泛地应用，中国境内活跃在大数据领域的企业数不胜数，它们有的是计算机互联网领域的巨头，有的是刚刚成立不久的创业公司。但他们都有一个特点，他们都看到了大数据带来的机会，并毫不犹豫的挺进了这个领域。小米公司的高级副总裁王翔说过：“我们是这么看的，一个企业的价值和他掌握的数据是正相关的，也就是说你掌握的数据量越大，你的企业价值也越大。”这个观点在法律服务行业也是同样适用的，在法律服务行业，无论是传统的诉讼业务还是后来兴起的非诉讼业务，都会产生大量的文档，而这些大量的文档经过撷取、分析二次加工以后，可以形成具有一定规律性的信息，对日后同类型的业务具有很大的借鉴性。

法律大数据的迅速发展得益于近年来司法公开三大平台的发展，第一，裁判文书数据的公开。最高人民法院于2014年初设立“中国裁判文书网”，截止到2016年7月，已经公布了19015770篇文书，访问量累积达到了1336888521次，每日新增文书数量平均在20000篇左右。根据最高人民法院印发《关于推

① 谢君泽：“‘大数据’模式的法律风险”，载《民主与法制时报》2014年7月7日第009版。

进司法公开三大平台建设的若干意见》的通知，在互联网公布裁判文书应当以公开为原则，不公开为例外的要求下，预计未来裁判文书的公开数量也将成倍数的增长。第二，执行信息的公开。人民法院现在通过执行信息公开平台，向案件当事人提供案件的相关信息，向公众提供流程信息、标准信息，将执行信息公开平台与各类征信平台的进行有效对接。第三，审判流程数据的公开。[①]法院通过政务网站、电话语音系统、手机短信平台、微信公众号、电子公告屏等现代信息技术和新媒体，为公众提供机构职能、审判流程信息。法律大数据的迅速发展深化和拓展了法学研究，为法律运用提供了便利，也促进了法律服务的转型升级。

一、大数据和法律服务者

大数据对法律服务提供者提供的营销价值是毋庸置疑的，那么如何更好地满足消费者的需求，进而更好地提升用户黏性呢？我们说，依靠大数据我们可以很好的帮助法律服务者提升自我品牌。

提升品牌是一个动态的、不断延伸的过程。以诉讼律师行业为例子，早些年的诉讼律师的品牌建立主要是通过一些传统的媒体和客户口碑在小范围内去进行宣传。客户往往可能是基于第一眼印象、熟人关系等各种因素在选择诉讼律师。但是今天，随着裁判文书的公开，到“无讼名片”的诞生，通过案例大数据来帮助律师提升自我品牌，打造专业影响力的模式已经初见雏形。将律师所承办的案件领域、受理法院和诉讼律师关联起来，能让客户最为直观、真实的看到律师的专业水平和业务能力。[②]随着未来越来越多数据的公开，我们可以将法律服务提供者的教育背景、工作阶段的职业技能、甚至是个人的征信记录、社交网络的好友评论各类数据关联到法律服务者，从而建立一个数据模型。然后通过这个模型，可以分析出客户需求和法律服务之间的关键接触点，然后检测每个接触点相互间的转化率，给客户呈现一个立体、真实的法律服务者形象。用户甚至直接可以对法律服务者形象进行打分、评价，法律服务者可以自己收集客户第一手回馈数据，从而自我改进，一来一往的，双方能实现更多有价值的沟通合作，也有利于法律服务提供者能够提供更加细腻的、个性化的服务。

提升自我品牌在加强外部营销的同时，也要加强内部专业性提高。未来的

---

①王竹：“法律大数据要注重质与量的提升”，载《社会科学报》2016年6月2日第004版。

② 天同诉讼技术研发中心：“小律所、大数据：诉讼的数据化时代”，载《中国律师》2014年第5期，第21-23页。

法律服务者的大数据系统是要一分钟帮你完成你的专业定位。传统的职业规划通常是由职业规划师来完成，一个人通过一系列的模块化问卷来告诉你，你应该做一名律师。但是大数据分析来做专业定位则完全不一样，大数据可以通过你从小的成长环境，分析你的教育背景、工作经验、社会活动来进行综合分析，从而形成一个三维立体的数据模型来进行专业定位，合理性得到了大大提高。正是基于这样的大数据的背景，未来甚至可以通过对收集的有效数据的计算，来告诉你未来几年你的职业趋势，你可以成为一名专做职务犯罪的刑辩律师，还可以分析出距离你成为一名专做职务犯罪的刑辩律师还有哪些差距，你还需要具备哪些职业技能，你可以通过什么渠道来提升自己，打造属于个人的专业影响力。

二、大数据和法律业务

大数据不仅仅拥有数据，更在于通过专业化处理产生重大市场价值。大数据在当代社会已成为一种开放的资产，有效数据是业务部门的生命线和管理者的重要的决策基础，深入了解客户带来绝对的竞争优势，应该随时为决策提供依据。数据的价值在于即时把正确的信息交付到恰当的人，那些能够驾驭法律大数据的法律服务者将拥有更大的竞争优势，甚至拥有大量数据的法律服务机构还可以进行数据交易从而获得收益，利用数据分析降低法律服务的风险，提高法律服务质量，法律数据将成为高价值的交易商品。法律大数据体量大、种类多，通过数据共享处理非标准化数据可以使其价值最大化，对法律大数据的分析、提炼、加工，将法律大数据变成大产业。

天同律师事务所利用诉讼大数据，从更多的角度来分析、评价案件，提高法律检索的效率和全面性，为出庭律师提供更多有价值的信息，形成对案件的全面认知，以便形成最佳的代理方案。天同律师事务所在诉讼程中运用大数据分析，从案件前期论证阶段，对案件难度进行预判并对案情做初步的解构处理；再到案件磋商代理阶段，继而对证据材料、法律适用等利用大数据分析，对案件的胜率进行评估，从而寻求合理的报价；案件进入办理阶段后，结合案件信息的更新，大数据分析集中在案外相关因素，例如审理法官的相关观点、法院的价值判断等方面；最终到结案阶段，利用大数据来评估案件的办理效果，按照既定的标准进行知识管理，从而将无形的经验有形化。[①]天同律师事务所在诉讼大数据的利用上处于国内的领先地位，其利用诉讼大数据确保“三大诉讼法宝”成为天同诉讼业务的核心竞争力。

---

① 胡凌：“大数据兴起对法律实践与理论研究的影响”，载《新疆师范大学学报》（哲学社会科学版）2015年7月第36卷第4期。

非诉讼业务与诉讼业务相对应，非诉讼业务能直接满足客户的的基础法律需求，相较于诉讼业务而言，非诉讼业务比诉讼业务更容易标准化。在非诉业务中，以尽职调查业务为例，既要调查目标公司的主体情况，又要审查合同及项目是否合法，还要审查劳动关系是否规范，还要从固定资产、土地使用权、知识产权、同业竞争、税务风险等多方面提出专业的法律意见。这就对大数据的需求更大，法律服务者需要利用网络检索，区分目标数据区域从而计算出一个相对完整、客观的目标企业情况，方便法律服务者做出专业判断。能与当前法律大数据的潮流深度契合在一起，在短时间内有比较清晰的把握市场发展脉络等原因，都将成为非诉讼法律业务迎来非诉法律业务的大数据春天的前兆。

三、大数据和法律客户

市场经济体制下，任何行业的发展都将以市场为导向，市场需要有数据来进行决策，只有通过数据才能快速发展，实现利润，维护客户，传递价值，支撑规模，增加影响，撬动杠杆，带来差异，服务买家，提高质量，节省成本，扩大吸引，打败对手，开拓市场。法律服务行业需要大数据的帮助才能对快速膨胀的消费者群体提供差异化的产品或服务，实现精准营销。[①]法律服务行业应该依靠大数据实现服务升级与方向转型，传统模式面临无处不在的互联网的压力同样必须谋求变革，实现融合，不断前进。

法律服务行业可以利用已有品牌建立互动的网络社交平台，成立网络社区，改善传统的网页，在社区网站中客户与法律服务工作者互动，如果得到反馈，这种网络之间的人际沟通会带来对品牌的好感，这种行为会促使客户增进对品牌的归属感，产生信赖的感觉，社交平台促使服务者赢得市场，刺激客户增加支出，效果超过传统模式，有利于进行宣传活动。

我们可以通过大数据对以下三个维度的数据进行分析，让法律服务单位决定自己的营销投放策略和方向，这完全是大数据在精细化运营方面带来的价值。

分析用户从哪些渠道进来，可以帮助法律服务单位发现更多客户的来源和需要在哪些渠道加强投放，比如用户是从微博、微信、论坛还是门户网站，从而帮助其不断调整营销策略，发现哪个渠道更有吸引用户的潜力和价值，有没有挖掘到的潜在客户，是否还可以继续深挖。

分享用户关注什么方面，通过用户对网站的点击、话题的讨论、内容的转发能方便进行大数据的分析，可以有效找到用户喜欢的兴趣点和接受内容的方向，方便法律服务业在运营内容和形式上及时作出调整。

对新老用户观察分析，可以让法律服务单位掌握好用户的生命周期，知道

① 张兰廷："大数据的社会价值与战略选择"，2014年中共中央党校博士学位论文。

什么时候该对什么样的用户进行什么类型的营销，以及帮助法律服务行业找到激活老用户的方法。

结　语

如果说上一个十年是属于互联网的十年，那不得不说，下一个十年将会是大数据的十年。正如互联网曾经改变了我们的生活方式一样，法律大数据也将改变传统的法律服务模式、法律思维方式。大数据带来的变革，将会席卷包括律师事务所、司法系统、法学院乃至立法机构在内的所有法律相关组织。总之，大数据已经是一个不可逆转的大趋势，谁能更快、更好地抓住这个难得的机遇，撷取、分析数据，发现新的商机，谁就能在下一波的竞争中脱颖而出，成为未来法律界的引领者。①

参考文献：

［1］张浩.大数据与法律思维的转变——基于相关性分析的视角［J］.北方法学，2015（5）：12-21.

［2］邵俊武.法律视野下的大数据问题研究［J］.法治社会，2016（2）：39-48.

［3］吕天文.中国大数据行业分析与展望［J］.电源世界，2014（2）：4-6.

［4］郭国奇.把准脉搏，在大数据市场淘金［N］.电脑报，2013-09-02014.

［5］赛迪顾问电子信息产业研究中心分析师向阳.大数据市场将现五大发展趋势［N］.中国计算机报，2016-03-07002.

① 张力行、沈家欧："大数据时代给法律界带来的机遇与挑战"，载《中国远洋航务》2016年第3期。

互联网大数据对律师行业发展的机遇与挑战

四川英济律师事务所　李　雯

内容摘要：在“大数据”+“传统律师业务”日趋密切结合的形势下，互联网大数据的使用，改变了大多数传统行业的业务模式，当然也对法律服务行业的服务定位、法律工作查询工具、客户体验、法律知识的体系管理，乃至如何建成法律人的“互联村”等方面带来了诸多可能性。对此法律服务行业经过广泛的探讨，得出的模式是“法律+大数据”——即法律专业是基础，大数据是手段，两者有机结合为律师在法律服务中更专业化、科学化、数据化、高效化提供了全新的体验，但同时也带来了机遇和挑战。在信息时代律师行业竞争将更加激烈、业务专业性要求更高，专业软件的学习成为律师除了法律专业知识以外必须掌握的工具，也可能成为客观障碍。以此我们应借助互联网大数据所带来的机遇优势来帮助我们优化以往的业务模式，并借此进一步的开拓服务市场，而对于挑战，我们应主动学习迎难而上，使我们的律师业务发展步入一个新的快车道。

关键词：互联网　大数据　律师业务　改变　机遇和挑战

互联网初始至今已发展了接近半个世纪，它始终在创新与变革中快速前进。2013年9月5日，中国互联网协会理事长邬贺铨在河南省首届互联网大会主题演讲中指出：“互联网进入大数据时代。”[①]于是，各行业开始探讨自身行业该如何去拥抱互联网，并利用大数据的优势来改善和提升行业业务的发展模式与速度。面对各行业互联网大数据的火热探讨，法律人也应该去思考：传统的法律业务面对互联网大数据时代的机遇与挑战。本文即从互联网大数据的发展，以及它们的到来将带给传统律师行业哪些机遇与挑战，简要阐述笔者的观点，仅作为抛砖引玉之用。

一、互联网改变了传统行业的业务模式

当时间进入21世纪，互联网的出现颠覆了众多传统行业业务的发展模式，它使信息传播速度变得异常高效，传播量变得异常惊人，人与人之间的交往也

① 邬贺铨：“互联网进入大数据时代”，载《河南日报》2013年9月6日。

变得越发的简单便利。一部分传统行业开始与之结合，想借助它的力量改变以往实体店或单纯线下交易的业务模式；还有一部分行业仍然坚守着自己的阵地，不屑去改变自身业务的发展模式。随着阿里巴巴、百度、腾讯等互联网企业短时期取得一个又一个惊人的成就时，使得律师行业不得不正视互联网给我们律师行业发展所带来的机遇。

互联网最有价值之处在于它自己不生产任何东西，而是通过其打破信息不对称的格局，整合利用数据资源将传统行业以前慢节奏的信息传递，以互联网的传播速度向外推广，而行业内部接受信息的渠道和速度借助其变得更加迅速与高效。律师业务服务的专业性与封闭性和不可复制性，导致在提供法律业务服务方式上多数情况仍然是一对一的模式，信息无法和外界进行有效的大面积的传递，只能是在个案中总结这一类型案件的共性，法律传播的滞后性缺点比较明显。即使当下客户想去了解律所、律师以及法律职业人可以提供何种法律服务时，其获取行业内信息的渠道是少之又少，更多的还是依靠客户们口口相传或者在为数不多、质量上乘的法制类节目中宣传推广让更多的大众了解法律服务业务的情况。这就极大地阻碍了行业的发展速度，并使得社会各阶层仍然对律师业务的熟知性、依赖性较低，无法培养大众购买法律服务的意识，长期下去不利于我们业务的发展和法律服务市场扩展。

据2014年1月中国互联网信息中心发布的《第33届中国互联网络发展状况统计报告》称，截至2013年12月，中国网民规模达到了6.18亿（全球网民数量在28亿左右），全年新增网民5358万，互联网普及率45.8%，手机网民规模达到了5亿（全球手机用户数量48亿左右），全年新增手机网民8009万，数量巨大，增长迅猛。①

中国网民规模和互联网普及率

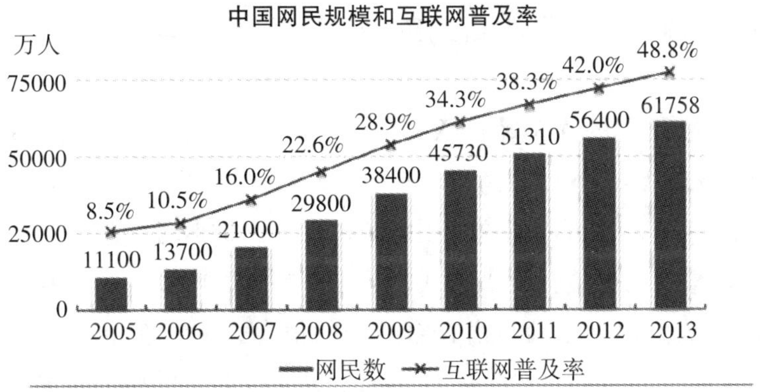

来源：中国互联网络发展状况统计调查　　2013.12

①王胜开等："大数据与互联网"，载《中国教育网络》2014年第6期。

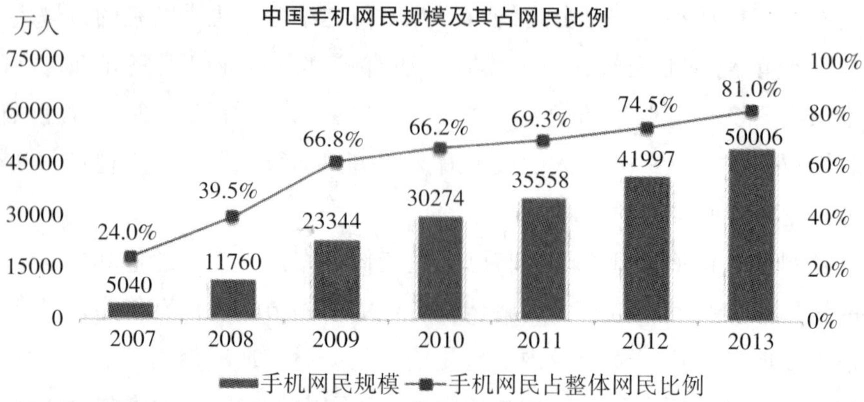

来源：中国互联网络发展状况统计调查　　2013.12

面对如此庞大的网络用户量，我们法律业务若能充分挖掘利用，借助互联网信息传播的高速性，接受群体的庞大性等特点，以及在依法治国理念日渐深入人心，国民整体法律素养逐步提高的背景下，通过互联网这个平台来宣传推广律师法律服务业务，以此来改变以往业务推广的局限性，借助其优势扩展法律服务业务的影响力与知晓度，这将会加快行业的发展。

二、大数据时代已经来临

大数据这个新鲜的名词，即使现在大多数人也对它没有一个清晰的定义，但它已经开始影响社会生活的方方面面。随着互联网、物联网、云计算等信息技术在内的IT通信业迅速发展，[①]使庞大的数据从获得、聚集、存储、传输、处理、分析等变得越来越便捷，大数据逐渐成为一种分析与解决问题，尤其是决策与预测问题的新方法、新手段。而互联网的发展与大数据的发展是相辅相成的，大量的数据丰富了互联网的信息形式，使其更加贴近我们的日常生活，我们已普遍感觉到“一日无网”的痛苦。也正是因互联网的不断发展，又产生出了大量的数据信息，信息量以几何倍的速度不断增长，而这些信息数据便蕴含了巨大的价值。

例如，全球最大的连锁超市沃尔玛每小时需要处理100余万条的用户请求，社交网络Facebook现已存储超过500亿张照片。[②]正是基于此他们获得了大量的用户信息，一方面可以向这些用户来推广自己的服务，另一方面可以从用户的反馈中调整自己的业务发展模式，从中不断获取收益。那么我们律师业务如果能借助大数据信息来获得潜在客户群的信息，向其精准推广法律服务产品，并通过已接受法律服务的客户反馈的信息来及时调整服务方向，这会促进

①王巍栋：“互联网大数据改变了什么”，载《现代商业》2014年第34期。

②李建中等：“大数据的一个重要方面：数据可用性”，载《计算机研究与发展》2013年第6期。

律师业务服务水平的不断提升并从中受益。

行业内大多数律师认为大数据对律师业务影响有限，虽然我们每天都在和它进行亲密的接触，但一提到互联网、大数据、云计算等这些专有新型名词时，脑海中的第一印象就是“高、精、尖”，下意识的认为这些东西与我们没有太大关系，更意识不到它的实际价值。但如果换个方式我们去理解它可能就不会被它的科技外表所迷惑，例如我们每天可能都会接到一两个诈骗电话或骚扰电话，而这些人是如何得知我们的电话号码甚至我们的身份信息的。其实，当我们在注册一个网络账号，扫描一个二维码，参加一个商家活动时等，我们将自己的信息以输入或书写的方式传递暴露了出去，而这些人便会整理这些信息来打包出卖从中获利。正是我们自己提供的信息给他们带来了收益。

这个例子仅是让大家更加容易理解大量的信息数据的收集、整理、归类并加以合理利用是可以获利的道理。作为律师业务，可以通过大数据的整合分析，从中获取对于法律从业者业务开展有利及对应的信息，帮助我们更加高效准确的完成服务。

三、互联网大数据带给律师行业的机遇与挑战

（一）业务推广变得更为简便

律师、律所的营销问题也一直困扰着律师业的发展：一方面是观念的困扰，很多业内人士认为律师属于高大尚职业，不应进行营销活动，营销活动有损律师的专业形象，有“商人”的铜臭；另一方面的困扰来自制度，行业主管部门对于律师事务所的营销活动也有诸多规定。律师业务传统的推广模式基本是客户的口口相传，有营销意识的可能会通过接受新闻媒体采访，参加节目录制等传统媒体平台来推广自身业务。[①]而现在，通过建立律所或律师个人网站，创建微信公众号以及开通微博等各类网络、手机自媒体方式，可以将律所或个人业务特色与优势，以较小的经济代价，通过互联网平台向网络用户传递出去，并且这些信息会长期存储于网络平台之中。当客户有所需求时，通过网络搜索就会获取到曾经发布的信息，而这样的作用慢慢叠加，可能为律所及个人带来知名度的提升、行业形象的建立甚至直接带来收益。这种互联网自主业务推广模式，成本低廉操作简单，并且可以自己编辑相关业务信息，从而更加准确的向潜在客户来表达和推广个人的业务优势，改变了以往业务推广的被动性、局限性以及高成本性并与传统广告推广区别开来。

若整个律师行业都通过互联网平台自主发布服务信息，律师业务服务的信

①谢玲丽：“律师事务所管理模式及律师业务发展探讨”，载《中国律师网》2013年8月13日。

息基础量就会不断地增加，如此长期的信息积累和传递，便会使更多网络用户及其身边的人更加清晰地了解到律师行业的类型及模式，使我们整个行业及业务更接地气，律师业务的社会依赖性也会得到提升。

（二）大数据信息搜索分析将极大提高律师业务工作效率

以往之前律师在办理案件时，可能需要花费大量时间到工商局、民政局、政务中心等行政机关查询所需要的信息；或当我们查询涉案相关法条时，可能需要抱着厚厚的法律法规去慢慢寻找，有时由于疏忽大意可能找到的法条已经被废止；或当我们需要查找类似案例时，可能只能通过律所自身存档的案例资料或从网络不成体系的零星信息中获得……而现在，因为大数据的普及，各类成体系的权威查询系统的诞生，使得律师能在裁判文书网、企业信用信息查询系统、全国人大法律库等众多法律网络信息查询平台上查找到律师所需的资料，而这些信息已经达到较高的真实性及权威性。这些都是通过互联网大数据进行信息整合提供地搜索。互联网信息搜索不仅节省的是经济成本，更是律师的时间成本，合理利用大数据，必将会更大的提升律师服务的工作效率。

大数据的最明显作用为预测性分析，例如统计学家利用大数据成功预测了2012年美国选举结果；Netfix公司利用大数据推出了《纸牌屋》这一最火的美剧。[①]而这对于律师业务的开展而言更是不可或缺的资源，试想一下：当律所、律师接受一个案件委托时或准备提供一个法律业务服务时，就已经通过大数据搜索系统查询到几方当事人的信息及主审法官以往的类似裁判案例，结合这些信息来为我们之后开展的诉讼和非诉业务进行合理的分析预测，根据分析预测结果来制定和调整诉讼策略及服务方案。而这些信息以往是在开庭之后或提供法律服务之后我们才会知晓的事情，而现在我们提前获取了这些信息，这将极大地提高我们律师业务服务的高效性和准确性。现在这种数据模式已经不再是设想，它已经开始为我们提供服务。因此，互联网大数据将极大地改变我们整个律师行业业务以往的工作方式。

（三）大数据将成为司法改革的助推器

党的十八届四中全会提出要设立跨行政区域的法院，希望破除地方保护问题，问题是我们如何得知哪些案件受到地方保护呢。而现在我们利用大数据将每年千万级的案件数据放入数据模型中进行分析计算，就可以实时监控跨行政区域案件是否有地方保护的情况存在，这将极大的提升案件审判的公正性及透明度。另外，在面对法院的老难题“案多人少”时，大数据通过对以往裁判文书的检索分析精准地为法官推送与在办案件密切相关的法律法规、相似案件的

①王胜开等：“大数据与互联网”，载《中国教育网络》2014年第6期。

裁判文书等信息，然后在线自动生成文书模板，以此来减少法官的工作量，这就极大地提高了我国法院的办案效率。最为重要的一点是，我们可以利用大数据可视化技术，以视图的方式展现我国的法治地图，实时展现各地公开的裁判文书及律师的代理词与辩护词，让普通民众更能直观地感受到我国法治化的进程，以此来推动我国司法改革的进程。

（四）挑战随之而来

1.行业竞争将更加激烈

当大数据时代彻底袭来时，以往相对封闭的地区执业环境将被彻底打破，整个行业内真正开始全方位的竞争，大数据将会使所有律所及其律师曾办理的案件信息、提供的法律服务、获得的奖励、受到的处罚以及客户以往评价等众多信息，全部给潜在客户呈现出来，律所、律师将没有任何“秘密”可言，用户也可以通过对这些信息的比较来从中选取他们所认为更加适合的律所及律师。因此，对于律所及律师的要求将会更加挑剔，整个行业的竞争将变得更加激烈，如果律所及律师的业务信息缺失或业务服务效果被差评、投诉将直接导致损失大量的客户。

2.业务专业性要求更高

当律所及律师接手一个委托时，对方很有可能已经获得关于我方当事人的大量信息，律师不得不为此做更加缜密的准备，整个办案过程需更加专业谨慎。因为同样出现了败诉或法律服务失职等信息，也会以各种形式被传播出去。因此，互联网大数据时代对于律所及律师的业务专业性要求更高。

3.专业软件的学习成为客观障碍

互联网大数据并不是我们每天打开浏览器，进入搜索页面输入关键词来搜索信息这么简单，由于现在法律行业的大数据服务处于起步阶段，现有的法律大数据软件不是特别丰富，但是随着技术的不断更新成熟，必然会有大量的新型应用软件投入使用，而法律人将需要花费相当一部分时间去学习这些应用软件，而一些年长的律师本来就对于各种软件不太熟悉，再让他们去学习这些新型软件，他们面临的难度可想而知。另外，对于新入行的年轻实习生及执业初期的年轻律师来讲，他们可能需要花费大量时间以及经济成本来快速学习这类软件，但可能由于经济生活的压力，他们可能会选择放弃学习，只专注于能提升自己收入的实务操作。而如果我们整个律师阶层没有人愿意去学习利用大数据，那么长此以往对于我们整个律师业务的发展是极为不利的。

结　语

互联网成为当今社会不可或缺的信息传递渠道，自从它的出现便一直为律师行业带来便利，也一步步地改变着传统的工作方式。我国律师行业自改革开放发展三十多年以来，现如今已进入到了平稳发展时期，但我们更应该深思当下这个时代对我们律师业务发展所带来的机遇与挑战。我们应借助互联网大数据所带来的机遇来帮助优化以往的业务模式，并借此进一步的开拓律师服务业的市场。而对于挑战，我们应主动学习迎难而上，使律师业务发展步入一个新的快车道。

互联网+时代连锁经营律师业务研究

广西冯山律师事务所　邱竞毅

内容摘要：本文介绍一个互联网+时代背景下连锁经营律师业务的成功案例，总结其成功的经验和启迪，指出连锁经营是律师事务所做大做强的又一经营模式，为广大律师开展连锁经营提供可借鉴模式。

关键字：互联网+律师事务所　连锁经营律师业务　律师业务做强做大

前　言

2015年3月的“两会”上，李克强总理在政府工作报告中提出要制定“互联网+”行动计划，标志着互联网上升为国家战略。2015年9月23日，国务院发布《关于加快构建大众创业万众创新 支撑平台的指导意见》，使“互联网+”成为大众创业、万众创新的平台。同时，连锁经营是企业做大做强的重要经营模式，调查显示，2015年连锁百强销售规模2.1万亿元，百强企业销售规模占社会消费品零售总额的6.9%，连锁经营企业无疑是当今社会经济发展的火车头。律师业务如何与互联网行业融合，律师事务所能否通过连锁经营做强做大，是广大律师所关心和关注的问题。本文试图探索律师行业在互联网+时代如何开展连锁经营业务，给广大律师参与大众创业、万众创新活动一点有益启迪。

一、连锁经营律师业务的成功案例

让我们先认识北京汇永律师事务所（以下简称北京汇永）。该所成立于2015年8月，它是在互联网+背景下创办的我国第一家专业移民律师事务所，第一家连锁经营的律师机构。北京汇永的创办人为杨平律师，他成功地将投资移民服务引入律师行业，并获得广大客户的认可，成为我国最早成功开展移民服务的律师。取得成功后，受到连锁经营，互联网+思维的启发，杨平律师选择在律师行业通过连锁经营模式将这项业务做强做大。他引入具有国际背景的全球投资移民律师协会（简称GIILA[①]），注册了GIILA商标，设立北京汇永，以省市两级

① 全球投资移民律师协会（缩写GIILA）是由美国投资移民律师协会（缩写AIILA）在美国发起成立的非营利性组织。

独家加盟商，理事、会员两级普通加盟商的特许连锁经营模式，在全国律师行业中建立汇永移民律师连锁机构平台。如下图：

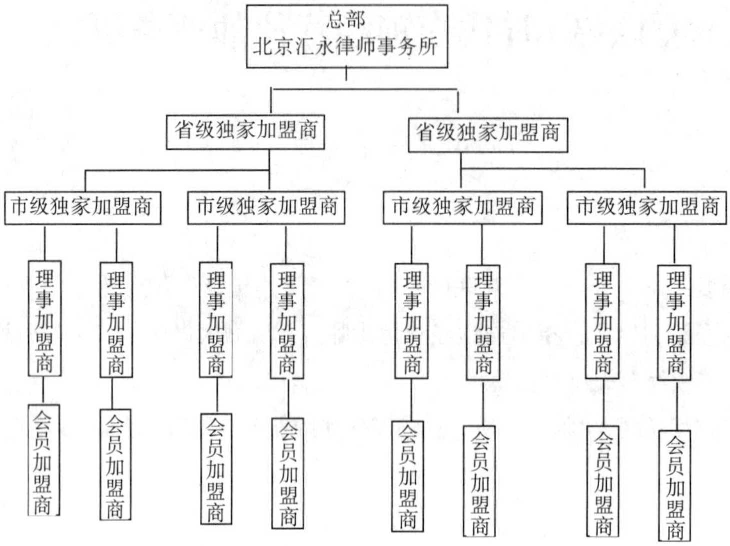

图　汇永移民律师连锁机构加盟商结构图

北京汇永的推广得到全国律师的热烈响应，至2015年底，已发展了几十家省市级代理商（律师），2000多个理事级加盟商（律师），15000多个会员级加盟商（律师）。其用上海办公室向加盟律师众筹，仅释放10%股份，就筹得500万元资金，意味着仅其上海办公室的市场估值达到5000万元，全国连锁经营系统的市场估值将更大。

由此可见，北京汇永在连锁经营探索方面是成功的，是互联网+时代的成功创业典范，其成功的经验值得全国律师借鉴。

二、连锁经营律师业务的经验研究

通过剖析北京汇永的创业经验，笔者认为有以下经验值得我们借鉴。

（一）发展连锁经营律师业务，所经营项目需符合3S原则

根据《连锁经营术语》（商务部2007年9月27日发布），3S原则，是指连锁经营重要原则，即标准化原则、专业化原则和简单化原则。

目前，律师行业做强做大的主要经营模式为"总所+分所"模式，这是一种非标准的连锁经营形态。360百科对其定义为：除统一牌匾形式以外，其余的经营形态全部由单个店独立来完成。①实际情况确实如此，"总所+分所"的经营模式，总所除统一律师事务所名称外，对分所并没有太多的支持，业务也还是各

①摘自互联网360百科《连锁经营模式》的表现形式。

自开展传统的律师业务，谈不上标准化、专业化、简单化。与严格意义上的连锁经营相去甚远。

北京汇永则不然，其经营的是单一的高端人士海外投资移民方案。其在研究20多个移民输入国的移民政策基础上，将这些国家的移民项目制作成一页或几页宣传单页，以电子文档为载体，可以随时发送给代理商和客户，更可以通过微信、微信朋友圈、微信公众号等发布。大大降低了加盟商的工作强度，使加盟商感觉到可以简单复制，促使其决定选择加盟。其在招商时，也突出简单化，宣传动动拇指，你就能取得移民客户订单。

简单化是北京汇永连锁经营成功的一大亮点，准确地在互联网时代、在碎片化经济中抓住了加盟律师和客户的眼球。互联网资深运营专家林军政认为：互联网在不断地快速演变，随着移动互联网的普及，时间被分割得更加碎片化，消费者使用互联网的各项服务不再需要坐在计算机前，只需要随时随地拿起手机接通互联网即可。①互联网形成的碎片化特性，造成的显著特点就是，消费地点的碎片化、消费时间的碎片化、消费需求的碎片化，人们在接受产品或服务时显得越来越没有耐心。②面对物质过剩、信息过剩更为严重，消费者面对的信息量非常之大，并且，去中心化使销售渠道泛滥，人们的眼球每天被各种网上的产品和服务所包围，用户的耐心越来越不足。在进行网上消费时，一旦步骤过多，操作繁琐，有一次不会再有第二次，消费者从某种程度上变得越来越"花心"。③北京汇永推出的简单明了的移民项目电子单页，恰恰能在客户没有耐心且"花心"的互联网+时代，让客户几分钟内就能知道北京汇永能为其提供何种服务，提供何种移民项目，有关移民项目需具备的条件。由于有客户的接受与认可，使广大律师认识到其中确实商机无限，纷纷加入加盟商行列。由此可见，3S原则在北京汇永的成功连锁经营中起着重要作用。

（二）发展连锁经营律师业务，总部要有很强的支持系统

根据《特许经营管理体系指南》（商务部2007年1月25日发布），连锁经营的支持系统包括品牌支持、营销支持、培训支持、督导支持、开店支持、采购与配送、信息技术支持、特许体系创新。

"总所+分所"模式之所以不能称为严格意义上的连锁经营，就是因为总所对分所没有强有力的支持系统。而北京汇永对加盟商的支持系统是相当完善的。限于篇幅有限，此处不能面面俱到，重点介绍如下：

1.营销支持方面，北京汇永注册了多个微信公众号，微信群，每天更新微

---

①②③ 林军政：《互联网+传统经营者与创业者的新盈利模式》，清华大学出版社2016年版，第89、90页。

信公众号内容，并转发到微信群，让代理商转发到其微信朋友圈，使加盟商律师只要动动拇指，就能推广投资移民律师业务。

用微信营销，是北京汇永成功的另一个亮点。专家林军政介绍，腾讯的QQ和微信这两大社交产品，已经成为全中国日活跃用户数量最高的互联网应用[①]。现在的微信已成为中国人首选的在线社交工具，随之而来的是庞大的用户群[②]，腾讯微信目前总用户数已接近7亿[③]。

实战网络营销专家刘薇告诉我们：微信正从一个人与人之间的移动社交工具，逐渐进化为人与人、人与企业、人与一切的生态系统，其变化非常之大。如今，加入微信营销大军的行业越来越多，人们也越来越关注微信的发展。毫无夸张地说，微信营销的"前景"是最为广阔的。

北京汇永正是看到了微信的巨大威力，用微信营销使自己的连锁经营事业取得成功。

2.特许体系创新方面，北京汇永最自信的就是其创新能力。北京汇永推出连锁加盟体系后，很快一些律师也仿效，推出其加盟体系，与北京汇永进行竞争，但至今为止，只有北京汇永是专一经营移民服务的专业律师事务所，它不但不怕他人模仿，其反而希望更多的律师加入移民律师行业，这样就可以与传统的移民公司分庭抗礼，最后由律师把全部移民业务从移民中介公司那里夺回来。因为北京汇永还有很多针对高净值人群的子女海外留学方案、国际医疗保险与人寿保险方案等新业务开发计划，确保自己永远处于领跑位置。

（三）发展连锁经营律师业务，要用好互联网+时代的支撑平台，实现律师与互联网的融合

1.用好互联网，就是与互联网的最佳融合。互联网资深运营专家林军政所说的："实际上，互联网没有那么复杂，做'互联网+'并不意味着要自建平台，另起炉灶，将眼前这个'聊天工具'用好就可以了，它不仅为你建好了平台，而且已经聚集了6亿的用户等待你去开发[④]。"

这方面北京汇永是发挥到了极致的。如前所述，它所做的一切，就是用好互联网的微信功能，围绕微信营销展开工作。做好微信营销，也就做好了汇永移民律师连锁机构的工作。

2.精确定位，深度营销，是传统行业与互联网融合的最佳盈利模式。精确定位，深度营销，就是进行精细的市场细分。北京汇永在这方面是做得很不错的。

---

①②③④林军政："互联网+传统经营者与创业者的新盈利模式"，清华大学出版社2016年版，第120-121、117页。

北京汇永之所以选择在律师行业发展连锁经营，是经过深思熟虑的，而不是一时心血来潮的“拍脑袋”决策。因为：一方面，律师分布在全国各地，律师一旦加盟，北京汇永的营销网络就覆盖到了全国各地。而移民中介公司一般只在全国的省会城市办公，这样相比，北京汇永与其他移民中介公司在销售网络上就具备了较大的竞争优势；另一方面，可以用微小的成本，达到向潜在目标群营销的目标。北京汇永分析经过市场细分，选定律师身边的商业成功人士作为目标客户群，认为加盟律师只要在其微信朋友圈转发北京汇永的文章，就能使这个潜在客户获得北京汇永的信息，传播精准，成本低微。

由此可见，北京汇永的成功，是得益于互联网+时代微信营销的巨大威力，得益于北京汇永对目标消费群的精准细分，充分说明，精确定位，深度营销，是传统行业与互联网融合的最佳盈利模式。

三、连锁经营律师业务的启迪

（一）连锁经营律师业务潜力巨大

互联网+时代已使万物皆渠道，现在除了专业的电子商业平台以外，只要具有互联网属性的任何介质，通通可以变为销售渠道，渠道变得无处不在。律师手上的手机，自然也为开展连锁经营律师业务提供了基本条件。北京汇永的成功告诉我们，在律师行业开展连锁经营，具有巨大的潜力，只要能开发出受律师欢迎的项目，设计适当的连锁经营体制，就能在律师行业开展连锁经营，迅速形成覆盖全国的连锁经营销售网络，把律师业务做大做强。

（二）开展连锁经营律师业务，要选准经营项目

要开展真正的连锁经营，要像北京汇永一样，选准经营项目。经营项目应该在非诉领域为宜，我国律师在非诉领域的可经营项目还是很多的，只要善于发现和挖掘，应该还可以找到很多好项目。

（三）选择连锁经营项目，要敢于打破传统的思维禁锢

还是以北京汇永为例，在传统的思维概念中，移民中介服务在我国一直是许可经营项目，要取得《因私出入境中介机构经营许可证》才能经营。然而，经查阅我国的法律法规，却发现这个经营许可证并没有法律授权，按李克强总理的“法无明文禁止即可为”理念，律师事务所经营移民法律服务并没有法律

障碍。事实上，至今，广东、上海都已停止颁发这方面的经营许可证[①]，可以预见，不久的将来，我国移民服务市场有望由中国移民律师来主导。

由此可知，我们选择连锁经营项目，要敢于对传统的思维进行突破，只要法律不禁止律师经营的，都应该进行探索，可以先行先试。

四、结论：互联网+时代连锁经营律师业务大有可为

北京汇永的成功经验，证明律师行业不但可以通过"总所+分所"模式，更可以通过连锁经营模式做强做大，互联网+也为开展连锁经营律师业务提供了更便捷、更高效的条件。愿广大律师能抓住机遇，让更多的律师连锁经营机构雨后春笋般出现在我国大地上。

参考文献

林军政.互联网+传统经营者与创业者的新盈利模式［M］.北京：清华大学出版社，2016.

---

① 2012年11月20日，广东省人民政府发出《广东省人民政府转发〈国务院关于同意广东省"十二五"时期深化行政审批制度改革先行先试的批复〉的通知》（粤府函[2012]335号），要求立即停止了因私出入境中介服务资格认定（境外就业、留学除外）行政审批项目的实施。2016年5月5日国务院发布《关于上海市开展"证照分离"改革试点总体方案的批复》，决定即日起至2018年12月21日，在上海市浦东新区暂时调整《国务院关于加强出入境中介活动管理的通知》（国发〔2000〕25号），这是继广东后第二个取消因私出入境中介服务资格认定（境外就业、留学除外）行政审批项目的地区。

互联网+时代下中西部律师的弯道超车

——论传统业务的集约与扩张

广西青湖祥大律师事务所　薛　璐

内容摘要：中西部律师发展相对滞后于东部地区，探索适宜本地区的发展之路，赶超东部，是当下之急。互联网+时代的到来为此提供了良好的契机，借助新技术，律师传统业务可以实现集约化，完成业务领域的扩张，从而帮助中西部律师在与东部律师的竞争中找准定位，树立优势，进而实现弯道超车。

关键词：互联网+　中西部律师　律师传统业务

所谓律师传统业务，是以诉讼、仲裁为代表的各类纠纷解决型业务，无论是在中国还是欧洲，这都是律师职业最初的发源，随着社会经济的发展，律师业务才逐渐拓展到许多新兴领域，通常概括称之为非讼业务，或称为服务型业务，较早的包括法律咨询、企业法律顾问，及至后来的知识产权代理、尽职调查，到现在的IPO、PPP等金融融资领域，都越来越多地看到律师的身影。新兴业务层出不穷，由此反衬出传统业务的日渐萎靡。然而，不可否认的是，时至今日，诉讼业务仍然是律师行业的主要业务，中华全国律师协会统计数据显示，①4年来，全国律师共办理诉讼案件1000多万件，而非诉讼案件仅为300多万件。由此可见，传统业务尚具有极大的潜力，而互联网+时代的到来，即将成为激活传统业务的一个契机。

一、一个误区：传统业务不如新兴业务

由于新兴业务具有更高的专业性和技术性，并且通常伴随着更丰厚的经济和社会回报，因此越来越多的律师，尤其是年轻律师，正在进入新兴业务领域，甚至一些实习律师在实习期内就彻底放弃传统业务、而专攻新兴业务。但实际上，传统业务与新兴业务只有服务形式的不同，而无高下之分。

区别于新兴业务领域的“专攻”，传统业务更多表现为技能“通用”，传统

①国家司法部资料库，http://www.moj.gov.cn/index/content/2016-04/01/content_6550814.htm.2016年7月13日访问。

业务的处理，需要综合律师的法条检索能力、法律适用能力、事实查证能力、沟通表达能力，而这些正是律师必备的基本功，无论将来律师向哪个专业领域发展，这都不可或缺。也正因如此，一些律师协会在对实习律师进行考核时，都明确要求实习律师必须办理一定数量的诉讼案件。[①]

而另一方面，随着办案经验的增长，传统业务律师也会向专业化转变，在特定的诉讼领域达到相当高度，获得不低于其它业务领域的回报。

二、两大条件：市场缺口和律师执业不受地域限制确保了传统业务律师的生存空间

市场经济的高度发展，为律师开拓了更为广阔的业务领域，同样的，日趋频繁和复杂的商业交易，也给予了传统业务更为广大的市场。仅以2014年为例，国家统计局统计数据显示，[②]当年全国律师共承办民、刑诉讼案件2767493件，而当年各级法院一审民刑事案件共9489747件，假设每个案件有且仅有一位律师参与，也有超过将近700万案件没有律师提供法律服务，换言之，最保守估计，律师传统业务的市场缺口也高达70.84%。

而另一方面，律师法第12条第2款规定：“律师执业不受地域限制。”因此，即使将律师地区分布不均衡的现状考虑在内，假设某地区的传统业务市场已经趋于饱和，在该地区执业的传统业务律师仍然可以通过开拓周边地区市场的方式，扩大自己的业务量。律师可以在注册地以外的任何地方承办包括传统业务在内的各类业务，这说明市场资源优化配置的作用在律师行业同样有效，传统业务律师的生存空间非但不会受到挤压，反而会因此而整合和优化。

三、三个侧面：互联网助力传统业务的复兴

过去，传统业务的生存空间虽然广阔，但却因地理距离而被切割，从而制约了传统业务的规模化发展，然而，互联网的兴起与网络技术的不断进化，将这些被切割的传统业务有机整合起来，形成了传统业务复兴的有利契机。

（一）信息流通加深了传统业务律师的可信赖度和专业度

过去，律师市场的信息是不对称的，客户往往根据熟人介绍、律师或律师事务所的宣传等来选择律师，而忽视律师本身的专业能力，或者说无法正确评判其专业能力。而互联网的存在，则使信息流通的效率得到大幅提升，从而帮助客户选择更适宜解决其纠纷的特定律师。传统业务律师通过互联网昭示其业

---

① 《广东省中山市实习律师考核标准指引（试行）》第11条规定：“实习律师在实习期间，须完成十个案件（诉讼案件不少于三个）”。

②国家统计局年度数据，http://data.stats.gov.cn/easyquery.htm?cn=C01.2016年7月13日访问。

务专长，原客户也可以通过互联网对这位律师进行评价，这些公开的信息能帮助潜在客户对这名律师的专业能力进行有效的预判。

“互联网+”的本质是解决了信息不对称的问题，[①]这一点对于传统业务领域尤为重要，相比于新兴业务，传统业务的类型很多，数量更多，可供选择的律师也多，只有在信息对称下建立起的客户与律师的匹配关系，才能促使传统业务律师改变“万金油”的尴尬局面，而通过提升专业程度，提高服务质量，来与客户建立起更牢固的信赖关系。

（二）大数据处理技术促进传统业务的集约化转型

信息流通虽然有助于律师市场的信息对称，却也导致了信息爆炸。客观来说，要求潜在客户通过互联网搜索精准地自行匹配最合适的律师，几乎是不可能的事。大数据处理技术则很好地解决这一问题。一些网络信息服务商已经开始尝试利用大数据建立起新的律师—客户匹配流程。

以刚获得数千万人民币B轮融资的“赢了网”为例，它所首创的律师竞价模式，即是通过大数据将案件匹配给若干相应的专业律师，再由客户根据这些律师的法律意见和报价，自行挑选出最适合自己的律师。从2014年10月正式上线，至今全国已有15000多名专业律师，超过100位法学专家上线，服务了30000多名个人及企业用户。可以预见，在这些大数据服务平台的支持下，传统业务律师的集约化经营管理即将成为主流。

（三）网络服务加速传统业务律师的跨地区扩张

互联网最突出的特征是打破了地域的界限。随着互联网应用技术的发展，纠纷的解决也不再必须依赖于面对面。2015年1月，全国第一个为诉讼律师量身定做的综合性网络服务平台在上海法院正式启动，实现了全程在线直接立案；[②]同年9月，法宝网推出移动互联网产品——口袋律师APP，借助现代通信工具，现场外的律师也能即时解决纠纷。这些技术大幅降低了客户跨地区聘请律师的成本，也使纠纷的解决更为及时和有效。传统律师通过这些“非传统”的科技手段，借助网络跨地区办理业务，已然成为现实。

四、四点理由：传统业务是中西部律师加速发展的工作方向

得益于互联网技术对传统业务领域的积极作用与影响，作为律师行业发展相对滞后的中西部地区，完全可以凭借互联网技术，实现律师行业的快速发

---

①王丽娟.《在全球O2O峰会论坛的发言》.http://tech.qq.com/a/20150428/032492.htm.2016年7月10日访问。

②卫建萍、陈凤：“网络平台利利律师执业——上海法院律师服务平台解读”，《中国审判新闻》2015年第117期。

展。这是因为：

（一）经济相对落后限制了中西部律师参与新兴业务

新兴业务是伴随着经济的发展而兴起的，中西部地区相对落后的经济状况，注定了中西部地区的律师新兴业务市场容量有限，在可预见的近期，新兴业务不可能成为中西部地区律师业务的主流，因此，回归传统业务，应是中西部律师事业发展的主要方向。

（二）互联网+时代的到来开拓了传统业务新的增长点

互联网+激发了传统业务集约化经营与扩张经营的活力。借助互联网技术，传统业务领域也将实现进一步的细分，并在市场资源配置的作用下，走向专业化的发展道路。专注于传统业务的律师，将有机会在大浪淘沙的互联网+时代中异军突起，率先抢占传统业务的制高点，通过集约化经营所掌握的优势，进一步实现跨区域的业务扩张，从而创造出更多、更优质的业务增长点。

（三）法治环境的改善为律师跨地区办案减轻了阻力

2008年，时任全国人大常委会委员长吴邦国在十一届全国人大一次会议工作报告中宣布，中国特色社会主义法律体系已经基本形成。党的十八届四中全会决定也将建设中国特色社会主义法治体系，建设社会主义法治国家列为推进依法治国的总目标。近年来，我国的法治环境已经得到显著改善。过去认为“打官司就是打关系”，“请律师不如结交地头蛇”的错误认知已经得到扭转。越来越多跨地区办案的律师，能够通过自己的专业能力，在陌生的地区胜诉。客户选择律师也不再局限于当地，这就为优秀的中西部地区传统业务律师进军东部发达地区和城市，提供了现实可能性。

（四）提升传统业务服务水平将有助于实现中西部地区司法文明质的飞跃

根据党的十八届四中全会提出的“保证公正司法，提高司法公信力”的要求，从2014年起，国家司法文明协同创新中心开始对全国的法治状况进行量化评估。在10个衡量司法文明指数的一级指标中，与传统律师业务相关的就有6个。[①]由此可见，传统律师业务服务水平的高低，将在很大程度上影响当地的司法文明程度，这或许也是新兴业务发达的北京、广东，司法文明水平反而不高的原因之一。因此，优质的传统业务服务水平，将有助于实现中西部地区司法文明质的飞跃，带给中西部地区法治昌明的新风尚。

① 中国高校人文社会科学信息网：《中国司法文明指数报告2015发布》. http://www.sinoss.net/2016/0122/68501.html.2016年7月13日访问。

结 语

由于历史的原因与经济发展现状的限制，中西部地区的律师服务水平较东部地区存在明显的差距，只有扬长避短，专注一事，才有可能缩小及至消除这一差距，实现中西部律师的弯道超车。而拥有庞大的客户需求和市场缺口的传统业务领域，正是最佳的切入口。互联网+时代的到来，正给予了中西部地区律师一个良好的发展契机，利用互联网技术，可以有效整合传统业务及律师资源，使传统业务律师也走上集约化与扩张型经营的道路，从而形成一支拥有独特个性和市场优势的律师力量。

参考文献

［1］刘丹冰.中国西部法治发展报告［M］.北京：法律出版社，2015.

［2］李善友.颠覆式创新：移动互联网时代的生存法则［M］.北京：机械工业出版社，2015.

［3］中华全国律师协会.中国律师服务创新与发展［M］.北京：法律出版社，2013.

［4］徐绪柏.互联网时代下律师的机遇与挑战［J］.中国律师，2015（9）：84-85

［5］冉井富，周琰.我国律师业务发展研究报告［J］.中国司法，2013（6）：33-34.

网络主权视野下的"信息者"的法律保护

内蒙古融兴律师事务所　潘　慧

内容摘要：网络主权是国家主权在互联网和全球化背景下新的表现形式，国家对网络必然享有的保护、管理和控制能力。互联网的开放性、虚拟性和全球性同传统主权有着天然的矛盾，因此网络主权并不完全等同于传统主权。本文的第一章就谈及网络主权的兴起及其内容，而本文的核心——"信息者"保护就是置于该背景下进行探究。互联网促使信息快速流动，进而使得信息急速被获取、被传播、被利用，而这一过程中幕后的操作者群体也在逐渐地扩张，由个人、企业到国家政府。与此同时，互联网自身的特性使得获利者也随时有可能变成受害者。因此，本文尝试性的提出了"信息者"的概念，并以"信息者权"作为本文的理论基础，从而使主体、内容更加明晰，更具有现实适应性。笔者从制度建设、自律内发、技术管制三方面提出了建议，特别是在制度建设中提出了尽快出台信息者权益保护法，并从保护方式与适用范围两方面进行了详细剖析。

关键词：网络主权　信息者　法律保护

一、引　言

网络主权是指国家对互联网基础设施与关键硬件设备的所有权和控制权，对互联网软件技术的自主知识产权，在互联网传播领域国家意志和主流意识形态的话语权，保障公民网络通信自由和国家、组织及个人信息安全权力的总称。

从法理上讲，没有网络主权，各国就无以选择本国互联网发展道路、确立本国互联网管理模式、制定本国互联网公共政策；没有网络主权，各国就无法平等参与、民主共治。而信息者是一个描述主体的词汇，就信息保护层面而言，它又是专有主体。在网络时代，特别是在网络主权视野下，信息者的含义进一步扩大至国家与政府。同时在网络时代，信息者受到侵害的事件屡见不鲜，比比皆是。

综观我国信息保护的立法，整体特征表现为：一是量少，无论法律法规数量还是法院受理的案例；二是力弱，保护性条款抽象性突出，缺乏可操作的具体规则；三是不均，虽然民事保护有一定的传统优势，但是从人格权、隐私权角度来保护信息还需很长的路要走。

因此，本文试图在网络主权的视野下，通过界定何为信息者来指出对信息者保护的急迫性和必要性，并通过现有信息权理论分析，提出本文的理论基础。在厘清信息保护应有的立法政策立场的基础上，提出对我国信息者法律保护制度的完善建议。

二、相关理论概念梳理

（一）网络主权

网络主权，一般指代的是国家对于网络基础设施和一些关键的硬件设备的拥有权与控制的权利，同时也是一种网络知识产权，从根本上保障公民个人的网络通信自由与国家、企业及个人自身信息安全权力的总称。

在历史上，国家主权的范围总是伴随人类的活动空间的变化而变化，以至于从陆地延伸到海洋与天空，继而向太空延伸。[①]当互联网出现后，国家主权的范围进一步扩张至网络空间。网络主权的基本内容如下：

1. 独立权

自己国家的互联网必须独立。[②]当前的网络因为根域名都在美国，因此导致各国的网络都不能够独立存在。因此，只有在根域名解析系统归属一个类似于国际组织的机构手中，各国才能够一定程度上真正拥有网络主权中的独立权。

2. 平等权

网络之间的互联互通是以平等协商的方式进行的，不会受到辖制。这是在独立权真正获取后进一步争取的权利。因此，上述两权是网络主权中最基本的权利。

3. 自卫权

面对自己国家的互联网遭受到的任何攻击都具备防卫的战略战术与战能。换句话说，自卫权是自我保护的能力，而不是依赖依靠其他任何一个国家来进行保护。从源头上来说，要及早地在互联网空间中公平合理的划疆画界，并从根本上提高本国的互联网技术。

4. 管辖权

管理本国的网络，包括准入许可、停止服务等。

---

① 叶征、赵宝献：“关于网络主权、网络边疆、网络国防的思考”，载《中国信息安全》2014年1期。

② 杜志朝、南玉霞：“网络主权与国家主权的关系探析”，载《西南石油大学学报（社会科学版）》2014年6期。

（二）信息主体：“信息者”

笔者看来，信息者是一个描述主体的词汇，就信息保护层面而言，它又是专有主体。在工业时代，信息者往往仅指代企业和个人；而在网络时代，特别是在网络主权视野下，信息者还应该包括国家与政府。信息者是一个上位概念，它不仅包括非国家行为主体，如企业、个人，还包括国家行为体。

1.国家行为主体

（1）信息主权的捍卫者。2014年7月17日，习近平主席于巴西国会指出“国家信息安全和国际互联网治理”。他认同当下的世界是互联网的世界，其飞速的发展使得各方遭遇了新问题，特别是在各国主权独立与安全的问题上，每一个国家需积极面对。互联网的高度全球化是它的一个特征，但是该特征绝不可能成为一个国家的信息主权可以被侵犯的借口。

（2）信息管理与所有的平衡者。当下，国家侵犯个人信息的事件层出不穷，特别是处于网络时代的个人，在公权力的横行下，更加容易受到披着合法合理外衣的伤害。尤其值得注意的是，网络主权视野下，国家政府一定程度上会悄无声息的模糊网络主权的对内最高效力和保护公民信息所有的界限。

2.非国家行为主体

（1）商业信息的争夺者。合法的渠道获得商业信息是被允许的，但网络的无边界导致在网络主权视野下的企业商业信息的获取也可能是国家政府以企业作为伪装和跳板，进而去争夺他国的商业信息。

（2）信息获取与所有的对立者。如何对个人信息保护是全人类步入网络时代后根本无法逃避的问题，信息挖掘分析等技术的大量运用使得个人信息保护将面对更为严苛的挑战。企业或政府仅通过获取个人的网络社交记录、交易记录、位置移动数据，并对这些数据信息挖掘与分析就会使得任何公民成为“透明人”，甚至可以对其进行未来的发展趋势和选择做出合理预测。而在现实生活中，国内互联网巨头已有了挖掘和交叉使用公民信息的能力。例如阿里巴巴的是通过其“三驾马车”——淘宝支付宝、新浪微博与高德地图来完成这样看似不可能完成的任务。而阿里巴巴的伙伴腾讯公司与百度公司皆有相似的商业布局安排。

三、我国“信息者”信息保护的现状与困境

（一）立法现状

截止到2015年，在信息产业领域，国内鲜有立法。依靠行业中制定的条例，各种管理办法与国家的出台的相关决定进行管理成为当下与互联网有关领域的现状。如2000年12月28日第九届全国人民代表大会常务委员会第十九次

会议通过的《全国人民代表大会常务委员会关于维护互联网安全的决定》、根据2013年1月30日《国务院关于修改〈信息网络传播权保护条例〉的决定》修订的信息网络传播权保护条例以及2014年为了加强对计算机信息网络国际联网的安全保护，维护公共秩序和社会稳定而制定的计算机信息网络国际互联网安全保护管理办法，各种管理办法比比皆是。然而管理办法因为滞后性难以与互联网行业的发展速度相匹配，因此这极有可能在阻碍经济发展的同时，进一步影响国家的安全与稳定。

（二）当下困境

1.技术领域

信息者的信息泄露越来越普遍的原因就在于这是互联网时代发展的副产品，是不可避免地 。因此要从根本上保护信息者信息，就必要提高自身的互联网技术。

2.监管领域

互联网时代下，政府部门的职责扩大到网络安全管理领域。但是目前看来，政府职责欠缺，特别是在行政监管方面。

3.行业领域

互联网时代，互联网成为信息者信息获取、整理、分析、再利用的必不可少的途径。因此互联网行业自身的自律机制也成为保护信息数据必不可少的一环。当下现状是互联网行业的自律仍然是各自为政而且信息者道德缺失。

我国在2002年公布了《中国互联网行业自律公约》，公约要求成员面对用户信息的信息数据要严格保密，但是该公约最大的问题是其缺少强制力。这也进一步反映出当下的互联网行业对信息者的保护还处于起步阶段。[①]

4.个人领域

互联网时代，信息者信息保护意识淡薄是互联网大范围使用的一个直接表现。这造成的直接结果就是信息随意泄露、信息被盗用、滥用。例如，忽视保密约定成为社会常态，特别是在办理某些必须提供自身信息的社会事务，这样的常态坚决要不得。再如，信息留存在被操作的电脑中，就极有可能通过网络泄露出去。更为甚者受损的信息者本着放任的态度一次又一次地助长此类违法行为的频发。

①史卫民：“大数据时代个人信息保护的现实困境与路径选择”，载《情报杂志》2013年第12期。

四、对“信息者”信息保护的建议

（一）推行数据治国理念

从传统的意义上来说，数据指的是有根据的“数字”，但现在“数据”已经不仅仅指代传统意义上的“数字”了，而是统指一切电子化的记录。回望历史，中国是个数据文化匮乏的国家，就现状而言，中国数据的公信力弱，质量低，数据定义的一致性差也是不争的事实。[①]在这方面，政府应该发挥主导作用，首先要在公共领域推行数据治国的理念。政府要认识到，在互联网时代，公共决策最重要的依据将是系统的信息数据，政府应加大数据治国的舆论宣传，将信息数据的知识纳入公务员的常规培训体系，力争在全社会形成“用数据说话，用数据管理，用数据决策，用数据创新”的文化氛围和时代特点。[②]

（二）明确目的限制原则

封闭的世界中，信息隐私权是一种二元对立的许可权，然而在今天，信息权早已不再是某种二元对立的许可权，不是绝对的是非，而必须以一种更微妙的方式重建，将许可与目的和条件结合，这就是信息自决。它是一种从根本上决定信息者如何参与，而非是否参与信息分享的权利，其目的在于使个人对其信息在每一阶段的用途拥有控制权。[③]

（三）设立信息保护中心

2014年8月26日国务院授权重新组建的国家互联网信息办公室专门负责全国互联网信息内容管理工作，并负责监督管理执法。该中心成立之后，信息保护中心的使用就会成为维护网络主权和信息主权的关键环节。

就法律适用来看，信息保护中心作为一个独立的机构，其产生的信息与数据均可适用我国现行的法律。目前巴西和俄罗斯政府已经通过立法，要求境外的互联网公司在其境内开展互联网业务必须使用其境内的信息数据中心，通过对信息数据中心的管理实现对信息数据的可控、可管。

（四）《信息者权益保护法》

《信息者权益保护法》迟迟不能出台的根本原因是：法律往往在受到某一界定明确、积极性高、经费充足群体的青睐，并且大多数公民能够容忍微不足道的损失时才得以顺利颁布。综合信息者权益保护立法则刚好相反：大多数公民认识到能够从中获得少许好处，但因获利太少而缺乏干劲，而积极性高又经费

① 涂子沛：《数据之巅》，中信出版社2014年版，第88页。
② 涂子沛：《数据之巅》，中信出版社2014年版，第88页。
③ [英]维克托·迈尔-舍恩伯格：《删除》，浙江人民出版社2013年版，第34页。

充足的信息处理者群体则唯恐自己会失去很多。①

五、结　语

2015年10月26日至29日在北京召开的党的十八届五中全会提出运用法治思维和法治方式推动发展。落实到网络信息空间，就是要在法治的轨道上加强网络信息管理，在网络信息管理中实现网络主权和人权之间的合理平衡，进而全面推进网络空间法治化。

笔者认为：网络主权的关键在于网络信息安全。本文在网络主权逐渐被各国所认同的背景下，在提出了“信息者”这一主体概念的前提下，尝试着通过网络主权的视角去解析如何对“信息者”的权益进行保护。本文明确提出了国家政府、企业和个人都属于“信息者”的一员，并就“信息者”的理论基础做出了大胆的尝试，提出了信息者权作为本文的理论基础。而信息者权的核心在于扩大了信息主体和内容的范围，这也是当下所处的网络时代对信息保护提出的必然要求。

然而，寥寥千字的文章并不能深刻且全面地指出在网络主权视野下对信息保护的当下建议和未来趋势。如若仅在法治建设和行业自律为后来研究者提供一点小思路就再好不过。

参考文献

[1] 叶征，赵宝献.关于网络主权、网络边疆、网络国防的思考［J］.中国信息安全，2014（1）.

[2] 杜志朝，南玉霞.网络安全主权与国家主权的关系探析［J］.西南石油大学学报：社会科学版，2014（6）.

[3] 佚名.习近平国家信息领域主权不容侵犯［J］.计算机与网络，2014（14）.

[4] 莫负春.论权力监督和权利监督［J］.华东政法大学学报，1999（3）.

[5] 史卫民.大数据时代个人信息保护的现实困境与路径选择［J］.情报杂志，2013（12）.

[6] 涂子沛.数据之巅［J］，北京：中信出版社，2014

[7]［英］维克托·迈尔-舍恩伯格.删除［M］.浙江：浙江人民出版社，2013:34.

① [英]维克托·迈尔-舍恩伯格：《删除》，浙江人民出版社2013年版，第201页。

当法律服务遇上互联网

云南八谦律师事务所　吴　皓

内容摘要：本文着眼于法律服务与互联网媒介平台、技术结合而产生新模式、新产品的研究。通过对过去几年间六家有一定规模、各具特点的线上法律服务平台的横向比较，从主导人物、市场反应、运营思路、产品研发四个维度观察它们的演进轨迹。最后结合观察结果，表达了自己对线上法律服务发展趋势的看法，以及作为青年律师如何在这场变革中自处。

关键词：法律服务　律师行业　互联网　运营　产品

引　言

互联网在改变人们的交互方式，行业与客户的关系也随之而变。律师行业的推广、交易、服务皆以人为核心，在强调"连接"概念的今天，最宜借助互联网的力量拓展业务覆盖范围。然而相较于服装、食品、家电等传统行业，律师行业接入互联网的进度似乎落后，究其背后的原因：其一，律师行业的专业性构成了一定的壁垒，业外的人很难进入其中；其二，线上业务的拓展前期投入的时间精力很多，而见效的周期较长，不会成为很多专职律师的首选。[①]于是市场上涌现出各种类型的"在线法律服务平台"，想要完成"律师"与"客户"的连接，出现大量"专业平台"由"非专业人士"搭建和运营的现象。

一、平台比较

在这些线上法律服务平台中，目前还没有出现诸如传统电商行业京东、淘宝这样用户体量巨大、盈利模式得到公认的"巨头"。可见在"法律+互联网"领域，一家独大的格局尚未形成，每个平台都有机会开创属于自己的市场。但这也意味着，线上法律服务[②]的市场、客户培育还不够成熟，平台如何定位、客户如何积蓄，种种困惑依然萦绕在每一个"探路者"心中。以下是几家先行一步的线上法律服务平台，观察他们的发展轨迹，或许可以给我们带来一些启

① 丁兆雷："被电商化冲击的法律人"，载《法人》2015年第11期。

② 文中所提"法律服务"，仅指狭义上的由执业律师所提供的相关专业服务。

示。①

绿狗网

成立时间：2012年6月

关 键 词：国内首家

坐标：北京市朝阳区

代表人物：张馨心（CEO），连续创业者，涉足纯净水行业、律师行业、中国律师网版主、拍卖公司等。

平台简介：中国首家提供专业法律产品的互联网公司，以标准化法律产品为导向，整合律师及律师事务所资源，借助互联网的优势让不同地域范围内法律的“供”和“需”之间建立信息连接。②

易法通

---

① 以下法律服务平台相关介绍，由各个平台官网介绍、百度百科、创业邦（www.cy-zone.cn）“创业人物”栏目等网络资料整理。

② 张馨心、周春林：“法律电商三级推进”，载《商界（评论）》2013年第10期，132-133。

成立时间：2012年8月

关 键 词：法律电商

坐标：福建省厦门市

代表人物：黄炳龙（董事长），从事金融风险投资行业多年，曾担任交通银行副行长及首席信贷官，上市公司顾问。

平台简介：其联盟律师会在网站上进行竞价，用户可以自主跟律师取得联系，如果双方在易法通的电子商务网站上协商一致，用户会通过电子商务网站支付律师代理费，而平台也能通过律师代理费用获得一定的平台服务费收入。

知果果

成立时间：2014年5月

关 键 词：垂直领域

坐标：北京市海淀区

代表人物：刘思思（CEO），知识产权运营专家，曾为联想、中海地产、拉卡拉等企业提供咨询服务。

平台简介：在线法律专业服务平台，主打商标、版权等知识产权服务。同时，用户还可以在网站上购买，由顾问给出商标注册方案，并提供接下来的一对一服务。

快法务

成立时间：2014年5月

关 键 词：快速低价

坐标：北京市朝阳区

代表人物：夏文奇（创始人），曾在多家大型网络公司任职运营总监、市场部总监、市场部经理。

平台简介：为创业公司提供快速低价法律服务的法律电商平台，目前提供财税记账、商标注册、公司注册、版权律师函、股权协议撰写等标准化服务项目。

米 律

成立时间：2015年6月

关 键 词：创业公司

坐标：北京市海淀区

代表人物：郑明龙（创始人），盈科律师事务所厦门分所合伙人，长期为互联网创业企业提供法律支持。

平台简介：“米律” 采用 “免费＋增值服务” 的模式，以提供免费的在线合同为基础，对定制合同或者其他深度服务进行收费。

律　品

上线时间：2015年7月

关 键 词：智慧法律服务

坐标：云南昆明

代表人物：武侠（创始人），云南八谦律师事务所高级合伙人，专职从事法律产品研发多年。

平台简介：律品邀请了律师、法官、法医、交警等专业人员协同开发的智能的法律系统，用户只需按提示输入自己的情况，就能快速地得到一份详细的法律建议，让用户对当前的处境一目了然。

二、趋势分析

（一）从业律师参与

各个平台后面的主导人物逐渐从“互联网从业者主导”向“律师主导”转变。这是法律产品的特质决定：不管与互联网结合程度如何，法律产品的本质还是服务，且较其他服务行业更强调专业性，需要律师参与服务全程，包括前端营销与后端客服。

以中介模式为主的线上法律服务平台，多由互联网从业者、甚至传统行业的投资人联合技术团队或者网络公司搭建，主要通过搜索引擎优化和推广吸纳用户，在大基数上达成可观交易量。这种模式对整个法律服务的流程缺乏专业管控，并不会成为大客户的选择；在产品细节、业务逻辑上面犯常识性的专业错误，颇受专业律师诟病。

近两年，逐渐有律师试水线上法律服务市场，自己着手搭建线上平台并研发产品。在从业律师的参与下，线上法律产品的标准化程度、定价合理性、服务质量管控皆有提升，颇受资本市场青睐，多家拿到B轮融资。加之律师长年接触各个行业，具备更强的资源整合能力，重夺专业领域的线上市场只是时间问题。

（二）市场持续分化

从这些平台出现的时间来看，2012前线上法律平台的模式以“中介”为主，此后逐渐出现“法律电商”、“垂直领域”、“快速低价”、“专注创业公司”、“智慧法律服务”等各具特色的功能定位。

可知线上法律服务平台的服务功能在持续完善，服务内容进一步细分，服务对象的定位也愈发清晰。未来线上法律服务平台的格局可能与目前电商公司的情况趋同：少数几家提供“全类服务产品”的平台包揽基础法律服务市场，而更多的平台则耕耘专业深入、内容个性化的细分领域。前者可能是几家大型律所以及资本市场支撑的大型平台，而后者更适合律师个人、业务团队来打造。①

（三）运营思路转变

从各个平台的运营情况来看，网络产品有一套线上的营销逻辑，律师有自己的行业特性，线下自有一套推广模式。目前部分线上法律服务平台只是把法律服务放到了网络上，运营逻辑仍停在网络产品的运营经验，疏于与客户的沟通交流、对服务质量的监管反馈。形式上推出了基于互联网的法律服务产品，实质上却让法律服务的线下线上两个市场发生脱节。

随着越来越多的律师、律师团队、甚至律所逐渐开始关注、涉足线上法律服务这个领域，跨专业平台的运营思路将逐渐明晰。传统的律师与客户达成交易，主要基于律所背景、律师口碑、当面交流这些因素所建立的信任；如欲在线上达成法律服务的交易，客户不能与律师见面，没有交际圈来了解律师，就需要有一个品牌来背书法律服的信誉。②目前各个平台采用微博、微信、网站、手机应用等营销媒介，其目的在于打造一个线上（包括移动端）的品牌。

（四）技术驱动产品

从产品研发思路来看，可以分为三个方向：

其一是信息平台，以法律快车、快法务为例。通过聚合律师信息、律所名录的方式，给用户寻找专业服务提供渠道，同时提供简单的在线咨询，以提高

---

① 胡东：“律师事务所营销策略研究”，载《西北农林科技大学学报》2012年。

② 董冬冬：“Y律师事务所的电子商务战略规划及其应用研究”，载《复旦大学学报》2013年。

转化率。这种平台一般是面向律师收费，入驻、添加资料、推广由平台完成。由于是收费平台，对律师信息的审核、分类做不到严格把控，一些风险转嫁给了用户。

其二是电商平台，以绿狗网、易法通，知果果为例。将律所的传统业务进行分类、打包、标准化，线上明码标价出售。这类平台一般会有执业律师参与产品研发，产品定位、业务逻辑较为清晰，借由规模效应降低服务报价，适宜于个人、中小企业客户的常规、频发法律服务需求，但难以解决大体量客户、高度个性化、较为复杂的法律问题，服务范围相对受限。

其三是工具平台，以米律、律品网为例。米律网和律品网都主打在线生成法律文书的服务，而律品网在技术驱动产品的路上走得更远。其后台系统以擅长数据挖掘的Python语言构建，希望通过从业人员贡献个性数据，结合线上的巨量信息采集、机器学习，使得平台自动生成的法律文书的逻辑合理性、判断准确性、考虑全面性逼近执业律师的水平，达到批量定制个性法律服务的目的。①

结 论

在线法律服务平台的发展，逐步由早期的"大而全"向"垂直领域"分化，运营方式、产品研发也在与律师行业的碰撞中融入专业思维，各个平台更为重视对服务体验的提升和原创内容的产出，以期形成自己的线上品牌；甚至与科技公司联合，抢占未来市场。②对于有法律服务需求的消费者，这些变化无疑可以带来更放心的服务选择、更便捷的服务获取，最后带来整个法律服务消费市场的变革。

在这场变革中，有人将搭建舞台，有人则充当表演者，也有更多人不知如何跟进，陷入迷茫。搭建舞台可能坐收渔利，但需要极强的资源整合与市场应变能力，并非每个人都具备如此机遇和天赋，没有跟风的必要。根据自己的资源、个性应对，在别人搭建好的舞台上面，做出适应新环境的表演，不失为一种稳健的发展思路。

最后，如果看不清趋势，但勿忘律师的初衷与核心：潜心提升专业技艺；精进技艺的同时，怀着开放心态持续学习新生知识与事物，增强适应性。把握住自己的角色定位之后，舞台越大，机会越多。

---

① 孟小峰、李勇、祝建华："社会计算：大数据时代的机遇与挑战"，载《计算机研究与发展》2013年。

②赵滢："美国在线法律服务及其对中国的其实"，载《北京邮电大学学报》2014年。

参考文献

［1］丁兆雷.被电商化冲击的法律人［J］.法人，2015，11：92.

［2］赵滢.美国在线法律服务及其对中国的启示［D］.北京：北京邮电大学学报，2014.

［3］吕斌.律师“电商”革命［J］.法人，2013，05：24-26.

［4］张馨心，周春林.法律电商三级推进［J］.商界（评论），2013，10：132-133.

［5］孟小峰，李勇，祝建华.社会计算：大数据时代的机遇与挑战［J］.计算机研究与发展，2013，12：2483-2491.

［6］董冬冬.Y律师事务所的电子商务战略规划及其应用研究［D］.上海：复旦大学，2013.

［7］徐德力.互联网领域商业模式颠覆性创新分析［J］.商业研究，2013，03：83-87.

互联网+建筑律师

——建设工程施工合同全过程法律风险管理

北京市中银（银川）律师事务所　傅国旺

内容摘要：建筑工程施工合同因其履行时间长、内部关系复杂、施工地点分散而难于管理，履行过程中纠纷频发。“互联网+建筑律师”是一款专门针对上述问题而开发的一款法律风险防范软件，该软件充分利用互联网技术，有针对性地解决了建筑工程合同跨越时空的问题，能够根据具体的合同履行进程，按时间向当事人提示风险点，并辅以律师与当事人对话功能，以达到及时发现问题及时高效率解决问题之目的，最终达到防范法律风险，减少纠纷损失的最终目的。本文主要是对该软件基本原理及相关功能的介绍。

关键词：建设工程施工合同　法律风险管理　及时解决问题　减少纠纷损失

建设工程有其特殊的特点：一是时间长。一项工程少则一个月，多则两三年，时间一长就可能出现问题；二是关系复杂。这其中包含招投标、劳务、买卖、金融、借贷、租赁、人员管理、多工种的施工及技术管理、财会、政策等等，每一个环节出现问题，都可能产生纠纷，这无形中对工程施工提出了非常高的要求；三是施工地点分散，难以管理。虽然要求每个工地都要派遣总部的工程管理人员，但总会百密一疏，管理难度非常大，其中蕴含的法律风险随之增大；四是工地现场管理人员素质相对较低，风险防范意识淡薄；五是挂靠施工现象普遍存在。原因之一是最高院关于审理建设工程施工合同纠纷案件适用法律若干问题的解释关于无效合同有效论的规定，从法律层面实质上认可工程挂靠施工的合法性，造成实际上大量工程尤其是在外的大量工程（外地的分公司）存在个人挂靠施工的现象，这些挂靠的个人实际上根本不按规定施工，施工过程中存在大量的法律风险。

上述五点，是近年来建设工程领域争议不断，诉讼频发的主要原因，各建筑公司目前所采取的办法多为事后救火，难以从根本上解决问题。部分建筑企业以及从事建筑专业的律师曾尝试采用认真审查合同以及事中加强监督检查来避免风险，但因为建筑公司在签订合同时往往处于弱势地位，无法利用合同条款保护自己，加强事中监督管理又因为施工地点分散，监督管理的成本太高效率太低而效果不好。立法层面，对于建筑工程招投标的签署以及履行过程中，建筑公司处于弱势地位的现状又视而不见。往往造成建筑工程施工企业处于被动挨打境地。

“互联网+建筑律师”就是针对上述问题的解决方法。

一、基本原理

“互联网+建筑律师”利用互联网技术，克服传统管理中的时空限制，将律师、公司管理者、工地管理人员（项目经理）有机互动起来，以达到随时发现风险、随时监督检查、随时解决问题、最终在过程中彻底防范法律风险的方法。

为了随时发现风险，“互联网+建筑律师”将建设工程施工合同从签订合同开始到最终的竣工结算，根据施工进度，设置了近百个法律风险点，当每个风险点出现时，我们的系统及时通过互联网推送给工程施工的项目经理，让其识别该处风险是否存在，是否已经排除，中间设置解决问题的对话框，通过律师与项目经理的对话，将项目经理发现的问题在第一时间告知律师，律师在第一时间提出解决问题的方案，努力把每一个可能出现的问题及时消火在问题出现最开始的时候，将各种风险消灭在萌芽状态，以达到事先防范，全过程跟踪，全过程解决问题的目的。

在律师与项目经理互动的同时，设有公司管理层、公司法务、公司合同管理部门、公司经营管理部门、公司财务、公司办公室六个管理窗口，这六个窗口随时可以看到律师与项目经理互动的情况，随时可以监督项目经理对风险点验收的情况，随时可以根据自己的管理职责对律师或项目经理提出自己的专业意见，以达到以法律风险点为中心，全公司各部门全过程参与、互动管理，真正实现对建筑工程施工合同履行过程中的法律风险以及其他风险的无死角防控。

二、建设工程施工合同履行全过程管理软件简介（建筑律师）

（一）“互联网+建筑律师”功能

在建设工程施工合同履行过程中以提醒与互动的方式，发现并解决合同履行过程中的法律漏洞与风险，并提供专业的法律问题解决方案，有效防范建设工程施工合同履行过程中的法律风险，使工程承包人在施工过程中更安全，以降低相关成本。

（二）“互联网+建筑律师”工作原理

利用“互联网+”原理，使建筑公司与后端的专业律师互动。该软件已经内设建筑工程施工合同过程中的近百个法律风险点，每当在履行过程中可能出现风险时，系统会自动向承包人发送提醒信息，注意该节点的风险，并通过互动的方式将该风险点可能出现的情况进行分析，提供可靠的解决方案。如果在合同履行过程中承包方有法律问题需要临时解决，直接可以通过互动系统向专业的律师团队提问，专业律师团队可以在第一时间根据具体情况提出专业的解决方案。还可以将合同履行过程中经常出现的工程量签证单、工作联系单、监理例会记录等文件及时传送到专业律师面前，专业律师有针对性地提出法律意见以及建议，将可能出现的全部法律风险在第一时间发现并有针对性地解决。

（三）“互联网+建筑律师”互动方式

本系统设置专业律师端（律师端有电脑端与手机端两种，电脑端具有可以输入合同风险点与项目经理互动、可以验收风险点等功能；律师手机端只有验收风险点与项目经理互动功能）与项目经理（承包人）手机端，根据以往合同履行的经验，系统已经自动内置近一百个法律风险点，这些法律风险点分布在合同履行的不同时点，合同履行到该点时，系统会自动发出提示信息，提示项目经理注意防范法律风险，项目经理手机端接受提示信息后，确认该风险是否已经出现，是否已经排除或解决。如果排除或已经解决或不存在该风险点，项目经理手机端自动审核通过该时点，系统自动进入到下一个风险点的提示程序。如果该风险点没有解决或排除，系统自动提示项目经理将相关情况及时反馈到律师端，律师端将根据具体情况提出解决方案，并将解决方案通过系统发送给项目经理手机端，如此互动直至该风险点彻底解决。另外，该系统还有一个文件传送功能，即将在具体施工过程中甲方送达给工地（项目经理）的各种文件转送到律师端，律师及时根据具体情况进行分析，提出法律意见。该系统还有一个功能，就是定期提醒项目经理，填写随系统一起的法律风险识别表，并及时传给律师，以便律师及时发现在互动过程中未能发现的相关风险。本系统最主要的功能就是通过提醒以及互动，将合同履行过程中的可能存在的法律风险及时发现、及时防范、及时解决。

工作原理及互动方式：

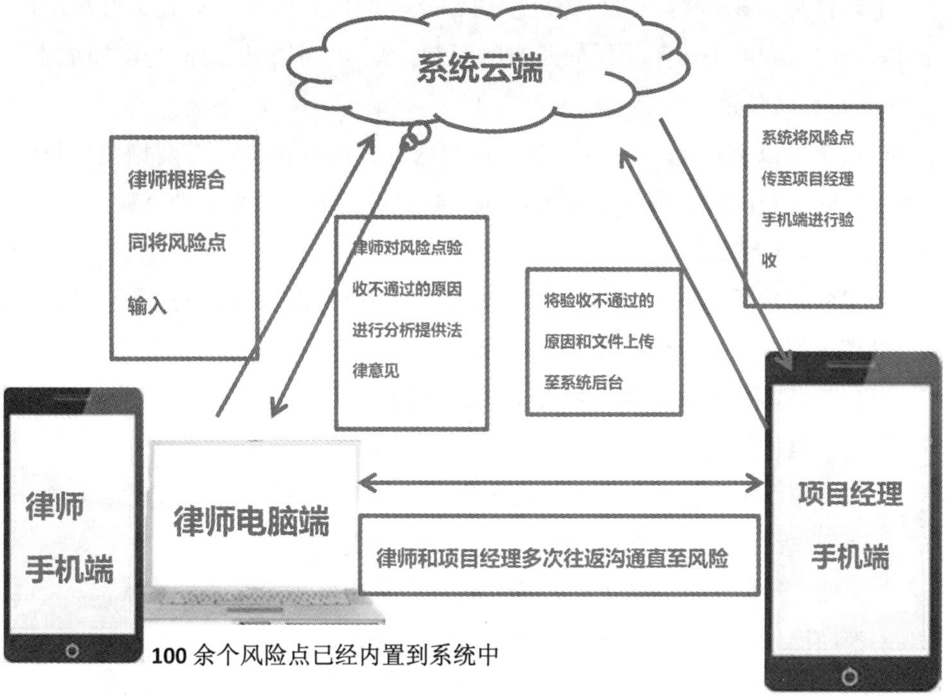

（四）“互联网+建筑律师”管理方式

本软件采取按单体工程方式进行管理，即独立的单体工程是一个管理系统，不同单体工程之间相互独立，互不影响。同时可以管理数千个单体工程，有较高的管理效率。

（五）自动管理模式

本系统全部风险点已经内置在系统之中，根据具体的工程进度设置具体的风险点的提醒时间，出现风险点提示后，启动项目经理与律师端的互动，解决具体的法律问题，同时启动随时提醒装置，如果项目经理在合同履行过程中有法律问题，随时可以启动项目经理手机端与律师端的互动程序，以便解决随时可能出现的法律问题。另外，系统还自动设置风险识别表上传功能，要求项目经理按期将一定施工阶段的施工情况填写在格式表格中，上传至律师端，供律师分析上阶段工程施工过程中是否有隐藏的法律风险，以便及时解决。

（六）使用下载

本软件全部内容均基于互联网，律师端可以在互联网上下载电脑管理终端软件，项目经理手机端既可以在电脑上下载安装，也可以使用二维码扫描安装使用，不受时空限制。

（七）互动模式

本软件采用律师端与项目经理手机端互动的模式，使工程施工过程中出现的问题及时得到解决，不受任何时空的限制，减少文件传输时间与交通成本。

（八）自动记录

本系统可以自动记录全部互动过程的内容，可以在事后查询相关材料的具体转送时间以及内容，为将来解决具体问题提供详细的过程记录材料。

（九）管理者监督

在律师与项目经理互动的同时，设置公司管理部门的监督互动窗口，从不同的管理角度，加强对建筑工程施工合同法律风险管理。

三、“互联网+建筑律师”所要达到的目的

最终该软件所要解决的问题是：

1. 减少建设工程施工过程中的法律风险，为客户提供高质量的法律服务；
2. 降低建设工程施工单位的费用支出以及损失支出；
3. 帮助法律素质较低的项目经理提高法律意识；
4. 帮助提供法律服务的律师尽快进入专业化道路。

附表五　分论坛五入选论文一览表

题目	作者	律所	省份	奖项
大数据时代律师执业的机遇与挑战刍议	崔　超 肖友林	贵州准据律师事务所	贵州	一等奖
“互联网+”形势下律师业务的路径优化	彭　策	四川山和律师事务所	四川	
互联网思维对传统律所的冲击及应对	李明华	四川广聚律师事务所	四川	二等奖
服务创新——法律服务业发展的新动力	窦醒亚 刘天利	陕西丰瑞律师事务所	陕西	
互联网律师业务发展瓶颈问题原因的探究	袁翠微 潘海清	广西万益律师事务所	广西	
互联网+“律师门诊”	王　勇	内蒙古加度律师事务所	内蒙古	
互联网大数据对律师业务的机遇与挑战	徐之松	云南刘胡乐律师事务所	云南	
大数据法律保护之困	迟　菲	山西恒驰律师事务所	山西	
互联网+时代的律师业务发展	张明强	重庆静昇律师事务所	重庆	三等奖
律所品牌如何在互联网乱象中脱颖而出	刘　锋	四川同方正律师事务所	四川	
互联网+：青年律师的营销之道	侯云辉	陕西渭临律师事务所	陕西	
互联网融资租赁P2L模式的法律风险及发展建议	杨浚珑	云南建广律师事务所	云南	
数据的收集、开发使用中的法律实务	安金芬	山西恒驰律师事务所	山西	

题目	作者	律所	省份	奖项
互联网大数据对律师业务发展的机遇与挑战	付星俊 何小辉	甘肃诚域 律师事务所	甘肃	优秀奖
互联网时代下的青年律师成长之路	张公典	重庆智豪 律师事务所	重庆	
掘金法律大数据	龙子骄	北京盈科（贵阳） 律师事务所	贵州	
互联网大数据对律师行业发展的机遇与挑战	李　雯	四川英济 律师事务所	四川	
互联网+时代连锁经营律师业务研究	邱竞毅	广西冯山 律师事务所	广西	
互联网+时代下中西部律师的弯道超车——论传统业务的集约与扩张	薛　璐	广西青湖祥大 律师事务所		
网络主权视野下的"信息者"的法律保护	潘　慧	内蒙古融兴 律师事务所	内蒙古	
当法律服务遇上互联网	吴　皓	云南八谦 律师事务所	云南	
互联网+建筑律师 ——建设工程施工合同全过程法律风险管理	傅国旺	北京市中银（银川）律师事务所	宁夏	

分论坛六：责任与使命

——青年律师的职业精神培养

青年律师发展问题思考

四川琴台律师事务所　雷福根

内容摘要：青年律师生存发展问题的解决是一个内外部因素共同协作促进的过程，要充分发挥法学院、律师事务所、律师协会、司法与行业环境等外部因素的正向积极功能，促进青年律师的生存与发展。

关键词：青年律师　发展　内外部因素

"青年律师发展问题"，是一个热点问题，更是一个现实问题。不同于一般的纯粹学术论题，对于"青年律师发展问题"研讨将会直接关系到广大青年律师的切身利益与职业命运，因此该问题长期保持较高的关注度。笔者作为一个执业10年以上的律师，对于此问题也是经常心系之、察之、思之，遂有以下观点与大家分享。

一、青年律师的应然素质

在诸多讨论青年律师发展问题的文章中，笔者发现常有如下表述：青年律师应将业务水平的提高放在首位不断增强解决实务问题的能力、青年律师应培养与严守职业道德、青年律师应长期奋斗、青年律师应提高人际交往能力、青年律师应善于自我营销拓展案源等等。这些表述的相同点在于都用了应当、应该等应然的表述。实质上，这些应然表述反映了人们对青年律师应该具有怎样素质和特性的一种期待。

笔者对这些"应然素质"的主要内容提炼如下：

1.尽职负责，勤勉细致的工作态度；

2.具备独立解决法律实务问题的能力；

3.认同并严守职业道德；

4.其他应具有的良好人际交往能力、心理素质、健康身体等综合素质。

这些"应然素质"的背后含有两层含义：

1.青年律师应自觉的培养这些优良素质；

2.具备并且具体实践运用这些优良素质。

从这样一个视角来看，青年律师的发展过程实际上就是获得并良好运用这些“应然素质”的过程。那么，青年律师如何培养并获得这些优良素质呢？首先，青年律师是很难自学成才的，因为“法律的生命在于经验”，律师为当事人提供法律服务需要各种技能，如接待咨询、撰写法律文书、参加庭审、规避执业风险等。这些具体技能，只有在指导律师的指导下实际操作才能获得。不可能“书读百遍，其意自现”，而是“经历百遍，其意方知”。由此可知，律师职业高度实践性的特点决定了青年律师的成长发展高度依赖于外部因素，青年律师获得“应然素质”的过程中，外部因素扮演着关键性的角色（当然青年律师自身的努力亦是必不可少的，但在本文中不论述）。所以笔者集中分析与青年律师发展过程紧密相关的四个外部因素：法学院教育、律师事务所、律师协会、司法与行业环境。

二、法学院教育

律师处理的是人与人之间的冲突，律师不仅需要精通法律，还要掌握纠纷所涉及的行业、社会、政治甚至心理知识等，而且这种掌握程度往往需要高于当事人。由此，必然要求律师行业高度职业化、精英化。而律师行业的职业化、精英化从何而来？笔者认为必须从法学院的法学教育抓起。当下，中国法学院教育的现状造成了律师职业化培养起步时的营养不良。法学教育规模盲目扩大化，法学院学生素质参差不齐，教育质量远低于教育体量。法学教育呈现幼稚化、非职业化等现象；在教学过程中也几乎不注重对学生职业化的训练、培养，脱离实际，空泛而不务实。法学院教育应该是法律人对于职业道德的认同和建立，法律思维的养成、务实解决问题的作风等职业素质培养、建立的关键时期。而由于当下法学院职业化、精英化教育的缺失，导致许多法学院毕业学生进入社会从事律师行业初期便面临困境：执业时缺少执业所必需的基本职业素质，因此需要花费高昂代价来补足法学院教育期间缺失的职业教育。这无疑增大了青年律师执业初期的生存发展压力。综上，笔者认为法学院职业化教育不足、缺失是导致青年律师生存发展难度系数居高的一个重要因素，这种“先天不足”一定程度上导致青年律师在初期“起跑乏力”。因此，应该足够关注和切实推进法学院教育的职业化、精英化。

三、律师事务所的保障和培养

对于青年律师的成长发展来说，律师事务所可以说是最主要最关键甚至是起决定性作用的外部角色。律所对于初入行的青年律师有两个基础性功能：

1. 经济保障功能；

2. 业务学习、培训、实践功能。经济保障能够保障青年律师基本生存，业务学习、培训、实践能促使青年律师逐步成长。对于青年律师的发展而言，律所的这两个功能如果发挥充足，就是根本促进；如果不足，就是根本阻碍。正因为如此，在关于解决青年律师发展问题的共识中，都将“律所促进”作为青年律师发展的主要甚至根本路径。

这种认知主要包括以下内容：

（一）核心观点

律所应提高对青年律师的经济保障，完善对青年律师的业务培训。

（二）基本理由

1.利益分析：加大对青年律师的投入将会促进律所的获利（如律所的发展、经济创收等）；

2.道德论述：从行业道德的逻辑出发，律所也应加大对青年律师责任的承担。必须看到的是“律所促进”从构想上来说是理想的，比如律所应付给青年律师更高的工资保障其生活、增加投入完善其业务培训等。若以上提议果真被大多数律所贯彻落实，则必定会极大地促进问题的解决，但遗憾的是多数律所并没有真正做到。这是一个值得注意的现象，作为几乎在行业内形成共识的解决办法，“律所促进”这条路在被长期提倡的情况下却没有被落实，不禁令人反思“早有治病之良方，为何此病久拖不绝？此良方果真为良方乎”？笔者不是要质疑“律所促进”这条路的正确性，而是要对其进行可行性上的考量，分析是什么限制、阻碍了此良方变为现实。

律所结构分析：此处笔者主要关注的是占绝大多数的中小型传统律所，因为这部分律所所占的比例最大，绝大多数青年律师都在其中工作，这样分析才有最大的代表性。目前，大多数律师事务所本身组织比较松散，律师事务所并没有成为真正的一体。

律所最突出的两点：

1.组织上是由占少数的合伙人相对独立的领导；

2.利益分配上主要实行的是提成制。其实，律所更像是一个“壳”，其组织性弱，内部比较松散；由于实行提成制，律师提供法律服务所得的收入只有少部分上交律所（一般在20%～30%），绝大部分归入律师个人的口袋，导致律所所有的资金量很少，只能基本满足律所日常办公。

笔者作上述分析的目的是想指出，由律所对青年律师的保障和培养，存在两大直接困难：

1.律所组织性弱，导致缺少具体落实青年律师培养工作的人力、组织基础；

2.律所虽主体独立，但拥有的资金很少，缺少对青年律师进行经济保障、业务培训的资金投入。

主流对策分析：对于以上的直接困难，通说中的解决对策是：加大用于对青年律师的经济保障和业务培训人力、资金投入。上面分析已经提出，律所本身是没有足够的人力、资金的，那么这些资金、人力投入从何而来？只能从律所的律师（主要是合伙人）个人收入中拿出来，而且额度不小，甚至很大。一个现实的问题是：凭什么让合伙人自愿主动从私有财产中划分出足够份额投入到青年律师的培养中？主流观点给出的理由是“加大对青年律师的培养有利于律所的发展”，此理由表面上看是正确的，但做一番分析会发现，合伙人等人的加大投入，青年律师的业务水平会提高、经济收入会增高、律所的整体素质也会提高，这可以说是律所、合伙人对青年律师投入后获得的实际利益，但一个关键问题是该部分资源投入后的利益流向是哪里？在传统的中小型律所中，对青年律师的投入所产生的实际利益为：（1）青年律师业务水平的提高；（2）青年律师收入的提高。对于利益“（1）”，并不会导致投入人即合伙人业务水平的提高；对于利益“（2）”，青年律师因此增加的收入只有较少部分是被律所提成抽取（该部分实际上基本被用于律所办公开支，几乎没有节余），大部分是流向青年律师自己。这样的客观现实：在传统律所环境中，合伙人对青年律师发展投入的收益是间接地，难以获得实质的回报。从本质来讲，合伙人对于青年律师发展的投入就是一种经济行为、投资行为，一个常识就是投资行为若无明确、客观的收益，或者无法获得收益，那么投资人的投资行为是缺少“利益驱动”而难以实现的。

根据以上分析，将合伙人对青年律师进行投入的行为定义为“经济行为”，由于缺少必要的“利益驱动”而难以获得预期的实效。所以需要找到其它更充足的理由，这样“道德论述”就出现了，通识认为律所应加强责任感，使命感，努力促进青年律师的生存发展，指导老师应打破教会徒弟饿死师傅的误区，努力培养青年律师，青年律师是律师行业的未来。这些论述都是从行业道德的角度，提出律所、合伙人有责任促进青年律师发展。这种道德论述由于具有伦理上的正当性，已经成为一种权威论述，很少有人会对其进行理性的、公开的反思，因为这样有被进行道德批判的风险。但为了务实的解决问题，笔者不得不“冒天下之大不韪”提出自己的疑惑，质疑这种道德论述对于解决问题的有效性。笔者愿意乐观的相信如“青年律师关乎行业未来，应促进其成长”已得到大家认同的道德观念。对于任何一种正当的道德观点，在观念层面上认同是多数人可以做到的；但是要将道德观点的要求付诸行动，尤其是还需要付出自己的利益，这绝不是多数人可以做到的。故此，笔者认为道德论述解决青年律师发展问题有两点不足：1.实践中甘愿奉献自己的利益来帮助青年律师的合伙人所占比例是不大的；2.由于缺乏经济上的利益驱动，单纯出于履行道德责任对青年律师发展进行帮助的投入额是不高的。笔者此处绝不是要否定道德论述、道德激励；而是认为应对其大力提倡，但我们要认识到其局限性，应抱有客观的合理预期。

基本结论：以上分析，是在肯定律所对青年律师发展的基础性作用的前提下指出其局限性，即利益驱动的缺乏与道德激励的有限性，这两点导致律所合伙人对青年律师的投入上远远低于青年律师的实际需求，也低于我们的良好预期。相应的解决问题的策略便是要从这两点入手，如对于利益驱动的问题，可以采用一些变通的方法，如律所可以与青年律师签订类似于培训服务协议的合同，律所或合伙人承诺向青年律师提供足够投入以促进青年律师的生存、发展，青年律师作为受益者须在该律所执业到一定年限，且当该律师收入达到一定的水平时，要承担该律所对下一代青年律师的培养责任。笔者此部分中好像更多的是在分析、反思，并没有给出大量具体的对策性意见，是因为对于该部分内容已经有许多作者提出过丰富的对策，笔者无意在此重复表述，更多的是对于已有对策的反思。

四、律师协会的作用

对于律师协会在促进青年律师生存发展方面的作用，笔者认为是值得期待的，并且大有作为。如笔者所在的四川省律师协会等多数律师协会都设有青年律师工作委员会等专门组织、具体负责青年律师工作。受制于客观条件，律师协会不太可能直接促进对青年律师的经济保障。但是在业务培训方面，律师协会却有优势：如组织优势、教育资源优势，律师协会可以整合许多优秀的专家、律师、法官、检察官等进行授课，可以组织如主题沙龙、讨论会、演讲等多种形式的培训，而且律师协会所举行的绝大部分业务培训是免费的，相对于价格高昂的商业培训来说，降低了青年律师业务培训的经济成本。根据笔者对青年律师的访谈，他们表示律师协会组织的各类培训是有实效的，能够切实促进业务水平的提高。但他们同时表示，律师协会组织的各类业务培训应该更加的专业化、系统化、规模化等；在其它方面，如对青年律师的保护（执业风险）及人文关怀等，律师协会应更有作为。

五、司法环境、行业环境的影响

正像关注鱼儿的健康成长必须关注河水的水质一样，司法环境、行业环境的“生态健康状况”对于青年律师的健康发展至关重要。如果司法环境恶劣，司法人员不严格遵守法律，而是权力寻租、司法腐败。那么此时法律事务、法律纠纷的预期处理结果就更多受到法外因素的干扰，青年律师由于有更大的生存竞争压力，对胜诉等法律结果更为渴求，为了追求预期效果，就存在更大的参与司法腐败的可能性。再者，当前律师行业过度的商业化，导致青年律师过分追求短期的经济利益而忽视了律师行业必须是一个长期积累，不断专业化的过程。而且也导致了青年律师对入行初期经济收入存在不恰当的过高预期。凡此种种，都要求我们必须意识到司法、行业环境对青年律师成长的重要影响，要不断净化司法、行业环境，给青年律师营造一个良好的健康的成长空间。

六、结语

青年律师的生存发展之路是充满挑战与困难的，需要内外部因素的共同促进，但同时我们应认识到，由于律师行业的高度职业化、精英化，青年律师的发展本身就是一个优胜劣汰的过程，其淘汰率远高于其它一般行业，所以一定程度上挑战与困难是必定存在的，我们要做的是使这场“淘汰赛”更加的公平有效——即通过努力使得青年律师由于优质的职业能力、职业素养取得胜利，而非由于生存压力或得不到良好培养被迫出局！

论受贿犯罪案件刑事辩护技巧

内蒙古伊敏律师事务所　张瑞军　张健男

内容提要： 受贿罪既是职务犯罪的重点罪名，也是处理职务犯罪案件中最常见的罪名。对于受贿犯罪的辩护，被告人在应受惩罚的同时其他正当权益需要被保障，要做到有理有据、论证充分，其核心是辩护人必须把握案件证据的重点，运用刑事辩护技巧为被告人作出有效辩护。笔者以实际办理的案件为基础，主要提出了四方面的认定问题予以讨论：收受具有上下级关系的下属财物的认定问题；开始时收取数额与最后实际数额不一致时受贿数额的认定问题；收受请托人权利凭证案件中犯罪形态的认定问题；受贿犯罪中“电话通知”到案能否认定为自动投案。通过分析这四个问题在司法实践中存在的争议及解决的途径，提出笔者的观点，希望通过这样一种讨论为解决实践争议提供有效路径，为刑事辩护提供有益的思路。

关键字： 辩护技巧　受贿身份　受贿数额　犯罪形态　自动投案

引　言

在社会生活中，下属逢年过节期间出于各种不同目的，以各种名义向上级工作人员送予财物的情况较为普遍，收受钱物的一方是否构成受贿罪？

《中华人民共和国刑法修正案（九）》出台之前，根据1997年《中华人民共和国刑法》、2003年《全国法院审理经济犯罪案件工作座谈会纪要》、2007年《关于办理受贿刑事案件适用法律若干问题的意见》及最高人民法院相关指导案例，对国家工作人员收受具有上下级关系的下属财物这种受贿行为的定性为：“仅仅出于人情往来，不具有为他人谋取利益的意图及行为，属于不正之风，应按一般的违纪处理，不应认定为受贿犯罪；如借逢年过节这些传统节日之机，明知他人有具体请托事项，或者根据他人提出的具体请托事项、承诺为他人谋取利益而收受他人财物的，则不管是单位还是个人，均应认定为受贿行为。而收取下属财物如不具有为下属单位谋取利益的主观故意，故所收受的部分不计入受贿数额。”而2015年11月《中华人民共和国刑法修正案（九）》对受贿罪进行了大幅度修改，包括犯罪构成及量刑幅度，不再以单纯的数额追究刑事责任，2016年4月18日开始实施的最高人民法院、最高人民检察院《关于办理贪污贿赂刑事案件适用法律若干问题的解释》（以下简称《刑九解释》）进一步释义了《中华人民共和国刑法修正案（九）》关于受贿罪的条文，其中第13条第2款规定：“国家工作人员索取、收受具有上下级关系的下属或者具有行政管理关系的被管理人员的财物价值三万元以上，可能影响职权行使的，视为承诺为他人谋取利益。”即原有立法精神被今年颁布的新的贪污贿赂司法解释13条第2款所修正。收受人民币三万元以下或者人民币三万元以上但不影响职权行使的，适用这个原有立法精神，收受下属或者行政管理对象财物三万元以上，可能影响职权公正行使的，视为利用职务之便为他人谋取利益。这种前后的差距与变化也就产生了关于此类犯罪的司法认定中的争议，尤其是对“可能影响职权行使”这一情节如何界定？

在普通受贿案件中，因行贿手段、犯罪未遂、主观认识错误等均可能对受贿数额认定产生影响，如案发前归还赃款是否影响认定受贿数额；赃款用途是否影响认定受贿数额；被告人对赃款去向供认不讳，但是外围证据却缺乏，不能与供述相印证时，如何认定受贿数额的问题；主观认知错误是否影响数额认定；犯罪未遂、中止时的数额认定问题等等，这些因素直接影响的是数额认定，最终影响的是被告人量刑问题，应该如何界定？

收受权利凭证也是收受财物的一种方式，但权利凭证到底指什么，哪些权利凭证可以成为受贿对象？权利凭证指以标准化或法定的方式，完整、明确和简洁地记载权利义务人、客体、期限等内容的独立契约，权利人可凭此享有对客体的完整权利。权利凭证可以是纸质，也可以是电子凭证；可以记载权利人，法律规定必须记载的，以记载为准，也可以不记载，持有人即为权利人。我国物权法明确规定的权利凭证有：汇票、支票、本票、债券、存款单、仓单、提单，而受贿案件中还存在一种借条，借条在内容上不可能直接予以实现，要么是借款人配合支付、要么是法院赋予其执行力，那么借条是否属于权利凭证，如果属于，那么借条上所载之内容实现是否影响犯罪的形态，又该如何界定？

我国实行的是宽严相济的刑事政策，对一些有证据证明的被告人所具有的法定或者酌定情节是会被认定并体现在量刑中的，其中一种就是自首。自首要求自动投案和如实供述，自动投案要求被告人具有主动性，这种主动性又可以体现出被告人对其犯罪行为的态度。而受贿犯罪中侦查机关常存在一种方式为“电话通知”，这种方式的设置目的是为节省司法资源，但是否暗含了给予被告人一个展现自己犯罪行为的机会呢？是否可以作为自动投案情节予以认定呢？

本文将带着上述问题来做探讨。

一、收受具有上下级关系的下属财物的认定问题

人与人之间的关系是复杂，或者说是多层次的，上级领导与下属人员之间除了正常工作关系，也有可能存在其他类型的社会关系，比如朋友关系、亲属关系。人与人之间需要沟通交流，不免礼尚往来。国家工作人员收受具有上下级关系的下属财物与普通受贿的构成要素并不相同，不具有这种特殊关系的行为人一般都具有谋取利益的目的，受贿人也大多知道请托人具有请托事项；而据有上下级关系的下属送予上级国家工作人员财物则均有多种情形。对此，应当区分不同情况，结合受贿犯罪的构成要件即是否具有为他人谋取利益这一点来加以具体认定。

（一）互有往来型行为的定性

案例：被告人王某与李某系某局的正副局长，公诉机关指控“为了得到王某的关照，拉近个人关系，李某从2005年到2013年每年春节前，分9次送给王某15万元，2012年初春节前，李某送给王某5箱茅台酒，价值12.6万元，构成受贿罪”，在追究王某受贿罪的同时，将李某以行贿罪进行追诉。事实上，除上述李某交给王某的财物，王某也多次赠与李某财物，且价值基本相当。

司法认定误区：第一，只看单方行为，即使双方供述存在其他经济往来也不予以查实和认定；第二，任意进行主观类推，将送予财物行为仅建立在上下级关系基础上，直接推定“可能影响职权行使”或者将正常的职位调动推定与接收财物行为之间具有因果关系。

笔者认为，判断此类受贿案件要全面进行审查：（1）互有往来的财物数额价值基本相当或存在少量差距，且无实际影响职权行使事宜出现，则不应当予以认定；（2）互有经济往来，也有具体职位变动情况出现，但二者之间不存在因果关系，则不应当予以认定；（3）如互有往来的财物数额价值基本相当或存在少量差距，但确有充分证据证实下属通过上级的职权行为获取了利益，有实际影响职权行使事宜出现，则应当予以认定；（4）如互有往来的财物，但数额价值相距巨大，虽无实际影响职权行使事宜出现，但其客观行为体现出了行为人主观上存在谋取不特定利益的目的，也是侵害国家工作人员廉洁性的体现，则应当予以认定；（5）互有经济往来但是确有具体请托的事项的，毫无疑问当予认定。

（二）单方送予型行为的定性

单方送予型，顾名思义就是下属不附加具体请托事项的送予财物，这与上述第一种类型有重合部分。单方送予型分两种情形，一是多次送小数额，二是一次送大数额，无论哪一种其收取的数额一般均有双方供述及客观证据予以证实，但是否影响职权行使却少有证据可以证实，致使控辩双方争议巨大。

案例：张某系一名普通工作人员，某次聚餐过程中听单位同事聊起过节去看望领导很有必要，且部门中只有自己没有去过，其怕显的与同事格格不入，怕领导因此对其印象不好，于是自此后逢春节、中秋等便去看望领导，累计各种场合给予的财物，三年下来也送了6万元财物，后其领导被调查时，供述了其送予财物的经过。本案中送予数额看起来符合追诉标准，公诉机关让受贿人供述为收取两次，每次3万元，同时让行贿人笔录必须与受贿人保持一致，出现立案前与立案后两份完全不同内容的笔录。

司法认定误区：此类案件中两大的误区就是：第一，以数额为准，为达到追诉标准将数额进行拆分或者整合，第二，法条规定的是数额与情节同时具备，所要求的情节就是"可能影响职权行使"，对如何是"可能产生影响"司法实践中很难做界定。

笔者认为，"可能影响职权行使"实际上就是对是否存在权钱交易的判断，而此类型虽有金钱送予但不具有受贿所要求的权钱交易的本质目的及结果，故当以违纪追究责任，不应当滥用刑法予以追责。

（三）事后收取型行为的定性

事后收取型情况比较复杂，也当区分不同情况予以分析：

案例：（1）2011年，范某时任某市交警支队事故大队长，为感谢时任某市公安局长的王某帮助其妥善处理一起涉及民族问题的交通事故，在王某家中送予其20万元，后在王某的许可下，范某于2012年底调任某旗交警大队长；（2）2005年，因王某刚任某公安局长不久，其依照正当程序及现实需要提拔了一大批年轻同志，其中包含韩某。韩某在单位工作数年论资历与能力都应该得到提拔，但始终没有机会，此次新领导上任不久便被提拔，韩某内心非常感谢王某能给自己这样机会，故送予王某10万元以表谢意；（3）栗某与王某系多年好友，也有经济往来，2012年10月为感谢王某在其女儿转正问题上给予的帮助，在王某办公室送予其一张存有20万元的银行卡，2013年3月王某听说有关部门对其进行调查后，将20万元退还给栗某。公诉机关认为以上三起中均存在为他人谋取利益并收受财物的行为，认定王某均未构成受贿罪。

司法认定误区：上述三起案例的共同点是，都存在升职、提拔、帮忙的行为，都属于事后收取财物的情形。其中，认定误区出现在因果关系上。

笔者认为，对于事后型受贿的认定，首先要判断是否具有利用职权谋取利益的事实，进而判断事后收取财物与利用职权谋取利益之间是否存在因果关系。案例（1）中，未有证据证实调动程序异常，不能仅以王某对范某的调动未提出反对意见，就变相推定王某事实了帮助范某谋取利益，且从范某送予款项的时间和其供述的目的上看出，其送予款项是基于王某很好的处理的涉及民族纠纷的交通肇事案件，而王某的处理行为并非基于范某的请求或为范某谋取利益，只是客观上使得范某未因处理不好这起事故而影响其工作，故利用职权谋取利益事实并不存在，工作调动结果与范某所送款项并不具有刑法意义上的因果关系。案例（2）中，韩某被提拔，是基于正常程序及条件获得的，韩某并未因此请托王某为其谋取利益，其单纯为感谢王某送予财物并非权钱交易行为，故王某也因不具有利用职权为韩某谋取利益的目的，而不构成受贿罪，仅可追究王某的违纪行为。案例（3）中，王某基于朋友关系为栗某女儿的工作转正的事提供帮助，事前并没有约定但事后收取了财物，过后予以退还。《关于办理受贿刑事案件适用法律若干问题的意见》第9条规定："国家工作人员收受请托人财物后及时退还或者上交的，不是受贿。国家工作人员受贿后，因自身或者与其受贿有关联的人、事被查处，为掩饰犯罪而退还或者上交的，不影响认定受贿罪。"此案依法应当予以认定受贿。

二、开始时收取数额与最后实际数额不一致时受贿数额的认定问题

司法实践中，因行贿手段、犯罪未遂、主观认识错误等均可能对受贿数额认定产生影响，特殊情况下受贿数额的认定情况包括：

1.案发前归还赃款是否影响认定受贿数额；

2.赃款用途是否影响认定受贿数额；

3.犯罪嫌疑人本人对赃款去向供认不讳，但是外围证据却缺乏，不能与供述相印证时，如何认定受贿数额的问题；

4.当受贿对象为假冒伪劣产品时的数额认定；

5.主观认知错误是否影响数额认定；

6.犯罪未遂、中止时的数额认定问题；

7.涉及馈赠问题时的数额认定问题等。[①]

下文结合实例探讨一下开始时收取数额与最后实际数额不一致时受贿数额如何认定的问题。

案例：2009年8—9月，王某找到时任市交通局局长的行为人袁某希望在工程招标过程中可以予以关照，分三次送给行为人三张银行卡共计200万元。行为人给交通局副局长写条子要求对王某的公司予以关照，后王某公司竞得两个标段。2010年4—5月间，行为人袁某将200万元的银行卡交给王某，表示等其

① 李颖："受贿案件中受贿数额的认定问题"，载《山东大学学报》2013年。

用钱时再向王某要。2010年11月，王某交给行为人一张200万元的借据，并说明这是公司向行为人的借款，按2分利息计息，可拿条子随时兑现。2011年5月王某到行为人办公室，又送给行为人一张54万的借条，并说明这是上次200万元借款的利息。2012年3月，行为人给王某打电话，让王某准备100万现金，表示该100万从245万元借款中拿，其余款不要了。行为人拿到100万元后撕毁两张借条。经查，该200万元的三张银行卡中，由于工作人员操作失误致使其中一张70万元的银行卡系空卡，送予及返还时王某及行为人均不知。

司法认定误区在于对犯罪数额的界定：一种意见认为，行为人接受请托后，收受王某三张银行卡共计200万元，随后利用职务之便利给下属打招呼的方式，为请托人谋取两个标段的利益。至此受贿行为已经完成，故应以200万追究行为人的受贿罪刑事责任。因为包含70万元的空卡，故其中70万元应当认定为未遂。另一种意见认为，行为人先是收到三张银行卡，共计200万元，后又接受200万元的利息54万元，共计254万元，故应当以254万元认定行为人的犯罪数额。第三种意见为，行为人收到三张银行卡时犯罪尚未完成，王某又以借贷的形式出具的借条，虽然本金和利息两张借条的出借人一栏为空白，但该借条不存在真实的借款关系，是两张虚假的借条，说到底还是王某与行为人关于数额的一种约定，故应当以行为人最终实际取得的数额，即100万元认定受贿数额。

笔者认为上述第三种意见具有一定的合理性。理由是：第一，行为人虽然收到三张银行卡及支取密码，从法律和事实上已经控制了财物，但随后行为人又主动退还给王某，说明行为人主观上并没有收取该200万元的目的，故认定受贿数额为200万元显然没有考虑行为人主观故意的内容是什么。第二，行为人虽然持有借条，但在事实上和法律上均不能控制财物。因为该借条借款人是王某的公司，出借人也是王某的公司，借条实质上虚假的。换句话说，如果王某将来不给了、不兑现承诺了，行为人持有借款索要款项的请求在法律上也得不到支持，因为该借款没有反应真实借贷关系，不是真实的。行为人要想实现债权最终还得依赖于王某自愿给付。所以行为人虽然持有借条，但实质上未对财物产生控制，该犯罪形态仍停留在行为人与王某的口头约定上。故认定受贿数额为254万元无疑将犯罪过程提前结束。而王某与行为人之间实际转移仅有100万元，后双方表示剩余的钱不要了，至此犯罪行为得以真正完成，故本案认定数额为254万元没有法律依据，当以行为人实际取得数额为准。第三，行为人实际取得100万元，且明确余款不要了，至此，二人关于行贿数额最终确定，也即，之前送予（或退还）银行卡、借据的行为只是双方在行贿受贿犯意方面取得一致的情况下，从行贿人的角度将行贿数额的确定，而行为人始终没有明确该数额，直至其最终提出要100万元为止。所以从行为人角度讲其主观故意的内容及客观行为都是接受100万元而非254万元。另外，行为人实际只收取100万元，却要认定200万元或者254万元的犯罪数额显然有失公允。所以，我们同意第三种意见，认定犯罪数额为100万元为宜。

三、收受请托人权利凭证案件中犯罪形态的认定问题

2011年，屈某为感谢刘某（某城建局局长）在工程招标过程中给予的帮助，将以自己名义放贷在某公司的300万元本金及利息46万元的两张借据送给刘某，告知刘某可以随时提取现金。行为人告诉屈某自己目前并不需要钱，让屈某继续放贷，并由屈某继续负责本息结算事宜。2012年6月，由于经济出现危机，某公司已经无法提现，后屈某与该公司商量用两套房产抵顶借贷本息。房屋抵顶后一直由屈某占有使用未交付给行为人。2013年初，行为人告知屈某房屋不要了，由屈某自由支配。对于本案定性为受贿罪没有异议，分歧之处在如何认定本案的犯罪形态。一种意见认为，行为人收受屈某本息借据后，因为借据本身就是一种有效的权利凭证，其上记载的金额就应当认定为受贿数额，且持有该凭证就意味着能够行使相应权利，故本案应当认定为犯罪既遂。另一种意见认为，持有权利凭证是否就是既遂，还应当考虑该凭证是否为权利行使无障碍的完整凭证，如果行为人持有的是完整的权利凭证，那么就是既遂，否则就不能成立既遂。

我们同意第二种意见，权利凭证是指完整、明确和简洁地记载权利义务人、客体、期限等内容的独立契约，权利人可凭此对客体享有一定权利。法律规定必须记载权利人的，以记载为准，可以不记载的，持有人即为权利人。权利凭证可分为债权凭证和物权凭证，前者有股权证、借据、欠条等；后者有汇票、支票、本票、债券、存款单、仓单、提单等。本案中的借据就是一种权利凭证，该凭证是否是完整权利凭证会影响持有人是否完全控制并排除他人控制财物的认定。具体到本案中，因为该两张借条虽然是真实的、有效的，但出借人（及权利人）一栏均署名屈某，即不管是行为人接手也好未接手也好，要想主张权利还得通过屈某办理，否则债权无法实现。即便是行为人拿到借据也没有有效控制财产利益。因为从法律关系上讲，屈某送给行为人两张借据属于债权转让，但转让债权必须要通知债务人才能完成，告知方式要么是变更出借人名称要么是通知债务人本人，而本案中均缺乏这一事实要件。所以行为人见到并认可两张借据的行为仅仅是处于犯罪预备阶段，犯罪还远没有完成。随后该两张借据于2012年6月由屈某经办，本息合计抵顶回来两套房产。但该房产一直由屈某占有使用，既未过户给行为人，也没有支付给行为人，就连8万多元的租金也没有交付给行为人，也即不管是346万元也好，还是后来的房子也好，始终控制权在屈某手中，未发生转移。2013年初行为人明确和屈某讲房子不要了，至此，行为人主动放弃本可以取得的财物，应依法认定为犯罪中止（预备阶段）。

四、受贿犯罪中“电话通知”到案能否认定为自动投案

关于受贿犯罪案件中“自动投案”的认定，全国各地法院掌握的标准都不一致。尤其是对于电话通知到案的问题，分歧意见更为明显。一般认为，受贿犯罪不同于普通刑事犯罪，犯罪主体是国家工作人员或者国家机关工作人员，因此自愿性和主动性的界定也更加严格。根据两高《关于办理职务犯罪案件认定自首、立功等量刑情节若干问题的意见》（以下简称“意见”）的规定，成立自首需同时具备自动投案和如实供述自己的罪行两个要件。同时规定，在办案机关调查谈话期间如实交代的，没有自动投案条件，不属于自首。所以，判断一个行为是否属于自动投案，关键在于正确理解投案行为的主动性和自愿性。“电话通知”到案的，只体现了行为人的自愿性，即自愿将自己置于司法机关的控制之下。而没有体现其主动性，这是一种明显的被动通知、被动谈话、被动接受调查行为。在受贿犯罪中，行为人的主动性体现在办案机关未掌握犯罪事实、犯罪线索或者已掌握犯罪事实和线索，但是并未告知行为人，要求接受谈话、调查时，行为人深刻认识到了自己的问题，愿意将自己置于办案机关的控制之下，因而主动找到纪检部门或者检察机关陈述自己的罪行。所以“电话通知”到案的，不能认定为自动投案。

“电话通知”到案能否认定为自动投案，我们认为，这里涉及一个如何认识和理解“意见”中的“没有自动投案，在办案机关调查谈话期间如实交代已经掌握的犯罪线索的，不属于自首”的问题，能否成立自首不能一概否定。“意见”强调的不属于自动投案的条件有三：一是没有自动投案；二是在调查谈话期间主动交代已经掌握了的犯罪事实；三是调查内容应当包含已经掌握的犯罪事实或犯罪线索。实践中，如果办案机关只掌握部分犯罪事实，立案前调查谈话的内容也不是犯罪问题而是其它违规违纪问题，立案后行为人经电话通知到案，交代了全部犯罪事实的，我们认为仍应认定为自首。例如，被告人王某因为违规操办婚丧嫁娶被纪委约谈，被告人也写出深刻检讨的材料。期间纪检部门同时又在外围调查了被告人的犯罪问题，掌握了一起犯罪事实。立案后电话通知被告人到纪委说明问题。被告人随即到纪委后被宣布“双规”，被告人交代了自己的全部犯罪事实，包含已被掌握的事实。我们认为本案就应当认定自首。理由如下：其一，行为人被电话通知到案并非就不具有主动性，可能有人认为，如果不电话通知的话，被告人可能永远不会到案。但以此就否定行为人到案的主动性是有失偏颇的。如果被告人接到电话通知后未到案而是逃匿的，后又主动到案的，按照“意见”规定，仍应认定为自首。显然从情理上未逃匿直接到案的更应当认定为自首。只是说电话通知到案的主动性稍差一些，不是没有主动性。而认定“自动投案”的两个要素“主动性”和“自愿性”属于性质方面的要求，不存在量的限制。其二，本案被告人虽在投案之前受到了调查谈话，但其内容与犯罪事实无关，也即纪检部门虽然掌握了部分犯罪事实，但在立案之前没有对被告人进行谈话、讯问，这就进一步说明被告人归案具有主动性和自愿性。其三，如果被告人在到案之前的调查中否认犯罪事实，到案后又交代犯罪事实的，这说明被告人到案的动机不存在投案的主动性，其供述可能是基于司法压力所致。所以，“电话通知到案”能否认定为主动投案，还应当综合分析认定，不能一律排除，否则不利于正确处理、打击犯罪分子。

五、结论

我们认为，认定刑事犯罪当以刑法条文规定为基础，司法实践中常常抛开社会现实状况，用扩张解释的方法将刑法条文的含义作扩大解释。在扩张解释的情况下，解释的内容已经超出了刑法条文的字面含义。这种超出条文字面含义的解释的合理性在于所解释的法律条文的概念与社会现实之间具有法律上的联系。当然，也不排除在某些情况下，通过扩张解释以补救立法不确切和滞后之弊。但从刑事辩护的角度讲，应当限制用扩张解释的方法来认定某一行为是否构成犯罪，因为脱离刑法的基本条文单独理解司法解释的条文，或者随意采用扩张解释来理解刑法和司法解释的条文，容易违背罪刑法定的基本原则。

参考文献

［1］孟庆华.贪污贿赂重点阴暗问题判解研究［M］.北京：人民法院出版社，2005.

［2］孙国祥.新型受贿犯罪疑难问题解析［M］.北京：中国检察出版社，2008.

［3］郭竹梅.受贿罪新型暨疑难问题研究［M］.北京：中国检察出版社，2009.

［4］娄秋琴，钱列阳.商检刑事案件辩护要点［M］.北京：北京大学出版社，2014.

［5］杨辉忠.刑事案件诉辩审评［M］.北京:中国检察出版社，2014.

［6］杨兴国.贪污汇率犯罪认定精神精析［M］.北京：中国检察出版社，2015.

聚焦“法治中国”建设　培养青年律师职业精神

新疆瀛漠律师事务所　李小萍

内容摘要：党的十八届四中全会明确提出“全面推进依法治国”，十八大以来，中国法治化进程进入到攻坚阶段，作为法律共同体的重要组成部分的律师，自然应当承担起全面推动依法治国的责任。本文从充分认清“律师职业精神”在“法治中国”建设中的核心作用，充分提供“法治中国”建设中培养青年律师职业精神的有力保障，充分发挥青年律师在“法治中国”建设中树立律师职业精神的建设性作用三个角度，探讨了在“全面推进依法治国”的新时代背景下应当自觉培养律师职业精神以担负起建设“法治中国”的重任，最终实现“两个百年”的宏伟目标，实现中华民族伟大复兴的中国梦。

关键词：依法治国　青年律师　职业精神　培养

习近平总书记指出：“律师队伍是依法治国的一支重要力量，要求切实加强律师工作和律师队伍建设。”律师职业精神是律师队伍建设的灵魂，青年律师作为律师队伍未来的主力军，加强对律师职业精神的培养，是新时代背景下青年律师的重大责任与使命，是建设法治中国，实现中华民族伟大复兴的大计。

一、充分认清“律师职业精神”在“法治中国”建设中的核心作用

律师职业精神是律师职业价值体系中的重要组成部分，是律师队伍建设的灵魂，是律师行业发展的风向标。青年律师是律师队伍的中坚力量，因此，在全面推行依法治国的今天，青年律师加强自身律师职业精神的培养是新时代背景下建设“法治中国”的重大责任与使命。

（一）律师职业精神是律师队伍建设的灵魂

律师职业精神是律师在执业过程中体现出来的职业理想、职业素养、职业技能、职业伦理、职业服务水准、职业品行修养等职业理念和思想。律师职业精神属于上层建筑范畴，是一项全社会的多元系统工程，具有长期的潜移默化性，是引导律师队伍建设的风向标，是律师职业的最高灵魂。高尚牢固的职业

精神是新时代背景下建设律师队伍的核心，没有职业精神，律师队伍便没有了凝聚力，法治中国的建设便无从谈起。因此，青年律师必须以法律职业精神的不断培养为目标，牢固树立律师职业精神、全面提高业务综合素质，以切身行动推动法治中国的建设。

（二）青年律师是律师队伍建设的中坚力量

目前，全国有近30万名律师，其中青年律师约占60%。可以这样说，青年律师是律师队伍未来可持续发展的希望和中坚力量。江平教授说，律师兴则国家兴，作为当代中国的律师，使命重大。律师行业的发展是一个国家法治文明的标志，只有律师制度发达了，国家的民主、法制制度才能够更加完善。青年律师是律师队伍中的中坚力量，只有青年律师发展壮大，律师队伍才能在“法治中国”建设的今天不断发挥维护公平正义，捍卫法律尊严的价值。青年律师作为律师队伍建设的中流砥柱，要不断加强律师职业精神的培养，奋勇前行，给法治大厦的建设不断添砖加瓦，为法治中国的不断向前推进助力。

（三）培养律师职业精神是青年律师助力“法治中国”建设的重大责任与使命

十八届四中全会提出全面推进依法治国，总目标是建设中国特色社会主义法治体系，建设社会主义法治国家。这次会议是历史上首次就法治问题专门召开的会议，让我们看到进一步实现依法治国的希望，更让诸多的法律人看到了行走在法治之路的光明。

社会使命是律师执业精神中固有的内容，是在执业过程中不断体现并不断加深的。青年律师是律师队伍的未来和希望，是未来法治社会进程中的主力军，特别是在法治环境不断改善的今天，青年律师应抱着实现法治国家建设的崇高使命感，像勇敢的战士一样，战斗在“法治中国”建设的第一线。虽然青年律师在执业初期的能力有限，暂时无法肩负起来重大的责任，但要始终牢记这份使命，不断的充实自己的理论知识和提升自身的业务综合素质，在执业过程中不断的历练自己，以担负起实现“法治中国”的重大责任和使命。

二、充分提供“法治中国”建设中培养青年律师职业精神的有力保障

律师职业精神如同一首歌曲的旋律，它能催人前进，激励人们向上，促进律师行业的发展。我们要积极探索培养青年律师职业精神的新方向，充分提供培养青年律师职业精神的有力保障，促进律师队伍的建设，促进“全面推行依法治国”战略的实施。

（一）法律先行，政策引导

律师法、律师职业道德是青年律师培养自身职业精神应当遵循的最基本的规范。自十八届四中全会确立“全面推进依法治国”以来，国务院办公厅，中央办公厅就律师队伍的建设颁布了一系列的规定，特别是2016年6月中共中央办公厅印发的《从律师和法学专家中公开选拔立法工作者、法官、检察官办法》中的规定使得法律职业之间的壁垒被破除，有助于法律共同体的形成，从而为青年律师形成法治精神、培养职业精神提供了制度保障。

（二）创新律所管理体制

合伙制律师事务所是"作坊式"办案，不能形成有效合力。该种模式下，大多数合伙人不仅要亲自参与到律师事务所的管理中，还面临着个人业务以及负责指导青年律师的重任，优秀的合伙人没有过多的时间指导青年律师，这样不仅不利于青年律师快速成长，也不利于青年律师职业道德的形成。公司制管理模式的建立将使合伙人从繁琐的日常管理事务中解脱出来，有更多时间指导青年律师，有利于发挥团队精神，形成整体合力，致力于专门业务，也有利于帮助青年律师职业精神的培养。

（三）改革青年律师培养模式

矛盾具有特殊性，因受各种因素的影响，每个青年律师自身条件和素质各不相同，因此，应避免采取相同的培养模式，尽可能因人而异。在条件许可的情况下，可以尝试让一个实习律师在同一阶段接受不同律师的指导，也可以尝试在不同阶段接受不同律师的指导，以求更加全面的经验和体会。让青年律师从中体会差异的原因，从中吸收各个指导律师的特长，指导律师的指导时间不宜过短或过长，充分发挥"多师一人、一人多师"的优势。开拓视野，积累实践经验，实现青年律师人才的快速成长，从而加速法律职业精神的培养。

三、充分发挥青年律师在"法治中国"建设中树立律师职业精神的建设性作用

（一）端正态度，准确定位

每个成功人士的成功是不可复制的，同样，每个律师的成长路径也是不可复制的，所以，青年律师首先要认识到律师行业发展的一般规律，在初入行业的头几年，要耐得住寂寞，受得住贫穷，在资深律师丰厚的收入和较高的社会知名度面前，平衡心态，切忌因物质利益的诱惑而导致自己走上违背律师职业精神的不归路。"合抱之木，生于毫末"，夯实执业的基础是青年律师成长的必经之路，违背职业道德，揠苗助长，寻求捷径是不可取的。青年律师要摒弃浮躁心态，踏踏实实地从每一个细小之处入手。

"二五八"定律是律师生涯的发展规律，青年律师成长之路必然会经过头三年的艰难阶段，青年律师应对照发展规律，端正心态，准确定位，戒骄戒躁，以树立正确的律师职业精神。

（二）积累业务经验，提升执业技能

“工欲善其事，必先利其器”，律师执业之器，是运用法律知识的技能。“三人行，必有我师焉”，对青年律师来讲，团队中每一位律师前辈都有值得自己学习的地方，特别是那些成功的资深律师，其本身就是一笔财富，就是一本“案例汇集”。青年律师要养成主动谦虚请教的习惯，带思考有技巧的勤问多问。另外，青年律师还要注重“悟”的重要性，“师傅领进门，修行在个人”。因此，青年律师要注重从实践中勤于思考，不断反思、总结，培养自己的逆向思维，学会站在不同角度思考问题。

青年律师在执业初期，要注重与团队律师，特别是资深律师的交流，找出自己思维盲区和知识漏洞，有意识地从各个方面提升自己，同时，培养正确的律师职业精神，让自身从实务和精神上都能有所进步。

（三）与时俱进，走专业化道路

随着社会经济的快速发展，社会分工越来越细，客户对律师提供服务的要求也越来愈高。律师在提供法律服务时，只有走专业化道路，才能适应“法治中国”建设的潮流，提升办案质量和声誉。

首先，树立做专业化意识。青年律师在初入律师行业时，实务经验缺乏，但是，应当树立做专业化律师的意识，在日常学习、做业务的时候关注自己的兴趣点，抓住做专业化的机遇。其次，学习专业知识。扎实的专业知识和过硬的专业技能是走专业化道路律师的必修课，青年律师要不断加强专业领域知识的学习，并充分利用互联网大数据的优势，让自己在该领域学精学透，以实现规模化操作流程，并在做业务中不断提升自身的执业技能。再次，精准定位。定位是一个循序渐进的过程，青年律师在在执业初期，应采用“加法”的模式，通过代理不同专业、不同类型的案件，提升自身的专业技能，积累自己的执业经验。在后期可以独当一面的时候，根据自己的兴趣点，精准定位，采用“减法”模式，让自己在专业领域做强做大，培养自身在该专业的不可替代性，成为该专业领域的专业律师。

青年律师应当与时俱进，顺应律师行业发展的潮流，走专业化道路，提升自身的专业技能，把自己培养成为一名专业化律师，并在职业过程中不断坚持正确的律师职业精神。

结　论

律师的职业精神是律师队伍建设的核心灵魂，正确的律师职业精神是律师队伍建设的灯塔，照亮“法治中国”建设前行的道路。因此，在全面推行依法治国的新时代背景下，青年律师要准确把握当前的新形势，不断提高自身的业务素养，树立正确的职业精神，坚定信念，合理定位，长远规划，努力开拓创新，走专业化道路，为实现法治国家，实现中华民族的伟大复兴增砖添瓦、贡献力量。

参考文献

[1] 陈敏.关于青年律师专业化培养模式的探索［J］.中国律师，2015（5）.

[2] 陈信国.青年律师培养的着力点与路径以律师事务所管理为视角［J］.中国律师，2014（4）.

[3] 苏东红.新形势下法律职业精神的树立和培养［J］.天津政法报，2014.

[4] 胡冰.中国梦与当代中国律师的使命［J］.法制博览，2015（03）.

辅庭律师该怎么“辅”

贵州惟胜道律师事务所　胡　昂

内容摘要：最近几年是中国律师行业剧烈变化的几年，律所与律所之间的竞争越来越激烈。综合性大律所与专业精品律所成为两条主要的选择路径，两者都围绕着一个核心：打造极具竞争力的团队。具体到商事诉讼领域，如何通过分工负责、各司其职达到团队“战斗值”最大化是每个团队必须面对的课题。本文对其中的“辅庭律师”一职展开论述，通过举例等形式总结辅庭律师如何在案件证据、案件法律风险分析、沟通协调、庭审四个方面进行准备和配合，从而达到团队处理案件的最优效果。

关键词：专业化　团队分工　辅庭律师　四大核心能力

一、引言

最近几年的律师行业正在剧烈的变化着，综合性的大律所不断发展壮大，到各地开设分所，攻城略地，一些在所在地有一定影响力的区域性律所选择加盟全国性甚至全球性的大律所，欲凭借大律所在资源整合、品牌影响力等方面的优势占领市场。而另外一些在本区域有一定实力和口碑的律所则选择了另外一条路径：踏上专业化发展的道路，例如只做商事诉讼的律所不断增加，成为专业律所中很重要的一支力量。

但专业化不能只是说说而已，具体到商事诉讼中，团队的组建及分工就成为一个专业律所竞争力的核心。专业化律所的竞争是团队的竞争，团队的竞争靠什么？靠人才，靠每一位团队成员个体能力基础之上的团队凝聚力、专业能力。因此，每一个商事诉讼团队都应当是分工明确但又能形成合力的。而案件承办作为商事诉讼的核心板块，角色分工上至少应包括出庭律师、辅庭律师和案件秘书。

组建团队容易，但如何形成一个具有战斗力的团队则是需要思考和不断磨合的。第一步就需要明确不同岗位的职责。出庭律师只需要开庭时负责庭审就可以了吗？辅庭律师只负责推进程序吗？案件秘书就只是负责材料复印及整理吗？辅庭律师的地位看似不起眼，但实际上辅庭律师在案件的有效推进、案情分析的全面性及精确性等方面都可以发挥重要作用，成为团队的“智囊”。笔者目前在一家专业化的商事诉讼律所执业，结合自身工作经历和思考，就辅庭律师的职责或者说辅庭律师如何“辅”提出以下见解。

二、辅庭律师的“辅庭”之道

（一）案件证据材料的整理审查——排查案件事实，提炼出法律事实

这个职责貌似与案件秘书的工作有重合之处，但此处的“整理”并不是一般意义上的整理，而是有目的、带着思考去进行的。具体来说，接受案件的基本材料后，首先应当由案件秘书分类整理，制作电子卷宗，建立办案日志，然后交给辅庭律师开展下一步的工作。辅庭律师这时的“整理”工作的核心在于审查案件的所有证据。例如：合同条款是否有歧义并会产生法律风险；多份合同日期是否存在冲突并可能会导致法官产生合理怀疑；案件诉讼主体本身是否有待研究和讨论。

举个例子：笔者在办理案件过程中就遇到了这样一个问题：案件涉及多份合同，但经审查后发现各合同的签订日期以及履行凭证的日期间存在冲突。这时，我就应当把上述情况与出庭律师进行沟通并提出自己的分析和解决方案。首先，我们需要与客户进行沟通核实，确定出现日期冲突的原因所在，了解交易背后的动机和目的，然后我们才能根据法律的规定并结合案例提出具有实际操作意义的分析意见及方案。

因此，我们发现，此时辅庭律师的“案件整理审查”工作是结合自身专业知识进行的，与案件秘书的材料整理工作是有区别的，案件秘书作为非法律专业人士，审查证据发现问题并不在其职责范围之内。另一方面，此时的整理分析也不同于“案件实体法律分析”的工作，后者更多的是从法律上分析诉讼中存在的风险，前者是发现问题的一个过程，需要专业知识但并不全凭专业知识。只有排查出问题后，后续的案件分析能力才有用武之地。

（二）案件诉讼法律风险分析——辅庭律师的核心能力

这个职责应当说是辅庭律师的核心职责，也是能力高低的体现。在经过上一阶段的案件诉讼问题排查后，我们就需要对存在的问题进行分析。具体来说，又可以细分为以下几个方面：

第一，法规和行业知识的搜集消化。

在办理案件过程中，我们总会遇到自己不熟悉的领域或者没有掌握的知识抑或是行业上的习惯处理方式。这时辅庭律师首先就需要对可适用的法律法规进行检索纪录，对不熟悉的行业进行了解。

例如：银行承兑汇票的操作流程，“融资性贸易”的实际操作等等，刚接触这些行业本身的操作过程时都是我们需要去了解并真正理解背后的经济目的

的，只有对合同背后的基本交易模式有了把握，我们才能在出现风险时提出建设性的解决方案。

第二，专业领域知识的积累。

这是辅庭律师有效分析案件诉讼风险的根本，只有在某个领域例如公司法具有一定的积累和研究后，面对公司法方面的问题时，我们才能提出有效的诉讼方案。由于每个人的精力是有限的，团队各个成员以及不同团队之间应当形成优势互补，协同工作，这样才会更有效率，这样的团队的竞争力才能更强。

第三，检索的能力。

面对司法裁判文书公开的潮流，每一个诉讼律师的检索能力日益重要起来。因此，优秀的辅庭律师应当具备不错的检索能力。案例的检索一方面能帮助我们在法律没有明确规定时更好地把握裁判观点；另一方面，检索的案例能够帮助我们更深刻的理解法条规定背后的立法目的。同时，在说服法官的过程中，如果我们能够借助比较权威的案例进行辅助，必定能够事半功倍。

案件诉讼法律风险分析不全是辅庭律师的职责，辅庭律师应更多地注意与出庭律师进行配合，这样才能充分发挥两个人的力量。虽如此，但上述能力是辅庭律师的核心竞争力。

（三）沟通协调的能力——与团队成员、与法官卓有成效的沟通

很多人可能认为，辅庭律师踏踏实实做好案件分析，推进程序就可以了，沟通能力是其次。但事实上，辅庭律师的沟通协调能力同样非常重要。具体来说，笔者认为辅庭律师的沟通协调能力主要包括两个方面：

第一，与团队成员的及时沟通。

辅庭律师作为案件团队中对材料最熟悉的成员，保持与团队成员间的有效沟通就特别重要。例如在对案件进行分析后发送方案给客户前，辅庭律师需要与出庭律师进行沟通，这时辅庭律师首先需要把案件的基本法律关系用较短的表述向出庭律师阐述清楚，便于出庭律师宏观上把控案件的风险；接着需要提出存在的问题以及相应的应对方案。在整个沟通的过程中，辅庭律师需要把证据全部提交出庭律师进行审查，以免因为自己遗漏信息而出庭律师也没有办法及时弥补；另一方面，面对问题，一定要提出自己的解决方案，这种思维才能帮助辅庭律师成长起来。

再例如：客户有时会突然给辅庭律师打电话，说是有很重要的问题需要我们协助或者陪同分析并把握法律风险等。这时辅庭律师也应该及时与出庭律师进行沟通，沟通的目的是形成一致的应对方案，不管是应对客户还是针对后续的法律问题。这样随时保持沟通的目的在于，一方面团队能够以一致的工作状

态面对客户，提升团队的专业程度；另一方面，出庭律师随时掌握案件的情况才能更好地准备庭审。

第二，与法官高效的沟通。

随着纠纷的增多，法官每年办理的案件量越来越大，案件的有效推进也越来越难了，因此，辅庭律师如何通过沟通有效的解决案件拖延问题就显得非常重要。沟通有效，法官可能就很快进行处理了；沟通不顺畅，法官可能就将案件放下了。所以，辅庭律师如何通过与法官的沟通有效的推进案件程序越来越重要了。

例如：如果我们作为原告，对方作为被告很可能提出需要鉴定例如笔迹指纹鉴定，以此来拖延时间。虽然我们没办法否定对方申请鉴定的权利，但我们可以通过沟通尽可能缩短鉴定消耗的时间。如果判断对方并没有真实的鉴定意愿，仅仅是拖延时间的战术，我们就应给法官施加一定的"压力"，尽快推进到缴费程序，缩短鉴定前的时间成本。

（四）庭审中与出庭律师的配合——团队协作成果的检验

之所以要把庭审中辅庭律师的职责单列出来阐述是因为庭审作为诉讼的核心，作为诉讼中最重要的一环，一切的准备都是为了庭审的顺利进行，我方诉讼策略的有效落地。在庭审中，辅庭律师该怎样配合出庭律师呢？

笔者认为：首先，开庭前应与出庭律师充分沟通案件情况；开庭时质证阶段也更适合由辅庭律师负责，出庭律师可以专注于补充意见和辩论，这样可以使得庭审更加完整和顺畅。另一方面，辅庭律师还需要提供证据及数据支撑。例如：如果是一个证据非常复杂的案件，对方或者法官对证据提出疑问时，辅庭律师应第一时间拿出对应证据交给出庭律师，这样出庭律师可立即获得几秒甚至更长的时间应对法官的发问或者对方的质疑；否则如果证据半天拿不出来也会影响出庭律师的发挥，给法官的印象也不好。再例如：法官可能会对数据提出疑问，此时辅庭律师应马上拿出依据数据计算的表格交给出庭律师进行说明，打消法官的疑虑，同时可以尽量减少对方的思考时间，我方主张获得支持的概率也会更大。当然，酣畅淋漓的庭审配合需要庭前的充分细致的准备工作。

论青年律师成长过程中存在的问题与对策

四川维扬律师事务所　赖　婷

内容摘要： 青年律师作为律师业发展的希望与未来，作为律师行业的后备人才，其成长过程不仅反映了律师职业情怀的塑造过程，律师职业素质的积累过程，也关系着整个律师业的发展历程。所谓“律师兴则法治兴，法治兴则国家兴”，作为律师队伍的绝大部分构成主体，青年律师的成长与发展不仅关乎着律师行业能否兴盛，更关乎我国法治建设能否顺利推进，法治精神能否历久弥新。但雏嫩的青年律师在现实职业环境中由于遇到了许多具有普遍性的主客观方面的问题，这些问题已经成为其前进路上的阻碍，甚至已经磨灭了许多青年律师对律师职业理想的热情，因此，笔者欲在本文中简要提出几点青年律师成长路上所遇的普遍性问题，并侧重从青年律师自身角度出发，提出笔者对青年律师走出迷惘与困惑的一些思考。

关键词： 青年律师　问题对策

如果以“年龄三十五周岁以下，从业时间不足十年”①为标准来定义青年律师，那么笔者便属于典型的青年律师。同为青年律师，笔者也感受过通过司考的欣喜，憧憬过律师职业的前景，想象过律师“依法辩曲直，仗义论是非”的角色形象，但在此后的执业过程中，笔者也慢慢发现了律师这一职业的艰辛与不易，以及作为青年律师在成长过程中所面临的现实考验。

一、成长的困惑

（一）收入微薄，生存成问题

人从根本上说得面对两个问题，第一，生存，得活下来；第二，要回答生命价值的问题，得让心有个安处。就第一个问题而言，由于传统律所的分配机制主要采案件提成制，因此律师承办案件的多少、代理费的高低便直接关涉律师的收入。然而在适用“二八”定律的律师行业中，青年律师所面临的竞争压力可以想见。他们大部分刚出校园，虽可能掌握理论功底但苦于社会阅历不

①徐莹：“青年律师生存和发展的现状及成因探析”，载《太原师范学院学报（社会科学版）》2009年第11期。

足，办案经验不够，特别是人脉关系不广，宣传营销方式无经验等，直接导致了青年律师基本无案件来源，无案件来源就不可能有收入，而这种客观现实根本难以让一个刚涉足律师业的青年律师安身立命、养家糊口。笔者认为这也是为何许多刚入行的青年律师，因抵不住生活的艰辛，选择离开律师队伍进入其他单位以求平稳安定，或因耐不住清苦选择创业经商以求更早飞黄腾达。

（二）实务经验缺乏，无法独立

初入行的律师普遍执业技能不足，虽有专业功底但无法学以致用，或理论实践衔接不当也是普遍存在的问题。在我国，通过司考便可进入律所实习，实习达一年便可正式执业，但如果仅仅通过司考掌握一些理论知识，而未有充足的办案经历以及丰富的办案经验作支撑，那么在办理具体案件时则可能四处碰壁。因此，为尽早掌握所缺技能，当在办案实践中遭遇束手无策之难时，青年律师便渴望得到资深前辈的经验指导，以求老师们的授业与传道。如果有幸，你会遇上一位真正为你指点迷津，毫无保留向你传授办案经验及为人处世之道的好老师，在他们身上，你不仅能学到你不懂的知识与技能，还能完善一些你已具备的素养，这样假以时日，你或许能在执业路上尽快成熟。但若不幸，则可能遇到只当你是廉价劳动力，把你当作可有可无的摆设的看客型"老师"，或甚至根本就遇不上为你解惑的老师。往往这时候青年律师便极易感到无所适从，在无助之时，便会使得其归属感缺失，找不到方向，进而更无法谈及执业独立。

（三）培训教育重于形式，无法调动学习积极性

虽然律协每年都对实习律师及执业律师的学习培训作出要求，如每年需听讲课多少课时并以此作为年度律师考核之依据，但这种培训或学习方式往往流于形式，不能真正调动起律师的学习积极性及学习自主性。如前文所述，青年律师虽掌握法学理论知识但实际执业过程中更多地需要实务操作经验。大部分青年律师都非常希望能有一个很好的平台或渠道能得到业内优秀律师有关实务方面的传授，也希望借此平台与前辈就专业或执业中所遇的其他问题进行坦诚交流。然而目前这样的平台非常缺乏，这就使得大多数青年律师的进步和成长缺乏指导，只能摸石头过河。

（四）专业定位的尚不确定，到底该如何走执业律师这条道路

律师这一职业，本就是为当事人提供专业法律服务，若缺乏专业精神，则与这一职业的性质相矛盾，因此律师需要专业化，也只有专业化，才能与律师这一身份相配。但刚出道的青年律师迫于生活压力，办理各种业务才是常态，因此想要专业定位又定不了位，想要专业化又无法专业化，便成了青年律师的

又一难题。究竟该不该在入行初期便开启专业化道路？究竟如何选择专业方向？究竟应否有选择性的办理业务？也是一直困扰大部分青年律师的问题。

二、提升的途径

诚然，青年律师在执业初期所面临的困惑与迷茫显然远不止笔者以上所提，且由于青年律师的个体差异，所感知体察到的困难及困难程度也不尽相同。在面对各种困难之时，我想我们首先要做的是得认清自己、调整自己、完善自己，从自身出发，在自己身上寻求突破口才是走出困境的首要途径。那么青年律师当如何进行自我提升？笔者从以下几点谈谈自己的想法。

（一）保持平和的心态和良好的内在品质

律师这一职业需要太多厚重的积累，且积累的过程亦非短时间内能够完成，厚积薄发，才是律师这一行业的客观规律。正由于此，许多刚入行的青年律师由于接受不了现实与理想的差距，无法直面生活及工作方面的压力，有的则心灰意冷轻易放弃，有的便心态失衡急功近利。但任何职业要把它做好都非易事，既然大部分人选择律师这一职业是源自于喜爱，那么就当勇敢地接受它所带来的艰辛和磨砺，在一次次职业挑战中感受它的职业魅力，并对这一职业抱有热情。不要狭隘地只看眼前收益不断盘算自己的付出和收获是否成正比，而应该多思考自己是否在每一次的实践中收获了有益的知识和经历。作为耕耘阶段的青年律师，目前所积累的技能和经验的价值远远高于眼前的经济收益，那些金钱换不来的经验教训才是执业律师毕生的财富，正所谓“授人以鱼不如授人以渔”，青年律师当明白此中的道理。同时，身为青年律师，不论你毕业于何所名校，不论你手持何种学历，在你的人品被认可之前，当事人及同事对你的任何信任都是短暂的，并不会让你走得更远。因此要当好一名律师，你首先还应是一位善良、正直、脱离了低级趣味的人，并确保在这些品性之上构建的三观始终稳定，如此，才能承载那些厚重的信任。

（二）不断学习，不断充电

每一位青年律师不论大学所学专业是否与法律相关，但归根结底都是经过“司考”的磨砺方能踏上律师这条道路。从学习法律到备战司考到最后通过司考，虽然我们已经对法律专业知识不再陌生，但仍不能停止对专业知识的学习。律师向当事人提供法律服务必须以其所掌握的法律专业知识作支撑，因此对自己专业知识的学习和巩固工作绝不能忽视。随着我国社会的进步，法治的不断完善，每年都会出台新的法律法规及司法解释，虽然青年律师执业初期要做的事情很多很杂，但空余时间必须不断充电才能跟上法律法规的更新速度，才能奠定扎实的专业功底，才能在此后的工作中游刃有余，反之则很难在律师行业立足。

（三）勤学好问，多学多看

在专业知识积累的同时也要解决将理论转化为实践的问题。青年律师执业初期最缺乏的是办案经验，而办案经验得靠大量的实务操作积累而来，因此如果自己手上无案件可操作，那么也要怀着谦卑恭敬的学习态度跟有经验的老师多走，多看，多学。大部分老师都是喜爱勤奋的青年律师，也愿意将自己所掌握的经验传授给青年律师，有时老师手上忙不完的简单案件也会愿意交给刚入行的青年律师，这种锻炼机会对刚入行的青年律师极为珍贵，因此从接办案件开始我们就必须认真对待。从查阅全部证据、梳理事实脉络到厘清全案法律关系，从查找适用的法条到确定代理思路再到书写每一份法律文书，每个细节都要仔细思考并认真总结。所遇到的不懂不清楚不明白的，首先要打开自己的思维从不同角度分析问题并思考解决办法，实在难解决再向老师求教，只有这样才能锻炼我们的思考能力。同时，在具体代理案件的过程中，我们也会同许多优秀的对方律师打交道，对方律师在庭内庭外所提的观点，所展现的代理思维代理方式很可能是我们没分析到或没准备到的，这时我们就不仅得反思自己的不足，还应把对方律师当作导师，学习其思维方式或办案方式中的优点和长处，这样我们才能更快更好的拓展自己思维的深度和广度，才能在以后的办案工作中事半功倍。

（四）提倡律师专业化，但谨慎看待专业化

专业化是律师的唯一出路，此命题已无需再花时间进行论证。由于青年律师在执业初期所面临的生存问题以及办案能力的缺乏，他们要实现真正的专业化，需要一个漫长的过程，在这个过程初期，最多是有个明确的专业方向，还谈不上专业化。[①]从我国律师业发展的实际情况来看，绝大部分专业律师在执业初期都是走“万金油”道路，然而笔者认为此时走“万金油”道路对青年律师而言能为此后走专业化道路起到积极作用。相反，若青年律师在执业初期面对形形色色大大小小的案件时，盲目走专业化道路从而对案件进行选择和挑剔，那么对于自身业务技能的提高只会起反作用，并最终阻碍其专业化发展。笔者认为，执业初期的青年律师要做的应是尽可能多的接触不同类型的案件，抓住机会锻炼自己，了解每一类案件的基本代理思路并培养自身面对各类问题的应变能力，以此完成从理论到实践的过渡，为之后走专业化道路打下坚实的基础。在不断提升自己业务能力的同时，再结合自身的兴趣爱好、所选专业的市

①张需聪：“与年轻律师说：专业化是律师的唯一出路”，中国律师网，2013年2月27日，http://www.acla.org.cn/lilunyanjiu/6454.jhtml

场前景、自身优势及人脉资源等确定一至两个专业发展方向，进而有针对性的提升自己的业务能力并做好专业领域的知识储备，只有这样才能真正完成从“万金油”律师到专家律师的质的飞跃。总之，青年律师必须认清专业化发展这一趋势，但切忌不立足自身的盲目走专业化道路，只有专业化发展趋势这一“外因”同青年律师为实现专业化发展做好充分的积累这一“内因”相结合，我们才能在专业化发展道路上取得成功。

结　语

同为青年律师，在面对各种困境时我们的迷惘大多相似，如何走出迷惘并成为一名优秀的律师，是笔者一直在思考并探索的问题。我想，既然选择了这条路，我们就当接受这条路的艰辛，给自己一些时间脚踏实地稳扎稳打地前进，持之以恒，勇毅笃行，一旦确立目标，便不改初心，始终如一，只有这样，我们才不会彷徨，对梦想，也才不会止于仰望。

参考文献

［1］徐莹.青年律师生存和发展的现状及成因探析［J］.太原师范学院学报(社会科学版)，2009，(11)：75-77

［2］郝韶泽.我国青年律师生存困境的破解［D］.湖南：湘潭大学，2009.

［3］于恒兵.论青年律师成长之路［C］.中国律师论坛，2006.

［4］张需聪.与年轻律师说：专业化是律师的唯一出路.中国律师网.2013年2月27日，http://www.acla.org.cn/lilunyanjiu/6454.jhtml.

悟道　择业　破惑
——与青年律师谈成长

新疆先觉律师事务所　拜金良

内容摘要：悟道、择业、破惑是一个人生成长规律。以此视角看律师成长，从扬长避短，到扬长补短，再到扬长留短，这是符合哲学肯定、否定、否定之否定发展规律的。律师择业，不只是选择律师执业，包含了律师专业化发展的规律，应该根据个人条件、市场环境等内外条件决定。律师破惑，既有职业发展之惑，也有业务常见之惑，需要经过识惑、析惑、解惑、破惑，内提高素质，外历练胆量，增强毅力，实现自我发展。

关键词：律师成长规律　悟道　择业　破惑

唐朝大文豪韩愈在《师说》中谈到老师的作用时说："师者，所以传道授业解惑也。" 对于每个有追求的人来说，走上社会之后的一生，都可以浓缩为"悟道、择业、破惑"。道发挥指引作用，择业确定你选择的平台与格局，破惑是不断前进与发展的动力。

一、悟道

所谓悟道，包括感悟人生真谛、职业的价值与意义、发展的规律等哲学类话题。律师成长之道是一个非常有哲学意味的问题。我的主张是：

第一阶段，扬长避短。在刚进入职场之时，需要快速取得成果，一方面肯定激励自己，另一方面取得他人及社会对自己的肯定。选择自己的长项充分发展，尽快争取获得长项的最优化发展的成果。例如：有的年轻律师擅长社会交往，就在发挥交往中发展人脉，很快的获得案源；有的年轻律师法律知识扎实，就用功于办理业务，以工作业绩获得当事人的认可，让的当事人成为自己的广告；有的年轻律师积极参与演讲、辩论大赛，以此提高自己的知名度，都属于扬长之举。回避短项，避免短项的负面效应。扬长避短是大家普遍认可的主张，不必再赘述。但是，随着发展慢慢会发现这种策略时间长了就会成为自己发展的桎梏，回避短项可能影响到自己职业深入的发展。例如：有的律师不善言谈，总在回避言谈，就无法成为一个合格律师；有的律师文字功底较差，回避文字表述可能影响到业务尤其是重要业务的发展。因此，仅有扬长避短是明显不对的，需要进入到第二阶段。

第二阶段，扬长补短。是在很好地发挥长项的基础之上，有目的地对短项进行补课，强化学习。例如：非法律专业律师就需要尽快补强自己的法律知识；法律专业毕业的需要扩充自己的其他知识范围；在技能上也是如此，不善言语的要有意识锻炼语言表达；嘴巴比脑子快的需要学会管住嘴巴；语速过快的需要把语速压下来，以便自己的脑子能跟上，也给别人的耳朵和脑子留下一点喘息的机会。补短是一个有目的地自修过程，需要有目的地学习。在补短这个阶段，按照木桶理论观点，补短的成就大小决定了律师个人事业成就的大小，因此补短对于律师深入发展就显得尤为重要。那么如何补短呢？首先是要准确认识自己短处，既不要过分自谦，也不能妄自尊大，目空一切，恰当的判断自己的短处。其次，补短需要有针对性。也就是有目的地补短，不回避短项。再次，坚持补短的毅力。短项是在前期自然成长过程中形成的，从心理学角度讲可能是自己兴趣之外的，没有理性的指引，以目的为导向，没有毅力坚持，是难于有所突破的。补短的过程是最容易懈怠的，因为一方面有长项的发挥成果可以让你沾沾自喜，甚至产生可以不用补短也可以的自满心理；另一方面，补短的过程一般是与自己的兴趣相悖的，甚至可能是让自己尴尬的，因此，对补短而言，毅力和耐性就显得尤为重要。成功的补短，可以使你成为一个全面发展的全能律师。但是，当你补短实现全面深入发展的时候，会发现你的精力是有限的，慢慢就会发现，追求全面发展似乎不一定是一个好的策略，还会让自己疲于奔命，甚至于不能满足市场高端的业务服务需要，这就应该进入到了第三阶段。

第三阶段，扬长留短。这时的你已经不是刚进入行业的你，你的长项、短项不是自然分布状态，而是经过你补短的努力学习、探索之后的你，由于执业经历的影响，原本最初的短项可能已经成为你的长项，而有些原本自然的长项由于长时间不接触反而变化为了短项。这时候继续追求长短项全面发展，显然不再是一个聪明的选择了，而应当是有所为，有所不为；根据市场需要及自己的兴趣定位，发扬你的长处，有意识的放弃一些你的短处，从而逐步实现律师的专业化。这个阶段的关键之处在于，第一，要敢于割舍、舍得、放下，否则就会养成苍蝇、蚊子都是肉的错误观念，一直应付于各种毫无规律的各种法律事务之中，根本无法实现专业化，也难以提高法律服务的水平；第二，准确的确定自己专业方向，是专业化的根本所在。选择取决于对自己内在素质和对外在客观条件的判断，不要热衷于一时的热点，也不要跟风于他人的身后，应该选择适合于自己的能力、条件的专业方向，这是非常重要的一点。

看到这里也许有的年轻朋友会说，我完全可以一开始就扬长留短，直接发挥自己的长项，放弃自己的短项。不能说这种选择错误，但这种选择存在一个缺陷就是，专业的选择方向并不是在全面发展基础上培养起来的，也许只是一个外在的兴趣，可能会湮灭一个更优化的未来选择。因此，从扬长避短，到扬长补短，再到扬长留短，才是符合哲学的肯定、否定、否定之否定发展规律的。

二、择业

择业，选择律师行业是一次择业，但是在律师业务发展中成为一个什么业务的律师，也是需要律师思考选择的。对于年轻律师而言，选择了律师职业，只是完成了就业的第一步，还需要就业之后的职业磨炼，首先验证律师是否是自己职业兴趣。有的人进入律师行业后来又去改做商人了，有的考入公务员了，有的当作家了，甚至还有报道出家了的，等等。可以理解为这些人最后认定律师不是自己的职业兴趣，所以改变了。要成为一个成功的律师，需要有律师的职业兴趣，这是选择律师行业并为律师事业奋斗的基础的持久的动力。其次，择业还表现在，从事律师职业之后，在工作中慢慢会发现自己对于律师某一或某几个领域业务最感兴趣，或者是自己最适合或最愿意从事哪个、哪几个领域业务，这是律师专业化发展的技术基础。有的律师不善言辞，但思维缜密，文案工作很好，就可能成为非诉讼团队中不错的合作律师；有的律师语言犀利，思路清晰，逻辑思维能力强，就可能成为好的刑事辩护律师。

律师专业化是律师发展的一个方向，也是年轻律师成长中应当需要做出的选择，是择业的基础。首先是对自己所掌握的知识、技能的分析了解，专利代理律师就需要具备理工科的知识基础；而著作权的代理律师具有更多的文学艺术修养可能会更好一些；非诉讼律师的文案工作能力就是必不可少的基本功底，等等。其次，还需要律师对律师行业有一定的了解。比如，一听说律师IPO业务比较赚钱，都去一窝蜂的想成为公司上市非诉讼律师，但是这是一个比起诉讼业务并不很大的市场领域，不可能容纳那么多的律师，想成为这一非诉讼领域的专业律师，可能就需要更大的努力、更高的条件；相反，发现成长中的律师业务，反而可能很快成为专业律师。这是需要年轻律师自己理性分析判断的。再次，择业还需要考虑到律师所在地域的差异性。例如：律师专业化是大城市律师的一个基本方向，但是中小城市，尤其是县域律师一般就难于高度专业化了，可以选择相对专业化的发展，确定几个相对集中的领域发展，才是比较理想的选择。第四，选择还包括地域的重新考量问题。西部大量年轻律师南下、东迁，就是这种选择的现象。这个现象的背后并不是一概的形成了南下的、东迁的律师就比在西部的律师发展好的结论，各人的结果不尽相同，还是取决于选择与自己条件的适合性。也有南下、东迁律师过了几年、十几年之后回头西迁的，还有南下律师涉嫌违法的。

总之，选择比努力更重要，选择决定了平台的高低，选择决定了格局大小，选择决定了事业的方向。年轻律师的发展成就大小，从一定角度来说首先取决于年轻律师的选择。

三、破惑

所谓惑，就是糊涂，不明白，不知道对还是错，是思想认识领域的矛盾表现，导致对我们行为指导的矛盾或停滞不前。可以说，在成长的道路上，一路上都存在着各种各样的惑，我们的发展与成长就是在识惑、析惑、解惑、破惑的过程中实现的。破惑，是律师始终面对的问题，可以说我们永远处在破了一个惑又面对另一个惑的困惑之中，新的困惑是在前面破惑成功之后的新追求中所面临的困惑，不是困惑的简单重复。我们的成长是这样一个不断破惑的过程，每破一个惑，我们就获得了成长。如何破惑呢？

首先，年轻律师应该树立不畏惑的心态。只要想发展，就不可避免会遇到各种困惑，有的来自于生活，有的来自于职业；有的来自于心理，有的来自于生理；有的来自于他人，有的来自于自己；有的来自于个人，有的来自于团体；有的有时代特点，有的是历来如此，等等。应该相信所有的困惑最终都会得到解决的，只是解决的时间、代价、方式、结果等存在差异。我们应当寻找尽量时间短、代价最小化、方式最优化、效果最优化的方式。

其次，需要准备和不断提高破惑的能力。破惑的能力包括识别惑的能力、分析惑的能力、破除惑的能力。惑的出现，是伴随着发展和成长而来的，发展就是在不断地提出问题和解决问题中实现的。识别惑就是首先认识到发展中遇到的困惑。有的困惑隐藏在生活工作的习惯之中，甚至可能已经习以为常，你的一切认识、行为就会建立在这种困惑不清的迷局之中继续下去，只感到结果不满意，不知道问题在哪里。因此识别困惑是一个基础。例如：年轻律师刚开始执业时，遇到的案源较少的困局，就是一种困惑，一方面敢于面对困惑，另一方面不能简单地承接困惑，应该积极地分析困惑存在的原因、寻找解决困惑的办法。识别困惑，有助于自己正确的判断所处的环境、阶段、局面等客观方面，为下一步的分析做好基础。其次，面对困惑冷静分析，寻找规律，确定这种困惑来自于哪一方面，或者说是哪一种困惑。需要从困惑之中或其发生的现象之中寻找出一定的规律，根据困惑本身总结或分析出困惑发生的原因。分析寻找困惑规律，需要进行专业的分析，以确定解决它的办法。仍然以年轻律师开始执业案源较少之惑来说，分析可以得出以下几个方面的原因：

1. 年轻律师刚开始执业知道的人少，缺乏知名度与人脉关系；

2. 别人不知道你的执业水平；

3. 认为年轻人缺乏执业经验、不放心；

4. 有的还有个人因素：比如不善言谈、不善写作、见人害羞，等等。破除困惑的能力则是根据对困惑分析的结果拿出的解决问题的办法与对策的能力。

例如，对年轻律师案源较少的困惑，根据分析可以确定解决的方案：

1. 首要需要解决知名度及人脉关系。可以选择捷径广告，现在的微信传播、网络推广给了年轻律师极为方便的解决途径；

2. 提高自己执业能力水平。如果仅有推广，不提高执业水平，被推广之后会因为较差的执业水平，得到的将是广泛的市场负面的形象，事与愿违；

3. 增强执业经验的积累意识。例如：对自己所办理的案件进行总结分析，成功的经验有哪些，失败的原因有哪些，对当事人有什么教训，对律师有什么教训，可以很快地积累执业经验，当然这是需要一定时间支持的；

4. 根据自己的缺点进行有针对性的强化补短。曾有报道某地一个年轻律师为了开拓案源，直接给法院法官邮寄了信件，称只要法官给自己介绍案源，愿意给予法官百分之多少的提成，岂不知这是公然违规的行为，成为业内的笑谈。破除惑的能力是人的综合能力体现，作为律师，案件中遇到的困惑始终不断，需要律师用专业的职业技能寻找最优化的解决方案，律师执业水平的差异，最终都会体现在解决案件困惑的技能之上，这是律师一辈子都需要提高的技能，永无止境。对于律师而言，解决困惑的方法必须是不违反法律规定以及公序良俗的，这是一个职业底线的要求。

再次，破惑需要毅力。人无远虑，必有近忧。我们就在解决旧问题，产生新问题的过程中发展成长，有些困惑的解决可能简单，有些可能就复杂艰难得多，有的困惑的解决甚至可以伴随一辈子，比如个人性格的缺陷，禀性难移，非有毅力与目的，就很难掌控自己性格上的缺陷。破除律师执业之中的困惑，同样需要有毅力，一方面是不断出现的困惑需要我们不丧失信心，另一方面是具体复杂的困惑的破除需要有毅力的坚持。

第四，破惑需要胆量。有些困惑会给我们造成很大的压力，甚至可以让你感到无能为力，就像是身处困境之时，需要破除困惑的胆量。有的人就是因为缺乏这种胆量，可能会被某种困惑纠缠一辈子，始终不能得到突破，比如：职业境界的突破就是如此，有些曾经的好学生走上社会之后，庸庸碌碌，非不能也，实不敢也，他们有某种工作的能力，但是缺乏选择那种工作的胆量，被困在局中不敢突破。所谓胆量，就是敢于面对困惑，敢于突破困惑，敢于解决困惑。对于年轻律师而言，有所突破，才会有所发展，有所建树。

青年律师如何跨过"新秀墙"

中豪律师集团四川事务所　邹树彬

内容摘要：青年律师在执业初期，要有耐得住寂寞、在等待中进取的心态，同时要注意自身职业形象的维护，并不断摸索开拓案源。

关键词：青年律师　职业形象　开拓案源

在美国职业篮球联赛（NBA）中有一个名词是"新秀墙"，英文是"Rookie Wall"，这个名词形容的是新秀进入NBA后，通常都会在一定时间里状态全无，就像眼前有一堵看不见的墙挡住了前进的道路。

与之类比，律师行业也正如一个大的试练场，在这个大的平台上有更强的竞争，既有前辈律师人脉关系的熟稔和对市场的瓜分占有，又有法律服务市场对律师不断创新和规范、精细要求，这些都是青年律师"新秀"们必须面对的"墙"。如果青年律师无法克服入职初期的焦虑和彷徨，翻越过一堵堵高墙，职业生涯和成长轨迹势必受到影响。

律师行业在每个国家都是实行准入制度的，而且准入的门槛都不低。年青律师为了通过这个准入的门槛，都付出了艰辛的努力。同时，也对这个行业充满了美好的憧憬，渴望能在这个行业做出自己的成就，就如很多影视中表现的律师形象一样，在办案中为探寻事实真相殚精竭虑地奔忙，在法庭上仗义执言、侃侃而谈、铿锵有力的发表自己的辩护或代理意见，在生活中示人以风度翩翩或优雅绰约、睿智机敏，展现执着之美、论辩之美、理性之美。西方有句法律谚语"律师是少的俏，法官是老的好"，青年律师的激情和新思维都能够让律师业注入新鲜血液，添加新的标签，带来新的服务理念。但是，青年律师怎样从一个新秀转变为轮换角色，从饮水机看守员转到先发五虎，如NBA一样，也需要在心态、实力、外部关系等诸方面加以锤炼。

有人说，律师的发展靠的不是智商而是情商，因为能够考取司法资格，智商都是没有问题的，关键是情商，如何为人处世，如何把握各种关系，以什么态度对待你的职业。

一、树立一种心态：耐得住寂寞

“青年律师”，不应该从年龄层面认定，而是根据经验的多寡、执业的长短来界定。美国著名法官霍姆斯说过：“法律的生命不在于逻辑而在于经验。”笔者初入行的时候，就有人提醒：律师，没有个三五年的积累，要想立足几乎是不可能的。当初不以为然，觉得凭自己的本事和奋斗的精神，两年之内必干出一番名堂。而事实呢，还好，我遇到了好的律所和律所主任，自己也还算努力，真正有基本能够满足自己的案源、有自己的圈子、有那么一批信任自己的当事人和对自己还算认可的法官、检察官、警官，应该是在三四年左右，也就是自己成为合伙人律师之后。

青年律师没有执业经验，没有稳定的案源，更没有维系生活的收入，执业初期的孤独和寂寞是一种常态，但这样的寂寞期可以使青年律师更清醒的认清行业状况并很好制定自己的职业长短期规划，这种认知和规划无疑使青年律师少走弯路从而更快的步入职业之路。因此，青年律师要耐得住寂寞，并用一种平和的心态来看待和对待这样一个寂寞时期。要坚信，必要的后退其实是为了更有利的进攻。

二、确立一种态度：在等待中进取

机会总是垂青有准备的人。青年律师是寂寞的，是不是在碌碌无为中消耗掉每一天？聊天、牢骚是很容易发生的事情，其实青年律师有很多事情可以做，很多能力需要锻炼比如：

（一）听庭

律师的战场就是法庭，说这样的话并不过分。诉状如何撰写、答辩状如何抓住要点、证据如何组织尤其是证据清单的证明对象如何阐述、代理词如何根据法官归纳的争议焦点作透彻的分析，对被告人的询问如何问出对其有利的情节，包括出庭律师语言的抑扬顿挫、轻重缓急，等等，这都需要长期的、用心的锻炼和钻研。而青年律师多听庭，无疑是学习出庭技巧的捷径。

（二）读书

书是人类进步的阶梯。对于青年律师而言，多读一些实务书籍，从老前辈的手中学习办案技巧，就是一种提高，不走弯路本身就是在前进。青年律师更应注重法学理论的钻研，我们律师喜欢把自己与医生相比较：医生是医治身体之病，律师是医治社会之病，我们不能包医百病，但我们可以尽力，如果是不治之症，医生没办法，你的案子就是这个现状，律师也没办法，但是我们一定要有丰厚的理论支撑，敢于诊断、敢于开刀、也敢于说你这是不治之症。这种自信，首先在于你的理论功底。

还有，律师是杂家，多点知识面，管理、政治、文学、历史甚至军事、娱乐方面的书籍都要去涉猎，知识的深度在专业上，广度则在其他知识，所谓要博学。同时，知识面广一点，可以在交往中表达、交流观点，有助于赢得客户的信任。

（三）办案

青年律师没有充足的案源，但不代表没有案件可以做。无论是所里面分配的案件还是自己开拓的案件，也无论是免费的法律援助案件或公益案件，都要认认真真地对待，因为每一个案件的每一个细节，都有难以用金钱衡量的价值，有的案件背后本身就蕴含着更大的案源。机会永远垂青有准备的人，做好准备，也许今天你做的是收费几千元的案子，但做好了，收费10万的案子也就不远了。原来我们刚入行的时候，如果别的律师问我有空没有，可否帮忙写个代理词什么的，我们的第一反应是：有空，明天一早拿出来啊，没问题！实际上呢，手头可能还有别的什么事，但自己哪怕加班至凌晨3、4点都必须完成。其实这既是态度，也是能力，也是情商。别人有案子还会不想到你吗，对当事人是这样，对所里的同事和前辈也是一样。

（四）关于说的能力

提起律师，一般人的心目中都会出现这样一幅图画：口若悬河，滔滔不绝。甚至有人说，律师就是耍嘴皮子的，能说，非常能说，似乎成了律师贴在脑门上的一个识别标签。没错，对于律师而言，用语言表达自己思想与情感，是这个行业需要的基本而又必备的能力。说，可以有几个阶段：

第一个，“敢说”。很多年轻律师，在入行之初，不敢说，不敢张嘴，怕说错。作为律师，必须要过胆怯这一关，要敢于张嘴，敢说是第一步。这个阶段，将音量放大——大声说，是克服胆怯的一个方法。努力锻炼自己驾驭局面的能力，深呼吸、大声说，抛掉紧张情绪，胆量是练出来的，多练，多在人多的场合公开讲话，抓住一切机会说。能说是第二个阶段，也就是大家理解的口若悬河，滔滔不绝。知无不言、言无不尽，说深讲透，不要点到为止，一定要全面表达自己的看法。第三个阶段：会说。有这样一个现象，老律师往往深沉、内敛，但是要点绝不放过，同时更关注了听者的反应与心理接受程度。说不就是为了让人听、让人接受吗？场前、临场的“审时度势、察言观色”，如法官的提问，其意图是什么，你必须要有所思考，这是从能说上升到会说的关键。

另外，很多人，包括笔者，初入行时觉得自己口齿还不够清楚，抑扬顿挫还需培养，是怎么锻炼的呢？有一段时间，只要容许，我就在舌头下面含一个硬币或者小石子，读报，自言自语，用不了多久，你就会感觉到你自己说话又自信多了。

（五）关于写的能力

律师，除了说就是写：首先，格式化的东西一定要学习，诉状、代理词、辩护词、答辩状、法律意见书都有一定的格式，好的所还有以前老律师们留下的范本，不要老想着创新，你用会了格式化的东西，至少不会出现大的原则性的错误，刚开始的时候一定不能偷懒，一个案件所需要的起诉状或答辩状、证据清单、代理词或辩护词、询问提纲一定在开庭前准备好，即使要临场发挥，有了基础的东西，你也就不会着急。

其次，在初入行的时候，尤其要重视法律检索的作用，案件涉及的法条，涉及的案例，都可以在诸如北大法宝、威科先行及中国裁判文书网上获得，这完全可以弥补青年律师办案经验的不足，甚至，法律检索能力强了，也会让老律师对你产生依赖。

写的问题，有个自身基础的前提条件，但是作为法律文书而言，毕竟是针对具体案件来写，言之有物。当然，一般代理词和辩护词在动笔之前已经构思了很久，在组织本方的证据清单的时候就是一种构思，分为几组、证明对象如何，反驳性证据放在哪一部分，都是代理词立论、驳论的基础性工作，包括对对方观点的预判。

一份好的法律文书，不仅能深刻体现律师对法律的理解，而且充分展现律师的人格魅力。字里行间，往往流露出律师对事的独特体验，对人的终极关怀。而且行文布局、遣词造句，不经意的细微之处也流露出律师受到的良好教育以及由此产生的淡淡的优越感。

三、保持一种形象：律师的职业形象

一是外在形象。青年律师没有钱，但仍不能忽视行头的重要性，俗话说人靠衣装，律师给人的感觉是理性和庄重的，如果一身运动装甚至是男律师一头飘逸的长发，女律师浓妆艳抹还穿个吊带裙出现在当事人的面前，带给当事人的就是没有信任感。试想，当事人敢把一个案件交给一个没有信任感的律师吗？因此，置办一身行头吧，哪怕不是什么名牌，得体就好（正装，对别人和对自己的尊重）。适当的修一下边幅，让人一看就像个律师，之后你才可能成为一个大律师。

二是需要学会基本的社交礼仪:如，名片的制作、递交、收受都各有规矩；李警官还是王公安、张法官还是赵庭长、蒋老师还是小谭等称呼也各有讲究；宴会、进出电梯、打接电话等礼仪要求也各不相同，都需要青年律师学习和应用。

四、摸索一种能力：如何拓展客户

（一）让人知道你

让人知道你在做律师，知道你有热情，有认真的态度，知道你的律所是值得骄傲的，通过媒体和亲朋好友，通过其他社会活动如篮球、羽毛球、跑步等文体活动、学术会议、发表文章等形式展示自己。在现阶段，一定重视自媒体如微信朋友圈等宣传媒介，不要晒美食，灌心灵鸡汤，要多分享法律专业文章或热点案件的法律分析，当然，在自己取得阶段性成绩的时候，也不要吝啬。

（二）建立自己的圈子

亲戚、同学、朋友，亲戚的朋友、朋友的亲戚、同学的同学，这些人一说到律师、一说到法律问题，就想到你，甚至就会讲出你的名字，这就是你的圈子；融入团队，做好基础性工作，不要怕现在是饮水机管理员。在现有法律服务招投标和比选活动中，一般要求有业绩有经验，青年律师难以担纲，但是也一样可以在制作投标文件，收集业绩，拟定服务方案中积累经验，甚至也有机会形成自己的业绩。

（三）重视客户和潜在客户

要列出可能给你带来案源的一切关系，有意识的接触、密切关系，不管是打个电话、发个短信、吃顿饭、寄张贺年卡、一起运动、一起参加聚会都可以，如果恰当，还要有意识的多谈自己专业和行业内部的事情，如对社会热点问题的法律分析。

对客户和潜在客户，或可能给你带来客户的人，要天天想你！

（四）处理好受托事务，这是最根本的！

走一路，黑一方，那再重视客户也没用，关键是帮助他们解决问题，而且在初期还不能太计较得失，1000元的案子当作10万的案子做，积累一段时间后，就会忙都忙不过来，不可能再为案源发愁，那个时候就可以挑案子做了。为什么律师要三五年的积累？承办的案子肯定会有成功有失败，但失败的案件只要已尽力，不要有投诉即可，成功的案子当事人总会想到你的，需要积累时间的长短取决于初期案子的成功率和工作态度。所谓口碑相传，靠专业吃饭，当然，这需要在专业上在一定范围内出类拔萃，而且最好有机会做几件有影响力的案件。

如何从青年律师成长为优秀律师

内蒙古华泉律师事务所　孙　光

内容摘要：青年律师是我国律师队伍的后备力量，其成功发展与否对于我国律师队伍的建设甚至社会主义法治建设都有着至关重要的作用。

关键词：专业　合作　积累　提升

引　言

著名法学家江平老师说："一名好的律师，应该兼具政治家、法律专家、社会活动家以及商人的特性。"

著名法学家朱苏力老师说："一个成功的律师必须是一个杂家，尤其是青年律师应该具有政治家的思想、经济家的头脑、社会家的眼光。"

关于律师的发展阶段，虽然有诸多同行或前辈都发表过自己的看法，但笔者在此文中的探讨角度是：普通律师—优秀律师—品牌律师。

笔者在这里结合自己的实际情况以及自己所处的环境，结合自身的所学知识及所感所悟，谈一谈青年律师如何成为优秀律师的方法和对策。

一、强化专业，敢于专业定位

（一）因为专业，所以出色

专业化方向是很多行业的专业人士成功的法宝，相对于律师行业而言，专业化方向更是青年律师过渡为成熟、优秀律师的必需条件。在县域城市，尽管现阶段法律服务市场专业化分工并不明显，但随着社会法律意识的不断提高和人们日益增长的法律服务需求的多样化，专业化是法律服务市场分工必然的趋势。

根据"二八"公理，该公理同样适用我国的律师业，套用该公理即20%的律师拥有80%的律师业务，而80%的律师争夺着20%律师市场份额。律师同行竞争，因为社会资源的垄断，导致大多数的社会资源被先行者占领。后来的年轻律师想要在有限的资源内分得一杯羹，必然付出成倍的努力、投入、成本，但未必取得理想的结果，甚至只有投入没有产出。

纵观每一个成功的律师都能在某个专业和领域，通过实践形成自己的专业特长、形成自己独特的影响力并且都能提供有品位的服务。因此，想要在激烈的竞争中立于不败之地，并取得一定的资源，一定要找准、细分市场，结合自己的特长，做一些新业务可能更容易出成绩。而新业务的寻找，就需要深入研究社会发展动向，随时要关注新兴法律服务市场。在社会发展变化及动向中观察、关注新兴业务，甚至是冷门业务。就笔者所在县域城市而言，毒品犯罪仍然是没有专业律师涉猎其中。所以专注此项可以做大、做强。

简单地说青年律师在策略上要敢于放弃万金油式的执业方式，敢于为自己定位专业方向，在法律服务领域只需做好一件事，而不是做好所有的事，那就是专业！

（二）做到“专一门，通几门”进行过渡，来保障及解决案源、收入问题

二者看似矛盾但实质上并不冲突。在律师行业激烈竞争的今天，单纯地抛开生存、收入等问题，高调地谈专业化定位，势必导致空头理论，最终难以落实。所以，在执业过程中不断地分析、总结，结合自己的兴趣、强项所在，对其中几项业务，比如婚姻家庭纠纷、侵权纠纷同时做研究。看似没有关联之处，但实践中仍有相通之处。既保障案源、收入，又在有限的专业内发展自己的专业方向。

（三）要强化法律专业理论和实际业务能力的研究，做好专业基础

律师生存力，竞争力的核心就是专业能力，这话一点没错，专业能力是律师安身立命的根本。但如果想在激烈的竞争中做到游刃有余，其中主要就是加强自己的专业能力。没有专业能力，一切无从谈起。笔者的体会是理论研究对律师综合素质的完善及实践业务能力的提高具有十分重要的作用，因此一定要加强理论研究。

对专业定位的方向所涉及的法律知识，司法解释，相关经典案例，已有的档案卷宗甚至是法院的判决文书，都是我们获取法律专业理论及实践心得的因素。

二、要树立团队合作意识，迅速打造共同成长的团队，并学会团队式市场营销

俗话说：一个篱笆三个桩，一个好汉三个帮。能够利用别人的优势，与之建立良好的合作关系，是律师成功的法则。现实中，一个人的精力、能力总是有限的，不可能什么都精通，而现在客户的需求又是全方位的，因此打造一个能满足客户这种全方位要求的团队是律师成功包括律师事务所发展壮大的必由之路。

在实践中迅速地发现，及时地总结每位律师的优劣之处，在一群志同道合的律师中基于相同的理念共同打造组建一个优秀的团队，为每位律师有效地提

供肥沃营养的基地，才是普通律师成为优秀律师乃至品牌律师最实效最坚固的方法!

笔者一直秉承这种理念，在执业中一直希望努力于此，更在长期地执业中深刻地体会到单打独斗带来的弊端，心有余而力不足导致的尴尬处境。所以团队合作的精神是一个律师包括律师事务所核心竞争力的基础，也是每一名律师取得成就和成功的基础。

三、在执业中要长期地注重人脉的积累

美国钢铁大王卡耐基曾说过，一个人成功专业知识只占15%，而其余的85%则取决于人际关系。此话确实是放诸四海而皆准的真理。尤其是放在律师行业。曾有一位大律师说过：律师行业95%是人，5%是法律。所以，律师想要在该行业中占据一席之地并且取得成功，就一定要精心地营造一个适于成功的人际关系。这就要求我们要头脑灵活，更快地适应社会，花费更多的心思，动用更多的手段来经营自己的人际关系。在实践中可以从以下几个方面着手：

建立朋友档案；对所认识并接触的朋友作统计，保留名片，以备需要时能联系得上。

重视朋友、亲属、同学、同事及当事人的宣传，作有效的自我推销；

多认识圈内的朋友，要广交益友，多与优秀的同行和其他社会精英交流。青年律师应多参加各类社交活动，或者律师协会组织的各种活动，多与他人沟通交流，获取新鲜的知识和血液。

有篇文章曾说过：在现实生活中，你和谁在一起的确很重要，甚至能改变你的成长轨迹，决定你的人生。有句话说得好，你是谁并不重要，重要的是你和谁在一起。

一个人身份的高低，是由他周围的人决定的。想和聪明的人在一起，你就得聪明，想和优秀的人在一起，你就得优秀。学最好的别人，做最好的自己。借人之智，成就自己，此乃成功之道，用到律师行业同样适用此真理。

创造合适的社会形象；律师要从仪表，神态，举止着装等各个方面对自己进行包装，树立良好的外表形象。要内外兼修，塑造出色的律师形象。

四、提高自身专业素质，多方面、多角度地提升自身素养

近期，笔者看到一篇文章《不要去追一匹马》，文中讲述："不要去追一匹马，用追马的时间种草，待到春暖花开时，就会有一批骏马任你挑选。"

可见，注重知识积累，提升专业素质，是律师成长、成熟、成功过程中的关键性因素，做好此项，是从青年律师成为优秀律师的基石。

提升自我素质可以从以下几个方面着手：

1.练就好口才，做有效的沟通。律师执业一刻也不离开口才。有人认为律师要口若悬河，滔滔不绝。其实律师的表述是最需要一针见血、言简意赅，有说服力。平时可以阅读理论书籍，看视频资料，现场倾听，包括知名律师的辩护词，或参与庭审，仔细揣摩双方律师的辩论意见。有时间多练习，力求表达清楚。

2.写作能力，简洁扼要。写诉状和代理意见的时候需要一定的文字表达能力，不求花哨，注意语气，力求客观、真实、有理有据。平时注意练习。笔者在执业过程中，几乎每个案件开完庭以后都写代理词和辩护词，多花时间，仔细推敲用词，久而久之，自然会有提升。书写文书可以体现你的执业风格和执业水平，直接向法官显示你的水平和能力，能够赢得法官的尊重，也体现律师本人对当事人的敬业和尊重。

3.反应能力。反应能力直接来自开庭的锻炼。没有实践，一切无从谈。当然，刑事案件的公诉人一般都很有经验，而且有着丰富的经验，对抗性很强，在实践中多参与这样的庭审，从而提升律师的反应能力，或者观看庭审现场的视频，对案件进行分析，进入角色，对锻炼反应能力有着莫大的好处。

4.广泛的知识面。通过执业，笔者更加深深地认同并感知，律师这个行业是个综合能力的结合，律师本身所掌握的知识应该不限于法律知识，各方面的知识都要拥有。医疗、交通、财经、金融保险等方面的知识都有可能帮你承接、办理案件。同时，办理各类案件又拓宽了你的知识面，相辅相成。

五、正确处理自己的人际关系

律师的人际关系是律师社会网络的表现，更是决定了律师的案源，要妥善处理自己的人际关系。

（一）妥善处理与法官的关系

不能在案源和审理结果上依赖法官；一个真正的律师应当用法律说话，用法律为自己赢得案源，赢得法官的尊重。而不是在法官的庇护下保证案源。这样其行为无非就是交易，与法律无关。这样的律师即使拥有案源，但并不能成为真正意义的律师，不能在律师行业里成为主流。

（二）妥善处理与当事人的关系

在现实生活中，大部分律师花时间在开拓案源上，但正当有案件时，却没有花时间来仔细地做，导致当事人中途会换律师或下次不再来聘请该律师。造成这种现象的根源在于没有把握住眼前的机会，没有认识到只有把眼前的案件做好，才能把案件的当事人变成自己的宣传平台。不管案件的输赢，只要律师踏踏实实地做，获取当事人的信任，在后期的过程中当事人有可能会介绍许多案源给你。

（三）妥善处理与老律师的关系

新律师和老律师是相对而言。笔者不会片面地认为老律师就一定是优秀的律师，因为法律不断变化、更新，更需要不断学习。生活阅历来自于生活、工作的积累，多办案件、多花时间、多接触社会，律师自然就会积累更多的社会经验。

但是老律师比青年律师有更多的执业和年龄上的优点，所以青年律师在从事律师职业时，要妥善处理与老律师的关系，建议更多的是采取谦虚的态度尊敬他们，勤勤恳恳做事，多向老律师请教，对老律师交代一些事情积极认真地去办，不要敷衍，这样做从长远看，更有利于青年律师的发展。

六、要有高度敬业、勤奋的精神和对当事人高度负责的态度

一名优秀律师的首要条件就是具有高度的敬业精神。想要成为一名称职的律师就应具备高度的敬业精神，千方百计地解决当事人遇到的各种难题，想要成为优秀出色的律师，就必须在上述基本素质基础上，具有高尚的品德和强大专业的业务能力，真正地做到出类拔萃的程度。

客户是律师的衣食父母，律师行业的执业者都要靠客户吃饭，律师能否在大环境下立足，在很大程度上取决于客户情况。所以，是否具备敬业精神决定着律师到底能走多远！

结　语

“律师”这个概念决定了无论从个人到行业都必须在社会实践的基础上成长、发展起来，优秀的律师都是经历社会环境和市场环境大浪淘沙般的历练才能浮现出来的。目前，我国正在大力贯彻落实依法治国，良好的执业环境给我们律师提供了一个很好的舞台，对于一个有心致力于律师事业的青年律师来说，这正是大展宏图的好时机。年轻就要接受挑战，为自己的成长负责，别人能做到的，我们一样能做到。因此，我坚信成功就在前方！

参考文献

杨立娟.大律师之处世资本、大律师之金口才、大律师之人脉［M］.北京：法律出版社，2007.

青年律师的成才之道
——从做一名优秀的律师助理谈起

云南刘胡乐律师事务所　李惠娟

内容摘要：青年律师成才，是一件既简单又困难的事情。因只要具备勤奋、专注、细心等品质并持之以恒，成才之日指日可待；但岁月如梭、生命短暂，谈到持之以恒，不忘初衷，从平凡到优秀，又是一件多么不容易的事。如今风光无限的大律师，也是曾经的律师助理，为何现能如此卓越？源于平凡时能将成为律师后的点滴都做到优秀。

关键词：青年律师　成才　细节　态度

引　言

刚进入律所实习时，同进律所的还有其余6名同伴。虽然来自不同的地方，进入律所后又跟随了不同的指导老师，但我们都抱有同样的希望——期待有朝一日能够成为一名优秀律师，在收入或是社会地位上都能达到理想的水平。但从进律所到现在，在短短不到三年的时间里，当初的7名实习律师最终只剩下2名，其余都因各种原因放弃了律师职业，踏上了新的人生旅程。他们放弃律师职业的原因，不过是收入水平低、工作压力大、担心未来没有案源、看不到发展的希望等。

相信很多青年律师都有和他们一样的困惑，也曾经感觉到迷茫和无助。记得金星在她的著作《掷地有声》中提过：“有时候不知道自己为什么要去坚持，而是坚持了以后，才会慢慢清楚自己要什么。”[①]相信迷茫时，坚持会给出最终的答案。“不忘初心，方得始终”，既然要坚持，就得从当下做起、做好。而当下，应从一名优秀的律师助理做起。

一、态度决定一切

美国西点军校的一句名言是：“态度决定一切”。没做不好的事情，关键是态度问题。态度，对于青年律师尤为重要。事情还没有开始做的时候，如果就

①金星：《掷地有声——金星的人生真能量》，湖南人民出版社2013年版，第25页。

认为它不可能成功，那它当然也不会成功；或者在做事情的时候不认真，那么也不会有好的结果。一切归结为态度，对事情付出了多少，采取了什么样的态度，就会有什么样的结果。

（一）做个“操心”的律师助理

优秀的代理人都将法官当成是世上最“懒”的人，把法官当作是世上最“笨”的人，他们会把法律条文、权威判例和证据目录都整理得清清楚楚。即便是被当作又“懒”又“笨”的人，法官会喜欢，指导老师也会喜欢，因为这体现了一个律师助理对待案件的负责态度。[①]

这样的“操心”，让案件基本事实和法律关系清晰地展现在法官面前，是对案件当事人的负责；更为重要的，是对自己的负责。

（二）做个“知错能改”的律师助理

在青年律师工作过程中，犯错是常事。但问题的关键是，犯错不要紧，要能够善于发现错误，从错误中总结、改进，同样的错误不要再犯第二次。例如，指导老师将修改过的法律文书发送回来，指示将其中批注的地方进行修改。律师助理是否只修改了指导老师批注的地方，就将文件火速返回？对于其余未提及的错误，则不修改。如能修改后再读一遍，是否就能免去当事人收到法律文书后，发现其中错误而对律师执业水平产生的怀疑了呢？

“知错能改”是一名优秀律师助理的必备态度。成功的律师，起码不会允许自己撰写的法律文书有错别字存在。

（三）做个善于“反馈”的律师助理

对指导老师的反馈，直接影响着指导老师对律师助理的信任。对客户的反馈，直接影响着客户对律师的信任。缺乏反馈，容易产生沟通阻碍。等待反馈，容易使人丧失信任感。客户信任感的丧失，便意味着在执业的路上已越走越偏。

因此，在律师助理阶段首先应先学会对指导老师反馈；在独立执业阶段，才能学会对客户反馈。反馈，即是生产力。

二、不积跬步，无以至千里

《荀子·劝学篇》中言：“不积跬步，无以至千里；不积小流，无以成江海。”作为一名优秀的律师需要不断地学习，对于青年律师来讲，甚是！而学习，需要有善于发现的眼光，从日常工作中的点滴开始。

（一）律师的优秀，在于积累

曾有实习律师抱怨：每天做的都是递送、整理材料和记录这些小事，感觉

①吴清旺：《和助理说像大律师一样行动》，法律出版社2016年版，第19页。

学不到东西。愕然！若缺乏学习精神，再重大的案件也未能见一二；倘若有善于发现的眼睛，即使是送材料这样的小事，也能学到三分。

律师的优秀，在于积累。积累在送文件时，如何待人接物；积累在整理材料时，如何以小见大；积累在记录笔录时，如何简洁精确。这些青年律师在日常工作中点点滴滴的积累，成了今后成才道路上的通天阶梯，积累得越多，阶梯便越高，离天空也就越近。

（二）小事做精，终成大器

普通人遇大事难、遇小事易。在这个浮躁的社会里，愿意沉下心来做小事的人越来越少，做别人不愿意做的小事者凤毛麟角。成功者遇小事，能做精做细做出门道。时间久了，自然能和他人拉出差距。既然从小事中都能看出门道，日积月累，千里之行则势在必得。

若能把小小离婚案都办精，又岂有没有案源之说？任何一个人都会做小事，但是小事做精者少之又少。青年律师欲成才，需从小事开始。

三、青年律师成才法门——关注细节

细节未必完全决定成败，但是反过来一定成立，成功的律师一定是关注细节，且已将其内化为习惯的。关注细节，能够发现案件的关键突破点，反败为胜；关注细节，也反映了律师执业品味和良好的执业素质。把细节做好了，律师的执业水准也将从细节中得到体现。[①]

（一）法律文书中的细节

曾有青年律师撰写民事起诉状后到法院立案，才到法院后，材料就被法官扔了出来，说民事起诉状中的公司名称与后边加盖的公章不一致；又有青年律师到法院立案，法官一看原告的出生日期十分惊讶，说这个人居然活了二百多岁，原来其把“1973年”写成了“1793年”。类似例子，数不胜数。只要青年律师在处理法律文书的时候再细致一点，态度再认真一点，不但为自己节省了更多的时间，也会得到指导老师的认可。若得到了指导老师的认可，再得到当事人的认可已不是难事，成才之路还会远吗？

（二）客户沟通的细节

在指导老师的带领下，和当事人的任何一次见面机会都值得珍惜。青年律师不仅需要关注到指导老师和客户沟通的技巧细节，还需关注到当事人描述案情时的具体细节，从这些细节中反复琢磨、认真思考，吸取其中的精华，为今后的代理做铺垫。

除此之外，和客户交往过程中，青年律师也需要注意到与客户发短信息及

①吴清旺：《和助理说像大律师一样行动》，法律出版社2016年版，第222页。

收发邮件的细节；穿着的细节及待人接物等细节。

（三）案件代理中的细节

律师在立案或在庭审过程中，法官难免会有疑问，向代理人提问。问到某个问题时，代理人回答"好像是吧"、"应该有的"、"我再去问一下"等。这样的回答，明显会让法官或当事人感到这位律师准备不充分，对案件了解不够透彻。当事人的信任感就会瞬间丧失。

青年律师助理完全可以在立案或庭审前，充分熟悉案件材料，预想会在代理过程中出现的问题，提前做好准备，这样不但为法官提供了便利，同时，也赢得了当事人的尊重和信任，何乐而不为？

四、成长的快慢在于每个夜晚和周末

是否指导老师还在加班，青年律师就已做好下班准备？是否未完成的工作，青年律师能拖则拖？是否每个夜晚和周末，伴随青年律师的是无厘头的综艺节目或是无营养的韩剧？若是这样，又如何谈成长？青年律师在工作中能够学习到的知识占50%，剩余的50%需要靠自己私下弥补。如放弃了剩下50%的知识学习，就等于别人在用双腿奔跑，而自己就只有靠单腿走路了。就算只是一天，差距也是可想而知。

（一）青年律师阅读专业书收益最大

青年律师在初期执业阶段，只能接触到少部分类型的案件，而谈到其余案件，只能望而却步。此时，阅读一本专业实务操作书，收益最大、性价比最高。这些专业的实务操作书都由各个领域的专家教授或律师所写，是作者长期的经验总结。如能从这些书中学到一二，岂不是花最小的成本获得最大的收益，何乐而不为？

（二）多一门技能，多一把宝剑

青年律师的优势在于"年轻"。而年轻的时光，就是用来学习的时光。此时不学，更待何时？英语能力不强者，可以补习英文，难免今后会出现涉外业务；英语能力强者，学习另一门语言，如虎添翼；对外语不感兴趣者，学习会计基础知识，今后看公司会计报表易如反掌。很多情况下，案源都来自你会而别人不会的地方。

五、宝剑锋自磨砺出

曾提着厚重无比的卷宗在没有交通工具的道路上行走至大汗淋漓；曾向法官递一份法律文书在寒风中苦等两个小时；曾为一个案件的立案来回法院十多次；曾经常彻夜撰写法律文书到精疲力竭。这些都是青年律师的"磨难"。而正是因为这些"磨难"，让青年律师一步一步成熟，一步一步坚强，知道自己身上背负的重任；正是因为这些“磨难”，让青年律师知道下一次如何能够更加优秀地完成工作；正是因为这些“磨难”，让青年律师懂得“成功”背后的艰辛。

感谢那些该有或者不该有的磨难，让我们的羽翼更加丰满，内心更加坚定。

如果现在是一名青年律师助理，那就努力扮演好自己的角色。因为终将有一天，我们会感谢曾经努力的自己。

参考文献

［1］金星.掷地有声——金星的人生真能量［M］.湖南：湖南人民出版社，2013.

［2］吴清旺.和助理说像大律师一样行动［M］.北京：法律出版社，2016.

［3］谢长宇.在路上·从律师助理到成功执业［M］.北京：北京大学出版社，2009.

［4］华滨.跨越律师执业思维·方法·规则［M］.北京：法律出版社，2015.

［5］韦锋.西政律师论坛：大律师如是说也［M］.北京：北京大学出版社，2016.

［6］贾明军.人在律途：小律师到大律师的成长范本［M］.北京：法律出版社，2015.

如何从青年律师成为优秀律师

新疆瑞和律师事务所　华　晏

内容摘要：青年律师的生存环境本身就面临巨大的压力，在社会形式多样化的今天，对青年律师的成长就有了更高的要求，要不断适应新情况。在社会的进步和适应社会的相互影响下，青年律师要形成自己的竞争力，就要认清自身优缺点，确认自己的发展方向，并不断进取，才能让自己在律师的大家庭中占据一席之地。

关键词：青年律师　竞争力　发展方向　心态　价值观

最近正逢毕业季，有很多怀着对法律工作憧憬与期待的法学学生踏上了律师的道路。借用中政毕业致辞的一句话来引出我今天想阐明的主题："如果有一天，你无力沉沦，沦为鹰爪，逆行在法治道路上，母校将会喊你回家，抄宪法。"如何从一名青年律师成为优秀律师，在不断丰富自己的法律实务知识的前提下，坚定心中的法律信仰和宪法至上的精神尤其重要。在法律面前我们都是谦卑而忠实的，而律师作为法律的践行者，从自身来说要尊重法律。在依法治国的大背景下，法律的地位不断提高，对律师而言，法治信仰就显得更加重要，在成为一个优秀律师之前，先成为一个有信仰的人。在当前中国，不断高速发展的经济，新提出的"一带一路"的战略构想，无疑会加快经济的发展，在加速发展经济的现实状况下，势必会出现更加复杂的社会问题。受到这两方面的共同影响，律师将会在其中占据不可替代的位置。现代律师制度的建设在中国的发展历史不长，相对于西方青年律师稳定而完整的培养制度而言，中国的律师事务所的存在时间不长，制度建设还处于初级阶段，对于青年律师的培训就没有足够的重视，导致很多青年律师不能在律师业长久地坚持下去。

律师是建立在民主、自由、公平、正义的法律理念基础之上的民主政治产物。律师是依法取得律师执业证书，为社会提供法律服务的执业人员。青年律师是律师业未来的希望，要想成为一名优秀的律师，不是一朝一夕的功夫就能称之为"优秀律师"，在这成长的过程中，我们需要丰富自己的专业，勇于探索，甘于吃苦才能实现理想。随着社会的进步，人们的法制意识不断增强，人们的法律知识也在日益进步，在这样的社会发展形势下，成为优秀律师对青年律师就会有更高的要求。

一、青年律师要具备的基本素质

首先，在进入律师行业之前，就需要具备专业的知识储备，这是为委托人提供法律帮助的前提。其次要富有正义感、责任心。"受人之托，忠人之事"，这不仅是作为一名律师的执业道德，更是做人的道理。相对于律师来说，不仅要先学会做人，还应该有强烈的法律意识，良好的心理素质，灵活的应变能力，准确的表达能力，严密的逻辑思维，科学的知识结构和严谨的工作作风。①这些都是作为一个律师的基本素质。最后，成为优秀律师需要的是一个漫长的过程，需要咬定青山的毅力，卧薪尝胆的隐忍，还要有狼猎黄羊的耐心与智慧。

二、青年律师的不足之处

青年律师进入律师业的时间短，对律师业的认识普遍缺乏客观认识，主观认识占据了较大的比重，会有律师就是高收入的不准确判断，在漫长的成长过程中，浮躁是最直接最明显的体现，现实的情况和理想的差距会让青年律师很难在律师业长久地坚持。任何行业都有"金字塔"现象，律师业当然也不例外。青年律师由于刚刚从事律师业，业务能力弱，相关经验不足，也很难取得当事人的信任，因为案源问题收入不稳定，使得青年律师存在生存和发展的巨大压力，这也是青年律师收入得不到保证的重要原因。青年律师的不足之处的另一个方面的表现在对自己的未来没有规划，在摸索中前进，在生活压力和社会上误认为高收入的双重压力下，很难在律师的道路上坚持走下去。最后，青年律师应该学会结合课本和社会，将课本上学到的东西和现实生活更好地融合，才能有清楚的自我认识，对社会才会有客观上了解，做到更快适应、更好融入。美国著名律师、哈佛法学院教授艾伦·德肖威茨在《致年轻律师的信》中曾经说过"任何一所法学院——不管他有多么优秀，都无法将律师需要知晓的一切都传授给将来的律师。"②由此可见，课本和社会结合才能更好为中国的法制事业做出自己的贡献。

三、优秀律师应当具备的标准

优秀律师的标准应该是多方面的。丰富的经验是随着社会阅历增加逐渐积累，其他关于个人技能则是依赖我们自己去学习，是一个主动的过程。

优秀律师要有强烈的社会责任感。作为被委托人，当委托人找到我们来做代理人解决问题时，就需要强烈的责任心支持很可能漫长的诉讼过程，对待完

---

①马宏俊：《律师办案思路与技巧》，时事出版社2002年版。

②［美］艾伦·德肖维茨：《最好的辩护》，法律出版社2014年版。

全不懂法律而心情又十分迫切的当事人要有耐心，对待案子的态度就取决于律师的责任心。除了强烈的责任感，律师还应当提高自己的自身形象，律师的工作态度应当是严谨和庄重的，而对于当事人来说，第一印象就很重要。服装得体，形象气质能提高当事人对我们的信任度。在相互信任的前提下，才能更好地合作，顺利的帮助当事人解决困境。

对于优秀律师来说最为重要的除了自身品质外，还要有更强的专业知识能力。随着社会整体素质的提高，信息网络的快速发展，人们的知识结构也更加多样化，对于法律方面的知识也会有或多或少的了解，更有人自己参加法律知识培训。所以，作为优秀律师就应该加强自己的专业能力，对法律要有更深刻的理解。只有过硬的专业的素质，才能在高度责任心的驱使下获得让人满意的成果。

对于知识方面，在新情况不断出现的今天，社会现象也变得更加复杂，这对律师的工作就提出了更高的要求，所以对于青年律师而言，就要向着更加专业化方向研究，找到自己最为感兴趣的部门法做专业的研究和学习，加强交流，走专业化道路。不计较眼前的得失，专心于研究，才会在这条路上越走越宽。除了专业知识的研究，还要有丰富的经济学、哲学、社会学等方面的知识，只有这样才能在日益进步的社会中，更好的解决当事人的难题，熟悉方方面面的知识，才可以在人才辈出的形势下，处于不败之地。

四、青年律师中的优秀律师

青年律师想要成为优秀律师，就要找到自身的不足，坚持学习，虚心向前辈请教，做到对知识的不知足、对现状的不满足，才会有不断进取的动力。机会只会垂青有准备的人，青年律师不能急功近利，要明确自己的价值观，保证平和的心态，戒骄戒躁，否则很容易就放弃律师职业。青年律师的成长路程很漫长，要明确自己的路，做好职业规划，确定自己的职业专业化发展方向。在接触实务案件中留意发现最合适自己的法律领域，通过阅读专著期刊、聆听相关学者交流会、向前辈律师请教经验等方式，提升自己的职业技能。只有具有以十年磨一剑的钻研精神，才会脱颖而出，成为一名优秀的律师。国家司法考试的改革，律师准入标准进一步提高，对律师的要求随着社会的进步，也向着更加专业化的方向发展，这才符合事物发展的客观规律。对于当前已经成为律师的广大群体，没有更多的要求，但对于青年律师而言，不严格要求自己，会被更加年轻、更加专业、更加符合社会发展规律的律师淘汰。青年律师只有在残酷的现实背景下，坚持自己的法治信仰，规划自己的职业未来，强化自己的专业知识，才能在从更加年轻、更加专业的青年律师成长为优秀律师。

结 语

青年律师的成长，离不开律师制度的完善，离不开优秀律师的指点，更加离不开的是自我的努力。优秀律师的存在，能为依法治国提供重要保证。青年律师就是律师业的未来，要提高自身的竞争力，保证律师业在传承中发展，为"一带一路"的经济建设提供法律服务，为依法治国贡献自己的力量。

参考文献

[1]［美］艾伦·德肖维茨.最好的辩护［M］.北京：法律出版社，2014.
[2] 马宏俊.律师办案思路与技巧［M］.北京：时事出版社，2002.
[3]［美］艾伦·德肖维茨.致青年律师的信［M］.上海:上海人民出版社，2014.
[4] 杨话、戴玥.青年律师生存现状及问题［M］.法制与社会，2014.

正年轻，如何聪明地走专业化道路

宁夏永东律师事务所　李　文

内容摘要： 律师行业的专业化早已成为大势所趋，并正在扮演着加速行业分化、发展的催化剂角色。年轻律师应具备什么样的执业精神、掌握哪些有效方法才能顺应趋势，抓住机遇，实现自我提升，成为日后能否在日趋复杂、严峻的律师行业中取得竞争优势的核心软实力。本文认为年轻律师除应具备勤勉、负责等基本的执业精神外，更应形成审慎、执着的执业精神。关于如何聪明的实现专业化，本文给出三点建议：放弃对经验的执念，强化经验与知识的整合、筛选能力；从司法实务的多样化中提炼专业化的改进之道；增强专业化的定位、宣传、服务意识，实现良性循环。

关键词： 执业精神　专业化　整合　定位

即便说年轻是一种资本，但仍无法掩盖年轻时缺乏很多资本的现实。年轻律师应该具备什么样的执业精神众说纷纭，责任、以事实为依据以法律为准绳肯定是必选项。除此之外，结合自身的特异“体质”，要成为一名优秀的律师应具备什么样的执业精神值得我们年轻律师去思考、实践。思考再三，我想年轻律师在具备勤勉、负责等基本的执业精神外，更需要形成的执业精神是审慎、执着。

一、审慎执业的安全带

尽管才执业两年多，但我已经能够明显地感觉到自己办案不像以前那样盲目乐观、粗枝大叶了。当事人越是觉得十拿九稳的事情，我反而会更加审慎。律师职业天然的决定了我们所掌握的案件事实具有单方面性、不完整性。办理案件的过程也是逼近真实的过程。基于幸运而将案件顺利办结之后的惴惴不安，至今仍让人心有余悸。怪不得资深律师常说：“做律师，越干越胆小。”审慎是律师执业的安全绳，它能有效防止我们把案件办成让自己无可奈何甚至狼狈不堪的样子，更能避免当事人因此受损乃至丧失对法律的信任。

在当下的司法环境中，审慎所具有的另一个作用在于它有助于实现律师的执业安全。审慎意味着不妄下结论，采取行动时顾及多方利益，不偏不倚在合法有序的框架内寻求有利的结果。从而避免激化或升级矛盾，带来不必要的执业风险。

二、执着前进的永动机

关于执着我最大的感悟就是在替当事人争取利益时，只要符合事实及法律规定，一定要心无旁骛、勇敢争取。前不久我办理的一起执行异议案件更坚定了我的这一看法。司法实务中，法院对执行异议多采用书面方式进行审理，为防止裁定错误导致执行程序旁生枝节、推进受阻，法院内部达成的默契就是裁定驳回异议申请，将执行异议问题留待实体审理后再行解决。因此在提出执行异议申请时我们就早有心理准备。但让人意想不到的是当我到法院提交执行异议申请材料时，一位执行员对我说了这样一段话："小李，你赶紧别折腾了，你回去好好把执行规定看一看，你提异议还不如直接提执行异议之诉呢，提异议必败无疑，我们都是这么处理的"。我强烈地感受到了这位执行员的轻蔑与傲慢。根据最新颁布的法律规定，提起执行异议之诉必须经过执行异议程序。争论片刻我回复道："你的观点我不敢苟同。其次，即使提出异议必败无疑我们也不会就此作罢"。经过和执行庭庭长、执行员的多次沟通，10天后我们拿到了胜诉裁定，法院裁定撤销之前的保全裁定，中止对争议标的的执行。现实中类似的情况并不鲜见，假设我们面对法院的傲慢就此作罢，维权的结果可能会是另一种模样。

执着而不执拗是年轻律师必备的功课，正因为我们功力尚浅，处理人情世故的能力尚不够老练，我们的执着也最容易演变成执拗甚至被扣上"死磕派"的大帽子，给我们的声誉带来不可想象的破坏。身为90后我认为执着更重要的意义在于直面司法实践中存在的问题，从点滴着手去还原、争取法律本来应该有的样子。这必定是一条艰难的路，但总不能因为难就留待时间去解决。时间是最好的良药，但问题是时间本身并不实际解决问题。

己所不欲，勿施于人。即使是我们自己恐怕也不会轻信一位"无所不能"的律师。律师的专业化不是律师的意志使然，而是市场需求使然。执业之初我便大胆的走上了专业化的发展道路，跌跌撞撞下来，有以下三点感悟最为深刻。

一、放弃对经验的执念，强化经验与知识的整合、筛选能力

经验因人而异，因司法现状而异，具有很强的不稳定性和主观性。更多的时候经验是用来填补或补强我们对无法可依争议问题的认识。如死亡赔偿金的分配规则、未满60岁的成年人应否获赔、被扶养人生活费等问题在尚无明文规定的情况下仍有赖于个案形成的"非通用"规则去处理，但这样的"经验"甚至连同一法院内部都无法获得共识，出了当地的法院系统能否被采纳更是难以捉摸。正因如此，在法律规定日趋细化、交织的大背景下，实现经验与知识的高度结合才是专业化的必经之路。经验有时就像江湖郎中的“偏方”，在这个案件中管用却不见得在那个案件中管用，现在管用却不见得将来管用，在本地法院管用却不见得在外地法院管用。

曾不止一次抱怨过最高院理解与适用系列丛书的冗长，受制于实用主义、拿来主义的惯性思维和律师行业日益严峻的竞争形势，我们很少沉下心来思考和研究司法解释的出台背景，其背后的法理基础和社会根基。一次出乎意料的败诉纠正了我之前的粗浅认识。事实上，理解与适用系列丛书对很多实务中争议较大的问题都进行了详解和探讨，对律师缜密办理案件、拓展思维大有裨益，尤其有助于我们全面认识和规避案件代理风险。

经验有时甚至会成为律师与当事人之间产生信任裂痕的根源。基于经验而对案件风险作出的判断一旦被法院全盘否定，当事人往往会对律师的专业性产生严重质疑。毕竟，当事人清楚法官最终如何认为才是关键。因此，无论是从精确管控案件办理风险的角度出发还是从成功代理案件的角度出发，经验的重要性都必须屈居第二位，仅仅起到辅助性作用，否则很多案件的办理过程就成了“跟着感觉走”。

二、从司法实务的多样化中提炼专业化的改进之道

由于时常赴异地办案的缘故，我深切地感受到不同地区的法院系统对同一问题的认识五花八门，甚至相冲突。如上海地区的法院对于机动车交通事故责任纠纷案件中第三人与车上人员的认定规则就独树一帜。（观点详见《侵权案件审判精要》第373页）恰恰是这些富有洞见、智慧的观点的碰撞深化了我们对同一问题的认识，甚至打破了我们以往的固有认知，加速了知识体系的更新换代，从而使我们收集到了更多的“锦囊妙计”以便于我们灵活的转变诉讼角色应对各式纷繁复杂的法律问题。

再比如，我曾因办理河北衡水地区的案件亲历了当地法院的庭审程序。答辩过后，法庭紧跟着开始确定案件的争议焦点。庭审举证环节，当事人及代理人的核心工作就是阐明证据与案件争议焦点之间的联系，证据的释明与辩论同步穿插进行。辩论被分化成了举证、质证环节的辩论和专门的辩论两个阶段，互为补充但不重复。如此一来，证据的指向性更强，案件审理更富有条理。真正实现了对案件争议焦点各个击破而不是事后再由法官进行逐个梳理。这样的庭审方式倒逼当事人和代理人需要在庭前对证据做到了如指掌，只有这样才能在最关键的举证、质证环节为胜诉争得话语权，占据庭审的主动。

作为年轻律师我们时常会觉得某一问题十分新颖，这恰恰从侧面反映出我们对此类问题不甚了解甚至完全陌生的窘况。司法实务中见识了多样性能够让我们认识到更多种可能，从而在案情各异的个案中寻找出最适合的那一个观点或者代理方案，真正做到以不变应万变。

三、用外在的智慧修饰和强化专业化的定位，实现良性循环

专业化的实现是一个需要刻意自我塑造的过程。我曾经将专业化的推进过程比喻为一个自缚手脚的过程。提升专业化程度势必要和“万金油”的发展路子说再见。什么业务都想做的后果就是会者众，精者寡。放眼大众商品、服务市场，定位的理念早已深入人心，并已发展演进到了律师行业无法企及的高度。比如格力在大众眼中就是空调的代名词，苹果公司就是消费电子行业的执牛耳者，新秀丽则代表着奢侈而精致的包包。那么律师为什么不可以借鉴并探索自己的专业化形象营销之道呢？

自2016年1月起，我开始尝试将办理结果令人满意，案情相对复杂且具有代表性的案件案卷装订成两个版本。普通版本交由所内留档，精装版本则交由当事人个人保管，实现勇士敢于亮剑，而好律师敢于“亮卷”。在精装版案卷中除常规性的诉讼文书如民事起诉状、民事答辩状、证据目录、代理词一应俱全外，还包括案件办理进度表、案件办理过程中形成的办案随笔、风险确认书、对证据进行细化剖析后形成的办案随笔、案件办理终结后形成的办案小结、指导性判例、有权威性的裁判观点收录整理等等。让当事人在支付了动辄成千上万元的代理费后对律师做了哪些工作一清二楚，让律师服务评价变得可视而具体。这样一本用心装订的案卷交由当事人保管就好比让客人身穿带有厂家商标的衣服一样，既获得了当事人的充分认可，可为自己的专业化形象做了一次绝佳的宣传。不妨设想一下，当你曾服务过的当事人拿着精装的案卷向别人推荐你时，受推荐者对你将会产生多么好的第一印象。

没有专业化的宣传哪来对应领域的案源，没有对应领域的案源，专业化的实现更是无源之水。尽管网络、微信已成为律师宣传的主阵地，但很多律师的宣传内容却让人着实不敢恭维。不少律师的个人业务介绍都给人一种包治百病的感觉，上到非诉、房地产，下到交通事故、婚姻案件，如悟空一般无所不能。业务领域之广让人实在难以将这些律师和专业化之间构建正面的联想。以微信为例，我曾见到一位前辈的微信名称为＊＊＊—公司商事律师。其擅长领域和专业化的形象让人过目不忘。他在微信状态中推送的文章更是始终不离其最为擅长的工程机械领域，并且很多文章都是其亲自撰写，专业性不言而喻。有人曾说：“你的微信就代表了真实的你。”

人靠衣着马靠鞍，专业化形象的塑造自然也离不开外在的包装和修饰。就连受人尊敬的贺卫方教授都曾在名为《法官的法袍代表了什么》的演讲中表达了这样一种观点“司法正义是需要进行包装的”。

靡不有初，鲜克有终。作为一名90后律师，专业化不失为一条绝佳的反超之道。通过专业化我们能在更短时间内获得并积累某领域内的办案经验，从而率先在某领域变得出类拔萃。随着实践的深化，想必我会获得更多有价值的心得。

在不断地自我反省中成为优秀律师

——论如何从青年律师成为优秀律师

甘肃阿阳律师事务所　陈国忠

内容摘要：一、什么样的律师是优秀律师？德才兼优的律师是优秀律师。二、青年律师如何才能成为优秀律师？1.要向曾国藩一样通过不断自我反省提高道德修养。2.对德与才关系的正确认识应当是德本才末、德主才次。3.目前青年律师因普遍不重视自身道德修养而陷入困境。4.青年律师应当怎样进行自我反省而成为优秀律师：（1）牢记目标，（2）步步辉煌，（3）德才兼进，（4）为利去害，（5）检查思为，（6）日记记载，（7）敬日者王。

关键词：德才兼优　自我反省　报国勤业　内圣外王

作为一名刚刚步入律师行业的青年律师，其梦寐以求的愿望便是早日能够成为名震四方、享誉社会、受人敬仰的优秀律师。既然要成为一名优秀律师，那就首先要明确什么样的律师才能够称得上是优秀律师，然后再确定通过怎么样的努力，使自己成为实至名归的优秀律师。

一、优秀律师应当有"德"有"才"

试问，什么样的律师才能称得上是一名优秀律师呢？在目前举国上下大力推进依法治国的这一宝贵机遇期，我作为一名执业20年的律师，以自己在执业经历中的见闻感受，结合近年来工作之余对传统国学的粗浅学习，认为一名律师只有矢志不渝地要成为国家法治进步的推动者、律师事业发展的开拓者和当事人合法权益的捍卫者（以下简称"德"），同时又具备为律师们所津津乐道的扎实的理论功底、过硬的专业技能和高超的论辩水平（以下简称"才"）的律师，才是一名优秀律师。如果按照律师对德才拥有的程度进行划分，可将律师分为三类:即优秀律师、良好律师和一般律师。具体说，优秀律师就是德才兼优的律师，良好律师就是德才兼备的律师，一般律师则是有德无才者或无德有才的律师。笔者认为，优秀律师的"优秀"之处，在于其执业理念即"德"行高人一等，其表现是：一在执业的责任感上，始终具有法治兴亡、匹夫有责的担当精神和使命感，而不是仅仅止步在办好案件和完成事务而已；二在执业的价值观上，不仅是为当事人的利害和自身的荣辱而努力，更是为法治、正义、公平在全社会的实现而奋战。所以，作为青年律师，在明晰了优秀律师的内涵之后，才能有明确的努力方向而勇敢向前。从青年律师到良好律师再到优秀律师，虽然不是难于上青天，但绝对不是平坦大道，这期间青年律师必将经历自己内心种种艰难困苦的严酷考验，非志存高远且坚忍不拔者，是很难实现从低到高这一跨越的。

二、不断地自我反省，提高个人道德修养

接下来的问题是，青年律师怎么样做才能尽快成长为优秀律师呢？要回答这个问题，让我们先回顾一下我国历史上，那些达致自己理想目标的伟人，是靠什么方法把理想最终变为现实的。提起清末名臣曾国藩，几乎无人不知，他是中国近代史上实现了“立德、立功、立言”三不朽而彪炳史册的圣人。我们不禁要问，他是靠什么使自己从一个普通人变成圣人的呢？当然，人们各有己见，观点肯定不一。但是，我认为，起决定作用的一个原因，便是他在立志要成为圣人之后，为此而进行的日复一日、月复一月、年复一年，终其一生也未停止的自我反省，正是靠着这种持续不断的自我反省，才使他一步一步地脱胎换骨而由俗入圣。那他又是怎么样进行自我反省的呢？据书籍记载，他从立志自新之日起，便开始了对自己全方位的改造，办法便是“日课”，通过“日课”而“研己”，即严肃认真地对待自己每一天生活工作中的全部细节。他从全部细节抓起，每天从起床到睡觉，吃喝拉撒睡，都进行自我监督，以圣人标准严格要求自己，时时刻刻监督检查自己的一举一动，狠抓落实；每天都用楷书写日记，回忆检索自己一日的全部言行，发现其中哪一点不符合圣人要求，然后甄别出来，记载下来，深刻反省，这就是他的修身进德之方。正是由于他通过每天逐一检出自己身上和心里近乎所有缺点毛病这一自修方式，在几乎所有的细节中都贯彻了对自己要像圣人一样的严格要求，因此他的进德修业，才在大节上迅速有力，并有了斩钉截铁的巨大精神力量。正如他在给好友倭仁的信中所说：“我辈既知此学，便须努力向前，完养精神，将一切闲思维、闲应酬、闲言语扫除净尽，专心一意，钻进里面，安身立命，务要另换出一个人来，方是功夫进步。”他就这样持续不断的自我反省了一生，自我反省也帮助他持续不断地提高了个人道德修养，更帮助他在命悬一线的战场上和杀机四伏的官场上，所向无敌且屡建奇功，直至功成名就而成为被后世仁人志士所敬仰、所效法的千古圣人。因此，我认为，青年律师要尽快成长为优秀律师，就必须要走曾国藩通过自我反省，提高道德修养的成功之路，舍此没有更快更好的第二条道路。

三、成“才”先有“德”

有读者或许要问，自我反省果真有这么大的威力吗？作为一名律师，光靠自我反省，而不学习法律规定和法学理论，就能成为优秀律师吗？恐怕连一般律师也达不到，你这样认为的理由到底是什么呀？我的回答是，我之所以这样认为，就是针对目前在青年律师中长期普遍存在的，只重视律师执业技能方面（即指德才兼备中的“才”）的培养与提高，而轻视甚至干脆抛弃了律师道德品质方面（即指德才兼备中的“德”）的修养与提高，是针对这一严峻而又亟待解决的现实问题才提出的。日本明治维新时期的先驱者西乡隆盛曾说：“报国勤家之道明（即明白了尽忠报国、勤力为家的为人之道），百般事业随进。启人智，即开爱国忠孝之心。”回到律师行业中，一名矢志不渝地要成为国家法治进步的推动者、律师事业发展的开拓者和当事人合法权益捍卫者的青年律师，就是西乡隆盛所说的“报国勤家之道明”，只要有了这样的奋斗目标和行动，就会自然地产生扎实的理论功底、过硬的专业技能和高超的论辩水平，这是“百般事业随进”的结果。因此，有了“德”，就一定会有“才”，而且有大“德”就会有大“才”，有小“德”就会有小“才”；但是有“才”不一定有“德”，有“才”无“德”者比比皆是。所以，在德才兼备中，“德”是根本，是方向，是第一位的；“才”是枝叶，是服务，是次生的。而现在，许多青年律师不但把“德”和“才”的先与后、主与次的位置颠倒了，而且更有甚者，心中只有“才”而无“德”，这也就是好多青年律师不能自信满满反而怨天尤人、不能奋发有为反而牢骚满腹、不能脱颖而出反而沉沦堕落，以及发生违反职业道德、执业纪律甚至违法犯罪的根本原因。然而，一个人道德品质的提高，又不同于执业技能的进步，后者侧重于向外学习，前者侧重于内观己心即自我反省。只有经过自我反省，一个人才能真正看清自己内心世界中那个希望成为的理想自我形象，才能认真发现、正视并改正目前现实自我身上存在的缺点和错误，才能不断地惩忿窒欲和改过迁善而逐步向目标靠近。所以，除了自我反省，再没有任何外在的方法和外部的力量，能使一个人实现个人人格的自我完善了。而作为自我完善，是一个人一生中高于且重于任何外在成果的卓越成就，一个人如果达到了自我完善的程度，那外在的巨大成就是自然存在的，这就是人们常说的“内圣外王”，曾国藩和西乡隆盛的人生成就就是对“内圣外王”最好的诠释。

四、青年律师如何进行自我反省

那么，青年律师应当怎样进行自我反省呢？第一，牢记目标。将成为优秀律师这一奋斗目标永远牢记在心，每天早晨上班后的第一件事，就是在心中先想成为优秀律师应当具备的基本条件，再想达到和实现它们后自己的成就感、幸福感和荣誉感，将成为优秀律师的愿景不可磨灭地印在你的脑海中，永远保持而不让它消失。第二，步步辉煌。作为青年律师，必须在自己从事的任何工作中，都要竭尽全力创先争优，让自己的每一步都与成功相伴，与荣誉同行。是否在每一件事上都达到了这一效果，也是每天应当自我反省的重要内容。第三，德才兼进。每天思考自己在“德”上是不是有所背离？在“才”是不是有所松懈。而且，要更进一步，每天都要在这两个方面有所进步，哪怕只有点滴进步也行。按圣贤之言而扩展自我心胸，改掉自己身上存在的缺点，这是品德上的提高；学习新规定，钻研新技巧，这是才学上的进步。第四，为利去害。在开始当天的工作后，无论是心有所思还是身将所为，在决定任何大小远近的行动之前，都要先慎重三思将要做的这件事，是有利于还是有损于终极目标，有利者坚决去做，有害者果断不做。这其实是最难做到而又是最需要做到的一步，这也是青年律师将来胜败优劣的决定点。第五，检查思为。每天下班前，再回忆一下当天的所思所为，哪些言行是有利于实现目标的，哪些言行是有害于实现目标的，出现有害的言行的自身原因是什么，详细地进行检查检讨，并告诫自己，以后绝不能再犯。第六，日记记载。对自己当天的所思所为，以及进行检查检讨中发现的缺点和错误，每天可以日记反省录的形式记载下来。这样不但可以加强反省的效果，而且还能培养恒心，练习文字写作能力，可谓一举多得。第七，敬日者王。我国战国时期伟大的哲学家荀子说得好：能够珍惜并善于利用一天时光的君主就会称王，能够珍惜并善于利用一月时光的君主就会称霸，不珍惜不利用时光等到问题出现了才补救的君主就会陷入危险，而什么也不干时间都荒废的君主就会灭亡，所以称王的君主非常重视每一天的时光，以施行政教，收获功名。因此，青年律师每天都要反省，自己是不是珍惜并善用了一天的时光。

结　论

为了尽快成长为一名优秀律师，青年律师必须在每一天、每一月、每一年都要按照以上方法和内容进行自我反省，以使自己的每一天都是在目标明确、全力以赴、自得其乐和提升心灵的收获中度过的，这样你的“德”“才”进步就会日新月异，长此以往，坚持不懈，优秀律师这一王者桂冠就会非你莫属了。

师徒传承教育对培养青年律师的作用

贵州锦江河律师事务所　陈素琼

内容摘要：我国律师制度自1979年恢复以来，律师业取得了长足发展。一批批青年律师进入行业，成为行业的生力军，如何培养青年律师快速成长为行业的中坚力量，是当前律师业探索和研究的热门课题之一。律师业的师徒传承教育符合行业发展现状，建立和规范律师业的师徒传承关系，师徒相授，携手共进，是促进青年律师快速成长的高效、便捷的教育方式。

关键词：青年律师　师徒传承教育　现代学徒制

贵州省律师协会下发《关于征集第八届西部律师发展论坛优秀论文的通知》，一个命题引起我的关注：青年律师如何成为好徒弟？律师如何成为好师傅？一直以来，不少律师事务所一直沿用的就是师傅带徒弟来指导青年律师的一年实习期，至于实习期如何培养徒弟，徒弟如何成为优秀的律师，口头禅是“师傅领进门，修行靠个人”。青年律师从未考量过怎样成为好徒弟？资深律师也从未考虑过怎样成为好师傅？怎样最大限度地发挥律师行业的师徒传承，利用师徒关系对青年律师进行传、帮、带，师徒传承关系会对青年律师成长产生多大的影响，值得探讨。

近几年来，律师人数倍增，青年律师已成为律师行业的新生力量。2011年，贵州省律师2300人集聚金阳国际会展中心参加培训，是当时贵州省律师界的一大盛举，全省律师汇聚一堂，集中授课。2016年，贵州律师人数增加到4000多人，人数翻了一倍，省律师协会决定分成三大会场培训，铜仁、毕节、遵义三地律师1200多人在遵义湄潭参加培训时，随处可见意气风发、朝气蓬勃的年轻律师，一批批青年律师进入行业，成为行业的生力军，青年律师的培养已成为律师协会工作的重中之重。律师事业发展的同时，青年律师的生存状况令人担忧，有不少律师工作两三年后投入到其他行业，或者转入“公考”行列，进入公务员序列，行业的持续性发展受到挑战。青年律师如何成长和发展成为律师行业发展的难点，传统的师徒制传承又如何跟上时代的步伐并发展成为一种律师行业的文化，引人深思。

一、律师行业实行师徒传承教育符合行业的特点

师徒制，中国古代为“学徒制”，是一种在实际生产过程中以口传手授为主要形式的技能传授方式，是古代职业教育的遗产，在中国传统手工作坊、民间艺术领域历史悠久，造就了不少风云人物和行业领袖。教育部于2014年底推行职业教育现代学徒制试点，构建中国特色现代学徒制度，全面提升技术技能人才培养质量。可见，在技术技能行业，现代学徒制成为主要办学模式，为培养新的技术人才，不再是简单的学校应试教育，校企合作的学徒制办学成为常态。

律师工作，是一项技术技能工作，每一个案件就是律师创造的一件产品，是智力成果的结晶。律师在听取当事人陈述后，必须学会从中寻求事实与法律的结合点，找到解决问题的方式和方法，这要求具有丰富的知识积累和社会实践经验。刚毕业通过司法考试的大学生，甚至转行的新律师，接手案件时，一头雾水，不知道如何运用法律知识处理当事人陈述的案件经过，寻找不到案件的入口，无从着手。学校教科书上没有现成的模式，这需要亲身操作大量的实际案件，反复斟酌，才能形成独立的法律思维能力，找到解决案件的方式和方法。案件来源于现实生活，但不同于物质产品，放在车间，可以用来反复拆装。律师创造的是智力成果，具有不可复制性，案件不可能让你“拆装”，反复重来，青年律师一日办案细节稍不注意，酿成大错，就容易导致无法逆转的严重后果。因此，青年律师需要资深律师的指导。在师傅的指导下，师傅带徒弟，单兵操练，口传心授，言传身教，接手具体的案件，通过实践操作，反复琢磨，扎下坚实的根基，才能形成独立的法律思维，创造属于自己的一片天地。

各地律师协会也在探索律师行业师徒关系的传承和发展。2013年9月10日，上海市律师协会组织“关注律师行业师徒传承”座谈会，谈及只有前辈的悉心教导，青年律师才会少走弯路，不走邪路，才会有三个自信——道路自信、理论自信、成长自信。2014年7月7日，深圳律师业开展“传道传业传承”活动，陈野、徐建、李淳三位优秀律师前辈作为导师参加活动。活动现场举行了拜师仪式，16位学员分别向三位导师敬拜师茶，并行拜师礼，由三位导师向学员颁发学员证。

从律师制度设计上来看，我国律师法第5条规定，必须在律师事务所实习满一年才能申请律师执业。且要求执业五年以上、具有较高业务素质和丰富实务经验、三年内未受过行政处罚或者行业惩戒的律师作为指导老师。可见，我国立法上也明确实习律师的培养需专人辅导，虽然没有明确是师徒传承关系，但实践中，实习律师与指导律师的专人指导关系类似于一种师徒传承关系，师徒制符合律师行业发展的特点。

二、师徒传承教育在律师行业中发展的现状

纵观我国中小城市律师行业，师徒传承是用来培训实习律师的一种常态，但却并不是像以前手工作坊师徒式的传授，徒弟出师后能学到师傅的手艺。律师承办案件是建立在当事人的信任基础上，在我国中小城市，律师案件来源主要依靠的是个人口碑，个体人际关系直接影响律师个人收益，每个律师有自己的人脉圈，律师"单打独斗"的职业特点，害怕"教会徒弟，饿死师傅"，导致一部分律师不愿意带徒弟；同时，有些律所实行的是"柜台出租式"拼凑办所，所有办公费用均摊，所内律师之间各自独立，无共同利益，在这种律所内实习的年轻人，完全是"放羊"式状态，指导律师是挂名师父，这个徒弟每天在做什么，学到了什么知识，不闻不问，也从不安排任何事情让其着手处理，实习完毕后在评价栏仅签名应付司法行政部门而已，觉得自己没有义务教育辅导，律所多一个执业律师则少分摊一部分费用支出，律所管理松散形式的这种挂名式的师徒关系，根本谈不上传承，年轻律师只能摸石头过河。也有一部分律师带徒弟，是因为自己业务太多，时间有限，让其做一些递送资料、收发打印文件、端茶递水等打杂的事情，安排的事情大多数是与办案无关紧要的琐碎事情，根本没有传承教育徒弟办案经验的思想，师徒关系也流于形式，徒弟看起来是忙忙碌碌，实际上什么也没学会，也谈不上传承。稍微有点责任心的律师，会讲解一些办案技巧，让徒弟接手处理一些简单案件，但几乎没有任何律师思考过如何培养实习律师，如何让其快速成长，快速成为行业的中坚力量。当然，律师行业师徒关系观念淡泊，有些年轻律师执业后否认曾跟随某律师学习过，尤其是当其在行业中发展超过曾经的师傅后，更绝口不提师徒情分。这种师徒关系的淡泊、律师的职业特点、松散型的律所管理模式完全束缚着对青年律师的培养教育，也束缚着师徒传承教育模式在律师行业的运用和发展。

三、师徒传承教育在律师行业实际运用中应解决的问题

(一) 完善律师行业关于师徒传承的规范

就如建立现代师徒教育体制一样，没有规矩不成方圆。律师行业需建立健全师徒传承的行业规范，和量化传承内容的考核制度，来正确引导师徒传承，并要求律师事务所加强青年律师的培养管理，将律所内良好的师徒传承关系列入律所年度考核，从行业规范上引导师徒传承关系的良性发展。

(二) 青年律师学习期限应延长至两年

纵观中世纪西欧学徒、律师会馆、我国现代学徒教育实践，至少要求两年学徒期。目前大专专业课程学习时间最短的也是两年，律师实践学习所学内容

远远超过大专理论学习。新律师进入实习期，学习各种法律文书的写作至少需要半年时间，才能做到得心应手，调查、谈判、出庭、会见、审查合同等等仅有半年时间则只能学到皮毛，只能算入门，不能算出师。实习期限届满后，年轻律师刚开始独立办案，正是进入律师行业的开端起步，树立自信心的阶段，更需师傅指导才能形成良好的执业习惯，持续的辅导才能带领其快速成长，不走或少走弯路。

（三）实习律师的报酬应由指导的律师师傅具体确定，而不由律所确定

有些律所确定实习律师的基本工资，将实习律师置入律所公共平台之上，容易造成“放羊”式实习。由律师师傅支付徒弟基本报酬是按劳取酬的体现，律师师傅们完全可以根据徒弟的表现支付报酬，这也是激励机制的一种体现，避免在律所吃“大锅饭”。

（四）司法行政部门或律师协会应将辅导青年律师的工作列入评选优秀律师的考核标准

对青年律师的传、帮、带工作，不是律师的法定职责，师傅带徒弟在律师行业纯属于道德范畴。建立和谐的师徒传承关系，帮助青年律师快速发展，是律师对律师事业的远景奉献，司法行政部门或律师协会评选优秀律师时，应将这种有无传帮带的奉献业绩作为评价的标准之一，以更好地激励老律师传承青年律师。

（五）青年律师应尊师重道

忠诚、勤勉、敬业是律师基本职业道德和行为准则，也是资深律师接收徒弟的先决条件。资深律师不带有经济利益地“手把手”地教徒弟，花费自己宝贵的时间和精力去传授教育，莫过于看中这建立起来的师徒情谊。虽不要求行拜师礼，如其他学术行业一样建立严格的师徒礼仪关系，尊师重道应是任何一个行业师徒关系最基本的礼节，青年律师应戒骄戒躁，虚心请教，尊重这份师徒感情。

十八届五中全会为律师行业带来了全新的发展机遇，青年律师作为律师行业的希望与未来，青出于蓝而胜于蓝，是律师业的希望所在。律师行业建立良好师徒传承关系，言传身教，师徒相授，携手共进，才能创造律师业美好的明天。

青年律师的困境与突破

重庆捷讯律师事务所　田芯飞

内容摘要：由于法学教育与执业实务的脱节、经验不足、案源匮乏、经济收入低、执业心理迷茫等因素限制了青年律师的发展。但青年律师是律师队伍的未来，如何改变青年律师执业现状、解决青年律师的生存困境，本文结合自身经历进行一些探讨。

关键词：青年律师　困境　突破

2010年刚从学校毕业一年多的我满怀着对律师职业的敬仰，加入到律师行业当中。进入律师事务所7年来，我曾失落过、迷茫过，因入不敷出而苦恼过，也因成功维护当事人利益而欣喜过。对于青年律师执业过程中的个中滋味可谓深有体会。本文就结合我的自身经历对青年律师执业过程中的困境与突破谈谈我的一些看法。

一、青年律师的困境

（一）法学教育与执业实务脱节，在校所学无法满足律师业务要求

在校学习时，自我感觉还算刻苦，但当我进入律师事务所涉及具体案件的处理时还是有些不知所措。由于当前高校法学专业教育，仍然以理论学习为主，专业实践为辅，法学教育与执业教育之间脱节现象严重，缺乏针对具体案例的有关法律文书、问题解决方案等实务方面的训练和指导，从而使刚从学校毕业的青年律师不懂实务操作，难以有效开展律师业务。

（二）缺乏对青年律师的系统培训，成长慢

律师协会虽然组织了相关业务培训，但缺乏系统性，培训较为零散，不成体系，只注重对一些新出台的法律规定或司法解释进行讲解，而很少从实际操作的层面来培训律师的执业技能。全国律协、中国法学会等单位举办的所谓专项培训，收费较高，且分散在各地，使本来就囊中羞涩的青年律师很难参加。因此，对于业务知识、执业技能只能在办案过程中慢慢积累，而青年律师的案源少，锻炼的机会不多，导致青年律师难以迅速成长。

（三）资历浅，不被当事人信任

中国有句俗语“嘴上无毛，办事不牢”。①青年律师大多跟我一样，要么刚从学校毕业的大学生，要么是从业不久的，未脱稚气的面容难以取得当事人的信任。由于我个子比较小，在我实习的时候就遇到这样的情况。这一点我深有体会。一天一位当事人来我所里咨询，前台便安排了我进行接待。当我递上名片自我介绍时，当事人上下打量了下我，还没等我详细了解咨询，他便要求换个律师，理由是太年轻了，担心解决不了问题。后在律所主任“他虽年轻，但专业知识扎实”的担保下，他才勉为其难地同意我为其咨询。在我从事实和法律两方面有条理地跟他分析解答后，那怀疑的眼神才慢慢褪去。

（四）案源缺乏、收入微薄

刚步入律师职业的青年律师，没有人脉，又缺乏社会交际经验，导致欠缺市场开拓能力，没有案源，仅靠律师事务所的小额补助，青年律师的收入普遍较低。而日常开支却不少，在支付律师协会会费、社会保险金、房租、生活费、各种培训费后所剩无几，有时候还需要父母接济。当被同龄的从事其他职业的同学问及收入时都不好意思开口，表面上光鲜实际则囊中羞涩，这让作为青年律师的我感到尴尬和无奈。

（五）理想与现实的差距让青年律师有很强的挫败感

在进入律师行业之前，从电视剧或他人口中得到的律师形象是高薪、高社会地位、用他们的专业知识来维护当事人的正当权益。但进入这个行业后才发现，刚进律所的我们往往干的是端茶送水，整理归卷、文书传递等相对琐碎且与专业没有太大关系的事，这与心目中在法庭上慷慨陈词、据理力争的律师形象有太大的差别。且很多当事人相信“关系”远胜于相信法律。在案件委托时，最关心的不是律师的专业知识和职业素养，而是你有没有关系。再加上一些律师利益至上，接受委托前拍胸脯、接受委托后却不认真做事，给律师群体带来了一些负面影响，律师在社会大众心目中的地位和形象大打折扣。在某些场合表明自己的律师身份后，并没有赢得相应的尊重，相反时不时还有鄙夷之色。当律师的华丽外衣被严酷的现实撕下时，挫败感油然而生。

二、青年律师的突破

虽然我们青年律师在发展和成长过程中面临着许多的困境，但这些困境也并没有想象的那样难以克服。我认为通过以下的一些努力可让青年律师的生存状况得以改善。

---

① 指年轻人办事不老练与牢靠，出自清·李宝嘉《官场现形记》第15回：“俗语说道，‘嘴上无毛，办事不牢’，像你诸位一定是靠得住，不会冤枉人的了？”

（一）坚持学习，不断提高

美国著名律师、哈佛法学院教授艾伦·德肖薇茨在《致年轻律师的信》中曾经说过“任何一所法学院——不管它有多么优秀，都无法将律师需要知晓的一切都传授给未来的律师。”再加上已制定的法律法规不断在修改、调整，又不断在出台新的法律，因此学习是律师永恒不变的主题。青年律师相对资深律师时间更多，这为我们静心学习、深入研究创造了条件。而我们的学习不应局限于律师协会组织的培训，而应多渠道、多形式地积极主动参与学习。例如利用微课堂、网络平台、点睛网等进行学习。

1.网络平台学习。目前裁判文书网将裁判文书公开，为我们提供了很好的学习素材。我们可以对这些公开的裁判案例进行分类学习，根据载明的案件基本事实，假设是一方主体的代理人，拟定初步的代理思路后，再与裁判文书中载明的各方意见进行对比分析，并对同类案件法官判决说理内容进行归纳和总结，注重发现和学习重大案件中原、被告双方代理律师的攻防技巧，以提高我们的办案技能。

2.虚心向资深律师求教。在遇到案件后，在经过自己的初步思考后，积极与资深律师探讨，学习他们的办案思维，培养敏锐的洞察力，发现案件中难以发现或是容易忽略的问题，以及与对方当事人、法官的沟通技巧。

另外，律师不仅要有专业的法律知识，还要有广博的自然科学和社会科学知识。律师事务的综合性，客观上要求律师必须具有广博的知识，这样才能在观察和思考问题时有开阔的视野、宽广的思路和深刻的见解。因此，我们青年律师的学习内容应该不限于法律知识，各方面的知识都要积极涉阅。

（二）全方位打造律师职业形象

针对资历浅，不被当事人信任这一问题，我们青年律师需从着装、言行、举止等多方面塑造律师形象。首先，衣着服饰上不能穿休闲装，而应着职业装，以体现律师的庄重、成熟。其次，言谈要高雅、敏捷、自如，举止要自然、大方、稳重。给人以专业人士的印象。养成准时、及时的习惯。从外在形象上让当事人感觉我们像一名律师，以获得当事人更多的信赖。

（三）时时营销，拓展案源

只有当别人知道我们是律师时，他才有可能将案件委托我们代理。因此如何将我们推介出去就显得尤为重要。由于我性格不算外向，我常用以下几种方式：

1.积极参加公益活动，通过法律服务社区、义务咨询等实体平台进行推广宣传，在社会上树立良好的形象。

2.以案带案。对于我们接手的每一个案件，我们都应努力办好，做到反复斟酌，服务周到，做事稳健，利用图表、办案日志等相关工具使法律服务的过程有形化、可视化，使当事人满意，在当事人中建立较好的口碑。

3. 利用互联网营销。在当今信息时代和网络化经济大发展的时代，作为青年律师应充分利用信息、网络技术为自己开拓业务，多加盟一些法律网站或咨询网站，让更多的人知道我们是一名律师，扩展青年律师知名度，为挖掘案源提供支持。网络上的营销可以打破地域的限制，不仅可以让我们外地当事人了解我们，也能寻求与外地律师的合作办案机会。

（四）勇于接受新事物，把握法律服务市场的新需求

在当今这个飞速发展的时代，出现了许多新事物和新现象，而律师业务范围会随着社会发展而变化发展。青年律师没有受传统思想的束缚，没有经验主义的羁绊，对新事物、新现象接受能力强。同时，我们要善于从新事物、新现象中发掘和开拓新的律师业务，把握法律服务市场的新需求。

（五）调整心态，持之以恒

有的青年律师进入这个行业前没有一个正确的心态，有些急于求成、急功近利，当理想与现实存在差距时便动摇了其坚持律师职业的决心，或实施一些违反律师职业道德的行为，致使职业信仰和人生轨迹背离。俗话说“既来之，则安之”，青年律师既然选择了律师行业，就要坚定自己的信念，调整好自己的心态，客观地看待律师行业，从点滴做起，循序渐进，持之以恒。

（六）律所、协会齐动员，共促青年律师成长

中华全国律师协会在《关于进一步加强青年律师培养工作的指导意见》中明确提出：“青年律师是律师队伍的未来，培养一支政治坚定、法律精通、维护正义、恪守诚信的青年律师队伍，关系到我国律师事业的健康和持续发展，也关系到我国民主法制建设进程。”青年律师是律师事业未来的希望，是整个社会法治建设事业的希望。因此，除了青年律师的自身努力外，律所和律师协会也应担负起对青年律师的责任。律师事务所要改变管理以及人才培养模式，做好对青年律师的“传、帮、带”，改善青年律师的收入水平，为青年律师的培养搭建良好平台。律师协会也应积极丰富培训形式和内容、树立和维护律师职业的荣誉感，在律师权益受到侵害时，能为律师提供相应支持，为青年律师创造良好的发展环境。共同促进青年律师的快速成长。

综上所述，虽然律师之路充满艰辛，但只要我们有对律师职业的执着追求，充分发挥我们青年律师的自身优势及主观能动性，在律所和律师协会的帮助支持下，克服执业过程中遇到的困难，总有一天我们会成长为律师行业的中坚力量，为推动中国的法制建设，促进社会的发展做出我们应有的贡献。

青年律师如何在行业中立足

重庆智权律师事务所　蒋建华

内容摘要：实习律师如何选择律所和老师，如何锻炼提高自己的业务水平和能力，尽快在律师行业中谋生存求发展，本文介绍自己从实习律师到实习生指导律师的一些感悟，希望能对处于起步阶段的律师有所帮助。

关键词：实习律师　律所　老师　自身条件

本人执业已倏忽十年，到现在基本能立足于律师行业，说起来也只是一名"大龄青年律师"。现自己也试着在带实习律师，仅就我的一点浅薄经验谈谈如何在律师行业立稳足根，希望抛砖引玉，能对后起之秀有所启迪。

一、外部条件

（一）选择一个好的律师事务所

律师事务所是律师执业的基础和前提，好的律师事务所成员间团结协作，能给各成员提供良好的工作氛围；严守职业道德、严把案件质量关，社会评论良好，能给成员提供良好的工作平台；不排外、不保守，善于发现本所发展中暴露的问题并及时改革和修正，能及时补充新鲜血液，保持成员的合理流动，适合的得以进入，不适合的得以向外寻求更好的发展。个人认为，能达到以上标准，就是一个好的律师事务所，律师事务所的好坏绝不在于它的规模大小。当然，这仅仅是从成员律师选择执业单位的角度进行考量，不是唯一标准，从不同的角度考量肯定会有不同的标准。对青年律师甚至是刚拿到法律职业资格证准备实习的律师来说，可能对整个行业并不了解，没有相关信息，难以对律师事务所进行选择。那么我建议你可以先从你准备执业或实习的地区司法局网站了解当地有哪些律师事务所，然后通过多种渠道了解各律师事务所的具体情况，方式可以是公检法机关、政府部门、网络、与律师事务所有业务关系的单位和个人等，最后对你筛选出有意向的律师事务所亲自拜访，建议预约。

（二）选择一个好的老师

律师实习必须有一个老师，好的老师不光教你办理案件，还会在办案风格、执业规划、为人处世等方面产生终生影响，所谓近朱者赤，近墨者黑。因此，从某种意义上说，选择一个好的老师重于选择一个好的律师事务所。个人认为，作为一名实习律师的好老师，应该具备以下几点：第一，为人正直且处世圆滑周到，表面看这两个方面似乎有矛盾，这中间其实有一个度的问题，只可意会不可言传，需要自己长年累月的领悟；第二，专业知识和技能过硬且积极进取，老师自己没有渊博的知识和高超的专业技能，则无以教授学生，所谓巧妇难为无米之炊，老师奋发努力，以身作则，则学生自然受到影响，此所谓言传身教；第三，好为人师且善为人师，这里的好为人师不能作贬义去理解，我是指乐于把自己的经验和知识分享给学生，而不是敝帚自珍，善为人师是指擅长教育，能够把自己的经验和知识通过一定的方式方法教授给自己的学生，跟着敝帚自珍的老师，你可能什么也学不到，跟着不擅长分享的老师，你可能也很难学到东西，所以我说好老师重于好律所。如何了解老师，你除了可以参考前面说过的通过律所选择的方法以外，还可以通过老师的亲戚朋友了解。说了这么多，可能觉得比较抽象，下面我简单介绍一下我的老师杨智律师的做法。当年我通过司法考试时还在一所小学任教，杨智律师从一位朋友处得知信息，两次邀请我到重庆智权律师事务所实习，第一次我因家庭和个人原因决定暂不转行，一年以后，杨智律师再次托朋友带信给我，我欣然前往。到律所以后，由于以前对律师行业没有接触，除了有一定法学知识以外，我可以说什么都不懂，连重庆是否设有高级人民法院，有几个中级人民法院这些最简单的常识都不了解。实习申请表是老师帮我在司法局拿回来我填的，档案转移是他问清楚程序后指导我办的。开始，我主要负责他的简单的法律文书的草拟，他修改后都会再给我看一下，让我发现不足以便提高；还负责他办理的案卷装订归档，这方面由于我在学校时兼管档案，做得比他好，所以说，师生有时也是可以互补的，同时我也通过案卷整理学习了案例。他到法院或其他部门办事基本都会带上我，让我熟悉了法官、各政府机构及公检法部门的办公地址、法律事务的办理流程。逐渐交给我一些简单案件并提供一个思路让我准备，但起诉状、答辩状、证据目录、代理意见等都必须他过目后才能提交。到后来我能独立办案了，他更将自己的案源与我合办，保障了我困难时期的生活来源。当然，十年的历程不是这么简单的几句话可以说完，还有很多很多，我想说的是，作为老师，带实习律师，你就得像小学生启蒙一样，实习律师不懂的地方可能很多，老师要关心他们，善于发现他们可能不懂的地方，而不是过于高估他们的见识和能力。

二、自身条件

前面讲了律所和老师的选择，但选择从来都是双向的，律所和老师也会筛选律师和实习律师，律所不筛选律师，什么人都收进来的律所成不了好律所；老师不筛选学生，什么学生都带的老师也成不了好老师。所以作为青年律师，我认为应该要做好以下几点，你才有资格选择好律所和好老师。

（一）坚定的决心，律师是你喜欢的行业和事业，决心长期坚持，而不仅仅是一份养家糊口的工作或冲着他的光环而去

律师其实是一个艰苦的行业，至少开头五年甚至更久是这样的，我们曾经自嘲“律师其实是体力劳动”、“律师事务所是把女人当男人用，把男人当牲口用”。话虽然夸张了点，但反映的是实情，我们律师事务所有三位女律师怀孕分娩前一天仍然在开庭，第一个的时候大家惊叹，第二个这样的时候大家说是发扬了传统，第三个这样的时候大家就已经习惯。作为男律师我不能与妈妈们比伟大，但也有过晚上十二点还在外省的路上，没有风雪夜归人的浪漫，只有人在他乡的迷茫和饥饿；有飞机改签大冬天闹到两点睡下五点被叫起来换登机牌的愤怒；有为了谈死亡赔偿陪着死者家属守灵堂的阴森恐怖；有出去取证车子在偏僻乡村抛锚的无奈等等。做律师，不是电视剧演的那么光鲜和精彩，当然也有精彩，但它更多时候是枯燥的条文和数据，所以，首先要有吃苦耐劳的准备，无论多么艰苦都要有坚持下去的决心。律师也是一个高淘汰率的行业，每年有大量的实习律师选择不继续执业注册，与其这样，不如趁早不进入。

（二）自己踏实肯干，勤学好问，细致入微

这其实是老生常谈了，每个行业、每个工作都有类似的要求，某些行业把该做的做了也许就叫完成任务，或者达到合格要求。律师不同，律师必须把该做的做到最好，因为你的当事人有胜诉的需求，为了你自己的职业生涯，你自己也有胜诉的需求。为了满足自己和当事人的胜诉需求，那么你必须把工作细到极致，避免不经意间露出败笔。曾经有这么一个案子，我的当事人作为一项建设工程的合伙事务执行人，以个人名义对外借款70万元，并投入了合伙承建工程使用，后来工程亏损还不了钱，出借人起诉了我的当事人和另外两名合伙人。按分析该债务应该是合伙债务，应该由三名合伙人共同偿还，但我的当事人交给我三大本台账，虽然记载了整个工程包括该70万元的借入和支出、付利息的情况，但全是我的当事人一个人的记录，没有其他两名合伙人的签字认可，当前很多个人合伙都是这种情况，只有台账没有原始票据，我们也可以理解，就没有多问。但这样的话不能证明是合伙债务，70万元很可能会由我的当事人独自偿还。我拿着他的台账反复看了三天，最后发现台账上每一笔收支都

有一个编号，且编号不连贯，很奇怪，我就问他这编号什么意思，他说是原始票据的编号，他给每一张票据都自己编写了一个号码，不同于发票号。我问他有原始票据怎么不早拿出来，他说你也没问啊，所以，当事人不一定知道哪些可以作为证据，他认为账目比原始票据看得更详细清楚，更应该作为证据，作为律师，应该多帮助当事人发现证据，寻找现有证据的更大价值。最终该案通过各合伙人签名的支付利息的三张入账凭证锁定70万元借款系合伙债务，法院一审、二审、再审均支持了我们的观点。这个案件中因我的疏忽少问一句话而开始遗漏了证据，再因我对现有证据的细致分析而发现原始证据，可谓是起起落落，一波三折，可见细致对律师工作的重要性。细节决定成败，小到法律文书的编辑，大到证据的审查、法律条文的梳理，都应从细小处着眼，才能以小见大，从点到面。

（三）办好手里的每一个案子

刚开始执业的律师收费必然不高，许多当事人宁愿花几倍的钱请大律师也不愿意花较低的钱请年轻律师，这是正常现象，大律师也是从小律师做上来的，每个人刚入行的时候都是做小案子，收费低、吃力不讨好，有一个逐渐发展的过程。不管收费有多么低廉，案情有多么简单或者事务有多么繁琐，你都应该兢兢业业的办好，对刚执业的律师来说，有事做就是一件好事。案件质量是你将来的口碑，小案子办好了，名声慢慢积累了，大案子渐渐就来了。

（四）法律援助案件可以解决你的温饱问题并积累自己人脉

一般来说，实习期老师或律所都会根据你的工作量和工作态度发放工资，独立执业后老师也会交办一些简单的案子给你，所以刚入行的律师虽然生活艰苦，没有大把的票子，但生存还是不成问题的。如果实在觉得不够，那么我建议年青律师多做法律援助案件，每个月能做上三四件法律援助案件，国家发放的补贴应该就够生活费。如果你不知道哪里有法律援助案源，那么我建议法律援助中心、法院立案大厅、劳动仲裁委员会、信访办你多跑跑自然就有案源了。收费案件的当事人可能嫌这嫌那，多方比较，免费案件的当事人一般还是比较容易接洽的，不会过多的挑剔律师。无论是法律援助案件还是老师交办的案子，请记住你的目的不仅仅是生活下去，而是为了在这个行业更好地发展下去，假如案子办得让当事人满意了，这些当事人以后有事自然会再来联系你，人脉就是这样不断积累的。

（五）做好客户的维护工作

法院讲究案结事了，但律师不能这样讲，律师要像做商业一样，做好售后服务。假如案结事了，你和你的当事人永不再接触，那谈何积累人脉？所以，案件办完了，还有很多事要做，比如是否需要上诉，证据原件和诉讼费是否需要律师帮忙退回，判决生效后是否得到履行，是否需要申请执行，假如代理被告败诉后是否可以在执行中再进行一次执行和解等等，都是律师可以做的，做得好了，即使败诉了，当事人对你的服务仍然是满意的。

（六）适度的宣传

青年律师通过实习及实习后老师的带领，逐渐能独立办案了，应注意适度宣传，酒香不怕巷子深的时代已经过去了，那是慢节奏时代的销售模式，而现在是一个快节奏时代，当事人也更倾向于便捷地找到自己需要的律师，因此，律师的宣传必不可少。律师也应该是一个商人，只不过推销的是自己而不是产品，宣传方式可以多样，比如著书立说、参加各种研讨会和比赛、电视栏目、纸质媒体或网络等，但必须是文雅含蓄的宣传，切忌流俗，不能给人一种“打广告的来了”的感觉，电视剧当中插播广告是什么感受相信大家都深有体会，你的宣传如果给人这种感受，那么效果只能是适得其反。

最后，愿同大家一起努力，共同进步；愿每一位青年律师的事业蒸蒸日上；愿律师行业蓬勃健康发展；愿法治中国如巨龙腾飞！

做好法律服务营销　提升业务拓展能力

——论青年律师如何提升社会竞争力

陕西稼轩律师事务所　卢　刚　杨　兰

内容摘要：青年律师作为律师行业的新生力量，普遍存在执业经验不足、案源缺乏等问题，相当一部分青年律师满怀憧憬和决心进入律师行业，但迫于生存压力，又带着失落和无奈悄然退出。针对生存和发展窘境，青年律师除需要不断提升执业技能外，还应认识到法律服务营销的重要性，有针对性地发掘目标客户，突破案源不足的桎梏，实现良性持续发展。

关键词：青年律师　服务　营销

法律服务营销并非传统意义上的市场营销，它是律师在充分把握客户法律服务需求的基础上，采取一系列有效措施满足客户要求的活动。青年律师应立足服务意识、营销理念，实现法律服务和需求的高效结合，实现自身发展。

一、青年律师法律服务营销的必要性

（一）律师行业激烈竞争要求法律服务营销

律师行业和其他行业一样存在着激烈的市场竞争和二八定律，青年律师刚刚入行，因执业经验不足、缺乏稳定的案源，其发展和生存面临着严峻的挑战。青年律师要想在激烈的竞争中激流勇进获得长久发展，就必须在练好内功的基础上主动出击，做好法律服务营销，不断获得客户的肯定和认同，才能打造出属于自己的一片天空。

（二）律师服务性质呼唤法律服务营销

律师向社会提供的是法律服务，它需要在市场上先找到需求。然而，当前仍然有很多涉诉主体没有求助律师，很多的企业亦没有聘请律师作法律顾问的意识，而青年律师却常常无案可接。青年律师要做的，就是通过法律服务营销了解客户的法律服务需求，同时让客户产生购买法律服务的意识并对所提供法律服务产生认同感，从而不断开拓法律服务市场，解决生存危机的同时实现自身发展。

二、掌握法律服务营销策略，做好目标市场定位分析

法律服务营销以满足客户需求为中心，因此只有首先了解潜在的客户构成，才能做到有的放矢。青年律师目标客户按联系的紧密程度可以分为三个层次，详见下图。

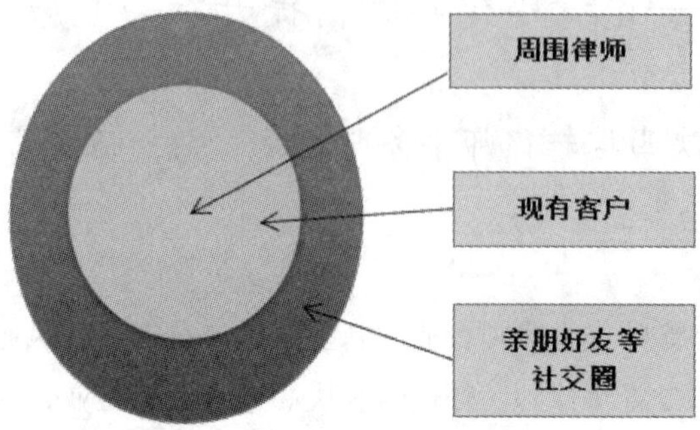

图　青年律师目标客户群

第一层即紧密层客户为身边的律师。青年律师刚刚入行，虽没有在社会上形成稳定的案源，但身边围绕着具有丰富经验的老律师，如果青年律师的法律运用能力、工作表现得到身边律师的认同，这些老律师很乐意与该青年律师合作或邀请其加入自己的团队，而且随着正面评价的宣传，会有更多律师愿意找青年律师合作，青年律师将因此获得稳定案源。①

第二层客户即现有的正在提供法律服务的客户，这些客户需要青年律师提供一定的法律帮助，或代理诉讼或提供非诉服务。如果青年律师提供的法律服务被认同和接受，将有助于将现有客户变为忠实客户源。

第三层客户即青年律师的亲朋好友等社交资源，虽然目前没有直接的法律服务关系，但在将来不特定的时间可能会有法律事务委托，变成现实法律服务客户。

三、分析客户不同需求，大力开展法律服务营销

不同层级的客户有不同的需要，青年律师需要把握和分析其不同点，并制定出科学的法律服务营销计划。

（一）练好内功，积极交流，形成稳定的老律师客户群

老律师是青年律师最紧密、最直接的客户，为了赢得该层次的客户，青年律师要培养扎实的法学理论水平和较强的法律应用能力；在日常工作过程中，积极与老律师交流沟通，虚心向老律师学习并展示自己的工作能力；在与老律

① 白云鹤："青年律师如何脱颖而出"，载《中国律师》2016年5月。

师合作过程中，勤奋积极、真诚努力，穷尽所能认真完成工作。[①]当青年律师的工作能力得到老律师的认同，积极性、主动性得到老律师的肯定，青年律师便获得了与老律师不断合作的机会，为自己赢得了大量的同行客户群。

（二）提升服务质量，保持数量可观的忠实社会客户群

对现有客户而言，他们需要得到法律服务的满足，因此，提供良好服务，便是针对该层次客户的法律服务营销重点。然而，由于法律服务的不可逆转性和无形性，青年律师在提供法律服务过程中，需要把握好如下细节：

1.法律服务的团队化

随着法律服务市场不断发展，复杂法律事务由于涉及众多部门法律，单靠一位律师的力量很难完成，此外，青年律师因执业经验不足，面对复杂问题时常无法做出正确分析，这就需要青年律师加入律师团队，通过汲取团队各成员的优点和执业经验，在团队中获得发展；同时，通过团队内部成员专业特长的优势互补、分工协调、群策群力，[②]以团队力量完成法律事务，并以法律服务团队化的优势不断获得客户的认同。

2.法律服务的有形化

服务是一种行为，不具有任何形状，在提供法律服务前，客户很难对法律服务的质量预先评判；在提供法律服务过程中，整个服务消费更多是客户的主观体验；一旦法律服务行为完成，服务产品即消失，客户在事后很难对服务产生正确的价值认定，从而影响下次服务的购买。为了能让客户正确评价法律服务，青年律师应当做到法律服务有形化。

法律服务的有形化，就是通过书面等有形载体将抽象的法律服务展示给客户。有形化工作越生动、越全面，客户对法律服务便可能给予越高的评价。法律服务有形化最简单的做法，便是将日常提供给客户的服务如一次电话咨询、一次合同审核等记录下来，并与合同、制度、卷宗等工作成果一起汇编成册，定期以书面形式展示给客户。法律服务有形化可以让客户对律师的工作有更加直观的认识，增加客户法律服务体验度。

3.法律服务的特色化

在市场经济条件下，市场的开放性决定了服务的趋同性，同类服务之间的差别很难被感知，然而法律服务是差异服务，一方面，不同的法律问题有着不

① 王小莉："以仲裁的视角看律师素养的形成"，载《中国仲裁法学研究会2014年年会暨第七届中国仲裁与司法论坛论文集》2014年。

②邵钧、李容晶："刍议律师事务所的专业化团队建设"，载《第五届西部律师发展论坛论文集》2012年。

同的矛盾关系，另一方面，不同的价值观念、思维模式、商业目的、不同的当事人对同一个法律问题常常会形成不同的价值判断。青年律师如果能根据顾客的特殊需要，做到法律服务的特色化，可以极大地增强自身的社会竞争力。这就要求青年律师首先要对客户的总体现状、业务类型、基本要求有全面的认识，并针对客户面临的实际问题，从客户需求出发寻找最佳的解决方案。另外，青年律师还可以充分利用OA系统等工作平台，与客户在该平台上实现工作实时沟通和交流。法律服务的特色化，将不同的律师区分开来，可以构筑明显的竞争优势，是青年律师吸引客户的重要方式。

4.法律服务的增值化

保持客户的忠诚度，是青年律师保持稳定案源的基础，而保持客户忠诚度的一个行之有效的方法便是提供超值服务，不断激起客户购买法律服务的欲望。青年律师向客户提供服务时，除了协助客户及时解决已经出现的法律问题，还应积极对未来的可能性进行评判，①积极帮助客户预防可能的损失，提醒客户及时修补不足和漏洞，防患未然，帮助客户有效避免损失。此外，青年律师还可以根据自己的专业特点制作特色电子书，并免费送给自己的客户群，帮助他们树立对律师的良好形象和认同感。

5.法律服务的标准化

法律服务的标准化是为了获得最佳的服务效果，而使用已经制定的共同的和重复使用的规则的活动。法律服务标准化要求青年律师在出具法律文书时采用标准格式，遵守统一要求，即使是不同阶段出具的法律文书，也能保证文书行文格式、字体字号等统一协调；要求青年律师遵照标准服务流程完成法律服务事项。法律服务标准化是律师专业形象的展现，是增强客户信任感、增加法律服务购买率的重要措施。

（三）拓宽营销途径，积极建设规模性新客户群

对于处在第三层的潜在客户群，青年律师可以通过积极展示自己，增强该层客户对自己的了解和认可，从而将其变成现实客户。

法律服务由于没有形状，客户难以在购买前进行有效比较从而阻碍购买意图，造成购买惰性。这就要求青年律师在提供咨询时，能根据案件情况分析应诉方案，根据实际需要制作书面法律服务方案和法律分析，以消除客户心理的不确定感，帮助客户建立消费期望。

除了增加法律服务的可感知性外，青年律师还可以利用现代化的手段实现

---

①李会光："律师服务社会管理创新的职能定位与路径选择"，载《中国司法》2012年。

法律服务营销，如将自己办理的经典案例、办案感受、法律观点等在博客或微信上与公众分享，客户在遇到类似问题时，考虑到青年律师对该类问题有办案经验，很可能便成为新的客户。此外，青年律师还可以通过建设自己的法律服务网站或在专业的法律网站上解答法律疑问，不断提升自己的影响力，扩大客户群。当然，公益诉讼、免费提供培训、咨询等方式，均是较好的法律服务营销方式，青年律师可以根据自身实际予以选择。

（四）建立良好感情，保持合作机会

提供一次法律咨询或提供一次法律服务，有时并不能真正的建立坚实的法律服务关系，老客户可能会基于各种原因结束委托，新客户可因不完全信任而远去。此时，懊恼没有任何意义，青年律师可以定期和这些客户交流和联系，向他们寄送自己的特色刊物，了解和掌握他们的法律需求等，保持并不断创造将来合作的机会。

结　语

青年律师应认识到法律服务营销的必要性，树立起正确的法律服务营销理念，做好对营销客户群的定位和分析，并针对不同的客户采取不同的策略和方法，提升法律服务品质，才能真正获得客户的认同，不断扩大市场影响力和社会竞争力，实现自身长期稳定的发展。

参考文献

［1］白云鹤．青年律师如何脱颖而出［J］．中国律师，2016（05）：94-95.

［2］王小莉．以仲裁的视角看律师素养的形成［J］．中国仲裁法学研究会2014年年会暨第七届中国仲裁与司法论坛论文集，2014.

［3］邵钧，李容晶．刍议律师事务所的专业化团队建设［J］．第五届西部律师发展论坛论文集，2012.

［4］李会光．律师服务社会管理创新的职能定位与路径选择［J］．中国司法，2012（01）：68-70.

论青年律师成长之律师思维
——以情商学角度论精神与实务

陕西渭塬律师事务所　秦书翔

内容摘要：青年律师从考场走入职场的过程，是一种脱胎换骨的重新历练，其核心是思维方式从学习知识的学生到德能兼备的律师的转化。本文将以党中央以法治国思想为指导，采取近代情商学研究体系，对青年律师如何成长提出初步的探索。笔者认为，健康实效的律师思维是青年律师成长的关键，只有掌握好这个“抓手”，才能处理好自知与知人的要点：在自知问题上应正确认识中国律师现状及正能量定位；在知人问题上应掌握高效健康的社会工作方式。

关键词：依法治国　法律思维　情商　自知　自我感知　知人换位

前言　校门：律师思维

当一个准备成为中国律师的年轻人站在校门口，看这个世界时，是希望征程的起航；而我们这个世界，需要对年轻人说些什么，才能帮助他们的成长呢？

2013年3月17日习近平同志在第十二届全国人民代表大会第一次会议上的讲话中，对年轻人强调了12个字：“志存高远，增长知识，锤炼意志”。

而年轻人的志向和意志，归根结底，是一种思维的修养。如果没有志向和意志作为支撑，学习知识的动力会消退；如果未能以正确的思维修养滋养，志向会褪色为不忍回顾的梦幻泡影，意志会消磨成平庸的随波逐流。

对于年轻律师的成长，就让我们从对律师思维的研讨开始。

一、律师思维的重要性

（一）国情：依法治国对法律人思维的要求

《中共中央关于全面推进依法治国若干重大问题的决定》（简称《决定》）指出“提高党员干部法治思维和依法办事能力”。何为法治思维？简言之，法治思维就是将法治的诸种要求运用于认识、分析、处理问题的思维方式，是一种以法律规范为基准的逻辑化的理性思考方式。党员干部都要提高法治思维，我们律师，专业的法律人，我们何去何从？思维的重要性，由此可见。

（二）世事：互联网时代对律师能力的需要

从石器到铁器，从手工化生产到机械革命，每当科技革新发生时，人类社会都会产生改天换地的大革新。在这个新时代，最革新的世事，就是互联网时代的来临。以前需要上街进实体店购物的主妇们，都学会了坐在家里完成购物流程；相对则导致对实体店经营的冲击。

律师行业，也面临同样的压力。在笔者刚从事律师行业的20世纪90年代，大部分当事人是法盲，律师的工作就是引经据典地告诉当事人法条是怎么规定的。而现在？当事人打开手机，划动手指，就可以搜寻到各种法律条文、同类案件判决书以及文章分析。

对互联网时代的律师而言，我们的当事人已经不再满足于“法律规定是什么”这种纯知识的“普法老师”了，他们更需要的是法律事务怎样解决这种综合能力的“工程师”。而综合能力的提高，首重的就是律师思维，而不仅仅是律师知识。

前文讲到网络时代的压力，是律师行业中每一个人都要面对的；对于年轻律师而言，尤其残酷。我们知道，中国的教育体制，是应试式教育，重知识而轻能力，死记硬背得高分。而这种纯知识性的记忆，恰恰是互联网时代当事人最不需要的。

那么，新兵的出路在哪里？思维！

要养成律师思维；思维可以从情商学起步。

根据情商学的研究看，决定一个人成就的主要力量是情商。哈佛大学教授、心理学家丹尼尔·戈尔曼有句至理名言：成功=20%的智商+80%的情商。情商（EmotionalQuotient）通常是指情绪商数，简称EQ。

下文中我们将以情商学的体系，来研讨律师思维的两个要点：自我意识和认知他人情绪。老子说：知人者智，知己者明，让我们来开启年轻律师的“明智之门”吧！

二、自我感知：辩证健康地寻找律师执业的定位

（一）情商之始：中国律师的定位

情商学认为，自知（Self-awareness）就是能准确地识别、评价自己和他人的情绪，能及时察觉自己的情绪变化，能归结情绪产生的原因。哈佛大学心理学博士丹尼尔戈尔曼曾强调：“成功是一个自我实现的过程……认识自我，就成功了一半。”

作一个中国律师，你的定位在哪里？

联合国关于律师作用的基本原则认为律师制度的一个重要作用就是“向一

切需要他们的人提供法律服务以及与政府和其他机构合作进一步推进正义和公共利益的目标”。习近平总书记强调指出：“我们提出要努力让人民群众在每一个司法案件中都感受到公平正义，所有司法机关都要紧紧围绕这个目标来改进工作，重点解决影响司法公正和制约司法能力的深层次问题。”全国律协党组书记赵大程提出，“广大青年律师要深刻认识肩负的神圣职责，切实担负起时代使命，忠诚履责，勇于担当，努力在服务“四个全面”战略布局中实现人生理想和职业追求”。

树立起神圣使命感，这是入职关键所在。情商学认为，只有在人们对自己所从事的行为从心理进行认同时，才有可能在面对挫折时坚持下去。

（二）自知的大患：钱本位的困扰

在对青年成长问题的研讨中，我们发现一个有意思的现象：上节所讲的“志存高远”，对年轻人往往是最容易做到的；但又是最难保持的。正如张爱玲所讲，“生活是件华美的袍子，里面长满了虱子……”。

谁不曾有过挥斥方遒的同学少年？但峥嵘岁月不好过啊，想鹰击长空，可高处不胜寒。对年轻律师而言，最大的寒意，来自于：钱。

我们生活在一个转型的时期，各种价值观泥沙俱下，钱本位的价值衡量，让很多年轻律师自嘲：理想很丰满，现实很骨感。年轻律师的困境：累、穷。

一是累作为知识性行业，律师最大的资本不是金钱，而是自己的才能和努力。

二是穷——或说相对富裕。年轻律师与资深律师相比，往往觉得车小客户少。

很多年轻律师在这种忙累中消磨了志向。有些人选择了放弃；有些人则放任自流，只满足于混口饭吃。更有甚者，成了害群之马，为了金钱，丧失了律师的操守。不要说成为优秀律师，连合格律师都做不到了。

（三）认同年轻律师的职业梦

情商学认为，自知是从客观评价自身开始，从自我认同升华。

年轻律师的一个思维困境，就是缺乏客观的评价自己的标准。这种标准在上学期间，单一表现为：分数。只要分数高，在群体中就是被老师同学和家长认同的成功。所以，只要肯认真刻苦，成就总会体现在分数上。而成为律师后，丧失了这种评价体系。明明自己很优秀，但总是拿不到高额的律师费。

解决这个问题的要点，就是思维上的正确信念。

要旨之一：心态要等得住，等得起。以平和的态度，积极的努力。年轻的优势，就是不怕失败。

要旨之二：准备现代公关学，就是做好自己，告诉别人。做好自己，培育市场的能力，要有自己的“文化”，有自己的价值观。

正如我国学者杨绛所言，保持知足常乐的心态才是淬炼心智、净化心灵的最佳途径。自我感知的升华，就是做自己喜欢的事，并喜欢自己所做的事。这也就达到了国家对我们律师的期望：“要恪守职业良知，自觉用职业道德约束自己，满腔热情地做好群众急需急盼的事”。

三、感知他人：健康高效地掌握处世之道

（一）情商的秘诀：换位

Empathy作为心理咨询学的专业词汇，常被翻译为“共情”。“共情”的基本特征是“准确理解他人”和“准确表达他人的思想”。准确理解他人就需要换位思考和高位思考。Mayeroff（1971）认为，共情就是：“关怀一个人，必须能够了解他及他的世界，就好像我就是他，我必须能够好像用他的眼看他的世界及他自己一样，而不能把他看成物品一样从外面去审核、观察，必须能与他同在他的世界里，并进入他的世界，从内部去体认他的生活方式，及他的目标与方向。”

年轻律师曾经会被这样的问题所困扰：为什么资深律师那里门庭若市，而我这里门可罗雀？为什么法官对资深律师发言经常写入“本院认为”，而对我的意见不予采纳？

症结是：年轻律师没有掌握律师思维，没有感知当事人和法官的思维。

年轻律师在常年的应试教育中，形成了一种客观思维反映：单向思维。在学校的课本中，每一道习题都明确印刷上了答案。需要也只需要将这个答案背下，然后在任何一场考试里将其写上，就满足了标准。执业律师也可以这样吗？

（二）法庭和考场

律师的业务包罗万象，为方便研讨问题，我们且以一个法庭审理的视角来研讨成熟的律师思维。

在我们对比年轻律师和资深律师的庭审发言时，发现一个现象：前者更像是进考场。这种寻找唯一正解的思维模式是常年应试教育的结果：凡是均有答案，且答案只有一个。我们只要找到这个答案，然后把它指给老师看，工作就结束了。

江平认为：“庭审是法律人方法论的集中的表现。”他曾将这里的思维分为：“鹰派”和“鸽派”去研讨。笔者认为，成为律师后，我们要改变应试思维模式，改为三方思维。

三方思维是指在每一个案件的准备中，都要有模拟法庭的过程，哪怕只是自己一个人心里的模拟。将一个案件的一方准备工作，变成三方准备工作。在模拟法庭中，你要在原告席起诉，再站在被告席答辩，最重要的是，站在审判席上，去考虑审理者的思路。

站在原告席上起诉，是指你要考虑自己当事人的反应。当事人的文化水平、阅历不同，对律师的期望值也不一样。

站在被告席上答辩，是指你要考虑对方的反应。你提出违约之诉，对方会不会答辩未违约？答辩抗辩权？甚至提出合同无效呢？孙子兵法上讲，“知己知彼”就是这个意思。

站在审判席上考虑，是重中之重。因为律师庭审发言的最终目标，就是被法庭采纳，成为判决的一部分。如果你是一个法官，你最想听到什么样的律师发言？这些年律师界研讨比较多的可视化表达，其实就是起源于对审理者心理的感知：只有简约明了，直指法官内心的表达方式，才能得到法官的认同。

结　语

每一个资深律师都有过年轻青涩的昨天，所以每一个年轻律师都有一个光明的明天。重要的是有了梦想，就不要放弃，让我们一起共勉：不忘初心，继续前进。

参考文献

［1］李锡元．管理沟通［M］．武汉：武汉大学出版社，2006：75.

青年律师面临的困境

新疆同泽律师事务所　秦海青

内容摘要：青年律师的发展关乎律师行业的未来，正确、理性分析青年律师执业过程中存在的诸多问题，是从根本上探索解决青年律师生存困境的前提，这不仅关系到青年律师其自身成长，也与律师行业发展的可持续性密切相关。

关键词：青年律师　困境　发展　成长

青年律师是业界或司法行政部门为了统计或管理的需要所做的简易区分，但青年律师在业内并没有明确的界定。业内曾有人从年龄、从业时间等方面对青年律师做过界定，在此就不一一罗列。业内大部分人将年龄在30周岁以下或从业时间未满三年的执业律师或实习律师称为青年律师。按业内人部分人对青年律师的界定，笔者也属于30周岁以下执行未满三年的青年律师。笔者在此既不谈及律师今后的执业前景、执业规划，也不会为业内取得的成绩歌功颂德，笔者作为青年律师群里的一员，仅就青年律师所面临的诸多困境谈一下自己的切身感受。

一、律师的整体社会地位不高

目前，中国律师的社会地位普遍不高，是多方面因素造成的。主要可以分为外部因素和内部因素。

1. 我国公民普遍法律意识浅薄，我国经历了两千多年的封建专制统治，民众长期在“人治”大于“法治”环境下，深受儒道释思想的影响和熏陶。民众的言谈举止更注重以和为贵，权利意识相当淡薄。长期以来整个社会对法律持鄙视态度，因而对从事与诉讼相关职业的人员也有着一种轻视乃至厌恶心理。即使有一部分人有维权的意识，因现行的法律程序规定繁琐、取证、举证困难、期限漫长等原因，这部分人也不会选择采用正规的法律途径去解决问题，而是用他们“拳头”逻辑去选择“讨债公司”或“职业讨债人”去解决法律问题。即便最后有一部分案件诉至了法院，民众也会觉得即使委托了律师，律师与司法机关由于证据的控制权、证据的调查权、判决的异议权等诸多权利的不对等因素，受托律师也会受制于法院，最后民众也会选择他们"关系社会"逻辑去解决问题。故最终案件有律师参与处理的所剩寥寥。即便如此，一旦这部分案件裁决或处理结果未能达到一方当事人要求，律师便成了有奶便是娘、收钱不办事、吃了原告吃被告的替罪羊。

2.受现行体制和当前社会不良风气影响，律师行业内部也存在着诸多影响律师形象的问题。由于律师业务量总体上有限，"僧多粥少"的局面无法扭转，有些律师为争取立足和发展空间，往往采用各种不正当竞争手段争取案源。利用支付介绍费、回扣、提成等手段承接律师业务、发展顾问单位；在律师收费标准的基础打折或折上折；利用各种手段对司法人员或有关主管人员施加不正当影响有之，致使法律服务市场混乱无序、恶性竞争日益加剧，律师的社会形象每况愈下。如再不加改观，不仅不利于律师业务素质的提高，也败坏了律师在民众心中的整体形象，也难以让社会树立起对律师的尊重感。

二、行业内部管理模式各异，部分律师事务所管理模式不利于青年律师发展

1.《律师事务所管理办法》第5条规定，律师事务所根据其出资设立的主体不同将其分为合伙律师事务所，个人律师事务所和国资律师事务所。业内有人从律师事务所管理模式方面将律师事务所区分为合伙式管理、公司化管理、团队化管理等。也有人将律师事务所从感情模式上将其分类为亲情式、友情式、温情式、无情式即制度化管理模式。律师事务所为了各其发展的需要采用的管理模式也各不相同，而大部分律师仅能被动选择执业机构。往往律师愿意选择品牌知名度高、平台好、费用低、执业人数相对稳定的某一家执业机构执业，但律师事务所的管理模式是否适合律师个人的发展，律师往往迫于种种原因只能选择屈身唯命是从。于是大部分律师采取单打独斗、散兵游勇式执业，各个律师之间的业务也很少存在交集。

2.目前，各律师事务所为了各自的目的招兵买马、跑马圈地，有的律师事务所根据自己管理需要通过招聘、筛选之后，将新纳入的律师强势的分到指定的团队开展业务；有的律师事务所为减少律师开支，仅招聘执业律师分担费用，压根不招聘实习律师；有的律师事务所是靠业务能力强或收入高的执业律师招聘自己的"团队"律师。部分律师事务所是采用第三种作坊式的模式招聘青年律师，但很少有律师事务所考虑青年律师的发展及其执业规划问题。

有些采用公司化模式管理的律师事务所其分工相当明细，青年律师进入该团队后，律师事务所首先去其特性，青年律师仅需按照律师事务所事先制定好的文本格式或在其约定框架内，重新塑造出一个流水线式复制、粘贴能批量生产的加工平台。由于大部分青年律师是刚刚走出大学校园的“无案源、无经验、无关系”，这样的三无人员，由于律师行业的特殊性，故传统的“传、帮、带”的师徒模式一直是业界认可的发展方式。但鉴于团队带头人一般业务量大、事务性工作繁重、一般无暇顾及青年律师的发展和规划。

3.大部分青年律师是通过第三种作坊式的模式被招聘的，负责的团队带头人还指导一下青年律师如何收案、如何办理委托代理手续、如何解答法律咨询、如何出具风险告知书、如何到法院或仲裁机构立案、还会对如何做好证据交换及庭前准备、举证、质证、法庭辩论、出具代理词、辩护词、如何结案归档等作专门指导或培训。然而，一些不负责的带头人在一些利益的驱使下，仅让青年律师做一些跑腿的事务性工作，青年律师往往在执业前三年充当的是“快递员”、“传话筒”、“复印件”的角色或者从事一些与律师业务根本不相干的事务。更不说带青年律师参加庭审，及时指导青年律师总结办案心得体会了。青年律师在上述两种模式下，根本无法得到锻炼和提升。有的青年律师执业三四年连最基本的诉讼流程、法律意见书的格式都不能说清楚，更不用说让其分析案件，出具诉讼方案。于是乎，青年律师只能自己在实践中摸索前行，缓慢成长。庆幸的是，笔者所在执业机构是一家相对正规的律师事务所，各个团队负责人相当有责任心且在业界相当出色。

4 由于各个律师事务所采用的管理模式不同，针对律师所收取的“挂靠费”也是五花八门。有的采用提成制的方式免收挂靠费的模式，有的采用每年固定收取挂靠费免收提成的模式，有的采用发放固定工资模式免收挂靠费的模式，有的是采用免费为律师事务所代理固定数量案件免收挂靠费的模式，有的采用由团队带头人垫付固定挂靠费的模式等等。青年律师案源少、收入低、经济生活压力大，加之绝大多数律师事务所都采用提成制或固定挂靠费用的模式，执业律师一般没有底薪，除去基本的生活成本和办案开支、税费、固定挂靠费或提成、律协会费等所剩无几，有的甚至为负数。虽然《中华人民共和国劳动合同法实施条例》第3条早已将律师事务所等合伙组织明确属于劳动合同法规定的用人单位，但大部分执业律师的社会保险费用是由其个人承担的，更有甚者，个别律师事务所每年的律所年检费用、残保金都要均摊到每一位执业律师。行业内部也无任何保障制度可言，现实的经济压力迫使青年律师倍受生计的煎熬，有一些青年律师最终未能熬过执业的前三年被逼转行，也许这就是全国执业律师这么多年来一直未逾30万的真正原因。

三、目前律师的执业环境有碍着青年律师的成长

1.司法实践中不少公安、司法人员对律师工作抱有偏见，常利用职权干扰、刁难或阻止律师立案、调查取证、阅卷和会见在押的犯罪嫌疑人或被告人等。部分行政部门“门难进、事难办、脸难看、话难听”甚至直接拒绝配合律师工作，使青年律师执业权利无法得到保障。律师由于调查取证等问题受到指控、被捕和判刑的事件时有发生，以致律师对刑事案件产生畏惧感，不敢过分投入，以免“引火烧身”。另一方面，律师并未受到社会、当事人的尊重，律师常常因参与案件的代理或辩护结怨于某些当事人或其他的相关人员，律师遭到人身攻击及伤害的事件屡见不鲜。

2.业内有人把律师收入状况总结为“二八定律”，80%的律师业务收入集中在20%的成功律师手里，而80%的普通律师只拥有律师业务收入的20%。青年律师即使足够努力，如果没有特殊的关系和非常的机遇，基本上只能加入拥有20%律师业务收入的80%的普通律师行列，个人收入也就非常有限了。现在的多数资深律师初入律师行业时，正处于社会主义市场经济建立时期，有相当的发展空间，律师业竞争并不激烈，即使不能发财，至少能够在律师界占有一席之地，生存无忧。而现在的青年律师进入律师行业时，市场份额已经基本被瓜分殆尽，要想在虎狼当道的律师丛林中分得一杯羹谈何容易，要想出人头地更是难上加难。

四、行业内部及相关部门未对青年律师实行区别化管理

1.青年律师刚踏入律师队伍，自身有着诸多的缺陷和不足，但行业自律管理及执业相关部门未对青年律师实行区别化管理，而是采取与其他律师不加区分、一视同仁，该交的费要交，该上的社保自己上，该纳的税要纳，没有任何政策性倾斜，青年律师的发展得不到任何鼓励和照顾。

2.青年律师普遍认为参加各种业务培训的机会很少，现行的律师培训制度对青年律师帮助不大，由于青年律师免费培训的途径相对单一，仅能通过点睛网、西部律师网及当地律师协会组织的现场培训来提高自己的执业技能及执业素养。但由于点睛网、西部律师网课件陈旧、更新太过滞后。很多地方律师协会组织的现场培训，由于授课老师的时间有限加之课程任务安排的较多，其培训的效果收效甚微，针对实务操作的专题大型培训寥寥无几。青年律师无法从中汲取营养进而转化为解决实务问题的能力。每年律协针对青年律师的培训凤毛麟角、屈指可数，针对青年律师的执业技能及专业知识的大型培训更是寥寥无几，故培训的次数和质量上均无法满足青年律师成长的需要。

结 语

青年律师是律师行业的未来，是律师事务所的希望，更是法治中国的建设者和维护者。虽然青年律师在发展和成长过程中面临着诸多的困境，但这些困境并非无法摆脱。青年律师一定要摆正心态，而不能一味怨天尤人。青年律师的培养和律师事务所的发展一直是值得整个行业为之思考的问题，寄希望于个别机关、机构、组织、个人的力量来改变现状显然是不现实的。关注青年律师的发展是整个社会、整个行业为之反思的问题，随着我国法律制度的逐步的健全，期待行业内部早日找到适合青年律师持续化发展的模式。

青年律师成长过程中存在的问题及对策

宁夏宁人律师事务所　杨　涛

内容摘要：随着我国律师行业的快速发展，律师队伍已相当庞大，其中青年律师的数量占据了律师队伍的半壁江山。青年律师作为律师行业的后备力量，对律师业的发展有着至关重要的作用，但青年律师在成长过程中普遍存在自我定位与职业规划不清晰、同质化服务、孤军奋战等各种问题，导致青年律师的发展异常艰辛。本文笔者根据自己执业多年的所察所悟，总结当代青年律师成长过程中普遍存在的问题，并提出解决对策，希望能够对正在奋斗中的青年律师同仁有所启迪。

关键词：青年律师　发展　问题　对策

我国目前有29.7万名执业律师，其中青年律师的人数占了大半。虽然我国律师行业发展时间较短，但是目前所取得的成绩非常喜人。近些年中国律师已经逐步走出国门，并且正在与世界接轨。但是在欣喜快速发展的同时，我们需要正视作为律师业后备力量的青年律师，在成长过程中所存在的问题；因为青年律师的发展是日后推动中国律师行业发展的重要力量。笔者自2006通过国家司法考试后就在律所执业至今，期间不但见证了律师行业的快速发展，而且也亲自体会了青年律师发展的艰辛与不易。鉴于此，特依据亲身感悟撰写本文与诸君分享，且希望能够对正在奋斗中的青年律师同仁有所启迪。

经过十年的执业经历，笔者认为青年律师发展过程中主要存在以下几类问题，而这些问题一直都在困扰着青年律师的发展。在此，笔者将该类问题逐一列举，并提出解决对策。

一、没有定位与职业规划

新执业律师乃至执业几年的青年律师很少有人对自己进行过定位，也缺乏关于职业规划的思考。这样就导致青年律师只能低头拉车，根本不清楚自己适合做什么以及今后应当向哪一个方向发展。在这样的情况下，青年律师只能是碰到什么做什么，民间借贷、婚姻、劳动、刑事案件都在做；但是在每一个领域都很难有所建树。缺乏思考的行为就会显得盲目，而盲目将会让自己的发展路程更加的漫长、发展过程更加的艰辛。

二、同质化服务——导致无法体现核心竞争力

至少有60%～70%的律师都在做着类似的业务，而在做这些业务的过程中也用着类似的方法。这样就会导致客户找哪位律师都可以去做，而这些律师对于该业务均没有显著的优势。例如一起道路交通侵权责任案件，大部分的律师采取千篇一律的做法：

1.客户主动上门或者经介绍形成委托代理关系。

2.然后指导客户提供相关的票据以及去做伤残等级鉴定。

3.计算索赔项并起草诉状。

4.立案、开庭、拿判决。

5.执行。

对于此类案件绝大部分律师会按照前述流程去做，在此必将形成同质化的服务，甚至可能导致极少数律师为了能够代理该案不惜做虚假承诺乃至低价竞争，如此对于律师行业的发展造成一定的不良影响。而导致该现象的核心要素是这些律师因同质化服务都没有形成属于自己的核心竞争力。的确，很多青年律师都会为了生计辛苦奋斗、疲于奔波，而往往因此而缺乏深入思考；例如如何让我们在此类案件中具有独特的优势，以及如何让更多的客户就此类案件去聘请我们。

三、孤军奋战

就青年律师而言，单兵作战是个较为普遍的现象，很少能够形成真正的团队；如此势必导致律师在业务发展过程中没有辅助、没有技术支持。所有的事情都要亲力亲为，既要去拓展案源，又要去做案头工作，还要去出庭以及做售后服务。律师最大的成本就是时间成本，这些工作耗费了青年律师大量的宝贵时间，导致青年律师根本没有时间和精力去学习和拓展客户；这样是青年律师在发展过程中的突出问题。

四、没有营销，被动等案

由于律师行业的特殊性，在一定程度禁止律师做广告宣传。另外，律师营销一直不被行业以及客户认可和接纳，因此导致律师行业的营销少之又少。律师行业属于服务行业，缺乏营销显然不符合市场规律。在法律以及执业规范允许的范围内适度营销是有必要的。现在，执业律师的数量陡增，行业竞争已经达到惨烈的程度。作为青年律师，其竞争力相对有限，我们应当在努力提高业务水平的同时进行适度营销，这样才能让我们在惨烈的竞争中有一席立足之地。

五、主要面对个人客户、法律服务需求相对较低、案源不稳定

由于成熟企业客户已经接受过一定的法律服务，对于律师的服务需求有更高的要求，进而导致该部分客户主要由业内的“大律师”以及“准大律师”提供法律服务。而留给青年律师的也就主要以个人客户为主，此类客户的法律需求较低，而且案件的产生大多具有偶发性。这势必会导致青年律师的业务收入不够稳定。青年律师大量的时间都在为这类客户提供服务，因此很难提高业务水平以及收入，在客户的认可度方面的提升也会较为缓慢。

六、普通律所根本无法为青年律师提供发展所需的资源以及平台

律师行业发展缓慢的问题在西部地区尤为突出，进而律所的发展也呈现出缓慢的态势。青年律师除需自身不断努力外，还需要在律所的平台汲取发展所需的养分。但是，恰恰由于普通律所并未重视平台打造，导致青年律师只能在惨烈的竞争中自谋出路。试想在发展过程中即没有优质平台，也没有良好引导、更没有技术支持，实现专业化发展是何其不易，晋升至上游是何等的艰难。

七、陈旧的服务理念以及服务模式，致使客户黏性不强

行业的特殊性致使律师习惯于被“请”的心态，而被“请”的心态导致律师往往忽略服务行业——为客户解决问题以及提升客户体验度，这样导致律师在服务过程中让客户的体验度不佳。并且，由于心态上的问题也会导致服务理念的陈旧、服务模式的落后。例如，青年律师好不容易签下的顾问单位，由于律师的服务理念较差、自身的业务能力也相对不足，并且依然采用被动等待客户的电话进而服务的模式。很容易让客户流失掉，客户的流失不仅导致收入的下滑，而且可能会产生负面的客户评价进而影响发展。

对于前述的七项问题，笔者提出以下对策予以解决：

（一）制定详尽的职业发展规划

律协下设的青年律师委员会应当针对申请实习的律师提供咨询以及培训，帮助其提高对于行业以及执业发展的认识。并且对青年律师定期进行执业发展引导教育，帮助其制定切身、适宜的执业发展规划。同时青年律师应当每年都调整其执业发展规划，以便按照更好的目标去奋斗。

（二）加强专业知识的学习以及业务水平的提升

打铁还需自身硬，律师的根本就是业务水平，只有自身在发展过程中具有相匹配的业务水平，才能为客户提供良好的法律服务。无论行业竞争多么惨烈，专业技能都是制胜王牌。

（三）分母最大化

青年律师应当制定一份详细的拓展客户的计划，应当按照计划定期拜访一定数量的客户（包含潜在客户）。如此，既可以增进客户关系，又可以获取更多的信息，并且可以保障发展初期业务数量和收入。试想每10个客户如果能产生3起案件的话，我们通过不断的拓客和蓄客使得我们有100名客户，那么我们的案件数量将有可能上升到30个。并且部分客户也在不断地发展，随着我们业务水平的提供，这些客户中必然会产生我们的核心客户。

（四）打造团队、实现专业化分工与发展

青年律师势单力薄，在市场中的竞争力相对有限。尤其在竞争优质客户的时候很难与业内的“大佬”抗衡，如果依靠缓慢发展再去抢滩登陆，恐怕优质资源早已不复存在了。因此，青年律师可以团队作战的方式提升自己的竞争力，这样可以适度增加成功的几率。

另外，青年律师在不断历练的过程中，必须要找到自己适合的专业。在这个专业可能我们具有资源优势、可能具有业务优势、也可能与律所的团队发展的整体思路相匹配。实践证明，在某个领域有特长，必将提升我们自身的核心竞争力。而且，越专越精、越精越专，如此就会形成良性循环。

（五）目标客户转向企业

青年律师应当身处下游而力争上游，逐步从个人客户向企业客户去发展。当然，做起来并不容易，这就需要我们以团队的方式进行，并且在服务的过程中创新模式、改变理念，这样才能渐渐逆流而上。

（六）市场化营销

市场化营销对于青年律师来讲是个新课题，但是，青年律师思维意识超前、容易接受新鲜事物并且相对时间宽裕、精力充沛。这也让青年律师在市场化营销方面比“老律师”更具有优势。良好的“事件营销”、团队的微信号专业推广、财富俱乐部、私董会等等均可作为我们的营销工具。在“酒香也怕巷子深”的时代，我们年轻律师更应当发挥我们的优势，转动我们的脑筋，才能使得我们在劣势中获取一定的优势。

（七）法律服务产品化

法律服务的产品化是个复杂的课题，但是对于部分法律服务一定可以实现产品化，例如部分非诉讼业务；并且对于部分诉讼业务而言，在实践中也已经实现了产品化，例如湖南旷真律师事务所针对材料供应商主张货款的诉讼，以及北京元甲律师事务所针对道路交通事故诉讼，已然实现了法律服务产品化。我们对于当地的部分业务也应当制定服务流程以及标准，使得该项法律服务实现产品化，这样也可让青年律师的竞争力有所提升。

（八）理念以及模式创新

对于青年律师目前所处的阶段而言，在业务技能以及专业水平方面均不具有明显的优势的情况下，除了不断加强学习，提高技能外，还应当在服务理念以及服务模式方面进行创新。例如，对于某一起民间借贷诉讼案件而言，青年律师的核心竞争力明显不具备优势。但是，青年律师可以思考打破传统的服务模式而使得其获取更多的机会，例如，别人都在按比例收取代理费的传统模式去代理案件，而我们可以采取"零首付的模式"（诉讼费、保全费等费用由法务公司代为垫付）代为诉讼。其实该类案件相对而言事实较为清楚，法律关系也比较简单。通过前述模式大大可以降低客户的顾虑，增加青年律师的成案机会。如前所述，提供差异化服务必然能够提升青年律师的核心竞争力。

（九）选择一个好的平台至关重要

西部律所的发展良莠不齐，而律所的平台对于青年律师的发展具有非常重要的作用。传统律所很大一部分对于律所品牌的树立以及平台的打造缺乏更深的思考与行动。这样的例子比比皆是，这样只能突出合伙人律师的发展，而对于青年律师的发展显现出了一定程度的漠视。对于青年律师而言选择一个注重打造平台的律所至关重要，而且青年律师应当在平台中找到适合自己的部门，这样才能有更好的发展。

作为律师行业发展的后备力量，我们均应当在应该努力的阶段不遗余力的努力，青年律师强则中国律师必强！

青年律师如何成为好徒弟

海南天皓律师事务所　张　朋

内容摘要：李克强总理在政府工作报告中提到要“培育精益求精的工匠精神”。传承是工匠精神一个非常重要的方面，而青年律师在步入律师行业后，往往通过“学徒式”的方式实现自身的成长。因此，青年律师需要对为徒之时容易陷入的误区保持清醒的认识，并在专业技能等方面不断精进才能成为一名好徒弟，走出成功执业的第一步。

关键词：青年律师　徒弟　误区　素质

“工匠精神”的重提使师徒制再次成为讨论的热点。实际上，师徒制不仅存在于中国传统民间艺术、手工艺领域，在我国律师行业也得到了广泛的运用，资深律师对青年律师的“传、帮、带”使良好的行业传统得以传承。

一、青年律师为何要成为一名好徒弟

（一）“律师学徒”是青年律师向社会递交的第一张名片

“名片”是身份的象征，“律师学徒”是外界包括资深律师、客户等对青年律师的定义，也是青年律师对自己的定位。最近网络上有两封信件被广为传阅，即《易胜华·写给美女助理的一封信》和《斯伟江·律师和助理，薪火相传在此心》。这两封信从不同侧面探讨了青年律师在实习阶段及执业之初应如何适应“徒弟”这个新角色。而在实践中，青年律师在执业之初也较少与客户直接接触，而是作为师傅的助理协助师傅进行法律法规的搜集、在师傅的指导下起草法律文书、商务合同等。因此，师徒关系是青年律师在进入律师行业之初面临的非常重要的关系，青年律师成为一名好徒弟也就显得尤为重要。

（二）成为一名好徒弟是青年律师执业生涯的第一站

青年律师不仅要以徒弟的身份自居，更应该努力成为一名好徒弟。法律的生命在于实践，虽然青年律师已接受了多年的法学专业教育并取得职业资格证书，但却无法为当事人提供有效的服务。因此，青年律师仍需要以“徒弟”的身份进行学习以弥补实践经验的不足，不断学习资深律师在为当事人提供法律服务时运用法律规范的方法，以及处理问题时体现出的法律思维方式。唯此，青年律师才能够逐步实现真正地独立执业。

二、青年律师在为徒之时容易陷入的误区

很多法学院学生在踏出校门之际就进入律师事务所实习，从事律师助理工作。从校园到社会的转变、从法学院到律师事务所的转变、从熟悉的师生关系到与前辈律师的师徒关系的转变都让我们在实习及执业之初、在为徒之时容易陷入一些误区。

（一）缺乏理论联系实际的态度

初入社会的我们总是心高气傲，由于未经历练，社会经验不足。因此，对于师傅交代的工作任务往往不经过细致的调查研究而是以自己所谓的"常识"作出判断、匆匆给出结论，以致向师傅传递了错误的信息，耽误了工作进程。

（二）缺乏独立自主的思考

初入律师行业，青年律师的主要工作对象是作为我们职业领路人的前辈律师，也就是我们的"师傅"。即便如此，青年律师仍应保持独立的心态，避免对师傅指导的过度依赖。自己在实习期间，对于一些稍有困难的问题便依赖于师傅的指导和解答，以致丧失了独立思考和实践的机会，也给师傅的工作带来极大的不便。

（三）不能冷静客观地对比物质收入

青年律师在实习及执业之初面临着生存的困境，相比自己的师傅而言，收入差距非常之大。往往在这时候，青年律师会产生不平衡的心理，认为自己辛勤的工作没有得到相应的物质回报，以致在后续的工作中消极怠工、甚至刻意逃避师傅布置的任务，也因此失去了师傅对自己的信任。

（四）缺乏交流及工作的主动性

实际上，在协助师傅处理诉讼或顾问单位工作时，作为徒弟的我们经常是第一手审阅资料的人。在这时候，通过查阅相关法律法规，结合案件事实，青年律师应当能够提出一些自己的观点和看法，而往往出于对自己的观点的不自信，青年律师反而不主动与师傅沟通交流，丧失了向师傅直接学习的机会。另外，青年律师的不主动还体现在工作方法上，对于师傅所交代的工作和任务往往仅局限为工作和任务本身，而不能主动地就工作和任务所涉及的法律问题做全面的学习与拓展。自己在刚刚进入律所的时候，师傅要求自己修订一份合同，自己仅凭在校学习的知识对合同文本本身进行了修订，却未就合同内容涉及的法律法规进行梳理，导致一些更深层次并且直接影响顾问单位权利和义务的问题被忽视，险些影响与顾问单位的合作。

三、成为好徒弟应具备的素质

虽然在入行之初，青年律师面临诸多执业困难，也常常因为经验不足而屡屡犯错，但正是在不断犯错、纠正的过程中，青年律师将逐渐具备一名好徒弟应当具备的素质。笔者认为，一名好徒弟至少应具备以下几点素质：

（一）保持良好的心态

青年律师在实习及执业之初，作为一名徒弟，应当保持良好的心态，具体可分为以下两个方面。

第一，青年律师应当保持不断进取和学习的心态。青年律师很多时候是在跟随师傅处理业务，所处理业务涉及的专业知识以及师傅在处理业务时使用的方法都是自己学习的重要素材。通过学习前辈律师们在长期的执业生涯中积累的丰富经验、执业操守和敬业精神，年轻律师才能全面提高自身业务能力，培养律师职业思维。古人云："打铁还要自身硬"，作为青年律师，一名徒弟，不能仅限于工作过程中的被动学习，更应当保持进取和主动学习的心态，让学习伴随自己整个执业生涯。只有拥有坚实的法律知识，才能更好地完成自己师傅及当事人所交代的工作任务，才能在日趋激烈的竞争中立于不败之地。

第二，青年律师要保持一颗平常心，冷静客观看待得失。青年律师在为徒之时面临较大的生存压力和负面影响。尤其是在执业之初，青年律师面对着与理想状态相去甚远的司法环境，如司法腐败、当事人回扣、办事难等，极容易灰心、失望，甚至动摇职业信念。另外，由于与自己的师傅相比，作为徒弟无论在业务、能力、收入等方面都存在着非常大的差距，有时会产生极大的心理落差，以致无法脚踏实地关注眼前和手头的事务甚至对师傅交代自己处理的工作产生抵触情绪。所以青年律师必须要有阳光心态，正确对待执业过程中所面临的困境，客观看待与资深律师包括自己的师傅之间存在的差距。

（二）具备良好的口头和笔头能力

在平常工作中，一名青年律师作为徒弟的主要表达对象既不是当事人也不是法官，而是自己的师傅。只有具备良好的语言表达能力，才能精炼地归纳出当事人所提供材料中涉及的法律关系，并将自己初步调研的材料和得出的结论正确高效地向师傅传达，以便于师傅能够根据自己清晰的陈述做出正确的指示和安排。

另外，青年律师应当注重培养自己的笔头能力，养成良好的写作习惯，要能用书面文字清晰表达自己的观点。这并不是一件轻松的事，需要平时的大量练习。首先，在完成师傅交办的文书写作任务时，应当有意识地训练自己，在保证内容丰富性的同时注重格式的正确性。因为把握了正确的格式既减轻了师傅二次修订的压力，也有利于规范文书本身涉及的具体内容。对于师傅修改过的文书青年律师在阅读学习时，应当做到常总结、勤归纳，形成今后写作和学习的范本，快速提高自己的写作水平。其次，青年律师在协助师傅处理工作的过程中，应当勤于记录。对于师傅交代的任务，只有落实在纸面上才能避免遗忘。对于与师傅一起参与的会议及当事人的会见，只有归纳在纸面上才能帮助师傅在后续处理时全面地分析、解决顾问单位或委托人所面临的问题。

（三）处理好与团队其他成员的关系

青年律师跟随的师傅往往拥有自己的团队，与师傅建立师徒关系的同时，也进入一个团队工作，处理好与团队中其他成员的关系不仅能够提高团队整体的效率，也有利于自己的成长和发展。实际上，在实习期的我们可以将所有的团队成员当成老师，取人所长补己之短。既然选择加入了团队，就应当把自己当作团队的一员，积极地享用团队资源，虚心地向前辈讨要心得体会，享受团队智力成果。在团队中工作，还要有合作和牺牲精神，力所能及地协助其他团队成员。对于师傅交代的需要向团队其他律师汇报的工作，在保证质量的前提下尽可能快地完成，以给团队成员和师傅预留充足的工作时间。

（四）充分发挥自身的优势

青年律师初入行业，虽然存在社会经验不足、执业技能欠缺等问题，但青年律师也有自身的优势。一方面表现在对待律师这一行业的态度上：很多青年律师放弃了安稳的工作和进入体制内的机会而选择从事律师行业，是因为对律师这一神圣而又光辉的职业充满了渴望与憧憬，这种热情和热爱使青年律师初生牛犊不怕虎，更加敢想敢做，有一股积极向上的冲劲。另一方面，青年律师对于新生事物易于掌握和接受。青年律师思维活跃，没有定式思维，易于开拓创新。由于没有太多的办案经验，在面对疑难复杂案件时，青年律师不会因经验主义对案件的思考陷入思维定式，办案思路反而可能突破常规，达到意想不到的效果。而且，在互联网快速发展的时代，互联网已经成为律师业务开展不可或缺的工具。相对而言，青年律师更容易使用互联网获得与业务相关的裁判规则和操作指引。因此，虽然青年律师作为徒弟，常常需要“跟着师傅走”，但青年律师在为徒之时更应该培养独立的意识，通过充分发挥自身的优势，对团队工作的开展大有裨益，这也是很多前辈律师作为师傅对青年律师的要求和希望。

当然，成为一名好徒弟，需要做的远不止上述这些。更多的方面需要青年律师在实践中不断摸索和改进。很多人认为在律师行业团队化、公司化的趋势之下，青年律师“学徒式”的成长模式在逐渐被摒弃。实际不然，且不说中国大部分律师事务所仍以传统的管理模式为主，即便是在团队化和公司化比较成熟的律师事务所，虽然青年律师作为徒弟可能很少与作为指导律师的师傅直接接触，但通过在团队中工作，青年律师所承袭的仍是师傅的经验。律师业务，需要有工匠精神，工匠精神是需要传承的，青年律师做好徒弟的身份，成为师傅认可的徒弟，也就迈出了执业生涯成功的第一步。

附表六　分论坛六入选论文一览表

题目	作者	律所	省份	奖项
青年律师发展问题思考	雷福根	四川琴台律师事务所	四川	一等奖
论受贿犯罪案件刑事辩护技巧	张瑞军 张健男	内蒙古伊敏律师事务所	内蒙古	
聚焦“法治中国”建设　培养青年律师职业精神	李小萍	新疆瀛漠律师事务所	新疆	
辅庭律师该怎么“辅”	胡　昂	贵州惟胜道律师事务所	贵州	二等奖
论青年律师成长过程中存在的问题与对策	赖　婷	四川维扬律师事务所	四川	
悟道 择业 破惑 ——与青年律师谈成长	拜金良	新疆先觉律师事务所	新疆	
青年律师如何跨过“新秀墙”	邹树彬	中豪律师集团四川事务所	四川	三等奖
如何从青年律师成长为优秀律师	孙　光	内蒙古华泉律师事务所	内蒙古	
青年律师的成才之道 ——从做一名优秀的律师助理谈起	李惠娟	云南刘胡乐律师事务所	云南	
如何从青年律师成为优秀律师	华　晏	新疆瑞和律师事务所	新疆建设兵团	
正年轻，如何聪明地走专业化道路	李　文	宁夏永东律师事务所	宁夏	

题目	作者	律所	省份	奖项
在不断地自我反省中成为优秀律师——论如何从青年律师成为优秀律师	陈国忠	甘肃阿阳律师事务所	甘肃	优秀奖
师徒传承教育对培养青年律师的作用	陈素琼	贵州锦江河律师事务所	贵州	
青年律师的困境与突破	田芯飞	重庆捷讯律师事务所	重庆	
青年律师如何在行业中立足	蒋建华	重庆智权律师事务所		
做好法律服务营销 提升业务拓展能力——论青年律师如何提升社会竞争力	卢　刚 杨　兰	陕西稼轩律师事务所	陕西	
论青年律师成长之律师思维——以情商学角度论精神与实务	秦书翔	陕西渭塬律师事务所		
青年律师面临的困境	秦海青	新疆同泽律师事务所	新疆	
青年律师成长过程中存在的问题及对策	杨　涛	宁夏宁人律师事务所	宁夏	
青年律师如何成为好徒弟	张　朋	海南天皓律师事务所	海南省	

后 记

甘肃省律师协会会长 

在实施“一带一路”国家战略、推进司法体制改革和全面深化律师制度改革的大背景下，第八届西部律师发展论坛即将在丝绸之路重镇——兰州召开。论文作为论坛的重要成果，每一届论坛组委会都非常重视。作为本届论坛的承办方，我们既期待广大西部律师的宏观论著，也期待大家的微观探究。为了更好地展示广大律师的劳动成果，我们决定将获奖论文结集出版。

我们决定公开出版论文集是正确的。当校稿完成，通读终校样稿时，自豪感、成就感油然而生。从总体上看，这是一本整体水平较高的文集，其中不乏非常优秀的论文。部分作者理论功底、法律素养和驾驭语言文字的能力跃然纸上，读来让人肃然起敬。可以说，西部律师的理论水平并不比其他地域律师的水平逊色。完成编辑任务后，我们真正体会到为什么西部律师发展论坛现在已经成为全国参与律师最多、影响最大的区域性律师论坛！但愿西部律师论坛能够长期坚持下去，为西部律师互相学习、交流、提高提供永久平台。

当然，论文评审工作伊始，也让人遗憾。多数论坛主办成员单位选送的获奖论文中，有相当数量的论文因重复率过高不符合出版要求，个别论文的重复率竟然高达80%以上。这一现象说明有的作者尊重他人著作权的意识还有待加强。尽管我们一而再、再而三地放宽入选论文的标准，但仍然有相当多的选送论文因重复率过高而不能入选论文集。但愿我们直言不讳的批评能够引起相关作者足够的重视。

最后，特别感谢在论文集出版过程中给予帮助的兰州大学出版社张国梁先生，没有他的热心和热情，我们很难在如此短暂的时间内完成这一艰巨任务。感谢在编审过程中加班加点，夜以继日为论文导向和质量把关的甘肃政法学院何文杰教授、甘肃财经大学法学院副院长史正保教授、西北民族大学法学院王天雁和孙双秀副教授；感谢在校稿中付出了辛勤劳动的兰州大学杨霞、郑华超、景鹏兵、杨鸽、张晓伟、陈玉等六位法学研究生和甘肃合睿律师事务所刘玉红、于克鹏、吴小潘、张彦雄等四名青年律师。当然，还要感谢十五个省、自治区、直辖市及新疆生产建设兵团律师协会的鼎力支持和所有积极投稿的律师们。总之，有了以上的支持，论文集才得以按期出版。

2016年8月25日